PEKING UNIVERSITY

北京大学年鉴

《北京大学年鉴》编委会 编

2015

北京大学出版社
PEKING UNIVERSITY PRESS

图书在版编目(CIP)数据

北京大学年鉴.2015/《北京大学年鉴》编委会编.—北京：北京大学出版社，2021.5
ISBN 978-7-301-32150-8

Ⅰ.①北… Ⅱ.①北… Ⅲ.①北京大学-2015-年鉴 Ⅳ.①G649.281-54

中国版本图书馆CIP数据核字(2021)第070979号

书　　　名：	北京大学年鉴（2015）
	BEIJING DAXUE NIANJIAN（2015）
著作责任者：	《北京大学年鉴》编委会　编
责 任 编 辑：	卢旖旎
标 准 书 号：	ISBN 978-7-301-32150-8
出 版 发 行：	北京大学出版社
地　　　址：	北京市海淀区成府路205号　100871
网　　　址：	http://www.pup.cn　新浪官方微博：@北京大学出版社
电 子 信 箱：	zpup@pup.cn
电　　　话：	邮购部 010-62752015　发行部 010-62750672　编辑部 010-62752032
印 刷 者：	北京中科印刷有限公司
经 销 者：	新华书店
	787mm×1092mm　16开本　47.75印张　4页彩插　1724千字
	2021年5月第1版　2021年5月第1次印刷
定　　　价：	200.00元

未经许可，不得以任何方式复制或抄袭本书之部分或全部内容。
版权所有，侵权必究
举报电话：010-62752024　电子信箱：fd@pup.pku.edu.cn
举报QQ：1902301301
图书如有印装质量问题，请与出版部联系，电话：010-62756370

5月6日，北京大学中层干部大会在办公楼礼堂举行，会议学习传达习近平总书记来北京大学考察时发表的重要讲话精神。（宣传部 供）

5月15日，北京大学举办以"社会主义核心价值观与立德树人"为主题的五四理论研讨会。（宣传部 供）

2月19日，中国国民党荣誉主席、两岸和平发展基金会董事长连战访问北京大学，获授北京大学名誉教授称号。（宣传部 供）

9月9日，汤一介先生在北京逝世。（宣传部 供）

12月24日，朱光亚先生诞辰90周年纪念会暨北京大学朱光亚纪念室建设启动会在陈守仁国际研究中心中馆召开。（宣传部 供）

3月26日，第二十四届世界哲学大会（2018）协议备忘录签字仪式在临湖轩举行，标志着北京大学和中国哲学界成功赢得第二十四届世界哲学大会主办权，大会的筹办工作也正式启动。（宣传部 供）

5月5日，创新人才培养国际论坛暨北京大学"燕京学堂"（Yenching Academy）启动仪式在英杰交流中心举行。（宣传部 供）

9月10日是我国第30个教师节，北京大学举行2014年教师节庆祝大会，表彰在教学科研等工作中取得优异成绩的教师。（宣传部 供）

12月2日至3日，由国际战略研究院主办、中国人民外交学会提供合作的首届"北阁对话"年会在北京大学举行，与会人士包括多位外国前政要，以及相关领域的专家学者。（宣传部 供）

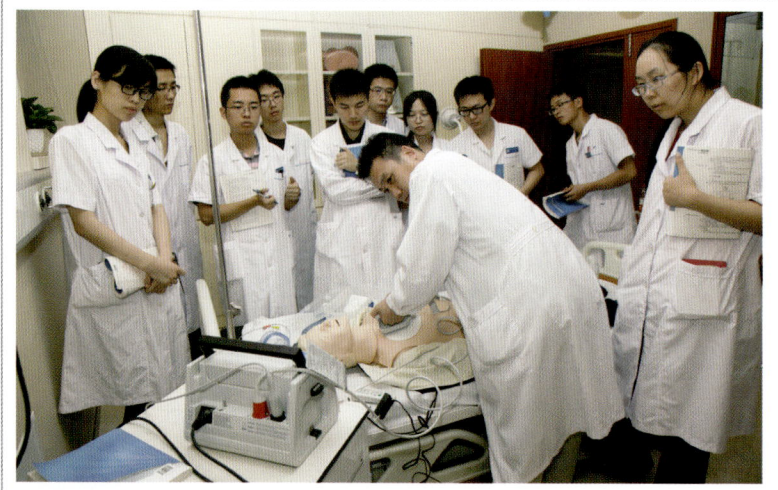

7月15日,人民医院"德育为先能力为重推进临床实践教学综合改革"项目获得2014年高等教育国家级教学成果奖获奖一等奖,连续三届获得国家级教学成果一等奖。(宣传部 供)

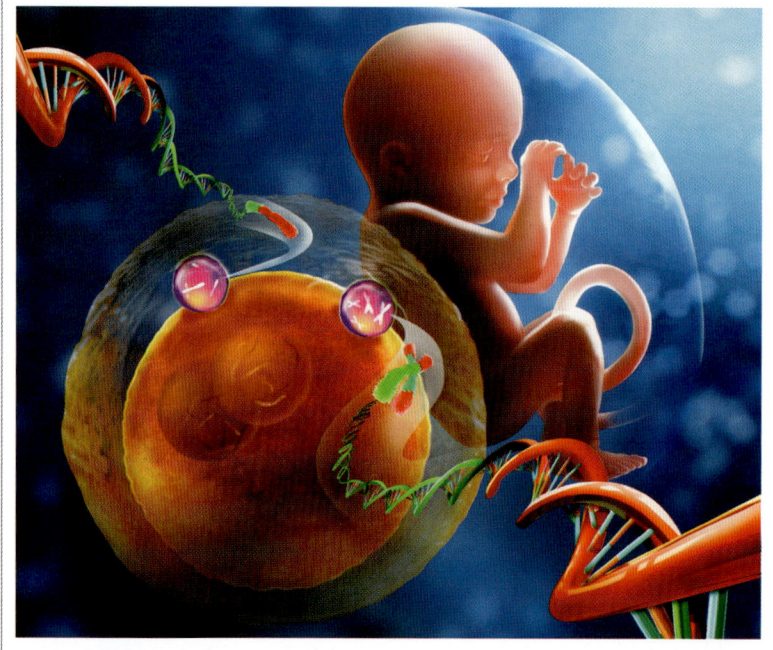

1月,乔杰-谢晓亮-汤富酬团队在国际上率先完成人类单个卵细胞全基因组测序。(宣传部 供)

5月25日至30日,校党委书记朱善璐率北京大学代表团访问台湾大学、台湾中山大学等,并签署相关合作交流协议。(宣传部 供)

5月28日,新华社与北京大学签署共建协议。(新闻与传播学院 供)

6月25日,2014年赴基层和西部地区就业毕业生欢送会在英杰交流中心举行。(宣传部 供)

12月5日,北京大学国际医院正式开业。(图为鸟瞰图,国际医院 供)

3月22日,美国总统夫人米歇尔·奥巴马来访,并在斯坦福中心发表演讲。(宣传部 供)

4月10日,泰国诗琳通公主一行来校访问。(宣传部 供)

4月1日,墨尔本大学校长Glyn Davis教授率团来访并签署了两校合作备忘录,共同建设北京大学—墨尔本大学精神病学研究与培训中心。(宣传部 供)

5月3日,建校116年前夕,北大国际校友在陈守仁国际研究中心举行聚会并宣布启动校友基金。(宣传部 供)

5月18日,北京大学获首都高校田径运动会男团第一,女团第二名。(宣传部 供)

7月1日、2日,北京大学本科生、研究生毕业典礼暨学位授予仪式相继在邱德拔体育馆举行。(宣传部 供)

11月，北京大学300余名志愿者服务于亚太经合组织（APEC）第二十二次领导非正式会议的各条战线。（宣传部 供）

12月20日，由以"青春成长传承"为主题的首届宿舍文化节在新太阳学生中心一层大厅开幕。（宣传部 供）

6月11日，北京大学男子篮球队夺得首个CUBA全国总冠军。（宣传部 供）

《北京大学年鉴(2015)》编辑委员会

主　　任：朱善璐　王恩哥
副主任：吴志攀　柯　杨　刘　伟　王　杰　于鸿君　敖英芳
　　　　叶静漪　李岩松　高　松　陈十一　王仰麟
委　　员：李晓明　张宝岭　邓　娅　程　旭　黄桂田　马化祥
　　　　孙　丽　陈宝剑　肖　渊　雷　虹　余　浚　胡新龙
　　　　胡少诚

《北京大学年鉴(2015)》编辑部

主　　编：张国有
副主编：马化祥　肖　渊　胡少诚
编　　辑：（按姓氏笔画为序）
　　　　王天天　左　婧　冯　路　任一丁　刘语潇　刘　鹏
　　　　汤继强　孙启明　李东辉　杨柠泽　杨凌春　杨　超
　　　　吴　明　利冠廷　张妙妙　张　琳　陈　捷　陈璇雯
　　　　徐聪颖　高慧芳　郭俊玲　曹冠英　彭湘兰　谢　婷
　　　　鞠　晓
统稿人：刘语潇

编 辑 说 明

《北京大学年鉴》是全面、客观、系统记述北京大学发展基本情况的大型专业性工具书，汇辑了北京大学一年内各方面、各层次的重要信息、资料和数据。

《北京大学年鉴(2015)》是北京大学建校以来的第十七本年鉴，反映了北京大学2014年度在教学改革、学科建设、科学研究、社会服务、对外交流等方面的发展进程和最新成就。

本年鉴以文章和条目为基本体裁，以条目为主。全书共分特载，专文，北大概况，基本数据，机构与干部，院系情况，教育教学与学科建设，科学研究与社会服务，管理与后勤保障，党建与思想政治工作，人物，党发、校发文目录，表彰与奖励，毕业生名单，大事记，附录等基本栏目。

本年度所收录的各院、系、所、中心等单位的资料基本按照发展概况、教学科研、合作交流、管理服务等条目编写。统计图表附在相关内容之后。

本年鉴所刊内容由各单位确定专人负责提供，并经本单位领导审定。

本年鉴采用双重检索系统，书前有目录，书后有索引。索引采用内容分析主题法，按汉语拼音排序，读者还可以通过书眉检索所需资料。

本年鉴主要收录了各单位2014年1月1日至12月31日期间发生的重大事件，部分内容依据实际情况，在时限上略有延伸。

本年鉴由北京大学党委办公室、校长办公室组织编写，在编写过程中，得到了各有关单位和部门的大力支持，在此谨表示衷心感谢。

《北京大学年鉴》编辑部

2015年12月

目 录

- 特 载 · …………………………………… (1)
- 习近平在北大考察：青年要自觉践行社会主义核心价值观 …………………………… (1)
- 青年要自觉践行社会主义核心价值观
  ——在北京大学师生座谈会上的讲话 …… (3)
- 北京大学深入学习贯彻习近平总书记五四重要讲话精神　以社会主义核心价值观为引领加快创建世界一流大学步伐 ……………… (7)
- 李克强向第十一届"北京论坛"致贺信 …… (8)
- 李克强回信北大泰国"学妹"以学长身份欢迎两名学生　祝两人在北京度过美好大学时光 …… (9)
- 埃塞俄比亚总统穆拉图访问北京大学 …… (11)
- 北京大学章程 ……………………………… (12)
- 北京大学认真贯彻落实十八届四中全会精神全面推进依法治校 ………………………… (18)

- 专 文 · …………………………………… (19)
- 校党委书记朱善璐在2014年春季全校干部大会上的讲话 ………………………… (19)
- 校长王恩哥在2014年春季全校干部大会上的讲话 ………………………………… (27)
- 校党委书记朱善璐在2014年秋季全校干部大会上的讲话 ………………………… (32)
- 校长王恩哥在2014年秋季全校干部大会上的讲话 ………………………………… (39)

- 北大概况 · ………………………………… (45)

- 基本数据 · ………………………………… (51)

- 机构与干部 · ……………………………… (55)
- 校领导机构 ………………………………… (55)
- 校务委员会 ………………………………… (55)
- 学术委员会 ………………………………… (56)
- 专业技术职务评审委员会 ………………… (56)
- 学位评定委员会 …………………………… (56)
- 学部学术委员会 …………………………… (57)
- 教职工代表大会执行委员会 ……………… (58)
- 医学部负责人 ……………………………… (58)
- 各院、系、所、中心负责人 ………………… (58)
- 机关各部门、工会、团委负责人 ………… (61)
- 直属、附属单位负责人 …………………… (63)
- 各民主党派和归国华侨联合会负责人 …… (64)

- 院系情况 · ………………………………… (66)
- 数学科学学院 ……………………………… (66)
- 物理学院 …………………………………… (69)
- 化学与分子工程学院 ……………………… (71)
- 生命科学学院 ……………………………… (75)
- 城市与环境学院 …………………………… (79)
- 地球与空间科学学院 ……………………… (81)
- 心理学系 …………………………………… (84)
- 建筑与景观设计学院 ……………………… (88)
- 信息科学技术学院 ………………………… (89)
- 工学院 ……………………………………… (93)
- 计算机科学技术研究所 …………………… (98)
- 软件与微电子学院 ………………………… (100)
- 环境科学与工程学院 ……………………… (101)
- 中国语言文学系 …………………………… (103)
- 历史学系 …………………………………… (104)
- 考古文博学院 ……………………………… (106)
- 哲学系（宗教学系） ……………………… (107)
- 外国语学院 ………………………………… (109)
- 艺术学院 …………………………………… (110)
- 对外汉语教育学院 ………………………… (111)
- 歌剧研究院 ………………………………… (113)
- 国际关系学院 ……………………………… (114)
- 经济学院 …………………………………… (116)
- 光华管理学院 ……………………………… (118)
- 法学院 ……………………………………… (119)
- 信息管理系 ………………………………… (121)
- 社会学系 …………………………………… (123)
- 政府管理学院 ……………………………… (124)
- 马克思主义学院 …………………………… (126)
- 教育学院 …………………………………… (127)

新闻与传播学院	(129)
人口研究所	(130)
国家发展研究院	(131)
体育教研部	(132)
基础医学院	(133)
药学院	(135)
公共卫生学院	(138)
护理学院	(140)
医学人文研究院/医学部公共教学部	(143)
第一医院（第一临床医学院）	(145)
人民医院（第二临床医学院）	(147)
第三医院（第三临床医学院）	(155)
口腔医院（口腔医学院）	(157)
肿瘤医院（临床肿瘤医学院）	(160)
第六医院（精神卫生研究所）	(163)
首钢医院	(165)
深圳医院	(168)
滨海医院	(169)
元培学院	(173)
燕京学堂	(175)
前沿交叉学科研究院	(176)
中国社会科学调查中心	(180)
《儒藏》编纂与研究中心	(182)
分子医学研究所	(182)
科维理天文与天体物理研究所	(184)
北京国际数学研究中心	(185)
深圳研究生院	(187)

· 教育教学与学科建设 · (193)

本科生教育	(193)
医学部本科生教育	(306)
研究生教育	(314)
医学部研究生教育	(321)
继续教育	(337)
医学继续教育	(340)
留学生与港澳台学生教育	(342)

· 科学研究与社会服务 · (343)

理工科与医科科研	(343)
文科科研	(369)
医院管理	(387)
科技开发	(389)
国内合作	(396)
主要区域发展服务机构	(398)
首都发展研究院	(398)
深港产学研基地	(405)
校办产业管理	(407)
医学部国内合作与产业管理	(408)
北大科技园	(410)
北大方正集团	(412)
北大青鸟集团	(415)
北大未名生物工程集团有限公司	(417)
北京北大维信生物科技有限公司	(419)
北京北大英华科技有限公司	(419)
北大资源集团	(420)
主要教学科研服务机构	(422)
图书馆	(422)
医学图书馆	(431)
出版社	(433)
医学部出版社	(434)
档案馆	(434)
校史馆	(435)
医学部档案馆	(437)
赛克勒博物馆	(438)
地质博物馆	(438)
体育馆	(439)
北京大学学报（自然科学版）	(440)
北京大学学报（哲学社会科学版）	(440)
北京大学学报（医学版）	(441)
计算中心	(441)
现代教育技术中心	(444)
海洋研究院	(445)
医学部信息通讯中心	(446)
医药卫生分析中心	(447)
实验动物科学部	(449)
中国药物依赖性研究所	(450)
中国卫生发展研究中心	(451)
医学信息学中心	(452)

· 管理与后勤保障 · (456)

"985工程"与"211工程"建设	(456)
发展规划工作	(457)
对外交流	(460)
人事管理	(463)
离退休工作	(464)
财务工作	(465)
审计工作	(470)
医学部审计工作	(471)

房地产管理 …………………………… (472)
肖家河教工住宅项目 ………………… (476)
实验室与设备管理 …………………… (479)
昌平校区管理 ………………………… (498)
基建工作 ……………………………… (499)
总务工作 ……………………………… (502)
　医学部总务工作 …………………… (505)
主要后勤保障服务机构 ……………… (508)
　会议中心 …………………………… (508)
　餐饮中心 …………………………… (510)
　动力中心 …………………………… (512)
　公寓服务中心 ……………………… (513)
　校园服务中心 ……………………… (515)
　燕园社区服务中心 ………………… (516)
燕园街道办事处 ……………………… (518)
北京大学医院 ………………………… (519)
北京大学附属中学 …………………… (521)
北京大学附属小学 …………………… (524)
信息化建设与管理办公室 …………… (525)
筹资与基金管理 ……………………… (529)
校友工作 ……………………………… (531)

· 党建与思想政治工作 · ………… (533)
组织工作 ……………………………… (533)
宣传工作 ……………………………… (536)
统战工作 ……………………………… (538)
纪检监察工作 ………………………… (544)
保卫工作 ……………………………… (546)
保密工作 ……………………………… (548)
工会与教代会工作 …………………… (549)
学生工作 ……………………………… (552)
　就业指导中心 ……………………… (556)
　青年研究中心 ……………………… (558)
　学生资助中心 ……………………… (559)
　心理健康教育与咨询中心 ………… (560)
共青团工作 …………………………… (562)
机关党建 ……………………………… (568)
后勤党建 ……………………………… (569)
　医学部后勤党建 …………………… (571)
直属单位党建 ………………………… (574)

产业系统党建 ………………………… (575)
　医学部产业系统党建 ……………… (577)

· 人　物 · …………………………… (579)
在校院士名录 ………………………… (579)
哲学社会科学资深教授名录 ………… (581)
部分长江学者名录 …………………… (581)
突出贡献专家 ………………………… (584)
教授名录 ……………………………… (585)
2014年逝世人员名单 ………………… (595)

· 2014年北京大学党发、校发文
　目录 · ……………………………… (598)

· 表彰与奖励 · …………………… (604)
党建与思想政治工作奖励 …………… (604)
教学科研奖励与奖教金 ……………… (613)
学生奖励与奖学金 …………………… (622)
共青团系统奖励 ……………………… (641)

· 毕业生名单 · …………………… (645)
本科毕业生名单 ……………………… (645)
研究生毕业生名单 …………………… (657)
留学生毕业生名单 …………………… (670)

· 2014年大事记 · ………………… (689)

· 附　录 · …………………………… (700)
2014年授予的名誉教授 ……………… (700)
2014年授予的名誉博士 ……………… (700)
2014年聘请的客座教授 ……………… (700)
2014年部分媒体报道索引 …………… (701)
北京大学2013—2014学年校历 ……… (713)
北京大学2014—2015学年校历 ……… (714)
《北京大学章程》制定大事记 ……… (715)
北京大学综合改革方案 ……………… (720)

· 索　引 · …………………………… (732)

· 特 载 ·

习近平在北大考察：青年要自觉践行社会主义核心价值观

在五四青年节这个属于青春的节日，中共中央总书记、国家主席、中央军委主席习近平来到北京大学考察。习近平代表党中央，向全国各族青年致以节日问候，向全国广大教育工作者和青年工作者致以崇高敬意。他强调，核心价值观承载着一个民族、一个国家的精神追求，是最持久、最深层的力量。广大青年要从现在做起，从自己做起，勤学、修德、明辨、笃实，使社会主义核心价值观成为自己的基本遵循，并身体力行大力将其推广到全社会去，努力在实现中国梦的伟大实践中创造自己的精彩人生。

今年是五四运动95周年，北京大学是我国新文化运动的中心和五四运动的策源地。习近平一直关心着北京大学改革发展和师生学习工作生活情况，近年来多次来这里考察调研。

春天的燕园，湖光塔影，绿树婆娑。上午9时，习近平在北京大学党委书记朱善璐、校长王恩哥陪同下，首先来到北京大学人文学苑，观看人文社科成果展。展览展示了北京大学文学、历史、哲学、考古学科取得的重要学术成就和北大图书馆馆藏重要文献，包括《共产党宣言》多种译本。习近平向马克垚教授、袁行霈教授等详细了解人文社科学科发展情况，对北京大学传承和弘扬中华优秀传统文化取得的成果给予肯定。

展室北侧是一座幽静的小院，87岁的著名哲学家汤一介教授从研究室走出来欢迎总书记，习近平快步迎上去，走入研究室，同他促膝交谈。汤一介介绍了编纂大型国学丛书《儒藏》的情况，习近平问他有什么困难和需要，赞扬他勤奋严谨的治学精神。走出研究室，习近平同在庭院内的师生亲切交流。他表示，推进中国改革发展，实现现代化，需要哲学精神指引，需要历史镜鉴启迪，需要文学力量推动。文史哲研究要关注人们的精神世界，关注社会现实问题，积极回应社会关切，帮助人们更好认识自己、认识世界，确立不断前进的方向和信心。这是当代学术研究应该承担的社会责任。

成立于2010年的北京大学生物动态光学成像中心，利用最先进的生物成像和基因测序手段，从事生命科学和医学基础研究。习近平来到这里，观看多媒体演示，了解胎儿遗传疾病筛查、癌症早期诊断等新技术研究应用的情况，并通过显微镜观看动物卵细胞受精和极体细胞提取过程。习近平勉励科研人员刻苦攻关、勇于创新。中心主任、美国科学院院士谢晓亮告诉总书记，自己已决心全职回国工作，并将带领团队吸引更多海外优秀人才。习近平说，很好！现在我们国力增强了，要有凝心聚力办大事的自信，关键是要把最好的资源配置起来，让各类人才的智慧充分发挥，聚天下英才而用之，通过大家一个个人生梦、事业梦的实现，促进整个中国梦的实现。

从实验室出来，习近平沿着校园小路步入静园草坪，这里正在举行"青春中国梦，赤忱五四情——北京大学纪念五四运动95周年青春诗会"。看到总书记来了，师生们报以热烈的掌声，习近平走到他们中间。身着五四时期学生装的师生们在悠扬的小提琴曲伴奏下，朗诵着自己创作的诗歌《聆听青年》和毛泽东同志词作《沁园春·长沙》。习近平同大家一起欣赏了师生们充满激情的朗诵。习近平同师生们握手交谈，称赞他们的朗诵透着自信，表达了强烈的历史责任感和自豪感，希望他们紧跟时代，既创作出优美的文字诗篇，又创作出壮丽的人生诗篇。

10时40分，习近平来到北京大学英杰交流中心，参加师生座谈会。学校领导和师生代表先后发言，习近平边听边记，不时就有关问题提出询问，同师生们一起讨论。

在听取了大家发言后，习近平发表了重要讲话。他指出，当代大学生是可爱、可信、可贵、可为的。时间之河川流不息，每一代青年都有自己的际遇和机缘，都要在自己所处的时代条件下谋划人生、创造历史。青年是标志时代的最灵敏的晴雨表，时代的责任赋予青年，时代的光荣属于青年。广大青年对五四运动的最好纪念，就是在党的领导下，勇做走在时代前列的奋进者、开拓者、奉献者，同全国各族人民一道，担负起历史重任，让五四精神放射出更加夺目的时代光芒。

习近平强调，每个时代都有每个时代的精神，每个时代都有每个时代的价值观念。一个民族、一个国家的核心价值观必须同这个民族、这个国家的历史文化相契合,同这个民族、这个国家的人民正在进行的奋斗相结合,同这个民族、这个国家需要解决的时代问题相适应。

习近平指出,确立反映全国各族人民共同认同的价值观,关乎国家前途命运,关乎人民幸福安康。我们提出要倡导富强、民主、文明、和谐,倡导自由、平等、公正、法治,倡导爱国、敬业、诚信、友善,积极培育和践行社会主义核心价值观。社会主义核心价值观把涉及国家、社会、公民的价值要求融为一体,既体现了社会主义本质要求,继承了中华优秀传统文化,也吸收了世界文明有益成果,体现了时代精神。中华文明绵延数千年,有其独特的价值体系,我们提倡和弘扬社会主义核心价值观,必须从中汲取丰富营养,否则就不会有生命力和影响力。要在全社会牢固树立社会主义核心价值观,全体人民一起努力,通过持之以恒的奋斗,把我们的国家建设得更加富强、更加民主、更加文明、更加和谐、更加美丽,让中华民族以更加自信、更加自强的姿态屹立于世界民族之林。

习近平强调,青年的价值取向决定了未来整个社会的价值取向,而青年又处在价值观形成和确立的时期,抓好这一时期的价值观养成十分重要。这就像穿衣服扣扣子一样,如果第一粒扣子扣错了,剩余的扣子都会扣错。人生的扣子从一开始就要扣好。核心价值观的养成绝非一日之功,要坚持由易到难、由近及远,努力把核心价值观的要求变成日常的行为准则,进而形成自觉奉行的信念理念。广大青年树立和培育社会主义核心价值观,要在勤学、修德、明辨、笃实上下功夫,下得苦功夫、求得真学问,加强道德修养、注重道德实践,善于明辨是非、善于决断选择,扎扎实实干事、踏踏实实做人,立志报效祖国、服务人民,于实处用力,从知行合一上下功夫。

习近平强调指出,党中央作出了建设世界一流大学的战略决策,我们要朝着这个目标坚定不移前进,不断深化教育体制改革。办好中国的世界一流大学,必须有中国特色。各级党委和政府要高度重视高校工作,始终关心和爱护学生成长。要全面深化改革,营造公平公正的社会环境,不断激发广大青年的活力和创造力。要强化就业创业服务体系建设,支持帮助学生们迈好走向社会的第一步。教师承担着最庄严、最神圣的使命,要时刻铭记教书育人的使命,以人格魅力引导学生心灵,以学术造诣开启学生的智慧之门。

总书记的讲话,在师生们心中引起强烈共鸣,大家表示一定不辜负总书记的关怀和嘱托。

习近平离开学校时,热情的师生簇拥着争相向总书记问好,习近平向大家频频挥手致意。火一样的青春活力涌动在春天的北大校园。

王沪宁、刘延东、李源潮、栗战书、郭金龙和中央有关部门负责同志参加上述活动。

(新华社北京 5 月 4 日电)

青年要自觉践行社会主义核心价值观
——在北京大学师生座谈会上的讲话

习近平

（2014 年 5 月 4 日）

各位同学、各位老师、同志们：

今天是五四青年节，很高兴来到北京大学同大家见面，共同纪念五四运动 95 周年。首先，我代表党中央，向北京大学全体师生员工，向全国各族青年，致以节日的问候！向全国广大教育工作者和青年工作者，致以崇高的敬意！

刚才，朱善璐同志汇报了学校工作情况，几位同学、青年教师分别作了发言，大家讲得都很好，听后很受启发。这是我到中央工作以后第五次到北大，每次来都有新的体会。在洋溢着青春活力的校园里一路走来，触景生情，颇多感慨。我感到，当代大学生是可爱、可信、可贵、可为的。

五四运动形成了爱国、进步、民主、科学的五四精神，拉开了中国新民主主义革命的序幕，促进了马克思主义在中国的传播，推动了中国共产党的建立。五四运动以来，在中国共产党领导下，一代又一代有志青年"以青春之我，创建青春之家庭，青春之国家，青春之民族，青春之人类，青春之地球，青春之宇宙"，在救亡图存、振兴中华的历史洪流中谱写了一曲曲感天动地的青春乐章。

北京大学是新文化运动的中心和五四运动的策源地，是这段光荣历史的见证者。长期以来，北京大学广大师生始终与祖国和人民共命运、与时代和社会同前进，在各条战线上为我国革命、建设、改革事业作出了重要贡献。

党的十八大提出了"两个一百年"奋斗目标。我说过，现在，我们比历史上任何时期都更接近实现中华民族伟大复兴的目标，比历史上任何时期都更有信心、更有能力实现这个目标。

行百里者半九十。距离实现中华民族伟大复兴的目标越近，我们越不能懈怠、越要加倍努力，越要动员广大青年为之奋斗。

光阴荏苒，物换星移。时间之川流不息，每一代青年都有自己的际遇和机缘，都要在自己所处的时代条件下谋划人生、创造历史。青年是标志时代的最灵敏的晴雨表，时代的责任赋予青年，时代的光荣属于青年。

广大青年对五四运动的最好纪念，就是在党的领导下，勇做走在时代前列的奋进者、开拓者、奉献者，以执着的信念、优良的品德、丰富的知识、过硬的本领，同全国各族人民一道，担负起历史重任，让五四精神放射出更加夺目的时代光芒。

同学们、老师们！

大学是一个研究学问、探索真理的地方，借此机会，我想就社会主义核心价值观问题，同各位同学和老师交流交流想法。

我想讲这个问题，是从弘扬五四精神联想到的。五四精神体现了中国人民和中华民族近代以来追求的先进价值观。爱国、进步、民主、科学，都是我们今天依然应该坚守和践行的核心价值，不仅广大青年要坚守和践行，全社会都要坚守和践行。

人类社会发展的历史表明，对一个民族、一个国家来说，最持久、最深层的力量是全社会共同认可的核心价值观。核心价值观，承载着一个民族、一个国家的精神追求，体现着一个社会评判是非曲直的价值标准。

古人说："大学之道，在明明德，在亲民，在止于至善。"核心价值观，其实就是一种德，既是个人的德，也是一种大德，就是国家的德、社会的德。国无德不兴，人无德不立。如果一个民族、一个国家没有共同的核心价值观，莫衷一是，行无依归，那这个民族、这个国家就无法前进。这样的情形，在我国历史上，在当今世界上，都屡见不鲜。

我国是一个有着 13 亿多人口、56 个民族的大国，确立反映全国各族人民共同认同的价值观"最大公约数"，使全体人民同心同德、团结奋进，关乎国家前途命运，关乎人民幸福安康。

每个时代都有每个时代的精神，每个时代都有每个时代的价值观念。国有四维，礼义廉耻，"四维不张，国乃灭亡。"这是中国先人对当时核心价值观的认识。在当代中国，我们的民族、我们的国家应该坚守什么样的核心价值观？这个问题，是一个理论问题，也是一个实践问题。经过反复征求意见，综合各方面认识，我们提出要倡导富强、民主、文明、和谐,倡导自由、平等、公正、法治,倡导爱国、敬业、诚信、友善,积极培育和践行社会主义核心价值观。富强、民主、文明、和谐是国家层面的价值要求,自由、平等、公正、法治是社会层面的价值要求,爱国、敬业、诚信、友善是公民层面的价值要求。这个概括,实际上回答了我们要建设什么样的国家、建设什么样的社会、培育什么样的公民的重大问题。

中国古代历来讲格物致知、诚意正心、修身齐家、治国平天下。从某种角度看,格物致知、诚意正心、修身是个人层面的要求,齐家是社会层面的要求,治国平天下是国家层面的要求。我们提出的社会主义核心价值观,把涉及国家、社会、公民的价值要求融为一体,既体现了社会主义本质要求,继承了中华优秀传统文化,也吸收了世界文明有益成果,体现了时代精神。

富强、民主、文明、和谐,自由、平等、公正、法治,爱国、敬业、诚信、友善,传承着中国优秀传统文化的基因,寄托着近代以来中国人民上下求索、历经千辛万苦确立的理想和信念,也承载着我们每个人的美好愿景。我们要在全社会牢固树立社会主义核心价值观,全体人民一起努力,通过持之以恒的奋斗,把我们的国家建设得更加富强、更加民主、更加文明、更加和谐、更加美丽,让中华民族以更加自信、更加自强的姿态屹立于世界民族之林。

建设富强民主文明和谐的社会主义现代化国家,实现中华民族伟大复兴,是鸦片战争以来中国人民最伟大的梦想,是中华民族的最高利益和根本利益。今天,我们13亿多人的一切奋斗归根到底都是为了实现这一伟大目标。中国曾经是世界上的经济强国,后来在世界工业革命如火如荼、人类社会发生深刻变革的时期,中国丧失了与世界同进步的历史机遇,落到了被动挨打的境地。尤其是鸦片战争之后,中华民族更是陷入积贫积弱、任人宰割的悲惨状况。这段历史悲剧决不能重演!建设富强民主文明和谐的社会主义现代化国家,是我们的目标,也是我们的责任,是我们对中华民族的责任,对前人的责任,对后人的责任。我们要保持战略定力和坚定信念,坚定不移走自己的路,朝着自己的目标前进。

中国已经发展起来了,我们不认可"国强必霸"的逻辑,坚持走和平发展道路,但中华民族被外族任意欺凌的时代已经一去不复返了!为什么我们现在有这样的底气?就是因为我们的国家发展起来了。现在,中国的国际地位不断提高、国际影响力不断扩大,这是中国人民用自己的百年奋斗赢得的尊敬。想想近代以来中国丧权辱国、外国人在中国横行霸道的悲惨历史,真是形成了鲜明对照!

中华文明绵延数千年,有其独特的价值体系。中华优秀传统文化已经成为中华民族的基因,植根在中国人内心,潜移默化影响着中国人的思想方式和行为方式。今天,我们提倡和弘扬社会主义核心价值观,必须从中汲取丰富营养,否则就不会有生命力和影响力。比如,中华文化强调"民惟邦本""天人合一""和而不同",强调"天行健,君子以自强不息""大道之行也,天下为公";强调"天下兴亡,匹夫有责",主张以德治国、以文化人;强调"君子喻于义""君子坦荡荡""君子义以为质";强调"言必信,行必果""人而无信,不知其可也";强调"德不孤,必有邻""仁者爱人""与人为善""己所不欲,勿施于人""出入相友,守望相助""老吾老以及人之老,幼吾幼以及人之幼""扶贫济困""不患寡而患不均",等等。像这样的思想和理念,不论过去还是现在,都有其鲜明的民族特色,都有其永不褪色的时代价值。这些思想和理念,既随着时间推移和时代变迁而不断与时俱进,又有其自身的连续性和稳定性。我们生而为中国人,最根本的是我们有中国人的独特精神世界,有百姓日用而不觉的价值观。我们提倡的社会主义核心价值观,就充分体现了对中华优秀传统文化的传承和升华。

价值观是人类在认识、改造自然和社会的过程中产生与发挥作用的。不同民族、不同国家由于其自然条件和发展历程不同,产生和形成的核心价值观也各有特点。一个民族、一个国家的核心价值观必须同这个民族、这个国家的历史文化相契合,同这个民族、这个国家的人民正在进行的奋斗相结合,同这个民族、这个国家需要解决的时代问题相适应。世界上没有两片完全相同的树叶。一个民族、一个国家,必须知道自己是谁,是从哪里来的,要到哪里去,想明白了、想对了,就要坚定不移朝着目标前进。

去年12月26日,我在纪念毛泽东同志诞辰120周年座谈会上讲话时说:站立在960万平方公里的广袤土地上,吸吮着中华民族漫长奋斗积累的文化养分,拥有13亿中国人民聚合的磅礴之力,我们走自己的路,具有无比广阔的舞台,具有无比深厚的历史底蕴,具有无比强大的前进定力。中国人民应该有这个信心,每一个中国人都应该有这个信心。我们要虚心学习借鉴人类社会创造的一切文明成果,但我们不能数典忘祖,不能照抄照搬别国的发展模式,也绝不会接受任何外国颐指气使的说教。

我说这话的意思是,实现我们的发展目标,实现中国梦,必须增强道路自信、理论自信、制度自信,"千磨万击还坚劲,任尔东南西北风"。而这"三个自信"需要我们对核心价值观的认定作支撑。

我为什么要对青年讲讲社会主义核心价值观这个问题?是因为青年的价值取向决定了未来整个社会的价值取向,而青年又处在价值观形成和确立的时期,抓好这一时期的价值观养成十分重要。这就像穿衣服扣扣子一样,如果第一粒扣子扣错了,剩余的扣子都会扣错。人生的扣子从一开始就要扣好。"凿井者,起于三寸之坎,以就万仞之深。"青年要从现在做起、从自己做起,使社会主义核心价值观成为自己的基本遵循,并身体力行大力将其推广到全社会去。

广大青年树立和培育社会主义核心价值观,要在以下几点上下功夫。

一是要勤学,下得苦功夫,求得真学问。知识是树立核心价值观的重要基础。古希腊哲学家说,知识即美德。我国古人说:"非学无以广才,非志无以成学。"大学的青春时光,人生只有一次,应该好好珍惜。为学之要贵在勤奋、贵在钻研、贵在有恒。鲁迅先生说过:"哪里有天才,我是把别人喝咖啡的工夫都用在工作上的。"大学阶段,"恰同学少年,风华正茂",有老师指点,有同学切磋,有浩瀚的书籍引路,可以心无旁骛求知问学。此时不努力,更待何时?要勤于学习、敏于求知,注重把所学知识内化于心,形成自己的见解,既要专攻博览,又要关心国家、关心人民、关心世界,学会担当社会责任。

二是要修德,加强道德修养,注重道德实践。"德者,本也。"蔡元培先生说过:"若无德,则虽体魄智力发达,适足助其为恶。"道德之个人、之社会,都具有基础性意义,做人做事第一位的是崇德修身。这就是我们的用人标准为什么是德才兼备、以德为先,因为德是首要、是方向,一个人只有明大德、守公德、严私德,其才能用得其所。修德,既要立意高远,又要立足平实。要立志报效祖国、服务人民,这是大德,养大德者方可成大业。同时,还得从做好小事、管好小节开始起步,"见善则迁,有过则改",踏踏实实修好公德、私德,学会劳动、学会勤俭,学会感恩、学会助人,学会谦让、学会宽容,学会自省、学会自律。

三是要明辨,善于明辨是非、善于决断选择。"学而不思则罔,思而不学则殆。"是非明,方向清,路子正,人们付出的辛劳才能结出果实。面对世界的深刻复杂变化,面对信息时代各种思潮的相互激荡,面对纷繁多变、鱼龙混杂、泥沙俱下的社会现象,面对学业、情感、职业选择等多方面的考量,一时有些疑惑、彷徨、失落,是正常的人生经历。关键是要学会思考、善于分析、正确抉择,做到稳重自持、从容自信、坚定自励。要树立正确的世界观、人生观、价值观,掌握了这把总钥匙,再来看看社会万象、人生历程,一切是非、正误、主次,一切真假、善恶、美丑,自然就洞若观火、清澈明了,自然就能做出正确判断、做出正确选择。正所谓"千淘万漉虽辛苦,吹尽狂沙始到金"。

四是要笃实,扎扎实实干事,踏踏实实做人。道不可坐论,德不能空谈。于实处用力,从知行合一上下功夫,核心价值观才能内化为人们的精神追求,外化为人们的自觉行动。《礼记》中说:"博学之,审问之,慎思之,明辨之,笃行之。"有人说:"圣人是肯做工夫的庸人,庸人是不肯做工夫的圣人。"青年有着大好机遇,关键是要迈稳步子、夯实根基、久久为功。心浮气躁,朝三暮四,学一门丢一门,干一行弃一行,无论为学还是创业,都是最忌讳的。"天下难事,必作于易;天下大事,必作于细。"成功的背后,永远是艰辛努力。青年要把艰苦环境作为磨炼自己的机遇,把小事当作大事干,一步一个脚印往前走。滴水可以穿石。只要坚韧不拔、百折不挠,成功就一定在前方等你。

核心价值观的养成绝非一日之功,要坚持由易到难、由近及远,努力把核心价值观的要求变成日常的行为准则,进而形成自觉奉行的信念理念。不要顺利的时候,看山是山、看水是水,一遇挫折,就怀疑动摇,看山不是山、看水不是水了。无论什么时候,我们都要坚守在中国大地上形成和发展起来的社会主义核心价值观,在时代大潮中建功立业,成就自己的宝贵人生。

同学们、老师们!

党中央作出了建设世界一流大学的战略决策,我们要朝着这个目标坚定不移前进。办好中国的世界一流大学,必须有中国特色。没有特色,跟在他人后面亦步亦趋,依样画葫芦,是不可能办成功的。这里可以套用一句话,越是民族的越是世界的。世界上不会有第二个哈佛、牛津、斯坦福、麻省理工、剑桥,但会有第一个北大、清华、浙大、复旦、南大等中国著名学府。我们要认真吸收世界上先进的办学治学经验,更要遵循教育规律,扎根中国大地办大学。

鲁迅先生说:"北大是常为新的,改进的运动的先锋,要使中国向着好的,往上的道路走。"党的十八届三中全会吹响了全面深化改革的号角,也对深化我国高等教育改革提出了明确要求。现在,关键是把蓝图一步步变为现实。全国高等院校要走在教育改革前列,紧紧围绕立德树人的根本任务,加快构建充满活力、富有效率、更加开放、有利于学校科学发展的体制机制,当好教育改革排头兵。我也希望北京大学通过埋头苦干和改革创新,早日实现几代北大人创建世界一流大学的梦想。

教师承担着最庄严、最神圣的使命。梅贻琦先生说:"所谓大学者,非谓有大楼之谓也,有大师之谓也。"我体会,这样的大师,既是学问之师,又是品行之师。教师要时刻铭记教书育人的使命,甘当人梯,甘当铺路石,以人格魅力引导学生心灵,以学术造诣开启学生的智慧之门。

各级党委和政府要高度重视高校工作,始终关心和爱护学生成长,为他们放飞青春梦想、实现人生出彩搭建舞台。要全面深化改革,营造公平公正的社会环境,促进社会流动,不断激发广大青年的活力和创造力。要强化就业创业服务体系建设,支持帮助学生们迈好走向社会的第一步。各级领导干部要经常到学生们中去、同他们交朋友,听取他们的意见和建议。

现在在高校学习的大学生都是20岁左右,到2020年全面建成小康社会时,很多人还不到30岁;到21世纪中叶基本实现现代化时,很多人还不到60岁。也就是说,实现"两个一百年"奋斗目标,你们和千千万万青年将全过程参与。有信念、有梦想、有奋斗、有奉献的人生,才是有意义的人生。当代青年建功立业的舞台空前广阔、梦想成真的前景空前光明,希望大家努力在实现中国梦的伟大实践中创造自己的精彩人生。

我相信,当代中国青年一定能够担当起党和人民赋予的历史重任,在激扬青春、开拓人生、奉献社会的进程中书写无愧于时代的壮丽篇章!

(新华社北京5月4日电)

北京大学深入学习贯彻习近平总书记五四重要讲话精神
以社会主义核心价值观为引领　加快创建世界一流大学步伐

北京大学认真学习贯彻习近平总书记五四讲话精神，以社会主义核心价值观为引领，埋头苦干，改革创新，加快创建世界一流大学步伐。

落实立德树人根本任务，用社会主义核心价值观培育青年、武装思想、引领发展。制定《关于加强立德树人、践行社会主义核心价值观、全面提高教育质量的意见》。通过举办读书沙龙、学生学术研讨会、知名教授与学生谈心座谈、组织跨专业跨学科兴趣小组等形式，加强学风建设。通过新生"理想启航"计划，毕业生就业"家·国"战略，"大学生年度人物评选"、"未名星"评选等，引导学生加强品德修养。完善和推广"燕园领航"计划，开展"教授茶座"活动，完善学生素质综合测评体系，建立优秀导师的奖励表彰机制等举措，推进分类指导，引导学生明辨。成立"北京大学实践育人工作研究中心"，开展实践育人专题研究，统筹培育新的实践育人项目，组建学生宣讲团，到社区、学校、企业开展核心价值观宣讲活动，深化实践育人。

发扬埋头苦干、改革创新精神，当好教育改革排头兵。进一步完善"加强基础、尊重选择"的多样化人才培养体系，探索和扩大元培计划住宿学院规模，探索"本科3年+硕士2年"的本硕连读制度、研究生双学位制度，不断完善博士生联合培养模式。大力实施开放合作战略，启动"燕京学堂"建设，汇集全球智力，联合培养中国学高端人才。落实和扩大办学自主权，探索对学校实行"负面清单"管理方式；完善学校法人治理结构，健全以学术委员会为核心的学术管理体系和组织架构，健全以大学章程为核心的制度体系，推进学校治理结构和治理能力现代化。落实院系在资源配置、经费预算和管理方面的主体地位，逐步实现从按院系学生数量向按课程配置资源的转变。进一步完善学校、院系、个人三级资源监管体系，构建学校、社会、政府多层次监督机制。改得学校重大项目论证、立项、资金保障、过程管理、审计监督等各个环节的管理机制。

持续实施人才强校战略，抓好教师队伍建设这一基础性工程。通过"小班课教学""新生研讨班""翻转课堂"等教学改革试验，创新教学方法，提升教师教学能力，逐步推行新生导师和学术科研导师相结合的本科导师辅导制，引导广大教师弘扬优良教风，做学生健康成长的指导者和引路人。继续深化以教师聘任和职务晋升制度为核心的人事制度改革，实施教学科研职位分系列管理和聘任制度；建立教师联合聘任及考核激励机制，进一步探索交叉研究人才的聘任、评价考核和晋升。结合国家战略导向和重大需求，实施"博雅大师计划"，提升教师队伍的国际学术竞争力。依托国家人才计划、重点创新项目、重点学科和重点实验室等平台，健全高端人才和优秀青年人才发现、吸引、培养、使用的机制。

全面加强党的建设，为办好人民满意大学提供坚强政治保证。制定《北京大学党的建设2014—2018年工作规划》，全面落实习近平总书记对新时期高校党建工作的要求，不断提高党领导创建世界一流大学的能力。把巩固和扩大群众路线教育实践活动成果与推进学校综合改革结合起来，对整改落实工作实行台账化管理、排行榜制度和网上绩效考核，建立以服务对象为主体参与的管理服务评估机制，探索一站式服务和首问负责制，把作风建设的新成效转化为加快发展、提高师生满意度的新动力。加强对高层次人才的组织关怀和教育引导，改革培养方式，加强高端人才和大学生中的党员发展工作。适应教学科研组织方式改革需要，优化基层党组织设置，做到党组织与新生事业机构设置同步进行、党组织作用同时发挥，突出服务职能，营造和谐创新的组织文化。

发挥哲学社会科学综合优势，加强对总书记重要讲话精神的系统研究和深度解读。组织专家学者结合党的理论建设和相关学科建设，深化对讲话精神和社会主义核心价值观的专题研究和解读，形成一批有较大社会影响力和辐射面的理论研究成果。推出社会主义核心价值观专项研究课题，面向全校接受申请。筹备成立相对独立的社会主义核心价值观研究机构，并加强与其他相关单位和兄弟院校的联合研究。举办系列学习座谈会、辅导报告会、理论研讨会等，对讲话精神进行深入研讨和深度解读。组织专家深入基层、深入实践、深入社会，开展形式多样的宣讲活动。

李克强向第十一届"北京论坛"致贺信

第十一届"北京论坛"11月7日在北京开幕。国务院总理李克强向论坛发来贺信。国务院副总理刘延东出席开幕式,宣读了李克强的贺信。

李克强在贺信中表示,经过10年努力,"北京论坛"已成为具有影响的中外学术交流平台。今年论坛以"文明的和谐与共同繁荣——中国与世界:传统、现实与未来"为主题,具有鲜明的时代意义。希望与会代表通过回顾传统、分享现实、共展未来,碰撞出更多促进不同文明交融互鉴的思想火花。

李克强指出,当前世界多极化、经济全球化和文明多样化深入发展,各国利益相互依存,应当相互理解和尊重对方不同的传统文化和发展现实,和谐相处,共同发展。中国是一个拥有伟大传统和灿烂文明的古国,也是一个蓬勃向上、充满生机的发展中大国。中国愿从自身国情出发,以更加开放、包容的姿态,加强同世界各国的交流合作,借鉴人类一切文明的有益成果,努力建设一个拥有高度文明的现代化中国,也为建设更加和谐繁荣的世界做出更大贡献。

刘延东在致辞中强调,促进文明的和谐与共同繁荣,符合历史发展大势,承载着人类社会的共同愿望。中国将坚定不移走和平发展道路,继续全面深化改革,扩大对外开放,改善和保障民生,为实现中华民族伟大复兴的中国梦不懈奋斗。同时,也将进一步加强与各国的人文交流,增进人民之间的了解与友谊,构筑国家友好的坚实支柱,努力促进多样文明和谐共生,为推动人类社会持久和平和持续繁荣进步贡献力量。

联合国秘书长潘基文在视频贺词中高度赞赏论坛对全球和地区重大问题的关注,希望与会者为推动全球发展和应对共同挑战提出真知灼见,为实现联合国千年发展目标做出贡献。

"北京论坛"创办于2004年,是由北京大学等中外机构联合主办的国际性学术会议,致力于推动亚太地区人文社会科学研究,促进地区乃至世界的学术发展与社会进步。

(新华网北京2014年11月7日电)

李克强回信北大泰国"学妹"以学长身份欢迎两名学生 祝两人在北京度过美好大学时光

《北京青年报》(2014年12月18日 A05版)

昨天,北京大学两名泰国留学生收到李克强总理回信。国侨办文化司副巡视员梁智卫在北京大学召开的李克强总理复信泰国学生座谈会上,现场宣读了总理回信。

写信
受李克强鼓舞考入北大 留学生写信感谢

两个月前,提笔写信的泰国留学生白云莹、李慧敏根本不敢期望总理回信,李慧敏说,当时只是单纯地想表示一下感谢。这是两人第一次给国家领导人写信。

2013年10月13日,李克强在清迈参观百年华校崇华新生华立学校时,走进白云莹和李慧敏上课的教室,与学生交流。白云莹告诉总理,自己的心愿是高考考上北京大学。一直很想到中国读书的李慧敏,则想要当个中文老师,希望清迈能够有一所高等中文院校,她从老师那里知道李克强毕业于北京大学。

"本来我们对来中国读书没有多大信心,因为太难了,因为是北大。"李慧敏说,总理得知后给她们很大的鼓励,"当总理给我们信心,我们就努力起来"。3个月后,白云莹、李慧敏两人凭借汉语六级221分、212分的高分,成功免去笔试进入北京大学在曼谷海外招生的面试阶段,并于今年4月,凭借面试的优异表现被北京大学录取。

今年9月,两人正式进入北京大学就读。白云莹说,自己跟妈妈提起想要写封信感谢总理,妈妈非常赞同,认为这是懂礼节的表现。白云莹和李慧敏都是华裔泰国人,两人祖上也都是云南人。

传信
国侨办作"信使"60天内收到回信

作为泰国留学生和李克强之间的信使,国侨办对总理的回信速度感到吃惊。国侨办文化司副巡视员梁智卫说,白云莹、李慧敏写完信后拜托国侨办转交,没想到总理回信很快。

李克强回信的落款时间是12月11日,白云莹、李慧敏两人信上的落款时间分别是10月19日、10月18日,前后不到60天。

白云莹告诉北京青年报记者,写信中,她遇到的难题是:如何用中文表达尊敬,怎么去选择合适的中文词写信表达感谢。

白云莹和李慧敏写给总理的信,就用了不同的称呼。白云莹称呼李克强为"敬爱的总理",落款为"敬爱您的人白云莹";李慧敏则以"尊敬的李克强总理"开头,以"李慧敏敬上"结尾,更符合中国人的传统。李慧敏还在信里悄悄问"北大学长":"我喜欢校内松林早餐店的生煎包子和南瓜粥,不知您喜欢吗?"

虽然同住一个宿舍,两人却从来没商量过怎么写。白云莹告诉北青报记者,到现在,她们都不知道对方给总理写了什么。她们写完一起递交给国务院侨办,根本没抱希望能够收到回信,却得知总理回信了。

回信
李克强回信自称学长寄语北大"学妹"

国侨办文化司副巡视员梁智卫昨天专程到北大宣读回信。北大专门召开了李克强总理复信泰国学生座谈会,北京大学副校长李岩松参加座谈会。

李岩松对受邀参加座谈会的14位泰国、马来西亚的留学生说,总理回信对北大学生留学生发展是很重要的事情,将来会有更多的留学生来北大学习。

李克强的回信共396字(加标点符号)。梁智卫感觉这封信很长,"作为国家领导人写这么长的信不多,回信一般都是简单的批示"。

李克强在信中回顾了与泰国留学生白云莹、李慧敏在泰国清迈的短暂交流,称两人的发言让他印象深刻。李克强称赞两人留学北大是自身勤奋上进的成果,希望两人能在美丽的燕园通过系统学习拓宽眼界,积极做两国文化交流的使者。

现场听完回信的白云莹、李慧敏很激动。12月12日,两人刚得知李克强总理回信后,第一反应是不敢相信。在昨天的座谈会上亲耳听到回信的内容,两个人还是有点不敢相信。"在泰国,能收到总理回信的应该是很重要的人。"白云莹说。

延展
总理给谁回过信？

北青报记者统计发现，包括此次回信在内，2014年李克强至少回过11次信。其中，3次回信给村民，6次回信给学生。

总理给江苏省江浦高级中学新疆班维吾尔族学生古丽米热·米提吾拉、山西晋城市泽州县李寨中学的全体师生、吉林大学白求恩志愿者协会志愿者、安徽省六安市金寨县希望小学师生、陕西省镇安县云盖寺镇移民安置社区初一女生江欣桐，以及这次的泰国留学生回信。内蒙古包头北梁棚户区居民高俊平、内蒙古赤峰市翁牛特旗村民、广西南宁市良庆区那马镇坛良村坛板坡村民收到了总理的回信。另外，总理还给三联韬奋书店的全体员工，资助新疆姑娘古丽米热·米提吾拉的"南京爸爸"回过信。

国侨办文化司副巡视员梁智卫是此次总理的"信使"。在前10次的回信中，都有哪些人担任过总理的"信使"？北青报记者注意到，很多时候，收信人所在省份的党政一把手派"特使"作为总理"信使"。陕西省政府秘书长陈国强和省教育厅厅长李兴旺，曾为移民安置社区初一女生江欣桐送信。时任山西省委书记袁纯清、省长李小鹏也曾委托副省长张复明，给李寨中学的全体师生送过总理回信。

（文/本报记者 邹春霞）

李克强回信内容（根据录音整理）

白云莹、李慧敏同学：

来信得知你们已进入北京大学学习，我很高兴。北大是我的母校，我以一个学长的身份欢迎你们。去年10月我访问泰国时去了清迈崇华新生华立学校，与就读的华裔学生作了很好的交流，你们的发言给我留下了深刻印象。现在你们留学北大，这是自身勤奋上进的成果，也是中泰友谊的生动见证。

大学是新生活的开始。在美丽的燕园，你们将通过系统学习拓宽眼界，砥砺品行，丰富知识，启迪人生，不断提升自我。你们也会接触朝气蓬勃的中国青年，收获新的友谊，并体验生机盎然的中国社会，了解源远流长的中国文化。相信北大的湖光塔影能让你们获得宁静致远的心境，也能激起你们求知求真的信念。中泰文化相通，希望你们积极做两国文化交流的年轻使者，知行合一，以文化人，带动身边更多的人参与其中，让"中泰一家亲"世代相传。

根深则叶茂，祖国永远是广大海外侨胞的根脉。祝你们在北京度过美好的大学时光，向老师和同学们问好！

李克强
2014年12月11日

埃塞俄比亚总统穆拉图访问北京大学

7月9日上午,北大杰出校友、埃塞俄比亚总统穆拉图·特肖梅(Mulatu Teshome)偕夫人、孩子一行来访北京大学。中国驻埃塞俄比亚大使解晓岩及夫人等陪同访问。北京大学党委书记、校务委员会主任朱善璐、副校长李岩松在临湖轩会见了来宾,国际关系学院院长贾庆国、国际合作部部长夏红卫等参与会见。

朱善璐对穆拉图总统一行的到访表示热烈欢迎,他表示,北京大学临湖轩曾经接待了多位外国元首,但其中是北大校友的,穆拉图总统是第一位,他是北大毕业生的杰出代表。穆拉图总统从北大毕业之后曾两次回到母校:2005年,时任埃塞俄比亚联邦院议长的穆拉图先生曾回北大访问,与有关院系的领导和老师亲切会谈,对母校的建设给出了很多建议;2010年9月,穆拉图先生作为留学生杰出代表出席了在北大举办的新中国来华留学60周年庆祝大会并做了主旨演讲。此次穆拉图先生作为国家元首来华访问,又特地回到母校。朱善璐表示,北大正在建设世界一流大学,希望总统先生能够继续关心母校的发展,也欢迎更多的埃塞俄比亚学生来北大留学。

穆拉图总统感谢校领导的接见,他回顾了年轻时留学北大的情景,并表示非常怀念昔日的老师、同学和朋友。他指出,非洲国家迫切需要技术人才,因此很多学生都选择工科、医学等专业,他是在政府的帮助和支持下选择了政治学,虽然毕业多年,他始终非常关心北大的发展和变化,并希望多向北大学习,双方开展合作研究,"作为北大曾经的学生,我一直以北大为荣;我也非常高兴北大以我为荣。非常感谢北大培养并成就了今天的我,我也希望我的孩子能够追随我的脚步,进入我的母校学习"。朱善璐表示非常欢迎穆拉图总统的儿子来北大读书,并向其赠送了汉语学习书籍。随后,朱善璐向穆拉图总统赠送了由北京大学资深教授袁行霈等专家学者编写的《中华文明史》作纪念,穆拉图总统则留下了珍贵的签名"我非常荣幸成为北大的一员"。

会见结束后,朱善璐陪同穆拉图总统一行前往李兆基人文学苑,与穆拉图总统当年在哲学系和国际关系学院的多位老师、同学和朋友座谈,共同回忆、畅谈了穆拉图总统30多年前在北大的学习和生活情况。放映的几张照片串联起了穆拉图总统在北大的求学之路:初入燕园的风华正茂、与同屋室友的生活点滴、与哲学系同学的同窗回忆以及与老师们的深厚情谊。哲学系楼宇烈教授、王守常教授,国际关系学院王炳元教授、穆拉图总统同期的北大国际校友吉米(Jaime A. FlorCruz)和佩特拉(Petra Kolonko),穆拉图总统当年的室友和同学陈生洛教授、周北海教授、张小明教授等一起参加了座谈。

座谈结束后,穆拉图总统一行在朱善璐的陪同下,参观了李兆基人文学苑。穆拉图总统对北大的人文设施留下了深刻的印象,并在人文学苑门前同当年的师生代表合影留念。

北京大学章程

2014年7月15日教育部第22次部务会议审议通过，2014年9月3日正式核准生效。

序　　言

北京大学创立于1898年维新变法之际，初名京师大学堂，是中国近现代第一所国立综合性大学，创办之初也是国家最高教育行政机关。1912年改为现名。1937年南迁至长沙，与清华大学和南开大学组成国立长沙临时大学，1938年迁至昆明，更名为国立西南联合大学。1946年复员返回北平。1952年经全国高校院系调整，成为以文理基础学科为主的综合性大学，并自北京城内沙滩等地迁至现址。2000年与原北京医科大学合并，组建为新的北京大学。

北京大学是新文化运动的中心和五四运动的策源地，最早在中国传播马克思主义和科学、民主思想，是创建中国共产党的重要基地之一。长期以来，北京大学始终与祖国和人民共命运，与时代和社会同前进，是培养和造就高素质创造性人才的摇篮，认识世界、探求真理、解决人类面临的科学技术问题的前沿，知识创新、推动科学技术成果向现实生产力转化的重要力量，民族优秀文化与世界先进文明成果交流借鉴的桥梁。北京大学为中国革命、建设、改革事业做出了重要贡献，在中国走向现代化进程中，起到了先锋作用。

北京大学坚持社会主义办学方向，面向现代化、面向世界、面向未来，继承爱国、进步、民主、科学的光荣传统，弘扬勤奋、严谨、求实、创新的优良学风，秉承思想自由、兼容并包的学术精神，崇尚真理、追求卓越，走中国特色、北大风格的世界一流大学发展道路。

第一章　总　　则

第一条　根据宪法、教育法和高等教育法，制定本章程。

第二条　学校是国家举办的、实施高等教育的非营利性事业单位法人。国家核定办学规模，保障学校的办学条件和办学自主权。学校依法自主办学，接受国家监管和社会监督。

学校名称为北京大学（简称北大），英文名称为Peking University。学校法定注册地为北京市海淀区颐和园路5号。

校长为学校的法定代表人。

第三条　学校以人才培养为中心，以师生为根本，通过教学、研究与服务，创造、保存和传播知识，传承和创新文化，推动中华民族进步，促进人类文明发展。

第四条　学校坚持立德树人，坚持教学育人、研究育人、文化育人、实践育人相结合，追求世界最高水准的教育，培养以天下为己任，具有健康体魄与健全人格、独立思考与创新精神、实践能力与全球视野的卓越人才。

第五条　学校坚持自主创新、引领未来的方针，面向科学前沿和国家战略需求，营造和维护自由探索的环境，支持为探究真理而进行的独立多样、综合交叉的创造性研究，着力基础研究，促进应用研究，为中国及世界贡献新思想、新知识、新技术。

第六条　学校坚持学术自由、大学自主、师生治学、民主管理、社会参与、依法治校，实行现代大学制度。

第七条　学校实行中国共产党北京大学委员会（以下简称校党委）领导下的校长负责制。

第二章　职　　能

第八条　学校动员和组织资源，优化资源配置，主要发展自然科学、人文学科、社会科学、医药科学、工程与技术科学，开展人才培养、科学研究、文化传承创新、社会服务，开展深入、广泛的国际交流与合作。

第九条　学校主要开展全日制本科生和研究生教育，适当开展继续教育等其他类型的教育，依法确定和调整办学层次、结构和修业年限。

本科生教育坚持通识教育与专业教育相结合，研究生教育坚持高层次的专门化教育，突出正确价值观和社会责任感的培育，突出独立思考与创新能力的培养。

第十条　学校坚持公开、公平、公正的原则，制定招生方案、标准、程序和规则，健全科学的多样化选才体系，吸引中国及世界的优秀学生。

学校坚持卓越的教育标准，制定培养方案和培养计划，实行人才培养的全面质量管理。

学校自主设立、调整、变更或者撤销学士、硕士和博士学位学科专业、门类和名称，制定学位授予标准，决定学位授予并颁发证书。

第十一条　学校制定机构编制方案和管理办法，选聘和管理教职工、评聘教职工职务职级、选任内部组织机构负责人、制定薪酬体系。

第十二条 学校严格规范财务制度,依法管理、使用、处置资产,组织收入,决定收益分配。

第十三条 学校依法编制和实施规划,维护规划的权威性和严肃性。学校严格保护校园文物和环境,建设人文校园、智慧校园、绿色校园、和谐校园,保障校园学习、工作和生活的条件。

第十四条 学校健全议事决策规则与程序。凡重大决策做出之前须进行合法性审查。凡针对非特定主体所制定的、具有普遍约束力的决定须以规范性文件做出。

第十五条 学校建立内部审计制度,设立审计机构,在校长领导下依法独立行使审计职权,对学校及所属机构的业务活动、内部控制进行审计,对各内部组织机构负责人经济责任进行审计。

第三章 人　　员

第十六条 学校教职工包括教师、其他专业技术人员、职员和工勤人员,实行合同聘用制度。

学校实行教职工公开招聘制度,其中教师面向全球公开招聘。

第十七条 教职工享有下列权利:

(一)按规定使用学校的公共资源;

(二)公平获得自身发展所需的机会和条件;

(三)在品德、能力和业绩等方面获得公正评价;

(四)公平获得各种奖励及荣誉称号;

(五)对学校工作的知情权、参与权、监督权;

(六)就职务聘用、福利待遇、评优评奖、纪律处分等事项表达异议和提出申诉;

(七)依照法律、法规、规章、学校规定和合同约定,获得薪酬及其他福利待遇;

(八)法律、法规、规章与合同约定的其他权利。

第十八条 学校教职工应履行下列义务:

(一)忠于教育事业,贯彻国家的教育方针;

(二)爱岗敬业,勤奋工作;

(三)关心和爱护学生,尊重学生人格;

(四)制止有害于学生的行为或者其他侵犯学生合法权益的行为,批评和抵制有害于学生健康成长的现象;

(五)遵守学校规章制度;

(六)尊重学术自由,遵守职业道德;

(七)维护学校声誉和权益;

(八)法律、法规、规章规定和合同约定的其他义务。

第十九条 学校教师享有教学、研究和从事其他学术活动的自由;应为人师表,恪守师德,执行学校的教学计划,完成教育教学工作任务,不断提高学术水平,指导学生学习,组织、带领学生从事科学研究、社会实践,促进学生全面发展。

第二十条 学校健全教职工权益保护机制,为教职工行使权利和履行义务提供必要的条件和保障。学校实行教职工岗位职责考核制度,考核结果作为其聘任、晋升、解聘的重要依据,对成绩突出和为学校争得荣誉的教职工个人和集体予以表彰奖励,对违纪者依法依纪给予处理或者处分。

第二十一条 学生是指取得学校入学资格,具有学籍的受教育者,依法依规享有学习的自由,具有以下权利:

(一)参加教育教学活动,使用学校提供的公共资源;

(二)在思想品德、综合素质、学业成绩等方面获得公正评价,完成学校规定学业后获得相应的学历证书、学位证书;

(三)公平获得在国内外学习深造和参加学术交流活动的机会;

(四)在校内组织、参加学生社团,发展自己的兴趣、爱好和特长;

(五)组织和参加社会服务、勤工助学及创新、创意、创业和文娱体育等活动;

(六)公平获得奖学金、助学金及助学贷款,享有规定的福利待遇;

(七)对学校工作的知情权、参与权、监督权;

(八)对学校给予的处理或者处分有异议,向学校或者教育行政部门提出申诉,对学校、教职工侵犯其人身权、财产权等合法权益,提出申诉或者依法提起诉讼;

(九)法律、法规、规章规定的其他权利。

第二十二条 学生应履行下列义务:

(一)勤学修德,慎思笃行,完成学业;

(二)热爱祖国,诚实守信,尊师敬友;

(三)遵守国家法律法规和学校规定;

(四)维护学校声誉和权益;

(五)按规定缴纳学费及有关费用;

(六)法律、法规、规章规定的其他义务。

第二十三条 学校健全学生成长成才的服务支持系统,完善学生权益保障机制,为学生提供良好的学习环境,充分保障学生行使合法权利,促进学生履行自身义务。学校对成绩突出和为国家、学校争得荣誉的学生个人和集体予以表彰奖励;对违纪者给予相应的处理或者处分。

学校支持学生团体自主活动和管理。

学校建立学生资助体系,保障学生不因家庭经济困难影响学业,为在学习和生活中遇到其他特殊困难的学生提供必要的帮助。

第二十四条 在学校从事教学、科研、交流活动或者接受培训、在职学习等教育的其他人员,依据法律法规、学校规定和合同约定,享有相应的权利,履行相应的义务。

第四章 组织机构

第二十五条 校党委依照法律和有关规定,按照中国共产党章程,统一领导学校工作,支持校长独立负责地行使职权。其领导职责主要是:

(一)执行中国共产党的路线方针政策,执行党中央、上级组织和本级组织的决议;

(二)保证办学方向,保证依法治校,保证以人才培养为中心的各项任务的完成;

(三)领导学校的思想政治工作和德育工作;

(四)讨论决定学校内部组织机构的设置和内部组织机构负责人的人选;

(五)讨论决定学校的改革、发展、稳定以及基本管理制度等重大事项;

(六)落实党的统一战线和多党合作方针政策,支持民主党派基层组织依照各自章程开展工作;

(七)领导共青团北京大学委员会、北京大学工会、学生会、研究生会等群众团体组织和教职工代表大会;

(八)开展学校党组织的思想建设、组织建设、作风建设、制度建设和反腐倡廉建设。

校党委由党员代表大会选举产生,任期五年。校党委设常务委员会,常务委员会委员由党委全体会议选举产生。校党委根据党的有关规定设立党的工作机构和基层组织。

中国共产党北京大学纪律检查委员会(以下简称校纪委)是学校的党内监督机构,依据党的章程和党内法规履行职责,协助校党委做好党风廉政建设工作,推进预防和惩治腐败体系建设,保障学校事业健康发展。

第二十六条 校长全面负责学校的教学、科学研究和其他行政管理工作,行使下列职权:

(一)拟订学校的发展规划,制定年度工作计划并组织实施;

(二)拟定具体学术管理制度,制定具体行政管理制度并组织实施;

(三)组织教学活动、科学研究、思想品德教育、社会服务和国际交流与合作;

(四)拟订内部组织机构的设置方案、学校教职工编制方案,推荐副校长、秘书长、教务长、总务长、总会计师人选,任免内部组织机构的负责人;

(五)聘任、解聘教师以及内部其他工作人员,对学生进行学籍管理并实施奖励或者处分;

(六)筹措资金,拟订和执行年度预算方案,保护和管理校产,维护学校的合法权益;

(七)尊重和维护学术委员会的地位,支持其履行职权,保障其决议的执行;

(八)法律、法规、规章规定的其他职权。

校长每届任期五年。

学校设副校长、秘书长、教务长、总务长、总会计师等,协助校长开展工作。

校长主持校长办公会议。校长办公会议成员包括校长、副校长、秘书长、教务长、总务长、总会计师等人员。校长可以根据需要指定列席人员。校长听取会议意见后在其职权范围内做出决定,其决定及与会人员意见记入会议记录。

第二十七条 学校设学术委员会。学校学术委员会是学校的最高学术机构,行使以下职权:

(一)讨论决定学位授予标准、教师职务聘任的学术标准与规程、学术道德规范等学术管理制度;

(二)审查评定教师职务拟聘人选、学科专业的设置、变更和撤销等事项,评定并推荐教学和科学研究成果奖;

(三)受理审查学术不端行为,裁决学术纠纷;对违反学术道德行为,可以依职权直接撤销或者建议相关部门撤销当事人相应的学术称号、学术待遇;

(四)对学校事业中长期发展规划,机构编制总体方案,教学科研单位的设置,学校预决算中教学、科研经费的安排、分配与使用以及中外合作办学、重大项目合作等提出意见和建议;

(五)法律、法规、规章规定的其他职权。

学校学术委员会实行定额席位制,由选举产生的教授委员、学生委员以及校长与校长委派的委员组成。校长与校长委派的委员不超过委员总数的15%。教授委员任期一般四年,学生委员任期一年。校长与校长委派的委员随校长任免而更替。

学校学术委员会设主任一名、副主任若干名,由学校学术委员会全体会议选举产生。

学校学术委员会设教学指导委员会等专门委员会。

学校在学部、学院(系)、研究院(所、中心)设立学术委员会,作为所在单位的最高学术机构,统筹行使内部学术事务的决策、审议、评定和咨询职权。

学校制定学术委员会章程。学术委员会按其章程开展工作。

第二十八条 学校设立学位评定委员会,负责学位评定工作。学位评定委员会行使下列职权:

(一)审查通过学士学位获得者的名单;

(二)对学位论文答辩委员会报请授予硕士学位或者博士学位的决议,做出是否批准的决定;

(三)决定授予硕士学位、博士学位、名誉博士学位的名单;

（四）做出撤销已授学位的决定；
（五）审核批准、撤销研究生指导教师资格；
（六）法律、法规、规章规定的其他职权。
学校学位评定委员会设主席一名、副主席若干名。
学校学位评定委员会下设学位评定分委员会。
学校制定学位评定委员会章程。学位评定委员会依其章程开展工作，定期向学校学术委员会报告工作。

第二十九条　学校设校务委员会。校务委员会是学校的咨询议事和监督机构，是社会参与学校治理的组织形式。
校务委员会行使下列职权：
（一）审议通过校务委员会章程及其修订案；
（二）决定委员的增补或者退出；
（三）参与审议学校章程拟定和修订、发展与改革规划、学科建设与专业设置、年度预决算报告等重大事项；
（四）审议学校开展政产学研合作与协同创新的总体方案、重大项目及协议，支持学校开展社会服务，促进学校社会合作水平和质量的提高；
（五）审议学校面向社会筹措资金、争取资源的规划或者计划，监督筹措资金的使用；
（六）监督和评价学校办学质量与效益；
（七）承担学校委托的其他职能。
校务委员会委员由以下人员组成：
（一）国务院及国务院有关部门、北京市人民政府委派的代表；
（二）校党委书记、校长及相关校领导、学校学术委员会主任，教师代表、学生代表；
（三）认同学校使命、为学校发展做出重大贡献的社会组织代表和社会人士代表；
（四）杰出校友代表和校外资深专业人士代表。
校务委员会设主任一名，由校党委、校长推荐产生；设副主任若干名，由校务委员会全体会议选举产生。

第三十条　学校设监察委员会，由校纪委委员代表、民主党派代表、教职工代表、学生代表组成。
监察委员会对学校机构及人员具有检查权、调查权、建议权、处分权。监察委员会独立行使监察职权，对学校机构及人员实施监察，主要履行下列职责：
（一）检查学校机构及人员在遵守和执行学校规章制度和决定中的问题；
（二）受理对学校机构及人员违反校纪校规行为的控告、检举；
（三）调查处理学校机构及人员违反校纪校规的行为；
（四）受理学校机构及人员对处分决定的异议或者申诉，依法依规维护其权益。

监察委员会对校长负责。学校监察室是监察委员会的办事机构。
学校制定监察委员会章程。监察委员会按其章程开展工作。

第三十一条　学校教职工代表大会（以下简称学校教代会）是教职工依法参与学校民主管理和监督的基本形式，行使下列职权：
（一）听取学校章程草案的制定和修订报告，提出意见和建议；
（二）听取学校发展规划、教职工队伍建设、教育教学改革、校园建设以及其他重大问题解决方案的报告，提出意见和建议；
（三）听取学校年度工作、学术工作、财务工作、工会工作报告以及其他专项工作报告，提出意见和建议；
（四）讨论通过学校提出的与教职工利益直接相关的福利、校内分配实施方案以及相应的教职工聘任、考核、奖惩办法；
（五）审议学校教代会提案办理情况报告；
（六）按照规定和安排评议学校领导干部；
（七）通过多种方式对学校工作提出意见和建议，监督学校章程、规章制度和决策的落实，提出整改意见和建议；
（八）讨论法律、法规、规章规定的以及学校与学校工会商定的其他相关事项。
学校教代会代表以教师为主体，教师代表不得低于代表总数的60%。代表以学院（系）、研究院（所、中心）等为单位，由教职工直接选举产生。学校教代会选举产生执行委员会，其中教师代表应占多数。
学校内部组织机构依法建立教职工代表大会或者教职工大会制度。
教职工代表大会可以设专门委员会或者工作小组。
学校制定教职工代表大会章程。教职工代表大会按照其章程开展工作。

第三十二条　学生会、研究生会是学生自己的群众组织，代表和维护学生的正当权益和要求，开展学生自我服务、自我管理、自我教育活动。
学生代表大会、研究生代表大会是学生会、研究生会的最高权力机构，是学生参与学校民主管理和监督的基本组织形式，行使下列职权：
（一）听取并审议学生会、研究生会领导机构工作报告；
（二）选举产生新一届学生会、研究生会领导机构；
（三）制定及修订学生会、研究生会章程以及其他重要规章制度；
（四）审议学生代表大会、研究生代表大会提案办理情况报告；

（五）讨论学校涉及学生切身利益的规章制度和改革方案，对学校工作提出意见和建议；

（六）法律、法规、规章规定的和学校赋予的其他职权。

学生代表大会代表、研究生代表大会代表由各教学科研单位的学生直接选举产生。学生代表大会、研究生代表大会在闭会期间，其职责由其常设机构依法依规履行。

学生代表大会、研究生代表大会按其章程开展工作。

第三十三条　学校设学部、教学科研单位、教学科研辅助机构、职能机构、后勤服务机构和其他机构。

学部由相关学院（系）、研究院（所、中心）等教学科研单位组成。

医学部实行主任负责制。学校授权医学部主任全面负责学校医学教育、科学研究、附属医院及相关行政管理工作。

第五章　教学科研单位

第三十四条　教学科研单位是指学校内部教学科研组织机构，主要包括学校直属的学院（系）、研究院（所、中心）。

教学科研单位是学校教学科研活动的主体，主要从事教学、研究和社会服务。学校按照权责相宜的理念、职责下沉与权力下放相结合的原则，规范有序地授予教学科研单位相应的管理权限，指导和监督其相对独立地自主运行。

第三十五条　学院（系）、研究院（所、中心）的设立、变更或者撤销须经过充分论证后由校长动议，经学术委员会审议，提交校长办公会拟订，由校党委常务委员会讨论决定。

第三十六条　学院（系）、研究院（所、中心）的设立应符合以下基本条件：

（一）符合学校使命和目标，定位清晰，有稳定的学科发展方向和教学科研任务；

（二）有一定数量的高水平教师和专业技术人员；

（三）有稳定可靠的、切实的资金来源和保证；

（四）确保正常开展教学科研活动的场所、设施、设备及环境；

（五）有科学的工作规范和完善的管理制度。

学院（系）的设立还须满足能够提供完成人才培养目标所需的稳定的、高质量的课程的条件。

第三十七条　学院（系）、研究院（所、中心）设院长（主任、所长）一名。院长（主任、所长）每届任期四年，连续任职原则上不超过两届。

院长（主任、所长）在学校授权范围内行使下列职权：

（一）组织制定本单位发展规划、年度工作计划，并组织实施；

（二）组织制定本单位行政规章制度细则，发布本单位学术规章制度细则，并组织实施；

（三）组织本单位教学活动、科学研究、社会服务、思想品德教育和国际交流与合作；

（四）组织制定本单位内部组织机构的设置方案；

（五）负责本单位教职工管理和学生管理工作；

（六）组织制定本单位年度经费预算方案，并组织实施，筹措办学经费，保护和管理由本单位使用的校产，维护学校的合法权益；

（七）尊重和维护本单位学术委员会、教职工代表大会（教职工大会）的地位，支持其履行职责，保障其决议的执行；

（八）学校授予的其他职权。

依据学校核定的职数，学院（系）、研究院（所、中心）配置副院长（副主任、副所长），协助院长（主任、所长）开展工作。

第三十八条　学院（系）、研究院（所、中心）设党委（党总支、党支部），发挥政治核心作用，负责党的建设和思想政治工作，保证监督本单位贯彻落实党的路线方针政策及学校决定，支持行政班子在其职责范围内独立负责地开展工作。

第三十九条　学院（系）、研究院（所、中心）设院（系、所、中心）务会议，讨论和决定本单位重要事项。其中，涉及本单位学术委员会和教职工代表大会（教职工大会）职权范围内的事宜须按规定交由本单位学术委员会、教职工代表大会（教职工大会）提出意见或做出决定。

院（系、所、中心）务会议由院长（主任、所长）主持，成员由本单位党政班子成员组成。根据需要，相关人员可以列席会议。

第六章　资产、财务

第四十条　学校办学经费以国家投入为主，多渠道筹措经费为辅，受教育者合理分担培养成本。学校积极拓展经费来源渠道，鼓励和支持各方面筹措事业发展资金。

第四十一条　学校实行统一领导、分级管理、财力集中、财权下放的财务管理体制，建立健全财务预决算、内部控制管理、经济责任审计监督等财务管理制度，控制财务风险，保证资金运行安全。

学校实施校、学院（系）/研究院（所、中心）两级财务报告制度，依法依规公开财务信息。

第四十二条　学校实行统一领导、归口管理、分级负责、责任到人的资产管理体制，建立健全资产采购、配置、使用和处置等管理制度。学校维护资产安全完整，防范资产损失，实现资产保值增值，通过成本分担、绩效评价等方式提高资产配置效率。

第四十三条　学校依法管理、保护、合理使用专利权、商标权、著作权、土地使用权、非专利技术、校名校誉等无形资产。

第七章　校友及社会

第四十四条　校友包括以下人士：

（一）曾在学校学习过、获得学业证书或者学位证书的人士；

（二）曾在学校被聘用工作过的人士；

（三）享有学校荣誉证书及荣誉称号的人士。

学校设立负责校友工作的专门机构，关心、支持校友发展，促进校友之间、校友与学校之间、校友与社会之间的交流与合作。学校实行校务委员会校友代表制度，发挥校友在办学治校中的咨询议事和监督作用。学校鼓励校友通过各种方式支持学校建设、维护学校声誉和权益，珍惜校友对母校的回馈作为。

北京大学校友会是由校友依法自愿结成的非营利性社会组织，其宗旨是加强校友之间及校友和学校之间的联系，促进学校与社会的合作。学校支持校友会工作，为校友会的发展提供必要的保障。

第四十五条　学校实行社会参与制度。实行信息公开；坚持校务委员会校外委员制度；设立名誉校董，聘请对学校发展做出重大贡献的社会杰出人士担任；设立国际咨询委员会，聘请热爱高等教育事业、关心学校改革与发展，并具有较高威望和重要社会影响力的国际知名人士担任委员。

第四十六条　学校成立北京大学教育基金会，接受社会捐赠，管理捐赠项目和基金，支持学校事业发展。

第四十七条　学校依法单独举办或者与社会共同举办事业单位法人、企业法人，创建和参与海内外政府、企业、大学、研究院所、社会组织交流与合作的网络，实施合作育人、合作办学、合作研究、合作开发，实现学校与社会的协同进步。

学校对校办企业享有出资人权利，依法规范校办企业的发展。

第四十八条　学校与自然人、法人和其他组织之间依法订立和履行合同。未经校长授权，任何单位和个人不得以学校名义订立合同。

第八章　标识和校庆日

第四十九条　学校徽志为双圆套形，徽志中心"北大"二字由三个人形图案组成，上下排列、左右对称；外环上方是大写"PEKING UNIVERSITY"，下方是"1898"字样。

学校标准色为北大红。

第五十条　学校徽章为长方形，印有毛泽东题写的"北京大学"。

第五十一条　校旗为红底黄字的长方形旗帜，中央印有毛泽东题写的"北京大学"，左上角配以学校徽志。

第五十二条　学校拥有标识专有权。

第五十三条　学校校庆日为5月4日。

第九章　附　　则

第五十四条　本章程经学校教代会讨论、校务委员会审议、校长办公会议审议、校党委审定后，由校长签发，报上级核准。

本章程修订按前款程序办理。

第五十五条　学校设立章程委员会，行使下列职权：

（一）对本章程提出解释说明文本；

（二）组织制定章程实施细则；

（三）监督本章程的执行情况，依据章程审查学校内部规章制度、规范性文件；

（四）提出本章程的修订动议，起草修订案。

第五十六条　本章程经核准，自发布之日起施行。

北京大学认真贯彻落实十八届四中全会精神全面推进依法治校

北京大学认真学习贯彻党的十八届四中全会精神,把依法治国的总要求落实到学校改革发展中,推动法治精神进校园、进课堂、进教材、进头脑,努力开创依法治校新局面。

加强学习宣传,培育法治精神。一是统一研究部署。将学习贯彻四中全会精神与学习贯彻习近平总书记系列重要讲话精神相结合,多次召开学习宣传全会精神座谈会、理论研讨会,深刻把握全面推进依法治国的总目标、基本原则和主要任务,深刻把握党的领导和依法治国的关系,在全校师生中形成"深化综合改革、聚力科学发展"的高度共识。学校党委书记在全校学生骨干培训会上解读全会精神和法治理念,校长到前沿交叉研究院调研依法治校治教实施方案,法学院院长在"名师大讲堂"为全校师生作"社会转型与中国的法治改革"专题报告。二是推进普法宣传。通过专题学习班、专家座谈会、报告会、校园法制宣传片等师生喜闻乐见的方式,大力弘扬法治精神。组织知名教授通过电视、广播、报纸等媒介宣讲宪法;组织学生在校内外广泛开展普法宣传、法律咨询,在新生中开展校规校纪学习、考试,在毕业生中开展实用法律知识培训,营造浓厚的学法遵法守法用法氛围。三是开展主题活动。广泛开展"与改革同向、与法治同行"主题党团日活动,帮助师生加深对全面深化改革与全面推进依法治国关系的理解;开展"旁听法院庭审"活动,帮助师生加深对法院架构和司法公正的理解;举办"校园犯罪的蝴蝶效应"讲座,让师生受到深刻的法制教育、心理教育、安全教育;开设"青春船长法制课程",引导师生形成法律思维,崇尚法治精神。

深化综合改革,完善治理体系。一是优化党政管理体系。完善党委领导下的校长负责制,健全党委全会、书记办公会、党代表年会、基层党委书记季度会制度,强化党对学校事业的领导。依法规范党委常委会、校长办公会等会议流程,明确党委、校长职权,强化集体决策机制。设立校长法律顾问办公室,对内部重大决策和契约性文件的合法性进行严格审查。二是健全学术治理体系。以教师和学生为中心建设大学治理流程,健全依法行政的依据,确立学术委员会为学校"最高学术机构",统一领导校内学术立法、评定和审议工作。三是完善民主监督体系。筹建监察委员会,对学校机构及人员独立行使监察职权。重组校务委员会,吸收社会力量参与学校治理。充分发挥教代会、学代会以及民主党派的监督作用,依法主动接受社会监督,全面推进党务、校务和信息公开。

创新法制教育,培养法治人才。一是发挥学科优势。依托法学、政治学、社会学等人文社会学科优势,开展中国特色社会主义法学理论、法治体系、法治国家、法治政府、法治社会研究,强化社会合作,努力将学校打造成为国家高端法治智库和杰出人才培养基地。二是加强课程建设。加强公共课、专业课等法学课程建设,在思想政治理论课教学中强化法学基础等内容,利用微信、微博等新媒体设置宪法与法治知识课程,开展"校园中的法律现象与大学生的法律素养"网上课程讨论。三是培养高水平法治人才。引入120名来自国家机关、公检法部门、律师事务所等机构的法律专家到法学院兼职、讲学,参与治法人才培养;派出教师到法律实务部门挂职锻炼,通过双向交流,提高法学教师队伍整体素质。注重理想信念教育和理论知识培养,与120余家社会单位组织共建法学实践教育平台,通过实务课程开发、实习和职业发展等,全方位培养应用型法律人才。广泛开展高端国际合作,与80余家著名国外大学和组织合作,通过"请进来和走出去"加强国际交流,培养优秀的国际型法律人才。

·专 文·

校党委书记朱善璐在2014年春季全校干部大会上的讲话

（2014年3月26日）

刚才，恩哥校长代表学校行政班子报告了2013年的工作，并对新学期工作做了安排部署。我完全赞同，请同志们认真落实校长的部署。

下面，我代表学校党委向大家简要报告2013年的工作情况，并就2014年度的工作提出意见与要求。

一、关于2013年度党委工作情况

（一）组织全校党员和广大师生员工深入学习贯彻党的十八大精神、十八届三中全会精神和习近平总书记一系列重要讲话，凝聚力量、指导工作

2013年，校党委把学习宣传贯彻党的十八大和十八届三中全会精神作为党委工作的首要政治任务进行部署。十八大胜利闭幕后，党委明确了"贯彻十八大、落实党代会、加快创一流"的工作主题，通过组织专题学习活动、战略研讨会、全校中层领导干部专题研讨班、全校党支部书记培训班等形式，认真学习贯彻十八大精神。党的十八届三中全会闭幕后，学校党委也立即组织开展学习宣传活动，并把全会精神作为推动学校全面深化改革的强大精神动力和思想武器。

2013年五四青年节期间，习近平总书记与各界优秀青年代表座谈并发表重要讲话，并给我校考古文博学院2009级本科团支部学生回信。2013年恰逢北大建校115周年，学校党委以此为契机，将学习贯彻总书记重要讲话及回信精神与校庆活动紧密结合，突出"弘扬五四传统，实现中国梦想"的主题，进一步振奋了人心、凝聚了共识、取得了实效。

（二）认真贯彻中央部署要求，扎实开展党的群众路线教育实践活动，着力转变干部作风，切实解决突出问题，进一步改进工作，取得阶段性重要成果

按照中央要求，学校党委高度重视开展党的群众路线教育实践活动，全校177个处级以上领导班子、613名处级以上领导干部认真完成了"学习教育、听取意见""查摆问题、开展批评""整改落实、建章立制"三个环节的各项活动内容，全校1236个党支部、27000余名党员积极投身到活动中，并带动了广大师生群众的踊跃参与，取得阶段性重要成果。

2月21日，学校召开了群众路线教育实践活动总结大会。在总结大会上，对领导班子集体和个人进行了测评。其中，班子集体获得了96.2%的好评，班子成员个人的好评率也都超过了90%。这体现了全校师生员工对我们这个班子的充分信任，也包含着对我们的期望。我们一定不负重托、不辱使命，扎扎实实干好工作、当好表率！

在今年1月21日举行的第一批教育实践活动总结大会上，北大作为唯一的高校代表汇报了活动的开展情况和取得的成效，这是中央对北大工作的高度重视，我们一定要把中央的深切关怀转化为推动工作的强大动力，以高度的政治责任感、改革创新的精神、求真务实的作风，切实履行责任，统筹谋划整改重点，合理安排整改进度，切实抓好整改事项的实施，保证整改措施切实可行、整改工作稳步推进、整改目标按期实现。

（三）充分发挥党委总揽全局、协调各方的领导核心作用，加快推进创建世界一流大学

办好北大的事情，关键在人，关键在党。2013年，学校党委认真贯彻党要管党、从严治党的工作要求，把自身建设摆在首要位置，进一步健全完善决策机制，进一步提升领导世界一流大学创建事业的能力与水平。

为落实好党委领导下的校长负责制，在继续坚持、保持党政联席会制度的同时，我们从2013年秋季学期开始，坚持独立召开党委常委会，讨论决定"三重一大"事项和管党治党工作；为保证校长对学校重大行政工作独立负责地行使决策权，坚持独立召开校长办公会，研究决定学校的教学、科研和其他行政管理工作。同时，加强党委常委会和校长办公会之间的内容衔接和组织协调，继续坚持干部人事小组、书记办公会、党政主要领导碰头会等会议制度，进一步完善学校议事决策机制。学校还修订了《北京大学校务委员会章程》，调整了校务委员会组成人员并召开新一届校务委员会第一次会议，进一步发挥好校务委员会的校务咨询评议功能。

为把创建世界一流大学的工作落到实处，校党委根据学校领导的分工调整，发布了《关于调整贯彻落实中共北京大学第十二次代表大会会议精神任务分工的通知》，并紧密围绕党代会提出的四个着力点、五大战略、六项建设，狠抓落实，成立了第十二次党代会"六项建设"协调推进工作小组，由校领导分别牵头，直接向党委常委会负责，切实推进各项创建工作、加快转变学校发展方式。根据党代会的相关精神，学校正在制订2018行动计划，进一步明确实现2018阶段性奋斗目标的路线图和时间表。

刚才，恩哥校长已经比较详细地报告了过去一年学校各方面事业发展取得的成绩。这些成绩的取得，是党委加强领导、党政密切配合、全校党员和广大师生员工共同奋斗的结果。我们将进一步发挥党委的领导核心作用，咬住第十二次党代会确定的目标任务，凝心聚力、凝魂聚气，加快推进创建世界一流大学各项工作！

（四）深入贯彻党的十八大精神和中央决策部署，全面推进学校党的建设

1. 深入学习贯彻全国宣传思想工作会议精神，切实加强宣传思想工作和意识形态领域工作，加强校园先进文化建设，净化校园风气

2013年8月19日习近平总书记在全国宣传思想工作会议上发表重要讲话后，学校党委立即组织学习传达，认真分析、研究北大意识形态工作的特点，进一步凝练、创新工作思路和方法，全面部署加强意识形态和宣传思想工作。

坚持加强正面宣传、正面引导，团结带领广大师生员工唱响主旋律、凝聚正能量，不断巩固夯实主流意识形态的主导地位。2013年9月，学校推出师生原创歌剧《为你而来·王选之歌》，刘延东副总理观看首演并给予高度评价，勉励北大师生以老一辈科学家为榜样，接好为"中国梦"奋斗的"接力棒"。

密切关注社会网络发展的新动向新趋势，积极借力新媒体平台，主动融入师生关注度高、使用频繁的网络社区。开设北京大学官方微博、微信，利用信息发布新优势和网络互动功能，主动进行宣传，监控舆论动向，及时发现意识形态领域的新倾向、新问题。

大力加强师德师风建设，切实把队伍建设的任务和严格管理的责任明确到人、落实到位，各司其职、各守其责。学校党委支持经济学院采取果断措施，按照严格的学术民主评议程序和学校规章制度，对一名教师做出不再续聘的决定。虽然境内外一些势力在短时间内利用这一话题进行大肆鼓噪，但通过细致的工作，这一举措得到了中央和上级部门的支持，得到了全校师生员工的支持，也得到了国外众多著名大学的理解，迫使境外某发高校改变了态度，举措取得了积极的、

正面的效果，有助于我们端正师风、学风，进一步严肃政治纪律。

2. 进一步抓好领导班子建设和干部队伍建设

继中央调整北大校长后，配合教育部党组和北京市委于2013年国庆前完成校级行政副职整体换届工作。平稳有序抓紧开展中层领导班子换届调整。自党代表2013年年会以来，依照有关规定、标准和程序，全校共完成班子换届、调整和新建38个，其中换届15个（含基层党组织换届或整体调整5个，行政班子换届10个），班子组建3个（含党组织2个、行政班子1个），班子调整20个。共任命中层干部108人次，包括新任干部49人，提任（副处提为正处）干部15人，连任干部28人，调配任命干部16次；免职干部78人次。

3. 切实抓好其他各项党建工作

第一，推进基层党组织建设和党员队伍建设。各基层党组织继续开展以学习贯彻落实十八大和十八届三中全会精神，以及"党的群众路线""我的中国梦"为主题的组织生活会、主题党日、主题团日等活动，有效提升了党在高知识群体和广大师生中的影响力和凝聚力。新发展党员1335人，顺利完成了上级党组织控制总量、提高质量的要求。

第二，扎实推进党风廉政建设。制定《北京大学推进廉政风险防控管理"三个体系"建设实施方案》，逐步实现廉政风险防范和权力运行监控长效机制。为落实党的"八项规定"，学校开展了多项正风肃纪活动；进一步严格招投标程序，探索建立符合学校实际的招标工作机制。在全校开展科研经费自查自纠工作，探索建立科研经费规范管理的长效机制。

第三，加强和改进大学生思想政治教育。2013年暑期，学校以"勇做走在时代前面的奋进者、开拓者、奉献者"为主题，组织了丰富多彩的社会实践活动。先后组建500多名学生参加的近百支学生宣讲团，到社区、学校、企业开展"中国梦"宣讲活动百余场，吸引各界听众近万人。开设"北大新生第一课"，从思想引领、发展辅导、美育教育和综合素养四个方面创新新生入学教育，该项目日前获得第三届首都大学生思想政治教育工作实效奖特等奖。推进北大就业"家国战略"，倡导毕业生"回家乡做贡献"和"到祖国最需要的地方去"，据统计，到西部地区、艰苦和边远地区就业的毕业生人数从2012年的313人增加到2013年的369人。

第四，加大统一战线工作力度。召开全校统战工作会议，规划和部署了今后5年的学校统战工作。出台《中共北京大学委员会关于加强和改进新形势下党外代表人士队伍建设的意见》，进一步加强和完善党员领导干部联系党外代表人士工作，建立了党员校领导与党外代表人士联系交友制度，明确每位党员校领导

重点联系若干名党外代表人士。通过党员校领导与党外代表人士联系交友，认真倾听党外代表人士的意见建议，增进相互信任和感情，不断巩固党与党外代表人士的联盟。

第五，扎实推进教代会工会工作。召开校工会第十八届委员会第五次（扩大）会议，学习传达中国工会十六大精神以及习近平总书记等中央领导同志重要讲话精神，不断加强和完善校、院（系）两级工会教代会建设。通过实施"'幸福学堂'——北京大学教职工心理健康支持计划"，出台《北京大学教职工社团管理条例》等，为充分调动广大教职工的积极性、保障教职工活动的可持续发展创造了良好条件。

第六，切实维护校园安全稳定。继续推进"平安校园"建设，顺利通过首都高校"平安校园"试点学校验收回查。积极开展基层单位安全管理标准化建设，对暑期"校园游"中的"黑导"、游商进行集中整治，正式运行"北京大学车辆预约管理系统"，加强校园交通管理，打击校园及周边违法犯罪行为，有力维护了校园的安全稳定。

二、2014年学校党委工作

同志们，经过116年的发展，北京大学已经站到了一个新的历史起点上。创建世界一流大学是我们的百年梦想，今天，我们距离这个梦想的实现已经如此之近，这是我们这代北大人的光荣与使命所在。但是，离目标越近，我们肩负的任务就越艰巨，我们面临的挑战就越严峻。在百舸争流的激烈竞争中，慢进即退、不进则败，北大人必须以奋发有为的精神状态和埋头苦干的务实态度，瞄准我们的目标向前冲刺！

今年是贯彻落实党的十八届三中全会精神、全面深化教育领域综合改革的开局之年，也是落实党的群众路线教育实践活动确定的各项整改措施，继续落实学校第十二次党代会工作部署，向着"三步走"战略第一步奋斗目标全力冲刺，加快创建世界一流大学的关键一年。把今年的工作抓紧抓实抓好，意义重大。

推进北大发展的根本动力在改革创新。去年11月，党的十八届三中全会胜利召开。全会通过的《中共中央关于全面深化改革若干重大问题的决定》和习近平总书记的重要讲话，深刻剖析了我国改革发展稳定面临的重大理论和实践问题，阐明了全面深化改革的重大意义和未来方向，形成了改革理论和政策的一系列重大突破，是我们党在新的历史起点上全面深化改革的科学指南和行动纲领。

改革是中国社会上上下下最大的共识，三中全会专门强调，"要深化教育领域综合改革"，中央、教育部对教育领域综合改革也提出了全盘的考虑。我们一定要认真贯彻落实三中全会精神，进一步凝聚师生共识、瞄准奋斗目标、加快改革步伐、转变发展方式，努力实现奋斗目标。

2014年，学校党委工作的指导思想是：以党的十八大精神和十八届三中全会精神为指导，认真学习贯彻习近平总书记系列讲话精神，继续把第十二次党代会确定的目标任务和工作责任落到实处，切实巩固和发展群众路线教育实践活动所取得的成效，积极稳妥地筹划并实施学校全面深化综合改革。坚持立德树人、内涵发展，全面提升教育质量；坚持党要管党，从严治党，不断提高党建科学化水平；坚持师生为本、进取担当、真抓实干、加强管理和制度创新。强化责任意识、危机意识、机遇意识，把"使命自觉、创建自信、差距自省、奋斗自强"的精神转化为全体党员特别是党员干部，以及广大师生员工的强烈共识和实际行动。以"钉钉子"的精神，牢牢盯住创建世界一流大学"三步走"战略第一步2018奋斗目标，不动摇、不松懈，扎实有力地推进各项创建工作。

在下一阶段工作中，我们还必须继续围绕"贯彻十八大，落实党代会，加快创一流"的工作主题，抓好两大任务：一是把党的群众路线教育实践活动确定的各项整改措施落实到位，带动党的建设，二是启动并推进全面深化综合改革，用改革破解发展难题，牢牢把握发展主动权，把改革创新精神贯穿于创建世界一流大学的全过程。

（一）深入开展学习贯彻习近平总书记一系列重要讲话精神，进一步武装思想、指导实践

按照中组部、教育部、北京市委有关做好县处级以上领导干部学习贯彻习近平总书记系列讲话精神集中轮训工作的文件精神，学校党委专门集中讨论了北京大学落实上级文件要求的实施方案，前一阶段我们已经开始了学习。今天，学校将正式全面启动学习贯彻习近平总书记系列讲话精神培训工作。

十八大以来，习近平总书记发表了一系列重要讲话，内容丰富、立意高远、朴实生动，是今后一段时期全党学习的重中之重，是加快创建世界一流大学的重要理论指南。北京大学必须认真抓好学习，这既是建设创新型、学习型、服务型党组织的需要，是重大的政治任务，同时，伟大的事业离不开伟大理论的指引，学习总书记讲话，是统一思想、形成共识、指导工作、推动发展的需要，具有重大的现实意义。

要抓好学习，一是抓关键，要突出班子带头、一把手带头，扎实开展好中层正职的学习教育；二是统筹兼顾、注重实效，要把学习总书记系列讲话精神和学习十八届三中全会精神、第二十二次高校党建工作会议精神等有机结合，使学习产生合力，促进发展；三是形式多样、符合实际，要结合北京大学的实际和特点，将集中学习与分散学习相结合，将课堂教学与网络教学相结合，将授课与讨论相结合。

（二）深入贯彻党的十八届三中全会精神，筹划启动全面深化综合改革

深化综合改革既是贯彻落实中央精神的重大举措，也是学校自身发展进入新阶段的内在要求，是加快创建世界一流大学的紧迫需要。北大和清华作为中国高等教育的排头兵，理应成为教育领域综合改革的先锋队，两校的主要领导在去年年底就一起商讨，联合给中央写了推进两校协同创新的报告。今年春节期间，学校又主动向中央领导请缨，成为高等教育综合改革先行先试的试验特区。这学期开学前，元宵节当天，刘延东副总理和国家教育体制改革领导小组的各成员部委领导亲自召集北大、清华两校主要负责人开会，专门听取汇报，明确要求两校率先协同进行综合改革，在两校建设"国家高等教育综合改革试验特区"，并表示将对两校开展综合改革给予大力支持。

按照中央和教育部要求，学校成立了综合改革领导小组，我和恩哥校长总牵头，学校组织了专门的工作班子，在广泛征求各方面意见的基础上，起草了《北京大学贯彻落实十八届三中全会精神 加快创建世界一流大学综合改革方案》初稿，已上报教育部。下一步，我们还将在教育部反馈意见的基础上，进一步广泛征求意见，修改完善并启动实施改革方案。

这次全面深化综合改革的指导思想是：按照2012年6月习近平同志在北京大学视察指导工作时提出的"把北大办得越来越好"的指示精神，深入贯彻三中全会精神，认真落实《中共中央关于全面深化改革若干重大问题的决定》和《国家中长期教育改革和发展规划纲要（2010—2020年）》的部署，抓住机遇、大有作为，勇担使命、再立新功，示范引领、走在前列，圆梦北大、筑梦中华，始终坚持和发展中国特色社会主义大学建设道路，把深化改革、勇于创新作为贯穿创建世界一流大学始终的根本动力，探索在社会主义初级阶段和发展中大国创建世界一流大学的规律道路，创新并不断完善具有鲜明中国特色、北大特点的发展模式。进一步升华使命自觉、创建自信、差距自省、奋斗自强的境界，突出内涵发展、重在提升，创新突破、创建推动的工作主题，加快推进创建世界一流大学步伐，为实现中华民族伟大复兴的中国梦、为人类的文明进步做出更大贡献。

综合改革的总体目标是：以建立世界一流、中国特色、北大特点的现代大学制度，推进学校治理结构和治理能力现代化为总目标。注重改革的前瞻性、系统性、整体性、协同性。以立德树人、提高质量为核心，以体制机制改革和制度创新为重点，以激发师生员工和基层院系单位创造活力基础，以为聚集和优化配置各类办学要素为保障，立足国情和北大实际，学习世界一流大学的先进经验，借鉴国际通行的标准与规则，构建系统完备、科学规范、运行有效的现代大学制度体系，建设好"国家高等教育综合改革试验特区"，当好改革的排头兵和先锋队。

我们要积极、稳妥、有序地推进各项改革，注重建设，力争到2018年北京大学建校120周年前后，综合改革取得明显成效，中国特色现代大学制度基本确立并不断完善，率先实现跻身世界一流大学行列的奋斗目标。人才培养、师资队伍、学科建设、科学研究、办学国际化等关键指标达到世界一流水平，对国家经济社会发展的贡献率进一步提升；实现20个学科（总共纳入统计排名体系的共22个学科）进入ESI全球排名前百分之一，近一半学科进入全球前千分之一的目标，并力争推动实力最雄厚的若干学科进入前万分之一，在学科建设上大力彰显中国特色；在学校目前全球排名45名左右的基础上，冲刺进入全球前30名左右，在世界高等教育格局中的地位得到较大幅度的提升，并且在探索完善中国特色、北大风格的世界一流大学创建道路与模式方面取得新的重要成果。

综合改革的基本原则是：坚持党的领导和中国特色社会主义办学道路，增强政治意识，正确处理改革发展稳定关系，胆子要大、步子要稳，加强顶层设计、注重实施策略，整体有序推进和重点突破相促进；坚持改革的正确方向，牢固树立"以人为本"的教育价值导向，办好人民满意的高等教育，把"是否有利于实现立德树人根本任务，是否有利于提升学校教育质量和办学水平，是否有利于调动广大师生员工和基层院系单位的积极性、创造性，激发办学活力，是否有利于加快创建世界一流大学步伐，是否有利于为实现'两个一百年'奋斗目标做出重大贡献"作为衡量改革成效的判断标准；坚持北京大学"常为新"的光荣传统，尊重师生办学主体作用，发扬师生的首创精神，依靠师生推动改革，广泛凝聚共识，形成改革合力，通过改革让全体师生的创造力充分涌流；坚持发挥学校办学自主权，构建政府、学校、社会之间新型关系，着力提高学校自我约束、自我发展能力，依法接受社会监督。

（三）大力落实党的群众路线教育实践活动整改措施，建立健全贯彻落实群众路线、加强作风建设的长效机制

在党的群众路线教育实践活动中，我们取得了阶段性成效，但也还存在一些不足和薄弱环节。我们要按照中央的要求，以此次教育实践活动为新的起点，坚决抓好各项整改落实、建章立制工作，切实以作风建设的新成效凝聚共识、促进工作、攻坚克难、加快发展。特别是对于教育实践活动中师生群众反映突出的"一定程度上脱离群众""进取担当精神不足""真抓实干作风不硬""制度建设管理有待加强"等四大问题，要以常抓不懈的态度持续整改、以制度建设为保障逐一整改，

整改工作一刻也不能停,整改力度一丝也不能减,整改实效一点也不能打折扣。

前不久,习近平总书记在调研指导兰考县党的群众路线教育实践活动时,号召党员干部把焦裕禄精神作为一面镜子,从今天做起,从眼前做起,以强化党性修养带动作风建设,做焦裕禄式的好党员、好干部。这为我们抓好整改落实、净化党风校风树立了标杆。党性是党员干部立身、立业、立言、立德的基石。抓作风必先强党性。在整改落实过程中,全校党员、特别是党员干部更应把党性修养放到突出位置,把党性修养正一正、把党员义务理一理、把党纪国法紧一紧,始终以一名共产党员的求实作风、奋斗精神、道德情操对待事业、带动师生。

要加强领导,精心组织。学校党委对整改落实工作负总责。各责任领导、责任部门要以高度的政治责任感、改革创新的精神、求真务实的作风,切实履行责任,统筹谋划整改重点,合理安排整改进度,切实抓好整改事项的实施,及时协调解决实施过程中出现的问题,保证整改措施切实可行、整改工作稳步推进、整改目标按期实现。

要密切联动,相互配合。制约学校科学发展的突出问题、工作中亟待解决的"四风"问题往往需要学校多个单位共同解决。各有关单位要严格按照整改落实方案的分工部署,密切联动、相互配合,齐心协力、共同推进。

要督查督办,狠抓落实。学校教育实践活动领导小组负责对各责任部门的落实情况进行督促检查,通报情况,对工作不力的限期改正、完不成任务的追究责任,防止搞形式主义、走过场,要尽快让群众看到实实在在的成效。

巩固和扩大教育实践活动成果,还必须进一步建立和完善贯彻落实群众路线的长效机制,包括建立健全贯彻落实群众路线的学习机制、宣传教育机制、领导决策机制、干部考评机制和监督机制等。

在这里我还要再一次强调风气建设问题。要以优良的党风、政风,带动校风、教风、学风的建设。北大人要力戒浮躁、浮华、浮夸和肤浅。校园里风清气正,我们的事业发展才有保证。

(四)以"钉钉子"精神,抓铁留痕、踏石有印的力度,毫不松懈地把第十二次党代会确定的目标任务和工作责任落实到底,紧紧瞄准2018第一步奋斗目标,扎实有效地推进创建世界一流大学各项工作

当前和今后一个阶段,学校的中心工作就是深入贯彻三中全会精神,坚决落实学校十二次党代会提出的"三步走"战略目标,瞄准2018第一步奋斗目标,争分夺秒,奋勇争先,抓好每一年、每学期、每一个月、每一天的工作,把路线图和时间表落到实处,加快创建世界一流大学。

抓住奋斗目标,坚持走以提高教育质量为核心的内涵式发展道路。我们要大力转变学校和院系的发展方式,坚决摒弃粗放型、外延式发展思路、习惯和模式,把提高质量作为办学的核心要求,把坚持内涵式发展作为根本导向,聚精会神、千方百计提高教育质量和办学水平。教育质量是一所大学的命根子,衡量世界一流大学的硬杠杠,我们一定要从思想观念、班子队伍、制度措施、资源配置等各个方面下大决心、花大力气解决好这一问题。要建立科学的考评和激励机制,将提升质量作为干部考察、班子调整、工作评估、资源倾斜和政策支持的重要导向。

坚持立德树人的根本任务和育人为本的方针,全面推进人才培养工作。我们要把立德树人作为教育的根本任务,把一切为了学生的健康成长和全面发展作为学校一切工作最重要的出发点和落脚点。要将育人工作贯彻到学校教学、科研、管理、服务的各个方面。要坚决摒弃重研轻教、重物轻人、重智轻德的思想观念,坚持育人为本,以德为先,把这一要求贯彻到学校各项事业中去,不断优化育人环境,提高育人质量。全校的教师、管理者、服务者都要自觉担任育人责任,恪尽职守,为人师表,积极推进科研育人、服务育人、实践育人。

下更大的决心,采取更有力的措施,抓好教师队伍建设这一基础性工程。坚持把教师队伍建设作为学校最重要的基础性工作,以师德为灵魂,以师能为核心,切实加强教师队伍建设与管理。将师德建设放在首位,引导广大教师弘扬优良教风,提高教学能力,遵守学术道德,做学生健康成长的指导者和引路人。继续深化以教师聘任和职务晋升制度为核心的人事制度改革,构建科学合理的各类人才队伍管理体制。将青年教师队伍的建设放在更加重要的战略地位。进一步优化行政、实验技术、后勤队伍,增进员工福祉。

要把学科和学科团队建设作为关键抓手,提升学校整体办学水平。要进一步认识到我们在学科和学科团队方面与世界一流大学的差距,积极化解相关矛盾和问题,奋力提升学科和学科团队建设水平,要科学制定学科发展战略规划,进一步凝练学科方向,加大整合力度,优化结构布局,增强学科发展的前瞻性和前沿性,坚持"有所为有所不为,有大为有小为"的原则和"重点突破,体系建设"的思路,抓住学科团队这一关键之关键,全面提升学科建设水平,形成科学合理、世界水准的学科体系。

要重视抓基层、打基础,把党代会提出的各项任务分解落实,扎实推进,实干兴校。要以院系为基础,做到办学重心下移,管理重心下移、创建重心下移。把创建世界一流大学的任务和学科建设目标分解到院系,

责任落实到院系。要调整工作思路和工作中心,进一步做好为院系服务的各项工作,进一步向院系倾斜资源和政策,解决好院系布局和结构问题。各院系要根据学校创建世界一流大学的总体要求制定各自的奋斗目标和工作步骤。所有院系都要围绕创建要求,奋发有为,奋勇争先,为使本院系实现国内领先,达到或接近世界一流水平的目标而奋斗。

我们也应该看到,创建世界一流大学需要优秀的领军团队和骨干队伍、先进的治理体系和制度体系、良好的保障服务条件。但是,我们更应该认识到,创建世界一流大学更需要干事创业的精神,在我们中间,一定程度上还存在着心浮气躁、精力分散、投入不足、工作不实的现象。现在学校发展的大政方针已定,规划蓝图已经绘就,必须大力在所有的教育者、管理者和学生中提倡抓落实的精神,提倡不讲条件、敢于担当、敬业奉献的精神,弘扬"不待扬鞭自奋蹄"的老黄牛精神,形成认识自觉和行动自觉。

(五)不断推进党的建设制度创新,提高学校党的建设科学化水平,为加快创建世界一流大学提供坚强政治保障

今年党建工作的重点是要认真研究制定《北京大学党的建设2014—2018年工作规划》,全面加强我校党的思想、组织、作风、反腐倡廉和制度建设,推进党的建设制度创新。在党建工作中,要扎实抓好以下方面:

1. 切实抓好领导班子建设和领导管理团队建设

按照习近平总书记提出"信念坚定、为民服务、勤政务实、敢于担当、清正廉洁"的好干部标准,加强各级领导班子思想政治建设,着力提升管理团队的政治素养和治校理教能力,提升驾驭世界一流大学创建工作的能力。研究制定《北京大学党委关于加强领导班子和干部队伍建设的意见》。

党委常委会和校行政班子要带头深化理论学习、增强宗旨意识和进取担当意识,带头转变作风,深入实际,善于发挥师生群众的主人、主体、主力作用。

校部机关是学校领导班子的参谋助手,发挥承上启下、协调服务的关键作用。要结合党政管理体制改革和创新,完善机关干部任期制,优化班子结构,激发干部队伍活力;推动干部轮岗交流,鼓励有参与管理意愿的教学科研一线教师到机关职能部门挂职任职,注重从基层选拔管理领军人才。

院系领导班子是院系管理和院系建设的基础。要建立完善严格的领导班子任期目标责任制,每届班子在组建后与学校协商明确,在一定范围公布,作为届满考核和履行相应激励机制的参照依据。落实好"三重一大"集体决策制度,形成有效的院(系)级单位党政之间分工合作、共同负责、协调运转机制。

以发展为导向配班子,以职责为中心管干部。结合各有关单位的实际情况,分批次对27个单位的36个党政班子进行换届或调整,严格执行最新颁布的《党政领导干部选拔任用工作条例》的相关规定。

认真筹备召开组织工作会,完成好巩固基础、谋划长远、推动改革的任务。结合学校综合改革,对深化党政管理体制改革和干部人事制度改革进行总体部署。把提升管理团队能力作为关键环节,瞄准2018奋斗目标,抓紧制定以学习和培训为核心的能力提升计划。完善领导班子和干部考核评价机制,发布《关于加强中层领导班子和干部考核工作的意见》。探索建立长效机制,形成来源多渠道、培养多途径、发展多方向的后备干部队伍建设格局。

2. 推进基层党组织建设和党员队伍建设

优化基层党组织的设置模式。按照有利于发挥政治核心和战斗堡垒作用,有利于党员教育、管理、监督和服务,有利于密切联系群众的原则,不断扩大党组织和党的工作的有效覆盖,适度控制党支部的规模。试点在新兴教学科研团体中设置党支部。按照就近、便于开展活动的原则设置离退休人员党支部。

健全基层党组织的工作机制。抓紧修订《北京大学党委关于进一步加强教职工党支部建设的若干意见》《北京大学党委关于进一步加强学生党支部建设的若干意见》。逐步健全教师党支部发挥作用的长效机制,探索党支部参与决定本单位重要事项的工作模式。充分发挥学生党支部在班级建设中的核心作用,建立党支部支持、指导和帮助团支部、班委会开展工作的机制,推动党建带团建、促班建。

转变基层党组织的职能定位。以贯彻落实群众路线的长效机制为契机,推动基层党组织进一步强化服务意识、健全服务机制、搭建服务平台、打造服务品牌,从而达到强化服务职能、提高服务能力的目的。

提高党员发展质量。出台《北京大学发展党员工作规范》,严格党员发展程序,改进入党积极分子教育培训模式,提高发展党员质量。重点抓好青年教师和大学生党员发展工作,逐步探索在高层次人才中发展党员的现实路径。

3. 抓好宣传思想和意识形态工作

坚持把思想理论建设放在首位,大力加强社会主义核心价值体系的宣传教育,夯实马克思主义在意识形态领域的主导地位,帮助全校党员、干部、师生员工划清是非界限、澄清模糊认识。

大力加强教师的思想政治教育工作,继续坚持"学术研究无禁区,课堂讲授有纪律",对课堂、讲台、论坛、网络加强管理,决不能给错误的政治观点和有害的言论信息提供传播渠道,一定要进一步提升在北大这一重要阵地上做好意识形态工作的能力和水平。

制定《北京大学突发性事件新闻发布管理办法》和

《关于改进学校新闻报道工作的意见》，完善新闻报道的体制机制，创新新闻报道的形式内容，进一步增强教学科研相关报道的分量，力戒新闻报道中的形式主义、官僚主义现象，真正做到贴近师生、贴近实际、贴近生活。精心做好外宣工作，妥善应对和处理各类媒体危机事件。

4. 大力加强党风廉政建设

当前，我校党风廉政建设和反腐败形势依然严峻，责任依然重大，任务依然艰巨。我们要坚持标本兼治、综合治理、惩防并举、注重预防，加强纪律监督，健全学校治理体系，严惩腐败行为，推进"一岗双责"和反腐败体制机制创新，加强纪检监察队伍建设，坚决把党风廉政建设和反腐败斗争进行到底。

要加大办案力度。坚持有案必查，有腐必惩。认真做好信访举报受理工作，积极畅通渠道，拓宽线索来源。严格落实重要信访举报及案件情况报告制度。完善联合办案机制，突出办案重点，狠抓典型案件，强化警示教育，充分发挥办案的治本功能。丰富办案手段，着力查清主要违纪违法事实，提高办案质量和效率。开发信访案件管理系统，实现信访工作全过程、信息化管理。

要创新监督方式。变直接全程式监督为事后问责式监督，提高问责力度。探索校内巡视监督制度，结合中央巡视工作要求，尝试在校内二级单位开展不定期的巡视监督。

要继续大力推进"一岗双责"。根据中央"两种责任"要求，健全责任体系，实行倒查追究，坚持上追一级。对发生重大违纪违规案件的部门和单位，实行"一案双查"，既要追究当事人责任，又要追究相关领导责任。

要着力防控廉政风险。根据学校进一步推进廉政风险防控管理"三个体系"建设实施方案及相关具体安排，进一步完善相关工作机制，着力推进权力结构科学化配置体系、权力运行规范化监督体系、廉政风险信息化防控体系建设。

要突出专项治理。加强科研经费管理，严肃查处违规违法使用科研经费的行为。加强招投标管理，严格招投标程序，纠正随意变更招标方式的行为，探索建立符合学校实际的招投标管理工作机制。加强招生管理，全面实现特长生招生考试和研究生考试面试程序的规范化。加强公车管理，完善学校公车使用和管理办法。加强国有资产管理，强化对资产出租出借的监督，严厉惩治私设"小金库"行为。

要进一步推进惩防体系建设。制定《北京大学建立健全惩治和预防腐败体系2013—2017工作规划》，抓好各项任务分解，发挥组织协调作用。惩治和预防腐败体系建设牵头单位和协办单位要切实负起责任，密切配合，多措并举，整体推进，形成工作合力。

5. 不断加强学生思想政治工作

要大力推动社会主义核心价值观进教材、进课堂、进头脑，通过教育引导、舆论宣传、文化熏陶、实践养成、制度保障等，使核心价值观的影响像空气一样无所不在、无时不有，内化为学生的精神追求，外化为学生的自觉行动，积极引导学生讲道德、尊道德、守道德，追求高尚的道德理想。

针对"90后""95后"青年学生群体开展调研，把握"90后"青年成长规律，充分发挥共青团的思想。

6. 加大统战工作力度

完善并出台《中共北京大学委员会关于加强新形势下统一战线工作的意见》。拓宽民主管理和民主监督的渠道和途径，探索学校党委与民主党派、无党派人士协商民主机制，建立和完善学校民主党派及党外代表人士建议办理回复制度，建立学校统战事务协商机制。加强党外代表人士队伍建设，落实党员领导干部与党外代表人士联系交友制度，进一步完善党外代表人士发现、培养、推荐、选拔和使用工作机制。

7. 充分发挥教代会工会在民主治校、广泛联系群众中的重要作用

认真落实《中共北京大学委员会关于进一步加强和改进工会、教代会工作的意见》，加强校、院(系)两级工会组织建设和教代会制度建设。

深化校(院、系)务公开和信息公开工作，完善《北京大学校务公开目录》，规范校务公开程序，组织教代会代表参与学校重大事项的决策和评议，保障教职工参与民主决策、民主管理和民主监督。

8. 全力推进校园民生工程

学校党委和各级党组织要把为师生员工服务作为落实群众路线，实现又好又快发展的切入点和落脚点。持续下大力气解决师生员工的实际困难，特别是重视关心离退休人员、中青年教师、后勤服务职工、生活困难家庭等群体的切身利益问题，认真解决学生健康成长中面临的突出问题；进一步加快推进肖家河教工住宅项目建设，尽最大努力解决教职工住房紧张状况，切实为大家解除后顾之忧。

9. 增强大局意识和责任意识，切实维护校园安全稳定

今年，我们将迎来中华人民共和国成立65周年和五四运动95周年，北大的稳定事关全局，学校党委和各级党组织责任重大。因此，大家务必要增强大局意识、政治意识、忧患意识和责任意识，居安思危，未雨绸缪，周密部署，狠抓落实。

全校各单位要始终把维护校园安全稳定作为首要的政治任务和"一把手"工程，做到思想到位，工作到位，措施到位，处理好柔性维稳和硬性维稳的关系。要在认真总结我校长期保持稳定和处理突发事件经验的

基础上,以预防化解矛盾为主线,以强化基层基础为支撑,不断提高安全稳定工作的科学性、主动性、有效性和对改革发展新形势新要求的适应性,进一步完善并严格执行重大紧急突发事件的应急预案,建立健全统一指挥、运转协调、科学高效的工作机制,形成上下联动、左右协作、齐抓共管的工作格局。

要按照中央要求,扎扎实实做好反恐防暴工作,强化底线思维,严格落实领导责任制,做好教育工作和硬件建设工作,为深化学校综合改革,为创造和谐安定的学习、工作、生活环境提供有力保障。

同志们,以上我代表学校党委就近期的工作做了部署。

我们要时刻保持清醒的头脑。在中国这样一个发展中大国创建世界一流大学,没有现成的经验,也决不能照搬照抄外国的模式,必须坚定不移地沿着中国特色社会主义道路,积极进行探索和实践。在创建过程中,最关键的一个问题,就是要正确处理好世界水平与中国特色的关系。我们既要深入研究借鉴世界一流大学一般的发展道路和发展模式,又要积极探索中国特色的发展道路和发展模式,在遵循规律的基础上,要充分自信、掌握主动、大胆突破、不断创新,努力做到一般与具体的有机统一,做到世界水平、中国特色与北大特点的统一。

在座的各位同志是学校各单位党委班子和行政班子的带头人,责任重大。在北京大学创建世界一流大学的关键时期,学校党委希望大家把习近平总书记提出的好干部的"五条标准"当成自觉追求,发扬学校十二次党代会提出的"使命自觉、创建自信、差距自省、奋斗自强"精神,做创建世界一流大学的坚强领导者。

要将坚定信念作为首要前提,在事关方向、事关原则的问题上一定要立场坚定,在大是大非面前和关键时刻一定要旗帜鲜明,在思想上、政治上、行动上自觉同党中央保持高度一致;要将为人民服务作为根本使命,继续坚持以人为本、服务为重,用服务促进发展,用服务凝聚人心;要将勤政务实作为一贯作风,拿出实实在在的举措,破除发展障碍,解决创建难题,把深入一线了解实情作为基本的工作习惯,把解决问题见到实效作为根本的工作追求;要将敢于担当作为可贵品质,敢于担压、敢于担责、敢于担难,对矛盾和问题不敷衍、不回避,只要于工作有利,就不遗余力、不计个人得失认真做好;要将清正廉洁作为基本要求,牢固树立正确的世界观、权力观、地位观、利益观,正确对待和使用权力,切实把好名利、权力和金钱关,管好自己、下属和亲属。

学校第十二次党代会提出,要"忧劳兴校",要增强危机感、紧迫感。今天我们所处的时代,百舸争流、千帆竞发,国际国内竞争异常激烈,世界高等教育的改革正在发生深刻变化。对任何一所大学来说,按部就班、因循守旧、顺其自然、无所作为的时代都已经过去了,不拼搏奋进,大学就注定走向衰败。我们北大人都有远大深沉的理想抱负,更要有实现远大理想的科学态度和苦干精神。我们决不能躺在过去的功劳簿上,自我感觉良好,而是必须甩开膀子实干、苦干、大干。我们也决不能回避问题和矛盾,必须坚决抓住制约学校又好又快发展的若干难点问题,包括学科建设、人事管理体制、资源汲取与配置等复杂问题,下大力气加以破解,要通过改革创新突破"雷区",趟平道路,为今后更长远的发展奠定扎实基础。

全校每一位领导干部,都必须严格按照中央和学校的要求,更加牢固地树立职业责任意识、开拓创新意识和危机忧患意识,凝心聚力创大业,聚精会神抓落实,全身心地投入学校的建设管理,忧劳兴校、奋斗兴校、拼搏兴校,以更加饱满、更加昂扬向上的精神面貌,开创崭新的工作局面。

现在距离2018年只有4年多时间了,距离2018年北大120周年校庆只有1500天。我们等不起、慢不得,也睡不着,只有全力以赴,以"钉钉子"的精神,奋斗1500天,苦干1500天,用我们的心血来完成无愧于历史的满意答卷!

同志们,让我们进一步把思想和认识统一到中央精神上来,把意志和力量凝聚到落实学校十二次党代会提出的各项目标任务上来,全力以赴实施"2018行动计划",以加快创建世界一流大学的实际成效,为实现"中国梦"做出无愧于历史和时代的新贡献!

谢谢大家!

下面,我们召开深入学习贯彻习近平总书记系列讲话精神培训班开班动员会,我代表学校党委做动员辅导报告。

(报告内容略)

校长王恩哥在2014年春季全校干部大会上的讲话

(2014年3月26日)

同志们：

开学已经一个多月了，学校的各项工作都在抓紧推进，大家非常辛苦。这学期，学校将根据中央和教育部的统一部署启动全面综合改革，对此，中央高度重视，全校师生员工和社会公众非常关注，我们必须担负起历史责任，把改革作为加快发展的根本动力、作为凝聚师生员工智慧和力量的着力点，牢牢把握这一重大机遇，进一步增强使命感、责任感、紧迫感，团结一心，拼搏奋进。

在过去一年里，全校师生员工全面落实第十二次党代会提出的各项部署，深化改革，锐意进取，各项事业取得了新进展，学校的核心竞争力和国际影响力进一步增强，创建世界一流大学事业取得了新的实质性的进展。

下面，我代表学校行政，向同志们简要汇报2013年的工作情况，并就新学期、新学年的工作进行部署。

第一部分 2013年的主要工作

第一，人才培养质量稳步提升

北大吸引汇聚了全中国最优秀的青年，这是我们的优势所在，也是社会对北大的信任，这决定了我们必须始终把立德树人作为根本任务，决不能动摇和偏离。2013年，本科教育教学改革稳步推进。"基础学科拔尖学生培养试验计划"进展顺利，各类人才培养基地建设水平不断提高，7个理科基地获得国家资助。"小班课教学"试点深入推进，共开设30余门课程，近150名骨干教师参加，已经成为本科教学改革的重要载体和突出亮点。进一步强化本科生科研训练，学生创新能力得到提升。北大首开网络公开课"慕课"入选2013年全国十大教育新闻。"慕课"不仅是我校推进教育公平的一个有益尝试，而且在教学课件、学习档案、交互过程产生的海量数据资源也将对我校提升人才培养质量多有裨益。

研究生招生选拔和培养机制改革进一步推进。加强研究生教育过程管理与质量管理体系建设，课程质量稳步提升，研究生创新能力不断提高。11篇博士论文入选全国优秀博士论文（公示期）。学生管理与服务工作水平进一步提升，毕业生就业率保持较高水平，就业质量进一步提高。资助育人工作扎实推进，在教育部专项检查中名列前茅。心理健康全员教育机制不断完善。第二课堂育人作用充分发挥，在2013年美国大学生数学建模与跨学科建模竞赛中，我校2支队伍获特等奖。

第二，学科建设取得了新的成绩，但竞争依然激烈

根据汤森路透"基本科学指标数据库"(ESI)的最新数据，北大19个学科进入全球前百分之一，去年还有一系列的学科评比，我们总体上保持了国内领先。但是，全校上下都必须清醒地认识到，在学科建设方面，竞争十分激烈，形势非常严峻。在ESI的排名中，我校工程学和物理学掉出了前千分之一，目前居前千分之一的只有临床医学、化学、材料科学3个学科。在刚刚发布的QS学科排名中，虽然北大有22个学科进入世界50强(QS纳入测评的共有30个学科方向)，但与清华大学相比较，我们没有进入世界前10的学科，清华有1个（材料科学）；北大进入前20名的学科去年有3个，而今年仅有化学位列第15名，而清华今年有6个学科进入了前20名，复旦大学也有2个。QS学科排名，有一定的参考价值，在全球范围内也得到了广泛认同，所以请大家给予重视。当前，全球顶尖高校包括国内的各兄弟学校，都在全力以赴抓学科建设。学科建设犹如逆水行舟，不进则退，慢进也是退。学校高度重视这个问题，我们要下定决心，必须拿出切实举措，确保学科建设质量稳步提升。

第三，科研实力不断增强

2013年，涌现出了多项重大科学问题的突破性成果。邓宏魁和汤超教授的研究组合作，有关干细胞的系列研究成果被《科学》等多个国际权威学术杂志刊登，被誉为干细胞研究里程碑式的工作。乔杰、汤富酬和谢晓亮教授三个研究小组共同完成的对单个卵细胞高精度全基因组测序，在《细胞》杂志发表，具备基础研究和临床实践上的重要意义。在"2013年度中国高等学校十大科技进展"中，邓宏魁、朴世龙两位教授领衔的2项成果入选。2013年北大作为第一完成单位人单位获得国家科学技术奖5项，"高等学校科学研究优秀成果奖（科学技术）"13项。61项成果获第六届"高等学校科学研究优秀成果奖（人文社会科学）"，其中一等奖数量居高校首位。厉以宁教授获得中国经济年度人物终身成就奖。

第四，高水平人才队伍建设成果显著

2013年，我校陈十一、欧阳颀、龚旗煌、程和平、方岱宁5人增选为中科院院士，当选人数连续两次居全国高校之首。高松、梅宏、朱玉贤3人当选为发展中国家科学院院士。13人入选首批国家高层次人才特殊支持计划("万人计划")。16人入选教育部长江学者奖励计划,6人入选新世纪百千万人才工程国家级人选,24人入选第五批青年千人计划,73人入选北京高校青年英才计划。

第五,社会服务成效显著

2013年学校与甘肃、福建、江西、贵州4省及海军签署战略合作协议,截至目前,我校已与21个省级地区建立了战略合作伙伴关系。积极响应中央号召,利用学校多学科优势,建设国家发展研究院、国际战略研究院、中国社会调查中心等智库,为国家及各级政府提供了有效的决策咨询服务。认真开展对口支援石河子大学、西藏大学的工作,强化两所高校自身造血机能。按照国家扶贫办、教育部的部署,定点扶贫云南大理弥渡县。各附属医院继续为首都乃至全国人民提供优质的医疗服务,积极开展各类自然灾害,以及包括"3·01"昆明暴力恐怖事件等突发事件的医疗志愿服务任务。

科技开发与成果转化工作水平和效率进一步提高。2013年全校学校(校本部)共审核签署各类技术合同566项,总计合同额4.09亿元,总计到款约2.16亿,同比增长22%。

第六,对外合作水平和层次不断提高

推进与国外一流大学和科研院所开展实质性、高层次合作,签署国际合作协议45个。成功举办第十届北京论坛、北大-哈佛中美关系学术研讨会等一系列高水平国际学术交流和培训项目,在耶鲁大学、斯坦福大学、英国爱丁堡大学等国际知名大学成功举办"北京大学日"活动。学生出国学习交流的渠道进一步拓展,常规校级学生海外学习项目超过100个。共派出学生3821人次。留学生规模稳步提升,生源结构日趋优化。海外引智工作取得长足发展,继续实施"大学堂顶尖学者计划""海外名家讲座计划"和"海外学者讲学计划"。深化与港澳台交流合作。进一步加强孔子学院建设。

第七,大力实施民生工程

以开展党的群众路线教育实践活动为契机,响应群众需求,查摆和解决问题,大力推进民生工程。根本性综合治理校园横幅标语和成府园区。调整校园交通设置,在未名湖沿岸禁行机动车。大力推进和完成了一批学校基础设施建设重点工程,2013年总建筑规模达15万平方米,对外汉语学院大楼和新闻传播学院大楼竣工,宿舍、食堂、幼儿园等基础设施得到维修改造,学生活动中心、物理西楼已经封顶,行政服务中心开工建设,后勤服务中心等工程也正在积极筹备动工。

努力改善教师生活条件。2013年至今,学校共开展4批教师公寓周转房集中申请和调配工作,为240名教职工新安排或调整了公寓。积极帮助教职工申请

两限房等政策性住房。特别值得一提的是,经过艰苦卓绝的努力,肖家河项目完成全部住宅拆迁任务,并取得了上级主管部门的可研报告批复,售房方案也在紧锣密鼓的研究制订中。

第八,学校财政状况总体趋向良好

财务工作贯彻"严格、透明、公平、效益、服务"的十字方针,严格财务管理,维护预算特别是校级预算的严肃性,预算执行情况良好。认真贯彻落实中央"八项规定"和教育部关于加强高校科研经费管理的文件精神,加强科研经费检查与管理机制建设,认真开展小金库治理与招投标管理,加强审计,有效降低财务运行风险。基金会和校友工作打开新局面,筹资工作取得新进展,院系筹款积极性进一步提高。

第九,现代大学制度建设稳步推进

学校成立现代大学制度建设小组。《北京大学章程》制定加快步伐,争取在上级规定的期限内制定出一部与世界接轨、兼具中国特色和北大特点的学校基本法。以学校章程建设为驱动,以现代大学制度改革试点为探索,统筹兼顾,稳步推进,在完善学校内部治理结构方面取得突出进展,包括修订完善党委常委会、校长办公会、校务委员会、学术委员会等重要会议的组织规程。

以上汇报的是过去一年我校发展建设的主要成绩,这些成绩的取得,离不开在座各位及全校师生员工的辛勤努力,我代表学校再次表示衷心的感谢!

第二部分 2014年行政工作要点

我们应该看到,当前北京大学正处于攻坚克难的关键时期。面对新形势新要求,学校发展建设还存在着很多问题,前进的道路上还面临诸多困难。去年,学校认真总结了"985"工程实施十五年来学校创建世界一流大学取得的成绩、形成的经验,同时也深入查找了问题和困难。与当今世界顶尖大学相比,我们在发展水平和办学质量还存在一定的差距,一些体制机制已经不适应学校的快速发展,土地、空间、资金、顶尖人才的不足已经成为制约学校下一步发展的瓶颈,我们创建世界一流大学的工作能力和水平也存在不足。2013年,学校在党的群众路线教育实践活动中,收集到了师生群众所提出的407条意见建议,涉及学校改革发展的方方面面:其中既有关于如何加强现代大学制度建设、为创建世界一流大学提供制度保障这样管方向、管全局的大问题,也有如何更好地让"快递进校园"、更好地管理宿舍区自行车停放这样虽然细微却能体现一所学校管理服务人性化水平的"细节"。

要解决在发展建设过程中遇到的问题,突破瓶颈,就必须深化改革。党的十八届三中全会做出了全面深

化改革的战略部署,高等教育领域综合改革是其中重要组成部分,党和国家寄予了殷切期望,提出了明确要求。开学前夕,中央领导同志亲自出席,国家教育体制改革领导小组召集北大、清华两校主要负责人开会,专门听取汇报,明确要求两校率先协同进行综合改革,在两校建设"国家高等教育综合改革试验特区",并表示将对两校开展综合改革给予大力支持。由于时间紧、任务重,书记和我总牵头,学校组织工作班子,按照中央和教育部要求,在广泛征求各方面意见的基础上,起草了《北京大学加快创建世界一流大学综合改革纲要》初稿,已上报教育部。下一步,还将在全校范围内进一步征求意见和建议,进一步修改完善。当然,形成一个好的方案只是第一步,关键还在于执行和落实,我们要始终在依法治校的框架内,确保改革积极、有序、稳步地推进。

下面,我对2014年学校行政工作的要点进行部署。

第一,狠抓教育教学改革,进一步提升育人质量

在世界多极化、经济全球化深入发展的今天,北大要始终把立德树人作为办学的根本任务,努力培养既有浓厚的爱国情怀和人文关怀、又具备很强的实践能力和创新能力,既有高尚的信念追求和百折不挠的意志、又具备建立在理性批判思维和创造性思维之上的远见卓识,既有扎实的专业技能、又对文学艺术和科学技术有浓厚的兴趣和广泛涉猎的领军人才。要结合新形势下人才培养的目标任务,酝酿、研究、讨论新的教育教学方针,推进多样化与全方位创新人才培养体系建设,进一步体现以学生为本,确保教学中心地位,同时也更加面向人文与科学发展的前沿与未来。

高度重视本科教育。一是大力推进人才培养模式的探索和改革。结合学生宿舍的改建,逐步推进本科住宿学院建设;推进基础学科拔尖学生培养试验计划,促进各院系建立完善各自的专业人才培养计划;推广元培理念,探索实施跨学科人才培养计划,鼓励和吸引学生根据兴趣和需要自由选择辅修专业和跨院系选课;打通本科生-研究生课程体系,探索"本科—研究生"相结合的一体化交叉学科人才培养模式;推进与世界一流大学进行学生互换、学分互认、学位互授联授。二是推进教学方式改革。推进"小班课教学"综合配套改革,及时总结经验,以"小班课教学"为引领,逐步改变以教师为中心的知识传授方式,确立在教学中教师—学生的双主体地位,开展教学理念、教学方式、教学方法的革新;希望教务部和所有参与"小班课教学"的老师增强使命感,不走过场,把责任落实到实处。我们要逐步实现全校每一个本科生在读期间都有一年"小班课教学"的经历。在试点基础上,逐步推行新生导师和学术科研导师相结合的本科导师辅导制,提升研究生导师对学生的启发和学术激励能力,促进教师对不同层次的学生开展一对一个性化指导;结合网络共享和其他信息技术开展"翻转课堂"与"混合式学习"的教学改革试验,推进信息化技术革命背景下的教学方法改革。三是深化招考机制改革,以考试研究院为依托,探索自主招生模式改革,提升生源质量,同时维护教育公平。四是按照"以评促建、以评促改、以评促管、评建结合、重在建设"的方针,做好迎接教育部普通高等学校本科教学工作评估的准备。

进一步抓好研究生教育,花力气研究培养规律,做好内部结构调整。一是继续改革招生选拔机制,建立研究生自主招录体系,进一步完善博士研究生招生"申请-考核制",探索完善硕士研究生招录办法。二是创新研究生培养模式。根据学术研究型和应用职业型不同人才类型的培养要求设计培养方案,贯通式安排本硕博课程学习与科研训练,使学生更适于未来社会经济发展需求。不断探索完善研究生联合培养模式,促进跨学科研究和人才培养。完善研究生学分制和弹性学制,引导研究生自我管理。三是改革和完善研究生教育质量保障体系。完善导师管理和评价办法,明确研究生指导教师的岗位职责和任职条件。加强培养过程管理和监控,确保质量。进一步完善研究生培养管理制度,建立导师和研究生诚信档案及教授、学生和行政三方面协同保障体系。建立完善研究生淘汰机制。完善深圳研究生院办学机制,发挥深研院在提升研究生培养国际化水平、发展前沿交叉学科、培养高层次专业应用型人才方面的重要平台作用。

全面系统持续地推进医学教育改革,提升各类医学人才培养质量。参照国际标准,突出中国特色,通过自身认证,并协助政府主管部门推动国家医学教育质量认证。强化通识教育,促进医学生的全面成长;进一步推进以知识整合、问题引导、学生自主、岗位胜任能力导向的课程体系改革;改进医学学制和学历设置,促进毕业后教育的并轨,保证临床医学质量;加大全科医学等满足社会急需、适应发展需要的学科建设力度。

进一步提升学生管理与服务工作精致化水平。加强家庭经济困难学生资助工作,完善资助体系。积极应对日益严峻的就业形势,进一步拓展就业渠道,加强学生生涯教育和就业创业指导,实现招生、培养、就业的相互促进和良性循环。继续做好学生心理健康教育。

第二,适时调整和优化学科布局,提高科研水平和原始创新能力

面对全球学科的激烈竞争,我们必须具备强烈的忧患意识和紧迫感,致力于打造学科和科研"珠峰"。

改进学科绩效评估机制,调整学科与院系结构。

要建立健全学科数据收集和分析体系,推进院系和跨学科机构的分析评估工作。以国际一流学科为参照,按照国际通行标准,制定具有北大特色的学科发展目标和评估体系。以5年左右为周期,对校内各学术机构整体发展状况进行绩效评估,根据评估结果和未来发展趋势,优化院系与学科结构,调整学校资源投入。创造自由宽松的学术氛围,但这不等于是不搞绩效评估,做什么事情,都要有本明白账,要算投入产出比。科学创新容许失败,但如果长期投入大量资源却没有像样的成果产出,我们就要反思,就必须适当调整资源配置的方向和机制。

在下一阶段,我们要继续高度重视具有传统优势的基础学科的发展建设,保持对基础学科和基础研究的持续投入,营造更加宽松自由的学术氛围,推动建设基础研究特区,完善基础研究评价体系,大力提升原创性基础研究能力。同时,要发挥我校多学科的优势,完善学科交叉机制,促进多学科协同创新,大力建设有基础、有前景、有领军人才的交叉研究平台和新兴学科增长点。

以追求重大原始创新、为支撑社会经济发展做重大贡献为目标,推进科研体制改革,提高原始创新能力。改革科研队伍结构,加强团队建设,突破研究人员聘用、资源配置模式、考核评价机制的约束,鼓励和支持院系和教师组建研究团队,长期持续开展战略性、系统性、前瞻性的学科领域核心问题研究。创新重大项目的组织管理模式,以重大项目为导向,根据国家经济社会发展和国防安全等重大战略需求,改革科研资源配置模式。加大对重大项目、高水平研发平台以及优秀团队的支持力度,保障和促进高质量完成重大项目。努力营造科学研究的技术方法创新环境,鼓励教师研制具有原创性、前沿探索性的科研仪器,积极争取承担国家重大科学装置的建设任务。认真贯彻落实中央关于"繁荣发展高校哲学社会科学推动中国特色新型智库建设"的指示精神,发挥我校文、理、医、工综合学科优势,加强我校智库建设,提升智库的国际影响力。

进一步加强科研保密管理工作。按照上级部门的要求,顺利平稳完成学校涉密计算机保密技术防护专用系统更换工作,大力提升保密技术防范能力。

第三,推动师资人事制度改革,提高师资队伍整体水平

在寒假战略研讨会上,学校已经决定在教师队伍中全面推行预聘制,从年轻教师的聘任和培养开始,严格把关,切实提升人才队伍质量,优化人才队伍结构。同时,通过实施国家人才计划和我们校内自己的人才计划,进一步壮大高端人才队伍,健全高端人才发现、吸引、培养、使用的机制。要结合国家战略导向和重大需求,依托国家重点创新项目、重点学科和重点实验室等重要平台,采取有力措施,全面布局,力争到2018年前后,打造一支以30名顶尖人才、200名领军人才为核心的卓越师资队伍。

在队伍建设中,要注重引进和培养并重。一方面,以战略眼光引进有潜力的优秀人才,提供资源,创造条件,营造氛围,让优秀人才留得住、能干事。另一方面,高度重视对学校现有人才的培养,通过各类衔接有序的举措,形成具有北大自身特点的人才激励与培养机制。各院系要面向学科发展前沿,分析评估、调整优化现有人才队伍结构,不同年龄段都应当有能扛大旗的人,形成人才辈出、人尽其才的和谐生动局面,为学校可持续发展提供强大人才支撑。

进一步深化师资人事制度改革,稳步实施教学科研职位分系列管理和聘任,充分释放和激发不同类型教师的创造活力。完善收入分配制度,建立有竞争力的科学的薪资收入和福利体系,探索规范化的收入分配模式和待遇合理增长机制,逐步建立健全讲席教授岗位,努力为高端核心人才提供具有国际竞争力的待遇。推进实施全员合同聘任,完善聘任和管理体系。建立健全教师联合聘任及考核激励机制,为推进交叉学科和跨学科的科研和人才培养扫清制度障碍。强调"师德为先、教学为要、科研为基"的标准,切实加强师德师风建设。

第四,提升社会服务能力和水平,争取更多外部支持

近年来,学校的合作网络日益扩大,下一步,国内合作工作要更加立足学校实际,结合学校发展需要,既着眼长远,又突出实效;既要充分激发各基层单位的积极性、主动性,又要加强全校层面的统筹规划和协调配合。

要不断完善与政、产、学、民、媒双边或多边合作网络,将合作形式从传统的技术合作上升到区域创新体系,建立起以产学研结合为重点的多层次、宽领域、灵活多样的社会服务合作体系。要善于结合地方资源禀赋及产业结构的调整,有重点地在全国布局建设若干协同创新平台,联合国外一流研究力量,依托地方和企业的政策资金支持,三方共同集聚创新资源,合作打造高端产业集群,抢占全球产业核心技术高地。

进一步加强技术转移合作,搭建全校性的国际化技术转移转化平台,实施北京大学早期项目挖掘孵化计划、国际知名大学技术转移集聚区建设计划以及基金组建计划。建设高端专利运营平台,组建专业团队,吸引政府、学校和社会的资金,整合国内科技、人才、资本等资源,面向校内外开展专利成果的资本化运作。

特别强调进一步加强服务首都的工作。北京市、

海淀区是北京大学的大本营,学校的发展建设和关系教职工切身利益问题的解决都离不开北京市、海淀区的大力支持,我们必须抓好已有项目的落实推进,以服务首都的新贡献来取得首都对北大的新支持。

继续做好对口支援、对口扶贫,在工作思路和工作成效上有新突破。继续教育要充分发挥机构改革的活力,提高办学质量和效益,加强管理,像爱护眼睛一样爱护北大的声誉。认真完成为中央国家机关和地方政府培训干部的任务。要认真研究北大附属医院经验和特点,发挥他们在参与国家建设、服务社会民众方面的优势,努力推动附属医院建设更上一层楼。

第五,加强国际交流与合作,提高学校国际化程度

要进一步转变国际合作方式,巩固和发展深层次、宽领域、立体化的国际合作与交流,大力提升全球运筹能力,汇集全球智力,打造全球品牌,全面提升北京大学全球影响力和美誉度。同时也要注意,国际合作要坚持以我为主,以发展为目标。要在深度参与全球高层次智力资源配置的竞争与合作中,在不同办学模式的比较借鉴中,逐渐建立起对北大风格一流大学发展道路的自觉和自信。

一是要全面深化与国际一流高校、科研机构、国际组织及国际评估机构、数据公司、出版集团的战略伙伴关系,开展高水平、实质性的合作。与国际一流高校和科研机构开展合作,建立高水平的人才培养项目、联合研究中心以及合作办学机构,培育若干个具有世界顶尖水平的实验室;与国际组织开展合作,为我校乃至我国急需领域培训人才,同时面向国际组织定向培养具有全球视野和跨文化交流能力的高端人才;与国际评估机构、数据公司开展合作,开展院系、学科评估,与国际出版集团开展合作,引进境外优秀教材,提高教学质量,发现问题优化结构。

二是要加强北京大学海外平台建设,提升国际影响力。加大"走出去"的步伐,在条件成熟的情况下,逐步推进在美国、欧洲等世界高等教育水平领先地区建立我校海外中心、办事处或教学科研基地;积极参与国际大学组织,充分利用政府搭建的国际化平台,继续在世界知名高校举办北京大学日活动,着力提升北京大学的国际影响力。进一步办好孔子学院,把继承优秀传统文化又弘扬时代精神、立足本国又面向世界的当代中国文化创新成果传播出去。

三是要逐步提升国际师生的比例。增强对国际优秀学生和教师的吸引力,首先要练好内功。要搭建英文授课课程平台,尝试开设全英文授课的本科专业,适应跨文化培养与交流不断扩大的需求。探索招收国际转学学生,进一步调整留学生专业结构。进一步完善国际暑期学校办学机制,丰富课程资源。促进中外学生的交流和相互学习,创造条件,让留学生和中国学生共同住宿。加大延揽聘用优秀外籍教师的力度。继续实施"大学堂顶尖学者讲学计划",邀请国际著名教授学者来校讲学。营造国际化校园环境,积极争取外部政策支持,吸引外籍教师在北大长期任教。

四是启动"燕京学堂"的建设,汇集全球智力,共商中国与世界问题。以此为依托,以当代中国的政治、经济和文化,尤其是中国社会重大现实问题和国际热点问题为研究重心,吸纳全球人文与社会科学顶尖学者,推进人才培养、学科建设和科学研究的互相促进,联合培养中国学高端人才。

第六,推进中国特色现代大学制度建设,深化学校管理与服务改革

建设依法办学、自主管理、民主监督、社会参与的现代大学制度,推进学校治理体系和治理能力的现代化,是北京大学稳步建设世界一流大学的重要保证,也是这次学校进行综合改革的重点。要通过制度创新,解决好学校同政府、社会的关系,协调好学校内部行政权力同学术权力的关系,处理好学校同院系的关系,为探索新的发展模式奠定制度基础。

按照"改革导向、上下结合、前瞻设计、逐步落实"的工作方针,完成《北京大学章程》的制定,按期报上级审定。进一步探索完善党委领导、校长负责、师生治学、民主管理的法人治理结构。依法落实党委、校长职权,健全议事规则和决策程序。颁布实施《北京大学学术委员会章程》,加快学术委员会实体支撑建设,清理整理相关委员会及制度,切实保障学术权力的独立性和权威性。理顺学校、学部、院系之间的关系,完善院系治理结构,强化院系责任,稳步推进向院系放权。推进学校去行政化改革,强化管理部门的服务职能,提升职员治事能力,建立与世界一流大学相适应的管理、服务与支撑体系。

推进依法治校进程。根据综合改革需要,开展规章制定和清理工作,完善各类办事程序、内部机构组织规则、议事规则等,形成以章程为核心的健全、规范、统一的制度体系。依法建设公正平等校园环境,尊重和保护师生权益,完善师生员工的行为规范。依法健全校内权利救济和纠纷解决机制,妥善解决学校内部矛盾、冲突和利益纠纷。

完善作风建设机制,提升管理效率和服务效能。建立健全管理服务工作评估制度,探索以服务对象为主体参与的管理服务评估机制,提升管理和服务质量。建立审批项目和责任清单制度,公布部门职责、管理权限和审批程序。区分事务类型和服务对象,在2014年内,要编制并公布全校管理服务办事指南和机关工作手册,主动接受师生和社会监督。加快行政服务中心的建设工作,探索一站式服务和首问负责制,推出服务

承诺,完善各类意见建议的受理、答复、反馈、问责机制,提升协同服务能力,限时答复和解决院系发展和师生关注的实际问题。进一步落实学校党政、教辅和后勤单位及管理服务人员暑期学期轮休制度,维持行政、技术、后勤支撑和保障工作在暑期学期的正常运转。加快学校综合管理信息系统和数据中心建设。通过统一便捷可靠的信息化平台,强化信息公开和校务公开,提升决策支持能力,简化办事程序,强化部门协作,提高办事效率。

进一步加强督查督办工作,严格落实学校各项方针、政策、决定和重要工作部署。密切学校领导与各机构间的纵向联系,加强学校各机构间的沟通协调。继续认真做好校领导接待日,畅通师生员工诉求反映渠道。全校行政管理服务系统要切实提升执行力、服务力和战斗力。

第七,提升资源汲取能力,加强资源优化配置,建设美丽校园,抓好民生工程。

由于肖家河教工住宅的全面开工建设,今年学校财政面临的压力比往年更大,必须进一步拓宽并完善多元化的筹资渠道,适应学校事业发展增速的需要。一方面,要抓住国家支持我校综合改革试点的机会,向中央和上级部门积极争取更加宽松的财税政策和更加充足稳定的办学经费投入;另一方面,发动全校力量拓展筹资渠道,不等不靠。教育基金会要在争取社会捐赠中发挥主渠道作用,积极创新筹资工作模式,全力推进"2018筹资挑战计划",并确保基金保值增值。进一步完善全球校友网络,提升校友工作水平,充分挖掘校友反哺学校的潜能。

进一步深化资源配置体制机制改革,提高资源配置的有效性和合理性,盘活存量,减少浪费,提高效益。加强财务管理,确保学校良好的财务运行状况。继续推进校内单位公共资源成本核算、有偿使用改革,充分挖掘现有资源使用效益。健全公共实验平台和公共设备共享机制。改进学校重大项目管理机制,开展资源使用和重大项目绩效考核和效益评估。

以"突出功能、优化布局、拓展空间、提升品质"为原则,优化校园空间布局。加快推进学生服务中心、行政服务中心、后勤服务中心建设,优化校园功能分区。提升校园历史文化和生态环境品质,充分拓展和利用地下空间,加快整治西南学生生活区环境,下决心在3年内完成学生宿舍改建工程,为全校学生、包括留学生提供充分优良的住宿条件。改善校内交通状况,加强校园秩序管理,为师生潜心治学提供更加安全、安静、舒适、典雅的环境。

高度重视和切实抓好民生工程。加快推进肖家河教工住宅项目。继续做好教师公寓周转房调配工作,积极为教职工提供保障性住房资源。进一步做好离退休教职工的保障服务工作。

最后,我还要特别强调一下学校的安全管理工作。前不久发生的"3·01"昆明暴恐事件,给我们敲响了警钟。维护师生安全是学校的重大责任,全校上下尤其是各单位一把手,要把维护安全稳定这根弦绷得紧而又紧,要把学校的各项安全制度抓得实而又实,看好自己的人、管好自己的门,做好应突处变的预案,有备无患,不断提高安全管理能力和水平。

同志们,习近平总书记指出:"我们的事业是一点一滴干出来的,我们的道路是一步一个脚印走出来的。"宏伟的战略构想,要变成实实在在的改革举措、普惠师生的政策措施、虑及长远的制度构建,只有靠实干。当前,学校已经站在全面推进综合改革的起跑线上,综合改革能不能取得实效,关键在于全校各级领导干部是否具有抓铁有痕、踏石留印、真抓实干的劲头。面对艰巨繁重的工作任务,希望同志们保持良好的精神和身体状态,齐心协力开展工作,努力在新的一年里取得更好的成绩!

谢谢大家!

校党委书记朱善璐在2014年秋季全校干部大会上的讲话

(2014年9月12日)

同志们:

今年暑期,北京天气非常炎热。学校各院系、各部门一大批教职员工,冒着酷暑,克服困难,坚守在工作岗位上,扎扎实实做好暑假期间的教学科研、安全保卫、后勤保障、防汛排涝、卫生防疫、学生军训等工作。开学伊始,很多同志又不顾疲倦,连续作战,兢兢业业地做好迎新和新学年的各项准备工作。在此,我和恩哥校长代表学校党委和行政向暑假期间坚守岗位、辛勤工作的同志们表示亲切的慰问和衷心的感谢!

今年5月4日,习近平总书记莅临我校视察指导工作,亲自主持座谈会并发表重要讲话。总书记的重要讲话,高屋建瓴、内涵丰富,集中体现了新一届中央领导集体关于培育和践行社会主义核心价值观工作、青年工作、教育和高校工作的理念、思路、目标和举措,为北大党组织和全体师生在新的历史起点上实现新的奋斗目标提供了基本遵循,为学校加快发展步伐、深化综合改革、加强党的建设提供了强大思想武器。在视察和座谈中,习近平总书记对北大的精神、传统以及历史地位、时代贡献给予了高度肯定,对北大的建设发展给予了格外关注,对北大师生提出了新的更高要求,特别希望北京大学通过埋头苦干和改革创新,早日实现几代北大人创建世界一流大学的梦想。

面对新形势新任务,我们必须深刻认识、正确把握总书记重要讲话精神,认真研究、用心体会,学好、学深、学透,要牢牢抓住重大历史契机,瞄准2018阶段性奋斗目标,以埋头苦干、改革创新的精神,真刀真枪地真抓实干,只争朝夕加快前进,确保创建世界一流大学的战略部署取得实质性的进展和突破。

8月30至31日,学校领导班子以学习贯彻习近平总书记重要讲话精神为主题,召开了暑期战略研讨会,对关系学校发展的重要战略性问题和近期主要工作进行了研讨。下面,首先请恩哥校长结合总书记的重要讲话精神和暑期研讨会的主要精神,就本学期的行政工作进行部署。

一、关于上学期党委工作情况

同志们,刚才,恩哥校长简要回顾了我校上半年的行政工作,对本学期行政工作进行了总体安排和部署,请同志们认真学习,结合本单位工作实际抓好贯彻落实。下面,我简要回顾上学期学校党委的工作情况,随后就抓好下一阶段的党建工作和几项重点工作进行部署。

上学期,根据中央的指示、安排,学校党委在五四之前的一段时间以及五四当天,全力以赴、扎实认真地做好习近平总书记来校考察的有关准备和接待工作。总书记的这次来校考察,意义重大、影响深远,关注度很高,通过师生员工的共同努力,整个考察过程非常圆满,中央领导同志给予北大的工作以高度肯定。总书记的考察和五四重要讲话,在全校师生、全国青年、全社会乃至国内外都引起了强烈反响,受到了广泛肯定,产生了良好效果。

总书记考察结束后,学校党委立即召开全委扩大会,要求全校各级领导干部和党组织必须以踏石留印、抓铁有痕的精神,面向北大2018阶段性奋斗目标,有组织、有计划、有步骤地抓紧抓好讲话精神的学习宣传贯彻,切实在思想上、政治上、行动上同以习近平总书记为核心的党中央保持高度一致。

学校党委提出,把学习贯彻落实总书记重要讲话精神的工作大致分为两个阶段,第一个阶段的重点是学习、传达、宣传,在全校范围内掀起了持续学习、研究讲话精神的热潮。学校第一时间召开党委常委会、党委全委扩大会、全校中层干部大会、全校组织工作会,组织全校团员青年代表、师生代表等一系列座谈会,及时学习传达总书记重要讲话精神。举办以"社会主义核心价值观与立德树人"为主题的五四理论研讨会,以及一系列学习座谈会、辅导报告会,对讲话精神进行深入研讨和深度解读,在《人民日报》《中国教育报》等主流媒体上发表了一系列学习贯彻讲话精神的理论文章。应该说,北大学习宣传五四讲话精神的工作,在全国是走在前列的,总书记选择在北大发表五四讲话,意义重大而深远,我们理所应当、责无旁贷发挥示范引领作用。

第二个阶段的重点是狠抓贯彻落实。一段时间以来,学校党政以及各院各系各部门都在认真抓落实,用总书记讲话精神指导我们的各项工作。学校党委常委会正在组织起草《关于深入贯彻落实习近平总书记来校视察时的重要讲话精神,加快创建世界一流大学的意见》。这份意见是继学校第十二次党代会报告之后,对全校工作具有重大指导意义的一份重要文件,此前,党委常委会已多次开会进行研讨。这个文件不能笼而统之、大而化之,要把总书记的讲话精神吃透,真正落到实处,要集中力量解决那些制约学校发展的瓶颈问题。今年暑期和开学后的一段时间,由党委常委会成员分工负责,党委的全体同志参与,进一步深入基层、深入教学科研一线进行调研,继续修改完善这份意见,努力做到写实、写深、写透,让这份意见真正管用,把总书记的重要讲话精神转化为我们加快发展的强大动力。

在总书记讲话精神的指引下,学校坚持党要管党、从严治党,巩固和发扬群众路线教育实践活动的成果,抓班子、带队伍、正风气、强管理,不断提高党建和思想政治工作水平。

以"三严三实"为要求,扎实做好群众路线教育实践活动整改落实工作各项工作。截至2014年6月,整改落实方案确定的36项整改任务中,已完成22项;制度建设计划中确定的46件新建制度,已完成25件,并对原有制度进行修订256件。较上年同期,精简会议12.5%,精简文件21.4%,三公经费压缩54.3%;因公出国境批次减少12.5%;减少各类专项工作领导小组和委员会29.5%;学校领导班子成员按照个人整改措施的要求,逐项整改,深入解决思想理论和理想信念问题,加强党性修养,努力践行为师生服务的宗旨,自觉加强与师生的联系,带头改进会风文风,反对"四风",目前已经完成绝大部分个人整改任务。

召开全校组织工作会,部署未来五年党的建设,深化干部人事制度改革。今年6月,学校召开了组织工作会,就围绕抓根本、抓关键、抓基层等方面做好党的建设工作做出部署,提出了下一阶段组织工作的重点任务:要在广泛征求意见的基础上,制定并实施党的建设2014—2018工作规划；推进组织工作规范化、制度化建设，建立完善组织工作规章体系；推进院系基层建设和党组织建设，完善中国特色现代大学治理结构，提升治理能力；深化干部人事制度改革，形成"以发展为导向配班子、以职责为中心管干部"的工作模式。

坚持党管干部、党管人才原则，下大力气抓班子和队伍建设，按计划平稳有序推进班子换届和干部调整工作。2014年上半年中层班子换届和调整共34个，其中班子换届18个，班子调整16个。班子换届中，其中行政班子9个，党委班子9个。共任命干部67人次，其中新任28人次，提任7人次，连任23人次，调配9人次。继续坚持和完善干部选拔任用程序，坚持换届前深入基层单位开展调研，充分了解第一手情况。进一步完善竞争性选拔干部工作模式，先后对教育基金会、继续教育学院、昌平校区管理办公室等单位空缺副处级岗位开展校内公开选拔。

强化院系管理与能力建设，结合院系领导班子换届开展院系发展评估和同行评议。上半年，学校党政对4个文科院系（考古文博学院、经济学院、教育学院、对外汉语教育学院）开展发展评估，对1个理工科院系（工学院）开展了国际同行评议。从去年开展发展评估以来的实际执行情况来看，这项工作对于明确目标导向、推动院系建设起到了重要的作用，效果很好，也为新班子制定发展规划、发展目标和发展思路、落实院系领导班子目标责任制提供了良好基础。上半年，党委常委会（党政联席会）专项听取了信息科学技术学院、人口所工作汇报，促进了汇报单位的领导班子与学校领导和有关职能部门的近距离直接沟通，同时有助于学校对汇报中提出的困难和问题有针对性地提出如何支持发展、指导发展的意见。

继续加强基层党组织建设。今年4月，我校继1995年、2001年、2007年以来第四次被评为"北京市党的建设和思想政治工作先进普通高校"。将提高党支部生活质量作为院系党组织建设的重点，深入实施"基层党建创新立项"工作，坚持把工作深入到广大教职工和学生中去，不断增强党在高知识群体中的凝聚力和影响力。目前，学校35岁以下青年教师中党员比例达到44.8%，教授党员比例为47.2%，院士党员比例为57.4%。本科生和研究生中党员比例分别达到17.5%和49.1%。

认真做好宣传思想工作。大力加强社会主义核心价值观的宣传教育，强化马克思主义中国化最新理论成果的宣传，夯实马克思主义在意识形态领域的主导地位。加强对总书记重要讲话精神和社会主义核心价值观的系统研究和深度解读，形成了一批有较大社会影响力和辐射面的理论研究成果。充分发挥新闻网、广播、电视等传统媒体的作用，着力加强官方微博、微信等新媒体建设，积极宣传学校改革发展取得的新进展。推出微电影《星空日记》，用电影艺术的表现手法展现大学文化与精神，突出了"圆梦北大、筑梦中华"的鲜明主题，诠释了"北大精神"，在校内外获得良好反响，为青年人追逐梦想提供"正能量"。

扎实做好大学生思想政治教育工作。依托第12届学生党支部书记培训班、第四届十佳学生党支部书记评选活动等学生党建平台，引导学生党员骨干带头深入学习总书记讲话精神，自觉增强党性修养、践行核心价值。创办"教授茶座"，构建知名教授与青年学生"分享成长经历、共话科学精神和人文素养、启迪社会主义核心价值观"的校园文化品牌项目。组织开展以"敬老爱老、传递梦想"为主题的"春燕行动"，组建"口述史"特别小组，进一步深化实践育人。拓展和创新毕业生毕业教育活动形式，重点强化廉洁教育和感恩教育。在"思想道德修养与法律基础"课程中探索有关核心价值观的讨论式教学模式。实施毕业生就业"家·国"战略，截至目前，到西部和基层地区就业的学生达408人，比去年增加10%。

把党风廉政建设摆在更加突出的地位，确保校园风清气正。坚持"举报必接、有腐必查"的原则，把工作重点和主要力量集中到查办案件工作上来，开展案件线索"大起底、大排查、大清理"工作，对2010年以来所有反映领导干部问题线索进行全面清理，强化问题线索全过程管理，共排查线索111件。突出执纪监督职能，改进监督方式，实行审查备案制，将全程跟踪式监督转变为事后问责式监督。抓好警示教育和政策宣传，在实现处级以及以上干部全覆盖的基础上，把教育范围拓展至部分重点部门的科级干部，形成廉政提醒和预警机制，突出廉洁教育的实效性和长效性。

做好统一战线工作，为推动学校各项事业发展凝聚力量。筹建北京大学知联会，配合北京市委统战部筹建北京市党外知识分子领域理论政策研究基地。全面开展基层调研工作，推进统战工作重心下移。进一步加强党外代表人士队伍建设，起草《加强党外干部培养和选拔的工作意见（讨论稿）》，开展党员校领导联系党外人士工作，共有13位校领导同45位党外人士建立了联系。今年5月下旬，学校代表团到台湾地区进行工作访问，更加密切了北大与台湾地区的合作交流，取得了积极成果。

扎实推进工会教代会和共青团工作。召开第六届教职工代表大会第二次会议，落实"民主治校、依法治校、科学治校"。加强对基层工会与教代会工作的调查研究，推动各级工会、教代会充分发挥作用、有所作为，在深化改革和学校发展进程中真实反映校情民意。通过召开"学校改革与发展"主题沟通会等形式，注重发挥教代会和工会的桥梁与纽带作用,为学校发展凝聚力量。北大共青团组织以习近平总书记视察我校为契机,深入开展纪念五四运动95周年系列活动,引导青年坚定跟党走中国特色社会主义道路的理想信念。组织开展以"勤学明辨求真知,修德笃实建功业"为主题的暑期社会实践活动,引导北大学子践行社会主义核心价值观,传承五四精神,勇担青年使命。

高度重视以师生为本的校园民生建设,持续确保安全稳定,深入建设和谐校园。北大学生中心顺利竣工,将成为北大学子学习和文化活动的"一站式"服务集聚地和学生事务的管理中枢。学校进行了三次教师公寓集中申请和调配工作,帮助90余名教职员工改善了住房条件。在各方的艰苦努力下,肖家河教工项目于今年2月启动两个回迁安置住宅地块的土方开挖施工,现上述土方开挖工程已完工。今年5月,经过建筑市场招投标,学校确定了回迁地块建设单位,现圆明园西路路西的回迁地块已经开始主体结构建筑的施工建设。规划手续等工作也在积极推进。在全国"两会"召开期间,习近平总书记视察北大期间,美国总统夫人访问北大期间以及"六四"等敏感时间节点,学校安全稳定一线小组以及保卫、宣传、外事部门、学工系统科学研判形势,制定专项工作方案,切实做到"组织严密,保障有力,秩序良好,万无一失"。学校还重点加强了反恐防暴工作,进行反恐形势评估,制定反恐工作预案,并与公安系统加强了"联防"协调,促进校内外力量联动,维护了校园的和谐稳定。

二、关于新学期学校党的工作

同志们,学校的改革发展事业已经进入新阶段,我们要以改革聚共识,以改革谋发展。党是加快创建世界一流大学事业的领导核心,党的建设也只有不断进行改革创新,才能提升对创建世界一流大学的领导水平,为加快创建世界一流大学提供根本政治保证,确保立德树人的根本使命和教学科研的中心工作不削弱、不偏离、不动摇。

下面,我就下一阶段党的工作进行部署。

(一)创新学校党的建设制度,进一步提高党对学校改革发展事业的领导能力和水平

8月29日,中共中央政治局会议审议通过了《深化党的建设制度改革实施方案》。实施方案围绕深化党的组织制度改革、干部人事制度改革、党的基层组织建设制度改革、人才发展体制机制改革4个方面,提出了26项重点举措,并提出改革举措在2017年前基本完成,到2020年建立起系统完备、科学规范、运行有效、更加成熟更加定型的党的建设制度体系。

实施方案明确提出,深化党的建设制度改革,要深入贯彻习近平总书记系列重要讲话精神,坚持解放思想、改革创新,坚持要管党、从严治党,紧紧围绕完善和发展中国特色社会主义制度、推进国家治理体系和治理能力现代化,紧紧围绕提高党科学执政、民主执政、依法执政水平,不断增强党的创造力凝聚力战斗力,确保党始终成为中国特色社会主义事业坚强领导核心。

党的领导是加快创建世界一流大学的根本政治保障。实施方案明确了今后几年党的建设制度改革的路线图、时间表、任务书,也是我们推进党的建设制度改革,进一步提高党对学校改革发展事业领导能力和水平的重要指南。

我们要以党的十八届三中、四中全会精神、习近平总书记系列讲话特别是五四重要讲话精神为重点,组织中层领导班子、基层党组织负责人、十二次党代会代表和师生党员骨干围绕"立德树人、提高质量"的主题,开展深化改革大讨论。通过专题培训班、主题党日、民主生活会、理论中心组学习、报告会、研讨会、主题征文等多种形式,带动党员师生群众深入思考,集思广益,最大限度地集中各方面的智慧和力量,凝聚全校师生员工改革与发展的共识。

有了好的蓝图,关键是抓好落实。我们要及时、认真学习实施方案的精神内涵,将方案提出的改革举措与《北京大学党的建设 2014—2018 年工作规划》紧密结合起来,结合学校党建工作实际,提出有针对性、可操作性强的改革举措,全面加强学校党的思想、组织、作风、反腐倡廉和制度建设,推进党的制度建设创新。要进一步严明责任、严格督查、严肃纪律,用责任推动落实,用督查传导压力,用纪律增强约束,以制度的不断完善和严格执行,保证党的建设制度改革各项任务有效落实。

(二)坚持党管干部,进一步抓好领导班子建设和干部队伍建设

优化班子配备,加强民主集中制,提升领导班子整体能力。今年下半年,校本部共有24个中层领导班子到届,涉及17个单位。根据党委的统一部署,做好班子换届调整和干部配备工作的调研和分析工作,遵循"成熟一个换一个"的原则,稳步、有序、渐进地开展班子换届工作,保持领导班子和干部队伍活力。贯彻民主集中制,落实好《北京大学院(系)级党政领导班子职责和工作规则的规定(试行)》。组织好领导班子年度考核工作,完善民主生活会制度,提高民主生活会质量,增强领导班子解决自身问题、维护班子团结的能力。

深化干部人事制度改革,完善以岗位职责为中心的干部管理模式。启动岗位职责调查,明确岗位职责、任职条件、任务范围和权责关系,编制岗位说明书。明确领导岗位胜任标准,在干部选任中强化岗位需要,将职数约束转化为岗位职责约束。明确岗位目标责任,

落实领导班子和领导干部任期目标责任制。探索全面开展岗位绩效考核的工作机制,推动规范整合校内各类考核评估工作,完善机关和院系领导班子和领导干部考核办法。加强顶层设计,完善中层干部待遇制度,结合岗位职责,建立与考核评价、目标责任制等制度相衔接,体现工作绩效和管理贡献、统一规范、合理有序、稳定可预期的干部薪酬制度。

加强和改进年轻干部、后备干部队伍建设。配合上级部门做好校级后备干部调整工作。完成校内二级单位后备干部库滚动调整。落实《北京大学关于加强后备干部选拔培养工作的若干措施》,强化后备干部队伍建设,完善青年后备干部培养体系,注重在基层岗位锻炼培养干部。探索建立后备干部队伍建设长效机制,形成来源多渠道、培养多途径、发展多方向的后备干部队伍建设格局。启动北京大学"未名青年干部管理论坛",为青年干部交流、研讨和展示提供平台。

抓好以党校为主体的培训体系建设。落实好2014—2018干部和党员教育培训规划,构建立体化培训体系,完善党员干部日常学习、脱产学习、短期集训、在线学习等制度,为党员干部提供更加便利的学习条件。发挥党校校务委员会的领导协调和议事作用,整合全校各类资源优化整合资源,调动各方面参与干部、党员、入党积极分子培训工作的积极性,推进现场教学基地建设。在办好各类主体班和专题班的同时,提升后备干部培训的力度,探索调整入党积极分子教育培训方案。

(三)切实抓好其他各项党建工作,不断提高党建和思想政治工作水平

第一,推进党的组织建设和党员队伍建设。推动服务型党组织建设,提升基层党组织活力。贯彻落实中央《关于加强基层服务型党组织建设的意见》,研究谋划加强服务型党组织建设的基本思路、总体布局和推进步骤,制定实施意见和工作方案。以创新立项、党支部书记轮训为抓手,探索党支部和党支部书记发挥作用的体制机制,探索基层党组织活动与教学科研中心任务密切结合、互相促进的新途径,完善激励措施,提升党支部活动的经常性,提升党支部活力。做好发展党员工作,确保党员质量。制定《北京大学发展党员工作规范》,严格党员发展标准、程序和培养教育措施。专题调研学生党员发展工作,摸清各院系发展需求,科学制定学生党员发展规划,调整学生党员发展的规模和结构。重点解决高层次人才党员发展乏力问题,加强对高层次人才的组织关怀和教育引导,通过建立特殊党支部等方式,建立与各类高层次人才的日常沟通机制。

第二,宣传思想工作。发挥北大的优良历史传统和人文底蕴,把加强社会主义核心价值观研究作为人文社会科学学科建设的重要任务,在理论和实践的结合上,深入回答师生价值观的深层次问题。把社会主义核心价值观与教学、科研、管理、服务工作密切结合起来,贯穿于丰富多彩的校园文化活动中,大力提倡导向正确、情趣健康、生动活泼、师生喜闻乐见的校园文化风尚,培育全体师生共同享有、共同维护、共同发展的精神家园。完善新闻报道的体制机制,创新新闻报道的形式内容,牢牢把握正确的思想舆论导向,统筹协调好主题宣传、典型宣传、热点引导和舆论监督,加大新闻策划和专题专栏制作,重点打造一批深受师生欢迎品牌栏目,促进新闻宣传更加贴近实际、贴近生活、贴近师生,增强教学科研相关报道的分量,更好地展示工作成绩和工作质量。强化校园媒体的统一管理、资源共享和协调分工。健全信息通畅、处置及时、口径一致的新闻发言人制度,妥善应对和处理各类媒体危机事件。

第三,扎实推进党风廉政建设。

第四,加强和改进大学生思想政治教育。讨论完善《北京大学学生思想政治教育规划(2014—2018)》和《北京大学辅导员队伍建设规划(2014—2018)》,适时召开全校性学生工作会议。从领导体制、工作机制、队伍建设等方面入手,制定研究生思想政治教育新举措。完善"教授茶座"项目,拓展学生发展辅导项目,创新新生入学教育。继续采编《感动燕园的身边故事》等,加大关注、发掘、宣传多方面的优秀典型个人和集体力度。适时修订《北京大学学生奖励条例》《北京大学学生奖学金评审条例》《北京大学学生违纪处分条例》等规章制度,完善学生管理服务信息平台,提升学生管理服务工作水平。通过座谈会、网络新媒体、直接与学生面对面等途径掌握和分析学生思想动态,有针对性地开展法制教育和安全教育。建立辅导员长线培养机制,加大辅导员培训课程体系建设,试行辅导员职业准入制度。加强与境外高校交流力度,筹办"海峡两岸暨香港、澳门"学生事务管理论坛,以拓宽国际化视野促进辅导员职业提升。

第五,加大统一战线工作力度。

第六,扎实推进工会教代会工作、共青团工作。推进工会、教代会体制机制建设。继续推进校院两级教代会建设,加快教代会提案系统建设。组织教代会代表参与学校重大事项的决策和评议,保障教职工参与民主决策、民主管理和民主监督。充分发挥教代会各专门工作委员会和代表的作用,完善群众利益表达和协调机制。积极推进校工会建章立制工作,加强工会干部队伍培训和信息化建设,提升工会服务教职工的能力和水平。做好青年教师教学基本功比赛、"幸福学堂""爱心基金"等工作,启动平民学校"启航计划",开展丰富的教职工文体活动,促进北大教职工队伍的建

设与和谐发展。共青团组织要牢牢把握思想引领的工作主线,继续深入开展学习贯彻习近平总书记五四重要讲话精神活动,弘扬五四精神,引导青年学生培育和践行社会主义核心价值观。大力开展"接地气"的学生活动,继续以"走下网络、走出宿舍、走向操场"主题课外体育锻炼活动为载体,广泛联系、团结青年学生,进一步提高共青团的吸引力和凝聚力。

(四)扎实做好安全稳定工作,确保学校的政治稳定

在安全稳定方面,学校各级领导干部一定要保持高度的政治敏锐性和政治辨别力,树立确保学校安全稳定是高于一切、重于一切、压倒一切的政治任务的责任意识。这方面既不能惊慌失措,又不可麻痹大意。今年形势特殊,各单位尤其要引起警觉,及时掌握社情舆情,做好应对预案,注重从源头排查和化解不稳定隐患,及时排查和解决好各种矛盾和纠纷,避免激化矛盾。要加大学校周边治安综合治理,加强和改进校园网络管理,形成保障学校安全稳定的长效机制。提升保密管理和技术防范水平,充分调动二级单位主动性,创建有北大特色的保密管理模式。

三、认真贯彻落实习近平总书记来校视察时的重要讲话精神,抓好改革发展的重点工作

习近平总书记视察我校时的重要讲话,为北京大学在新的历史起点上实现新的奋斗目标提供了基本遵循,也必将转化为学校全面深化综合改革、加快推进创建世界一流大学步伐的强大动力。学习总书记讲话,关键是学以致用、坚定践行、狠抓落实,这也是当前和今后相当长一个时期学校的首要政治任务。

学习贯彻落实总书记重要讲话精神,必须进一步深刻认识到发展才是硬道理,发展才是第一要务。北大目前所面临的一切问题和挑战,归根到底还是发展中遇到的问题,归根到底是因为我们发展得还不够好、不够快,发展的质量还不高,要解决前进中遇到的新挑战、新矛盾、新问题,只有靠发展,必须加快发展、科学发展、内涵发展。

按照总书记的重要讲话精神,在当前和今后一个阶段,我们要着力抓好以下几项重点工作:

(一)扎根中国大地办大学,遵循和探索发展中大国创建世界一流大学的规律

习近平总书记强调,办好中国的世界一流大学,必须有中国特色。没有特色,跟在他人后面亦步亦趋,依样画葫芦,是不可能办成功的。我们要认真吸收世界上先进的办学治学经验,更要遵循教育规律,扎根中国大地办大学。大学的办学好坏,不在规模大小,关键要办出特色,形成自己的理念和风格。可以说,特色是北大生存和发展的重要基础;是北大争取社会支持、获取丰厚资源的重要因素;是北大参与竞争、形成核心竞争力的重要前提。

世界一流大学建设在某种意义上说就是打造"特色大学"。作为一所高水平的综合性大学,我们不仅要适应社会经济、文化、科学技术发展对所有高校提出的共性要求,而且必须坚持走特色兴校之路,才能获得竞争优势,实现可持续发展。只有在办学理念、管理机制、学科特色、专业特色、课程特色以及服务保障各个方面打造出自己的核心竞争力,我们的学科、所培养的学生以及北京大学这个整体才会赢得机遇、赢得发展、赢得认可、赢得尊重。希望大家能够就特色凝练与特色建设的问题展开更加深入的思考,结合本单位的教学科研、管理服务实际情况,拿出有针对性的工作举措,并采取切实的行动。

(二)紧紧围绕立德树人、提高质量这个核心,决不动摇、不偏离、不放松

遵循教育规律办大学,坚持走内涵式发展道路,核心就是要始终扭住立德树人的根本任务不动摇,更加牢固地确立人才培养在学校工作中的中心地位和德育在人才培养工作中的首要地位,促进学校资源和奖惩机制向育人聚焦,向德育发力。

在中国特色社会主义条件下,我们用立德树人的"德",必须充分彰显社会主义制度的"德",始终坚持和贯彻社会主义核心价值观所倡导的个人私德、社会公德、国家发展大德。要坚持一手抓教育引导、一手抓严格管理,把社会主义核心价值观细化为具体的行为准则和奖惩机制,促进青年学生于实处用力,从知行合一上下功夫,做到明大德、守公德、严私德。要充分运用思想政治理论课"第一课堂"和校园文化、社会实践"第二课堂"两个载体,着力构建培育和践行社会主义核心价值观的长效机制和工作体系,努力实现内化于心、外化于行的教育实效。

在这里,我特别强调要高度重视风气建设,继续狠抓党风政风,狠抓师风、学风。前不久,一名曾在北大历史系学习的博士生在读期间发表的论文涉嫌严重抄袭,对北大的声誉和形象造成了恶劣影响,学校已经组建了专家小组对这起事件展开调查。学格如人格,学格显国格。北大是中国学术研究的重镇,是中国人民的精神家园,对于整个社会风气有着重要的影响。我们一定要以此为戒,敲响长鸣的警钟,严肃整治学术乱象,广大教师要带头崇尚求真务实的科学精神,培养严谨自律的治学态度,并时刻教育学生秉持学术良知,恪守学术道德规范,尊重他人的劳动和学术成果,自觉抵制学术造假和学术欺诈行为。要抓党风、转校风、带师风、促学风,为抓好立德树人的根本任务营造风气正的校园环境。要高度重视教师的言行对青年学生的示范熏陶作用,大力加强师德建设,以良好的师德影响和带动青年学生树立正确的价值观。要完善全员、全过程、

全方位的德育工作体系,全面推进教书育人、管理育人、服务育人。

(三)要集中精力、聚精会神练好内功,继续抓好章程的有关工作,完善学校治理体系

创建中国特色的世界一流大学,既要大力推进开放合作,但关键还是要苦练内功。解决好北大自身发展中面临的难题,首先就要把主要精力用在教学科研主业上,回归大学的育人功能,回归大学的学术本位,以此作为练好内功的出发点和落脚点。

要练好"内功",必须凝聚和发挥全校师生员工的力量。因此,如何探索有依法建立中国特色的现代大学制度,积极健全以章程为核心的内部治理结构,进一步理顺各类关系,协调好内部的各种人力资源,是当前学校所面临的需要解决的重要现实问题。暑假期间,我们已经通过多种形式向中层干部和师生员工征求对《北大章程》的意见和建议。在下一阶段工作中,要进一步集思广益,抓紧完善《北大章程》。

章程制定工作是依法办学、建立现代大学制度的需要,是当前学校综合改革的要求,是国家主持、教育部主导下推进的全局性工作的重要组成部分,也是学校凝聚共识、创新制度的过程。我们要充分听取各方面意见,吸纳广大师生员工的智慧,使北大章程真正成为体现北大办学精神、体现北大发展方向、体现师生共同观念和价值追求的纲领性文件。

《北大章程》经教育部核准颁布生效后,要对照章程全面梳理学校的规章制度,形成根本制度稳定、基本制度完备、具体制度配套的校内规章制度体系。全校各单位要认真贯彻学习章程的内容精神,调整相关规定和运行,确保章程有效贯彻与实施。要加大对章程的学习宣传力度,通过多种渠道积极广泛地宣传有关《北京大学章程》的内容、地位和作用等,进一步凝聚师生员工的共识,为全面推进章程的贯彻实施奠定坚实的思想基础。

(四)深入推进综合改革的有关工作

当前,我们加快创建世界一流大学的事业已经进入冲刺阶段。必须深刻认识到,全面深化综合改革是加快创一流的根本动力,是落实总书记重要讲话精神和党的十八届三中全会精神、深化教育领域综合改革事业的重要探索和实践,也是学校自身发展进入到关键冲刺阶段的内在要求,凝聚了全体师生员工的共识和社会各界对北大的期待。

7月18日,国家教育体制改革领导小组召开会议,我代表学校汇报了综合改革方案的主要情况,刘延东副总理以及与会部委的负责同志也审议了综合改革方案。这次会上,刘延东副总理对于"一市两校"的综合改革给予了肯定。她指出,国家支持上海市和北大、清华率先启动教育综合改革,是立足全国教改全局作出的重要决策,体现了对"一市两校"的信任和厚望。"一市两校"教育综合改革是在方法和路径上的创新,是教育综合改革的重要突破口。在条件具备的地方率先全面深化教育改革,有利于聚焦问题,实现政策突破,有效控制改革风险。同时,"一市两校"教育综合改革也是转变教育管理方式的重大尝试。这次改革就是要赋予"一市两校"更多统筹权限,尽可能减少重要部门的微观干预,探索新的教育治理体系和治理方式。7月21—22日,在教育部直属高校咨询会上,恩哥校长代表学校汇报了北大深化综合改革的有关情况,与会同志围绕深化高等教育综合改革进行了热烈研讨,形成了重要成果。

综合改革是涉及长远、牵动全局的重大任务,具有复杂性、系统性、艰巨性、敏感性,加之北大自身的特点和影响力,因此,必须处理好改革、发展、稳定的关系,把握好改革的广度、深度、力度、速度和师生员工乃至社会接受程度间的关系,加强领导、科学统筹、有序推进、攻坚克难、力求突破、注重实效。我们要根据国家教育体制改革领导小组的意见以及直属高校咨询会的研讨成果,严格按照学校章程的规定,通过党内、校内的民主程序,有序地将方案向广大党员和师生员工公布,听取意见、集思广益、接受监督,广泛凝聚共识,形成改革合力,进一步对方案进行修改完善,并制定具体的、详细的、实打实的改革实施细则,使改革措施更加"接地气",以难点热点重点问题的解决,让师生员工和社会公众切实感受到学校推进综合改革的决心和成效,最大限度释放"改革红利"。

(五)认真筹备120周年校庆,以此为契机,瞄准2018奋斗目标加快冲刺

同志们,在与我校师生代表的座谈中,习近平总书记特别提出,希望我们早日实现几代北大人创建世界一流大学的梦想。这体现了中央对北大发展的殷切期盼,更让我们感到肩头沉甸甸的使命与责任。

现在距离实现2018的阶段性奋斗目标只有不到4年时间了,任务艰巨,时间紧迫。北大现在的发展,改革要深化,难题要破解,骨头要啃,深水要蹚,特别是改革的问题越来越紧迫,建设任务越来越繁重,发展要求越来越高,师生对学校发展质量的期待越来越突出。我们一定要紧紧盯住2018年北大建校120周年这个时间节点,认真筹备120周年校庆,突出工作主题主线,全面深化改革,转变发展方式,埋头苦干、改革创新、乘势而上、攻坚克难,着力推进创建世界一流大学的各项重点工作。学校已经正式成立了工作小组,从现在起就着手筹备120周年校庆。要通过这次校庆,进一步明确目标、形成合力,团结全校师生和广大校友凝心聚力朝着梦想冲刺。

同志们，我们正处在一个改革发展日益深入的时期。今天的北大，距离实现梦想从来没有这么近过，但"行百里者半九十"，我们面临的压力、竞争和挑战也从来没有这么复杂过。希望同志们继续保持昂扬向上的精神面貌，以奋发有为的精神，坚持中国特色社会主义办学方向不动摇，坚持加快创建世界一流大学不懈怠，坚持维护改革发展稳定大局不折腾，坚持全面提高教育质量和办学水平不停步，埋头苦干、改革创新，向着率先跻身世界一流大学、进而走在世界一流大学前列的目标不懈奋斗！

谢谢大家！

校长王恩哥在2014年秋季全校干部大会上的讲话

（2014年9月12日）

同志们：

今天上午刚开过新生开学典礼，新学期的各项工作已经全面展开。暑期小学期，许多教职员工都在工作。在这里，我首先代表学校行政，向同志们道一声辛苦，也向大家的辛勤付出表示感谢。

上个学期学校的工作任务非常重，我们团结一心，抓好了几件大事。5月4日，习近平总书记莅临学校视察并发表重要讲话，对我校加快创建世界一流大学的工作进行指导并提出了新的更高要求，提出我们要做"第一个北大"；从年初开始，国家教育体制改革领导小组就明确我校和清华大学、上海市"两校一市"为推进教育综合改革的试点，全校下了很大力气来制订综合改革方案，并且广泛征求校内外各方面代表意见，积极与国家各个部委沟通协调争取支持，前一段时间，善璐书记代表学校在国家教育体制改革领导小组会议上做了汇报，我在教育部直属高校咨询会上介绍了情况，目前相关工作正在积极推进；此外，学校的《章程》经过多年的研究、经过反复修改讨论，也在上学期起草完成，并经过一系列的程序，由教育部正式核准实施。这几件大事，都是学校发展历程中的重要里程碑。

上半年，学校党政班子团结带领全校师生员工，认真学习贯彻落实习近平总书记视察北大时的重要讲话精神，深刻领会中央关于全面深化改革的重大战略部署，按照党代会提出的三步走规划和年初确定的工作计划，凝心聚力，开拓创新，扎实开展各项工作，着力提升学校办学实力，提升管理质量和工作水平，取得了显著成效。

在这里，我先对上半年的工作进行简要总结：

教育教学改革稳步推进。包括"按专业大类招生培养模式""元培模式""拔尖人才培养模式""交叉学科人才培养模式"在内的我校多样性人才培养模式改革走向深入，"基础学科拔尖学生培养试验计划"获得教育部评估专家高度评价。人才培养基地建设进一步加强，数学、化学等12个"国家基础科学研究与人才培养基地"获得国家自然科学基金委"人才培养基金"立项资助，经费总额达1275万。以"小班课教学"为代表的教学改革深入推进，试点范围扩大到10个院系，投入近70名骨干教师，包括院士、长江学者、杰青基金获得者、千人计划学者、国家级教学名师等，效果良好。学生创新能力不断提升，在第38届ACM国际大学生程序设计竞赛中，北京大学代表队荣获金牌。新增11篇全国优秀博士学位论文，居全国高校首位。

今年学校招生工作取得了新的突破，生源质量有了进一步提升。这是全体教师员工共同努力的结果，谢谢大家。

学科建设和科学研究形势喜人。以制定学校综改方案为契机，加强学科布局的顶层设计与战略规划。完善学科评估机制，对理工科院系试点国际同行评议，反响良好。科研工作保持良好势头，重大创新成果不断涌现。理工医科方面，化学与分子工程学院李彦教授课题组在单壁碳纳米管手性可控生长研究上取得重要突破，科研成果于2014年6月26日在《自然》杂志上发表，这项成果获得了国际同行的高度赞誉，被称为碳纳米管生长研究的一个里程碑，中央电视台新闻联播对这一世界级成果进行了报道；生命科学学院邓宏魁教授研究组关于高效制备功能成熟的人肝脏细胞的研究取得重大突破，为人肝脏实质细胞在药物研发、治疗肝功能衰竭的疾病等方面的广泛应用提供了全新的细胞来源，在国际上获得广泛赞誉。人文社科方面，《儒藏》"精华编"出版100册。5月4日习近平总书记视察北大时亲切了解《儒藏》编纂情况，赞扬为继承发展创新中华优秀传统文化做出了积极贡献。在这里，我代表学校向主持这项工作，刚刚去世的汤一介先生表示沉痛的哀悼。

师资队伍结构进一步优化。上学期我校教学科研职位分系列管理制度稳步实施，标志着我校新一轮深化师资人事制度改革率先迈出坚定的一步。上半年，经学校"人才评估专家小组"审议，共批准引进教研系列41人，教学系列2人，研究技术系列5人。高层次人才队伍建设力度不减，经中组部、教育部评审批准，我校共35人入选第十批"千人计划",入选人数创新高。截至目前,我校已入选"千人计划"154人。而且我校入选千人计划的人员中,已签署聘用合同134人,合同签署率在85%以上。按照中组部、教育部要求,上半年认真开展万人计划、长江学者的遴选推荐工作,形势良好。此外,今年7月,美国科学院院士、耶鲁大学邓兴旺教授开始全职到我校工作,成为我校首个全职引进的美国科学院院士。

社会服务能力进一步提升。服务国家战略的意识和能力显著加强。上半年,围绕服务国家海洋战略,与海南省签署合作协议,共建北京大学海南海洋研究院,与三沙市共建三沙研究中心,面向南海开展海洋研究与开发。与浙江礠商共建海洋研究创新平台,面向东海开展海洋战略制定、海洋资源开发、海洋环境保护研究;与山东谋划在海洋方面开展深入合作,参与黄海海洋经济发展建设工作。围绕"海洋、海权、海军"主题,与海军开启全面合作,组织师生赴海军部队开展航海实习,为海军院校培训高层管理人员,等等。积极主动介入京津冀协同发展战略,与天津、河北进一步加强发展战略研究与重大科研项目合作。对口支援和扶贫救灾工作扎实推进,附属医院医务人员圆满完成云南昭通震区医疗救援任务,赴西非参与指导埃博拉疫情的防控和救治工作,受到各方高度评价。

国际交流与合作进一步拓展。上半年学校的国际交流和对港澳台地区的交流仍保持高速增长势头,共接待代表团123个,接待了美国第一夫人米歇尔、埃塞俄比亚总统穆拉图、泰国公主诗琳通等外国政要,积极服务国家外交战略。派出校级访问团组7个,出访包括欧美等主要国家及地区。进一步拓展"学生海外学习项目",新获批国家留学基金委优秀本科生项目50个。留学生规模进一步扩大,共录取长期生1402名,比去年同期增长10.4%,留学生招生渠道进一步拓展。国际化课程建设继续推进,2012年至今学校共开设240余门次英文授课课程(外语学院纯语言类专业课除外),为吸引国外优秀留学生打基础。成功举办2014生态文明贵阳国际论坛教育分论坛,联合中外12所大学正式成立生态文明国际大学联盟,提升了学校的国际影响力。

制度建设取得新突破。按照教育部要求,集中全校师生员工的智慧,按时完成了《北京大学章程》制定工作。现在,教育部已正式核准并颁布实施《北京大学章程》。这是新中国成立后我校制定的第一部章程,是我校实施依法治校、建设现代大学制度的根本依据,对规范办学行为、维护学校权益以及推动科学发展具有极其重要的意义。

办学条件进一步改善。学校基础设施建设继续保持高峰状态,上半年总建筑规模达40万平方米,共计25项工程。学生中心竣工并投入使用,行政中心工程接近尾声,后勤服务大楼建设稳步推进。过去两年我们的一项中心任务是加快推进学生宿舍新建和改造。开学前夕我专门到勺园1、2、3号楼和44楼查看,同学们对新宿舍都比较满意。学校整体湖面水系改造工程取得阶段性成果,校园生态环境得到较大改善。暑假期间,后勤基建部门基本没有休息,很辛苦。当然,这么多工程同时开工,也给师生带来一些不便。我们一方面要求后勤部门妥善安排,尽快施工,尽量减少对教学科研的影响,另一方面也请全校干部和师生从大局出发,理解、支持这方面工作。学校最终目的是为师生营造一个更加优美、和谐、舒适的学习工作、生活的环境,提升校园的品质。校园公共服务设施得到进一步完善,加大图书、期刊、电子资源、多媒体、古籍等教学科研资源建设力度。肖家河教师住宅项目稳步推进,学校克服各种困难,开展拆迁腾退收尾阶段的攻坚工作和项目前期手续办理工作,目前回迁房建设已正式启动。

财务工作在坚持"严格、透明、公平、效益、服务"的方针下,顶住了学校资金需求量不断加大和国家对高校财务监管力度不断加强的双重压力,严格财务制度,规范财务管理,保障学校事业发展和正常运转。学校筹资制度和体系建设取得重要突破,筹款业绩再创新高,上半年实现收入3.4亿元,签署捐赠协议219份,协议金额约10亿元,到账捐赠和协议金额均高于去年同期水平。

以上是对上学期工作的简要总结。总体而言,学校各项工作进展比较顺利,也取得了许多成绩。但是,我们也必须清醒地看到,与习近平总书记视察北京大学时对我们提出的期望相比,与师生员工及社会各界对北大的期待相比,与我们的国际同行相比,北大还存在着差距,面临的形势依然十分严峻。这些问题我在很多场合讲过,包括与世界顶尖大学相比,我们的发展水平和办学质量还不够高,我们的一些体制机制不适应学校的快速发展,土地、空间、资金、顶尖人才的不足始终是制约学校发展的瓶颈,我们在推进改革的过程中,还有很多错综复杂的矛盾要面对。大家都看到,国家正在全面深化改革,高等教育领域的综合改革也在推进,包括招生考试制度的改革,力度很大,对我们的影响也很大。北大成为中央和教育部确定的高等教育综合改革先行试点单位,这对我们既是机遇,又是挑战。

7月20—22日,教育部直属高校工作咨询委员会第24次会议在北京召开,刘延东副总理作了重要讲话,对全面深化高等教育改革做出了重要指示。8月30日—31日,学校召开了领导班子暑期战略研讨会,领导班子全体成员一起,就学校改革发展建设中的若干重大问题进行了深入研讨。下面,我结合直属高校工作咨询会的精神和学校暑期战略研讨会的共识,从几个主要方面讲一下本学期学校行政工作的安排:

一、加强教育教学改革,培养高素质创新型人才

服务学生成长成才是学校各项工作的出发点和落脚点。我们要始终确保教学的中心地位,不断提高人才培养质量。

本科教育近期重点抓好几项工作:

一是稳步推进小班课教学试点。教务部门加强对课程教学过程的调研与质量监控,各相关部门在经费保障、教学条件、教学管理等方面给予大力支持,确保试点工作顺利进行。本着"自愿参加"和"成熟一个院系、开展一个试点"的原则逐步探索。在此基础上进一步推进教学方式方法改革,加强互动,提倡讨论式和启发式教学,加强教学与社会实践和科学研究相结合,激发学生的求知欲望和学习热情,培养学生的跨学科思维和批判精神。

二是不断完善多样性人才培养模式。推动元培学院改革与发展,加强基础学科人才培养和跨学科人才培养。不断完善大类招生和培养的模式,完善辅修/双学位制度,加强对学生的引导。加强研讨型小班课程、大类平台课、素质教育核心课、实践实验教学课程、英文授课课程建设,完善模块化课程体系。

三是结合学校教育教学改革和教师教学发展工作要求,进一步加强本科教学质量监控体系建设。改进学生课程评估办法,编制新的评估系统,加强评估结果的反馈和利用;进一步加强专家和院系听课的要求,增加教师自评环节,强化对教学过程的监控;通过各类教学奖励和激励手段,增加教师对教学投入的积极性,推动本科教学质量的提高。

四是学习领会国家深化考试招生制度改革精神,深入分析改革对我校招生工作产生的影响,认真研究对策,既要维护教育公平,又要保障生源质量,选拔适合北大培养的人才。

在研究生方面,要下大力气提高教育水平,重点做好几项工作:

一是深入推进研究生招生尤其是博士生招生改革,以提高生源质量为核心,不断完善和创新选拔机制,优化调整招生结构。

二是继续推进研究生培养机制改革,多途径提升研究生培养质量。完善研究生培养质量监督机制,建立系统科学、相互协调的研究生教育制度体系,实现资源统筹和优化配置,形成多维度的培养合力。继续完善研究生分类培养体系,适应经济社会发展对人才的多样化需求。

三是改革导师遴选机制,强化导师的责任意识。导师是培养研究生的关键,将改革导师遴选制度和建立导师责任体系结合起来,让有能力、有课题项目和经费、有责任心的年轻老师脱颖而出,走到培养研究生的一线上来。通过师生互选的不固定导师资格机制,强化导师责任意识,让导师成为扎扎实实培养研究生的工作岗位,而不是荣誉称号。

四是加强研究生学术规范、学术诚信教育,构筑崇尚创新、追求卓越的文化氛围。进一步抓好学生管理和服务工作,坚持全方位、全过程育人,强化学生的创造精神和实践能力,培养以天下为己任,具有健康体魄与健全人格、独立思考与创新精神、实践能力与全球视野的卓越人才。抓好学生资助、就业、心理健康教育咨询工作,推进管理精致化、服务人性化,为每一名学生健康成才保驾护航。

二、稳步推进师资人事制度改革,持之以恒提升人才队伍的国际竞争力

人才资源是第一资源,要坚持把教师队伍建设作为学校最重要的基础性工作抓紧抓好,努力打造一支"师德高尚、业务精湛、结构合理、充满活力"的高素质教师队伍。

虽然经过多年积累,我校师资队伍建设尤其是高端人才培养在全国高校处于领先,在国际也具有一定的竞争力,初步完成了创建世界一流大学所需要的人才积淀。但是,我们也应该看到,我校人才工作还有很多不尽如人意之处。比如世界顶尖的学术领军人才还不多,吸引高水平人才的条件还有待提高完善。目前世界范围的人才竞争越来越激烈,而且兄弟高校不计成本挖人才,使得我校优秀人才流失压力加大。虽然这几年我们在人才引进、培养方面取得了很好成绩,教师中入选院士、杰青、长江学者的比例较高。但是同时也陆续有优秀人才被兄弟高校挖走。因此我们一定要具备危机意识,认真思考人事人才工作有没有做得不好或者不够的地方。

坚持把培养高端人才作为重点,继续做好"千人计划""万人计划""长江学者奖励计划"等高层次国家人才计划的申报工作和聘任管理工作。人才队伍建设既要充分利用好政策,又要充分考虑我校实际,尤其要发挥不同学科的优势,加强高层次人才队伍建设特别是人文社科高层次人才队伍的建设。加大推荐顶尖人才申报国家级人才工程的力度,让他们享受到相应的国家待遇。认真做好北京大学博雅讲席教授的遴选聘任工作,将其做成认可度高、激励性强、可持续的人才工程。

要以战略眼光抓好青年人才队伍建设。优秀青年人才队伍是学校整体人才队伍的后备力量,要始终把建设一支高水平的青年教师队伍作为学校人才战略的重点,围绕学校学科建设需求和发展战略规划,将资源配置进一步向优秀青年人才倾斜,大力吸引、培养和支持优秀青年人才,打造具有强大竞争力和发展优势的青年人才队伍。努力为青年人才成长营造良好的环境。要鼓励这些年轻人耐得住寂寞。学校一方面要加强引导,另一方面要为他们解决后顾之忧,让年轻人才得以心无旁骛地从事教学科研。

要严把进人用人的质量关,坚持高标准、严要求,努力营造"公开、竞争、择优"的选人用人的环境。进一步深化师资人事制度改革,完善教师及各类人员聘用和考核制度,每一支队伍都要建立相应的标准。制度建立后,还要严格执行,落实到管理中,不能把制度当作"稻草人"。

国家《事业单位人事管理条例》已于今年7月1日正式实施,中组部、人事部专门召开了贯彻落实人事条例的全国视频会,对我校人事管理工作会产生一定影响。另外,国家一些重要人才政策也发生了变化,包括院士遴选不再由单位推荐、2014年千人计划明确向"青年千人计划""外专千人计划"和"顶尖人才与创新团队"项目倾斜,等等。人事部以及相关单位要认真学习,深刻分析,适当调整我校人事人才工作。

此外,学校计划下半年召开人事人才工作会议,全面总结近年来我校人才工作和人事制度改革经验,分析人才工作的形势、机遇和挑战,积极探索人事人才工作的新思路和新举措。请有关部门和院系做好充分准备。

三、进一步优化学科布局,提高科研创新能力

学科是学校发展的生命线。全校上下必须深刻认识到,当前学科的国际竞争十分激烈,我们面临的形势很严峻。与世界顶尖大学相比,我们有不小的差距。即使与国内兄弟高校比,我们的学科竞争力优势地位也岌岌可危。研究生院最近对2013年的一级学科评估做了研究,我校16个学科排名第一。但是,其中有6个学科是与其他高校并列第一,4个学科是3校并列第一。我们排名前三的35个学科中,有14个学科与下一名相差在2分以内。分析我校46个参评一级学科各项指标的排名情况,学科声誉占得分比重较大,大大超越了师资、科研和育人指标的排名。去除学科声誉指标后,我校排名第一的学科将由原来的16个减少为11个,有15个学科的排名将下降。因此,必须居安思危,适时调整学科结构,优化学科布局,大力提升学科品质。

要加大基础研究投入,大力提升原创性基础研究能力,努力突破一批关键的科学、技术和工程问题。发挥我校学科齐全的优势,在大力巩固提升传统学科优势的同时,进一步强化对学科交叉、协同创新的引导和扶持,打造一批具有世界先进水平的新兴学科增长点。

健全完善学科发展的制度环境,建设与中国特色现代研究型大学制度相适应的、具有全球竞争力的现代研究型大学学科管理体系。深化"内设外用"模式,完善交叉研究和协同创新制度。探索世界一流大学交叉科学管理和运行机制,着力破除画地为牢、相互封闭的学术"花盆"壁垒,促进多学科协同创新。认真总结上半年在部分院系开展国际同行评议的经验,探索建立适合我校实际的学科发展综合评估体系。

高度重视、积极参与国家重大科技基础设施(大科学装置)建设,进一步推动"十二五"国家重大科技基础设施的申报和建设工作,积极争取"生物医学成像国家重大科技基础设施(国家生物医学成像中心)"由我校牵头建设。大力提升顶尖科学仪器设备研制能力,完善科研公共平台建设,大力推进大数据研究。同时抓住时机,积极推动与北京市的合作,探索前沿科学研究与服务国家任务的新模式。

认真学习贯彻习近平总书记对北大人文社科提出新要求,立足传统,加强基础,鼓励跨界,拓展国际视野,聚焦中国问题,强化理论创新,努力形成对国家和人类社会发展有重大影响的原创性思想。

按照国家要求,认真做好各项保密工作,加强定密工作的规范性,持之以恒抓好全校保密教育,还要构建保密工作协同机制,保密工作不是保密办一家的事情,全校各相关部门都要积极主动地参与和配合。

四、自觉服务国家战略,稳步提升服务经济社会发展的贡献率

积极转变发展方式,加快从粗放、被动的国内合作向集约、主动的国内合作的转变,配合学校育人、科研、筹资工作,加大争取地方土地、政策资源力度。

紧密围绕京津冀协同发展、江浙沪一体化发展、建设海洋强国、发展生态文明等国家战略,精心布局,重点研究,积极跟进,认真组织项目和平台,努力通过创新合作方式在新一轮国家科技创新工程中占据有利位置。服务国防现代化发展,整合校内科研力量,争取大型国防科研项目。与海军、空军等军种建立长效合作机制,加快军民融合一体化发展,增强学校在国防事业的影响力。

强化国内合作互利共赢的理念。通过国内合作渠道,为学校招生、干部挂职、选调生、学生实践等创造条件。协同骨干校办企业,根据地方发展需求,在生物医疗、金融地产等领域开展合作,形成学校、企业、地方良性互动共赢模式。

继续全力做好对口支援和西部扶贫工作,多做打基础、利长远的工作,为推动民族地区、贫困地区教育科技事业可持续发展做贡献,努力打造对口支援和扶贫工作的升级版。

加强科技开发与成果转化工作,继续推进创新创

业教育,加强与企业对接,架设高端合作平台,完善技术转移机制。进一步加强校办产业管理,确保国有资产保值增值,维护好学校利益。

加强医院管理,完善学校医疗卫生政产学合作体制机制,积极参与国家医药卫生体制改革试点,努力支撑健康北京和健康国家建设。全力做好北大国际医院开业准备。

创新继续教育体制机制,探索服务与互动新模式,提升项目层次、服务能力和辐射能力,推进国家级继续教育基地建设,加大质量监管力度,扩大整体品牌影响力,推动和实现继续教育的国际化和可持续性。

五、坚持开放办学,提高学校国际化程度和国际影响力

下半年,学校国际交流与合作的任务很重。除了常规来访接待和出国交流外,学校将组团赴香港大学、台湾大学举办"北京大学日"活动,加强对港澳台地区的交流;将举办北京论坛(2014)、第十一届北京大学国际文化节以及北京大学医学论坛等重大活动;将授予一批友好人士北京大学名誉博士学位称号;将积极参与全球"孔子学院日"暨10周年庆祝活动等。请国际合作部和相关单位按照计划做好准备工作。

要始终高度重视留学生工作。招收全球各国优秀青年来北大学习深造,是北京大学实施国际化战略的抓手,也是北京大学加快创建世界一流大学的重要组成部分。要想成为一所在亚洲乃至世界具有领导力的大学,一定要把留学生教育做大做强。要在全世界参与高水平生源竞争,实现留学生规模化、多元化、优质化。配合教育部"留学中国计划"、北京市"留学北京行动",推进实施我校《留学北大计划》,围绕提高质量、扩大规模、优化结构、因材施教、趋同管理的总体方针展开工作。在继续招收周边国家和非洲等地区拔尖人才的同时,通过加大宣传力度、拓宽招生渠道、设立专门奖学金、搭建北京大学英文授课课程平台等途径积极吸引欧洲、北美、拉美和非洲等地的优秀生源。突出重点,精心打造高层次的北大留学精品项目,包括燕京学堂"中国学"项目的建设。拓宽思路,与世界知名大学开展联合培养项目。学校要尽快建立全方位、立体化、高效率的留学生工作平台,统筹协调相关部门,抓好留学生招生、培养以及校友联络等工作。

认真筹备北京大学国际战略咨询委员会,汇聚全球智力,为学校提供战略性咨询,帮助我校与全球建立和发展战略性交流与合作关系,服务学校改革发展。

六、加强校园基础设施建设,提高资源汲取和优化配置能力,维护校园安全稳定

能否顶住资源不足的压力,突破资源限制的瓶颈,已经成为夺取创建世界一流大学胜利的关键前提。必须继续加大多方筹集资源力度,提高筹资能力。进一步健全筹资体系,建设世界一流的筹资融资队伍,完善筹资激励机制,拓宽筹资渠道,更多地争取国家和社会各界的支持。进一步加强校友工作,加强与校友的联络沟通,关心校友的发展,大力发掘校友反馈母校支持母校的巨大潜力。要始终坚持开源和节流并举,进一步加强资源优化配置和有效管理,切实提高资源使用效率。继续加强财务管理和预算管理,完善土地、房屋、大型仪器设备等公共资源的统筹利用机制,继续推动资源有偿使用的成本核算,促进全校各单位进一步增强成本意识。要在全校牢固树立勤俭节约的优良作风。

要面向未来积极拓展发展战略空间,继续争取北京市、海淀区的大力支持,为北大长远可持续发展奠定基础。未来几年校园基建任务重,难度大,审批周期长,学校相关部门要按照教育部的要求,做好工程项目前期报批,严格执行招投标程序,加强工程监理和审计,严把质量关,加强成本控制,确保实施阳光工程。

进一步抓好学生资助、学生就业、学生心理健康教育咨询工作。当前就业形势仍然很严峻,各相关部门和单位都要多措并举,全力以赴,切实做好学生就业服务与指导工作。

坚定不移推进肖家河教师住宅项目建设,积极帮助教职工申请两限房和经济适用房,认真开展教师公寓周转房集中申请和调配工作。继续做好教工"爱心基金""学生大病救助基金"这样一些项目,加强师生困难保障扶持工作;进一步做好离退休教职工的服务工作。

坚持不懈做好校园安全管理工作,切实维护好师生生命财产安全,营造安全和谐有序的校园环境。安全无小事,责任重于泰山,全校上下要始终紧紧维护安全稳定这根弦,未雨绸缪,周密部署,周密细致地做好隐患排查、应急预案建设、校园安全教育和演练等各项工作。各单位一把手作为本单位安全稳定第一责任人,要切实负起责任,做到守土有责。

七、进一步完善现代大学制度,全面推进依法治校进程

实施依法治校,是适应教育发展新形势,提高管理水平与效益,维护学校、教师、学生各方合法权益,全面提高人才培养质量,实现教育现代化的重要保障。十八届四中全会将集中研究依法治国问题,必将极大地推动依法治校进程,我们要高度重视,提前准备贯彻落实中央精神。《北京大学章程》已于本月由教育部颁布实施,这是我校推进依法治校的里程碑。

要以章程颁布实施为契机,建立我校规范性文件审查与清理机制,按照法制统一的原则,对校内规章制度进行审查,保证学校的规章制度体系层次合理、简洁明确、协调一致。

要全面深入地开展法制宣传教育,形成浓厚的校园法治文化。切实加强对学校领导干部、职能部门工作人员依法治校意识与能力的培养。学校管理服务人员要带头增强学法遵法守法用法意识,牢固树立依法办学、依据章程自主管理、公平正义、服务大局、尊重师生合法权益的理念,自觉养成依法办事的习惯,切实提高运用法治思维和法治方式深化改革、推动发展、化解矛盾、维护稳定的能力。

要按照上级要求,认真做好学校信息公开工作,依法接受国家监管和社会监督。

同志们,要做好北大的事情,只有靠埋头苦干。希望全校上下,进一步强化责任意识和担当精神,要对北大的发展负责,对党和国家交给我们的重任负责,对全体师生员工的信任负责。只有扎扎实实地干,一天一天地奋斗,才能把我们的事业一步步推向前进,最终实现我们的目标。

最后,再一次向大家表示感谢,祝同志们新学期工作愉快!

北大概况

北京大学创办于1898年,初名京师大学堂,是我国第一所国立综合性大学,也是当时中国最高教育行政机关。辛亥革命后,于1912年改为现名。

作为新文化运动的中心和五四运动的策源地,作为中国最早传播马克思主义和民主科学思想的发祥地,作为中国共产党最早的活动基地,北京大学为民族的振兴和解放、国家的建设和发展、社会的文明和进步做出了不可替代的贡献,在中国走向现代化的进程中起到了重要的先锋作用。爱国、进步、民主、科学的传统精神和勤奋、严谨、求实、创新的学风在这里生生不息、代代相传。

1917年,著名教育家蔡元培出任北京大学校长,他"循思想自由原则,取兼容并包主义",对北京大学进行了卓有成效的改革,促进了思想解放和学术繁荣。陈独秀、李大钊、毛泽东,以及鲁迅、胡适等一批杰出人才都曾在北京大学任职或任教。

1937年卢沟桥事变后,北京大学与清华大学、南开大学南迁长沙,共同组成长沙临时大学。不久,临时大学又迁到昆明,改称国立西南联合大学。抗日战争胜利后,北京大学于1946年10月在北平复学。

中华人民共和国成立后,全国高校于1952年进行院系调整,北京大学成为一所以文理基础教学和研究为主的综合性大学,为国家培养了大批人才。据不完全统计,北京大学的校友和教师有400多位两院院士,中国人文社科界有影响的人士有相当多也出自北京大学。

改革开放以来,北京大学进入了一个前所未有的大发展、大建设的新时期,并成为国家"211工程"重点建设的大学之一。1998年5月4日,在北京大学百年校庆之际,国家主席江泽民题词:"发扬北京大学爱国进步民主科学的优良传统,为振兴中华做出更大贡献。"并在庆祝大会上发出了"为了实现现代化,我国要有若干所具有世界先进水平的一流大学"的号召。北京大学积极响应号召,适时启动"创建世界一流大学计划"("985计划"),自此开启了北京大学建设发展的新篇章。

2000年4月3日,原北京大学与原北京医科大学合并,组建了新的北京大学。原北京医科大学的前身是国立北京医学专门学校,创建于1912年10月26日,并于1946年7月并入北京大学。1952年在全国高校院系调整中,北京大学医学院脱离北京大学,独立为北京医学院。1985年更名为北京医科大学,1996年成为国家首批"211工程"重点支持的医科大学。两校合并进一步拓宽了北京大学的学科结构,为促进医学与人文社会科学及理科的结合,改革医学教育奠定了基础。

近年来,在"211工程"和"985工程"的支持下,北京大学进入了一个新的历史发展阶段,在学科建设、人才培养、师资队伍建设、教学科研等各方面都取得了显著成绩,为将北大建设成为世界一流大学奠定了坚实的基础。今天的北京大学已经成为国家培养高素质、创造性人才的摇篮、科学研究的前沿和知识创新的重要基地和国际交流的重要桥梁和窗口。

2014年,北京大学设54个直属院系。开设本科专业120个,覆盖文、理、医等11个学科门类。全校有48个博士学位授权点一级学科点、50个硕士学位授权点一级学科点、225个博士点、253个硕士点、120个本科专业、18个国家重点学科(一级)、25个国家重点学科(二级)、3个国家重点(培育)学科,以及47个博士后流动站。全年博士后研究人员在站1097人,累计进站5825人。有12个国家重点实验室、2个国家工程实验室、2个国家工程研究中心、105个省部级研究院(所、中心、重点实验室)、8所附属医院、13所教学医院。在职教职工20290人,其中专任教师6711人。有教授2247人,副教授2144人,中国科学院、中国工程院院士79人,"长江学者奖励计划"特聘教授和讲座教授164人,"973"项目首席科学家85人,国家杰出青年科学基金获得者204人。毕业生21963人,学历教育学生中全日制研究生6373人(博士生1713人,硕士生4660人),普通本专科生3463人(本科生3275人,专科生188人),成人教育本专科生2363人(本科生2363人,专科生0人),网络教育本专科生9764人(本科生7237人,专科生2527人)。招生28847人,学历教育学生中全日制研究生8041人(博士生2565人,硕士生5476人),普通教育本专科生3735人(本科生3735人,专科生0人),成人教育本专科生3034人(本科生3034人,专科生0人),网络教育本专科生14037人(本科生10700人,专科生3337人)。在校生101762人,学历教育学生中全日制研究生24183人(博士生9400人,硕士生14783人),普通教育本专科生14779

人(本科生14576人,专科生203人),成人教育本专科生10320人(本科生10320人,专科生0人),网络教育本专科生52480人(本科生41892人,专科生10588人)。本科毕业生就业率96.07%。留学生毕业2632人,招生3045人,在校3570人。图书馆建筑面积67462平方米,图书馆藏书982.25万册。校园占地面积为2741118平方米,校舍建筑面积为2197523平方米,固定资产总额1049471.13万元,其中教学科研仪器设备资产为442102.21万元。

2014年是北大发展史上不平凡的一年。党和国家对学校给予了高度的重视和亲切的关怀。5月4日,在庆祝北大建校116周年、纪念伟大的五四爱国运动95周年之际,习近平总书记莅临北大视察指导工作,亲自主持座谈会并发表重要讲话,为学校加快创建中国特色世界一流大学提供了基本遵循和行动指南,为早日实现几代北大人的梦想提供了强大精神动力和有力思想武器。11月7日,李克强总理向"北京论坛(2014)"发来贺信,刘延东副总理在北京论坛开幕式上宣读贺信。12月11日,李克强总理给北大两名泰国留学生亲笔回信,寄语北大留学生并祝福母校师生,再次在师生中引起强烈反响。总书记的重要讲话和总理的贺信、回信,进一步坚定了北京大学加快创建世界一流大学、为实现中国梦和北大梦而不懈奋斗的决心和信心。

2014年也是学校的"综合改革元年"和全面推进依法治校的关键之年。从年初开始,国家教育体制改革领导小组就明确北京大学和清华大学、上海市"两校一市"作为推进教育综合改革的试点。全校上下统一思想,凝聚共识,深刻领会党的十八届三中全会关于全面深化改革和四中全会关于全面推进依法治国的重大战略思想,按照中央和上级的部署和要求,集中全校力量和智慧,认真开展全面深化综合改革的顶层设计。一年来学校主要集中力量完成了事关改革的两件大事:一是制定完成了《北京大学综合改革方案》。12月1日,北大综合改革方案获国家教育体制改革领导小组批准备案,并开始全面组织实施。北大还制定完成了《北京大学章程》,于9月经教育部核准实施,实现了新中国成立65年来学校章程"从无到有"的历史性突破。这两个重要文件的出台,以及学校以此为龙头推进的一系列举措,为全面深化综合改革、全面推进依法治校奠定了坚实基础。学校正在谋篇布局,力争当好改革排头兵,不断提升学校治理体系和治理能力现代化水平。

一年来,在党的十八大、十八届三中、四中全会精神和习近平总书记来校视察时的重要讲话精神指引下,全体师生员工埋头苦干、改革创新,坚定不移朝着创建世界一流大学的目标冲刺奋进,在教学科研、人才培养、队伍建设、对外合作、社会服务、基础设施建设等各方面都取得了较大进步,学校的办学实力和国际国内竞争力得到了显著加强,建设世界一流大学事业稳步向前推进。

一、围绕立德树人根本任务,集中精力狠抓人才培养质量

始终坚持立德树人在学校各项工作中的中心地位,围绕深化教育教学改革、提高人才培养质量和推进教育管理创新做了大量有成效的工作。

2014年北大7项教学成果获国家级教学成果奖,其中一等奖2项、二等奖5项。4位教师被评为第十届北京市教学名师。"基础学科拔尖学生培养试验计划"顺利进行,除了抓好学生遴选和师资配备、课程建设等核心环节,在国际交流、氛围营造、条件支持等方面做了大量工作,2014年毕业的120名同学全部选择在基础学科深造,赴欧美著名高校攻读研究生的比例超八成。人才培养基地建设稳步发展,根据学科特点和建设基础,加强分类指导,统筹利用各种资源进行重点建设,逐步带动全校各类培养基地建设提高水平。12个"国家基础科学研究与人才培养基地"获国家自然科学基金委"人才培养基金"立项资助,经费总额达1275万元。持续加强学生实践基地建设,打造"国家—北京市—北京大学"三级校外实践基地,加强实践基地管理,保障实习实践教学质量。继续扎实推进"小班课教学"改革。11月22日,学校对实施两年来的"小班课教学"工作进行专题研讨。"小班课教学"改革实施两年来,全校26个设本科专业的院系中,共16个院系开设38门课程,参与教师350余人,听课学生一万余人次,基本达到每位本科生在校期间参加1—2门"小班课教学"课程的目标。2014年下半年又有10个院系的23门专业基础课申请"小班课教学"立项。截至目前,全校共有61门本科生课程已经或计划实施"小班课教学"模式。同时加强外语平台课建设,目前学校本科稳定开设的英文课程达225门,为培养国际化人才奠定良好基础。强化本科生创新能力培养,加强本科生科研项目中期检查和结题工作,提高资助额度,本科生公开发表高质量科研论文的数量稳步提升。

研究生教育继续贯彻落实"稳定规模、优化结构、分类培养、提高质量"的工作思路。改革研究生培养模式,积极推进中外联合培养研究生、与科研院所联合培养研究生、校内相关院系合作培养研究生等试点工作。继续实施"研究生教育创新计划",全校资助项目48个。加强研究生学风建设,开发建设研究生基本学术规范测试系统。加强研究生导师队伍建设,制定导师管理办法,明确导师职责,强化师德师风建设。新增11篇全国优秀博士学位论文,居全国高校首位。

招生工作也取得好成绩。本科招生中,录取全国各省高考第一名、前十名总数均居全国高校榜首,文科各专业录取分数线基本居各高校首位,半数以上省份理科录取分数线居各高校之首。获得2014年国际奥林匹克学科竞赛奖牌的中国学生中有近7成选择北京大学。促进教育公平,进一步加大对贫困地区和农村地区的支持,农村户籍新生比例创近年来新高。继续推进研究生招生机制改革,完善博士生招生"申请—审核制",重视考查学生的综合能力和研究潜力,改进面试方式,增加面试成绩比重,扩大院系和导师自主权。

进一步加强学生管理与服务,深入贯彻落实习近平总书记五四重要讲话精神,围绕立德树人根本任务,突出培育和践行社会主义核心价值观主题,按照"思想引领、精益求精、常做常新"的思路,结合党的群众路线教育实践活动的开展,坚持思想政治教育和基础管理服务两手抓,持续推进实践育人、管理育人和服务育人。《以"中国梦"主题教育为统领 培育践行社会主义核心价值观》荣获第五届北京高校党建和思想政治工作优秀成果一等奖和创新奖。精益求精做好毕业生就业指导与服务、家庭经济困难学生资助、学生心理健康教育与咨询工作。2014年毕业生总体就业率达97.07%。倡导"多元就业、集体成才"理念,在充分选择的基础上进行分类指导和重点引导。"大学生职业生涯规划"课程获评北京地区以及全国高校职业发展与就业指导示范课程。继续推进北大就业"家·国"战略,倡导毕业生回家乡做贡献、到祖国最需要的地方去。依托北大人才论坛,联合19个省市自治区共同实施"人才林"工程,与广西、贵州、西藏、新疆等14个省市自治区建立定向选调生或专项人才合作,409名毕业生签约基层和西部地区,比前一年增长10%以上,再创历史新高。全方位继续做好家庭经济困难学生资助工作,梳理资助规章制度,优化家庭经济困难学生认定评审流程,使用大数据开展家庭经济困难学生分析工作。在完善本科生个性化绿色成长方案的基础上,创新推出研究生绿色成长方案。积极联络各方资源,设立81项助学金。努力搭建家庭经济困难学生能力提升平台,组织开展青年领袖计划、首届国际高校公益论坛、公益新年晚会等活动,不断壮大燕园领航活动导师团队,助力家庭经济困难学生成长成才。资助工作连续四年取得教育部绩效考核第一名。完善心理健康全员教育机制,完善学生心理健康监控网络,健全防护机制,做好学生心理危机排查与干预工作。

二、继续落实人才强校战略,稳步推进高水平人才队伍建设

2014年,北大以预聘制(Tenure Track)为核心的教学科研职位分系列管理制度稳步实施,标志着新一轮深化师资人事制度改革迈出坚定的一步。经学校"人才评估专家小组审议",共批准引进67人,其中教学科研系列51人,教学系列3人,研究技术系列13人。改革过程中不断完善制度和程序,确立了注重学术潜力、院系严格把关,和以国际评审为核心、学校人才评估专家小组全面审议为重点的工作流程,严格把握工作标准,确保人才引进符合北大未来发展目标。

高端人才队伍建设形势喜人。5月4日习近平总书记来校时,美国科学院院士、哈佛大学教授、北京大学教授谢晓亮向总书记承诺全职回国工作。目前,谢晓亮教授已签署合同,决定全职回到北大工作。美国科学院院士、耶鲁大学教授邓兴旺已于2014年7月1日全职回到北大工作。千人计划方面,截至2014年年底,到校工作的"千人计划"专家132人,包括创新长期项目44人,创新短期项目20人,青年千人68人。前五批青年千人国家专项科研经费补助北大共获批1.99亿元。北大千人计划入选专家特别是青年千人到岗率高;万人计划方面,积极组织申报第二批万人计划"青年拔尖人才支持计划",共推荐40名候选人,基本覆盖全部学科领域。截至2014年年底,北京大学入选首批"万人计划"22人,包括杰出人才1人,科技创新领军人才2人,哲学社会科学领军人才3人,百千万工程领军人才2人,教学名师2人,青年拔尖人才12人,居高校前列;长江学者方面,2014年新入选长江学者26人,其中特聘教授23人,讲座教授3人,入选人数居全国高校首位。在校长江学者总数已达164人(第十四批长江学者26人在合同签订中,未计入)。大力推进北京大学人文讲席教授工作,截至年底已有人文讲席教授7人,对相关人文学科的发展起到了推动引领作用,并有利于扩大北大学术国际影响力。

狠抓青年人才队伍建设,为人才队伍可持续发展打基础。2014年继续大力引进和培养能够引领新的学科发展方向、具有较大发展潜力、有希望成为学术带头人的优秀青年人才。目前通过青年千人、青年拔尖和学校百人计划,以及各类新机制单位人才引进机制,各学科都进一步加强了优秀青年人才队伍的建设力度,学校对进入青年拔尖人才计划的优秀青年人才给予积极扶持,在国家划拨的特殊支持经费方面给予其更大自主性。2006年以来实施的校内百人计划基本完成,共通过153人,127人到校工作,其中58人顺利进入千人、万人、长江等各类国家级人才计划。

加强教师日常培训与考核,召开全校青年教师职业发展培训会,通过一系列的讲座和交流,明确青年教师的职业发展路径,促进青年教师快速健康成长。全年公派教师出国58人,促进教师拓宽国际视野和提升专业水平。

三、以学科建设为龙头,继续提升科研竞争力

加强学科布局的顶层设计与战略规划,进一步凝练学科方向,加大整合力度,优化结构布局,增强学科发展的前瞻性和前沿性,努力提升学科建设水平。10月,《美国新闻和世界报道》首次发布"全球最佳大学排名",北京大学位列全球第39位,是亚洲第二,中国第一。这个排名在美国以及世界上具有比较大的影响,从一个角度反映了北大的实力。同时发布的学科排名显示,北大共有14个学科进入全球前100名(共划分21个学科方向)。其中化学位居世界第9,物理位居世界第15,数学、材料科学均为世界第17,地球科学、药学、毒理学、工程学、环境学进入世界前50。汤森路透"基本科学指标数据库"(ESI)的数据也显示,北大19个学科进入全球前百分之一(共划分22个学科方向),在国内各高校遥遥领先。这些数据显示,北京大学的学科整体水平在国内高校中处于领先地位,一批优势学科已经进入世界先进行列,个别学科已经达到世界一流水平。

理工医科在国家科技计划支持的重大基础研究和应用基础研究领域继续保持强大的竞争优势。2014年获批"973"计划项目/重大科学研究计划项目10项(含2项青年科学家专题项目),获批项目数连续5年稳定在10项以上,居全国榜首;新批"863"计划课题9项,新增"支撑计划"课题1项,ITER专项项目2项。国家自然科学基金方面,获批基金总经费达6.85亿元,各类项目总计682项,其中创新研究群体5个,国家杰出青年科学基金13人,均居高校首位。此外,获批北京市自然科学基金项目24项。

2014年北京大学作为第一完成人单位获得国家科学技术奖3项,其中自然科学奖1项,科技进步奖2项;作为第一完成单位获得教育部"高等学校科学技术奖"15项,其中一等奖4项,二等奖11项;化学学院施章杰教授荣获2014年度何梁何利奖。至此,北京大学共有46人获得何梁何利奖,为获得该奖项最多的单位。

尤其值得一提的是,2014年北大具有国际影响力的顶尖水平科研成果不断涌现。化学学院李彦教授课题组在单壁碳纳米管手性可控生长研究上取得重要突破,科研成果于2014年6月26日在《自然》杂志上发表,这项成果获得了国际同行的高度赞誉,被称为碳纳米管生长研究的一个里程碑,中央电视台新闻联播对这一世界级成果进行了报道;数学科学学院鄂维南院士的成果发表在《科学》杂志上,引起国际同行的广泛关注;生命科学学院邓宏魁教授研究组关于高效制备功能成熟的人肝脏细胞的研究取得重大突破,为人肝脏实质细胞在药物研发、治疗肝功能衰竭的疾病等方面的广泛应用提供了全新的细胞来源,在国际上获得广泛赞誉;9月19日,世界首例经MALBAC基因组扩增高通量测序进行单基因遗传病筛查的试管婴儿在北京大学第三医院诞生,这标志着我国胚胎植入前遗传诊断技术已处于世界领先水平。在不久前公布的2014年度中国高等学校十大科技进展中,物理学院龚旗煌院士领衔的"单个纳米颗粒光学检测新原理研究"项目、信息科学技术学院梅宏院士领衔的"网构软件理论、方法与技术"项目双双入选。

2014年全校共发表SCI数据库收录论文6828篇,其中北京大学为通讯作者单位的论文总数为3390篇。获授权专利385项。汤森路透评出的2014年中国高被引科学家中,北京大学有6人,居内地高校首位。

进一步加强科研基地和实验室建设。国家实验室和国家重点实验室到校经费9197万元,新增1个北京市重点实验室、1个北京市工程研究中心,推动北京大学国家应用科学实验室建设。今年年初,经过两年努力,全校第六个公共平台实验室——液氦中心建成,这将大大提升全校理工医相关学科的研究能力和水平。北大参与共建的"转化医学""模式动物表型与遗传"等国家重大科学基础设施建设项目论证工作进展顺利,稳步推进"十三五"时期拟牵头建设的"生物医学成像"国家重大科学基础设施项目。积极参与高等学校创新能力提升计划("2011计划"),参与建设的"未来网络媒体协同创新中心""IFSA协同创新中心""高性能计算协同创新中心""出土文献与中国古代文明研究协同创新中心"获教育部认定。

人文社科方面,《儒藏》"精华编"已经出版100册。5月4日习近平总书记视察北大时,专门了解了《儒藏》的编纂情况,赞扬北大为继承发展创新中华优秀传统文化做出了积极贡献。此外,有27项成果获第十三届北京市哲学社会科学优秀成果奖,其中一等奖10项,二等奖17项,居北京高校之首。国家社科基金重大项目立项数继续在高校保持领先,表现了北大人文社科的竞争优势。

四、扎根中国大地办大学,全方位服务国家战略和社会经济发展

2014年,学校扎扎实实开展校地、校企、校军合作。合作领域不断拓展,合作层次不断提升,形成互利多赢的良好局面。北大与海南、浙江、河北3省签署了战略合作协议。截至目前,北大已与23个省级地区及中国人民解放军海军建立战略合作伙伴关系,与天津、山东、河南、四川、宁夏,以及福建宁德市、国防大学等就深化战略合作达成初步意向。

服务国家战略的意识和能力显著加强。服务国家海洋强国战略,学校面向南海、东海、黄海,积极与地方开展合作交流。与海南省共建北京大学海南海洋研究院,与三沙市共建三沙研究中心,面向南海开展海洋研究与开发。与浙江省协商共建海洋研究创新平台,面向东海开展海洋战略制定、海洋资源开发、海洋环境保护研究与开发。与山东省加强合作，参与黄海海洋经济发展建设工作。围绕"海洋、海权、海军"主题，与海军开启全面合作，组织师生赴海军部队开展航海实习，为海军院校培训高层管理人员，等等。积极主动介入京津冀协同发展战略，与天津、河北进一步加强发展战略研究与重大科研项目合作。天津市第五中心医院正式成为北京大学教学医院，并增挂"北京大学滨海医院"牌子。服务国家生态文明战略，与贵州省共同举办"生态文明贵阳国际论坛"，联合建立"北京大学贵州生态文明研究院"。还与舟山群岛新区、贵安新区、海西经济区、西咸新区等国家区域经济重点发展地区开展务实合作。

认真完成对口支援任务。全年共接收石河子大学10名本科生来校学习，15名教师来校进修，6名教师攻读博士学位，同时派遣2名教师赴石河子大学支教。自2010年对口支援西藏大学以来，西藏大学科研经费增长60%以上，博士师资比例翻番，实现博士点零的突破，填补了西藏高等教育没有博士学位授予点的空白。

多举措提升科技开发与技术转移工作水平。争取北京市和各方支持，成立项目孵育基金与前孵化基金逾1.3亿元。在科技部、北京市、中关村管委会、海淀区支持下，成立"北大科技—金融合作联盟"。与17所国际知名大学的技术转移部门建立战略合作关系。截至2014年年底，签署进款技术合同474项，合同额约3.43亿元。

充分发挥继续教育优势，服务国家人才发展战略和学习型社会建设。实施继续教育全程质量管理，稳步推进北京大学全国干部教育培训基地建设。

各附属医院继续为首都乃至全国人民提供优质的医疗服务。北京大学国际医院正式开业，这是北大医学学科和医疗卫生事业发展史上的重要里程碑，也是北大服务社会发展史上的重大事件。此外，附属医院医务人员圆满完成云南昭通震区医疗救援任务，赴西非参与指导埃博拉疫情的防控和救治工作，受到各方高度评价。

五、大力实施开放合作战略，国际交流的质量得到提升

2014年学校的国际交流和对港澳台地区的交流仍保持高速增长势头，共接待各类代表团193个，接待了美国第一夫人米歇尔、埃塞俄比亚总统穆拉图、泰国公主诗琳通等外国政要，积极服务国家外交战略。全年出访共计6577人次，其中教职工出访3211人次，学生3366人次，这也是近30年来北大学生出访人数首次赶超教职工。

积极拓展学校国际交流视野，实现对北非、中东以及南美等地区交流的突破。上半年学校组团访问埃及、卡塔尔和以色列，与开罗美国大学联合举办"中国与埃及：全球关系与发展道路"研讨会，参加希伯来大学孔子学院揭牌仪式。下半年学校代表团访问土耳其、巴西等国家，巩固了同中东科技大学、伊斯坦布尔大学和海峡大学的合作关系，与巴西圣保罗研究基金会成功举办"中国—巴西科学研讨会"，还与圣保罗基金会成立联合科研基金。

深化重点伙伴交流关系，全面提升合作层次。与哈佛大学成立了"北大—哈佛生态城市联合实验室"，与斯坦福大学合作举办北大—斯坦福论坛，授予伯克利加州大学校长北京大学名誉教授称号，推动两校在大数据、全球发展研究等方面开展合作。全年承办4次大学日/国家日活动，深化中外高校之间的了解，起到了良好效果。与权威医学杂志及知名高校合作，谋划联合开展高层次医学研究。11月与新英格兰医学杂志举行合作签约仪式，《新英格兰医学杂志》中国办公室也正式揭牌。

积极构建国际化人才培养体系，进一步疏通学生出国交流访问的渠道，为中外学生提供多元国际化体验平台。为学生提供校级学期交换项目100个，假期学校项目24个，540名学生参与。新设立"希腊研究地区考察项目"，与伦敦大学国王学院签署暑期项目免学费互换协议。积极利用国家留学基金委"优秀本科生项目"平台，助推院系优质交流项目的建立，2014年获批项目50个，在全国高校位居前列。由教育基金会专项设立的"EAP奖学金"由20万元每年增加至40万元每年。留学生规模进一步扩大，留学生招生渠道进一步拓展，生源结构进一步优化。

稳步实施"大学堂"顶尖学者计划，在北大汇聚一批世界级顶尖学者。2014年共邀请到诺贝尔物理学奖获得者弗朗克·韦尔切克、新加坡国立大学特级教授王赓武、美国科学院院士詹姆斯·安德森等5位顶尖学者到校开设讲座。成立了"大学堂顶尖学者讲学计划学术委员会"，对该项目的规划实施以及项目工作的具体开展提出建议和咨询意见。

努力拓展科研国际合作的空间，2014年获得国际科技合作项目25项，其中21项来自海外基金会、海外企业以及海外政府机构。

六、财务和筹资工作保持平稳高效态势

2014年是学校事业发展资金需求量最大、建设项目最多的一年。学校顶住压力，通过向教育部争取专项资金、严格预算执行等多种措施，保证学校在肖家河项目、人员待遇改善、教学经费投入、基本运转保障、基础设施建设等方面事业发展的资金需求。

进一步完善学校多渠道筹资的体制机制。除了努力提高科研经费收入和办学收入外，还充分发挥校系两级积极性，广泛争取校友和社会各界支持。基金会

2014年实现到账捐赠总额2717笔,达5.11亿元;新签署捐赠协议370余份,协议总额达15亿元。这些资金为学校的人才培养、师资队伍建设、教学科研等提供了有力的支持。紧密结合北大发展需要和筹资工作现状,特别是北大2018圆梦行动计划,制定了北京大学"2018筹资挑战计划",抓住120周年校庆契机,启动全校性大规模主题筹款运动,支持北京大学的圆梦行动。

七、校园基础设施建设进一步加强,校园民生工程有了新的突破

2014年北大基础设施建设继续保持高峰状态,总建筑规模20万平方米,各类工程达22项。

着力加强校园规划与治理整顿工作,努力建设一个高贵典雅、宁静和谐、功能集聚、井然有序、品位不凡的校园。2014年完成了未名湖后湖区改造,改变了20多年来后湖常年干枯的现状。学校整体湖面水系改造工程取得阶段性成果,校园生态环境得到较大改善。推进校园三大中心建设工程,新太阳学生中心建成后投入使用,与同学们学习成长密切相关的服务部门整体迁入集中办公,为同学们提供一站式服务。行政中心已于年底落成,后勤中心正在加紧建设。未来学校空间上将形成三个相对集中的服务中心,不仅可以优化校园功能分区,更希望以此为契机,更好地为广大师生提供便捷高效的服务。从前年开始,学校的一项中心任务是加快推进学生宿舍新建和改造,希望通过2到3年的改造,使学校宿舍能够满足学校未来若干年的发展需求。2014年完成了44楼拆迁改建工程,作为新学生宿舍投入使用。28—32楼及35楼滚动改造工程正在稳步推进。虽然工程施工会对大家的日常生活产生一定影响,但师生都能从大局和长远的角度予以理解和支持。此外,校内平房区拆迁腾退工作任务也很繁重,吉永庄、承泽园、蔚秀园三个平房区的搬迁腾退工作完成率已超过90%。

结合学校实际情况,通过多种途径和方式稳步提高师生员工收入水平。2014年,奖教金获奖人数达到244人,同比增长约15%,总额已经突破1100万元,同比增长约10%。本年度新设置唐立新优秀学者奖、教学名师奖和后勤服务杰出员工奖,首次奖励在后勤一线工作岗位上的优秀员工。各项常规待遇调整稳步进行,顺利完成专项岗位绩效奖励发放、遗属补助标准调整、岗位津贴职级津贴调整等工作。

继续大力推进肖家河教师住宅项目建设。完成拆迁腾退收尾工作,工程建设各项手续办理顺利,启动回迁安置房建设,标志着这项北大师生员工期盼已久的民生工程进入正式开工建设阶段。

八、中国特色现代大学制度建设和依法治校取得新进展

按照教育部要求,集中全校师生员工的智慧,按时完成了《北京大学章程》制定工作,经教育部核准后正式实施。这是新中国成立后北大制定的第一部章程,是北大实施依法治校、建设现代大学制度的根本依据,对规范办学行为、维护学校权益以及推动科学发展具有极其重要的意义。章程颁布后,学校将深入学习宣传、贯彻落实章程作为依法治校的抓手,将学习宣传贯彻章程纳入下半年全校开展的"深化综合改革、聚力科学发展"大讨论活动中,纳入新生、新进教职工、新任领导干部的教育培训内容,努力在全校形成学习章程、尊重章程和依法依规办学办事的良好局面。抓紧完善章程配套制度,以章程和国家法律法规为依据,全面梳理学校现行规章制度、管理文件,逐步形成以章程为核心的层次清晰、内容规范的学校制度体系。年底完成了新版《北京大学学术委员会章程》的制定工作,即将颁布实施,进一步理顺学校学术治理架构。着手开展校务委员会章程制定工作。同时建立健全章程执行监督机制,正在筹备成立章程委员会。

要按照上级要求,认真做好学校信息公开工作,依法接受国家监管和社会监督。进一步完善信访接待制度,修订北京大学信访工作规定,成立学校信访工作小组,实行信访联席会议制度,坚持实施"校领导接待日"制度,切实保护信访人的合法权益,维护正常信访秩序。

基 本 数 据

(含医学部、附属医院)

一、总体数据

		其中,医学部
(一)校园面积	2741118 平方米 (约 4112 亩)	392305 平方米 (约 588 亩)
其中,绿化用地面积	1233576 平方米 (约 1850 亩)	114703 平方米 (约 172 亩)
运动场地面积	153389 平方米 (约 230 亩)	27300 平方米 (约 41 亩)
(二)校舍建筑面积	2197523 平方米 (约 3296 亩)	348117 平方米 (约 522 亩)
(三)固定资产总额	1049471.13 万元	183983 万元
其中:教学科研仪器设备资产值	442102.21 万元	105857 万元
(四)图书馆藏书:		
其中:一般藏书	982.25 万册	62.4 万册
电子资源	187544.95GB	17204.95GB
(五)设立奖学金项数	107 项	35 项
奖学金总额	4510.91 万元	387.86 万元

二、教职工情况(单位:人)

		其中,医学部
(一)教职工数(不包含博士后)	20290[①]	11148
专任教师数	6711	4196
其中,按职称划分:		
正高级	2247	952
副高级	2144	1204
其中,按学历划分:		
博士学历	4933	2792
其中:		
两院院士	79[②]	11
中国科学院院士	67	6
中国工程院院士	12	5
第三世界科学院院士	20	
海外高层次人才引进计划(千人计划)	76	4
青年千人计划	78	3
哲学社会科学资深教授(文科资深教授)	14	0

---

① 教职工总数包括专任教师、教辅人员、行政人员、工勤人员、科研机构人员、校办企业员工,不包含离退休人员和博士后。
② 其中人事关系在本校的科学院院士为 45 人,工程院院士为 6 人,双聘院士 28 人。

"长江学者奖励计划"		
特聘教授、讲座教授	164①	17
"973"首席科学家	85	18
国家杰出青年基金获得者	204	33
国家级教学名师	17	2
博士生导师	2381	441
教辅人员	7533	5432
行政人员	1829	944
其中:专职辅导员人数	205	90
工勤人员	2454	480
科研机构人员	1121	72
校办企业职工	220	24
(二) 其他人员		
离退休人员	10529	5116

三、在校学生情况(单位:人)

		其中,医学部
(一) 全日制学生②	38962	8066
其中:共产党员	11681	919
少数民族	3118	717
华侨港澳台	853	139
本科学生	14576	3243
一年级	3737	814
二年级	3588	778
三年级	3427	615
四年级	3362	612
五年级及以上	462	424
硕士研究生	14783	2444
一年级	5390	902
二年级	5435	874
三年级及以上	3958	668
博士研究生	9400	2176
一年级	2541	687
二年级	2362	707
三年级	2157	633
四年级	1183	78
五年级及以上	1157	71
专科学生	203	203
(二) 成人教育学生	10320	2124
(三) 网络本专科学生	52480	20887
(四) 外国留学生	3570	351
其中:博士生	314	3
硕士生	602	13
本科生	1643	298
培训	1011	37

---

① 其中讲座教授43人,特聘教授121人。
② 全日制学生包括普通本专科学生、硕士研究生、博士研究生,不包含成人教育、网络教育及外国留学生(单列)。

（五）普通本专科毕业生		
一次就业率	96.07%	91%
四、博士后人数（单位：人）		
在站人数	1097	78
累计进站人数	5825	638
五、专业情况（单位：个）		
		其中，医学部
本科专业①	120	10
专科专业	1	1
博士学位授权一级学科点	48	—
博士学位授权二级学科点（不含一级学科覆盖点）	0	—
硕士学位授权一级学科点	50	—
硕士学位授权二级学科点（不含一级学科覆盖点）	3	—
国家重点学科（一级）	18	3
国家重点学科（二级）	25	12
国家重点（培育）学科	3	1
省部级重点学科（一级）	5	1
省部级重点学科（二级）	12	6
博士后流动站②	47	8
全球前1%的学科（美国"基本科学指标数据库"ESI的统计）③	19	—
六、教学科研（单位：个）		
		其中，医学部
直属院系④	54	11
国家实验室（筹）⑤	1	0
国家重点实验室⑥	11	1

① 本科专业名录：数学与应用数学、信息与计算科学、统计学、应用统计学、物理学、应用物理学、核物理、天文学、大气科学、核工程与核技术、化学、应用化学、化学生物学、材料化学、核化工与核燃料工程、生物科学、生物技术、微电子科学与工程、电子信息科学与技术、计算机科学与技术、智能科学与技术、集成电路设计与集成系统、软件工程、理论与应用力学、工程力学、材料科学与工程、能源与动力工程、勘查技术与工程、航空航天工程、生物医学工程、地球物理学、空间科学与技术、地质学、地球化学、地理科学、自然地理与资源环境、人文地理与城乡规划、地理信息科学、生态学、城乡规划、环境科学、环境工程、心理学、应用心理学、汉语言文学、汉语言、古典文献学、应用语言学、历史学、世界史、哲学、逻辑学、宗教学、考古学、文物与博物馆学、文物技术保护、新闻学、广播电视学、广告学、编辑出版学、国际政治、外交学、科学社会主义、国际事务与国际关系、经济学、资源与环境经济学、财政学、保险学、国际经济与贸易、金融学、工商管理、市场营销、会计学、财务管理、人力资源管理、法学、知识产权、信息管理与信息系统、图书馆学、政治学与行政学、行政管理、城市管理、社会学、社会工作、英语、俄语、德语、法语、西班牙语、阿拉伯语、日语、波斯语、朝鲜语、菲律宾语、梵语巴利语、印度尼西亚语、印地语、缅甸语、蒙古语、泰语、乌尔都语、希伯来语、越南语、葡萄牙语、公共事业管理、艺术史论、广播电视编导、政治学、经济学与哲学、古生物学、外国语言与外国历史、基础医学、临床医学、口腔医学、预防医学、药学、医学检验技术、医学实验技术、口腔医学技术、护理学，共120个。

② 博士后流动站名录：数学、统计学、物理学、化学、天文学、地理学、地质学、大气科学、地球物理学、生物学、力学、电子科学与技术、信息与通信工程、计算机科学与技术、软件工程、生态学、环境科学与工程、核科学与技术、心理学、中国语言文学、中国史、世界史、考古学、哲学、理论经济学、应用经济学、工商管理、法学、社会学、外国语言文学、政治学、教育学、公共管理、图书情报与档案管理、马克思主义理论、测绘科学与技术、新闻传播学、艺术学、生物医学工程、口腔医学、公共卫生与预防医学、药学、基础医学、临床医学、生物学、中西医结合、护理学，共47个。

③ 进入ESI前1%的学科名录：物理、化学、材料科学、工程学、临床医学、数学、地球科学、动物和植物学、生物学与生物化学、环境科学/生态学、社会科学、药学与毒理学、计算机科学、神经科学与行为学、分子生物学与遗传学、精神病学/心理学、经济学/商学、农学、免疫学，共19个。

④ 直属院系名录（不含深圳研究生院）：数学科学学院、物理学院、化学与分子工程学院、生命科学学院、城市与环境学院、地球与空间科学学院、心理学系、建筑与景观设计学院、信息科学技术学院、工学院、计算机科学技术研究所、软件与微电子学院、环境科学与工程学院、中国语言文学系、历史学系、考古文博学院、哲学系（宗教学系）、外国语学院、艺术学院、对外汉语教育学院、歌剧研究院、国际关系学院、经济学院、光华管理学院、法学院、信息管理系、社会学系、政府管理学院、马克思主义学院、教育学院、新闻与传播学院、新媒体研究院、人口研究所、国家发展研究院、体育教研部、元培学院、先进技术研究院、前沿交叉学科研究院、中国社会科学调查中心、分子医学研究所、科维理天文研究所、核科学技术研究院、北京国际数学研究中心、基础医学院、药学院、公共卫生学院、护理学院、公共教学部、第一临床医学院、第二临床医学院、第三临床医学院、口腔医学院、临床肿瘤学院、精神卫生研究所，共54个。

⑤ 国家实验室：北京分子科学国家实验室（筹），1个。

⑥ 国家重点实验室：人工微结构和介观物理国家重点实验室、湍流与复杂系统研究国家重点实验室、核物理与核技术国家重点实验室、稀土材料化学及应用国家重点实验室、分子动态与稳态结构国家重点实验室（联合）、蛋白质工程及植物基因工程国家重点实验室、生物膜与膜生物工程国家重点实验室（北大分室）、天然药物及仿生药物国家重点实验室、环境模拟与污染控制国家重点实验室（北大分室）、区域光纤通信网与新型光纤通信系统国家重点实验室（北大实验区）、微米/纳米加工技术国家级重点实验室（北大分室），共11个。

国家工程实验室①	2	1
国家工程研究中心②	2	0
省部级设置的研究(院、所、中心)、实验室	105	37
定期出版的专业刊物③	27	13
附属医院④	5+3	5+3

---

① 国家工程实验室：数字视频编解码技术国家工程实验室、口腔数字化医疗技术和材料国家工程实验室，共2个。
② 国家工程研究中心：电子出版新技术国家工程研究中心、软件工程国家工程研究中心，共2个。
③ 《北京大学学报(自然科学版)》《物理化学学报》《大学化学》《数学进展》《北京大学学报(哲学社会科学版)》《中外法学》Peking University Law Journal《经济科学》《国外文学》《国际政治》《大学图书馆学报》《人口与发展》《北京大学教育评论》《经济学季刊》《北京大学学报(医学版)》《中国生育健康杂志》《医院管理论坛》《中国药物依赖性杂志》《中国疼痛医学杂志》《中国新生儿科杂志》《中国微创外科杂志》《中国斜视与小儿眼科杂志》《中国介入心脏病学杂志》《中国妇产科临床杂志》《中国糖尿病杂志》《中国生物化学与分子生物学报》《生理科学进展》，共27种。
④ 附属医院：第一医院、人民医院、第三医院、口腔医院、第六医院、首钢医院、北京肿瘤医院、深圳医院，5+3。

机构与干部

校领导机构

党 委 书 记	朱善璐
党委常务副书记	张　彦（2014年10月免）
党 委 副 书 记	于鸿君　敖英芳　叶静漪
党 委 常 委	朱善璐　王恩哥　张　彦（2014年11月免）　吴志攀　柯　杨　刘　伟　王　杰　于鸿君　敖英芳　叶静漪　李岩松　高　松
校　　　　长	王恩哥
常 务 副 校 长	吴志攀　柯　杨　刘　伟
副 校 长	张　彦（兼）（2014年10月免）　王　杰　李岩松　高　松　陈十一　王仰麟
纪 委 书 记	于鸿君（兼）
秘 书 长	杨开忠
总 会 计 师	闫　敏
校 长 助 理	李晓明　李　强（2014年4月免）　张宝岭　邓　娅　程　旭　黄桂田　马化祥　孙　丽　陈宝剑
纪委副书记	孔凡红　周有光　龚文东
副 秘 书 长	赵为民（2014年9月免）　李　鹰　韩　流　张晓黎　白志强
教 务 长	高　松（兼）
副 教 务 长	关海庭　李晓明（兼）　王宪生　王玉海　严纯华　方新贵（2014年4月任）　李沉简（挂）（2014年2月任）
总 务 长	王仰麟（兼）
副 总 务 长	张宝岭（兼）　赵桂莲（2014年11月免）　杨仲昭（2014年9月免）　崔芳菊　张西峰

校务委员会

主　　　　任	朱善璐
副 主 任	林毅夫　田　刚　海　闻　饶　毅　李　鸣　王　杰　敖英芳　杨开忠
秘 书 长	杨开忠（兼）
委 　 员	（按姓氏笔画为序） 王　杉　王　博（哲学系）　王　博（学生会）　王缉思　甘子钊　厉以宁　叶　朗　朱卫国　乔　杰　任庆鹏　刘玉村　刘俊义　阮　草　孙　丽　孙祁祥　杨芙清　吴　明　吴　凯　张东晓　张守文　张颐武　陈跃红　季加孚　周晓林　袁行霈　高　毅　郭建宁　唐晓峰　涂　平　陶　澍　黄　如　鄂维南　程朝翔　鲁安怀　谢心澄　蔡洪滨

学术委员会

主　　任　　王恩哥
副　主　任　　朱善璐　吴志攀　柯　杨
委　　员　　（以姓氏笔画为序）
　　　　　　丁　洁　马　戎　王诗宬　王缉思　方伟岗　方　竞　甘子钊　厉以宁　叶　朗　申　丹
　　　　　　朱苏力　朱作言　刘　伟　许智宏　李晓明　杨芙清　杨　河　肖瑞平　吴树青　佘振苏
　　　　　　闵维方　张礼和　张恭庆　陈佳洱　欧阳颀　周力平　周其凤　赵光达　赵新生　饶　毅
　　　　　　敖英芳　袁行霈　高　松　郭　岩　阎步克　童庆禧　童坦君

专业技术职务评审委员会

主　　任　　王恩哥
副　主　任　　朱善璐　吴志攀　柯　杨
委　　员　　（以姓氏笔画为序）
　　　　　　于鸿君　方伟岗　王仰麟　王明舟　叶静漪　朱　强　刘　伟　刘克新　刘　波　闫　敏
　　　　　　许崇任　李晓明　闵维方　迟惠生　张宏印　张新祥　陆正飞　陈十一　林久祥

学位评定委员会

第十届校学位评定委员会名单

主　　席　　王恩哥
副　主　席　　刘　伟　柯　杨　陈十一
委　　员　　吴志攀　高　松　严纯华　张平文　龚旗煌　顾红雅　张立飞　陶　澍　彭练矛　陈平原
　　　　　　阎步克　王　博　申　丹　蔡洪滨　周志忍　郑晓瑛　段丽萍　刘俊义　郭传瑸　胡永华
　　　　　　鲁凤民

医学部学位评定委员会名单

主　　席　　韩启德
副　主　席　　柯　杨
委　　员　　方伟岗　王　宪　段丽萍　尹玉新　鲁凤民　孟庆跃　胡永华　刘俊义　徐　萍　丛亚丽
　　　　　　郭桂芳　刘玉村　刘新民　丁　洁　王　杉　陈　红　乔　杰　高　炜　张　岱　郭传瑸
　　　　　　俞光岩　季加孚　沈　琳

学部学术委员会

人文学部学术委员会

主	任	袁行霈
副 主	任	申 丹　叶 朗
委	员	（以姓氏笔画为序）

丁　宁　丁宏为　王　希　王邦维　孙　华　赵敦华　荣新江　胡　军　秦海鹰　曹文轩
阎步克　梁敏和　彭广陆　韩水法

社会科学部学术委员会

主	任	厉以宁
副 主	任	陈兴良
委	员	（以姓氏笔画为序）

丁小浩　牛　军　王子舟　平新乔　叶自成　朱家祥　朱善利　关海庭　李　强　李翔海
吴树青　张国庆　郑晓瑛　俞　虹　姜明安　郭志刚　董进霞

理学部学术委员会

主	任	甘子钊
副 主	任	姜伯驹　高　松
委	员	（以姓氏笔画为序）

文　兰　方精云　王世强　王学军　刘晓为　朱玉贤　朱作言　严纯华　来鲁华　陈运泰
陈佳洱　欧阳颀　周晓林　赵光达　席振峰　耿　直　童庆禧　潘　懋

信息与工程学部学术委员会

主	任	杨芙清
副 主	任	黄　琳　王子宇
委	员	（以姓氏笔画为序）

王阳元　王建祥　方　竞　朱　星　汤　帜　何新贵　张东晓　张远航　查红彬　倪晋仁
彭练矛　程　旭

医学部学术委员会

名誉主任委员		韩启德
顾 问 委 员		（以姓氏笔画排序）

王志珍　王志新　王　夔　庄　辉　沈渔邨　陆道培　陈慰峰　秦伯益　郭应禄　强伯勤
童坦君　韩济生

主 任 委 员		柯 杨
委	员	（以姓氏笔画排序）

丁　洁　万远廉　马大龙　王　宪　王海燕　王培玉　方伟岗　卢　炜　刘忠军　张　岱
张大庆　张礼和　李若瑜　李萍萍　陈贵安　尚永丰　林三仁　林东昕　俞光岩　柯　杨

敖英芳　郭　岩　郭继鸿　顾　江　高学军　黄晓军　黎晓新　魏丽惠

教职工代表大会执行委员会

第六届教职工代表大会执行委员会名单

主　任　委　员　　高　松
副主任委员　　孙　丽　姜保国　张宝岭　王　磊
委　　　　员　（以姓氏笔画为序）
　　　　　　　　王　磊　王一川　朱卫国　刘　力　刘穗燕　孙　丽　苏都莫日根　李淑静　宋春伟
　　　　　　　　张大成　张汉平　张庆东　张宝岭　陈　红　郝卫东　姜保国　聂　华　高　松　韩毓海

医学部负责人

医　学　部　主　任　　韩启德
医学部常务副主任　　柯　杨
医学部党委书记　　敖英芳
医学部副主任　　李　鹰　闫　敏　方伟岗　姜保国　段丽萍　宝海荣　王　宪
医学部党委副书记　　李文胜　顾　芸　孔凡红
医学部纪委书记　　孔凡红
医学部主任助理　　戴谷音　王维民　吴　明

各院、系、所、中心负责人

数学科学学院	党委书记	刘化荣（2014年6月免）
	党委书记	张平文（2014年6月任）
	院长	田　刚（兼）
	常务副院长	张平文
物理学院	党委书记	陈晓林
	院长	谢心澄
化学与分子工程学院	党委书记	刘虎威
	院长	吴　凯
生命科学学院	党委书记	柴　真
	院长	吴　虹
城市与环境学院	党委书记	刘耕年
	院长	陶　澍
地球与空间科学学院	党委书记	宋振清（2014年1月免）
	党委书记	傅绥燕（2014年1月任）

	院长	张立飞	
心理学系	党委书记	吴艳红	
	主任	方　方	
建筑与景观设计学院	院长	俞孔坚	
信息科学技术学院	党委书记	魏中鹏	
	院长	梅　宏（2014年7月免）	
	院长	黄　如（2014年7月任）	
工学院	党委书记	谭文长（2014年7月免）	
	党委书记	孙智利（2014年7月任）	
	院长	张东晓	
计算机科学技术研究所	直属党支部书记	叶志远	
	所长	肖建国	
软件与微电子学院	党委书记	陈向群	
	院长	张　兴	
	常务副院长	徐雅文（2014年7月免）	
	常务副院长	杜　鹏	
环境科学与工程学院	党委书记	胡建信	
	院长	朱　彤	
中国语言文学系	党委书记	金永兵	
	主任	陈跃红	
历史学系	党委书记	高　毅	
	主任	高　毅	
考古文博学院	党委书记	王幼平	
	院长	赵　辉（2014年6月免）	
	院长	杭　侃（2014年6月任）	
哲学系/宗教学系	党委书记	尚新建（2014年12月免）	
	党委书记	仰海峰（2014年12月任）	
	主任	王　博	
外国语学院	党委书记	宁　琦	
	院长	程朝翔	
艺术学院	党总支书记	邹　惠	
	院长	王一川	
对外汉语教育学院	党委书记	王海峰	
	院长	张　英（2014年7月免）	
	院长	赵　杨（2014年7月任）	
歌剧研究院	院长	金　曼	
国际关系学院	党委书记	李寒梅	
	院长	贾庆国	
经济学院	党委书记	章　政	
	院长	孙祁祥	
光华管理学院	党委书记	冒大卫	
	院长	蔡洪滨	
法学院	党委书记	潘剑锋	
	院长	张守文	
信息管理系	党委书记	王继民	
	主任	李广建	
社会学系	党委书记	查　晶	

		主任	谢立中
政府管理学院		党委书记	周志忍
		院长	罗豪才
		常务副院长	傅 军
马克思主义学院		党委书记	孙熙国
		院长	郭建宁(2014年4月免)
		院长	于鸿君(兼)(2014年4月任)
		执行院长	孙熙国(2014年6月任)
教育学院		党委书记	陈晓宇(2014年6月免)
		党委书记	文东茅(2014年6月任)
		院长	文东茅(2014年6月免)
		院长	陈晓宇(2014年6月任)
新闻与传播学院		党委书记	陈 刚
		院长	陆绍阳
人口研究所		所长	郑晓瑛
国家发展研究院		党委书记	胡大源
		院长	姚 洋
体育教研部		直属党支部书记	张 锐
		主任	李 宁
元培学院		党委书记	孙 华
		院长	鄂维南
先进技术研究院		院长	程 旭(兼)
		常务副院长	白树林(兼)
深圳研究生院		党委书记	白志强(2014年7月免)
		党委书记	谭文长(2014年7月任)
		院长	陈十一
		常务副院长	史守旭(2014年1月免)
		常务副院长	白志强(2014年1月任)
分子医学研究所		所长	肖瑞平
科维理天文与天体物理研究所		所长	Luis Chi Ho(2014年1月任)
北京国际数学研究中心		主任	田 刚
软件工程国家工程研究中心		主任	张世琨
前沿交叉学科研究院		院长	韩启德
		执行院长	汤 超(2014年2月任)
		常务副院长	方 竞
燕京学堂办公室		主任	姜国华(2014年4月任)
海洋研究院		院长(兼)	陈十一(2014年1月任)
		常务副院长(兼)	张东晓(2014年1月任)

医 学 部

基础医学院		党委书记	朱卫国(2014年5月免)
			万 有(2014年6月任)
药学院		党委书记	徐 萍
		院长	刘俊义
公共卫生学院		党委书记	郝卫东
		院长	孟庆跃

护理学院	党委书记	尚少梅
	院长	郭桂芳
公共教学部	党委书记	吴玉杰(2014年3月免)
		王　玥(2014年4月任)
	主任	张大庆
网络学院	院长	高澍苹
第一医院	党委书记	刘新民
	院长	刘玉村
人民医院	党委书记	陈　红
	院长	王　杉
第三医院	党委书记	金昌晓
	院长	乔　杰
口腔医院	党委书记	李铁军(2014年11月免)
		周永胜(2014年12月任)
	院长	郭传瑸
肿瘤医院	党委书记	朱　军
	院长	季加孚
精神卫生研究所	党委书记	王向群
	所长	陆　林

机关各部门、工会、团委负责人

党委办公室校长办公室	主任	马化祥(兼)
	常务副主任	衣学磊(2014年10月调离)
国内合作委员会办公室	主任	雷　虹
督查室(信访办公室)	主任	冯支越
发展规划部	部长	杨开忠(兼)(2014年10月免)
	部长	陈宝剑(兼)(2014年10月任)
	常务副部长	薛　领
监察室	主任	周有光(兼)
党委组织部	部长	郭　海
党委宣传部	部长	蒋朗朗
党委统战部	部长	张晓黎
保卫部	部长	安国江
保密委员会办公室	主任	刘旭东
学生工作部、人民武装部	部长	张庆东
教务部	部长	方新贵(2014年4月免)
	部长	董志勇(2014年4月任)
科学研究部	部长	周　辉
"211工程"办公室	主任	李晓明(兼)
社会科学部	部长	李　强(2014年4月免)
	部长	王　博(2014年4月任)
研究生院	院长	陈十一(兼)
	常务副院长	严纯华(兼)

继续教育部	部长	侯建军
人事部	部长	刘　波
离退休工作部	部长	马春英
财务部	部长	闫　敏（兼）
	常务副部长	权忠鄂（2014年9月免）
国有资产管理委员会办公室	主任	张贵龙
后勤财务核算中心	主任	闫　敏（兼）
国际合作部	部长	夏红卫
总务部	部长	张西峰（兼）
房地产管理部	部长	陈宝剑（2014年12月免）
	部长	殷雪松（2014年12月任）
实验室与设备管理部	部长	张新祥
基建工程部	部长	莫元彬
审计室	主任	王　雷
校办产业管理委员会办公室	主任	黄桂田（兼）
产业技术研究院/科技开发部	院长/部长	陈东敏
	常务副院长/常务副部长	姚卫浩
信息化建设与管理办公室	主任	柳军飞
工会	主席	孙　丽（兼）
团委	书记	阮　草
校友工作办公室	主任	李宇宁
机关党委	书记	刘力平
后勤党委	书记	刘宝栓
校办产业党工委	书记	孟庆焱

医　学　部

党委办公室主任办公室	主任	肖　渊
纪委、监察室	主任	范春梅
组织部	部长	戴谷音
宣传部	部长	王春虎
统战部	部长	王军为
教育处	处长	王维民
人事处	处长	朱树梅
科研处	处长	沈如群
国际合作处	处长	孙秋丹
医院管理处	处长	张　俊
继续教育处	处长	姜　辉
保卫处	处长	赵成知
设备与实验室管理处	处长	徐善东
审计室	主任	安　宇
计财处	处长	郑　庄
总务处	处长	陈斌斌
基建工程处	处长	余　也（2014年2月任）
后勤党委	书记	王运生
国内合作与产业管理办公室	主任	吴问汉
产业总支	书记	吕廷煜

工会	主席	顾 芸
工会	常务副主席	刘穗燕
团委	书记	焦 岩
机关党委	书记	郭艾花

直属、附属单位负责人

直属单位党委	书记	束鸿俊(兼)
图书馆	党委书记	萧 群
	馆长	朱 强
档案馆、校史馆	馆长	马建钧
计算中心	主任	张 蓓
现代教育技术中心	副主任	何 山(主持工作)
教育基金会	秘书长	邓 娅(兼)
出版社	党委书记	金娟萍
	社长	王明舟
	总编辑	张黎明
校医院	党委书记	王秋生
	院长	张宏印
首都发展研究院	院长	李国平
燕园街道党工委	书记	严敏杰
燕园街道办事处	主任	李贡民
附属中学	党委书记	生玉海(兼)
	校长	王 铮
附属小学	直属党支部书记	尹 超(兼)
	校长	尹 超
体育馆	馆长	李 宁(兼)
	常务副馆长	李 杰
昌平校区管理办公室	主任	白树林
	常务副主任	卢永祥
会议中心	主任	范 强
餐饮中心	主任	王建华
动力中心	主任	李 钟
公寓服务中心	主任	姜晓刚
校园服务中心	主任	张丽娜
燕园社区服务中心	主任	张鸿奎
特殊用房管理中心	主任	赵桂莲(兼)(2014年11月免)
	主任	姜晓刚(兼)(2014年11月任)
	常务副主任	周 波(2014年11月免)
继续教育学院	党总支书记	李 胜(2014年9月任)
	院长	关海庭(兼)
	常务副院长	张 虹

医　学　部

图书馆	馆长	张大庆
信息通讯中心	主任	种连荣
医药卫生分析中心	主任	王京宇
出版社	社长	王凤廷
学报（医学版）编辑部	主任	曾桂芳
医学教育研究所	所长	王　宪
中国药物依赖性研究所	所长	陆　林
实验动物科学部	主任	郑振辉
心血管研究所	所长	韩启德
	共同所长	张幼怡
心血管研究所	所长	张幼怡（2014年5月任）
北京大学中国卫生发展研究中心	常务副主任	孟庆跃
北京大学医学信息学中心	代理主任	张　俊（2014年8月免）
	常务副主任	胡永华（2014年8月任）

各民主党派和归国华侨联合会负责人

中国国民党革命委员会北京大学支部委员会
主 任 委 员　吴泰然
副主任委员　关　平

中国民主同盟北京大学委员会
主 任 委 员　鲁安怀
副主任委员　沈正华　刘　力　陈晓明　李　玮　宋春伟

中国民主建国会北京大学委员会
主 任 委 员　陈效述
副主任委员　李　虹　陈少峰

中国民主促进会北京大学委员会
主 任 委 员　张颐武
副主任委员　佟　新　刘凯欣　肖鸣政

农工民主党北京大学支部委员会
主 任 委 员　刘富坤
副主任委员　陆　地　陈变珍

中国致公党北京大学支部委员会
主 任 委 员　唐晓峰
副主任委员　王若鹏

九三学社北京大学委员会
主 任 委 员　沈兴海
副主任委员　种连荣（常务）　夏壁灿　郭召杰　徐爱国

北京大学归国华侨联合会
主　　　席　周力平

副 主 席　龚旗煌　曲振卿　吴　跃（2014年9月任）

医　学　部

中国民主同盟北京大学医学部委员会
主 任 委 员　季加孚
副主任委员　卫　燕　晋长伟　杨晓达
中国农工民主党北京大学委员会
主 任 委 员　顾　晋
副主任委员　刘富坤　李　东　金燕志　王　豪
九三学社北京大学第二委员会
主 任 委 员　吴　明
副主任委员　屠鹏飞　昌晓红　阙呈立　崔　涛　李子健
中国致公党北京大学医学部支部
主 任 委 员　陈仲强
中国致公党北大医院支部
主 任 委 员　胡　晓
副主任委员　周常青
中国致公党北大人民医院支部
主 任 委 员　关振鹏
中国国民党革命委员会北大医院支部
主 任 委 员　涂　平
副主任委员　干汝起
北京大学医学部归国华侨联合会
主　　　席　朱卫国
副 主 席　黄河清　谢秋菲　王培玉

院系情况

数学科学学院

【发展概况】 发展历程 1913年秋,北京大学数学门招收新生,标志着中国现代第一个大学数学系(门)正式开始教学活动。此后,北京大学数学的发展历经京师大学堂高等算学、数学门、北京大学数学力学系等多个发展阶段。1981年,北京大学数学研究所成立。系所结合的形式使多项具有国际领先水平的研究成果应运而生。1995年,北京大学数学科学学院成立,成为北京大学数学学科发展进程中的一个里程碑。2014年,北京大学数学科学学院锐意进取,开拓创新,取得了丰硕的成果。张平文荣获国家自然科学二等奖,张平文团队获得国家自然科学基金委创新研究群体科学基金资助;宗传明荣获美国数学会Conant奖。青年学者表现突出,范辉军获得长江学者特聘教授;章志飞、王家军获得杰出青年基金;束琳获得优秀青年基金;关启安在国际顶尖数学期刊《数学年刊》上发表论文。

组织结构 北京大学数学科学学院现有包括数学系、概率统计系、科学与工程计算系、信息科学系、金融数学系在内的五个下设机构。2014年6月,数学科学学院党委换届,张平文任书记,刘雨龙任副书记,马尽文、邓明华、艾明要、汤华中、孙文祥、杨静平、吴岚、范后宏、董子静任委员。12月,数学科学学院增补1名副书记孙赵君。

学科建设 数学科学学院现有两个一级学科:数学、统计学。三个本科专业:数学与应用数学、统计学、信息与计算科学。四个博士专业:基础数学、应用数学、计算数学、概率统计,四个博士专业都设有博士后流动站并全部被评为重点学科。

队伍建设 目前数学科学学院共有教学科研人员115人,其中正高级职称62人、副高级职称29人、中级职称17人。2014年数学科学学院入职9人,包括事业编制1人、博士后5人、劳动合同制1人、短期千人1人、兼职教授1人。续聘13人,包括事业编制12人、劳动合同制1人。退休1人。减离9人,包括事业编制1人、博士后7人、劳动合同制1人。

【教学工作】 学生人数 2014年,数学科学学院共有学生1223人,其中本科生701人,硕士研究生252人,博士研究生270人。2014年招收本科新生165人,其中普通入学36人,自主招生82人,保送24人,艺术特长生1人,国防定向生18人,港澳台学生2人,留学生2人。2014年国际奥赛金牌获得者2人。2014年,普通本科毕业生总计175人,双学位101人,辅修20人。毕业176人。2014年共招收研究生162人(硕士100人,博士62人),毕业116人(硕士76人,博士40人)。

表6-1 数学科学学院本科生在校生人数统计 (单位:人)

	春季	秋季
2010级	175	
2011级	182	178
2012级	189	183
2013级	178	175
2014级		165
总人数	724	701

表6-2 数学科学学院研究生在校生人数统计 (单位:人)

	硕士研究生	博士研究生
2009级		3
2010级	1	25
2011级	13	52
2012级	37	64
2013级	101	64
2014级	100	62
总人数	252	270

课程设置 数学科学学院2014—2015学年共开设本科生课程166门,研究生课程109门,研究生讨论班99门。

培养方案 数学科学学院的本科被教育部遴选为国家"理科基础科学研究和教学人才培养基地"。学院贯彻"加强基础,淡化专业,因材施教,分流培养,增强适应性"的教学方针。学院的课程设置门类齐全,教学安排丰富灵活。数学科学学院的学生前两年的必修课相同,从第三学年开始,学生根据数学各个专业方向的要求从学院开设的大量专业课程中选择一部分,还可以根据学校规定选修其他院系开设的部分课程。数学科学学院培养的学生基础理论扎实,知识面宽,受到严格的数学训练与计算机技能训练，因而有很强的适应性。

数学科学学院培养热爱祖国、遵纪守法、学风严谨、品行端正的研究生专业人才，使之有较强的事业心和献身科学的精神，并具有较坚实宽广的数学理论基础，在基础数学、概率统计、大规模工程与科学计算、信息科学和金融数学等学科的某个方向上掌握较系统的专门理论知识、技术与方法，能够运用所掌握的基础理论与专门知识解决科学研究或实际工作中的问题，掌握一门外语。

教材出版 《数学分析(第一册、第二册、第三册)》(编著：伍胜健)、《数值线性代数(第二版)》(编著：徐树方、高立、张平文)、《高等代数(上册、下册)——大学高等代数课程创新教材》(编著：丘维声)、《大学文科高等数学(第2版)》(编著：姚孟臣)、《大学文科高等数学(第2版)学习辅导与习题解答》(编著：姚孟臣、张清允)、《算法与数据结构——C语言描述(第3版)》(编著：张乃孝、陈光、孙猛)入选第二批"十二五"国家级规划教材。

表 6-3 数学科学学院教学获奖情况统计

奖项	获奖者
正大教师奖	杨家忠
中国工商银行教师奖	孙猛
北京银行教师奖	张宁
宝洁教师奖	杨静平
黄廷芳/信和青年杰出学者奖	束琳
唐立新奖教金优秀学者奖	王家军
唐立新奖教金教学名师奖	王冠香
在教育战线工作满三十年	张继平 王鸣 谭小江

【科研工作】人才队伍 数学科学学院现有杰出青年20人，"新世纪优秀人才支持计划"9人、"新世纪百千万人才工程"国家级人选2人。院士6人、长江特聘教授12人、千人计划5人。

项目数量 2014年，数学科学学院横向项目获批8项，纵向项目获批36项，包括国家自然科学基金委员会创新研究群体科学基金《复杂流体和复杂流动的计算方法与数学理论》(负责人：张平文)、重大研究计划项目《气固系统的底层建模——约减及介尺度结构机理分析》(负责人：张平文)、重点项目《辛拓扑与规范场理论中的数学不变量》(负责人：刘小博)。

科研成果 2014年，数学科学学院共有SCI收录的第一作者和通信作者的134篇论文，SCI收录的非第一作者和通信作者的67篇论文，15篇非SCI论文，9篇会议论文。出版专著《微分动力系统引论》(文兰，高等教育出版社)、《多复分析与复流形引论(第二版)》(谭小江，北京大学出版社)、《数值最优化方法》(高立，北京大学出版社)、A Mathematical Introduction to Data Analysis(姚远，美国数学学会)和《消息鉴别算法设计与安全性分析报告》(徐茂智、高莹，中国航空科技报告)。申请专利《一种线虫实时自动追踪成像系统》(毛珩，发明专利：201410117593.X)和《一种考虑抛光液影响的特征尺寸级化学机械抛光工艺方法》(曾璇、邵嗣烘、严昌浩、蔡伟、王冬，发明专利：201410268380.7)。

经费情况 2014年，数学科学学院科研拨款总计3289.3万元，其中横向经费132万元，973项目经费156.1万元，自然科学基金2287.7万元，教育经费拨款547.4万元，海外学者讲学15.1万元，863经费10万元，优博论文经费20万元，青年英才30万元，学院信息平台建设20万元，博士后科研经费18万元，其他专项53万元。

学术活动 2014年，数学科学学院接待学校主请的国外访问学者12人次，使用校拨经费19.63万元。同时学院还接待了118位顺访国外教授及学者，"数学及其应用"教育部重点实验室接待了8位国内访问学者。2014年11月24—28日，数学科学学院与北京国际数学研究中心接待墨尔本大学数学代表团访问，会议由陈大岳主持，规模30人。

【党建工作】组织建设 数学科学学院党委设书记1人，副书记2人，党委委员12人，按照职责分设组织委员、宣传委员、纪检委员、统战委员、青年委员和保卫委员。数学科学学院共有教师党员96人(在职教师54人，离退休教师37人，博士后4人，劳动合同制1人)，设教工党支部6个，按照教学方向划分，分别为几何代数微分方程党支部、计算数学信息科学党支部、函数论数学物理党支部、概率统计金融数学党支部、行政实验室党支部、数学中心党支部；共有学生党员266人(本科生69人，硕士生81人，博士生116人)，设学生党支部15个，各党支部设支部书记1人，组织委员1人，宣传委员1人。

党建活动 1. 深化综合改革、聚力科学发展讨论活动。2014年9月，根据北京大学党委的部署，数学科学学院党委开展了深化综合改革、聚力科学发展讨论系列活动。9月，落实负责人；10月，召开讨论活动部署会；10月和11月展开了系列座谈研讨活动。活动末期，数学科学学院党委汇总分析讨论情况，研究师生意见，分类整理上报学校。其中部分意见参会领导已在座谈会上予以解答。

2. 党员发展、转正、培训。2014年数学科学学院共发展党员22人，其中本科生18人，硕士生2人，博士生2人。共有26名预备党员转为正式党员，其中本科生15人，硕士生3人，博士生8人。学院组织学生积极参加北京大学第21期党性教育读书班和第27期党的知识培训班,第21期党性教育读书班共有53人顺利结业,第27期党的知识培训班共有37人顺利结业。2014年10月,学院党委推荐15名学生党支部书记参加北京大学第13届学生党支部书记培训班,11月15日,学院党委组织了学生党支部书记实务培训,14名党支部书记参加了学习。

3. 党支部换届、特色党支部活动。2014年10月,数学科学学院18个到届党支部顺利完成换届工作。一年来,各个党支部围绕深入学习宣传贯彻党的十八大精神、扎实推进落实北京大学第十二次党代会精神的号召,开展了形式多样的主题活动,例如学习习近平总书记五四讲话精神,深化综合改革、聚力科学发展讨论活动,教工支部"议改革、谋发展,群策群力创一流""弘扬社会主义核心价值观,争做党和人民满意的好老师"主题党日活动,党的群众路线主题教育活动,学生支部"砥砺高尚品行、践行核心价值""与改革同向,与法治同行"等系列主题活动。数学科学学院2013级本科生党支部"青蓝同走'五四'路,老少共话价值观"活动被列为北京大学关心下一代工作创新重点项目,2个教工支部和4个学生支部申报了北京大学2014—2015学年度基层党建创新立项活动。

4. 党风廉政建设、规章制度建设。为使学院管理更加科学、民主、廉洁、高效,数学科学学院制订了《北京大学数学科学学院院务公开实施办法(试行草案)》和《数学科学学院"三重一大"集体决策制度实施办法(试行草案)》,为规范学生党员发展程序,学院制定了《北京大学数学科学学院发展学生党员工作办法》,进一步增强团组织在推优入党中的作用。

5. 统战工作。数学科学学院现有民主党派教师22人,其中民革1人,民盟16人,致公党1人,九三学社4人。

【行政与工会工作】行政队伍 数学科学学院共有行政人员26人,其中在编人员19人,合同制人员7人。

工会工作 数学科学学院工会共有委员9人,下设11个工会小组。2014年的主要工作包括:组织校运动会、游泳、乒乓球、毽球、羽毛球等各类比赛,组织春节离退休老师团拜会、冬季健身大步走、女工活动、户外活动(春游、秋游)、慰问活动、师生交流。

【学生工作】学生活动情况 2014年2月,组织参加美国大学生数学建模竞赛。3月,召开学生代表大会、研究生会换届、院团委学生骨干换届,挑战杯竞赛院内初评。5月,组织北京大学"江泽涵杯"数学建模竞赛,数学科学学院团校第六期培训班结业。7月,学生暑期社会实践(4支团队)。8月,2013级本科生军训。9月,数学科学学院团校第七期培训班开学,2014级新生入学教育,组织参加全国大学生数学建模竞赛和全国研究生数学建模竞赛。10月,组织参加全国大学生数学竞赛,举办第十七届数学文化节。12月,组织参加"一二·九"合唱比赛。2014年,青年志愿者协会开展27次大型志愿服务活动,院刊《心桥》出刊2期,院报《数学风采》出刊10期,组织学生参加北大杯、新生杯等体育比赛,获3项冠军、4项亚军、2项季军。

毕业生去向 2014年,本科生175人毕业,12人就业、87人出国留学、63人本国深造;研究生116人毕业,93人就业、13人出国留学、8人本国深造。

表6-4 数学科学学院2014届本科生毕业去向统计 (单位:人)

	专业	出国(境)留学	免试推荐读研	考研	工作	其他
本科生 (175人)	基础数学	22	11	0	1	1
	概率统计	29	16	1	3	3
	计算数学	9	4	0	0	0
	信息科学	2	6	0	1	0
	金融数学	25	23	2	7	9
	合计	87	60	3	12	13

表6-5 数学科学学院2014届研究生毕业去向统计 (单位:人)

	类别	出国(境)留学 或国外博士后	考博士、博士后	工作	定向	其他
研究生 (116人)	硕士	6	0	70	0	0
	博士	7	8	21	2	2
	合计	13	8	91	2	2

物理学院

【发展概况】 中国物理学本科教育始于1913年在北京大学设立的物理学门。1919年更名为物理系。2001年5月由原物理系、技术物理系核物理专业、重离子物理研究所、地球物理系的大气物理与气象专业、天文系等单位合并而成立物理学院。为加强学科建设,2006年在聚变等离子体物理、空间与天体等离子体物理和计算等离子体物理方面逐渐形成了结合理论研究、数值模拟、实验诊断、人才培养为一体的研究队伍,并于2009年正式成立等离子体物理与聚变研究所。2009年12月,依托物理学院成立了"北京大学国际量子材料科学中心"。2010年4月,为加强北京大学在海—气相互作用以及全球气候变化研究中的力量,创建海洋科学教育平台,北京大学决定在物理学院原大气科学系的基础上,增设物理海洋专业,并将"大气科学系"更名为"大气与海洋科学系",同时成立"气候与海—气实验室"。

物理学院下设2个教学实体单位(基础物理教学中心、基础物理实验教学中心),8个研究系所(理论物理研究所、凝聚态物理与材料物理研究所、现代光学研究所、重离子物理研究所、等离子体物理与聚变研究所、技术物理系、天文学系、大气与海洋科学系),同时依托物理学院建立了人工微结构和介观物理国家重点实验室、核物理与核技术国家重点实验室、医学物理北京市重点实验室、李政道高能物理研究中心、国际量子材料科学中心、科维理天文与天体物理研究所等多个科研机构,研究方向涵盖了物理科学及相关的主要领域,并建有北京大学电子显微镜专业实验室。

物理学院现有物理学、核物理、大气科学3个国家理科基础研究和教学人才培养基地,物理学、大气科学、天文学、核科学与技术4个一级学科博士点及博士后流动站。现有师资队伍180余人,包括17位中国科学院院士(含7位双聘院士),10位国家"千人计划"讲席教授,19位"长江计划"特聘教授和讲座教授,25位国家杰出青年基金获得者,2位国家级名师奖获得者,3位北京市教学名师奖获得者。拥有3个基金委创新研究群体,1个国家级优秀教学团队。

【人才培养】 本科招生与培养 2014年学院招收本科生215名,其中九院定向生10名,国防定向生11名,留学生2名;5位国际物理奥赛金牌得主和8位亚洲物理奥赛金牌得主悉数进入北京大学。2014届本科毕业191人,其中,授予理学学士学位189人,暂结业1人,大专1人,并为20位同学授予"未名物理学子"荣誉学位。另有3人获得双学位,1人完成辅修。

在教育部"基础学科拔尖人才培养试验计划"的支持下,继续深化本科生培养模式改革;现共开设英文讲授专业课程20门,研讨型小班讨论课程6门,均居学校前列。积极实施"以科研训练与实践为引导的自主学习"的培养方案,2014年立项参加学校各项基金资助的本科生科研项目的12级同学共131人,119个项目;2013年开始的11级本科生科研项目于2014年10月结题,参加88个科研项目的96名学生获得了研究型学习的学分。在第五届中国大学生物理学术竞赛中获一等奖。成功举办"第一届本科生兴诚学术论坛",17位同学获奖。在国际国内重要学术刊物发表论文68篇。

全年有近100人次出国交流,其中40多人往返旅费由学院资助;获批国家留学基金委优秀本科生国际交流项目6项,2014年新申请2项。积极开展国内学术交流,举办第二届"物理学科优秀大学生暑期学校",有来自全国14所高校的76名同学参加;同时派出多名同学参加清华大学、复旦大学、兰州大学等高校组织的暑期学校。学院组队参加中山大学主办的"海峡两岸科技文化交流营"。

研究生招生和培养 2014年共招收研究生239人,其中,博士研究生188人,硕士研究生51人。

7人获北京大学优秀博士学位论文奖。

7月举办了"2014年物理学院优秀大学生暑期夏令营"。来自全国五十多所重点高校的近600名同学报名,300余名同学参加。

全院研究生出国交流约250人次,其中研究生院出资的国际学术交流基金资助近50位博士生参加本专业的重点国际会议、资助6位博士生出国进行3个月的短期学术交流;其中留学基金委出资的"国家建设高水平大学公派研究生项目"选派29名在读博士研究生到国外大学或研究所联合培养,2名硕士研究生、3名本科生到国外攻读博士学位。

第十二届"钟盛标教育基金"研究生学术论坛共评出一等奖7名,二等奖8名,三等奖55名,鼓励奖20名,优秀报告奖3人。学院举办4期"萃英"研究生学术沙龙。

量子色动力学理论试验国际合作组研究生暑期学校和全国聚变等离子体数值模拟博士生论坛两个项目获批"北京大学2014年研究生创新计划"并成功举办。

新增原子分子物理和物理海洋学2个二级学科。

【队伍建设】 2014年引进教职工9人。其中,青年千人计划2人,百人计划1人,校外调入1人,其他5人。

晋升教授1人，副教授2人，教授级高工1人，高级工程师2人，助理研究员2人。

5位届满到期的百人计划研究员王新强、肖池阶、孟智勇、黎卓、肖云峰通过届满评估（tenure评估），获聘无固定期限副教授（tenured）。百人计划研究员韦骏中期考核优良并续聘。

招收博士后30位，32位博士后出站；现在站博士后62人。

13名教职工获得2014年度奖教金。

【科研工作】 2014年物理学院发表SCI论文约390篇。申请国家发明专利32项，授权20项。

2014年在研项目363项：主持科技部973和国家重大科学研究计划项目10项，主持和参与973课题及重大科学研究计划课题80项、863项目6项、重大专项3项、行业专项21项。主持基金委杰出青年基金、优秀青年基金、创新群体基金、重大仪器专项21项，重大重点基金18项，面上及青年基金125项。青年千人启动项目14项，博士点基金及新教师基金20项，北京市科技项目11项，其他协作委托及开发项目44项。

2014年汤超和谢心澄获批担任国家973计划项目和重大研究计划项目首席科学家。汤超、谢心澄、徐莉梅、林熙、朱瑞、方哲宇等担任973课题负责人。

2014年获批国家自然科学基金55项，其中欧阳颀、刘运全、刘玉鑫、肖云峰、高家红获批重点基金。王宇钢获批ITER专项团队项目，林晨和付恩刚获批人才项目。

【交流合作】 2014年度获批海外名师1项，海外名家2项，海外学者2项，高端外专2项。

2014年聘请长期访问研究学者10名。短期讲学学者63人次；完成讲座186次，讲课2门。

2014年成功举办"北京大学百年物理讲坛"第九至十二讲。先后邀请到诺贝尔物理学奖获得者Gerard't Hooft教授等做学术报告。

2014年邀请哈佛大学James G. Anderson教授作北京大学"大学堂顶尖学者计划"报告。参与接待美国两院院士、中国科学院外籍院士、Gordon Research Conference (GRC)前任主席Peter Stang和现任主席Nancy Gray等一行6人访问北京大学。接待美国国家航空暨太空总署退休科学家丘宏义博士访问学院。

2014年度，举办国际会议、港澳台会议共5次。

举办春秋两次"格致"青年学者论坛。

物理学院校友通讯录已收集到80个年级、16000余位校友的基础数据。确立年级、班级联络人200余位，确定地方校友会联络人125位。

设立北京大学物理80级校友捐赠基金、北京大学物理图书馆新馆阅览室基金、量子材料科学中心科研基金和兴诚本科生科研基金四项基金。2014年，奖教金、奖学金和助学金资助教师和学生共119人。

【实验室建设】 2014年，物理学院共购置仪器1619台（其中：量子中心655台），其中大型仪器（大于40万）共9台（其中：4台量子中心），大于100万的仪器3台（其中：量子中心2台）。

【党建工作】 2014年共发展预备党员47人，38人按期转为正式党员。转入组织关系98人，转出组织关系116人。

【工会与离退休工作】 教职工羽毛球队获2014年锦标赛冠军。院足球联队获得并列第五名的成绩。运动会取得团体总分第十名的成绩。闻新宇获青年教师教学演讲一等奖。

目前，物理学院共有离退休人员406人，其中90岁以上4人；80岁以上84人，占离退休总人数的21%；70岁以上286人，占离退休总人数的70%；2014年，物理学院新增离退休人员6人，去世3人。

离退休人员郭建栋、黄昀、江栋兴获得了第二届北京大学"老有所为"先进个人的荣誉。

【学生工作】 本科2013级5班、本科2012级1班获得"北京大学2013—2014先进学风班"称号，光学所硕博班获得"北京大学2013—2014优秀班集体"称号。

13名研究生和1名本科生获得创新奖。102名本科生和96名研究生分别获三好学生标兵、三好学生等各类奖励。

共102名本科生获奖得总金额为423500元的校级奖学金，80名研究生获奖总金额为261500元的校级奖学金。

学院获助学金的本科生共113人；按计划，共分配助学金286个名额，共计1044700元。

共343名学生毕业，其中本科生189名，硕士研究生69名，博士研究生85名。

【年度纪事】 "介观光学和飞秒光物理"创新群体龚旗煌院士和肖云峰研究员研究项目"单个纳米颗粒光学检测新原理研究"入选2014年度"中国高等学校十大科技进展"。

王恩哥院士获2014年度陈嘉庚数理科学奖。

杨应昌院士在第23届国际稀土永磁会议上获颁杰出成就奖。

王新强、刘运全、吴飙被聘为长江特聘教授。

孟智勇入选杰出青年基金计划。李新征、林金泰、吕国伟、方哲宇获批优秀青年科学基金资助。

李焱等获2014年度高等学校科学研究优秀成果奖（科学技术）自然科学奖二等奖。

张国义等获2014年度高等学校科学研究优秀成果奖（科学技

术)科技进步奖二等奖。

12月隆重举办虞福春诞辰一百周年纪念会。

2014年物理学院在 PRL, PNAS, Nature Communications, Nano Lett, Advanced Materials, Laser & Photonics Reviews, Adv. Funct. Mater., Advanced Optical Materials, Nature Materials, ACS Nano 等重要刊物上发表论文30篇。

化学与分子工程学院

【发展概况】 北京大学化学系始建于1910年,是中国高等院校中成立最早的化学系之一,1994年发展成为化学与分子工程学院(简称化学学院),2001年原北京大学技术物理系应用化学专业并入化学学院。北京核磁共振中心2001年1月成立并挂靠在化学学院。

100余年来,化学学院培养了本科生12000多名、研究生约3000名,其中博士生1100多名。目前学院设有化学系、材料化学系、高分子科学与工程系、应用化学系、化学生物学系,以及无机化学研究所、分析化学研究所、有机化学研究所、物理化学研究所和理论与计算化学研究所,北京大学合成与功能生物分子中心、北京大学软物质科学与工程中心、北京大学分析测试中心和化学基础教学实验中心,并有两个国家重点实验室,两个教育部重点实验室,一个国防重点学科实验室。分别受中国化学会和高等学校化学教育研究中心委托,负责编辑出版《物理化学学报》和《大学化学》两种刊物。2003年底,国家科技部批准北京大学化学学院与中国科学院化学所联合筹建"北京分子科学国家实验室",2007年12月通过建设论证。

学院拥有一支学识渊博、治学严谨的师资队伍。截至2014年年底,化学学院共有教职工202人,其中中科院院士10人,教授61人,副教授66人,有6人入选中组部"青年千人计划",19人被教育部聘为"长江特聘教授",2人被聘为"长江讲座教授"。2014年度,化学学院吕华和王申林入选中组部"青年千人计划";陈兴和雷晓光入选"万人计划"第二批青年拔尖人才。

学院重视教学、注重学生素质的培养,注重扎实系统的基础理论教学和严格系统的实验训练是化学学院的优良传统。有2门课程(分析化学、无机化学)被评为国家级精品课,1门课程(有机化学)被评为北京市精品课。现有无机、有机、分析、物化、综合五大基础课实验室,总面积为4000平方米。2006年,化学基础实验教学中心被评为第一批国家级实验教学示范中心。全院拥有总价值3.25亿元的各种仪器设备。学院自1986年起建立了博士后流动站,共进站博士后604人(截至2014年年底)。2005被评为全国优秀博士后流动站。学院有7个二级学科(无机化学、有机化学、分析化学、物理化学、高分子化学与物理、应用化学、化学生物学),其中5个二级学科(无机化学、有机化学、分析化学、物理化学、高分子化学与物理)在2007年再次被评为教育部重点学科。2002年起化学一级学科下学校自设博士点两个:化学生物学、应用化学。5个重点学科均设有硕士点、博士点。

学院注重基础理论与应用基础理论研究,开展多项应用与开发研究,2014年化学学院从国家和省部委获得科研经费1.95亿元。主持和参加48项国家科技部重点基础研究发展规划项目(973项目)和重大科学研究计划,主持和参加3项国家863高科技项目和攻关项目,以及240项国家自然科学基金项目和省部级项目。1994—2014年有38人获得国家自然科学杰出青年基金资助,获得国家自然科学基金委创新群体资助4个(稀土功能材料化学、有机合成化学与方法学、表面纳米工程学和分子固体的磁性及相关物理和化学性质研究);16人获得教育部跨/新世纪人才基金。1978—2014年共获科研成果奖近200项(不含北京大学校级奖),其中国家自然科学奖和国家科技进步奖共26项。1994—2014年在国内外核心学术刊物上发表论文8500多篇,其中被SCI收录6769篇(从1999年起使用SCI扩展版)。

2014年度学院共录取统招本科生158人(含国防生8人),留学生1人,实际入学统招本科生156人(含国防生8人),留学生1人。本年度离校本科生142人(含留学生1人),其中136人获毕业证书和学士学位证书(含留学生1人),6人暂结业。

招收研究生146人,其中五年制博士生133人,3年制硕士生13人。研究生中有3人为留学生,1人为港澳台学生。本年度共有93人获博士学位,12人获硕士学位。接受国内访问学者8人,进修教师1人。

【研究机构】 化学与分子工程学院(下称"化学学院")目前下设有化学系、材料化学系、高分子科学工程系、应用化学系、化学生物学系等5个系,以及院机关、后勤,院工厂、公司等单位。同时化学学院有无机化学研究所、北京大学稀土化学研究中心、有机化学研究所、分析化学研究所、北京大学物理化学研究所、理论与计算化学研究所、高分子化学与物理研究所、北京大学纳米科学与技术研究中心、北京大学分析测试中心以及化学基础实验教学中心等教学和研究机构。学院管理运行稀土材料化学及应用、分子动态与稳态结构等

2个国家重点实验室,生物有机与分子工程、高分子化学与物理等2个教育部重点试验室,以及放射化学与辐射化学国防重点学科实验室,化学学院与中国科学院化学研究所联合筹建了北京分子科学国家实验室。化学学院还设有《物理化学学报》编辑部和《大学化学》编辑部,分别负责出版这两种学术刊物。北京核磁共振中心、北京大学合成与功能生物分子中心和北京大学软物质科学与工程中心挂靠在化学学院。

【学科设置】 1. 本科生学位授予专业设置:化学专业、材料化学专业、应用化学专业、化学生物学专业、核化工与核燃料工程专业。

2. 五年制博士学位授予专业设置及研究方向:(1) 无机化学:量子化学和理论无机化学,功能配位化学及光电功能材料,分子磁性,晶体工程,稀土固体化学和材料,纳米材料与纳米结构,富勒烯结构的碳原子簇化学,新能源与纳米材料,新能源材料与器件,稀土-贵金属纳米材料化学,无机电/光材料,纳米复合材料与高分子功能材料,高分子复合材料和分子光谱在生物医学中的应用,无机/有机金属化学,生物无机化学,金属有机化学和化学生物学。

(2) 分析化学:生物和纳米电分析化学,药物与生物物质的分离与分析,分子识别与生化分析,生物质谱和生化分析,生化分析与生物分离科学,色谱分析与药物分析,生物核磁、结构及分子生物学。

(3) 有机化学:生物有机化学,金属有机化学,物理有机化学,有机合成,有机材料化学。

(4) 物理化学:材料与功能体系物理化学,催化化学,胶体与界面化学,纳米化学,生物物理化学,理论与计算化学。

(5) 高分子化学与物理:高分子可控合成与材料制备,高分子溶液与凝聚态物理,特种与高性能高分子材料,生物医用与环境友好高分子材料,光电功能高分子材料及器件。

(6) 化学生物学:生物识别化学,生物过程化学,细胞化学生物学,外源物质的生物效应,化学生物技术。

(7) 应用化学:辐射化学与材料,超分子化学与核燃料化学,核药物化学,新型储能材料与锂二次电池,环境放射化学,有机/高分子功能材料化学,环境污染控制与"三废"治理。

【教学工作】 2014年度本科生教学方面的一项重要工作是根据学校统一规划和要求,修订本科生教学计划。本科生准予毕业的总学分仍为147,与前一版化学学院本科生教学计划相比,本次教学计划主要做出以下修订:

1. 根据化学的学科特点,将原必修课"算法与数据结构"改为在"算法与数据结构""线性代数""量子力学A""量子力学B"等四门课程中任选一门作为必修课。

2. 将必修课"物理化学"由原来的4学分调整为6学分,从二年级下学期开始讲授,分两学期授课。

3. 将"高分子化学"由二年级第二学期后移至三年级第一学期授课。

4. 化学生物学专业的专业必修课由原来的19学分调整为7学分,应用化学专业的专业必修课由原来的3学分调整为4学分。

另外,2014年还增设了必修课"普通化学"和选修课"中级无机化学"的英文课程。

2014年2月27日至3月21日承办"第46届国际化学奥林匹克"中国代表队队员选拔赛,严谨有序地完成各项工作,选拔出4名优秀的中学生组成中国代表队。对4名中国代表队队员在7月进行了期20天的集训,他们在国际竞赛中获得2块金牌、2块银牌,中国队取得竞赛总分排名第2的好成绩。

2014年,国家自然科学基金委员会基础局为本科人才培养设立的国家基础科学人才培养能力提高项目结题。

【获奖情况】 1. 由裴坚、李维红、李子臣、朱涛、段连运等人完成的"建设多元化教学体系,培养创新型化学后备人才"获2014年度国家教学成果二等奖。

2. 化学基础国家级实验教学示范中心获2014年度北京大学实验室工作先进集体。关妍、贺晓然、廖复辉、牛佳莉、王海茳等五人获2014年度北京大学实验室工作先进个人奖。

3. 2014年度化学与分子工程学院获北京大学第十三届青年教师教学演示竞赛优秀组织奖;马丁、马玉国两人获北京大学第十三届青年教师教学演示竞赛理工类一等奖。

4. 严纯华、付雪峰、李星国、王剑波、刘文剑、郭雪峰、阎云、邹德春、陈鹏、刘忠范等十人被评为北京大学优秀博士学位论文指导教师。

5. 李娜获北京大学第二届研究生教育管理优秀奖。

6. 张莉、梁德海获北京大学2014年正大教师奖。甘良兵获2014年北京大学方正教师优秀奖。张亚文获2014年北京大学中国工商银行教师奖。田曙坚获2014年北京大学宝洁教师奖。马丁获北京大学2014年王选青年学者奖。朱月香获北京大学唐立新教学名师奖。

7. 白玉、贾桂芳、杨娟等三位老师获北京大学2014年绿叶生物医药杰出青年奖。

8. 贾欣茹、卞祖强、阎云获2014年北京大学教学优秀奖。

9. 3位2011级本科生参加了在兰州大学化学化工学院举办的第九届全国大学生化学实验邀请

赛,2位同学获一等奖,1位同学获三等奖。

【学生工作】 2014年度,化学学院共有613名在校本科生,615名在校研究生。

1. 学生资助:2014年,学院共计发放本科生校设助学金83人共838300元,院设助学金4人共20000元;发放研究生院设助学金20人共50000元,研究生院专项奖助学金10人共50000元。

2. 就业工作:化学学院2014届本科生毕业生140人,就业率为95.7%,研究生毕业生97人,就业率为92.8%。本科生就业去向仍以出国、保研为主,占90%;研究生直接就业人群占54.6%,主要行业分布在各教育科研单位、国有企业、党政机关事业单位,以及部分三资企业和基层单位等。

3. 学生党建:本年度学院分别组织48名和31名学员,参加了北京大学两期党校学习;共发展学生党员16人,转正49人;有三位同学获评北京大学优秀共产党员;一个党支部获评北京大学先进党支部。学院学生党支部自2014年上半年完成了5项党建创新立项活动;2014年下半年学生党支部申报了6项党建创新立项活动。

4. 学生活动:在加强学风建设方面,本年度继续进行"化学之星"学术honors奖学习进步奖等一系列院级奖励;举办了Lab杯比赛、化学前沿发展论坛等学术活动;在期中考试后召开班会,期末考试后召开年级总结会;为丰富学生活动,本年度化学学院共有四支实践团分赴内蒙古包头、安徽铜陵、四川绵阳和甘肃省武威开展暑期社会实践活动;成功举办第十六届化学文化节、"化"说人生系列讲座、师生面对面、实验室安全标语征集等活动;并有200多学生志愿者参与到第29届中国化学会学术年会的志愿服务中;同时,加强对新生、毕业生的指导,针对毕业年级开展座谈、毕业晚会、毕业典礼、职业发展沙龙等活动,针对新生召开了新生家长会、开学典礼、趣味运动会、新生晚会、实验室安全讲座等活动。

5. 获奖情况:本年度,化学学院共评选出本科生校设奖学金91人次,共计637000元;院设奖学金44人次,共计196000元。研究生共评选出硕士学业奖70人次,共计560000元;博士生学业奖87人次,共计870000元;研究生校设奖学金80人次,共793500元;院设奖学金75人次,共316000元。另,学院还设有郑用熙奖助学金、官宜文助学金等奖项。奖励方面,学院共有71名本科生、70名研究生获评校级奖励,另有30人获创新奖,1个班级获评校优秀班集体,3个班级获评校先进学风班。闫冰同学获"学生五四奖章",2011级本科生5班获"班级五四奖杯"。

【成果统计】 1. 人才计划:

刘文剑教授当选国际量子分子科学院院士;

孙聆东、陈兴获得基金委杰出青年基金;

雷晓光、陈兴入选第二批青年拔尖人才;

阎云获得基金委优秀青年基金。

2. 科研奖励:

陈鹏获得英国皇家化学会《化学会评论》新科学家奖;

高毅勤、郭雪峰获得2014年日本化学会"The Distinguished Lectureship Award"奖;

陈兴、雷晓光获得中国化学会青年化学奖;

裴坚教授获得第二届中国化学会—赢创化学创新奖;

席振峰教授获得第三届中国化学会—阿克苏诺贝尔化学奖;

王初教授获得2014年"拜耳学者奖"。

【科研项目】 2014年化学学院共承担纵向科研项目299项,其中国家科技部重大基础研究973项目和重大科学研究计划48项,国家863项目3项,国家自然科学基金委重大、重点项目17项,国家自然科学基金委杰出青年基金项目6项,国家自然科学基金委创新群体2项,国家自然科学基金委面上基金(含青年基金和优青基金)89项。教育部博士点等各类基金24项。

【学术交流】 1月13—14日,由Lee Chang-Ha教授率领的韩国延世大学化工系代表团(6个课题组的负责人)与学院进行了对口学术交流活动。来鲁华副院长会见了该代表团成员,并介绍了基地的总体情况。双方各有五个课题组对各自的研究方向进行了介绍,并就共同感兴趣的合作领域进行了探讨。参加此次交流活动的有李星国、陈尔强、黄春辉、刘海超和张亚文等教授的课题组。随后,代表团成员参观了相关研究组的实验室。

5月5日,新加坡国立大学的Shu-Sin Chng教授访问北京大学,进行了题为"Establishing Lipid Asymmetry at the Outer Membrane of Gram-negative Bacteria"的学术报告,报告得到了师生们的高度评价。

5月7—10日,韩国科学技术院化学与生物分子工程系的李贤株教授(Hyunjoo Lee)应邀对学院进行了学术访问。在"无机化学论坛"上作了"Nanocatalyst Design by Modulating Shape and Composition"的学术报告。

5月17—25日,美国University of Arkansas的国际知名量子化学家Peter Pulay教授来基地访问,并进行了题为"从头算电子结构理论方法最新进展"的系列讲座,共计5次。讲座对全院师生开放,参加人数约40人,得到了广泛好评。

5月29日—6月1日,日本广岛大学小岛由继教授来做了题为

"Ammonia as Energy Carrier"的报告,并于 5 月 31 日参加了北京大学—日本广岛大学储氢材料双边研讨会,同时做了题为"Nitrogen-Based Composite Hydrides for Hydrogen Storage"的报告。

6 月 5—7 日,日本东北大学折茂慎一教授以及李关乔博士来访,参加了北京大学—日本东北大学储氢材料双边研讨会,折茂教授做了题为"Transition and Conduction in Hydrides"的主题报告,李关乔博士做了题为"Dehydriding Properties of Borrhydrides Combined with Mg2FeH6"的报告。

7 月 16—19 日,第五届亚洲与大洋洲地区质谱会议暨第 33 届中国质谱学会学术年会在北京大学顺利召开。

会议共由 4 个大会报告(中科院大连化物所张玉奎院士、美国 Scripps 研究所 John Yates 教授、中科院大连化物所杨学明院士和中科院生态环境研究中心江桂斌院士),82 个邀请报告,36 个口头报告和 200 余墙展组成。主要涉及质谱基础理论、蛋白质组学、样品前处理、质谱仪器及方法、药品与食品分析、环境分析、代谢组学等方面。会议吸引了来自亚洲、大洋洲、北美等地 600 余名质谱学者参加,也吸引了国际国内多个厂商参展。

依照 AOMSC 惯例,大会于 7 月 15—16 日举行了青年科学家论坛(Young Scientist Forum),来自亚洲大洋洲的 70 余名青年质谱工作者进行了圆桌讨论及学术性交流,本次论坛共有 25 位青年质谱工作者获得"Shimadzu Travel Award"。此外,本次大会共评出 17 位 ACS 优秀墙报奖(由 American Chemical Society 冠名)。会议的学术交流收到了良好效果,会议的组织工作受到了与会者的一致好评。

8 月 5—6 日,作为中国化学会第 29 届学术年会的一个分会,由北京大学和美国加州大学戴维斯分校联合举办,北京大学化学与分子工程学院承办的第七届中美 10+10 合作项目研讨会在北京大学成功举办,此次论坛的主题是化学生物学及材料。

会议期间,来自北京大学和美国加州大学戴维斯分校的 20 位邀请报告人做了精彩的报告。报告内容主要涉及纳米材料的合成、糖化学、基因组学、蛋白质组学及其在能源转化、催化、生物成像、磁学等前沿交叉领域的应用基础研究,会议吸引了国内外众多学者参加,会场气氛活跃,讨论热烈,起到了充分的学术交流效果。

【软物质科学与工程中心】 该中心成立于 2013 年 5 月 3 日,是当前北京大学最年轻的研究中心之一,也是北京大学近年来相继推出的一系列促进学科交叉融合的举措之一。该中心被北大列为"985"三期工程中重点建设的一个跨学科实体研究中心。对软物质性质的深刻了解是新的先进功能材料创制的基础,开展软物质科学研究将极大推动北大的学科交叉与融合,对学科建设有重要意义。中心以国家战略需求为导向,以增强自主创新能力为基点,其目标是成为具有世界领先水平的、以多学科交叉为依托的材料化学和物理领域的基础及应用研究与人才培养机构。中心目前的主要研究工作集中在以下几个方面:1. 低维与三维软物质材料的基础理论研究;2. 信息与能源材料;3. 先进的医药材料;4. 特种结构材料。

【合成与功能生物学中心】 该中心成立于 2011 年 8 月,是一个校际跨学科研究机构。中心的发展目标是建设国际一流的学术研究平台,汇聚国际一流的青年人才队伍,致力于生命科学及人类重大疾病的关键科学问题研究,经过一定的学术积累将该中心建设成为国际一流的前沿交叉学术研究机构。在成立的两年里,合成与功能生物分子中心正朝着这一目标稳步前进。中心的研究重点集中在以下几个领域:1. 表观遗传学;2. 核酸生物学;3. 蛋白质化学以及蛋白质进化;4. 化学糖生物学;5. 合成生物学。

【年度纪事】 1. 化学学院李彦教授及其课题组在碳纳米材料研究领域取得世界级成果。李彦教授和她的课题组首次提出碳纳米管生长规律的控制方法。使用乙醇为原料,以一种新型钨基合金的催化剂,通过制作半导体材料常用的化学气相沉积法,得到了生长结构均一的碳纳米管。这一发现,为碳纳米管深度开发应用奠定了基础。这一成果 6 月 26 日发表在了权威学术期刊《自然》杂志上,新闻报道 7 月 1 日在《新闻联播》节目上播出。同时,李彦教授入选为 2014 年度英国皇家化学学会会士(Fellow of the Royal Society of Chemistry,FRSC)。

2. 8 月 4 日,中国化学会第 29 届学术年会在北京大学隆重开幕。年会由中国化学会主办,北京大学承办,北京分子科学国家实验室(筹)、中国科学院化学研究所等单位协办。年会为期 4 天,以"美丽化学"为主题,设 41 个学术分会场,以及创新论坛、发展论坛、双边论坛、产学研论坛等 4 大类共 11 个专题论坛;吸引了全国 8000 多名化学同仁参会,会议规模和参会人数均创历届年会之最。本次年会还新增了"化学嘉年华"以及"技能培训夜校"活动,以生动活泼的形式普及化学知识、扩大化学的社会影响力。

3. 本年度,化学学院新设立各类基金项目 4 项,分别为:肖伦先生奖励基金、新长园奖学金、康科德奖励基金、万华奖学金;原有项目:分子科学奖教金、官宜文助学金、北大先锋奖学金、霞光奖学

生命科学学院

【发展概况】 生命科学学院的前身是创办于1925年的北京大学生物学系,是中国高等学校中最早建立的生物学系之一,1993年扩建成立北京大学生命科学学院。生命科学学院现有2个国家重点实验室(蛋白质与植物基因研究国家重点实验室、生物膜与膜生物工程国家重点实验室)、1个教育部重点实验室(细胞增殖与分化教育部重点实验室)、2个国家人才培养基地(国家理科生物学研究与教学人才培养基地、国家生命科学与技术人才基地)、1个国家实验教学示范中心(生物基础实验教学中心)、5个国家重点学科(植物学、动物学、细胞生物学、生理学、生物化学与分子生物学)、8个博士学科点(植物学、动物学、生理学、生物化学与分子生物学、生物物理学、生物技术、生物信息和细胞生物学)。

2014年,两人入选国家中组部"千人计划",张泽民入选"长江学者特聘教授"。两人入选第十批"青年千人"。截至2014年12月31日,生命科学学院共有院士5人,"千人计划"6人,长江特聘教授11人,国家"973"计划及国家重大科学研究计划项目首席科学家10人,"青年千人计划"10人,"国家杰出青年基金"获得者17人,教育部"新世纪优秀人才支持计划"10人,教育部跨世纪人才计划4人,国家级教学名师1人,全国模范教师1人。

2014年,生命科学学院新入职教职工10人(其中新体制研究员4人,外籍讲师1人),退休4人,调离1人,去世1人。截至2014年年底,在职职工168人,其中,教授和研究员73人(含教授级高工2人),副教授和副研究员36人,讲师、工程技术系列、行政等其他人员59人。劳动合同制职工127人。

2014年生命科学学院共有38名博士后进站,26名博士后出站。截至2014年年底,在站博士后共86名。

【教学工作】 本科生教学 2014年,生命科学学院招收本科生131人(含留学生2人);本科毕业生共有105人获得毕业证和学位证,其中生物科学专业96人,生物技术专业9人;本科暂结业学生6人;双学位/辅修毕业3人;上一届换发毕业证书2人,其中2人换发学位证书。截至2014年年底,生命科学学院在校本科生421人,其中留学生10人,港澳台学生4人,少数民族地区生源3人。另有元培班学生8人,国内访问学者2人,双学位/辅修20人,普通进修生2人。

秋季学期,生命科学学院第二次本科生自主招生,选拔录取40名学生。

秋季学期,生命科学学院对2014级学生正式实行track制度,由学生选track、定导师,并由导师指导学生制定针对性的选课计划,学生选课需导师签字。

2014年,生命科学学院开通了"本—博直通车"项目,将在三年级本科生中招收优秀学生直接进入研究生培养阶段。2011级本科生蒋陈焜通过考核,成为第一届直通车项目学生。

第四届"生命科学强化挑战班暨拔尖人才培养计划"(以下简称"挑战班")选拔录取36名同学;上届"挑战班"年度审核中有3名同学退出,目前"挑战班"学生共87人。同时,"挑战班"科研年会定为常规,为师生交流提供平台。

2014年生命科学学院进行了本科生课程改革。大力推进MOOC课程建设,高歌、魏丽萍主讲的生物信息学方法已经连续第三个学期开设,被评为Coursera的十大优秀课程;顾红雅主讲的生物进化论预计2015年上线。同时,生命科学学院大力发展英文课平台,除原有的生物化学和生物数学建模采用英文授课以外,其他主课都在积极准备;选修课的高级神经生物学、生物信息,已经开设英文课;聘讲师John Olson博士,将在细胞、遗传、提问式教学等方向上开设英文课。

秋季学期,遗传学开始实行双学期开课。目前生命科学学院已有遗传学、生理学为双学期开课,生物化学、细胞生物学、基础分子生物学也将于2015年实现双学期开课。

2014年,生命科学学院出版两本教材,分别是姚锦仙、程红编著的《健康的性》(首版)、陈守良编著的《生理学》(再版)。

2014年,姚锦仙、陶乐天、高歌荣获2013—2014年度北京大学教学优秀奖。于龙川、陶乐天老师获第二届郑昌学奖教金(生命科学学院设立)。

研究生教学 2014年,生命科学学院招收博士研究生146人,2014年生命科学学院硕士毕业生10人,博士毕业生57人。截至2014年年底,生命科学学院在校硕士研究生73人,在校博士研究生493人,合计566人。在校研究生中,留学生4人,港澳台学生3人,少数民族地区生源0人。

7月,生命科学学院举办"全国优秀大学生暑期夏令营"活动,来自全国各著名高校的300名优秀大学生参加,预录取117名学生为2015级研究生。

10月,2012级、2013级和2014级共有220名生命科学联合中心(CLS)研究生的学籍从生命科学学院转入前沿交叉学科研究院，7名CLS研究生的学籍保留在生命科学学院。

生命科学学院制定并开始实行新的研究生转导制度；制订并开始实行新的硕士学位论文答辩程序；制订新的博士学位论文答辩的要求和程序，讨论并通过了新的研究生培养环节（以培训英文写作和口头报告为目的的统一中期考核，和以培训中文写作和口头报告为目的的预答辩）。

生命科学学院进行了研究生课程整合和改革，使生命科学学院、PTN、CLS三个不同的课程体系做到了"要求一致、课程互选、各有特点、相互补充"；加强生命科学学院老体制的研究生课程建设，由各专业讨论推荐，每个专业开设至少2门系统性强的专业课，而最多开设一门讲座课。研究生陈亮、祖尧、舒健和胡斌获"2014年北京大学优秀博士学位论文"奖。

【科研工作】 2014年，生命科学学院科研经费到账总数约1.25亿元，其中纵向科研经费约1.15亿元，横向科研经费约0.102亿元。

2014年，生命科学学院在研纵向项目218项，申请获批国家级项目33项；国家自然科学基金结题项目13项。在新获批项目中，张研获批国家杰出青年科学基金，张传茂、魏文胜获批国家自然科学基金重点项目，饶毅获批基金委创新群体。

表6-6 2014年生命科学学院纵向科研项目（包括子课题）一览表

项目分类	2014年在研项目	获批2015年项目
国家"973"计划和重大科学研究计划	56	
国家"863"计划	8	
科技部其他重大项目	3	
国家自然科学基金	92	31
教育部各类项目	15	
北京市及其他部门项目	18	2
海外合作	9	
企事业单位委托项目	17	
总计	218	33

表6-7 2014年生命科学学院横向科研项目明细表

项目名称	委托方	被委托人
化学小分子诱导人体多潜能干细胞技术的开发	北京宏冠再生医学科技有限公司	邓宏魁
体外抗肿瘤细胞活性筛选测试服务	中国科学院化学研究所	郭振泉
北京市养殖业低碳减排现状监测	北京市畜牧总站	林忠平
唐家河国家级自然保护区科研与监测规划编制	四川省唐家河国家级自然保护区管理处	吕 植
蝌蚪五线谱网站"百科搜索"栏目内容建设	北京电脑天地学校	饶广远
蝌蚪五线谱网站"蝌蚪宝藏"栏目内容建设	北京电脑天地学校	饶广远
乳腺癌分子诊断FISH探针研制	南京慧明生物技术有限公司	孙育杰
Special Project Agreement to the Collaboration and Option Agreement	拜耳医药保健有限公司	魏文胜
Amendment to Basic Research Grant Agreement	罗氏研发（中国）有限公司	魏文胜
COLLABORATION AND OPTION AGREEMENT	BAYER HEALTHCARE COMPANY LTD.	吴 虹
Amendment to Basic Research Grant Agreement	罗氏研发（中国）有限公司	郑晓峰
水蛭素突变体HV2-Lys47的生产方法及其专用表达载体与菌株	广东双骏生物科技有限公司	朱圣庚
新疆维吾尔自治区高技术研究发展计划	新疆农业科学院核技术生物技术研究所	朱玉贤

表6-8　2014年生命科学学院出版专著一览表

作者	书名	出版社	出版年月
Pan, W., Lü, Z., Zhu, X., Wang, D., Wang, H., Long, Y., Fu, D. and Zhou, X.	A Chance for Lasting Survival: Ecology and Behavior of Wild Giant Pandas	Smithsonian Institution Scholarly Press	2014.3
史蒂芬·奥布莱恩(Stephen J. Brien)著;朱小健,夏志,蒋环环 译	猎豹的眼泪	北京大学出版社	2014.12
许智宏,吕植	燕园动物	北京大学出版社	2014.7
王大军,李晟	丛林之眼——红外触发相机十年	北京大学出版社	2014.12
董巍,张俊争	发育生物学实验	高等教育出版社	2014.4
猫科动物专家组著,罗述金,陆军编译	中国猫科动物	中国林业出版社	2014.5
杜立颖,冯仁青	流式细胞术(第二版)	北京大学出版社	2014.1
张璐,刘佳子,王大军	草场、人和普氏原羚	北京大学出版社	2014.12

截至2014年12月31日,以生命科学学院为第一作者或通讯作者单位发表的论文被SCI收录143篇,平均影响因子7.133,最高影响因子42.351,其中的突出成果如下。

7月23日,汤富酬研究组与北京大学第三医院乔杰研究组合作在《自然》杂志在线发表文章,首次实现了对人类早期胚胎发育过程中DNA甲基化组的系统研究,揭示了人类早期胚胎DNA去甲基化过程的异质性及其他关键特征。9月19日,世界首例经MALBAC基因组扩增高通量测序进行单基因遗传病筛查的试管婴儿出生,标志我国胚胎植入前遗传诊断技术已处于世界领先水平。

4月9日,魏文胜课题组与BIOPIC黄岩谊课题组合作在《自然》杂志在线发表文章,开发出一种基于CRISPR/Cas9系统的慢病毒聚焦型人源细胞文库、功能性基因筛选平台以及基于高通量深度测序技术解析数据的完整技术路线,成功鉴定出对两种细菌毒素侵染宿主所必需的宿主受体,以及多种新型蛋白位点。

其他具有代表性的重要科研成果:朱玉贤院士课题组与合作者在《自然—遗传学》发表文章,完成了二倍体棉花—亚洲棉全基因组测序及图谱绘制;邓宏魁研究组不仅成功地将人皮肤成纤维细胞诱导为具有成熟代谢功能的人诱导性肝脏实质细胞,同时首次成功将恒河猴皮肤细胞诱导成了"原始多潜能干细胞",这两篇文章先后在Cell Stem Cell杂志上在线发表;王家槐、张研课题组与合作者在Neuron上在线发表论文,首次揭示了Netrin-1与其受体结合的三维结构,阐释了神经元发育过程中导航问题的机理,破译了神经生长导航之谜等。

2014年9月,邓宏魁获"第七届谈家桢生命科学成就奖",郭红卫获"第七届谈家桢生命科学创新奖"。2014年12月,张传茂、蒋争凡荣获第六届"全国优秀科技工作者"称号。

2014年生命科学学院举办了21场系列学术讲座,特邀US,EMBO和CAS院士Harvey Lodish, Xuemei Chen, Ruiming Xu, Mingjie Zhang等国际知名教授来院讲座。

生命科学学院不断加强科研公共平台建设。2014年初,国家蛋白质工程北京基地北京大学分设施由生命科学联合中心移交给生命科学学院管理,包括活体成像、蛋白质core、光学显微成像、高通量分析等6个平台。11月,王克桢楼完成二次改造,建成了植物培养、人类遗传和生物信息三个公共平台。同位素室管理员黄士堂荣获北京大学2014年度实验室工作先进个人奖。

【科技开发】 2014年1月8日,"拜耳医药保健—北京大学新药研发和转化研究中心"(以下简称拜耳中心)成立,开展为期三年的新药研发和转化合作。生命科学学院负责该项目的协调和管理,吴虹任拜耳中心北大方面的主任。2014年,邓宏魁、李晴、魏文胜等获得由拜耳中心设立的"拜耳学者奖"。

生命科学学院与北大未名生物工程集团有限公司在科研创新、项目孵化转移、奖教助学等方面探讨合作,已进入框架协议磋商阶段。

【党建工作】 生命科学学院共有党支部21个,其中学生党支部14个,在职教工党支部6个,离退休党支部1个;共有党员612名,其中在职党员96名,离退休党员81名,学生党员435名。2014年,生命科学学院共发展党员12人;预备党员转为正式党员30人;41名学生入党积极分子参加党的知识培训班学习。

生命科学学院离退休党支部获评北京大学先进党支部;白书

农、佟向军、向妮、王晨曲、任庆鹏、龙颖获评北京大学优秀共产党员。

2014年生命科学学院积极开展"践行社会主义核心价值观,加强服务型党组织建设"主题党日活动,并鼓励以党支部为单位具体组织。2014年,生命科学学院党委向校党委组织部申请基层党建创新立项7项。

表6-9　2014年生命科学学院基层党建创新立项情况表

立项支部	立项名称	经费/元
生化党支部	践行社会主义核心价值观,加强服务型党组织建设	2000
细胞、遗传、生理党支部	党员科研信息交流平台建设	2000
植物生技支部	信息化时代网络党建工作探索	2000
2011级本科生支部	党支部读书会活动	2000
2014级本科生党支部	"深化改革,理解法治"讨论与实践活动	3500
2013级研究生第一支部	1对1帮扶,博士研究生共同成长计划	2000
2009研、2010研、2011研、2012、2013PTN、2014研、2014PTN党支部	深化改革、服务人才	2000

【学生工作】　2014年生命科学学院通过形式多样的主题党团日活动和团校培训,动员全体同学深入学习习总书记五四讲话精神和十八届四中全会精神,践行社会主义核心价值观。

表6-10　2014年生命科学学院学生活动情况一览表

活动时间	活动名称	参加人员
2014.3—2014.5	生科一席谈	全体2013级本科生
2014.3	生科文化节	全体学生
2014.3	"4+2"篮球赛	全体本科生
2014.4	四院歌手大赛	低年级本科生
2014.1—2014.12	"展望事业,探讨人生"讲座	低年级本科生
2014.7	"校友杯"暑期实践	全体2013级本科生
2014.9	迎新晚会	全体2014级本科生
2014.12	元旦晚会	全体学生

2014年生命科学学院本科毕业生就业21人,出国留学55人,国内深造34人;研究生毕业生就业27人,出国读博士后26人,国内读博士后13人。

在研究生招生环节加入包含心理状况在内的综合素质测评,为研究生招生及入学后的管理提供了参考。建立了以实验室管理员为主体的心理健康排查网络。完成了《生命科学学院学生工作制度汇编》。

生命科学学院获评2014年度学生工作先进单位、军训工作先进单位、征兵工作先进单位,在暑期社会实践、工业设计大赛等活动中获评优秀组织奖;四支暑期学生社会实践团队获评2014年北京大学暑期社会实践优秀团队;本科2011级4班获评北京大学班级"五四"奖杯和北京市优秀班集体;任庆鹏同学获评北京大学"学生五四奖章"。

生命科学学院团委获评2013—2014年度北京大学共青团专项工作创新奖,北京大学第二十二届"挑战杯"系列赛事团体三等奖,北京大学2014年学生暑期社会实践优秀组织奖。生命科学学院被北京市科协授予"北京市科普基地"称号,生命科学学院团委积极推动科普工作开展,并于2014年3月出版科普书籍《生命之秘》。

【行政工作】　截至2014年12月31日,生命科学学院行政工作在编人员11人,选留学工干部2人,合同制人员3人。

2014年,生命科学学院行政队伍进行了分工调整。调整朱小健到行政岗位,负责国际评估、院庆等专项工作,以及科技开发与对外合作等工作。原科研秘书张湘波调岗为人事干部,新聘许海芬为综合办公室职员,韩启飞为科研秘书,张桐语为学生工作办公室职员,刘超为生命科学学院校友会秘书。2014年9月,生命科学学院成立楼宇管理办公室,任命彭宜本为院长助理,兼楼宇管理办公室主任,王振生、马麟作为办公室职员,统筹包括楼宇建设和运行管理等工作。

【工会工作】 截至2014年年底，生命科学学院工会会员238人。生命科学学院教职工大会分会的常态化运作制度得到学校肯定，并应邀在工会工作研讨会上介绍情况。2014年，生命科学学院教职工大会分会共举行四次活动，讨论的议题覆盖教学改革、仪器平台建设、工会改选等与学院管理和发展密切相关的方面。在北京大学第十四届青年教师教学基本功比赛中，罗述金获理工类三等奖，高歌、王青松获优秀奖，生命科学学院获优秀组织奖。

【年度纪事】 2014年年初，王克桢楼的部分空间（约3500 m^2）交付生命科学学院使用。2014年11月初，完成二次改造及搬迁工作。12个独立实验室入驻，形成了生物信息、植物科学和神经科学三个学科群的研究布局。

2014年1月，生命科学学院启动了网站改版工作，由党委副书记瞿礼嘉主管。7月10日，会议室预约系统上线；12月24日，院庆网、校友网同时上线。中英文官网及内网的建设也在推进中。

2014年4月，生命科学学院成立了院庆筹备委员会，由现任党政领导班子、往届党政领导部分代表，以及院士和校友代表等25人组成，包括（按姓氏笔画排序）丁明孝、卫颖飞、王乃佐、王世强、邓兴旺、朱玉贤、朱作言、华子千、许崇任、许智宏、李沉简、李松岗、李绍文、李恩、吴虹、张泳、陈章良、范六民、周曾铨、赵进东、饶毅、柴真、徐勇、高杰、郭红卫、唐平、戚飞、韩珉、程和平、曾钫、潘爱华、瞿礼嘉，并组建了工作小组，筹备事宜有条不紊地开展。

2014年10月20日，生命科学科研大楼破土动工。新大楼由中建一局承建，北京方达工程管理公司监理，建筑面积26950 m^2，地上四层，地下三层。大楼建设协调小组和大楼建设工作小组成立，负责配合基建部和建设方推进大楼的建设。

2014年11月1日，生命科学学院校友会第二次校友代表大会召开，共有64个年级的70余名校友代表与会。会上选举产生了生命科学学院校友会第二届常务理事会及其执行机构，许崇任担任会长。

2014年11月14—15日，由研究生院牵头组织，生命科学学院接受了国际同行评议。评议专家听取了主管院长对全院概况、本科生教育、研究生教育、科研概况的介绍，了解了三个重点实验室、生物动态光学成像中心和保护生物学学科情况，并与部分教师、博士后、研究生和本科生进行了座谈，还参观了公用仪器中心和凤凰平台北大部分。评估专家将于2015年初向北京大学及生命科学学院提交评估报告。

2014年12月，在未名公司的资助下，"未名杰出科研奖"基金正式立项。该项目协议三年，每年50万元，用于表彰取得系列原创科研成果、为生命科学学院科研发展做出突出贡献的教师。

2014年12月，"敬婧奖学金""校友尊师基金""沈同基金""华信生物药业生命科学发展基金"等四项基金获得北京大学第十一批配比基金支持，共计451246元。

城市与环境学院

【发展概况】 城市与环境学院以地理学为主体，2007年建院，目前包含环境科学、生态学、城乡规划等多个相关学科，具有理、工、文多学科交叉的综合优势。学院拥有地理学国家一级重点学科，自然地理和人文地理两个国家二级重点学科，并与校内其他学院联合建设了首批生态学一级学科。学院下设5个系和1个研究所，即城市与区域规划系、城市与经济地理系、自然地理与资源环境系、生态学系、环境学系和历史地理研究所。另有地理科学研究中心、中法地球系统科学中心、气候变化研究中心、城市规划设计中心十多个研究中心。美国林肯基金会支持的北京大学—林肯研究院城市发展与土地政策研究中心挂靠城市与环境学院。城市与环境学院现有教学科研系列教师71人，其中43人为正高职称（包括百人计划和千人计划研究员），25人为副高职称，3人为中级职称。

【教学工作】学生人数 截至2014年12月，城市与环境学院有在读学生916名，其中本科生411名，硕士生274名，博士生231名，延期学生27名，留学生10名（本科生4名，研究生6名），港澳台学生18名（本科生5名，研究生13名）。本科生2014级104人，2013级99人，2012级77人，2011级92人，2010级40人。硕士研究生2012级96人，2013级88人，2014级86人。博士研究生2014级58人，2013级44人，2012级45人，2011级41人，2010级24人，2009级以及以前15人。少数民族地区学生88人（本科51人，研究生37人）。本科毕业生共96人，硕士毕业生90人，博士毕业生42人。

课程设置 2013—2014学年春季学期贺灿飞、刘鸿雁等50名教师开设经济地理学、植物学（下）等本科生课程47门，2014—2015学年秋季学期陶澍、邓辉等44名教师开设应用数理统计、世界文化地理等本科生课程51门。

2013—2014学年春季学期李双成、韩茂莉等40名教师开设发展战略与区域开发、中国历史经济地理等研究生课程38门，2014—2015秋季学期陶澍、冯长春等39名教师开设环境科学研究方法、房地产理论与方法等研究生课程36门。李双成教授于2014年11月出版《自然保护学》课程教材。

培养方案　城市与环境学院紧密围绕学校的本科生培养要求，逐步完善培养计划。并于2014年9月再次修订了本科生教学计划。将计算概论由全校必修课调整为大类平台课，并增加大学国文作为通选课。各个专业课程体系保持不变，但是学分上做了一些微调。根据教师和学生反馈情况，部分课程性质上也做了一些调整。首次将本科生科研（记为3学分）作为选修课列入教学计划，并允许学生将20％的选修课学分以其他学院相似课程替代（环境科学专业选修课列表只是建议课程，学生可以自由选课）。进一步明确了保送研究生的要求。

2014年新修订了地理学（历史地理学）的普博、直博、硕转博和硕士培养方案。主要修订了必修课程的目录和学分要求，2014年生态学成为一级学科，新制订了生态学的普博、直博、硕转博和硕士培养方案。

教学获奖　城市与环境学院积极鼓励教师投身教学工作，2014年度获得教学相关领域国家级和省部级奖项4项，其中蒙吉军、杨景春、李有利老师所编撰教材分别于2014年入选"十二五国家规划级教材"。邓辉教授被评为"北京市教学名师"。

【科研工作】人才队伍　截至2014年12月31日，城市与环境学院有教学科研系列教师71人，其中43人为正高职称（包括百人计划和千人计划研究员），25人为副高职称，3人为中级职称。在人才引进方面，学院2014年引进陆雅海、朱彪等两位优秀的学者。其中，陆雅海教授是教育部长江特聘教授，入选教育部优秀人才支持计划，国家新世纪百千万人才工程，同时也是国家杰出青年基金获得者。目前研究方向为土壤微生物生态学和能源与环境微生物技术。朱彪博士是一位33岁的青年学者，曾在加州大学Santa Cruz分校和康奈尔大学进行博士后工作，并在劳伦斯伯克利国家实验室（Lawrence Berkeley National Laboratory）继续博士后研究工作。主要从事全球变化、根际过程与土壤碳氮循环方向的研究。现为学院预聘制教研系列助理教授。

科研项目　2014年，学院获得国家自然科学基金各类新批项目总计29项，重大专项2项，创新研究群体1项，重大项目3项，面上项目11项，国家杰出青年基金1项，重点项目3项，青年科学基金2项，国家优秀青年基金1项，国际（地区）合作与交流基金2项，海外及港澳学者合作研究基金1项。截至12月31日，全院本年度在研项目共计162项（经费额在200万元以上人民币的有33项），其中基金委74项（其中创新群体1项，杰出青年3项、重点10项），科技部28项，教育部2项，海外政府委托3项，北京市3项，其他及企事业委托52项。科研经费超过8400万元。

科研成果　2014年度全院教师发表SCI/SSCI论文147篇，是有史以来最多的一年。除此之外，全院教师共出版著作10部，发表中文核心期刊论文136篇。学院申报的"区域生态与环境"（污染与气候变化）创新引智基地（高等学校学科创新引智计划，简称"111计划"）2014年度顺利执行，为进一步推动北京大学建设世界一流的资源与环境学科提供有力保障。朴世龙教授在《自然》（Nature）杂志发表研究成果，探讨了热带地区生态系统碳汇功能年际变化及其与气候之间的关系。贺灿飞教授荣获教育部第六届高等学校科学研究优秀成果奖（人文社会科学）二等奖。刘耕年教授参加的"中国天山北坡冰川积雪及气候变化响应研究"项目获得新疆维吾尔自治区科技进步一等奖。

【交流合作】　学院积极开展国内外交流合作活动，其中包括：10月21日加拿大水专项院士来访（CSCE）；10月24日法国图卢兹大学代表团来访，来访人员主要有Bertrand Monthubert图卢兹第三大学（UT3）校长，Olivier Simonin图卢兹国立综合理工学院（INP）校长，Monique Reyre图卢兹建筑学院（Ecole Archi）校长，Sovan Lek图卢兹大学亚洲合作主任、第三大学教授（UT3）；10月24日英国剑桥Anglia Ruskin University，Lewis Herbert教授来访；10月28日法国原子能与可替代能源委员会科研主任、北大客座教授Philippe Ciais来访交流；11月5日印度前总统卡拉姆来访交流。

【党建工作】组织建设　截至2014年12月31日，城市与环境学院党委共有党员552人，共有21个党支部。

党建活动　学院党委紧密围绕学校党委的统一部署，先后组织学院师生党支部开展"学习十八大三中全会精神""学习习近平总书记五四重要讲话精神""学习十八大四中全会精神"的相关工作。邀请曾参与中央政治局集体学习讲解的林坚教授举办主题报告，并以"议改革、谋发展，群策群力创一流"和"弘扬社会主义核心价值观，争做党和人民满意的好老师"为主题开展相关活动。学院党委还组织师生党支部学习研讨了《北京大学章程》《北京大学综合改革方案》等文件。为了更好地激发各师生支部开展学习和相关活动的积极性，学院党委划拨专项经费、整合多方资源为各党支部活动提供了有效的支持。

【行政工作】行政队伍　城市与环境学院共有行政事业编制教师8人，合同制行政教师1人。分别参与党务、日常行政事务、科研外事、研究生教学管理、本科生教学管理、学生工作、共青团工作、院友工作等方面的工作。

国际评估工作 2014年,在学校领导和组织部等部门的支持下,学院完成了国际同行评审(国际评估)。来自欧美等国家的专家对于学院科研水平、科研环境、人才引进、成果转化、学生培养、校友发展、资源整合等方面进行了全面的考察评估,客观地分析了学院的优势以及未来发展所面临的挑战。专家们对于学院的发展给予了高度的肯定,也为学院今后的发展提出了宝贵的建议。

院友工作 2014年度学院院友以及筹资方面的工作取得了积极的进展。院友会第二届理事会第一次会议于5月10日隆重召开,包括国土资源部、住房与城乡建设部、民政部领导以及中国农业大学柯炳生校长和刘水等知名企业家在内的200余位院友会理事和院友年级联系人齐聚一堂,共话学院发展。本年度新设立了"ESD学生帮扶基金""96阳光基金""城环院友活动专项基金"等3项基金,发放院友捐赠奖学金、奖教金100余万元。在各界的大力支持下,学院大楼于2014年12月1日奠基。

【学生工作】日常工作 学院不断健全涉及奖学金、其他奖励等方面的学生综合素质测评量化机制,于9月修订了《城市与环境学院学生综合素质测评实施细则》,对于不同类别的学生科研成果量化系数进行了调整;学院积极搭建学生开展学术交流、社会实践、公益志愿服务、就业实习、文艺、体育、文化等方面活动的育人平台,累计开展各类学生活动30余项;学院逐步完善助学、大病救治、特殊困难学生帮扶等学生保障体系的建设,帮助同学们解决学习、生活等方面面临的困难。学院学生工作办公室主任金鑫老师还荣获教育部颁发的全国优秀教师、全国优秀辅导员等荣誉称号,并于9月9日受到了习近平总书记等党和国家领导人的亲切接见。

就业工作 城市与环境学院2014年共毕业学生217人,其中本科毕业生89人,就业率100%,毕业研究生128人,就业率97.6%。2014年本科毕业生中在国内读研深造的33人,占本科毕业生总人数的37.1%;出国深造的38人,占本科毕业生总人数的42.7%;研究生毕业生中硕士研究生94人,在国内继续读博的1人;出国深造的7人,占毕业硕士总人数的7.45%。参加就业的83人,占毕业硕士总人数的88.3%;博士毕业生中定向生2人,占毕业博士研究生总人数的5.88%,毕业后已回原单位工作,在国内继续做博士后研究的8人,占毕业博士总人数的23.53%,出国深造的2人,占毕业博士生总人数的5.88%,参加就业的22人,占毕业研究生总人数的64.71%。

地球与空间科学学院

【发展概况】 北京大学地球与空间科学学院成立于2001年10月26日,由北京大学原地质学系、地球物理学系的固体地球物理专业和空间物理专业、遥感所和城市与环境学系地理信息系统专业组成。

地球与空间科学学院下设三个系:地质系、地球物理系、遥感所;七个研究所:大陆动力学与资源工程研究所、史前生命与环境研究所、矿物岩石矿床学研究所、地球化学研究所、理论与应用地球物理研究所、空间物理应用技术研究所、遥感与地理信息系统研究所;一个重点实验室:教育部重点实验室。

地球科学与空间科学学院的教学和研究有着悠久和辉煌的历史,地质系创办于1909年,地球物理系创办于1959年,遥感所创办于1983年,迄今已为国家培养了包括五十多位院士在内的地球科学与空间科学高层次专业人才。学院现设有5个本科生专业:地质学、地球化学、地球物理学、空间科学与技术和地理信息系统;10个硕士研究生专业和10个博士研究生专业:构造地质学、矿物学岩石学矿床学、材料与环境矿物学、古生物学与地层学、地球化学、固体地球物理学、空间物理学、地图学与地理信息系统、石油地质学、摄影测量与遥感;设有地质学、固体地球物理学、测绘科学与技术和地图学与地理信息系统4个博士后流动站,国家理科基础科学人才培养基地1个(地质学),国家基金委创新群体2个(日地空间高能带电粒子的加速、传输及效应研究、变质作用与造山带演化)。学院"造山带与地壳演化实验室"为教育部重点实验室,"空间信息集成与3S工程应用"为北京市重点实验室;"构造地质学"和"固体地球物理学"2个学科为国家重点学科,"矿物、岩石、矿床学"为国家重点培育学科,"空间物理学"为北京市重点学科。

2014年在《美国新闻与世界报道》公布的世界大学排名中,北京大学在地球科学门类中名列全球第22名,位居亚洲地区第2名,位居中国大学首位,在总数21个学科门类排名中,北京大学名列其中10个门类的第一位,其中包括地球与空间科学学院的地球科学和空间科学。

截至2014年12月,地球与空间科学学院教职工146人,其中教授45人、副教授37人、讲师4人,新体制"千人计划、青年千人计划"特聘研究员4人,"百人计划"特聘研究员7人。

2014年地球与空间科学学院新进教工3人，退休2人，调出2人，去世5人。

2014年地球与空间科学学院在校本科生400人，硕士生284人，博士生351人，共1035人。2014年共招收本科生99人（含留学生1人），硕士研究生98名，博士研究生97人。

2014年地球与空间科学学院本科、硕士和博士毕业生均达到了100%的就业率。

【教学工作】本科生教学 2013—2014年春季学期，共开设本科生课程51门，包括1门全校公选课程，1门理科大类平台课，4门全校通选课程，剩余课程为学院主干基础课程和各专业必修及选修课程。2013—2014年度暑期学校，共开设8门课程，其中包括1门全校通选课程，1门全校公选课，6门专业实习课程。2014—2015学年秋季学期按照教学计划共开设47门课程，其中1门全校必修课程，4门全校通选课程，1门理科大类平台课程，剩余课程为学院主干基础课程和各专业必修及选修课程。

继续开设面向地质学类专业的小班讨论课"地球科学概论（二）"。另2014—2015学年秋季由教务部批准正式设立"普通地质实习"小班课。至此，地球与空间科学学院开设小班讨论课2门。

2014年共招收本科生99人（含留学生1人），实际报到人数为99人，1名同学由于体检原因保留学籍推迟一年入学。由其他学院降级转入2名同学，目前2014级在籍学生为100人，其中地质学类招收46人（含贫困地区专项计划12人），地球与空间科学类招收54人（含贫困地区专项计划12人）。特别需要指出的是，参加过第四届中学生地学夏令营的新生有8名同学。

2014届本科毕业生共有99人，含留学生1人（菲律宾），台湾地区1人，其中96人正常毕业，授予理学学士学位，暂结业2人，大专毕业1人。

2014年7月20日至28日，地球与空间科学学院举办了"相约北大，走进地学"北京大学第五届全国优秀中学生地学夏令营，来自全国各地的100名优秀高中生参加了此次夏令营活动。

在教育部项目支持下，大力开展"北京西山地区地质学野外实践教育基地"（国家大学生校外实践教育基地）建设，并于年底前顺利结题。

学院"神农架地质学野外教学基地"正式挂牌。

2014年3月，北京大学地球科学实验教学中心被教育部正式批准为"国家级虚拟仿真实验教学示范中心"。

积极开展实验教学信息化平台建设，其中"地学实验教学资源平台"和"北京西山三维虚拟仿真野外实习路线"已上线，其他系统将陆续上线。

2014年，在读本科生发表SCI论文3篇，核心刊物1篇。

2012级本科生科研立项37项，包括国家创新计划5项，北京市创新计划3项，Jun政基金3项，教育基金会基金2项，毛玉刚基金2项，校长基金22项（含14项地质基金）。2011级29项本科生科研项目顺利结题。

研究生教学 2014年地球与空间科学学院共招收硕士研究生98名、博士研究生97人（报到96人）。目前学院在校硕士生284人，博士生351人，共635人。

地球与空间科学学院2014年共开设课程153门，其中必修课41门，选修课112门。

地球与空间科学学院2014年毕业硕士98名，获硕士学位99人（其中7人为同等学力人员）；毕业博士研究生69人，其中获博士学位67人。

有3名博士生的论文获评2014年北京大学优秀博士论文。

根据研究生院招生改革的精神，经征求学院各二级学科的意见和建议，学院决定从2015年起实行博士生招生的申请审核制，并编制了学院申请审核制的实施规则。

经地球与空间科学学院教学指导委员会讨论，"科技写作与学术道德课"由学院必修课变为选修课或必修课，各专业可自行决定。

【科研工作】 2014年地球与空间科学学院在研项目344项，其中科研部项目244项，科技开发部项目100项；到账总金额8585.8万元，其中纵向经费6333.3万元，横向经费2252.5万元。2014年申报NSFC基金65项、获批22项，批准金额3014万元。宗秋刚教授获得创新群体基金1项，张波副教授获得优秀青年基金1项，魏春景教授获得1项重点基金项目。国家自然科学基金委项目在研90项（其中11项将于年底结题）。

2014年申请专利13项、授权专利4项（不完全统计）。

2014年知识产权申报2项，软件著作权申请11项。

2013年度地球与空间科学学院师生以北京大学为第一作者单位发表的SCI收录论文168篇。

*Nature*杂志2014年11月5日在线发表了地球与空间科学学院古生物专业的江大勇老师所在的国际合作研究团队的学术论文，论文的题目是"中国下三叠统一短吻原始鱼龙"。

第21届国际矿物学大会于2014年9月在南非约翰内斯堡召开。地球与空间科学学院地质材料学专业的鲁安怀老师应邀做了大会报告。

古生物专业的王德明老师获得2014年的"黄汲清青年地质科技奖"。

地球物理专业的黄清华老师获得第六届"全国优秀科技工作

者"称号。

2014年9月，田原、法文哲老师获北京大学教学优秀奖。

2014年11月，陈斌、郭艳军等老师，获"第三届高等学校自制实验教学仪器设备评选与优秀作品展示活动"二等奖。

2014年12月，董琳老师获北京大学"第十三届青年教师教学演示竞赛"一等奖，杜世宏老师获二等奖。

【交流合作】 地球与空间科学学院2014年度的"海外学者讲学计划"已经进行27项，"海外学者访问研究计划"完成4项。

2014年1月22日北京大学与中国地震局联合组建"大陆强震巨灾研究协同创新中心"。

2014年5月18日，协同创新中心举办了"大陆强震巨灾发育过程与机理"学术研讨会，双方互派教师做了会议交流报告，此次会议，双方就一些典型地震灾害的产生及地震预警等方面展开广泛的交流讨论。

澳大利亚国立大学数理学院院长Andrew Roberts教授访问地球与空间科学学院。

【社会服务】 潘懋：中国地质学会常委理事。

张进江：中国地质学会构造地质学与地球动力学专业委员会副主任、中国科学探险协会常务理事。

白志强：北京大学校长办公室副秘书长、北京大学深圳研究生院党委书记、中国古生物学会第十一届理事会常务理事。

高克勤：国土资源部化石资源和国家地质公园咨询顾问、教育部东北亚生物演化与环境重点实验室学术委员会副主任(2009—)。

马学平：国际地层委员会泥盆纪分会委员、全国地层委员会泥盆纪工作组成员。

孙元林：北京大学地质博物馆馆长、中国科学院资源地层学与古地理重点实验室学术委员。

刘建波：中国古生物学会副秘书长、中国微体古生物学会副秘书长。

江大勇：国际地层委员会三叠系分会通讯委员、国家古生物专家委员会委员、全国地层委员会中生代分会三叠纪工作组成员。

魏春景：中国矿物岩石地球化学学会变质岩专业委员会委员。

陈衍景：新疆自然资源与生态环境中心(自治区政府)首席科学家、中科院地球化学研究所(贵阳)研究员、中科院地质与地球物理研究所特聘研究员、中科院新疆矿产资源中心客座研究员、成都理工大学兼职教授。

宋述光：中国地球化学学会化学地球动力学专业委员会副主任委员。

传秀云：国家自然科学基金重点项目中期检查专家组成员。

王长秋：中国珠宝玉石首饰行业协会宝石鉴定师考试委员会委员。

秦善：中国矿物岩石地球化学学会矿物物理和结构专业委员副主任员。

鲁安怀：全国政协委员、中国民主同盟北京大学委员会主委、中国民主同盟中央委员兼教育委员会副主任、国际矿物学协会(IMA)执行理事、第20届国际矿物学大会学术委员会委员、国家特邀国土资源监察专员。

刘树文：中国国家IGCP委员会委员、中国地质学会前寒武纪专业委员会委员、全国地层委员会下寒武纪分会委员。

刘曦：中国矿物岩石地球化学学会实验矿物岩石地球化学专业委员会副主任委员。

郑海飞：中国矿物岩石地球化学学会火山及地球内部化学专业委员会委员、中国矿物岩石地球化学学会实验地球化学专业委员会委员。

朱永峰：中国矿物岩石地球化学学会理事、中国地质学会矿产勘察专业委员会委员、矿床专业委员会委员、区域地质与成矿专业委员会委员，美国SEG会士。

涂传诒：教育部科技委地学与资源环境学部主任、北京大学校学位委员会委员、北京大学"千人计划"考核评估小组成员。

宗秋刚：北京大学空间探测中心(虚体)主任。

傅绥燕：全国卫星气象与空间天气标准化技术委员会委员、地球物理学会空间天气委员会副主任委员、空间科学学会空间物理专业委员会委员。

陈秀万：中国遥感应用协会理事，中国地理信息系统协会数据专业委员会副主任。

邬伦：中国地理信息系统协会常务理事、副秘书长、《地理与地理信息科学》副主编、国土资源部信息化专家咨询组成员、建设部信息化专家组成员等。

李琦：中国图像图形学会技术委员会主任、中国国际工程咨询公司专家、北京市政府专家顾问、国家海洋局信息中心、海监总队特聘教授与责任专家、中国地理信息系统协会GIS理论专委会副主任。

秦其明：教育部高校地理教学指导委员会秘书长、环境遥感学会常务理事、高技术产业化研究会理事、中国地理信息系统协会理事等。

晏磊：中国感光学会副理事长、数字成像专业委员会主任，中国测绘学会摄影测量与遥感专业委员会副主任、GNSS协会常务理事、《全球定位系统》副主编、《影像技术》副主编。

李培军：中国全球定位系统技术应用协会资源环境监测专业委员会副主任。

曾琪明：IEEE GRS Beijing Chapter副主任、科技部遥感中心软件评测专家组成员、全国遥感应用协会理事、遥感数据处理与分析应用产业技术创新战略联盟常务理事。

焦健：中国全球定位系统技术应用协会教育与发展专业委员会副主任、中国测绘学会地图学与地理信息系统委员会委员、中国地理学会地图学与地理信息系统委员会委员和北京测绘学会地图学与地理信息系统委员会委员。

刘岳峰：中国全球定位系统技术应用协会空间定位专业委员会副主任、中国 GIS-T 委员会委员、中国地理信息系统协会 GIS 标准化专业委员会委员。

张飞舟：中国全球定位系统技术应用协会资源环境监测专业委员会副主任。

张显峰：国际摄影测量与遥感协会（ISPRS）GI4D 学术委员会成员。

毛善君：中国煤炭教育协会高教分会会员、中国煤炭工业协会信息化分会常务理事。

【党建工作】 2014 年地球与空间科学学院共有党员 545 人，其中预备党员 42 人，在岗职工党员 86 人，学生党员 361 人，离退休党员 72 人。有 10 个教工党支部、23 个学生党支部。

2014 年发展党员 25 人，预备党员转正 29 人。初级党校结业 47 人，高级党校结业 55 人。

2014 年 1 月 7 日地球与空间科学学院党委完成换届改选工作。傅绥燕教授任学院党委书记，于超美、赖勇任党委副书记，委员有：张立飞、张飞舟、李培军、张志诚、刘玉琳、王新茹、刘金秋、王彦宾。

2014 年地球与空间科学学院党委 23 个党支部完成换届。

2014 年地球与空间科学学院党委获得 2013—2014 学年第二学期教工党日活动和学生党团日活动"优秀组织奖"，3 个党支部获得校级奖。2 个党支部获 2014 年北京高校红色"1＋1"示范活动优秀奖。

【学生工作】 地球与空间科学学院学生资助工作覆盖了全院本科生总人数的三分之一，2014 年本科生获得资助总人数为 125 人，共获得资助金额 131.3 万元。研究生资助工作，共 13 位研究生获得总计 61000 元的助学金。

【工会工作】 2014 年地球与空间科学学院工会获评北京大学模范工会委员会。

心 理 学 系

【发展概况】 北京大学是中国科学心理学的发源地，其心理学本科教育始于 1900 年。1917 年，在著名教育家蔡元培倡导下，北京大学创建了中国第一个心理学实验室，1926 年成立了心理学系。北京大学历史上曾有多位名人学习或出身于心理学，包括蔡元培、蒋梦麟、傅斯年、唐钺、陆志伟。1952 年院系调整时，原燕京大学心理学系、清华大学心理学系和复旦大学心理学系并入北京大学哲学系心理学专业；1978 年，北京大学恢复成立了国内第一个心理学系，招收了第一批学生。北京大学心理学系现为一级学科博士学位授予权单位，其"基础心理学"为国家重点学科，2008 年被批准为北京市特色专业，2009 年被批准为"国家理科基础科学研究和教学人才培养基地"。作为最早将心理学引入中国的学界先驱，作为中国第一个建立心理学实验室的高等学府，北京大学心理学系见证了中国心理学事业从无到有、从弱到强的发展历程，并以其"敢为天下先"的豪迈气概为中国的心理学事业的发展做出了不可磨灭的贡献，为中国心理学和社会的发展培养了大量中坚人才。目前，心理学系现有正式教员 42 人，其中教授 11 人，研究员 6 人，副教授 16 人，讲师 9 人，教辅职员 10 人。心理学系已形成师资力量雄厚、学科设置齐全、专业人才层出不穷的教学、科研体系。10 位老师任 29 种国际学术期刊副主编或编委，体现了具有国际水平的整体科研实力。

【教学工作】 心理学系在校本部录取了学术型硕士研究生 18 名（含台湾 1 人），专业硕士 39 名；博士研究生 30 名（含留学生 2 人）；本科生共 34 名（含泰国、韩国留学生各 1 名），辅修双学位录取学生 120 名。

经统计，报考心理学系 2015 年学术型硕士研究生 215 人、应用心理硕士专业学位 427 人，招生考录比名列学校前列。2014 年 9 月进行了接收 2015 年推荐免试研究生的工作，心理学系 2015 届本科毕业生中有 14 人获得推荐免试研究生资格并落实接收单位，其中 6 人被本系录取（含专业硕士 3 人），2 人被校内其他院系录取，6 人被外单位录取。

在全日制学生的培养工作之外，心理学系还积极开展了学历和非学历的继续教育工作。心理学专业夜大学共招生 222 人。2014 年 6 月，举办了 2 期北京大学深圳市公安局"心理学在公安民警队伍管理中的运用"研修班，参加学员 62 人。2014 年 9—10 月，举办了 2 期北京大学深圳市公安局龙华分局"公安系统危机应对及创新能力提升"研修班，参加学员 70 人。由于国家政策调整，以往研究生课程进修班更名为高级专门人才研修班，且不能在外地招生。在这种情况下，心理学系在北京开设了应用心理学专业和临床心理学专业两个研修班，共招收学员 81 名。

心理学系毕业并获得学位的心理学专业本科生 43 人（含留学生 3 人），暂结业 2 人（含留学生 1 人），上届结业换证书（双证）1 人，获心理学双学位 75 人，心理学辅修毕业6人；毕业硕士研究生107人，获硕士学位的研究生108人，结业2人；博士研究生毕业11人，获博士学位10人；同等学力获硕士学位71人；夜大毕业学生179人，其中93人获学士学位。

心理学系2015年预计招收博士研究生25名（含北大—清华联合培养博士研究生5名），学术型硕士研究生15名，专业学位硕士40名（含在职20名）。博士研究生招生继续采用"申请—审核制"。2015年继续实行"符合条件的副教授可招收博士研究生"。

在国家理科基础科学人才培养基金的资助下，心理学系进一步深化教学改革，加强对学生科研能力的训练，提高了人才培养的质量。在教学改革方面，申请了"实验心理学"和"普通心理学"的小班课立项，将"学生被动接受心理学知识"的教学方式转变成"学生积极参与、师生互动、共同建构知识和能力"的教学模式；加强了非语言类外语课程的建设，新申报了两门英文课：Psychology of Aging 和 Neurobiology；完善了师生交流时间（Office hour）制度；进一步加强和落实了领导听课制度，系主管领导在一年内完成了对全体任课教师的听课和教学效果评价的工作，召开了2014、2013级本科生意见征集班会，实现了师生关系的良性互动，开辟教学反馈的通道。在本科科研方面，2012级本科生共有22名学生的16个项目获得北京大学本科科研立项，2014年度，心理学系本科生已发表或被收录论文SCI/SSCI文章9篇，其中第一作者6篇。

【科研工作】 心理学系在科研方面取得了突出的成绩，主要体现为SCI和SSCI论文继续保持较高的数量和质量。2014年度心理学系共发表科研论文160篇（含国内外期刊论文），其中以心理学系为第一单位或通讯单位发表的SCI和SSCI收录期刊论文82篇。2014年全年，心理学系在SCI一区期刊和高水平SSCI期刊上发表文章也达到了历史最高水平，其中方方教授发表3篇SCI一区文章（包括 Current Biology 2篇，Journal of Neuroscience 1篇），魏坤琳副教授发表2篇（Current Biology 和 Journal of Neuroscience 各1篇），王莉副教授1篇（发表于 Developmental Psychology），韩世辉教授发表2篇（Journal of Experimental Psychology: General 和 Cerebral Cortex 各1篇），其中在 Journal of Experimental Psychology: General 上的文章是心理系第一篇在该期刊上发表的文章，纳家勇治研究员也在领域内著名期刊 Annual Review of Neuroscience 发表综述性文章。

心理学系多项国家科研项目申请获得批准。其中包括了李健研究员主持的科技部青年973项目（获批550万元），方方教授、韩世辉教授、纳家勇治研究员和李健研究员作为骨干参与的国家自然科学基金委创新团队（获批总额为1200万元，4位心理系骨干共获得资助800万元）。谢晓非教授（63万元）、周晓林教授（80万元）、韩世辉教授（88万元）、李量教授（80万元）、李晟研究员（88万元）、纳家勇治研究员（91万元）、邵枫副教授（80万元）、张俊云讲师（85万元）获面上项目资助；张昕讲师（20万元）和童佳瑾讲师（24万元）获得青年项目资助；王莉副教授（13.7万元）获得教育部—联合国儿童基金会联合项目资助；韩世辉教授（12万元）主持教育部博士点基金；李量教授（113万元）作为骨干参与并获得"973"基金"视觉信息处理基本机理研究"项目资助。2014年心理学系新获得的科研项目经费为2232.7万元人民币。

共举行43次公开科研讨论会，邀请国外同行研究者和本系老师进行学术报告。周晓林应邀担任 Journal of Neuroscience, Psychology and Economics 编委，韩世辉教授应邀担任 Journal of Personality and Social Psychology 编委，张昕讲师应邀担任 Journal of Gerontology: Psychological Sciences 编委。至此，心理学系有11位老师（王垒、李量、周晓林、韩世辉、方方、余聪、钱铭怡、谢晓非、甘怡群、张燕、张昕）担任29种国际学术刊物的副主编或编委。

韩世辉教授和谢晓非教授入选教育部长江学者特聘教授（至此心理学系有五位教授获得该奖项）。李健研究员获得2014年求是杰出青年学者奖（是心理学领域的第一位获奖者）。这些任职和奖励显示了北京大学心理学系的学术和社会影响力。

成功举办"2014年海峡两岸暨香港心理学系学生学术交流活动"，来自香港中文大学和台湾大学的28位师生齐聚北京，开展了为期5天的学术交流活动和文化交流活动。活动旨在为海峡两岸暨香港高校的心理学系提供学术交流的契机与平台，让海峡两岸暨香港的师生协同创新，共同推动心理学学科的发展。海峡两岸暨香港心理学系学生学术交流活动自2001年由香港中文大学首倡发起以来，为海峡两岸暨香港的心理学系学生提供了探讨学术、交流文化和结识朋友的平台。2014年的活动在北京大学心理学系新一届领导的积极推动和心理学系师生的共同努力下取得了良好的效果。此次活动极大地促进了海峡两岸暨香港师生的了解与沟通，探讨了多元文化下心理学的发展动态，促进了研究成果在社会中的转化与应用，为海峡两岸暨香港开展心理学领域的合作提供了良好的平台。

心理学系在2014年使用"北京大学海外学者讲学计划"3人次，使用外事经费3万元人民币。

共举办讲座25次,被邀请讲座专家均为美国、德国、澳大利亚和英国等发达国家心理学领域的著名专家或著名期刊的主编。他们不仅为心理学系带来了心理学研究的最新动态,而且在"周五学术午餐会"上做了多场精彩的学术报告。

心理学系共有118人次出访及参加国际会议。其中教师出访63人次,本科生、研究生出访55人次。

爱思唯尔集团(ELSEVIER)的执行出版人Irene Kanter-Schlifke博士在心理学系进行了爱思唯尔作者培训会。40多名心理系和其他院系的本科生、硕士生、博士生以及部分青年教师参加了培训会。Kanter-Schlifke博士还特别强调了科学研究和论文投稿中的伦理问题。在最后的互动环节中,现场气氛热烈,2小时的讲座让师生们收获良多。

加拿大女王大学的An Sieun作为外籍博士后,于2014年12月来到心理学系,与韩世辉教授进行合作研究。主要研究方向是情绪与认知的文化差异及其心理机制,她在论文提出了关于情绪文化差异心理机制的新理论观点,具有较高的理论水平,其关于情绪与道德归因文化差异的研究发表在重要的跨文化心理学期刊 *Journal of Cross-Cultural Psychology*。

【党建工作】 继续扎实推进党的群众路线教育实践活动。心理学系党政领导班子经过前期动员、学习教育、查摆问题、自我剖析、边查边改等环节,认真反思了在既往工作中存在的不足,切实整改了工作中存在的"四风"问题,完成了整改方案中提出的整改任务,取得了良好的成果。

反腐倡廉工作和建设 系党委高度重视反腐倡廉建设,形成了有效的管理制度。明确系主任和党委书记对"三重一大"工作的落实负总责,并结合实际,制定了诸如《心理学系关于贯彻落实"三重一大"制度的实施细则》《心理学系党委关于落实"三重一大"制度的实施办法》等一系列规章制度,有力地促进了心理学系管理工作的科学化、民主化和制度化。

宣传教育工作 系党委能够准确把握教职工思想动态,有针对性地开展教育引导工作,积极为教职工办实事,妥善处理涉及教职工切身利益的矛盾和问题。积极开展师德教育工作,制定师德规范,在教职工的考核评聘中,坚持推进教书育人、管理育人、服务育人工作。系团委书记苗思安获评北京大学优秀共产党员,教职工党支部获评北京大学先进党支部。

组织发展工作 心理学系党委以党的十八大精神为指导,坚持"坚持标准,保证质量,改善结构,慎重发展"的发展党员工作方针和"成熟一个,发展一个"的工作原则,2014年发展11名党员,其中1名为青年骨干教师。

主题党团日活动 教工党支部通过开展"学习习近平总书记五四讲话精神"主题党日的活动,结合本系的实际情况,认真讨论如何将五四精神贯彻落实到本系的发展和建设上,为北京大学创建世界一流大学做出自己应有的贡献。使全体教工党员进一步加深了对总书记五四讲话精神的理解,为全面贯彻五四精神,激发基层党组织创造活力,切实将核心价值观贯彻落实于创建世界一流大学的各项工作中奠定了坚实的理论基础。学生党支部顺利推进"议改革、谋发展,群策群力创一流"和"弘扬社会主义核心价值观,争做爱和人民满意的好老师"主题党日活动。

离退休工作 系党委重视离退休干部党建工作,鼓励离退休干部自愿量力在学校改革发展和关心下一代等工作中发挥作用,成立了关怀下一代工作委员会,党委书记亲任委员会主任。积极为老同志办实事,解决他们生活中的各类问题,特别注意倾听老教师对系里工作提出的建议,离退休老师因其阅历丰富,且在很多问题上不涉及利害得失,所以往往会提出一些准确而独到的建议。系党委将走访慰问老教师作为一项制度长效化,拉近系领导班子和广大离退休教师之间的距离。91岁高龄的老党员、离退休党委书记姜德珍荣获北京大学"老有所为"个人先进奖。

【北京大学麦戈文脑科学研究所】
2014年12月,研究所新引进罗欢研究员和张航研究员。罗欢毕业于美国马里兰大学College park分校,并获博士学位。2007年8月至2014年先后任中科院生物物理研究所副研究员、研究员,主要从事认知神经科学方向的研究。张航毕业于中国科学院心理研究所,获理学博士学位。2008—2014年在纽约大学心理系从事博士后研究。她从决策的角度研究人的知觉、运动和认知系统中的各种问题。

2014年7月13—19日,第二届"神经与认知科学暑期班"在北京大学麦戈文脑科学研究所和生命科学联合中心的共同组织和资助下成功举办。来自全国四十余所高校不同年级的九十多名本科生共聚北京,在短短一周内参加了课堂听讲、实验室参观、与老师共餐、研究生交流、小组合作文献展示、娱乐表演等丰富多彩的活动。

2014年8月29—30日,第五届环太平洋大学联盟脑与心智学术研讨会在北京大学英杰交流中心顺利举行。本次研讨会由北京大学麦戈文脑科学研究所和心理学系韩世辉教授主办,来自国内外的150余名脑科学与心理学研究者参加了会议,交流了该领域的最新研究成果。来自中国北京大学的饶毅教授、德国海德堡大学的Andreas Meyer-Lindenberg教授、日本理化研究所的Keiji Tanaka教授、和美国密歇根大学的

Shinobu Kitayama 教授分别做大会主题报告，报告内容涵盖精神和心理疾病、认知功能的分子基因机理，以及文化环境与基因相互作用对人类心理与神经活动的影响。会议还包括三个相关领域的workshops。

2014年9月24日，北京大学、清华大学、中国科学院北京生命科学研究院、北京生命科学研究所"神经科学学术交流"研讨会在北京大学英杰交流中心召开。会议由北京大学麦戈文脑科学研究所、生命科学联合中心、中国科学院北京生命科学研究院、北京生命科学研究所联合主办。交流议题包括"神经疾病"和"神经认知"两部分。会议的成功举办不仅是四个主办单位在热点研究领域增进交流合作的具体行动，而且对不断推进中国前沿领域基础学科交叉发展有着重要意义。

隔周一次的脑研究所系列学术报告与心理学系的学术报告系列、生科院的学术报告系列和生命科学联合中心的学术报告系列交相辉映，持续不断地为研究所师生提供学术营养。

李健研究员荣获2014年度"求是杰出青年学者奖"。

吴艳红教授当选"第十届北京市高等学校教学名师"。

【人事工作】 据学校岗位聘任工作部署要求，每个同志据实填报年度以来的工作以及下一年度的岗位目标，对年度内的在岗工作进行总结。并由系岗位聘任委员会审核在岗人员相关材料，听取A类岗人员的述职报告，在此基础上对所有人员进行考核评议，最后给出评定意见。根据心理学系一年来的教学、科研、社会服务工作业绩，并根据学校给心理学系的岗位指标数和津贴总额进行了岗位级别的调整。对业绩突出的5位同志给予了晋级，对1位同志给予了降级。这一举措加强了考核制度的严肃性、约束性，提高了考核效力。

在学校新体制引进人才工作方面进行了内部工作规范，整个招聘过程按照学校为吸引具有国际一流水平的领军人才和培养具有较大发展潜力、有希望成为未来学术带头人的优秀人才的招聘要求，通过人事部招聘网向国内外发布招聘信息，并从人才招聘的宣传、申请人材料上的审阅、试讲、面试、面谈等方面进行严格审查把关。罗欢研究员、张航、易莉博士加盟心理学系教研队伍，教师人数达到42人。魏坤琳副教授获北京大学"绿叶生物医药杰出青年学者奖"。

【行政工作】 根据学校的统一规划，心理学系圆满完成搬至王克桢楼的搬迁工作，同时部分搬迁至哲学楼，共搬迁了64间办公室和实验室。心理学系认知神经科学方向、工业与经济心理学方向、行政教辅搬至王克桢楼，临床心理学方向和发展与教育心理学方向搬至哲学楼。

心理学系迁入王克桢楼第11层、12层、13层、16层及17层，建筑总面积为7372.61平方米，使用面积为4336平方米。系里对迁入前的装修进行了整体、科学的规划，使得所在楼层各类设施配套齐全。不仅有宽敞明亮的大小会议室，有配备全套媒体设备的公用教室，还有让同学们自由交流的小圆桌，更有让老师们进行自由学术讨论、放松的咖啡吧和休闲沙发。此外，还配备有乒乓球台和健身设施等，方便教职工在工作之余放松身心。

【学生工作】 心理学系在校学生共计406人，其中本科生155人，硕士研究生142人，博士生109人，国防定向生17人，留学生11人，港澳台地区学生12人，少数民族学生27人。学生党员131人，团员239人，共有27名入党积极分子顺利完成第21期党性教育读书班的学业，14名新入党积极分子开始第27期党的知识培训班的课程学习。

学生资助 心理学系共认定33名本科生为家庭经济困难学生，共计获得24项助学金资助，金额累计400800元；有3名研究生同学获得助学金资助，金额累计19000元；共有7名同学获得国家励志奖学金，金额累计35000元。

学生保险 本学期学生工作办公室加大宣传学生保险的政策及保费和赔付的标准，以增强学生的投保意识。在这一学年里，心理学系共有327名学生投保，投保率达88.86%，并根据保险工作中的思考，计划在此后的学生保险工作中，以此为契机，举办"保险与理财"活动，促进院系和社会交流，提高学生风险意识、理财意识，促进学生全面健康成长。

学生奖学金 召开奖学金评审委员会会议，进一步落实和完善《心理学系综合素质测评办法（试行）》和《心理学系奖学金评审办法（试行）》，完成50个奖励项目，51个奖学金项目的评选工作，共有8位同学获得国家奖学金。2013级本科班和2012级硕士班获评先进学风班。2012级本科班班主任孙洋老师获评北京大学优秀班主任。

学生就业指导 本学年召开专硕、学硕、博士、本科生四场全体应届毕业生工作介绍会议，对于就业政策、签约流程、派遣手续等一系列毕业生工作找寻和签约过程中的具体流程和事项进行讲解和说明，及时完成就业信息推送和就业资源整合。指导研究生会举办就业经验交流会一场，职业素养拓展讲座一场，毕业优秀校友访谈多次，并撰写简报发放心理学系全体同学观看学习。继续举办以了解职场信息、提高就业能力为主题的毕业生经验交流会。依托于职业生涯规划课程，邀请到就职于不同性质单位的系友，从高校、临床、咨询、人力资源管理和自主创业等领域介绍经验和职场体悟。

团学工作 院系团员共11人加入中国共产党。组建了11个团支部,举办了三次学生党团日联合主题教育活动。系学工办、团委完成了系学生会和研究生会的改选。系团委重点完成了对系学生会、系研究生会的建章立制工作。通过建立例会制度,系团委一方面可以及时了解学生的思想动态,听取同学对学生工作的想法与建议,另一方面也加强了对学生骨干的指导与培养,充分提升了他们的领导能力、组织能力,成为团学工作中的中坚力量。一年来,系学生会、研究生会除了组织一些课余的文体活动外,还在系友返校、开学、毕业典礼、学生军训、系奖学金颁奖典礼、一二·九合唱比赛、新年元旦晚会、海峡两岸暨香港学术交流,以及筹备心理学系大学生夏令营等多项活动中发挥了重要作用。在活动开展方面,坚决杜绝了浮夸奢靡、形式主义、浪费学生实践经历、干扰学生正常学习和健康成长的活动,力求"温馨、巧妙、精致、实用、有意义",充分营造并体现"小系大家"的感觉。总之,2014年团学工作一方面扎实完成建章立制的工作,另一方面认真推进教育、管理、服务的职能,在各方面都取得明显的提升。

学生访谈工作 上半年度以约谈潜在问题的问题老生为主,下半年度以约谈新生和部分学生干部为主。约谈主要围绕成绩、情感波动、工作指导和大学适应性问题展开,帮助大家解决好现实问题和未来规划。确保每周都与学生有接触,经过访谈,发现部分危机学生并提早进行干预,接触家长,充分做好危机预案,降低风险。

2014年的心理学文化节突出了"科普、新知和社会服务"这一主题,既强调了校园日常心理健康教育的重要性,又普及了灾后心理重建等领域的新知识。在本科生导师制度进一步完善。从2012级新生开始,心理学系实行本科生导师制。2014年心理学系继续完善本科生导师制,每名本科生在前三个学期中,每学期都会有一名不同的导师,并将与导师进行不少于三次的谈话交流,以便指导他们的学习生活,并最终引领大家发现自己的兴趣点,选择适合自己的人生道路。

建筑与景观设计学院

【发展概况】 2014年学院总体发展态势良好,教学、科研工作保持平稳,国际影响不断增强,学生培养质量得到提升。人才队伍不断壮大,管理服务水平得到提升。

师资力量得到补充,2014年继续在全球范围内招贤纳士,吸引高端人才,共有十余位国内外建筑与景观设计领域的学者到学院应聘。2014年,学院聘请中国工程院院士、水利部水资源所所长、著名水问题专家王浩担任北京大学"双聘院士"、北京大学建筑与景观设计学院"东方园林生态城市讲席教授",担任一定的教学、科研和研究生培养工作,使学院在水生态问题等领域的研究得到了明显加强。

2014年年底,学校任命贺凯丰为建筑与景观设计学院副院长,主管行政工作,并陆续在校内外聘请了一支新的行政团队,使学院管理和服务队伍得到了充实和加强。

【教学工作】 2014年北京大学建筑与景观设计学院继续招收全日制风景园林硕士专业学位研究生和在职风景园林硕士专业学位研究生两个学位类型研究生。其中全日制风景园林专业2014年录取10人,统考录取工作将在2015年初进行;在职风景园林专业2014年录取48人。截至2014年12月,在校学生为238人,其中全日制硕士95人,在职硕士137人,博士6人。

学院继续结合创建世界一流景观设计学院的需要,开设了景观设计历史与理论、城市设计与景观设计、景观与区域规划、国土规划与土地设计、遗产地保护与利用等一系列核心课程,并开设了多个国际化的工作坊(workshops),积极推进小班教学。

8月15—29日期间,"徒步阅读世界建筑、城市与景观"暑期特色课程开课。3名教师带领学院30名同学参加考察。此次考察课程的目的地为德国,15天内参观考察了慕尼黑、弗莱堡和斯特加特等三座德国城市的2所高校、4个生态社区和多个著名景观项目。均由专业人士进行讲解并开展了深入的讨论。

2014年共毕业78名硕士研究生,其中地理学(景观设计学)理学硕士研究生35人,全日制风景园林硕士专业学位研究生25人,在职风景园林硕士专业学位研究生18人。

【科研工作】 2014年,学院围绕生态安全格局、海绵城市、新城市美学、生态基础设施建设、古城保护、景观美学等多个领域开展了多项科研。俞孔坚教授主持了国家重大科技专项课题"城市地表径流减控与面源污染削减技术研究"水利部科研项目"水生态红线控制指标体系研究""雁栖河流域地区生态用地划定及安全评价"等课题。学院教师在《中国园林》《城市规划》《中国水利》《城市问题》、Landscape and Urban planning 等国内外核心期刊上发表多篇学术论文。

俞孔坚教授主持翻译的《生态都市主义》于2014年5月出版。李溪专著《内外之间:屏风意义的唐宋转型》于7月出版。

学院主持召开了多场高端学术会议。2014年7月,在贵州六盘水主办贵州生态文明论坛"水生态文明与水生态基础设施建设"分论坛,并发表了具有重要影响的"六盘水建议"。10月,与德国汉诺威大学联合主办了"城镇化和地方性的新冲突、新策略与新探索——中德双边研讨会会议"。11月,主办北京论坛"新型城镇化·面向新型城镇化的生态—社会基础设施建设"分论坛暨景观设计学大会。

【社会服务】 俞孔坚教授、李迪华、张天新、汪芳、王志芳副教授等在国内外进行了多场关于国土生态安全格局、景观设计等为主题的讲座,宣传生态文明,大力推行新型生态文明理念。俞孔坚先后在澳大利亚G20峰会的专家论坛(Global Cafe)、丹麦、美国等重要国际大会上做主旨报告,并在辽宁、河北、湖北、安徽、福建、浙江、江苏等多个省份为市级以上领导干部学习班进行授课。

学院教师还参与了多地城市规划、遗产保护等工作。汪芳副教授受当地政府委托,主持桐柏县"美丽乡村"村庄规划设计;张天新副教授于9—12月,与香港大学合作开展了云南宁洱县中小学校规划设计。

【交流合作】 2014年,学院积极与国内外兄弟院校设计学院开展合作,联合举办了多场学术报告会和工作坊。宾夕法尼亚大学城市与区域规划系副教授斯特凡·阿尔一行,美国迈阿密大学建筑学院代院长丹尼斯·海克特,芝加哥哥伦比亚学院董事会主席、普利兹克建筑奖发起人艾伦·M.特纳先生,意大利罗马第一大学教授卢西亚诺·库佩洛尼一行,迈阿密大学建筑学院院长鲁道夫·埃尔-库利到访北京大学建筑与景观设计学院。美国奥本大学著名生态学教授田汉勤博士,加拿大英属哥伦比亚大学建筑与景观设计学院主任莱斯利·范·迪泽等先后到访学院,举办讲座并就交流合作展开

了富有成效的对话。

2014年2月16—20日,来自哈佛大学的12名景观设计和城市规划设计研究生与北京大学建筑与景观设计学院13名研究生,在俞孔坚教授、北京大学城市与环境学院武弘麟副教授和哈佛大学阿德里安·布莱克威尔教授的共同指导下,完成了为期五天的北大—哈佛大学景观设计平行课程。本次设计课程(Studio)的主题是海淀区南沙河上庄和西北旺段的河道改造项目。这也是两校第五年举办平行课程。

2014年9月,北京大学—哈佛大学生态城市联合实验室(Ecological Urbanism Collaboration, EUC)成立签约仪式在北京大学举行,标志着学院与哈佛大学的合作取得了重要进展。根据谅解备忘录及两校相关决定,联合实验室将设在北京大学校园,哈佛大学每年选派优秀学者驻在联合实验室,双方共同开展教学、科研、出版及其他学术交流。双方将组织跨学科的学术指导委员会,对各项工作的开展予以指导。北京大学副校长陈十一担任学术指导委员会主任。俞孔坚任实验室中方主任,哈佛大学设计学研究生院院长莫森·穆斯塔法维任实验室美方主任。实验室将向全世界一流学者开放,成为国际生态城市学研究的公共平台。

【学生工作】 连续第十届举办全国高校景观设计毕业作品交流与评奖活动,2014年主题为"社会需求与景观教育"。此项活动已成为景观设计教育界一项品牌活动。

【行政工作】 2014年年底,学校任命贺凯丰为建筑与景观设计学院副院长,主管行政工作,并陆续在校内外聘请了一支新的行政团队,其中,事业编制人员2人,劳动合同制人员5人,使学院管理和服务队伍得到了充实和加强。

信息科学技术学院

【发展概况】 信息科学技术学院合并组建于2002年。为了顺应信息科学技术学科发展趋势,整合校内信息科学技术学科资源,推动学科融合和发展,北京大学在原电子学系、计算机科学技术系、信息科学中心的建设基础上,2002年正式组建成立信息科学技术学院。

北京大学信息科学技术学科具有悠久的历史,最早可以追溯到20世纪50年代数学力学系的计算数学专业,以及物理系的无线电物理、电子物理和半导体物理专业。1958年12月,在物理系无线电物理、电子物理等专业基础上成立了无线电电子学系,1996年更名为电子系。1978年,在数学系计算数学专业和无线电电子系计算机专业基础上组建了计算机科学技术系。1985年,为了发展多学科的交叉与融合,由数学系、计算机科学技术系、电子学系等校内十个系(所)联合组建了信息科学中心。1986年,成立了微电子学研究所。

12年来,信息科学技术学院植根于北京大学信息科学技术学科50多年的历史底蕴,逐步探索形成了清晰的发展思路,即坚持"充分尊重现实,强调合理整合,形成统一框架,促进深度融合;面向国际一流,确立发展目标,基于当前状况,制定实施方案;学科建设为纲,队伍建设为本,发展既有优势,确保战略必争;注重制度建设,形成激励机制,优化管理结构,营造和谐环境"的基本原则,为建设世界一流大学的一流信息科学技术学科探索总结经验、艰苦奋斗、砥砺前行。

目前信息科学技术学院涵盖了计算机科学与技术、电子科学与技术、信息与通信工程3个一级学

科及其相关的计算机软件与理论、计算机系统结构、计算机应用技术、计算机科学与技术（智能科学与技术）、信号与信息处理、通信与信息系统、微电子学与固体电子学、物理电子学、电磁场与微波技术、电路与系统和电子科学与技术（量子电子学）等11个二级学科。信息科学技术学院有计算机科学与技术、电子信息科学与技术、微电子科学与工程、智能科学与技术和通信工程5个本科生专业，实行按学院统一招生。

信息科学技术学院拥有2个国家级重点实验室、1个国家级工程实验室、13个省部级重点实验室（或工程研究中心），并与多家知名中心组建了联合研究机构。12年来，信息科学技术学院承担了一批立足于国家需求、面向国际前沿的重大科研项目，到账纵向科研经费超过20亿元人民币，并取得了一批重要研究成果，获得国家级科技奖励19项（其中第一完成单位9项）和省部级科技奖励338项（其中第一完成单位27项），发表A类论文5027篇，其中SCI收录论文2392篇，获得授权专利747项，出版学术著作191种。

信息科学技术学院目前包含基础教育部、研究生教育部和继续教育部等三个教学管理单位，电子学系、微电子学系、计算机科学技术系和智能科学系等四个学科建设单位，以及基础实验教学研究所、物理电子学研究所、量子电子学研究所、应用电子学研究所、现代通信研究所、微电子学研究院、系统结构研究所、网络与信息系统研究所、软件研究所、计算语言学研究所、数字媒体研究所、高能效计算与应用中心、信息中心和信息技术创新研究院等14个教学科研实体单位。

信息科学技术学院2014年完成了行政和党委班子换届。新一届院长黄如，副院长查红彬、候士敏、李文新、谢冰、蒋云。新一届党委书记魏中鹏，副书记冯梅萍、卢亮。信息科学技术学院学术委员会主任何新贵，副主任迟慧生、梅宏，委员陈徐宗、程旭、高文、胡一龙、黄如、焦秉立、李红滨、李晓明、彭练矛、魏中鹏、杨芙清、吴文刚、查红彬、张兴。2014年，调整后的信息科学技术学院学位评定委员会主席杨芙清，副主席黄如、彭练矛，委员陈向群、陈章渊、代亚非、郭弘、郭宗明、候士敏、刘晓彦、吴文刚、谢昆青、查红彬、张盛东、金芝。

信息科学技术学院2014年在职教学科研人员273人，含发展中国家科学院院士1人，两院院士9人（含双聘院士4人），正高级职称106人，副高级职称117人，中级及以下职称28人，以及百人/新体制人员22人。2014年调出教师3人（汪洋、李冲、叶凡），退休5人（范士英、王东州、让世美、王道宪、迟慧生）。

【教学工作】 2014年在校学生总数2638人，其中本科生1275人，硕士研究生760人，博士研究生603人。2014年新生总数706人，其中本科新生328人（含留学生4人），硕士新生244人，博士新生134人。2014年授予学士学位285人，硕士学位251人，博士学位88人。本科结业5人，授予大专学位2人。在取得博士学位的88人中，张晓升（导师张海霞）、阴红志（导师崔斌）、温森文（导师焦秉立）获北京大学优秀博士学位论文。

2014年信息科学技术学院新开研究生课程10门，3门课程获研究生课程建设立项咨询，项目负责人分别为周小计、高军、万小军。根据教学计划，2013—2014学年第一学期开课277门，第二学期开课276门，暑期开课11门。

2014年信息科学技术学院新增本科专业通信工程，并继续开展小班教学和本科新生导师制。2014级本科新生导师由83名各系教授及部分优秀副教授担任。在本科生对外交流方面，2014年分别与康奈尔、爱丁堡等大学签订了"3+2"本硕联合培养项目，与康奈尔、爱丁堡签订了暑期科研实习交流项目，并组织了北大—CMU、北大—爱丁堡2个2014暑期科研实习项目，以及美国西部名校本科生访问交流团1个，美国东部名校本科生访问交流团1个，《创新工程课》美国访问交流团1个。2014年6名学生被北大—UCLA"3+2"本硕联合培养项目（第二届）录取。2014年4名学生被北大—康奈尔"3+2"本硕联合培养项目（首届）录取。2014年1名学生被北大—爱丁堡"3+2"本硕联合培养项目（首届）录取。

2014年罗国杰老师指导学生获ACM国际全球大学生程序设计竞赛总决赛金奖（全球第3名、亚洲第1名）。王源老师主持的北京大学信息学科本科生科研成果展示会和张海霞老师主持的北大创新之夜暨创新之星评选活动已成为信息科学技术学院创新品牌活动。

2014年国家建设高水平大学公派研究生项目派出联合培养16人、学位生1人，博士生短期出国（境）研究项目春季学期派出2人，秋季学期派出3人，并为333人次（研究生）办理了出访申报手续。

12月，信息科学技术学院举办了第二届北京大学信息科学技术学院本科生科研成果展示会。副校长高松教授、教务部部长董志勇教授，以及部分教师代表和学生近400人参加了会议。会议论文口头报告18篇，海报展示44个。评选出一等奖2人，二等奖6人，三等奖10人，最佳海报奖10人。

2014年度获得奖教金26人，其中杨王院士优秀奖3人（冯梅萍、曹永知、王玮），唐立新优秀学者奖2人（黄罡、王立威），正大教师奖3人（毛新宇、刘先华、刘力峰），宝洁优秀教师奖1人（刘谦哲），中国工商银行教师奖2人（魏贤龙、王韬），黄廷方/信和青年杰出学者奖2人（崔斌、王润声），方正优秀教师奖2人（张海霞、吴玺宏），华为奖教金3人（杨朝晖、丁雪芹、王一涵），宝钢奖教金1人（吴云芳），北京银行奖教金1人（许国雄），树仁奖教金2人（李巨浩、王爱民），天创奖教金2人（鲁文高、段凌宇），王楚奖教金2人（李朝辉、梁学磊）。

【科研工作】 2014年信息科学技术学院引进青年千人计划学者2人，百人计划学者1人（胡又凡）。当选美国电器电子工程师学会会士（IEEE Fellow）1人（梅宏），第11届中国青年女科学家奖1人（黄如），入选"教育部长江学者奖励计划"特聘教授1人（张路），第17届中国科学技术协会求是杰出青年奖1人（黄铁军），2014年度中国计算机学会杰出教育奖1人（李晓明），中国通信学会卫星通信委员会中国卫星通信学术与人才培养杰出贡献纪念奖1人（项海格），入选第七届国务院学位委员会学科评议组成员3人（张兴、李晓明、王子宇）。

2014年信息科学技术学院成功申请"973计划"/重大科学研究计划课题43项，"863计划"课题22项，科技支撑计划、科技重大专项课题25个，国家自然科学基金项目188个。其中包括2项973项目（第一完成单位）（高文：基于视觉特性的视频编码理论与方法研究，金芝：基于开源生态的网构化软件开发原理和方法），1项国家基金委创新群体项目（黄如：纳米尺度集成电路新器件与新工艺研究），2项延续资助的国家基金委创新群体项目（梅宏：可信软件的基础理论、方法和技术研究，高文：高逼真度视听系统的理论与方法）。此外，黄铁军负责的"图像视频分析、压缩与识别"获国家杰青项目，由彭练矛负责的项目"碳基集成电路用碳纳米管材料的规模化制备技术研究"获北京市科技计划资助并启动，由刘晓彦担任联合负责人的北京大学—京东方科技集团股份有限公司合作项目"高外量子效率有机电致发光器件"启动。

在国内合作方面，信息科学技术学院以信息技术创新研究院为基地，加强与国内院校、企业之间的合作。在院校合作方面，中国人民解放军海军航空兵学院院长李建民、海南大学校长李建保、中国人民解放军海军工程设计研究院副院长王建平先后带队来访，以签署合作框架协议、召开座谈会的形式与信息科学技术学院商讨教学科研合作的可能性。在院地合作方面，北京大学（天津滨海）新一代信息技术研究院正式成立，办公环境建设、管理制度建设、人事组织建设、年度经费预算编制等工作有序开展，首批项目完成评审立项、合同订立并成功入驻；安徽省滁州市张祥安市长一行来访，就产业合作、科技成果转化等展开研讨洽谈；部分教师随学校科技开发部前往中国（长沙）科技成果转化交易会，与长沙企业对接；之后，长沙企业代表团回访，参观数字视频编解码技术国家工程实验室、微米/纳米加工技术国家级重点实验室、微处理器研究开发中心。信息科学技术学院先后发布无锡市、扬中市、淄博市、莱阳市、合肥市、长沙市、重庆市等地方企业技术合作需求。

在对外学术交流方面，2014年信息科学技术学院教师、博士后共有482人次完成出访任务，其中参加会议352人次，访问考察95人次，合作研究26人次；本科生157人次、研究生333人次完成参加会议、学生交换等出访任务；主办国际会议9次。2014年，信息科学技术学院共承担海外合作项目13个，新增项目4个。完成"北京大学海外学者讲学计划"项目16个（其中讲课类6个，讲座类10个），以及2个"海外名家讲学计划"项目。

在科研成果方面，2014年信息科学技术学院共发表A类论文343篇，SCI论文320篇（2013年），申请专利231项，授权专利151项（其中发明专利145项，实用新型专利6项）；出版图书14种，其中专著6种，教材8种。作为第一完成单位获教育部高等学校科学研究优秀成果奖3项，其中"新型低功耗多栅MOS器件的实验与理论研究"（黄如、王润声、张兴、王阳元）获自然科学一等奖，"不确定性系统的建模与分析"（曹永知）和"对等网络数据共享系统设计的理论与方法"（崔斌、杨智、代亚非、李晓明）获自然科学二等奖。梅宏院士主持的"网构软件理论、方法与技术"获中国高等学校十大科技进展奖。作为参与完成单位获得国家科技进步二等奖1项（题目内部公布，单位排名：2/4），获得湖北省科技进步一等奖1项（混合云存储系统关键技术，单位排名：2/5）。

2014年信息科学技术学院与学校社会科学部、人文学部、医学部等共同开展交叉学科合作研究，包括牵头成立北京大学文理大数据中心（虚体机构）；启动北京大学医学—信息科学交叉种子基金项目，首批资助26个项目；召开"智能机器人"交叉合作研究研讨会，对信息科学技术学院在该领域的研究定位、研究思路、特色研究、合作研究的组织实施方式等形成初步意见。

2014年信息科学技术学院共承担国家级、省部级、科技开发等各类科研项目/课题363项，到账经费225332万元，共执行技术服务、技术咨询、技术转让合同88项，到账经费2998万元，合计到账

25531万元。

【党建工作】 截至2014年12月，实有党员1277人，其中在职教职工党员156人，离退休教职工党员116人，学生党员843人，其他党员（组织关系未转出等情况）162人。信息科学技术学院党委下属党支部47个，其中在职教职工党支部10个，离退休教职工党支部2个，学生党支部35个。

2014年发展党员65名（其中教职工1人），转正党员74名。

2014年，院党委顺利完成换届，新任党委委员王源、王千祥、王志军、邓斌、卢亮、冯梅萍、吴文刚、陆俊林、周小计、黄如、魏中鹏。魏中鹏任党委书记，冯梅萍、卢亮任党委副书记。此外，35个学生党支部和3个教工党支部完成换届，信息科学技术学院党委顺利通过2014年党建评估工作。

2014年表彰先进党支部8个，其中校级3个；表彰优秀共产党员69名，其中校级14名。院党委坚持教工支部书记工作交流与研讨、学生支部书记定期培训。2014年基层党支部书记培训36人，新党员培训15人。全年完成党建立项35项。

【行政工作及其他】 信息科学技术学院工会获北京大学第二十一届体育文化节暨北京大学运动会精神文明奖、工会优秀活动奖、工会精品活动奖、第十三届青年教师教学基本功比赛优秀组织奖。

行政工作方面，2014年获评北京大学离退休工作先进集体。屈婉玲、谢柏青、余道衡获北京大学第二届"老有所为先进个人"称号。

【学生工作】 2014年，学院获评北京大学2012—2013年度红旗团委、毕业生就业工作先进单位。李子奇获北京高校优秀辅导员。2011级4班获北京大学第九届"班级五四奖杯"，马郓获北京大学第九届"学生五四奖章"。学院获一二·九合唱比赛全校一等奖。

继续开展具有信科特色的"E·彩"文化节，包括先锋（学生党员骨干研修班、高级团校、初级团校）、学术（"信息技术与信息化"名家讲坛、"博采众长"博士生论坛、计算机应用设计大赛、ACM程序设计竞赛、"学术十杰"评选）、文艺（一二·九合唱比赛、毕业生晚会、院十佳歌手大赛）、体育（Lab杯系列赛事、信科杯系列赛事、足球/篮球/排球/乒乓球/羽毛球/台球/定向越野、第一届师生趣味运动会）、实践（寒暑期实践调查团、求职交流酒会）、公益（信科电脑小分队、美丽大卖场、风华希望小学支教）、集体（女生节、男生节、程序员节）等七大板块。

此外，在日常工作中拓宽意见反馈渠道，2014年11月微信平台上线，2014年年底订阅用户已经达到1360人；举办"院长恳谈日"活动，搭建学院与学生的沟通平台；召开本科生事务协调会，按月度收集本科学生的意见建议。

【软件工程国家工程研究中心】 软件工程国家工程研究中心于1996年7月由原国家计委、教育部批准成立。2001年经学校批准正式成为独立建制单位，2003年11月通过国家发改委和教育部的项目建设验收。

主任张世琨；副主任：王亚沙、赵文。在职教学科研人员14人，其中正高级职称7人，副高级职称6人，新入职中级职称1人；张颖，助理研究员，聘期为2014-10-29到2018-1-31。

软件工程国家工程研究中心与软件与微电子学院共同承担软件工程一级学科建设，包括四个专业：软件工程理论与方法、软件工程技术、软件服务工程和领域软件工程。与软件与微电子学院共同培养软件工程工学硕士和工学博士。

2014年度9项科研项目获批。2014年度获授权专利1个。发表论文24篇。

2014年中心共有党员5名，均纳入软件与微电子学院党支部。

【高能效计算与应用中心】 北京大学高能效计算与应用中心（Center for Energy-Efficient Computing and Applications，CECA，以下简称"中心"）成立于2010年底，是北京大学在"985工程"中建设的开展国际先进水平高能效计算与应用研究的科研机构。该中心既是北京大学计算机系统结构学科的重要组成部分，又是一个交叉研究机构。

中心为北京大学信息科学技术学院下辖的一个实体单位，实行主任负责制。中心实行特殊机制，在教师聘用和管理上具有相当大的灵活性，为杰出教师提供有竞争力的待遇和启动经费，有效推动科研力量的发展，建立具有世界先进水平的研究环境，以吸引国际高水平人才。

中心的研究方向为高能效计算、通信以及应用，中心主任为丛京生教授。2014年在建立一套和世界一流大学接轨的新体制教授招聘、评估、晋升的管理体制机构的工作上进一步完善。该体制的实施已初见成效，并在学校方面被考虑使用和推广。中心建设工作包括：聘请2名海外一流大学教授任中心兼职教授；聘请1名国际著名科学家任中心荣誉客座教授；聘任国际一流水平的预聘制教学科研人员4名（1名将于2015年入职，全职教科研人员人数达到5名）；培养博士后1名，赴美国著名大学继续深造；已完成中心学术委员会组建，成员包括：主任丛京生，副主任王韬，委员吕松武、谢源、梁云、罗国杰、孙广宇。

中心已取得高能效计算与应用领域研究的若干初步成果，2014年中心新申请国家自然科学基金项目2项，北京市自然科学基金项目1项，累计申请"863"子课题3项，教育部高等学校博士学科点专项科研基金项目3项，国家自然科学基金项目5项，北京市自然科学基金项目1项，中国博士后科学基金项目1项。此外，中心与百度、华为、基伍国际、AMD等知名企业合作项目4项，项目总金额近千万元。2014年中心发表论文35篇，其中15篇为中心A类论文（计算机体系结构及相关领域顶级会议、期刊论文），累计发表文章79篇（年人均超过6篇），其中36篇为中心A类论文。中心第一作者论文MobiCom 2014，合作论文ISCA 2014和ASPLOS 2014均为北大在该领域顶级会议首次发表论文。

国际合作方面，2014年中心邀请国外知名专家、学者来中心访问及做学术报告12人次，完成"北京大学海外名家讲学计划"项目2个，邀请计算机体系结构领域国际著名专家、美国工程院院士Arvind教授和Mary Jane Irwin教授来中心作专题讲座及指导中心工作。2014年8月24日，中心年度学术研讨会在北京大学成功举办，共有来自国内外院校、科研单位的老师和学生近80人参加。

2014年中心在信息科学技术学院开设课程共7门，其中4门为英文授课。2014年中心共有34名学生，其中博士生14名，硕士生5名，本科生15名。2014年中心毕业博士生1名，本科生11名，其中5名赴美国继续深造，6名留在中心继续深造。中心累计毕业博士生1名，本科生22名，几乎全部选择前往世界知名学府继续深造，包括北京大学、美国麻省理工学院、斯坦福大学、加州大学伯克利分校、康奈尔大学、卡耐基梅隆大学、加拿大滑铁卢大学等。中心本科毕业生自2013年起，连续两年获得信息科学技术学院本科生"十佳"毕业论文荣誉称号。未来几年内，中心计划招收学生规模在100人左右。根据学生在中心的学习进展和未来发展方向，已推荐学生到包括美国斯坦福大学、加州大学洛杉矶校区等国际知名大学进行短期和长期学术交流（三个月到一年不等）。

工 学 院

【发展概况】 工学院下设六个系：工业工程与管理系、力学与工程科学系、航空航天工程系、能源与资源工程系、生物医学工程系、材料科学与工程系，和近二十个研究机构，其中包括国家重点实验室2个：湍流与复杂系统国家重点实验室、国家湿地保护与修复技术中心，省部级重点实验室4个：高能量密度物理数值模拟教育部重点实验室、城市固体废弃物资源化技术与管理北京市重点实验室、先进电池材料理论与技术北京市重点实验室、先进北京市智能康复技术研究中心。

为建设一支高水平的教师队伍，建设世界一流工学院，严格遵循与国际一流大学接轨的考核评估制度。2014年对教员评估的材料送外审评阅达250多人次，其中送海外评阅达170人次，有效地推动了评估工作与建设世界一流大学相结合人才建设机制。2014年通过两批次申报，12位新体制教员喜获北京大学长期教授或副教授资格，这是工学院第四、第五批获得此项资格的教员。

2014年度还有1名力学系教员晋升为教授，2名教辅人员退休，5人调入，3人调出。同时，根据学校精神，完成了2013—2014年度专项岗位考核及工资年度考核与2014—2015年度专项岗位聘任工作。

博士后工作方面，2014年进站32人，出站19人，办理延期10人。3人获优秀博士后奖。

【教学工作】 本科生教学 2014年招收本科新生137人。其中，国防生4人，空军飞行员国防生21人，留学生5人。目前在校本科生总数达到417人，留学生达到7人。

2010级78名本科生中，75人毕业并获得学位，15人获得理学学士学位，60人获得工学学士学位。

工学院2014年度春季开设72门课程，暑期学校开设12门课程，秋季开设76门课程。

2014年，学校开展了新一轮本科教学计划的修订工作，学院各系根据学校要求讨论制订了2014版本科培养方案，在保持原有教学计划的基本框架下适当调整完善培养方案与教学计划。

2014年，根据学校要求，对学院46门英文授课的本科课程进行全面整理，最终完成了12门常开课程的信息及大纲更新。

工学院本科生参加的科研项目获批君政基金3项，国家创新训练4项，北京市创新计划1项，毛玉刚基金2项，钟夏校际科研基金2项，校长基金8项，学院共有26名学生参与课题研究。2014年10月，工学院22个2012年立项的本科生科研项目顺利完成结题并获得科研学分。

2014年学院"国家基础科学人才培养基金"资助了24个科研训练课题，共有32名本科生参与课题研究。2名学生获得国家基础科学人才培养基金奖学金，3名学生获得短期出国交流资助。

自2014级起，空军飞行员国防生委托工学院进行培养。3月21日，工学院教师与空军航空大学教员调研团开展座谈，就空军飞行员国防生的学习情况、培养方案，以及课程衔接等相关问题进行讨论。

5月30日，学院设立北京大学

工学院空军国防生飞行员班管理委员会，负责飞行员班的教学规划和教学管理，协调日常教学管理中的各项事务，协调与空军航空大学的教学衔接事务，以及与相关招生机构的联系工作。

2014年7月工学院举办北京大学第二届全国中学生工学夏令营，收到来自全国26个省市自治区共计1222份有效报名材料，经选拔评审委员认真审核和充分讨论后，最终确定255名营员。夏令营实际报到243人，根据笔试、面试及实践考核成绩，选拔出60名优秀营员直接进入北京大学自主招生笔试。

工学院能源与资源工程系郑一老师获得北京大学2013—2014年度教学优秀奖。

工学院两项教学成果获得校级一等奖：

培养新型交叉工科创新人才——北京大学本科人才培养模式改革（王习东、郑一、张东晓）

面向创新能力培养的高等动力学课程设计（刘才山等）

研究生教学 2014年，在校研究生人数734人，其中，博士生498人，硕士生236人。2014年，共招收研究生235人，其中，博士生139人，硕士生96人。2014年毕业研究生共127人，其中，博士生52人，硕士生75人。2014年共开设94门学术型专业课程。

宋洁"建模与仿真"、陆祖宏和陈匡时"生物医学工程概论"、许晓云"高等运筹学"课程获得北京大学2014年度研究生课程立项建设。

2014年共有120人次申请出国参加国际会议或合作研究，其中32人获得北京大学国际会议资助，13人获得"国家建设高水平大学公派研究生项目"支持到国外大学做合作研究。

2013级博士生陈林得到"北京大学博士研究生国际专题学术研讨会"项目资助，于2014年5月份举办题为"超/近临界流体流动动力学与传热学"专题研讨会。

2014年7月5—7日，工学院成功举办了第6届全国优秀大学生夏令营，来自北京大学、清华大学、浙江大学、中国科学技术大学、武汉大学、上海交通大学、南开大学、四川大学的等全国75余所高校的约350名同学参加了本次活动。

9月13—14日，由杨越研究员组织的工学院第二届博士生论坛暨北京大学力学全国博士生论坛在北京大学第二教学楼成功举办。论坛开幕式由肖左利研究员主持，出席论坛开幕式的嘉宾有北京大学研究生院副院长严纯华院士，工学院院长张东晓教授，副院长陈峰教授，北京工业大学机械工程与应用电子学院张伟教授，清华大学航天航空学院朱克勤教授。参与博士生论坛主持与评审工作的工学院熊春阳教授、王勇教授、杨莹教授、曹国鑫研究员、裴永茂研究员、周超研究员、陈正研究员、李忠奎研究员、于海峰研究员、张玺研究员、李法新研究员、葛子钢研究员、霍云龙研究员和王昊研究员出席了论坛。来自北京大学、清华大学、复旦大学、大连理工大学、武汉大学、中国科学技术大学等16余所高校共计100余名博士生参加了本次论坛。

2014年北京大学优秀博士学位论文获得者：

李应卫，2014年1月毕业，论文题目"铁电单晶/陶瓷变形与失效行为研究"，指导教师：李法新研究员。

杨策，2014年7月毕业，论文题目"基于纯相碳化铁的费托合成催化剂的制备及性能研究"，指导教师：侯仰龙研究员。

李华芳，2014年7月毕业，论文题目"基于营养元素（Mg、Ca、Zn、Sr）的可降解合金设计及生物学评价"，指导教师：郑玉峰教授。

在获奖方面，黄琳获国华杰出学者奖，方岱宁获杨芙清—王阳元院士教师奖特等奖，李长辉绿叶生物医药杰出青年学者奖，于海峰获唐立新奖教金教学名师奖。

【科研工作】 2014年工学院的科研工作开展顺利，学院与国内外机构的学术交流活动持续活跃，科学研究实力进一步提升，在国内外工学领域的科研地位得到认可，争取国家重大科研项目的能力进一步加强，到校科研经费创学院历史最好成绩，人均科研经费比较充裕。

学院在编人员146人，拥有111位海内外优秀学者，其中院士10人，千人计划学者12人，长江学者18人，杰青25人，青年千人学者5人，教育部跨世界和新世纪人才17人，青年拔尖人才1人，优青9人。

完成了2014年度千人申报、青年千人申报（6人获面试资格）、长江申报和聘任（3人获聘）、第十批千人聘任（2人获聘）。

2014年，工学院共举办各类学术报告会147场，其中来自境外合作者112场，新获批科研项目近200项，获批经费2亿元，其中国家粮食局重大专项1项、973课题1项和北京市科技计划项目5项。先进技术研究院项目28项，经费总额2050万元，其中包括1项发动机课题。国家自然科学基金获批41项，经费总额达到4770万元，其中包括1项创新研究群体、2项重点基金、3项重大研究计划和2项优秀青年基金。2014年工学院到校科研经费达到2.3亿元，比2013年增长近2000万元，其中科研部1.6亿元，科技开发部3809万元，先进技术研究院3700多万元。工学院发表文章的数量稳步增长，2014年全年发表SCI检索论文720余篇，其中第一作者或通讯作者的第一署名单位为工学院的403篇。

在经费稳步增长、科研项目数量和质量不断提升的同时，工学院不断产出高质量的科研论文和高应用价值的科研成果。2014年工学院SCI文章（第一或通讯作者）的平均影响因子为3.22（2011年2.29，2012年2.74，2013年3.08）。高水平论文的数量不断涌现，2014年影响因子超过5的文章有71篇，其中19篇超过10，最高为39（均指第一或通讯作者文章），相比2013年有大幅度的提升。2014年国际同行评估时对工学院教员2005年以来的SCI文章进行了全面检索，其中有134篇为ESI文章。

工学院非常重视青年人才的培养，青年人才硕果累累。青年教师的科研成果突出，很多科研论文发表在国际一流的刊物上。2014年，北京大学工学院在国内外的学术影响力得到充分展示。侯仰龙荣获第四届中国化学会—英国皇家化学会青年化学奖，陈峰被增选为国际食品科学院院士和国际欧亚科学院院士，占肖卫当选英国皇家化学会会士，佘振苏当选为美国物理学会会士。王建祥被选为国际理论与应用力学联盟大会委员会委员，方岱宁被确定为第24届世界力学家大会的大会报告人之一。工学院机器人代表队"功夫队"再获佳绩，在第九届全国信息技术应用水平大赛暨2014国际水中机器人大赛中，"功夫队"荣获1项冠军和1项团体一等奖，指导教师谢广明教授获得大赛优秀指导教师奖。在2014华北五省大学生机器人大赛中，获得水中机器人项目的1个一等奖和1个二等奖。由水资源研究中心和美国纽约理工学院合作组织的"水资源与能源之间的关系：可持续性与全球挑战"国际会议顺利举行；健康系统工程研究所承办了第一次系统学主题研讨会；应用物理与技术研究中心成功主办了计算力学学术研讨会，合作举办了动理学模型理论与计算研讨会；生物医学工程系成功协办了第495次香山科学会议；第二届高能量密度物理国际会议及"黉门对话"在北京大学举办；力学系及应用物理与技术研究中心举办计算力学高级讲习班，来自全国70余位计算力学领域的师生参加了此次讲习班；航空航天工程系和湍流与复杂系统国家重点实验室承办的多尺度动力学与重大工程问题研讨会在北大顺利举行。

【党建工作】 2014年，工学院党委基于"为教工服务、为学生服务、为学院发展服务"的工作定位，积极开展了学院的党委工作。

2014年上半年，工学院党委进行了党委换届工作。经过全体党员"三下三上"的提名和党代表大会的选举过程，最终产生新一届党委委员：朱怀球、孙智利、闫静、李军凯、杨槐、郑玉峰、荣起国、夏定国、唐少强。孙智利任党委书记，李军凯、夏定国任党委副书记。

2014年，工学院党委重视组织建设，认真培养、发展新党员，2014年共组织82人参加学校党课班的学习，新发展党员24人，有23人转为正式党员。学院党委重视支部建设，根据院系情况，重新进行了支部划分，现共有党支部39个，其中教工党支部9个，学生党支部30个。截至2014年年底，工学院共有党员795人，其中学生党员647人，教职工党员105人，离退休党员43人。

2014年，工学院有5人获"北京大学优秀共产党员"，他们是：郑一、魏朋、王梦泽、吴天昊、王在存。有两个党支部获"北京大学先进党支部"，分别是：2011级、2013级本科党支部和2013级硕士党支部。

2014年，工学院党委积极响应学校开展的"深化综合改革、聚力科学发展"讨论活动，并于11月5日召开专题讨论会，邀请学院教职工代表围绕"议改革、谋发展，群策群力创一流"以及"弘扬社会主义核心价值观，争做党和人民满意的好老师"的主题积极展开讨论，深入思考学校和本单位改革发展的历史方位、取得的经验和存在的问题，并就教学科研管理服务等领域的改革举措提出了相关意见和建议。

工学院党政班子严格执行党风廉政建设方面的各项规定，全年未发现违规违纪现象。

【学生工作】 2014年，工学院学生工作办公室坚持从学院迅速发展和学生规模不断扩大的实际出发，不断完善日常管理服务工作，以助力学生成长成才为根本出发点，继承传统、开拓创新，在明确定位的基础上通过拓展力量、规范机制、丰富平台和创新手段等途径积极探索和丰富育人工作的形式与内容，取得了良好的效果。

学生工作办公室主动建立了定期协调机制：（1）每周向党政领导班子汇报学生在学习、生活和就业等各个方面的最新情况和具体需求，院长书记亲自参与、统筹考虑，有效协调了经费、空间、人员等各个方面的资源；（2）每月与学院教务、综合、科研、外事等相关办公室了解和反馈学生事务的具体进展，构筑了协同育人的和谐氛围。同时认真设计和实施，形成了包括班主任、辅导员、朋辈辅导和学生骨干的多层次育人队伍，由教学科研一线的年轻教师担任班主任，为每个年级配备专、兼职辅导员，建立了全覆盖的朋辈辅导队伍和经验丰富的学生骨干梯队。学生工作办公室联合教学相关部门，举办了第一、二届全国中学生工学夏令营，让中学生提前感受了工学的魅力与精彩。此外，学生工作办公室联合各系相关老师，定期邀请国内外不同专业方向的学术专家来校讲座，与专业课教师积极配合，共

2014年，工学院学生工作办公室认真规范学生工作机制，完善日常管理制度。紧扣热点，夯实学生思政工作；定向帮扶，完善学生资助工作；全面关注，拓展学生心理工作；科学分析，强化学生就业工作；充分调研，规范学生评优工作；不断创新，推进学生日常工作。

学生工作办公室注重丰富学生工作平台，展现工学青年风采。2014年，牵头策划了第二届北京大学工业设计大赛，成功举办了北京大学黉门对话"科技与科幻"，紧密筹备工学院首届"学术十杰"评选，全面整合"工学文化节"，积极动员学生参加"挑战杯"、数学建模、物理、力学、数学、机器人等相关学科竞赛，不断争取学院教师的关注和支持。2014年还组织4支暑期实践团队，分别到湖北、河北等地走访参观，就当地企业发展、教育模式等内容进行了调研，其中赴湖北郧西县暑期社会实践团获得优秀团队奖，王小敏老师获得优秀指导教师奖，刘源清获得优秀实践领队奖，刘亚琼获得优秀实践个人奖。大力支持学生参与学校各项体育比赛，在"新生杯"、"北大杯"、趣味运动会、校运会等校园赛事中均取得优良成绩。将各学生运动队统一纳入院级学生组织管理，规范指导他们进行整体的宣传、训练和团队建设，拓展并加强了各队伍的影响力、吸引力以及战斗力。积极开展文化艺术活动，着力提升同学们的艺术情怀和审美修养，打造了"新年晚会"、"新生晚会"和"K歌大赛"等品牌活动，并重点探索师生互动机制的融合和强化。同时，学生工作办公室结合"爱乐传习"活动设计了一整套活动方案，包括细致的培训计划、完备的后勤保障方案、新奇有趣的激励机制等。

学生工作办公室积极创新学生工作手段，探索多元育人形式。2014年，在院级学生工作主页、学生信息综合管理服务系统的基础上改版学生工作主页：精简了重复模块、优化了平台内容、规范了发布形式，特别加强了学生须知信息的公开和公示，逐步向学生进一步推广和介绍各个模块的功能和内容，努力培养学生自主获取所需知识的习惯和能力。同时，学生工作办公室制作了与纸版学生信息登记表基本一致的电子表格，制定了《北京大学工学院学生基础信息更新工作规范》，规范了每学年信息更新机制。此外，学生工作办公室也适时推出了以服务全院师生为目的微信订阅号"工映青春"，积极探索学生工作的新方法和新形式。

充分挖掘《解密工之道——30位北大校友为你解读职场》的优秀经验，学生工作办公室组织学生党支部、研究生会等学生组织对杰出院友进行深度访谈，拟编写出版《从燕园到职场——20位北大校友为你讲述职场心经》。

为拓展北京大学首届工业设计大赛的丰富成果，学生工作办公室启动了北京大学第二届工业设计大赛，引入和探索了宣传预热、动员宣讲、资助评审、中期指导、后期展示等关键环节，匹配浙江大学设计学院的专业学生到各参赛队伍以帮助提升作品质量，并邀请了更多的业界专家参与组织和评审。

进一步扩大"春燕行动"的成效和覆盖面，学生工作办公室指导学院青年志愿者协会积极动员党支部参与，通过支部与离退休教师或院友的结对联系，进一步加强沟通的频率和效果。同时，将"春燕行动"与院士和院友访谈相结合，充分挖掘杰出院友们的学术人生历程。

进一步促进师生交流，了解学生发展的具体需要，也让学生了解学院的整体规划，学生工作办公室整合良师"亦"友和院长下午茶活动，定期邀请学院领导、各系主任和相关任课教师与学生分享人生经历、探讨学术生涯规划，为学院发展建言献策，取得了很好的效果。

【交流合作】 2014年，工学院出国（境）共349人次，出访国家（地区）涉及美国、英国、法国、荷兰、比利时、加拿大、日本、澳大利亚、新加坡、意大利、德国、韩国，以及中国港澳台地区等。教职工出访目的明确，包括参加学术会议、访问考察、进行合作研究等，均取得丰硕成果。

2014年，本着外事工作为教学科研服务的宗旨，积极开展国际学术交流方面的工作，交流渠道多元化。全年共接待来自美国、英国、韩国、日本等国和香港、台湾地区知名高校来宾200余人次。

2014年，学院利用北大"海外学者讲学计划"和"海外学者研究计划"项目共35万元经费先后邀请了外国及港澳台专家约47人次来学院讲课、讲座及科研合作。

2014年，工学院申报北京大学"海外名家讲学计划"1人，获批经费7.4万元。该项目邀请澳大利亚昆士兰大学副校长Max Lu教授到学院讲座并交流，受到全校及兄弟院校的能源专业教师及学生的普遍关注，此次来访学术成果颇丰。

2014年，继续协助外籍教员和外籍博士后办理专家证和居留许可的申办和延期手续，以保证外籍教员在北大的正常工作和生活。

Globex（Global Education Exchange）项目是北京大学工学院和多所世界知名大学工学院之间达成的外籍教师和学生交换学习与研究合作的项目。在工学院和国家留学基金委员会的大力支持下，2014年度工学院共选拔和派出21名优秀本科生赴澳大利亚新南威尔士大学、加拿大多伦多大学、加拿大英属哥伦比亚大学、美国马里兰大学、美国匹兹堡大学和美国特拉华大学、美国佐治亚理工大学、美国加州大学欧文分校、法国流体力学所学习。

4月27—29日，由北京大学工学院主办的2014亚洲工程教育领袖峰会（Asian Engineering Deans Summit，AEDS 2014）在北京大学中关新园举行，峰会共设有四个开幕式主旨演讲和三个分论坛。北京大学校长王恩哥出席开幕式并致辞。来自新加坡、日本、韩国、印度等亚洲各国，以及澳大利亚、美国、法国等国家工学院校的60多名院长代表参会，国内诸多工学院校负责人也应邀前来参会。

11月16—18日，北京大学工学院国际同行评议工作的现场评议环节在工学院1号楼顺利举行。由Don Giddens, Iven Mareels, John Birge, Frank Lewis, Roger Owen, Kent Fuchs, Xincheng Xie七位国内外专家组成评议小组，听取了工学院院情汇报，参观了学院各系和重点实验室，与工学院领导、教师和学生进行了充分的交流。

【发展与产学研】 2014年，工学院在宣传事务、公共关系管理（院友会、理事会、基金管理）、筹款事务及产学研等几方面工作都取得了显著发展。

宣传工作　工学院2014年继续利用多种渠道、采用多种形式向校内外和国内外进行正面宣传。2014年运营的宣传手段包括中英文网站、期刊《工学快讯》、中英文宣传册、中英文电子报和微信平台。其中，中英文网站更新及时，内容丰富准确，是展示学院风采的良好窗口；《工学快讯》2014年发布4期，每期发放600人；宣传册2014年印刷1次，中英文共发放1500册；电子报2014年发行6期，中英文每期发送10000人；微信平台不定期推送消息，并建立了微官网，目前关注人数已达600人。

此外，工学院宣传工作还积极配合学院举办重大活动，如AEDS、IPR等，负责前期会议准备、网站建设、拍照摄像、会议记录、校内外媒体宣传等；还参与了院友活动、产学研、扶贫项目、北京论坛海洋分论坛等各类活动的致辞主持词准备、会议记录、拍照摄像和专题报道工作。

院友会　为了促进学院IPEM（国际药物工程硕士项目）及MEM（工业工程管理硕士项目）的院友与学院的互联互通，积极组织筹建北京大学MEM（工业工程管理硕士）促进会和北京大学工学院金融院友分会。

院友会组织了一系列非常有意义和影响的活动：院友踏青活动、校庆期间组织了为期三天的五四返校工学院院友活动及秩年返校活动、有奖征稿活动；工学院"工行天下"业界导师项目（邀请14位导师指导42位在院学生）；工学院十周年"继往开来"院友讲座系列活动；协助工学院校友会完成316位老院友的小额捐款活动，共计筹集6万元；参与理事会重大议题的讨论；协助北京大学校友会邀请院友参与各类参观、讲座、毕业典礼等活动；筹办波音、斯伦贝谢、埃克森美孚奖教奖学金颁奖典礼；负责与院友相关的6个基金筹款：院友基金、工学院电机系5235班吴康铭励学基金、人类健康工程基金、离退休教职工基金、吴望一教授杰出贡献基金、力学发展基金；统计工学院院友名录，通过院友网、院友刊物、电子期刊、北京大学统一的短信平台、学院自行研发的个性化邮件群发平台告知学院重大事项的开展、校级院级会议等活动通知、提供院友间信息查询、发送节日问候；筹划对院友的系列报道：1996级力学系高攀峰、1997级力学系康玉琳、1950级机械系张学孟；筹办工学院第二届院友理事会第一次会议，加强工学院与院友的交流与联系；院友会成员积极支持北京大学工学院的发展；1996级院友理事高攀峰赞助院友举行虎峪自然景区踏青活动、工学院兼职教授俞梦孙院士捐资10万元设立人类健康工程基金、院友理事张进财捐资5万元支持工学院学生活动。

基金管理　协助校教育基金会及学院领导负责100项基金的合同管理、财务、配比、年报、项目整合、捐赠仪式等工作。新设立女性健康发展专项基金、工学院力学发展基金、吴望一教授杰出贡献基金、工学院工学扶贫基金、毕业生回家基金5个基金。完成北京大学教育基金会第十批和第十一批基金配比，获得216.493万元奖励。

筹款工作　直接完成的筹款：波音、埃克森美孚、夏普奖学奖教金40.4万元，浙江唯其信捐赠学生活动基金2万元，吴望一教授杰出贡献基金47.2万元、人类健康工程基金20万元、院友基金踏青及五四活动捐赠4.3万元、张进财支持学生活动基金5万元。间接协助完成的筹款：女性健康发展专项基金30万元、AEDS峰会58.3万元、周培源采集工程基金60万元、力学发展基金10万元、海洋研究院基金1000万元、工学扶贫基金600万元、德发发展基金100万元。2014年捐款合同金额为5.19亿元。截至2014年12月31日，学院捐款合同总额为7.36亿元，到账金额为3585.25万元，共设立100个基金账户。

产学研工作　2014年，学院进一步加强了产学研平台的建设，初步形成由北京大学创新研究院、北京工道创新投资有限公司、工道控股有限公司、北大科技园、创新教育中心和产学研合作中心等六位一体的产学研体系。

北京大学创新研究院作为体系的创新平台（与工学院工程技术研究院合并），依托各分院设立了

35个研究所,研究方向包括半导体、发动机、材料、能源、生物、软件、导航、智能电网、电子信息、节能环保、食品科学等。现有专职研究员260人,完成工程技术项目50余项,在研项目35项,申请专利38项。

为落实习近平总书记关于"将北京建成全国科技创新中心"的指示,北京市以北大创新研究院为基础,并面向其他高校开放,组建了北京协同创新研究院(BICI)。BICI将建设18个协同创新中心,目前已有北大、清华、中科大、北航及中科院等13所大学(院)和70多家企业参与共建,北京市投资10亿元支持研究院发展,并将在北清路建设专属园区改善研究院科研及成果转化条件,BICI建成后每年研发项目约50项。

投资公司作为系统的资金平台,将通过组建基金的形式为科研及成果转化、产业发展提供资金,目前已组建基金2亿元,签约并正在组建的基金约5亿元。

控股公司作为体系的产业发展平台,负责经营高科技公司。目前下属企业30多家,其中1/3左右的企业完成成果转化,进入生产销售阶段,其他企业多数将在2015年进入产业化阶段。

北大科技园是系统的基础设施建设和运营平台。包头科技园一期建成并投入使用,二期将在2015年下半年启动建设;北京、南京、杭州等科技园已完成规划,并将在2015年启动建设。

创新教育中心作为体系的人才培养平台,负责创新创业人才培养。为解决师资不足的问题,2014年中心返聘了光华、经济学院的4位老教授作为中心专职教师,与学院年轻教师一起组成了基本满足当前发展需要的队伍,显著提升了教学质量,招生质量也稳步上升。继续教育围绕学院优势学科重新设计了教学体系,得到学校好评。

产学研合作中心作为体系的业务拓展平台,在厦门、如皋等中心的基础上,与福州、昆明等达成了合作共识。中心今后将作为学院异地基地建设的重要模式,积极为学院横向课题开发、技术转移发挥作用。2014年学院走访企业上百家,达成的项目合作80个,签署的项目合同金额为6335.6万元,全校占比28%,居全校第一;到账金额3808.8万元,全校占比22%,居全校第一。学院仍在深入商谈产业合作的企业有37家,在谈项目44个。

计算机科学技术研究所

【发展概况】 2014年,计算机科学技术研究所教师队伍总人数32人,其中正高职称9人,副高职称17人,新晋升正高职称1人,调出3人。另外还有博士后2人、劳动合同制人员14人。

【教学工作】 2014年,毕业博士研究生6名、硕士研究生23名;入学博士研究生7名、硕士研究生25名;在读博士研究生33名、硕士研究生76名。

博士生发表期刊论文13篇,会议论文27篇;硕士生发表期刊论文6篇,会议论文43篇。

1名博士研究生被评为信息科学技术学院"学术十杰",1名本科生的毕业论文被评为信息科学技术学院"十佳"优秀毕业论文。2013级硕士研究生班获得信息学院"优秀团支部"和"北京大学先进学风班"荣誉称号。

共开设14门课程(6门研究生课程、8门本科生课程),一名教师的慕课课程被评为"北京大学十佳MOOC"。

【科研工作】 2014年,在研项目90余项,到账经费1800多万元,其中纵向科研经费1400多万元。

发表学术论文109篇,其中会议论文83篇、期刊论文26篇,SCI论文18篇,影响因子最高的为3.893。

获得国内发明专利授权19项,国际发明专利授权4项,申请并被受理的国内发明专利33项。

"海量图结构数据存储和查询优化理论研究"获中国计算机学会自然科学奖二等奖。

彭宇新被聘为国家863计划项目"面向政府管理的大数据内容理解与智能服务"的首席专家,孙俊获2014年度北大"王选青年学者奖",连宙辉获"北京大学第十四届青年教师教学基本功比赛(理工类)一等奖"。

字形计算技术方向在手写体中文字库自动生成系统的开发与研究中,借助笔画模型信息显著提升了笔画和部件的自动提取精度,设计了便捷的笔画和部件切割手动干预工具,引入骨架指导信息优化了字形轮廓矢量化效果,并开发了以移动设备所拍摄图片作为输入的手写体中文字库快速生成网络平台,进一步提高了原有手写体中文字库自动生成系统的可靠性和实用性。

图像、视频内容理解与检索研究方向在基于内容的跨媒体检索,图像的分类、内容解析和目标识别,深度学习和机器学习等方面的研究中取得新进展,解决了多个科研难题,多项成果的论文发表在相关领域的国际一流学术刊物与会议上,如 IEEE Transactions on Circuits and Systems for Video Technology (TCSVT)、Neurocomputing、AAAI Conference on Artificial Intelligence (AAAI)、ACM Multimedia Conference (ACM MM)。在 TRECVID 的交互式搜索任务中取得第一名,参加比赛的队伍包括 IBM Watson 研究中心、阿姆斯特丹大学、日本国立情报学研究所（NII）、北京大学、清华大学、北京邮电大学等22个队伍。

数字视频技术研究方向在分层视频不对等保护、HEVC快速解码、超分辨率等技术研究方面攻克多个技术难题，有效地提高了视频传输主观质量、HEVC解码速度等，其中解码技术已获得应用，多项成果的论文发表在TCSVT、TMM国际一流学术刊物上。

语言计算与互联网挖掘研究方向在句法分析方面，构建了增量式汉语深层依存分析器，进行了数据驱动的组合语义分析研究，构建了高精度的语义依存分析器，参加SemEval 2014组织的语义依存分析评测，取得封闭测试第一名的成绩。

在文本摘要与生成方面，探索了信息确定性因素对新闻摘要的影响，提出基于语义角色信息的多文档摘要方法，并研究了相关工作自动总结、讲义自动生成等全新的摘要问题，研制了基于安卓平台的微博浏览与分析APP—微立方。

网络信息处理技术研究方向在大规模语义知识库构建及面向结构化知识库的语义分析方面，构建了70万实体1100三元组的高质量中文语义知识库——PKUBase，并在面向结构化知识库的语义分析与智能问答方面取得突破，在欧盟委员会组织的权威智能问答评测任务上（CLEF-QALD）获得了第一名的成绩；以该项技术为基础，开展了新华社智库项目和数字教育知识服务领域的应用研发，并与多家单位合作，成功申报863类人智能知识理解与推理关键技术项目，得到了学术界和工业界的好评。

在海量图数据的管理方面开发了图数据管理系统g-Store 2.0，10亿条三元组查询效率达到了百毫秒级，并开展了与搜狗公司和中国移动的技术合作。

网络内容保护与文档处理技术研究方向在公式搜索方面，通过对公式的层次与变量进行了泛化，使公式的搜索通用性更好，已经实现WikiPedia和PDF文档数据中的公式搜索，相关的研究成果论文发表在国际一流学术会议SIGIR上。

在互联网搜索与挖掘技术研究方向，重点针对微博的短文本与社会化的特点，提出了基于实体语义扩展与反馈学习的微博实时检索方法和时间线生成方法（Tweet Timeline Generation，TTG），综合利用了微博的实体语义概念，以及博文内容特征、互动特征和用户社会特征，有效地提高了微博检索质量，参加本年度国际TREC微博评测，在全部两项评测任务中均获第一名的好成绩。

【科技开发】 电子出版新技术国家工程研究中心承担的国家发改委创新能力建设项目顺利通过验收，建立了具有自主知识产权的高速喷墨印刷系统研发平台，填补了中国在数码印刷技术开发与设备制造领域的空白，促进了传统印刷行业的数字化变革，验收专家组充分肯定了本项目在数字印刷技术研发和产业化方面的成果，认为本项目研发的高速喷墨数字印刷系统性能整体技术达到国内领先、国际先进水平，提升了工程中心在数字印刷领域的创新能力，提高了国内喷墨数字印刷的整体技术水平，达到了项目建设的预期目标。

在HEVC编解码器产品方面，与AMD公司合作进行了OpenCL版解码器的开发工作，共同发布了世界上最快的OpenCL版HEVC解码器；与Intel合作进行了移动平台（Android和iOS）上的解码库和相关应用的开发工作。还与UC公司和美图公司合作将HEVC用于静止图像的编码，目前已经开发出了可商用的新一代图片编解码器。

基于数字版权保护技术和CEBX普适性文档技术的应用系统，实现了二维码借阅、大屏幕触摸屏的数字出版内容展示等功能，并且集成到中华数字书苑服务系统，在国内几十家图书馆等机构得到了应用。中华数字书苑再次作为国礼赠送给悉尼科技大学。

中国文字字体设计与研究中心新推出18种风格字体共计88款字，包括颜宋系列6款、悠黑系列9款、盛世楷书系列6款、兰亭圆系列9款、刻本仿宋、杜慧田草书等字体。

【交流合作】 参加国内外学术会议、交流访问的有100多人次，邀请校外专家来所做学术报告10余场，承办或协办学术会议3次。

由中国计算机学会中文信息技术专业委员会主办、北京大学计算机科学技术研究所承办的"第四届全国文字与计算学术研讨会"，采用邀请报告、进展报告、Poster/Demo展示、圆桌讨论的方式就文字与计算领域的学术和应用问题进行了系统而深入的交流，吸引了国内十多家科研院所，以及多家知名企业的60多名专家、技术人员参加会议，反响热烈。

【党建工作】 2014年共有党员28人，其中离退休党员7人。

认真开展"学习习近平总书记五四重要讲话精神"活动，向全体党员推荐了《北大影响力》丛书，《北大红楼——永远的丰碑(1898—1952)》《北大大课堂》《幽雅阅读丛书》等书籍，组织观看了中央电视台《新闻联播》关于习近平总书记五四期间视察北大的报道，重温习近平总书记考察北大的全过程，进一步了解北京大学的发展历史和五四精神的深刻内涵，并通过座谈交流了思想体会。

在"落实十八大 共话中国梦"主题党日活动中表现突出，荣获学校优秀党日活动二等奖。

【王选纪念陈列室】 协助九三学社中央、北京九三王选关怀基金会举办"完善汉字文化与信息处理标准关系"座谈会,并形成参政议政报告上报国务院领导。

筹建王选纪念陈列室第二展厅,已完成招投标工作;组织王选纪念陈列室的接待和讲解工作,年内共接待各方参观人员1500余人,此外还在校内外做了18场题为"王选的世界"的主题报告。

【行政工作及其他工作】 行政人员共有8人,其中事业编制人员3人,合同制人员5人。

2014年进一步加强了对计算机所大楼的管理,重点开展了进楼验证、夜间巡逻、内部办公环境整治、监控、日常维护等方面的工作,营造安全、整洁、舒适的科研教学环境。

软件与微电子学院

【发展概况】 2014年,北京大学软件与微电子学院坚持"精品化、规模化、国际化"的发展战略,进一步加强和发展在学科建设、人才培养、师资建设、科研支撑、对外合作、校园文化等方面的工作。教育教学改革进一步深化,工程博士教育分阶段稳步推进;高质量科研项目稳步增长,承担国家自然科学基金项目和科技计划项目数量明显增多;校园文化建设和行政服务水平努力朝着精致化的方向推进;学生就业水平和质量保持较高水准,位居北京大学前列,展现了学科和培养模式的优势。

软件与微电子学院在教育教学工作中继续改革创新,逐步推进和落实学院十年规划的相关工作,取得了令人满意的成果,积极推进教学改革、提高教学质量、深化素质教育,为软件与微电子学院教育教学的进一步发展打下了坚实的基础。

2014年,软件与微电子学院教学科研系列有1人晋升为教授,3人晋升为副教授。截至2014年年底,软件与微电子学院共有教授26名,副教授16名,副高级以上职称员工占教学科研系列员工总数的67%,学院师资整体保持较高水平。2010—2014年,正高职称教师人数逐年上升,副高级、初级教师人数呈下降趋势,副高级职称以上教师占教师总数的70%以上且保持相对稳定,师资整体保持较高水平。2014年,经北京大学工程专业学位分会讨论和投票同意,软件与微电子学院新增9位硕士生导师。

【教学工作】 软件与微电子学院逐步优化教学结构和课程体系建设,四个领域学科组围绕学院整体教学改革部署,面向领域,逐步调整制方向,修订培养方案,调整课程设置,分层次、分阶段地进行教学改革探索。软件与微电子学院整合国内外优质资源,形成开放式国际化的工程博士培养环境。自2012年招收第一批工程博士至今,形成了以杨芙清院士为学科带头人的软件工程导师团队和以王阳元院士为学科带头人的集成电路导师团队,邀请企业专家、外国专家担任校外兼职导师加入导师团队。2014年多次组织与企业导师、工程博士研究生所在企业的领导和专家就工程博士研究生的培养展开讨论,工程博士培养的重要意义和培养模式得到普遍认识和高度认可。

2014年,软件与微电子学院在学科建设方面取得重要进展,高层次人才培养体系进一步得到完善。目前已设有软件工程一级学科工学博士点、电子与信息领域工程博士点、软件工程工学硕士点、专业硕士点、工程管理硕士点,可以招收软件工程、集成电路工程、电子与通信工程、计算机技术、项目管理、工业设计等6个领域的工程硕士。

【科研工作】 软件与微电子学院进一步加大科研工作和工程实践工作的投入力度,创造良好的科研及工程实践环境,促进相关工作稳步、扎实、富有成效地开展,取得可喜成绩。

截至2014年8月底,以软件与微电子学院科研人员作为项目(课题)负责人的各类科研项目有15项,其中国家科技计划项目6项,博士点基金3项,国家自然科学基金项目6项,目前在研项目6个(其中国家自然科学基金重点项目3个),结题项目4个,在研资金525余万元。2014年重点项目比上一个学年增加了2项。据不完全统计,2014年,软件与微电子学院以第一作者或责任作者单位发表的SCI、EI论文共计24篇,国内外会议论文35篇;作为合作单位发表的论文共13篇。出版专著、教材5部。申请专利16项,授权国家专利5项,受理国家专利8项,美国专利1项。

【党建工作】 软件与微电子学院党委向全体教职工党员发放了党的群众路线教育实践活动学习材料,向各党支部发放了《中国共产党发展党员工作细则》学习资料,并组织党员进行学习。软件与微电子学院全体师生通过学习、举办讲座、召开座谈会、开展主题党日活动等形式,认真学习与领会党中央及学校党委的系列重要精神。2014年,学校任命了新一届软件与微电子学院行政领导班子,北京大学副校长陈十一院士、党委组织部部长郭海出席软件与微电子学院全体教职工大会,宣布学校任命决定,完成了班子平稳交接和过渡。同时,软件与微电子学院不断完善干部选拔任用机制,在2014年完成了对部分岗位的人事调整工作。

软件与微电子学院始终高度重视学生的思想道德教育,开展了一系列爱国主义教育、集体主义教育、爱校教育,鼓励学科联系实际,投身社会服务，开展敬老院陪护服务、支教务工人员子女学校、重阳节关爱老年人等活动，促进软件与微电子学院学生坚定理想信念，树立正确的世界观、人生观、价值观，培养学生良好的思想道德素质。2014年，4名软件与微电子学院师生党员被评为校优秀共产党员，2013级经管二苑党支部被评为北京大学先进党支部。软件与微电子学院现有12个学生党支部。软件与微电子学院党委组织开办党校培训班4期，培养入党积极分子222名，发展学生党员111名，预备党员转正140名，组织基层学生支部书记培训3次（含校级培训一次）。

软件与微电子学院党委高度重视党的先进性、纯洁性及党风廉政建设。多次组织教职员工和学生干部专题学习研究党的十八大精神。同时，发挥专业优势，利用校园网络、视频等技术，传达、学习会议精神。开展党员干部警示教育，有针对性地完善相应的规章制度，做到标本兼治，使领导干部的法律意识、纪律观念、照章办事意识得到进一步增强。

【交流合作】 2014年，软件与微电子学院紧紧围绕北京大学创建世界一流大学的总体思想，不断开发和拓展海内外优质资源，为教育、科研的整体发展提供了有力的支持和服务。

软件与微电子学院与合作企业在共同关注的技术领域，通过学生实习、协同创新、联合项目申报、互派访问学者等方式，推动双方的交流与合作，培养面向产业和领域的高层次人才。2014年，软件与微电子学院与华为等企业签订合作协议，合作企业为北京大学学生提供了多次研讨课程，课程形式新颖生动，与产业实践紧密结合，得到学生们的热烈反响。

软件与微电子学院与新加坡管理大学联合开展的硕士研究生国际项目进展顺利，金融信息服务、商业与数据分析两个专业的硕士研究生于2014年1月赴新加坡进行为期一年的境外学习，在国际化培养环境中开阔了视野、提升了综合素质。另外，软件与微电子学院与斯德哥尔摩大学计算机与系统科学系联合培养游戏与交互设计等专业的硕士研究生项目也正在启动中。

【招生与就业】 在2014年全国硕士研究生统一考试中，通过招生组织和宣传，第一志愿报考软件与微电子学院人数达到1795人（不含推免生和港澳台学生），创历史新高，成为北京大学报名人数前三名院系。第一志愿录取率为22.5%。2014年招生规模基本保持平稳态势，共录取各类考生1480人（含单转双学生183人），其中工学博士10人，工程博士10人，工学、工程硕士研究生1216人，第二学士学位学生50人，高研班的学生194人。

截至2014年7月，在北京大学就业办公室统计数据中，软件与微电子学院2014年双证硕士毕业生人数全校第一，就业率为97.77%，列全校第三。从毕业生去向情况来看，就业单位趋向多元化，但集中于IT、互联网、通信、电子和金融、银行、保险领域的趋势越来越明显。据统计，软件与微电子学院70%的毕业生就职于上述领域。

环境科学与工程学院

【发展概况】 环境科学与工程学院于2007年5月成立。学院现有环境科学系、环境工程系、环境管理系3个教学实体单位，设立了环境模拟与污染控制国家重点实验室联合分室（北京大学分室）、水沙科学教育部重点实验室、北京市新型污水深度处理工程技术研究中心3个科研平台，此外挂靠单位包括：中国持续发展研究中心、环境工程研究所、环境与健康研究所和环境与经济研究所等研究机构。

学院现设2个本科专业：环境科学、环境工程，3个硕士专业：环境科学、环境工程、大气物理学与大气环境，2个博士专业：环境科学、环境工程，1个博士后流动站。

截至2014年12月，学院在编在职教职员工70人，其中，教授24人，新体制千人和百人研究员9人，副教授22人，讲师及工程师9人。本年度新晋升教授1人，新进教师1人。本年度在站博士后24人（含深研院11人），其中进站7人（含深研院2人），出站11人（含深研院6人）。

结合2013年年底国际同行评估建议，学院正在进行新一轮战略规划编制工作，分为三步：第一步，分析问题、危机与已有成功的经验；第二步，提出解决问题的思路；第三步，制定战略发展规划和实施措施。2014年已完成前两步工作，学院发展规划和行动方案的最后编制工作计划在2015年初完成。

为改善学院教学科研用房不足的现状，提升并拓宽北京大学在环境领域的研究和创新能力，环境绿色大楼于2014年3月动工并在12月底封顶，预计2016年交付使用。大楼地上五层、地下三层，总建筑面积20499平方米。

【教学工作】 学院现有本科生129人，硕士生155人，博士生115人。本年度招收本科生30人（留学生1人），硕士生55人，博士生35人。本年度本科毕业24人，硕士毕业49人，博士毕业27人。

2014年，学院共开设本科生课程44门，包括专业必修课14门、专业选修课22门、校通选课6门、暑期课2门（均为专业选修课);本年度共设研究生课程40门,其中必修课16门,选修课24门。

2014年,共有18名学生参加本科生科研训练,参与率达75%。

根据学校调整本科教学计划的工作要求,学院加大力度完善本科生课程建设,调整课程体系,全面修订本科培养方案;调整本科生导师制方案,制订"3+3"模式的本科生导师制度实施方案。依托拔尖人才计划支持,对实验教学建设、学生国际交流、聘请国内外专家授课等方面重点资助,本年度共有14名学生参与国际交流和校际交换项目。聘请外国专家为学院本科生新开设英文课程《科学论文写作》。成功组织北京—哥本哈根城市挑战计划,有来自丹麦哥本哈根商学院、丹麦技术大学和北京大学光华管理学院、北京大学环境科学与工程学院的32名学生参加了互访。

学院举办了第二届"全国优秀大学生夏令营活动",共有来自全国各地79所高校的130名优秀大学生参加,最终60人录取为推免硕士生或直博生。为扩大北京大学的学术影响与践行社会服务宗旨,主办"可持续的城镇化"暑期学校,来自全国各校的72名优秀研究生参加。

学院大力推进与国外知名大学和研究机构的研究生学术交流和联合培养工作,共有73人参加出国出境交流访学,27人获得学术交流基金资助。

【科研工作】 2014年,学院共发表论文217篇,SCI收录132篇,核心期刊收录85篇。其中,*Nature Geoscience*(IF=11.7)报道了张远航/陆克定研究团队在对流层OH自由基化学方面的最新研究进展;要茂盛课题组发展了单分子水平检测新技术,发表在《德国应用化学》期刊(IF=11.3)"Highlighted as a Frontispiece"上;胡敏课题组在 PNAS 期刊(IF=9.8)上发文揭示北京霾形成机制。全年授权发明专利12项,软件著作登记权1项,出版专著4部。全年到账科研经费6864万元。承担的973课题、科技支撑计划课题、国家科技重大专项、基金委项目及国际合作项目进展顺利。新获批国家自然科学基金12项,其中重点项目1项,优秀青年科学基金1项,重大研究计划培育项目1项。张远航获评国家环境保护专业技术领军人才,刘永、邱兴华获评国家环境保护专业青年拔尖人才。

【交流合作】 与政府、企业的产学研工作取得新进展。本着"资源共享、优势互补、改革创新、讲求实效"的原则,与四川省环境保护厅、成都市锦江区人民政府正式签订成都环保研究院筹建协议,三方将在生态文明、环境治理、污染控制的研究、规划、建设等领域开展多种形式的合作。与中创宏远(北京)环保科技有限公司签署合作框架协议,合作建立"北京大学环境科学与工程学院—中创宏远(北京)环保科技有限公司环境科学与技术应用研究院(PKUCESE-ZCHY Institute)",在生物酶技术、大气环境监测与服务、厨余处理技术、土壤修复技术、环境影响评价等领域开展合作。与先河环保科技股份有限公司建立科研合作关系,计划在未来进行长期、全面的科技战略合作。

国际合作与交流蓬勃发展。印度前总统、著名导弹科学家阿卜杜勒·卡拉姆博士(Dr. Abdul Kalam)来访,发表了题为"农村可持续发展模式"的演讲,北京大学授予其名誉教授称号。与德国于利希研究中心成功签署合作备忘录,共建国际联合实验室。国际应用系统分析研究所(IIASA)所长帕维尔·卡巴特(Pavel Kabat)博士来访,学院授予其客座教授称号。在日本住友化学株式会社设立的学生海外专业实践项目正式启动。全年教师出访参加国际学术研讨近百人,聘请十余名国际知名专家来华合作科研、讲座及学术交流。主办及参与主办"NSFC-JST 合作研究项目中期成果交流暨中日水环境研讨会""中加(NSFC-FRQNT)地质与气候变化双边研讨会"及"国际化学品管理战略方针(SAICM)国家实施论坛"等。

【党建工作】 学院党委积极、深入开展了群众路线实践教育系列活动,完成主题研讨会、主题导读与集体学习、民主生活会等工作,认真听取广大党员和群众的意见,使整改方案重实效、保落实。

9月,教师党支部、学生党支部完成新学期换届工作。学院党委修订《环境科学与工程学院学生党员发展条例》,做好学生党支部书记的培训工作,重视党员发展过程对全体党员和积极分子的重要教育作用。

针对学生收入问题,调研分析国内知名高校环境学科、校内理工兄弟院系学生奖助金现状,举行专题座谈;结合党委人事工作,严密人员招聘程序、强化岗位设计、突出用人导向;结合党员干部出差工作,学院探索实行党员干部出差记录公开制度,推进党务院务公开透明。

北京大学申请参评第七次北京市党的建设和思想政治工作先进单位,学院党建工作被列为重点考察单位,取得良好效果。结合党的群众路线教育实践工作,学院党委认真组织民主生活会,积极邀请党外教师为各项工作发展建言献策。在"深化综合改革、努力科学发展"主题系列讨论会中,有效增强了全院教师的主人翁精神。

【学生工作】 举办"环境·经济·思想"系列主题讲座,除包括形势政策研讨会、学生党员培训会等院内常规活动外，邀请国务院特殊津贴专家、国家开发银行专家委员会委员、APEC"亚洲院士"陆德做客学院，就当前中国的经济形势及走势预测带来独家数据解读。

继续开展学生服务社区活动，相继和东城区九道弯社区、海淀区燕园街道、东城区民安社区开展特色联合党建活动，引导学生将所学用于实际，获得良好的社会效益及教育效果。

【工会工作】 学院工会围绕关爱教师的核心任务，在文化体育、慰问关爱、教师教育等方面开展丰富的特色活动，"绿色北京，共爱燕园"获得2014年工会精品活动奖，成功举办"关心儿童健康、回归早期教育"主题讲座。

【校友筹资工作】 接待1985级、2001级院友集体返校，举行优秀院友金融咨询专场讲座。对9位优秀院友深度访谈，在学院网站发布访谈录。全年发布10期院友通讯，1期年终精编版，43期微信新闻。

值环境绿色大楼建设之际，校友自行发起捐款，应用化学专业1985级集体，以及梁萍、宋金链、田继兵校友共捐赠112.6万元人民币用于大楼建设。新设立安捷伦基金、环境大楼项目基金、北大之友基金、中创宏远基金、湖海居泰基金、学生大病救助基金等六大基金项目，加上六合天融奖学金、唐孝炎基金、桑德基金三项原有基金，至2014年年底学院新增基金735万元，总额共计893万元。

中国语言文学系

【发展概况】 2014年，中国语言文学系先后召开现代中文教育与人才培养新思路、人才队伍建设和科研发展等一系列重要会议，包括一次全国重点中国语言文学院系领导会议、两次全系研讨会和一次本系学科带头人的战略研讨会，就中国语言文学系未来一段时期的发展形成了战略性共识，全系决心克服满足现状、小胜即安的思想惰性，真正振奋精神干大事，立足北大三步走的规划，以世界一流为标准，坚持在中文学科领域整体领先，优势突出，有所保和有所弃的原则，通过认真建设，在学科综合实力上尽快达到一个新的水平。将中国领先、亚洲顶尖、世界一流作为北大中国语言文学系总体学科发展和队伍建设的战略目标，坚定不移地加以实施，并且就中国语言文学系的近期目标形成初步实施方案。

【教学工作】 加强了教学的过程质量管理和教师值班考勤制度的落实，由于空间的改善和制度要求，使得课外的读书会和学习沙龙蔚然成风。新的"大学国文"课程开始在理科院系铺开教学，选课人数超过400人，教学效果反映良好。新开设的创意写作专业硕士项目有40名研究生正式入学。加强研究生，尤其是博士生论文质量的举措受到师生欢迎，系学位委员会对个别不适宜于培养的研究生和不合格论文的处理，所产生的震动影响明显。新一轮研究生培养方案和课程调整顺利完成，博士生的申请—审核制度实施细则通过，2015年招生正式实施。

【科研工作】 中国语言文学系新获批准一批国家社科、教育部和北京市项目，包括国家社科重大项目，一些好的中期成果获取了追加项目经费，整体项目数量和项目经费都有较大增加。中国语言文学系拿出资金启动实施支持的"自主科研培育项目计划"，至2014年总计达到40项，基本实现了人人有项目、个个有方向的目标，形成了"公社土地和自留地一起种"的学术科研局面，2014年度中国语言文学系发表科研成果（专著、教材、译著、古籍整理、论文等）460余项，人均发表成果数量位居全校前列，质量也有明显提高。

【交流合作】 合作范围进一步扩大，从亚洲逐步向欧洲重要大学拓展，从一般的学术交流、人员往来扩展到共同学术会议和学术研究。2014年，中国语言文学系与韩国外国语大学在首尔联合召开了双边学术论坛；与首尔大学首次召开"古典诗词研究与创作"研究生论坛；与台湾大学在北京大学举办古典文学研究学术会议；中国语言文学系承担了北京论坛分论坛，成功举办"汉学范式与中国问题"国际论坛，来自世界各地、近20名学者与会；与台湾大学、香港大学、澳门大学成功举办海峡两岸暨香港、澳门四校联合研究生暑期学术论坛。通过定期或不定期的联合学术论坛和学术会议，为中国语言文学系师生搭建了很好的学术交流平台，很好地宣传了中国语言文学系的学术研究，展示了良好的学术形象。同时，中国语言文学系进一步强化与世界重要学校的联系，一年来，先后与英国杜伦大学、德国图宾根大学、法兰克福大学、日本京都大学、早稻田大学等建立起新的合作关系，目前已经接受欧洲中心（图宾根、法兰克福和哥本哈根）三校学生来北京大学交流学习一学期共60人次。在开拓新的合作关系的同时，也不断夯实已有的合作关系，克服各种困难，接收与中国语言文学系有长期友好关系的日本拓殖大学、日本大学、韩国外国语大学、新加坡南洋理工大学等诸多学校派遣的长短期留学生近150人次。各个学科组织的国际学术会议，邀请的海外学者各类讲座非常丰富，几乎每周都有高端国际学术讲座，学者赴海外讲学的人次也在不断大幅增加。国际学术合作和交往迎来了良好的发展态势。

【党建工作】 中国语言文学系党委在校党委统一部署下，持续有效地开展了党的群众路线教育实践活动,深入学习习近平总书记的系列讲话,尤其是总书记在北京大学师生座谈会上的讲话,学习党的十八届三中全会关于依法治国的重要决议,广大党员干部获得深刻的教育,工作能力有了显著提高,"四风"问题得到纠正,并且,建立了院系群众路线教育实践活动和院系民主管理的长效机制,群众参与管理的热情高涨,日常出席全系大会的教职工人数超过80%,制约院系发展的很多复杂难题,譬如离退休教师的返聘问题、离职教师长期占据编制的问题、个别教师的转岗问题、研究生招生结构的调整问题等,都在最大共识的基础之上获得妥善解决。教育实践活动的深入开展使中国语言文学系广大师生进一步凝聚了人心,和谐了关系,提升了治理能力,增强了建设世界一流大学、一流院系的干劲。

中国语言文学系党委始终把师德问题作为工作的重中之重,不但及时处理一些苗头性问题,防微杜渐,而且注重发掘正面典型,以榜样的力量来引领风气。2014年系党委大力宣传优秀共产党员李小凡教授的事迹。李小凡教授几十年如一日,任劳任怨,在教学、科研、管理、为人师表等各个方面都取得了了不起的成就。2014年在中国语言文学系党委的推荐下,他先后被评为"北京大学优秀共产党员标兵""北京大学十佳教师"等,《人民日报》对他的事迹做了专题报道,许多媒体予以转载,产生了非常好的社会影响,为中国语言文学系教师树立了榜样,也充分展示了北大老师们光辉的人民教师形象。

【学生工作】 开展多次多元化的党团日主题教育,以"落实十八大共话中国梦""学习群众路线,践行服务承诺""中国梦北大梦·文化志愿服务基层行""弘扬雷锋精神传播青春新风尚""汇聚青春正能量,践行核心价值观""勤学修德践行核心价值观,明辨笃实助力富强中国梦"等为主题,活动形式涵括微电影、辩论会、知识竞赛、主题报告会、座谈会、参观实践等,学工办获评学生党团日优秀组织奖,2011级本科等多个党团支部获评党团日活动一二三等奖。2012级本科党支部获评北京高校红色1+1活动一等奖和北京大学优秀党支部等。在社会实践与志愿服务方面,中国语言文学系探索将社会实践纳入学生第二课堂建设中,与怀柔杨宋镇建成社会实践共建基地,学生多次赴杨宋镇开展实践活动,多支暑期社会实践队伍获评优秀团队。就业服务工作思路开阔,广开途径为毕业生营造良好的就业环境,因材施教为学生提供系统就业培训,涌现了陈蒙、刘坤、潘子豪等近十余名选调扎根基层的优秀毕业生。

在留学生日常管理服务上,树立"以人为本、文化多元"的意识,以服务促管理,以管理强服务。学术教育方面,由辅导员带领学生定期召开主题读书会和答疑会,定期组织学年论文和毕业论文指导讲座等。日常行为管理方面,组织留学生新生学习校纪校规,制定《中国语言文学系留学生管理条例(试行)》,构建留学生管理的长效机制。2014年10月,来自韩国、新加坡等国的留学生前往湖北省开展支教等社会实践。其中,留学生青年志愿者团队连续两年组织留学生捐款活动,反响强烈,获评2014北京大学"优秀志愿者团队",是全校唯一获此嘉奖的留学生团队。

历 史 学 系

【发展概况】 历史学系始创于1899年京师大学堂设立之史学堂,是近代中国最早的国立史学高等教育机构。1903年开设中国史学门和万国史学门,民国初年增设历史地理学、考古学、史学理论与方法、专门史等课程体系。北京大学历史学系1998年即获全国首批一级学科博士学位授予权。目前设立有中国史、世界史两个一级学科博士点/硕士点,招收历史学、世界史两个专业本科生。有历史学一级国家重点学科,含3个二级国家重点学科(中国古代史、中国近现代史、世界史)。1个教育部人文社科重点研究基地(中国古代史研究中心),1个博士后流动站,10个教学科研实体,20个挂靠的研究虚体机构,2个藏书30多万册并有珍本、善本等特藏的专业图书分馆。

2014年,历史学系共有在编教职工80人,其中在编教师71人(教授42人,副教授18人,讲师1人,新体制10人),在编教辅人员4人,在编党政管理人员5人,博士后11人;离退休人员52人,劳动合同制聘用人员5人。新入校教工:张新刚(新体制,助理教授)、范韦理克(新体制,助理教授)、唐利国(新体制,长聘期副教授);人员转聘:朱玉麒(新体制,长聘期教授);北京大学人文讲席教授:穆启乐(Fritz-Heiner. Hanna. Mutschler,新体制)。

【教学工作】 2014年,历史学系在册学生共计631人。本科生271人,其中留学生56人;硕士研究生170人,其中留学生10人、港澳台12人、香港树仁21人;博士研究生190人,其中留学生18人、港澳台9人。2014年下半年,根据教务部的统一安排,在广泛征求教师和同学意见的基础上,修订了本科教学计划。此次修订的教学计划包括历史学(中国史)专业、世界史专业、外国语言与外国历史专业三个专业的教学计划,以及古典语文学拔尖人才培养计划西方古典学和东方古典学两个方向的教学计划。在这次教学计划修订过程中,本着加强基础、促进交叉的原则,突出了小班教学、低年级研讨课和高级专业课程,以及交叉专业选修课。

中国大学先修课程自2013年开设一年,到2014年更加成熟。不仅继续举办了中学历史教师研讨班,而且与慕课结合,将叶炜副教授的讲课视频上传到慕课上,供中学教师和学生参考。

为加强对学生的专业和思想引导,自2014级新生起,恢复本科生导师制度,为每个学生宿舍配备一名教授或副教授担任导师。加强留学生工作,为留学生也指定教授或副教授担任导师。为所有本科生导师提供一定数量的经费,以便导师和同学可以安排一些活动,加强师生之间的联系。

根据教务部的安排,整理用英文教学课程,组织教师开设新的英文课。历史学系开设过的英文课程已有18门,经常开设的在10门以上。

2014年,"世界史通识教育课程体系建设"(钱乘旦、彭小瑜、朱孝远、颜海英、董经胜)获北京市教学成果奖一等奖,国家教学成果奖二等奖;李维副教授获得2013—2014年度北京大学教学优秀奖。获得2014年度北京大学优秀博士学位论文的有朱凤瀚的学生胡宁、颜海英的学生戴鑫,刘浦江的学生陈晓伟和邱靖嘉;在教学管理方面,卫茗老师获得北京大学研究生教育管理贡献奖。

【科研工作】 2014年共有40余位教师申请到了系级一般项目资助,每个项目提供经费10000元;同时历史学系拿出科研经费50万元,设立了系级重点资助项目,2014年有5位中青年教师获得重点资助。荣新江教授主持的"敦煌与于阗:佛教艺术与物质文化的交互影响"获得2013年度国家社科基金重大项目立项;王新生教授主持的"宗教与东亚近代化研究"获得2013年度国家社科基金重大项目立项。

在科研成果获奖方面,阎步克教授的专著《品位与职位——秦汉魏晋南北朝官阶制度研究》获得第二届思勉原创奖;朱孝远教授的专著《如何学习研究世界史》获得北京市第六届教育科学研究优秀成果奖三等奖。

【党建工作】 一方面,落实党的群众路线教育活动整改台账,把党的各项工作落到实处。系党政班子严格按照上级部门和校党委的部署,认真开展党的群众路线教育实践活动,结合历史学系的实际工作,贯彻落实中央八项规定,坚决反对形式主义、官僚主义、享乐主义和奢靡之风,把党的各项工作落到实处。经过一段时间的群众路线教育实践活动,收到了良好的效果。对于需要继续整改的方面,设立了整改台账(58条),一条条逐步努力落实。2014年经过全系师生员工的共同努力,已经完成落实了54条,其余4条因涉及全校整体工作,也正在努力推进中。

另一方面,历史学系坚持自觉践行社会主义核心价值观,引导青年学生树立正确的人生观、价值观。在全系学生范围内开展"自觉践行社会主义核心价值观"主题党团日活动:邀请系党委书记高毅教授为党员和发展对象上党课;请现场聆听了总书记讲话的学生代表分享心得感受,并组织撰写了相关的思想汇报,充分交流了大家的所思所想。党的十八届四中全会召开后,历史学系组织学生干部、学生党员认真学习《中共中央关于全面推进依法治国若干重大问题的决定》,从学术和现实两个层面进行了深入的讨论。

2014年全系共有党员267人。教工党员84人(其中含离退休人员40人),学生党员183人;正式党员226人,预备党员41人。

【学生工作】 学生工作一直是历史学系党委工作的主要组成部分。历史学系除了做好常规的学生党建工作、心理排查工作、奖助学金工作、毕业就业工作之外,特别是在如何提高育人效果方面进行不断的探索,并开展了丰富多彩的学生活动及党团日活动。

1. 高度重视大学生思想政治教育工作,在习近平总书记视察北大后,全系学生开展了"自觉践行社会主义核心价值观"主题党团日活动。

2. 用心做好大学生日常管理服务工作,保质保量完成了心理排查与辅导、奖助学金、毕业就业指导等工作。

3. 与学生谈话谈心实现制度化。系学工办制定了量化指标,每个月确保约谈8名学生,涵盖新生班到毕业班各个年龄段。

4. 历史学系延续传统,指导研究生会和学生会成功举办了"第十届北京大学史学论坛",以"大道未名,静观古今通变;襟怀博雅,畅抒百家真言"为主旨,汇集了全国诸多史学新锐的文章。

5. 鼓励和支持学生开展了各类社会实践。

【交流合作】 历史学系在海外学者讲学计划项目、人文基金高级访问学者项目和法鼓人文基金等项目的大力支持下共邀请并接待了50余位海外学者,国籍涵盖德国、英国、荷兰、比利时、美国、韩国、日本、马来西亚,以及中国的港澳台地区;这些学者无论长期教学还是短期讲座,都收到了良好的教学效果。据不完全统计,历史学系教师2014年累计出访63人次。在学生交流方面,全年接收1名日本御茶水大学的交换生、1名日本二松学舍大学的交换生、1名日本神奈川大学的交换生、1名日本同志社大学的交换生;2名澳门大学的交换生,全年历史学系出国出境学生累计达50余人次;同英国Exster大学、日本京都大学分别召开了国际学术研讨会。

考古文博学院

【发展概况】 2014年6月,考古文博学院在学校领导下,顺利完成行政班子换届工作。杭侃担任院长,吴小红、张弛、孙庆伟担任副院长。

考古文博学院设考古学系(主任:张海)和文化遗产学系(主任:陈建立)。其中考古学系下分5个教研室:旧石器时代考古教研室(主任:王幼平)、新石器商周考古教研室(主任:雷兴山)、历史时期考古教研室(主任:杨哲峰)、外国考古教研室(主任:李水城)、考古技术方法教研室(主任:张弛、吴小红),文化遗产学系下分3个教研室:博物馆学教研室(主任:宋向光)、古代建筑教研室(主任:徐怡涛)、文物保护教研室(主任:胡东波)。

考古文博学院教职工共98人,其中在职教师38人,技术人员9人,行政管理5人,工人2人,博士后4人,劳动合同制5人,退休35人。

考古文博学院孙庆伟获得博士生导师资格,崔剑锋获得硕士生导师资格。陈建立晋职教授。

【教学工作】 本科培养方案调整 根据学校要求,学院完成了对本科生培养方案的修订。根据过去5年的教学经验,本次调整最大的变化在于恢复了对本科三年级学生撰写学年论文的要求,以期加强科研训练。其次调整了部分文物建筑专业课程的上课学期,解决原培养方案中课程学习前紧后松的问题。此外将原本6学分的计算机必修课降到3学分。本科生培养的另一个重大变化是通过了文物建筑和文物保护专业实行从本科生到专业硕士以六年为周期的人才培养模式,扩大这两个专业的保研比例,研究生招生与本科生招生相配合,隔年进行招生。

研究生培养管理 根据研究生座谈获得的信息,学院积极解决研究生提出的各项问题。在博士生培养上加强对博士生培养环节的管理,督促学生投入更多的精力在学习上,按时完成各培养环节的学习任务,减少因为学习懒散造成的毕业延期情况。

专业硕士今年第二届招生,尚处于积累培养经验的阶段。针对第一届学生培养环节上遇到的问题,做了积极地调整。对课程设置、导师选择、专业实习、学位论文等内容做进一步的阐释和规范。

实习基地建设 在宝鸡市政府的支持和陕西省考古研究院的合作帮助下,重点建设陕西周原考古实习基地,以承载考古专业的主要实习。

正在筹备建设陕西凤翔雍城实习基地。

在新疆文物局和新和县政府的支持下,兴建龟兹(安西都护府)实习基地。

人才培养 2014年共招收本科新生43人;硕士研究生29人;博士研究生25人,其中直博生10人。2014年本科生毕业27人,符合考古文博学院对高端人才培养的理念。

【科研工作】 科研项目 2014年度在研课题80项,其中国家级项目25项(包括科技支撑计划项目3项、国家社科基金重大项目和重点项目5项、国家社科基金项目4项、国家自然科学基金1项、教育部基地项目6项、教育部一般项目4项),省部级项目12项(北京市社科基金重大项目1项、国家文物局项目11项),政府部门及企事业单位委托项目39项。2014年度课题合同额20083000元,入账科研经费总计11127801.85元。

学术成果 本年度考古文博学院教师出版学术专著13部,编著书籍4部,发表论文134篇。2013年度被SCI/SSCI/AHCI数据库收录文章6篇。

获奖情况 2014年3月,宋向光、王伟华、曹宏《依托学科优势服务文化育人——北京大学科普文化主题展》("与猪同行——中国古代猪类驯化、饲养与选育技术及其影响研究成果展"和"异世同调——蓝田吕氏墓地文物展")获"2013年全国高校博物馆育人联盟优秀育人项目"特等奖。

秦大树教授参与编写的《中国出土壁画全集(10卷本)》获第三届中国出版政府奖图书奖。

崔剑锋副教授、张海副教授入选北京市2015年青年英才项目。吴小红教授的 Early Pottery at 20000 Years Ago in Xianrendong Cave, China 获北京大学第十二届人文社会科学研究成果奖一等奖。李水城教授的《东风西渐——中国西北史前文化之进程》获北京大学第十二届人文社会科学研究成果奖二等奖。

学术活动 2014年10月20—22日,由北京大学中国考古学研究中心、景德镇陶瓷馆、景德镇市陶瓷考古研究所、景德镇陶瓷学院、江西省文物考古研究所联合主办,北京大学陶瓷考古研究所等多家单位联合承办的"蒋祈《陶记》暨景德镇宋元窑业国际学术研讨会"在景德镇举行。

2014年11月17—19日,由北京大学考古文博学院和北京大学中国考古学研究中心联合主办"冶金技术与中华文明发展学术研讨会"暨"田野冶金考古信息采集方法专家咨询会",进一步明晰冶金技术与中华文明起源与发展的关系,明确冶金考古研究方向,开拓冶金考古研究方法,促进各地冶金考古研究的交流与协作。

【学生工作】推进基层党建 结合学院特点和实际情况,继续实施实习基地的党团共建,建立临时党支部,继续严格手拉手的绩效考核制度和开展"红色一加一"活动,此外,完善考核评估机制,力促推优入党,取得了良好的效果。

完善奖助工作 考古文博学院继续推进资助工作,共覆盖全院42名贫困生(40名本科生、2名研究生)。本年度学院招入国家贫困地区计划学生11名。

考古文博学院高度关注就业工作,积极拓宽就业渠道,2013届毕业生就业率100%。继续强化学生骨干队伍梯队建设,形成了以学生会、研究生会、院团委、青年志愿者协会、文物爱好者协会、学生助理小组为中心的几个骨干群体,强化骨干责任意识,重点培养管理型、领导型人才。

关注心理健康 本年度共开设"成长成才课"六次,取得了良好的反响。

利用"人人网""微博"等新媒体加强与学生的沟通交流,及时了解学生的意见和要求。在做好学生心理健康教育的全面普查工作的同时,对特殊群体和问题学生给予特别关注。

开辟第二课堂 坚持学术为先,以学术培养人、造就人的理念,积极开展探访退休老教授、"教授茶话会"等系列活动,以及研究生学术沙龙、研究生学术讲座、研究生学术实践等相关活动,取得了广泛赞誉。在此基础上,学院举办一系列丰富多彩的文体活动,丰富同学们的课余生活。

金英获2013年度北京市优秀德育工作者。

【交流合作】2014年8月底,牛津大学Jessica Rawson教授一行来访,双方就教员互访与授课、学生互访、合作考察及定期举办小型学术会议的问题进行了会谈。

2014年10月21日,波兰华沙大学考古研究所所长一行来考古文博学院参加"华沙大学考古研究"图片展开幕式,并且就双方未来更深入的合作与交流进行了会谈。会谈中双方详细讨论了学生交流事宜和未来签署协议的可能性。在教师交流项目的讨论中,主要涉及考古文博学院教师参加华沙大学在中亚与西亚地区的考古发掘项目,以及双方互派教师用英语进行为期1—2个月讲课等问题。

2014年10月意大利Napoli大学Bruno Genito教授来考古文博学院访问。双方就学生交换和教师交换项目、图书互赠进行了交流。此外,双方希望通过共同举办学术会议的方式,找到共同感兴趣的问题和开展合作的课题,在此基础上通过开展具体工作的合作,推动并加深彼此交流。在此基础上,双方续签了合作协议。

2014年10月日本金泽大学秦小丽教授来考古文博学院访问。双方详细介绍了各自学院的情况,希望在文化遗产保护、古代建筑和博物馆展示领域开展合作。合作的方式主要是学生交流和教师交流。目前考古文博学院已连续三年派出学生赴金泽大学攻读文化遗产博士学位。

哲学系(宗教学系)

【发展概况】哲学系(宗教学系)现有2个一级学科:哲学、科技史。哲学包括:马克思主义哲学、中国哲学、外国哲学、逻辑学、伦理学、美学、宗教学、科学技术哲学8个二级学科,其中,马克思主义哲学、中国哲学、外国哲学、美学4个学科被评为国家重点学科。2014年北京大学哲学系在世界QS的排名中位列第30位。在2014年度学校绩效奖励评估中,哲学系各项指标名列前茅,获得教学、科研、管理3项主要指标全A的好成绩。

2014年年底,哲学系(宗教学系)在编教职员工67人。其中,教师57人;教授36人,副教授20人,讲师1人。另聘请人文讲习教授4人。行政6人;副研究员1人,助理研究员3人,讲师2人;行政人员中硕士5人,本科1人。离退休人员62人。在站博士后18人。挂靠单位:《儒藏》编纂中心9人;儒学研究院2人;高等人文研究院1人。

9月启动党委换届工作,仰海峰为党委书记,杨弘博、刘哲为党委副书记,杨弘博为哲学系(宗教学系)副主任(兼)。

人文特聘教授8人:张学智、尚新建、姚卫群、王宗昱、周北海、丰子义、章启群、陈波。

徐春、先刚晋升为教授,孟庆楠晋升为副教授,引进Thomas Rockmore教授任人文讲席教授,John Maier任预聘制副教授(2015年入职),王鑫任预聘制助理教授。

胡军教授、冀建中研究员退休,并于当月返聘;靳希平教授退休,系资料室教师邸建新退休。

汤一介教授、魏英敏教授去世。

【教学工作】2013年哲学系(宗教学系)开设本科生课程100门,研究生课程133门。招收本科生53人(其中4人为留学生),本科毕业50人;录取硕士生58人,博士生56人,通过硕士学位论文的共有46人,通过博士学位论文的共有34人。在去年基础上,进一步推动北大人文基础学科本科人才跨院系培养计划"古典语文学"项目,进入该项目的总人数达到49人。今年7月有11位同学毕业,其他38人继续读研深造。

李超杰、王锦民获2013—2014年度北京大学教学优秀奖。

哲学系(宗教学系)于2014年

7月20—24日举办了北京大学第三届优秀中学生哲学夏令营。经选拔,来自全国各地各重点中学的150名学员参加了夏令营。本期夏令营为期5天,通过7场精彩的报告和小组讨论,使营员们了解了不同专业方向的研究内容和培养方式,充分感受到哲学的魅力。

【科研工作】

表6-11 哲学系(宗教学系)2014年科研项目

项目名称	起止时间	负责人	总经费(万元)	任务来源
基于最新文献的马克思重要文本再研究	2014-6-15 至 2018-5-5	聂锦芳	35	国家社科基金项目(重点)
世界科学技术通史研究	2014-6-15 起	吴国盛	80	国家社科基金项目(重大)
梅洛—庞蒂中期哲学研究	2014-6-15 至 2017-8-31	宁晓萌	20	国家社科基金项目(一般)
无处不在的语境敏感性与意义研究	2014-6-15 至 2018-1-1	李麒麟	20	国家社科基金项目(青年)

表6-12 哲学系(宗教学系)2014年获奖成果

成果名称	获奖类型	获奖等级	作者
近代中国文化转型研究(9卷本)耿云志等——《近代中国思维方式演变的趋势》(专著)	第八届中国社会科学院优秀科研成果奖	一等奖	王中江
《心灵秩序与世界历史——奥古斯丁对西方古典文明的终结》(专著)	北京市第十三届哲学社会科学优秀成果奖	一等奖	吴 飞
《东正教圣像史》(专著)	北京市第十三届哲学社会科学优秀成果奖	二等奖	徐凤林

2014年,王博教授被评为教育部"长江学者";朱良志教授获评国华奖。人文杰出青年共13位:吴国盛、韩林合、郑开、孙尚扬、刘华杰、聂锦芳、王博、李四龙、仰海峰、杨立华、吴增定、吴飞、周学农。

为纪念著名哲学家、哲学史家、国学泰斗张岱年先生诞辰105周年、逝世10周年,5月24—25日在北京大学人文学苑举办了"古典中国哲学的通见、睿智和精义——纪念张岱年先生诞辰105周年"学术研讨会。来自北京大学、清华大学、中国社会科学院、中国人民大学、南开大学、武汉大学、华东师范大学等单位近70名学者同襄盛会。

7月4—6日,哲学系(宗教学系)与北大道家研究中心在达园宾馆举办了"混沌与秩序:道家哲学及其现代语境"学术研讨会,旨在进一步推动和活跃道家哲学,特别是现代语境下的道家哲学研讨。来自全国各高校、科研院所的学者共40余人参会。

2014年,哲学系(宗教学系)成功举办各类讲座、论坛38场,大部分是定期举行,如:海外名家讲座、蔡元培学术讲座、汤用彤学术讲座、马哲论坛、佛教文献、历史与哲学工作坊、虚云讲座、逻辑讲座、严复学术讲座、道家学术讲堂、周五哲学论坛、科学史与科学哲学论坛等。

【党建工作】 现有党员263人,党支部16个,其中教工党支部7个,学生党支部9个,离退休同志与在职人员混合组建党支部。2014年共发展新党员13人,预备党员转正13人。2014年上半年,哲学系(宗教学系)组织37人参加第21期党性教育读书班,其中1人被评为优秀学员。下半年组织21人参加第27期党的知识培训班,其中1人被评为优秀学员。

经系党委推荐,系团委书记李林、副教授刘哲、2012级硕士研究生许一苇被评为北京大学优秀共产党员。

以党建创新立项为抓手,探索党建工作新机制新办法。本年共有4个党支部申请党建创新立项。

2013年8月至2014年2月哲学系(宗教学系)开展党的群众路线教育实践活动,系党政领导班子、师生党员积极参与,取得了显著成效。在此次群众路线教育实践活动中,我系围绕"学习教育、听取意见,查摆问题、开展批评,落实整改、建章立制"三个环节,坚决反对"四风"问题。领导班子成员进一步提高思想认识,转变工作作风,振奋精神,加倍努力,出色完成各项工作任务。今后,我系更要把党的群众路线教育实践活动作为一项长期的政治任务,紧紧围绕全系师生反映强烈的突出问题和事关哲学系(宗教学系)发展的重大问题,进一步解放思想,推动哲学系(宗教学系)的全面发展与进步。

【学生工作】 2014年,系学生工作办公室有条不紊地开展了对学生的思想政治教育、服务管理等各项工作,全面贯彻落实了各级主管部门的工作。举办了系列活,活跃了学术氛围。

1. 开展主题党团日活动:3—6月,学工办组织开展"聚焦两会,共话改革"党团日联合主题教育系列活动;10—11月,组织党团支部开展了"深化综合改革,聚力科发展"讨论活动，活动以专题讨论的形式，汇总了各党团支部对于深化改革的建议。10—12月，组织开展"与改革同向，与法治同行"党团日联合主题教育系列活动。

2. 打造学术品牌："社会·文化·心灵"系列讲座是哲学系（宗教学系）品牌学术讲座，本年度共举办四场；另还组织了哲学系（宗教学系）2013—2014年"爱智杯"征文比赛。

2014年，继续刊发学生刊物《生生》；改版《共青苑》，在原有基础上全面提升刊物的阅读体验，更符合学生的阅读需求。

【交流合作】 在对外学术交流方面，教师有近42人次出国（境）开会、讲学和访问；学生有近36人次出国出境开会、学习和访问；30余名学生出国出境长期进修、学习。本年度来哲学系开设讲座、交流的国外专家共计13人次，其中短期专家12人次，开展讲座19次；长期专家1位（John Alexander Marenbon英国剑桥大学教授），讲授课程1门。另，还聘请了外籍人文讲席教授2名（德国海德堡大学教授：Rainer Schaefer；法国教授：Tomas Rockmore）。

北大欧洲"中国研究合作中心"项目于2014年转到了中文系。

外国语学院

【发展概况】 北京大学外国语学院成立于1999年6月，由原北京大学东方学系、西语系、俄语系、英语系合并而成的北京大学第一个多系、多学科的学院。作为北京大学人文学科的重要组成部分，外国语学院的外国语言文学学科与北京大学其他人文学科互依互补。同时，作为研究型大学的重要跨学科领域，外国语学院也涉及其他社会科学和技术科学，如区域研究、计算语言学等。

外国语学院现设阿拉伯系、朝语系、东南亚系、俄语系、法语系、南亚系、日语系、西葡语系、西亚系、亚非系、英语系、外国语言学及应用语言学研究所、世界文学研究所、MTI翻译硕士教育中心等15个系、所、中心；35个研究机构和学术团体，1个教育部人文社科研究基地（北京大学东方学研究中心），1个国家外语非通用语种本科人才培养基地，2个教育部区域和国别研究培育基地（南亚研究中心、大洋洲研究中心），1个部属高校国家大学生校外实践教育基地。

外国语学院有英语、俄语、法语、德语、西班牙语、葡萄牙语、日语、阿拉伯语、蒙古语、朝鲜语、越南语、泰国语、缅甸语、印尼语、菲律宾语、印地语、梵巴语、乌尔都语、波斯语、希伯来语等20个招生的语种；1个一级学科博士点，11个二级学科博士点（1个与中文系合建）1个应用型硕士学位点，1个博士后流动站。

截至2014年12月，外国语学院共有在职人员258人，其中教师229人。在教师队伍中，教授67人，副教授89人，讲师69人（含博士后6人），Tenure Track助理教授4人。离退休人员共计228人，其中离休人员25人。

【教学工作】 截至2014年12月，外国语学院有学生1338人，其中本科生773人、硕士研究生378人、博士研究生187人。2014年，共录取本科生207人，含外语类高中保送生48人；录取硕士研究生143人，含学术型80人，应用型63人（英汉笔译方向31人，日汉笔译口译方向32人）；录取博士研究生34人，另有7名港澳台博士生。2014年，毕业本科生169人，除1人暂结业外，其他均授予学士学位。此外，外国语学院开设的辅修招生2014年共招生200人，毕业47人。

重新修订2014版教学计划，完成了本科、大学英语、暑期课程等1000余门中英文版的课程介绍。为研究生新开13门课程，授课教师包括国外学者。《中西（西班牙语）译介学》《西班牙语文学理论与文学批评》《传学原理》《亚非作家与作品研究》《亚非文学史研究》等课程的开设对学科建设意义重大。

外国语学院与元培学院、历史系一起开设的本科专业"外国语言与外国历史专业"（2012年教育部批准），2014年共有21名学生选修，在外国语学院阿语、德语、俄语、日语、泰语、法语、乌尔都语、印尼语、朝鲜语、缅甸语专业上课。2014年，该专业产生第一届本科毕业生，外国语学院毕业的3名同学均选择在国内外继续深造。

2014年，外国语学院继续与学校同步颁发学院"年度教学优秀奖"，奖励10名出色完成教学任务的教师。段晴、钱军等两名教师获北京大学教学优秀奖。有5项教材入选第2批"十二五"普通高等教育本科国家级规划教材，有2项教材获得北京大学教材建设立项支持。4门研究生课程通过学校的课程立项和资助。

【科研工作】 外国语学院有北京大学文科资深教授2人，教育部长江学者特聘教授1人、"百千万人才工程"入选者1人、教育部跨世纪人才2人、教育部新世纪优秀人才7人。

2014年，外国语学院获得国家社科基金年度项目、国家社科基金后期资助项目、教育部人文社会科学研究规划项目等纵向项目立项7项。其中王邦维教授主持的《中国"东方学"学术史研究》获得国家社科基金年度项目重大项目资助，李昌珂教授的《德国小说发展史》获得重点项目资助。2014年横向及外资项目立项共计12项，获得经费总计约106.66万元。

据不完全统计,2014年外国语学院教师的学术成果共计162项,其中出版学术专著11部,编著及教材7部,工具书参考书1部,古籍整理1部,译著16部。在国内外学术刊物及著作中发表116篇论文,译文10篇。外国语学院共主(合)办国际(含境外、双边)学术研讨会11次和国内学术研讨会3次。获得省部级以上科研奖励3项,2014年度全国优秀博士学位论文提名论文1篇。

【交流合作】 2014年200余人次本科生出国(境)参加交流,三个月以上的有129人次,短期出国参观访问、暑期学校、实习培训等77人次。同时,澳门理工学院交换生4人,外国语学院赴澳门理工学院人数10人,台湾淡江大学交换生2人,东京外国语大学交换生2人。研究生留学与国际国内学术交流不断发展,国家建设高水平大学公派研究生项目:学院14人入选,其中攻读博士学位4人、联合培养8人、国际区域问题及外语人才培养2人。2014年国际交流人数98人次。外国语学院继续通过"百人青年科研基金"和外国语学院资助体系两个项目,为研究生提供国内学术会议的机会。2014年,全院获得各项学术资助的学生人数较上年度有了新的增加,为历年之最。

2014年,英语系唐纳德·斯通教授荣获"中国政府友谊奖",成为北京大学获得这一奖项的首位外教。2014年还邀请各国专家短期来访,举办讲座近百场,其中包括悉尼大学语言学系教授、国际著名系统功能语言学家詹姆斯·罗伯特·马丁院士、德国莱布尼兹奖获得者、柏林洪堡大学教授斯特芬·马尔图斯等。他们的讲座关注学科的前沿学术问题,对学术研究和研究生培养工作具有重要的促进作用。此外,外国语学院进一步加强与澳门理工学院、英国埃克斯特大学人文学院、圣彼得堡国立大学的合作,签订了合作协议,内容包括学生互访、合作研究等方面。

【党建工作】 截至2014年年底,外国语学院共有27个党支部,613名党员,其中在职教职工党员120名、离退休教职工党员129名、学生党员364名。2014年共发展学生党员57人,转正预备党员48人。东语离退休支部等3个党支部如期完成换届改选。东南亚系党支部等3个党支部被评为"北京大学先进党支部",梁敏和教授等10人荣获"北京大学优秀共产党员"称号。

按照上级党组织和学校党委统一部署,外国语学院党委继续组织开展党的群众路线教育实践活动和"回头看"工作。2014年2月21日,召开外国语学院党的群众路线教育实践活动总结大会,并向学校递交了活动总结和整改落实台账。外国语学院党委和各支部开展了学习习近平总书记五四讲话精神活动和"深化综合改革、聚力科学发展"讨论活动。学院党委提前行动,召开党委扩大会做出具体部署。全院各支部积极配合,结合本单位本专业实际,群策群力,使党日活动与中心工作相互促进、相得益彰。

在加强学生党建方面,强化思想引领,完善党建创新立项,突出活动的思想性与实践性,发挥学生党员的主导性与主体性;整合多方资源,增强科学指导,推进党员岗位化,增强党员的辐射带动作用;加强学院层面的顶层设计,依托重点立项,促进党建学工联动,提升育人效果,深化联动成效。

【学生工作】 2014年,外国语学院学生工作以"精致化"理念为指引,在扎实做好常规学生工作的同时不断进行探索创新,取得了一定的成果。在推进志愿服务方面,深化志愿理念,构建活动体系,扎实开展日常志愿服务,同时积极拓展大型专业志愿服务;拓宽志愿服务领域,探索启动E家计划,兼顾网上网下,开展网上志愿服务;着眼长效发展,探索"专题项目式"和"专业实践式"的志愿服务模式。在推进深度协同方面,找准重点环节,深化协作参与,增强育人设计;学工教学配合,推进评奖评优一体,同时加强理论研究,完善评审机制;积极探索加强发展性学业辅导,推动外国语学院学工与教学的深度协同,以期构建起全员、全过程、全方位的辅导体系,整体提升学院的育人效果。

艺术学院

【发展概况】 北京大学艺术学院成立于2006年1月11日,其前身是1997年4月成立的北京大学艺术学系和1986年成立的北京大学艺术教研室,除承担艺术学门类的专业课外,还面向全校开设艺术类公共选修课和大类平台课程,并担任北京大学学生艺术团的指导和管理工作。

目前,艺术学院下设四个系:艺术学理论系、影视学系、美术学系、音乐学系;同时设六个研究机构:北京大学电视研究中心、北京大学影视戏剧研究中心、北京大学书法艺术研究所、北京大学昆曲传承与研究中心、北京大学汉画研究所、北京大学艺术学院民族音乐与音乐剧研究中心。艺术学院还拥有一个北京大学数字媒体实验教学中心(教育部领导型媒体创新人才培养实验区),同时得到北京大学文化产业研究院(国家文化产业创新与发展研究基地)和北京大学美学与美育研究中心(教育部文科重点研究基地)的强力支持。

艺术学院现有教职员工34

人,其中教授 11 人,副教授 11 人,讲师 2 人,博士后 3 人,行政教辅人员 7 人。

【教学工作】 2014 年,艺术学院共有本科生 137 人,艺术学双学位学生 148 人,共计 285 人。学术型研究生总数为 182 人,其中博士生总数 101 人,硕士生总数 81 人。专业型硕士生(MFA)202 人。本学年艺术学院承担全校本科生选艺术类通选、公选课人数 4501 人次。本科生专业方向设置有艺术史论、戏剧影视文学和文化产业管理。为了更好地加强对 2014 级本科生的指导,学院继续实行本科生导师制,为每位学生配备一位导师,指导新入学的学生更好地进行学习。

学院继续积极支持并鼓励学生参与或举办学术活动。由教师带队,有计划地组织优秀的研究生到德国、意大利和瑞士参观访问,重点考察巴塞尔艺术博览会,每位学生均完成了高质量的报告。成功举办了北京大学文化艺术管理博士生国际论坛、美术学博士生国际论坛和电影学博士生国际论坛。

继续教育办公室积极做好艺术硕士(MFA)、研究生课程进修班等项目的学生培养与学位授予工作,新设艺术硕士(MFA)美术方向,并及时与研究生院沟通,传达并落实学校布置的有关工作任务。

【科研工作】 学术研究 2014 年,在科研成果方面,艺术学院教师在国内外各级期刊共计发表论文 120 篇,出版著作 14 部。其中,在国外重要刊物发表论文 1 篇,《当代中国艺术学研究(1949—2009)》一书获得第十三届北京市哲学社会科学优秀成果奖一等奖。在科研课题方面,2014 年共计申报国家社科基金重大项目两项,均获得批准。目前我院纵向与横向在研项目共有 22 个,以艺术理论、电影电视传播、文化产业发展、艺术教育最为集中。

学术活动 2014 年全年共计举办各类学术活动 60 余次。其中,"批评家周末""美术学沙龙""美学散步文化沙龙"等小型学术沙龙的定期举办增强了艺术学院的学术影响力。相继组织了博雅艺术讲坛系列讲座,召开了"中华美学精神"专题研讨会和"当前艺术理论关键词"专题研讨会等。

【交流合作】 北京大学艺术学院民族音乐与音乐剧研究中心制作的音乐剧《元培校长》成功演出,并成功举办了"第二届中关村国际音乐剧节暨研讨会";北京大学昆曲传承与研究中心累计举办了 16 次讲座,并邀请苏州昆剧院青年演员演出折子戏 3 场,以及举行《风华绝代 仁者清音——昆曲大师蔡正仁、华文漪清唱雅聚》演唱会等。美术学系于 2014 年上半年联合德国柏林自由大学美术史系举办了主题为"绘画中的树和(或)石头"工作坊,德方选派四位教授、两位博士生前来参与,内容涉及中国美术史,以及韩国、欧洲、印度和西亚美术史。同时,安排了实地考察活动,起到了沟通中德学者、探索艺术史前沿的作用。此外,文化艺术管理国际暑期学校在三位外籍专家的参与下,也获得良好的反响。学院还分别组织了达世行欧洲考察项目和澳大利亚中澳学生论坛项目,近 30 名师生得到学院资助出访。

【学生工作】 学院学工办、团委紧紧围绕学院教学、科研的中心工作,以学习贯彻习近平总书记五四重要讲话精神、十八届四中全会精神、北京大学综合改革征求意见等事件为契机,不断加强对学生思想政治教育工作。

创新宣传手段,继续坚持办好学院微信公众账号、人人网主页媒体平台等贴近学生的阵地。最新创办的院长沙龙成了师生定期交流的重要平台,也是学院育人工作的全新方式。

暑期组织了多支团队赴甘肃、深圳、贵州等地考察,并取得了丰硕的调研成果。

学院两位专职辅导员和四位兼职辅导员每周按期和学生谈话,关注学生思想动态,加强心理排查,预防突发事件。同时,规范奖助学金管理,做到规范、公开、透明。切实做好迎新、毕业、就业工作,2014 届毕业生升学、就业率达到 100%。开拓国际资源,加强多元化实践育人。2014 年艺术学院学工办和国际合作部紧密合作,承接了拉筹伯—北大学生论坛等交流项目等。

【党建工作】 2014 年,艺术学院党总支完成了和燕东园社区的对接,到社区报到,以艺术演出等方式为社区服务。教工党支部"学习习近平总书记五四重要讲话精神"主题党日活动获优秀党日活动奖一等奖。学院党总支根据学生党支部的具体实际,在认真研究的基础上,对学生党支部进行拆分,学院现有党支部 7 个,其中教工党支部 1 个,学生党支部 6 个。2014 年共计 15 人参加党课班学习,发展党员 7 人,其中教工党员 1 人。

对外汉语教育学院

【发展概况】 北京大学对外汉语教育始于 1952 年建立的"北京大学外国留学生中国语文专修班"。1984 年 10 月成立北京大学对外汉语教学中心。2002 年 6 月 29 日成立北京大学对外汉语教育学院。

2014 年 7 月,学院行政班子换届,新任院长赵杨,副院长刘元满(分管科研和研究生教学)、汲传波

（分管留学生教学）、李建新（分管行政）。2014年学院进行学科架构调整，以学科领域分设研究室，使每位教师都有自己的专攻方向。经过调查研究并广泛征求意见，确定了四个研究方向的研究室：语言与应用研究室、习得与测试研究室、文化与跨文化交际研究室、课程与教师发展研究室。

2014年学院共有教师53人，其中教授8人，副教授35人，讲师9人，助理研究员1人。新聘合同制专职教师6人。教师退休1人。

【教学工作】 2014年度，来学院学习的留学生总数为2083人，教师授课总时数为30172课时。春季学期724人，94个班；秋季学期受北京雾霾等因素影响，留学生数量大幅下降，只有531人，82个班。

2014年度学期中的特殊项目有春季日本班、泰国王宫官员、泰国议员、泰国移民局官员、秋季悉尼大学、泰国朱拉隆功大学孔子学院冬令营、日企培训班等7个，留学生总数为200人。

2014年暑期共有语言教学项目20个，包括CIEE、斯坦福大学、西北大学（美国）、香港大学、悉尼大学、早稻田大学、萨尔斯堡大学等，留学生人数628人。

研究生教学学院现有研究生166人，其中硕士研究生135人，博士生31人。硕士研究生中，中国学生112人（台湾学生4人），外国留学生23人；按年级分，延期10人、2012级25人、2013级51人、2014级49人。博士研究生中，中国学生17人（台湾学生2人，在职2人），外国留学生14人。此外，学院还接收了国家汉办"新汉学计划"联合培养的2名博士生（日本和马来西亚各1人）。

杨德峰获北京大学教学优秀奖，施正宇获唐立新奖教金，陈莉获正大奖教金，路云获黄廷芳/信和青年杰出学者奖；辛平、张明莹、姚骏获学院教学优秀奖。

【科研工作】

表6-13　对外汉语教育学院科研成果（略举）

成果名称	作者	出版单位	成果形式
当代美国戏剧60年（1950—2010）	周维培、韩　曦	人民文学出版社	专著
"实然"的声音——对外汉语教师课堂交际研究	王添淼	北京语言大学出版社	专著
汉语对联研究	徐本湖、徐晶凝	东北师范大学出版社	专著
全球化社会中的语言教师教育	赵　杨、付玲毓	北京大学出版社	译著

表6-14　对外汉语教育学院科研项目（略举）

项目名称	起止时间	负责人	总经费（万元）	任务来源
当代美国戏剧思潮研究	2014.1—2015.12	韩　曦	15	文化部
北京市高等学校青年英才计划	2014.9—2016.9	姚　骏	15	北京市教委
北京高等学校青年英才计划	2014.12—2015.12	张文贤	10	北京市教委

5月23—24日，由北京大学对外汉语教育学院与美国哥伦比亚大学联合主办，中国人民大学、美国斯坦福大学孔子学院、美国哥伦比亚大学孔子学院协办的第五届"中青年学者汉语教学国际研讨会"（简称"中青会"）在哥伦比亚大学成功举办。11月22—23日，承办了北京大学第七场"黉门对话"。对话以"汉语国际教育重大理论与实践问题"为题，以专家对话座谈的形式，展现了学者们的不同思考角度，对本学科领域的一些热点问题展开争议。2014年还举办了三期国际汉语讲坛和四次学术沙龙。世界著名汉学家、德国的柯彼得教授和法国的白乐桑教授相继到学院进行交流。

【交流合作】 学院与美国圣母大学签署协议，决定自2015年起开展汉语教学合作，派遣教师赴圣母大学任教。

学院与美国斯坦福大学、普林斯顿大学、哥伦比亚大学、加州大学、圣母大学这五所有汉语教学合作关系的高校，联合北京语言大学和香港中文大学，成立中美八校联盟，构建汉语教学与研究的高端合作平台。

学院与智慧储行（北京）投资管理有限公司签署合作协议，自2015年起在韩国举办高级汉语培训班。

学院代表北大作为国际合作伙伴与剑桥大学共同申请英国人文研究理事会（AHRC）科研项目"开放世界现代语言研究创新项目"（Open World Research Initiative for Modern Languages）。

学院与奥克兰大学商谈合作，探索研究生联合培养，符合条件的学生能够在学期间到对方学习，获得当地教师资格。

2014年学院共派出汉语教师12人，汉语教师志愿者23人。

【党建工作】 2014年学院发展党员10名，2名预备党员转正。学院现有129名党员，其中在编教职工党员36名，学生党员69名，离退休党员21名，合同制职工党员3名。

开展学习贯彻落实十八大和十八届四中全会精神活动。开展学习习近平总书记五四重要讲话精神的相关活动。七七事变77周年前夕,组织"忆历史 树信念"特别党日活动。开展"议改革、谋发展,群策群力创一流"和"弘扬社会主义核心价值观,争做党和人民满意的好老师"主题党日活动。

【学生工作】 2014年学生党团支部开展了"走进北大红楼,读懂北大历史""学习习近平总书记五四重要讲话精神""学习十八届四中全会精神""建言综合改革,群策科学发展""参访国博,爱我中华"等主题党团日活动。2013级硕士生党支部与丰台区芳古园社区共建红色"1+1"项目,开展了一系列服务社区的活动,包括服务"人文北京、科技北京、绿色北京""汉苑课堂·智能手机专题讲座""养生讲堂""中法建交50周年文化展""走进青青藤幼儿园·欢度六一"等。

5月10日,由对外汉语教育学院研究生会发起并主办的品牌活动"第七届北京地区对外汉语教学研究生学术论坛"在北京大学成功举办。论坛以"多元环境下的汉语第二语言教学研究"为主题,围绕"汉语国际教育学科发展及跨学科研究""教学教法教材研究""国际汉语教师发展及教师技能研究""二语背景下的汉语本体研究""二语习得研究"等五个议题展开。来自八所高校的53名研究生提交了论文,最终7所高校的39篇论文入选,其中2篇论文的作者做了大会报告,37位代表在五个分论坛宣读了论文。

2014年学院毕业生54人,其中国内读博3人,出国读博2人,到海外从事汉语教学6人,地方高校教师7人,中学或其他教育机构12人,公务员3人,其他企事业单位行政或专业技术岗19人,其他行业2人。

歌剧研究院

【发展概况】 北京大学歌剧研究院于2005年年底开始筹建,2010年1月正式成立,4月9日举行成立仪式。这是亚洲第一所专门从事歌剧研究、创作和表演的高等教学科研机构,将创建独立、完整、系统的歌剧学学科和完善、严谨、科学的歌剧教学科研体系,弥补中国艺术教育史上的空白。

2010年1月,北京大学任命金曼为院长,对歌剧研究院实行在学校党委、学校行政、歌剧研究院理事会领导下的院长负责制,以新体制运行和管理。

2012年,歌剧研究院首先开设歌剧表演方向,招收全日制双证艺术硕士生(MFA),并聘请乔羽担任名誉院长。2013年,增设歌剧史论方向,并计划陆续增设音乐剧表演、歌剧与音乐剧创作、音乐戏剧导演、舞台美术与技术、艺术制作与管理、指挥等多个专业方向,逐步完善歌剧学科建设。2013年,财政部将北京大学歌剧研究院作为特色学科立项。

歌剧研究院教师队伍总人数15人,其中:事业编制教授3人(金曼、傅海静,歌剧表演;蒋一民,歌剧理论),事业编制研究员1人(周笑莉,戏剧表演新聘),事业编制讲师1人(李鸿,歌德剧表演),兼职教授2人(戴玉强、魏松,歌剧表演),劳动合同制教师4人,外聘兼课教师4人。

【教学工作】 北京大学歌剧研究院设戏剧(歌剧艺术)硕士专业学位,旨在培养能够适应社会需求,掌握本学科的基础理论和专业知识,具有良好职业素养的复合型、应用型人才,能够胜任国内外歌剧院团、高等院校、文化艺术研究、管理等机构的歌剧及音乐剧表演、创作、教学、科研、制作与管理等工作。

2014年设置歌剧表演、歌剧史论2个研究方向,其中歌剧史论为新增。学生总人数16人,全部为硕士研究生,其中2012级5人,2013级6人,2014级5人(歌剧史论方向首次招生1人,第三届歌剧表演方向招生4人)。

继续完善歌剧表演专业的核心课程建设,设置研究生课程10门:《歌剧表演》(负责人:金曼)、《音乐排练》(负责人:金曼)、《艺术指导》(负责人:金曼)、《声乐》(负责人:金曼)、《形体与舞蹈训练》(负责人:金曼)、《歌剧文化史》(负责人:蒋一民)、《语音正音》(负责人:金曼)、《歌剧学专题》(负责人:蒋一民)、《中国戏曲与中国音乐》(负责人:蒋一民)、《歌剧表演艺术家研究》(负责人:蒋一民)。

设置本科生公选课3门:《歌剧的魅力(作品篇)》(授课教师:蒋一民)、《声乐演唱及表演》(授课教师:李鸿)、《五线谱视唱练耳基础》(授课教师:李鸿)。

除课程外,强化歌剧表演专业的歌剧实践,组织学生排演了三部西方歌剧作品:意大利独幕喜歌剧《佛罗伦萨之梦》(4月),莫扎特经典喜歌剧《费加罗的婚礼》(10月)、普契尼经典歌剧《艺术家生涯》(12月)。

此外,加大2015年度招生宣传工作力度,派遣教师队伍赴天津、沈阳、广州、西安、四川音乐学院举办招生推荐会。

【科研工作】 金曼提出"中国美声"论,阐释如何用美声方法演唱好中国的声乐作品,为推动中国歌剧学派和中国美声学派的建立提供理论支持。先后在清华大学、中国人民大学、星海音乐学院、西安音乐学院、国家大剧院等全国多所大学及艺术沙龙举办《中国美声》讲座音乐会。

在金曼院长的主持、领导下，完成原创新歌剧项目《武则天》的剧本和音乐创作。

金曼、蒋一民教授筹备创办《中国歌剧》学术期刊。

蒋一民教授发表了多篇有影响力的歌剧理论研究论文，其言论和观点被国内主流媒体引用。如：《歌剧式的音乐剧〈国之当歌〉》，载《歌剧》2014年第11期；《歌剧导演——年轻的歌剧职业》，载《国家大剧院》杂志2014年第11期；《歌剧导演必须懂音乐吗？》载《国家大剧院》杂志2014年第10期；《写一部歌剧 换一座别墅》（第17届北京国际音乐节开幕导引文章），载《北京日报》2014年10月9日第20版；《前卫艺术与中国的先锋派音乐剧》，载《艺术评论》（全国中文核心期刊）2014年第9期；《什么是歌剧？》，载《上海演艺》2014年第1期；2014年8月19日《人民日报》第11版《歌剧离大众更近了》；2014年4月4日《人民日报》第15版《〈王二的长征〉热演，中国音乐剧迈入新征程》。

10月13日，青年教师李鸿的科研项目《中国歌剧史与俄国歌剧史——从歌剧看文化融合》通过学校"2014年度研究生课程立项建设"审批。

【交流合作】 6月16日，与福建省歌舞剧院及福建大剧院签署产学研战略合作协议，三方将从歌剧艺术的创作、演出、人才培养等方面开展全方位、多层次、专业化、产业化的合作。

6月24日，与国家大剧院签署战略合作协议，在国家大剧院设立"北京大学歌剧研究院教学科研实验基地"。6月30日、7月1日，在国家大剧院演出歌剧《江姐》。

9月28日，北京大学歌剧院教学实践基地落户马条草地，举行揭牌仪式。此举开启了中国歌剧院企合作新模式，为中国歌剧高端人才提供了院外演出的实践机会，并创造了一种全新的学术沙龙模式，让公众近距离接触西方经典歌剧，以切实行动倡导歌剧艺术走进公众的日常生活和艺术实践中。

4月、9月，两次邀请享誉国际的瑞士著名钢琴家、作曲家Roumen Kroumov来院讲学。

派青年教师陈野出访美国印第安纳大学，探讨"艺术管理专业"联合办学。

青年教师李鸿参加俄罗斯圣彼得堡"中俄青年友好交流年"开幕式。

11月，周笑莉研究员邀请"奥林匹克戏剧节"日本铃木忠志剧团代表来院访问，观摩课程，并召开座谈会，就双方教学方法和经验分享展开交流。

【党建工作】 12月26日，召开歌剧研究院党员大会，发展了首批4名新党员：郑景华、任晔、徐鸣涧、李振宇。

【学生工作】 遵循公开、公平、公正的原则，顺利完成本年度歌剧研究院学生评奖评优工作，评出：三好学生（1名）、社会工作奖（1名）、廖凯原奖学金（1名）、五四奖学金（1名）、科学实践创新奖（2名）、专项学业奖学金（2名）。

国际关系学院

【发展概况】 北京大学国际关系学院由4个系和3个研究所组成，即国际政治系、外交学与外事管理系、国际政治经济学系、比较政治学系、国际关系研究所、亚非研究所、世界社会主义研究所，此外还有20多个科研中心。

学院现有3个本科、7个硕士和6个博士专业对外招生，即本科的国际政治、外交学、国际政治经济学专业，硕士的国际政治、国际关系、外交学、国际政治经济学、中外政治制度、中共党史、科学社会主义与国际共产主义运动专业，博士的国际关系、国际政治、外交学、科学社会主义与国际共产主义运动、中外政治制度、国际政治经济学专业。其中国际政治、科学社会主义与国际共产主义运动是全国重点学科。学院还与北大政府管理学院、马克思主义学院共同设立了政治学博士后科研流动站。

学院现有在职教师56人，其中教授29人，副教授23人，讲师4人。

【教学工作】 2014年春季学期，本科生共有124人，其中留学生38人；硕士研究生334人，其中留学生164人；博士研究生194人，其中留学生58人。招生规模特别是研究生、留学生数量呈逐年递增趋势。

本年度，国际关系学院在教学方面取得了一系列成绩。袁明获得"国华杰出学者奖"；张小明获得"北京银行奖教金"；董昭华获得黄廷方/信和青年杰出学者奖。刘海芳获得北大第十三届青年教师教学基本功比赛人文社科类三等奖，节大磊获得北大第十三届青年教师教学基本功比赛人文社科类优秀奖，学院还获得北大第十二届青年教师教学基本功优秀组织奖；张清敏、郭洁、庄俊举获得学校2013—2014年度优秀班主任。

国际化办学项目一直是学院外事与教学工作的重点之一。本年度，学院的国际办学项目以"培养具有国际视野的国际关系专业人才的多样化创新与实践"为主要特色，获得了北京市教学成果二等奖和北京大学教学成果一等奖。2014年学院与LSE合办的双硕士项目共招收24名学生，此项目2013级22名学生全部顺利通过答辩，2012级的19名学生全部通过LSE方面的考试和论文。学院国际关系硕士（MIR）项目2014年共招收17名学生，北大—巴政项目共录取13名学生，北大—巴政项目2014年夏季完成学业并取得学位的学生共计11名。学院亚洲校园项目2014年共派出21名学生分赴东京大学、首尔大学和早稻田大学交流。学院共接收来自合作院校的5名短期交换生，2014年选派2名本科生赴日内瓦高等国际关系及发展研究院交流1学年，选派1名硕士生赴美国雷鸟全球管理学院学习1年。另外，日内瓦"3+2"项目已选出4名本科生，将于2016年秋季赴日内瓦学习；短期交流项目已选出2名学生，将于2015年秋季赴日内瓦交流1学年。国关学院院设奖学金项目对21名国际项目中品学兼优的同学提供资助。

【科研工作】 2014年，国际关系学院共出版著作19部，其中，专著7部，译成外文的著作2部，译著4部，编著6部。"中国战略性矿产资源国际话语权研究"（徐铭辰主持）获国家社科基金资助。在获奖方面，学院2014年成绩斐然。在北京市第十三届哲学社会科学优秀成果奖评比中，牛军的专著《冷战与新中国外交的缘起（1949—1955）》获一等奖，宋伟的专著《国际关系理论：从政治思想到社会科学》获二等奖。在北京大学第十二届人文社会科学研究优秀成果奖评比中，李扬帆的专著《涌动的天下：1500—1911中国世界观变迁史论》获一等奖，张光明的论文《民主社会主义：既不是魔鬼，也不是天使》获二等奖，宋伟的专著《国际关系理论：从政治思想到社会科学》获二等奖。李义虎的《"一国两制"台湾模式》入选2014年度《国家哲学社会科学成果文库》。非洲研究中心被评选为北京大学优秀研究机构。学院的国际战略研究中心、非洲研究中心、中国与世界研究中心、台湾研究院和世界新能源战略研究中心2014年也进行了一系列活动，产生了广泛的学术影响。

学院的刊物《国际政治研究》继续保持良好的学术影响，对引领国际政治学科的发展发挥了重要作用。该刊2014年从原来的季刊调整为双月刊，同时，利用国家社科基金的资助，建立《国际政治研究》网站（www.jis.pku.edu.cn），并建立微信平台（微信号：PKU_JIS）。目前，该刊继续被确认为中文社会科学引文索引（CSSCI）来源期刊，在《中国人文社会科学核心期刊要览（2013年版）》的国际政治学专业核心期刊的排名中位列第五名，在北京大学出版社出版的《中文核心期刊要目总览》（2011年版）中国际政治类的核心期刊中位列第三名。另外，该刊还是全国高校国际政治研究会的会刊。

【交流合作】 2014年，学院及挂靠在学院的研究中心主办了一系列规模较大的国际会议。例如，"第八届华人学者台湾问题研讨会"，分别以"中美新型大国关系""中国外交：新趋势、新挑战"为主题的两届"中国与全球治理"高端论坛，以"东亚：和平与相互依赖"为主题的第四届东亚和平年会，以"崛起中的中国与邻国：化解分歧、增强合作"为主题的2014北京论坛第一分论坛，以及由北京大学国际战略研究院主办、中国人民外交学会提供合作的首届"北阁对话"，参加人士包括澳大利亚前总理陆克文、美国前常务副国务卿佐利克、印度前国家安全顾问梅农等11位外国前政要、战略家，以及前国务委员、北京大学国际战略研究院名誉院长戴秉国。另外，本年度学院举行的若干规模较小的、非正式的学术研讨会和座谈会近20次。本年度，学院还进行了一些比较重要的外事交流和接待工作，例如，学院先后接待来访的美国陆军参谋长雷蒙德·奥迪尔诺上将、世界贸易组织前总干事帕斯卡·拉米先生、日本岛根县立大学名誉校长宇野重昭教授一行、美国国会高级助手代表团等。

【学生工作】 学院共有应届毕业生190人，其中本科毕业生116人，硕博毕业生74人。本科毕业生升学57人，出国44人，就业15人，就业率为100%。研究生升学8人，出国2人，就业63人，未就业1人，就业率为98.3%。

1. 专注时政、丰富形式、夯实思想政治教育工作。院团委先后组织了以"变革中的中国"为主题论坛的第十三届学生文化节、以"弘扬五四精神·勇担青春责任"为主题的社会主义核心价值观网络平台互动参与实践活动，以及以"重走五四路，青春中国梦"主题暑期社会实践活动，重点推出了赴湖南、湛江、上海三支社会实践团，参与超过40人次，三支队伍最终均被评为北京大学优秀实践团。

2. 注重需求、积极组织、全面引导，着力发挥全面育人的功能。职业发展中心、团委理论调研部合作开展新生调研，形成《国际关系学院本科2014级新生学业生涯规划调研报告》。团委全面开拓第二课堂，暑期派出三支实践团，参与同学超过40人次。另外，指导广大同学参加挑战杯，在2013—2014学年第22届挑战杯中共有10余件作品参与竞赛，共有6件获得资助，2件获奖，并获团体三等奖；2014—2015学年第23届挑战杯中，共30余件作品参与竞赛，完成立项。11月，团委学术部联合新闻中心《经纬》编辑部，与政管、经济、光华、新传、元培、社会等六院共同组织"bookaholic"读书会，创立了社科大类各学科知识交流的平台。中心课题招标项目进展顺利，11月，共有来自中国与世界研究中心和新能源战略研究中心的8个课题完成学习研究。

【党建工作】 院党委围绕学习习近平同志系列讲话精神，以主题党日活动为中心，积极组织开展学校综合改革讨论、师德讨论及党的群众路线教育实践活动"回头看",继续探索党建与学院建设和学科发展相结合的有效方式。学院党委在继续学习领会十八大、十八届三中全会精神、落实学校第十二次党代会工作部署及党的群众路线教育实践活动整改方案的基础上,组织全体党员和师生认真学习习近平总书记五四讲话等系列讲话的精神,并开展了对《北京大学章程》和学校综合改革方案的讨论。

在以"议改革、谋发展、群策群力创一流"和"弘扬社会主义核心价值观,争做党和人民满意的好老师"为主题的党日活动中,全院师生就学校综合改革方案和2018年校庆活动提出了11类修改意见和建议。下半年,学院党委配合学校党委、纪委及学校行政,严肃处理了原外交学系教师余万里严重违反师德的事件,并结合这一事件,组织在职教工以学习教育部《关于建立健全高校师德建设长效机制的意见》为中心,开展了为期一个月的师德问题讨论,进一步加深了对余万里事件性质的认识,不仅全体教师都应引以为戒,而且学院应进一步采取措施强化师德师风建设,以保证学院教学和科研的健康发展。

学院领导班子还进行了党的群众路线教育实践活动整改落实方案的"回头看",对照整改落实台账,对完成情况进行逐项检查。在民主生活会上,班子成员对一年来的工作进行了认真总结,明确了存在的问题和今后的努力方向。截至2014年11月,学院新发展党员17名;42名预备党员转正。

经济学院

【发展概况】 北京大学经济学院的前身是北京大学经济学系,始建于1912年,是中国高等学校中建立最早的经济学科。著名学者、中国共产党的创始人之一李大钊曾在经济学系任教。马寅初(新中国成立后曾任北京大学校长)是经济学系的早期负责人和教授。1952年全国院系调整后,著名经济学家陈岱孙教授长期担任北大经济学系主任。1985年5月北京大学经济学院正式成立,时设经济学系、世界经济系和经济管理系。历任院长为胡代光、石世奇、晏智杰、刘伟,现任院长为孙祁祥教授。

北京大学经济学院现有经济学系、国际经济与贸易系、金融学系、风险管理与保险学系、财政学系、发展经济学系等6个本科系,有政治经济学、西方经济学、经济思想史、经济史、世界经济、财政学、金融学、人口、资源与环境经济学、风险管理与保险学9个学术硕士点;金融学、保险学、税务学和国际商务4个专业硕士点;政治经济学、西方经济学、经济思想史、经济史、世界经济、人口、资源与环境经济学、财政学、金融学、风险管理与保险学9个博士点;13个校级科研机构、4个院级科研机构和理论经济学博士后流动站。经济学院师资力量雄厚,全职教师75人,包括教授31人,副教授36人,讲师4人,预聘制助理教授2人,外籍教师2人。在站博士后研究人员58人。

【教学工作】 2014年,经济学院共有各类学生、学员10392人,其中博士研究生145人,硕士研究生286人,访问学者、进修教师23人,本科生1317人,留学生101人,研究生课程进修生1020人,继续教育中心学生、学员约7500人。

2014年,经济学院录取优秀学子157人,其中:统招生134人,留学生23人。2014年经济学院共有154位本科生和20位留学生顺利完成了学业,获得了相应的学位。

2014年,经济学院为本科生开课135门次,含春季学期65门、秋季学期70门。其中为北京大学全校开设的通选课程9门,含春季学期5门、秋季学期4门。经济学院本科教学评估成绩春季学期为87.93分,秋季学期为89.76分。

2014年,经济学院博士研究生145人,硕士研究生286人,研究生课程进修班学生1020人。

2014年经济学院共为研究生开设83门课程,其中上半年开设38门,下半年开设45门,比上一学年度多开设6门课程。加大英文授课力度,2014年度共开设英文课程6门,同比增加3倍。2014—2015学年度,经济学院共有34门必修课参加了研究生课程的网上教学评估,平均得分与校平均分值相当。

【科研工作】 2014年,北京大学经济学院完成各类科研成果共计212项,其中专著10部,编著和教材8部,译著5部,研究报告4部,论文178篇,其他成果7篇。科研项目共计获得56项,其中纵向课题10项,横向课题46项,批准经费1620.2万元。郑伟教授主持的"我国商业养老保险制度体系与运行机制研究"课题获得教育部哲学社会科学研究重大课题攻关项目。

经济学院从2010年至2014年共编辑中英文工作论文101篇,其中2014年编辑工作论文21篇(含7篇英文工作论文)。

服务国家重大现实需求成果共13项,其中中央财经领导小组办公室第一次委托经济学院承担"经济转型中的资产泡沫风险应对比较研究"的课题研究。

张辉副教授的著作《中国经济增长的产业结构效应和驱动机制》获得北京市第十三届人文社会科学研究优秀成果二等奖;平新乔教授的论文《少数民族地区的开放特征与外资投资》获得《改革》服务中央决策优秀论文奖(《改革》杂志社);王曙光教授的著作《普惠金

融——中国农村金融重建中的制度创新与法律框架》获得第二届全国金融图书金羊奖；杨汝岱副教授的论文《基于社会网络视角的农户民间借贷需求行为研究》获得第六届"中国农村发展研究奖"提名奖；刘伟教授和黄桂田教授负责的北京大学中国都市经济研究基地、孙祁祥教授负责的北京大学中国保险与社会保障研究中心、章政教授负责的北京大学中国信用研究中心荣获北京大学第三届人文社会科学优秀研究机构称号；郑伟、崔巍老师荣获"曹凤岐金融发展基金"奖励。

2014年学院科研奖励国际会议资助13人；种子基金项目资助5人、种子基金项目结项资助5人；论坛资助总经费约56万元；论文、专著等科研奖励总经费约40万元。

经济学院已经形成院级论坛和六个系级常设论坛等模式多样、在国内外具有一定影响的论坛体系。2014年，举办国内外各类论坛和学术会议100多场。其中有重要影响的有第四届"北大经济国富论坛"、第十四届中国青年经济学者论坛、全国高校社会主义经济理论与实践研讨会第28次年会、首届高等院校信用学科建设研讨会、2014中国信用高峰论坛、北大赛瑟（CCISSR）论坛、第十一届中国经济增长与经济安全战略论坛等。

【交流合作】 2014年度经济学院教职工学术出访43人次，接待国外（境外）学者来访20余次，学生有159人次出访其他国家及地区，学院85%左右的学生在学习期间有出国出境交流的机会。

2014年度经济学院多名研究生获公派出国留学资格，分别赴美国耶鲁大学、加州大学伯克利分校、杜克大学及澳大利亚悉尼大学等学习。

台湾大学、台湾政治大学、瑞典兰德大学、英国剑桥大学、法国里昂第一大学、法国ESCP商学院、荷兰蒂尔堡大学、德国柏林自由大学、德国哥廷根大学、日本神户大学已与经济学院签订独立合作协议，每年互派学生交换学习。2011年，"海外名师项目"获准立项，受聘专家为陈立齐教授，该项目在2014年继续顺利推进。2014年，数十位国际学者来院做学术交流或外事合作洽谈，如美国南卡罗来纳大学代表、美国芝加哥大学教授、美国驻华大使馆经济处官员、美国南伊利诺伊大学经济系主任、台湾大学副校长一行、台湾政治大学国际贸易与经济系主任、毅伟出版社大中华区总监、韩国银行政策委员会委员、悉尼大学政治哲学学院院长及经济学院院长、雅培制药全球副总裁、寒暑期学校合作方、国际保险协会主席Michael J. Morrissey、法兰西共和国前总理多米尼克·德维尔潘、北美精算师协会（SOA）研究常务董事R. Dale Hall、美国保险监督官协会（NAIC）委员、康涅狄格州第32届保险监督官Thomas B. Leonardi、美国明尼苏达大学卡尔森管理学院余剑锋教授等。

【学生工作】 经济学院努力拓展奖学、助学资源，以鼓励在学术和社会工作方面取得突出成绩的同学，并为家庭经济困难学生在校的生活和学习提供物质保障。学生工作办公室有序开展了评奖评优工作，组织工作小组对家庭困难程度进行认定。完善职业发展中心组织建设，引进国有企业人力资源经理担任职业发展中心主任，选任选留学生为副主任，建立起部长、副部长和部员的完整工作队伍。整合部门设置，开通职业发展中心微信公众号。组织"经海留痕"职业发展沙龙活动、两届模拟招聘大赛、"职来职往"学生企业参访系列品牌活动。2014年，学院拓展2家就业实习基地，与优质企事业单位进行合作，继续完善人才"内推"机制。继续与环境科学与工程学院联合开设《职业发展规划课》，课程体系和质量更为完善，为学生提供系统的职业生涯规划指导。

组织多样的学术、文化活动，推动学术科研工程建设，丰富学生文化生活。4月11—13日，经济学院举办"鼎革致知·经彩青年"——第三届新时代中国青年经济论坛。来自海内外近40所高校的经济、管理学院教师与学生代表受邀参加，深入解读党的十八届三中全会改革议题对中国当下及未来发展的影响。学院举办多场新老生经验交流会，促进精神与经验的传承。在北京大学第22届挑战杯五四青年学科竞赛与北京大学第22届挑战杯跨学科作品竞赛中，经济学院同学成绩斐然。2014年度德勤税务精英挑战赛中，北京大学经济学院学子凭借总决赛中的出色表现荣获全国总冠军。在"一二·九"师生歌咏比赛中，经济学院师生凭借着对原创音乐剧《百年经世情》的出色演绎，荣获"最具院系特色奖""2014年北京大学'一二·九'师生歌咏比赛最美三行情诗"。

【党建工作】 以纪念五四运动九十五周年和学习贯彻党的十八届三中、四中全会精神为契机，学院各支部通过跨院系交流、院内党团日联合活动等方式，组织了实地参访、主题讨论、法制讲座等丰富多彩的活动，引导广大青年学生积极贯彻落实社会主义核心价值观和十八届四中全会精神。北京大学经济学院团委与中国农业大学经济学院团委联合举办"习总书记'五四'讲话精神学习交流会议"。院党委顺利完成北京大学第21期党性教育读书班和第27期党的知识培训班的培训工作。院团委组织开展了以"坚守核心价值，践行青年责任"为主题的参访活动。在原有基础上进一步完善经济学院团校章程制度,开展团校读书会、党团主题演讲、知识竞赛、公文写作训练等活动。

光华管理学院

【发展概况】 光华管理学院依托北京大学深厚的历史底蕴和文化积淀,以"创造管理知识,培养商界领袖,推动社会进步"为使命,历经近三十年的发展,学院在科研水平、师资建设、人才培养、国际合作等方面位居国内经济管理学院前列,成为亚太地区最为优秀的商学院之一。

光华管理学院现设有会计学系、应用经济学系、商务统计与经济计量系、金融学系、管理科学与信息系统系、市场营销系、组织管理系、战略管理系等8个系,其中国民经济学和企业管理是国家重点学科点。学院具有完整的人才培养体系,学位项目包括本科、研究生、金融硕士、工商管理硕士(MBA)、高级管理人员工商管理硕士(EMBA)、会计硕士项目(MPAcc)、社会公益硕士项目(MSEM)等。《金融时报》公布的2014年度全球百强MBA排名中,光华MBA项目位居第57位,成为中国大陆高校中唯一上榜的商学院。2014年,光华金融硕士项目在《金融时报》全球金融硕士项目排名中位列第13位,也是排名榜前45强中唯一入选的亚洲院校。为进一步满足不同类型的企业和组织中的高层管理者的知识需求,学院还设立了高层管理教育中心(ExEd),提供非学位的公开课程、定制课程和国际课程。

2014年,学院新招聘教员6名,其中,教授1名,助理教授5名。此外,学院有1名副教授晋升为教授,3名讲师晋升为副教授。截至2014年12月底,学院8个系共有教员112名,其中,教授47名,副教授44名,讲师21名,离退休0人。

【教学工作】 2014年,光华管理学院共招收全日制本科生228人(包括31名省级高考状元),普通研究生183人,其中,博士生61人,学术硕士37人,金融硕士85人。2014年MBA项目共招收学生416人,EMBA项目共招收学生352人,MPAcc项目共招收学生60人,高层管理教育中心(ExEd)项目新增学员5241人,全年运行完成116个项目。

2014年,光华管理学院本科研究生项目实际毕业人数共有374人(含春季毕业生4人),其中,本科毕业生195人,普通硕士研究生毕业生137人,博士毕业研究生42人。MBA项目毕业生461人,EMBA项目毕业生352人。

2014年,金融硕士项目在全国范围内率先进行滚动制招生的招生改革,吸引国内外优秀生源。更新本科培养计划,多方位课程改革与建设:以《经济学》为试点的大班授课、小班讨论改革成果显著;实践类课程逐渐成熟,与学院其他项目及校友资源进行整合,打造了《中国经济改革与发展》等实践类的精品课程,提升学生对社会现实经济问题的批判思维与深入探索;打通高年级本科生与研究生课程的互选。

在全国范围内率先启动"光华未来学术之星"培养计划,该计划通过为学生提供最优的学术资源和系统性支持,达到激发研究兴趣、培养批判思维、提升研究能力、积累研究经验、树立学术理想、助力学术发展的目的,为学生成为未来学术之星创造条件。改善了学生综合测评体系,2014年度整合校级、院级奖学金评选方案,组织评选并发放学校、学院共50余种奖学金,金额合计300余万元。其中,校级奖励203人、院级奖励178人;企业、个人捐助有10项院级奖学金,共奖励135人。成立社会公益管理专业学位硕士。

【科研工作】 2014年,光华管理学院新立项国家自然科学基金面上项目和青年项目12项,其中国家自然科学基金杰出青年项目1项,重点项目1项,青年科学基金项目1项,自然科学基金新立项目的总批准经费达967.5万元。新立项国家社科基金一般项目1项,社科重大基金项目1项。新立项教育部一般项目2项(含1项三期),北京市哲学社会科学项目1项。共计有67个在研纵向科研项目。

2014年,教员共计登记成果329项,其中期刊论文276篇,会议论文28篇,著作16部,其他成果9项。其中,发表SCI/SSCI论文76篇,含院选英文A类23篇、院选英文B类40篇。发表CSSCI论文100篇,含院选中文A类17篇、院选中文B类41篇。

2014年获得北京市第十三届哲学社会科学优秀成果奖三个。其中厉以宁教授的《希腊古代经济史》获一等奖,曹凤岐教授的《金融市场全球化下的中国金融监管体系改革》和孟涓涓讲师的 New York City Cab Drivers' Labor Supply Revisited: Reference-Dependent Preferences with Rational-Expectations Targets for Hours and Income 获二等奖。

【交流合作】 2014年,光华管理学院合作院校数量达106所,合作院校所在国家增至32个,重点拓展发展中国家和新兴市场的合作院校,大大丰富了合作院校的多样性,为学生了解"Global"的概念提供了更多的可能性。

2014年,光华管理学院共选拔231名学生赴海外交流学习一学期(其中,本科:153名,普研:15名,MBA:57名;MPAcc:6名);2014年度共接收海外交流学生

155名。

通过不断扩大交流范围,深化合作的层次,创新合作模式,不断提升光华的国际形象并扩大光华的国际影响力。学院多批次组织"中国经营方略(DBIC)"课程,课程共接收228人,生源来自重点合作院校,包括芝加哥大学、Kellogg商学院、NYU、UBC等;学院参加PIM(Partnership in International Management)第41次年会,扩大光华在这高端商学院联盟中的影响力;为更好维护中日韩合作项目的运营,学院配合教育部亚洲校园项目总结及调研工作,撰写优秀实践案例。

【党建工作】 按照党的群众路线教育实践活动的有关部署,2014年光华管理学院党委针对需要整改的问题进行了梳理归类,各个工作环节逐一落实,切实提升各项工作中的领导水平和服务质量。召开了全院党的群众路线教育实践活动总结大会,党员同志及广大师生受到马克思主义群众观的深刻教育,贯彻党的群众路线的自觉性和坚定性明显增强。组织教师和学生党支部全面开展"深化综合改革、聚力科学发展观"讨论活动,为学校发展建言献策。在教工党支部中顺利开展"议改革、谋发展,群策群力创一流"和"弘扬社会主义核心价值观,争做党和人民满意的好老师"主题党日活动;在学生党支部中以"与改革同向,与法治同行"为主题开展了多项学生党团日主题教育活动,积极申报创新立项,包括义务支教、红色1+1等活动,获得审批并按活动计划顺利完成相关工作。

13个学生党支部及2个教工党支部顺利完成换届,共组织145名入党积极分子参加党课培训班,全年发展党员68名,党组织得到了加强。积极开展研究生入学政审咨询、转档、信息上报工作,顺利完成574名研究生入学政审咨询及归档工作,完成156名师生党员组织关系的转入和188名师生党员组织关系的转出工作。

【学生工作】 致力于学生综合素质的提高和多元化发展的价值观引导,团委学工改革机制,创新宣传工作,与学生发展部共同开展丰富的第二课堂活动:组织暑期两岸精英交流营活动;引入"团校辅导员制";通过"挑战杯"、暑期社会实践等扶持学生参与创新创业;通过"光华大使"寒假访学团、海外交流经验分享会等活动拓展学生国际视野;"采薇计划"作为学院层面的寒假返乡调研实践活动正式启动,与暑期的"沃土计划"实践课程等培养计划共同构建起学院全方位、多元化的实践育人体系。

研究生共有36篇文章获得论文奖励,含英文一类1篇、二类6篇,中文一类11篇、二类18篇;11名学生获学术交流资助;15名博士生获出国交流资助;博士生60%以上进入中山大学等高校或博士后流动站。

在职业发展方面,2014年本硕博MBA毕业生在就业各项指标上保持提升,在体制内商学院中持续领先。根据光华学生四个主要就业方向,整合职业发展战略课程、商务特训营、Job Shadow、与教授面对面等系列活动形成个性化的领导力发展与培训模块。整合创业咨询室等专题活动和资源,形成以创业培训、创业顾问团、团队筹建、模拟路演、项目推介系统Innocampus创业工作模块。

持续开拓和维护重要企业雇主关系,举办雇主与品牌主题答谢会、行业文化周系列活动、集体招聘会、企业校园招聘活动200多次,近300家雇主参与。

法 学 院

【发展概况】 1904年,京师大学堂在其下设政法科大学堂,设立"法律学门",这是中国首个在近现代大学之内专事法律教育的部门,亦即现今北京大学法学院的前身。1912年,京师大学堂更名为"国立北京大学"。1919年,北京大学法律学门正式改为北京大学法律系。此后,经历多次更迭和易名,直至1954年重建北京大学法律学系。

1999年6月26日改建为北京大学法学院。1988年,在首批国家重点学科评选中,法理学和国际法学被评为两个国家重点学科;2001年,在国家重点学科评选中,法理学、宪法与行政法学、经济法学、刑法学成为国家重点学科;2004年,宪法与行政法研究中心被评为教育部人文社会科学重点研究基地;2007年,北京大学法学院成为全国三个首批获得法学一级学科国家重点学科的院校之一。

2014年7月,法学院行政班子换届。现任院长张守文,副院长潘剑锋(兼)、王锡锌、杨晓雷、薛军、郭雳。

2013年12月,法学院党委换届。现任党委书记潘剑锋,党委副书记朴文丹、路姜男。党委委员:张守文、汪建成、郭雳、王成、沈岿、张骐。

2014年,法学院新引进教师1人,招聘博士后3人。现有在编教师87人,包括45名教授、8名院聘教授、26名副教授、8名讲师;在站博士后4人。现有事业编制教辅、党政管理人员16人,另有14名院聘的行政教辅人员。法学院共有离退休教职工64人,年龄最大的93岁,年龄跨度38岁。

【教学工作】 2014年,法学院招

收本科生 175 名(含港澳台学生 9 名,外国留学生 17 名),法学硕士 87 名(含港澳台学生 5 名,外国留学生 6 名),法律硕士(法学)45 人(含港澳台学生 3 名),法律硕士(非法学)243 名(含港澳台学生 2 名,外国留学生 1 名),在职法律硕士 96 名,博士 62 名(含港澳台学生 4 名,外国留学生 2 名)。

2014 年本科生毕业并获得学位 178 名、结业 2 名、毕业无学位 1 名,法学硕士毕业并获得学位 113 名、肄业 2 名,法律硕士(非法学)毕业并获得学位 264 名、补授学位 5 名,在职法律硕士获得学位 85 名,博士毕业并获得学位 43 名、补授学位 1 名、结业 4 名、肄业 2 名。

2014 年 3 月,召开了"首届全国法学教育高端论坛"。核心议题是法学教育的课程改革,主要涉及案例教学课程、实务实习课程及论文写作课程三方面内容,并最终形成论坛共识;12 月,举办了法学院教学经验交流会,为本院教师搭建了有效的交流平台,共同研讨未来教学改革的方向和具体问题,筹划科学合理的规划部署;积极探索学术型研究生招生培养模式改革,法学博士招生方式改为"申请—审核"制;积极推动各学科更新研究生课程库,形成了《法学院研究生课程汇编》;鼓励各学科积极参与学院教学改革,十二项"教学综合改革研究项目"获得学院资助并于 2014 年年底结项,形成了《北京大学法学院教学综合改革项目汇编》;强化学院规章制度建设,修订完成了《北京大学法学院教学管理文件汇编》,分为六个部分:招生、培养、教学计划、论文写作与答辩、其他,以及研究生院相关规定索引,全面、系统地将现有教学过程中各个环节的规则予以客观呈现。增聘第六期法律硕士校外兼职导师,进一步完善、落实法律硕士"双导师"制。

【科研工作】 2014 年度,全院教师共发表各类论文 378 篇,核心刊物论文 147 篇(其中,独著 127 篇)。发表在 15 种 CLSCI 法学类核心期刊论文 63 篇(三大核心期刊 13 篇);外文学术论文 40 篇(其中,收录 SSCI 论文 3 篇)。出版学术著作 29 部(其中,独著中文专著 8 部,独著外文专著 3 部,独译译著 5 部)。出版教材 11 部。由法学院主办、科研中心主办,或由学院老师主编的正式出版刊物共 22 本。

在国家级、省部级科研项目的申报中,法学院共有 48 项参与申报,共有 11 项课题立项。其中,国家社科基金重大项目 2 项、成果文库 1 项、后期资助 1 项;北京市哲学社会科学规划课题重大项目 2 项、一般项目 1 项;司法部项目 2 项,中国法学会部级重点课题 1 项,北京市法学会课题 1 项。

科研获奖方面,薛军的著作荣获第十三届北京市"哲学社会科学优秀成果奖"一等奖,凌斌、湛中乐的著作分别获二等奖。刘剑文的论文荣获第三届"中国法学优秀成果奖"二等奖,陈永生的论文荣获三等奖。李启成的论文荣获第五届"钱端升法学研究成果奖"提名奖。叶姗的著作荣获第二届"董必武青年法学成果奖"一等奖,凌斌的论文荣获三等奖。洪艳蓉荣获中国证券法学研究会 2014 年会优秀论文一等奖。郭雳、凌斌的著作入选第四届"三个一百"原创图书出版工程。在第五届"上证法治论坛"优秀论文奖评选中,郭雳的论文荣获一等奖,刘燕、楼建波的论文荣获二等奖。此外,在"1978—2014 影响中国法治图书奖"的评选中,法学院三本著作入选,分别是:《比较法总论》(沈宗灵著)、《比较宪法与行政法》(龚祥瑞著)、《法治及其本土资源》(朱苏力著)。

学院共有 3 位"长江学者":陈兴良、朱苏力、陈瑞华。教育部跨世纪人才计划入选者 5 人、教育部新世纪人才计划入选者 9 人、全国十大杰出青年法学家 4 人。

【交流合作】 2014 年,法学院共接待来自世界各个国家(地区)30 余个法学院访问团;接待超过 150 名来自不同地区的著名教授、学者。法学院代表团出访了美国、德国、英国、韩国、日本等国家,推动了 12 个新协议的签署。本年度教职工共计 75 人次到多个国家和地区出席学术会议、交流访问或讲授课程。2014 年法学院与英国伦敦大学法学院、美国大学华盛顿法学院、瑞典隆德大学等 12 所合作院校签署了合作交流协议。2014 年,法学院努力推进与国内高校、政府机构及企业的合作与交流,并与合作单位共同举办研讨会、签署共建协议,积极为国家立法、司法改革献言献策。

在对外事务机制创新方面:1. 建立"全球化法律人才班"项目:法学院于 2014 年末确定了建立全球化涉外法律人才班的项目,计划选拔约 40 名优秀本科生及法律硕士学生组成国际班。2. 设立 Adjunct Professor 计划:法学院于 2014 年末确定设立 Adjunct Professor 计划(AP 计划)以支持"全球化法律人才班"项目。学院每年提供 100 万的资金支持,邀请国际知名学者和实务界人士担任 Adjunct Professor,由 AP 开设系列课程等。3. 筹备本科生 4+1 项目:针对优秀本科生毕业,学院将授予"荣誉毕业生"称号,并推荐其到国外法学院攻读优势学科专业的硕士学位。4. 开展教员学术交流项目:法学院在国际化过程中要着重打造高端学术交流平台,如北大—耶鲁—剑桥年度会议。

【党建工作】 2014 年,法学院党委下属 44 个党支部,其中 8 个在职教职工党支部,2 个离退休教职工党支部,34 个学生党支部。2014 年学生党支部共发展 53 名预备党员;有 88 名预备党员如期转正。全院共有 209 名学生参加入党积极分子培训班学习并顺利结业。

法学院党委深入贯彻落实上级指示,通过理论中心组学习、教师座谈会、专题讲座等多种方式,在全院师生中广泛开展学习习近平总书记系列重要讲话和中国共产党十八届四中全会精神等一系列教育宣传活动,深入领会党和国家的路线、方针和政策。

根据中央要求和学校工作布置,在充分征求师生意见建议的基础上,法学院召开了党政领导班子民主生活会,领导班子成员认真撰写对照检查材料,开展了严肃的自我批评与相互批评,制定了整改方案和整改措施,取得了阶段性成果。

在学校党委组织部的指导下,学院党委组织全院师生,严格依照相关规定开展学院行政领导班子换届的筹备和组织工作,推进行政领导班子换届工作平稳、高效、公正、有序地进行。

2014年举办了"纪念北京大学法学院(法律学门)创立110周年暨北京大学法律系复建60周年"离退休教职工座谈会和参观游览密云区古北水镇的活动。

【学生工作】 2014年,法学院拥有校设奖学金和院设奖学金共计61项,其中校设奖学金13项,院设不可兼得奖学金10项,院设可兼得奖学金31项,院设国际游学奖学金6项,院设新生奖学金1项。奖学金总额达350余万元,惠及学生450余人次。2014年度法学院院设助学金已增加至17项,资助名额为103人,资助群体从本科生扩展至研究生,已覆盖全部学生类别。

法学院2014届共有本科生164人,其中,53人就业,27人出国留学,74人本国深造。2014届共有研究生394人,其中,350人就业,18人出国留学,15人本国深造。2014年,法学院实际需要就业的毕业生总数在全校文科院系中名列前茅。截至2014年9月,法学院毕业生的平均就业率高达97.99%,总体就业落实稳中有进。

1月,法学院团委组织九名学生骨干赴河南省南阳市进行返乡调研活动;4月,由法学院与歌剧研究院共同主办的独幕喜歌剧《佛罗伦萨之梦》在百周年纪念讲堂多功能厅上演;同月,第四届北京大学法学院"新模式·新平台·新发展"学生峰会举办;5月,法学院第十九届学生代表大会第二次会议召开;9月"无法不爱"法学院迎新晚会在图书馆南配殿举行;10月,法学院"深化综合改革、聚力科学发展"暨学习十八届四中全会师生联合主题党日活动举行;12月,法学院荣获北京大学纪念"一二·九"运动78周年师生歌咏比赛一等奖;同月,法学院研究生会举办第二届"冰律杯"研究生新生辩论赛决赛。

信息管理系

【发展概况】 信息管理系是中国自己创办的最早的图书馆学情报学教育基地之一,其前身是图书馆学系,始建于1947年,1987年5月更名为图书馆学情报学系,1992年为适应国民经济信息化和社会信息化的需求,改为信息管理系。经过67年的建设和发展,在几代人的不懈努力下,逐步壮大为一个多学科、多层次、全日制与继续教育相结合的新型专业教育中心,培养高层次信息管理人才的摇篮。拥有图书馆学、情报学和图书、情报与档案管理(编辑出版学)硕、博士点以及一级学科授予权,其中,图书馆学为国家重点学科,情报学为北京市重点学科。系内设有2个教研室(图书馆学教研室、情报学教研室),3个研究所(信息化与人类信息行为研究所、北京大学信息产业战略研究中心、北京大学信息化与人类信息行为研究所),1个实验室(数字图书馆开放实验室),还设有党委和人事办公室、行政办公室、教务办公室、北京大学图书馆信息管理系分馆等机构。

2014年全系共有教师31人(图书馆学教研室14人),其中教授7人,副教授5人,情报学研究室17人,其中,教授9人,副教授6人。近几年信息管理系引进的年轻教师均在国外获得博士学位。聘请兼职教授1人,百度公司总裁、原信息管理系本科毕业生李彦宏为信息管理系兼职教授并开始指导情报学专业硕士生。

【教学工作】 2014年信息管理系招收本科生60人(含留学生11人),在校生人数174人,毕业生人数36人。2014年招收研究生50人,其中,硕士招生34人(含港台学生3人),博士招生16人(含港台学生2人)。研究生在校生人数152人,其中,硕士69人(含港台学生4人),博士83人(含港台学生10人)。研究生毕业生人数46人,其中,硕士12人,硕士33人。生源比较充足,就业状况良好。

本科生教学 在教学计划方面,按照学校提出的"加强基础,尊重选择,卓越教学,促进交叉"的教学改革思路,信息管理系在充分调研的基础上,讨论并通过了《2014年信息管理系本科生课程修订方案》;对《信息管理系本科生学位论文写作及打印装订相关要求》《本科生学位论文写作及答辩时间安排》进行了修订;向北京大学申报了《2015年北京大学本科教学工程建设方案》,开设两门新课——公共文化服务概论和健康信息学(英文授课);改革信息组织为小班课教学模式,被北京大学列为本科教学质量工程项目资助对象。

在教学管理方面,信息管理系加强了对本科生专业必修课程的管理，制定了《关于学生在毕业时自主申报专业学位的规定（征求意见稿）》；修订了教师课设选修课的规定；修订了《北京大学信息管理系本科生综合测评》的规定。

研究生教学　2014年，信息管理系开设研究生课程21门，其中，博士课程4门。制定了《信息管理系有关硕士研究生导师相关规定》；制定并通过了《北京大学信息管理系博士研究生招生"申请/审核制"实施方案》，2016年起实施；开设了一门新课：知识经济专题研究（英文授课）。为招收更多更优秀的学生，信息管理系决定放宽推荐免试硕士研究生的申请条件。

【科研工作】　2014年，在全系老师的共同努力下，信息管理系在科研项目申报立项、研究成果发表、学术交流等方面开展了一系列工作，取得了丰硕的成果，扩大了信息管理系科研影响力。其中，国家社科基金年度项目立项2项，教育部哲学社会科学年度项目立项1项，王子舟等5位老师获得北京大学人文社科 SSCI、A&HCI、SCI 论文奖励，全系教师参加境内外学术交流、访问讲学等达40人次，举办了"2014年图书馆学博士生学术论坛""从数据到决策——大数据分析与应用高峰论坛"、第六届"信息资本、产权与伦理国际学术交流研讨会"。

表6-15　信息管理系科研项目

项目名称	起止时间	负责人	项目类别	项目来源
大数据环境下的计算型情报分析方法与技术研究	2014-06-15	李广建	重点项目	国家社科基金
清升平署西文文献著录与研究	2014-06-15	熊　静	青年项目	国家社科基金
面向电子商务生态平衡的目录导购机制研究	2014-01	王　军	面上项目	国家自科基金

【交流合作】　在继续巩固与已有合作单位联系的同时，信息管理系积极拓展新的合作渠道及模式。这包括与中国科技信息研究所、国防信息中心建立协同创新研究机制；与北大方正集团开展数字出版方面的研究合作；与文化部、杭州市等国家和地方政府部门开展社会公共文化服务方面的研究和深度合作。目前正在向学校争取成立"北京大学国家现代公共文化研究中心"。在境外方面，与美国印第安纳大学信息学院确定建立学生、教师交换，以及合作科研关系，其中，关于图书情报学硕士双学位项目已经得到了双方批准；与日本筑波大学、美国夏威夷大学、泰国孔敬大学等相关专业联合发起了 Doctoral Research Summit（DRS）活动，资助研究生参加国际会议；与台湾南华大学图书资讯系建立了本科生交换关系。

【党建工作】　2014年信息管理系党委按照学校党委的要求和部署，结合信息管理系工作实际，扎实推进各项工作。目前现有党支部6个。

1. 将学习实践活动落到实处。全系师生深入开展学习贯彻习近平总书记系列讲话精神，进一步武装思想、指导实践；大力落实党的群众路线教育实践活动整改措施，建立健全贯彻落实群众路线、加强作风建设的长效机制；结合"深化综合改革，聚力科学发展"讨论活动的开展，梳理并明确了各学科领域之间的关系，确定了信息管理系的近期发展目标；教工支部、本科生支部、硕士生支部分别完成换届选举工作。

2. 加强宣传工作。党委强化微信联络群的宣传效果，加强党支部干部的培养，把握正确的舆论导向，规范了发稿责任制度、稿件审查制度、图章管理制度等，提高了内外宣传水平。

3. 行政换届顺利完成。2014年初，配合学校组织部顺利完成系行政班子换届中各项工作，包括群众测评、民主推荐、个别谈话、组织考察等环节。进一步加强党风廉政建设。新的党政班子成员认真学习了《关于实行党风廉政建设责任制的规定》等文件，积极开展反腐倡廉自查工作。系党政坚持实行民主集中制的原则，践行"三重一大"的集体决策机制，修订并完善了部分规章制度。

【学生工作】　9月30日，信息管理系团学联组织15名同学到天安门广场观看升旗仪式，为中华人民共和国65周岁生日献礼。胸怀热血，按下快门，在共和国生日到来之际，信管学子纷纷与国旗合影，留下难忘的瞬间。

信息管理系积极发展学生向党组织靠拢，并开展一系列活动，通过征文、辩论、座谈、参观革命遗址、专题讲座、学术沙龙等方式引导青年学生深入思考。10月，信息管理系举办了第27期党的知识培训班信息管理系动员大会。10月，在党的十八大召开时，信息管理系组织学生骨干观看十八大开幕式直播，开展深入学习贯彻十八大精神的学习交流活动。

11月，信息管理系主办了"从数据到决策——大数据分析与应用"高峰论坛暨北京大学信息管理系大学生创新创业孵化基地揭牌仪式，邀请到了大数据领域权威人士及行业领跑者，围绕"数据决策，创新发展"的主题，以创新成果展示、高峰对话、专题报告等多种形式，针对当今大数据的商业价值和社会价值、大数据领域前沿技术与发展趋势、创业的创新驱动力、情报学商业运用等话题进行深度交流与研讨，为社会的发展、时代的革新出谋划策，为大数据代言。

2014年信息管理系有本科毕业生36人，其中，出国留学15人，本国深造15人，就业6人。硕士研究生毕业人数33人，其中，就业28人；博士研究生毕业人数13人，其中，就业9人。

社会学系

【发展概况】 截至2014年12月，社会学系在职的教学和科研、教辅和行政人员共47人，其中，专任教师39人，行政和教辅人员8人（含劳动合同制2人）。王思斌、刘世定、吴宝科退休。39位专任教师中，教授22人，副教授12人，讲师4人，助理教授1人。

社会学系设有社会学、人类学和社会工作三个专业团队。2014年4月，社会学系任命张静教授为社会学专业主任，周飞舟教授为社会学专业副主任，高丙中教授为人类学专业主任；2014年9月，任命马凤芝教授为社会工作专业主任。社会学系设有社会学和社会工作两个本科专业；社会学、人类学、人口学和社会保障4个学科学位硕士点；1个专业学位（社会工作硕士专业学位）硕士点；社会学、人口学和人类学3个博士点。北京大学社会学一级学科（下含社会学、人口学、人类学、民俗学四个二级学科）系北京大学现有的18个国家一级重点学科之一。社会学系还是中国社会工作教育协会秘书处和全国社会工作硕士专业学位教育指导委员会秘书处所在地。

4月，经学校批准，社会学系学术委员会成员进行年度调整，调整后的学术委员会主任为郭志刚，副主任为谢立中，成员为：方文、朱晓阳、邱泽奇、张静、佟新、查晶、熊跃根。

【教学工作】 "北京大学社会学创新人才培养与实践教学三十年"荣获2014年国家级教学成果二等奖。从2014年5月开始，经过教授会、学会分会的充分讨论及表决，经研究生院批准，社会学系决定2015年博士研究生招生实行申请审核制。同时，经社会学系各个专业老师的充分讨论，经与深圳研究生院协商，并由社会学分会讨论及表决，北京大学研究生院批准，社会学系在深圳研究生院的社会学学术型硕士转为社会工作专业硕士。

截至2014年12月31日，社会学系在册本科生共321人，其中留学生101人。双学位在读214人，辅修在读1人。2014年社会学系新招收本科生76人，含留学生19人；毕业本科生59人，毕业留学生12人，社会学双学位毕业57人。

2014年社会学系录取硕士研究生100人，社会学专业60人（含深圳40人），社会工作专业23人（含学工选留生2人），社会保障专业5人，人类学专业5人，留学生、港澳台6人，骨干计划1人；2014年录取博士研究生22人。2014年共计毕业博士23人（其中1人未能授予学位）、本部硕士34人、深圳硕士28人、社会工作专业硕士20人、同等学力7人，共计112人。

2014年，社会学系钱民辉教授获"教学优秀奖"（奖金5000元），孙飞宇副教授获"方正奖教金优秀奖"（奖金2万元），鄢盛明副教授获"杨芙清—王阳元奖教金优秀奖"（奖金2万元），王思斌教授获"唐立新奖教金教学名师奖"（奖金5万元）。

【科研工作】 2014年，社会学系谢立中教授新当选"长江学者奖励计划特聘教授"。社会学系22位教授中，有"文科新世纪优秀人才"5人（张静、佟新、邱泽奇、方文、熊跃根），教育部"跨世纪人才培养计划（人文社会科学）"人才2人（马戎、郭志刚）。此外，社会学系还聘请了国家千人计划入选者1人。

截至12月31日，社会学系教师的学术出版如下：专著19部、译著2部、译文1篇、编著文集或教材7部、研究或咨询报告2篇，电子出版物1部、论文159篇。在发表的论文中，SSCI收录文章为12篇。此外，2014年度成果中有4部英文著作，其中3部是社会学系与新加坡World Scientific出版公司合作的Peking University Sociology and Anthropology Series。该系列已出版4部。全年新增各类项目59项，其中，纵向项目3项，横向项目56项。方文教授"现代化背景下的本土社会心理学研究"获国家社科基金重点项目资助。新增科研经费7493791.25元。

社会学系郭志刚教授与王丰、蔡泳等人合作的专著《中国的低生育率与人口可持续发展》于2014年5月由中国社会科学出版社出版。该书入选国家哲学社会科学成果文库2013年作品，为2013年入选作品中唯一的人口学成果。北京大学—香港理工大学中国社会工作研究中心荣获"北京大学第三届人文社会科学优秀研究机构"，在250余个人文社会科学研究机构中，有18个机构入选，这是自中心成立以来连续两届获得优秀科研机构称号。

2014年共组织国际、国内学术交流会7次，出席人数近200人次。

表6-16 社会学系获奖情况

成果名称	获奖类型（及等级）	全部作者
以利为利：财政关系与地方政府行为	北京市第十三届哲学社会科学优秀成果奖一等奖	周飞舟
流动儿童社会融合的代际传承	北京市第十三届哲学社会科学优秀成果奖二等奖	周 皓
以利为利：财政关系与地方政府行为	北京大学第十二届人文社会科学优秀成果奖一等奖	周飞舟
Transition Psychology: the membership Approach	北京大学第十二届人文社会科学优秀成果奖二等奖	方 文
〔英〕吉拉德·德朗蒂主编《当代欧洲社会理论指南》	北京大学第十二届人文社会科学优秀成果奖二等奖	李 康

【党建工作】 截至2014年12月31日，社会学系党委共设有党支部14个，其中，学生党支部12人，教工党支部2个；共有党员248人，其中，在职教职工党员25人，离退休党员15人，学生党员172人；新发展党员25人，预备党员按期转正23人。47名同学参加北京大学第27期党的知识培训班并顺利结业，15名同学参加北京大学第21期党性教育读书班并顺利结业。

上半年，重点开展学习习近平总书记五四讲话精神专题学习。组织师生观看习总书记"五四"视察北京大学新闻联播视频；在全体教职工大会上传达习总书记"五四"讲话精神；组织各党支部专题讨论。通过学习讨论激励师生以更加昂扬向上的精神状态履行好工作职责，加快我校创建世界一流大学的步伐。

下半年，开展"深化综合改革、聚力科学发展"主题讨论活动。首先，在各支部开展主题党日活动。教工支部积极开展以"议改革、谋发展，群策群力创一流"以及"弘扬社会主义核心价值观，争做党和人民满意的好老师"为主题的党日活动，学习《北京大学章程》，针对《北京大学综合改革方案（征求意见稿）》提出意见建议。其次，分专业召开全体教职工专题讨论会，与资深教授、学科带头人面对面，召开党外人士座谈会，初步形成《北京大学社会学系综合改革方案》。最后，召开党委扩大会议，聚焦"深化综合改革，聚力科学发展"主题，深入学习实践十八届四中全会精神，讨论如何推动依法治校等重要问题。

【学生工作】 2014年，社会学系团委、学生会、研究生会组织举办了丰富多彩的学生活动。3月，社会学系、光华管理学院、生命科学学院、数学科学学院、工学院五院系联合团校开学，以"高举团旗，共同成长"为主题，是北大基层团校的新探索。4月，社会学系第十届文化节开幕式暨社会学"魁阁"论坛启动。开幕式发布了社会学系团委主编的新一期《五音》杂志。学生会组织社会学系内学生参加五院联合"智勇双全"主题挑战赛。5月，学生会组织举办知名作家张德芬《遇见未知的自己》心灵悦享会；社会学系第十二次学生代表大会顺利召开，大会共53位代表出席，苑子文等3人担任新一届学生会主席团成员。6月，社会学系在北京大学第二十二届"挑战杯"赛事中有14件作品获奖，其中2011级本科生赵晓航等同学获特等奖。社会学系夺得"挑战杯"团体冠军，蝉联"王选杯"。7月，社会学系学生会组织策划了丰富的毕业季活动。"告别亦出发——2014社会·毕业季"活动中，学生会组织筹备毕业体育比赛、纪念品制作、"微电影"拍摄等教育活动。组织社会学系2014年毕业典礼，教师、系友20余人和包含本科、硕士、博士和留学生、社会学双学位学生在内的近180名毕业生参加。8月，社会学系50名2013级本科生参加了北京大学2014年学生军训，迟孟昕等9名同学获得"优秀学员"荣誉称号。9月，180余名新生到校报到。社会学系团委、学生会组织编写的《新·社会》包含了高年级学生丰富的学习生活经验，颇受欢迎。

政府管理学院

【发展概况】 北京大学政府管理学院拥有政治学与行政学、公共政策学、城市管理学、行政管理学（政治学与行政学专业联合培养）四个本科专业；设有政治学理论、中外政治制度、中共党史、行政管理、区域经济、公共管理（发展管理）和公共管理（公共政策）七个硕士学位授予点；拥有政治学、行政学、区域经济学三个博士授予点和政治学、行政学、区域经济学三个博士后流动站。学院还设有MPA教育中心。学院与教育部人文社会科学重点研究政治系基地——北京大学政治发展与政府管理研究所有着密切的学术协作关系。

院长为全国政协副主席、著名行政法学家罗豪才，常务副院长为傅军，副院长为徐湘林、李国平、白智立、朱天飚、李靖。党委书记为周志忍，副书记为李国平教授（兼）、李靖（兼）、姚静仪、姚奇，工会主席为黄璜副。学院共有在职教师53人，教授24人，副教授26人，讲师3人。离退休教师19人。

【教学工作】 2014学年，在校本科生406人，其中，留学生39人、港澳台学生8人,少数民族学生41人。2014级65人、2013级80人、2012级87人、2011级92人,新生65人,毕业生82人。

2014年度硕士研究生共316人,其中,2009级2人,含留学生1人;2010级5人,含留学生2人;2011级92人,含留学生36人、港澳台学生2人、少数民族骨干计划2人;2012级113人,含留学生50人、港澳台学生7人、少数民族骨干计划4人;2013级104人,含留学生39人、港澳台学生6人、少数民族骨干计划5人。2013年1—12月新生104人,毕业硕士生105人。

2014年度博士研究生224人,含2005级9人,2006级9人,2007级7人,2008级27人,2009级30人,2010级34人,2011级31人,2012级39人,2013级38人。在读博士研究生中,留学生10人,港澳台学生16人,少数民族骨干计划11人。2013级新生38人,毕业生44人。

2014年MPA学生631人,其中,2014级单证学生89人,2013级单证学生100人,2012级单证学生320人,2013级双证学生122人。

2014年度,政府管理学院在国际英文授课项目方面,招生总计25人,分别来自全球16个国家和地区。其中,发展中国家公共管理硕士项目12人,公共政策英文硕士项目1人,北大—伦敦政经双硕士项目12人。

【科研工作】 2014年度政府管理学院进一步积极动员和组织全院教员和博士后申请国家、部委纵向项目。2014年纵向项目立项4项,国家社科基金2项,北京市社科基金2项。2014年度政府管理学院教师承担多项横向项目,到账经费总计11889388.7元。2014年政府管理学院教师发表核心期刊索引期刊论文76篇,其中,SSCI 5篇,出版著作8部。

【交流合作】 7月15日,第9届全球公共政策高级培训班在政府管理学院廖凯原楼圆满闭幕。56位来自中央和地方的厅局级干部学员顺利完成了在北大的学习任务。中组部干教局副局长张程、北京大学党委副书记于鸿君、政府管理学院常务副院长傅军参加了结业典礼。结业典礼由政府管理学院副院长李靖主持,傅军进行结业致辞。

10月23日,第二届"北京大学·澳大利亚新南威尔士大学学术研讨会"在北京大学政府管理学院廖凯原楼134会议室成功举办。此次研讨会由北京大学·复旦大学·吉林大学·中山大学国家治理协同创新中心、北京大学政府管理学院和北京大学政治发展与政府管理研究所联合主办。来自北京大学、澳大利亚新南威尔士大学、北京航空航天大学、中国青年政治学院的20余位教授和研究生参加了此次研讨会。

11月11日,"北京大学海外名家讲学暨国家治理论坛:权威问题"报告会在北大廖凯原楼342报告厅举行。应北京大学·复旦大学·吉林大学·中山大学国家治理协同创新中心、北京大学政府管理学院邀请,美国西雅图华盛顿大学讲座教授米格代尔(Joel Migdal)在北京大学政府管理学院就权威和治理等政治学核心问题发表演讲。11月24日,詹姆斯·佩里(James L. Perry)教授应北京大学·复旦大学·吉林大学·中山大学国家治理协同创新中心、北京大学政治发展与政府管理研究所和北京大学政府管理学院的邀请,在北京大学廖凯原楼报告厅做了题为"公共服务动机研究的起源、发展与未来"的演讲。国家治理协同创新中心联合主任王浦劬主持活动。

【党建工作】 2014年,在党的群众路线教育实践活动的基础上,学院党委完成了班子成员民主生活会,教育实践活动材料归集,列出台账,聚力整改,构建长效机制。根据学校部署,学院党委完成《政府管理学院党建与思想政治工作自评报告》《政府管理学院学习习近平五四重要讲话精神总结报告》,组织在职党员社区对接,完成后备干部推荐、保密、督查、计划生育等工作。

全校范围内开展以"深化综合改革、聚力科学发展"为主线的讨论活动以来,政府管理学院高度重视,经过意见征求及问计于师生,政府管理学院共征集关于学校建设的建议93条。

学院党委继续坚持党建带队伍、党建促育人,注重在思想政治工作中发挥党员旗帜引领作用。2014年政府管理学院共发展党员39人,其中,本科生25人,研究生14人。2014年,学院新生辅导员党员覆盖率达到41%,党员担任班长率达到80%,有效发挥了党员的引领作用。学院高度重视反腐倡廉建设工作,根据校党委、校纪委关于反腐倡廉建设工作部署,强化一岗双责,先后完成正风肃纪回头看、小金库自查,上报《政府管理学院党风廉政建设责任制自查报告》,组织完成学院班子成员个人事项报告,调查处理、答复来信来访14件次。

【学生工作】 2014年,政府管理学院结合学院学生工作实际,在学院党委的悉心指导下,围绕学校中心工作,在精细化工作思路基础上,进一步完善工作体系,丰富工作项目,努力提高育人服务品质。

按照《北京大学"我的中国梦"主题教育活动实施方案》的要求,以中国梦为核心,凝聚学院的青年力量,在全院范围内开展"以爱为马,向梦想出发——我的中国梦"主题教育实践活动;继续开展"为未来导航"系列活动,以讲座、培训、交流会、主题沙龙、理论调研分析等多种形式,从课业学习、学术科研、综合素质、职业规划、就业指导等多个角度,导航学生未来发展,引导学生文明生活,保障学生健康成才;继续推进"博雅家乐创"活动,对学生进行集体主义教育,鼓励其在团队中锻炼成长。学院学生会紧扣依法治国主题,举办了"聚焦四中全会,聚力综合改革"系列论坛,取得良好反响。

2014年,针对预毕业年级组织就业导航大会,及时提供学校和学院相关就业信息,有效对毕业生进行就业观、就业政策等各方面培训,实现了高质量、高覆盖、高满意度的就业指导。首办"风华政茂·勇往职前"北京大学政府管理学院职场训练营,与中公教育集团合作举办了突出学院特色的"公务员成长成才平台系列活动",5场专题讲座和2场模拟考试,服务近千名北大学生。2014年,学院被评为北京大学就业先进单位。

马克思主义学院

【发展概况】 北京大学马克思主义学院成立于1992年4月2日,是全国第一所马克思主义学院。

组织机构 学院现设有5个基本教学研究机构:马克思主义基本原理研究所、马克思主义中国化研究所、思想政治教育研究所、政治经济学研究所、科学社会主义研究所;建立了4个跨学科关联研究机构:社会经济与文化研究中心、中国特色社会主义理论研究中心(教育部文科重点基地)、中国文化发展研究中心、社会发展研究所、中国民营企业研究所。

2014年4月24日,学校研究决定,任命于鸿君为马克思主义学院院长(兼),免去郭建宁北京大学马克思主义学院院长职务。6月3日,学校研究决定,任命孙熙国为马克思主义学院执行院长,孙蚌珠、孙代尧、程美东为北京大学马克思主义学院副院长。原班子副职成员自然免职。

学科建设 学院现有马克思主义理论一级学科博士点和硕士点,下设马克思主义基本原理、马克思主义中国化、国外马克思主义、思想政治教育和中国近现代史基本问题研究五个二级学科。另外,学院还招收科学社会主义与国际共产主义运动(全国重点学科,与国关学院共建)、政治经济学两个专业的博士、硕士研究生和马克思主义哲学专业的博士研究生。

队伍建设 截至2014年12月,马克思主义学院在编教职员51人,合同制4人,其中,教师42人、党政管理人员10人、博士后3人。2014年学院新入职3人(合同制)、退休3人(教学科研岗)、进站博士后2人、出站博士后1人。

【教学工作】学生人数 学院现有学生156人,其中,硕士生63人,博士生86人。2011级博士生22人,2012级博士生24人,2013级博士生24人、2013级硕士生31人,2014级博士生21人,2014级硕士生33人,延期毕业硕士生1人。新生55人,毕业生47人。少数民族地区学生2人。

课程设置 学院承担着全校学生的思想政治理论课教学工作。2014年,为本科生开设了5门思想政治理论课:思想道德修养与法律基础、中国近现代史纲要、马克思主义基本原理概论、毛泽东思想和中国特色社会主义理论体系概论、形势与政策;为硕士生开设了1门思想政治理论课:马克思主义与社会科学方法论;为博士生开设了1门思想政治理论课:中国马克思主义与当代。

教学获奖 2014年,学院荣获了多项教学奖励,1人获得北京大学教学优秀奖,1人获得北京大学正大奖教金,1人获得北京大学树仁学院奖教金,1人获得北京大学唐立新教学名师奖教金。

【科研工作】人才队伍 学院现有享受国务院特殊津贴专家5人、新世纪优秀人才2人、"四个一批"人才1人、马工程首席专家1人、"新世纪百千万人才工程"国家级人选1人、国家高层次人才特殊支持计划哲学社会科学领军人才1人。

科研项目 2014年,马克思主义学院获得立项课题4项,其中,教育部人文社科基金项目1项,教育部文科基地项目1项,北京市哲学社会科学规划项目2项。2014年,马克思主义学院科研经费到账881181元。其中,横向经费447381元,纵向经费433800元。

科研成果 2014年,马克思主义学院发表学术论文182篇;出版学术专著3部,均为独著中文专著。

会议讲座 9月13日,由北京大学马克思主义学院主办的第三届全国高校马克思主义学院院长论坛在北大举行。北京大学党委书记朱善璐,教育部社会科学司副司长徐艳国,北京大学党委副书记、纪委书记、马克思主义学院院长于鸿君,以及中宣部理论局领导等出席会议。来自全国60多所高校的马克思主义学院院长参加了本次论坛。会议由马克思主义学院党委书记、执行院长孙熙国主持。

【交流合作】 2014年,在学校服务国家战略,坚持科学发展,加快推进创建世界一流大学步伐的总体要求下,学院进一步推进对外学术交流活动。德国左翼党主席格雷戈尔·吉西博士、美国著名学者理查德·沃林教授英国伦敦国王学院著名政治哲学家亚历克斯·卡利尼科斯教授,美国哥伦比亚大学东亚研究院韦艾德教授、美国杜克大学教授和东俄勒冈大学终身教授龙斧博士、香港学者冷夏,以及柏林自由大学环境政策研究中心和德国罗莎·卢森堡基金会等研究机构的知名学者到访学院。

【党建工作】 学院现有中共党员242人,党支部12个。2014年,在学院党委的大力支持下,学院教工党支部和学生党团支部开展学习习近平总书记五四重要讲话精神、"议改革、谋发展,群策群力创一流"和"弘扬社会主义核心价值观,争做党和人民满意的好老师""深化综合改革、聚力科学发展"、学习贯彻党的十八届四中全会精神等系列党日活动和党团日联合主题教育活动;协助学校召开北京大学"五四"理论研讨会;承办"马克思主义中国化论坛2014";举办马克思主义与当代中国问题高端论坛举行;全国首个烈士日,举行向李大钊烈士敬献花篮仪式;主办"时代情·中国梦"大型诗会;与学校宣传部合办北京大学名师大讲堂——社会主义核心价值观系列讲座等;认真做好党员发展工作,发展学生党员10人,预备党员转正9人;两个学生党支部获得学校党建创新立项。

【学生工作】 思想政治教育 5月,学院开展学习习总书记五四重要讲话精神系列活动。5月18日,学院2013级硕士班党团支部与清华大学马克思主义学院硕士生党团支部、南开大学马克思主义教育学院2013级硕士班党团支部联合开展学习习总书记五四重要讲话精神党团日主题教育活动。7月,组织学生赴贵州开展暑期社会实践活动。10—11月,举办第八届"马克思主义与当代社会发展——学习贯彻党的十八届三中全会精神"系列讲座。

2013级硕士班团支部获得2013—2014年度首都大学、中专院校"先锋杯"优秀团支部荣誉称号、北京大学2013—2014学年优秀班集体称号、北京市先进班集体称号;2013级博士班获得北京大学"先进学风班"荣誉称号。

毕业生去向 2013年,学院毕业研究生共47人,其中就业40人,出国留学1人,本国读博深造6人。

校园文化建设 马克思主义学院在学生工作中始终倡导"家园"建设,开展女生节、新生素质拓展训练、师生乒羽友谊赛、迎新联欢会、厨艺大比拼、宿舍文化节、新年联欢会、趣味运动会、主题读书会等校园文化活动。

教 育 学 院

【发展概况】 北京大学教育学院成立于2000年10月,是在原北京大学高等教育科学研究所、教育经济研究所和电化教学中心的基础上合并组建而成的。教育学院下设四个系、两个研究所和八个中心:教育与人类发展系、教育经济与管理系、教育技术系、教育领导与政策系;高等教育研究所和教育经济研究所;教育质性研究中心、中国教育与人力资源研究中心、企业与教育研究中心、数字化学习研究中心、国际高等教育研究中心、教育信息化国际研究中心、博士后研究中心和教育发展研究中心。其中,教育经济研究所为教育部人文社会科学重点研究基地,教育经济与管理专业为国家重点学科,高等教育学专业为北京市重点学科。学院是联合国教科文组织亚太高等教育教席、中国蔡元培研究会秘书处、中国教育发展战略学会办公室所在单位。至2014年年底,学院共有在职教工69人,其中,教师38人,行政和教辅人员7人,博士后4人,劳动合同制人员20人。2014年学院有1位教师晋升为教授。截至年底,学院教学科研队伍中教授17人,副教授19人(其中含"百人计划"引进的副研究员1人),讲师2人,"新体制"技术研究员1人,副编审1人。教师队伍中拥有博士学位的有38人。

6月26日,教育学院新一届行政班子及党委班子宣布大会在教育学院112报告厅召开。陈晓宇为北京大学教育学院院长,岳昌君(主管财务,教学)、刘云杉(主管人事、科研)、尚俊杰(主管行政、继续教育)为北京大学教育学院副院长,文东茅同志担任北京大学教育学院党委书记。

【教学工作】 北京大学教育学院设有高等教育学专业博士点(设于1990年)、硕士点(设于1983年);教育经济与管理学专业博士点及公共管理博士学位一级学科授予权(分别设于1997和2003年)、硕士点(设于1995年);教育学原理博士点及教育学博士学位一级学科授予权(分别设于2003和2006年);教育技术学博士点(设于2014年)、硕士点(设于2000年)。2008年4月,根据京教研〔2008〕4号文件,高等教育学科被评为北京市重点学科,教育与人类发展系为北京市高等教育学重点学科单位。

2014年,教育学院共毕业研究生68人,其中获硕士学位的44人,获博士学位的24人。教育学院总计招收研究生90名,其中硕士研究生48名、博士研究生42名。截至2014年年底,学院共有在读研究生388人,其中博士生260人,硕士生122人。学院成功举办了"教育技术前沿"暑期学校和"质性研究方法与社会科学研究"暑期学校,分别招收学员150名和35名。2014年经院学术委员会审议通过的新课程有2门。截至2014年年底,学院能够为研究生开设的课程有190门。2014年学生出国出境学习、考察、参加国际会议33人次。

在中国高等教育学会第十届"高等教育学"优秀博士学位论文

奖评选活动中，马万华教授指导的申超的博士学位论文"边缘学术组织的成长逻辑——S大学对外汉语教学机构组织变迁的个案研究"获得优秀博士学位论文；马万华获得2013—2014年度"北京大学教学优秀奖"。陈洪捷教授指导的王东芳博士论文"学科视角下的博士生培养——以美国R大学为案例"获得"中国学位与研究生教育学位2014年优秀博士学位"论文称号。

【科研工作】 2014年教育学院新立项的项目共计66个，其中纵向项目10个，横向、委托及国际合作项目56个。

表6-17 教育学院2014年度纵向项目信息

序号	项目名称	项目负责人	资助来源	经费总额（万元）
1	大学生实习失度性研究	丁小浩	国家自然科学基金	62
2	高校毕业生就业分布研究	岳昌君	国家自然科学基金	60
3	解码农村义务教育经费保障新机制的影响	哈巍	国家自然科学基金	60
4	学区房、择校与城市义务教育财政体制改革	哈巍	教育部人文社会科学重点研究基地重大项目	20
5	高考改革试点方案跟踪与评估研究	文东茅	教育部哲学社会科学研究重大课题攻关项目	30

据不完全统计，2014年教育学院教师发表文章（期刊、报纸及文集收录）302篇，其中，中文期刊论文120篇，顶级及权威期刊12篇，国家社科基金资助期刊24篇，CSSCI来源期刊61篇，全国中文核心期刊81篇；英文期刊论文18篇；发表会议论文59篇，含外文会议论文30篇；撰写研究报告45篇，出版著作14部，参与撰写的著作章节13篇。2014年教育学院获得各种科研荣誉及奖励近30项，其中较重要的奖项有：陈洪捷、赵世奎、沈文钦、郭建如、蔡磊砢等著《博士质量：概念、评价与趋势》（专著）获2014年中国学位与研究生教育学会研究生教育成果奖一等奖。蒋凯的著作《全球化时代的高等教育：市场的挑战》获北京市第十三届哲学社会科学优秀成果奖一等奖；陈向明等人撰写的《搭建实践与理论之桥——教师实践性知识研究》一书荣获第三届中国大学出版社图书奖"优秀学术著作奖"二等奖。

【交流合作】 2014年教育学院邀请国内外专家讲座32次（含港澳台专家讲座5次）。2014年多次接待海内外高等教育机构来访，包括芬兰赫尔辛基大学、香港杰出青年协会、泰国朱拉隆功大学教育学院等。2014年教育学院教师出国访问、考察、合作研究、参加国际会议23人次，赴港澳5人次。派送教师出国（境）访问（一个月以上的）、进修2人次。其中，阎凤桥教授作为访问学者赴美国斯坦福大学访学1年，蒋凯副教授作为中美富布赖特访问学者赴哈佛大学访学一年（2015年）。

10月20—21日，北大—斯坦福论坛在北京大学斯坦福中心举办。本次论坛由北京大学、斯坦福大学共同主办，以"大学与知识创新和经济发展"为主题，探讨大学在推动中国经济从投资驱动转向创新驱动增长方式中的作用。

10月21日，美国教育考评局杨志明技术总监来教育学院作题为《高考改革：一年多考所面临测量学挑战》的学术讲座。讲座由文东茅教授主持。

10月22日，奥地利因斯布鲁克大学（University of Innsbruck）教育学院院长Michael Schratz教授及其夫人到访北京大学教育学院，并为教育学院师生做了题为《教育之重要性：关注学习》的讲座。讲座由北京大学基础教育与教师教育中心主任、教育与人类发展系陈向明教授主持。

【党建工作】 截至2014年12月31日，教育学院党委共有192名党员，其中，在岗职工党员48名，学生党员124名，离退休党员20名；学院党委下设12个党支部，其中，教工党支部5个，学生党支部6个，离退休党支部1个。

学院党委组织认真学习贯彻党的十八届三中、四中全会精神，习近平总书记五四重要讲话精神，北京大学十二次党代会精神，积极贯彻党的群众路线主题教育学习实践活动。2014年，学院教工和学生党支部先后组织开展了"党研互动，争创一流——结合专业背景，搭建交流平台""议改革、谋发展，群策群力创一流""弘扬社会主义核心价值观，争做党和人民满意的好教师"主题党日活动，以及"学习党的群众路线，建设服务型党支部"等主题教育活动。2014年度，学院认真组织北京大学党的知识培训班、北京大学党性教育读书班的各项学习活动，圆满完成了年度党统工作，共发展党员11名（女性5名），转正党员8名。在校党委的统一部署下，学院开展了北京大学党务和思想政治工作先进个人的评选工作。阎凤桥和尚俊杰被评为"北京大学优秀党务和思想政治工作者"。

【学生工作】 2014年学院共完成了7位新生的经济困难认定和17位在读困难生的信息库维护工作。2014年学院共有53名硕士生和博士生参加就业，就业落实率达到100%，获得了学校2014年"就业工作先进单位"称号。毕业生签约率在全校居于前列,学生就业去向大多是国家机关、国有企业、重点高校等单位,就业质量得到进一步提高。

2013—2014年度的评优评奖工作中,共有20人获得校级奖学金,8人获得学院闵维方奖学金,11人获得科学实践创新奖,18名同学获得北京大学三好学生标兵、三好学生、优秀学生干部、学习和社会工作单项奖等奖励。在2014年先进班集体评比中,2013级高管新媒体班荣获"北京大学先进班集体"称号。各班级充分发挥班级特色,开展丰富多彩的班级活动。

2014年学院党支部、团总支、研究生会、班级等各级学生组织通力合作,开展了包括迎新晚会、新年晚会、"师生情"羽毛球友谊赛、师生篮球友谊赛、辩论赛、毕业联欢会等一系列丰富多彩的学生活动。2014年,各学生党支部先后自主开展了"学习十八届四中全会精神"的主题党团日活动、"深化综合改革、聚力科学发展观"讨论活动、"与改革同向,与法治同行"联合党团日活动等。2014级高管班党团支部同学在北京市台盟的协助下,联合兄弟院校,组织志愿者前往怀柔东黄梁村党支部进行"红色1+1"活动,并获得了党团日联合主题教育活动校级三等奖。

新闻与传播学院

【发展概况】 2014年,新闻与传播学院在改革创新中谋发展,扎实推进学院学科发展战略的实施,以提高教育教学质量、提升研究能力为基础,以建设具有全球影响力、中国一流的新闻传播学科重镇为目标,努力做好教育教学、科研创新、管理与服务、学生工作等。北京大学传播与媒体研究学科在2014年的QS全球学科排名中,名列第45位,居国内高校首位。

2014年,北京大学批准成立新媒体研究院,为内设在新闻与传播学院的实体机构,国家战略传播研究院也在筹建中,第一笔社会资助的研究基金已经到位。

2014年,学院共有教职员工32人,其中教授14人,副教授10人,新体制教研系列副教授1人,新体制助理教授1人,讲师1人。

5月19日,学院办公楼搬迁工作启动,5月24—25日,学院教师办公室全部搬进位于北京大学南门内的新大楼。

【教学工作】 2014年,学院开始执行新的教学计划,在继承原教学计划的优点的基础上引入人文平台课程,并将这些人文社科基础课设成学院的必修课。同时裁撤效果不佳或者已经不适合当前形势的课程近30门,增加适应新时期的课程10余门,初步建立起适应当前形势且有前瞻性的本科、硕士、博士教学体系。

1. 本科教学工作。学院本科设有新闻学、广告学、编辑出版学和广播电视学四个专业。2014年,学院在校全日制本科生468人(国内学生341人,留学生127人)。2014届本科四个专业毕业生共计107人(含留学生22人),授予学士学位105人。2014年开设本科课程共计76门,其中必修课程52门,限选、非限选课程24门,主干课程6门。

2. 研究生教学工作。学院设有新闻学和传播学2个硕士点,传播学博士点和新闻传播学博士后流动站。研究生专业方向涵盖国际新闻、新闻传播实务、新闻传播史论、国际传播与跨文化交流、大众传播、新媒体与网络传播、广告理论与实务、媒体经营管理、编辑出版学等诸多领域。

2014年,学院在校研究生298人,博士研究生96人,硕士研究生202人。其中,留学生9人,港澳台学生22人。2014届毕业研究生共计131人,其中,授予硕士学位115人,博士学位13人。2014年开设研究生课程56门,其中,必修课程34门,选修课程22门。

3. 教学获奖。陈刚教授的《网络广告》教材获得十二五国家级规划教材;陈开和副教授荣获2014年度中国工商银行优秀教师奖;王异虹副教授荣获2014年度正大教师奖。

【科研工作】 2014年度学院教师共发表文章108篇,出版著作(含专著、译著、主编等)18部;立项课题27项。

学院积极鼓励老师们申报课题,特别是纵向的研究课题。关世杰教授作为首席专家主持的"增强中国对外传播文化软实力深度研究"获批国家社科基金重大项目(第一批)立项。陈刚教授主持"广告产业中国模式的理论建构研究"获批国家社科基金重点项目。

8月22日,国际翻译家联盟授予新闻与传播学院教授许渊冲先生国际翻译界文学翻译领域最高奖项——"北极光"杰出文学翻译奖。许渊冲先生不仅成为该奖项自1999年设立以来首位获此殊荣的亚洲翻译家,也成为中国在国际翻译界获得最高荣誉的翻译家。

4月8日,中国人民大学人文社会科学学术成果评价研究中心联合书报资料中心,发布2013年度"复印报刊资料"转载学术论文指数排名。在高等院校二级院所"新闻传播学"学科排名中,北京大学新闻与传播学院在转载量排名、综合指数排名中均位列第一。

11月22日,学院举办了"媒体融合与新闻传播学科发展研讨会",邀请了全国11所重点新闻院校的领导和著名学者共同探讨新闻与传播学科的未来,研究如何使我们能够既保持自身的特点,又能够吸纳好的经验,共同应对传播变革和社会变革时代的挑战。

吴靖教授的专著《文化现代性的视觉表达:观看、凝视与对视》获北京市第十三届哲学社会科学优秀成果奖二等奖。

【交流合作】 2014年学院教师参加各类国内学术会议61人次,参加国际学术会议27人次;外出讲学54人次;赴外社会考察11人次;合作研究12人次。

5月28日,在北京大学新闻与传播学院恢复建院13周年之际,北京大学与新华社签署了《新华社与北京大学共建新闻与传播学院协议》,学院迎来了新的发展际遇。新华社和北京大学领导高度重视共建工作,9月23日,新华社社长李从军到北京大学给500多名师生举办了"关于推进传统媒体与新兴媒体融合发展的思考"的讲座。

在国际合作方面,学院与北京大学欧洲高校中心(European University Center)商讨于2014—2015学年度合作开设欧洲媒体研究研究生课程;与 the Università della Svizzera Italiana(USI)联合举办了"媒介与传播研究中欧对话"暑期班。与柏林自由大学、都柏林大学、荷兰Twente大学等接洽商讨合作事宜;开设跨文化交流暑期课程;与夏威夷大学合办第二届英语媒体论坛。

【党建工作】 学院党委根据学校的部署,结合新闻与传播学院自身学科发展的特色,循序渐进,扎实深入地完成了全年工作。2014年,学院教工一支部书记张积老师被评为北京大学优秀共产党员,教工二支部被评为北京大学先进党支部。

1. 认真贯彻群众路线教育实践活动的要求,高质量地完成了各项工作。2014年1月,在学院党政班子刚刚完成换届的情况下,高效率高质量地组织完成了学院领导班子民主生活会,圆满结束了第一阶段的工作。2015年下半年,完成了《新闻与传播学院2014年度党风廉政建设责任制自查报告》。2014年12月,组织学院党政班子认真学习有关文件,制定了民主生活会工作计划,并征求群众意见。

2. 贯彻学校党委的精神和要求。5月30日,学院在新大楼347会议室召开习近平总书记五四重要讲话精神专题学习会。10月24日下午,学院教职工齐聚347会议室,共同学习研讨党的十八届四中全会精神与《北京大学综合改革方案(征求意见稿)》等相关文件,共话学校与学院科学发展。在主题党日及"深化综合改革 聚力科学发展"的大讨论中,学院征集了大量的意见和建议。11月26日上午,北京大学党委书记朱善璐一行专程来到新闻与传播学院参加改革与发展专题院务扩大会,调研"深化综合改革、聚力科学发展"讨论活动以及学院建设情况。

【学生工作】 2014年3月,新闻与传播学院团委获北京大学共青团最高荣誉"红旗团委"。2014年4月,学院辩论队开创历史,首次闯入"北大之锋"辩论赛决赛,取得全校亚军的优异成绩。2014年11月,北京大学新闻与传播学院西藏实践团被评为"2014年首都大学生暑期社会实践优秀成果"。学院还在2014年新生"爱乐传习"暨纪念"一二·九"运动七十九周年合唱比赛中获乙组冠军及最佳人气奖。

2014年,学院团委和学工办组织的一系列活动取得了丰硕的成果:

1. 举办新闻与传播学院文化节,营造浓厚读书氛围;

2. 立足新媒体平台,大力加强服务能力,为适应新形势发展开通的"新传人"官方微信平台运营状况良好,已经成为学院密切联系学生的新渠道、高效服务学生的新举措,在全校范围内都产生了较好的影响;

3. 凝聚团队力量,助力学生全面发展,文体活动喜讯不断;

4. 以人为本,资助工作稳中创新;

5. "朋辈计划"结对帮扶,服务新生助力成长;

6. 积极推进留学生工作,促进中外学生交流融合。

人口研究所

【发展概况】 2014年北京大学人口研究所在编教职工20人,其中,专职科研与教学人员16人,含教授7人,副教授7人,讲师2人。另有博士后在站研究人员5人,聘有国内外客座教授20余名。研究人员全部具有博士学位和海外学习培训背景,来自人口学、经济学、社会学、人类学、数学、计算机、医学、公共卫生、地理学、环境科学等多个学科。

【教学工作】 2014年,人口研究所有硕士研究生34人(含港澳台学生3人),博士研究生人41人,(含港澳台学生5人)。人口研究所将于2015年正式开始面向全国开展社会工作(老年、残疾方向)专业硕士的招生。回应了国家关于加快推进养老、残疾服务业人才培养的意见和需求。

【科研工作】科研成果 人口研究所近年来强调多学科交叉研究,加大国际前沿学术交流,鼓励发表高质量英文文章。2014年出版参著2部,发表英文期刊论文31篇,中文期刊论文50篇,中文报刊论文33篇。郑晓瑛教授主持的"中国残疾预防对策研究"成果入选《国家哲学社会科学成果文库》。

科研项目 2014年，人口研究所新立项的国际项目1项，国家级项目2项，省部级项目1项。主要项目进展情况如下：

郑晓瑛，国家残疾行动预防计划解决路径研究，中国残疾联合会，2014年5月。

郑晓瑛，中国青少年健康发展的家庭促进研究，世界卫生组织/卫计委，2014年5月。

陈功，京津冀城市圈人口的有序转移与合理分布政策研究，国家自然科学基金，2014年5月。

陈功，中国特色残疾人事业，国家社科基金，2014年7月。

学术活动 2014年8月20—21日，"亚太经合组织促进精神健康创新合作研讨会"在北京大学隆重召开，来自亚太地区的17个APEC经济体、中国国家卫生和计划生育委员会，以及世界卫生组织的官员、学者、专家共同参加了会议。

11月10日，亚太经合组织第22次领导人会议周期间，残疾人主题活动隆重举行，其中"促进残疾人共享经济社会发展成果"论坛由中国残疾人联合会和北京大学主办，中国残联国际部、北京大学国际合作部、北京大学人口研究所联合承办。APEC生命科学创新委员会委员、北京大学人口研究所所长郑晓瑛教授担任"促进残疾人共享经济社会发展成果"论坛主席。

【交流合作】 2014年3月27日上午，北京大学与中国残联深化合作备忘录签署仪式在北京大学举行。北京大学常务副校长刘伟与中国残疾人联合会党组书记、理事长鲁勇共同签署备忘录，北京大学人口研究所所长郑晓瑛教授主持签署仪式。双方继续就残疾研究与教学工作开展全面的合作。

2014年4月13日，新南威尔士大学人口老龄化研究中心主任John Piggott教授访问人口研究所，就合作开展人口老龄化相关研究展开讨论。

2014年5月28—30日，张蕾副教授参加英国爱丁堡举办的第二十六届REVES年会，会议主题为"老龄与健康：在哪儿生活、如何生活才能健康长寿"。

2014年11月23日，北京大学人口研究所师生参加"中日韩健康老龄论坛"，参与了健康老龄化的讨论。

2014年12月莱顿大学地区研究所教授Frank Pieke访问人口研究所，与北京大学人口研究所就研究与教学方面的合作展开讨论。

2014年12月22日，牛津大学Wellcome Trust Centre For Human Genetics的Jonathan Flint教授访问北大人口研究所，商讨在"抑郁"研究方面的合作。

国家发展研究院

【发展概况】 国家发展研究院以国家发展为中心议题，致力于推进中国社会科学的国际化、规范化、本土化，以及跨学科研究，培养综合性的国家发展高级人才，前瞻性地提出重大的战略、制度、政策和基础理论问题，为北京大学在新时期创建世界一流大学做出贡献。2014年国家发展研究院牢牢把握自身定位，积极开展学科建设和队伍建设。国家发展研究院可以授予经济学第二学士学位，政治经济学、经济史、西方经济学、世界经济、理论经济学（国家发展）、金融学、企业管理的硕士和博士学位，以及EMBA学位。国家发展研究院还和比利时弗拉瑞克商学院合作授予MBA学位。

【教学工作】 国家发展研究院按国际一流大学的标准开设博士、硕士、本科生双学位、MBA及EMBA课程，每年招收各类学生近千名。

经济学本科双学位是北大校内最大的本科项目。2014年校内报名923人，录取700人，录取比例76%；校外报名1780人，参加考试1224人，录取183人，录取比例15%，再加上校内大四学生录取17人，校内校外合计录取900人。在读学生2502人。春季学期开设课程30班次，秋季学期29班次。虽然学生数量较多，但教务部门严格控制招生质量和考场秩序，教学老师积极通过多种方式增加与学生的互动与交流，课程受到学生们的高度评价。教务部门努力争取各类资源，为学生提供中国经济研究奖学金、钟国光社会服务奖学金、领导力奖学金、冯燊均国学奖学金、21世纪劲路劲财经新闻奖学金、富邦助学金等各类奖助学金合计132万元。

研究生经济学硕士和博士项目以"小而精"为特征。2014年入学的博士新生12人（其中硕博连读4人，博士生8人，含台湾学生1人），硕士新生35人（含香港学生1人）。这些新生来自夏令营与统考。其中夏令营是国家发展研究院首创的招生模式，2014年报名591人，入营59人，录取硕士生21人，博士生9人；硕士统考报名539人，录取13人，录取率只有2.4%。现有在读硕士105人，博士51人。2014年研究生共开课30门，其中必修课8门，选修课22门。Workshop 15门次，涵盖10个专业研究领域。教务部门大力组织博士生参加国际交流项目，2014年公派出国学生4人，国家发展研究院资助派出学生5人，派出学校为耶鲁大学、麻省理工等国际一流大学，取得了非常好的效果。

【科研工作】 国家发展研究院2014年共在国内、国外期刊发表文章208篇，其中SSCI文章54篇，《经济学（季刊）》等一类CSSCI文章28篇，其他CSSCI文章39

篇,医学类 SCI 文章 5 篇,其他报刊文章 82 篇。

2014 年纵向项目合计 15 项,其中,基地项目批准立项 1 项、自设 2 项、在研 5 项,共 8 项;国家社科基金立项 1 项、在研 1 项(重大)、已结项 1 项(重大),共 3 项;教育部各类项目在研 2 项(其中 1 项为重大);北京市政府项目在研 2 项(其中 1 项为重大)。横向项目共计 46 项。

国家发展研究院始终强调发挥智库功能,为政府献计献策。2014 年 1 月 22 日,上海社会科学院智库研究中心发布中国第一份《中国智库报告》,国家发展研究院分别在经济政策研究、政治建设研究、文化建设研究、生态文明研究、城镇化研究等五个重要领域排名中进入前五名。2014 年 3 月,林毅夫教授领导的课题组撰写的宏观经济分析报告得到李克强总理和张高丽副总理的批示。2014 年 7 月 8 日,林毅夫教授参加习近平主席主持召开的经济形势专家座谈会,习近平认真听取各位专家发言,并同他们进行了讨论交流。

国家发展研究院通过《经济学》(季刊)、China Economic Journal、国家发展研究院简报等为兄弟单位的研究成果传播提供有效的平台。其中《经济学(季刊)》每年 4 期,每期 400 页左右,现已成为经济学界与《经济研究》齐名的顶级期刊,2012—2014 年连续三年荣获"中国最具国际影响力学术期刊"称号。国家发展研究院简报报告重要会议的讨论内容,供中央政府及地方政府参考。2014 年共出版简报 91 期,合计约 40 万字。

在人才队伍建设方面,2014 年张维迎教授等著名学者加盟国家发展研究院,刘国恩教授当选教育部长江学者特聘教授。

【交流合作】 国家发展研究院注重与其他机构,特别是国际机构的联系和交流,组织各种类型的活动,包括"朗润·格政"系列讲座、中国经济观察系列报告会、严复经济学纪念讲座等,邀请著名学者、政界领袖、企业精英来北大演讲。

2014 年国家发展研究院来访嘉宾包括诺贝尔经济学奖得主 Robert Lucas,美联储前主席 Paul Volcker,美国财政部前部长 Robert Rubin,世界银行副行长兼首席经济学家 Kaushik Basu,宝洁公司董事长、总裁及首席执行官 Bob MacDonald,国务院发展研究中心副主任刘世锦,全国人大常委蔡昉,全国政协常委贾庆国,万科董事会主席王石,万通集团主席冯仑,香港永隆银行董事长马蔚华,分众传媒董事局主席江南春,爱国者集团董事长冯军,财新传媒总编辑胡舒立。

与国家发展研究院联合举办研讨会的机构包括美国美中关系全国委员会、美国国家经济研究局(NBER)、联合国经济社会事务部、IMF 驻华代表处、亚洲开发银行、台湾"中研院"经济研究所。

国家发展研究院独自举办的研讨会包括两会解读报告会、国际中国研究联盟暨首届年会、新结构经济学及非洲转型国际会议等。

【党建工作】 为了更好地进行党风廉政建设与反腐败工作,国家发展研究院多次召开全体党员大会及各党支部会议,就党风廉政建设与反腐败工作进行认真思考与讨论。同时组织各种形式的学习活动,凝聚人心,团结队伍。

学院党委始终高度重视加强和改进党的建设,明确"围绕创建抓党建,抓好党建促创建"的思路。为了更好地落实十八届四中全会精神,响应党中央的号召,国家发展研究院教工支部联合北大数学中心教工支部,共同举办了"议改革、谋发展,群策群力创一流"主题党日活动。党的十八届四中全会提出"依法治国"的方针,本次主题党日活动以土地流转问题为切入点,其中涉及很多法律问题,为我们进一步思考如何落实"依法治国"提供了很好的契机。

体育教研部

【发展概况】 2014 年,体育教研部新增教员 1 人(北京体育大学 2014 级健美操专业硕士研究生车磊)。退休 3 人(退休教师胡京翔、教务宫燕丽、教辅张玉铭)。在职人员 53 人,其中,教员 49 人(张亚谦赴美留学一年),教辅人员 4 人。另有外聘教师 4 人,合同制人员 5 人。体育教研部承担全校体育教学、群众体育活动、体育科研、运动训练和后勤体育场体育馆的管理工作。

体育教研部主任:李宁(主管全面工作),副主任:李杰(主管体育教研部场馆后勤兼任北京大学体育馆常务副馆长)、萧文革(主管代表队和办公室)、吴昊(主管教学和群体)。体育教研部直属党支部书记:张锐(主管支部、工会和体育科研工作);副书记:钱永健(主管青年、安全保卫工作);支部组织委员:郝光安;宣传委员:李德昌;统战委员:李朝斌。

【教学工作】 2014 年度,共开课 482 个班。第一学期开设 250 个班,其中,必修课 225 个班,选修课 7 个班,研究生 12 个班,体育研究生 3 个班。第二学期开设 232 个班,其中,必修课 209 个班,选修课 6 个班,研究生 12 个班,体育研究生 4 个班。第三学期开设 6 个班,其中,特色课 4 个班,兴趣选项 2 个班。体质测试纳入体育课的分数当中。在各位老师和学生共同努力下,健康中心顺利完成测试任务,共测试 11423 人次。最近健康中心顺利完成了校长推荐制考生共530人的体质健康测试。

11月2日,由体育教研部负责、学生体质测试中心具体实施的北京大学学生体质测试工作圆满完成。本学期学生体质测试工作于10月20日开始,至11月2日结束,共计12天半。测试严格按照教育部《国家学生体质健康标准》相关项目开展,共包括身高、体重、肺活量、坐位体前屈、50米跑、引体向上(男)、1000米跑(男)、仰卧起坐(女)、800米跑(女)等多个测试项目。体育教研部充分尊重学生自主原则,提前进行网上预约,在有效保证正常教学秩序和学生课余生活不受影响的前提下,顺利完成全校6000余名学生的体质健康测试工作。

【学生工作】 2014年7月体育教研部第五届研究生毕业,有8名同学:张宇、胡继杰、卡哈尔、廖倩雯、范梦娇、陆地、冯雪含、黄悠然。这是历届毕业生人数较多的一届。

9月13日,体育教研部开展入学教育活动,组织2014级研究生新生前往北京大学红楼参观学习,同行的有体育教研部研究生党小组组长、2012级研究生张志强,2013级研究生武欣然、李智,活动使大家进一步了解了北京大学的厚重历史,增强了北京大学学子的历史使命感。

4月26日上午,以"展现青春活力 彰显运动风采"为主题的北京大学第二十一届体育文化节暨2014年运动会开幕式在五四体育场隆重举行。北京大学党委书记朱善璐,校长王恩哥等校领导出席开幕式。教育部体育卫生与艺术教育司司长王登峰、中国教科文卫体工会全国委员会主席万明东等应邀出席。开幕式由常务副校长刘伟主持。团体操由各学生体育协会表演。

5月24日上午,"耐克高校精英赛邀请赛——环未名湖接力跑"在北京大学未名湖畔圆满闭幕,来自全国各地高校组成的14支高水平运动员代表队,以及北京地区高校跑步爱好者组成的18支队伍共同完成了比赛,最终北京大学代表队获得专业组冠军。第二至第八名分别是:人大、清华、科大、石油、北理工、暨南大学、华南理工大学代表队。此次邀请赛是由耐克体育(中国)有限公司主办,北京市大学生体育协会田径分会协办,北京大学承办。

【科研工作】 2014年北京大学体育教研部科研论文报告会于1月6日在体育中心318室举行。体育教研部的全体教师参加了会议,北京大学社科部耿琴老师为大会致辞,会议专门邀请杨华平研究员做《体能训练设备的科学配置与应用》的报告。体育教研部科研办公室董进霞教授主持会议。大会收到论文50篇,赫忠慧老师做最后的述评。

2014年度学校体育艺术教育工作专题研讨班于5月23—31日在北京大学举办。来自全国高校、各地、市教育部门的近80名相关负责同志汇聚燕园,参加本次研讨班。

2014年世界体育社会学大会于7月9—13日在北京大学召开。这是世界体育社会学大会首次在中国举办并由北京大学主办,联合清华大学、北京体育大学、首都体育学院、中国体育科学学会体育社会科学分会共同举办。来自全世界20多个国家和地区的300多名体育社会学界的专家学者,教育部、国家体育总局等高层领导,以及媒体代表出席大会。大会主题为"体育社会学与社会变革中的挑战"。

基础医学院

【发展概况】 北京大学基础医学院现设13个学系、2个研究所、1个医学实验教学中心。拥有"生物学"和"基础医学"2个博士学位授权的一级学科(涵盖12个二级学科),拥有1个"中西医结合基础"二级学科、7个国家重点二级学科、1个北京市重点一级学科、2个博士后流动站、4个省(部)级重点实验室,拥有一些国际先进水平的科研基地和实验技术平台。基础医学院现有教职工415人,其中,教授75人、副教授82人;具有博士学位者209人。基础医学院师资力量雄厚、治学严谨,拥有一批国内外著名的专家、学者,其中,中国科学院院士4人、中国工程院院士1人、"长江计划特聘教授"6人、国家杰出青年科学基金获得者8人。享受国务院政府特殊津贴13人,获"国家人事部有突出贡献中青年专家"称号4人,获"卫生部有突出贡献中青年科技专家"称号5人,教育部跨世纪优秀人才1人,教育部新世纪优秀人才19人。基础医学院现已发展成为国内最著名的,以发展多层次基础医学教育,研究人类生命科学和防治疾病的基础理论为主要任务的教学科研中心之一,成为国家基础医学领域高级专门人才的培训基地之一。

基础医学院十分重视学科建设工作,2014年6月3—6日,学院组织四次会议论证二级学科发展规划。目前,拥有神经科学教育部/卫生部重点实验室、分子心血管学教育部重点实验室、卫生部医学免疫学重点实验室、肿瘤系统生物学北京市重点实验室、国家中医药管理局微循环(三级)研究室、国家中医药管理局痰瘀重点实验室;拥有人类疾病基因研究中心、干细胞研究中心、生物安全三级实验室、生物大分子与纳米生物实验室等先进科研技术平台。

【教学工作】 基础医学院现有在校本科生1201名。2014年,基础医学院招收基础医学专业新生75名,毕业11名;招收医学实验专业新生45名,毕业28名;学院现有在读研究生681人,其中,博士生432人,硕士生249人。2014年基础医学院毕业研究生170名,其中博士生91名,八年制博士生31名,硕士生48名;招收研究生213名,其中博士生84名,硕士生83名,八年制46名。在站博士后工作人员25名。

基础医学院现有国家级精品课程9门,其中7门被评为"2013年国家级精品资源共享课";国家级教学成果二等奖2项、北京市教学成果一等奖2项;"教育部双语教学示范课程"3门;北京市级优秀教学团队及国家级教学团队2个;北京市高等学校教学名师奖6名;北京市特色专业1个;北京高等教育精品教材10本;北京市第八届青年教师教学基本功比赛一等奖1人;获批中华医学会医学教育分会医学教育研究课题11项;生物医学实验教学中心为"北京市高等学校实验教学示范中心"和"国家级高等学校实验教学示范中心";生物医学创新实践基地为"2013年北京高等学校示范性校内创新实践基地建设单位"。

2014年7月,2011级教改专业学生顺利完成基础医学阶段的学习,进入临床医院进行临床阶段的学习。2012级教改专业顺利完成了基础医学阶段第一学年的学习,开始进入以"器官系统为中心"小组讨论式学习为主的第二学年的学习,根据之前实施的情况对教学安排及教学各环节做出了相应的调整。

PBL教学 1.顺利完成各年级的PBL案例教学工作,包括课前集体培训、课后总结、专题讲座、教学评估、阶段考试等。2.加强基础和临床的结合,在2011级第二学期的PBL教学中,有5个案例尝试进行基础和临床的教师联合教学。3.更加注重跨学科融合教学,在COPD案例的集体备课会中,还邀请了多位相关学科的临床和公卫专家参与讨论。

实验教学改革组织 实验教学骨干参加2014年7月由南方医科大学承办的第七届全国医学类实验教学研讨会,并在大会上做了交流发言;在原有中心建设多年的基础上,积极申请教育部修购专项,获批经费780万元,这将进一步提升中心在医学人才培养中发挥的积极作用。

创新人才培养项目在前期项目实施的基础上,不断总结和完善管理制度,稳步推进项目各项工作的开展。2011级审批立项47个创新人才设计实验,并组织完成项目结题答辩会。组织完成2011级学生第二阶段和2012级第一阶段创新人才培养项目文献报告会,为学生提供了创新学习交流的平台。2012级学生完成第一阶段的学习,其中108人申请进入第二阶段的学习,并与导师进行双向选择完成了面试工作。根据学生和导师的情况,将270名2012级学生随机分配给导师,组织进入第一阶段学习。组织完成2012级创新人才设计实验的评审工作,共立项36项。

【科研工作】 2014年,基础医学院新批各类科技项目97项,批准或签约科研经费8860余万元。另有22项北京大学"985计划"项目新批或追加经费1267万元,3项973计划课题后3年预算经费1095万元。

2014年获批国家自然科学基金项目最多的单位仍然是生理与病理生理学系,共13项。人体解剖与组织胚胎学系获批8项,项目数及中标率有显著进步。

2014年学院人才队伍发展壮大,引进"百人计划"人才:王嘉东获批NSFC面上项目并发表Gene Dev论文,姜长涛、周菁、郑瑞茂获批NSFC项目,及时启动科学研究。崔庆华、孙露洋新批NSFC"优青"。

2014年全院发表论文首次突破400篇,合计424篇。其中以第一作者或通讯作者单位发表SCI论文234篇,IF合计982.4;期刊平均IF 4.198。IF≥PNAS高影响论文13篇,比往年有增长。作为合作单位发表的SCI论文88篇。在国内核心期刊发表论文57篇,发表综述32篇,会议论文13篇;出版专著、教材33部(主编9部,副主编5部,参编19部)。

2014年尹玉新教授课题组对抑癌基因PTEN研究取得系列突破进展,在Cell子刊发表3篇论文;杨宝学教授主编的专著Urea Transporters由世界著名科技出版社Springer出版发行;朱卫国教授负责的蛋白质修饰与细胞功能实验室,获批北京市重点实验室;王凡教授实验室自主研发的"新型特异性肿瘤显像剂",获佛山市南海区政府扶持政策的支持。

2014年申报受理国家发明专利10项,国际发明专利2项。其中,药理学系申请发明专利6项。

【学术活动】 2014年全院主办/联合主办国际学术会议3次,参加人数470余人次;主办国内学术会议8次,参加人数1300余人次。

全院举办校内学术报告110次,参加人数约5500人次。其中,举办"基础医学院院长论坛"特邀学术报告12场。2008年以来,论坛已邀请了100余位国际著名学者来校讲座交流,逐步形成品牌化的学术交流平台。

全院参加国际、国内学术会议做会议报告248人次,提交会议论文176篇。邀请海外学者来校讲学及科研合作41人;出国研修或合作交流12人。

36位教师在国际国内学术组织和刊物新任72个学术兼职。其中,韩晶岩教授出任世界中医药学会联合会气血专业委员会会长；王韵教授出任北京神经科学学会副理事长。

【学科建设】 在完成院行政领导班子和学系领导班子换届后，先后召开学科建设战略研讨会、系主任联席会、学科发展规划论证会、学科发展规划领导小组会、学术委员会等10余次会议，组织学科规划与发展研讨、论证，对学院17个二级学科分别从学科现状、优势特点、主要问题、国内外相关学科比较、学科发展趋势、研究方向凝练、技术平台建设、教学科研规划、发展目标、建设规划和实现目标需采取的措施等方面进行了分析，组织学院学科发展规划的编写工作，以学科建设、人才培养为龙头，力求形成前瞻性战略布局，着力解决制约各学科发展的瓶颈问题，促进学院整体工作的提升，推动学院全面、科学、跨越式发展。

【所获奖项】 周春燕被评为"北京大学医学部教学名师"；彭宜红获"北京大学优秀教师奖"；张宏权等25名教师被评为"北京大学医学部优秀教师"；生物化学与分子生物学系获"北京大学医学部优秀集体"。

2014年，伊鸣获得第四届医学院校青年教师教学基本功比赛特等奖。

李亦婧获得首届全国基础医学青年教师授课比赛特等奖。

在基础医学院举办的北京大学第十三届青年教师教学演示竞赛中，初明获一等奖，刘凤雨获二等奖，向若兰获三等奖。

"肾上腺髓质素功能多样性及在心血管疾病中的作用和机制"获华夏医学科技奖二等奖（主要完成人：齐永芬、齐建光、金红芳、唐朝枢、杜军保、张宝红、张靓、潘春水、汤健、庞永正）。

2014年12月刘国庆参加的"脑梗死血管学特征谱的新发现与血运重建治疗的新策略"获国家科学技术进步奖二等奖（第2完成人，第2完成单位）。

2014年12月刘国庆获"第八届药明康德生命化学研究奖"。

2014年5月韩济生院士获美国针刺研究学会"针刺研究终身成就奖"。

2014年3月韩济生院士获香港浸会大学"第二届张安德中医药国际贡献奖"。

2014年1月鲁凤民参加的"我国临床免疫和分子诊断标准化研究及应用"获2013年度中华医学科技奖三等奖（第4完成人，第4完成单位）。

2014年11月王玲参加的"戊型病毒肝炎流行病学调查和临床诊治研究"获2013年中国人民解放军总后勤部二等奖（第2完成人，第2完成单位）。

药 学 院

【发展概况】 北京大学药学院由六系（化学生物学系，药物化学系，天然药物学系，药剂学系，分子与细胞药理学系，药事管理与临床药学系）、一室（天然药物及仿生药物国家重点实验室）、一所（应用药物研究所）、一中心（药学实验教学中心）组成。下设四个委员会：教学委员会、学术委员会、药物研究与开发委员会、对外合作交流委员会。药学院现有教师队伍（不含非教学科研岗位）有正高职称38人（教授33人，研究员5人），副高职称47人（副教授42人，副研究员5人），中级职称54人（讲师28人，助研16人）。新入职职工1人。学院离退休人员144人。

美国FDA药物审评研究中心临床药理审评部定量药理学审评室副主任王亚宁教授被聘请为北京大学药学院客座教授。

2014年4月新成立北京大学医学部第五届药学学位评定分委员会。

表6-18 第五届药学学位评定分委员会委员名单

组成	姓名	性别	出生年月	职称	行政职务	专业
主席	刘俊义	男	1954.09	教授	院长	化学生物学
副主席	徐 萍	女	1963.12	教授	院党委书记、副院长	药物化学
委员	叶新山	男	1963.04	教授		化学生物学
委员	李润涛	男	1956.10	教授		化学生物学
委员	卢 炜	男	1954.02	教授	系主任	药剂学
委员	张 强	男	1958.05	教授		药剂学
委员	张亮仁	男	1963.10	教授	系主任	药物化学
委员	蔡少青	男	1960.05	教授		生药学
委员	史录文	男	1963.07	教授	系主任	临床药学
委员	崔景荣	女	1952.04	教授		药理学
委员	周德敏	男	1966.06	教授	副院长	化学生物学

【教学工作】 2014年招收研究生124人(博士生46人,硕士生78人),六年制学生99人,夜大专升本101人。

现有在校生1526人。研究生606人(博士生173人,硕士生433人)。2014级博士46人、硕士78人;2013级博士50人、硕士89人;2012级博士43人、硕士82人;2011级博士18人、硕士2人;2010级博士12人;2009级博士4人;六年制硕士182人。研究生中有少数民族学生64人,外国留学生2人;在职攻读学位人员35人。六年制本科阶段学生456人(2014级99人,2013级121人,2012级121人,2011级115人)。六年制本科学生中有少数民族学生78人;夜大专升本429人(2014级101人,2013级159人,2012级169人)。

毕业学生444人,其中,研究生157人(博士生34人,硕士生60人,2008级六年制学生63人),在职攻读学位人员3人,2010级本科毕业生115人,夜大专升本169人。

药学院开设的各轨道课程共计43门(必修课37门,选修课6门)。课程负责人中教授占49%,副教授占24%,讲师占27%。

在本科生培养方面,理科基地项目实施情况良好,二级学科实验室轮转参与本科生共计760人次,指导教师99人;固定科研训练项目立项40项,参与学生69人。学院部分课程改革取得成效,"药学导论"和"药理学"在授课时间、授课内容、教学和考核组织方式等方面进行了有益的改革;以专业选修课的形式增设了"药学综合性实验"课程。

在研究生教育方面,不断完善"申请—初审—考核"制;开始推行新的博士生盲评制度,50%的博士生论文需进行双盲评审;制定了《药学院研究生招生指标分配办法》,向部分导师进行了倾斜;新遴选出专业学位培养基地3家,遴选出基地导师14人;首届药学方向的专业学位硕士生已全部顺利毕业并获得学位。

药学院新立项教改课题15项,其中,北京市共建项目1项,药学教育研究会课题2项(重点课题1项),医学部课题12项(重点课题2项)。15项课题顺利完成结题,其中,药学教育研究会课题3项,医学部课题5项,药学院课题7项。药学院教师发表教学改革论文1篇;会议发表教学改革论文2篇;主编教材1部,参编教辅书1部;获得医学部级教学个人奖18项,"药物化学国家级精品资源课教学团队"获得医学部优秀教学团队。4位同学获得了北京大学优秀博士论文。

【科研工作】 2014年在药学相关领域公认的重要期刊上发表208篇高水平学术论文,全部为SCI收录。其中,第一完成单位为药学院发表的论文177篇,研究文章173篇,综述4篇。申请国内外专利31项,获得授权专利32项。

以药学院为牵头单位的"北京大学天然药物及仿生药物研究国际合作基地"获得了北京市科委批准,学科基地建设更上一层楼。北京大学综合性创新药物研究开发技术大平台建设课题在2014年10月卫计委组织的北京大学财务审计验收会上获得验收通过。

艾铁民教授为执行主任兼主编的国家重大出版工程项目《中国药用植物志》第十卷、第十一卷出版发行。杨秀伟教授主持的"中药体内过程的分子机制"项目获高等学校科学研究优秀成果奖(自然科学奖)二等奖;刘俊义教授与中国疾病预防控制中心性病艾滋病预防控制中心等单位合作完成的"我国HIV耐药检测技术平台的建立及推广应用"项目获北京市科学技术三等奖。

2014年药学院获得批准各类纵向科技项目(课题)37项,已知批准或预算或签约的科研经费4449万元,技术开发技术服务等横向项目签订合同24项,签约资金600余万元。

【学科建设】 学院药学一级学科建设继续保持国内优势地位。在2014年中国校友会网中国大学专业排行榜中,北大药学专业为国内唯一六星级专业。努力强化药物化学、生药学、药理学等二级学科在国内的优势,加大对药剂学等发展势头强劲学科的支持,大力推动化学生物学、临床药学、预防药学等新兴学科的发展,积极鼓励交叉学科建设。药学学科是药学博士后流动站和"大药学"博士点,学院各二级学科均可招收博士生。学院现有7个硕士点、博士点,即药物化学、生药学、药理学、药剂学、药物分析学、化学生物学、临床药学。

【人才队伍】 2014年引进医学部"百人计划"人才1名。1人入选国家青年千人计划,汤新景副研究员获得了国家自然科学基金优秀青年项目支持,张礼和、周德敏、叶新山教授受邀加盟国际权威药物化学杂志编委会。

药学院拥有中国科学院院士2人,"长江学者奖励计划"特聘教授3人,杰出青年基金获得者6人,国家青年千人计划2人,教育部跨世纪(新世纪)人才13人。

【继续教育】 做好进修、研修人员的管理和服务工作,在保证正常教学与科研工作的同时,更好地发挥学院服务社会的功能;加强对夜大学毕业生的管理,对毕业设计论文的指导和管理进行改革,提高论文质量和答辩通过率。

【交流合作】 2014年药学院主办、承办数十场各类学术讲座及学术研讨会,教师外出参加各类学术会议160余人次,作大会报告(特邀报告)85人次,分组报告40余人次。

美国北卡罗来纳大学药学院院长 Robert A. Blouin 教授、美国纽约大学药学院院长 James M. O'Donnell 教授、北京大学药学院姊妹学院——美国康涅狄格大学药学院院长 James R. Halpert 教授分别到药学院访问交流，探讨合作事宜。康涅狄格大学药学院师生第七次来到北京大学药学院进行为期五周的交流学习。邀请剑桥大学 David R. Spring 教授、美国加利福尼亚大学洛杉矶分校的 Ohyun Kwon 教授、美国 Scripps Florida 研究所沈奔教授等知名大学、研究所的教授分别来学院进行学术交流。连续举办了七场"药学大讲堂"系列讲座。药事管理与临床药学系代表团对美国明尼苏达大学药学院、密西根大学药学院、匹兹堡大学药学院及其相关教学医院和医疗中心进行了考察。

2014 年 5 月 20 日，药事管理与临床药学系与匹兹堡大学药学院举行学术合作协议签订仪式。协议内容包括：学生交流；科研、教育和学术资源的共享；定期开展旨在提高学术目标的特定项目；以学术为目的的人员往来（教学、科研访问等）；遵守入境人员法律法规；生效日期说明；保证资金充足的前提条件；修改协议的注意事项；非歧视原则。

北京大学药学院与美国新泽西州立大学药学院于 2012 年 12 月签订了学生学者交换协议，并于 2014 年启动了学生交换计划。现北京大学药学院已有一名在读博士生前往美国进行学术交流和合作研究。

【组织建设】 药学院在校党员 479 人，其中，在岗党员 97 人，离退休党员 65 人，本科生党员 40 人，研究生党员 277 人。现有党支部 20 个，其中，在职教工党支部 10 个，离退休教职工党支部 1 个，学生党支部 9 个（含本科生党支部 3 个，研究生党支部 6 个）。

【党建活动】 代表医学部迎接北京市党的建设和思想政治工作先进普通高等学校评选专家组的考察工作，学院党建工作得到了专家组的好评，为北京大学获评"北京市党的建设和思想政治工作先进普通高等学校"做出了贡献。

全院各级党支部认真开展了"学习党的群众路线，建设服务型党支部"和"践行群众路线，增强宗旨意识"主题党日活动，在全院师生范围内开展了以"深化综合改革、聚力科学发展"为主线的讨论活动，共汇总意见建议共 9 类 39 条。组织党政领导班子成员、系室主任及书记、重大科研项目负责人参观中国古代官德文化展。

在药学院党委的领导下，学院完成教工支部的换届和规章制度汇编工作。组织了两次入党积极分子培训学习班，共计 29 人次参加培训。本年度共发展党员 25 人，其中，本科生党员 12 人，研究生党员 9 人，教职工党员 4 人。

完成 6 项医学部党建创新立项课题的结题工作，新获准立项 5 项。获准医学部党委组织部、宣传部、统战部联合开展的党建课题研究立项 4 项，其中，Ⅰ类重点课题 3 项，Ⅱ类一般课题 1 项。

圆满完成医学部党风廉政建设责任制落实情况检查并得到充分肯定，进一步完善党风廉政风险防控体系向系室延伸工作。

【党建获奖】 李润涛被评为"北京大学优秀共产党员标兵"。院机关党支部和药学 2010 级本科生党支部被评为"北京大学先进党支部"。陈欣被评为"北京大学医学部优秀党支部书记"。

【行政队伍】 药学院行政管理人员共 14 人，其中，正高职称 1 人，副高职称 4 人，中级职称 9 人。

【行政管理】 2014 年完成卫生楼装修改造维保期满后验收及交接工作，解决卫生楼装修改造遗留问题。药学楼装修改造项目获得 2015 年教育部修购专项资金项目立项，获批 6864 万元装修改造资金，为药学楼装修改造工程的启动奠定了基础。

药学院对原有安全管理制度进行了全面的修订，并建立了实验室安全准入制度，使学院的安全管理工作更加规范化和专业化。

药学院利用多样性媒体，启动综合性宣传教育与信息发布平台的建设工作。新建学院液晶显示屏公共信息发布平台，新建系室/PI 介绍平台。

【工会工作】 药学院工会共有会员人数 195 人。由院工会主办、天然药物学系承办的"丰富绿色文化，增添校园和谐"：校园树木命名挂牌主题活动，与学科优势相结合，发挥专业特色，完成了北医校区主干道及主要绿化区的 72 种树木 250 多个树牌的挂牌工作。2014 年天然药物学系顺利通过了北京大学模范职工小家的验收，成为药学院第五个获此殊荣的单位。

【学生工作】 3 月底，经院团组织推荐、学生党总支考察，确定了 18 名入党积极分子参加高级党课学习。4 月 10 日举办主题为"药学梦想·青春向上"的团支部风采展示。5 月底举办"对内服务同学·对外服务社会——贯彻落实党的群众路线主题教育活动"。在 5—6 月团支部围绕总书记"五四讲话"精神和社会主义核心价值观开展主题团日活动。10 月 18 日举办"与改革同向、与法治同行——深化综合改革、聚力科学发展主题研讨活动"。10 月 22 日召开"对话学院领导、共商改革发展"学生党总支民主生活会。11 月 2 日举办"觉识精神世界、涵养正确三观"学生价值心理学论坛。

开展形式多样、富有吸引力的校园文化活动和综合素质教育活动，服务学生成长成才。4 月 25 日举办"我药好宿舍"——首届宿舍风采展示。5 月 14 日下午举办实验技能竞赛。11月举办面向全院各类学生干部的学生骨干训练营,以及优秀校友面对面活动。12月25日举办"药五羊威"为主题的学生新年联欢晚会。本年度邀请周德敏、张强、叶新山等10余位专家学者参与主讲"药学大讲堂"。

学生志愿服务活动进一步规范和常态化,4月和5月开展"放飞梦想·争做栋梁——赴石景山华奥学校支教服务",暑期社会实践期间开展"安全用药·情系万家——安全用药科普志愿服务",12月份启动开展"服务先锋·尊老敬老——服务药学院离退休老师行动计划"志愿服务项目。

2014届本科毕业生共计115人,其中,7人就业,9人出国留学,95人本国深造。

公共卫生学院

【发展概况】 北京大学公共卫生学院始建于1931年,其前身为国立北平大学医学院建立的卫生学教研室。经过80多年的发展,从当初的不足10人,发展至今拥有160多名教职工,学科门类齐全,在校各类学生近千人,在国内最具实力的公共卫生学院之一。学院培养出的本科生、研究生遍布国内外,大多数成为预防医学、公共卫生、卫生事业管理及医学教育等领域的中坚和骨干。截至2014年12月,公共卫生学院有教职工167人;其中,正高职称41人,副高职称41人,中级职称46人;教师中具有博士学位94人,占教师总数的73.4%。

【教学工作】 2014年,公共卫生学院招收本科生79人,博士生30人,硕士生76人(全日制MPH 45人),长学制进入二级学科58人,在职博士1人,非全日制MPH 63人。毕业博士生24人,硕士生69人(全日制MPH 21人),长学制17人。授予博士学位27人,授予硕士学位134人(非全日制MPH 20人)。截至2014年12月31日,全院本科生在读404人,博士在读105人,硕士在读221人(全日制MPH 122人),在职博士4人,在职硕士3人,非全日制MPH 211人。

为本专业和其他专业学生开设本科生必修课18门次,修课学生1590人。为北京大学本部、医学部和学院路21所高校学生开设各类选修课(北京大学通选课、北京大学暑期学校、医学部任选课和学院路选修课)32门,修课学生3160人。

为加强教学管理过程制度化建设,学院制定和颁布了《公卫学院教学经费管理办法》《公卫学院教学督导制度》《公卫学院教学基地管理办法》。新增研究生课程5门:"健康行为的经济学分析""卫生人力资源管理""景观流行病学研究""医学信息决策与支持系统""医学统计分析及应用——Stata进阶",目前研究生课程共计114门。

公共卫生学院积极推进"以目标为导向的公共卫生教育改革研究",各分课题研究均取得实质性进展,部分课题已取得很好的效果。在理论和实践研究的基础上,预防教育改革的基本框架更加清晰:教育人才培养的目标为"培养具有良好的公共卫生职业素养的领军人才",要有良好的公共卫生职业信念;基于人群视角有效解决实际问题的能力;拥有积极进取、终身学习的意识和能力。人才的能力应包含思想道德与职业信念,核心能力,以及专业知识技能三个方面。为适应人才能力培养的目标,目前公卫教学体系,包括课程科目设置、课时量、开课时间等也适当变化:部分专业课开课时间提前,如预防医学导论课;适当削减医学基础课课时而增加一些公卫技能课课时,如传播学。教学体系改革需要教学方法匹配,引进和利用先进的教学方法,做到以学生为本的教学。先进的教学方法需要匹配的师资能力,学院成立了以提高教师教学能力为宗旨的"公卫学院教师沙龙",完善了新教师听课制度和学院教学督导制度。

6月12日,北京大学公共卫生学院与中国疾病预防控制中心营养食品所共建教学科研基地。合作将推动双方在疾病控制、卫生应急、人才培养、健康教育、科学研究等方面的共同发展。

2014年开始正式建设慕课,9月,"流行病学基础""软件包在流行病学研究中的应用""身边的营养学"三门慕课分别在Coursera和Edx平台上线,这是中国第一批正式上线的公共卫生慕课课程,共有来自五十多个国家的7532名学生注册学习。"身边的营养学"课程获得了2014年度"北京大学最受欢迎慕课"的荣誉称号。慕课建设不仅实现了学院公共卫生教育全球化的初步探索,也极大地促进了教育教学改革的实践。

2014年度公共卫生学院开展双语教学小组活动七次,分别邀请医学部国合处刘焰薇老师、流行病与卫生统计学系吴涛和余灿清老师,以及营养与食品卫生系许雅君老师通过报告《MOOCS带来的机遇和挑战》分享对于MOOCS的看法和感悟;邀请雀巢公司研究员司徒文佑博士主讲《健康与疾病的发育起源:营养学的视角和生理学机制》;卫生部外事司前任司长宋允孚老师主讲《开拓国际视野、走向世界舞台——做国际公务员》;流行病与卫生统计学系高培老师主讲《基于个体水平的国际大规模数据荟萃分析》;世界卫生组织驻华代表处任高级项目官员何景琳主讲《学习与实践》;医学人文研究院李晏锋老师主讲《数字健康——

数字与医疗的结合》；医学人文研究院 John Davy 教授主讲 Innovation, Digital Health and Social Entrepreneurship。

【科研工作】 2014年公共卫生学院共获得项目144项，总金额为5569万元。其中：获国家自然科学基金16项，金额为932万元；获北京市项目19项，金额为753万元；获北京市自然科学基金4项，金额为156万元；获国际合作项目27项，金额为1773万元；与公司合作20项，金额为781万元；与学会、研究院、其他省市合作项目27项，金额为587万元。刘培龙教授的"全球卫生政策制定和治理核心机构咨询服务"，张拓红教授的"卫生发展援助核心机构咨询服务"，孟庆跃教授的"全球卫生核心研究—卫生体系改进领域咨询服务"分别获得中英全球卫生支持项目450万元、399万元、405万元资助。营养与食品卫生学系张玉梅教授的"婴幼儿配方乳粉营养组学研究与应用"获得北京市重大科技计划480万元资助。卫生政策与管理学系冯星淋副教授获得国家自然科学基金优秀青年科学基金项目，金额为100万元。2014年学院有11人出国进行科研协作。有48人次出国参加学术会议，交流学术论文27篇，做学术报告24人次。有53人次参加国内学术会议，交流论文22篇，特邀学术报告9人次。

流行病与卫生统计学系詹思延教授的"药品上市后安全有效性评价的理论、方法与实践研究"获华夏医学科技二等奖、北京市科技进步三等奖；营养与食品卫生学系李勇教授"生物活性短肽的产学研集成研究"获中国营养学会科技二等奖；卫生政策与管理系杨莉副教授的"基本药物制度相关政策研究"获北京大学第十二届人文社会科学研究优秀成果二等奖。

2014年，公共卫生学院发表论文总计351篇，其中，英文论文120篇，SCI、SSCI收录118篇，影响因子总计374。发表中文论文231篇。

2014年8月，《柳叶刀》出版的中国专辑刊发全球卫生学系刘培龙教授、郭岩教授等研究者的文章 China's Distinctive Engagement in Global Health（中国特色的全球卫生）。杂志为该文章配发了"中国的全球卫生战略"的社论，认为文章系统厘清了中国在全球卫生中扮演的角色并对中国参与全球卫生的方式进行了定位。

【学科建设】 北京大学公共卫生学院设有流行病与卫生统计学、劳动卫生与环境卫生学、营养与食品卫生学、妇女与儿童青少年卫生学、毒理学、卫生政策与管理学、社会医学与健康教育学、全球卫生学八个系和中心实验室，以及北京大学儿童青少年卫生研究所、北京大学生育健康研究所、北京大学环境医学研究所。现有国家重点学科1个：流行病与卫生统计学；国家重点（培育）学科和北京市重点学科1个：儿少卫生与妇幼保健学。省部级重点实验室3个：卫生和计划生育委员会生育健康重点实验室、食品安全毒理学研究与评价北京市重点实验室、国家中医药管理局中药材毒理和安全使用重点研究室。

北京大学公共卫生学院有北京大学循证医学中心、北京大学公共卫生学院艾滋病预防研究中心、北京大学营养与保健食品评价中心、北京大学卫生应急管理中心、北京大学公共卫生学院老年健康服务研究中心、北京大学医学部药品上市后安全性研究中心等多个联合研究中心，以及预防医学实验教学中心、教育服务中心。

经10月22日医学部第23期部务会审议通过，北京大学环境医学研究所行政班子完成换届工作，郭新彪教授任所长，贾光教授、黄薇教授、吕筠副教授任副所长，中国疾病预防控制中心职业卫生与中毒控制所郑玉新教授任学术委员会主任，郝卫东教授任学术委员会副主任。研究所主要研究内容包括大气污染与健康、水污染与健康、职业环境与健康、食品安全与健康等。

11月26日，公共卫生学院召开学科发展规划研讨会，总结分析公共卫生学科"十二五规划"的实施进展情况，介绍制定"十三五学科发展规划"依据：学科发展规律和需求、国家需求、发展基础和现有资源、公共卫生学科特色。学科建设将以"四纵四横"的框架结构，涵盖公共卫生各领域。四纵为学科发展重点，包括：重大疾病预防控制（健康问题）；妇幼健康（弱势人群）；环境与健康（重大问题）；卫生政策（制度和体系）。四横为学科发展支撑平台，包括：公共实验平台；公共检验平台；公共教学实验平台；公共卫生信息和社会传播平台等。

【对外交流】 2月27日，由公共卫生学院与中国卫生发展研究中心、英国伦敦卫生与热带病学院、坦桑尼亚伊法克拉卫生学院、复旦大学公卫学院，以及河南省卫生厅合作的"中英全球卫生支持项目：全球卫生核心研究—卫生体系改进"项目启动会和政策研讨会在北京召开，会议确定了工作主题、明确了研究框架、确定了能力建设活动具体内容和工作机制。

4月中旬由北京大学公共卫生学院、复旦大学公卫学院、美国约翰霍普金斯大学公卫学院联合主办的"中美公共卫生学院院长论坛"在美国巴尔的摩召开。会议召集了中国20所知名大学公卫学院31名院长、副院长和教授，与约翰霍普金斯大学同行就学科发展方向，人才培养，教学模式，学位和学时设置等问题进行研讨。

7月7日,公共卫生学院承办"将健康融入所有政策,应对下一代健康挑战"高层卫生对话会,全国人大常委会副委员长陈竺和世界卫生组织总干事陈冯富珍出席活动并发表主旨演讲。国务院发展研究中心社会发展研究部部长葛延风、尼泊尔驻华大使 Mahesh Maskey 作为嘉宾参与对话。

11月1日,公共卫生学院举办主题为"如何通过教育和科研应对公共卫生挑战"的第四届"北京大学—首尔大学—东京大学公共卫生高层论坛"。来自三所大学公共卫生学院的医学社会学、环境卫生学、流行病学、卫生经济学、卫生事业管理和政策学专家学者130多人参加大会。

2014年,美国辉瑞公司全球流行病学高级总监、美国哥伦比亚大学公卫学院院长,以及流行病学专家、美国哥伦比亚大学国际艾滋病防治和研究中心主任、流行病学/医学教授 Wafaa El-Sadr、环境健康系副教授、儿童环境健康中心分子流行病实验室主任、荷兰乌德勒支大学环境流行病学教授、美国印第安纳大学教授、美国斯坦福预防研究中心 Randall S. Stafford 教授、哈佛大学公卫学院祁禄教授和梁黎明教授、美国加州大学洛杉矶分校副校长 Timothy F Brwer 教授、公共卫生学院院长 Jody Hemann 教授和副院长张作风教授、英国联合利华安全与环境保障中心专家、英格兰公共卫生部首席执行官 Duncan Selbie 等,分别访问北京大学公共卫生学院并进行学术交流。

【培训工作】 公共卫生学院承接三期河南省地市级卫生监督骨干培训工作,共培训172人次。承接北京市卫计委委托的首届"北京市生活饮用水首席卫生监督员"培训。在深圳举办红十字会国际委员会开展的 HELP 第六期培训课程,来自红会系统、疾控系统、大专院校、军队系统的31名学员参加培训。

【学生工作】 2014年公共卫生名家讲坛邀请到中华预防医学会副会长、病原生物学教授庄辉院士、国家食品安全风险评估中心研究员陈君石院士、美国 UCLA 公卫学院院长 Jody Heymann 教授,举办三场讲座,从不同视角向学生介绍了公共卫生领域的政策、现状、前沿进展。

作为公共卫生学院学生活动的品牌和代表"预防艾滋病宣传周"活动已坚持12年。从最初仅在北医校园内宣传,到现在联合首都十多所高校建立联盟,从为身边的大学生开展同伴教育,到向高危地区的中小学生普及防艾知识,从简单的手绘宣传海报,到拍摄感人至深的微电影。2014年七支学生实践队伍紧密围绕"爱·责任·成长"活动主题,分赴祖国各地进行考察与实践。

护理学院

【发展概况】 护理学院在职职工总数45人,其中,教师32人,管理人员8人,教辅人员5人。教师中教授6人,副教授15人,讲师11人;博士12人,硕士18人,学士2人。管理人员中副高职称2人,中级职称4人,无职称2人。教辅人员中中级职称1人,初级职称4人。护理学院承担着护理学研究生、本科生、专科生三个层次的全日制教育,以及夜大专升本教学和护理专业自学考试专升本论文辅导工作。全日制学生在校总人数为518人。

【教学工作】 研究生教育 2014年录取硕士16人,博士2人。毕业硕士14人。3月7日,召开护理学院研究生导师培训会。4月北京大学护理学院学位评定分委会换届工作获医学部批复;5—10月,对护理硕士专业学位研究生新增"口腔护理学方向"的培养方案进行讨论和审核,并提交医学部审核。6月,新增护理学博士研究生导师1人,硕士研究生导师1人;申报北京大学医学部2014年"国家建设高水平大学公派研究生项目",首次获批博士1人,赴澳大利亚 Griffith 大学进行为期3个月的交流学习;7月11—13日,以"实践检验真知"为主题的北京大学护理学院研究生暑期社会实践团,赴河北省保定市西杜村进行慢性病的健康义诊及宣教活动。7月,医学部第五期研究生暑期夏令营接待学生11人,组织导师与学生交流会15人次;9月,拟订《北京大学护理学院2014年博士生招生选拔办法》,确定2014年护理学博士生招生选拔实施入学申请考核制。2014年制定了研究生困难补助申请流程、专业学位研究生毕业综合评定工作流程。

本专科教育 2014年在安徽、江西、四川、云南、甘肃、陕西六省增加了定向贫困专项的护理招生计划的投档,招收人数扩大为140名;3月12日邀请医学部主任助理、医学部教育处处长王维民教授作"医学发展趋势"讲座;5月14日举办护理学院本科教育教学工作研讨会,使护理教育教学更好地体现以促进学生知识、能力、素质协调发展的培养要求;6月20日举办护理学助产方向研讨会;7月3日举办本科生《人际沟通与礼仪》课程教学工作会议;7月7日召开本科生内外科护理学课程教学实习工作会议;9月为护理学专业本科2014级学生开设"护理专业态度引导"课程,邀请天津医科大学护理学院赵岳院长讲授"护理学发展趋势"的专题讲座;9月举办澳大利亚格里菲斯大学林凤芝教授"临床指标体系评价"研究的专题讲座;10月21日举办社区护理师资培训班；10月24日举办临床护理职业礼仪培训；护理专业本科生申请2014—2015年度北京大学医学部创新实验项目9项；2013—2014年度护理学院创新实验8个项目中，分别获得北京大学医学部一等奖1名，二等奖2名，三等奖4名，结题1项；与北京儿童医院、北京老年医院、北京五洲妇儿医院建立了教学实践的协作。2014年护理学院设立院级教学改革课题12项，申报医学部教改课题20项，获得重点立项6项，普通立项14项；2014年获得"北京大学2015年度中央高校改善基本办学条件专项项目"的资金支持，用于改善护理学院的实验教学条件。

继续教育　2014年学院申报继续教育项目6项。完成2013年国家级、北京市级项目反馈及执行汇报1项。1月和7月，举办北京市级继续教育项目"护理科研提高班"，招收北京市外单位学员共34人。

博士后科研流动站　护理学院于2014年4月启动了博士后流动站申报工作，向人力资源和社会保障部专业技术人员管理司全国博士后管委会办公室提交了新设博士后科研流动站申报表，9月护理学一级学科博士后科研流动站通过审批。

【科研工作】2014年护理学院获得各类项目合计37项，其中，横向项目19项，纵向项目8项，校级项目10项。2014年护理学院教师在医学类核心期刊上发表的论文共计56篇，其中有1篇被SCI收录。2014年由学院教师主编、副主编和参编各种教材和参考书共计30本。2014年护理学院教师参加各类学术会议82人次，出访国家包括日本、土耳其、法国等，多位教师提交学术论文并参与大会发言。

护理科研基金　为促进北大护理学科的发展，护理学院向医学部提出了设立北京大学医学部护理科研基金的申请。设立此项基金的总体目标是为了促进北京大学护理学科发展。具体目标是：(1)提高北京大学护理科研质量；(2)通过科研提高临床护理实践的科学性和有效性；(3)有效整合和利用医学部内各系统的资源，促进教学、科研与临床实践的紧密结合。基金支持主要方向为：(1)与临床护理实践相关的护理干预研究；(2)以循证为基础的临床护理指南的制定和验证；(3)科研成果转化和推广应用。课题申请形式为护理学院教师和临床医院护士或医生合作课题。

【对外交流】2014年护理学院继续保持与美国Arizona大学护理学院、美国Pennsylvania大学护理学院等国际知名护理学院在博士联合培养及博士生导师培养项目中的合作。8—12月，学院2名教师完成了美国亚利桑那大学护理学院博士核心课程"Philosophy of Nursing Science & Practice"的网上学习；学院选派2名教师参加美国密歇根大学护理学院和美国国立科学研究院共同设立的科学研究项目协调员培养的网上学习；英国King's College护理学院院长Helen McCutcheon、澳大利亚Queensland科技大学护理学院院长Patsy Yates、澳大利亚天主教大学执行校长Nugent教授，健康学院院长Campbell教授来访学院，进行护理教育、护理科研方面的交流，探讨师资互相配对、博士生联合培养等方面的合作内容及合作形式；香港政府华员会访问团一行35人访问北京大学期间，与护理学院师生进行学术上、文化上的全面交流；2014年学院接待来自美国、英国、澳大利亚、瑞典、比利时等国家的代表团或个人10批，共计57人；学院教师出访12批，共计14人；2014年美国、澳大利亚和瑞典的来宾到学院围绕"肿瘤护理""老年护理""社区护理"等热点话题开展讲座。

【学生交流】1. 与香港大学学生的交流活动。4月21日至5月3日香港大学护理学院3名三年级护理本科生来学院进行为期2周的交流访问。来访学生旁听了护理本科学生的妇产科护理学、儿科护理学、护理科研、护理管理课程，参加了妇产科护理学、儿科护理学、社区护理学的临床见习，参观了北京大学第三医院心内科病房，与病房护士骨干进行专业交流，访谈了病房的老年患者，参加了与护理学院本科同学的交流会。

2. 与香港政府华员会护士分会来访团的交流。6月11日，在北京大学对外交流中心的统筹和安排下，包括来自香港大学、香港中文大学、香港公开大学的23位护理专业学生参观了北京大学第三医院心内科病房，与病房护士骨干进行专业交流后分别访谈了病房的老年患者。来自香港政府华员会护士分会骨干学员一行35人造访护理学院，陆虹副院长介绍了学院在师资、课程设置、科研方向、国际合作等方面的情况，来访团介绍了香港医疗护理有关情况。双方师生进行了护理临床工作、护理教育等方面的自由讨论。晚间，访问团成员与护理本科学生在北京大学举办了一场联欢晚会。

【学生工作】国际护士节系列活动　4月22日，为即将进入临床实习的226名护理学生举行授帽仪式；举办"承圣殿提灯精神"演讲比赛；进行"燕帽下流走的时光"的护理专业价值研讨。

组织建设及党日活动　2014年发展党员19人，预备党员转正18人，入党积极分子43人；37人参加医学部举办的入党积极分子培训班；11月举办学生党支部书记培训班；组织"爱在左右——走进莎莉文聋儿学校""关爱老人——夕阳红服务""与改革同向、与法制同行——为学校发展献计献策大讨论""服务先锋——永葆党员先进性""心中的旗帜、坚强的堡垒——读书报告会"。

暑期社会实践 暑期社会实践团队赴河北、海南、广西、云南,以及赴澳大利亚开展健康宣传、健康调研、医学知识普及的社会实践活动。护理学院研究生班获"2014年医学部研究生暑期社会实践优秀奖",获"北京大学先进学风班"。本科2012级"海南支教志愿活动"获得"医学部社会实践优秀团队",李星获"医学部暑期社会实践优秀个人"。

安全教育系列活动 内容涉及学生安全、国家保密安全、专业认知、专业修养、社交礼仪、社区服务。

获奖情况 2014年57名本科生获得国家奖学金、五四奖学金、维信药业奖学金、富力奖学金、德楷奖学金、光华奖学金、千金药业奖学金、树华奖学金、叔蘋奖学金、邓杨咏曼奖学金;34名专科学生获得三等奖学金;75名学生获得北京市优秀学生干部、北京市三好学生、北京大学三好学生标兵、北京大学三好学生等奖励;本科2011级获得"医学部先进学风班"称号。2014年10月15日,护理学院完成团学联换届改选;2014年护理学院毕业生以98%的就业率获"2014年北京大学就业工作先进单位"。

【社会服务】 1. 完成教育部高等教育护理专业教学指导委员护理学专业认证工作。护理学院作为教育部高等教育护理专业教学指导委员主任委员单位,受教育部委托2014年组织专家对2所护理院校进行了专业认证试点。6月28—29日,在广州召开"高等学校护理学专业类教学质量国家标准研制工作会议",传达教育部标准研制会议精神,启动了国家教学质量标准的研制工作。10月15—20日,根据上海会议意见最后修订标准,主任委员签字定稿,20日提交教育部。

2. 3月协助护理硕士专业学位委员会审核提交全国医学专业学位研究生教育指导委员会秘书处《护理硕士专业学位教学合格评估方案》《护理硕士专业学位基本要求》的专家意见稿。

3. 11月,北京大学护理学院护士执业资格考试试题命题小组协助卫生部人才交流服务中心完成与命题专家签署保密协议、护士执业资格考试命题及经费下拨工作。

表6-19 护理学院2014年获奖情况

序号	奖项名称	获奖个人或集体
1	北京大学鼎业脉林奖教金(青年)	庞 冬
2	北京大学医学部优秀人才青年学者奖	庞 冬
3	北京大学医学部师德先进个人	孙宏玉
4	北京大学医学部优秀教学奖	孙玉梅、管 静、刘 宇、耿笑微、吴 雪、朱丽娜、梁 爽
5	北京大学医学部第三届研究生"良师益友"——孙宏玉	孙宏玉
6	北京大学优秀班主任	魏征新
7	医学部大学生创新实验项目一等奖	庞 冬
8	医学部大学生创新实验项目二等奖	谢 红、万巧琴
9	医学部大学生创新实验项目三等奖	江 华、侯淑肖、朱 秀、孙 静
10	北京大学医学部女教职工之星	陆 虹
11	医学部教职工第五届"白衣巧手"书画、手工艺作品展三等奖	陈 华、任国华
12	北京大学优秀班主任三等奖——(兼职班主任)	郭红艳
13	医学部优秀党支部书记	王志稳
14	北京大学优秀共产党员	韩 慧
15	医学部优秀共产党员	侯 睿
16	北京大学学生"资助工作"先进集体	学生办公室
17	北京大学医学部"红旗团委"	护理学院团委
18	北京大学先进党支部	教工第三党支部
19	医学部先进党支部	2010级学生党支部
20	医学部"学习党的群众路线,建设服务型党支部"优秀主题党日活动三等奖	教工第二党支部
21	医学部"学习党的群众路线,建设服务型党支部"优秀主题党日活动优秀奖	教工第一党支部、教工第三党支部
22	医学部"践行群众路线,增强宗旨意识"主题党(团)日活动优秀奖	研究生党支部、2010级党支部、2011级党支部

医学人文研究院/医学部公共教学部

【发展概况】 医学部公共教学部于2002年7月在原社文部、外语部、体育部及数学、物理、计算机教研室的基础上组建而成,现设五个学系:哲学与社会科学系、医学人文学系、医用理学系、应用语言学系、体育学系。2008年4月,成立北京大学医学人文研究院,目前下设七个研究中心:医学史与医学哲学研究中心、医学心理学研究中心、医学伦理与法律研究中心、健康与社会发展研究中心、医学文化与健康传播研究中心、医学美学研究中心,以及医学人文数据实验室(原数据与案例管理中心)。此外,医学人文研究院/医学部公共教学部还拥有四个校级研究中心:北京大学医史学研究中心、北京大学临床心理中心、北京大学医学部性学研究中心、北京大学医学部中美医师职业精神研究中心。2014年原党委书记吴玉杰退休,选举王玥为新一任党委书记。目前设有生物医学英语五年制本科专业,招收科学技术史、应用心理学、伦理学、社会学、科学技术哲学、思想政治教育、马克思主义基本原理、生物物理学专业的硕士和博士研究生。现有教师108人,正高级职称16人,副高级职称41人,中级职称47人,初级职称4人;具有博士学位的有34人,占31.48%;具有硕士学位的有44人,占40.74%。2014年增员2名教师(接收毕业生1人,调入1人),2名教师退休。

1月1日,《公共教学部高级专业技术职务评审的补充规定(试行)》开始实施。

【教学工作】 医学人文研究院/医学部公共教学部现有在读学生221人,其中,医学英语专业本科生175人,硕士研究生32人,博士研究生14人。2014年毕业学生38人,其中,医学英语专业本科生26人,硕士研究生10人,博士研究生2人;招收新生56人,其中,医学英语专业本科生42人,硕士研究生10人,博士研究生4人。

医学人文研究院/医学部公共教学部承担着医学部(含临床医院)在校本专科生及研究生的公共基础课及医学人文课程的教学任务,应用语言学系还同时担任生物医学英语专业课的授课任务。2014年为全校本科生开设29门必修课、12门通选课、33门任选课,为医学英语本科生开设21门专业必修课、11门专业选修课,为全校研究生开设35门公共课。

本科生培养 医学英语专业培养国际卫生背景下的复合型人才。培养的毕业生既有较扎实的自然科学、医学基础知识,以及一定的临床医学专业基础知识,又有坚实的英语语言知识基础、较强的英语语言运用能力和一定的社会人文学科知识,能熟练地用英语和所学医学专业知识在医药、公共卫生、医药信息管理、医学英语教育等领域从事国际交流、教学科研等工作的应用型人才。研究生培养方面,各医学人文和社会科学学科培养点围绕"高素质、创新型"的高层次人才培养的基本要求,已初步形成具有特色的医学人文学高层次创新人才培养模式。要求学生具有扎实的人文社会科学理论及医学人文综合素养,掌握相应学科的基础理论和较系统的专业理论知识,有一定的独立从事有关科学研究的能力,以及相关的教学工作能力。

教学改革 鼓励并资助教师到日本庆应大学、清华大学、协和医学院等国内外高水平院校调研,为本学科教学改革提供借鉴。召开教育教学改革研讨会,对于医学部教育教学改革的整体框架和思路有了更加清晰和全面的认识。结合先进经验,各系多次召开教学改革会议,积极组织教学沙龙活动,交流探讨教改方案,动员广大教师投入到教改工作中,并取得了一定的成效。由韩英红指导医学部学生撰写的《高校思想政治理论课听课实效调研与教学改革探究——以北京大学医学部为例》荣获2014年首都高校思想政治理论课学生社会实践优秀论文二等奖。组织教师申请医学部教改课题,获立项12项,获资助3项。对于9项自筹经费课题,医学人文研究院/医学部公共教学部给予了资助。

专业建设 本科生方面,继续加强医学英语学科建设。建设项目"生物医学英语教学质量工程"获得教育部本科质量工程10万元资助,有效地推动了专业建设和发展。医学英语2010级的35名学生参加了全国英语专业八级考试,通过33人,通过率94.3%;医学英语2012级27名学生参加了全国英语专业四级考试,通过27人,通过率100%。研究生方面,积极筹备申报社会工作专业硕士学位,拓展具有专业学位的高级医学或健康相关领域高级应用型人才的培养。

教师教学综合评价指标 为进一步调动教师教学工作的积极性,讨论制定了"公共教学部教师教学评价综合指标",该指标体系将进行试用,经调整修订后,计划正式用于教师教学岗位考核。

2014年,3人获得奖教金,其中,2人获得北京大学仲外医学基金,1人获得北京大学鼎业脉林奖教金。

【科研工作】 2014年获准科研项目22项,总金额为人民币403.03万元,其中,省部级9项,经费233.55万元;校级5项,经费58.1万元;横向课题8项,经费111.38万元。

2014年医学人文研究院启动新一轮青年教师科研基金项目申报工作，6位教师获得立项支持。此外，针对当前医患关系的热点问题，组织教师撰写《医患关系蓝皮书》，12位教师获得立项支持。青年教师科研基金和《医患关系蓝皮书》项目以点带面，极大地调动了教师科研工作的积极性，同时搭建了学科交叉的平台。

2014年发表中文论文45篇，英文论文8篇，其中5篇论文被国外SSCI、SCI、EI收录。出版专著5本，英文专著1本，主编教材5部，出版学术辑刊《中国医学人文评论》(2014)。受中国医师协会委托，由王岳牵头、医学人文研究院参与起草的《中国医师道德准则》正式颁布。

10月24—25日主办第九届中美医师职业精神研讨会。举办12期学术沙龙活动，沙龙主要以案例为中心，邀请国内外专家学者或由医学人文研究院/医学部公共教学部教师担任主讲人，启发新思路，整合研究团队。

医学人文研究院的医学人文教育受到国际的关注和认可，3月LANCET刊发社论，在评论中国医患的紧张关系时指出，北京大学医学部的医学人文教育有助于缓解医患之间的冲突。

【继续教育】 8月22—24日举办首届临床医学人文骨干研修班，以叙事医学为主题，邀请北京宣武医院主任医师凌锋等著名医学人文及临床专家、卫计委专家授课，来自全国各医院的30余名学员参加了学习。此外，完成了12名进修生的培养，其中，医学心理学教研室10人，医学史教研室、伦理学教研室各1人，西部(青海、贵州)少数民族学员2人。

【交流合作】 2014年接待来自美国芝加哥大学、哥伦比亚大学、得克萨斯州立大学，以及香港大学、台湾长庚大学、ABMAC基金会等知名高校和组织的专家学者20余人次；赴美国、英国等地访问交流30余人次；1位教师赴日本立命馆孔子学院担任中方院长(任期4年)。

2014年与芝加哥大学人类学系联合举办首届"医学人类学及医学人文研究方法"工作坊，芝加哥大学人类学系冯珠娣(Judith Farquhar)、清华大学公共健康中心主任景军等国内外知名专家授课，来自国内高校及研究机构的25名学员参加学习。教育部直属高校外籍文教专家年度聘请计划学校特色项目之北京大学医学人文整合课程体系建设聘请外教特色项目获得批准，将进一步加强师资力量。与印第安纳大学共同承担的"西方医学在中国(1800—1950)"研究项目顺利完成，在北大—印大两校合作的大框架内续签合作协议，将在科研协作、师生交流等方面开展合作。与爱丁堡大学健康与社会科学学院及社会工作与政治学学院在研究生培养、师生交流等方面达成共识，双方正在起草合作谅解备忘录。

【党建工作】 医学部公共教学部党委下设12个党支部，其中，在职职工支部6个，离退休支部2个，本科生支部3个，研究生支部1个。共有党员155人，其中，教工党员65人，离退休党员43人，学生党员45人，其他2人。发展党员7人，其中，本科生5人，研究生2人。

以深入学习党的十八大和习总书记北大五四讲话精神为主题，在教职工党支部中开展了"学习习近平总书记重要讲话精神，为党旗增辉"主题党日活动，以及"学习党的群众路线建设服务型党支部"主题教育活动；在学生党支部中坚持开展党建带团建、团建助党建工作，开展了"学习践行正能量·青春奉献中国梦""读首钢工业沧桑·庆五四青年励志""重温先辈足迹·传承爱国传统"等主题党团日活动，以及服务先锋行动计划活动。分别有4个党支部提交医学部第八期基层党建创新立项成果、获得第九期基层党建创新立项。

重视党风廉政建设。完成党风廉政建设自查和医学部纪委开展的党风廉政建设责任制落实情况的检查工作。全面落实党风廉政建设主体责任和惩防体系工作，切实履行"一岗双责"。将反腐倡廉宣传教育纳入文化建设，建立分层次分类施教机制。组织社会主义核心价值观讲座，对全体党员进行教育，从思想高度防范贪腐；举办红七条教育暨党风廉政与科研诚信讲座，王玥书记传达教育部《关于建立健全高校师德建设长效机制的意见》提出的针对高校教师的师德禁止行为"红七条"内容，丛亚丽副主任做科研诚信讲座，提高教师的学术道德，弘扬师德师风；组织学生开展以"与改革同向，与法治同行"为主题的活动，加强法律法规教育。加强重点领域、关键环节的监督，对干部选拔任用、人事招聘、研究生招生等进行重点监督。

党委认真学习各级统战工作会议精神，支持民主党派的工作。为凝聚发展力量，促进党外人士团结奋进，举办统战工作座谈会暨"心系公教 服务社会"党外人士活动图片展，医学部统战部部长王军为受邀与会。扎实抓好群众路线教育实践活动整改落实工作，整改项目基本都有了相对明确的方案和结果。以"三严三实"为标尺，对照教育实践活动中查摆出的问题，对整改落实的进展、效果和存在问题进行全面、深入的"回头看"。

组织开展"深化综合改革、聚力科学发展"讨论活动，广大师生员工积极为学校发展建言献策。

【行政工作及其他】 公共教学部2014年共有管理人员10人，其中，事业编制8人，非事业编制2人。

房产管理工作方面，积极参与

医学部公寓房管理办法的讨论与修订，完成无房职工情况登记，认真组织教职工公寓房的申请和续租工作。

工会工作方面，共有6个工会小组，工会会员133人，其中，男会员42人，女会员91人。通过邮件将主任及工会主席工作报告发给代表，使代表有充分的时间了解医学人文研究院总体工作情况和发展规划。医学部公共教学部三届二次教职工代表大会共征集提案3份。举办青年教师教学基本功比赛、青年教师讲课比赛获奖教师示范课，提高青年教师的业务素质和教学水平，感受获奖教师风采。弘扬师德师风，配合医学部工会，完成"我身边的好老师"微视频大赛作品征集及师德先进集体、先进个人、"女工之星"的推选工作。举办"舌尖上的健康：您不可不知的饮食养生误区"健康饮食知识系列讲座之二，组织教职工赴北京密云古北水镇开展以"探寻古迹，回归自然"为主题的秋游活动，组建教职工舞蹈队，利用"午间健身课堂"进行排练，完成了医学部七一文艺会演任务。各工会小组开展了"加强宣传橱窗建设，打造院部宣传阵地"、京津冀一体化背景下保定的历史方位与当代发展、"亲近大自然，健康快乐行"等各具特色的活动，2个工会小组获得医学部"权益杯"专项活动立项。在行政的大力支持下，体检费用由以往"单位补助为主，个人负担为辅"改变为全部由单位补助。

离退休工作方面，成立关工委，发挥老同志的积极作用，更好地促进学生和青年教师思想政治教育工作的开展。协助离退休党支部组织活动。探望、慰问患病的离退休人员。配合学校，切实做好离退休人员的体检、慰问、送温暖、福利品发放等工作。

【学生工作】 结合医学英语学生的专业特点和实际，指导学生开展"抗辩——医学生的培养与成长"（5月）、外文歌曲大赛（6月）、日韩风学文化讲座（10月）等特色活动。组织学生积极参加学校举办的各类外事交流活动，聆听国外知名教授报告会。组织学生完成卫计委援外培训项目、APEC会议、北京大学医学论坛等活动的外宾接待陪同、语言翻译等志愿服务活动。定期赴北京雨露嘉禾儿童康复训练中心，为自闭症儿童送温暖。暑期，围绕"爱·责任·成长"主题，组织六支实践团，其中三支实践团分赴四川省雅江县麻郎错乡扎嘎寺、四川省甘孜藏族自治州德格县浪多乡伟东菩提希望小学和云南省禄劝彝族苗族自治县九龙镇麻地小学等开展支教、调研活动，其他团队围绕基层县级医院信息化建设、农村生态环境现状等问题进行调研。另有高年级同学利用暑期开展了工作见习、实习活动。研究生班开展了奥体公园"健康大步走"（4月）、英语学习沙龙（4月）等活动。

2014年医学英语专业26名毕业生，其中，13人参加工作，10人国内读研，3人赴国外/境外读研。研究生毕业9人，其中，8人参加工作（含在职2人），1人出国。

【党建工作】 公共教学部发挥自身优势，开展了弘扬社会主义核心价值观系列活动，积极推进社会主义核心价值观进教材、进课堂、进头脑。6月23日，召开庆祝中国共产党成立93周年暨学习习近平总书记五四讲话精神理论研讨会，邀请北京大学马克思主义学院党委书记孙熙国、医学人文研究院/医学部公共教学部王一方分别做"社会主义核心价值观六题""社会主义核心价值观与医学职业生活"的主题报告。10—11月，举办北京大学第七届医学人文周，包括医院文化与社会主义核心价值观研讨会、"医学也是人学——漫谈鲁迅和医学"讲座、"医学美学三人谈"讲座、医学人文电影赏析、医学人文短剧大赛、"领略医学之美感悟生命之真"学生作品展、老照片摄影展等内容，通过多种文化形式，将社会主义核心价值观与医院文化、医患关系，以及医学教育相结合，营造了培育和弘扬社会主义核心价值观的校园文化氛围，提高了医学生的人文素养，受到广大师生的热烈欢迎，产生了良好的社会反响。

哲学与社会科学系分层次、成体系地将社会主义核心价值观融入思想政治理论课教育教学中。统筹核心价值观与教材之间的关系，找准课堂教学的切入点，使其走进课堂。同时，将核心价值观与思想政治课所学的理论、知识付诸行动，让学生在实践教学中领略其真谛。承担研究生思想政治理论课的医学哲学教研室将社会主义核心价值观与医学生的教育及医德的培养相结合，引入案例教学对学生进行有针对性的引导。

加强理论研究，课题"青年教师党员在'社会主义核心价值观进课堂'任务中的工作目标与工作路径探讨""以社会主义核心价值观为主导的高校青年教师党员思想道德教育工作机制研究"分别获得医学部基层党建创新及党建课题研究立项。

党委还指导学生党支部开展了海报形式"弘扬中华传统道德精髓，树社会主义核心价值观"的主题活动，充分体现了社会主义核心价值观与中国历史文化的契合，海报陈列于医学部主干道及逸夫楼电梯内，达到了很好的宣传效果。

第一医院（第一临床医学院）

【发展概况】 2014年度第一医院

职工 3259 人(在编 3122 人,合同制 137 人),其中卫生技术人员 2834 人,包括正高级职称 225 人、副高级职称 320 人、中级职称 946 人、初级师 934 人、初级士 313 人、见习期 96 人。工程院院士 1 人(郭应禄)。

2014 年年底医疗设备总值 81444.91 万元,年内购置医疗设备总值 8517.75 万元,其中,10 万元以上设备 77 台,100 万元以上设备 14 台。

【医疗工作】 门诊 2716361 人次,日均门诊 9054.5 人次;急诊 150668 人次,日均急诊 412.8 人次;急诊危重症抢救 7929 人次,抢救成功率 96.77%。医院编制床位 1500 张,实有床位 1500 张。入院 77941 人次,出院 78128 人次,床位周转 52.09 次,床位使用率 108.24%,平均住院日 7.68 天,住院死亡率 0.49%。住院手术 39114 例。剖宫产率 39.72%,新生儿死亡率 1.77‰,围产儿死亡率 0.88‰。

实施临床路径共 22 个科室 47 个病种,入径病例 587 例,入组率 100%,完成率 94.6%。

开展多种服务形式,扩大预约挂号:开通双休日门诊、特需门诊的 114 预约挂号服务,推广诊间预约功能,扩大社区预约的范围;开通出院患者复诊预约,正式上线微信预约,启动门诊自助服务一体机项目。开放号源比例大于 85%,全年预约挂号 1086544 人次,占门诊人次的 40%。

申报北京市卫计委单项技术 1 项(临床基因扩增检验技术),医院单项技术 5 项[遗传性耳聋基因检测、一对一徒手运动功能训练、等速运动测定及训练(国产)、角膜接触镜验配、脏器声学造影(超声造影)];准入北京市卫计委单项技术 10 项(呼吸四级内镜诊疗技术、普通外科内镜诊疗技术、泌尿外科内镜诊疗技术、胸外科内镜诊疗技术、骨科关节内镜诊疗技术、骨科脊柱内镜诊疗技术、消化内科内镜诊疗技术、鼻科内镜诊疗技术、咽喉科内镜诊疗技术、小儿呼吸诊疗技术)。

监测 63870 人,发生医院感染 762 例次,感染率 1.2%;开展目标性监测与防控,共监测病原菌 5342 株,非污染菌株中常见病原菌共 2091 株,其中多重耐药菌检出 827 株。无医院感染暴发。年内报告传染病 2251 例。AFP 监测 24964 例,报告 13 例;HIV/AIDS 监测 81256 例,报告 15 例;流感样病例监测 719798 例,报告 10152 例;职业病监测 114734 例,报告 14 例。

全年医保出院 29793 人次,总费用 56739.84 万元,次均费用 19045 元。

建立内蒙古兴安盟扎赉特旗人民医院对口支援医疗队赴实地支援,接收培训县级骨干医师 2 名;启动"新疆创新型中青年卫生人才培养项目",并接收新疆维吾尔自治区妇幼保健院进修医师 2 名;派往密云县医院、密云县妇幼保健院 36 人,门诊 8478 人次,急诊 484 人次,手术 24 例,疑难病会诊 733 人次,传授新技术新业务 4 项,接收进修人员 4 人;诊治什刹海社区患者 110 人次,诊治德胜社区患者 160 人次。

处理医疗纠纷 63 例,其中:司法诉讼 14 例,医调委协议解决 39 例,院内调解 6 例,4 例未结案。年度赔偿总额 8535384.53 元。司法鉴定 12 例,过错参与度 50% 的 2 例,20% 的 2 例,其余无责。

【护理工作】 北京大学第一医院共有护士 1485 人,注册护士 1485 人,其中合同制护士 149 人。ICU 床位 86 张。落实责任制整体护理情况:不良事件上报率 100%;整改率 100%。

科研工作 2014 年开展了护理科研系列培训班,邀请北京大学护理学院教师及临床高学历护士,进行 6 次科研课程的培训;学术报告和查房 6 次;科研讨论会 8 次。护理科研项目共开展 4 项,包括与医生及护理杂志联合合作项目、护理管理科研项目、磁性医院项目,以及人力资源科研项目。完成"北京市中年护士健康状况""护士职业现状调查",以及"岗位写实"数据的收集、统计、整理分析,并在核心期刊发表相关论文 10 篇。年内共获批院级科研基金 34 个,申请 2015 年度院级科研基金 72 个。全院发表护理论文 82 篇,编著护理专业书籍 10 本。结合临床重点专科建设,在核心期刊发表护理管理文章 3 篇。在统计源期刊发表护理论文 82 篇。

培训工作 护士进修 344 人。选派 1 名护士长赴美国培训 3 个月,并外派 29 名护理骨干参加为期 3 个月的专科护士培训,涉及危重症、造口、肿瘤、急诊、血液净化、糖尿病、助产、骨科、手术室、PICC 等专业。至此,专科护士总数共计 159 人。

【科研工作】 获批科研经费 5874.66 万元,其中国家自然科学基金 2990.00 万元。获批各类项目 105 项。横向课题(非政府机构发起或委托的研究课题)共立项 65 项,到账科研经费 581.90 万元。进展执行项目(不含横向课题)257 项,其中,国家、部委、市、校级项目 251 项,其他项目 6 项;结题项目 118 项,其中,国家、部委、市、校级项目 75 项,其他项目 6 项,院级 37 项。申报科研成果 25 项,含已获奖 9 项,待公布 1 项;申报专利 7 项,授权专利 3 项,其中,发明专利 2 项,实用新型专利 1 项。

2014 年发表论文 961 篇,含 SCI 收录 224 篇。国内期刊论文 743 篇、国外期刊 218 篇。出版书籍 42 本,含专著 13 部。

【医学教育】 八年制临床医学专业学生新入 40 人,毕业 59 人,同期在院 260 人;招收研究生 189

人,其中,博士研究生 83 人,硕士研究生 106 人。毕业研究生 137 人,授予博士学位 54 人,硕士学位 83 人。

2014 年住院医师规范化培训接收住院医师 131 人,同期在院 222 人,毕业 120 人。接收专科医师 51 人,同期在院 93 人,毕业 36 人。接收进修医师 871 人。

【学术交流】 2014 年因公短期出国(境)412 人次,其中,应邀讲座 47 人次,担任会议主持 21 人次,大会口头发言 41 人次。长期出访 12 人次。主办国际会议 13 场次。

【基本建设】 2014 年,保健中心工程可行性报告已取得国家卫计委、国家发改委批复。保健中心工程初步设计及概算已报国家发改委并委托国家投资项目评审中心进行评审。城南院区工程已取得北京市规委建设项目选址意见书,建设用地预审意见已取得国土资源部批复。城南院区工程已完成设计方案待大兴区规划分局批准。

人民医院（第二临床医学院）

【发展概况】 截至 2014 年年底,北京大学人民医院在职员工总数 3961 人,其中中国工程院院士 1 名。正式职工 2342 人,合同制员工 1619 人,其中,医疗、教学人员 893 人,研究人员 59 人,护理人员 1878 人,医技及其他技术人员 702 人,管理人员 190 人,工人 239 人。医院设有 45 个临床科室、17 个医技科室、26 个职能处室。

【改革管理】 医院信息化通过 HIMSS7 级评审,达到世界顶尖水平。北京大学人民医院将全面质量管理作为核心战略,不断完善信息化建设。2014 年成为亚洲第二家、国内第一家通过 HIMSS7 级评审的医院,标志着北京大学人民医院信息化达到世界顶尖水平。依托强大的信息化平台,北京大学人民医院实现医疗质量全面改进和医疗服务不断提升,并从传统管理到现代管理、从经验管理到专业管理、从粗放型管理到精细化管理、从随意性管理到规范化管理的转变中走出一条新路。

依托信息化平台,建立医疗质控体系,实现医疗质量持续改进。医院持续改进医疗质量与安全管理体系,依托信息系统,建立以医疗质控周报为核心的院级医疗质控体系,对于运行病历及终末病历信息化监控覆盖率达到 100%,通过会诊质控信息系统使按时会诊率达 97.5%;门诊电子病历使用率突破 80%;学习型临床路径管理应用系统入组率达到 92.0%,完成率达到 85.9%;选择临床路径中医嘱率达到 36.5%;以手术等待时间为切入点,加强手术室效率管理;新制定医疗规章与流程 23 项,修订 3 项,极大保证了医疗质量与安全。

人民医院作为国家卫计委第一批优质护理试点医院,全面实施移动护理管理信息化,以安全和质量为核心跟踪医嘱的全生命周期,不断优化护理工作流程,实现了环节质量控制,制定规章与流程(P&P),规范临床操作,给护理工作带来专业化的提升,开展以病人为中心,以提高护理质量为目的新型护理模式的有益尝试,促进护理质量和服务质量的持续改进。

医院"德育为先能力为重推进临床实践教学综合改革"项目获得 2014 年高等教育国家级教学成果奖一等奖。这是人民医院连续三届获得国家级教学成果一等奖,成为我国高等教育史上绝无仅有的"三连冠"。

北京大学血液病研究所黄晓军团队"移植后白血病复发及移植物抗宿主病新型防治体系建立及应用"和骨肿瘤科郭卫团队"原发恶性骨肿瘤的规范化切除及功能重建系列研究"双双荣获 2014 年国家科学技术进步奖二等奖。眼科陶勇入选"国家高技术研究发展计划(863 计划)青年科学家"专题项目,这是北京大学第一位获此殊荣的青年学者;肾内科左力入选 1 项国家卫计委卫生公益性行业专项(经费 839.43 万元),这也是人民医院首次入选此专项。此外《新英格兰医学杂志》以 Letter 形式两度收录人民医院黄晓军教授等在白血病研究领域的论文,《柳叶刀》杂志以 Editorial 形式发表纪立农教授论文。

2014 年海淀院区门诊、病房、骨髓移植层流病房、手术室等陆续投入使用。在西直门院区门诊楼"见缝插针"安装四部新的外挂电梯,尽一切可能为患者提供便捷的服务。同时医院深入挖潜"服务"的各个环节,依托信息化平台,持续优化服务流程。自主设计了移动收费车,在门诊、病房收费高峰减少排队,提升效率;实行现代药品物流优化与再造,由从前的"人等药"变成了现在的"药等人"。

2014 年,北京大学人民医院"医疗卫生服务共同体"延伸到黑龙江宝泉岭、江西省赣州市于都县、内蒙古鄂尔多斯市准格尔旗、安徽省利辛县、河北省滦平县、湖北省十堰市、北京市门头沟区等地,成员单位已达 378 家,较去年同期新增 56 家,覆盖全国 19 个省(市、区),并覆盖到老挝南塔省医院。央视新闻联播节目以"科技攻关缓解看病难"为题报道"共同体"。国家卫计委陈啸宏副主任对"共同体"支援藏区及边疆医疗工作给予高度评价。

人民医院荣获第十届中国青年志愿者优秀组织奖,是此次北京地区当选的 3 家优秀志愿服务组织之一。从 2009 年起人民医院建立了适合中国国情的志愿者招募体系、培训体系、管理体系、评估体系和激励机制,提供了覆盖门急诊、病房和社区的十七项医务志愿服务,从而形成具有本土化、常态化和可复制的医务志愿服务新模式。

人民医院在国家公共卫生事件应急救治工作中表现突出,参加"昆山重症伤员救治""云南鲁甸地震救援""援非抗击埃博拉""援非光明行""健康快车"等行动彰显了"人民人"的仁心大爱和使命责任。医院组织各级各类健康教育活动247场次,受众人数27275人次。面向院内外医务人员、社区居民、学校、幼儿园、企事业等单位开展健康教育活动 72 次,受众人数 4526 人次。参加北京市健康科普专家健康教育活动 10 次,受众9140 人次。下社区支援的医生全年共进行健康教育讲座 13 次,受众 373 人次。发放健康宣传品 140种,共计 100979 份。

【医疗工作】 2014 年,人民医院门、急诊量 2611752 人次(海淀院区 46091 人次),比去年增长1.73%;出院病人总数 68200 人次(海淀院区 4712 人次),比去年增长 6.95%;最高日门急诊量 11199人次(海淀院区 355 人次),平均住院日 8.9 天(海淀院区 10.8 天),与去年持平;全年手术量 47470台,其中住院手术量 31794 台,比去年增长 7.30%;门诊手术量15676 台。

《医疗质控周报》覆盖范围,目前已增至 13 大模块 32 个项目,包括:病历书写质控、会诊质控、合理用药质控、临床路径质控、ICD 诊断填写质控、死亡质控、输血质控、癌痛规范化治疗质控、手术等待时间控制、单病种填写质控、检查申请单填写质控、个体纠错培训、满意度评价。截至 12 月底,2014 年《医疗质控周报》共发布 48 期,并进行个体纠错培训课 21 次,有效地规范了临床医护人员的诊疗行为,提高了医院的医疗服务质量及患者满意度。

抽检终末病历 1892 份,其中,甲级病历 1658 份,占抽检病历的 87.63%,比去年提高 2.93%;乙级病历 208 份,占抽检病历的 10.99%;不合格病历 26 份,占抽检病历的 1.37%,比去年下降2.15%。甲级病案率逐年提高,丙级病案率逐年下降。利用电子病历系统自动质控功能,对 2014 年在院 67967 份病历进行质控,检出未按时完成入院记录 35 份,未按时完成率 0.05%,比去年降低0.27%;首程记录 91 份,未按时完成率 0.13%,比去年降低 0.17%;主治医师首次查房记录 215 份,未按时完成率 0.32%,比去年降低0.21%;(副)主任医师首次查房记录 160 份,未按时完成率 0.24%,比去年降低 0.41%;入院前三天728 次,未按时完成率 1.07%,比去年降低 1.29%。各项未按时完成病历记录明显下降。

在利用信息系统对临床路径的实施进行管理的基础上,通过短信和医疗质控周报与临床科室沟通反馈临床路径实施过程中存在的问题,督促临床路径工作有效开展的同时,及时解决实施过程中出现的问题。截至 2014 年 12 月 31日,在用路径数 716 个,进入临床路径人次/全部出院人次(含新生儿)由 82.5%增加到 92.0%;完成临床路径人次/全部出院人次(含新生儿)由 72.1%增加到 85.9%后;选择临床路径中医嘱条目数/全部执行医嘱条目数由 31.8%增加到 36.5%。

在临床医护人员的配合下,在医疗质量委员会及院务会指导下,基于日常工作中遇到的一些问题,建立并完善医疗规章与流程 28项。其中新制定医疗规章与流程 25项,修订 3 项。

利用信息系统对临床诊断名称字典库进行管理,促进临床诊断逐步规范化书写。从库中选择主要诊断数/全部主要诊断数稳定在 95.3%至 99.3%之间;从库中选其他诊断数/全部其他诊断数稳定在 96.7%至 98.4%之间;从库中挑选诊断数/全部诊断数稳定在 96.4%至 98.5%之间。

利用信息系统促进临床科室对手术和操作名字典库的使用,目前从库中选择主要手术名称数/全部主要手术名称数稳定在 92.5%至 94.8%之间;从库中选择非主要手术名称数/全部非主要手术名称数稳定在 96.5%至 98.8%之间;从库中选择手术名称数/全部手术名称数稳定在 94.0%至 95.5%之间。

设计了居民死亡医院证明书模板(半自动化 excel 版),制定了高效的死因报告管理工作流程,保证死因报告的质量。2014 年共对863 份《居民死亡医学证明书》进行质控管理,并每月完成死因报告、质控工作自查总结上报疾控中心,对证明书填写不规范的医生进行个体培训。

医务工作人员参加北京市及西城区举办的各种传染病学习班35 次,院内培训 21 次,参加培训人员涉及门诊大组长、医院总值班(行政、护理、后勤)、临床各级医师、研究生、转正医师、技士、药士、进修医师等。

人民医院调整爱婴医院组织架构,举行爱婴医院评估相关工作讨论会,按照《爱婴医院评估标准》和相关要求加强爱婴服务管理工作,解决配奶间等问题。参加开展母乳喂养和新生儿复苏培训,积极准备爱婴医院复审。组织院内、外的危重孕产妇会诊 6 次;外派会诊 16 人次;院内多学科联合会诊 7次。产科危重孕产妇抢救 109 人次。组织转诊危重孕产妇 116 人次。北京市转会诊高危孕产妇115例。本年度外地就诊季度危重孕产妇明显增多,共计 36 例。

12 月 1 日,人民医院医院感染

管理平台新系统上线正式试用,包括院感监测、预警干预、追踪反馈、统计分析4大模块,对医院感染相关症状体征、检验结果、微生物结果、传染病报告的11项指标进行监测。医院感染预警系统作为医院信息系统应用案例,在HIMSS 7级考核中得到评审专家的高度认可。8月通过监测摄像头"公安图像应用平台"对新院中心手术室、门诊手术室、老院中心手术室、导管室、产房进行外科手消毒监督,并截取典型案例,通过手术室液晶屏幕循环播放,以提醒医务人员提高外科手消毒的正确性,并将监测信息反馈给科室主任。调查结果显示,2014年8—11月份,医务人员外科手消毒合格率从95.9%逐步上升至99.5%,外科手消毒效果监测合格率达到100%。

【护理工作】 根据临床科室针对2013版护理规章与流程提出的建议和意见及2014年部分规章与流程中需新增PDA使用的内容,修订2014版护理规章与流程,目前已将150条规章与流程修订并整理成册,向科室发放。同时印制《护理规章与流程(供实习生/培训护士使用)(2014版)》口袋书,便于实习生和培训护士查询和使用。同时修订静脉治疗专科护理规章与流程11条,补充并修订基础护理操作技术规章与流程37条。

2014年,增加注射类药品执行时扫描开始后即默认结束时间,避免护士在短时间内多次扫描的现象;在移动护理PC端新增高危患者预警功能,同时显示相应的预防措施;在移动护理PDA端新增破损药品登记功能;进一步梳理了移动推车使用流程并完善功能,为全院推广使用奠定基础。

2014年,制定了静脉输液输血执行扫码率、肌肉注射执行扫码率、皮内注射执行扫码率、皮下注射执行扫码率、静脉注射执行扫码率、静脉小壶执行扫码率、口服药执行扫码率、疼痛评估合格率、入院8h跌倒评估率、入院24h宣教完成率等10项环节质量控制指标,实现了关键环节的实时监测。

急诊科4月份开始试用病重(病危)患者护理记录,根据急诊科临留和留抢病人的特点,开发完善了急诊输液、输血流程。开发完成手术室交接班的功能,实现了器械护士和巡回护士交班时在PDA中进行登记、清点、交接的功能。门诊输液室开始试用移动门诊输液流程,实现了医师开处方、护士扫描处方接单、打印双联标签、配液、复核、执行的闭环管理流程。其他护理信息相关工作如病人一览大屏、病案示踪系统、婴儿防盗系统正在试点试用中。

举办"利用现代信息技术提升护理质量——2014移动护理现场会"和"现代信息技术在推动优质护理服务中的应用"学习班。2014年11月成功组织由国家卫计委医院管理研究所护理中心主办、北京大学人民医院承办的"利用现代信息技术提升护理质量——2014移动护理现场会",以及国家级继续教育项目"现代信息技术在推动优质护理服务中的应用"学习班。会议邀请了国家卫计委领导、中国台北以及内地著名护理管理专家进行了精彩专题授课和交流。来自全国300余名参会代表汇聚一堂,其中包括来自31个省、自治区、直辖市护理质控中心和新疆生产建设兵团护理质控中心代表50余名,共同探讨了护理信息化建设方面的热点问题。

【教学工作】 培养多层次医学人才 医院承担着临床八年制、临床研究生、科研研究生、博士后、护理本科、护理专科、医学检验本科、口腔留学生班、夜大学、订单培养、各类委培住院医师、进修人员、各类国内访问学者、卫生部支援西部人才培养项目、对口支援医院进修人员、河南省卫生厅"515行动计划"学员、管理进修学院等共计20个轨道的教学任务,共计学生(学员)2630名。同时承担北京市专科医师培训基地15个,亚专科培训基地10个。

高质量完成常规教育教学工作 2014年继续推行专业课程、临床循环技能培训和职业精神培训"三系合一"的临床课程体系。人民医院2011级八年制医学生大课267学时,PBL 62学时,CBL 82学时,小组教学58学时,自习166学时,见习1068学时,共计1703学时。2014年人民医院共开展模拟培训36574学时。开设职业精神课程共计108学时,共有369名医学生参加医院志愿服务,累积服务1698次,服务时间共计3624小时10分钟。2014年共组织全院性质继续教育课程789讲,较去年增加120讲,增长17.9%,全院范围内组织急救技术培训班8期;组织全院科室申报2013年度区县级认可项目287项,年度区县级项目执行完成率达100%。2014年,人民医院共有2708名医务人员接受了学分考评,学分达标率为100%。

住院医师教学 2014年,医院以床旁教学为主要方式,以提高住院医师的临床思维能力为着眼点开创教学查房新模式。截至2014年12月,已经完成内科教学查房8次,外科教学查房9次,累计参加达到749人次。

病历书写是住院医师的一项基本功,2014年组织了"北京大学第三届住院医师优秀病历评比活动"及"北京大学人民医院第三届住院医师病历书写基本规范知识竞赛"。其中"病历改错"题型,获得北京市卫生计生委的认可和好评,并被选为北京市一阶段考试面试环节的必考题型。

2014年从本院职工、8年制博士生、临床研究生、基地委培的住院医师中产生12名北京大学医学部级优秀住院医师和12名北京大学人民医院级的优秀住院医师,分批赴台湾进行为期一周的临床观摩与研习,引导住院医师更加注重提高自身的综合能力。

教学质量监控平台 2014年共有5872人次完成评价,其中,249名老师被评价,358名学生被评价。评价结果直接反馈至学生、教师、教研室、科室主任、导师,从而促进教学改进。同时通过教学质量实时监控平台,对大课授课和讨论式授课质量进行监控,建立起全方位、多维度的教学质量监控平台。

教育教学课题研究 2014年度继续开展了教育教学课题研究工作,课题项目涵盖医学教育理论研究、培养模式的改革研究、课程开发与实践、教学方法改革、实践教学研究、师资队伍建设等医学教育研究领域的热点问题。全院共有56位教师参与答辩,涵盖26个科室,包括临床、医技、管理等不同层面。所有课题立项书经过匿名函审、现场答辩及终审,最终确立了40项课题,由北京大学人民医院出资40万元资助开展教学研究。

创新教学合作模式 2014年,北京大学人民医院继续同山东省千佛山医院及安徽省立医院签订协议,接纳上述合作单位共计21名住院医师进行委托培养。2014年,北京大学人民医院继续与西城区卫生局联合开展"西城区社区人才培养工程",先后对西城区18家社区卫生服务中心,逾120名社区卫生工作人员开展了专项培训。

医学生社会实践 2014年继续着力开展医学生下基层卫生实践、暑期社会实践、社区卫生实践等为主的临床医学生社会实践活动。人民医院有11支团队实施实践活动,总计108人参与实践,其中,荣获北京大学优秀团队2支、北京大学优秀领队3人、北京大学优秀个人5人,北京大学医学部优秀个人3人。推荐至医学部的基层卫生实践团队和个人获得了北京大学医学部优秀团队3支以及北京大学医学部优秀个人4人。

研究生管理 2014年进一步完善研究生纵向小班班级建设及管理制度,落实每两个月一次的班主任例会及年终考核制度。每个研究生班级每学年开展1—2次文体活动,1—2次班级座谈。以班级为单位开展教师节慰问、暑期社会实践活动。其中,人民医院研究生小二班获得北京大学优秀学风班称号,研究生小一班获得北京大学医学部优秀班集体称号。

【科研工作】 依托信息化平台的立体化科研人才培养医院依托科研管理信息化系统(Research Resource Planning,RRP),逐步实现了科研人才信息的动态化;在此基础上,利用一系列科研平台,有针对性地为科研人才的发展提供系列服务;以青年科研人才的跟踪培养为契机,推动医院科研人才和学科团队的稳步发展。在RRP实时掌握人才科研信息的基础上,把握各学科人才不同年龄阶段(纵向)、不同科研水平(横向)的特点,以具有典型性的科研人才的发展带动整个学科梯队的科研发展(以点带面),在满足不同层次人才科研需求的同时,跟踪培养有潜力的科研人才,形成"有面有点""纵横交错"的科研人才立体化培养模式。

"学术新星"的评选和跟踪培养 医院"学术新星"评选活动自2009年以来,已举办六届。有34位40岁以下优秀的青年科研工作者获得"学术新星"称号及研究经费的资助。医院以此为契机,对"学术新星"进行跟踪培养,建立发展档案,结合本人发展需求,提供学习交流机会和申报课题等服务,进行综合培养,并跟踪计划实施情况。通过跟踪培养,部分医院学术新星已获得省部级人才计划资助,从而在良好的平台上发展科研,进而获得省部级、国家级科研项目,逐步形成自己的科研团队。2013年度评选出的5位医院"学术新星",在2013—2014年度,新获批国家自然科学基金面上项目2项,北京市自然科学基金预探索项目1项,入选北京市科技新星2项(其中1项处于终审过程中)。学术新星优良的科研发展轨迹可以为医院青年科研工作者树立典范,带动学科及全院的科研发展。

青年学术沙龙系列学术活动 医院青年学术沙龙针对科研人员发展过程中的不同需求,分层次地组织形式多样、内容丰富的学术活动,包括科研基础、科研能力培训,新技术新进展追踪,人文素质培养,科研服务平台推介等系列学术活动,并利用移动互联网软件,加强科研人员的沟通交流,为青年科研人员开拓科研视野、扩展科研思维、解决科研问题提供良好的交流互动平台。

人才与团队培养项目 2014年,眼科陶勇入选"国家高技术研究发展计划(863计划)青年科学家"专题项目,这是北京大学第一位获此殊荣的青年学者;陶勇还获得了"北京市优秀人才培养计划""霍英东教育基金会高等院校青年教师基金(基础性研究)课题"资助。血液病研究所入选科技部重点领域"白血病新诊疗方法创新团队",该项目作为科技部"创新人才推进计划"内容之一,是国家高层次人才特殊支持计划(又称"万人计划")的重要组成部分,这是北京大学医学部第一个入选该项目的创新团队。

重点学科建设 2014年,人民医院各类重点学科累计获得专项建设经费115.3万元。骨肿瘤科实验室获批为"骨与软组织肿瘤研究北京市重点实验室",肝胆外科实验室获批为"肝硬化肝癌基础研究北京市重点实验室"。截至目前，人民医院拥有1个教育部重点实验室，6个北京市重点实验室，1个北京临床医学研究中心。

科研项目管理　2014年，人民医院共负责、参加科研项目167项，已获科研基金总额1.0236亿元。获批1项卫生公益性行业专项，1项国家973计划课题和1项863计划青年科学家专题，入选1项科技部重点领域创新团队。2014年度人民医院共申报国家自然科学基金108项，中标40项，资助经费2294万元。其中，面上项目中标20项，青年科学基金中标13项。共获得北京市科技计划项目12项，资助金额2447.62万元。人民医院共获得首都卫生发展科研专项项目7项，资助金额290.69万元。

北京大学人民医院研究与发展基金自2006年设立以来，医学科研课题的种类涵盖临床、基础、重点、交叉、科室扶持计划、护理等六大类。迄今，资助医学科研课题601项，资助总金额1947.17万元。2014年度投入145万元，资助课题57项。

科研成果与专利　2014年，人民医院作为第一完成单位获得科技成果奖9项。其中，黄晓军教授项目组的研究成果"移植后白血病复发及移植物抗宿主病新型防治体系建立及应用"、郭卫教授项目组的研究成果"原发恶性骨肿瘤的规范化切除及功能重建的系列研究"分别获得国家科学技术进步奖二等奖。有20项专利获得授权，其中，授权发明专利13项。

科研论文　9月，中国科学技术信息研究所发布了2013年度各单位发表论文的检索报告，人民医院在科学引文索引扩展版（SCIE）收录文献323篇（其中论文211篇）；在中国科技论文引文数据库（CSTPCD）收录论文755篇。2001—2013年SCIE收录的743篇论文被引用5919次，居全国同类医疗机构中排名第28位。2013年CSTPCD收录的论文2324篇被引用4281次，居全国同类医疗机构中排名第9位。

2014年，人民医院在国家统计源期刊发表论文467篇。SCI期刊收录文献229篇，其中论文171篇，有4篇高水平SCI论文发表在国际知名学术杂志上。

药物临床试验　2014年，本年度承接药物临床试验57项，体外诊断试剂115项，医疗器械17项。完成药物临床遗传资源样本出口审批11项。人民医院药物临床试验机构荣获北京市科委"2010—2014年贡献突出药物临床试验机构"称号。机构和临床试验专业人员赴台湾参加"两岸临床试验及药品研发合作研讨会"，并与台大医院、长庚纪念医院和马偕纪念医院的临床试验中心进行交流访问。机构、伦理和临床试验专业人员赴韩国首尔大学医院和延世大学Severance医院临床试验中心，以及韩国国立临床试验企业进行了交流访问。与韩国的临床试验同行交流了临床试验研究、伦理审查等相关方面的现状与发展，探讨了双方开展项目合作、学习交流等方面的合作事宜。

医学伦理　医学伦理委员会推行主审制度，参与主审的委员由上年的几十人次上升到240余人次，全面提升了委员审查能力、提高了审查质量。对医学伦理委员会制度和标准操作规程等进行了全面修订，对委员和工作人员进行反复多次培训，进一步规范了各项工作。2014年申请并接受亚太伦理审查委员会论坛（FERCAP）组织的"发展伦理审查能力战略行动"认证（SIDCER认证）现场评估，于10月10日通过认证，11月26日获得由FERCAP颁发的认证证书。这标志着人民医院医学伦理委员会建立了国际公认的人体生物医学伦理规范。

科研服务平台建设　2012年人民医院建立了以医院临床路径和结构化电子病历系统为核心，整合生物样本库系统和随访管理系统的现代医学三位一体系统，为临床医学研究打造共享平台，为转化医学研究奠定基础。截至2014年年底，医院已建立866个标准化临床路径，覆盖36个临床科室，临床路径表单和医生工作站实现了有效衔接，逐步实现对所有患者进行临床路径管理。生物样本库共建立分库26个，入库患者数超过16000例，包括乳腺癌等38种疾病。目前生物样本库中共储存样本85600份，2014年新增标本23000份，包括组织、血浆、血清、白细胞、尿液、DNA、粪便、骨髓等10余种样本类型。5个科室使用了生物样本库的样本，出库样本273例。新增皮肤病标本DNA提取、溃疡性结肠炎PBMC提取、肺泡灌洗液标本处理等服务项目，并建立SOP进行质量控制。随访管理系统建立了门诊医生站与随访系统的集成，目前有15个科室加入了智能化随访系统，制定了42个随访方案，共有5824例患者接受8204次随访。

科研管理信息化系统　科研管理系统实现了科研项目、科研人才、科研论文、成果、专利、学术会议、实验动物等业务的全过程、精细化、信息化管理。自2012年1月正式运行以来，不断完善与优化RRP系统，持续完善与改进科研管理系统建设：（1）实施基于协议款的动物采购管理方案；（2）制订RRP系统与药物临床试验管理系统对接方案；（3）制订RRP系统与伦理审查平台对接方案；（4）明确与医院人力资源系统衔接方案。RRP系统将实现与HRP系统、短信平台、药物临床试验管理系统、伦理审查平台、医院档案管理系统、人力资源管理系统的全面对接，实现科研管理的全面信息化管理，为科研人员提供更为全面高效的服务。

转化医学战略合作平台　医院与生物芯片北京国家工程研究中心联合建立的转化医学中心，继续发挥其促进转化医学深入研究以及培养转化医学人才的积极作用。"转化医学联合研究课题"完成3年结题，产出良好。发表SCI期刊论文6篇，总影响因子27.688，最高影响因子8.5分；发表统计源期刊论文9篇。研究内容后续获资助国家科研项目6项，省部级科研项目4项。另外，有2种特异性检测芯片已基本构建完成，正在进行临床应用效果评价的研究，有望向自主研发产品转化。

实验室科研技术共享平台　作为医院科研资源共享体系的基础和核心部分，中心实验室科研技术平台继续为全院提供分子生物学、实验病理、细胞分析等方面的设备和技术服务。本年度以协作、合作和委托三种方式为23个科室40余人提供仪器使用、实验技术、实验设计等方面的服务。此外，40余名研究生在病理技术平台上完成实验内容，共计670人次。

流行病学与医学统计学服务平台　流行病与医学统计学服务平台是为全院提供医学研究中的流行病学与统计学研究设计服务、统计方法咨询服务以及提供统计计算服务的科学研究服务平台。2014年，该平台继续为全院科研人员提供包括科研思维梳理、课题设计、数据管理、统计分析和论文撰写等方面的咨询和答疑，接待560人次；并通过制作平台介绍折页、面向各级各类科研人员和研究生的平台介绍以推广该服务平台。聘请医学部公共卫生学院卫生统计学系康晓平教授不定期来人民医院进行临床科研中统计学方面的答疑服务。

实验动物服务平台　实验动物服务平台继续为医院科研教学提供实验动物和动物实验服务。本年度，平台进一步做好以"采购、饲养、实验、照护、咨询与培训"为一体的全方位服务。为16个科室的科研、教学提供大、小鼠服务5600只次，大动物（兔、犬）服务102只次。新开展大、小鼠脑缺血再灌注模型制作服务52只次。开办2次动物实验技术培训班（小鼠实验技术），对来自14个科室的30余人进行了技术培训和操作考核。

文献资源共享和服务平台　继续为全院提供电子资源、检索设施和馆藏纸本文献等文献保障服务。2014年，订购中外文期刊416种，数据库130余种，电子期刊25000余种，制作数据库使用说明课件26个。深入临床和管理科室，为临床、科研和管理人员提供面对面的数据库检索指导。利用各类信息平台，推介图书馆文献资源服务。启动更换图书文献管理系统项目，实现北京大学附属图书馆的资源共享。

【后勤工作】　2014年，总务支出28836.73万元，较同期增长7.4%，比上一年度涨幅减少0.62%；供应采购支出20789.74万元，较全年同期增长5.4%，比上一年度涨幅减少4.29%；基建支出2837.96万元，其中，国家拨款146.07万元，自筹2691.88万元。

白塔寺院区配电室增容　在交管局、规委、市容城管等政府职能部门的大力配合下，逐步完成了高压配电分界室的新建及配电外线的接驳调试等细碎烦琐的施工改造。计划于2015年1月14日正式送电，这次改造起到了白塔寺院区能源增容里程碑的意义，不但消除了供电不足带来的消防安全隐患，也为日后人民医院医疗事业的发展提供了强有力的能源支持。

西直门院区热力管道更新　人民医院西直门院区内的热力水暖管线始建于20世纪90年代，因长年暗敷于地下，管道保温层失效、管线腐蚀破损严重，经常出现"跑冒滴漏"等问题。2014年8月初完成了西直门院区水暖管线的更新，更换管线435米。不少医护人员都反映今年冬天有热水用，屋里的暖气也更热了，为大家提供了一个温暖过冬的良好工作环境。

医院硬件设施升级改造　2014年是提升医院硬件设施最为显著的一年，有效利用现有建筑空间，发掘其最大能动性，合理调整空间布局，使其在有限的条件下，充分体现"物尽其用"设计理念。今年伊始，将门诊楼放射科原有的CT机房和导管室改为了核磁机房继配套用房。3月25日国内首台MR750W核磁机在人民医院正式启用，自从其投入使用后，预约检查等候时间从一周以上缩短为一两天。6月30日门诊楼药房药物设备提升系统全面升级，有效缓解了扎堆取药排长队的现象。

门诊检验科及两个病区装修改造　8月6日，白塔寺院区综合病房楼一层装修改造顺利交工，900多平方米的病房护理区域展现在大家眼前，充分展示了病房环境的舒适性，让病患身处其中感受到家的温暖。2014年11月5日白塔寺院区综合病房楼二层装修改造如期完工。2014年9月4日，历时半年的乳腺放疗楼改造工程如期交工，改造面积达1560平方米。

新增门诊外挂电梯　2014年，在门诊楼西侧增加三部外挂电梯，从而缓解现有电梯承载紧张的问题。

医院安防系统建设　2014年，医院斥资900多万元建立起了全方位立体式的安防系统，并对中央监控室进行改造整合，安全防范系统中突出了医院进出口、住院部、手术室、贵重医疗设备安置处、药品库、流动人员聚集处（电梯厅、电梯轿厢、排队付款/取药处）等处的设计，加强这些重要部位的管理,该系统从前端数据采集、传输交换、管理控制和音拼视频存储四大部分进行设备升级,并对其中500余个治安报警点位和新增摄像探头点位逐一进行现场确认、检测,根据科室反映的问题积极协调、组织对科室人员进行使用培训。

节能降耗 2014年,在医疗科室相继安装电表41块的基础上,量化节电监控数据管理,逐步实现实时监控用电指标。在电力改造中,先后在制剂楼、肠道门诊、手术室、检验科等改装100多个节能型LED照明灯。逐步将医院公共区域的照明光源更换为T5节能型光源,共计更换T5节能型光源600根。坚持选购中央政府采购产品一级能耗的环保型空调设备,共计更换空调14台。率先在公共区域使用感应LED照明灯及感应换气扇385个,从建筑照明、室内通风等诸多方面为医院减少电能的损耗;在水资源管控方面,加强用水设备的日常维护管理,计全院更换改造热水管道1081米。消毒供应室、设备机组、食堂、未明宾馆等用水大户安装二级水表31块,逐步实时监控用水指标。各病房已投入使用613套智能节水器,采用新科技手段规范病人用水习惯,极大降低医院水资源的消耗。新增感应水龙头498个,尽量减少自来水滴漏现象。日常维护管理中注入节能降耗理念,严格执行国家有关室内温度控制标准,对空调及供暖都进行了严格管控。

后勤采用阳光工程管理方式,组织由监察、审计、运营、设备、保卫、工会、财务、院办、人事、民监会等相关科室组成专家评标小组进行招投标工作。2014年,委托招标代理招标共计10项,招标金额总计17193804.40元,院内招标共计51项,招标金额总计6956115.10元,阳光招标工程实现了医院后勤改造投资效益的最优化。所有维修、改造工程实行公开招标,2014年基建处签订合同、协议书共计63项,合同金额总计为25354596.16元。

【运营工作】物资供应 医院物资供应关系到医院业务运行的方方面面。2014年医院低值物资共7259种,涉及供应商209家,生产厂商583家;领用与发放涉及272个科室(一级部门90个),金额2.03亿元。

2014年设备采购1.03亿元,共2240台件,涉及全院78个科室;低值物资年采购2.03亿元,共3379品规;高值耗材年采购金额3.47亿元,采购量78063件,共3302品规。通过HRP,建立全院物资、医材、药品领用平台,优化工作效率,实现物资申领到发放全程可视;建立物资分类与供应商分类管理,合理规划采购计划方式。采购、收、发、付款各环节可控,物资跟踪支出到核算单元、费用跟踪到科室。

2014年全年高值耗材采购金额3.47亿元,平均每个月与供应商结账的金额近两千万元,耗材的种类多、数量多、内容杂,管理难度大。高值耗材的管理关键在于字典的管理,医院对供应商的资质重新进行了审核并导入字典库,全院高值耗材共涉及254个供应商、2089个品种、17045种规格。

2014年药品涉及品规2575种,涉及供应商48家,厂商794家;采购药品13.29亿元。通过HRP系统,医院整合前台医生处方信息与药品物流信息,不仅全面掌握医院药品的种类及采购、库存、使用情况,而且将药品流转的全过程记录下来,实现对全院药品进行分析、预警。因此,采用现代物流技术进行管理,合理控制成本、完善药品管理是其发展必然趋势。

2014年,全院涉及2646种试剂,10个供应商;2014年体外诊断试剂采购金额合计1.05亿元。体外诊断试剂管理现状不够规范,甚至对供应商、生产商资质、试剂注册证核查不严的现象。在上HRP管理试剂前,首先进行了字典整理和规范工作,确定精简体外诊断试剂品规,对试剂进行批次管理,实现了统一招标、统一采购、统一管理。

"整个生命周期"管理 2014年对全院设备、家具进行了盘点。截至2014年年底,设备家具固定资产11.35亿元,资产数量44479件。传统医院资产管理与财务系统分离,资产更新、报废、转移、捐赠等信息变化缺乏记录,造成统计管理极为困难。通过HRP,医院资产整个生命周期的管理均纳入系统,包括实现资产采购全过程管理与监控、实物追踪、管理统一,为资产效益分析提供准确全面的基础数据。

完善财务制度 新制度增加了财务处机构设置、岗位职责、会计电算化、财务轮岗制度、门急诊及住院退费管理办法、成本管理制度、采购存货制度,以及禁设小金库规定等章节,完善了新形势下医院各职能部门相应的业务流程及财务流程,进一步明确财务各岗位的岗位职责及分工,强化财务轮岗制。从而在整体上推动医院闭环管理模式的发展,提高医院整体运行效率,加强医院经济管理。

人力资源管理信息数据库 2014年人民医院在职职工共有3963人,较2010年增加了757人。2010—2014年,正式员工人数及所占比例均呈递减趋势,由2374人减少到2343人,所占比例由74.0%降低为59.1%;合同制员工人数及所占比例均呈逐年递增趋势,由832人增加到1620人,所占比例由26.0%增加到40.9%。2010—2014年,护理系列人数大幅增加,由1399人增加到1892人;医师系列由764人增加到889人；研究系列小幅增加，由52人增加到72人；技术人员稳步增加，管理人员和其他系列人员（工人、其他技等）总体稳定。

结合指纹考勤，依托EHR人事模块，开展信息化考勤工作。2014年度联合信息中心EHR人事模块纳入考勤管理，根据《北京大学人民医院职工休假制度》，建立正式员工考勤与合同制员工考勤两大类考勤管理体系。信息化管理保障了科室填报考勤的及时性及准确性，保障了考勤信息记录的完整性与规范性，保障了薪酬及奖金管理的信息即时性和统一性。

搭建全院统一的人力资源管理信息数据库。2014年，基于EHR信息平台对医院人力资源相关的信息（医疗、科研、教学等）进行全面整合。为院领导提供实时、准确、有利用价值的人力资源信息；为各科室提供人力资源的支持；为员工提供方便、快捷的查询平台。

三个院区建设齐头并进，科学化医院空间管理助力医院中长期规划。西直门院区空间的有限，一直以来是局限医院发展的重要因素。2014年，随着医院白塔寺院区改造项目启动，海淀院区运营稳步铺开。回龙观北院区建设报批取得突破性进展，2014年11月4日取得市规委用地规划许可《建设用地规划许可证》（2014规地字0048号）。三个院区建设改造齐头并进，为医院开展中长期规划提供了良好的条件。

【对外交流】 2014年共接待或协助科室接待来自19个国家和地区的外宾56批次、210人次，其中有7次重要外宾来访均取得了落到实处的后续成果。同时为临床科室搭建多元化交流平台，深化医院英文文化建设，营造国际环境。

【党建工作】 截至2014年年底，中共北京大学人民医院委员会现有党总支2个，党支部48个。截至2014年年底，共有党员1488名，其中，离退休党员272名，学生和研究生党员248人，在职党员933人。

2014年院党委针对党的群众路线教育实践活动中总结的重点问题积极整改。除开展多项便民措施外，2014年1月1日医院正式开展行政督办工作，对群众反映问题落实不及时的处室进行处罚，推动医院各项工作取得实效。截至2014年年底，院务会督办任务114项，其中已完成97项，督办过程中17项，超期处罚议题10项。2014年4月1日正式实施指纹考勤制度，打破行政部门绩效考核"大锅饭"的状况。

组织开展了5次中层干部培训讲座，全方位提高职工素养。组织党委委员、党支部书记等近60人赴兰考焦裕禄干部学院进行专题学习。组织征文、主题演讲比赛等活动，并对医院党委网站进行改版，营造学习先进的浓厚氛围。长学制学生支部与离退休党总支、医院关心下一代工作委员会携手，着力打造了一次以"青年党员传承中国梦"为主题的系列活动，在北京市高校红色"1+1"示范活动评选中获得优秀奖。院党委陈红书记就如何进行党建课题作了专题讲座，2014年共有6项党建创新立项、8项党建课题申报获立项支持，均是医学部基层党委中申报数量最多的单位。

4月30日，人民医院和北京市西城区人民检察院签订《北京市西城区人民检察院—北京大学人民医院关于共同开展检医共建工作协议书》，加强对医务人员廉洁从医的教育，加强检察机关和人民医院及纪检部门的沟通和协作，把惩处和保护有效结合起来。

医院利用信息技术手段和平台加强高值耗材、经济合同、科研经费、药品监督，以及防统方等项目管理，有效防控廉政风险，探索出预防腐败的新途径、新办法，稳步推进廉政风险防控管理。2014年5月，王杉院长在北京市预防腐败局召开的全市廉政风险信息化防控工作推进会上做经验介绍。

2014年4月，在上级工会领导指导和医院党委的领导下，北京大学人民医院第四届教职工代表大会暨第五届工会会员代表大会顺利完成了换届选举工作。2014年5月，共青团北京大学人民医院第五次代表大会召开，顺利完成第五届团委选举工作。医院将未名宾馆10层的活动场地划拨给工会作为"职工之家—活动俱乐部"，为职工提供活动场所。继续发挥民主监督委员会、民主党派、关心下一代工作委员会的作用，倾听职工心声，凝聚发展力量。

2014年7月，北京大学人民医院官方网站大众版改版完成，正式上线；12月专业版正式改版上线。2014年3月，医院正式推出"北京大学人民医院"官方微信公众账号，每天为订阅者发送医院相关新闻和健康知识。2014年6月，为兼顾受众的不同需求，为订阅者提供更贴心、更多元的服务，宣传处正式推出"北京大学人民医院健康大喇叭"官方微信公众账号，为订阅者发送医院健康宣教内容。

【获奖情况】 2014年，北京大学人民医院连续六年荣获"首都文明单位"，蝉联"全国医院改革创新奖"，四次蝉联全国最受欢迎三甲医院。获第七届健康中国（2014年度）新媒体建设金牌示范医院。获"2014患者体验度先锋医院"称号。在"京城好医生推荐活动"中获金牌伯乐奖。在"中国十大口碑医生评选"活动中获"最佳组织奖"。

第三医院
（第三临床医学院）

【发展概况】 职工4229人（在编2351人，合同制1878人），其中，卫生技术人员2351人，包括正高级职称210人、副高级职称313人、中级职称887人、初级师680人、初级士261人。4月11日，眼科成为国家卫计委组织的"健康快车糖尿病视网膜病变筛查防治阅片中心"；8月8日，药物临床试验机构被授予全国首家"临床研究中心试验药房"示范单位；10月27日，中国疾病预防控制中心职业病临床基地落户北医三院。

【改革管理】 医院通过重组、合并功能相似、创建联合病房等方式，创新病房管理模式。不仅成立了北京三甲医院首家母婴保健中心和北京首个创伤中心，并相继成立医疗美容中心、脑血管疾病诊治中心、心脏中心、呼吸疾病中心、临床流行病和循证医学中心、疼痛医学中心分子病理诊断中心等，9个"多学科合作中心"的成立，是促进学科合作协同发展、提高医疗水平的有益探索。

完善制度建设，保障医疗安全。医院修订医疗质量与安全监测的系列指标，对临床医疗13项核心制度进行监控。同时，首次开展了"非计划再手术和再入院"两项管理工作。重点加强了新技术准入监管评价，在技术审批前期，增加了院内专家函审环节，共审批、审核技术/业务290项。其中，中期审核以及终末期评审项目82项，准予通过新技术120项，通过率57.69%。不断改进服务流程，改善就医体验。在内科检查区设立检查预约平台，集中预约内科的检查项目；推进二次候诊管理模式；在产科开展了"预付费"试点工作。重点推行门诊电子病历工作，共有23个临床科室的102个门诊电子病历模板上线使用。开展多种形式的健康教育工作，受众16万余人次。

落实公立医院改革任务、探索新型合作模式。为贯彻落实北京市医改精神，推进建立大医院带社区的服务模式和预防、医疗、康复、护理有序衔接的服务体系，2014年9月29日，由北医三院总体负责，涵盖23家成员单位的海淀区中东部医联体正式启动运行，与海淀医院开展深度协作，海淀医院被核定为三级综合医院。2014年4月17日与承德妇幼保健院签署合作协议，2014年6月15日合作正式启动。2014年8月1日，与北大国际医院签订合作协议。2014年5月30日，北京市海淀医院（北京大学第三医院海淀院区）第一届理事会、监事会成立，乔杰任理事会副理事长，金昌晓、刘晓光任理事会理事，闫石任监事会监事。

2014年10月，完成了中层干部换届工作。全院自荐、推荐共313人，参加述职、应聘答辩的临床医技科室正副职（含大科护士长）和职能处室（含科级）正职253人。最终任命临床医技、科研、管理等中层干部254人，其中新任干部35人，调整岗位30人。

【医疗工作】 门诊3756952人次，急诊318506人次，急诊危重症抢救12671人次，抢救成功率95.88%。医院编制床位1420张，实有床位数1725张。年出院86695人次，床位周转54.13次，床位使用率91.25%，平均住院日6.18天。住院手术53077例。

完成临床路径系统二期优化工程，对全部路径进行修订，新创建并实施临床路径51个，其中卫生部下发病种新增2个，自创路径新增49个。全面实施临床路径病例145109例次，入径率85.69%，入组完成率90.28%，变异退出率9.72%。入径率和入组完成率较以前有所提升。

2014年在北京市统一预约挂号平台投放号源数和成功预约号源数最多；通过电子邮件向114平台报送未通知到和需要协调的患者信息，解决了部分专家号断号爽约的问题。在骨科开展现场登记预约挂号的工作试点，取得良好效果。

2014年，医院召开两次新技术、新业务准入会议，有34个临床、医技科室的208个准入项目、55个中期项目和27个终末项目参评。在新技术、新业务准入方面共有120项作为新技术准入、71项作为常规技术开展。

与中国疾病预防控制中心（CDC）职业卫生与中毒控制所联合成立了中国疾病预防控制中心职业病临床基地。进一步完善医院感染监测信息系统，充分利用实时监测预警及在线交互平台，加大院感病例的筛查及监测力度，编制了医院感染诊断标准便携本；医院感染率1.02%，未发生医院感染暴发事件，完成了北京市"医院感染重点平台管理"继续教育培训工作。修订了医院的抗菌药物临床应用管理规定，细化科室考核指标，发挥科室院感监督员的作用，抗菌药物应用监测指标较2013年明显改善。

【医保工作】 全年医保出院人次为23407人次，总费用512079109元，次均费用20684元。针对门诊、住院的医保患者和工伤患者，更新编印各类"须知""指南"等材料，在医院网页公开了异地患者选择异地就医医院盖章的流程。

【医疗支援】 7批次48名医师到北京市延庆县医院等对口支援单位开展支援活动，完成门急诊诊疗8000余人次、手术/有创操作例数500余例次、义诊1100余人次；免费接收进修生10余人次。

2014年3月1日，选派危重医

学科么改琦、伊敏，骨科郭琰，普通外科马朝来、孙涛，康复医学科周谋望专家团队参与昆明恐怖暴力事件遇袭伤员的救治；2014 年 4 月 30 日，选派危重医学科么改琦、普通外科王德臣、呼吸内科丁艳苓、骨科张志山 4 人赴乌鲁木齐，救治恐怖暴力事件遇袭伤员。

2014 年 9 月 20 日，选派危重医学科么改琦赴几内亚进行埃博拉防控，眼科郝燕生、周吉超、曹瑾赴吉布提开展"光明行"活动。此外，圆满完成了"两会"保障、APEC会议医疗保障，以及各项义诊及应急演练任务。

【预防医疗纠纷】 加强院内医务人员培训，提前介入高风险科室术前谈话，防患医疗纠纷于未然。组织院内医务人员进行法律法规、手术知情同意及医患关系沟通培训会议共 2 次，参与高风险科室纠纷术前谈话 130 例，无一例出现医疗纠纷。

【护理工作】 实现了护理人员技术档案的电子化管理，以及护士排班、护士调配的监督管理等，规范和方便了护理部对全院护士的管理。改变以往的质控模式，将临床护理质控小组与培训小组整合，每月均对各病区进行随机技术操作考核及各项质控监控。护理部每季度应用管理工具对全院护理质量问题进行分析，使全院护士长能直观了解全院护理质控存在的问题和质控工作重点。通过应用包括 ADL 评估、跌倒评估、压疮评估、疼痛评估、营养评估、ESSEN 评估等在内的多种评估表，对患者进行护理评估，提高了护理专业内涵和质量。借助访视信息系统信息，实现对全院危重患者的及时访视管理，落实危重患者三级访视制度，提高危重患者的护理质量。

护理教学与培训。一是加强培训基地建设。2014 年新增静脉治疗专科护士、骨科专科护士、血液净化专科护士培训基地，目前医院共有 11 个专科护士培训基地。二是完善带教师资准入管理，增加带教师资。完成 1 名护理本科生导师的考核准入，目前共有 22 名护理本科生导师；完成 22 名带教老师的理论授课评估工作，通过 21 人。修订了护士晋升中级职称授课评估考核管理办法。三是完成实习生带教及教学任务。2014 年，新接收实习同学 180 余名。接收北京大学医学部本专科见习同学共计 50 余名。配合北京大学网络学院完成了 35 名护理专科学生在医院各科室的毕业操作考核工作。负责完成北京大学医学部八年制医学生的部分操作技能培训和考核工作。

完成 13 项医院护理科研种子基金及 3 项骨干基金的结题审查工作；在核心期刊发表护理相关论文 32 篇，其中论著占 72%。

【科研工作】 纵向科研经费 1.2029 亿元。国家自然科学基金中标 55 项，较 2013 年增长近 90%，资助总金额逾 3000 万元，增长近 80%。首次获得北京市"首都临床特色应用研究专项"重点课题资助。共发表论文 681 篇，其中，SCI 收录论文 199 篇，MEDLINE 收录论文 86 篇。授权发明专利 1 项，实用新型专利 21 项；出版专著 4 本，译著 9 本。

7 月 23 日，乔杰教授研究团队与北京大学生命科学学院生物动态光学成像中心汤富酬教授研究团队在 Nature 上联合发表题为"The DNA Methylation Landscapes of Human Early Embryos（人类早期胚胎 DNA 甲基化组学研究）"的研究成果，在国际上首次系统地阐述了胚胎发育过程中 DNA 甲基化调控机理。SCI 影响因子 42.35。12 月 1 日，乔杰教授团队研究项目"难治性不孕不育诊治问题的临床研究"获教育部科技进步一等奖；敖英芳教授团队研究项目"关节软骨损伤修复的基础与临床研究"获科技进步二等奖；周丽雅教授团队研究项目"胃癌诊疗体系的创新及其关键技术的应用"获科技进步二等奖。10 月 23 日，妇产科被科技部、卫生计生委、总后勤部评定为国家妇产疾病临床医学研究中心。9 月 19 日，在中科院、中央电视台共同发起，联合科技部、教育部等推出的"2014 年度科技创新人物"活动中，乔杰教授当选"2014 年度最具影响力的十大科技创新人物"。

7 月 18 日，刘忠军教授团队完成世界首例 3D 打印技术订制枢椎椎体手术，在中央电视台"新闻联播"中播出。于洋入选北京市科技新星。北医三院在复旦大学《中国医院科技影响力综合排名》中位列第 14 位，成为北京地区三家综合实力最强的医院之一。

【教学工作】 现有博士培养点 27 个，硕士培养点 21 个（新增急诊医学和中西医结合硕士培养点）。在岗博士生导师 48 人，硕士生导师 91 人。共完成 5686 学时的教学任务，同比增长 21.2%，8 年制毕业生就业率 100%，106 名申请学位论文答辩的研究生均通过论文答辩并获得学位。目前在院研究生 339 人（同比增长 9.0%，其中，科研型博士生 87 人，临床型博士生 33 人，科研型硕士 60 人，临床型硕士生 159 人），在职人员申请学位者 98 人（同比增长 7.7%），博士后进站 7 人，出站 1 人，在站博士后 14 人（同比增长 40%）。医院为国家级住院医师规范化培训基地，是北京市海淀医院、北京首钢医院、306 医院培训基地的协同单位。现有培训基地 16 个，新接收培训医师 179 人（同比增长 50%），结业 112 人（外单位 64 人，本院 48 人）。截至年底，在医院参加"规培生"人数达 514 人。

2014 年，1 人获第二届全国高校青年教师教学竞赛第一名；1 人获 2014 年北京市师德先进个人；1

人获北京市优秀德育工作者。

2014年共申办和组织继续医学教育项目84项,其中,国家级项目65项,北京市级项目19项。共发表教学研究文章21篇。完成了对428名教师的评估,包括专家评估、科室同行评估及学生评估,合格率均为100%。

【交流合作】 接待国外嘉宾来访参观20批,其中,包括泰国公主诗琳通、加拿大卫生部部长罗娜·安布罗斯等。

4月16日,北医三院与加拿大国际认证机构、瑞克·汉森研究所分别签署合作协议,三方将加强脊髓损伤患者救治合作。国家卫计委主任李斌、加拿大卫生部部长罗娜·安布罗斯等出席合作签署仪式。

港澳台方面,台湾"三军"总医院代表团、台湾大学医学院院长张上淳,以及香港理工大学医疗及社会科学院代表团来访。

北医三院共有415人(次)短期因公出国,其中,参加各类学术会议372人,参与各类培训26人,对外援助和合作研究各6人,交流访问与学习5人。长期公派出国进修学习15人,短期公派出国进修学习与培训14人。

【信息化建设】 医院利用信息技术,改善患者就医体验。检验结果支持通过自助机、网站、微信等多元化查询手段并支持打印;11月27日,开通微官网,通过微信预约挂号、查询检验报告、查看候诊提醒等便捷服务。在满足职工院内无线上网的同时,门诊区域开放面向患者的免费无线网络。

【基本建设】 8月医院二病区改造项目正式投入使用,运行良好;完成了液氧系统的改造,氧浓度从原来的90%—96%提高到99.5%;全面启动了医院能耗监管平台建设。2014年由国家卫计委组织的全国51家大型三级甲等医院评比,医院在环境和后勤评比中满意度总体排名第五。

【文化建设】 9月6日,反映北医三院超低体重新生儿救治、胎儿镜技术和脊柱外科技术的纪实影片在北京卫视《生命缘》栏目播出,受到了社会各界的广泛关注。10月30日,"分享在三院"系列文化主题活动正式启动,韩启德院士做首场主题演讲。

【学会任职】 2014年学术新任职情况:敖英芳任中华医学会运动医疗分会第三届委员会主任委员;姜辉任中华医学会男科学分会第六届委员会主任委员;张捷任中华医学会检验医学分会第九届委员会副主任委员;刘晓光任中国康复医学会颈椎病专业委员会主任委员;周谋望任中国康复医学会第六届运动疗法专业委员会主任委员。

口腔医院
（口腔医学院）

【发展概况】 发展历程 北京大学口腔医学院始建于1941年,是集北京大学口腔医学院、口腔医院和口腔医学研究所为一体的医疗机构,长期以来承担着向社会提供口腔医疗保健服务和口腔教学、医学研究的重任。拥有诸多国内外著名的口腔医学专家,为中国口腔界培养了一批批高素质、高层次专业人才,成为中国最重要的口腔医学研究基地之一,是中国口腔医学对外交流的重要窗口。

组织结构 7月完成行政班子副职,任命李铁军、林野、罗奕、张伟、邓旭亮为副院长;12月完成党委换届,任命周永胜为党委书记,张祖燕、张汉平为党委副书记;9月任命蔡志刚、孙燕楠任院长助理。完成护理部供应室更名为消毒供应中心、医院设备物资科更名为医学装备处、医院计算机中心更名为口腔医学数字化研究中心、中心实验室独立等机构设置及相关部门负责人选聘工作。

学科建设 北京大学口腔医学院是全国首批一级学科博士点授权单位,1990年被批准为口腔医学博士后流动站,2007年被评为口腔医学国家一级重点学科。学院拥有"千人计划"、"长江学者"、"杰青"、"国家级口腔医学教学团队"等一批学术造诣高、国内著名、国际知名的学术带头人,形成了一支结构合理的学术梯队,是教育部批准的唯一可招收口腔医学专业八年制本博连读生的口腔医学院,是中国口腔医学高层次人才培养的主要基地,目前在校生总数700余人。在15部口腔医学全国统编教材中,5部教材的主编由北京大学口腔医学院教授担任。中国第一位医学博士(1984年)、第一批口腔临床技能型博士(1988年)、第一位口腔医学双博士(2012年)均由北京大学口腔医学院培养。几十年来,北京大学口腔医学院培养出一代代优秀学子,推动了中国口腔医学事业的发展,也涌现出一批在国际口腔医学领域颇具成果的著名学者和专家。

学院在长期学科建设和临床实践的基础上,已逐步凝练、形成了独具特色的口腔医学临床学科群。目前有八项口腔类别"国家临床重点专科"建设项目:牙周病科、牙体牙髓病科、口腔颌面外科、口腔修复科、口腔正畸科、口腔种植科、儿童口腔科、口腔黏膜科。自2009年起,连续四年被评为"中国最佳医院及最佳专科排行榜"口腔专科第一名。

队伍建设 2014年员工中,正高55人,副高31人,调出1人(教授)。

【医疗工作】 基本情况 共计完成门急诊诊疗136余万人次,与去年同期相比,增长6.0%,日均4577人次。全院实有开放椅位545台,根据教学椅位调整统计椅位414

台,同比增长0.6%;全院诊椅使用率92.3%,比去年同期增加5.4%;每医师日均接诊9.8人次,每椅位日均接诊人次8.4人次。入院6463人次,同期增长6.7%;出院6484人次,同期增长8.2%;完成手术6077例次,同期增长8.2%,占出院总人次的93.7%。截至12月31日,口腔学院五个病区编制床位115张,开放床位157张;床位使用率91.3%,同比减少1.6%;平均住院日8.1天,比去年同期减少0.6天;床位周转41.3次,同比增加2.6%。

医疗质量管理 积极推动临床重点专科项目建设,督促在建项目实施进展;重点加强科室应急抢救能力建设,逐步提升应急救治的意识和水平;健全细化医疗质量管理,重点保障医疗安全运行。

共计开展7个病种临床路径,入径909例,变异后退出65例,入径率45.7%,完成率95%。2014年继续承接北京市卫生局和民政局组织的"孤残儿童手术康复明天计划"和中华慈善总会的"微笑列车"惠民服务工作。共完成83例残疾儿童的唇裂、腭裂及唇腭裂手术,其中"明天计划"6例,发生费用39168.04元,平均每例6528.01元;"微笑列车"接待咨询80余例,手术77例,共计发生费用511859.13元,平均每例6647.5元。由于微笑列车拨款指标的限制,"微笑列车"惠民服务中实际拨款307692.00元,实际经费缺口204167.1元。无经各级医学会鉴定的医疗事故发生。接受上级卫生行政部门及行业协会有关民政、医疗用血、医师资格考试、医保相关等各项检查10次,重点涉及毒麻药管理、高危药品管理、手卫生、病案书写等各个方面,加强日常监管。

获奖情况 获得微笑列车"突出贡献奖"。张磊、施祖东等获得第十一届上海全国口腔医院管理年会优秀论文奖,施祖东获得2014年中国卫生法学会"卫生法学与生命伦理国际研讨会——研究前沿与最新进展"青年会场(英文)演讲比赛奖。

护理质量 继续深入开展优质护理服务。未列为试点的科室也积极投入其中,尝试开展优质护理服务工作。完成临床护理质量检查督导工作,完成护士长绩效考核方案的制定,加强护理队伍建设,召开护理座谈会,继续选派优秀护理人员外出学习。

【教学工作】学生人数 2014年年底在校生总人数为670人,其中,本科生384人,硕士研究生161人,博士研究生125人。

培养方案 1.本科生培养方案:依据《中国本科医学教育标准(试行)》的要求,8年制学生贯彻"八年一贯,本博融通"的原则,强调"通识通科的医学基础,贯穿全程的医学素质和面向未来的医学潜能"的培养模式。本专业学制分为五年和八年两种:5年本科,8年本博连读。时间分配上,前5年统一:公共普通基础课教学1学年,生物医学基础课教学1.5学年,临床医学基础课及临床实践0.75学年;口腔医学专业基础、专业课和专业实习1.75学年;八年制后3年为博士生第二阶段培养:临床培训按住院医师规范化培训3年,辅以适量的科研工作。

2.研究生培养方案:按照不同类型研究生制定不同的培养方案。目前有以下4种:科研型硕士培养方案、科研型博士培养方案、直博生/硕博连读生培养方案、专业学位研究生培养方案。除科研工作外,完成相应专业住院医师规范化培训的3年安排。

教材出版 口腔种植学(第1版),北京大学医学出版社,主编:林野;口腔颌面部解剖学(第2版),北京大学医学出版社,主编:赵士杰、皮昕;口腔正畸学(第1版),北京大学医学出版社,主编:傅民魁、林久祥;口腔黏膜病学(第1版),北京大学医学出版社,主编:华红、刘宏伟;临床牙周病学(第1版),北京大学医学出版社,主编:孟焕新。

教学获奖 牙周病学教研室获北京市师德先进集体、医学部教学优秀集体称号,修复科谢秋菲获医学部师德先进个人,中心实验室李翠英等14名教师获得医学部教学优秀个人奖。杨亚东等2名教师获得北京大学口腔医学院优秀教师奖,刘云松等8名教师获得口腔医学教育奖。刘杰、董美丽获得北京大学优秀班主任,沈勇获得北京大学招生工作先进个人。

教学资源 位于西四的教学基地建设基本完成,包括仿头模实习室、多功能实习室各2个,以及配套的模型室、实习准备室等用于前期实习,2个大教室及5个PBL小教室用于理论教学,还有15台教学椅位用于临床教学。2011级前期实习已开始使用。

【科研工作】 截至2014年口腔医学院有"千人计划"人才1名,教育部长江学者2名,国家杰出青年科学基金项目负责人2名。

2014年度获得国家级、省部级和校级纵向科研项目共69项,经费4208.5万元。

科研成果 2014年,出版著作14本,其中教材10本、编著3本、译著1本;以第一作者或通讯作者发表学术论文376篇,其中以第一作者单位发表SCI期刊收录论文142篇;获得省部级科技奖励1项,中华口腔医学会科技奖2项;获得发明专利2项,实用新型专利1项。

经费情况 2014年纵向科研经费到账2614.5万元,横向经费到账274万元。

学术活动 举办国际性学术会议5个。2月27—28日,2014首届全球美学牙科大师峰会;9月

6—8日，第五届先进数字技术头颈外科应用会议；9月17—19日，第十一届亚洲口腔预防医学大会；11月8日，2014中日韩口腔科学研讨会；11月14日，北京大学口腔医学院—以色列希伯来大学牙学院联合学术报告会。举办全国性学术会议9个。3月9日，口腔种植修复新进展专题研讨会；4月12日，口腔种植修复专题研讨会；5月9日，第三次口腔颌面肿瘤（淋巴瘤）病理研讨会；6月7日，种植美学修复高级研讨会；8月28日，口腔全瓷修复专题研讨会；10月18日，口腔魅力修复专题研讨会——可摘局部义齿支架设计专题研讨会；11月7日，第十二次全国口腔医学计算机应用学术会议；11月12日，全国镇静及全身麻醉下牙病治疗研讨会；11月23日，口腔种植学临床疑难问题研讨会。

【社会服务】 创新赴基层工作模式，发挥公立医院公益性，完成密云县医院、密云县妇幼保健院、昌平区沙河医院对口支援工作。举办"北京大学口腔医学院与大连市口腔医院学科发展联合体"成立两周年纪念活动。11月7日一天时间内共举行了工作座谈会、口腔外科及牙周专业专家联合义诊、查房会诊、病例讨论、口腔外科和牙周专场学术论坛、护理研讨、科研工作讨论会、住院医师规范化培训座谈等8场活动。

【交流合作】 2014年共接待重要外宾来访50批次、180人次。包括美国3M公司副总裁一行5人次来访、IADR主席一行3人次来访、美国TUFTS大学牙学院院长一行6人次来访、美国哥伦比亚大学牙学院外宾一行3人次来访等。与台湾阳明大学牙学院、以色列希伯来大学牙学院、印尼Airlanga大学签署学术合作协议。举办各级各类外国专家讲学近百场次。短期公派出访人员303人次，遍布32个国家或地区。2014年度来访的研修团有：日本姊妹校朝日大学和明海大学海外研修团来短期研修、台湾中山医学大学口腔医学院学生研修团来短期研修、波士顿大学学生研修团来短期研修。协助外国医师来口腔学院颌面外科长期研修办理来华申报手续。2014年协助举办国际会议：预防AAPD大会、外科ADT会议。

【党建工作】 2014年口腔医学院有31个党支部，共946余名党员。主题党日活动有"学习习近平总书记重要讲话精神，为党旗增辉""议改革、谋发展，群策群力创一流""弘扬社会主义核心价值观，争做党和人民满意的好老师"。组织入党积极分子参加医学部党课培训，完成第八期党建课题结题3项、组织申报第九期党建创新课题3项、申报党建研究课题1项、组织"共产党员献爱心"活动。党的群众路线教育实践活动，1月召开总结大会，1月15日进行了正风肃纪"回头看"，注重整改落实，建立长效机制。

【行政及其他工作】 行政队伍 人员100人，代理制68人，派遣制11人，合同制21人。

工会工作 2014年1月召开了四届三次教代会例会，听取了2013年工作报告。会后，各代表团认真组织代表进行了讨论，并征集了提案。常设主席团多次召开会议，如：听取各代表团讨论《院长工作报告》情况，听取院领导及职能处室负责人述职，对中层领导干部进行民主评议。讨论审议了代表提案41件，提案委员会对代表提案进行了主案、移交、回复和落实。

举办第六届"精品活动模范工会小组"评审会，2015年全院共有24个工会小组参与评审。7—9月为期两个月时间在全院开展了工会工作创新活动，各科室汇报内容亮点突出、注重实效。例如：五病区举办的"还你微笑"QQ群医患交流平台，为患者提供优质服务的同时，贴近了医患关系；第二门诊部分工会举办的"相信自己我能做得更好"创新活动，鼓励职工关注工作细节，通过改善工作环境、工作方法和工具提高工作效率；护理部举办的"你若精彩清风自来——优雅护士美丽妆容"活动，从导医咨询工作岗位实际出发。

妇女工作和共青团工作 坚持为年满35岁以上女职工免费办理"女职工安康保险"，由工会牵头与南方航空公司组织了"单身青年职工联谊活动"。院团委积极开展达标创优活动。"小口腔·大世界口腔保健知识高校行"、"健康牙齿美好未来""牙牙历险记——儿童口腔健康教育""公益心笑着行爱护人照亮人""赴北京新运弱智儿童养育院开展义诊献爱心"等一系列主题团日活动，彰显了大学医院青年团员的担当精神。院团委还结合口腔青工和学生的自身特点，举办了"牙糕节""雕牙比赛""牙尖上的饺子"等活动，促进了青年团员间的了解与交流。开展优秀编外员工转制工作，9月通过《关于2014年度择优推荐编外聘用员工转制工作的实施意见》，组织全院各处、科室评审推荐。经过全院临床医技科室、行政职能部门、分支机构负责人作为评委进行评审答辩，医院编外员工转制工作小组进行评审投票确定北京市户籍员工10人、非北京市城镇户籍员工10人名单。教代会主席团会议通报转制工作小组投票结果，并进行全院公示。

【学生工作】 学生活动情况 2015年7月成立了学生党总支。5月7日，口腔医学院学生会主办的"小口腔·大世界"口腔知识高校行系列活动。6月1日，为庆祝儿童节并宣传儿童口腔保健基本常识，在中国科技馆报告厅组织了一场"牙牙历险记——儿童口腔健康教育"宣讲及义诊活动。10月25日，学生党总支到朝阳区高碑店乡半壁店村通惠河,为当地居民开展口腔健康义诊活动,受到当地居民的欢迎。

毕业生去向 2014年合计毕业学生101人。毕业本科生39人,37名八年制本博连读学生(国内继续深造4人,就业33人),2名本科出口后出国深造。毕业研究生62人,其中,博士研究生32人,均为国内就业;硕士研究生30人包括港澳台1人,国内29人,其中,国内继续深造1人,就业27人,回原籍待业1人。

校园文化建设 3月11日,口腔医学院学生会换届。学生会先后举办了"牙糕节""牙尖上的饺子"及迎新晚会,1—8年级学生热情参与。各年级口腔人共聚一堂,增进了各年级同学之间的沟通和了解。9月27日下午,学生会在北京大学医学部篮球场北侧开展了"秋日大作战"主题趣味运动会活动。

【医院文化】 加强医德医风建设,提高服务水平,举行医德医风讲评大会、健康大讲堂等活动,加强院科两级医学人文教育。获评北京市科普基地,全市7家医院获评(2014—2016年),通过"首都文明单位"复评审。

【年度人物】 王存玉教授续聘长江学者讲座教授,张震康教授被授予"中国口腔医学教育杰出贡献专家",俞光岩教授被授予"全国五一劳动奖章",俞光岩教授获得中国科技协会"全国优秀科技工作者",邓旭亮教授获得2014年度国家杰出青年科学基金,邓旭亮教授获得北京大学医学部优秀人才奖励计划一等奖。

肿瘤医院
(临床肿瘤医学院)

【发展概况】 2014年度,院所职工1906人(在编1119人,合同制787人),其中,专业技术人员1757人、职员系列11人、工人138人。专业技术人员中,正高级职称105人、副高级职称162人、中级职称524人、初级师569人、初级士312人、未确定职称85人。2014年年底,院所设备总价值69174万元,本年度新购设备总值8173万元,其中,10万元以上82件,100万元以上8件。

【医疗工作】 2014年,医疗工作全面加强医疗质量管理,完善医疗管理制度,优化医疗服务流程,改善患者就医体验,全院完成门诊总量509917人次,同比增长10.9%;日均门诊2033.2人次,同比增长11.8%;开放床位823张,同比增长16.4%;出院人次47690人次,同比增长16.9%;手术15150例,同比增长10.1%;床位周转57.94次,同比增长0.4%;床位使用率93.32%,同比下降7.11%;平均住院日5.89天,同比下降0.49天。

医疗质量管理以《三级肿瘤医院评审标准实施细则(2011年版)》为依据,制订了医疗质量督导方案及实施细则。2014年严格落实督导方案。采用PDCA循环模式,通过结构—过程—结果质量控制及质量分析路径,加强医院科学管理和医疗质量控制,实现医疗质量持续改进。每月定期召开医疗工作例会。每两周组织召开医疗工作协调会。组织"大外科病例讨论会"。针对临床和医技科室医疗核心制度的落实情况,进行了33次现场评价。临床科室评价标准调整为质控医师版和职能处室版。贯彻落实《北京肿瘤医院手术分级制度》和《北京肿瘤医院手术分级标准》,每季度根据病案统计室提供的手术统计信息,核查每位医师实施的手术级别与手术资质。制订并落实《北京肿瘤医院手术风险评估制度》。督导检查《手术安全核对表》执行情况。通过建立预警机制,实施对重点患者的分步骤医疗预警管理。修订完善了北京肿瘤医院医疗安全(不良)事件报告制度及流程。共上报27例不良事件,较2013年的7例增长了286%,达到了海淀区药监局和北京市药品不良反应监测中心对肿瘤医院的考核要求。规范临床输血工作。建立医疗突发事件应急制度和流程。运行病历实时监控,对运行病历实时完成情况进行全程监控。继续实施医疗质量与安全监测指标分析工作。针对临床路径管理系统的质控统计系统进行重点调整,添加了临床路径依从率等统计指标。建立日间病房诊疗模式。完善医患协调工作。

护理工作全院实有护士682人,其中,在编护士277人,合同制护士405人;男性16人,女性666人。职称结构方面,在682名护士中,副主任护师7人,占护士总数1.03%,同比持平;主管护师110人,占16.13%,同比增长0.92%;护师292人,占42.81%,同比增长19.67%;护士273人,占40.03%,同比下降2.5%。学历结构方面,硕士研究生16人,占护士总数2.3%,同比增长14.29%;本科学历296人,占43.3%,同比增长19.00%;大专学历350人,占51.3%,同比增长0.86%;中专学历21人,占3.1%,同比下降32.26%。2014年全院护士床护比1∶0.85,普通临床病区床护比1∶0.55。

【科研工作】 2014年,共组织申报院外各项课题230余项,获资助93项,科研经费5400余万元人民币;组织完成院内外结题项目81项;管理在研院外课题200余项、院内课题71项。2014年肿瘤医院以第一作者或通讯作者的第一标注单位在国家统计源期刊发表论文241篇,SCI论文131篇,总影响因子373.536,影响因子大于3的论文46篇,影响因子大于5的论文18篇。组织申报发明专利5项、实用新型专利2项,授权发明专利2项、实用新型专利2项。组织或协助组织全院性学术活动9次。

科研课题 2014年获国家自然科学基金委资助共22项,其中,面上项目10项(含子课题1项)、青年基金9项、应急管理项目3项。获国家科技部支撑计划课题2项,863课题1项,863子课题3项。合计获国家级课题资助28项,经费2000余万元。获其他各类课题65项,包括北京市科委课题14项(含子课题)、北京市自然科学基金14项、人力资源和社会保障部留学人员科技活动项目择优资助3项、教育部留学回国人员科研启动基金2项、北京市卫生局首都卫生发展科研专项8项、北京市委组织部优秀人才培养资助2项、北京大学985-3临床医院合作专项2项、北京大学医学部课题8项、北京医管局扬帆计划2项、其他横向课题10项,科研经费共计近3000万元。

科研活动 召开国家自然科学基金申请书撰写培训会。召开教育部创新团队建设论证会。开展消化系统疾病领域国家临床医学研究中心评审。开发科研管理系统。组织《健康大百科(第二集)》"恶性肿瘤防治篇"科普书的编写工作。25个科室100余人参与编写,概括了20余种常见肿瘤的健康知识,于2015年1月出版。郭军教授主编的《恶性黑色素瘤》一书由人民卫生出版社出版发行,全书约60万字,这是中国第一部专门针对黑色素瘤诊治临床应用的专著。

科研成果 季加孚荣获第十五届吴阶平—保罗·杨森医学药学奖。季加孚等完成的"胃癌综合防治关键技术的研究及应用推广"项目获2013年中国抗癌协会科技奖一等奖。郭军等完成的"中国黑色素瘤个体化治疗模式的初步建立"项目获2013年北京市科学技术奖二等奖、2013年中国抗癌协会科技奖二等奖、2014年中华医学科技奖三等奖、2014年华夏医学科技奖三等奖。唐丽丽等完成的"肿瘤患者心理康复系列科普作品"获2013年华夏医学科普奖。

申报专利 邓大君获"体外预测肿瘤转移和侵袭能力的方法及核苷酸片段"国家发明专利1项、宋韦获"基于IGFBP-2自身抗体或其与IGFBP-2联合的检测的肿瘤诊断试剂或试剂盒及应用"国家发明专利1项、王晓东获"一种肝动脉药盒留置导管系统"及"一种用于穿刺的实时三维可视化影像引导系统"等实用新型专利2项。

【教学工作】 2014年度录取研究生75人,其中,博士生33人、硕士生36人、八年制二级学科培养6人。研究生毕业54人,其中,博士生22人、八年制8人、硕士生24人。在院研究生243人,其中,研究生227人,在职申请学位16人。入站博士后1名,出站博士后1人。8人入选医院"人才攀登计划"。截至2014年末,北京大学临床肿瘤学院有教师452名,其中教授24名,副教授56人,博士生导师39名,硕士生导师44名。

课程设置 完成"消化系统肿瘤"和"呼吸系统肿瘤"两门课程调整,并将陆续对全部研究生课程进行调整。推动MDT课程建设,积极完善和推进实践课程,鼓励高年级研究生开展小讲课等学术活动。继续开展研究生读书报告等工作;积极筹划研究生学术讲座等活动。

培养方案 制定肿瘤学专科医师培训方案:在北京市卫计委及医学部的支持下,经过肿瘤学界反复论证,并充分征求、吸纳北京市住院医师规范化培训专家委员会的意见和建议,确定了"临床基础"+"专科通识"+"专科深入"的培训思路,制订并完善了2年临床基础+1年专科基础+1年专科通识+2年专科培训,培训期为6年的肿瘤专科医师一体化培训方案。通过专科医师培训基地评审,实施肿瘤学专科医师培训。

教学管理 开展学生社会实践活动。组织"良师益友"评选。举行教学基本功比赛。进一步规范研究生答辩过程,稳妥推进研究生集中答辩工作。建立了研究生工作补助标准设定机制,提出研究生工作补助方案,提高研究生补助标准。

【学术交流】 2014年组织或协助组织学术交流/学术报告10次。共邀请国外专家25人次与肿瘤医院进行学术交流,活跃了院内的学术氛围,增加了国内外之间、各学科之间,科研人员和临床医生之间的彼此了解,使大家开阔了眼界,为肿瘤医院在国内外的学术地位提升和今后的沟通协作奠定了坚实的基础。

国际交流 德国海德堡大学曼海姆医学中心放疗科主任Frederik Wenz教授来访。美国梅奥诊所国际部负责人Melissa Goodwin来访。梅奥诊所全球业务主席David Herbert来访。美国科罗拉多大学医院外科Richard Schulick教授等一行四位专家来访。伦敦国王学院国王健康联盟癌症中心主任Arnie Purushotham教授来访。国王健康联盟癌症中心主任Arnie Purushotham、副主任Peter Parker、国王学院癌症政策研究所主任Richard Sullivan三位教授再次莅临肿瘤医院。香港大学生代表团来肿瘤医院参观。斯坦福医院国际医疗服务部副主任Barbara Ralston、项目经理肖潇和Christina Hui Li,以及斯坦福大学Lucile Packard儿童医院项目发展和创新部行政经理Jody Winzelberg来访。赫尔辛基大学医学院主任Risto Renkonen教授来访。纽约长老会医院乳腺外科主任 Sheldon Feldman 教授来访。意大利圣玛利亚总医院外科医生 Angelo Aurelio De Sol 来肿瘤医院胃肠肿瘤外科进行为期四周的临床技术交流。邀请美国匹兹堡大学癌症研究所 Edward Chu 教授、比利时鲁汶大学 Sabine Tejpar 副教授两位嘉宾做学术报告。加州大学旧金山分校海伦—迪勒家庭综合癌症中心教授 Marc Shuman 来访。美国斯坦福大学医学院肿瘤科 George A. Fisher Jr. 教授、放疗科 Albert Koong 教授、国际医疗服务部 Christina Hui Li 和肖潇女士进行学术交流。与澳大利亚西悉尼大学合作签约。

学术会议 承办第九届全国胃癌学术大会。主办北京国际胃肠肿瘤高峰论坛暨 CGOG 年会、北京黑色素瘤国际研讨会。举办北京淋巴瘤国际研讨会、第五届肿瘤放疗进展论坛、第四届燕京肿瘤临床与 PET/CT 应用会议、第二届中国进展期乳腺癌会议、中美骨肉瘤研讨会、肿瘤心理学学术年会、肿瘤微创介入治疗论坛。参加韩国国际胃癌周大会、中国胃癌诊疗新进展高峰会、美国 ASCRS 年会、国际结直肠肿瘤论坛。

【党建工作】 共设 32 个在职党支部,2 个党总支(离退休党总支有 2 个党支部、研究生党总支有 5 个党支部)。2014 年党员数量为 675 人,新发展党员 25 人,预备党员转正 26 人。

党建活动 召开党支部调整和换届工作会议,部署党支部调整和换届改选工作。审议批准了两个党总支、39 个党支部的换届选举结果。召开组织发展工作专题解析会。组织"医院精神"主题展示会。组织共产党员献爱心捐款。举行庆祝八一座谈会。向"中国梦"征文获奖者赠书。组织积极分子参观焦庄户。举办"美丽医院我的家"摄影比赛。协助党委开展党风廉政建设,明确责任,强化权力运行监督机制;落实"一岗双责",签订《党风廉政暨行风建设责任书》。邀请北京大学医学部卫生法教研室主任王岳教授做了全院反腐倡廉培训。推进落实党委委员联系支部工作制度。完善党支部工作量化考核工作。举办党务干部培训。学习总书记五四讲话精神。组织医院党政领导班子理论中心组学习《北京大学综合改革方案》和《北京大学章程》。举办两会精神报告会。鼓励党建创新立项。

【工会工作】 2014 年,北京大学肿瘤医院工会设有工会小组 66 个,会员 1814 人,其中合同制员工会员 733 人,占合同制员工的 99%。北京大学肿瘤医院超声科获得全国总工会"工人先锋号"称号、检验科工会小组获得北京大学模范职工小家称号、淋巴肿瘤内科获得北京大学医学部模范工会小组称号。在 66 个工会小组中已经有北京大学模范职工小家 6 个、北京大学医学部模范工会小组 7 个。院工会委员会被评为北京大学医学部模范工会委员会。

民主管理 收集和反映职工对医院发展的积极建议。促进领导层广开言路,保证职工代表与院领导民主对话。特邀季加孚院长为全院职工宣讲未来 10 年医院的发展规划。制订《医院发展规划》职工宣传教育计划,做好双向媒介沟通工作。积极协助职代会提案工作委员会做好提案收集和整理工作,提案工作委员会按照《提案答复流程》将提案和意见分发给各主管院长、书记。

特色项目 举办"力透杯"书法比赛。举办读出尊严唱出梦想主题活动。继续开展"润心杯"精品活动。启动人文医学沟通技能竞赛。继续办好托管班。邀请山东革命老区儿童到北京过六一。成立工会办公室。支持工会法律援助小组开展工作。加强干部队伍建设。

【共青团工作】 共青团北京肿瘤医院委员会是中共北京肿瘤医院党委领导下、共青团北京大学医学部委员会指导下的一级团委,负责全院共青团工作,协助指导医院研究生会,并承担医院志愿者服务的工作。共青团北京大学肿瘤医院委员由 9 名团委委员组成,分别负责组织、宣传、研究生团员、在职团员等方面工作。全院共有 33 个团支部,2014 年全院共有团员 554 人,其中,学生团员 67 人,在职团员 487 人。

【年度纪事】 3 月 31 日,北京大学肿瘤医院西院区正式开诊,乳腺癌预防治疗中心搬迁到西院区。

4 月 11 日,淋巴肿瘤内科举办的第三届北京淋巴瘤国际研讨会。

5 月 6 日,北京大学肿瘤医院与中国人民健康保险公司北京分公司签署战略合作协议。

6 月,季加孚教授负责的项目"胃癌综合防治关键技术的研究及应用推广"获中国抗癌协会科技一等奖;郭军教授负责的项目"中国黑色素瘤个体化治疗模式的初步建立"先后获 2013 年北京市科学技术奖二等奖、2013 年中国抗癌协会科技奖二等奖、2014 年中华医学科技奖三等奖和 2014 年华夏医学科技奖三等奖。

6 月 28 日,由北京大学肿瘤医院承办的第九届全国胃癌学术会议暨第二届阳光长城肿瘤学术会议在北京召开。

7 月 9 日,北京大学肿瘤医院与北大医疗举行战略合作签约仪式。

10 月 18 日,由北京大学肿瘤医院主办的"2014 北京黑色素瘤国际研讨会""北京国际胃肠肿瘤高峰论坛暨 CGOG 年会(2014)""第五届肿瘤精准放化疗规范暨(2014)全球肿瘤放疗进展论坛"三个学术会议分别在京举行。

10 月 21 日,在院领导班子理论中心组学习会上,季加孚院长做

"卫生政策与医院发展"主题发言，提出医院发展战略规划要点：一个愿景——患者首选的国际化肿瘤集团中心；两个方向——内生式发展和外延式增长；三个阶段——国内前列、国内顶尖、国际知名；四项措施——过硬的品牌学科、优秀的管理团队、顶级的专家队伍、人性化的医院文化。

11月27日，季加孚教授荣获第十五届吴阶平—保罗·杨森医学药学奖（简称"吴杨奖"）。

12月20日，超声科陈敏华教授当选为2014年度十大"北京榜样"。

第六医院
（精神卫生研究所）

【发展概况】 北京大学第六医院（北京大学精神卫生研究所、精神卫生学院）是世界卫生组织北京精神卫生研究和培训协作中心，同时也是中国疾病预防控制中心精神卫生中心，为教育部批准的精神病与精神卫生重点学科，拥有全国唯一的卫生部精神卫生学重点实验室，承担着精神卫生领域的医疗、科研、教学、学科发展、健康教育、公共卫生等多方面的使命。

北京大学第六医院以排名第一的成绩被正式认定为国家精神心理疾病临床医学研究中心，院长陆林教授担任中心主任；同年，北京大学医学部睡眠医学中心成立，挂靠在北京大学第六医院；北京大学—Lieber转化神经精神医学联合研究所落地北京大学第六医院；痴呆诊治转化医学研究北京市重点实验室落户北京大学第六医院。

医院共有职工407人，其中，在编人员290人，合同制人员117人，离退休人员123人。具有正高职称的32人，副高29人，中级132人，初级157人。

连续五年获中国医院最佳专科之精神医学排行榜第一名。北京大学精神卫生研究所党委被评为北京高校先进基层党组织。李从培教授获得"中国医师协会杰出精神科医师奖"。

【教学工作】 2014年各类在学研究生总计117人，包括统招在学研究生87人、在职硕士25人、在职博士5人。招收研究生34人，其中，硕士生19人、博士生12人、八年制博士生3人。在培住院医师37人。2014年成为第一批国家住院医师规范化培训基地。

新开睡眠医学课程，是国内第一个也是唯一一个睡眠相关课程；继续开设精神病学、临床思维及晤谈技能、心理治疗主客观分析、行为分析、心理危机干预、儿童精神医学、恋爱婚姻咨询七门研究生课程，停开临床沟通技巧课程。

做好研究生的选课、学位课检查、开题报告与资格考试、临床轮转、临床督导、临床考试等研究生培养工作。

2014年组织9次教学进病房活动。10月起开展心理治疗实际操作技能连续培训课程，面向医院全体人员开放，主要讲解各学派通用的基本操作技能、精神分析、家庭治疗、行为分析等具体操作，以及伦理相关内容，本次培训共报名学员138人。

完成首本《临床型研究生新生入学攻略》编写工作。

【科研工作】 陆林教授作为首席科学家，牵头组织申请的973计划重大科学前沿领域项目"睡眠脑功能及其机制研究"获批立项，前两年获批经费1163万元。本项目是国内精神科医生作为首席科学家获批的首个973计划重大科学前沿领域项目。

共获批9项国家自然科学基金项目，总资助金额938万元；获批"863"计划军口部分课题1项，获批金额20万元；共获批省部级科研项目12项，获批金额174.808万元。

新立项国内横向科研课题19项，总经费为990.77万元。

校内跨学科合作研究方面，与北京大学心理学系合作开展的项目"睡眠—觉醒障碍的发病机制及干预措施"，获批北京大学临床医院合作专项，资助金额150万元；首次参与医学部学科交叉种子基金申报，5个申报项目全部获批；"精神病与精神卫生学"重点实验室获医学部创新平台项目资助100万元。

2014年，医院人员作为第一作者或通讯作者共发表学术论文88篇，其中，英文论文32篇，中文论文56篇。在英文SCI收录期刊中，以医院人员为第一作者或通讯作者，共发表论文30篇，累计影响因子130.684，其中最高影响因子文章发表在Biol Psychiatry上，影响因子9.472。在中文核心期刊上，以医院人员为第一作者或通讯作者，共发表论著37篇，综述、述评等3篇。

主编、主译或参加编写著作共计12部，其中，主编了《MMCB中国常模手册》《灾后社会心理支持核心信息卡》《临床流行病学（第四版）》《中国记忆门诊指南：阿尔茨海默病患者及家属照护的最佳实践》《老年期痴呆专业照护——护理人员务实培训》《国家卫计委住院医师规范化培训规划教材：精神病学》6部著作；主译了《心灵的疗愈——意义治疗和存在分析的基础》1部著作。

【社会服务】 积极参与国家突发事件心理危机干预工作；先后派出专家4批共9人参与乌鲁木齐"5·22"严重暴力恐怖事件应急心理援助工作，派出2名专家赴云南鲁甸地震灾区开展心理救援培训。

开展多种形式的科普宣传活动，参与国家卫计委"世界精神卫生日"宣传主题策划，并与多家媒体合作进行主题宣传,形成理解、接纳、关爱精神障碍患者的社会氛围。

2014年对口支援包括普洱市第二人民医院、朝阳三院、海淀精防所、华一医院、人民医院等医院共计9人;响应国家京津冀一体化战略,实现京冀精神卫生工作对接;与深圳康宁医院建立合作并被纳入深圳医疗卫生"三名工程"。

【继续教育】 牵头并作为北京区域中心负责人发起卫生部重性精神疾病防治培训项目的实施,承担了统一教件、统一教材、统一教学、统一考核等实施的准备工作,以及作为项目协调单位开展运行并督导多个北京地区培训班。

2014年共申请国家级项目23项,实际举办22项,3053人次;举办区县级项目42次,3045人次;举办单位自管项目89项,3638人次。共招收各种专项研修人员46名,医学部学科骨干6名,北京市基层骨干进修2名。

【交流合作】 医院与哈佛大学医学院、加利福尼亚大学、密歇根大学、加州大学、英国伦敦国王学院、悉尼大学、墨尔本大学、香港大学、香港中文大学、日本东京大学等著名大学开展合作,并与世界卫生组织总部和西太区办公室、美国精神病协会、世界精神病协会、美国国立卫生研究院等国际组织和机构保持密切的联系,开展了多领域的合作研究和学术活动。作为项目承担单位,北大六院今年新建立国际合作项目3项,总经费折合人民币约为137.83万元。

作为北京大学与墨尔本大学合作的重要内容之一,北京大学第六医院与墨尔本大学精神病学系于2014年4月1日签署合作协议;与北京大学医学部、北京大学医疗产业集团开展战略合作。

成功举办2014年度脑功能成像研究国际前沿北京论坛(ISFFBI),国际老年精神病学学会(IPA)2014年国际会议,第五届海峡两岸暨香港老年精神科学术交流会,北京大学老龄化与认知障碍交叉学科国际学术研讨会等国际会议和第二届中国精神分裂症论坛、中国睡眠与心身医学论坛、精神分裂症研究进展论坛、郁障碍临床研究能力的培训等国内学术交流活动等国内会议。

【医疗工作】 2014年门诊248480人次,日均门诊1002人次,比上年增加9.63%。入院2456人次,出院2460人次,平均住院日31.81天,床位使用率98.76%,床位周转11.2次。出入院陪护率45.74%,治愈率12.54%,好转率80.06%。

医疗质量管理 1. 病历质量及病案管理。坚持设专人定期检查运行病历和终末病历,严格执行病历分级奖罚细则,对病历中的问题每月在主任会上提出整改要求;落实质控员制度;开展优秀病历评审工作;制定《关于病程书写的补充规定》《北大六院关于住院病历中诊断名称书写的规定》,进一步规范了病历书写。

2. 科主任例会。每月召开一次科主任例会,针对问题协调各科室提出整改措施并监督落实,强化科室管理意识,严格落实检查三级查房制度和各级医师岗位职责。

3. 主治医师督导。开展主治医师督导工作30次,督导300余人次。联合北大心理中心,新开展临床心理案例督导26次。

4. 规范医疗行为。8月8日召开规范医药销售行为的会议,签署医药销售方廉洁承诺书;8月15日召开全院医师会,规范医生行为。

5. 加强培训和沟通。开通临床医生微信群,对新入职医护人员进行岗前培训;每月进行一次抢救培训。

护理工作 已开展优质护理服务四年;围绕"以患者为中心"的服务宗旨,全面落实责任制整体护理,强化护理基础;加强重点环节管理,降低护理不良事件;加强细节管理,持续改进护理质量;建立护理部独立质控小组,实施护理部抽查,各质控组月查,病房护士长日查的三级护理质量监控体系;总结与分析2009—2013年的护理不良事件并整理成册,供临床护士学习,起到警示、提醒的作用。

【党建工作】 现有党支部9个,其中,在职教职工党支部7个,学生党支部1个,离退休党支部1个。党员共计223人。

按照医学部要求先后组织支部开展"学习党的群众路线 建设服务型党支部"主题教育活动,"学习习近平总书记重要讲话精神,为党旗增辉"和"深化综合改革、聚力科学发展"主题党日活动。

医院党委进一步加强党风廉政建设,先后开展了学习贯彻"九不准"精神,重温职工行为规范,参观警示教育展,加强重点岗位廉洁风险防控和经费管理等活动。

12月底进行党支部换届工作。

【工会及共青团工作】 工会工作深入学习贯彻党的十八届三中全会和中国工会十六大精神,加强教代会工作建设;以社会主义核心价值观为引领,助力高素质教职工队伍建设;建立有效工作机制,完善送温暖慰问活动;完成好"职工互助保障计划"工作,做好职工"京卡互助卡"的宣传和办理工作;加强自身建设,提高各级工会组织的整体工作水平。2014年医院先后荣获北京大学医学部第51届田径运动会团体(教工)第五名、优秀组织奖,北京大学医学部教职工足球联赛第一名,北京大学医学部教职工第三届游泳比赛第五名,医学部工会"我身边的好老师"微视频创作大赛二等奖。

共青团工作 2014年收费处被评为青年文明号;参加学雷锋日、控烟日等志愿宣传活动;组织团员参加"勤学明辨"第四届北医青年杯辩论赛,并被评为优秀团队;组织青年医生赴俄罗斯开展医疗学术交流访问。

【学生工作】 举办各种集体活动、座谈会和评奖活动,增加研究生的凝聚力;24小时手机开机,随时应答学生的各种问题;坚持为新生定期沟通与随时谈话交流、定期书面总结沟通;创建并运行北大六院研究生网站15周年,介绍北大六院研究生的学习、工作和生活。

【公共卫生服务】 北大六院承担国家严重精神障碍管理治疗项目,经费达到4.7亿元;开发建成国家严重精神障碍信息系统二期;2014年北大六院配合国家卫计委进藏开展培训,实现了零的突破,全国再无精神卫生服务空白区。

【志愿服务工作】 2月医院被评为首都卫生系统25家学雷锋志愿服务站之一;7月,党院办组织召开了志愿服务启动暨培训会。医院分别在门诊楼一层大厅、门诊楼二层电梯口进行志愿导医服务。10月接待了深圳市公立医院管理中心来北大六院进行志愿工作交流。

【项目办工作】 北大六院异地扩建工程取得突破性进展,获得了国家发展改革委对该工程可行性研究报告的批复,并取得建设用地的《国有土地使用证》。

首 钢 医 院

【发展概况】 北京大学首钢医院位于北京市石景山区晋元庄路9号,是一所集医疗、教学、科研、预防保健为一体的三级综合医院,建于1949年10月,时名为石景山制铁厂医院。1958年至1968年名为石景山钢铁公司医院,1968年至1989年更名为首都钢铁公司医院,1989年至1992年更名为首都钢铁公司总医院,1992年至2002年更名为首钢总医院,2002年首钢总公司和北京大学合作办院后更名为北京大学首钢医院。

现有职工1818人(在编1177人、合同制641人),其中卫生技术人员1450人,包括正高级职称33人、副高级职称96人、中级职称449人、初级师384人、初级士176人、无职称312人。

【医疗工作】 门急诊940644人次,急诊危重症抢救1759人次,抢救成功率94.83%,编制床位1006张,实际开放859张;出院25051人次,较上年增长7.58%;住院手术6904人次,较上年增长7.6%;病床使用率89.8%,床位周转次数29.48,出院患者平均住院日11.1天;全院患者药占比52.1%,较上年下降1.7%,剖宫产率41.22%,孕产妇死亡率0,新生儿死亡率0,围产儿死亡率2.18%。

编写《北京大学首钢医院规章制度及岗位职责(2013版)》《应知应会公共部分》,建立对医师定期业务能力评价及手术授权/再培训、再授权的管理;对非计划再次手术进行监测,并分析原因、反馈、提出整改措施。

不断完善"北京大学首钢医院发展与安全运行委员会"等质量安全管理体系,确保环节治疗控制管理。制定深化医疗质量安全管理与持续改进实施方案、抗菌药物临床应用专项整治活动方案、全面推进医院评审工作方案、医德医风管理办法、术中意外抢救管理办法等相关制度和方案;建立读书报告会制度,强化三级查房、交接班、危重症管理以及疑难病例讨论制度。规范执业行为和关键业务流程,完善医德医风考评体系建设。医院为进一步完善学科建设激励机制,设立了"优秀科主任奖""新技术、新项目专项奖""疑难危急重症病例救治奖""优秀中青年医师奖""优秀护士长奖"等多项奖项。

开展脊柱后凸后路截骨矫正椎弓根螺钉内固定术、主动脉夹层动脉瘤腔内隔绝术等三四级手术。开展瓣膜置换术同期行冠脉搭桥术、应用经皮椎间孔镜治疗椎间盘病变等63项。

加强病历质量监管,运行病历以网上病历实时监控为主,监控重点为病历是否按《病历书写基本规范》要求时限完成、特殊检查/用药的使用依据及抗菌药物的合理使用等内容,并随时反馈问题,以便及时修改或完善。每月抽查终末病历。甲级病案率91.08%。

日常监管路径执行情况并及时反馈;组织安排临床路径信息系统试点工作反馈、解决系统问题;收集问题100余条,书面反馈7次并提出改进方案;试点病种37个,按照路径管理人数1775人,17个科室开展工作。

医院感染发生率2.14%。制定《人感染H7N9禽流感医院感染预防与控制制度》,并进行培训和督查。完成流感防控措施培训,并多次抽查感染疾病科、急诊科、儿科、呼吸科等重点科室;做好耐药菌患者的防控和监测。

全年医保出院16975人次,总费用29336万元,次均费用17260元。基本完成北京市医保中心下达的基本医疗保险院总额预付指标,并与石景山区医保中心签订医保医师协议,医院医生将纳入医保医师的档案管理。

12人赴内蒙古自治区丰镇市医院进行为期3个月的对口支援,累计支援时间36个月,主要开展临床诊疗、教学培训、疑难病例讨论等,还有部分学科专家,开展学术讲座和对相应科室查房、会诊等活动,其中开展专题讲座36次;接待受援单位进修16人,累计48个月。每月对口支援社区卫生服务中心工作,保证古城、苹果园、老山、金顶街四个社区卫生服务中心每天都有医院主治医师以上人员出诊。全年支援社区53人,累计支援时间795天,授课159次。4月,组织青年医护人员赴首钢冷轧薄板有限公司为一线职工进行义诊咨询。

全年为首钢公司领导干部体检321人,职工体检28596人。组织医务人员开展各类宣传义诊活动12次,发放健康教育处方8007张,自制宣传材料8580余份,为医务人员举办健康教育讲座38次。

参加医疗保险1302人,保险缴费96.41万元,保险赔付24.19万元。截至年底,经市医疗纠纷人民调解委员会调解10件,法院判决4件。

社区卫生服务共管理69306户211515人。全年接诊患者502867人次,提供家庭病床服务1246床日,上门医疗健康服务1478次,发放宣传材料21073份。有家庭医生59人,签约46051户132826人。管理高血压病患者62076人次,糖尿病患者18369人次,冠心病患者1575人次,脑血管病患者1411人次,精神病10970人次,恶性肿瘤患者152人次,建立健康档案999860份。预防接种54674人次,接种率100%,新生儿管理覆盖率100%。对苹果园、老山社区卫生服务中心和金顶街社区卫生站进行装修改造。社区开展中医、康复治疗,添置医疗设备,拓宽服务内容和诊疗科目,方便患者就医,对社区全部人员进行了公共必修课和岗位必修课的培训。

【护理工作】 修订完善护理流程和护理制度50项,补充10项。实施护理技能培训师和临床护理导师制度,考评认定33名护理技能培训师、19名临床护理规范化培训导师;建立护理人员分层级数据库。护理文件书写合格率91.33%,基础护理合格率90%,特级、一级护理合格率90%,技术操作合格率100%,优质护理服务质量达标率90%,满意率88%,急救物品完好率100%。

在统计源期刊发表论文6篇,完成首发基金科研项目2项,2项护理技术创新获国家实用新型专利,3项护理课题通过院级立项。举办市级继续教育项目4次,区级继续教育项目18次,院级继续教育讲座14次。775名护理人员参加继续教育学习,达标率98.6%。

完成47名本科生和146名大专生的护理临床实(见)习带教工作。完成继续学历教育53人,其中,本科教育46人,大专教育7人。

【教学工作】 完成北京大学医学部2009级生物医学英语专业和2009级口腔专业41人956学时的临床教学任务;完成2009、2010级辽宁医学院临床教学任务,开设临床课程20门2100学时。医院培养硕士6人、博士1人。

医院参加北京市卫生局专科医师规范化培训的住院医师115人,其中,一阶段82人、二阶段34人。参加继续医学教育的医疗、医技人员575人;接收进修生30人。举办短期学习班12次,参加1800人次。为本院职工举办学习班62次,平均参加150人/次。本年度脱产学习149人次,到院外进修6人。录取应届毕业生43人,其中,硕士28人,博士3人。

【科研工作】 在研项目11项,结题项目2项,其中,北京市自然科学基金1项,首都特色临床应用研究1项。本年度共发表论文90篇,其中SCI收录11篇,核心期刊69篇;出版著作2部。

【交流合作】 参加各种学术交流149人次,其中,赴美国、法国、日本、英国等国家及中国香港、台湾地区参加学术交流12人次。11月,来自新加坡Ng Teng Fong General Hospital & Jurong Community Hospital的护理专家一行15人来医院参观考察。

【行政班子换届】 3月18日,首钢总公司党委、首钢总公司在医院召开医院干部大会,首钢总公司党委副书记、董事、总经理徐凝,北京大学常务副校长、医学部常务副主任柯杨,首钢总公司和医学部相关领导,首钢医院院领导班子成员和中层干部参加会议。郭荣代表首钢总公司党委、首钢总公司宣布首钢医院院领导班子调整的决定:聘任陈仲强同志为北京大学首钢医院院长;聘任雷福明、任向平、张祥华、王健松同志为北京大学首钢医院副院长。

【理事会改选】 7月4日,召开北京大学首钢医院理事会会议,全国政协副主席、北京大学医学部主任韩启德,北京大学常务副校长、医学部常务副主任柯杨,首钢总公司董事长王青海、总经理徐凝、副总经理白新,以及北京大学首钢医院领导参加。聘请韩启德为医院新一届理事会名誉理事长,推选徐凝为理事长,姜保国为副理事长,白新、戴谷音、陈仲强、肖渊、向平超为理事。

【后勤与基建工作】 实施医疗房屋腾挪改造和设备安装项目19个,完成妇产科门诊及病房的腾挪改造,骨科病床增扩30张;建立集中的导管介入治疗平台;住院大楼三层装修改造;完成输血科、药剂科、感染性疾病科肠道门诊、儿科门诊装修改造等。

【医院文化】 医院党委提出了与之相配套的医院文化建设工作方案,促进医院中长期发展规划的落实。开展"医患的故事"主题征文活动,15篇文章分别被《北京青年报》《健康报》刊登。《以人才队伍建设促进医院可持续发展》课题获首钢第十一届党建和思想文化创新成果二等奖。与首钢电视台合作推出了"健康访问"栏目,至2014年年底共录制五期。通过医院网站、院报和院外媒体加大宣传力度,全年在《健康报》《生命时报》《北京青年报》《首钢日报》等报刊刊登180篇文章,扩大了医院的影响力。

【年度纪事】 1月7日,经北京大学学位评定委员会审核批准,北京大学首钢医院内科学心血管病专业成为北京大学医学部硕士研究生培养点。

1月23日,医院党委组织召开了以"学习贯彻党的十八大精神,进一步改进工作作风,紧密联系群众,为民务实清廉"为主题的领导班子、党员领导干部民主生活会。

1月,北京大学首钢医院荣获"2012年度北京市肿瘤登记工作优秀奖",北京大学首钢医院已连续两年获此殊荣。

1月,北京大学首钢医院获北京市卫生局"临床安全用药工作组"2012年度优秀集体奖。

5月10日,北京大学首钢医院被北京市药监局批准成为北京生物医药创新促进平台成员单位,成为北京市生物医药创新促进平台成员的医疗机构之一。

5月10日,北京大学首钢医院召开了庆祝"5·12"国际护士节表彰大会,对2012年度护理工作中表现突出的护理团队、优秀护士长进行了表彰。

5月15日、16日和30日,北京大学首钢医院党委书记刘慧琴带领党群部门负责人分别赴北京大学人民医院、北京大学第三医院和首都医科大学宣武医院、北京大学第一医院进行了学习交流。

6月20日,由石景山区呼吸专委会主办,北京大学首钢医院承办的2013年京西地区呼吸论坛在首钢医院院吴阶平泌尿外科医学中心举行。

6月21—22日,由北京大学首钢医院与石景山区医学会联合举办的为期两天的"2013年北京西部医学论坛"在首钢医院院吴阶平泌尿外科医学中心报告厅举行。

6月24日,北京大学首钢医院骨科新病区投入使用,现骨科病床由原来的42张增加至72张。

7月4日,在石景山区卫生局举办的区卫生系统"我的梦,中国梦"职工宣讲报告会上,由北京大学首钢医院神外乳腺护理组雷扬、急诊科杜雪莲、骨科李春雨、手术室王秀秀、心内科赵赫组成的宣讲团获得"优秀宣讲团"荣誉称号。

7月15日,北京大学首钢医院在吴阶平泌尿外科医学中心报告厅召开全面推进医院评审工作大会,院领导和全院中层干部、护士长及内审员参加会议。根据五月份国家卫计委评审评价项目办公室对首钢医院院进行预评审结果,医院加强了评审工作的组织领导和整改落实的推进力度,组织15个督导组对科室进行全方位督导检查和持续改进,共督导440科次。

7月15日,北京市药品监督管理局、北京市卫生局对2012年药械不良反应/事件监测工作先进单位和个人进行了表彰。北京大学首钢医院荣获2012年药物警戒工作先进单位。

8月1日,北京大学首钢医院吴阶平泌尿外科医学中心名誉主任那彦群教授、中心副主任张弋及中心内镜模拟培训团队发表的四篇系列科研文章被《中华医学杂志(英文版)》连续刊载,该杂志是首钢医院唯一被SCI核心版收录、已具有百年以上历史的医学期刊。

8月,撤销原内科临床部党支部、外科临床部党支部,成立内科临床部第一党支部、第二党支部,外科临床部第一党支部、第二党支部。

8月11日,首钢医院院召开党的群众路线教育实践活动动员大会。首钢总公司领导白新、督导组组长刘燕等到会并讲话,医院党委书记刘慧琴作了动员报告,党委书记助理杨布仁主持会议。通过深入开展活动,组织领导班子、党员领导干部及全体党员学习贯彻习近平总书记的系列重要讲话精神,采取多种形式广泛听取职工群众意见建议106条。开展谈心活动,深入查摆问题,召开专题民主生活会,开展批评与自我批评。严格执行中央八项规定,反对"四风",切实改进作风,取得良好的阶段性成效。

9月9日,北京大学首钢医院血管医学科主任王宏宇带领其科室团队发表的系列科研文章被欧美SCI杂志收录。

9月10日,北京大学首钢医院慢性病研究所启动现场调查工作,古城、金顶街、苹果园、老山四个社区卫生服务中心对该队列人群进行基本信息核实和电话随访。

9月20日,北京大学首钢医院获得2012年度北京市医疗保险管理二等奖。

9月25日,中国高血压联盟石景山区"家庭自测血压服务站"启动仪式暨2013高血压日公益活动在北京大学首钢医院金顶街社区卫生服务中心举行。

9月26日,北京大学首钢医院呼吸内科和金顶街社区卫生服务中心的课题建设项目《炎症反应和影像学改变在频繁急性加重慢性阻塞性肺疾病表型中的研究》和《慢病合并抑郁老年患者的社区管理》相继启动。

9月29日,北京大学首钢医院第八届文化艺术节以"天使杯"歌手大赛拉开帷幕。

11月7—10日,北京大学首钢医院院长、骨科名誉主任、首席专家陈仲强教授连任中华医学会骨科学分会副主任委员。

11月18日,医院新妇产科门诊正式投入使用。

12月20日,首钢总公司党委书记、董事长靳伟,党委副书记、纪委书记许建国,以及办公厅、党委组织部、劳动工资部、生产部安全处等部门负责人,就加强首钢干部职工身体健康管理到北京大学首钢医院进行调研。

12月26—27日,北京大学第十三届青年教师教学基本功比赛(医科类)在北京大学医学部举行。急诊科陈新代表北京大学首钢医院首次参赛,比赛中她通过精彩的教学演示、清晰生动的语言表达、良好的现场互动获得三等奖。

12月27日,首钢医院召开领导班子党的群众路线教育实践活动专题民主生活会。首钢总公司党的群众路线教育实践活动第四督导组成员、首钢总公司党委组织部相关负责人、首钢医院院领导班子成员,以及党的群众路线教育实践活动办公室成员参加专题民主生活会。

12月,撤销原物业管理处党支部,成立总务处党支部。

全年医务人员拒收红包57人次,共计7.5万余元;共收到表扬信108封、锦旗103面。2013年提供网上号源135998人次、预约挂号13739人次,患者满意度92%。

深圳医院

【发展概括】 柔性引进北京协和医院邱贵兴院士团队,成立"邱贵兴院士工作室",并计划于2015年建立SICOT中国培训基地;与香港中文大学秦岭教授开展骨科3D打印技术的研究开发,共同建立国际临床医学科研平台。医院连续两年举办中日骨科学术论坛和深圳市骨科年会,极大地提高了骨科学术地位和影响力。通过以上措施强化了深圳医院骨科的重点学科建设。引进北京大学人民医院、北京协和医院和美国克利夫兰医学中心教授为妇科顾问专家,创立和发展"北京大学深圳医院妇产科临床研究中心"和"深圳市女性重大疾病早期诊断技术重点实验室",搭建跨学科的转化医学和临床研究高端平台。在魏丽惠教授与JL. Belinson(柏力森)教授的指导下,完成了"深圳市户籍育龄妇女宫颈癌普查方案"等多项研究的设计工作,并计划于2014年5月与美国微创学会合作在深圳举办妇产科学新进展国际会议。

【队伍建设】 从中山大学、南方医科大学等著名学府附属医院引进7名学科带头人,这些专家的加盟,对弥补深圳医院人才断层、强化学科发展,以及提高医院在深圳地区的影响力起到了积极作用。每年选聘优秀毕业生作为医院后备人才储备,为医院的发展奠定人才基础。一方面,出台《临床青年业务骨干选拔方案》;另一方面,出台《护理管理后备人才选拔方案》,从临床选拔一批优秀的医护人员进行业务及管理知识培训,为深圳医院储备一批优秀的后备人才。

【绩效考核】 设立"C/D型病例"和"三、四级手术"奖励机制,鼓励疑难病例和复杂手术病人的收治,解决疑难杂症。

【医疗工作】 1. 临床路径工作再上新台阶。2014年深圳医院临床路径已覆盖所有开设病房的临床科室,入径病例达24350例,超过60%的住院病人进入路径管理。入径病例的平均住院日和平均住院费用均得到一定控制。

2. 持续改进护理质量。连续11年推行ISO9001护理质量管理体系,2014年完善和修订了6项质控检查评分标准。连续10年推行"QC小组"活动,2014年共申报45项"QC"课题。

3. 建立胃肠肿瘤多学科联合会诊(MDT)机制。开展了由胃肠外科、肿瘤内科、医学影像科、超声影像科和病理科共同参与的胃肠肿瘤多学科联合会诊,为疑难胃肠肿瘤患者提供更加科学、安全和系统的诊疗服务,有效提高深圳医院胃肠肿瘤的综合治疗能力。

4. 融合北医医疗质量检查标准,大力提高医疗质量。严格按照北医的医疗质量监管五大类指标:出院患者情况、住院死亡类指标、重返类指标、负性事件类指标、住院日及住院费用指标,不断提高医疗质量技术水平。在2014年北医医疗质量管理委员会对深圳医院的医疗质量监测分析报告中认为"北京大学深圳医院进步明显,已进入国内医疗第一梯队"。

5. 顺利通过ISO15189实验室现场评审验证。通过ISO15189实验室认证是保证临床检验质量和医疗质量的重要举措,标志着检验科所申请的认可项目结果取得了"国际通行证"。深圳医院检验科也成为深圳市首家申请通过ISO15189认可现场评审的医学实验室。

6. 阳光用药工作常抓不懈。认真落实广东省阳光用药制度建设的各项要求,严格执行《阳光用药管理制度》,顺利通过2014年广东省阳光用药制度建设验收,其中药事管理得分100.4分(含加分项),在全市综合性医院中排名第一。

【学科建设】 2014年新增深圳市人体听觉与平衡功能医疗技术工程实验室。市科创委资助的科研项目数创历史新高,并有4人获得国家自然科学基金,进一步提高了深圳医院在本地区临床研究中的重要地位。同时,深圳医院内科、外科、妇产科等18个科室通过国家卫计委组织的住院医师规范化培训基地认定,并得到500万元的建设资金支持。

【基建工作】 1. 外科住院楼基本竣工。外科住院楼政府总投资6.52亿元,建筑面积9.96万平方米,楼高13层。楼顶设有直升机坪,可供医疗救护直升机停靠。医院的手术室增至35间,将大大缓解手术排期紧张的问题。

2. 实施院区园林改造工程。为配合外科住院楼的建设,医院目前正进行地面景观及道路改造,设立大面积的康疗花园。今后，院内地面将取消停车位，门诊广场设立"即停即走车"道，实现地面"零停车"。

3. 实施周边环境提升工程。市城管局正在医院新洲路边进行城市街景花园改造，将为医院新增绿化面积9300平方米。福田区城管局也即将对深圳医院屋顶实施植物绿化改造工程。

【党建工作】 1. 以满意度提升、改进作风为抓手，不断巩固群众路线教育实践活动成果。2014年，院党委继续高度关注满意度评价和提升工作，并将满意度提升、门诊提质增效作为"群众路线教育实践回头看活动"的重点工作，制定整改措施，确保活动取得成效。在三季度公布的全省医院群众满意度第三方评价结果中，深圳医院以综合满意度88.2分，在69家综合医院中排名第4，在55家市级医院中排名第4。中组部群众路线教育实践活动调研组对深圳医院所采取的解决"看病难、看病贵"各项整改措施给予了积极肯定。

2. 以科室民主管理和志愿者活动为载体，探索新时期党建工作创新。连续两年将年终科室民主管理制度综合测评与3A科室评定挂钩，推动临床科室进一步加深对民主管理制度的内涵与作用的理解和认识。切实发挥科室民主管理小组在资源配置、物资采购、廉洁风险、医德医风等方面的民主决策和监督管理作用。在行业作风建设和纪检监督方面，医院不断完善内部廉政风险防控机制建设，完善医院内部招标监督管理制度和流程。重视医院社会工作和医务志愿服务活动的开展，加强"社工"与"义工"的联动，新增国际医疗部志愿者、肿瘤患者自主加油站等专项志愿服务。

滨海医院

【发展概况】 北京大学滨海医院（天津市第五中心医院）始建于1949年，是一所集医疗、教学、科研、预防保健、康复为一体的大型综合性三级甲等医院，是天津市滨海新区医学中心。

医院占地6.5万平方米，建筑面积10.80万平方米，编制病床800张。在职职工1485人（其中，在编职工1039人，合同制职工446人），29人在国家级专业期刊担任编委，21人在国家级专业分科学会担任委员，29人在省市级各专业分科学会担任委员。医院有10万元以上的大中型医疗设备395台（套），其中，500万至1000万元3台，1000万元以上的3台，包括：瑞典医科达医用直线加速器、荷兰飞利浦16排、256排螺旋CT机、3.0T核磁共振成像系统；德国西门子Artis Zeego数字减影血管造影系统；美国GE数字减影系统；卡尔史托斯腔镜一体化手术室。

2014年是医院建院65周年，也是滨海新区人民政府与北京大学医学部签署合作共建天津市第五中心医院第二周期启动之年。医院党政领导班子积极筹划未来五年医院和学科发展规划，明确各阶段发展目标，进一步强化医疗质量管理，不断完善质量监控和绩效考核体系建设。10月医院被天津市卫生和计划生育委员会确定为三级甲等综合医院；12月顺利通过北京大学教学医院评审，成为"北京大学教学医院"。同月，经北京大学第10次党政联席会研究决定，同意该院增名为"北京大学滨海医院"。

【改革与探索】 2008年11月27日原天津市塘沽区人民政府与北京大学医学部签订共建天津市第五中心医院合作协议，合作双方采用委托管理、全面合作的方式，实行理事会领导下院长负责制。2009年11月国务院批复同意天津市调整部分行政区划，撤销天津市塘沽区、汉沽区、大港区，设立天津市滨海新区。根据改革的进度和要求，2014年1月26日天津市滨海新区人民政府与北京大学医学部继续签署共建天津市第五中心医院第二周期合作协议，合作双方继续采用委托管理、全面合作的方式，实行理事会领导下院长负责制。

2014年12月9日经北京大学第十次党政联席会研究决定，同意该院使用"北京大学滨海医院"名称，纳入北京大学附属医院管理体系。同日，北京大学与滨海新区合作共建天津市第五中心医院总结会暨北京大学滨海医院授牌大会在该院学术报告厅举行。全国政协副主席、北京大学医学部主任韩启德出席并讲话。此次北京大学滨海医院的授牌，标志着双方开启深化合作、互促发展的崭新篇章。

【医院管理】 按照天津市卫计委和区卫生局的部署，医院积极筹备公立医院改革试点工作。对职能科室职责进行修订，对经济运行各项数据进行测算，对医疗服务各环节做出适应性准备。

完善制度分级管理，建立健全全面质量管理体系，推行全面质量管理理念，建立目标考核和制定《天津市第五中心医院单项奖惩管理规定》，构成完整的管理考核体系，100%覆盖全院各科室。继续推进医院奖金分配激励机制调整工作，规范科室成本核算（收入、支出），逐步开展全成本核算下的奖金分配工作，同时积极探索部分非核算科室的工作量考核，实行按绩效分配，充分调动职工积极性。支持医院医疗学科发展，实施单项奖励政策（出院病人、甲级手术奖励）和《临床夜间值班人员奖励方案》。

推行三级预算管理,强化预算执行力度,强化职能部门对支出的管理,鼓励全院各临床科室进一步扩大业务范围,引进新技术新项目,满足患者就医需求;不断完善核算体系,使成本分摊更趋合理,开展部分科室效益分析,使成本核算向医院、科室应用发展。

门诊综合治理工作取得初步成效。建立门急诊统筹管理体系,完善各项规章制度,规范各类人员行为,加强医德医风管理;建立全新门急诊绩效考核制度,加强缺陷管理;加强用药管理,严格控制不合理处方,输液患者同比减少33%,不规范中成药、抗生素使用率从30%下降至5%;调整功能布局、优化诊疗流程,提高门急诊效率,整合服务资源;建立门急诊患者实时流量监测体系,提高患者有效就诊率,合理分流患者;探索提高预约诊疗工作水平的新方法,推行新的预约工作奖惩机制;完善急救绿色通道及"三无病人"管理制度,对危重病人进行积极有效救治。

加强耗材管理,进一步降低卫生耗材支出成本。将供货厂家从101家缩减至52家,降低了管理成本;提高医院物资管理系统的信息化程度,完善数据分析模型,对物资实行全程追踪;实现介入耗材的集中配送,开展高值耗材的溯源管理,节省约70余万元;进行卫生耗材的招标采购,全年节约150余万元。

【医疗工作】 2014年完成门急诊量138.5万人次(其中,门诊119.57万人次,急诊18.93万人次),较去年增长9.1%;出院病人24211人次,较去年增长10.12%;平均住院日10.2天,病床周转次数30.3次,平均病床使用率84.7%。完成各类手术16204例,较去年增长9.71%,其中甲级手术2587例。

医院持续加强制度建设,规范医疗行为,修订无主病人管理、卫生应急、危急值管理和病案管理等制度。强化核心制度落实,确保住院总医师制度落实到位,加强培训、明确职责,通过不定期抽查进一步完善;强化围手术期管理,提高深入手术室实地检查频次,利用信息化手段做好数据统计,有效降低医疗风险;加强危重症和危急值管理,强化科室间合作,提高诊断准确性;坚持并强化业务院长查房,全面提高医疗质量。完成各委员会成员的调整,规范运行、完善记录,切实发挥在质量控制、监督管理等方面的积极作用,保证各项工作的科学性和有效性。强化医院感染管理体系建设,有效控制医院感染的发生,全年院感发生率为2.18%。医院被卫生部全国医院感染监测网、全国医院感染监控管理培训基地评为"二〇一四年度全国医院感染横断面调查先进单位"。

【护理工作】 成立护理管理核心组,召开会议6次,召开安全管理委员会会议4次,对全院上报不良事件进行分析、查找原因、制定防范措施;继续深化6个护理专业组的职能,组织培训27次;严格落实"首问负责制"并进行专项检查,提高患者满意度。医院被天津市护理学会评为"2013年度组织建设先进单位"。

【医保工作】 加强医保拒付管理,分析拒付原因、制定整改措施;完成该年度的协议指标申请,制定应对总额管理政策的实施方案;控制好就诊次均费用、平均床日费等指标。

【药事管理】 开展门急诊处方干预、临床药师参与院内会诊、抗菌药物使用会诊、参加全国抗菌药物临床应用监测网、临床合理用药监测网、安全用药监测网、中国药学会医药信息经济网。每月进行质量检查,加强核心组在人员调配、流程优化、药学服务质量评估方面的作用。

2014年药品收入占业务收入的45.87%,同比去年下降2.19个百分点,静脉用药处方率由去年同期的18.5%下降至2014年的13.5%。坚持每月进行门诊处方点评和住院医嘱点评,2014年门诊抗菌药物使用率15.25%,急诊抗菌药物使用率32.75%,住院抗菌药物使用率53.98%,抗菌药物使用强度41.22DDD。处方点评合格率达99%,抗菌药物处方合格率99.24%。临床药师覆盖临床9个病区。

【便民服务】 体检中心开设健康咨询门诊,普及健康科普知识,进行体检报告解读,设立专人电话跟踪指导,提供一对一陪检服务,为已查出的早、晚期或其他疾病受检者搭建绿色通道;门诊设立一站式综合服务台,具备导诊、咨询、初步投诉、服务功能,方便患者。

【预防保健】 全年计划内接种12747人次。建卡、册1694人。学生查验接种证1206人,主动搜索流动儿童109人,接种率、建卡率均达95%以上。1岁以内儿童先天性心脏筛查、先天性髋发育不良等筛查1052人次,小儿智能发育筛查450人。辖区内0—7岁儿童健康体检5135人次,儿童管理覆盖率达到95%以上。儿保追访981人次,儿保访视531人次。妇保追访1156人次,妇保访视777人次。高危儿管理21人,高危产妇管理196人。NBNA(健康足月儿行为神经评分)241人。

【科研与教学】 加强中心实验室建设,带动科研水平提升。完成动物实验室改造、分子生物学实验室和细胞培养室初期运行所需的基本仪器设备采购,并试运行良好。完成实验室信息化管理平台建设。与美国杜克大学医学中心建立长期科研协作关系,在科研领域资源共享、技术共享、成果共享,共同开展SUMOs在各系统肿瘤的表达及分子机理的实验研究。2014年医院获国家自然科学基金项目1项，获天津市科技成果11项，填补天津市空白4项，获滨海新区医药卫生科技项目15项，获国家专利2项。

2014年9月24日该院接受北京大学教学医院评审。北京大学医学部专家组对医院内、外、妇、儿教学工作进行全面评估，实地查看教学设施及后勤保障工作。12月16日通过北京大学教学医院评审，并与北京大学医学部签署共同建设北京大学教学医院协议，成为"北京大学教学医院"。

全年接收实习学生198名、招收医师规范化培训学员36人，承担北京大学医学部医学检验系25名学生"临床医学概论"的授课任务，成功申报国家住院医师规范化基地10个。发表论文108篇，SCI论文11篇，核心期刊81篇，综述371篇。

表6-20 滨海医院2014年度填补天津市空白项目

序号	项目编号	项目名称	项目负责人
1	2014030	单孔腹腔镜小儿精索血管高位结扎术	李贵斌
2	2014031	Empower双核自锁托槽矫治技术的临床应用	江 浩
3	2014032	节镜下袢钢板固定治疗后叉韧带胫骨止点骨折	杨 剑
4	2014033	颅内外血管吻合术联合脑动脉硬膜脑融通术治疗的烟雾病	刘振林

【学科建设】 2014年医院设有临床、医技科室42个，分别是：妇产科、小儿内科、小儿外科、神经内科、神经外科、脑血管疾病治疗中心、胸外科、骨科、普外科（分设甲乳学组、肝胆学组、肛肠学组、血管外科学组）、泌尿外科、耳鼻喉科、眼科、口腔科、消化内科、内分泌科、肾内科、呼吸内科、心内科、重症医学科、神经重症科、外宾干保科、血液肿瘤科、麻醉科、手术部、血透中心、急救中心、皮肤科、中医科、康复医学科、医学整形科、放疗科、营养科、预防保健科、体检中心、医学影像科、医学检验科、超声科、药剂科、病理科、输血科、内镜中心、消毒供应中心。

医院儿科、骨科、神经内科、小儿外科、重症医学科、心血管内科在滨海新区医学重点学科评审中，被评为区医学重点学科，妇产科被评为区医学发展学科。

儿科成立二病区，增加床位10张。新生儿学组成功诊治了新生儿坏死性小肠结肠炎、肺出血、新生儿呼吸窘迫综合征Ⅳ期、新生儿败血症、重度贫血、重度新生儿缺氧缺血性脑病和胆道闭锁等疾病，成功抢救了27周早产儿，综合救治能力达到天津市一流水平。在北京大学第一医院专家指导下，普儿疑难病症诊治能力不断提升，诊断出首例甲基丙氨酸尿症合并同型半胱氨酸血症、首例小婴儿川崎病（1个月）和不典型传染性单核细胞增多症。

骨科强调学习型科室建设，提高医疗技术水平。利用专家坐诊时间、讲课时间学习专业知识，利用病历讨论，每周定期召开学术讲课，紧跟国际先进技术步伐与国际接轨。定期派出科室骨干赴北京大学第一医院进修学习，并选派人员赴国外临床中心学习。组织科室人员积极参加国际国内学术会议100余人次。医院副院长、骨科行政主任张殿英当选第一届中国医师协会肩肘外科分会秘书长。

妇产科按妇科、产科、生殖及计划生育进行学科管理。妇科着力提升肿瘤和微创手术水平，微创手术由2009年31.6%上升至65.8%，在北京大学第三医院熊光武主任带领下进一步开展腹腔镜下及开腹恶性肿瘤手术，逐步扩大盆底手术的范围；产科作为危急重症转诊中心，并发症孕产妇比例明显增加，进一步规范和强化产科危急重症的诊治，剖宫产率较去年下降2.8%；计划生育生殖门诊继续规范化地进行不孕症的诊治，全年完成人工授精285个周期，妊娠率23.4%，宫、腹腔镜联合检查术后给予生育指导术后妊娠率32.4%。

加大对外科系统的扶持力度。外科系统整合以来，继续推广微创手术适用领域，包括甲状腺Miccoli、腹腔镜胃癌根治术；腹腔镜、十二指肠镜联合治疗急性胆管梗阻性疾患、十二指肠镜下十二指肠乳头囊扩张取石等，继续开展腘静脉穿刺置管溶栓治疗下肢深静脉血栓形成及股动脉、足背动脉双穿刺治疗股动脉闭塞，开展动脉切开内膜剥脱术联合支架置入术的杂交手术、胸腹主动脉瘤腔内隔绝术、股腘动脉血管搭桥术等杂交手术。出院者平均住院日8.6天，较去年同期减少3天。

小儿外科开展了小儿骨科、小儿烧伤和小儿胸外科疾病的治疗，使小儿外科从特色学科向全面发展。

重症医学科继续发挥危重患者抢救平台作用，强化质量控制、保证医疗安全，为医院各科室和其他医院开展业务保驾护航。

心血管内科开展ClearWay灌注球囊在冠脉疾病诊治中的应用新技术，并外派1名医生到美国杜克大学学习冠心病基础研究。

神经内科成立了卒中单元、NICU，建立急诊卒中绿色通道；开展脑梗死患者静脉及动脉溶栓、动脉取栓,静脉窦血栓患者的介入治疗,脑MRA、CTA及DSA检测颅脑血管并予药物及血管内治疗,TCD的微栓子监测、发泡实验及脑血流储备检查,重症脑损伤患者的亚低温治疗及卒中后心率变异性检测与治疗。开展事件相关电位对认知障碍的检查、认知障碍结构影像及功能影像定量检测、代谢综合征患者的认知障碍认知域检测,动态检测麻痹性痴呆认知状态及脑脊液免疫指标、神经变性病肛周肌电图检查、超早期电生理检测格林巴利综合征并救治危重症格林巴利患者数例。在北京大学第一医院专家协助下开展神经、肌肉活检工作,极大提高了疑难疾病的诊断能力。

【队伍建设】 全年招收录用新职工31人,其中博、硕士17人。截至年底医院共有博士及博士后10人,硕士252人。引进皮肤科学科带头人1人,调入技术骨干2人。接收外院进修人员21人次,派出进修人员22人次,其中,1人获批以国内访问学者形式赴北京大学医学部培训一年,国外进修学习3人。修订完善《职称晋升、职务聘任管理办法》,任免、调整干部18人。

【学术交流】 3月4日,举办"塘沽泌尿外科学术会"。

3月18日,台湾感染和微生物学资深专家王任贤教授带领来自天津市各大医院的40余名感染疾病科骨干医师在该院进行授课。

4月22日,举办"第一届滨海新区医保管理交流会"。

4月23日,举办以"重症患者的个体化治疗"为主题的"天津市第九届临床药师沙龙"。

5月8日,医院与美国杜克大学开展海外科研培训基地及科研合作项目,杜克大学多学科神经保护实验室盛华新教授、杨巍教授受聘为医院客座教授。

5月26日,举办"滨海新区伤口管理"研讨会。本次研讨会邀请了英国Keith F. Cutting教授、天津市第一中心医院整形与烧伤外科李小兵主任等国内外知名专家进行学术交流。

7月12日,举办"滨海新区首届消化疾病论坛(消化道早癌诊治研讨会)"。

7月13日,举办天津市麻醉学月度学术活动暨"围术期急性冠脉综合征防治进展"。

8月1日,医院组织肿瘤生物治疗中心专家到滨海新区三槐路社区卫生服务中心开展专题学术交流活动。

9月19日,承办"2014年天津市医学会神经外科学分会学术会议暨神经医学滨海论坛(神经损伤与变异高级研讨班)"。

9月19日,举办"天津市滨海新区儿科危重症学习班"。

10月14日,举办"滨海新区肾脏病疑难病例讨论会"。

10月19日,举办"天津市医学会内分泌学分会2014学术年会"。

11月21日,举办"第一届滨海新区肿瘤生物治疗专题讲座交流会"。

12月12日,举办"天津市重症与血流动力学学习班"。

【医疗纠纷处置】 全年接待投诉131例,解决111例,其中,院内协商解决8例,医调委调解解决11例,法院调解解决2例,沟通解决90例,结案率为84.73%。赔偿金额共计1673542.11元。医疗事故及医疗损害鉴定共8例,其中2例医方无责任。发生暴力伤医事件5例,沟通解决4例,司法程序中1例。

【卫生应急】 加强应急管理工作,修订《突发事件应急预案》。2014年4月25日,天津市经济技术开发区附近发生重大交通事故,造成多人受伤。医院急诊收治9名病人,其中,2人病情极为危重,2人为重症。医院紧急调配全院外科、骨科、神经外科、ICU等十几位专家和青年骨干,对车祸受伤者开展全力抢救。经过专家精心治疗,2个月内,全部住院患者均陆续转危为安。此次抢救事件,时间紧,任务重,结果良好,充分体现了医院医护人员的高超医疗技术和医者仁心的高尚精神风貌。

2014年承担了滨海新区委员会"学习贯彻习近平总书记系列讲话精神"研讨班第一期、"第五届中国(天津滨海)国际生态城市论坛暨博览会""2014年亚洲空手道冠军杯比赛"等医疗保障任务30余次,参加3次滨海新区国防动员实战化演练任务。

【干部保健】 北京大学滨海医院是天津市保健工作委员会指定干部保健任务医院之一。全年接待老干部就诊2450人次,体检392人,收入院治疗367人次。承担Ⅰ级保健任务4次,Ⅱ级保健任务7次。

【社会服务】 2014年组织大中型义诊活动9次,累计服务群众1700余人次。组织全院职工参加"慈善一日捐"活动,捐款24976元。

医院选派2名专家常驻滨海新区解放路、新港社区卫生服务中心进行对口支援。以学术交流、联合义诊等多种形式,促进社区卫生服务发展,带动"双向转诊"。承担青海省黄南藏族自治州13名医疗专业技术人员的培训工作。

选派第八批援疆干部,内分泌科张丽医生赴新疆和田策勒县人民医院支援工作。选派消化内科张宝芹医生参加第十八批援甘医疗队赴甘肃省平凉市第二人民医院支援工作。选派眼科李树权、急诊科徐春雷、外科马亮三名医生参加卫生部第十八批援非(加蓬)医疗队的援非任务。援非期间李树权、徐春雷两位医生应邀参加由中国驻加蓬大使孙继文主持召开的"防控埃博拉出血热紧急动员大会",会上徐春雷医生介绍了埃博拉出血热的防控知识及防护技术训练。10月28—31日,医疗队的李树权、徐春雷两位医生克服重重困难,深入原始森林内部三个钻井平台,为驻让蒂尔港的中石化公司员工进行了四场防控埃博拉知识讲座,并现场指导消毒药品的正确使用,受益员工达400余人。通过培训稳定了员工的思想,受到了中石化公司的肯定。李树权、徐春雷两位医生经卫生部批准获得国家级医师证书。

【信息化建设】 2014年,医院对PACS、LIS、HIS系统进行升级、改造、联网,提升信息化程度;实行自助服务、叫号系统、"一卡通"服务,有效缩短患者就诊过程中的等候时间,HQMS数据上传工作,达到A级标准。加强病案信息化建设,启动"数字化病案建设方案",该方案得到了天津市病案质控中心专家充分肯定,在天津市尚属首例。

【党建工作】 2014年,医院共有9个基层党支部,党员451人。医院通过网站、信息平台、电子屏、征文等多种形式开展中国梦和社会主义核心价值观的宣传教育活动,编辑出版医院职工"院之梦"主题征文集。在滨海新区"两台三报"等媒体播发医院工作动态新闻40条;与滨海电视台共同制作播出《非常健康》栏目50期;编印《医院工作信息简报》24期,制作共建医院宣传片1部。

开展廉洁风险防控工作,对6类163项职务权力和4类52项医疗服务权力的行使依据进行了梳理和廉洁风险评估及机制预防。纪检部门对招标、招聘等活动进行监督,认真贯彻"九不准"的要求,加大治理商业贿赂力度。逐级签订医德医风责任书,采取集中学习、专题培训、会议传达、观看电教光盘等多种形式对干部职工进行警示教育、职业道德教育和医德医风教育;将医德考评档案的日常管理与年度考核相结合,提高医务人员廉洁行医的自律性。逐一落实党的群众路线教育实践活动整改内容。开展"凝心聚力、创新发展"大讨论活动。

2014年接待患者投诉举报7件,承办上级纪检部门转来信访件8件,收到患者表扬信、锦旗315封(面),医护人员拒收患者"红包"近10万元。

【工会工作】 2014年组织开展主题征文、趣味运动会、乒羽比赛、参观教育等活动10余次,走访慰问离退休干部40余人次,帮扶慰问困难职工50多人,开展为职工送生日祝福等活动,增强职工的凝聚力。组织全院职工进行健康体检,帮助83名职工办理初婚初育证明及二胎生育证明。为24名职工办理天津市居住证积分入户,其中5人已成功落户天津,确保职工队伍稳定。

【后勤工作】 推进后勤管理精细化,保证医院各项工作顺利开展。做好改扩建一期工程排查和接管工作,督促施工单位修复完善;成立节能降耗领导小组,严格落实预算方案,注意节能降耗、减排环保工作,在后勤日常运行工作中查找漏洞,采取措施降低水电气的各项消耗,效果明显,确保全年预算无超标;加强对物业、食堂等外包公司的管理,保证服务质量,食堂日均供应量逐步提高。

2014年,组织消防安全、反恐应急知识讲座3次,"灭火扑救"实战演练2次。完善《消防安全工作考评和奖惩制度》,层层签订安全责任书70份。2014年医院保卫科被天津市公安局政治部授予集体嘉奖。

【基本建设】 2014年12月启动改扩建二期工程地下停车场项目,总建筑面积15771平方米,局部两层,设停车位500个,采取机械化复式停车结构和智能停车管理系统,该工程计划于2016年中下旬完工。同时积极筹备营养膳食中心建设及第二住院部改造利用工作。

【获奖情况】 集体荣誉

(1)医院被卫生部全国医院感染监测网、全国医院感染监控管理培训基地评为"2014年度全国医院感染横断面调查先进单位"。

(2)2014年8月,医院通过第四周期全国百姓放心示范医院评审,再次被评为"全国百姓放心示范医院"。

(3)医院被天津市食品药品监督管理局评选为"天津市医疗器械不良事件监测工作先进单位"。

(4)医院被天津市护理学会评为"2013年度组织建设先进单位"。医院获得天津市总工会颁发的"天津市五一劳动奖状"。

个人荣誉

(1)杨万杰获得天津市卫生行业第三届人民满意的"好医生"称号。

(2)张桂娟获得天津市卫生行业第三届人民满意的"好护士"称号。

(3)保卫科被天津市公安局政治部授予集体嘉奖。

(4)夏萍被天津市妇联授予天津市"三八红旗手"荣誉称号。

元培学院

【发展概况】 2014年5月,中国科学院院士鄂维南就任元培学院院长,"博雅教育计划"正式启动。元培学院推出了一套整体的、全方位的、面向未来的、新的教育教学改革计划,通过修订教学计划,给学生提供一个新的学习环境,提供自由选择专业的空间,提供自由探索和思考的空间。学院各项工作紧密结合博雅人才教育计划顺利进行:完成了教学计划修订和培养方案调整,政治课、英语课程改革,通识教育核心课程建设,小班课教学实践,俄文楼建设,住宿书院规划,新专业建设等。

教学计划修订 学院通过优化课程结构,降低对必修课和总学分的要求,重新修订了教学计划,给予学生更多的选择空间。通过更精致化的课程体系,引导学生充分发挥自己的主动性和积极性,追求更高的目标。

交叉学科建设 进一步完善现有的"政经哲""古生物""外语外史专业",秋季学期开设了全新的"整合科学专业",组织全校最好的教师群体教授相应课程,目的是将数学、物理、化学和生物等学科相互打通并做内在整合,以培养既有扎实的数理化基础,又对生命科学这一蓬勃发展的新学科有深刻了解的人才。另一新的交叉专业"数据科学"的筹备工作目前仍在进行中,计划于2015年秋季学期招生。

公共必修通识课 加强对英语课、政治课等公共必修课建设。目前学院为学生每学期开设一门"元培学院平台通识课",涵盖政治课和通识课课程要求,采取大班授课,小班讨论的方式,通过邀请北京大学优秀教师负责授课,打造独具特色的高水平通识课程平台。

【教学工作】 元培学院一年中教学运行平稳有序。根据学校校历规定,完成本年度春秋两季学籍注册工作。春季注册人数为:2010级177人,2011级172人,2012级206人,2013级196人。秋季注册人数为:2011级169人,2012级204人,2013级195人,2014级221人。

1月举行学生期末考试,解决了多人考试冲突问题;注册工作及新生入校工作平稳有序,按程序完成学生学术警告工作。为确保大四学生能在毕业前完成本专业所要求的学分,按照各院系相关专业的教学大纲要求,对每位学生所学课程(包括全校必修、院系必修、专业必修、通选及任选等课程)进行了逐一核实,并将核实结果与学生通报确认。

元培学院获得"本科生科研基金"资助的有"莙政基金"4人,"校长基金"27人,"国家创新计划"9项9人。北京市创新计划1项1人。另有跨院系申报6项10人:莙政基金1项2人,校长基金3项6人,国家创新计划2项2人。

元培学院2014届毕业生173人,获取本科毕业证和学士学位证的学生有169人,4人暂结业。2013年暂结业7人,其中6人换双证。

【导师工作】 2014年,经过半年的筹备程序,元培学院完成导师换届聘任工作,并于9月11日成功举办第五届导师聘任大会。2014年,元培学院继续和各相关院系合作,为每一个专业方向建立起一个导师团队。这个导师团队将负责该专业方向教学计划的制订,为该专业方向的学生提供进一步的指导等。随着导师工作内容的扩展,学院分别组建了数学、物理的10人导师团队,分别开始了与高年级学生的见面和指导活动。其他专业的专业导师团队建设工作将在2015年春季学期完成。

在导师的积极配合下,2014年元培学院组织了多场导师讲座和专业交流会,并进行形式创新,开展了丰富多彩的指导活动,组织安排了由导师引导的实验室参观活动、毕加索画展参观活动、国家博物馆参观活动。春季学期还举办了郑州考古体验活动,得到了学生的积极响应和参与。

【党建工作】 元培学院共有党支部5个,党员152人。2014年积极开展集体学习交流会、学生党员座谈会、联合党团日、专题民主生活会等活动。通过思想政治课小班课教学改革,带动全院学生工作干部深入学生第一课堂;通过住宿制书院建设,探索改革新形势下的学生工作模式。在组织建设方面,选优配强领导班子。2014年初,配合学校组织部,完成党委副书记的推荐和任命,并完成教工党支部的换届工作。

2014年清明节,2013级学生党支部联系沈阳烈士陵园,与学院传统的清明祭扫活动相结合,组织抗美援朝志愿军烈士遗骸归国签名活动。2014年暑假,元培学院2012级学生党支部以棚户区改造为主题组织了暑期社会实践团,奔赴内蒙古实地调研。2014年12月13日,时值南京大屠杀77周年暨我国首个国家公祭日,由元培学院2011级和2013级党支部、南京师范大学附属中学、北京大学校友会联合举办的"一二一三,一河一山"铭记南京大屠杀77周年系列活动在北京大学校园内逐一开展。

【院友会工作】 元培学院院友会于2011年11月12日正式成立。元培学院发展到第十三个年头,毕业生已有十届,院友会成为广大元培学院学子的精神家园与情感纽带,将致力于打造元培学院毕业生信息交流与资源共享的开放平台,在关注学生成长和发展的同时,为元培学院发展注入活力。

【学生工作】 学术导向一直是元培学院坚持的学生工作的重点,随着博雅教育计划的提出和落实,学院学生工作在学术导向上继往开来,取得了新的成就。

新生入学教育 元培学院对学生的指导工作从入学前开始。学院提前编辑《入学手册》和新生问卷,随入学通知书一起寄给元培学院的新生,帮助学生提早了解北京大学和元培学院,并收集学生回馈的个人专业意向和学业信息。学院为新生开设了新生训练营和新生讨论班,邀请各专业知名教授进行学科专题讲座,激发学生的学习热情、培养学生良好的学术品质,并帮助学生认真深入地思考专业选择问题。

博雅教育活动 元培学院在原有的学生学术科研创新委员会的基础上,筹建涵盖各个学科方向的学生学术委员会,立足学生实际需求,密切联系元培学院导师资源,协同组织并开展学生学术活动。此外,学生会还组织了元培讲坛系列活动。

趋同教育 经与多方协调,元培学院成为国内首个留学生与中国学生混合住宿的试点学院,现在已有将近20名留学生经过个人申请和学院审核通过,开始与中国学生混合居住。这是元培学院实行中国学生和留学生趋同教育的重要举措,目前运行情况良好。作为博雅教育计划的重要环节,住宿制书院建设在经过三年的集中住宿探索后,将于2016年正式启动。2015年9月三座新的学生宿舍楼进入施工阶段,以元培学院为试点的住宿书院建设思路与制度安排也在推进中。

【交流合作】 2014年,元培学院国际合作与交流工作稳步推进。与香港中文大学善衡书院的合作不断深化。善衡书院和东京大学国际教养学部参加了2014年在首尔举行的北京大学元培学院与首尔大学自由专攻学部主办的第四届学生通识教育论坛。2014年暑假元培学院与善衡书院柬埔寨金边垃圾山志愿服务项目成功举办。2014年元培学院第四次全程参与李韶计划,并承办北京段活动。2014年元培学院继续跟进与新加坡国立大学学生交换项目,目前已经进入协议审查阶段。

2014年,元培学院联合北京大学中乐学社,与美国南犹他大学音乐学院在北京大学百周年纪念讲堂举办"乐致元培"中西交流音乐会,给全校同学带来一场高雅的视听盛宴。

元培学院还与格里菲斯大学、杜克大学(昆山)、法国图卢兹大学等洽谈,寻求新的合作机会,积极推动学院国际交流。

【何善衡图书室】 何善衡图书室各项工作正常有序开展。本年度完成了图书室志愿者的换届工作,并对上届优秀志愿者进行了表彰。2012级张乐凡同学担任副馆长负责全面工作,牛安然、谭锋、张琬茸3位同学作为馆长助理分别负责宣传、图书采编、志愿者人事工作。随着2014级新生的入校,图书馆重新招聘志愿者队伍,吸收了36位同学。

燕京学堂

【发展概况】 北京大学燕京学堂是北京大学于2014年5月5日创建的国际化学院。学堂依托北京大学人文、社科院系的师资力量和历史积淀,以文、史、哲、政、经、法等多元领域的交叉研究为特色,开设中国学硕士研究生项目,面向国际和国内招生。

燕京学堂办公室于2014年3月组建并开始工作,按照学校部署,于5月5日正式对外宣布北京大学燕京学堂成立。燕京学堂首先确立了领导班子,成员为:院长刘伟教授(北京大学常务副校长);副院长王博教授(北京大学哲学系系主任、社科部部长);副院长蔡洪滨教授(北京大学光华管理学院院长);外籍副院长John Holden(美中关系全国委员会前主席);办公室主任姜国华教授(北京大学研究生院副院长)。

燕京学堂行政办公室于2014年6月迁入北京大学燕南园66号。

【学术顾问委员会】 燕京学堂于6月组建国际学术顾问委员会,其成员为世界学界著名的教育家、学者。委员会旨在为中国学的学科发展、燕京学堂的建设提出宝贵意见。

其成员为:Gerhard Casper,美国斯坦福大学荣誉退休校长,斯坦福大学Freeman Spogli国际问题研究所高级研究员;Elizabeth Perry,美国哈佛大学政治系讲座教授,哈佛燕京学社社长;Alison Richard,美国耶鲁大学高级研究科学家、荣誉退休教授,英国剑桥大学荣誉退休副校长;Ruth Simmons,美国布朗大学荣誉退休校长、教授;施春风,前新加坡国立大学校长、教授,前阿卜杜拉国王科技大学校长;Michael Spence,美国纽约大学史登商学院教授,诺贝尔经济学奖得主;张旭东,美国纽约大学比较文学系和东亚研究系教授,北京大学"长江学者"讲座教授。

【学科建设】 由于按照学堂部署,第一届学生将于2015年9月入学,为前期工作所预留的准备时间非常短,燕京学堂先后顺利完成学科及课程委员会建设。

"中国学"交叉学科建设申报历时三个月。先后通过校交叉学会分会审议、校外专家评议、上报教育部公示,最终于9月通过教育部学科建设审批,正式建立"中国学"交叉学科。

由于燕京学堂"中国学"交叉学科是依托于北京大学人文、社科的深厚历史积淀和强大的研究力量,课程设置覆盖人文社会科学研究的多个领域,并深入研习中国历史。部分课程将开展主题式研究、团队教学研究。所有的课程将被划入六大学术方向,分别为:文学与文化、历史与考古、哲学与宗教、公共政策与国际关系、经济与管理,以及法律与社会。为完善"中国学"课程体系设置,学堂组织开展多次深入相关人文、社科院系的调研活动。在学校的支持和各院系的配合下,于2014年9月20日建立起由各相关院系负责人组成的"燕京学堂教学与课程建设委员会",委员会的职责包括:课程的设置、规划、批准、课程大纲、课程结构、基础课的主持人、课程的教材建设等。委员会迅速开展工作,帮助组织相关教师队伍,敦促建设课程方案,完成学堂初步课程方案体系及首批教师队伍的建设。

燕京学堂教学与课程建设委员会委员名单(21人,按照姓氏笔画为序):

马戎(社会学系)、王博(燕京学堂、哲学系)、王浦劬(政府管理学院)、孙华(考古文博学院)、孙祁祥(经济学院)、苏彦捷(元培学院、心理学系)、张守文(法学院)、陆扬(历史学系)、陈跃红(中国语言文学系)、杭侃(考古文博学院)、周志忍(政府管理学院)、赵杨(对外汉语学院)、饶戈平(法学院)、姚洋(国家发展研究院)、贾庆国(国际关系学院)、徐湘林(政府管理学院)、高毅(历史学系)、程郁缀(中国语言文学系)、傅军(政府管理学院)、谢立中(社会学系)、蔡洪滨(燕京学堂、光华管理学院)

【招生工作】 2014年,燕京学堂的重点工作是首届招生,计划面向全球招收优秀本科毕业生100名,其中65%为国际留学生及港澳台学生,35%为大陆学生。

国内招生 按照教育部规定,北京大学燕京学堂大陆学生的遴选方式为:收取具有免试资格的应届毕业生。

燕京学堂于2014年8月在北京大学校内举办了为期四天的"北京大学燕京学堂夏令营"活动。学堂按照学生排名(北大排名40%以内,其他学校排名20%以内),及英语成绩(雅思7分,托福95分),共计挑选52名学生参加夏令营。

经过一周的夏令营活动(讲座、辩论、素质拓展)以及面试小组的遴选,共录取12所学校共计24名大陆高校应届毕业生,作为2015年第一届燕京学堂中国学硕士项目的大陆学生。

录取的大部分学生在所在专业的排名前5%,部分学生是所在大学各社团的精英、骨干,50%的学生有出国交流的经历。

国际招生 燕京学堂国际招生采取申请审核制,面试滚动进行。

截至2014年年底学堂收到的申请中,涉及31个国家及地区,学校来源为57所大学。截至2014年12月31日,燕京学堂组织了两轮国际学生视频面试,面试官来自北京大学人文、社科各相关院系。经过严格的筛选,在第一轮面试中,决定直接录取的9名特别优秀的外国留学生,分别来自于:耶鲁大学、斯坦福大学、普林斯顿大学、芝加哥大学、剑桥大学、牛津大学、多伦多大学、新加坡国立大学,以及1名台湾大学的学生;在第二轮面试学生中,决定直接录取的10名优秀的外国留学生,分别来自:哈佛大学、斯坦福大学、剑桥大学、牛津大学、伦敦政经学院。

【交流合作】 经过副院长John Holden多次出访、宣讲,学堂与哈佛大学、斯坦福大学、普林斯顿大学、芝加哥大学、华盛顿大学、开普敦大学及希伯来大学等74所大学建立了合作伙伴关系。

【行政工作】 学堂建立和规范了各项规章制度,包括"三重一大"制度、燕京学堂档案管理办法、燕京学堂晋升管理办法、考勤及休假管理办法、薪酬方案、薪酬管理制度、员工绩效管理制度及燕京学堂招聘录用管理方法等。学堂完成初步的人员招聘工作,逐渐完善各部门职能。学堂办公室于2014年招聘5人,其中3人为合同制员工。5月初,学堂推出高品质的宣传片及网站。学堂基础建设工作由学校基建部主导,学堂积极沟通协调、协助推进各项工作的进行。

前沿交叉学科研究院

【发展概况】 2014年2月12日,北京大学研究决定,任命韩启德为北京大学前沿交叉学科研究院院长,汤超为执行院长,方竞为常务副院长。2014年4月15日,北京大学研究决定,任命欧阳颀、张幼怡为副院长。

2014年,定量生物学中心和生命科学联合中心开始挂靠前沿交叉学科研究院。2014年11月26日,研究院学术委员会讨论通过了依托研究院成立"北京大学睡眠研究中心""北京大学大数据科学研究中心"的申请,并报学校审批。

2014年,学校批准设立交叉学科学位分会。欧阳颀任理科组组长,负责召集全校理学交叉的学科审议工作;配合学校组织论证通过了"数据科学"交叉学科学位点建设,全校有关大数据研究人才培养工作将依托研究院开展;定量生物学中心与元培学院合作设立"整合科学"实验班,9月选拔招收首批20名优秀本科生,培养领军人才;2008年认证的北京市重点交叉学科"纳米科学与技术"和"理论与系统生物学"获得延续资助。为鼓励深入全面的学术交叉,生命中心于2014年4月面向本部、医学部、附属医院所有从事生命科学相关单位的PI,邀请参加研究生培养体系。经过严格评审,21位申请人中有9位入选"中心外导师"(有效期2年)。

【队伍建设】 定量生物学中心引进"百人计划"研究员2人,分别为数学科学学院张磊研究员和物理学院刘峰研究员;三人获得第三批"青年千人计划"资助;聘任杨晓静博士为研究技术系列助理研究员;张同利博士被聘任为中心研究员和学校 Tenure track 系列助理教授。纳米科学与技术研究中心吴凯 2014 年入选"百千万人才工程"国家级人选,张锦入选科技部创新人才推进计划中青年创新领军人才,刘开辉研究员加入纳米中心,方哲宇、段小洁获得国家自然科学基金委"优秀青年科学基金"资助。环境与健康研究中心有一人获得第五批"青年千人计划"支持,邱兴华研究员获得国家自然科学基金委"优秀青年科学基金"资助。生命科学联合中心继续以国际化程序全球招聘。中心 PI 人数由 2013 年底的 47 名,增加为 2014 年年底的 55 名。7 名 PI 由海外回国全职到岗,1 名来自北京生命科学研究所。新 PI 中 3 人获批国家"青年千人计划",1 人获批国家"千人计划",1 人获批 2014"长江学者奖励计划"特聘教授。黄晓军获 2014 年国家科学进步二等奖,首都十大疾病科技攻关惠民行重大科技成果;陈鹏获英国皇家化学会颁发的 2014《化学会评论》新科学家奖(Chem Soc Rev Emerging Investigator Lectureship)"Roche Chinese Young Investigator Award"和中美化学教授联合会杰出奖;陈兴获药明康德生命化学奖;邓宏魁、郭红卫分获第七届谈家桢生命科学成就奖和创新奖;蒋争凡获全国优秀科技工作者荣誉。

【临床医院合作】 自 2011 年以来,学校委托前沿交叉学科研究院负责 985 工程三期"临床医院合作专项"的评审组织与实施管理工作。2014 年,共有来自 6 家附属医院的 38 个课题组提交了项目申请。经过专家初审和公开答辩,共有 11 项课题获得学校支持。截至 2014 年,"临床医院合作专项"共支持了 4 批 51 项课题,初步完成了 1 亿元经费的资助目标,推动了临床医院与校本部基础及应用学科的密切合作。

【医疗健康大数据研讨会】 为了促进北京大学在大数据领域的研究发展和学科建设,2014 年 6 月 5 日,前沿交叉学科研究院组织召开"北京大学医疗健康大数据研讨会",来自美国 Vanderbilt University 及北京大学数学科学学院、信息科学技术学院、工学院、公共卫生学院、药学院、第一医院、人民医院、统计科学中心、医学信息学中心等单位不同学科的专家 70 余人参加研讨。

【交叉学科夏令营】 2014 年 7 月 5—8 日举办了一年一度的交叉学科优秀大学生夏令营,来自全国十几所高校的 100 余名本科生参加。依托研究院招生的各中心通过学术讲座、综述报告、笔试和面试等方式,选拔优秀营员进入北京大学攻读研究生。继 2013 年之后,纳米科学与技术研究中心和国家纳米中心再次组织联合招生夏令营。生物医学跨学科研究中心还专门组织营员参观了口腔医院、第一医院影像科、神经内科、心内科、呼吸科等临床科室,让他们对临床工作有所了解并理解所面临的跨学科挑战,启发同学们在学科交叉领域的研究兴趣。

【优秀博士后基金】 生命中心博士后基金面向全校和生命科学相关实验室,支持吸引优秀博士后。资助在生命科学相关研究领域做出过出色成果,具有发展潜力的申请人。基金每年评选两次,2014 年度的 56 名申请人中,面试 26 人,入选 16 人,其中,1 人获特等基金资助,2 人获杰出基金资助,其余 13 人入选优秀资助。在全校范围内起到了吸引优秀博士后的辐射作用。

【纳米科学研究】 李彦课题组在单壁碳纳米管手性可控生长研究上取得重要突破,该项成果于 2014 年 6 月 26 日在 Nature 上发表,并入选美国化学会 C&EN 2014 化学研究 Top 10。该研究为解决单壁碳纳米管的结构可控生长这一困扰学界已久的难题提供了一种可能的方案,为碳纳米管的应用,尤其是碳基电子学的发展奠定了基础。2014 年 7 月 1 日新闻联播对该成果进行了报道,是 2015 年 1 月 1 日中央电视台《24 小时》节目回顾 2014 中国重要科技进展列举的三项研究之一。

二维晶体材料化学论坛 在中国化学会第 29 届学术年会于北京大学召开之际,作为大会创新论坛之一的"二维晶体材料化学论坛"于 2014 年 8 月 5—6 日在北京大学成功举行。论坛由北京大学彭海琳教授和新加坡南洋理工大学张华教授筹划组织,邀请了在二维晶体材料领域活跃的 18 位全球中青年科学家,与北京大学,以及全国各院所的师生齐聚一堂,就二维晶体材料化学领域的基本科学问题和技术进展展开了广泛而深入的探讨。

多功能纳米材料论坛 2014 年 9 月 25—26 日,与韩国成均馆大学联合组织的 Multifunctional Nanomaterials Forum between PKU and SKKU 双边会议在北京大学召开,会议主席由北京大学刘忠范院士和成均馆大学 Young Hee Lee 教授担任,会议由李彦教授、康晋锋教授、Seunghyun Baik 教授负责具体组织工作,约一百人参加,北京大学王恩哥校长、成均馆大学金校长到会并致辞。

表面等离激元研究进展及其交叉应用研讨会 方哲宇课题组在北京大学研究生院、前沿交叉学科研究院及物理学院的支持下,于 2014 年 10 月 11—13 日在北京大学举办 2014 年表面等离激元研究进展及其交叉应用研讨会。会议由研究院博士生康义敏、李梓维等负责组织,出席研讨会的有来自北京大学、清华大学、华中科技大学、首都师范大学、中科院物理所、国家纳米科学中心、北京理工大学等国内外相关领域的优秀博士生三十余名。

【生物医学跨学科科研】 等离子体生物医学研究领域 发展了用于牙根管生物膜杀菌和牙齿美白的低温等离子体技术,证实了其有效性和安全性。在环境技术应用方面,自行设计的低温等离子体系统能够有效杀灭空气中的微生物气溶胶、多种过敏源,以及大肠杆菌噬菌体病毒等,为空气环境净化开辟了一条崭新的途径。在材料科学应用方面,发展了一种低温等离子体制备纳米颗粒的技术,可应用于金、银、磁性纳米颗粒的合成和粒径控制,为纳米颗粒材料在生物检测、分子医学成像等生物医学领域的应用注入了新的生长点。在纳秒脉冲电场技术的生物医学应用方面,通过动物实验,证实了调节纳秒脉冲电场能够有效抑制乳腺肿瘤的生长,且对正常组织无明显副作用,另外还发现调节纳秒脉冲电场能够促进关节软骨细胞的分化,揭示了其对细胞表型影响的分子水平机理,这些为临床肿瘤治疗和再生医学提供了新的途径。

医学成像和信号研究 根据单极天线理论以及成像经验设计出全新的高信噪比、大视场柔性线圈,可有效用于人体异型部位的高对比度磁共振成像;利用药代动力学模型获得了由碘造影剂摄入导致的肾小球滤过率功能参数改变,为临床造影剂肾病和慢性肾病的磁共振功能诊断提供了重要的参考和依据;利用静息态磁共振脑功能分析,揭示了胰岛素吸入为何能提高2型糖尿病患者的认知能力;利用尺度无关分析方法,对阻塞性睡眠呼吸暂停综合征患者经过持续正压通气治疗前后的脑电数据分析,进一步验证了非线性动力学方法用于评价OSAS患者睡眠质量的有效性和突出优势。

康复医学工程研究 与哈佛大学医学院合作,提出了一种改善受试者的直立和行走平衡能力的有效方法:经颅直流电刺激tDCS,这种新的物理干预手段对退行性病变的平衡康复具有非常积极的意义。另外,证实了随机噪声驱动的足底刺激对于受试者的平衡能力有明显改善,有望成为一种有效提高老年人防跌倒能力的技术手段。在膝关节病人的本体感觉测量评价中,引入了光点瞄准任务和复杂度分析方法,为膝关节置换康复过程中本体感觉的重建提供了一种有力的评价工具。

干细胞与再生医学研究 构建成分明确的人多能干细胞培养体系,首次获得既能支持体细胞重编程,又能支持人多能干细胞干性维持和定向分化的新型培养体系。通过实验证实该培养体系支持体细胞重编程,获得安全的人诱导多能干细胞;能维持人多能干细胞的干性并实现体外长期培养扩增达20代以上;能够支持人多能干细胞的定向分化,已实现成骨分化、成神经细胞分化、心肌细胞分化等。

金属类生物材料的研究 在国际上首次给出了可降解金属的定义与分类,形成了可降解镁合金的设计思路,研究了锂、钙、锶、锌等元素的金属离子与镁离子共同释放时造成的细胞溶解、抑制细胞生长和其他毒性作用,获得镁和其他金属离子造成细胞毒性的临界浓度范围,从金属毒理学和元素的营养学功能角度提出新型生物医用镁合金的合金化元素选择依据,并用动物模型在体进行了Mg-Ca、Mg-Sr、Mg-Zn、Mg-Li等合金体系的生物相容性研究,确定其降解产物对周围组织的影响规律。同时,在医用钛及钛合金表面改性方面,研发了石墨烯、石墨烯/透明质酸、石墨烯/壳聚糖、多巴胺调控的载银二氧化钛纳米管及Ag/HA等涂层,提高了钛及钛合金的生物相容性、抗菌性、抗腐蚀性能、耐摩擦磨损性能。另外,在可降解金属材料方面,针对镁钙合金表面研发了具有生物活性和抗腐蚀性能的生物陶瓷涂层;针对可降解铁表面研发了能够促进内皮细胞生长,抑制平滑肌细胞生长,具有良好血液相容性的纳米涂层。

高分子类生物材料及组织工程支架材料研究 针对高性能骨修复材料研究,分别研发含氟纳米羟基磷灰石与聚醚醚酮复合二元材料和聚醚醚酮/碳纤/羟基磷灰石三元复合材料,提高聚醚醚酮材料的生物活性,包括成骨活性和抑菌活性,并增强材料的生物力学性能,获得替代金属类植入材料的最佳长期体内植入骨修复生物材料;并在材料表面进行共价接枝小分子化合物,实现功能化修饰。另外,利用辐射技术研制生物基皮肤修复材料,成功研发了多种蛋白—多糖体系的水凝胶和多孔支架,并在生物基凝胶的相转变机制、细胞生物学效应及促真皮再生机制等基础研究方面取得了较好的成果;研发的生物材料用作冷敷贴、伤口敷料和人工真皮基质,在动物和临床试验中均表现出优异疗效。

【磁共振成像研究中心】 基地建设及科研设备 磁共振成像研究中心在综合科研楼内拥有约1300平方米的科研场地。中心的大型科研设备包括三台3.0T全身磁共振成像仪和一台9.4T高场小动物磁共振成像仪,一台脑磁图系统。2014年4月,2台3.0T磁共振成像仪(GE MR750和西门子Prisma)在综合科研楼先后安装到位;2014年9月,第三台3.0T磁共振成像仪(GE MR750)在北京大学第六医院到位安装;2014年12月,脑磁图系统采购完毕,计划在2015年年初安装到位并对外开放使用;9.4T小动物磁共振成像仪也将于2015年年初完成采购程序。

实验室建设 中心成立了5个实验室。2014年1月建立磁共振成像实验室:GE MR750 磁共振成像仪主要研究健康人类的认知神经机制以及蛋白质与脑结构和脑功能的关系,同时开展高场磁共振成像理论研究与技术创新研究;西门子 Prisma 磁共振成像仪重点开展大型动物的脑结构和脑功能研究。2014 年 3 月建立谱仪实验室,主要是承担高场功能磁共振成像科研用谱仪的研究工作。2014 年 6 月建立功能成像技术研发联合实验室,主要开发针对更广泛脑功能实验室设备需要的硬件及软件系统。2014 年 9 月建立脑电实验室,主要用来探究不同的脑电信号同人类大脑认知加工功能之间的联系。脑磁图实验室将于 2015 年年初建立,主要用于人类大脑认知功能神经机制的研究。

【脑功能成像论坛】 脑功能成像研究国际前沿北京论坛由北京大学磁共振成像研究中心、中国科学院生物物理研究所"脑与认知"国家重点实验室、北京师范大学"认知神经科学与学习"国家重点实验室共同发起组织,旨在推广脑功能磁共振的前沿技术与应用,促进中国在该领域的相关研究,加强国际科研合作。论坛以特定主题的方式每年举行一次,2014 年论坛的主题是"基因脑功能成像",于 2014 年 10 月 25—26 日举行,由北京大学磁共振成像研究中心、北京大学麦戈文脑研究所和北京大学第六医院主办。美国医学科学院院士 Daniel R. Weinberger 博士、意大利巴里大学精神科 Bertolino 教授等国际著名科学家出席论坛并做了精彩的学术报告。

【环境与健康研究成果】 2014 年 10 月 20—24 日要茂盛研究员在美国佛罗里达州召开的第 33 届美国气溶胶研究协会(AAAR)气溶胶大会上接受颁奖获青年气溶胶科学家杰出贡献奖。该奖项以气溶胶测量先驱、美国工程院院士 Kenneth T. Whitby(1925—1983)命名,用于奖励在气溶胶科学与技术领域做出杰出贡献的青年科学家,每年评选一次,每次只授予一人。要茂盛研究员主要开展生物气溶胶的捕获、监测、防护控制及呼吸系统感染快速检测等研究工作,是该奖项设立 30 年来首位获奖的亚洲科学家。

大气颗粒物暴露及毒性研究 要茂盛课题组利用微纳加工技术和巧妙的界面化学修饰完成了硅纳米线侧壁 H1N1 抗体的单分子修饰,结合微流道技术和锁相放大等检测手段,首次在单分子水平上实现了对流感病毒与抗体之间相互作用的免标记、实时无损检测,为开展研究抗原—抗体结合行为、生物体内的单个分子相互作用事件的动力学研究提供了一个可靠的原理方法与器件平台。同时,研究发现单分子的抗原抗体结合导致的硅纳米线电导变化在 3 nS 左右,为基于硅纳米线生物传感器的定量监测奠定了基石。

实际大气细颗粒物的细胞毒性及分子机制 邱兴华课题组对北京市大气细颗粒物中毒性较强的组分即多环芳烃及硝基化、羟基化和氧化衍生物进行精细分析,发现大气化学反应对这一类污染物浓度有重要影响。研究组对实际大气细颗粒物的细胞毒性及分子机制进行了探讨,初步结果说明 $PM_{2.5}$ 暴露导致的系统炎症可能会引起胰岛素抵抗及葡萄糖代谢紊乱,从而引发或促进糖尿病的发生。

北京市大气颗粒物中内毒素研究 朱彤课题组首次对北京大气颗粒物中内毒素浓度进行了全年逐日连续分析,发现了北京市大气颗粒物内毒素存在显著的季节变化趋势;发现大气颗粒物中内毒素与居民死亡率之间有着显著和稳健的关联。研究了多种条件下蒽在 NaCl 颗粒表面与 NO_2 的非均相反应,识别了蒽在 NaCl 颗粒表面与 NO_2 非均相反应的主要产物是 9,10-蒽醌和 9-硝基蒽,测定了表观反应速率常数和反应级数,研究结果有助于进一步认识大气颗粒物的健康效应,有着较重要的科学意义。

【环境与健康学术会议】 大气复合污染双清论坛 2014 年 1 月 18—19 日,国家自然科学基金委员会地球科学部会同数学物理科学部、化学科学部、生命科学部、工程与材料科学部、信息科学部、管理科学部、医学科学部、政策局在北京联合举办了主题为"中国大气灰霾的形成机理、危害与控制和治理对策"的第 107 期双清论坛。来自全国高校、科研院所的近 70 名知名专家、学者,以及来自各科学部和局室的工作人员近 30 人出席了本次会议。朱彤教授作为论坛秘书组组长负责会议的组织安排和会议纪要撰写,并做主题报告"大气细颗粒物对人体健康的影响"。郑玫教授做了"大气细颗粒物的来源解析"专题报告。参会专家围绕"灰霾的形成机理、变化机制、源解析和时空分布规律""大气环流等气象因素对细颗粒物的生成、积累及区域输送的作用机制""灰霾对生态和人体健康影响的机理""灰霾污染的预警指标体系和控制对策""灰霾多尺度监测、预报、预警和控制前沿技术"等 5 个主题进行了广泛、深入的讨论,凝练并提出了该领域急需关注和解决的重大基础科学问题。同时,论坛就该领域综合观测平台、资料共享机制、研究资助策略等提出了建设性的意见和建议。

环境与健康研讨会 2014 年 6 月 12 日,由朱彤带队,张剑波、郑玫、要茂盛和邱兴华赴石家庄,与河北省疾病预防控制中心联合召开环境与健康研讨会并讨论合作事宜。五位老师从多个角度介绍了北京大学在大气细颗粒物与人体健康效应方面的研究进展,提出了细颗粒物人体健康效应研究中的科学问题及决策需求,下午双方展开了合作事宜探讨。北京大学将从环境监测与暴露、颗粒物特征和源解析、环境流行病学方案设计等方面与河北省疾控中心在大气污染的人体健康效应方面展开合作研究,共同为国家的空气质量改善计划出谋划策。

【定量生物学中心】 定量生物学中心欧阳颀教授课题组利用非线性分岔分析方法,揭示了癌基因突变与细胞凋亡网络敏感参数的相关性。该研究成果于2014年1月发表在 PLoS Computational Biology 上,为了研究癌症发生的机制,建立了准确预测癌细胞产生的分析方法。

在本科生科研训练方面,由定量生物学中心的欧阳颀教授担任教练并组队参加了iGEM(国际基因工程机器大赛),通过比赛加强本科生的独立科研能力培养和交叉学科训练。2014年1月 Nature Communication 上报道了北大iGEM团队在构建大肠杆菌条件反射的基因线路方面的研究成果。

定量生物学中心/北京大学化学与分子工程学院来鲁华教授课题组与芝加哥大学何川教授课题组合作,经过蛋白质设计计算与实验成功地获得了对于铀酰离子达到飞摩尔结合能力的"超级"铀结合蛋白。这一成果于2014年1月发表在 Nature Chemistry 杂志上。该成果发表后引起了广泛的关注,美国化学会的官方杂志 Chemical & Engineering News, Nature Chemistry, 美国阿贡国家实验室均对该研究工作进行了高度的评价。

2014年3月23—26日由定量生物学中心与希伯来大学 Israel Institute for Advanced Studies 联合举办的主题为 "Strategies & Design Principles in Cellular Complex Systems"系统生物学研讨会在耶路撒冷成功举办。此次活动由北大定量生物学中心汤超教授与希伯来大学 Michal Linial 教授牵头,多位知名学者,以及来自北京大学和以色列全国各院校的30名学生和博士后也深度参与了整个研讨会。在4天的时间里,研究者们不仅呈现了其研究的最新进展,也传授了各领域的基础知识。师生之间的讨论互动十分友好积极,让意见和思想得到了充分的交流。

2014年5月由北京大学工学院和校团委共同主办的"北京大学第二届工业设计大赛"。定量生物学中心张荣飞同学的"高通量病原体检测芯片"项目从众多作品中脱颖而出,荣获特等奖。张荣飞同学的项目指导老师为定量生物学中心的罗春雄副教授,主要设计原型实现受到定量生物学中心微流平台的支持。

2014年6月13—16日,由北京大学与上海纽约大学共同主办的第二届"Breaking Barrier, from Physics to Biology"研讨会在古城西安成功举办。来自世界各地近40名学者和十几名研究生在3天的会议里广泛深入地讨论了物理学方法在生命科学研究中的应用。以此会议为契机,与会者共同庆祝了洛克菲勒大学 Albert Libchaber 教授八十大寿,并回顾了 Albert Libchaber 教授对于鼓励物理学家从事生命科学的研究,以及人才培养方面所做的贡献。

2014年6月23—25日,定量生物学中心主办了"国际系统与合成生物学青年学者研讨会",来自国内外系统和合成生物学领域的27位青年知名学者,以及校内外相关领域的百余名师生参加了本次研讨会。此次研讨会历时三日,围绕系统与合成生物学中的前沿热点问题分别以学术报告、科研展板,以及问答讨论等方式进行了交流。

2014年7月8日在北京大学化学与分子工程学院A区二层报告厅召开2014年度定量生物学中心学术年会。本次会议的主要内容包括中心年度工作报告1个、特邀科研报告4个、研究生及博士后工作进展口头展讲报告49个。约有来自校内外相关领域的百余位师生参加了此次学术年会。

定量生物中心利用在系统生物学和药物设计研究上的学科优势,在国际上较早开展了系统生物学与药物设计的交叉合作研究,取得了一系列的前沿研究成果。2014年8月,来鲁华—裴剑锋团队受美国化学会志主编邀请撰写了展望型综述,回顾和展望了系统生物学对基于结构药物设计的重要影响。

定量生物学中心与北京大学元培学院合作,于2014年9月设立整合科学实验班。首批选拔招收20名优秀本科生。实验班由北京大学相关院系从事生命科学跨学科研究的优秀教师参与课程设计,并实施小班教学。整合科学实验班的培养目标是立志于科学的领军人才。

中国社会科学调查中心

【发展概况】 北京大学中国社会科学调查中心(Institute of Social Science Survey, ISSS,以下简称调查中心)成立于2006年9月,是北京大学社会科学的数据调查平台,也是北京大学开展中国社会问题实证研究的跨学科平台。

调查中心长期承担两项大型社会追踪调查:中国家庭追踪调查(China Family Panel Studies,以下简称CFPS)和中国健康养老追踪调查(China Health and Retirement Longitudinal Study,以下简称

CHARLS)。两个项目均以收集能真实反映中国民生状况的高质量微观数据为目标。中心立足数据、通过研究分析社会民生方面的各类问题,为政策制定提供实证依据。CFPS与CHARLS两大调查的数据现已免费向各界开放,有力推动了社会、经济、教育等跨学科研究工作。此外,中心还负责实施了一系列重要项目,如中国健康与疾病负担调查,中国居民医改满意度调查,中国商事制度调查等。

调查中心有一支由五十余名优秀人才组成的社会科学调查团队,专业涵盖调查技术、调查执行和质量控制等诸多领域,每年组织管理调查访问员千余名。中心开展的各类调查充分利用国际领先的计算机辅助调查系统,执行运作规范,保证调查数据质量优异。

此外,调查中心组成了由北京大学以及国内外专家学者参加的顾问机构,为中心的学术发展提供咨询,指导设计抽样和问卷等技术环节。中心组织专家学者利用数据撰写研究报告,目前已经出版六期《中国民生报告》,即将出版《中国收入状况报告》《中国教育发展报告》《中国家庭动态报告》等。

2014年,调查中心获得国家自然科学基金重大项目资金支持,成立自然科学基金北京大学管理科学数据中心,其核心任务为:(一)以原有两大社会追踪调查为基础,采集有全国代表性的、大样本、高质量的微观追踪调查数据,公开免费与学术界共享;(二)建设数据服务与共享平台,通过科学的、规范化的数据管理,实现多种形式的数据共享和利用,为科学研究提供丰富的、高质量的数据库和信息资源;(三)利用中心采集和汇集的数据,开展有数据支撑的跨学科研究,建立能为政府决策科学化提供支持的国家级一流智库。数据中心将逐步发展成为集数据调查、数据共享和政策相关研究为一体的专业实证调查科研枢纽。

【数据调查】 1. 中国家庭追踪调查(CFPS)完成第二次全国样本跟踪调查。通过问卷及流程设计、系统编程、大范围实地预调查、全面系统测试、访员招聘培训和在全国展开的为期半年的调查执行。其间,项目团队克服了大量由于人员外出、拒访、联系不上、拆迁/搬迁等原因所导致的追访困难。CFPS追访调查共计发放原家庭样本14923户,完成发放样本户12141户,各类问卷完成总数为79091份,个人样本共完成39265份,其中成人31152份,少儿8113份。以2012年发放家庭为基础,2014年家庭层面追访率为89.9%;以2010年发放家庭为基础,2014年家庭层面追访率达到82.7%。

2. 中国健康与养老追踪调查(CHARLS)完成中老年人生命历程调查。2014年1月,CHARLS完成了对相关问卷的初步设计,以及相应CAPI系统的开发,并开创性地将日历系统引入CAPI系统,显著提高了数据收集的有效性。2—5月,项目团队成功进行了预调查,访问员招募、面试和培训。共计约450名高校在校学生接受了全面细致的调查知识和技能训练。6—11月,由67支队伍组成的调查队伍奔赴全国各地开展访问,最终成功完成了10382个适龄家户和20278位受访者的访问,其中追踪家户的应答率约为84%。

3. 中国健康与疾病负担调查(CMHS)完成攻坚阶段,圆满结项。调查中心在2013年完成了CMHS项目第一阶段3/4的现场执行访问任务。在此基础之上,2014年进入CMHS的攻坚阶段,主要访问那些拒访率高和由于行政协调原因暂停访问的地区。至2014年9月CMHS第一阶段现场执行工作全部完成,共完访户内抽样登记表(KISH问卷)32582份,复合性国际诊断交谈表(CIDI问卷)28195份,受访者不合作的原因列表874份,访谈中途终止原因列表647份,知情人问卷1503份,采访总时长4万余小时,实际访员人数为843人。CMHS于2014年年底结束并顺利完成验收,获得了各方的好评。

4. 完成民政部"中国城乡困难家庭社会政策支持系统建设"调查。调查中心在修订民政部"困难家庭"项目2013年调查问卷的基础上,形成了2014年"困难家庭"项目调查问卷,并完成编写的《"中国城乡困难家庭社会政策支持系统建设"项目2014年度调查实施手册》。2014年5月,调查中心对全国十个省份的省、区县一级的民政干部进行调查培训,协助完成调研。此后,调查中心回收汇总各地问卷,录入数据,经过清理后生成最终数据库,为民政部政策研究中心的分析工作提供核心素材。

5. 建立国家自然科学基金北京大学管理科学数据中心。12月11日下午,国家自然科学基金"北京大学管理科学数据中心"项目启动会在北京大学英杰交流中心召开。国家自然科学基金委员会主任杨卫、副主任何鸣鸿、计划局局长孟宪平、管理科学部主任吴启迪、管理科学部常务副主任李一军、副主任高自友、新闻中心主任张香平等领导参加了会议。北京大学王恩哥、刘伟、高松,以及发展规划部、科研部、社科部、图书馆等部门的领导和相关领域的学者参加了会议。

在启动会上,基金委宣布"国家自然科学基金北京大学管理科学数据中心"项目的正式启动,并宣布成立了由国内外著名专家组成的"北京大学管理科学数据中心"指导专家组,负责"数据中心"项目的科学规划和学术指导。项目总负责人李强教授作了"北京大学管理科学数据中心"项目的总报告。

【会议出版】 发布《中国民生发展报告·2014》 7月25日下午,《中国民生发展报告2014》发布会在中关新园召开。该报告由调查中心专家组和北京大学相关院系专家基于"中国家庭追踪调查"(CFPS)数据完成。报告聚焦于当代中国家庭的财富状况与经济活动,以及由此衍生的相关社会结果。

黉门论坛:应对老龄化的挑战——全球经验 4月17—18日,主题为"应对老龄化的挑战:全球经验"的国际研讨会在北京大学召开。来自美国、德国、英国、日本等享誉世界的人口老龄化问题研究学者受邀参加会议并分别做了专题报告。与会者基于全球视角,共同讨论了老年健康、卫生政策、退休问题,以及老龄化的应对举措等诸多议题,为相关政策制定提供了启示。

美国人口学年会展示 4月30日至5月3日,"中国家庭追踪调查"(CFPS)和"中国健康与养老追踪调查"(CHARLS)分别在国际人口学界最有影响的会议——"美国人口学会年会"上设置展台,向与会的四千多位跨学科学者对两个项目的设计、执行、数据及相关研究成进行介绍及推广。

2014年社会学年会CFPS专场 7月11日下午,社会学年会CFPS专场在武汉大学成功举办。CFPS项目组成员首先介绍CFPS数据的基本情况和用户较为关注的数据使用问题。另有来自不同领域的8位研究者在会上报告论文,并介绍了各自的CFPS数据使用方法和经验。

CFPS用户培训及交流会 调查中心于7月28日在北京大学中关新园召开了CFPS用户培训及交流会。项目PI组为会议做了主题报告,向广大用户介绍了CFPS项目背景、追踪问卷的设计理念、抽样设计,以及CFPS数据的潜在研究价值。项目组分别对2012年数据库更新情况、家庭成员关系库的结构和运用,以及CFPS抽样及权数运用等方面做了重点介绍,并回答了用户关于数据问题的提问。来自不同高校的研究者通过报告分享了基于CFPS的研究成果。

举办CHARLS用户专场研讨会 12月,中国健康与养老追踪调查(CHARLS)项目组在第十四届中国经济学年会召开期间在深圳举办了两场用户专场研讨会,来自于国内外7所大学的CHARLS数据用户报告了论文。CHARLS用户专场研讨会还为数据用户提供展示研究结果和听取反馈意见的良好平台。

【交流与合作】 麻省理工学院经济系Townsend教授是国际著名的经济学家、美国国家科学院以及美国艺术和科学学院院士。2014年10月,他与助理杨小雯博士应邀来访交流,并以讲座的形式介绍了已有16年的历史、倍受关注的"Townsend Thai Survey"追踪调查项目。

7月7—11日,在CHARLS项目组的推荐下,七名在2013年CHARLS实地访问中表现优异的同学,赴美参加了美国兰德公司主办的暑期学校(RAND Summer Institute)。

8月12日,调查中心与中国经济网签订战略合作协议。双方本着"优势互补、共同发展"的愿望,在平等自愿的前提下,携手合作,形成战略联盟,在经济、民生调查、报道等领域开展内容、项目、人员等方面的合作,并不断探索其他合作发展模式。

《儒藏》编纂与研究中心

【教学工作】 2014年,"儒家思想与儒家经典"方向招收9名博士生、毕业5名,在校33名。

【科研工作】 2014年,《儒藏》"精华编"出版100册。主办《儒家典籍与思想研究》集刊,每年一辑,截至2013年已出版5辑。

【年度纪事】 5月30日,北京大学《儒藏》编纂与研究中心与韩国之部召开工作会议。梁承武(韩)、元容准(韩)、魏常海、李中华、杨韶蓉、张丽娟参加会议。

6月27日,北京大学召开"《儒藏》'精华编'百册出版发布会"。教育部副部长李卫红、国家新闻出版广电总局副局长邬书林、全国哲学社会科学规划办公室副主任杨庆存、中宣部《党建》杂志社主编刘汉俊和北京大学党委书记朱善璐等有关领导、部分在京的《儒藏》"精华编"部类主编、《儒藏》中心全体人员、北大出版社相关人员,以及近20家媒体记者出席了发布会。

分子医学研究所

【发展概述】 北京大学分子医学研究所(Institute of Molecular Medicine, Peking University, IMM PKU,简称IMM)创建于2005年。至2014年年底,IMM已建成了具有国际水准的16个研究室和研究中心、3个大型公共科研平台,其中包括国际知名的"非人灵长类研究中心"。

【科研工作】 2014年发表论文49篇,总影响因子263.99,平均影响因子5.39。其中在 Nature 及 Nature 子刊上发表、接受论文7篇、在 PNAS、EMBO J、Circulation、Circ Res、Angew Chem Int Ed Engl、Mol Biol Evol 等影响因子10以上国际学术期刊上发表和接受15篇。其中IMM为第一作者或责任单位第一单位署名文章26篇。

获批国家自然科学基金项目重点项目1项、重大研究计划培育项目1项、优秀青年科学基金1项、面上项目8项、青年基金项目2项、海外及港澳学者合作研究基金1项；北京市自然科学基金面上项目1项。国际合作项目2项。申请中国专利2项。

IMM以程和平为首席科学家的973项目"线粒体功能障碍致早期心衰机制及干预策略研究"及以田小利为首席科学家的973项目"血管衰老及相关疾病的生物学基础"均通过中期验收，其中程和平领衔项目整体评估成绩为"优"。

【学科建设】 2014年，围绕分子医学二级学科新开研究生课程8门，分别是：分子医学高级进展、线粒体质量控制与营养物质感知研究进展、细胞分泌及相关代谢疾病的研究进展、干细胞中的非编码核酸功能及机制研究进展、胰岛细胞生物学、高级基因组医学、分子药理前沿研讨及心血管生物学。目前，开设供研究生研修的专业必修课4门，专业选修课达到26门，进一步完善了分子医学学科课程体系建设。3月"代谢及心血管分子医学北京市重点实验室"召开第一次学术委员会会议。

【队伍建设】 截至2014年年底，IMM事业编制职工41人（PI 15人，Co-PI 13人），博士后7人，劳动合同制职工30人，劳动合同制职工成为IMM实验技术力量的重要补充。刘彦梅、郑良宏荣获2014年度"北京大学绿叶生物医药杰出青年学者奖"等。

从哈佛医学院波士顿儿童医院引进的新PI何爱彬于1月正式到岗，组建了表观遗传学与心脏疾病研究室；从美国密西根大学引进的新PI陈晓伟于6月正式到岗，组建了分子代谢调控研究室。两位新PI均同时入选生命科学联合中心，分别获聘生命科学联合中心青年学者和研究员（PI）职位，其中一人同时入选2014年"青年千人计划"（第五批），另一人于2014年申报的"青年千人计划"项目正在遴选评审中。此外，IMM还从美国加州大学圣地亚哥分校（UCSD）引进Co-PI赵凌，进入国家重大科研仪器设备研制专项课题组工作。

在人才队伍的运行机制方面，根据学校教学科研职位分系列管理的规定，PI纳入了tenure track聘任体系，Co-PI纳入了研究技术系列聘任体系，人才队伍建设进入目标明确、考核明晰的动态优化轨道。

肖瑞平教授出任《新英格兰医学杂志》副主编。《新英格兰医学杂志》是世界最具权威的综合性医学期刊，肖瑞平教授出任该杂志副主编，这是该杂志二百多年来首次在美国以外聘请副主编。

【交流合作】 举办线粒体实习班 5月2—6日，"线粒体超氧炫研讨实习班"在北京大学举行。此次研讨班由IMM主办，中国生物物理学会自由基生物学与自由基医学专业委员会、生物膜与膜生物工程国家重点实验室协办。本次研讨会旨在推动这一新生领域内的交流、合作与发展。有来自中美的12名学者、来自全国高校、科研院所和临床科研机构的六十余名学员以及IMM和中科院化学所9名主实验指导者共八十余人参加了研讨实习班。

举办亚洲衰老研究协会研讨会 IMM田小利教授与香港大学、韩国首尔大学和日本长崎大学的专家于11月7—9日在北京西郊宾馆联合举办"亚洲衰老研究协会研讨会"。来自亚洲6个国家和地区的20余名专家围绕衰老领域的四个关键问题，包括遗传及表观遗传、能量控制、免疫及激素和干细胞及修复进行了讨论。

与《新英格兰医学杂志》开展合作 11月8日，北京大学与《新英格兰医学杂志》（*New England Journal of Medicine*，简称NEJM）合作签约仪式在北京大学图书馆举行。王恩哥、柯杨、NEJM主编Drazen博士和NEJM集团副总裁Lynch先生出席并致辞，王恩哥与Drazen博士共同为NEJM中国编辑部揭牌。中国疾病预防控制中心主任王宇、国家自然基金委医学部主任王红阳院士、清华大学饶子和院士等领导、专家到会祝贺。同日，NEJM-中国临床及转化医学论坛如期举行。来自全国的多所高校、研究机构、国际知名药企专家等二百余位嘉宾出席会议和论坛。

组织召开诺贝尔奖启迪项目活动 作为主办单位，携手诺贝尔官方媒体邀请诺贝尔生理学或医学奖获得者保罗·纳斯爵士（Sir Paul Nurse）到访北京大学并发表公开演讲。12月15日上午，李岩松在英杰交流中心会见了保罗·纳斯爵士一行，并为纳斯先生颁发北京大学名誉教授证书和铜牌，以及"大学堂"顶尖学者证书。随后，保罗·纳斯爵士与青年学者座谈会在英杰交流中心星光厅举行。座谈会以圆桌会议座谈的形式，让北大学子有机会与纳斯爵士近距离交流。12月15日下午，诺贝尔奖创新启迪项目（Nobel Prize Inspiration Initiative）学术讲座在英杰交流中心阳光大厅举行，保罗·纳斯爵士在题为"解密细胞增殖"的演讲中，为在场同学们逐步揭开细胞增殖的神秘面纱。保罗·纳斯爵士强调科学研究要有自己的观点和想法，对科研工作要有激情与热情，他激励在场的年轻学者们投身到认识这些生命过程的科学研究中来。

IMM Seminar系列讲座 自建所以来共举办IMM Seminar系列讲座543场，2014年共举办57场。

【硬件建设】 王克桢楼重装完毕，部分实验室由校外搬回校内，入驻王克桢楼二层，科研条件得到进一步改善。

【学生工作】 截至2014年年底，IMM有北京大学学籍学生134人，客座学生102人。2014年毕业16名博士研究生。2014年度，一名学生获北大五四奖章，一名学生获吴瑞奖，累计52人次获得各级各类奖学金或荣誉称号。

通过迎新、素质拓展、羽毛球赛、新年联欢会等活动增强学生的归属感，并丰富学生课余生活；通过评优和奖学金评选及颁奖、"Pizza Seminar" "Meeting with PI"等活动树立榜样、营造学术科研氛围；通过心理测评及日常排查、安全教育、校规，以及学术道德教育等活动及时跟踪了解学生身心安全及督促学生遵规守纪。

【工会工作】 IMM工会根据自身特点，结合教职工的需要，开展了一系列活动。在体育健身方面，IMM工会组织职工参加"女工趣味运动会""校运动会""游泳比赛""羽毛球比赛"，通过参加比赛，增强了身体素质，提高了锻炼的积极性。为丰富老师们的业余生活，缓解工作压力，为大家集中办理的公园年票并办理文化卡。为教职工子女开设绘画班，在提升教职工子女艺术素养的同时增进教职工团结与交流。

【安全工作】 自建所以来就重视安全工作，牢固树立"安全第一"的思想，实行安全工作领导责任制、层级责任制和责任追究制，将安全工作规范化、制度化。通过学生安全教育课程、安全员培训、应急事件处理演练及观摩、例会与自查相结合等方式实现全所全员参与各种安全隐患防范，做到居安思危、警钟长鸣。

【党建工作】 IMM在科研、科研管理等岗位上均涌现了一批优秀的人才，两位青年PI（刘颖研究员、何爱斌研究员）、两位博士后（黄渊余、李扬）先后加入中国共产党；两位优秀的研究生（吴齐辉、曾凡新）加入中国共产党。目前，IMM共有教工党员15人，学生党员67人，党员队伍进一步壮大。在党的群众路线教育实践活动整改落实工作阶段，学习贯彻习近平总书记重要讲话精神，探讨了教工党员如何不断在各自工作岗位上提高水平，做出成绩；结合习近平总书记提出的好老师的四条标准，围绕"弘扬社会主义核心价值观，争做党和人民满意的好老师"展开讨论，就如何处理好师生关系，调动青年学生的工作积极性，帮助学生筑梦、追梦、圆梦；如何发挥教师党员榜样的力量，帮助学生树立正确的价值观和人生观；如何提高教师的教学科研基本功，提升知识储备，站在知识发展前沿，为学生提供国际化的学术视野等问题展开深入探讨；此外，学生党支部也组织了重要文件学习、党史知识竞赛、篮球友谊赛、红楼连接中国梦等多项活动，使同学们受到教育、受到鼓舞，促进了所内同学的交流与合作。IMM坚持对党风廉政建设的领导，根据学校部署，及时学习、传达和贯彻党风廉政建设会议精神。将党风廉政建设和责任制向课题组延伸，建立所长负责-PI负责的层层负责的责任体系。结合IMM的组织特点，充分发挥PI会的决策作用，严格执行"三重一大"决策和所务公开制度。

【筹资工作】 经与美国安进公司沟通，设立"北京大学分子医学研究所安进博士后研究基金"，用于人才培养、科学研究及实验室建设。2014年度到账经费为180990.36元。

科维理天文与天体物理研究所

【发展概况】 科维理天文与天体物理研究所（KIAA）是北京大学和美国Kavli基金会合作于2006年6月成立的，并于2007年开始运行，研究所致力于建设一个国际一流的天文与天体物理研究中心。主要任务是从事前沿领域的天文研究、提供国际学术交流的重要平台、培养下一代年轻的科学家。

1月1日，原美国卡耐基天文台研究员何子山（Luis C Ho）担任KIAA新一届所长。2月28日，原物理学院天文学系主任吴学兵教授被学校任命为KIAA副所长。

招聘原美国NASA Hubble Fellow沈悦、江林华加入KIAA，同时聘任了三名天文系（DoA）教授刘富坤、范祖辉、徐仁新为KIAA兼职教授。目前，KIAA/DoA共有研究人员24人，博士后16人。研究人员中有千人计划三名（何子山、樊晓晖、Rainer Spurzem），青年千人计划四名（Greg Herczeg、东苏勃、李柯伽和沈悦），长江学者两名（刘晓为和张冰），以及杰青三名（刘晓为、吴学兵、徐仁新）。

【教学工作】 KIAA/DoA有在读研究生50名，本科生118人，由天文系和KIAA共同培养。

【科研工作】人才情况 一人入选中组部千人计划。两人入选中组部青年千人计划。

科研成果 2014年在国际学术刊物上发表或接受的文章达160篇，发表第一作者SCI论文39篇，其中，在 Nature 发表文章2篇，Nature Physics 发表文章1篇，Physics Review Letters 发表文章1篇，Nature 接受文章1篇。

1. 沈悦和何子山的文章Longstanding Quasar Puzzle Solved发表在2014年9月11日的 Nature 杂志上，研究显示大多数观察到的类星体现象都可以用两个简单的量来统一：一个是描述黑洞吸积的效率，另一个则是天文学家观察类星体的角度。

2. 天文系博士研究生李程远

和其导师 Richard de Grijs 教授以及国家天文台邓李才研究员在 Nature 杂志上撰文表明：他们对中年星团的研究，显示恒星年龄并不存在显著差别。

3. 吴学兵研究团队基于中国的中小天文设备，发现了红移 6.3 的类星体，这是迄今为止遥远宇宙中所发现的最亮的类星体，其中心黑洞质量超过 100 亿太阳质量，他们基于这一发现的文章已被 Nature 接受。

4. 刘富坤教授研究团队在普通星系中发现了第一对超大质量双黑洞。美国国家航空航天局（NASA）和哈佛史密松天体物理台（SAO）将这一发现的有关图片选为本周最佳图片。

5. KIAA 博士后 Z. Lucas Uhm 及其合作导师张冰教授在 Nature 杂志物理子刊中发表论文，对伽玛暴辐射机制的理解获得了突破性进展。

6. KIAA 博士后于浩然及其合作者在 Physics Review Letters 期刊中发表论文，提出了一个新的方法来测量早期宇宙的膨胀加速。

经费情况 2014 年，两人申请青年千人项目成功，获得专项经费 600 万元；此外，KIAA/天文系（DoA）还获批国家自然科学基金重点项目 1 项，经费总额 320 万元；自然科学基金面上项目 10 项，经费总额 800 万元；国家基础研究项目（973 项目）2 项，经费总额 400 万元；中国科学院先导 B 项目 1 项，经费总额 300 万元，合计金额 2420 万元。

表 6-21 科维理天文与天体物理研究所获奖情况

成果名称	获奖类型（及等级）	全部作者
北京大学王阳元—杨芙青优秀教师奖	校级教学奖	吴学兵
2013 年北京大学优秀博士后	校级优秀博士后	苑海波
2013 年北京大学优秀博士后	校级优秀博士后	Uhm，Z. Lucas

学术会议 2014 年在科维理研究所举办国际会议四场，其中 11 月 2—4 日举办的 KIAA—PKU 天体物理论坛是研究所举办的一次重要会议，来自国内各个天文机构的 150 人参加会议，该会议对中国天文学家如何利用世界上最好的望远镜之一——30 米望远镜进行了深入而有建设性的探讨。

10 月首次举办博士后论坛，天文系和 KIAA 15 名博士后介绍了自己的研究进展。

【交流合作】日常交流 2014 年有 74 位访问学者访问 KIAA；保持每周都能进行一系列的学术活动，从正式的学术报告，到午餐讨论会以及伴随着比萨和咖啡进行的形式更为轻松的科学讨论。2014 年举办学术报告 39 场，午餐讨论会 46 场，比萨交流会 18 场。同时每日下午有咖啡讨论，每周一晚举办研究生晚餐交流，每周五下午举办"Happy hour"，老师和学生之间可进行轻松的交流。

访问学者计划 2014 年 4 月，科维理基金会科学事物常务副主席 Miyoung Chun 博士一行访问了 KIAA，启动了旨在加强国际科维理研究所之间研究人员交流的访问学者计划。这些研究所包括斯坦福大学、剑桥大学、东京大学等 6 所著名高校的科维理研究所。KIAA 获得了科维理基金会 7.5 万美元的额外资助，2014 年已有 2 位学者来访。

夏令营活动 2014 年 7 月 15—18 日，KIAA 和天文学系联合国家天文台、北京天文馆和北京师范大学举办全国中学生天文夏令营活动，137 名优秀中学生参加大多数活动。63 名优秀营员被选出将获得参加 2015 年北大自主招生考试的资格。

【行政工作】 行政人员 3 名，其中，事业制员工 1 名，合同制员工 2 名。

【学生工作】 9 月份举办本科生论坛，并颁发林桥奖学金，每周举办研究生晚餐讨论会，建立了研究生和学术报告人的午餐交流会，给研究生搭建了和各国的学者交流的平台。

【基础建设】 2014 年，更换并重新装修了行政办公室，将二楼 5 间客房改造成办公室和研究生机房，缓解了 KIAA 办公用房压力。此外，还安装了新的会议视频系统。

北京国际数学研究中心

【科研工作】 美国工业与应用数学学会（SIAM）宣布将 2014 年西奥多·冯·卡门奖授予北京大学北京国际数学研究中心副主任的鄂维南院士，以表彰鄂维南影响深远的数学贡献，包括对湍流下的物质结构的分析，复兴多尺度的数值分析，以及开创科学计算中精巧的解决方案。鄂维南成为首位获此奖项的中国数学家。

许晨阳因在基础数学，尤其是代数几何方向做出杰出研究成果，荣获 2014 年度国家杰出青年科学基金，以及长江学者特聘教授。许晨阳在代数几何的多个不同方向都做出重要贡献。他的成果包括和合作者一起建立一般性对数偶的有界理论，三维正特征极小模型理论获得的突破性进展，证明

KSBA模空间紧性等很多不同方向。许晨阳目前已有三篇文章发表在顶级期刊 Annals of Math. 其他发表文章还包括一篇发表在 Invent. Math.，一篇发表在 Duke of Math.，并有一篇已被 Journal of AMS 接受。

葛颢与哈佛大学化学与生物化学系的谢晓亮实验室合作揭示了细菌内转录随机爆发现象的分子机制。论文于2014年的7月17日发表在《细胞》(Cell)杂志上，这篇文章得到了 Cell 的同期评述。这项工作的重要意义在于这是利用单分子酶学的实验技术并结合随机数学模型，成功揭示活细胞内的一个与DNA力学性质紧密相关的重要且普适的机制。

张磊课题组与北大定量生物中心主任汤超教授开展合作，通过数学模型寻找生物网络中实现功能模块的设计原理。张磊课题组推测在繁杂的生物世界里一定暗藏着一些可以适用于多种组织水平的普适性的规律。本研究项目"生物网络的可计算建模"在2014年获得基金委重大研究计划的资助。

文再文研究员为国家自然科学基金委优秀青年科学基金获得者。他的主要研究领域是最优化计算方法。由于他突出的工作成绩，2014年文再文研究员被聘为 Journal of Computational Mathematics 期刊编委。2014年5月被选为中国数学规划协会青年理事会主任。

11月，北京国际数学研究中心鄂维南院士研究小组在 Science 杂志上发表题为"Microscopic Mechanism of Equilibrium Melting of a Solid"的文章，报告了基于鄂维南院士和合作者所发展的稀有事件新型算法对于揭示金属固体熔化微观机理的研究。鄂维南院士及合作者的研究清楚阐释了 Lindemann 和玻恩的争议，鄂维南院士研究小组在2005年所发展并已得到广泛应用的有限温度弦方法是这一工作的核心算法之一。

2014年数学中心教授和博士后发表或被接受的论文总数超过100篇(含预印本)，其中多篇发表在世界著名数学杂志上。

【队伍建设】 数学中心继续在全球范围内吸引、遴选、招纳一流数学家及博士后科研人才。截至2014年年底，在北京国际数学研究中心指导博士生的教师共有27人，其中有12人入选中组部"千人计划"(5人入选中组部"青年千人计划")，4人为北京大学"百人计划"学者。阮勇斌等世界著名数学家将在2015年加盟数学中心。

2014年新加盟的"青年千人计划"入选者杨文元主要研究领域包括几何群论和 Kleinian 群。其研究成果已发表在包括 Journal fur reine und angewandte Mathematik, Math. Proc. Cambridge Philos. Soc., Geom. Dedicata., Proc. Amer. Math. Soc. 等在内的国际重要期刊上。

葛剑主要研究领域包括黎曼几何、Alexandrov 几何，以及切触几何，特别是塌缩理论以及非负曲率流形的结构的研究，其研究成果已发表在 Journal of Geometric Analysis, Proceedings of the American Mathematical Society 等重要期刊上。

北京大学"百人计划"研究员方博汉的主要研究领域是弦理论相关的数学物理，涉及代数几何和辛几何的许多内容。其研究成果发表在 Invent. Math. 等杂志上。他在美国西北大学获得 Presidential Fellowship，在哥伦比亚大学工作期间受美国国家科学基金(NSF)资助任项目负责人。

新进北大"百人计划"研究员董彬的研究领域是图像及数据科学中的数学建模和快速算法设计，他的多篇文章发表在包括 Journal of the American Mathematical Society 在内的世界顶级期刊。由于其突出的工作成绩，董彬获得2014年求是杰出青年学者奖。

数学中心博士后工作继续取得引人注目的工作成绩。目前，数学中心有在站博士后19名。王伟被评为2014年度北京大学优秀博士后，此外他还获得中国博士后科学基金面上项目特别资助。王超、王淑霞等博士后的工作成果逐渐获得国内外同行的认可。

【人才培养】 2014年数学中心招收博士研究生10人，博士研究生总人数达到39人。数学中心努力为青年学生提供一流的学习条件，创造浓厚的学术氛围，探索建立一流数学人才培养特区，稳步开展人才培养模式的改革，促进拔尖人才脱颖而出。

在课程设置方面，北京国际数学研究中心邀请挪威科技大学的 John Erik Fornaess 教授开设了关于"Several Complex Variables"的基本课程，课程的主要目的是给出在 L^2 空间上求解 dbar 方程的 Hormander 定理的证明。中组部外专千人计划入选者、美国克雷研究所前任所长 James Carlson 教授开设了春季和秋季课程。春季课程主要围绕 Hodge theory 及其相关的一些文章展开热烈的讨论；秋季课程主要介绍了椭圆曲线、黎曼曲面、代数曲面以及一般维数的超曲面，同时简单介绍了 Griffiths 留数计算、周期映射和周期域等，讨论了变动 Hodge 结构以及 Hodge 猜想。通过这些课程极大地增进了年轻学生和海外学者的学术交流，加深了学生对相关领域的理解并找到了一些有潜力的问题和研究方向。

自举办第一期研究生数学基础强化班起，北京国际数学研究中心坚持以"创造一流学术成果，培养一流数学人才"为指导方针，充分整合国内外数学教育资源，每年定期开办研究生基础强化班。截至目前,数学中心已成功举办了六期研究生数学基础强化班。第六期研究生数学基础强化班于2014年2月开班,总共招收了来自湖北、广东、四川等13个省份18所高校的32名学员,最后共有21名学员通过审核并获得数学中心颁发的结业证书。数学中心将继续为全国杰出的青年学生提供优越的学习资源,让学生们打牢基础,更好地理解前沿数学研究成果,推动中国数学后备人才的培养。

【学术活动】 2014年,数学中心组织召开8个国际研讨会,其中包括国际群论及代数会议暨全国群论会议、最优检验函数的间断Petrov Galerkin方法专题报告会、复几何与代数几何研讨会、最优化与科学计算研讨会、国际系统生物学研讨会、计算数学青年学者论坛等。另外,数学中心在全年举办长期讨论班7个,学术报告一百余场。活动吸引了北大师生以及周边各大高校的学者和学生逾千人前来参加。

5月,法国著名数学家、菲尔兹奖得主Cédric Villani在北京国际数学研究中心做了名为"Long Time Behavior of Classical Mechanical Systems—from Planets to Stars to Fluids"的报告。报告从系统和星系描述起,讲解生动有趣,精彩而富有启发性。

7—9月,田刚院士在北京国际数学研究中心做了关于K-stability和Kahler-Einstein metrics的系列讲座。这是田刚院士首次系统详细地讲述他在2012年解决Kahler-Einstein metrics存在性问题的证明,报告分为七次。前六次报告详细地给出了Kahler-Einstein metrics存在性的证明,第七次报告利用CM-Stable来给出一个新的证明。来自北京大学、清华大学、中科院、澳大利亚悉尼大学等国内外院校的师生参加了这七次系列报告。

7月,国际著名数学家、美国数学会科尔数论奖得主张益唐教授在北京国际数学研究中心做了题为"素数分布与黎曼zeta函数"的系列报告。在报告中,张益唐教授介绍了黎曼假设、筛法及哥德巴赫猜想等解析数论中的经典方法和技术,报告深入浅出,极大地激发了听众特别是广大年轻学子的兴趣,取得了非常好的效果。

8月,国际著名数学家、阿贝尔奖获得者安德烈·塞迈雷迪(Endre Szemerédi)到访北京国际数学研究中心,并在数学中心报告厅做题为"子集合问题(On Subset Sums)"的学术报告。在一个小时的报告中,安德烈·塞迈雷迪(Endre Szemerédi)围绕自己的研究成果进行了精彩阐释。近百名国际数学研究中心的师生及访问学者参加了此次学术报告。

【对外交流与合作】 西班牙ICMAT合作计划是一个由西班牙数学科学研究所(ICMAT)和北京国际数学研究中心等多家科研机构参与合作的计划。在此合作框架下,2014年11月17—21日在西班牙马德里召开了"西班牙—中国数学研讨会"。研讨会增进了西班牙与中国的科技交流,为双方研究人员提供了相互了解和合作的平台。

巴西IMPA合作计划。由巴西国家数学与应用数学研究所(IMPA)和数学中心搭建的一流人才培养和学术交流的国际平台,旨在提高中国和巴西数学家之间的合作研究,共同促进双方科研与教育的进步发展。合作计划包括:双方共同培养博士生、双方博士生和学者之间的交流互访。

深圳研究生院

【发展概况】 2001年1月,北京大学与深圳市人民政府签署《合作创办北京大学深圳校区协议书》,共同创办北京大学深圳研究生院。北京大学深圳研究生是以全日制研究生教育为主的高等教育机构,是北京大学在国内唯一直属的异地办学实体,校园占地面积21.28万平方米,已完成建筑面积17.41万平方米,在建建筑面积0.89万平方米。

2014年,深圳研究生院领导班子成员如下:院长陈十一,常务副院长白志强,党委书记兼副院长谭文长,副院长吴云东、牛宏伟、涂欢、菲利普·麦康菲(Philip John McConnaughay)、曾辉。

深圳研究生院现设信息工程学院、化学生物学与生物技术学院、环境与能源学院、城市规划与设计学院、新材料学院、汇丰商学院、国际法学院、人文社会科学学院等八大学院,下设28个专业,涵盖经济学、法学、文学、理学、工学与管理学等六大学科,包含15个一级学科,共计硕士点21个,博士点17个。

人文社会科学学院传播学(学硕)确定将于2015年招收财经新闻硕士;信息工程学院计算机应用技术(学硕)下增加了"大数据平台技术与应用"方向,国际法学院将增设法律硕士(LL.M.)(专硕)。同时,北京大学深圳研究生院还筹备成立了北京大学大数据技术研究院,汇丰商学院迎来十周年院庆。

截至2014年年底,深圳研究生院共有教职工524人。专任教师164人,包括外国专家60人、港澳台教师8人、留学归国教师62人。专任教师中,正高级职称42人,占25.6%;副高级职称51人,占31.1%;中级职称71人,占43.3%。

【教学工作】 共招收949名研究生(外国留学生41人),博士生63人,硕士生886人;2014学年共计在校生2873人(外国留学生95

人),博士 238 人,硕士 2635 人。其中,信息工程学院总计 481 人,博士生 40 人,硕士生 441 人;化学生物学与生物技术学院总计 255 人,博士 142 人,硕士 113 人;环境与能源学院总计 201 人,博士 23 人,硕士 178 人;城市规划与设计学院总计 279 人,博士 23 人,硕士 236 人;新材料学院总计 42 人,博士 5 人,硕士 37 人;汇丰商学院总计 1070 人,博士 3 人,硕士 1067 人;国际法学院总计 347 人,无博士;人文社会科学学院总计 155 人,博士 2 人,硕士 153 人。

全面实施精品课程计划,选出四门精品课程,给予支持和奖励。积极鼓励青年教师参加校本部基本功讲课大赛,四位参加教师均取得了优异成绩。在学校组织的校网评中,深圳研究生院课程总体评价 96.73 分,高于全校平均分。

【科研工作】 引进教师 34 人,其中,教授 5 人,副教授 2 人,助理教授 16 人。截至 2014 年,深圳研究生院共有中国科学院院士 2 人,国家"千人计划"6 人,"长江学者"3 人,国家杰青 4 人,国家外专局引进国外技术项目 1 人,国家外专局高端外国专家项目 2 人,国家创新人才推进计划 2 人,教育部"新世纪优秀人才支持计划"1 人,万人计划 1 人,南粤百杰 1 人,广东省引进领军人才 2 人,高层次专业人才认定 70 人,高等学校"鹏城学者"学者计划 15 人,海外高层次人才认定即"孔雀计划"45 人,深圳政府特殊津贴 4 人,产业发展与创新人才奖 25 人,北京大学"百人计划"9 人。

科研经费收入 1.80 亿元(同比增长 24.6%),其中纵向课题经费收入达到 1.28 亿元(同比增长 34.0%),纵向经费与横向经费比例超过 7∶3。近 5 年来累计科研经费 6.8212 亿元,人均科研经费 130 万元。

2014 年,深圳研究生院共获得国家自然科学基金、国家科技重大专项、国家 863 课题、国家 973 课题,以及教育部、环保部、国土部等国家级重要科研项目 37 项,深圳市新一代网络视频处理技术孔雀团队项目等一大批重大科研项目陆续启动。深圳研究生院师生共发表学术论文 524 篇(同比增长 10.1%),其中 SCI、EI、ISTP 和 SSCI 收录 400 篇(同比增长 16.6%),新增加国家发明专利申请 103 项(同比增长 30.4%)。杨震教授、李闯创副教授团队"具有重要生理活性的复杂天然产物全合成"项目获得广东省自然科学一等奖和深圳市自然科学奖一等奖,其中广东省自然科学一等奖是第一次由深圳团队获得。

化学生物学与生物技术学院吴云东课题组在 C-H 活化机理研究、新型不对称 Heck 反应机理研究、蛋白质折叠模拟领域均取得重要进展,相关成果文章都发表在了《美国化学会志》上;基于他们在理论有机化学领域的国际声誉,吴云东课题组还受美国化学会志主编邀请撰写发表了展望型综述。化学生物学与生物技术学院黄湧课题组与杨震课题组分别在有机催化领域、铑催化的[3+2]环加成领域取得重要进展,相关成果文章均已发表在自然—通讯杂志。《自然》杂志中国增刊公布的自然指数显示,北京大学高居中国高校自然指数榜首,其中深圳研究生院化学生物学与生物技术学院的黄湧教授成为自然指数贡献最高的研究者之一。新材料学院潘锋教授等领导的等离子装备研究小组论文荣获 2014 年《物理学报》优秀论文奖。

【社会服务】 积极服务深圳战略性新兴产业发展,承办、参与了深港澳博士生南山论坛、2014 澳门大学两岸暨香港、澳门研究生论坛、"六一节直通名校车"校园开放日等活动,为深圳创新城市建设提供智力支持。百名志愿者参与了"北大学子进桃源""春蕾行动""四点半学校""老年大学"等活动,服务时数 1580 小时。与西丽小学签署了共建协议,建立了"大手拉小手"社会实践基地。加入了卓雅小学"六艺学堂"志愿讲师团队。

筹备成立了北京大学大数据技术研究院,从国家战略需要出发、主动应对大数据时代的重要部署。深圳研究生院各单位主办、承办了第十四届中国经济学年会、大数据技术创新学术论坛、2014 年全球商学院院长论坛、2014 年度中国低碳典范高峰论坛等前沿论坛,扩大了深圳研究生院的影响力。

【交流合作】 目前拥有 4 个联合培养项目,即 SPORE 新加坡国立大学—北京大学—牛津大学科研联盟双硕士培养项目;北京大学金融学—香港中文大学经济学双硕士联合培养项目;北京大学经济学—新加坡国立大学金融学双硕士联合培养项目;美国劳伦斯伯克利国家实验室—北京大学新材料联合培养项目。与美国加州大学伯克利分校、北卡罗来纳大学教堂山分校、香港大学等高校建立 4 个共建中心,即可再生能源与环境微生物研究教育中心;北京大学—加州大学戴维斯分校绿色照明中心;北京大学—北卡罗来纳大学(PKU-UNC)城市与区域规划管理研究中心;北京大学—香港大学深港发展与创新研究中心。国外高校交流学习项目 95 个。

【党建工作】 2014 年,深圳研究生院共有 63 个党支部,师生党员共 1452 人。深圳研究生院将开展党的群众路线教育实践活动与学习贯彻学校党代会关于深圳研究生院的战略部署相结合,加强组织领导,把握关键环节,工作得到有力推进,效果明显。充分利用了活动契机,在全院特别是教学科研一线,对深圳研究生院的办学定位和办学方向进行了深入讨论,通过学习与讨论,提升了全院教职工创建世界一流国际化校区的使命感和责任感,进一步明确了深圳研究生院继续当好北京大学创建世界一流大学、国家高等教育改革的重要实验区的奋斗目标。

【学生工作】 2014年毕业生共计763人(外国留学生29人),博士48人,硕士715人,就业率99.2%,在广东省(含深圳市)就业183人,占毕业生总体的24%;在深圳就业131人,占毕业生总体的17%。

校本部将深圳研究生院参加本部研代会代表名额增加至27名。体育赛事上,深圳研究生院也致力于发挥更大的影响力:蝉联校本部运动会和大学城运动会冠军,组织体科健杯穗深港澳四地高校定向越野邀请赛,促进了省内高校之间的文体交流;还与万科集团达成推动大学城赛艇运动、恢复北大清华传统赛艇比赛、伺机建设水上项目训练基地和深圳高校赛艇比赛合作意向。

举办各具特色的品牌活动,如元宵节、七夕节主题活动,"创新南山"创业之星大赛大学城分会场比赛,南燕讲坛系列活动,以及公益TED活动、镜湖之夜嘉年华、深圳高校辩论赛、深港澳台南山博士论坛等。

深圳研究生院学生在国内国际赛事上接连获奖,国际法学院学生团队夺冠第三届中国"WTO模拟法庭竞赛"、蝉联第十二届"贸仲杯"国际商事仲裁辩论赛;赛艇队代表北京大学深圳研究生院首次参加了"2014国际名校赛艇挑战赛";国际法学院在校学生董少灵创业成功,90%世界五百强都是其公司中北明夷主打产品"兔展"的用户。

【行政工作】 2014年,北京大学同意今后将国家助学金拨付深圳研究生院,首笔资金已经到位,这将成为今后办学的稳定支持;深圳研究生院专业学位委员会按照学校的要求顺利获批,学术学位自主权进一步得到提升;深圳研究生院与北京大学相关学院的沟通进一步加强,几个合作办学项目也按照深研院的战略发展部署稳步推进。

顺利完成了薪酬体系建设;创新选任中层干部方法,提升中坚力量的战斗力;在机制上促进教职员工"过程参与、成果分享",公开、公正、公平成为北京大学深圳研究生院推进重大事项的决策机制特点。

【信息工程学院】 信息工程学院下设3个专业,包括微电子学与固体电子学(理学硕士、博士)、集成电路与系统(理学硕士、博士)、计算机应用技术(理学硕士、博士)。研究方向包括:微纳电子器件与集成技术、集成系统芯片(SOC)、微电子机械系统(MEMS)技术、系统芯片设计验证与测试、网络通信与信息安全、多媒体技术、网络信息工程、人机交互与机器人系统等。

在信息工程学院计算机应用技术(学硕)专业下增加了"大数据平台技术与应用"方向,同时,北京大学深圳研究生院筹备成立北京大学大数据技术研究院。

截至2014年年底,信息工程学院院教职工62人。专任教师22人,包括外国专家2人,港澳台专家3人,留学归国教师11人。专任教师中,正高级职称9人,占41%;副高级职称11人,占50%;中级职称2人,占9%。

开设微电子学与固体电子学、计算机应用技术两个专业。共招收129名研究生(港澳台学生1人),其中,博士生6人,硕士生123人;毕业生分为微电子学与固体电子学、电子科学与技术(集成电路与系统)、计算机应用技术、计算机系统结构四个专业,共183人,其中,博士生10人,硕士生173人;全年共计在校生488人,其中博士生44人,硕士生444人。

共开设专业课程46门,共计136学分。在学校组织的校网评中,信息工程学院课程两个学期分别为96.85分、97.67分,均高于深研院平均分和全校平均分。

2014年学院科研经费收入5622万元,其中,纵向课题经费收入4550万元,横向课题经费收入1072万元。

2014年,共获得国家自然科学基金6项,教育部、科技部等国家级重要科研项目6项,深圳市图像与视频处理技术孔雀团队项目等一大批重大科研项目陆续启动。信息工程学院师生共发表学术论文258篇,其中SCI、EI、ISTP和SSCI收录229篇,新增加国家发明专利申请58项,美国专利获授权1项,中国专利获授权17项。

信息工程学院张盛东教授团队在信息显示领域取得重要进展,获授权美国专利3项,相关成果文章已发表在 Advanced Functional Materials,部分专利已转让给京东方、华星光电、龙腾光电等企业,实现规模量产,专利技术产生新增销售额5亿元。

信息工程学院赵勇副教授课题组研发的车牌识别算法与周界防范算法已成功地应用在华为海思Hi3516A芯片上并实现量产,该芯片目前占据全球安防芯片的60%以上的市场份额。

积极服务深圳战略性新兴产业发展,举办第十九届中韩(北京大学—韩国庆北大学—西安电子科技大学)微纳电子科学与技术年度研讨会和第七届中国计算机系统(ChinaSys)学术会议。信息工程学院学生志愿者积极参与了"春蕾行动""老年大学""四点半学校""第六届校园公益服务周""筑爱黔行""联合北大医院社区健康讲座及义诊公益活动""为北大校友爱心募捐、义卖""青春学堂"等活动。

与创维集团合作共建深圳市

三维数字媒体技术工程实验室;与深圳市广信网络传媒有限公司合作共建深圳市融合网络集成播控技术工程实验室;与中国联通深圳分公司合作共建深圳市宽带无线网络安全技术工程实验室。

2014年毕业生共计183人,其中,博士10人,硕士173人;就业率95%,在广东省(含深圳市)就业45人,占毕业生总体的25%;在深圳就业35人,占毕业生总体的19%。

举办各具特色的品牌活动,如一二·九运动周年纪念活动、新生秋游活动、毕业生就业与深造交流会、毕业生植树活动、创意蛋糕大赛、女生节主题活动等。

信息工程学院学生在第二十二届北京大学"挑战杯"五四青年科学奖竞赛中夺得特等奖。

【化学生物学院与生物技术学院】截至2014年年底,学院现有专职高水平教师30名,其中,中国科学院院士2名、长江学者3名、国家杰青3名、国家千人计划1名、北京大学"百人计划"特聘研究员6名。在站博士后16名。

2014年化学生物学院与生物技术学院科研成果丰硕,申请中国专利9项,美国专利1项,获得中国专利授权3项;获得深圳市自然科学奖一等奖(杨震)、深圳市青年科技奖(赵劲)、Fukui Medal(吴云东)、美国化学会 Org. Lett. 杰出作者奖(黄湧)、拜耳学者奖(黄湧)、罗氏中国青年学者奖(黄湧)、Asian Core Program Lectureship Award(黄湧);学院发表SCI论文105篇,平均影响因子6.27。影响因子大于10的国际顶级论文共13篇(学院为第一通讯作者单位,分别由邓宏魁、吴云东、黄湧、叶涛、李志成、杨震课题组完成);学院在成果转化上取得重大突破,潘峥婴课题组的新一代B细胞非霍奇金淋巴瘤靶向药物研究已取得阶段性成果,并已与北京睿熙生物科技有限公司签署了"Btk抑制剂"技术及专利独占使用权授予协议,协议金额1550万元。

2014年国家863青年科专题项目"用于环境中重金属的生物传感器与吸附技术"获得批准立项,这是化学生物学院与生物技术学院获得的首例青年863首席专家项目;广东省纳米微米材料研究重点实验室获得立项。

2014年,化学生物学院与生物技术学院有52位学生获得校级荣誉称号,17人获得校级奖学金,10人获得2013—2014年度北京大学"创新奖"、8人获得博士研究生国家奖学金奖。化学生物学院与生物技术学院2014年设有晨兴优秀论文、IKA、康特腾交叉、药明康德、宝德、万千、岛津共七个院级奖学金,年度奖励63人次,奖励金额13.15万元。

截至2014年年底,化学生物学院与生物技术学院有在读研究生234人,其中,博士研究生127人,硕士研究生107人。2014年共有28名博士研究生、5名硕士研究生完成论文答辩,顺利毕业。毕业生就业去向主要有国内高校和科研机构、国外高校和科研机构、国内药企等。

【环境与能源学院】 2014年,环境与能源学院学生总人数202人,全职教师14人(教授8人,副教授4人,助理教授2人),研究员5人,博士后9人。现有环境科学和环境工程两个专业,开设两门外籍教师的课程全英文授课:"新能源化学工程"和"危险废物处理与污染控制"。许楠荣获北京大学第十四届青年教师基本功比赛"理工科组三等奖"及"优秀教案奖"。徐期勇的"废物资源化原理与技术"课程被评为"北京大学深圳研究生院精品课程"。成功举办首届全国优秀大学生暑期夏令营,宣传效果明显。毕业生就业情况良好,2014年有45名硕士、4名博士毕业生,其中出国4人,就业情况良好,珠三角就业人数占35%,起到了为珠三角输送优秀人才的作用。

2014年新增项目64项,新增合同金额2493.11万元。公开发表论文89篇,其中,SCI收录论文43篇,EI收录论文8篇,中文核心期刊38篇。在专著方面,栾胜基出版了 Modelling Nitrogen and Phosphorus Export by the Pearl River in China 1970—2050 论文集,邱国玉出版《水与能:陆地蒸散发、热环境及其能量收支》,秦华鹏出版《城市水系统与碳排放》。申请发明专利4项,都属于生物能源领域,其中,3项是发明专利,1项是实用新型,已经授权。陶虎春参与的科研项目"微生物催化电解强化水中难降解污染物定向转化及调控机制"获得黑龙江省科学技术二等奖。

2014年环境与能源学院共举办了三次大型学术会议:"微藻技术创新与应用国际研讨会"、第四届"低影响开发的理论与实践及其景观设计途径""第七届中韩(北京大学—韩国首尔大学)环境学术研讨会"。17名SPO双学位硕士赴新加坡国立大学学习并开展研究工作。

【城市规划与设计学院】 城市规划与设计学院组建于2009年,其前身为北京大学深圳研究生院环境与城市学院。学院依托北京大学本部在原有人文地理学、自然地理学基础上新招收生态学博士研究生。目前全日制在校学生三百余人。

城市规划与设计学院已形成高水平的教学科研团队,现有教学科研人员47人。其中,海外归国教员20人,新增海外归国教员龚岳。在深全职教授曾辉荣获深圳市高层次专业人才认定(国家级)、杨家文获批深圳市鹏城学者特聘教授(长期)、王钧获批深圳市海外高层次人才认定(B类人才),兼职教师沈青获批深圳市鹏城学者短期特聘教授。

截至2014年年底,城市规划与设计学院共承担国家级纵向课题67项,包括国家973项目、863项目、科技支撑项目及国家自然科学基金重点项目,承担地方横向科研项目124项;发表学术论文423篇(SCI论文114篇、中文核心期刊238篇),出版学术专著11部。

2014年,城市规划与设计学院毕业生人数93人,其中,硕士研究生88人,博士研究生5人。"2013城市与区域规划班"获得"北京大学校级优秀班集体"称号。南燕城市学会"新型城镇化"学术沙龙获2014年度"研究生教育创新计划"资助。

【新材料学院】 新材料学院2011年底开始筹建,2013年正式成立。学院以"北大传统、深圳活力"为核心文化,致力于新材料"基因组"与清洁能源体系的研发,重点学科和研究领域包括:清洁能源的采集(热电、太阳能电池)、存储(储能和动力电池)与应用(新能源汽车、新型有机光电显示、照明)及通过高通量的材料计算、合成与检测等新材料"基因组"技术开展关键材料等研究,为新能源、新材料产业的发展提供技术支撑。

新材料学院下设"力学(先进材料与力学)"专业,2014年初提交并获批通过了"启动二级学科招生"的相关申请。5月,工学院分会核准通过了新材料学院提交的培养方案。2014年新材料学院共计招收博士生5名、硕士生22名,硕士招生人数与2013年相比增长46.67%。

新材料学院2014年初引进了中组部"千人计划"特聘专家孟鸿教授和外籍教授Osamu Goto(日本)。潘锋教授与学院兼职教授林原分别获评长期和短期"鹏城学者"称号。4月,工学院学术委员会上,新材料学院新增博导2人、硕导2人。目前新材料学院已有全职教师10人("千人计划"2人、"鹏城学者"1人、"北大百人"1人、博导3人、硕导5人)。另外还有双基地(本部与深圳研究生院)教员7人,兼职(外聘)教员2人。

新材料学院召开讲座及研讨会数二十余次,参加国内外重大科研学术交流会议十多次。2014年学院与美国阿贡国家实验室、劳伦斯·伯克利国家实验室就动力电池材料关键机理研究方面开展合作,并就协同研究、人才交流、学生培养等方面建立了长期合作机制。新材料学院2013级一位同学被派往该实验室开展同步辐射软X射线方面的研究。

以新材料学院为第一作者单位发表论文17篇,另有10篇论文已被接受。此外,新材料学院在2014年申请发明专利14项。

2014年,新材料学院科研经费在上一年度的基础上继续快速增长,共申请国家自然科学基金1项、广东省创新创业团队项目1项、广东省领军人才1项、深圳市项目9项,潘锋教授所在团队申请了深圳市孔雀团队并获批准。全年申请获得经费总额近7000万元。

【国际法学院】 2014年,国际法学院领导班子成员如下:院长Philip John McConnaughay、常务副院长Stephen Yandle、副院长Colleen Toomey、院长助理陈柯如、助理朱大明。

国际法学院增设法律硕士(LL.M.)(专硕),创建中小企业法律诊所和公益诉讼法律诊所。学院的全日制和常驻师资达到26名,其中,教授5名,副教授5名,助理教授8名,讲师8名。

2014年,新生共92人,包括法律硕士(非法学)74人,法律硕士(法学)18人。学院学生总人数338人。

国际法学院正在从每学年六个模块,每个模块六周的模式向每学年三个小学期,每个小学期11周的模式转变,使安排更接近于芝加哥大学和斯坦福大学法学院。第四个小学期将从5月中旬一直延续到7月,以契合北京大学深圳研究生院的学期安排。

国际法学院正在逐步加强中国法课程设置,使其能够覆盖中国传统法学院硕士课程。这将使国际法学院的学生能够更好地适应中国法律市场。此外,国际法学院的中国法教授正逐渐在其教学中融合美国法教学方法,使用课堂互动,案例研讨和技巧介绍等方式教授中国法课程。

2014年国际法学院新聘中国法教授3名,美国法教授6名。目前已经在运作的交换项目有10个。

3月,国际法学院学生代表队在国际刑事法庭英文审判竞赛(International Criminal Court Moot Court Trial Competition)中夺取了中国赛区第二名。模拟法庭辩论队在11月举行的第十二届"贸仲杯"国际商事仲裁辩论赛中击败其他32支代表队,蝉联冠军。学院学生在第三届"中国WTO模拟法庭竞赛"中再创佳绩,一举夺冠。

2014届毕业生共64人,其中,已继续升学2人,已就业61人,未就业1人,就业率达98%(该数据信息截至2014年9月)。

【汇丰商学院】 10月25日,汇丰商学院举行了建院十周年庆祝活动,迎接来自全国各地的上千名嘉宾与返校校友。

2014级起,金融专业招收的硕士全部为专业型硕士——金融硕士。现有西方经济学、企业管理、金融学三个学术硕士学科,西方经济学一个博士学科,另有全日制金融硕士、全日制及在职工商管理硕士(MBA)、在职高级工商管理硕士(EMBA)三个专业硕士学科。

现有全职教师51名,访问教师3人,其中26位为外籍教师,94%教师在海外获得博士学位。经济、管理和金融三个专业教师人数相当,金融学比重略高。

2014年在校全日制硕士生873人。其中,在校外国留学生83人。在校MBA学生191人,其中,全日制MBA学生49人。EMBA在校人数136人。本年度毕业全日制学术硕士249人,首届工商管理硕士(MBA)毕业硕士19人。另有45名学生获得高级工商管理硕士学位(EMBA)。

现有7位教师为深圳市海外高层次人才认定即"孔雀计划"学者。汇丰商学院定期邀请国内外优秀学者前来开展学术讲座,2014年汇丰商学院共举办商学院内部学术研讨会56场。2014年,汇丰商学院教授出版著作10种,在国际和国内知名学术期刊发表论文(计划出版)27篇。

海闻教授与他人合作的论文"中国加入《政府采购协定》国有企业出价策略研究"(发表于《国际贸易问题》2012年第9期)获第十八届"安子介国际贸易研究奖"优秀论文三等奖。魏炜副教授与他人合作的学术著作《商业模式的经济解释》获第四届中国管理科学学会"管理科学奖"(学术类)。

2014年,汇丰商学院共签署十五项横向项目。

2014年3月,汇丰商学院学生活动中心"马车轮"开业仪式于汇丰新大楼举行,该学生活动中心由学生自主运营,是鼓励学生自主创新创业的试验举措。5月,"2014北京大学全球金融论坛暨北京大学金融校友联合会成立大会"在学院举行。10月24日,学院承办了"全球商学院院长论坛",来自全世界的40多家知名商学院的院长出席。12月,第十四届中国经济学年会在学院举行。600余位经济专家、学者围绕"中国经济新常态与改革创新发展"的主题展开学术研讨和交流。年会组织了八十余场专题研讨,增设了13个英文专场并收录58篇英文论文,举行了经济学学术期刊论坛、经济学书展、CHARLS数据用户专场会议和培训等活动。

因校友日益增多,为有效建立校友交流平台,汇丰商学院设立校友工作办公室。

汇丰商学院共与世界上83所大学签署正式合作协议,共计73名在校生参加了出国交换项目,同时接收了来自交换院校的35名交换生,参与交换人数达到历史新高。同时,学院还与香港中文大学、新加坡国立大学合作培养双硕士。

设立"达世行学生学术交流基金",2014年共资助5位学生参加国外高端学术会议并宣读论文。

2014年10月,EFMD专家考核组到访汇丰商学院对经济学硕士项目进行审核,经济学项目顺利通过EPAS再认证(EPAS Re-accreditation)。

介绍商学院发展历程的《商界军校》一书出版发行。

【人文社会科学学院】 人文社会科学学院共设置传播学和社会学两个专业,传播学专业共授课10门,其中,专业必修课5门,专业选修课5门;社会学共开设14门课程,其中,包括专业必修课5门,专业选修课5门,以及限选课程4门。

2014年人文社会科学学院积极推进科研进展,叶韦明的"大规模开放在线课程的社会网络和社区研究"成功申请了教育部人文社会科学研究青年基金项目,人文社会科学学院教师的"宝安固成人口与社会结构研究""盐田美好城区综合指数研究"等课题也都在进行当中。其次,学生何建雄等人的论文《职业病诊断程序中的区别机制》发表于《南方论丛》,尼玛顿珠的论文《从"内地求学"到"返藏工作":对内地西藏班毕业生学校教育与族群认同的实证研究》入选中国社会学年会"教育中的社会问题研究"分论坛。此外,我院还致力于不断开创新的研究领域,包括社会评估(Social Assessment)、社会公益和社会工作(Social Welfare and Social Work)、亚太人文社会研究所(Asia-Pacific Institute for Social Research Humanities)等,开启对岭南民俗文化的研究和东南亚地区研究。

人文社会科学学院积极参加深圳各界学术和文化活动,并参与珠三角当代艺术以及音乐方面的活动,为珠三角区域社会文化的发展提供了助力。同时探索引进各具特色的艺术表演,为深圳研究生院校园文化建设,尤其是媒体宣传工作做出了重要贡献。同时,学院坚持开展品牌活动,活动形式和经验日渐成熟,举办多期人文沙龙和专家讲座,包括胡舒立"财经新闻知与行"、凤凰卫视知名时事评论员邱震海做客北大等。

教育教学与学科建设

本科生教育

【发展概况】 9月,北京大学教务部整合面向学生的服务事项,在原"成绩单制作中心"的基础上组建"学生事务中心",聘用专门人员集中受理学生学籍学业方面的程序性业务,并聘用专职人员负责具体事务。

6月,北京大学申报新增设置"整合科学"(审批专业)和"通信工程"(备案专业)两个本科专业,申请将"智能科学与技术"专业授予学位由"工学"变更为"理学"。

【招生工作】 北京大学(校本部)录取本科新生共3259人,其中,内地本科生2809人、港澳台学生62人、第二学士学位50人、留学生338人。北京大学本科生源质量继续保持领跑态势,在高考招生、保送生、自主招生方面均取得了优异成绩。北京大学录取的全国各省高考头名、前十名总数均居全国高校榜首,半数以上省份理科录取分数线居各高校之首,文科各专业录取分数线几乎均居各高校同类专业首位。在学科竞赛保送生招生中,北京大学理科基础学科再次成为学科竞赛优胜考生首选,在取得数学、物理、化学、生物、信息五大学科国家集训队资格的260名考生中,有141人选择报考北京大学,在获得2014年国际奥林匹克学科竞赛奖牌的中国学生中,有近七成选择北京大学。

【基础学科拔尖学生培养试验计划】 北京大学"拔尖计划"实施进展顺利,数学、物理、化学、生物、计算机科学、环境科学等6个项目组完成新一届学生遴选工作,聘请一流师资重点建设一批高质量的专业课程。120名毕业生全部选择了在基础学科继续深造,其中84.2%的学生赴欧美著名高校攻读研究生。

北京大学参加教育部主办的多次全国拔尖项目交流总结活动,如在清华大学举办的"基础学科拔尖学生培养试验计划"全科学生学术交流会。在中山大学举办的"基础学科拔尖学生培养试验计划"学生综合素质和小班化教学研讨会上,北京大学就小班化教学如何促进本科拔尖人才培养做了报告,与其他拔尖高校一起进行了深入的交流。

同时,在拔尖计划的带动下,北京大学继续支持工学、地质学和古典语文学的校内拔尖人才培养计划。这些项目在课程建设、师资队伍建设和人才培养方面也取得了突出的成绩。

【本科教学计划修订】 2月,北京大学进行了新一轮的本科教学计划修订。在新的教学计划中,注重学科大类平台课和综合性通选课程建设,加强英文平台课程建设,注重本科生创新精神与实践能力的培养。

2014版教学计划,单独列出留学生和港澳台学生教学计划,根据教育部等相关文件精神合理安排"中国概况"类课程及学生申请免修课程的学分。同时也修订辅修/双学位教学计划,要求院系应根据北京大学对双学位/辅修教育要适当压缩双学位规模和鼓励辅修,以及对双学位/辅修进一步严格要求和加强管理的精神,结合本院系的学科特点与工作实际,适当提高双学位学分到50学分左右,辅修学分一般在同专业双学位学分的60%左右为宜。

【课程情况】继续扎实推进"小班课教学" 北京大学继续推进大班授课与小班研讨相结合的教学模式。4月底召开全校本科教学工作会,就北京大学开展"小班课教学"改革等工作进行了深入交流。11月22日,教务部组织召开"北京大学本科生'小班课教学'经验交流会"。王恩哥、高松,北京大学相关部门领导,"小班课教学"试点学院相关负责人,试点课程主持人与教师、助教代表,院系教学院长及教务员,部分北京市及国内高校教务处和教师代表,以及北京大学教务部、教务长办公室相关工作人员和老教授调研组成员等共计三百余人参加了会议。

春季学期,北京大学继续推广"小班课教学",并逐步扩大试点范围。数学学院、中文系、法学院等12个院系在19门课程上开展"大班授课和小班研讨"相结合的"小班课教学",共开设26个大班,109个研讨型小班,近70名骨干教师投入大班授课或小班指导,其中院士、长江学者、杰青基金获得者、千人计划学者、国家级教学名师等十余名。秋季学期,政府管理学院、国际关系学院等院系加入"小班课教学"试点工作。全校16个院系在20门专业必修基础课、通选课上开展"小班课教学",共开设26个大班、137个研讨型小班,一百余名包括院士、长江学者在内的优秀北大教师参与到大班授课和小班课教学中。为了对两年来的"小班课教学"工作进行认真总结,2014年梳理"小班课教学"课程信息,编辑印刷《北京大学本科生"小班课教学"课程目录》和《北京大学本科生"小班课教学"课程》,用于宣传推广。

推进非语言类外语平台课建设 11月初,北京大学出台《北京大学本科非语言类外语课程的建设与管理办法(暂行)》,进一步明确非语言类外语课程性质、重要性、资助激励机制等重要原则。秋季学期,教务部全面梳理本科英文课程信息,目前北京大学本科稳定开设的英文课程有225门,院系将在此基础上,按计划每学期开设或略调整开课课程。同时将梳理的英文课程编辑印刷《北京大学本科全英文授课课程目录》和《北京大学本科生全英文授课课程》。另外,教务部与北京大学各院系逐个召开座谈会,落实北京大学非语言类外语(重点是英语)课程的建设和对外院系及海外交流生的开放选课问题。2013—2014学年,北京大学共计开设161门180门次英文课(非语言专业类),2014—2015学年,北京大学预计共开设169门175门次英文课(非语言专业类)。

组织2015年国际暑期北京大学授课教师,加大对海外优秀教师的遴选聘请工作,排课方式更加灵活,在保持原有4周的排课时间段基础上,增加了两周排课。

借助北京大学推进"小班课教学"契机,鼓励院系进一步探索英文授课的"小班课教学"。生命科学学院在《生物化学》课程推行英文授课的大班授课与小班讨论相结合的"小班课教学"改革,小班讨论规模每班不超过15人。

【教务管理】 办理各类异动1631条,其中:休学93条,休学复学88条,停学509条,停复459条,退学40条,保留学籍92条,恢复学籍95条,提前毕业1条,延期毕业41条。保留入学资格7条,放弃入学资格87条,取消入学资格14条,重新入学3条,转学出2条,转学入1条,转系转专业208条,修改姓名4条,死亡2条。

继续通过学籍系统进行转系转专业报名和审核。208人提出转系转专业申请,转出院系审核不同意的有11人,考核成功后学生本人放弃转系的5人,转入院系考核未接收的45人,转系成功的147人。在协调各院系发布本年度转系转专业通知基础上,为这147人办理转系转专业手续。另有1名医学部学生转入校本部。

2013年11月起,开始组织2014届毕业生的相关工作,陆续完成毕业生图像信息采集、毕业生基本信息核对、毕业生学分梳理和毕业初审工作等。在此基础上,教务部于2014年6月同各院系主管教学领导和教务员分别对2014届本科及双学位毕业生进行了毕业资格审查,并报经6月30日的北京大学学位委员会最终审定。2014届本科及双学位毕业生毕业审查和学历学位证书发放工作中,制作学士学位证书2860份(其中留学生208份,第二学士学位16份),制作本科毕业证书2870份(其中留学生208份),制作结业证书59份(其中2014年结业2015年可申请换发证书者53人,含留学生8人),大专毕业证书8份(其中留学生2份)。制作2013年结业学生换发的毕业证书48份(其中留学生7份),学位证书45份(其中留学生6份)。制作双学位证书1306份,辅修专业证书122份。

协调研究生院、教务部、校团委以及各个院系共同做好推荐免试研究生工作,今年具备免试推荐资格的本科生数为1415人,成功落实单位的学生数为1244人(含直博)。

【教材建设】 3月,教育部开展"十二五"普通高等教育本科国家级规划教材第二次推荐遴选工作,北京大学向教育部推荐65种优秀教材参加评审。10月,教育部公布评选结果,北京大学有39种教材入选第二批普通高等教育本科国家级规划教材。

按照北京大学教材建设规划,2014年北京大学继续开展每年一次的教材建设立项工作,立项的重点是主干基础课教材、通选课教材、精品课教材、基础大类平台课教材、小班课教学教材、外文平台课教材、在教学实践中反映良好的出版三年以上的修订教材,共确定42个项目为2014年北京大学教材建设立项项目。

【教学评估与评奖】 课程评估与质量监控 评估本科生课程共3516门次,回收问卷175934份,其中理论课2834门次,实验课117门次,体育课146门次,助教评估415门次。分别于3月和10月将学生评教结果编印成《2013—2014年第一学期学生课程评估手册》《2013—2014年第二学期学生课程评估手册》《北京大学助教评估手册》《北京大学课程评估结果汇编》等材料下发到院系各教学单位。

协助老教授教学调研组组织听课、研讨、调研及座谈等工作,并发布老教授教学调研组工作简报。2013—2014学年,老教授教学调研组共听课五百余门次,并积极参与北京大学小班课教学改革工作。

完善领导听课制度,出台《北京大学院(系)领导听课制度管理规定(暂行)》,强化教学质量监控体系建设。

教学奖励工作　根据9月《教育部关于批准2014年国家级教学成果奖获奖项目的决定》,王恩哥牵头完成的《北京大学创新人才培养的实践与探索》等7项教学成果获得国家级教学成果奖,包括国家级教学成果奖一等奖2项,二等奖5项,其中1项为北大牵头,由五所北京大学联合完成,另有2项北大作为联合完成单位获奖。

物理学院叶沿林教授、城市与环境学院邓辉教授、医学部郝卫东教授、心理学系吴艳红教授等4位教师被评为第十届北京市教学名师。

评选出北京大学2013—2014年度教学优秀奖获得者53人并于教师节进行表彰,其中7人获得专项奖,鼓励教师积极参与教学改革和建设,包括外文平台课、小班课或MOOCs课程教学。

【本科生科研训练】　本科生科研立项共计565项(2012级),并完成2011级本科生科研项目的中期检查和结题工作。为吸引本科生积极参与科研训练年教务部将君政基金和校长基金的资助额度提高了1000元。7—8月,内地四校与台湾新竹清华大学互派君政学生交流活动如期开展,北大向新竹清华大学派出5名本科生,并接待8名台湾学生和2名大陆学生。在10月中旬召开的第七届全国大学生创新创业年会上,北京大学有项目入选年会学术论文和创新项目展板,并且荣获"2012—2014年度国家级大学生创新创业训练计划实施工作先进单位"称号,这是专家工作组对国家级大学生创新创业训练计划在北京大学实施情况的积极肯定。10月份制作《北京大学君政基金十六年》手册,对十六年来的君政基金工作做了系统梳理。11月初,参与两岸六校君政基金管理委员会第十六届年会。12月初,制作完成《北京大学本科生科研创新训练工作》宣传册,以彩页方式对北京大学本科生科研工作进行了系统的介绍。另据不完全统计,2013年北京大学本科生参与公开发表科研论文280篇,其中第一作者SCI文章39篇。

【本科生境外交流】　办理本科生出境手续1886人次,办理学生停学手续564人次。完成2014—2015学年度国家留学基金委优秀本科生公派项目的派出工作,共计50个项目共105个名额。与国际合作部一起完成2015—2016学年度校级项目的公派申报工作,组织各院系完成2015—2016学年公派项目的立项工作,共计新申请项目26个。完成留学基金委公派研究生项目和公派硕士项目工作,共有36位大四本科生成功申请到资助。

派出114位学生于2014年春季和秋季学期赴香港、台湾、澳门地区的11所大学交换学习,选拔34位学生将于2015年春季学期赴港澳台交换。同时接收对方派往北京大学的学生92位,并负责其在北京大学的学业等方面的管理。指导光华管理学院等9个院系开展院系级港澳台交换生项目,共接收来自台湾大学等15所大学的交换生53位。与国际合作部共同开展2015—2016学年国际交流项目的选拔工作,选拔北京大学学生前往欧洲、美洲、大洋洲等大学的学期交流项目(70多个)和暑期学校(20多个)。

表7-1　本科专业分布表

编号	院系编码	院系名称	教育部专业代码	教育部专业名称
1	23	哲学系(宗教学系)	010101	哲学
2	23	哲学系(宗教学系)	010102	逻辑学
3	23	哲学系(宗教学系)	010103K	宗教学
4	25	经济学院	020101	经济学
5	1、25、28	数学科学学院、经济学院、光华管理学院	020102	经济统计学
6	25	经济学院	020104T	资源与环境经济学
7	25	经济学院	020303	保险学
8	25	经济学院	020301K	金融学
9	25	经济学院	020201K	财政学
10	25	经济学院	020401	国际经济与贸易
11	29	法学院	030101K	法学
12	29	法学院	030102T	知识产权
13	24	国际关系学院	030201	政治学与行政学

续表

编号	院系编码	院系名称	教育部专业代码	教育部专业名称
14	24	国际关系学院	030202	国际政治
15	24	国际关系学院	030203	外交学
16	24	国际关系学院	030204T	国际事务与国际关系
17	46	元培学院	030205T	政治学、经济学与哲学
18	31	社会学系	030301	社会学
19	31	社会学系	030302	社会工作
20	24	国际关系学院	030501	科学社会主义
21	20	中国语言文学系	050101	汉语言文学
22	20	中国语言文学系	050102	汉语言
23	20	中国语言文学系	050105	古典文献学
24	20	中国语言文学系	050106T	应用语言学
25	39	外国语学院	050201	英语
26	39	外国语学院	050202	俄语
27	39	外国语学院	050203	德语
28	39	外国语学院	050204	法语
29	39	外国语学院	050205	西班牙语
30	39	外国语学院	050206	阿拉伯语
31	39	外国语学院	050207	日语
32	39	外国语学院	050208	波斯语
33	39	外国语学院	050209	朝鲜语
34	39	外国语学院	050210	菲律宾语
35	39	外国语学院	050211	梵语巴利语
36	39	外国语学院	050212	印度尼西亚语
37	39	外国语学院	050213	印地语
38	39	外国语学院	050216	缅甸语
39	39	外国语学院	050218	蒙古语
40	39	外国语学院	050220	泰语
41	39	外国语学院	050221	乌尔都语
42	39	外国语学院	050222	希伯来语
43	39	外国语学院	050223	越南语
44	39	外国语学院	050232	葡萄牙语
45	18	新闻与传播学院	050301	新闻学
46	18	新闻与传播学院	050302	广播电视学
47	18	新闻与传播学院	050303	广告学
48	18	新闻与传播学院	050305	编辑出版学
49	21	历史系	060101	历史学
50	21	历史系	060102	世界史
51	22	考古文博学院	060103	考古学
52	22	考古文博学院	060104	文物与博物馆学
53	22	考古文博学院	060105	文物保护技术
54	21、39、46	历史系、外国语学院、元培学院	060106T	外国语言与外国历史（注：可授历史学或文学学士学位）
55	1	数学科学学院	070101	数学与应用数学
56	1	数学科学学院	070102	信息与计算科学
57	4	物理学院	070201	物理学

续表

编号	院系编码	院系名称	教育部专业代码	教育部专业名称
58	4	物理学院	070202	应用物理学
59	4	物理学院	070203	核物理
60	10	化学与分子工程学院	070301	化学
61	10	化学与分子工程学院	070302	应用化学（注：可授理学或工学学士学位）
62	10	化学与分子工程学院	070303T	化学生物学
63	4	物理学院	070401	天文学
64	127	城市与环境学院	070501	地理科学
65	13	城市与环境学院	070502	自然地理与资源环境（注：可授理学或管理学学士学位）
66	13	城市与环境学院	070503	人文地理与城乡规划（注：可授理学或管理学学士学位）
67	13	城市与环境学院	070504	地理信息科学
68	4	物理学院	070601	大气科学
69	4	物理学院	070801	地球物理学
70	12	地球与空间科学学院	070802	空间科学与技术（注：可授理学或工学学士学位）
71	12	地球与空间科学学院	070901	地质学
72	12	地球与空间科学学院	070902	地球化学
73	46	元培学院	070904T	古生物学
74	11	生命科学学院	071001	生物科学
75	11	生命科学学院	071002	生物技术（注：可授理学或工学学士学位）
76	13	城市与环境学院	071004	生态学
77	16	心理学系	071101	心理学（注：可授理学或教育学学士学位）
78	16	心理学系	071102	应用心理学（注：可授理学或教育学学士学位）
79	1	数学科学学院	071201	统计学
80	1	数学科学学院	071202	应用统计学
81	86	工学院	080101	理论与应用力学（注：可授工学或理学学士学位）
82	86	工学院	080102	工程力学
83	86	工学院	080401	材料科学与工程
84	10	化学与分子工程学院	080403	材料化学（注：可授工学或理学学士学位）
85	86	工学院	080501	能源与动力工程
86	48	信息科学技术学院	080704	微电子科学与工程（注：可授工学或理学学士学位）
87	17	软件与微电子学院	080710T	集成电路设计与集成系统
88	48	信息科学技术学院	080714T	电子信息科学与技术（注：可授工学或理学学士学位）
89		信息科学技术学院	080703	通信工程
90	48	信息科学技术学院	080901	计算机科学与技术（注：可授工学或理学学士学位）
91		软件与微电子学院	080902	软件工程
92	17	信息科学技术学院	080907T	智能科学与技术
93	86	工学院	081402	勘查技术与工程
94	86	工学院	082001	航空航天工程
95	4	物理学院	082201	核工程与核技术
96	10	化学与分子工程学院	082204	核化工与核燃料工程

续表

编号	院系编码	院系名称	教育部专业代码	教育部专业名称
97	127	环境科学与工程学院	082502	环境工程
98	13、127	城市与环境学院、环境科学与工程学院	082503	环境科学(注:可授工学或理学学士学位)
99	86	工学院	082601	生物医学工程(注:可授工学或理学学士学位)
100	13	城市与环境学院	082802	城乡规划
101	180	医学部	100101K	基础医学(八年、五年)
102	180	医学部	100201K	临床医学(八年、五年)
103	180	医学部	100301K	口腔医学(八年、五年)
104	180	医学部	100401K	预防医学(七年、五年)
105	180	医学部	100701	药学(六年、四年,授予理学学士学位)
106	180	医学部	101001	医学检验技术(注:授予理学学士学位)
107	180	医学部	101002	医学实验技术(注:授予理学学士学位)
108	180	医学部	101006	口腔医学技术(注:授予理学学士学位)
109	180	医学部	101101	护理学(注:授予理学学士学位)
110	30	信息管理系	120102	信息管理与信息系统(注:可授管理学或工学学士学位)
111	28	光华管理学院	120201K	工商管理
112	28	光华管理学院	120202	市场营销
113	28	光华管理学院	120203K	会计学
114	28	光华管理学院	120204	财务管理
115	28	光华管理学院	120206	人力资源管理
116	43	艺术学院	120401	公共事业管理
117	32	政府管理学院	120402	行政管理
118	32	政府管理学院	120405	城市管理
119	30	信息管理系	120501	图书馆学
120	43	艺术学院	130101	艺术史论
121	43	艺术学院	130305	广播电视编导

表 7-2　本科课程目录

学年度	学期	院系代码	课程号	课程名称	开课系所
2013—2014	2	199	19930001	创业基础	产业技术研究院
2013—2014	2	010	00131422	高等数学C(二)	城市与环境学院
2013—2014	2	010	00131460	线性代数(B)	城市与环境学院
2013—2014	2	010	00132380	概率统计(B)	城市与环境学院
2013—2014	2	010	01032720	物理化学实验(B)	城市与环境学院
2013—2014	2	010	01034350	定量分析	城市与环境学院
2013—2014	2	010	01034360	定量分析实验	城市与环境学院
2013—2014	2	010	01034400	仪器分析实验	城市与环境学院
2013—2014	2	010	01034400	仪器分析实验	城市与环境学院
2013—2014	2	010	01339320	中国历史地理	城市与环境学院
2013—2014	2	010	01339330	中国古典园林赏析	城市与环境学院
2013—2014	2	010	01531010	经济地理学	城市与环境学院
2013—2014	2	010	01531180	地貌学	城市与环境学院
2013—2014	2	010	01531250	气象气候学	城市与环境学院

续表

学年度	学期	院系代码	课程号	课程名称	开课系所
2013—2014	2	010	01531610	现代自然地理学实验方法	城市与环境学院
2013—2014	2	010	01532230	城市规划管理与法规	城市与环境学院
2013—2014	2	010	01532280	规划机助技术(规划CAD)	城市与环境学院
2013—2014	2	010	01532440	城市经济学	城市与环境学院
2013—2014	2	010	01532450	城市规划原理	城市与环境学院
2013—2014	2	010	01532460	城市园林绿地系统规划设计	城市与环境学院
2013—2014	2	010	01532470	城市社会学	城市与环境学院
2013—2014	2	010	01532480	城市生态学	城市与环境学院
2013—2014	2	010	01532490	美术与制图	城市与环境学院
2013—2014	2	010	01533170	城市规划概论	城市与环境学院
2013—2014	2	010	01533220	社会综合实践调查	城市与环境学院
2013—2014	2	010	01534030	自然资源学原理	城市与环境学院
2013—2014	2	010	01534060	综合自然地理学	城市与环境学院
2013—2014	2	010	01534230	自然保护学	城市与环境学院
2013—2014	2	010	01534300	土壤学与土壤地理	城市与环境学院
2013—2014	2	010	01535122	植物学(下)	城市与环境学院
2013—2014	2	010	01536011	普通生态学1	城市与环境学院
2013—2014	2	010	01536012	普通生态学2	城市与环境学院
2013—2014	2	010	01536090	环境监测与实验	城市与环境学院
2013—2014	2	010	01536210	水环境化学	城市与环境学院
2013—2014	2	010	01539230	中国传统建筑	城市与环境学院
2013—2014	2	010	04831420	数据结构与算法(B)	城市与环境学院
2013—2014	2	010	04831420	数据结构与算法(B)	城市与环境学院
2013—2014	2	010	12631010	污染环境修复	城市与环境学院
2013—2014	2	010	12631020	环境毒理学	城市与环境学院
2013—2014	2	010	12631030	环境科学前沿	城市与环境学院
2013—2014	2	010	12631060	大气环境导论	城市与环境学院
2013—2014	2	010	12635010	区域规划	城市与环境学院
2013—2014	2	010	12635020	社区空间规划与设计	城市与环境学院
2013—2014	2	010	12635060	景观规划与设计	城市与环境学院
2013—2014	2	010	12635070	详细规划(课程设计)	城市与环境学院
2013—2014	2	010	12635080	城市形态学导论	城市与环境学院
2013—2014	2	010	12638010	海洋科学导论	城市与环境学院
2013—2014	2	010	12639050	应用文化地理学	城市与环境学院
2013—2014	2	012	00130202	高等数学(B)(二)	地球与空间科学学院
2013—2014	2	012	00130212	高等数学(B)(二)习题课	地球与空间科学学院
2013—2014	2	012	00130212	高等数学(B)(二)习题课	地球与空间科学学院
2013—2014	2	012	00431142	热学	地球与空间科学学院
2013—2014	2	012	00431254	热学习题课	地球与空间科学学院
2013—2014	2	012	00431680	普通物理习题课	地球与空间科学学院
2013—2014	2	012	00436011	普通物理学(B)(一)	地球与空间科学学院
2013—2014	2	012	00437190	普通物理实验(2)	地球与空间科学学院
2013—2014	2	012	00539410	太空探索	地球与空间科学学院
2013—2014	2	012	01230030	C程序设计	地球与空间科学学院
2013—2014	2	012	01230052	地球科学概论(二)	地球与空间科学学院

续表

学年度	学期	院系代码	课程号	课程名称	开课系所
2013—2014	2	012	01230070	遥感概论	地球与空间科学学院
2013—2014	2	012	01230150	地球科学前沿	地球与空间科学学院
2013—2014	2	012	01230160	地球科学概论(二)	地球与空间科学学院
2013—2014	2	012	01230160	地球科学概论(二)	地球与空间科学学院
2013—2014	2	012	01230160	地球科学概论(二)	地球与空间科学学院
2013—2014	2	012	01230160	地球科学概论(二)	地球与空间科学学院
2013—2014	2	012	01230161	地球科学概论讨论班	地球与空间科学学院
2013—2014	2	012	01230161	地球科学概论讨论班	地球与空间科学学院
2013—2014	2	012	01230161	地球科学概论讨论班	地球与空间科学学院
2013—2014	2	012	01230161	地球科学概论讨论班	地球与空间科学学院
2013—2014	2	012	01231040	矿床学	地球与空间科学学院
2013—2014	2	012	01231050	X射线粉末衍射分析	地球与空间科学学院
2013—2014	2	012	01231090	中国区域地质学	地球与空间科学学院
2013—2014	2	012	01231140	海洋地质学	地球与空间科学学院
2013—2014	2	012	01231170	遥感地质学	地球与空间科学学院
2013—2014	2	012	01231252	普通岩石学(下)	地球与空间科学学院
2013—2014	2	012	01231300	宝石学	地球与空间科学学院
2013—2014	2	012	01231310	构造地质学	地球与空间科学学院
2013—2014	2	012	01231320	地史学	地球与空间科学学院
2013—2014	2	012	01231350	脊椎动物进化史	地球与空间科学学院
2013—2014	2	012	01231370	古海洋学与全球变化	地球与空间科学学院
2013—2014	2	012	01231400	地球物理学基础	地球与空间科学学院
2013—2014	2	012	01231410	结晶学与矿物学	地球与空间科学学院
2013—2014	2	012	01231450	灾害地质学	地球与空间科学学院
2013—2014	2	012	01231480	构造地质学前缘	地球与空间科学学院
2013—2014	2	012	01231530	地层学原理与应用	地球与空间科学学院
2013—2014	2	012	01231570	矿物材料学	地球与空间科学学院
2013—2014	2	012	01231600	地球化学科学前沿	地球与空间科学学院
2013—2014	2	012	01231610	高温高压物质科学	地球与空间科学学院
2013—2014	2	012	01231620	地质样品化学分析	地球与空间科学学院
2013—2014	2	012	01233150	地球灾害	地球与空间科学学院
2013—2014	2	012	01233170	地震概论	地球与空间科学学院
2013—2014	2	012	01233170	地震概论	地球与空间科学学院
2013—2014	2	012	01233230	地球物理数值计算方法	地球与空间科学学院
2013—2014	2	012	01233320	地震学	地球与空间科学学院
2013—2014	2	012	01233360	地震学实验	地球与空间科学学院
2013—2014	2	012	01233410	宇航技术基础	地球与空间科学学院
2013—2014	2	012	01233420	空间等离子体物理基础	地球与空间科学学院
2013—2014	2	012	01233430	太阳大气层与日球层物理学	地球与空间科学学院
2013—2014	2	012	01233470	中高层大气物理学	地球与空间科学学院
2013—2014	2	012	01235010	软件工程原理	地球与空间科学学院
2013—2014	2	012	01235080	地学数学模型	地球与空间科学学院
2013—2014	2	012	01235100	数据库概论	地球与空间科学学院
2013—2014	2	012	01235180	GIS设计和应用	地球与空间科学学院
2013—2014	2	012	01235210	智能交通系统概论	地球与空间科学学院

续表

学年度	学期	院系代码	课程号	课程名称	开课系所
2013—2014	2	012	01235240	地理信息系统原理	地球与空间科学学院
2013—2014	2	012	01235300	城市与区域科学	地球与空间科学学院
2013—2014	2	012	01235350	地理信息系统概论	地球与空间科学学院
2013—2014	2	012	01235370	物联网技术导论	地球与空间科学学院
2013—2014	2	012	01430020	地史中的生命	地球与空间科学学院
2013—2014	2	012	01430960	自然资源概论	地球与空间科学学院
2013—2014	2	012	01430970	固体力学基础	地球与空间科学学院
2013—2014	2	012	01431170	地震地质学	地球与空间科学学院
2013—2014	2	012	01431270	同位素地球化学基础	地球与空间科学学院
2013—2014	2	012	04831420	数据结构与算法（B）	地球与空间科学学院
2013—2014	2	029	02930010	法理学	法学院
2013—2014	2	029	02930010	法理学	法学院
2013—2014	2	029	02930010	法理学	法学院
2013—2014	2	029	02930010	法理学	法学院
2013—2014	2	029	02930010	法理学	法学院
2013—2014	2	029	02930010	法理学	法学院
2013—2014	2	029	02930010	法理学	法学院
2013—2014	2	029	02930010	法理学	法学院
2013—2014	2	029	02930010	法理学	法学院
2013—2014	2	029	02930010	法理学	法学院
2013—2014	2	029	02930030	中国法制史	法学院
2013—2014	2	029	0293005a	外国法制史	法学院
2013—2014	2	029	0293007a	行政法与行政诉讼法	法学院
2013—2014	2	029	02930104	刑法总论（刑法一）	法学院
2013—2014	2	029	02930104	刑法总论（刑法一）	法学院
2013—2014	2	029	02930105	外国刑法	法学院
2013—2014	2	029	02930106	国际刑法学	法学院
2013—2014	2	029	02930112	刑法案例研习	法学院
2013—2014	2	029	02930112	刑法案例研习	法学院
2013—2014	2	029	02930112	刑法案例研习	法学院
2013—2014	2	029	02930112	刑法案例研习	法学院
2013—2014	2	029	02930141	刑事诉讼案例研习	法学院
2013—2014	2	029	02930142	合同法实务	法学院
2013—2014	2	029	02930147	普通法精要（公法）	法学院
2013—2014	2	029	02930171	诊所式法律教育	法学院
2013—2014	2	029	02930180	知识产权法学	法学院
2013—2014	2	029	02930190	亲属法与继承法	法学院
2013—2014	2	029	02930200	企业法/公司法	法学院
2013—2014	2	029	02930220	犯罪学	法学院
2013—2014	2	029	02930249	竞争法	法学院
2013—2014	2	029	02930262	破产法	法学院
2013—2014	2	029	0293028a	金融法/银行法	法学院
2013—2014	2	029	02930340	国际经济法	法学院
2013—2014	2	029	02930440	海商法	法学院

续表

学年度	学期	院系代码	课程号	课程名称	开课系所
2013—2014	2	029	02930450	国际技术转让法	法学院
2013—2014	2	029	02930470	商法总论	法学院
2013—2014	2	029	02930501	法律经济学	法学院
2013—2014	2	029	02930720	外国行政法	法学院
2013—2014	2	029	0293074a	专业英语	法学院
2013—2014	2	029	0293074a	专业英语	法学院
2013—2014	2	029	02930860	法学流派与思潮	法学院
2013—2014	2	029	02930901	实习	法学院
2013—2014	2	029	02930920	刑事诉讼法	法学院
2013—2014	2	029	02930980	债权法	法学院
2013—2014	2	029	02930986	法律实务	法学院
2013—2014	2	029	02930987	国际组织法	法学院
2013—2014	2	029	02939991	英美侵权法	法学院
2013—2014	2	029	02939999	法律导论	法学院
2013—2014	2	192	19230060	声乐演唱及表演	歌剧研究院
2013—2014	2	192	19230070	五线谱视唱练耳基础	歌剧研究院
2013—2014	2	003	00330050	计算方法	工学院
2013—2014	2	003	00330130	气体力学	工学院
2013—2014	2	003	00330140	计算流体力学	工学院
2013—2014	2	003	00330190	塑性力学	工学院
2013—2014	2	003	00330630	工程制图	工学院
2013—2014	2	003	00330760	工程数学	工学院
2013—2014	2	003	00331752	微积分(二)	工学院
2013—2014	2	003	00331760	微积分习题	工学院
2013—2014	2	003	00331760	微积分习题	工学院
2013—2014	2	003	00331760	微积分习题	工学院
2013—2014	2	003	00331760	微积分习题	工学院
2013—2014	2	003	00331782	现代工学通论(下)	工学院
2013—2014	2	003	00331800	高等动力学	工学院
2013—2014	2	003	00331960	工程热力学	工学院
2013—2014	2	003	00332010	水文学与水资源	工学院
2013—2014	2	003	00332070	工程经济学	工学院
2013—2014	2	003	00332171	能源与资源工程实验(上)	工学院
2013—2014	2	003	00332220	清洁生产过程原理	工学院
2013—2014	2	003	00332241	数学物理方法(上)	工学院
2013—2014	2	003	00332260	材料力学	工学院
2013—2014	2	003	00332270	弹性力学	工学院
2013—2014	2	003	00332282	流体力学(下)	工学院
2013—2014	2	003	00332290	工程弹性力学	工学院
2013—2014	2	003	00332320	工程设计初步	工学院
2013—2014	2	003	00332382	工程毕业设计(下)	工学院
2013—2014	2	003	00332390	数值模拟	工学院
2013—2014	2	003	00332400	废水资源化工程	工学院
2013—2014	2	003	00332440	现代电子器件基础	工学院
2013—2014	2	003	00332510	电路与电子学	工学院

续表

学年度	学期	院系代码	课程号	课程名称	开课系所
2013—2014	2	003	00332520	地球科学基础	工学院
2013—2014	2	003	00332540	全球创新产品设计和团队实践	工学院
2013—2014	2	003	00332702	空气动力学 II	工学院
2013—2014	2	003	00332740	计算方法上机	工学院
2013—2014	2	003	00332760	飞行力学与控制	工学院
2013—2014	2	003	00332780	生物系统建模、仿真与控制	工学院
2013—2014	2	003	00332791	生物医学工程设计(I)	工学院
2013—2014	2	003	00332793	生物医学工程设计(III)	工学院
2013—2014	2	003	00332820	解剖生理学	工学院
2013—2014	2	003	00332830	解剖生理学实验	工学院
2013—2014	2	003	00332940	复杂系统科学导论	工学院
2013—2014	2	003	00332960	发育与再生生物学	工学院
2013—2014	2	003	00332990	材料科学与工程专业英语	工学院
2013—2014	2	003	00333000	材料性能分析与测试	工学院
2013—2014	2	003	00333020	纳米材料科学与技术	工学院
2013—2014	2	003	00333060	对流与传热	工学院
2013—2014	2	003	00333160	工程流体力学(能源类)	工学院
2013—2014	2	003	00333200	材料热力学	工学院
2013—2014	2	003	00333290	纳米医学	工学院
2013—2014	2	003	00333360	魅力机器人	工学院
2013—2014	2	003	00333400	对话全球创新大师	工学院
2013—2014	2	003	00333410	材料物理导论	工学院
2013—2014	2	003	00333420	工学类文献检索和科技写作	工学院
2013—2014	2	003	00333460	能源与推进	工学院
2013—2014	2	003	00333480	生物医学光学及应用	工学院
2013—2014	2	003	00333620	生物医学工程本科生科研训练	工学院
2013—2014	2	003	00333630	细胞与分子影像学	工学院
2013—2014	2	003	00333640	非线性动力学和混沌引论	工学院
2013—2014	2	003	00333650	资源循环利用基础	工学院
2013—2014	2	003	00333660	有限元法(II)	工学院
2013—2014	2	003	00431141	力学	工学院
2013—2014	2	003	00431144	光学	工学院
2013—2014	2	003	00431148	光学习题课	工学院
2013—2014	2	003	00431165	近代物理	工学院
2013—2014	2	003	00431200	基础物理实验	工学院
2013—2014	2	003	04830494	数据结构与算法上机	工学院
2013—2014	2	003	04830494	数据结构与算法上机	工学院
2013—2014	2	003	04831420	数据结构与算法(B)	工学院
2013—2014	2	003	04831420	数据结构与算法(B)	工学院
2013—2014	2	028	00130202	高等数学(B)(二)	光华管理学院
2013—2014	2	028	00130202	高等数学(B)(二)	光华管理学院
2013—2014	2	028	00130212	高等数学(B)(二)习题课	光华管理学院
2013—2014	2	028	00130212	高等数学(B)(二)习题课	光华管理学院
2013—2014	2	028	00130212	高等数学(B)(二)习题课	光华管理学院
2013—2014	2	028	00130212	高等数学(B)(二)习题课	光华管理学院

续表

学年度	学期	院系代码	课程号	课程名称	开课系所
2013—2014	2	028	00130212	高等数学(B)(二)习题课	光华管理学院
2013—2014	2	028	00130212	高等数学(B)(二)习题课	光华管理学院
2013—2014	2	028	00131460	线性代数(B)	光华管理学院
2013—2014	2	028	00131460	线性代数(B)	光华管理学院
2013—2014	2	028	00131470	线性代数(B)习题	光华管理学院
2013—2014	2	028	00131470	线性代数(B)习题	光华管理学院
2013—2014	2	028	00131470	线性代数(B)习题	光华管理学院
2013—2014	2	028	00131470	线性代数(B)习题	光华管理学院
2013—2014	2	028	00131470	线性代数(B)习题	光华管理学院
2013—2014	2	028	00131470	线性代数(B)习题	光华管理学院
2013—2014	2	028	02830110	人力资源管理	光华管理学院
2013—2014	2	028	02830140	社会心理学	光华管理学院
2013—2014	2	028	02830140	社会心理学	光华管理学院
2013—2014	2	028	02830260	影子中央银行	光华管理学院
2013—2014	2	028	02830290	管理学	光华管理学院
2013—2014	2	028	02831112	专业英语(2)	光华管理学院
2013—2014	2	028	02831520	会计学	光华管理学院
2013—2014	2	028	02831590	国际金融与国际财务管理	光华管理学院
2013—2014	2	028	02831600	国际金融与国际贸易	光华管理学院
2013—2014	2	028	02831610	产业分析的理论与政策	光华管理学院
2013—2014	2	028	02831650	城市与区域经济学	光华管理学院
2013—2014	2	028	02832120	宏观经济学	光华管理学院
2013—2014	2	028	02832120	宏观经济学	光华管理学院
2013—2014	2	028	02832220	民商法	光华管理学院
2013—2014	2	028	02832500	中国经济改革与发展	光华管理学院
2013—2014	2	028	02832510	财务会计	光华管理学院
2013—2014	2	028	02832510	财务会计	光华管理学院
2013—2014	2	028	02832540	高级管理会计	光华管理学院
2013—2014	2	028	02832600	营销学原理	光华管理学院
2013—2014	2	028	02832650	市场营销战略	光华管理学院
2013—2014	2	028	02832770	应用多元统计分析	光华管理学院
2013—2014	2	028	02832780	市场营销专题	光华管理学院
2013—2014	2	028	02833160	货币金融学	光华管理学院
2013—2014	2	028	02833390	博弈与社会	光华管理学院
2013—2014	2	028	02833540	中级财务会计	光华管理学院
2013—2014	2	028	02833570	财务会计理论与政策	光华管理学院
2013—2014	2	028	02833650	市场研究	光华管理学院
2013—2014	2	028	02833680	生产作业管理	光华管理学院
2013—2014	2	028	02833720	计量经济学	光华管理学院
2013—2014	2	028	02834370	企业伦理	光华管理学院
2013—2014	2	028	02834420	证券投资学	光华管理学院
2013—2014	2	028	02834420	证券投资学	光华管理学院
2013—2014	2	028	02834430	财务报表分析	光华管理学院
2013—2014	2	028	02834530	内部控制与内部审计	光华管理学院
2013—2014	2	028	02834660	服务业营销	光华管理学院

续表

学年度	学期	院系代码	课程号	课程名称	开课系所
2013—2014	2	028	02834730	创业管理	光华管理学院
2013—2014	2	028	02834760	金融时间序列分析	光华管理学院
2013—2014	2	028	02834780	公共财政理论与政策	光华管理学院
2013—2014	2	028	02834840	金融衍生工具	光华管理学院
2013—2014	2	028	02834870	创业与创新实践	光华管理学院
2013—2014	2	028	02834890	互联网与商业模式创新	光华管理学院
2013—2014	2	028	02836020	金融计量经济学	光华管理学院
2013—2014	2	028	02836600	广告学	光华管理学院
2013—2014	2	028	02837020	投资银行	光华管理学院
2013—2014	2	028	02837120	消费者行为	光华管理学院
2013—2014	2	028	02837140	中国商务	光华管理学院
2013—2014	2	028	02837180	财务案例分析	光华管理学院
2013—2014	2	028	02837190	供应链管理	光华管理学院
2013—2014	2	028	02838070	从案例学习管理	光华管理学院
2013—2014	2	028	02838080	人生规划与职业发展	光华管理学院
2013—2014	2	028	02838091	中国企业管理实践	光华管理学院
2013—2014	2	028	02838130	中国社会与商业文化	光华管理学院
2013—2014	2	024	02430020	国际政治经济学	国际关系学院
2013—2014	2	024	02430020	国际政治经济学	国际关系学院
2013—2014	2	024	02430041	政治学原理	国际关系学院
2013—2014	2	024	02430092	国际关系史(下)	国际关系学院
2013—2014	2	024	02430092	国际关系史(下)	国际关系学院
2013—2014	2	024	02430111	发展学	国际关系学院
2013—2014	2	024	02430140	中华人民共和国对外关系	国际关系学院
2013—2014	2	024	02430152	英语听说(二)	国际关系学院
2013—2014	2	024	02430152	英语听说(二)	国际关系学院
2013—2014	2	024	02430152	英语听说(二)	国际关系学院
2013—2014	2	024	02430152	英语听说(二)	国际关系学院
2013—2014	2	024	02430154	英语听说(四)	国际关系学院
2013—2014	2	024	02430154	英语听说(四)	国际关系学院
2013—2014	2	024	02430154	英语听说(四)	国际关系学院
2013—2014	2	024	02430154	英语听说(四)	国际关系学院
2013—2014	2	024	02430172	毕业实习	国际关系学院
2013—2014	2	024	02430211	中国对外关系史	国际关系学院
2013—2014	2	024	02430240	东欧各国政治经济与外交	国际关系学院
2013—2014	2	024	02430360	军备控制与裁军	国际关系学院
2013—2014	2	024	02430500	世界宗教与国际社会	国际关系学院
2013—2014	2	024	02430851	海外华侨华人概论	国际关系学院
2013—2014	2	024	02430920	中亚各国政治与外交	国际关系学院
2013—2014	2	024	02430931	国际组织与国际法	国际关系学院
2013—2014	2	024	02430962	中文报刊选读(二)	国际关系学院
2013—2014	2	024	02430964	中文报刊选读(四)	国际关系学院
2013—2014	2	024	02431070	经济外交	国际关系学院
2013—2014	2	024	02431120	中日关系史	国际关系学院
2013—2014	2	024	02431230	非政府外交	国际关系学院

续表

学年度	学期	院系代码	课程号	课程名称	开课系所
2013—2014	2	024	02431360	英国政治与外交	国际关系学院
2013—2014	2	024	02431360	英国政治与外交	国际关系学院
2013—2014	2	024	02431450	非洲政治与外交	国际关系学院
2013—2014	2	024	02431551	比较政治与比较文化	国际关系学院
2013—2014	2	024	02431560	美国文化与社会	国际关系学院
2013—2014	2	024	02431580	中国政治概论	国际关系学院
2013—2014	2	024	02431610	中国边疆问题概论	国际关系学院
2013—2014	2	024	02431641	比较政治学	国际关系学院
2013—2014	2	024	02431641	比较政治学	国际关系学院
2013—2014	2	024	02431641	比较政治学	国际关系学院
2013—2014	2	024	02431761	国际政治思想史	国际关系学院
2013—2014	2	024	02431770	当代西方政治思潮	国际关系学院
2013—2014	2	024	02431780	美国与东亚	国际关系学院
2013—2014	2	024	02431840	社会科学方法论	国际关系学院
2013—2014	2	024	02431880	中东地区的国家关系	国际关系学院
2013—2014	2	024	02431890	晚清对外关系的历史与人物	国际关系学院
2013—2014	2	024	02431921	西欧政治经济与外交	国际关系学院
2013—2014	2	024	02431940	台湾政治概论	国际关系学院
2013—2014	2	024	02431964	日语（二）	国际关系学院
2013—2014	2	024	02432050	经济学原理	国际关系学院
2013—2014	2	024	02433230	非传统安全概论	国际关系学院
2013—2014	2	024	02433330	地区一体化研究	国际关系学院
2013—2014	2	062	02534430	经济增长理论	国家发展研究院
2013—2014	2	062	02832150	宏观经济与健康投资	国家发展研究院
2013—2014	2	062	06232150	概率统计	国家发展研究院
2013—2014	2	062	06232150	概率统计	国家发展研究院
2013—2014	2	062	06232150	概率统计	国家发展研究院
2013—2014	2	062	06232150	概率统计	国家发展研究院
2013—2014	2	062	06232200	中级微观经济学	国家发展研究院
2013—2014	2	062	06232200	中级微观经济学	国家发展研究院
2013—2014	2	062	06232200	中级微观经济学	国家发展研究院
2013—2014	2	062	06232200	中级微观经济学	国家发展研究院
2013—2014	2	062	06232300	中级宏观经济学	国家发展研究院
2013—2014	2	062	06232300	中级宏观经济学	国家发展研究院
2013—2014	2	062	06232300	中级宏观经济学	国家发展研究院
2013—2014	2	062	06232300	中级宏观经济学	国家发展研究院
2013—2014	2	062	06232400	计量经济学	国家发展研究院
2013—2014	2	062	06232400	计量经济学	国家发展研究院
2013—2014	2	062	06232400	计量经济学	国家发展研究院
2013—2014	2	062	06232400	计量经济学	国家发展研究院
2013—2014	2	062	06233300	国际贸易	国家发展研究院
2013—2014	2	062	06233310	国际金融	国家发展研究院
2013—2014	2	062	06233370	战略管理学	国家发展研究院
2013—2014	2	062	06233370	战略管理学	国家发展研究院
2013—2014	2	062	06233550	公共财政学	国家发展研究院

续表

学年度	学期	院系代码	课程号	课程名称	开课系所
2013—2014	2	062	06234850	环境经济学	国家发展研究院
2013—2014	2	062	06234880	法律经济学	国家发展研究院
2013—2014	2	062	06234900	中国经济专题	国家发展研究院
2013—2014	2	062	06235060	财务会计	国家发展研究院
2013—2014	2	062	06235080	经济学研究训练	国家发展研究院
2013—2014	2	062	06236010	财务报表分析	国家发展研究院
2013—2014	2	062	06236030	人文社会跨学科讲座	国家发展研究院
2013—2014	2	062	06236050	城市经济学	国家发展研究院
2013—2014	2	062	06236060	大国国家发展战略	国家发展研究院
2013—2014	2	062	06236090	低碳经济与碳金融	国家发展研究院
2013—2014	2	062	06237020	社会经济调查理论方法与实践	国家发展研究院
2013—2014	2	062	06237020	社会经济调查理论方法与实践	国家发展研究院
2013—2014	2	062	06237020	社会经济调查理论方法与实践	国家发展研究院
2013—2014	2	062	06237030	期权、期货与衍生品定价	国家发展研究院
2013—2014	2	062	06237040	市场营销	国家发展研究院
2013—2014	2	062	06238010	投资学	国家发展研究院
2013—2014	2	062	06238020	教育经济学	国家发展研究院
2013—2014	2	062	06238020	教育经济学	国家发展研究院
2013—2014	2	010	00130202	高等数学(B)(二)	化学与分子工程学院
2013—2014	2	010	00130212	高等数学(B)(二)习题课	化学与分子工程学院
2013—2014	2	010	00130212	高等数学(B)(二)习题课	化学与分子工程学院
2013—2014	2	010	00130212	高等数学(B)(二)习题课	化学与分子工程学院
2013—2014	2	010	00431132	普通物理(I)	化学与分子工程学院
2013—2014	2	010	00431680	普通物理习题课	化学与分子工程学院
2013—2014	2	010	00431680	普通物理习题课	化学与分子工程学院
2013—2014	2	010	01030120	结构化学	化学与分子工程学院
2013—2014	2	010	01032530	高分子物理	化学与分子工程学院
2013—2014	2	010	01032860	无机化学实验	化学与分子工程学院
2013—2014	2	010	01034350	定量分析	化学与分子工程学院
2013—2014	2	010	01034350	定量分析	化学与分子工程学院
2013—2014	2	010	01034360	定量分析实验	化学与分子工程学院
2013—2014	2	010	01034371	有机化学(一)	化学与分子工程学院
2013—2014	2	010	01034371	有机化学(一)	化学与分子工程学院
2013—2014	2	010	01034390	仪器分析	化学与分子工程学院
2013—2014	2	010	01034390	仪器分析	化学与分子工程学院
2013—2014	2	010	01034400	仪器分析实验	化学与分子工程学院
2013—2014	2	010	01034460	高分子化学	化学与分子工程学院
2013—2014	2	010	01034480	化工实验	化学与分子工程学院
2013—2014	2	010	01034490	材料化学	化学与分子工程学院
2013—2014	2	010	01034500	生命化学基础	化学与分子工程学院
2013—2014	2	010	01034520	中级分析化学实验	化学与分子工程学院
2013—2014	2	010	01034551	中级物理化学	化学与分子工程学院
2013—2014	2	010	01034640	应用化学基础	化学与分子工程学院
2013—2014	2	010	01034650	生化分析	化学与分子工程学院
2013—2014	2	010	01034660	化工制图	化学与分子工程学院

续表

学年度	学期	院系代码	课程号	课程名称	开课系所
2013—2014	2	010	01034710	界面化学	化学与分子工程学院
2013—2014	2	010	01034960	理论与计算化学	化学与分子工程学院
2013—2014	2	010	01034980	生物物理化学	化学与分子工程学院
2013—2014	2	010	01034990	化学开发基础	化学与分子工程学院
2013—2014	2	010	01035001	有机化学实验（Ⅰ）	化学与分子工程学院
2013—2014	2	010	01035030	中级物理化学实验	化学与分子工程学院
2013—2014	2	010	01035090	大学化学	化学与分子工程学院
2013—2014	2	010	01035110	高等电化学	化学与分子工程学院
2013—2014	2	010	01035150	中级无机化学	化学与分子工程学院
2013—2014	2	010	01035150	中级无机化学	化学与分子工程学院
2013—2014	2	010	01035170	结构化学讨论班	化学与分子工程学院
2013—2014	2	010	04830494	数据结构与算法上机	化学与分子工程学院
2013—2014	2	010	04830494	数据结构与算法上机	化学与分子工程学院
2013—2014	2	010	04831420	数据结构与算法(B)	化学与分子工程学院
2013—2014	2	010	04831420	数据结构与算法(B)	化学与分子工程学院
2013—2014	2	127	00431121	普通物理	环境科学与工程学院
2013—2014	2	127	00431680	普通物理习题课	环境科学与工程学院
2013—2014	2	127	01034360	定量分析实验	环境科学与工程学院
2013—2014	2	127	01034520	中级分析化学实验	环境科学与工程学院
2013—2014	2	127	12731010	人类生存发展与环境保护	环境科学与工程学院
2013—2014	2	127	12731020	全球环境问题	环境科学与工程学院
2013—2014	2	127	12731050	环境材料导论	环境科学与工程学院
2013—2014	2	127	12731060	环境伦理概论	环境科学与工程学院
2013—2014	2	127	12732020	环境管理学	环境科学与工程学院
2013—2014	2	127	12732050	环境经济学	环境科学与工程学院
2013—2014	2	127	12732060	环境规划学	环境科学与工程学院
2013—2014	2	127	12732080	环境工程学二	环境科学与工程学院
2013—2014	2	127	12732150	环境工程学一	环境科学与工程学院
2013—2014	2	127	12733010	环境化学	环境科学与工程学院
2013—2014	2	127	12733020	环境化学实验	环境科学与工程学院
2013—2014	2	127	12733080	环境科学与工程文献选读	环境科学与工程学院
2013—2014	2	127	12733120	水环境学基础	环境科学与工程学院
2013—2014	2	127	12733140	企业环境管理	环境科学与工程学院
2013—2014	2	127	12734010	工程制图	环境科学与工程学院
2013—2014	2	127	12734030	水处理工程(下)	环境科学与工程学院
2013—2014	2	127	12734050	环境工程实验(一)	环境科学与工程学院
2013—2014	2	127	12735090	物理性污染控制	环境科学与工程学院
2013—2014	2	127	12735130	环境质量评价	环境科学与工程学院
2013—2014	2	127	12735170	环境遥感基础	环境科学与工程学院
2013—2014	2	127	12735180	环境信息系统	环境科学与工程学院
2013—2014	2	025	00130202	高等数学(B)(二)	经济学院
2013—2014	2	025	00130202	高等数学(B)(二)	经济学院
2013—2014	2	025	00130212	高等数学(B)(二)习题课	经济学院
2013—2014	2	025	00130212	高等数学(B)(二)习题课	经济学院
2013—2014	2	025	00130212	高等数学(B)(二)习题课	经济学院

续表

学年度	学期	院系代码	课程号	课程名称	开课系所
2013—2014	2	025	00130212	高等数学(B)(二)习题课	经济学院
2013—2014	2	025	00132380	概率统计(B)	经济学院
2013—2014	2	025	00132380	概率统计(B)	经济学院
2013—2014	2	025	02530070	宏观经济学	经济学院
2013—2014	2	025	02530070	宏观经济学	经济学院
2013—2014	2	025	02530070	宏观经济学	经济学院
2013—2014	2	025	02530071	宏观经济学"习题课"	经济学院
2013—2014	2	025	02530071	宏观经济学"习题课"	经济学院
2013—2014	2	025	02530140	计量经济学	经济学院
2013—2014	2	025	02530160	外国经济史	经济学院
2013—2014	2	025	02530220	房地产经济学	经济学院
2013—2014	2	025	02530400	保险法	经济学院
2013—2014	2	025	02530500	世界经济专题	经济学院
2013—2014	2	025	02530620	国际投资学	经济学院
2013—2014	2	025	02531080	社会保险	经济学院
2013—2014	2	025	02532180	投资银行学	经济学院
2013—2014	2	025	02532220	金融市场学	经济学院
2013—2014	2	025	02532370	保险精算学原理	经济学院
2013—2014	2	025	02533080	随机过程	经济学院
2013—2014	2	025	02533170	经济学原理(Ⅱ)	经济学院
2013—2014	2	025	02533170	经济学原理(Ⅱ)	经济学院
2013—2014	2	025	02533170	经济学原理(Ⅱ)	经济学院
2013—2014	2	025	02533170	经济学原理(Ⅱ)	经济学院
2013—2014	2	025	02533170	经济学原理(Ⅱ)	经济学院
2013—2014	2	025	02533170	经济学原理(Ⅱ)	经济学院
2013—2014	2	025	02533170	经济学原理(Ⅱ)	经济学院
2013—2014	2	025	02533170	经济学原理(Ⅱ)	经济学院
2013—2014	2	025	02533170	经济学原理(Ⅱ)	经济学院
2013—2014	2	025	02533170	经济学原理(Ⅱ)	经济学院
2013—2014	2	025	02533170	经济学原理(Ⅱ)	经济学院
2013—2014	2	025	02533170	经济学原理(Ⅱ)	经济学院
2013—2014	2	025	02533170	经济学原理(Ⅱ)	经济学院
2013—2014	2	025	02533170	经济学原理(Ⅱ)	经济学院
2013—2014	2	025	02533170	经济学原理(Ⅱ)	经济学院
2013—2014	2	025	02533190	政治经济学(下)	经济学院
2013—2014	2	025	02533250	公共经济学	经济学院
2013—2014	2	025	02533320	固定收益证券	经济学院
2013—2014	2	025	02533340	中国经济思想史	经济学院
2013—2014	2	025	02533340	中国经济思想史	经济学院
2013—2014	2	025	02533350	外国经济思想史	经济学院
2013—2014	2	025	02533420	中国环境概论	经济学院

续表

学年度	学期	院系代码	课程号	课程名称	开课系所
2013—2014	2	025	02533440	营销学	经济学院
2013—2014	2	025	02533460	中国金融体制改革	经济学院
2013—2014	2	025	02533550	日本经济	经济学院
2013—2014	2	025	02533600	产业组织理论	经济学院
2013—2014	2	025	02533700	动态优化理论	经济学院
2013—2014	2	025	02533750	金融风险管理	经济学院
2013—2014	2	025	02533790	投资基金概论	经济学院
2013—2014	2	025	02533850	农业经济学	经济学院
2013—2014	2	025	02533930	国际贸易实务	经济学院
2013—2014	2	025	02534010	国际营销学	经济学院
2013—2014	2	025	02534060	货币银行学	经济学院
2013—2014	2	025	02534060	货币银行学	经济学院
2013—2014	2	025	02534200	风险管理学	经济学院
2013—2014	2	025	02534260	地方财政	经济学院
2013—2014	2	025	02534270	经济地理学	经济学院
2013—2014	2	025	02534290	保险投资管理	经济学院
2013—2014	2	025	02534310	财政学研究方法	经济学院
2013—2014	2	025	02534330	金融伦理学	经济学院
2013—2014	2	025	02534410	个人理财	经济学院
2013—2014	2	025	02534430	经济增长理论	经济学院
2013—2014	2	025	02534500	公共经济学	经济学院
2013—2014	2	025	02534520	财政学	经济学院
2013—2014	2	025	02534520	财政学	经济学院
2013—2014	2	025	02534570	中国对外经贸战略	经济学院
2013—2014	2	025	02534620	金融监管学	经济学院
2013—2014	2	025	02534660	行为金融学导论	经济学院
2013—2014	2	025	02534690	人力资本与经济发展	经济学院
2013—2014	2	025	02534700	合作经济理论	经济学院
2013—2014	2	025	02534720	发展经济学专题	经济学院
2013—2014	2	025	02534740	中级财务会计	经济学院
2013—2014	2	025	02534760	比较税收学	经济学院
2013—2014	2	025	02534820	保险学原理	经济学院
2013—2014	2	025	02534870	金融工程软件编程	经济学院
2013—2014	2	025	02534940	投资理财	经济学院
2013—2014	2	025	02534970	成本效益分析	经济学院
2013—2014	2	025	02535030	企业全面风险管理	经济学院
2013—2014	2	025	02535120	计量经济学	经济学院
2013—2014	2	025	02535150	风险管理与保险	经济学院
2013—2014	2	022	01034910	分析化学实验（B）	考古文博学院
2013—2014	2	022	02230120	田野考古学概论	考古文博学院
2013—2014	2	022	02230250	人体骨骼学	考古文博学院
2013—2014	2	022	02230260	动物考古学	考古文博学院
2013—2014	2	022	02230300	文化人类学	考古文博学院
2013—2014	2	022	02230440	丝绸之路考古	考古文博学院
2013—2014	2	022	02230470	科技考古	考古文博学院

续表

学年度	学期	院系代码	课程号	课程名称	开课系所
2013—2014	2	022	02230570	冶金考古	考古文博学院
2013—2014	2	022	02230730	文物法规与行政管理	考古文博学院
2013—2014	2	022	02230820	有机质文物保护与实验	考古文博学院
2013—2014	2	022	02230980	考古测量与GIS	考古文博学院
2013—2014	2	022	02231080	考古学导论	考古文博学院
2013—2014	2	022	02231120	建筑设计(三)	考古文博学院
2013—2014	2	022	02231150	中国传统建筑构造	考古文博学院
2013—2014	2	022	02231180	古罗马考古与艺术通论	考古文博学院
2013—2014	2	022	02231310	世界遗产概论	考古文博学院
2013—2014	2	022	02232103	中国考古学(中一)	考古文博学院
2013—2014	2	022	02232104	中国考古学(中二)	考古文博学院
2013—2014	2	022	02232105	中国考古学(下一)	考古文博学院
2013—2014	2	022	02232106	中国考古学(下二)	考古文博学院
2013—2014	2	022	02232200	美术考古	考古文博学院
2013—2014	2	022	02232210	考古学通论	考古文博学院
2013—2014	2	022	02232220	文化遗产学概论	考古文博学院
2013—2014	2	022	02232280	体质人类学	考古文博学院
2013—2014	2	022	02233080	中西建筑比较	考古文博学院
2013—2014	2	022	02240012	中国建筑史(下)	考古文博学院
2013—2014	2	022	02240350	殷周金文通论	考古文博学院
2013—2014	2	022	02240360	佛教考古导论	考古文博学院
2013—2014	2	021	02104520	美国内战与重建	历史学系
2013—2014	2	021	02113122	研究生拉丁语3	历史学系
2013—2014	2	021	02113272	古希腊语阅读(2)	历史学系
2013—2014	2	021	02130012	中国古代史(下)	历史学系
2013—2014	2	021	02130102	中国历史文选(下)	历史学系
2013—2014	2	021	02130102	中国历史文选(下)	历史学系
2013—2014	2	021	02130110	史学概论	历史学系
2013—2014	2	021	02130252	中国现代对外关系史	历史学系
2013—2014	2	021	02130310	中国妇女历史与传统文化	历史学系
2013—2014	2	021	02130430	中华民国史专题	历史学系
2013—2014	2	021	02130620	德国史专题	历史学系
2013—2014	2	021	02130690	韩国史专题	历史学系
2013—2014	2	021	02131110	中国古代政治与文化	历史学系
2013—2014	2	021	02131250	西方文明史导论	历史学系
2013—2014	2	021	02131260	人类发展与环境变迁	历史学系
2013—2014	2	021	02131261	东亚环境史	历史学系
2013—2014	2	021	02131390	考古发现与历史研究	历史学系
2013—2014	2	021	02131410	中世纪西欧社会史	历史学系
2013—2014	2	021	02131430	美国史通论	历史学系
2013—2014	2	021	02131460	拉美国家现代化进程研究	历史学系
2013—2014	2	021	02131771	现代希腊语(1)	历史学系
2013—2014	2	021	02131772	现代希腊语(2)	历史学系
2013—2014	2	021	02131970	西方当代历史学流派	历史学系
2013—2014	2	021	02131991	基础意大利语(1)	历史学系

续表

学年度	学期	院系代码	课程号	课程名称	开课系所
2013—2014	2	021	02131992	基础意大利语(2)	历史学系
2013—2014	2	021	02132030	中国现代史	历史学系
2013—2014	2	021	02132050	大国崛起	历史学系
2013—2014	2	021	02132110	社会调查与史学研究	历史学系
2013—2014	2	021	02132120	中外史学比较	历史学系
2013—2014	2	021	02132130	西方史学史专题	历史学系
2013—2014	2	021	02132160	中国历史地理概论	历史学系
2013—2014	2	021	02132170	中国古代官阶制度	历史学系
2013—2014	2	021	02132190	中国古代经济史专题	历史学系
2013—2014	2	021	02132210	蒙古古代史	历史学系
2013—2014	2	021	02132220	中国古代民族史	历史学系
2013—2014	2	021	02132250	中国近代政治与外交	历史学系
2013—2014	2	021	02132302	中国经学史(二)	历史学系
2013—2014	2	021	02132320	先秦史专题	历史学系
2013—2014	2	021	02132350	隋唐史专题	历史学系
2013—2014	2	021	02132420	文物艺术品收藏与鉴赏	历史学系
2013—2014	2	021	02132460	中国古代史练习	历史学系
2013—2014	2	021	02132470	中国近现代史练习	历史学系
2013—2014	2	021	02132520	现代国际政治史	历史学系
2013—2014	2	021	02132631	法国大革命与拿破仑	历史学系
2013—2014	2	021	02132660	日本文化史	历史学系
2013—2014	2	021	02132750	中国通史(古代部分)	历史学系
2013—2014	2	021	02132830	秦汉魏晋南北朝政治历程	历史学系
2013—2014	2	021	02133101	基督教拉丁语(1)	历史学系
2013—2014	2	021	02133102	基督教拉丁语(2)	历史学系
2013—2014	2	021	02133601	外文历史文选阅读指导	历史学系
2013—2014	2	021	02133610	古代东方文明	历史学系
2013—2014	2	021	02133640	欧洲史	历史学系
2013—2014	2	021	02133660	亚洲史	历史学系
2013—2014	2	021	02133681	外文历史史料选读(上)	历史学系
2013—2014	2	021	02133750	现代希腊史	历史学系
2013—2014	2	021	02135010	中国古代史	历史学系
2013—2014	2	021	02135120	世界现代史	历史学系
2013—2014	2	021	02138840	中国近代思想史	历史学系
2013—2014	2	021	02138970	中国古代妇女史专题	历史学系
2013—2014	2	021	02139070	古代希腊史	历史学系
2013—2014	2	021	02139390	日本史专题	历史学系
2013—2014	2	040	04031650	思想道德修养与法律基础	马克思主义学院
2013—2014	2	040	04031650	思想道德修养与法律基础	马克思主义学院
2013—2014	2	040	04031650	思想道德修养与法律基础	马克思主义学院
2013—2014	2	040	04031650	思想道德修养与法律基础	马克思主义学院
2013—2014	2	040	04031650	思想道德修养与法律基础	马克思主义学院
2013—2014	2	040	04031650	思想道德修养与法律基础	马克思主义学院
2013—2014	2	040	04031650	思想道德修养与法律基础	马克思主义学院
2013—2014	2	040	04031650	思想道德修养与法律基础	马克思主义学院

续表

学年度	学期	院系代码	课程号	课程名称	开课系所
2013—2014	2	040	04031650	思想道德修养与法律基础	马克思主义学院
2013—2014	2	040	04031660	中国近现代史纲要	马克思主义学院
2013—2014	2	040	04031660	中国近现代史纲要	马克思主义学院
2013—2014	2	040	04031660	中国近现代史纲要	马克思主义学院
2013—2014	2	040	04031660	中国近现代史纲要	马克思主义学院
2013—2014	2	040	04031660	中国近现代史纲要	马克思主义学院
2013—2014	2	040	04031660	中国近现代史纲要	马克思主义学院
2013—2014	2	040	04031660	中国近现代史纲要	马克思主义学院
2013—2014	2	040	04031660	中国近现代史纲要	马克思主义学院
2013—2014	2	040	04031660	中国近现代史纲要	马克思主义学院
2013—2014	2	040	04031700	周易精读	马克思主义学院
2013—2014	2	040	04031730	毛泽东思想和中国特色社会主义理论体系概论	马克思主义学院
2013—2014	2	040	04031730	毛泽东思想和中国特色社会主义理论体系概论	马克思主义学院
2013—2014	2	040	04031730	毛泽东思想和中国特色社会主义理论体系概论	马克思主义学院
2013—2014	2	040	04031730	毛泽东思想和中国特色社会主义理论体系概论	马克思主义学院
2013—2014	2	040	04031730	毛泽东思想和中国特色社会主义理论体系概论	马克思主义学院
2013—2014	2	040	04031730	毛泽东思想和中国特色社会主义理论体系概论	马克思主义学院
2013—2014	2	040	04031730	毛泽东思想和中国特色社会主义理论体系概论	马克思主义学院
2013—2014	2	040	04031740	马克思主义基本原理概论	马克思主义学院
2013—2014	2	040	04031740	马克思主义基本原理概论	马克思主义学院
2013—2014	2	040	04031740	马克思主义基本原理概论	马克思主义学院
2013—2014	2	040	04031740	马克思主义基本原理概论	马克思主义学院
2013—2014	2	040	04031740	马克思主义基本原理概论	马克思主义学院
2013—2014	2	040	04031740	马克思主义基本原理概论	马克思主义学院
2013—2014	2	040	04031740	马克思主义基本原理概论	马克思主义学院
2013—2014	2	040	04031750	形势与政策	马克思主义学院
2013—2014	2	040	04031750	形势与政策	马克思主义学院
2013—2014	2	040	04031750	形势与政策	马克思主义学院
2013—2014	2	040	04031750	形势与政策	马克思主义学院
2013—2014	2	040	04031750	形势与政策	马克思主义学院
2013—2014	2	040	04031750	形势与政策	马克思主义学院
2013—2014	2	040	04031750	形势与政策	马克思主义学院
2013—2014	2	040	04031750	形势与政策	马克思主义学院
2013—2014	2	031	03100130	国外社会学学说(上)	社会学系
2013—2014	2	031	03130010	社会学概论	社会学系
2013—2014	2	031	03130020	国外社会学学说(下)	社会学系
2013—2014	2	031	03130050	中国社会思想史	社会学系
2013—2014	2	031	03130120	社会统计学	社会学系
2013—2014	2	031	03130130	社会统计与数据分析	社会学系
2013—2014	2	031	03130150	社会人类学	社会学系
2013—2014	2	031	03130190	城市社会学	社会学系

续表

学年度	学期	院系代码	课程号	课程名称	开课系所
2013—2014	2	031	03130190	城市社会学	社会学系
2013—2014	2	031	03130210	社会心理学	社会学系
2013—2014	2	031	03130250	农村社会学	社会学系
2013—2014	2	031	03130260	家庭社会学	社会学系
2013—2014	2	031	03130340	宗教社会学	社会学系
2013—2014	2	031	03130430	群体工作	社会学系
2013—2014	2	031	03130460	社会保障	社会学系
2013—2014	2	031	03130480	社会行政	社会学系
2013—2014	2	031	03130590	中国社会	社会学系
2013—2014	2	031	03130590	中国社会	社会学系
2013—2014	2	031	03130640	经济社会学	社会学系
2013—2014	2	031	03130640	经济社会学	社会学系
2013—2014	2	031	03130700	历史社会学	社会学系
2013—2014	2	031	03130790	贫困与发展	社会学系
2013—2014	2	031	03130840	劳动社会学	社会学系
2013—2014	2	031	03130880	西方社会思想史	社会学系
2013—2014	2	031	03131160	社会学导论	社会学系
2013—2014	2	031	03131190	社会工作概论	社会学系
2013—2014	2	031	03131190	社会工作概论	社会学系
2013—2014	2	031	03131230	社会工作实习	社会学系
2013—2014	2	031	03131360	民族与社会	社会学系
2013—2014	2	031	03131410	自杀社会问题研究	社会学系
2013—2014	2	031	03131500	社会调查与研究方法	社会学系
2013—2014	2	031	03131530	人口社会学	社会学系
2013—2014	2	031	03131540	实习	社会学系
2013—2014	2	031	03131650	人口统计学	社会学系
2013—2014	2	031	03131700	政治人类学	社会学系
2013—2014	2	031	03131740	中国社会学史	社会学系
2013—2014	2	031	03131760	人口资源环境社会学	社会学系
2013—2014	2	031	03131870	公民社会与非营利组织	社会学系
2013—2014	2	031	03131880	社会学英文原著精读	社会学系
2013—2014	2	031	03131890	大学生性格优势团体辅导	社会学系
2013—2014	2	031	03131900	社会博弈论	社会学系
2013—2014	2	031	60730020	军事理论	社会学系
2013—2014	2	011	00130202	高等数学(B)(二)	生命科学学院
2013—2014	2	011	00130212	高等数学(B)(二)习题课	生命科学学院
2013—2014	2	011	00130212	高等数学(B)(二)习题课	生命科学学院
2013—2014	2	011	00130212	高等数学(B)(二)习题课	生命科学学院
2013—2014	2	011	00431132	普通物理(I)	生命科学学院
2013—2014	2	011	00431200	基础物理实验	生命科学学院
2013—2014	2	011	00431200	基础物理实验	生命科学学院
2013—2014	2	011	00431580	生命科学中的物理学(上)	生命科学学院
2013—2014	2	011	00431680	普通物理习题课	生命科学学院
2013—2014	2	011	01032630	物理化学(B)	生命科学学院
2013—2014	2	011	01032630	物理化学(B)	生命科学学院

续表

学年度	学期	院系代码	课程号	课程名称	开课系所
2013—2014	2	011	01032720	物理化学实验(B)	生命科学学院
2013—2014	2	011	01035070	基础化学实验(分析)	生命科学学院
2013—2014	2	011	01108020	现代生物学基础	生命科学学院
2013—2014	2	011	01130070	微生物学实验	生命科学学院
2013—2014	2	011	01130130	免疫学	生命科学学院
2013—2014	2	011	01130210	遗传学实验	生命科学学院
2013—2014	2	011	01130210	遗传学实验	生命科学学院
2013—2014	2	011	01130210	遗传学实验	生命科学学院
2013—2014	2	011	01130210	遗传学实验	生命科学学院
2013—2014	2	011	01130210	遗传学实验	生命科学学院
2013—2014	2	011	01130311	普通生物学实验	生命科学学院
2013—2014	2	011	01130311	普通生物学实验	生命科学学院
2013—2014	2	011	01130370	生理学	生命科学学院
2013—2014	2	011	01130850	算法与数据结构及上机	生命科学学院
2013—2014	2	011	01130871	人类的性、生育与健康	生命科学学院
2013—2014	2	011	01130889	生物摄影及实践	生命科学学院
2013—2014	2	011	01131040	植物生物学	生命科学学院
2013—2014	2	011	01131060	植物生物学实验	生命科学学院
2013—2014	2	011	01131060	植物生物学实验	生命科学学院
2013—2014	2	011	01131170	发育生物学实验	生命科学学院
2013—2014	2	011	01131170	发育生物学实验	生命科学学院
2013—2014	2	011	01131170	发育生物学实验	生命科学学院
2013—2014	2	011	01132020	遗传学	生命科学学院
2013—2014	2	011	01132021	遗传学讨论	生命科学学院
2013—2014	2	011	01132021	遗传学讨论	生命科学学院
2013—2014	2	011	01132021	遗传学讨论	生命科学学院
2013—2014	2	011	01132021	遗传学讨论	生命科学学院
2013—2014	2	011	01132021	遗传学讨论	生命科学学院
2013—2014	2	011	01132021	遗传学讨论	生命科学学院
2013—2014	2	011	01132021	遗传学讨论	生命科学学院
2013—2014	2	011	01133020	高级分子生物学讲座(下)	生命科学学院
2013—2014	2	011	01133030	生物荧光成像	生命科学学院
2013—2014	2	011	01133062	文献深度分析及实验的逻辑设计(上)	生命科学学院
2013—2014	2	011	01133100	生命科学前沿文献讨论	生命科学学院
2013—2014	2	011	01133110	医学生物学的挑战与展望	生命科学学院
2013—2014	2	011	01133951	分子医学高级教程	生命科学学院
2013—2014	2	011	01137020	人类遗传学:连锁分析	生命科学学院
2013—2014	2	011	01138530	病毒感染与免疫	生命科学学院
2013—2014	2	011	01138540	分子生物学	生命科学学院
2013—2014	2	011	01138560	生理学(清华)	生命科学学院
2013—2014	2	011	01138570	生物统计学基础	生命科学学院
2013—2014	2	011	01138580	生物物理学	生命科学学院
2013—2014	2	011	01138590	遗传学(清华)	生命科学学院

续表

学年度	学期	院系代码	课程号	课程名称	开课系所
2013—2014	2	011	01139000	神经生物学	生命科学学院
2013—2014	2	011	01139001	药理学基础	生命科学学院
2013—2014	2	011	01139350	普通生物学(B)	生命科学学院
2013—2014	2	011	01139360	基础分子生物学实验	生命科学学院
2013—2014	2	011	01139360	基础分子生物学实验	生命科学学院
2013—2014	2	011	01139360	基础分子生物学实验	生命科学学院
2013—2014	2	011	01139360	基础分子生物学实验	生命科学学院
2013—2014	2	011	01139360	基础分子生物学实验	生命科学学院
2013—2014	2	011	01139380	普通生物学(A)	生命科学学院
2013—2014	2	011	01139441	脊椎动物比较解剖学及实验	生命科学学院
2013—2014	2	011	01139490	文献强化阅读与学术报告(1)	生命科学学院
2013—2014	2	011	01139500	生理学实验	生命科学学院
2013—2014	2	011	01139500	生理学实验	生命科学学院
2013—2014	2	011	01139500	生理学实验	生命科学学院
2013—2014	2	011	01139500	生理学实验	生命科学学院
2013—2014	2	011	01139580	发育生物学	生命科学学院
2013—2014	2	011	01139600	微生物学	生命科学学院
2013—2014	2	011	01139732	生物数学建模	生命科学学院
2013—2014	2	011	01139760	事业与人生	生命科学学院
2013—2014	2	011	01139780	系统生物学选讲	生命科学学院
2013—2014	2	011	01139910	细胞骨架、细胞运动及人类疾病	生命科学学院
2013—2014	2	011	01139930	系统与计算神经科学	生命科学学院
2013—2014	2	011	01139940	科学研究基本技能	生命科学学院
2013—2014	2	001	00102876	信息光学的数学理论及其应用	数学科学学院
2013—2014	2	001	00102877	数据挖掘	数学科学学院
2013—2014	2	001	00102886	应用偏微分方程选讲	数学科学学院
2013—2014	2	001	00102892	统计学习	数学科学学院
2013—2014	2	001	00110040	微分拓扑	数学科学学院
2013—2014	2	001	00110070	经典力学的数学方法	数学科学学院
2013—2014	2	001	00110170	代数数论	数学科学学院
2013—2014	2	001	00110190	动力系统	数学科学学院
2013—2014	2	001	00110390	纤维丛上的微分几何	数学科学学院
2013—2014	2	001	00110820	计算流体力学	数学科学学院
2013—2014	2	001	00110940	复分析	数学科学学院
2013—2014	2	001	00110950	人工智能	数学科学学院
2013—2014	2	001	00111140	近代偏微分方程	数学科学学院
2013—2014	2	001	00112530	数学物理中的反问题	数学科学学院
2013—2014	2	001	00112610	同调代数	数学科学学院
2013—2014	2	001	00112650	随机过程论	数学科学学院
2013—2014	2	001	00112780	应用偏微分方程	数学科学学院
2013—2014	2	001	00113030	偏微分方程选讲	数学科学学院
2013—2014	2	001	00113070	差分方法 II	数学科学学院
2013—2014	2	001	00114100	代数拓扑选讲	数学科学学院
2013—2014	2	001	00130030	信息科学基础	数学科学学院
2013—2014	2	001	00130070	初等数论	数学科学学院

续表

学年度	学期	院系代码	课程号	课程名称	开课系所
2013—2014	2	001	00130190	微分流形	数学科学学院
2013—2014	2	001	00130200	数学模型	数学科学学院
2013—2014	2	001	00130210	计算机图形学	数学科学学院
2013—2014	2	001	00130410	常微分方程定性理论	数学科学学院
2013—2014	2	001	00130560	数值分析	数学科学学院
2013—2014	2	001	00130630	最优化方法	数学科学学院
2013—2014	2	001	00130640	流体力学引论	数学科学学院
2013—2014	2	001	00131140	期权期货与其他衍生证券	数学科学学院
2013—2014	2	001	00131280	证券投资学	数学科学学院
2013—2014	2	001	00131300	概率论	数学科学学院
2013—2014	2	001	00131300	概率论	数学科学学院
2013—2014	2	001	00131410	计算概论	数学科学学院
2013—2014	2	001	00131410	计算概论	数学科学学院
2013—2014	2	001	00131610	高等代数	数学科学学院
2013—2014	2	001	00131640	几何讨论班	数学科学学院
2013—2014	2	001	00131650	代数讨论班	数学科学学院
2013—2014	2	001	00131660	分析讨论班	数学科学学院
2013—2014	2	001	00131670	应用数学导论	数学科学学院
2013—2014	2	001	00131680	毕业论文(1)	数学科学学院
2013—2014	2	001	00131680	毕业论文(1)	数学科学学院
2013—2014	2	001	00131680	毕业论文(1)	数学科学学院
2013—2014	2	001	00131680	毕业论文(1)	数学科学学院
2013—2014	2	001	00131690	毕业论文(2)	数学科学学院
2013—2014	2	001	00131690	毕业论文(2)	数学科学学院
2013—2014	2	001	00132302	数学分析(II)	数学科学学院
2013—2014	2	001	00132302	数学分析(II)	数学科学学院
2013—2014	2	001	00132312	数学分析(II)习题	数学科学学院
2013—2014	2	001	00132312	数学分析(II)习题	数学科学学院
2013—2014	2	001	00132312	数学分析(II)习题	数学科学学院
2013—2014	2	001	00132312	数学分析(II)习题	数学科学学院
2013—2014	2	001	00132320	复变函数	数学科学学院
2013—2014	2	001	00132320	复变函数	数学科学学院
2013—2014	2	001	00132323	高等代数(II)	数学科学学院
2013—2014	2	001	00132323	高等代数(II)	数学科学学院
2013—2014	2	001	00132332	高等代数(II)习题	数学科学学院
2013—2014	2	001	00132332	高等代数(II)习题	数学科学学院
2013—2014	2	001	00132332	高等代数(II)习题	数学科学学院
2013—2014	2	001	00132332	高等代数(II)习题	数学科学学院
2013—2014	2	001	00132340	常微分方程	数学科学学院
2013—2014	2	001	00132340	常微分方程	数学科学学院
2013—2014	2	001	00132350	泛函分析	数学科学学院
2013—2014	2	001	00132520	模形式	数学科学学院
2013—2014	2	001	00132770	毕业论文(资产定价)讨论班	数学科学学院
2013—2014	2	001	00132860	研究型学习	数学科学学院
2013—2014	2	001	00132880	统计软件	数学科学学院

续表

学年度	学期	院系代码	课程号	课程名称	开课系所
2013—2014	2	001	00132930	生物数学物理	数学科学学院
2013—2014	2	001	00132990	数学分析 II 选讲	数学科学学院
2013—2014	2	001	00133010	测度论	数学科学学院
2013—2014	2	001	00133020	抽样调查	数学科学学院
2013—2014	2	001	00133050	应用多元统计分析	数学科学学院
2013—2014	2	001	00134120	高等代数 II 选讲	数学科学学院
2013—2014	2	001	00134270	毕业论文(金融统计)讨论班	数学科学学院
2013—2014	2	001	00134280	代数几何初步	数学科学学院
2013—2014	2	001	00134350	Floer 同调与低维拓扑	数学科学学院
2013—2014	2	001	00134370	多复变函数	数学科学学院
2013—2014	2	001	00134380	从正二十面体到 Monster 单群:几何,代数,算术,物理	数学科学学院
2013—2014	2	001	00134390	大学代数教程 II	数学科学学院
2013—2014	2	001	00135040	程序设计技术与方法	数学科学学院
2013—2014	2	001	00135050	理论计算机科学基础	数学科学学院
2013—2014	2	001	00135290	集合论与图论	数学科学学院
2013—2014	2	001	00135740	低年级讨论班(1)	数学科学学院
2013—2014	2	001	00135810	寿险精算	数学科学学院
2013—2014	2	001	00135920	实分析	数学科学学院
2013—2014	2	001	00136020	组合数学	数学科学学院
2013—2014	2	001	00136220	运筹学	数学科学学院
2013—2014	2	001	00136310	抽样调查	数学科学学院
2013—2014	2	001	00136320	应用多元统计分析	数学科学学院
2013—2014	2	001	00136590	复变函数	数学科学学院
2013—2014	2	001	00136650	几何与数学物理	数学科学学院
2013—2014	2	001	00136700	普通统计学	数学科学学院
2013—2014	2	001	00136820	近世代数	数学科学学院
2013—2014	2	001	00136840	统计学	数学科学学院
2013—2014	2	001	00431132	普通物理(I)	数学科学学院
2013—2014	2	001	00431680	普通物理习题课	数学科学学院
2013—2014	2	001	00431680	普通物理习题课	数学科学学院
2013—2014	2	001	00431680	普通物理习题课	数学科学学院
2013—2014	2	041	04130020	游泳	体育教研部
2013—2014	2	041	04130020	游泳	体育教研部
2013—2014	2	041	04130020	游泳	体育教研部
2013—2014	2	041	04130020	游泳	体育教研部
2013—2014	2	041	04130020	游泳	体育教研部
2013—2014	2	041	04130020	游泳	体育教研部
2013—2014	2	041	04130020	游泳	体育教研部
2013—2014	2	041	04130020	游泳	体育教研部
2013—2014	2	041	04130020	游泳	体育教研部
2013—2014	2	041	04130020	游泳	体育教研部
2013—2014	2	041	04130020	游泳	体育教研部
2013—2014	2	041	04130020	游泳	体育教研部
2013—2014	2	041	04130020	游泳	体育教研部

续表

学年度	学期	院系代码	课程号	课程名称	开课系所
2013—2014	2	041	04130020	游泳	体育教研部
2013—2014	2	041	04130020	游泳	体育教研部
2013—2014	2	041	04130020	游泳	体育教研部
2013—2014	2	041	04130020	游泳	体育教研部
2013—2014	2	041	04130020	游泳	体育教研部
2013—2014	2	041	04130020	游泳	体育教研部
2013—2014	2	041	04130020	游泳	体育教研部
2013—2014	2	041	04130020	游泳	体育教研部
2013—2014	2	041	04130020	游泳	体育教研部
2013—2014	2	041	04130020	游泳	体育教研部
2013—2014	2	041	04130020	游泳	体育教研部
2013—2014	2	041	04130021	游泳提高班	体育教研部
2013—2014	2	041	04130021	游泳提高班	体育教研部
2013—2014	2	041	04130021	游泳提高班	体育教研部
2013—2014	2	041	04130030	太极拳	体育教研部
2013—2014	2	041	04130030	太极拳	体育教研部
2013—2014	2	041	04130030	太极拳	体育教研部
2013—2014	2	041	04130030	太极拳	体育教研部
2013—2014	2	041	04130030	太极拳	体育教研部
2013—2014	2	041	04130030	太极拳	体育教研部
2013—2014	2	041	04130030	太极拳	体育教研部
2013—2014	2	041	04130030	太极拳	体育教研部
2013—2014	2	041	04130030	太极拳	体育教研部
2013—2014	2	041	04130030	太极拳	体育教研部
2013—2014	2	041	04130030	太极拳	体育教研部
2013—2014	2	041	04130030	太极拳	体育教研部
2013—2014	2	041	04130030	太极拳	体育教研部
2013—2014	2	041	04130030	太极拳	体育教研部
2013—2014	2	041	04130030	太极拳	体育教研部
2013—2014	2	041	04130030	太极拳	体育教研部
2013—2014	2	041	04130040	健美操	体育教研部
2013—2014	2	041	04130040	健美操	体育教研部
2013—2014	2	041	04130040	健美操	体育教研部
2013—2014	2	041	04130040	健美操	体育教研部
2013—2014	2	041	04130040	健美操	体育教研部
2013—2014	2	041	04130040	健美操	体育教研部

续表

学年度	学期	院系代码	课程号	课程名称	开课系所
2013—2014	2	041	04130040	健美操	体育教研部
2013—2014	2	041	04130040	健美操	体育教研部
2013—2014	2	041	04130040	健美操	体育教研部
2013—2014	2	041	04130040	健美操	体育教研部
2013—2014	2	041	04130040	健美操	体育教研部
2013—2014	2	041	04130040	健美操	体育教研部
2013—2014	2	041	04130040	健美操	体育教研部
2013—2014	2	041	04130040	健美操	体育教研部
2013—2014	2	041	04130040	健美操	体育教研部
2013—2014	2	041	04130040	健美操	体育教研部
2013—2014	2	041	04130040	健美操	体育教研部
2013—2014	2	041	04130040	健美操	体育教研部
2013—2014	2	041	04130040	健美操	体育教研部
2013—2014	2	041	04130040	健美操	体育教研部
2013—2014	2	041	04130040	健美操	体育教研部
2013—2014	2	041	04130040	健美操	体育教研部
2013—2014	2	041	04130050	乒乓球	体育教研部
2013—2014	2	041	04130050	乒乓球	体育教研部
2013—2014	2	041	04130050	乒乓球	体育教研部
2013—2014	2	041	04130050	乒乓球	体育教研部
2013—2014	2	041	04130050	乒乓球	体育教研部
2013—2014	2	041	04130050	乒乓球	体育教研部
2013—2014	2	041	04130050	乒乓球	体育教研部
2013—2014	2	041	04130050	乒乓球	体育教研部
2013—2014	2	041	04130050	乒乓球	体育教研部
2013—2014	2	041	04130050	乒乓球	体育教研部
2013—2014	2	041	04130050	乒乓球	体育教研部
2013—2014	2	041	04130050	乒乓球	体育教研部
2013—2014	2	041	04130050	乒乓球	体育教研部
2013—2014	2	041	04130050	乒乓球	体育教研部
2013—2014	2	041	04130050	乒乓球	体育教研部
2013—2014	2	041	04130053	乒乓球提高班	体育教研部
2013—2014	2	041	04130060	羽毛球	体育教研部
2013—2014	2	041	04130060	羽毛球	体育教研部
2013—2014	2	041	04130060	羽毛球	体育教研部
2013—2014	2	041	04130060	羽毛球	体育教研部

续表

学年度	学期	院系代码	课程号	课程名称	开课系所
2013—2014	2	041	04130060	羽毛球	体育教研部
2013—2014	2	041	04130060	羽毛球	体育教研部
2013—2014	2	041	04130060	羽毛球	体育教研部
2013—2014	2	041	04130060	羽毛球	体育教研部
2013—2014	2	041	04130060	羽毛球	体育教研部
2013—2014	2	041	04130060	羽毛球	体育教研部
2013—2014	2	041	04130060	羽毛球	体育教研部
2013—2014	2	041	04130060	羽毛球	体育教研部
2013—2014	2	041	04130060	羽毛球	体育教研部
2013—2014	2	041	04130060	羽毛球	体育教研部
2013—2014	2	041	04130060	羽毛球	体育教研部
2013—2014	2	041	04130060	羽毛球	体育教研部
2013—2014	2	041	04130063	羽毛球提高班	体育教研部
2013—2014	2	041	04130070	网球	体育教研部
2013—2014	2	041	04130070	网球	体育教研部
2013—2014	2	041	04130070	网球	体育教研部
2013—2014	2	041	04130070	网球	体育教研部
2013—2014	2	041	04130070	网球	体育教研部
2013—2014	2	041	04130070	网球	体育教研部
2013—2014	2	041	04130070	网球	体育教研部
2013—2014	2	041	04130070	网球	体育教研部
2013—2014	2	041	04130070	网球	体育教研部
2013—2014	2	041	04130070	网球	体育教研部
2013—2014	2	041	04130070	网球	体育教研部
2013—2014	2	041	04130070	网球	体育教研部
2013—2014	2	041	04130070	网球	体育教研部
2013—2014	2	041	04130080	足球	体育教研部
2013—2014	2	041	04130080	足球	体育教研部
2013—2014	2	041	04130080	足球	体育教研部
2013—2014	2	041	04130080	足球	体育教研部
2013—2014	2	041	04130080	足球	体育教研部
2013—2014	2	041	04130080	足球	体育教研部
2013—2014	2	041	04130090	篮球	体育教研部
2013—2014	2	041	04130090	篮球	体育教研部
2013—2014	2	041	04130090	篮球	体育教研部
2013—2014	2	041	04130090	篮球	体育教研部
2013—2014	2	041	04130090	篮球	体育教研部
2013—2014	2	041	04130090	篮球	体育教研部
2013—2014	2	041	04130090	篮球	体育教研部

学年度	学期	院系代码	课程号	课程名称	开课系所
2013—2014	2	041	04130090	篮球	体育教研部
2013—2014	2	041	04130090	篮球	体育教研部
2013—2014	2	041	04130090	篮球	体育教研部
2013—2014	2	041	04130093	篮球提高班	体育教研部
2013—2014	2	041	04130100	排球	体育教研部
2013—2014	2	041	04130100	排球	体育教研部
2013—2014	2	041	04130100	排球	体育教研部
2013—2014	2	041	04130100	排球	体育教研部
2013—2014	2	041	04130110	形体（女生）	体育教研部
2013—2014	2	041	04130110	形体（女生）	体育教研部
2013—2014	2	041	04130110	形体（女生）	体育教研部
2013—2014	2	041	04130110	形体（女生）	体育教研部
2013—2014	2	041	04130110	形体（女生）	体育教研部
2013—2014	2	041	04130120	体育舞蹈	体育教研部
2013—2014	2	041	04130120	体育舞蹈	体育教研部
2013—2014	2	041	04130120	体育舞蹈	体育教研部
2013—2014	2	041	04130120	体育舞蹈	体育教研部
2013—2014	2	041	04130130	健美	体育教研部
2013—2014	2	041	04130130	健美	体育教研部
2013—2014	2	041	04130130	健美	体育教研部
2013—2014	2	041	04130160	体适能	体育教研部
2013—2014	2	041	04130160	体适能	体育教研部
2013—2014	2	041	04130160	体适能	体育教研部
2013—2014	2	041	04130160	体适能	体育教研部
2013—2014	2	041	04130160	体适能	体育教研部
2013—2014	2	041	04130160	体适能	体育教研部
2013—2014	2	041	04130160	体适能	体育教研部
2013—2014	2	041	04130160	体适能	体育教研部
2013—2014	2	041	04130173	保健 4	体育教研部
2013—2014	2	041	04130210	棒、垒球	体育教研部
2013—2014	2	041	04130210	棒、垒球	体育教研部
2013—2014	2	041	04130231	安全教育与自卫防身	体育教研部
2013—2014	2	041	04130231	安全教育与自卫防身	体育教研部
2013—2014	2	041	04130231	安全教育与自卫防身	体育教研部
2013—2014	2	041	04130231	安全教育与自卫防身	体育教研部
2013—2014	2	041	04130240	攀岩	体育教研部
2013—2014	2	041	04130240	攀岩	体育教研部
2013—2014	2	041	04130260	少林棍术	体育教研部
2013—2014	2	041	04130260	少林棍术	体育教研部
2013—2014	2	041	04130280	跆拳道	体育教研部
2013—2014	2	041	04130280	跆拳道	体育教研部
2013—2014	2	041	04130350	运动、营养与减肥	体育教研部
2013—2014	2	041	04130370	围棋（初级班）	体育教研部
2013—2014	2	041	04130420	散打	体育教研部

续表

学年度	学期	院系代码	课程号	课程名称	开课系所
2013—2014	2	041	04130420	散打	体育教研部
2013—2014	2	041	04130420	散打	体育教研部
2013—2014	2	041	04130420	散打	体育教研部
2013—2014	2	041	04130430	中华健	体育教研部
2013—2014	2	041	04130430	中华健	体育教研部
2013—2014	2	041	04130430	中华健	体育教研部
2013—2014	2	041	04130440	瑜伽	体育教研部
2013—2014	2	041	04130440	瑜伽	体育教研部
2013—2014	2	041	04130440	瑜伽	体育教研部
2013—2014	2	041	04130440	瑜伽	体育教研部
2013—2014	2	041	04130450	地板球	体育教研部
2013—2014	2	041	04130450	地板球	体育教研部
2013—2014	2	041	04130480	高尔夫	体育教研部
2013—2014	2	041	04130480	高尔夫	体育教研部
2013—2014	2	041	04130490	桥牌	体育教研部
2013—2014	2	041	04130500	国际象棋（初级班）	体育教研部
2013—2014	2	041	04130520	《黄帝内经》与古导引	体育教研部
2013—2014	2	041	04130520	《黄帝内经》与古导引	体育教研部
2013—2014	2	041	04130570	剑道	体育教研部
2013—2014	2	041	04130570	剑道	体育教研部
2013—2014	2	041	04130620	定向与徒步运动	体育教研部
2013—2014	2	041	04130620	定向与徒步运动	体育教研部
2013—2014	2	041	04130630	汉字太极与养生课	体育教研部
2013—2014	2	041	04130630	汉字太极与养生课	体育教研部
2013—2014	2	041	04130630	汉字太极与养生课	体育教研部
2013—2014	2	041	04130630	汉字太极与养生课	体育教研部
2013—2014	2	041	04130640	拓展训练	体育教研部
2013—2014	2	041	04130640	拓展训练	体育教研部
2013—2014	2	041	04130640	拓展训练	体育教研部
2013—2014	2	041	04130660	壁球	体育教研部
2013—2014	2	041	04130660	壁球	体育教研部
2013—2014	2	039	03530010	东方文学史	外国语学院
2013—2014	2	039	03530190	日本文化艺术专题	外国语学院
2013—2014	2	039	03530242	公共阿拉伯语（二）	外国语学院
2013—2014	2	039	03530370	东南亚文化	外国语学院
2013—2014	2	039	03530442	公共韩国语（二）	外国语学院
2013—2014	2	039	03530450	东方文学	外国语学院
2013—2014	2	039	03530500	当今韩国—亚洲及全球经济事件	外国语学院
2013—2014	2	039	03530520	公共土耳其语（二）	外国语学院
2013—2014	2	039	03531014	基础蒙古语（四）	外国语学院
2013—2014	2	039	03531032	蒙古文化（下）	外国语学院
2013—2014	2	039	03531042	蒙古语语法（下）	外国语学院
2013—2014	2	039	03531200	蒙古字	外国语学院
2013—2014	2	039	03531279	蒙古国影视艺术赏析	外国语学院
2013—2014	2	039	03531307	蒙古语会话（二）	外国语学院

续表

学年度	学期	院系代码	课程号	课程名称	开课系所
2013—2014	2	039	03531312	蒙古语听力(二)	外国语学院
2013—2014	2	039	03531402	基础韩国(朝鲜)语(二)	外国语学院
2013—2014	2	039	03531404	基础韩国(朝鲜)语(四)	外国语学院
2013—2014	2	039	03531569	韩中翻译	外国语学院
2013—2014	2	039	03531710	韩国(朝鲜)经济	外国语学院
2013—2014	2	039	03531730	韩国(朝鲜)历史	外国语学院
2013—2014	2	039	03531802	韩国(朝鲜)语视听说(二)	外国语学院
2013—2014	2	039	03531804	韩国(朝鲜)语视听说(四)	外国语学院
2013—2014	2	039	03531812	高级韩国(朝鲜)语(二)	外国语学院
2013—2014	2	039	03531813	高级韩国(朝鲜)语(三)	外国语学院
2013—2014	2	039	03531820	韩国(朝鲜)语应用文写作	外国语学院
2013—2014	2	039	03531832	韩国(朝鲜)语报刊选读(下)	外国语学院
2013—2014	2	039	03531842	高级韩国(朝鲜)语口语(二)	外国语学院
2013—2014	2	039	03531852	韩国(朝鲜)文学作品选读(下)	外国语学院
2013—2014	2	039	03531860	韩国(朝鲜)民俗	外国语学院
2013—2014	2	039	03531970	日语阅读	外国语学院
2013—2014	2	039	03532022	基础日语(二)	外国语学院
2013—2014	2	039	03532022	基础日语(二)	外国语学院
2013—2014	2	039	03532024	基础日语(四)	外国语学院
2013—2014	2	039	03532030	日本历史	外国语学院
2013—2014	2	039	03532042	日语视听说(二)	外国语学院
2013—2014	2	039	03532090	日本文化概论	外国语学院
2013—2014	2	039	03532110	日译汉	外国语学院
2013—2014	2	039	03532120	日本文学史	外国语学院
2013—2014	2	039	03532160	日语概论	外国语学院
2013—2014	2	039	03532220	日语会话	外国语学院
2013—2014	2	039	03532220	日语会话	外国语学院
2013—2014	2	039	03532252	公共日语(二)	外国语学院
2013—2014	2	039	03532252	公共日语(二)	外国语学院
2013—2014	2	039	03532252	公共日语(二)	外国语学院
2013—2014	2	039	03532252	公共日语(二)	外国语学院
2013—2014	2	039	03532252	公共日语(二)	外国语学院
2013—2014	2	039	03532254	公共日语(四)	外国语学院
2013—2014	2	039	03532322	高年级日语(二)	外国语学院
2013—2014	2	039	03532334	高年级日语(四)	外国语学院
2013—2014	2	039	03532370	日汉语言对比	外国语学院
2013—2014	2	039	03532402	基础日语(二)	外国语学院
2013—2014	2	039	03532411	日语视听说(一)	外国语学院
2013—2014	2	039	03532413	日语视听说(三)	外国语学院
2013—2014	2	039	03532422	日语阅读(二)	外国语学院
2013—2014	2	039	03532440	日语语法概论	外国语学院
2013—2014	2	039	03533051	越南语泛读(上)	外国语学院
2013—2014	2	039	03533070	越南文学史	外国语学院
2013—2014	2	039	03533274	基础越南语(四)	外国语学院

续表

学年度	学期	院系代码	课程号	课程名称	开课系所
2013—2014	2	039	03533274	基础越南语(四)	外国语学院
2013—2014	2	039	03533512	泰语听力(下)	外国语学院
2013—2014	2	039	03533523	初级泰语阅读(三)	外国语学院
2013—2014	2	039	03533540	泰语语法	外国语学院
2013—2014	2	039	03533829	泰国历史	外国语学院
2013—2014	2	039	03533864	泰语教程(四)	外国语学院
2013—2014	2	039	03534012	缅甸语(二)	外国语学院
2013—2014	2	039	03534012	缅甸语(二)	外国语学院
2013—2014	2	039	03534080	缅甸概况	外国语学院
2013—2014	2	039	03534150	缅甸经济	外国语学院
2013—2014	2	039	03534602	印度尼西亚文学史(二)	外国语学院
2013—2014	2	039	03534710	印尼语写作	外国语学院
2013—2014	2	039	03535166	希伯来语(六)	外国语学院
2013—2014	2	039	03535620	中国与菲律宾交流史	外国语学院
2013—2014	2	039	03535650	菲律宾宗教	外国语学院
2013—2014	2	039	03535720	菲律宾近现代史	外国语学院
2013—2014	2	039	03535760	东南亚历史与现状	外国语学院
2013—2014	2	039	03536023	印地语视听说(三)	外国语学院
2013—2014	2	039	03536070	印地语写作	外国语学院
2013—2014	2	039	03536214	印度英语报刊文章选读(四)	外国语学院
2013—2014	2	039	03536240	印度宗教	外国语学院
2013—2014	2	039	03536302	印地语报刊阅读(二)	外国语学院
2013—2014	2	039	03536420	《大唐西域记》导读与研究	外国语学院
2013—2014	2	039	03536502	印地语(二)	外国语学院
2013—2014	2	039	03536916	印地语(六)	外国语学院
2013—2014	2	039	03536940	印度文学	外国语学院
2013—2014	2	039	03537042	乌尔都语报刊阅读(二)	外国语学院
2013—2014	2	039	03537061	乌尔都语翻译教程(一)	外国语学院
2013—2014	2	039	03537180	乌尔都语戏剧选读	外国语学院
2013—2014	2	039	03537242	印巴英语报刊文章选读(下)	外国语学院
2013—2014	2	039	03537382	乌尔都语翻译教程(二)	外国语学院
2013—2014	2	039	03537504	基础波斯语(四)	外国语学院
2013—2014	2	039	03537681	波斯语口语(上)	外国语学院
2013—2014	2	039	03537702	伊朗历史文明概论(下)	外国语学院
2013—2014	2	039	03538012	基础阿拉伯语(二)	外国语学院
2013—2014	2	039	03538014	基础阿拉伯语(四)	外国语学院
2013—2014	2	039	03538021	阿拉伯语视听(一)	外国语学院
2013—2014	2	039	03538023	阿拉伯语视听(三)	外国语学院
2013—2014	2	039	03538025	阿拉伯语视听(五)	外国语学院
2013—2014	2	039	03538031	阿拉伯语口语(一)	外国语学院
2013—2014	2	039	03538033	阿拉伯语口语(三)	外国语学院
2013—2014	2	039	03538042	阿拉伯语阅读(二)	外国语学院
2013—2014	2	039	03538044	阿拉伯语阅读(四)	外国语学院
2013—2014	2	039	03538050	阿拉伯语语法	外国语学院
2013—2014	2	039	03538071	阿拉伯语口译(一)	外国语学院

续表

学年度	学期	院系代码	课程号	课程名称	开课系所
2013—2014	2	039	03538081	阿拉伯语翻译教程(一)	外国语学院
2013—2014	2	039	03538180	阿拉伯伊斯兰文化	外国语学院
2013—2014	2	039	03538222	阿拉伯报刊文选(二)	外国语学院
2013—2014	2	039	03538230	开罗方言	外国语学院
2013—2014	2	039	03538240	阿拉伯语应用文	外国语学院
2013—2014	2	039	03538272	高年级阿拉伯语(二)	外国语学院
2013—2014	2	039	03538274	高年级阿拉伯语(四)	外国语学院
2013—2014	2	039	03538282	基础土耳其语(二)	外国语学院
2013—2014	2	039	03631002	法语精读(二)	外国语学院
2013—2014	2	039	03631002	法语精读(二)	外国语学院
2013—2014	2	039	03631004	法语精读(四)	外国语学院
2013—2014	2	039	03631004	法语精读(四)	外国语学院
2013—2014	2	039	03631006	法语精读(六)	外国语学院
2013—2014	2	039	03631018	法语精读(八)	外国语学院
2013—2014	2	039	03631022	法语视听说(二)	外国语学院
2013—2014	2	039	03631024	法语视听说(四)	外国语学院
2013—2014	2	039	03631026	法语视听说(六)	外国语学院
2013—2014	2	039	03631028	法语视听说(八)	外国语学院
2013—2014	2	039	03631032	法语写作(二)	外国语学院
2013—2014	2	039	03631034	法语写作(四)	外国语学院
2013—2014	2	039	03631043	法语笔译(上)	外国语学院
2013—2014	2	039	03631054	法语口译(下)	外国语学院
2013—2014	2	039	03631065	法国文学史和文学选读(上)	外国语学院
2013—2014	2	039	03631091	法语泛读(一)	外国语学院
2013—2014	2	039	03631093	法语泛读(三)	外国语学院
2013—2014	2	039	03631230	法语国家及地区概况	外国语学院
2013—2014	2	039	03631252	法国报刊选读(二)	外国语学院
2013—2014	2	039	03631254	法国报刊选读(四)	外国语学院
2013—2014	2	039	03631512	法语精读(二)	外国语学院
2013—2014	2	039	03631514	法语精读(四)	外国语学院
2013—2014	2	039	03631522	法语视听(二)	外国语学院
2013—2014	2	039	03631524	法语视听(四)	外国语学院
2013—2014	2	039	03631532	法语泛读(二)	外国语学院
2013—2014	2	039	03631534	法语泛读(四)	外国语学院
2013—2014	2	039	03631612	公共法语(二)	外国语学院
2013—2014	2	039	03631612	公共法语(二)	外国语学院
2013—2014	2	039	03631612	公共法语(二)	外国语学院
2013—2014	2	039	03631612	公共法语(二)	外国语学院
2013—2014	2	039	03632002	德语精读(二)	外国语学院
2013—2014	2	039	03632002	德语精读(二)	外国语学院
2013—2014	2	039	03632002	德语精读(二)	外国语学院
2013—2014	2	039	03632002	德语精读(二)	外国语学院
2013—2014	2	039	03632004	德语精读(四)	外国语学院
2013—2014	2	039	03632004	德语精读(四)	外国语学院
2013—2014	2	039	03632022	德语视听说(二)	外国语学院

续表

学年度	学期	院系代码	课程号	课程名称	开课系所
2013—2014	2	039	03632024	德语视听说(四)	外国语学院
2013—2014	2	039	03632042	德语笔译(二)	外国语学院
2013—2014	2	039	03632044	德语笔译(四)	外国语学院
2013—2014	2	039	03632052	德语口译(下)	外国语学院
2013—2014	2	039	03632089	德语散文名篇选读	外国语学院
2013—2014	2	039	03632099	德语国家青少年文学	外国语学院
2013—2014	2	039	03632104	德语长篇小说(下)	外国语学院
2013—2014	2	039	03632110	德国文化史	外国语学院
2013—2014	2	039	03632130	奥地利、瑞士文学	外国语学院
2013—2014	2	039	03632160	德语中篇小说选读	外国语学院
2013—2014	2	039	03632210	德国历史	外国语学院
2013—2014	2	039	03632220	德语国家国情课	外国语学院
2013—2014	2	039	03632512	德语精读(二)	外国语学院
2013—2014	2	039	03632514	德语精读(四)	外国语学院
2013—2014	2	039	03632522	德语视听(二)	外国语学院
2013—2014	2	039	03632524	德语视听(四)	外国语学院
2013—2014	2	039	03632532	德语泛读(二)	外国语学院
2013—2014	2	039	03632534	德语泛读(四)	外国语学院
2013—2014	2	039	03632612	公共德语(二)	外国语学院
2013—2014	2	039	03632612	公共德语(二)	外国语学院
2013—2014	2	039	03632612	公共德语(二)	外国语学院
2013—2014	2	039	03632622	德语国家文学史与选读(二)	外国语学院
2013—2014	2	039	03632624	德语国家文学史与选读(四)	外国语学院
2013—2014	2	039	03633012	西班牙语精读(二)	外国语学院
2013—2014	2	039	03633014	西班牙语精读(四)	外国语学院
2013—2014	2	039	03633016	西班牙语精读(六)	外国语学院
2013—2014	2	039	03633022	西班牙语视听(二)	外国语学院
2013—2014	2	039	03633026	西班牙语视听(六)	外国语学院
2013—2014	2	039	03633028	西班牙语视听(四)	外国语学院
2013—2014	2	039	03633032	西班牙语阅读(二)	外国语学院
2013—2014	2	039	03633042	西班牙语口语(二)	外国语学院
2013—2014	2	039	03633044	西班牙语口语(四)	外国语学院
2013—2014	2	039	03633046	西班牙语口语(六)	外国语学院
2013—2014	2	039	03633051	西班牙语作文(上)	外国语学院
2013—2014	2	039	03633061	西班牙语文学史和文学选读(上)	外国语学院
2013—2014	2	039	03633071	拉丁美洲文学史和文学选读(上)	外国语学院
2013—2014	2	039	03633100	西班牙语语音	外国语学院
2013—2014	2	039	03633209	经贸西班牙语	外国语学院
2013—2014	2	039	03633220	拉丁美洲历史和文化概论	外国语学院
2013—2014	2	039	03633231	西班牙语语法(上)	外国语学院
2013—2014	2	039	03633290	西班牙语世界文化研究	外国语学院
2013—2014	2	039	03633512	西班牙语精读(二)	外国语学院
2013—2014	2	039	03633514	西班牙语精读(四)	外国语学院
2013—2014	2	039	03633522	西班牙语视听(二)	外国语学院
2013—2014	2	039	03633524	西班牙语视听(四)	外国语学院

续表

学年度	学期	院系代码	课程号	课程名称	开课系所
2013—2014	2	039	03633532	西班牙语阅读(二)	外国语学院
2013—2014	2	039	03633534	西班牙语阅读(四)	外国语学院
2013—2014	2	039	03633611	公共西班牙语(一)	外国语学院
2013—2014	2	039	03633612	公共西班牙语(二)	外国语学院
2013—2014	2	039	03634030	传记文学:经典人物研究	外国语学院
2013—2014	2	039	03634060	西方文学名著导读	外国语学院
2013—2014	2	039	03635012	公共葡萄牙语(二)	外国语学院
2013—2014	2	039	03635024	葡萄牙语视听(四)	外国语学院
2013—2014	2	039	03635044	葡萄牙语(四)	外国语学院
2013—2014	2	039	03635053	葡萄牙语泛读(三)	外国语学院
2013—2014	2	039	03635062	葡萄牙语写作(二)	外国语学院
2013—2014	2	039	03635100	巴西历史与文化概况	外国语学院
2013—2014	2	039	03639000	电影	外国语学院
2013—2014	2	039	03730032	俄语语法(二)	外国语学院
2013—2014	2	039	03730102	俄语报刊阅读(二)	外国语学院
2013—2014	2	039	03730111	俄语阅读—文化背景知识(一)	外国语学院
2013—2014	2	039	03730113	俄语阅读—文化背景知识(三)	外国语学院
2013—2014	2	039	03730192	俄语口语会话(下)	外国语学院
2013—2014	2	039	03730312	俄罗斯文学选读(下)	外国语学院
2013—2014	2	039	03730329	俄苏电影赏析	外国语学院
2013—2014	2	039	03730392	俄罗斯文学史(二)	外国语学院
2013—2014	2	039	03730394	俄罗斯文学史(四)	外国语学院
2013—2014	2	039	03730422	俄语口译(下)	外国语学院
2013—2014	2	039	03730502	基础俄语(二)	外国语学院
2013—2014	2	039	03730504	基础俄语(四)	外国语学院
2013—2014	2	039	03730512	高级俄语(二)	外国语学院
2013—2014	2	039	03730514	高级俄语(四)	外国语学院
2013—2014	2	039	03730542	俄语写作(下)	外国语学院
2013—2014	2	039	03730552	俄译汉教程(下)	外国语学院
2013—2014	2	039	03730582	俄罗斯国情(下)	外国语学院
2013—2014	2	039	03730592	俄罗斯民俗民情(下)	外国语学院
2013—2014	2	039	03730620	俄语快速阅读	外国语学院
2013—2014	2	039	03730739	文学理论基础	外国语学院
2013—2014	2	039	03730752	俄语视听说(二)	外国语学院
2013—2014	2	039	03730754	俄语视听说(四)	外国语学院
2013—2014	2	039	03730769	俄语新闻听力(下)	外国语学院
2013—2014	2	039	03730780	俄罗斯社会与文化系列讲座	外国语学院
2013—2014	2	039	03730811	汉译俄教程(上)	外国语学院
2013—2014	2	039	03730822	公共俄语(二)	外国语学院
2013—2014	2	039	03830016	英语精读(四)	外国语学院
2013—2014	2	039	03830016	英语精读(四)	外国语学院
2013—2014	2	039	03830018	英语精读(二)	外国语学院
2013—2014	2	039	03830018	英语精读(二)	外国语学院
2013—2014	2	039	03830022	英语视听(二)	外国语学院
2013—2014	2	039	03830022	英语视听(二)	外国语学院

续表

学年度	学期	院系代码	课程号	课程名称	开课系所
2013—2014	2	039	03830028	英语视听(四)	外国语学院
2013—2014	2	039	03830028	英语视听(四)	外国语学院
2013—2014	2	039	03830042	口语(二)	外国语学院
2013—2014	2	039	03830042	口语(二)	外国语学院
2013—2014	2	039	03830042	口语(二)	外国语学院
2013—2014	2	039	03830044	口语(四)	外国语学院
2013—2014	2	039	03830044	口语(四)	外国语学院
2013—2014	2	039	03830044	口语(四)	外国语学院
2013—2014	2	039	03830060	应用文写作	外国语学院
2013—2014	2	039	03830072	写作(二)	外国语学院
2013—2014	2	039	03830072	写作(二)	外国语学院
2013—2014	2	039	03830080	测试(A)	外国语学院
2013—2014	2	039	03830091	英国文学史(一)	外国语学院
2013—2014	2	039	03830120	汉译英	外国语学院
2013—2014	2	039	03830131	美国文学史与选读(一)	外国语学院
2013—2014	2	039	03831130	语篇分析入门	外国语学院
2013—2014	2	039	03832120	英语词汇学	外国语学院
2013—2014	2	039	03832160	消费文化与生存美学	外国语学院
2013—2014	2	039	03833160	英美戏剧	外国语学院
2013—2014	2	039	03833170	英美女作家作品选读	外国语学院
2013—2014	2	039	03833270	文学与社会	外国语学院
2013—2014	2	039	03833300	英语文学文体学	外国语学院
2013—2014	2	039	03834060	莎士比亚与马洛戏剧选读	外国语学院
2013—2014	2	039	03834070	加拿大小说选读	外国语学院
2013—2014	2	039	03834080	同声传译	外国语学院
2013—2014	2	039	03834100	中西文化比较	外国语学院
2013—2014	2	039	03834130	英语诗歌鉴赏	外国语学院
2013—2014	2	039	03834240	比较视野中的中美当代小说	外国语学院
2013—2014	2	039	03834290	戏剧实践	外国语学院
2013—2014	2	039	03834310	英语学术论文写作	外国语学院
2013—2014	2	039	03834350	美国当代文学思想	外国语学院
2013—2014	2	039	03834360	英国文学的基石	外国语学院
2013—2014	2	039	03834370	文学、自然与地方	外国语学院
2013—2014	2	039	03834410	西方古典文学与社会	外国语学院
2013—2014	2	039	03834440	澳大利亚历史与文化	外国语学院
2013—2014	2	039	03834442	公共基础拉丁文(二)	外国语学院
2013—2014	2	039	03835340	莎士比亚名篇赏析	外国语学院
2013—2014	2	039	03835440	美国政治演说中的历史文化评析	外国语学院
2013—2014	2	039	03930010	西方戏剧文学	外国语学院
2013—2014	2	004	00130202	高等数学(B)(二)	物理学院
2013—2014	2	004	00130202	高等数学(B)(二)	物理学院
2013—2014	2	004	00130212	高等数学(B)(二)习题课	物理学院
2013—2014	2	004	00130212	高等数学(B)(二)习题课	物理学院
2013—2014	2	004	00130212	高等数学(B)(二)习题课	物理学院
2013—2014	2	004	00130212	高等数学(B)(二)习题课	物理学院

续表

学年度	学期	院系代码	课程号	课程名称	开课系所
2013—2014	2	004	00130280	计算方法(B)	物理学院
2013—2014	2	004	00405589	强场光物理	物理学院
2013—2014	2	004	00405595	多体系统的量子理论	物理学院
2013—2014	2	004	00405596	量子材料前沿讲座	物理学院
2013—2014	2	004	00405602	超快激光和光谱技术及应用	物理学院
2013—2014	2	004	00405603	量子信息物理导论	物理学院
2013—2014	2	004	00405605	拉曼光谱学导论	物理学院
2013—2014	2	004	00405606	表面等离激元学导论	物理学院
2013—2014	2	004	00405607	实用低温物理与技术入门	物理学院
2013—2014	2	004	00407771	核物理与粒子物理实验方法(二)	物理学院
2013—2014	2	004	00410542	固体理论	物理学院
2013—2014	2	004	00410542	固体理论	物理学院
2013—2014	2	004	00410612	Java 编程	物理学院
2013—2014	2	004	00410644	非线性物理专题	物理学院
2013—2014	2	004	00410740	光学理论	物理学院
2013—2014	2	004	00411040	非线性光学	物理学院
2013—2014	2	004	00411851	光电功能材料	物理学院
2013—2014	2	004	00412250	量子规范场论	物理学院
2013—2014	2	004	00412350	李群和李代数	物理学院
2013—2014	2	004	00414860	激光实验	物理学院
2013—2014	2	004	00415692	广义相对论	物理学院
2013—2014	2	004	00415702	介观光学导论	物理学院
2013—2014	2	004	00418380	离子源物理与技术	物理学院
2013—2014	2	004	00430109	演示物理学	物理学院
2013—2014	2	004	00430133	现代电子电路基础及实验(二)	物理学院
2013—2014	2	004	00430133	现代电子电路基础及实验(二)	物理学院
2013—2014	2	004	00430133	现代电子电路基础及实验(二)	物理学院
2013—2014	2	004	00430133	现代电子电路基础及实验(二)	物理学院
2013—2014	2	004	00430171	人类生存发展与核科学	物理学院
2013—2014	2	004	00430183	天体物理	物理学院
2013—2014	2	004	00430191	大气科学导论	物理学院
2013—2014	2	004	00431151	原子物理学	物理学院
2013—2014	2	004	00431154	热学	物理学院
2013—2014	2	004	00431154	热学	物理学院
2013—2014	2	004	00431154	热学	物理学院
2013—2014	2	004	00431155	电磁学	物理学院
2013—2014	2	004	00431155	电磁学	物理学院
2013—2014	2	004	00431155	电磁学	物理学院
2013—2014	2	004	00431155	电磁学	物理学院
2013—2014	2	004	00431159	原子物理习题	物理学院
2013—2014	2	004	00431254	热学习题课	物理学院
2013—2014	2	004	00431254	热学习题课	物理学院
2013—2014	2	004	00431254	热学习题课	物理学院
2013—2014	2	004	00431254	热学习题课	物理学院
2013—2014	2	004	00431255	电磁学习题课	物理学院

续表

学年度	学期	院系代码	课程号	课程名称	开课系所
2013—2014	2	004	00431255	电磁学习题课	物理学院
2013—2014	2	004	00431255	电磁学习题课	物理学院
2013—2014	2	004	00431255	电磁学习题课	物理学院
2013—2014	2	004	00431255	电磁学习题课	物理学院
2013—2014	2	004	00431547	天体物理前沿	物理学院
2013—2014	2	004	00431550	基础天文	物理学院
2013—2014	2	004	00431557	恒星大气与天体光谱	物理学院
2013—2014	2	004	00431559	天文技术与方法Ⅱ（高能与射电）	物理学院
2013—2014	2	004	00431641	量子力学讨论班	物理学院
2013—2014	2	004	00431641	量子力学讨论班	物理学院
2013—2014	2	004	00431641	量子力学讨论班	物理学院
2013—2014	2	004	00431641	量子力学讨论班	物理学院
2013—2014	2	004	00431641	量子力学讨论班	物理学院
2013—2014	2	004	00431641	量子力学讨论班	物理学院
2013—2014	2	004	00431701	固体物理讨论班	物理学院
2013—2014	2	004	00431701	固体物理讨论班	物理学院
2013—2014	2	004	00431701	固体物理讨论班	物理学院
2013—2014	2	004	00431701	固体物理讨论班	物理学院
2013—2014	2	004	00431720	平衡态统计物理	物理学院
2013—2014	2	004	00431730	平衡态统计物理讨论班	物理学院
2013—2014	2	004	00431730	平衡态统计物理讨论班	物理学院
2013—2014	2	004	00431730	平衡态统计物理讨论班	物理学院
2013—2014	2	004	00431730	平衡态统计物理讨论班	物理学院
2013—2014	2	004	00431730	平衡态统计物理讨论班	物理学院
2013—2014	2	004	00432108	数学物理方法（上）	物理学院
2013—2014	2	004	00432109	数学物理方法（下）	物理学院
2013—2014	2	004	00432110	数学物理方法	物理学院
2013—2014	2	004	00432115	数学物理方法专题	物理学院
2013—2014	2	004	00432119	数学物理方法习题课	物理学院
2013—2014	2	004	00432119	数学物理方法习题课	物理学院
2013—2014	2	004	00432119	数学物理方法习题课	物理学院
2013—2014	2	004	00432119	数学物理方法习题课	物理学院
2013—2014	2	004	00432119	数学物理方法习题课	物理学院
2013—2014	2	004	00432119	数学物理方法习题课	物理学院
2013—2014	2	004	00432135	非平衡态统计物理	物理学院
2013—2014	2	004	00432140	电动力学（A）	物理学院
2013—2014	2	004	00432149	量子力学（B）	物理学院
2013—2014	2	004	00432150	量子力学（A）	物理学院
2013—2014	2	004	00432151	量子力学习题	物理学院
2013—2014	2	004	00432151	量子力学习题	物理学院
2013—2014	2	004	00432160	电动力学习题	物理学院
2013—2014	2	004	00432160	电动力学习题	物理学院
2013—2014	2	004	00432166	几何光学及光学仪器	物理学院
2013—2014	2	004	00432211	理论力学	物理学院

续表

学年度	学期	院系代码	课程号	课程名称	开课系所
2013—2014	2	004	00432224	现代物理前沿讲座(Ⅱ)	物理学院
2013—2014	2	004	00432230	热力学与统计物理(B)	物理学院
2013—2014	2	004	00432238	核物理与粒子物理导论	物理学院
2013—2014	2	004	00432242	加速器物理基础	物理学院
2013—2014	2	004	00432251	天气学	物理学院
2013—2014	2	004	00432252	大气动力学基础	物理学院
2013—2014	2	004	00432253	大气物理实验	物理学院
2013—2014	2	004	00432265	现代天文学	物理学院
2013—2014	2	004	00432267	工程图学及其应用	物理学院
2013—2014	2	004	00432268	自然科学中的混沌和分形	物理学院
2013—2014	2	004	00432272	微机原理及上机	物理学院
2013—2014	2	004	00432275	云物理学导论	物理学院
2013—2014	2	004	00432300	气候变化:全球变暖的科学基础	物理学院
2013—2014	2	004	00432322	大气化学导论	物理学院
2013—2014	2	004	00432510	固体物理学	物理学院
2013—2014	2	004	00432520	固体物理习题	物理学院
2013—2014	2	004	00432520	固体物理习题	物理学院
2013—2014	2	004	00433327	近代物理实验(I)	物理学院
2013—2014	2	004	00433327	近代物理实验(I)	物理学院
2013—2014	2	004	00433327	近代物理实验(I)	物理学院
2013—2014	2	004	00433328	近代物理实验(II)	物理学院
2013—2014	2	004	00433328	近代物理实验(II)	物理学院
2013—2014	2	004	00433640	材料物理	物理学院
2013—2014	2	004	00434070	物理宇宙学基础	物理学院
2013—2014	2	004	00434322	光学前沿	物理学院
2013—2014	2	004	00434441	今日物理	物理学院
2013—2014	2	004	00434714	核科学前沿讲座	物理学院
2013—2014	2	004	00435604	量子信息物理原理	物理学院
2013—2014	2	004	00437190	普通物理实验(2)	物理学院
2013—2014	2	004	00437190	普通物理实验(2)	物理学院
2013—2014	2	004	04830494	数据结构与算法上机	物理学院
2013—2014	2	004	04830494	数据结构与算法上机	物理学院
2013—2014	2	004	04831420	数据结构与算法(B)	物理学院
2013—2014	2	004	04831420	数据结构与算法(B)	物理学院
2013—2014	2	016	01139510	生理学	心理学系
2013—2014	2	016	01603011	心理测量	心理学系
2013—2014	2	016	01630020	CNS 解剖	心理学系
2013—2014	2	016	01630022	实验儿童心理学	心理学系
2013—2014	2	016	01630024	人力资源开发与管理	心理学系
2013—2014	2	016	01630034	实验心理学	心理学系
2013—2014	2	016	01630040	社会心理学	心理学系
2013—2014	2	016	01630044	社会心理学	心理学系
2013—2014	2	016	01630046	社会冲突与管理	心理学系
2013—2014	2	016	01630051	心理统计(1)	心理学系
2013—2014	2	016	01630060	发展心理学	心理学系

续表

学年度	学期	院系代码	课程号	课程名称	开课系所
2013—2014	2	016	01630070	SPSS统计软件包	心理学系
2013—2014	2	016	01630080	人格心理学	心理学系
2013—2014	2	016	01630090	变态心理学	心理学系
2013—2014	2	016	01630101	生理心理学	心理学系
2013—2014	2	016	01630121	认知心理学	心理学系
2013—2014	2	016	01630140	认知神经科学	心理学系
2013—2014	2	016	01630180	工程心理学	心理学系
2013—2014	2	016	01630220	生理心理实验	心理学系
2013—2014	2	016	01630243	心理咨询与治疗引论	心理学系
2013—2014	2	016	01630350	教育心理学	心理学系
2013—2014	2	016	01630540	职业心理学	心理学系
2013—2014	2	016	01630560	婴儿心理学	心理学系
2013—2014	2	016	01630570	感觉与知觉	心理学系
2013—2014	2	016	01630600	组织管理心理学	心理学系
2013—2014	2	016	01630610	心理学研究方法-Matlab	心理学系
2013—2014	2	016	01630640	视觉与视觉艺术	心理学系
2013—2014	2	016	01630740	爱的心理学	心理学系
2013—2014	2	016	01635010	大学生健康教育	心理学系
2013—2014	2	016	01635020	生活中的心理学	心理学系
2013—2014	2	016	01635042	大学生心理素质拓展	心理学系
2013—2014	2	016	01639020	心理学概论	心理学系
2013—2014	2	016	04831420	数据结构与算法（B）	心理学系
2013—2014	2	018	01830100	中国新闻传播史	新闻与传播学院
2013—2014	2	018	01830110	外国新闻传播史	新闻与传播学院
2013—2014	2	018	01830330	国际传播	新闻与传播学院
2013—2014	2	018	01830380	媒体与社会	新闻与传播学院
2013—2014	2	018	01830430	CI研究	新闻与传播学院
2013—2014	2	018	01830490	广告媒体研究	新闻与传播学院
2013—2014	2	018	01830500	广告综合研究	新闻与传播学院
2013—2014	2	018	01830510	广告类型研究	新闻与传播学院
2013—2014	2	018	01830540	市场调查	新闻与传播学院
2013—2014	2	018	01830580	广告心理学	新闻与传播学院
2013—2014	2	018	01830620	广告策划	新闻与传播学院
2013—2014	2	018	01830630	广告管理	新闻与传播学院
2013—2014	2	018	01830710	新闻摄影	新闻与传播学院
2013—2014	2	018	01831030	传播学概论	新闻与传播学院
2013—2014	2	018	01831280	出版经营管理	新闻与传播学院
2013—2014	2	018	01831330	中国图书出版史	新闻与传播学院
2013—2014	2	018	01831610	汉语修辞学	新闻与传播学院
2013—2014	2	018	01831670	期刊编辑实务	新闻与传播学院
2013—2014	2	018	01831740	视听语言	新闻与传播学院
2013—2014	2	018	01832150	媒体与国际关系	新闻与传播学院
2013—2014	2	018	01832250	纪录片简史	新闻与传播学院
2013—2014	2	018	01832530	媒介经营管理	新闻与传播学院
2013—2014	2	018	01832550	电视节目制作与策划	新闻与传播学院

续表

学年度	学期	院系代码	课程号	课程名称	开课系所
2013—2014	2	018	01832760	英语新闻阅读	新闻与传播学院
2013—2014	2	018	01832910	视频编辑	新闻与传播学院
2013—2014	2	018	01832960	基础采访写作	新闻与传播学院
2013—2014	2	018	01833000	中国文化与社会	新闻与传播学院
2013—2014	2	018	01833010	世界广播电视事业	新闻与传播学院
2013—2014	2	018	01833020	广播电视新闻	新闻与传播学院
2013—2014	2	018	01833040	广播电视研究	新闻与传播学院
2013—2014	2	018	01833050	广告视觉传达	新闻与传播学院
2013—2014	2	018	01833050	广告视觉传达	新闻与传播学院
2013—2014	2	018	01833060	市场营销原理	新闻与传播学院
2013—2014	2	018	01833130	出版案例研讨	新闻与传播学院
2013—2014	2	018	01833170	英语新闻采写	新闻与传播学院
2013—2014	2	018	01833270	新闻编辑	新闻与传播学院
2013—2014	2	018	01833280	新闻评论	新闻与传播学院
2013—2014	2	018	01833370	新媒体与社会	新闻与传播学院
2013—2014	2	018	01833400	公关策划与危机管理	新闻与传播学院
2013—2014	2	018	01833490	跨文化新闻传播案例分析	新闻与传播学院
2013—2014	2	018	01833650	传播技术	新闻与传播学院
2013—2014	2	030	03030010	图书馆学概论	信息管理系
2013—2014	2	030	03030220	著作权法	信息管理系
2013—2014	2	030	03030370	传播学原理	信息管理系
2013—2014	2	030	03030780	办公自动化	信息管理系
2013—2014	2	030	03031040	数据库系统上机	信息管理系
2013—2014	2	030	03031100	办公自动化上机	信息管理系
2013—2014	2	030	03032360	中国文化史	信息管理系
2013—2014	2	030	03033020	数据库系统	信息管理系
2013—2014	2	030	03033030	信息分析与决策	信息管理系
2013—2014	2	030	03033040	信息服务	信息管理系
2013—2014	2	030	03033060	数字图书馆	信息管理系
2013—2014	2	030	03033110	信息安全	信息管理系
2013—2014	2	030	03033130	市场营销学	信息管理系
2013—2014	2	030	03033140	企业与政府信息化	信息管理系
2013—2014	2	030	03033190	社科文献资源与检索利用	信息管理系
2013—2014	2	030	03033246	电子资源的检索与利用	信息管理系
2013—2014	2	030	03033270	视觉圣经—西方艺术中的基督教	信息管理系
2013—2014	2	030	03033340	信息科学导论	信息管理系
2013—2014	2	030	03033370	数字媒体信息传播	信息管理系
2013—2014	2	030	03033460	调查与统计方法	信息管理系
2013—2014	2	030	03033520	商务信息	信息管理系
2013—2014	2	030	03033550	人机交互与用户体验	信息管理系
2013—2014	2	030	03033570	社会实习与实践	信息管理系
2013—2014	2	030	03033590	交互式信息检索	信息管理系
2013—2014	2	030	03033600	健康信息学概论	信息管理系
2013—2014	2	048	00130202	高等数学(B)(二)	信息科学技术学院
2013—2014	2	048	00130202	高等数学(B)(二)	信息科学技术学院

续表

学年度	学期	院系代码	课程号	课程名称	开课系所
2013—2014	2	048	00130212	高等数学(B)(二)习题课	信息科学技术学院
2013—2014	2	048	00130212	高等数学(B)(二)习题课	信息科学技术学院
2013—2014	2	048	00130212	高等数学(B)(二)习题课	信息科学技术学院
2013—2014	2	048	00130212	高等数学(B)(二)习题课	信息科学技术学院
2013—2014	2	048	00131480	概率统计(A)	信息科学技术学院
2013—2014	2	048	00132302	数学分析(II)	信息科学技术学院
2013—2014	2	048	00132312	数学分析(II)习题	信息科学技术学院
2013—2014	2	048	00132312	数学分析(II)习题	信息科学技术学院
2013—2014	2	048	00132323	高等代数(II)	信息科学技术学院
2013—2014	2	048	00132332	高等代数(II)习题	信息科学技术学院
2013—2014	2	048	00132332	高等代数(II)习题	信息科学技术学院
2013—2014	2	048	00132380	概率统计(B)	信息科学技术学院
2013—2014	2	048	00431142	热学	信息科学技术学院
2013—2014	2	048	00431143	电磁学	信息科学技术学院
2013—2014	2	048	00431143	电磁学	信息科学技术学院
2013—2014	2	048	00431143	电磁学	信息科学技术学院
2013—2014	2	048	00431143	电磁学	信息科学技术学院
2013—2014	2	048	00432211	理论力学	信息科学技术学院
2013—2014	2	048	04830030	科技交流与写作	信息科学技术学院
2013—2014	2	048	04830030	科技交流与写作	信息科学技术学院
2013—2014	2	048	04830080	代数结构与组合数学	信息科学技术学院
2013—2014	2	048	04830100	数字逻辑设计	信息科学技术学院
2013—2014	2	048	04830100	数字逻辑设计	信息科学技术学院
2013—2014	2	048	04830110	数字逻辑设计实验	信息科学技术学院
2013—2014	2	048	04830110	数字逻辑设计实验	信息科学技术学院
2013—2014	2	048	04830130	微机实验	信息科学技术学院
2013—2014	2	048	04830130	微机实验	信息科学技术学院
2013—2014	2	048	04830140	计算机组织与体系结构	信息科学技术学院
2013—2014	2	048	04830141	计算机系统结构实验班	信息科学技术学院
2013—2014	2	048	04830150	编译技术	信息科学技术学院
2013—2014	2	048	04830190	操作系统实习	信息科学技术学院
2013—2014	2	048	04830191	操作系统实习(实验班)	信息科学技术学院
2013—2014	2	048	04830210	软件工程	信息科学技术学院
2013—2014	2	048	04830210	软件工程	信息科学技术学院
2013—2014	2	048	04830211	软件工程(实验班)	信息科学技术学院
2013—2014	2	048	04830220	数据库概论	信息科学技术学院
2013—2014	2	048	04830220	数据库概论	信息科学技术学院
2013—2014	2	048	04830221	数据库概论(实验班)	信息科学技术学院
2013—2014	2	048	04830230	计算机图形学	信息科学技术学院
2013—2014	2	048	04830240	计算机网络概论	信息科学技术学院
2013—2014	2	048	04830270	程序设计语言概论	信息科学技术学院
2013—2014	2	048	04830290	面向对象技术引论	信息科学技术学院
2013—2014	2	048	04830320	数字图像处理	信息科学技术学院
2013—2014	2	048	04830330	Linux程序设计	信息科学技术学院
2013—2014	2	048	04830340	JAVA程序设计	信息科学技术学院

续表

学年度	学期	院系代码	课程号	课程名称	开课系所
2013—2014	2	048	04830340	JAVA程序设计	信息科学技术学院
2013—2014	2	048	04830450	网络实用技术	信息科学技术学院
2013—2014	2	048	04830640	电子线路实验（A）	信息科学技术学院
2013—2014	2	048	04830650	数字逻辑电路	信息科学技术学院
2013—2014	2	048	04830670	信号与系统	信息科学技术学院
2013—2014	2	048	04830670	信号与系统	信息科学技术学院
2013—2014	2	048	04830710	通信电路实验	信息科学技术学院
2013—2014	2	048	04830730	微波技术与电路	信息科学技术学院
2013—2014	2	048	04830750	光电子技术实验	信息科学技术学院
2013—2014	2	048	04830760	数字信号处理（含上机）	信息科学技术学院
2013—2014	2	048	04830780	微机与接口技术实验	信息科学技术学院
2013—2014	2	048	04830800	光电子学	信息科学技术学院
2013—2014	2	048	04830850	近代物理	信息科学技术学院
2013—2014	2	048	04830880	纳米科技与纳米电子学	信息科学技术学院
2013—2014	2	048	04830890	量子力学（I）	信息科学技术学院
2013—2014	2	048	04830970	通信电路	信息科学技术学院
2013—2014	2	048	04831010	半导体物理	信息科学技术学院
2013—2014	2	048	04831030	数字集成电路原理	信息科学技术学院
2013—2014	2	048	04831070	集成电路计算机辅助设计	信息科学技术学院
2013—2014	2	048	04831090	模拟集成电路原理	信息科学技术学院
2013—2014	2	048	04831200	随机过程引论	信息科学技术学院
2013—2014	2	048	04831210	信息论	信息科学技术学院
2013—2014	2	048	04831230	自动控制理论	信息科学技术学院
2013—2014	2	048	04831260	机器感知实验	信息科学技术学院
2013—2014	2	048	04831370	数据仓库与数据挖掘方法	信息科学技术学院
2013—2014	2	048	04831400	生物信息处理	信息科学技术学院
2013—2014	2	048	04831440	文科计算机基础（下）	信息科学技术学院
2013—2014	2	048	04831440	文科计算机基础（下）	信息科学技术学院
2013—2014	2	048	04831440	文科计算机基础（下）	信息科学技术学院
2013—2014	2	048	04831440	文科计算机基础（下）	信息科学技术学院
2013—2014	2	048	04831440	文科计算机基础（下）	信息科学技术学院
2013—2014	2	048	04831440	文科计算机基础（下）	信息科学技术学院
2013—2014	2	048	04831440	文科计算机基础（下）	信息科学技术学院
2013—2014	2	048	04831440	文科计算机基础（下）	信息科学技术学院
2013—2014	2	048	04831440	文科计算机基础（下）	信息科学技术学院
2013—2014	2	048	04831520	电子线路计算机辅助设计	信息科学技术学院
2013—2014	2	048	04831730	机器学习概论	信息科学技术学院
2013—2014	2	048	04831750	程序设计实习	信息科学技术学院
2013—2014	2	048	04831750	程序设计实习	信息科学技术学院
2013—2014	2	048	04831750	程序设计实习	信息科学技术学院
2013—2014	2	048	04831750	程序设计实习	信息科学技术学院
2013—2014	2	048	04831750	程序设计实习	信息科学技术学院
2013—2014	2	048	04831760	程序设计实习（实验班）	信息科学技术学院
2013—2014	2	048	04831760	程序设计实习（实验班）	信息科学技术学院

续表

学年度	学期	院系代码	课程号	课程名称	开课系所
2013—2014	2	048	04831770	微电子与电路基础	信息科学技术学院
2013—2014	2	048	04831770	微电子与电路基础	信息科学技术学院
2013—2014	2	048	04831780	自然语言处理导论	信息科学技术学院
2013—2014	2	048	04831800	数字媒体技术基础	信息科学技术学院
2013—2014	2	048	04831840	职业规划与领导力发展	信息科学技术学院
2013—2014	2	048	04831870	基础电路实验	信息科学技术学院
2013—2014	2	048	04831880	初等数论及其应用	信息科学技术学院
2013—2014	2	048	04832030	量子力学(I)	信息科学技术学院
2013—2014	2	048	04832040	现代无线通信中的新兴技术	信息科学技术学院
2013—2014	2	048	04832050	微米纳米技术概论	信息科学技术学院
2013—2014	2	048	04832140	现代电子与通信导论	信息科学技术学院
2013—2014	2	048	04832240	并行与分布式计算导论	信息科学技术学院
2013—2014	2	048	04832250	计算机网络(实验班)	信息科学技术学院
2013—2014	2	048	04832260	微纳集成系统实验班	信息科学技术学院
2013—2014	2	048	04832450	数字逻辑	信息科学技术学院
2013—2014	2	048	04832460	数据分析基础	信息科学技术学院
2013—2014	2	048	04832470	模拟电路	信息科学技术学院
2013—2014	2	048	04832480	Mac OS X、iOS 平台的 Cocoa 程序设计	信息科学技术学院
2013—2014	2	048	04832490	数字逻辑电路(实验班)	信息科学技术学院
2013—2014	2	048	04832500	无线通信集成电路基础	信息科学技术学院
2013—2014	2	048	04832510	软件工程实习(实验班)	信息科学技术学院
2013—2014	2	048	04832520	并行程序设计原理	信息科学技术学院
2013—2014	2	048	04832560	算法设计与分析	信息科学技术学院
2013—2014	2	048	04832560	算法设计与分析	信息科学技术学院
2013—2014	2	048	04832570	算法设计与分析(实验班)	信息科学技术学院
2013—2014	2	048	04832580	算法设计与分析(研讨型小班)	信息科学技术学院
2013—2014	2	048	04832580	算法设计与分析(研讨型小班)	信息科学技术学院
2013—2014	2	048	04832580	算法设计与分析(研讨型小班)	信息科学技术学院
2013—2014	2	048	04832580	算法设计与分析(研讨型小班)	信息科学技术学院
2013—2014	2	048	04832580	算法设计与分析(研讨型小班)	信息科学技术学院
2013—2014	2	048	04832580	算法设计与分析(研讨型小班)	信息科学技术学院
2013—2014	2	048	04832580	算法设计与分析(研讨型小班)	信息科学技术学院
2013—2014	2	048	04832580	算法设计与分析(研讨型小班)	信息科学技术学院
2013—2014	2	048	04832580	算法设计与分析(研讨型小班)	信息科学技术学院
2013—2014	2	048	04832580	算法设计与分析(研讨型小班)	信息科学技术学院
2013—2014	2	048	04832580	算法设计与分析(研讨型小班)	信息科学技术学院
2013—2014	2	048	04832580	算法设计与分析(研讨型小班)	信息科学技术学院
2013—2014	2	048	04832580	算法设计与分析(研讨型小班)	信息科学技术学院
2013—2014	2	048	04832590	创新工程实践	信息科学技术学院
2013—2014	2	048	04832690	数字视频处理与分析	信息科学技术学院
2013—2014	2	048	04832700	计算机组成	信息科学技术学院

续表

学年度	学期	院系代码	课程号	课程名称	开课系所
2013—2014	2	048	04832710	自然语言处理中的经验性方法	信息科学技术学院
2013—2014	2	048	04832720	编程语言的设计原理	信息科学技术学院
2013—2014	2	048	04832730	现代集成电路中的器件设计与应用	信息科学技术学院
2013—2014	2	048	04832740	概率论与随机过程	信息科学技术学院
2013—2014	2	048	04832750	基础物理学	信息科学技术学院
2013—2014	2	048	04832760	电路与电子学	信息科学技术学院
2013—2014	2	607	60730020	军事理论	学生工作部人民武装部
2013—2014	2	607	60730020	军事理论	学生工作部人民武装部
2013—2014	2	607	60730020	军事理论	学生工作部人民武装部
2013—2014	2	607	60730020	军事理论	学生工作部人民武装部
2013—2014	2	607	60730020	军事理论	学生工作部人民武装部
2013—2014	2	607	60730020	军事理论	学生工作部人民武装部
2013—2014	2	607	61030020	大学生职业生涯规划	学生工作部人民武装部
2013—2014	2	180	00131422	高等数学C(二)	医学部教学办
2013—2014	2	180	00131422	高等数学C(二)	医学部教学办
2013—2014	2	180	00131422	高等数学C(二)	医学部教学办
2013—2014	2	180	00431121	普通物理	医学部教学办
2013—2014	2	180	00431121	普通物理	医学部教学办
2013—2014	2	180	00431121	普通物理	医学部教学办
2013—2014	2	180	00431680	普通物理习题课	医学部教学办
2013—2014	2	180	00431680	普通物理习题课	医学部教学办
2013—2014	2	180	00431680	普通物理习题课	医学部教学办
2013—2014	2	180	01030810	有机化学(B)	医学部教学办
2013—2014	2	180	01030810	有机化学(B)	医学部教学办
2013—2014	2	180	01030810	有机化学(B)	医学部教学办
2013—2014	2	180	01032711	有机化学实验(B)	医学部教学办
2013—2014	2	180	01032711	有机化学实验(B)	医学部教学办
2013—2014	2	180	01032711	有机化学实验(B)	医学部教学办
2013—2014	2	180	01032711	有机化学实验(B)	医学部教学办
2013—2014	2	180	01034900	分析化学(B)	医学部教学办
2013—2014	2	180	01034910	分析化学实验(B)	医学部教学办
2013—2014	2	043	04330016	艺术管理学	艺术学院
2013—2014	2	043	04330034	中国音乐理论与实践(四)	艺术学院
2013—2014	2	043	04330043	西方音乐史	艺术学院
2013—2014	2	043	04330051	中国美术史	艺术学院
2013—2014	2	043	04330053	中国美术通史(下)	艺术学院
2013—2014	2	043	04330054	中国绘画与文学	艺术学院
2013—2014	2	043	04330055	西方美术史(下)	艺术学院
2013—2014	2	043	04330056	中国音乐通史	艺术学院
2013—2014	2	043	04330057	西方音乐通史(上)	艺术学院
2013—2014	2	043	04330058	西方音乐通史(下)	艺术学院
2013—2014	2	043	04330091	世界电影史(2)	艺术学院
2013—2014	2	043	04330094	中国电影史	艺术学院
2013—2014	2	043	04330102	电视概论	艺术学院
2013—2014	2	043	04330111	经典昆曲欣赏	艺术学院

续表

学年度	学期	院系代码	课程号	课程名称	开课系所
2013—2014	2	043	04330166	合唱基础的理论与实践	艺术学院
2013—2014	2	043	04330440	舞蹈创作排练	艺术学院
2013—2014	2	043	04330550	影视鉴赏	艺术学院
2013—2014	2	043	04330642	交响乐(初)	艺术学院
2013—2014	2	043	04330644	交响乐(中)	艺术学院
2013—2014	2	043	04330646	交响乐(高)	艺术学院
2013—2014	2	043	04330942	民族管弦乐(初)	艺术学院
2013—2014	2	043	04330946	民族管弦乐(高)	艺术学院
2013—2014	2	043	04331020	中外名曲赏析	艺术学院
2013—2014	2	043	04331100	交响乐名曲赏析	艺术学院
2013—2014	2	043	04331541	美学原理	艺术学院
2013—2014	2	043	04331570	戏剧艺术概论	艺术学院
2013—2014	2	043	04331620	毕业论文	艺术学院
2013—2014	2	043	04331792	视听语言(电影语言)(2)	艺术学院
2013—2014	2	043	04331802	影视编剧(一)	艺术学院
2013—2014	2	043	04331803	影视编剧(二)	艺术学院
2013—2014	2	043	04331813	影视导演(二)	艺术学院
2013—2014	2	043	04331821	影视节目策划	艺术学院
2013—2014	2	043	04331831	摄影、摄像	艺术学院
2013—2014	2	043	04331881	中国书法艺术美学	艺术学院
2013—2014	2	043	04332042	外国文学	艺术学院
2013—2014	2	043	04332250	影片导读(一)	艺术学院
2013—2014	2	043	04332281	学年作品(一)	艺术学院
2013—2014	2	043	04332282	学年作品(二)	艺术学院
2013—2014	2	043	04332283	毕业作品拍片实践	艺术学院
2013—2014	2	043	04332285	毕业论文	艺术学院
2013—2014	2	043	04332300	舞蹈原理与鉴赏	艺术学院
2013—2014	2	043	04332301	西方舞蹈文化史	艺术学院
2013—2014	2	043	04332350	中国流行音乐流变	艺术学院
2013—2014	2	043	04332470	中国美术概论	艺术学院
2013—2014	2	043	04332490	西方歌剧简史与名作赏析	艺术学院
2013—2014	2	043	04332551	艺术训练(一)	艺术学院
2013—2014	2	043	04332552	艺术训练(二)	艺术学院
2013—2014	2	043	04332553	艺术训练(三)	艺术学院
2013—2014	2	043	04332554	艺术训练(四)	艺术学院
2013—2014	2	043	04332555	艺术训练(五)	艺术学院
2013—2014	2	043	04332556	艺术训练(六)	艺术学院
2013—2014	2	043	04332557	艺术训练(七)	艺术学院
2013—2014	2	043	04332590	中国传统装饰艺术与审美文化	艺术学院
2013—2014	2	043	04332661	中国画理论与技法	艺术学院
2013—2014	2	043	04332710	西方美术史	艺术学院
2013—2014	2	043	04332791	制片管理与营销	艺术学院
2013—2014	2	043	04332870	音乐剧概论	艺术学院
2013—2014	2	043	04332930	好莱坞电影叙事	艺术学院
2013—2014	2	043	04332952	水墨画	艺术学院

续表

学年度	学期	院系代码	课程号	课程名称	开课系所
2013—2014	2	043	04333020	美术造型	艺术学院
2013—2014	2	039	03835062	大学英语(二)(2)	外国语学院
2013—2014	2	039	03835062	大学英语(二)(2)	外国语学院
2013—2014	2	039	03835062	大学英语(二)(2)	外国语学院
2013—2014	2	039	03835062	大学英语(二)(2)	外国语学院
2013—2014	2	039	03835062	大学英语(二)(2)	外国语学院
2013—2014	2	039	03835062	大学英语(二)(2)	外国语学院
2013—2014	2	039	03835062	大学英语(二)(2)	外国语学院
2013—2014	2	039	03835062	大学英语(二)(2)	外国语学院
2013—2014	2	039	03835062	大学英语(二)(2)	外国语学院
2013—2014	2	039	03835063	大学英语(三)(2)	外国语学院
2013—2014	2	039	03835063	大学英语(三)(2)	外国语学院
2013—2014	2	039	03835063	大学英语(三)(2)	外国语学院
2013—2014	2	039	03835063	大学英语(三)(2)	外国语学院
2013—2014	2	039	03835063	大学英语(三)(2)	外国语学院
2013—2014	2	039	03835063	大学英语(三)(2)	外国语学院
2013—2014	2	039	03835063	大学英语(三)(2)	外国语学院
2013—2014	2	039	03835063	大学英语(三)(2)	外国语学院
2013—2014	2	039	03835063	大学英语(三)(2)	外国语学院
2013—2014	2	039	03835063	大学英语(三)(2)	外国语学院
2013—2014	2	039	03835063	大学英语(三)(2)	外国语学院
2013—2014	2	039	03835063	大学英语(三)(2)	外国语学院
2013—2014	2	039	03835063	大学英语(三)(2)	外国语学院
2013—2014	2	039	03835063	大学英语(三)(2)	外国语学院
2013—2014	2	039	03835063	大学英语(三)(2)	外国语学院
2013—2014	2	039	04333063	美学英语(三)(2)	外国语学院
2013—2014	2	039	03835063	大学英语(三)(2)	外国语学院
2013—2014	2	039	03835063	大学英语(三)(2)	外国语学院
2013—2014	2	039	03835063	大学英语(三)(2)	外国语学院
2013—2014	2	039	03835063	大学英语(三)(2)	外国语学院
2013—2014	2	039	03835063	大学英语(三)(2)	外国语学院
2013—2014	2	039	03835063	大学英语(三)(2)	外国语学院
2013—2014	2	039	03835063	大学英语(三)(2)	外国语学院
2013—2014	2	039	03835063	大学英语(三)(2)	外国语学院
2013—2014	2	039	03835063	大学英语(三)(2)	外国语学院
2013—2014	2	039	03835063	大学英语(三)(2)	外国语学院

续表

学年度	学期	院系代码	课程号	课程名称	开课系所
2013—2014	2	039	03835063	大学英语(三)(2)	外国语学院
2013—2014	2	039	03835063	大学英语(三)(2)	外国语学院
2013—2014	2	039	03835063	大学英语(三)(2)	外国语学院
2013—2014	2	039	03835063	大学英语(三)(2)	外国语学院
2013—2014	2	039	03835063	大学英语(三)(2)	外国语学院
2013—2014	2	039	03835063	大学英语(三)(2)	外国语学院
2013—2014	2	039	03835063	大学英语(三)(2)	外国语学院
2013—2014	2	039	03835063	大学英语(三)(2)	外国语学院
2013—2014	2	039	03835063	大学英语(三)(2)	外国语学院
2013—2014	2	039	03835063	大学英语(三)(2)	外国语学院
2013—2014	2	039	03835067	大学英语(四)	外国语学院
2013—2014	2	039	03835067	大学英语(四)	外国语学院
2013—2014	2	039	03835067	大学英语(四)	外国语学院
2013—2014	2	039	03835067	大学英语(四)	外国语学院
2013—2014	2	039	03835067	大学英语(四)	外国语学院
2013—2014	2	039	03835067	大学英语(四)	外国语学院
2013—2014	2	039	03835067	大学英语(四)	外国语学院
2013—2014	2	039	03835067	大学英语(四)	外国语学院
2013—2014	2	039	03835067	大学英语(四)	外国语学院
2013—2014	2	039	03835067	大学英语(四)	外国语学院
2013—2014	2	039	03835067	大学英语(四)	外国语学院
2013—2014	2	039	03835067	大学英语(四)	外国语学院
2013—2014	2	039	03835067	大学英语(四)	外国语学院
2013—2014	2	039	03835067	大学英语(四)	外国语学院
2013—2014	2	039	03835067	大学英语(四)	外国语学院
2013—2014	2	039	03835067	大学英语(四)	外国语学院
2013—2014	2	039	03835067	大学英语(四)	外国语学院
2013—2014	2	039	03835067	大学英语(四)	外国语学院
2013—2014	2	039	03835067	大学英语(四)	外国语学院
2013—2014	2	039	03835067	大学英语(四)	外国语学院
2013—2014	2	039	03835067	大学英语(四)	外国语学院
2013—2014	2	039	03835067	大学英语(四)	外国语学院
2013—2014	2	039	03835067	大学英语(四)	外国语学院

续表

学年度	学期	院系代码	课程号	课程名称	开课系所
2013—2014	2	039	03835067	大学英语(四)	外国语学院
2013—2014	2	039	03835067	大学英语(四)	外国语学院
2013—2014	2	039	03835067	大学英语(四)	外国语学院
2013—2014	2	039	03835067	大学英语(四)	外国语学院
2013—2014	2	039	03835067	大学英语(四)	外国语学院
2013—2014	2	039	03835067	大学英语(四)	外国语学院
2013—2014	2	039	03835067	大学英语(四)	外国语学院
2013—2014	2	039	03835067	大学英语(四)	外国语学院
2013—2014	2	039	03835067	大学英语(四)	外国语学院
2013—2014	2	039	03835067	大学英语(四)	外国语学院
2013—2014	2	039	03835067	大学英语(四)	外国语学院
2013—2014	2	039	03835067	大学英语(四)	外国语学院
2013—2014	2	039	03835067	大学英语(四)	外国语学院
2013—2014	2	039	03835067	大学英语(四)	外国语学院
2013—2014	2	039	03835067	大学英语(四)	外国语学院
2013—2014	2	039	03835150	高级英语—阅读与写作	外国语学院
2013—2014	2	039	03835150	高级英语—阅读与写作	外国语学院
2013—2014	2	039	03835150	高级英语—阅读与写作	外国语学院
2013—2014	2	039	03835150	高级英语—阅读与写作	外国语学院
2013—2014	2	039	03835150	高级英语—阅读与写作	外国语学院
2013—2014	2	039	03835150	高级英语—阅读与写作	外国语学院
2013—2014	2	039	03835150	高级英语—阅读与写作	外国语学院
2013—2014	2	039	03835170	高级英语听力技巧	外国语学院
2013—2014	2	039	03835170	高级英语听力技巧	外国语学院
2013—2014	2	039	03835170	高级英语听力技巧	外国语学院
2013—2014	2	039	03835170	高级英语听力技巧	外国语学院
2013—2014	2	039	03835202	大学英语 ABC(二)(2)	外国语学院
2013—2014	2	039	03835202	大学英语 ABC(二)(2)	外国语学院
2013—2014	2	039	03835204	大学英语 ABC(四)(2)	外国语学院
2013—2014	2	039	03835204	大学英语 ABC(四)(2)	外国语学院
2013—2014	2	039	03835230	实用英语词汇学	外国语学院
2013—2014	2	039	03835230	实用英语词汇学	外国语学院
2013—2014	2	039	03835230	实用英语词汇学	外国语学院
2013—2014	2	039	03835230	实用英语词汇学	外国语学院
2013—2014	2	039	03835260	英语名著与电影	外国语学院
2013—2014	2	039	03835260	英语名著与电影	外国语学院
2013—2014	2	039	03835260	英语名著与电影	外国语学院
2013—2014	2	039	03835260	英语名著与电影	外国语学院
2013—2014	2	039	03835330	英国传统诗歌精华	外国语学院
2013—2014	2	039	03835330	英国传统诗歌精华	外国语学院
2013—2014	2	039	03835350	大学英语听说	外国语学院

续表

学年度	学期	院系代码	课程号	课程名称	开课系所
2013—2014	2	039	03835350	大学英语听说	外国语学院
2013—2014	2	039	03835350	大学英语听说	外国语学院
2013—2014	2	039	03835350	大学英语听说	外国语学院
2013—2014	2	039	03835350	大学英语听说	外国语学院
2013—2014	2	039	03835350	大学英语听说	外国语学院
2013—2014	2	039	03835350	大学英语听说	外国语学院
2013—2014	2	039	03835350	大学英语听说	外国语学院
2013—2014	2	039	03835350	大学英语听说	外国语学院
2013—2014	2	039	03835350	大学英语听说	外国语学院
2013—2014	2	039	03835350	大学英语听说	外国语学院
2013—2014	2	039	03835360	英汉口译	外国语学院
2013—2014	2	039	03835360	英汉口译	外国语学院
2013—2014	2	039	03835360	英汉口译	外国语学院
2013—2014	2	039	03835400	美国短篇小说与电影	外国语学院
2013—2014	2	039	03835400	美国短篇小说与电影	外国语学院
2013—2014	2	039	03835710	语言、文化与交际	外国语学院
2013—2014	2	039	03835710	语言、文化与交际	外国语学院
2013—2014	2	039	03835740	分析性英语写作	外国语学院
2013—2014	2	039	03835740	分析性英语写作	外国语学院
2013—2014	2	039	03835830	西方文化选读	外国语学院
2013—2014	2	039	03835830	西方文化选读	外国语学院
2013—2014	2	039	03835840	英美短篇小说赏析	外国语学院
2013—2014	2	039	03835840	英美短篇小说赏析	外国语学院
2013—2014	2	039	03835880	英美报刊选读	外国语学院
2013—2014	2	039	03835900	高级英语写作	外国语学院
2013—2014	2	039	03835900	高级英语写作	外国语学院
2013—2014	2	039	03835900	高级英语写作	外国语学院
2013—2014	2	039	03835900	高级英语写作	外国语学院
2013—2014	2	039	03835900	高级英语写作	外国语学院
2013—2014	2	039	03835900	高级英语写作	外国语学院
2013—2014	2	039	03835900	高级英语写作	外国语学院
2013—2014	2	039	03835930	英语语境中的中国历史与文化	外国语学院
2013—2014	2	039	03835930	英语语境中的中国历史与文化	外国语学院
2013—2014	2	039	03835930	英语语境中的中国历史与文化	外国语学院
2013—2014	2	039	03835930	英语语境中的中国历史与文化	外国语学院
2013—2014	2	039	03835940	语音与听说词汇	外国语学院
2013—2014	2	039	03835940	语音与听说词汇	外国语学院
2013—2014	2	039	03835940	语音与听说词汇	外国语学院
2013—2014	2	039	03835940	语音与听说词汇	外国语学院
2013—2014	2	039	03835960	英文文体风格鉴赏	外国语学院
2013—2014	2	039	03835960	英文文体风格鉴赏	外国语学院
2013—2014	2	039	03835960	英文文体风格鉴赏	外国语学院

续表

学年度	学期	院系代码	课程号	课程名称	开课系所
2013—2014	2	039	03835960	英文文体风格鉴赏	外国语学院
2013—2014	2	046	00130212	高等数学(B)(二)习题课	元培学院
2013—2014	2	046	00431680	普通物理习题课	元培学院
2013—2014	2	046	00432119	数学物理方法习题课	元培学院
2013—2014	2	046	00437200	基础物理实验	元培学院
2013—2014	2	046	01034360	定量分析实验	元培学院
2013—2014	2	046	01034520	中级分析化学实验	元培学院
2013—2014	2	046	01035001	有机化学实验(Ⅰ)	元培学院
2013—2014	2	046	04630030	学术规范与论文写作	元培学院
2013—2014	2	046	04630030	学术规范与论文写作	元培学院
2013—2014	2	046	04630030	学术规范与论文写作	元培学院
2013—2014	2	046	04630030	学术规范与论文写作	元培学院
2013—2014	2	046	04630030	学术规范与论文写作	元培学院
2013—2014	2	046	04630030	学术规范与论文写作	元培学院
2013—2014	2	046	04830494	数据结构与算法上机	元培学院
2013—2014	2	046	04831420	数据结构与算法(B)	元培学院
2013—2014	2	046	04831442	计算机应用基础(下)	元培学院
2013—2014	2	046	04832640	数学物理方法	元培学院
2013—2014	2	023	02315051	高级模态逻辑	哲学系(宗教学系)
2013—2014	2	023	02315300	内涵逻辑	哲学系(宗教学系)
2013—2014	2	023	02318300	宗教史专题	哲学系(宗教学系)
2013—2014	2	023	02330001	哲学导论	哲学系(宗教学系)
2013—2014	2	023	02330025	马克思主义哲学导论(上)	哲学系(宗教学系)
2013—2014	2	023	02330070	现代西方哲学	哲学系(宗教学系)
2013—2014	2	023	02330085	中国哲学史(上)	哲学系(宗教学系)
2013—2014	2	023	02330086	中国哲学史(上)讨论课	哲学系(宗教学系)
2013—2014	2	023	02330086	中国哲学史(上)讨论课	哲学系(宗教学系)
2013—2014	2	023	02330086	中国哲学史(上)讨论课	哲学系(宗教学系)
2013—2014	2	023	02330101	马克思主义哲学史	哲学系(宗教学系)
2013—2014	2	023	02330132	科学哲学导论	哲学系(宗教学系)
2013—2014	2	023	02330161	宗教学导论	哲学系(宗教学系)
2013—2014	2	023	02330450	经典著作研究专题	哲学系(宗教学系)
2013—2014	2	023	02330500	环境哲学	哲学系(宗教学系)
2013—2014	2	023	02330590	波普的历史哲学	哲学系(宗教学系)
2013—2014	2	023	02330670	中国伦理学史专题	哲学系(宗教学系)
2013—2014	2	023	02330812	西方美学专题	哲学系(宗教学系)
2013—2014	2	023	02331240	公理集合论	哲学系(宗教学系)
2013—2014	2	023	02331310	逻辑与批判性思维	哲学系(宗教学系)
2013—2014	2	023	02332017	中国佛教经典选读	哲学系(宗教学系)
2013—2014	2	023	02332020	伊斯兰教史	哲学系(宗教学系)
2013—2014	2	023	02332080	古兰经导读	哲学系(宗教学系)
2013—2014	2	023	02332160	道教史	哲学系(宗教学系)
2013—2014	2	023	02332210	基督教史	哲学系(宗教学系)

续表

学年度	学期	院系代码	课程号	课程名称	开课系所
2013—2014	2	023	02332220	宗教哲学专题	哲学系(宗教学系)
2013—2014	2	023	02332230	中国基督教史	哲学系(宗教学系)
2013—2014	2	023	02332336	中国佛教史	哲学系(宗教学系)
2013—2014	2	023	02332615	拉丁语Ⅱ	哲学系(宗教学系)
2013—2014	2	023	02332910	启蒙哲学	哲学系(宗教学系)
2013—2014	2	023	02332961	黑格尔哲学引论	哲学系(宗教学系)
2013—2014	2	023	02332972	柏拉图的《理想国》	哲学系(宗教学系)
2013—2014	2	023	02332980	维特根斯坦哲学研究	哲学系(宗教学系)
2013—2014	2	023	02333055	古希腊语导论(2)	哲学系(宗教学系)
2013—2014	2	023	02333120	俄罗斯哲学专题	哲学系(宗教学系)
2013—2014	2	023	02333170	后现代主义哲学	哲学系(宗教学系)
2013—2014	2	023	02333210	先秦哲学	哲学系(宗教学系)
2013—2014	2	023	02333390	语言哲学	哲学系(宗教学系)
2013—2014	2	023	02333431	民主理论	哲学系(宗教学系)
2013—2014	2	023	02335000	学年论文	哲学系(宗教学系)
2013—2014	2	023	02335061	西方哲学史(上)	哲学系(宗教学系)
2013—2014	2	023	02335063	西方哲学史(上)	哲学系(宗教学系)
2013—2014	2	023	02335064	西方哲学史(上)讨论课	哲学系(宗教学系)
2013—2014	2	023	02335064	西方哲学史(上)讨论课	哲学系(宗教学系)
2013—2014	2	023	02335064	西方哲学史(上)讨论课	哲学系(宗教学系)
2013—2014	2	023	02335071	中国哲学史(上)	哲学系(宗教学系)
2013—2014	2	023	02335100	知识论	哲学系(宗教学系)
2013—2014	2	023	02335110	科学与宗教	哲学系(宗教学系)
2013—2014	2	023	02335122	复杂性科学与哲学	哲学系(宗教学系)
2013—2014	2	023	02335200	庄子哲学	哲学系(宗教学系)
2013—2014	2	023	02335220	"四书"精读	哲学系(宗教学系)
2013—2014	2	023	02335220	"四书"精读	哲学系(宗教学系)
2013—2014	2	023	02335220	"四书"精读	哲学系(宗教学系)
2013—2014	2	023	02335220	"四书"精读	哲学系(宗教学系)
2013—2014	2	023	02336141	亚里士多德与亚里士多德传统	哲学系(宗教学系)
2013—2014	2	023	02336180	中世纪哲学原著	哲学系(宗教学系)
2013—2014	2	023	02336400	现代逻辑基础	哲学系(宗教学系)
2013—2014	2	023	02337002	古典语文学专题研讨(二)	哲学系(宗教学系)
2013—2014	2	032	03230780	中国政治思想史	政府管理学院
2013—2014	2	032	03230790	西方政治思想史	政府管理学院
2013—2014	2	032	03230900	政治学原理	政府管理学院
2013—2014	2	032	03231080	政治经济导论	政府管理学院
2013—2014	2	032	03231110	新公共管理	政府管理学院
2013—2014	2	032	03231120	比较公共管理	政府管理学院
2013—2014	2	032	03231130	地方政府管理	政府管理学院
2013—2014	2	032	03231140	公共财政与税收	政府管理学院
2013—2014	2	032	03231160	人力资源开发与管理	政府管理学院
2013—2014	2	032	03231200	宏观经济政策	政府管理学院
2013—2014	2	032	03231300	中国现代政治思想	政府管理学院
2013—2014	2	032	03231530	财政预算与行政财务管理	政府管理学院

续表

学年度	学期	院系代码	课程号	课程名称	开课系所
2013—2014	2	032	03231660	政治哲学	政府管理学院
2013—2014	2	032	03231700	政党学概论	政府管理学院
2013—2014	2	032	03231740	美国政府与政治	政府管理学院
2013—2014	2	032	03231870	公民社会与非政府组织	政府管理学院
2013—2014	2	032	03231910	当代世界经济与政治	政府管理学院
2013—2014	2	032	03232080	日本经济	政府管理学院
2013—2014	2	032	03232290	经济学原理	政府管理学院
2013—2014	2	032	03232300	应用统计学	政府管理学院
2013—2014	2	032	03232320	行政学研究方法	政府管理学院
2013—2014	2	032	03232360	地理信息系统基础与应用	政府管理学院
2013—2014	2	032	03232370	经济法学	政府管理学院
2013—2014	2	032	03232400	社会调查的理论与方法	政府管理学院
2013—2014	2	032	03232430	西方政治思想原著选读	政府管理学院
2013—2014	2	020	02030012	现代汉语(下)	中国语言文学系
2013—2014	2	020	02030022	古代汉语(下)	中国语言文学系
2013—2014	2	020	02030022	古代汉语(下)	中国语言文学系
2013—2014	2	020	02030034	中国古代文学史(四)	中国语言文学系
2013—2014	2	020	02030034	中国古代文学史(四)	中国语言文学系
2013—2014	2	020	02030040	中国现代文学史	中国语言文学系
2013—2014	2	020	02030040	中国现代文学史	中国语言文学系
2013—2014	2	020	02030101	实习	中国语言文学系
2013—2014	2	020	02030130	汉语音韵学	中国语言文学系
2013—2014	2	020	02030160	文字学	中国语言文学系
2013—2014	2	020	02030240	校勘学	中国语言文学系
2013—2014	2	020	02030251	古文献学史(上)	中国语言文学系
2013—2014	2	020	02030253	古典文献实习	中国语言文学系
2013—2014	2	020	02030260	训诂学	中国语言文学系
2013—2014	2	020	02030300	当代文学批评	中国语言文学系
2013—2014	2	020	02030570	唐诗研究概论	中国语言文学系
2013—2014	2	020	02030790	比较文学原理	中国语言文学系
2013—2014	2	020	02030920	现代汉语虚词研究	中国语言文学系
2013—2014	2	020	02030950	汉语修辞学	中国语言文学系
2013—2014	2	020	02031080	《论语》选读	中国语言文学系
2013—2014	2	020	02031080	《论语》选读	中国语言文学系
2013—2014	2	020	02031080	《论语》选读	中国语言文学系
2013—2014	2	020	02031140	美国结构语言学	中国语言文学系
2013—2014	2	020	02031522	汉语史(下)	中国语言文学系
2013—2014	2	020	02031540	中国古代文化	中国语言文学系
2013—2014	2	020	02031550	小说的艺术	中国语言文学系
2013—2014	2	020	02031601	方言调查	中国语言文学系
2013—2014	2	020	02031670	敦煌文献概要	中国语言文学系
2013—2014	2	020	02032020	民间文学概论	中国语言文学系
2013—2014	2	020	02032120	荀子	中国语言文学系
2013—2014	2	020	02032150	汉语方言语料分析	中国语言文学系
2013—2014	2	020	02032340	中文工具书及古代典籍概要	中国语言文学系

续表

学年度	学期	院系代码	课程号	课程名称	开课系所
2013—2014	2	020	02032590	胡风研究	中国语言文学系
2013—2014	2	020	02032770	金庸小说研究	中国语言文学系
2013—2014	2	020	02033030	西方文学史	中国语言文学系
2013—2014	2	020	02033050	学年论文	中国语言文学系
2013—2014	2	020	02033090	中文工具书	中国语言文学系
2013—2014	2	020	02033090	中文工具书	中国语言文学系
2013—2014	2	020	02033090	中文工具书	中国语言文学系
2013—2014	2	020	02033480	大众文艺与文化研究	中国语言文学系
2013—2014	2	020	02033620	古典文献学基础	中国语言文学系
2013—2014	2	020	02033862	中国古代文学经典(二)	中国语言文学系
2013—2014	2	020	02033870	人类沟通的起源与发展	中国语言文学系
2013—2014	2	020	02033933	经典精读课程(三)	中国语言文学系
2013—2014	2	020	02033940	中国古代文学	中国语言文学系
2013—2014	2	020	02034050	西方小说名著导读	中国语言文学系
2013—2014	2	020	02034172	中国古代文学史(二)	中国语言文学系
2013—2014	2	020	02034172	中国古代文学史(二)	中国语言文学系
2013—2014	2	020	02034172	中国古代文学史(二)	中国语言文学系
2013—2014	2	020	02034172	中国古代文学史(二)	中国语言文学系
2013—2014	2	020	02034172	中国古代文学史(二)	中国语言文学系
2013—2014	2	020	02034172	中国古代文学史(二)	中国语言文学系
2013—2014	2	020	02034172	中国古代文学史(二)	中国语言文学系
2013—2014	2	020	02034180	1940年代战时中国文学研究	中国语言文学系
2013—2014	2	020	02034190	网络文学重要网站研究	中国语言文学系
2013—2014	2	020	02034200	20世纪中国女性文学作品选读	中国语言文学系
2013—2014	2	020	02034210	英国的中国形象	中国语言文学系
2013—2014	2	020	02039030	文学概论	中国语言文学系
2013—2014	2	020	02039130	民俗研究	中国语言文学系
2013—2014	2	020	02039200	文学原理	中国语言文学系
2013—2014	2	020	02039310	大学语文	中国语言文学系
2013—2014	2	020	02080041	现代汉语(上)	中国语言文学系
2013—2014	2	020	02080053	古代汉语(下)	中国语言文学系
2013—2014	2	020	02080130	中文工具书使用	中国语言文学系
2013—2014	2	020	02080200	现代汉语词汇	中国语言文学系
2013—2014	2	020	02080262	中国现代文学(下)	中国语言文学系
2013—2014	2	020	02080320	中国民间文学	中国语言文学系
2013—2014	2	020	02080332	中国当代文学作品(下)	中国语言文学系
2013—2014	2	020	02080342	中国古代文学(二)	中国语言文学系
2013—2014	2	020	02080344	中国古代文学(四)	中国语言文学系
2013—2014	2	020	02080400	中国人文地理	中国语言文学系
2013—2014	2	020	02080422	阅读与写作(中级上)	中国语言文学系
2013—2014	2	020	02080422	阅读与写作(中级上)	中国语言文学系
2013—2014	2	020	02080422	阅读与写作(中级上)	中国语言文学系
2013—2014	2	020	02080422	阅读与写作(中级上)	中国语言文学系
2013—2014	2	020	02080424	阅读与写作(高级)	中国语言文学系

续表

学年度	学期	院系代码	课程号	课程名称	开课系所
2013—2014	2	020	02080424	阅读与写作(高级)	中国语言文学系
2013—2014	2	020	02080432	高级汉语口语(下)	中国语言文学系
2013—2014	2	020	02080432	高级汉语口语(下)	中国语言文学系
2013—2014	2	020	02080440	古文选读	中国语言文学系
2013—2014	2	020	02130012	中国古代史(下)	中国语言文学系
2013—2014	3	303	30330500	ACM/ICPC竞赛训练	北京大学教务部
2013—2014	3	303	30340015	比较哲学:中国和西方	北京大学教务部
2013—2014	3	303	30340028	转型时期的中国公共政策	北京大学教务部
2013—2014	3	303	30340030	丝绸之路:文化和物质交流史	北京大学教务部
2013—2014	3	303	30340035	中国因素:应对中国的全球挑战	北京大学教务部
2013—2014	3	303	30340038	中国的政治与社会	北京大学教务部
2013—2014	3	303	30340039	中国经济专题	北京大学教务部
2013—2014	3	303	30340044	新中国:文艺与社会	北京大学教务部
2013—2014	3	303	30340045	中国地方政府与政治	北京大学教务部
2013—2014	3	303	30340048	中国传统认同与其现代变迁	北京大学教务部
2013—2014	3	303	30340049	"中国崛起"专题研讨课	北京大学教务部
2013—2014	3	303	30340052	中国传统健身、饮食与养生	北京大学教务部
2013—2014	3	303	30340053	中国的宪法和政治体系	北京大学教务部
2013—2014	3	303	30340054	中国改革与世界经济	北京大学教务部
2013—2014	3	303	30340055	中国经济专题	北京大学教务部
2013—2014	3	303	30340056	镜中观花:中国人的价值观	北京大学教务部
2013—2014	3	303	30340057	全球视野下的中国历史与文化	北京大学教务部
2013—2014	3	303	30340058	当代中国的社会问题与政策应对	北京大学教务部
2013—2014	3	303	30340059	中国古典诗词	北京大学教务部
2013—2014	3	303	30340060	国际人力资源管理:东方、西方和新兴市场	北京大学教务部
2013—2014	3	303	30340061	中国社会的转化	北京大学教务部
2013—2014	3	187	18730010	社会调查实务	北京大学中国社会科学调查中心
2013—2014	3	187	18730020	社会调查数据分析方法	北京大学中国社会科学调查中心
2013—2014	3	010	01533240	人文地理专业实习	城市与环境学院
2013—2014	3	010	01533290	美术实习	城市与环境学院
2013—2014	3	010	01533300	城乡地域空间认知实习	城市与环境学院
2013—2014	3	010	01535130	野外生态学	城市与环境学院
2013—2014	3	010	01536840	环境科学野外综合实习	城市与环境学院
2013—2014	3	010	01537530	普通地质实习	城市与环境学院
2013—2014	3	010	01539200	植物土壤实习	城市与环境学院
2013—2014	3	010	01539340	地貌实习	城市与环境学院
2013—2014	3	010	12639010	综合社会实践实习	城市与环境学院
2013—2014	3	012	01231420	综合地质实习	地球与空间科学学院
2013—2014	3	012	01231440	区域地质实习	地球与空间科学学院
2013—2014	3	012	01233170	地震概论	地球与空间科学学院
2013—2014	3	012	01233380	地震学野外实习	地球与空间科学学院
2013—2014	3	012	01235260	3S野外综合实习	地球与空间科学学院
2013—2014	3	012	01430870	普通地质实习	地球与空间科学学院
2013—2014	3	012	01430870	普通地质实习	地球与空间科学学院
2013—2014	3	012	01431440	珠宝鉴赏与珠宝文化	地球与空间科学学院

续表

学年度	学期	院系代码	课程号	课程名称	开课系所
2013—2014	3	029	02930871	涉外民商事之法律适用	法学院
2013—2014	3	003	00333050	金工实习	工学院
2013—2014	3	003	00333170	认识实习	工学院
2013—2014	3	003	00333390	生物医学工程实习	工学院
2013—2014	3	003	00333550	生物材料和生物相容性	工学院
2013—2014	3	003	00333670	中国经济:科技、增长与全球联系	工学院
2013—2014	3	003	00333680	材料界面及塑性变形:从理论到工程	工学院
2013—2014	3	003	00333690	今日中国—传统与改革	工学院
2013—2014	3	003	00333700	智能材料与适应性系统	工学院
2013—2014	3	003	00333710	计算流体动力学及其在多相流中的应用	工学院
2013—2014	3	003	00333720	应用有限元技术	工学院
2013—2014	3	003	00333730	生物医学中的机器学习	工学院
2013—2014	3	003	00333740	纳米医药入门:基本概念与应用	工学院
2013—2014	3	024	02431710	亚太概论	国际关系学院
2013—2014	3	062	06237020	社会经济调查理论方法与实践	国家发展研究院
2013—2014	3	062	06237020	社会经济调查理论方法与实践	国家发展研究院
2013—2014	3	062	06237020	社会经济调查理论方法与实践	国家发展研究院
2013—2014	3	127	12739020	环境化学野外实习	环境科学与工程学院
2013—2014	3	025	02530060	微观经济学	经济学院
2013—2014	3	021	02131810	伊斯兰教与现代世界	历史学系
2013—2014	3	040	04031740	马克思主义基本原理概论	马克思主义学院
2013—2014	3	031	03130400	教育社会学思考	社会学系
2013—2014	3	011	01130910	生物学野外实习	生命科学学院
2013—2014	3	011	01137020	人类遗传学:连锁分析	生命科学学院
2013—2014	3	011	01139700	癌发生的分子和细胞学机制	生命科学学院
2013—2014	3	011	01139701	分子进化暑期课	生命科学学院
2013—2014	3	001	00136670	本科生研讨班	数学科学学院
2013—2014	3	041	04130030	太极拳	体育教研部
2013—2014	3	041	04130030	太极拳	体育教研部
2013—2014	3	041	04130040	健美操	体育教研部
2013—2014	3	041	04130040	健美操	体育教研部
2013—2014	3	041	04130050	乒乓球	体育教研部
2013—2014	3	041	04130050	乒乓球	体育教研部
2013—2014	3	039	03530190	日本文化艺术专题	外国语学院
2013—2014	3	004	00431740	可再生能源与低碳社会	物理学院
2013—2014	3	004	00432206	量子力学专题	物理学院
2013—2014	3	004	00432216	量子力学(Ⅱ)	物理学院
2013—2014	3	004	00437150	物理学科暑期专题研讨	物理学院
2013—2014	3	016	01630246	电影与心理(心理压力应对篇)	心理学系
2013—2014	3	016	01630580	人际沟通分析学	心理学系
2013—2014	3	016	01630660	工程心理学	心理学系
2013—2014	3	016	01630670	听视觉言语加工整合及其脑机制	心理学系
2013—2014	3	016	61030030	朋辈心理辅导	心理学系
2013—2014	3	018	01832910	视频编辑	新闻与传播学院
2013—2014	3	018	01833410	新媒体传播导论	新闻与传播学院

续表

学年度	学期	院系代码	课程号	课程名称	开课系所
2013—2014	3	018	01833620	跨文化系列课程:国际领导力评估与培养	新闻与传播学院
2013—2014	3	018	01833660	跨文化系列课程:构建全球公民的跨文化传播能力	新闻与传播学院
2013—2014	3	018	01833670	跨文化系列课程:表演艺术与跨文化传播解读	新闻与传播学院
2013—2014	3	030	03032360	中国文化史	信息管理系
2013—2014	3	048	04830810	可编程逻辑电路设计(I)	信息科学技术学院
2013—2014	3	048	04831430	文科计算机基础(上)	信息科学技术学院
2013—2014	3	048	04831440	文科计算机基础(下)	信息科学技术学院
2013—2014	3	048	04831830	大规模数据处理/云计算	信息科学技术学院
2013—2014	3	048	04831840	职业规划与领导力发展	信息科学技术学院
2013—2014	3	048	04831950	生物特征识别	信息科学技术学院
2013—2014	3	048	04832330	工程科学研究方法	信息科学技术学院
2013—2014	3	048	04832600	创新工程实践(实习)	信息科学技术学院
2013—2014	3	048	04832770	算法博弈论	信息科学技术学院
2013—2014	3	048	04832810	纳米光电子的研究前沿与应用	信息科学技术学院
2013—2014	3	048	04832840	函数式编程语言 Haskell 导论	信息科学技术学院
2013—2014	3	180	18050150	营养与疾病	医学部教学办
2013—2014	3	180	18050180	人体免疫与健康养生	医学部教学办
2013—2014	3	043	04330881	基本乐理与管弦乐基础	艺术学院
2013—2014	3	043	04332711	西方美术史田野调研	艺术学院
2013—2014	3	039	03835400	美国短篇小说与电影	外国语学院
2013—2014	3	039	03835400	美国短篇小说与电影	外国语学院
2013—2014	3	039	03835510	希腊与希伯来哲学	外国语学院
2013—2014	3	039	03835510	希腊与希伯来哲学	外国语学院
2013—2014	3	039	03835520	英美文学概况	外国语学院
2013—2014	3	039	03835520	英美文学概况	外国语学院
2013—2014	3	039	03835730	美国文化概览	外国语学院
2013—2014	3	039	03835730	美国文化概览	外国语学院
2013—2014	3	039	03835730	美国文化概览	外国语学院
2013—2014	3	039	03835730	美国文化概览	外国语学院
2013—2014	3	039	03835830	西方文化选读	外国语学院
2013—2014	3	039	03835830	西方文化选读	外国语学院
2013—2014	3	039	03835860	英语公众演讲	外国语学院
2013—2014	3	039	03835860	英语公众演讲	外国语学院
2013—2014	3	046	04630710	认知科学与经济学	元培学院
2013—2014	3	046	04630720	推理与决策	元培学院
2013—2014	3	023	02332311	佛教导论	哲学系(宗教学系)
2013—2014	3	023	02333180	东西方哲学比较	哲学系(宗教学系)
2013—2014	3	020	02030330	民俗学	中国语言文学系
2014—2015	1	199	19930002	创业模拟	产业技术研究院
2014—2015	1	010	00130310	线性代数(C)	城市与环境学院
2014—2015	1	010	00131421	高等数学 C(一)	城市与环境学院
2014—2015	1	010	01030810	有机化学(B)	城市与环境学院
2014—2015	1	010	01030840	物理化学(B)	城市与环境学院
2014—2015	1	010	01032711	有机化学实验(B)	城市与环境学院

续表

学年度	学期	院系代码	课程号	课程名称	开课系所
2014—2015	1	010	01034310	普通化学	城市与环境学院
2014—2015	1	010	01034321	普通化学实验	城市与环境学院
2014—2015	1	010	01339180	世界文化地理	城市与环境学院
2014—2015	1	010	01531130	中国自然地理	城市与环境学院
2014—2015	1	010	01531230	遥感基础与图像解译原理	城市与环境学院
2014—2015	1	010	01531290	生物地理学	城市与环境学院
2014—2015	1	010	01531690	计量地理	城市与环境学院
2014—2015	1	010	01531710	文化地理学	城市与环境学院
2014—2015	1	010	01531720	区域分析与区域地理	城市与环境学院
2014—2015	1	010	01531900	人文地理	城市与环境学院
2014—2015	1	010	01532130	人口地理	城市与环境学院
2014—2015	1	010	01532190	中外城市建设史	城市与环境学院
2014—2015	1	010	01532240	城市总体规划(课程设计)	城市与环境学院
2014—2015	1	010	01532350	城市基础设施规划	城市与环境学院
2014—2015	1	010	01532370	城市设计	城市与环境学院
2014—2015	1	010	01532400	城市道路交通规划	城市与环境学院
2014—2015	1	010	01532420	城市地理学	城市与环境学院
2014—2015	1	010	01532430	建筑概论	城市与环境学院
2014—2015	1	010	01533050	房地产估价	城市与环境学院
2014—2015	1	010	01533190	城市规划系统工程学	城市与环境学院
2014—2015	1	010	01533230	城市社会地理学	城市与环境学院
2014—2015	1	010	01533260	自然地理概论	城市与环境学院
2014—2015	1	010	01533310	城市旅游与游憩规划	城市与环境学院
2014—2015	1	010	01534120	土壤地理实验	城市与环境学院
2014—2015	1	010	01534200	水文学与水资源	城市与环境学院
2014—2015	1	010	01535120	流域综合规划与管理	城市与环境学院
2014—2015	1	010	01535121	植物学(上)	城市与环境学院
2014—2015	1	010	01536020	环境经济学	城市与环境学院
2014—2015	1	010	01536040	应用数理统计方法	城市与环境学院
2014—2015	1	010	01536200	微量有毒物风险分析	城市与环境学院
2014—2015	1	010	01536810	动物生态学	城市与环境学院
2014—2015	1	010	01536820	生态学导论	城市与环境学院
2014—2015	1	010	01536850	环境地学	城市与环境学院
2014—2015	1	010	04831410	计算概论(B)	城市与环境学院
2014—2015	1	010	12631040	微机应用与文献检索	城市与环境学院
2014—2015	1	010	12631050	环境科学前沿秋季讲座	城市与环境学院
2014—2015	1	010	12632020	生态学数量方法	城市与环境学院
2014—2015	1	010	12633020	普通地质学	城市与环境学院
2014—2015	1	010	12634010	产业地理学	城市与环境学院
2014—2015	1	010	12634020	交通地理学	城市与环境学院
2014—2015	1	010	12634031	中国城市研究	城市与环境学院
2014—2015	1	010	12635030	城市遗产保护与规划	城市与环境学院
2014—2015	1	010	12635040	土地利用规划与房地产开发管理	城市与环境学院
2014—2015	1	010	12635050	建设项目可行性研究	城市与环境学院
2014—2015	1	010	12635100	规划设计实习	城市与环境学院

续表

学年度	学期	院系代码	课程号	课程名称	开课系所
2014—2015	1	010	12639040	历史地理学导论	城市与环境学院
2014—2015	1	012	00130201	高等数学(B)(一)	地球与空间科学学院
2014—2015	1	012	00130211	高等数学(B)(一)习题课	地球与空间科学学院
2014—2015	1	012	00130211	高等数学(B)(一)习题课	地球与空间科学学院
2014—2015	1	012	00131460	线性代数(B)	地球与空间科学学院
2014—2015	1	012	00131470	线性代数(B)习题	地球与空间科学学院
2014—2015	1	012	00131470	线性代数(B)习题	地球与空间科学学院
2014—2015	1	012	00132380	概率统计(B)	地球与空间科学学院
2014—2015	1	012	00431110	力学	地球与空间科学学院
2014—2015	1	012	00431144	光学	地球与空间科学学院
2014—2015	1	012	00431148	光学习题课	地球与空间科学学院
2014—2015	1	012	00431180	力学习题	地球与空间科学学院
2014—2015	1	012	00431680	普通物理习题课	地球与空间科学学院
2014—2015	1	012	00436012	普通物理学(B)(二)	地球与空间科学学院
2014—2015	1	012	00437180	普通物理实验(1)	地球与空间科学学院
2014—2015	1	012	00437180	普通物理实验(1)	地球与空间科学学院
2014—2015	1	012	00437200	基础物理实验	地球与空间科学学院
2014—2015	1	012	01034920	普通化学实验(B)	地球与空间科学学院
2014—2015	1	012	01230051	地球科学概论(一)	地球与空间科学学院
2014—2015	1	012	01230100	离散数学	地球与空间科学学院
2014—2015	1	012	01230110	操作系统原理	地球与空间科学学院
2014—2015	1	012	01231030	古生物学	地球与空间科学学院
2014—2015	1	012	01231080	大地构造学	地球与空间科学学院
2014—2015	1	012	01231200	自然资源与社会发展	地球与空间科学学院
2014—2015	1	012	01231210	地球历史概要	地球与空间科学学院
2014—2015	1	012	01231251	普通岩石学(上)	地球与空间科学学院
2014—2015	1	012	01231390	构造地质学研究方法	地球与空间科学学院
2014—2015	1	012	01231400	地球物理学基础	地球与空间科学学院
2014—2015	1	012	01231430	地球化学	地球与空间科学学院
2014—2015	1	012	01231470	地貌学与第四纪地质学	地球与空间科学学院
2014—2015	1	012	01231500	古生态学与古环境分析	地球与空间科学学院
2014—2015	1	012	01231510	古生物学前沿	地球与空间科学学院
2014—2015	1	012	01231520	古植物学及孢粉学	地球与空间科学学院
2014—2015	1	012	01231540	沉积学概论	地球与空间科学学院
2014—2015	1	012	01231560	岩浆作用理论概述	地球与空间科学学院
2014—2015	1	012	01231580	环境矿物学	地球与空间科学学院
2014—2015	1	012	01231610	高温高压物质科学	地球与空间科学学院
2014—2015	1	012	01231620	地质样品化学分析	地球与空间科学学院
2014—2015	1	012	01233020	电离层物理学与电波传播	地球与空间科学学院
2014—2015	1	012	01233140	行星科学概论	地球与空间科学学院
2014—2015	1	012	01233170	地震概论	地球与空间科学学院
2014—2015	1	012	01233170	地震概论	地球与空间科学学院
2014—2015	1	012	01233200	地球重力学	地球与空间科学学院
2014—2015	1	012	01233270	岩石力学	地球与空间科学学院
2014—2015	1	012	01233310	弹性力学 B	地球与空间科学学院

续表

学年度	学期	院系代码	课程号	课程名称	开课系所
2014—2015	1	012	01233340	粘性流体力学	地球与空间科学学院
2014—2015	1	012	01233420	空间等离子体物理基础	地球与空间科学学院
2014—2015	1	012	01233440	磁层物理学	地球与空间科学学院
2014—2015	1	012	01233450	空间探测与实验基础	地球与空间科学学院
2014—2015	1	012	01233460	空间天气学及与预报入门	地球与空间科学学院
2014—2015	1	012	01235010	软件工程原理	地球与空间科学学院
2014—2015	1	012	01235030	计算数学	地球与空间科学学院
2014—2015	1	012	01235040	计算机图形学基础	地球与空间科学学院
2014—2015	1	012	01235060	数字地形模型	地球与空间科学学院
2014—2015	1	012	01235090	网络基础与 WebGIS	地球与空间科学学院
2014—2015	1	012	01235120	遥感数字图像处理原理	地球与空间科学学院
2014—2015	1	012	01235230	地图学	地球与空间科学学院
2014—2015	1	012	01235250	GIS 实验	地球与空间科学学院
2014—2015	1	012	01235290	环境与生态科学	地球与空间科学学院
2014—2015	1	012	01235310	测量学概论	地球与空间科学学院
2014—2015	1	012	01235320	地理科学进展	地球与空间科学学院
2014—2015	1	012	01235330	遥感应用	地球与空间科学学院
2014—2015	1	012	01235340	遥感图像处理实验	地球与空间科学学院
2014—2015	1	012	01235360	遥感应用原理与方法	地球与空间科学学院
2014—2015	1	012	01431250	微量元素地球化学	地球与空间科学学院
2014—2015	1	012	04831410	计算概论(B)	地球与空间科学学院
2014—2015	1	029	02930010	法理学	法学院
2014—2015	1	029	02930040	西方法律思想史	法学院
2014—2015	1	029	02930050	民事诉讼法	法学院
2014—2015	1	029	02930060	宪法学	法学院
2014—2015	1	029	02930086	侵权法	法学院
2014—2015	1	029	0293008a	民法总论	法学院
2014—2015	1	029	02930102	刑法分论(刑法二)	法学院
2014—2015	1	029	02930106	国际刑法学	法学院
2014—2015	1	029	02930143	民法案例研习	法学院
2014—2015	1	029	02930143	民法案例研习	法学院
2014—2015	1	029	02930143	民法案例研习	法学院
2014—2015	1	029	02930143	民法案例研习	法学院
2014—2015	1	029	02930143	民法案例研习	法学院
2014—2015	1	029	02930143	民法案例研习	法学院
2014—2015	1	029	02930145	财税法学	法学院
2014—2015	1	029	02930146	法律实证分析	法学院
2014—2015	1	029	02930148	法律写作与检索	法学院
2014—2015	1	029	02930171	诊所式法律教育	法学院
2014—2015	1	029	02930172	非营利组织法	法学院
2014—2015	1	029	02930180	知识产权法学	法学院
2014—2015	1	029	02930261	信托法	法学院
2014—2015	1	029	02930300	劳动法与社会保障法	法学院
2014—2015	1	029	02930390	专业英语(听力及口语)	法学院
2014—2015	1	029	02930480	国际公法	法学院

续表

学年度	学期	院系代码	课程号	课程名称	开课系所
2014—2015	1	029	02930520	司法精神病学	法学院
2014—2015	1	029	02930560	比较司法制度	法学院
2014—2015	1	029	02930580	票据法	法学院
2014—2015	1	029	0293063a	刑事侦查学	法学院
2014—2015	1	029	0293074a	专业英语	法学院
2014—2015	1	029	02930760	心理卫生学概论	法学院
2014—2015	1	029	02930770	保险法	法学院
2014—2015	1	029	02930780	刑事执行法	法学院
2014—2015	1	029	02930890	经济法学	法学院
2014—2015	1	029	02930901	实习	法学院
2014—2015	1	029	02930905	犯罪通论	法学院
2014—2015	1	029	02930940	环境法	法学院
2014—2015	1	029	02930941	环境法概论	法学院
2014—2015	1	029	02930970	物权法	法学院
2014—2015	1	029	02930985	国际人权法	法学院
2014—2015	1	029	02930989	刑法学	法学院
2014—2015	1	029	02930995	会计法与审计法	法学院
2014—2015	1	029	02939995	国际私法	法学院
2014—2015	1	029	02939999	法律导论	法学院
2014—2015	1	192	19230020	歌剧的魅力（概论篇）	歌剧研究院
2014—2015	1	192	19230060	声乐演唱及表演	歌剧研究院
2014—2015	1	192	19230070	五线谱视唱练耳基础	歌剧研究院
2014—2015	1	003	00131460	线性代数（B）	工学院
2014—2015	1	003	00330220	自动控制原理	工学院
2014—2015	1	003	00330280	振动理论	工学院
2014—2015	1	003	00330700	常微分方程	工学院
2014—2015	1	003	00331311	工程CAD(1)	工学院
2014—2015	1	003	00331751	微积分（一）	工学院
2014—2015	1	003	00331760	微积分习题	工学院
2014—2015	1	003	00331760	微积分习题	工学院
2014—2015	1	003	00331760	微积分习题	工学院
2014—2015	1	003	00331760	微积分习题	工学院
2014—2015	1	003	00331770	线性代数与几何	工学院
2014—2015	1	003	00331770	线性代数与几何	工学院
2014—2015	1	003	00331860	高等微积分	工学院
2014—2015	1	003	00331880	高等代数	工学院
2014—2015	1	003	00331900	概率与数理统计	工学院
2014—2015	1	003	00331960	工程热力学	工学院
2014—2015	1	003	00331970	新能源技术	工学院
2014—2015	1	003	00332020	传热传质学	工学院
2014—2015	1	003	00332150	渗流物理	工学院
2014—2015	1	003	00332172	能源与资源工程实验（下）	工学院
2014—2015	1	003	00332242	数学物理方法（下）	工学院
2014—2015	1	003	00332250	理论力学	工学院
2014—2015	1	003	00332281	流体力学（上）	工学院

续表

学年度	学期	院系代码	课程号	课程名称	开课系所
2014—2015	1	003	00332300	工程流体力学	工学院
2014—2015	1	003	00332310	结构力学及其矩阵方法	工学院
2014—2015	1	003	00332330	固体力学实验	工学院
2014—2015	1	003	00332340	流体力学实验	工学院
2014—2015	1	003	00332381	工程毕业设计(上)	工学院
2014—2015	1	003	00332460	连续介质力学基础	工学院
2014—2015	1	003	00332470	航空航天概论	工学院
2014—2015	1	003	00332500	空气动力学	工学院
2014—2015	1	003	00332580	高等数学(D类)	工学院
2014—2015	1	003	00332580	高等数学(D类)	工学院
2014—2015	1	003	00332580	高等数学(D类)	工学院
2014—2015	1	003	00332580	高等数学(D类)	工学院
2014—2015	1	003	00332590	高等数学(D类基础)	工学院
2014—2015	1	003	00332600	分子细胞生物学	工学院
2014—2015	1	003	00332610	能源与资源工程原理	工学院
2014—2015	1	003	00332620	生物医学工程原理	工学院
2014—2015	1	003	00332630	地下水水文学	工学院
2014—2015	1	003	00332641	材料科学基础(上)	工学院
2014—2015	1	003	00332792	生物医学工程设计(II)	工学院
2014—2015	1	003	00332980	物理流体力学	工学院
2014—2015	1	003	00333010	材料计算科学与工程	工学院
2014—2015	1	003	00333040	岩土力学	工学院
2014—2015	1	003	00333190	材料化学	工学院
2014—2015	1	003	00333210	材料科学与工程实验	工学院
2014—2015	1	003	00333270	生物材料分析方法	工学院
2014—2015	1	003	00333280	计算生物学导论	工学院
2014—2015	1	003	00333360	魅力机器人	工学院
2014—2015	1	003	00333400	对话全球创新大师	工学院
2014—2015	1	003	00333560	水环境模拟	工学院
2014—2015	1	003	00333610	实验室安全与防护	工学院
2014—2015	1	003	00333750	半导体物理与器件	工学院
2014—2015	1	003	00333760	航空航天导航导论	工学院
2014—2015	1	003	00333770	航空航天信息工程	工学院
2014—2015	1	003	00333790	飞行器设计与动力	工学院
2014—2015	1	003	00333800	生物医学工程综合实验 I	工学院
2014—2015	1	003	00333810	生物医学信号处理	工学院
2014—2015	1	003	00333830	现代工学通论	工学院
2014—2015	1	003	00431142	热学	工学院
2014—2015	1	003	00431143	电磁学	工学院
2014—2015	1	003	00431254	热学习题课	工学院
2014—2015	1	003	01034330	普通化学习题课	工学院
2014—2015	1	003	01034880	普通化学(B)	工学院
2014—2015	1	003	01034920	普通化学实验(B)	工学院
2014—2015	1	003	04831410	计算概论(B)	工学院
2014—2015	1	003	04831410	计算概论(B)	工学院

续表

学年度	学期	院系代码	课程号	课程名称	开课系所
2014—2015	1	003	04831410	计算概论(B)	工学院
2014—2015	1	003	04831650	计算概论(B)上机	工学院
2014—2015	1	003	04831650	计算概论(B)上机	工学院
2014—2015	1	028	00130201	高等数学(B)(一)	光华管理学院
2014—2015	1	028	00130201	高等数学(B)(一)	光华管理学院
2014—2015	1	028	00130211	高等数学(B)(一)习题课	光华管理学院
2014—2015	1	028	00130211	高等数学(B)(一)习题课	光华管理学院
2014—2015	1	028	00130211	高等数学(B)(一)习题课	光华管理学院
2014—2015	1	028	00130211	高等数学(B)(一)习题课	光华管理学院
2014—2015	1	028	00130211	高等数学(B)(一)习题课	光华管理学院
2014—2015	1	028	00130211	高等数学(B)(一)习题课	光华管理学院
2014—2015	1	028	02830260	影子中央银行	光华管理学院
2014—2015	1	028	02831100	组织与管理	光华管理学院
2014—2015	1	028	02831100	组织与管理	光华管理学院
2014—2015	1	028	02831110	经济学	光华管理学院
2014—2015	1	028	02831111	专业英语(1)	光华管理学院
2014—2015	1	028	02831170	经济学讨论班	光华管理学院
2014—2015	1	028	02831170	经济学讨论班	光华管理学院
2014—2015	1	028	02831170	经济学讨论班	光华管理学院
2014—2015	1	028	02831170	经济学讨论班	光华管理学院
2014—2015	1	028	02831170	经济学讨论班	光华管理学院
2014—2015	1	028	02831170	经济学讨论班	光华管理学院
2014—2015	1	028	02831170	经济学讨论班	光华管理学院
2014—2015	1	028	02831170	经济学讨论班	光华管理学院
2014—2015	1	028	02831540	金融建模	光华管理学院
2014—2015	1	028	02831550	风险管理与保险	光华管理学院
2014—2015	1	028	02831560	计量经济学应用	光华管理学院
2014—2015	1	028	02831570	固定收益证券	光华管理学院
2014—2015	1	028	02831580	金融经济学	光华管理学院
2014—2015	1	028	02831620	劳动经济学	光华管理学院
2014—2015	1	028	02831680	金融风险与管理	光华管理学院
2014—2015	1	028	02831690	国际金融与资本市场专题	光华管理学院
2014—2015	1	028	02832110	微观经济学	光华管理学院
2014—2015	1	028	02832230	商战模拟	光华管理学院
2014—2015	1	028	02832420	金融学中的数学方法	光华管理学院
2014—2015	1	028	02832480	成本与管理会计	光华管理学院
2014—2015	1	028	02832510	财务会计	光华管理学院
2014—2015	1	028	02832640	营销学	光华管理学院
2014—2015	1	028	02832640	营销学	光华管理学院
2014—2015	1	028	02832690	物流与供应链管理	光华管理学院
2014—2015	1	028	02832700	定价管理	光华管理学院
2014—2015	1	028	02833230	金融市场与金融机构	光华管理学院
2014—2015	1	028	02833430	公司财务管理	光华管理学院

续表

学年度	学期	院系代码	课程号	课程名称	开课系所
2014—2015	1	028	02833430	公司财务管理	光华管理学院
2014—2015	1	028	02833440	营销渠道	光华管理学院
2014—2015	1	028	02833460	品牌管理	光华管理学院
2014—2015	1	028	02833540	中级财务会计	光华管理学院
2014—2015	1	028	02833600	税法与税务会计	光华管理学院
2014—2015	1	028	02833670	高级财务会计	光华管理学院
2014—2015	1	028	02833700	产品管理	光华管理学院
2014—2015	1	028	02834020	金融学概论	光华管理学院
2014—2015	1	028	02834390	战略管理	光华管理学院
2014—2015	1	028	02834510	审计学	光华管理学院
2014—2015	1	028	02834720	概率统计	光华管理学院
2014—2015	1	028	02834720	概率统计	光华管理学院
2014—2015	1	028	02834740	运作与信息管理	光华管理学院
2014—2015	1	028	02834750	创新管理	光华管理学院
2014—2015	1	028	02834800	综合商业计划书竞赛	光华管理学院
2014—2015	1	028	02834850	创业企业成长	光华管理学院
2014—2015	1	028	02834860	可持续创业	光华管理学院
2014—2015	1	028	02835620	会计审计与财务管理专题	光华管理学院
2014—2015	1	028	02837180	财务案例分析	光华管理学院
2014—2015	1	028	02838140	经济学	光华管理学院
2014—2015	1	028	02838150	应用计量经济学	光华管理学院
2014—2015	1	028	02838170	会计信息与数据分析	光华管理学院
2014—2015	1	028	02838180	财务报表分析	光华管理学院
2014—2015	1	028	02838190	中国金融热点问题	光华管理学院
2014—2015	1	028	02838200	权益证券投资	光华管理学院
2014—2015	1	028	02838270	创业机会识别与分析	光华管理学院
2014—2015	1	028	02838280	中国社会、经济研究专题	光华管理学院
2014—2015	1	024	02430010	国际政治概论	国际关系学院
2014—2015	1	024	02430011	国际政治概论讨论课	国际关系学院
2014—2015	1	024	02430011	国际政治概论讨论课	国际关系学院
2014—2015	1	024	02430011	国际政治概论讨论课	国际关系学院
2014—2015	1	024	02430011	国际政治概论讨论课	国际关系学院
2014—2015	1	024	02430011	国际政治概论讨论课	国际关系学院
2014—2015	1	024	02430011	国际政治概论讨论课	国际关系学院
2014—2015	1	024	02430011	国际政治概论讨论课	国际关系学院
2014—2015	1	024	02430011	国际政治概论讨论课	国际关系学院
2014—2015	1	024	02430011	国际政治概论讨论课	国际关系学院
2014—2015	1	024	02430020	国际政治经济学	国际关系学院
2014—2015	1	024	02430032	世界社会主义概论	国际关系学院
2014—2015	1	024	02430050	外交学	国际关系学院
2014—2015	1	024	02430091	国际关系史(上)	国际关系学院
2014—2015	1	024	02430140	中华人民共和国对外关系	国际关系学院
2014—2015	1	024	02430140	中华人民共和国对外关系	国际关系学院
2014—2015	1	024	02430150	中国政治概论	国际关系学院

续表

学年度	学期	院系代码	课程号	课程名称	开课系所
2014—2015	1	024	02430151	英语听说(一)	国际关系学院
2014—2015	1	024	02430151	英语听说(一)	国际关系学院
2014—2015	1	024	02430151	英语听说(一)	国际关系学院
2014—2015	1	024	02430151	英语听说(一)	国际关系学院
2014—2015	1	024	02430153	英语听说(三)	国际关系学院
2014—2015	1	024	02430153	英语听说(三)	国际关系学院
2014—2015	1	024	02430153	英语听说(三)	国际关系学院
2014—2015	1	024	02430153	英语听说(三)	国际关系学院
2014—2015	1	024	02430159	英语写作	国际关系学院
2014—2015	1	024	02430159	英语写作	国际关系学院
2014—2015	1	024	02430220	美国政治、经济与外交	国际关系学院
2014—2015	1	024	02430280	日本政治经济与外交	国际关系学院
2014—2015	1	024	02430290	东北亚政治经济与外交	国际关系学院
2014—2015	1	024	02430320	中东政治经济与外交	国际关系学院
2014—2015	1	024	02430411	西方国际关系理论	国际关系学院
2014—2015	1	024	02430411	西方国际关系理论	国际关系学院
2014—2015	1	024	02430570	台湾概论	国际关系学院
2014—2015	1	024	02430620	两岸关系与一国两制	国际关系学院
2014—2015	1	024	02430920	中亚各国政治与外交	国际关系学院
2014—2015	1	024	02430961	中文报刊选读(一)	国际关系学院
2014—2015	1	024	02430963	中文报刊选读(三)	国际关系学院
2014—2015	1	024	02431091	专业汉语(一)	国际关系学院
2014—2015	1	024	02431240	西方外交思想概论	国际关系学院
2014—2015	1	024	02431311	南亚政治经济	国际关系学院
2014—2015	1	024	02431400	拉丁美洲政治与外交	国际关系学院
2014—2015	1	024	02431420	俄罗斯政治与外交	国际关系学院
2014—2015	1	024	02431682	专业英语原著选读	国际关系学院
2014—2015	1	024	02431690	心理、行为与文化	国际关系学院
2014—2015	1	024	02431710	亚太概论	国际关系学院
2014—2015	1	024	02431710	亚太概论	国际关系学院
2014—2015	1	024	02431730	世界政治中的民族问题	国际关系学院
2014—2015	1	024	02431771	西方政治思想史(上)	国际关系学院
2014—2015	1	024	02431850	中东:政治、社会与文化	国际关系学院
2014—2015	1	024	02431930	中苏关系及其对中国社会发展的影响	国际关系学院
2014—2015	1	024	02431963	日语(一)	国际关系学院
2014—2015	1	024	02432070	世界政治与国际战略研究	国际关系学院
2014—2015	1	024	02432080	国际安全理论与实践	国际关系学院
2014—2015	1	024	02432090	本土视野下的中国外交与国际事务	国际关系学院
2014—2015	1	024	02433030	国际经济学	国际关系学院
2014—2015	1	024	02433050	国际贸易政治学	国际关系学院
2014—2015	1	024	02433092	社会主义思想的演变	国际关系学院
2014—2015	1	024	02433170	公共外交	国际关系学院
2014—2015	1	024	02433221	香港澳门概论	国际关系学院
2014—2015	1	024	02433350	伊斯兰世界的政治发展	国际关系学院
2014—2015	1	062	06232000	经济学原理	国家发展研究院

续表

学年度	学期	院系代码	课程号	课程名称	开课系所
2014—2015	1	062	06232000	经济学原理	国家发展研究院
2014—2015	1	062	06232000	经济学原理	国家发展研究院
2014—2015	1	062	06232060	线性代数	国家发展研究院
2014—2015	1	062	06232060	线性代数	国家发展研究院
2014—2015	1	062	06232060	线性代数	国家发展研究院
2014—2015	1	062	06232060	线性代数	国家发展研究院
2014—2015	1	062	06232200	中级微观经济学	国家发展研究院
2014—2015	1	062	06232200	中级微观经济学	国家发展研究院
2014—2015	1	062	06232200	中级微观经济学	国家发展研究院
2014—2015	1	062	06232200	中级微观经济学	国家发展研究院
2014—2015	1	062	06232300	中级宏观经济学	国家发展研究院
2014—2015	1	062	06232300	中级宏观经济学	国家发展研究院
2014—2015	1	062	06232300	中级宏观经济学	国家发展研究院
2014—2015	1	062	06232300	中级宏观经济学	国家发展研究院
2014—2015	1	062	06232400	计量经济学	国家发展研究院
2014—2015	1	062	06232400	计量经济学	国家发展研究院
2014—2015	1	062	06232400	计量经济学	国家发展研究院
2014—2015	1	062	06232400	计量经济学	国家发展研究院
2014—2015	1	062	06233310	国际金融	国家发展研究院
2014—2015	1	062	06233330	微积分	国家发展研究院
2014—2015	1	062	06233330	微积分	国家发展研究院
2014—2015	1	062	06233330	微积分	国家发展研究院
2014—2015	1	062	06233330	微积分	国家发展研究院
2014—2015	1	062	06233400	货币银行学	国家发展研究院
2014—2015	1	062	06233500	发展经济学	国家发展研究院
2014—2015	1	062	06233590	公司金融	国家发展研究院
2014—2015	1	062	06234870	卫生经济学	国家发展研究院
2014—2015	1	062	06234950	新制度经济学	国家发展研究院
2014—2015	1	062	06235010	行为经济学	国家发展研究院
2014—2015	1	062	06235060	财务会计	国家发展研究院
2014—2015	1	062	06235060	财务会计	国家发展研究院
2014—2015	1	062	06236000	反垄断与管制经济学	国家发展研究院
2014—2015	1	062	06236010	财务报表分析	国家发展研究院
2014—2015	1	062	06236020	网络营销与经济信息战略	国家发展研究院
2014—2015	1	062	06237050	社会经济调查数据分析	国家发展研究院
2014—2015	1	062	06237050	社会经济调查数据分析	国家发展研究院
2014—2015	1	062	06237070	创业管理	国家发展研究院
2014—2015	1	062	06238030	中国财政前沿问题	国家发展研究院
2014—2015	1	062	06238050	面向中国的应用经济分析	国家发展研究院
2014—2015	1	010	00130201	高等数学(B)(一)	化学与分子工程学院
2014—2015	1	010	00130211	高等数学(B)(一)习题课	化学与分子工程学院
2014—2015	1	010	00130211	高等数学(B)(一)习题课	化学与分子工程学院
2014—2015	1	010	00130211	高等数学(B)(一)习题课	化学与分子工程学院
2014—2015	1	010	00131460	线性代数(B)	化学与分子工程学院
2014—2015	1	010	00131470	线性代数(B)习题	化学与分子工程学院

续表

学年度	学期	院系代码	课程号	课程名称	开课系所
2014—2015	1	010	00131470	线性代数(B)习题	化学与分子工程学院
2014—2015	1	010	00431133	普通物理(II)	化学与分子工程学院
2014—2015	1	010	00431200	基础物理实验	化学与分子工程学院
2014—2015	1	010	00431680	普通物理习题课	化学与分子工程学院
2014—2015	1	010	00431680	普通物理习题课	化学与分子工程学院
2014—2015	1	010	00431680	普通物理习题课	化学与分子工程学院
2014—2015	1	010	01030200	化学实验室安全技术	化学与分子工程学院
2014—2015	1	010	01030440	化学动力学选读	化学与分子工程学院
2014—2015	1	010	01031100	今日化学	化学与分子工程学院
2014—2015	1	010	01032390	材料物理	化学与分子工程学院
2014—2015	1	010	01032580	催化化学	化学与分子工程学院
2014—2015	1	010	01033090	今日新材料	化学与分子工程学院
2014—2015	1	010	01033100	功能化学	化学与分子工程学院
2014—2015	1	010	01034030	魅力化学	化学与分子工程学院
2014—2015	1	010	01034040	化学与社会	化学与分子工程学院
2014—2015	1	010	01034310	普通化学	化学与分子工程学院
2014—2015	1	010	01034310	普通化学	化学与分子工程学院
2014—2015	1	010	01034310	普通化学	化学与分子工程学院
2014—2015	1	010	01034321	普通化学实验	化学与分子工程学院
2014—2015	1	010	01034330	普通化学习题课	化学与分子工程学院
2014—2015	1	010	01034330	普通化学习题课	化学与分子工程学院
2014—2015	1	010	01034330	普通化学习题课	化学与分子工程学院
2014—2015	1	010	01034373	有机化学(二)	化学与分子工程学院
2014—2015	1	010	01034373	有机化学(二)	化学与分子工程学院
2014—2015	1	010	01034450	化工基础	化学与分子工程学院
2014—2015	1	010	01034450	化工基础	化学与分子工程学院
2014—2015	1	010	01034530	中级有机化学	化学与分子工程学院
2014—2015	1	010	01034580	色谱分析	化学与分子工程学院
2014—2015	1	010	01034600	立体化学	化学与分子工程学院
2014—2015	1	010	01034610	中级分析化学	化学与分子工程学院
2014—2015	1	010	01034630	环境化学	化学与分子工程学院
2014—2015	1	010	01034670	放射化学	化学与分子工程学院
2014—2015	1	010	01034680	波谱分析	化学与分子工程学院
2014—2015	1	010	01034720	辐射化学与工艺	化学与分子工程学院
2014—2015	1	010	01034780	胶体化学	化学与分子工程学院
2014—2015	1	010	01034800	多晶 X 射线衍射	化学与分子工程学院
2014—2015	1	010	01034930	物理化学	化学与分子工程学院
2014—2015	1	010	01034930	物理化学	化学与分子工程学院
2014—2015	1	010	01034940	物理化学习题	化学与分子工程学院
2014—2015	1	010	01034940	物理化学习题	化学与分子工程学院
2014—2015	1	010	01034970	计算机在化学化工中的应用	化学与分子工程学院
2014—2015	1	010	01035002	有机化学实验(Ⅰ+Ⅱ)	化学与分子工程学院
2014—2015	1	010	01035010	中级有机化学实验	化学与分子工程学院
2014—2015	1	010	01035020	物理化学实验	化学与分子工程学院
2014—2015	1	010	01035040	综合化学实验	化学与分子工程学院

续表

学年度	学期	院系代码	课程号	课程名称	开课系所
2014—2015	1	010	01035080	化学信息检索	化学与分子工程学院
2014—2015	1	010	01035090	大学化学	化学与分子工程学院
2014—2015	1	010	01035100	表面物理化学	化学与分子工程学院
2014—2015	1	010	01035140	无机化学	化学与分子工程学院
2014—2015	1	010	01035160	无机化学讨论班	化学与分子工程学院
2014—2015	1	010	04831410	计算概论(B)	化学与分子工程学院
2014—2015	1	010	04831650	计算概论(B)上机	化学与分子工程学院
2014—2015	1	127	00431122	近代物理	环境科学与工程学院
2014—2015	1	127	00431200	基础物理实验	环境科学与工程学院
2014—2015	1	127	01032710	有机化学实验(B)	环境科学与工程学院
2014—2015	1	127	01034321	普通化学实验	环境科学与工程学院
2014—2015	1	127	12730030	环境问题	环境科学与工程学院
2014—2015	1	127	12731030	环境科学导论	环境科学与工程学院
2014—2015	1	127	12731050	环境材料导论	环境科学与工程学院
2014—2015	1	127	12732010	环境科学	环境科学与工程学院
2014—2015	1	127	12732040	环境监测	环境科学与工程学院
2014—2015	1	127	12733030	环境法	环境科学与工程学院
2014—2015	1	127	12733040	环境微生物学	环境科学与工程学院
2014—2015	1	127	12733050	环境与发展	环境科学与工程学院
2014—2015	1	127	12733060	气象学基础	环境科学与工程学院
2014—2015	1	127	12733070	英文科学论文写作	环境科学与工程学院
2014—2015	1	127	12734060	环境工程实验(二)	环境科学与工程学院
2014—2015	1	127	12734070	环境工程设计基础	环境科学与工程学院
2014—2015	1	127	12734080	固体废物处置与资源化基础	环境科学与工程学院
2014—2015	1	127	12735010	化工原理	环境科学与工程学院
2014—2015	1	127	12735030	土壤与地下水	环境科学与工程学院
2014—2015	1	127	12735060	环境工程概预算与经济分析	环境科学与工程学院
2014—2015	1	127	12735100	污染生态工程	环境科学与工程学院
2014—2015	1	067	06730090	数字化学习与生存	教育学院
2014—2015	1	067	06730091	大学生发展综合素养	教育学院
2014—2015	1	025	00130201	高等数学(B)(一)	经济学院
2014—2015	1	025	00130201	高等数学(B)(一)	经济学院
2014—2015	1	025	00130211	高等数学(B)(一)习题课	经济学院
2014—2015	1	025	00130211	高等数学(B)(一)习题课	经济学院
2014—2015	1	025	00130211	高等数学(B)(一)习题课	经济学院
2014—2015	1	025	00130211	高等数学(B)(一)习题课	经济学院
2014—2015	1	025	00131460	线性代数(B)	经济学院
2014—2015	1	025	00131460	线性代数(B)	经济学院
2014—2015	1	025	00131470	线性代数(B)习题	经济学院
2014—2015	1	025	00131470	线性代数(B)习题	经济学院
2014—2015	1	025	00131470	线性代数(B)习题	经济学院
2014—2015	1	025	00131470	线性代数(B)习题	经济学院
2014—2015	1	025	02530051	统计学	经济学院
2014—2015	1	025	02530060	微观经济学	经济学院
2014—2015	1	025	02530060	微观经济学	经济学院

续表

学年度	学期	院系代码	课程号	课程名称	开课系所
2014—2015	1	025	02530061	微观经济学"习题课"	经济学院
2014—2015	1	025	02530061	微观经济学"习题课"	经济学院
2014—2015	1	025	02530070	宏观经济学	经济学院
2014—2015	1	025	02530070	宏观经济学	经济学院
2014—2015	1	025	02530071	宏观经济学"习题课"	经济学院
2014—2015	1	025	02530090	国际贸易	经济学院
2014—2015	1	025	02530090	国际贸易	经济学院
2014—2015	1	025	02530100	国际金融	经济学院
2014—2015	1	025	02530100	国际金融	经济学院
2014—2015	1	025	02530140	计量经济学	经济学院
2014—2015	1	025	02530150	发展经济学	经济学院
2014—2015	1	025	02530160	外国经济史	经济学院
2014—2015	1	025	02530170	《资本论》选读	经济学院
2014—2015	1	025	02530340	投资学	经济学院
2014—2015	1	025	02530460	财产与责任保险	经济学院
2014—2015	1	025	02530480	国际经济学	经济学院
2014—2015	1	025	02531080	社会保险	经济学院
2014—2015	1	025	02532240	金融经济学导论	经济学院
2014—2015	1	025	02532340	中国经济史	经济学院
2014—2015	1	025	02532570	电子商务	经济学院
2014—2015	1	025	02532630	美国经济	经济学院
2014—2015	1	025	02532730	劳动经济学	经济学院
2014—2015	1	025	02533160	经济学原理(Ⅰ)	经济学院
2014—2015	1	025	02533160	经济学原理(Ⅰ)	经济学院
2014—2015	1	025	02533161	经济学原理(Ⅰ)讨论课	经济学院
2014—2015	1	025	02533161	经济学原理(Ⅰ)讨论课	经济学院
2014—2015	1	025	02533161	经济学原理(Ⅰ)讨论课	经济学院
2014—2015	1	025	02533161	经济学原理(Ⅰ)讨论课	经济学院
2014—2015	1	025	02533161	经济学原理(Ⅰ)讨论课	经济学院
2014—2015	1	025	02533161	经济学原理(Ⅰ)讨论课	经济学院
2014—2015	1	025	02533161	经济学原理(Ⅰ)讨论课	经济学院
2014—2015	1	025	02533161	经济学原理(Ⅰ)讨论课	经济学院
2014—2015	1	025	02533161	经济学原理(Ⅰ)讨论课	经济学院
2014—2015	1	025	02533161	经济学原理(Ⅰ)讨论课	经济学院
2014—2015	1	025	02533161	经济学原理(Ⅰ)讨论课	经济学院
2014—2015	1	025	02533161	经济学原理(Ⅰ)讨论课	经济学院
2014—2015	1	025	02533161	经济学原理(Ⅰ)讨论课	经济学院
2014—2015	1	025	02533161	经济学原理(Ⅰ)讨论课	经济学院
2014—2015	1	025	02533180	政治经济学(上)	经济学院
2014—2015	1	025	02533180	政治经济学(上)	经济学院
2014—2015	1	025	02533370	环境资源经济学	经济学院
2014—2015	1	025	02533390	福利经济学	经济学院

续表

学年度	学期	院系代码	课程号	课程名称	开课系所
2014—2015	1	025	02533430	俄罗斯经济	经济学院
2014—2015	1	025	02533570	公司金融	经济学院
2014—2015	1	025	02533570	公司金融	经济学院
2014—2015	1	025	02533650	环境核算与环境会计	经济学院
2014—2015	1	025	02533670	农村金融学	经济学院
2014—2015	1	025	02533690	应用时间序列分析	经济学院
2014—2015	1	025	02533700	动态优化理论	经济学院
2014—2015	1	025	02533710	会计学原理	经济学院
2014—2015	1	025	02533830	商业银行管理	经济学院
2014—2015	1	025	02533840	国际税收	经济学院
2014—2015	1	025	02533860	博弈论基础	经济学院
2014—2015	1	025	02533940	社会企业家精神培养实验	经济学院
2014—2015	1	025	02533980	美国经济	经济学院
2014—2015	1	025	02534000	生态经济学	经济学院
2014—2015	1	025	02534010	国际营销学	经济学院
2014—2015	1	025	02534060	货币银行学	经济学院
2014—2015	1	025	02534100	国际宏观经济学	经济学院
2014—2015	1	025	02534130	跨国公司管理	经济学院
2014—2015	1	025	02534200	风险管理学	经济学院
2014—2015	1	025	02534240	人寿与健康保险	经济学院
2014—2015	1	025	02534300	现代金融理论简史	经济学院
2014—2015	1	025	02534380	应用经济计量	经济学院
2014—2015	1	025	02534410	个人理财	经济学院
2014—2015	1	025	02534470	土地经济学	经济学院
2014—2015	1	025	02534490	中国商业管理思想	经济学院
2014—2015	1	025	02534500	公共经济学	经济学院
2014—2015	1	025	02534550	东亚经济	经济学院
2014—2015	1	025	02534560	世界经济与中国	经济学院
2014—2015	1	025	02534570	中国对外经贸战略	经济学院
2014—2015	1	025	02534620	金融监管学	经济学院
2014—2015	1	025	02534750	公共选择理论	经济学院
2014—2015	1	025	02534780	区域经济学	经济学院
2014—2015	1	025	02534830	人口健康经济学	经济学院
2014—2015	1	025	02534880	社会实践	经济学院
2014—2015	1	025	02534880	社会实践	经济学院
2014—2015	1	025	02534880	社会实践	经济学院
2014—2015	1	025	02534880	社会实践	经济学院
2014—2015	1	025	02535170	中国对外经贸概论	经济学院
2014—2015	1	022	02230310	定量考古学	考古文博学院
2014—2015	1	022	02230411	中国石窟寺	考古文博学院
2014—2015	1	022	02230430	中国古代陶瓷	考古文博学院
2014—2015	1	022	02230840	不可移动文物保护	考古文博学院
2014—2015	1	022	02230890	外国建筑史	考古文博学院
2014—2015	1	022	02231021	中国文物建筑导论	考古文博学院
2014—2015	1	022	02231040	博物馆学概论	考古文博学院

续表

学年度	学期	院系代码	课程号	课程名称	开课系所
2014—2015	1	022	02231050	设计初步	考古文博学院
2014—2015	1	022	02231060	博物馆陈列内容设计	考古文博学院
2014—2015	1	022	02231090	建筑初步	考古文博学院
2014—2015	1	022	02231130	建筑设计(四)	考古文博学院
2014—2015	1	022	02231170	中国古代物质文化史	考古文博学院
2014—2015	1	022	02231190	文物保护专业实习	考古文博学院
2014—2015	1	022	02232102	中国考古学(上二)	考古文博学院
2014—2015	1	022	02232111	中国考古学(上一)	考古文博学院
2014—2015	1	022	02232111	中国考古学(上一)	考古文博学院
2014—2015	1	022	02232111	中国考古学(上一)	考古文博学院
2014—2015	1	022	02232230	地中海考古	考古文博学院
2014—2015	1	022	02232270	埋藏学	考古文博学院
2014—2015	1	022	02233010	美术素描基础	考古文博学院
2014—2015	1	022	02240290	田野考古实习	考古文博学院
2014—2015	1	022	02240340	中国考古发现与探索	考古文博学院
2014—2015	1	021	02100020	中世纪欧洲社会与政治:文献和研究	历史学系
2014—2015	1	021	02101670	东亚共同体的历史实践与理论构想	历史学系
2014—2015	1	021	02113120	拉丁语阅读(1)	历史学系
2014—2015	1	021	02113241	研究生古希腊语(上)	历史学系
2014—2015	1	021	02130011	中国古代史(上)	历史学系
2014—2015	1	021	02130020	中国近代史	历史学系
2014—2015	1	021	02130101	中国历史文选(上)	历史学系
2014—2015	1	021	02130101	中国历史文选(上)	历史学系
2014—2015	1	021	02130120	中国史学史	历史学系
2014—2015	1	021	02130130	外国史学史	历史学系
2014—2015	1	021	02130761	世界通史(上)	历史学系
2014—2015	1	021	02131130	冷战与中国	历史学系
2014—2015	1	021	02131230	二十世纪世界史	历史学系
2014—2015	1	021	02131250	西方文明史导论	历史学系
2014—2015	1	021	02131310	中国传统官僚政治制度	历史学系
2014—2015	1	021	02131320	二战以来影视中的两岸关系	历史学系
2014—2015	1	021	02131360	中国近代史专题	历史学系
2014—2015	1	021	02131370	中国现代史专题	历史学系
2014—2015	1	021	02131400	埃及学专题	历史学系
2014—2015	1	021	02131610	中国古代社会生活史专题	历史学系
2014—2015	1	021	02131730	世界古代史文献导读	历史学系
2014—2015	1	021	02131760	非洲历史与文化	历史学系
2014—2015	1	021	02131771	现代希腊语(1)	历史学系
2014—2015	1	021	02131772	现代希腊语(2)	历史学系
2014—2015	1	021	02131810	伊斯兰教与现代世界	历史学系
2014—2015	1	021	02131991	基础意大利语(1)	历史学系
2014—2015	1	021	02131992	基础意大利语(2)	历史学系
2014—2015	1	021	02132040	中国历史文化导论	历史学系
2014—2015	1	021	02132080	世界史通论	历史学系
2014—2015	1	021	02132091	外国历史文选(上)	历史学系

续表

学年度	学期	院系代码	课程号	课程名称	开课系所
2014—2015	1	021	02132150	社会史研究导论	历史学系
2014—2015	1	021	02132230	版本目录学概论	历史学系
2014—2015	1	021	02132290	社会历史调查	历史学系
2014—2015	1	021	02132301	中国经学史(一)	历史学系
2014—2015	1	021	02132340	魏晋南北朝史专题	历史学系
2014—2015	1	021	02132370	蒙元史专题	历史学系
2014—2015	1	021	02132390	清史专题	历史学系
2014—2015	1	021	02132430	中国国民党史	历史学系
2014—2015	1	021	02132450	古文字与古史研究	历史学系
2014—2015	1	021	02132460	中国古代史练习	历史学系
2014—2015	1	021	02132470	中国近现代史练习	历史学系
2014—2015	1	021	02132480	世界古代史练习	历史学系
2014—2015	1	021	02132490	世界近现代史练习	历史学系
2014—2015	1	021	02132580	欧洲一体化思想史	历史学系
2014—2015	1	021	02132700	近现代中韩关系史	历史学系
2014—2015	1	021	02132710	艺术史	历史学系
2014—2015	1	021	02132720	艺术史概论	历史学系
2014—2015	1	021	02132750	中国通史(古代部分)	历史学系
2014—2015	1	021	02133000	中国边疆地区史	历史学系
2014—2015	1	021	02133030	学年论文	历史学系
2014—2015	1	021	02133060	古典学导论	历史学系
2014—2015	1	021	02133101	基督教拉丁语(1)	历史学系
2014—2015	1	021	02133102	基督教拉丁语(2)	历史学系
2014—2015	1	021	02133620	古希腊罗马史	历史学系
2014—2015	1	021	02133630	中世纪欧洲史	历史学系
2014—2015	1	021	02133650	美洲史	历史学系
2014—2015	1	021	02133670	外文历史文献选读	历史学系
2014—2015	1	021	02133682	外文历史史料选读(下)	历史学系
2014—2015	1	021	02133750	现代希腊史	历史学系
2014—2015	1	021	02138360	宋史专题	历史学系
2014—2015	1	021	02138880	明清地方行政与基层社会	历史学系
2014—2015	1	021	02138900	简牍学概论	历史学系
2014—2015	1	021	02139160	欧洲一体化研究	历史学系
2014—2015	1	021	02139190	非洲史	历史学系
2014—2015	1	021	02139410	意大利历史专题	历史学系
2014—2015	1	040	04031650	思想道德修养与法律基础	马克思主义学院
2014—2015	1	040	04031650	思想道德修养与法律基础	马克思主义学院
2014—2015	1	040	04031650	思想道德修养与法律基础	马克思主义学院
2014—2015	1	040	04031650	思想道德修养与法律基础	马克思主义学院
2014—2015	1	040	04031650	思想道德修养与法律基础	马克思主义学院
2014—2015	1	040	04031650	思想道德修养与法律基础	马克思主义学院
2014—2015	1	040	04031650	思想道德修养与法律基础	马克思主义学院
2014—2015	1	040	04031650	思想道德修养与法律基础	马克思主义学院
2014—2015	1	040	04031650	思想道德修养与法律基础	马克思主义学院
2014—2015	1	040	04031650	思想道德修养与法律基础	马克思主义学院

续表

学年度	学期	院系代码	课程号	课程名称	开课系所
2014—2015	1	040	04031660	中国近现代史纲要	马克思主义学院
2014—2015	1	040	04031660	中国近现代史纲要	马克思主义学院
2014—2015	1	040	04031660	中国近现代史纲要	马克思主义学院
2014—2015	1	040	04031660	中国近现代史纲要	马克思主义学院
2014—2015	1	040	04031660	中国近现代史纲要	马克思主义学院
2014—2015	1	040	04031660	中国近现代史纲要	马克思主义学院
2014—2015	1	040	04031660	中国近现代史纲要	马克思主义学院
2014—2015	1	040	04031682	马克思主义基本原理概论(下)	马克思主义学院
2014—2015	1	040	04031730	毛泽东思想和中国特色社会主义理论体系概论	马克思主义学院
2014—2015	1	040	04031730	毛泽东思想和中国特色社会主义理论体系概论	马克思主义学院
2014—2015	1	040	04031730	毛泽东思想和中国特色社会主义理论体系概论	马克思主义学院
2014—2015	1	040	04031730	毛泽东思想和中国特色社会主义理论体系概论	马克思主义学院
2014—2015	1	040	04031730	毛泽东思想和中国特色社会主义理论体系概论	马克思主义学院
2014—2015	1	040	04031730	毛泽东思想和中国特色社会主义理论体系概论	马克思主义学院
2014—2015	1	040	04031730	毛泽东思想和中国特色社会主义理论体系概论	马克思主义学院
2014—2015	1	040	04031740	马克思主义基本原理概论	马克思主义学院
2014—2015	1	040	04031740	马克思主义基本原理概论	马克思主义学院
2014—2015	1	040	04031740	马克思主义基本原理概论	马克思主义学院
2014—2015	1	040	04031740	马克思主义基本原理概论	马克思主义学院
2014—2015	1	040	04031740	马克思主义基本原理概论	马克思主义学院
2014—2015	1	040	04031740	马克思主义基本原理概论	马克思主义学院
2014—2015	1	040	04031740	马克思主义基本原理概论	马克思主义学院
2014—2015	1	040	04031750	形势与政策	马克思主义学院
2014—2015	1	040	04031750	形势与政策	马克思主义学院
2014—2015	1	040	04031750	形势与政策	马克思主义学院
2014—2015	1	040	04031750	形势与政策	马克思主义学院
2014—2015	1	040	04031750	形势与政策	马克思主义学院
2014—2015	1	040	04031750	形势与政策	马克思主义学院
2014—2015	1	040	04031750	形势与政策	马克思主义学院
2014—2015	1	031	03100130	国外社会学学说(上)	社会学系
2014—2015	1	031	03130010	社会学概论	社会学系
2014—2015	1	031	03130010	社会学概论	社会学系
2014—2015	1	031	03130020	国外社会学学说(下)	社会学系
2014—2015	1	031	03130120	社会统计学	社会学系
2014—2015	1	031	03130210	社会心理学	社会学系
2014—2015	1	031	03130270	社会老年学	社会学系
2014—2015	1	031	03130280	社会性别研究	社会学系
2014—2015	1	031	03130420	个案工作	社会学系
2014—2015	1	031	03130470	社会政策	社会学系
2014—2015	1	031	03130560	组织社会学	社会学系
2014—2015	1	031	03130660	发展社会学	社会学系

续表

学年度	学期	院系代码	课程号	课程名称	开课系所
2014—2015	1	031	03130710	越轨与犯罪社会学	社会学系
2014—2015	1	031	03130820	民族志研究方法	社会学系
2014—2015	1	031	03131010	社会学专题讲座	社会学系
2014—2015	1	031	03131220	社区工作	社会学系
2014—2015	1	031	03131260	数据分析技术	社会学系
2014—2015	1	031	03131260	数据分析技术	社会学系
2014—2015	1	031	03131290	医学社会学	社会学系
2014—2015	1	031	03131390	中国社会福利	社会学系
2014—2015	1	031	03131500	社会调查与研究方法	社会学系
2014—2015	1	031	03131500	社会调查与研究方法	社会学系
2014—2015	1	031	03131520	马列经典著作选读	社会学系
2014—2015	1	031	03131530	人口社会学	社会学系
2014—2015	1	031	03131570	社会分层与社会流动	社会学系
2014—2015	1	031	03131840	人群与网络	社会学系
2014—2015	1	031	03131890	大学生性格优势团体辅导	社会学系
2014—2015	1	031	03131910	中国社会思想研究专题	社会学系
2014—2015	1	011	00130201	高等数学(B)(一)	生命科学学院
2014—2015	1	011	00130211	高等数学(B)(一)习题课	生命科学学院
2014—2015	1	011	00130211	高等数学(B)(一)习题课	生命科学学院
2014—2015	1	011	00130211	高等数学(B)(一)习题课	生命科学学院
2014—2015	1	011	00131460	线性代数(B)	生命科学学院
2014—2015	1	011	00131470	线性代数(B)习题	生命科学学院
2014—2015	1	011	00131470	线性代数(B)习题	生命科学学院
2014—2015	1	011	00131470	线性代数(B)习题	生命科学学院
2014—2015	1	011	00431133	普通物理(II)	生命科学学院
2014—2015	1	011	00431590	生命科学中的物理学(下)	生命科学学院
2014—2015	1	011	01032690	有机化学(B)	生命科学学院
2014—2015	1	011	01032711	有机化学实验(B)	生命科学学院
2014—2015	1	011	01032711	有机化学实验(B)	生命科学学院
2014—2015	1	011	01034330	普通化学习题课	生命科学学院
2014—2015	1	011	01034880	普通化学(B)	生命科学学院
2014—2015	1	011	01034920	普通化学实验(B)	生命科学学院
2014—2015	1	011	01130030	基础分子生物学	生命科学学院
2014—2015	1	011	01130050	生物化学实验	生命科学学院
2014—2015	1	011	01130050	生物化学实验	生命科学学院
2014—2015	1	011	01130050	生物化学实验	生命科学学院
2014—2015	1	011	01130110	蛋白质化学	生命科学学院
2014—2015	1	011	01130150	细胞生物学	生命科学学院
2014—2015	1	011	01130160	细胞生物学实验	生命科学学院
2014—2015	1	011	01130160	细胞生物学实验	生命科学学院
2014—2015	1	011	01130160	细胞生物学实验	生命科学学院
2014—2015	1	011	01130200	遗传学	生命科学学院
2014—2015	1	011	01130311	普通生物学实验	生命科学学院
2014—2015	1	011	01130370	生理学	生命科学学院
2014—2015	1	011	01130760	生物统计学	生命科学学院

续表

学年度	学期	院系代码	课程号	课程名称	开课系所
2014—2015	1	011	01130780	生物进化论	生命科学学院
2014—2015	1	011	01130871	人类的性、生育与健康	生命科学学院
2014—2015	1	011	01130871	人类的性、生育与健康	生命科学学院
2014—2015	1	011	01130930	普通生态学	生命科学学院
2014—2015	1	011	01130960	保护生物学	生命科学学院
2014—2015	1	011	01131050	动物生物学实验	生命科学学院
2014—2015	1	011	01131050	动物生物学实验	生命科学学院
2014—2015	1	011	01131050	动物生物学实验	生命科学学院
2014—2015	1	011	01131080	动物生物学	生命科学学院
2014—2015	1	011	01131110	生物技术制药基础	生命科学学院
2014—2015	1	011	01131161	生物学概念与途径	生命科学学院
2014—2015	1	011	01131170	发育生物学实验	生命科学学院
2014—2015	1	011	01132020	遗传学	生命科学学院
2014—2015	1	011	01132021	遗传学讨论	生命科学学院
2014—2015	1	011	01132021	遗传学讨论	生命科学学院
2014—2015	1	011	01132021	遗传学讨论	生命科学学院
2014—2015	1	011	01132021	遗传学讨论	生命科学学院
2014—2015	1	011	01132630	生物化学	生命科学学院
2014—2015	1	011	01132631	生物化学讨论课	生命科学学院
2014—2015	1	011	01132631	生物化学讨论课	生命科学学院
2014—2015	1	011	01132631	生物化学讨论课	生命科学学院
2014—2015	1	011	01132631	生物化学讨论课	生命科学学院
2014—2015	1	011	01132631	生物化学讨论课	生命科学学院
2014—2015	1	011	01132631	生物化学讨论课	生命科学学院
2014—2015	1	011	01132631	生物化学讨论课	生命科学学院
2014—2015	1	011	01132631	生物化学讨论课	生命科学学院
2014—2015	1	011	01133010	高级分子生物学讲座(上)	生命科学学院
2014—2015	1	011	01133040	实验病理学	生命科学学院
2014—2015	1	011	01133050	分子病毒学	生命科学学院
2014—2015	1	011	01133060	文献深度分析及实验的逻辑设计	生命科学学院
2014—2015	1	011	01133070	生命科学前沿的评论及分析	生命科学学院
2014—2015	1	011	01133070	生命科学前沿的评论及分析	生命科学学院
2014—2015	1	011	01133070	生命科学前沿的评论及分析	生命科学学院
2014—2015	1	011	01133070	生命科学前沿的评论及分析	生命科学学院
2014—2015	1	011	01133130	心脏发育与再生医学	生命科学学院
2014—2015	1	011	01133140	人类疾病与遗传	生命科学学院
2014—2015	1	011	01134101	生命科学前沿文献阅读讨论(1)	生命科学学院
2014—2015	1	011	01137010	高级神经生物学	生命科学学院
2014—2015	1	011	01137011	高级神经生物学讨论课	生命科学学院
2014—2015	1	011	01137030	基因组医学基础	生命科学学院
2014—2015	1	011	01138450	病毒与蛋白质结构	生命科学学院
2014—2015	1	011	01138460	微生物学(英文)	生命科学学院

续表

学年度	学期	院系代码	课程号	课程名称	开课系所
2014—2015	1	011	01138470	蛋白质与生命	生命科学学院
2014—2015	1	011	01138480	生命科学的逻辑与思维	生命科学学院
2014—2015	1	011	01138490	生命科学前沿	生命科学学院
2014—2015	1	011	01138500	药物药理学导论	生命科学学院
2014—2015	1	011	01138510	应用蛋白质晶体学	生命科学学院
2014—2015	1	011	01138520	重大疾病的分子机制	生命科学学院
2014—2015	1	011	01139300	动物组织与胚胎学及实验	生命科学学院
2014—2015	1	011	01139330	现代生物技术导论	生命科学学院
2014—2015	1	011	01139340	生物学综合实验	生命科学学院
2014—2015	1	011	01139470	生物信息学方法	生命科学学院
2014—2015	1	011	01139491	文献强化阅读与学术报告(2)	生命科学学院
2014—2015	1	011	01139500	生理学实验	生命科学学院
2014—2015	1	011	01139500	生理学实验	生命科学学院
2014—2015	1	011	01139560	植物特有生命现象导论(2)	生命科学学院
2014—2015	1	011	01139580	发育生物学	生命科学学院
2014—2015	1	011	01139640	生物医药工程及管理	生命科学学院
2014—2015	1	011	01139750	真核细胞DNA复制和checkpoint控制	生命科学学院
2014—2015	1	011	01139940	科学研究基本技能	生命科学学院
2014—2015	1	011	04831410	计算概论(B)	生命科学学院
2014—2015	1	001	00102909	数据分析的数学导论	数学科学学院
2014—2015	1	001	00110000	黎曼几何引论	数学科学学院
2014—2015	1	001	00110010	同调论	数学科学学院
2014—2015	1	001	00110050	模式识别	数学科学学院
2014—2015	1	001	00110060	算法设计与分析	数学科学学院
2014—2015	1	001	00110130	泛函分析(二)	数学科学学院
2014—2015	1	001	00110150	交换代数	数学科学学院
2014—2015	1	001	00110330	几何分析	数学科学学院
2014—2015	1	001	00110830	数值代数Ⅱ	数学科学学院
2014—2015	1	001	00110860	并行计算Ⅱ	数学科学学院
2014—2015	1	001	00111850	有限元方法Ⅱ	数学科学学院
2014—2015	1	001	00111940	遍历论	数学科学学院
2014—2015	1	001	00112230	高等统计选讲Ⅰ	数学科学学院
2014—2015	1	001	00112250	随机过程Ⅱ	数学科学学院
2014—2015	1	001	00112630	高等概率论	数学科学学院
2014—2015	1	001	00112640	高等统计学	数学科学学院
2014—2015	1	001	00112690	多尺度建模与计算	数学科学学院
2014—2015	1	001	00112711	抽象代数Ⅱ	数学科学学院
2014—2015	1	001	00112780	应用偏微分方程	数学科学学院
2014—2015	1	001	00113040	代数专题课程	数学科学学院
2014—2015	1	001	00113510	几何拓扑选讲	数学科学学院
2014—2015	1	001	00113550	信息安全	数学科学学院
2014—2015	1	001	00113670	近代数学物理方法	数学科学学院
2014—2015	1	001	00113690	随机模拟方法	数学科学学院
2014—2015	1	001	00113730	现代统计计算	数学科学学院
2014—2015	1	001	00113780	符号计算	数学科学学院

续表

学年度	学期	院系代码	课程号	课程名称	开课系所
2014—2015	1	001	00114250	机器学习	数学科学学院
2014—2015	1	001	00130161	拓扑学	数学科学学院
2014—2015	1	001	00130490	运筹学	数学科学学院
2014—2015	1	001	00130550	数值代数	数学科学学院
2014—2015	1	001	00130730	数理逻辑	数学科学学院
2014—2015	1	001	00130830	数字信号处理	数学科学学院
2014—2015	1	001	00131420	数据结构	数学科学学院
2014—2015	1	001	00131420	数据结构	数学科学学院
2014—2015	1	001	00131641	几何讨论班 II	数学科学学院
2014—2015	1	001	00131651	代数讨论班 II	数学科学学院
2014—2015	1	001	00131661	分析讨论班 II	数学科学学院
2014—2015	1	001	00131700	数学分析	数学科学学院
2014—2015	1	001	00131710	高等代数	数学科学学院
2014—2015	1	001	00132100	应用生存分析	数学科学学院
2014—2015	1	001	00132250	抽象代数选讲	数学科学学院
2014—2015	1	001	00132260	数学分析选讲 III	数学科学学院
2014—2015	1	001	00132260	数学分析选讲 III	数学科学学院
2014—2015	1	001	00132301	数学分析(I)	数学科学学院
2014—2015	1	001	00132301	数学分析(I)	数学科学学院
2014—2015	1	001	00132304	数学分析(III)	数学科学学院
2014—2015	1	001	00132304	数学分析(III)	数学科学学院
2014—2015	1	001	00132310	微分几何	数学科学学院
2014—2015	1	001	00132311	数学分析(I)习题	数学科学学院
2014—2015	1	001	00132311	数学分析(I)习题	数学科学学院
2014—2015	1	001	00132311	数学分析(I)习题	数学科学学院
2014—2015	1	001	00132311	数学分析(I)习题	数学科学学院
2014—2015	1	001	00132311	数学分析(I)习题	数学科学学院
2014—2015	1	001	00132313	数学分析(III)习题	数学科学学院
2014—2015	1	001	00132313	数学分析(III)习题	数学科学学院
2014—2015	1	001	00132313	数学分析(III)习题	数学科学学院
2014—2015	1	001	00132313	数学分析(III)习题	数学科学学院
2014—2015	1	001	00132321	高等代数(I)	数学科学学院
2014—2015	1	001	00132321	高等代数(I)	数学科学学院
2014—2015	1	001	00132330	偏微分方程	数学科学学院
2014—2015	1	001	00132331	高等代数(I)习题	数学科学学院
2014—2015	1	001	00132331	高等代数(I)习题	数学科学学院
2014—2015	1	001	00132331	高等代数(I)习题	数学科学学院
2014—2015	1	001	00132331	高等代数(I)习题	数学科学学院
2014—2015	1	001	00132341	几何学	数学科学学院
2014—2015	1	001	00132341	几何学	数学科学学院
2014—2015	1	001	00132351	几何学习题	数学科学学院
2014—2015	1	001	00132351	几何学习题	数学科学学院
2014—2015	1	001	00132351	几何学习题	数学科学学院
2014—2015	1	001	00132351	几何学习题	数学科学学院
2014—2015	1	001	00132370	实变函数	数学科学学院

续表

学年度	学期	院系代码	课程号	课程名称	开课系所
2014—2015	1	001	00132401	数学分析1	数学科学学院
2014—2015	1	001	00132510	李群及其表示	数学科学学院
2014—2015	1	001	00132750	毕业论文(证券)讨论班	数学科学学院
2014—2015	1	001	00132780	毕业论文(精算)讨论班	数学科学学院
2014—2015	1	001	00132810	毕业论文(衍生工具)讨论班	数学科学学院
2014—2015	1	001	00132830	金融数学引论	数学科学学院
2014—2015	1	001	00133070	应用时间序列分析	数学科学学院
2014—2015	1	001	00133090	应用随机过程	数学科学学院
2014—2015	1	001	00133110	应用回归分析	数学科学学院
2014—2015	1	001	00134210	人工神经网络	数学科学学院
2014—2015	1	001	00134330	金融经济学	数学科学学院
2014—2015	1	001	00135220	非参数统计	数学科学学院
2014—2015	1	001	00135450	抽象代数	数学科学学院
2014—2015	1	001	00135450	抽象代数	数学科学学院
2014—2015	1	001	00135460	数理统计	数学科学学院
2014—2015	1	001	00135520	偏微分方程数值解	数学科学学院
2014—2015	1	001	00136260	常微分方程	数学科学学院
2014—2015	1	001	00136310	抽样调查	数学科学学院
2014—2015	1	001	00136540	数值方法:原理,算法及应用	数学科学学院
2014—2015	1	001	00136660	凸优化	数学科学学院
2014—2015	1	001	00136680	调和分析	数学科学学院
2014—2015	1	001	00136690	共形场论引论	数学科学学院
2014—2015	1	001	00136700	普通统计学	数学科学学院
2014—2015	1	001	00136830	数学应用软件	数学科学学院
2014—2015	1	001	00136850	实变函数与泛函分析	数学科学学院
2014—2015	1	001	00431133	普通物理(II)	数学科学学院
2014—2015	1	001	00431680	普通物理习题课	数学科学学院
2014—2015	1	001	00431680	普通物理习题课	数学科学学院
2014—2015	1	001	00431680	普通物理习题课	数学科学学院
2014—2015	1	041	04130020	游泳	体育教研部
2014—2015	1	041	04130020	游泳	体育教研部
2014—2015	1	041	04130020	游泳	体育教研部
2014—2015	1	041	04130020	游泳	体育教研部
2014—2015	1	041	04130020	游泳	体育教研部
2014—2015	1	041	04130020	游泳	体育教研部
2014—2015	1	041	04130020	游泳	体育教研部
2014—2015	1	041	04130020	游泳	体育教研部
2014—2015	1	041	04130020	游泳	体育教研部
2014—2015	1	041	04130020	游泳	体育教研部
2014—2015	1	041	04130020	游泳	体育教研部
2014—2015	1	041	04130020	游泳	体育教研部
2014—2015	1	041	04130020	游泳	体育教研部
2014—2015	1	041	04130020	游泳	体育教研部
2014—2015	1	041	04130020	游泳	体育教研部

续表

学年度	学期	院系代码	课程号	课程名称	开课系所
2014—2015	1	041	04130020	游泳	体育教研部
2014—2015	1	041	04130020	游泳	体育教研部
2014—2015	1	041	04130020	游泳	体育教研部
2014—2015	1	041	04130020	游泳	体育教研部
2014—2015	1	041	04130020	游泳	体育教研部
2014—2015	1	041	04130020	游泳	体育教研部
2014—2015	1	041	04130020	游泳	体育教研部
2014—2015	1	041	04130020	游泳	体育教研部
2014—2015	1	041	04130021	游泳提高班	体育教研部
2014—2015	1	041	04130021	游泳提高班	体育教研部
2014—2015	1	041	04130021	游泳提高班	体育教研部
2014—2015	1	041	04130030	太极拳	体育教研部
2014—2015	1	041	04130030	太极拳	体育教研部
2014—2015	1	041	04130030	太极拳	体育教研部
2014—2015	1	041	04130030	太极拳	体育教研部
2014—2015	1	041	04130030	太极拳	体育教研部
2014—2015	1	041	04130030	太极拳	体育教研部
2014—2015	1	041	04130030	太极拳	体育教研部
2014—2015	1	041	04130030	太极拳	体育教研部
2014—2015	1	041	04130030	太极拳	体育教研部
2014—2015	1	041	04130030	太极拳	体育教研部
2014—2015	1	041	04130030	太极拳	体育教研部
2014—2015	1	041	04130030	太极拳	体育教研部
2014—2015	1	041	04130030	太极拳	体育教研部
2014—2015	1	041	04130030	太极拳	体育教研部
2014—2015	1	041	04130030	太极拳	体育教研部
2014—2015	1	041	04130030	太极拳	体育教研部
2014—2015	1	041	04130040	健美操	体育教研部
2014—2015	1	041	04130040	健美操	体育教研部
2014—2015	1	041	04130040	健美操	体育教研部
2014—2015	1	041	04130040	健美操	体育教研部
2014—2015	1	041	04130040	健美操	体育教研部
2014—2015	1	041	04130040	健美操	体育教研部
2014—2015	1	041	04130040	健美操	体育教研部
2014—2015	1	041	04130040	健美操	体育教研部
2014—2015	1	041	04130040	健美操	体育教研部
2014—2015	1	041	04130040	健美操	体育教研部

续表

学年度	学期	院系代码	课程号	课程名称	开课系所
2014—2015	1	041	04130040	健美操	体育教研部
2014—2015	1	041	04130040	健美操	体育教研部
2014—2015	1	041	04130040	健美操	体育教研部
2014—2015	1	041	04130040	健美操	体育教研部
2014—2015	1	041	04130040	健美操	体育教研部
2014—2015	1	041	04130040	健美操	体育教研部
2014—2015	1	041	04130040	健美操	体育教研部
2014—2015	1	041	04130040	健美操	体育教研部
2014—2015	1	041	04130040	健美操	体育教研部
2014—2015	1	041	04130040	健美操	体育教研部
2014—2015	1	041	04130040	健美操	体育教研部
2014—2015	1	041	04130040	健美操	体育教研部
2014—2015	1	041	04130050	乒乓球	体育教研部
2014—2015	1	041	04130050	乒乓球	体育教研部
2014—2015	1	041	04130050	乒乓球	体育教研部
2014—2015	1	041	04130050	乒乓球	体育教研部
2014—2015	1	041	04130050	乒乓球	体育教研部
2014—2015	1	041	04130050	乒乓球	体育教研部
2014—2015	1	041	04130050	乒乓球	体育教研部
2014—2015	1	041	04130050	乒乓球	体育教研部
2014—2015	1	041	04130050	乒乓球	体育教研部
2014—2015	1	041	04130050	乒乓球	体育教研部
2014—2015	1	041	04130050	乒乓球	体育教研部
2014—2015	1	041	04130050	乒乓球	体育教研部
2014—2015	1	041	04130050	乒乓球	体育教研部
2014—2015	1	041	04130050	乒乓球	体育教研部
2014—2015	1	041	04130050	乒乓球	体育教研部
2014—2015	1	041	04130050	乒乓球	体育教研部
2014—2015	1	041	04130050	乒乓球	体育教研部
2014—2015	1	041	04130053	乒乓球提高班	体育教研部
2014—2015	1	041	04130060	羽毛球	体育教研部
2014—2015	1	041	04130060	羽毛球	体育教研部
2014—2015	1	041	04130060	羽毛球	体育教研部
2014—2015	1	041	04130060	羽毛球	体育教研部
2014—2015	1	041	04130060	羽毛球	体育教研部
2014—2015	1	041	04130060	羽毛球	体育教研部

续表

学年度	学期	院系代码	课程号	课程名称	开课系所
2014—2015	1	041	04130060	羽毛球	体育教研部
2014—2015	1	041	04130060	羽毛球	体育教研部
2014—2015	1	041	04130060	羽毛球	体育教研部
2014—2015	1	041	04130060	羽毛球	体育教研部
2014—2015	1	041	04130060	羽毛球	体育教研部
2014—2015	1	041	04130060	羽毛球	体育教研部
2014—2015	1	041	04130063	羽毛球提高班	体育教研部
2014—2015	1	041	04130070	网球	体育教研部
2014—2015	1	041	04130070	网球	体育教研部
2014—2015	1	041	04130070	网球	体育教研部
2014—2015	1	041	04130070	网球	体育教研部
2014—2015	1	041	04130070	网球	体育教研部
2014—2015	1	041	04130070	网球	体育教研部
2014—2015	1	041	04130070	网球	体育教研部
2014—2015	1	041	04130070	网球	体育教研部
2014—2015	1	041	04130070	网球	体育教研部
2014—2015	1	041	04130070	网球	体育教研部
2014—2015	1	041	04130070	网球	体育教研部
2014—2015	1	041	04130070	网球	体育教研部
2014—2015	1	041	04130080	足球	体育教研部
2014—2015	1	041	04130080	足球	体育教研部
2014—2015	1	041	04130080	足球	体育教研部
2014—2015	1	041	04130080	足球	体育教研部
2014—2015	1	041	04130080	足球	体育教研部
2014—2015	1	041	04130080	足球	体育教研部
2014—2015	1	041	04130080	足球	体育教研部
2014—2015	1	041	04130080	足球	体育教研部
2014—2015	1	041	04130080	足球	体育教研部
2014—2015	1	041	04130090	篮球	体育教研部
2014—2015	1	041	04130090	篮球	体育教研部
2014—2015	1	041	04130090	篮球	体育教研部
2014—2015	1	041	04130090	篮球	体育教研部
2014—2015	1	041	04130090	篮球	体育教研部
2014—2015	1	041	04130090	篮球	体育教研部
2014—2015	1	041	04130090	篮球	体育教研部
2014—2015	1	041	04130090	篮球	体育教研部
2014—2015	1	041	04130090	篮球	体育教研部

续表

学年度	学期	院系代码	课程号	课程名称	开课系所
2014—2015	1	041	04130093	篮球提高班	体育教研部
2014—2015	1	041	04130100	排球	体育教研部
2014—2015	1	041	04130100	排球	体育教研部
2014—2015	1	041	04130100	排球	体育教研部
2014—2015	1	041	04130100	排球	体育教研部
2014—2015	1	041	04130110	形体(女生)	体育教研部
2014—2015	1	041	04130110	形体(女生)	体育教研部
2014—2015	1	041	04130110	形体(女生)	体育教研部
2014—2015	1	041	04130110	形体(女生)	体育教研部
2014—2015	1	041	04130110	形体(女生)	体育教研部
2014—2015	1	041	04130120	体育舞蹈	体育教研部
2014—2015	1	041	04130120	体育舞蹈	体育教研部
2014—2015	1	041	04130120	体育舞蹈	体育教研部
2014—2015	1	041	04130120	体育舞蹈	体育教研部
2014—2015	1	041	04130130	健美	体育教研部
2014—2015	1	041	04130130	健美	体育教研部
2014—2015	1	041	04130130	健美	体育教研部
2014—2015	1	041	04130160	体适能	体育教研部
2014—2015	1	041	04130160	体适能	体育教研部
2014—2015	1	041	04130160	体适能	体育教研部
2014—2015	1	041	04130160	体适能	体育教研部
2014—2015	1	041	04130160	体适能	体育教研部
2014—2015	1	041	04130160	体适能	体育教研部
2014—2015	1	041	04130160	体适能	体育教研部
2014—2015	1	041	04130174	保健5	体育教研部
2014—2015	1	041	04130210	棒、垒球	体育教研部
2014—2015	1	041	04130210	棒、垒球	体育教研部
2014—2015	1	041	04130231	安全教育与自卫防身	体育教研部
2014—2015	1	041	04130231	安全教育与自卫防身	体育教研部
2014—2015	1	041	04130231	安全教育与自卫防身	体育教研部
2014—2015	1	041	04130231	安全教育与自卫防身	体育教研部
2014—2015	1	041	04130240	攀岩	体育教研部
2014—2015	1	041	04130240	攀岩	体育教研部
2014—2015	1	041	04130260	少林棍术	体育教研部
2014—2015	1	041	04130260	少林棍术	体育教研部
2014—2015	1	041	04130280	跆拳道	体育教研部
2014—2015	1	041	04130280	跆拳道	体育教研部
2014—2015	1	041	04130290	击剑	体育教研部
2014—2015	1	041	04130290	击剑	体育教研部
2014—2015	1	041	04130300	奥林匹克文化	体育教研部
2014—2015	1	041	04130350	运动、营养与减肥	体育教研部
2014—2015	1	041	04130350	运动、营养与减肥	体育教研部
2014—2015	1	041	04130370	围棋(初级班)	体育教研部
2014—2015	1	041	04130420	散打	体育教研部

续表

学年度	学期	院系代码	课程号	课程名称	开课系所
2014—2015	1	041	04130420	散打	体育教研部
2014—2015	1	041	04130420	散打	体育教研部
2014—2015	1	041	04130420	散打	体育教研部
2014—2015	1	041	04130430	中华健	体育教研部
2014—2015	1	041	04130430	中华健	体育教研部
2014—2015	1	041	04130430	中华健	体育教研部
2014—2015	1	041	04130440	瑜伽	体育教研部
2014—2015	1	041	04130440	瑜伽	体育教研部
2014—2015	1	041	04130440	瑜伽	体育教研部
2014—2015	1	041	04130440	瑜伽	体育教研部
2014—2015	1	041	04130450	地板球	体育教研部
2014—2015	1	041	04130450	地板球	体育教研部
2014—2015	1	041	04130450	地板球	体育教研部
2014—2015	1	041	04130450	地板球	体育教研部
2014—2015	1	041	04130480	高尔夫	体育教研部
2014—2015	1	041	04130480	高尔夫	体育教研部
2014—2015	1	041	04130490	桥牌	体育教研部
2014—2015	1	041	04130500	国际象棋（初级班）	体育教研部
2014—2015	1	041	04130570	剑道	体育教研部
2014—2015	1	041	04130570	剑道	体育教研部
2014—2015	1	041	04130620	定向与徒步运动	体育教研部
2014—2015	1	041	04130620	定向与徒步运动	体育教研部
2014—2015	1	041	04130630	汉字太极与养生课	体育教研部
2014—2015	1	041	04130630	汉字太极与养生课	体育教研部
2014—2015	1	041	04130630	汉字太极与养生课	体育教研部
2014—2015	1	041	04130630	汉字太极与养生课	体育教研部
2014—2015	1	041	04130640	拓展训练	体育教研部
2014—2015	1	041	04130640	拓展训练	体育教研部
2014—2015	1	041	04130640	拓展训练	体育教研部
2014—2015	1	041	04130660	壁球	体育教研部
2014—2015	1	041	04130660	壁球	体育教研部
2014—2015	1	041	04130670	象棋	体育教研部
2014—2015	1	039	03530020	汉语语言学	外国语学院
2014—2015	1	039	03530050	泰戈尔导读	外国语学院
2014—2015	1	039	03530241	公共阿拉伯语（一）	外国语学院
2014—2015	1	039	03530301	公共希伯来语（上）	外国语学院
2014—2015	1	039	03530441	公共韩国语（一）	外国语学院
2014—2015	1	039	03530450	东方文学	外国语学院
2014—2015	1	039	03530490	韩国大众媒体和流行文化	外国语学院
2014—2015	1	039	03530510	公共土耳其语（一）	外国语学院
2014—2015	1	039	03531015	公共斯瓦希里语（1）	外国语学院
2014—2015	1	039	03531017	公共阿姆哈拉语（1）	外国语学院
2014—2015	1	039	03531401	基础韩国（朝鲜）语（一）	外国语学院
2014—2015	1	039	03531403	基础韩国（朝鲜）语（三）	外国语学院
2014—2015	1	039	03531520	韩（朝鲜）半岛概况	外国语学院

续表

学年度	学期	院系代码	课程号	课程名称	开课系所
2014—2015	1	039	03531589	中韩翻译	外国语学院
2014—2015	1	039	03531801	韩国(朝鲜)语视听说(一)	外国语学院
2014—2015	1	039	03531803	韩国(朝鲜)语视听说(三)	外国语学院
2014—2015	1	039	03531811	高级韩国(朝鲜)语(一)	外国语学院
2014—2015	1	039	03531813	高级韩国(朝鲜)语(三)	外国语学院
2014—2015	1	039	03531831	韩国(朝鲜)语报刊选读(上)	外国语学院
2014—2015	1	039	03531841	高级韩国(朝鲜)语口语(一)	外国语学院
2014—2015	1	039	03531852	韩国(朝鲜)文学作品选读(下)	外国语学院
2014—2015	1	039	03531959	日语文言语法	外国语学院
2014—2015	1	039	03532021	基础日语(一)	外国语学院
2014—2015	1	039	03532023	基础日语(三)	外国语学院
2014—2015	1	039	03532041	日语视听说(一)	外国语学院
2014—2015	1	039	03532060	日语写作	外国语学院
2014—2015	1	039	03532079	日语口译指导	外国语学院
2014—2015	1	039	03532251	公共日语(一)	外国语学院
2014—2015	1	039	03532251	公共日语(一)	外国语学院
2014—2015	1	039	03532251	公共日语(一)	外国语学院
2014—2015	1	039	03532251	公共日语(一)	外国语学院
2014—2015	1	039	03532251	公共日语(一)	外国语学院
2014—2015	1	039	03532251	公共日语(一)	外国语学院
2014—2015	1	039	03532251	公共日语(一)	外国语学院
2014—2015	1	039	03532253	公共日语(三)	外国语学院
2014—2015	1	039	03532260	中日文化交流史	外国语学院
2014—2015	1	039	03532321	高年级日语(一)	外国语学院
2014—2015	1	039	03532333	高年级日语(三)	外国语学院
2014—2015	1	039	03532370	日汉语言对比	外国语学院
2014—2015	1	039	03532401	基础日语(一)	外国语学院
2014—2015	1	039	03532401	基础日语(一)	外国语学院
2014—2015	1	039	03532412	日语视听说(二)	外国语学院
2014—2015	1	039	03532421	日语阅读(一)	外国语学院
2014—2015	1	039	03532430	日本文化概论	外国语学院
2014—2015	1	039	03532450	汉译日	外国语学院
2014—2015	1	039	03532460	日本概况	外国语学院
2014—2015	1	039	03532470	论文写作指导	外国语学院
2014—2015	1	039	03533052	越南语泛读(下)	外国语学院
2014—2015	1	039	03533060	越南语语法	外国语学院
2014—2015	1	039	03533099	越南现代小说选读	外国语学院
2014—2015	1	039	03533101	越南语视听说(一)	外国语学院
2014—2015	1	039	03533161	汉越语口译(上)	外国语学院
2014—2015	1	039	03533590	泰国文学史	外国语学院
2014—2015	1	039	03533640	泰语视听说	外国语学院
2014—2015	1	039	03533660	泰语演讲与叙事	外国语学院
2014—2015	1	039	03533761	泰文报刊选读(上)	外国语学院
2014—2015	1	039	03533811	高年级泰语阅读(一)	外国语学院

续表

学年度	学期	院系代码	课程号	课程名称	开课系所
2014—2015	1	039	03533861	泰语教程(一)	外国语学院
2014—2015	1	039	03533865	泰语教程(五)	外国语学院
2014—2015	1	039	03533870	泰国文化和社会	外国语学院
2014—2015	1	039	03534013	缅甸语(三)	外国语学院
2014—2015	1	039	03534100	缅甸历史	外国语学院
2014—2015	1	039	03534261	缅甸语会话(一)	外国语学院
2014—2015	1	039	03534529	印度尼西亚文化与社会	外国语学院
2014—2015	1	039	03534811	印尼语(一)	外国语学院
2014—2015	1	039	03535040	希伯来报刊选读	外国语学院
2014—2015	1	039	03535060	希伯来语翻译教程	外国语学院
2014—2015	1	039	03535220	以色列社会	外国语学院
2014—2015	1	039	03535267	希伯来语(七)	外国语学院
2014—2015	1	039	03535273	希伯来语口语(三)	外国语学院
2014—2015	1	039	03535671	菲律宾语(一)	外国语学院
2014—2015	1	039	03536121	基础梵语(上)	外国语学院
2014—2015	1	039	03536211	印度英语报刊文章选读(一)	外国语学院
2014—2015	1	039	03536303	印地语报刊阅读(三)	外国语学院
2014—2015	1	039	03536430	中印文化交流史	外国语学院
2014—2015	1	039	03536913	印地语(三)	外国语学院
2014—2015	1	039	03536920	高级印地语听力	外国语学院
2014—2015	1	039	03537251	基础乌尔都语教程(一)	外国语学院
2014—2015	1	039	03537531	波斯语散文(上)	外国语学院
2014—2015	1	039	03537551	波斯语写作(上)	外国语学院
2014—2015	1	039	03537611	波斯文学史(上)	外国语学院
2014—2015	1	039	03537620	波斯语—汉语翻译	外国语学院
2014—2015	1	039	03537682	波斯语口语(下)	外国语学院
2014—2015	1	039	03537691	波斯语报刊阅读(上)	外国语学院
2014—2015	1	039	03538011	基础阿拉伯语(一)	外国语学院
2014—2015	1	039	03538013	基础阿拉伯语(三)	外国语学院
2014—2015	1	039	03538022	阿拉伯语视听(二)	外国语学院
2014—2015	1	039	03538024	阿拉伯语视听(四)	外国语学院
2014—2015	1	039	03538026	阿拉伯语视听(六)	外国语学院
2014—2015	1	039	03538032	阿拉伯语口语(二)	外国语学院
2014—2015	1	039	03538034	阿拉伯语口语(四)	外国语学院
2014—2015	1	039	03538041	阿拉伯语阅读(一)	外国语学院
2014—2015	1	039	03538043	阿拉伯语阅读(三)	外国语学院
2014—2015	1	039	03538045	阿拉伯语阅读(五)	外国语学院
2014—2015	1	039	03538060	阿拉伯语写作	外国语学院
2014—2015	1	039	03538072	阿拉伯语口译(二)	外国语学院
2014—2015	1	039	03538082	阿拉伯语翻译教程(二)	外国语学院
2014—2015	1	039	03538190	阿拉伯文学史	外国语学院
2014—2015	1	039	03538210	当代阿拉伯世界	外国语学院
2014—2015	1	039	03538221	阿拉伯报刊文选(一)	外国语学院
2014—2015	1	039	03538223	阿拉伯报刊文选(三)	外国语学院
2014—2015	1	039	03538271	高年级阿拉伯语(一)	外国语学院

续表

学年度	学期	院系代码	课程号	课程名称	开课系所
2014—2015	1	039	03538273	高年级阿拉伯语(三)	外国语学院
2014—2015	1	039	03538291	土耳其语视听说(一)	外国语学院
2014—2015	1	039	03538301	高级土耳其语(一)	外国语学院
2014—2015	1	039	03538331	基础希伯来语(一)(限阿语)	外国语学院
2014—2015	1	039	03631001	法语精读(一)	外国语学院
2014—2015	1	039	03631001	法语精读(一)	外国语学院
2014—2015	1	039	03631003	法语精读(三)	外国语学院
2014—2015	1	039	03631003	法语精读(三)	外国语学院
2014—2015	1	039	03631003	法语精读(三)	外国语学院
2014—2015	1	039	03631005	法语精读(五)	外国语学院
2014—2015	1	039	03631005	法语精读(五)	外国语学院
2014—2015	1	039	03631017	法语精读(七)	外国语学院
2014—2015	1	039	03631021	法语视听说(一)	外国语学院
2014—2015	1	039	03631023	法语视听说(三)	外国语学院
2014—2015	1	039	03631025	法语视听说(五)	外国语学院
2014—2015	1	039	03631027	法语视听说(七)	外国语学院
2014—2015	1	039	03631031	法语写作(一)	外国语学院
2014—2015	1	039	03631033	法语写作(三)	外国语学院
2014—2015	1	039	03631044	法语笔译(下)	外国语学院
2014—2015	1	039	03631053	法语口译(上)	外国语学院
2014—2015	1	039	03631066	法国文学史和文学选读(下)	外国语学院
2014—2015	1	039	03631092	法语泛读(二)	外国语学院
2014—2015	1	039	03631220	法国历史	外国语学院
2014—2015	1	039	03631251	法国报刊选读(一)	外国语学院
2014—2015	1	039	03631253	法国报刊选读(三)	外国语学院
2014—2015	1	039	03631511	法语精读(一)	外国语学院
2014—2015	1	039	03631513	法语精读(三)	外国语学院
2014—2015	1	039	03631521	法语视听(一)	外国语学院
2014—2015	1	039	03631523	法语视听(三)	外国语学院
2014—2015	1	039	03631531	法语泛读(一)	外国语学院
2014—2015	1	039	03631533	法语泛读(三)	外国语学院
2014—2015	1	039	03631611	公共法语(一)	外国语学院
2014—2015	1	039	03631611	公共法语(一)	外国语学院
2014—2015	1	039	03631611	公共法语(一)	外国语学院
2014—2015	1	039	03631611	公共法语(一)	外国语学院
2014—2015	1	039	03632001	德语精读(一)	外国语学院
2014—2015	1	039	03632003	德语精读(三)	外国语学院
2014—2015	1	039	03632003	德语精读(三)	外国语学院
2014—2015	1	039	03632021	德语视听说(一)	外国语学院
2014—2015	1	039	03632023	德语视听说(三)	外国语学院
2014—2015	1	039	03632041	德语笔译(一)	外国语学院
2014—2015	1	039	03632043	德语笔译(三)	外国语学院
2014—2015	1	039	03632051	德语口译(上)	外国语学院
2014—2015	1	039	03632103	德语长篇小说(上)	外国语学院
2014—2015	1	039	03632110	德国文化史	外国语学院

续表

学年度	学期	院系代码	课程号	课程名称	开课系所
2014—2015	1	039	03632150	德语短篇小说	外国语学院
2014—2015	1	039	03632170	阅读、理解与分析	外国语学院
2014—2015	1	039	03632181	德语语言学导论(一)	外国语学院
2014—2015	1	039	03632190	德语文学批评选读	外国语学院
2014—2015	1	039	03632210	德国历史	外国语学院
2014—2015	1	039	03632331	圣经与德语文学	外国语学院
2014—2015	1	039	03632350	奥地利传媒	外国语学院
2014—2015	1	039	03632511	德语精读(一)	外国语学院
2014—2015	1	039	03632513	德语精读(三)	外国语学院
2014—2015	1	039	03632521	德语视听(一)	外国语学院
2014—2015	1	039	03632523	德语视听(三)	外国语学院
2014—2015	1	039	03632531	德语泛读(一)	外国语学院
2014—2015	1	039	03632533	德语泛读(三)	外国语学院
2014—2015	1	039	03632611	公共德语(一)	外国语学院
2014—2015	1	039	03632611	公共德语(一)	外国语学院
2014—2015	1	039	03632611	公共德语(一)	外国语学院
2014—2015	1	039	03632611	公共德语(一)	外国语学院
2014—2015	1	039	03632621	德语国家文学史与选读(一)	外国语学院
2014—2015	1	039	03632623	德语国家文学史与选读(三)	外国语学院
2014—2015	1	039	03633011	西班牙语精读(一)	外国语学院
2014—2015	1	039	03633013	西班牙语精读(三)	外国语学院
2014—2015	1	039	03633017	西班牙语精读(七)	外国语学院
2014—2015	1	039	03633021	西班牙语视听(一)	外国语学院
2014—2015	1	039	03633027	西班牙语视听(三)	外国语学院
2014—2015	1	039	03633031	西班牙语阅读(一)	外国语学院
2014—2015	1	039	03633041	西班牙语口语(一)	外国语学院
2014—2015	1	039	03633043	西班牙语口语(三)	外国语学院
2014—2015	1	039	03633051	西班牙语作文(上)	外国语学院
2014—2015	1	039	03633072	拉丁美洲文学史和文学选读(下)	外国语学院
2014—2015	1	039	03633081	西汉笔译(上)	外国语学院
2014—2015	1	039	03633091	西汉口译(上)	外国语学院
2014—2015	1	039	03633210	西班牙历史和文化概论	外国语学院
2014—2015	1	039	03633210	西班牙历史和文化概论	外国语学院
2014—2015	1	039	03633251	西班牙报刊选读(上)	外国语学院
2014—2015	1	039	03633513	西班牙语精读(三)	外国语学院
2014—2015	1	039	03633523	西班牙语视听(三)	外国语学院
2014—2015	1	039	03633533	西班牙语阅读(三)	外国语学院
2014—2015	1	039	03633611	公共西班牙语(一)	外国语学院
2014—2015	1	039	03633612	公共西班牙语(二)	外国语学院
2014—2015	1	039	03633710	禅与园林艺术	外国语学院
2014—2015	1	039	03635011	公共葡萄牙语(一)	外国语学院
2014—2015	1	039	03639000	电影	外国语学院
2014—2015	1	039	03730031	俄语语法(一)	外国语学院
2014—2015	1	039	03730112	俄语阅读—文化背景知识(二)	外国语学院
2014—2015	1	039	03730120	俄语功能语法学	外国语学院

续表

学年度	学期	院系代码	课程号	课程名称	开课系所
2014—2015	1	039	03730191	俄语口语会话(上)	外国语学院
2014—2015	1	039	03730311	俄罗斯文学选读(上)	外国语学院
2014—2015	1	039	03730381	俄语报刊阅读(一)	外国语学院
2014—2015	1	039	03730391	俄罗斯文学史(一)	外国语学院
2014—2015	1	039	03730393	俄罗斯文学史(三)	外国语学院
2014—2015	1	039	03730421	俄语口译(上)	外国语学院
2014—2015	1	039	03730501	基础俄语(一)	外国语学院
2014—2015	1	039	03730503	基础俄语(三)	外国语学院
2014—2015	1	039	03730511	高级俄语(一)	外国语学院
2014—2015	1	039	03730513	高级俄语(三)	外国语学院
2014—2015	1	039	03730541	俄语写作(上)	外国语学院
2014—2015	1	039	03730551	俄译汉教程(上)	外国语学院
2014—2015	1	039	03730581	俄罗斯国情(上)	外国语学院
2014—2015	1	039	03730591	俄罗斯民俗民情(上)	外国语学院
2014—2015	1	039	03730650	俄语语音	外国语学院
2014—2015	1	039	03730729	普通语言学概论	外国语学院
2014—2015	1	039	03730740	中俄文化交流史	外国语学院
2014—2015	1	039	03730751	俄语视听说(一)	外国语学院
2014—2015	1	039	03730753	俄语视听说(三)	外国语学院
2014—2015	1	039	03730761	俄语新闻听力(上)	外国语学院
2014—2015	1	039	03730812	汉译俄教程(下)	外国语学院
2014—2015	1	039	03730821	公共俄语(一)	外国语学院
2014—2015	1	039	03830015	英语精读(三)	外国语学院
2014—2015	1	039	03830015	英语精读(三)	外国语学院
2014—2015	1	039	03830017	英语精读(一)	外国语学院
2014—2015	1	039	03830017	英语精读(一)	外国语学院
2014—2015	1	039	03830021	英语视听(一)	外国语学院
2014—2015	1	039	03830021	英语视听(一)	外国语学院
2014—2015	1	039	03830027	英语视听(三)	外国语学院
2014—2015	1	039	03830027	英语视听(三)	外国语学院
2014—2015	1	039	03830041	口语(一)	外国语学院
2014—2015	1	039	03830041	口语(一)	外国语学院
2014—2015	1	039	03830043	口语(三)	外国语学院
2014—2015	1	039	03830043	口语(三)	外国语学院
2014—2015	1	039	03830043	口语(三)	外国语学院
2014—2015	1	039	03830071	写作(一)	外国语学院
2014—2015	1	039	03830071	写作(一)	外国语学院
2014—2015	1	039	03830092	英国文学史(二)	外国语学院
2014—2015	1	039	03830100	普通语言学	外国语学院
2014—2015	1	039	03830110	英译汉	外国语学院
2014—2015	1	039	03830132	美国文学史与选读(二)	外国语学院
2014—2015	1	039	03831020	希腊罗马神话	外国语学院
2014—2015	1	039	03831080	英语结构	外国语学院
2014—2015	1	039	03831120	中西修辞传统	外国语学院
2014—2015	1	039	03832020	文学形式导论	外国语学院

续表

学年度	学期	院系代码	课程号	课程名称	开课系所
2014—2015	1	039	03832030	短篇小说选读	外国语学院
2014—2015	1	039	03832040	欧洲文学选读	外国语学院
2014—2015	1	039	03832080	美国短篇小说	外国语学院
2014—2015	1	039	03832150	英语史	外国语学院
2014—2015	1	039	03833030	报刊选读	外国语学院
2014—2015	1	039	03833130	英国小说选读	外国语学院
2014—2015	1	039	03833140	英诗选读	外国语学院
2014—2015	1	039	03833190	圣经释读	外国语学院
2014—2015	1	039	03833309	英语文学文体赏析	外国语学院
2014—2015	1	039	03834100	中西文化比较	外国语学院
2014—2015	1	039	03834180	20世纪西方文论	外国语学院
2014—2015	1	039	03834290	戏剧实践	外国语学院
2014—2015	1	039	03834380	西方文化	外国语学院
2014—2015	1	039	03834430	英国文学的历史背景	外国语学院
2014—2015	1	039	03834440	澳大利亚历史与文化	外国语学院
2014—2015	1	039	03835340	莎士比亚名篇赏析	外国语学院
2014—2015	1	039	03930010	西方戏剧文学	外国语学院
2014—2015	1	039	03930020	语言与认知	外国语学院
2014—2015	1	004	00130201	高等数学(B)(一)	物理学院
2014—2015	1	004	00130201	高等数学(B)(一)	物理学院
2014—2015	1	004	00130211	高等数学(B)(一)习题课	物理学院
2014—2015	1	004	00130211	高等数学(B)(一)习题课	物理学院
2014—2015	1	004	00130211	高等数学(B)(一)习题课	物理学院
2014—2015	1	004	00130211	高等数学(B)(一)习题课	物理学院
2014—2015	1	004	00131460	线性代数(B)	物理学院
2014—2015	1	004	00131460	线性代数(B)	物理学院
2014—2015	1	004	00131470	线性代数(B)习题	物理学院
2014—2015	1	004	00131470	线性代数(B)习题	物理学院
2014—2015	1	004	00131470	线性代数(B)习题	物理学院
2014—2015	1	004	00131470	线性代数(B)习题	物理学院
2014—2015	1	004	00132380	概率统计(B)	物理学院
2014—2015	1	004	00405596	量子材料前沿讲座	物理学院
2014—2015	1	004	00405603	量子信息物理导论	物理学院
2014—2015	1	004	00405608	低温物理学	物理学院
2014—2015	1	004	00405610	经典光学	物理学院
2014—2015	1	004	00405612	量子材料的物性	物理学院
2014—2015	1	004	00407780	数值天气预报	物理学院
2014—2015	1	004	00410140	群论	物理学院
2014—2015	1	004	00410340	高等量子力学	物理学院
2014—2015	1	004	00410340	高等量子力学	物理学院
2014—2015	1	004	00410440	量子统计物理	物理学院
2014—2015	1	004	00410440	量子统计物理	物理学院
2014—2015	1	004	00410640	量子场论	物理学院
2014—2015	1	004	00411850	固体光谱	物理学院
2014—2015	1	004	00411950	表面物理	物理学院

续表

学年度	学期	院系代码	课程号	课程名称	开课系所
2014—2015	1	004	00412150	粒子物理	物理学院
2014—2015	1	004	00413250	等离子体物理	物理学院
2014—2015	1	004	00414860	激光实验	物理学院
2014—2015	1	004	00415450	量子光学	物理学院
2014—2015	1	004	00415510	现代光学与光电子学	物理学院
2014—2015	1	004	00415532	原子、分子光谱	物理学院
2014—2015	1	004	00430109	演示物理学	物理学院
2014—2015	1	004	00430132	现代电子电路基础及实验(一)	物理学院
2014—2015	1	004	00430132	现代电子电路基础及实验(一)	物理学院
2014—2015	1	004	00430151	现代物理前沿讲座Ⅰ	物理学院
2014—2015	1	004	00430191	大气科学导论	物理学院
2014—2015	1	004	00431110	力学	物理学院
2014—2015	1	004	00431110	力学	物理学院
2014—2015	1	004	00431110	力学	物理学院
2014—2015	1	004	00431110	力学	物理学院
2014—2015	1	004	00431144	光学	物理学院
2014—2015	1	004	00431148	光学习题课	物理学院
2014—2015	1	004	00431148	光学习题课	物理学院
2014—2015	1	004	00431148	光学习题课	物理学院
2014—2015	1	004	00431148	光学习题课	物理学院
2014—2015	1	004	00431148	光学习题课	物理学院
2014—2015	1	004	00431148	光学习题课	物理学院
2014—2015	1	004	00431151	原子物理学	物理学院
2014—2015	1	004	00431156	光学	物理学院
2014—2015	1	004	00431156	光学	物理学院
2014—2015	1	004	00431156	光学	物理学院
2014—2015	1	004	00431159	原子物理习题	物理学院
2014—2015	1	004	00431165	近代物理	物理学院
2014—2015	1	004	00431180	力学习题	物理学院
2014—2015	1	004	00431180	力学习题	物理学院
2014—2015	1	004	00431180	力学习题	物理学院
2014—2015	1	004	00431180	力学习题	物理学院
2014—2015	1	004	00431180	力学习题	物理学院
2014—2015	1	004	00431180	力学习题	物理学院
2014—2015	1	004	00431214	综合物理实验(一)	物理学院
2014—2015	1	004	00431537	现代电子测量与实验	物理学院
2014—2015	1	004	00431543	天体物理专题	物理学院
2014—2015	1	004	00431545	天文文献阅读	物理学院
2014—2015	1	004	00431558	天文技术与方法Ⅰ(光学与红外)	物理学院
2014—2015	1	004	00431570	核物理与粒子物理实验方法(一)	物理学院
2014—2015	1	004	00431610	数量级物理学	物理学院
2014—2015	1	004	00431620	计算物理学导论	物理学院
2014—2015	1	004	00431641	量子力学讨论班	物理学院
2014—2015	1	004	00431641	量子力学讨论班	物理学院

续表

学年度	学期	院系代码	课程号	课程名称	开课系所
2014—2015	1	004	00431641	量子力学讨论班	物理学院
2014—2015	1	004	00431641	量子力学讨论班	物理学院
2014—2015	1	004	00431641	量子力学讨论班	物理学院
2014—2015	1	004	00431641	量子力学讨论班	物理学院
2014—2015	1	004	00431650	平衡态统计物理	物理学院
2014—2015	1	004	00431660	宇宙探测新技术引论	物理学院
2014—2015	1	004	00431701	固体物理讨论班	物理学院
2014—2015	1	004	00431701	固体物理讨论班	物理学院
2014—2015	1	004	00431701	固体物理讨论班	物理学院
2014—2015	1	004	00431701	固体物理讨论班	物理学院
2014—2015	1	004	00432108	数学物理方法(上)	物理学院
2014—2015	1	004	00432109	数学物理方法(下)	物理学院
2014—2015	1	004	00432110	数学物理方法	物理学院
2014—2015	1	004	00432119	数学物理方法习题课	物理学院
2014—2015	1	004	00432119	数学物理方法习题课	物理学院
2014—2015	1	004	00432119	数学物理方法习题课	物理学院
2014—2015	1	004	00432119	数学物理方法习题课	物理学院
2014—2015	1	004	00432119	数学物理方法习题课	物理学院
2014—2015	1	004	00432119	数学物理方法习题课	物理学院
2014—2015	1	004	00432140	电动力学(A)	物理学院
2014—2015	1	004	00432141	电动力学(B)	物理学院
2014—2015	1	004	00432150	量子力学(A)	物理学院
2014—2015	1	004	00432150	量子力学(A)	物理学院
2014—2015	1	004	00432151	量子力学习题	物理学院
2014—2015	1	004	00432151	量子力学习题	物理学院
2014—2015	1	004	00432151	量子力学习题	物理学院
2014—2015	1	004	00432160	电动力学习题	物理学院
2014—2015	1	004	00432160	电动力学习题	物理学院
2014—2015	1	004	00432164	生物物理导论	物理学院
2014—2015	1	004	00432180	弦理论基础导论	物理学院
2014—2015	1	004	00432205	理论力学习题课	物理学院
2014—2015	1	004	00432205	理论力学习题课	物理学院
2014—2015	1	004	00432207	卫星气象学	物理学院
2014—2015	1	004	00432211	理论力学	物理学院
2014—2015	1	004	00432222	综合物理实验(二)	物理学院
2014—2015	1	004	00432227	科研实用软件	物理学院
2014—2015	1	004	00432236	激光物理学	物理学院
2014—2015	1	004	00432245	理论天体物理	物理学院
2014—2015	1	004	00432247	大气物理学基础	物理学院
2014—2015	1	004	00432249	流体力学	物理学院
2014—2015	1	004	00432250	描述性物理海洋学	物理学院
2014—2015	1	004	00432255	天气分析与预报	物理学院
2014—2015	1	004	00432267	工程图学及其应用	物理学院
2014—2015	1	004	00432268	自然科学中的混沌和分形	物理学院

续表

学年度	学期	院系代码	课程号	课程名称	开课系所
2014—2015	1	004	00432270	大气概论	物理学院
2014—2015	1	004	00432274	大气探测原理	物理学院
2014—2015	1	004	00432277	机械制图	物理学院
2014—2015	1	004	00432310	全球环境与气候变迁	物理学院
2014—2015	1	004	00432510	固体物理学	物理学院
2014—2015	1	004	00432520	固体物理习题	物理学院
2014—2015	1	004	00433327	近代物理实验(I)	物理学院
2014—2015	1	004	00433327	近代物理实验(I)	物理学院
2014—2015	1	004	00433327	近代物理实验(I)	物理学院
2014—2015	1	004	00433328	近代物理实验(II)	物理学院
2014—2015	1	004	00433328	近代物理实验(II)	物理学院
2014—2015	1	004	00433328	近代物理实验(II)	物理学院
2014—2015	1	004	00433328	近代物理实验(II)	物理学院
2014—2015	1	004	00433328	近代物理实验(II)	物理学院
2014—2015	1	004	00433328	近代物理实验(II)	物理学院
2014—2015	1	004	00433328	近代物理实验(II)	物理学院
2014—2015	1	004	00433328	近代物理实验(II)	物理学院
2014—2015	1	004	00433328	近代物理实验(II)	物理学院
2014—2015	1	004	00433329	前沿物理实验	物理学院
2014—2015	1	004	00433410	半导体物理学	物理学院
2014—2015	1	004	00433520	超导物理学	物理学院
2014—2015	1	004	00433641	材料物理	物理学院
2014—2015	1	004	00434091	纳米科学前沿	物理学院
2014—2015	1	004	00434092	纳米科技进展	物理学院
2014—2015	1	004	00435605	量子计算	物理学院
2014—2015	1	004	00437160	核物理与粒子物理专题实验	物理学院
2014—2015	1	004	00437180	普通物理实验(1)	物理学院
2014—2015	1	004	00437180	普通物理实验(1)	物理学院
2014—2015	1	004	04831410	计算概论(B)	物理学院
2014—2015	1	004	04831410	计算概论(B)	物理学院
2014—2015	1	004	04831650	计算概论(B)上机	物理学院
2014—2015	1	016	01603011	心理测量	心理学系
2014—2015	1	016	01603333	实验心理学实验	心理学系
2014—2015	1	016	01610200	神经心理学	心理学系
2014—2015	1	016	01630020	CNS解剖	心理学系
2014—2015	1	016	01630033	异常儿童心理学	心理学系
2014—2015	1	016	01630034	实验心理学	心理学系
2014—2015	1	016	01630041	社会心理学	心理学系
2014—2015	1	016	01630042	社会性与个性发展	心理学系
2014—2015	1	016	01630044	社会心理学	心理学系
2014—2015	1	016	01630046	社会冲突与管理	心理学系
2014—2015	1	016	01630051	心理统计(1)	心理学系
2014—2015	1	016	01630060	发展心理学	心理学系

续表

学年度	学期	院系代码	课程号	课程名称	开课系所
2014—2015	1	016	01630090	变态心理学	心理学系
2014—2015	1	016	01630101	生理心理学	心理学系
2014—2015	1	016	01630121	认知心理学	心理学系
2014—2015	1	016	01630140	认知神经科学	心理学系
2014—2015	1	016	01630220	生理心理实验	心理学系
2014—2015	1	016	01630243	心理咨询与治疗引论	心理学系
2014—2015	1	016	01630560	婴儿心理学	心理学系
2014—2015	1	016	01630600	组织管理心理学	心理学系
2014—2015	1	016	01630600	组织管理心理学	心理学系
2014—2015	1	016	01630630	老年心理学	心理学系
2014—2015	1	016	01630740	爱的心理学	心理学系
2014—2015	1	016	01630900	普通心理学	心理学系
2014—2015	1	016	01635042	大学生心理素质拓展	心理学系
2014—2015	1	016	01635060	大学生心理健康	心理学系
2014—2015	1	016	01639020	心理学概论	心理学系
2014—2015	1	016	04831410	计算概论(B)	心理学系
2014—2015	1	016	04831650	计算概论(B)上机	心理学系
2014—2015	1	018	01830110	外国新闻传播史	新闻与传播学院
2014—2015	1	018	01830260	广播电视概论	新闻与传播学院
2014—2015	1	018	01830300	网络传播	新闻与传播学院
2014—2015	1	018	01830480	广告学概论	新闻与传播学院
2014—2015	1	018	01830640	广告文案	新闻与传播学院
2014—2015	1	018	01830710	新闻摄影	新闻与传播学院
2014—2015	1	018	01831030	传播学概论	新闻与传播学院
2014—2015	1	018	01831190	编辑出版概论	新闻与传播学院
2014—2015	1	018	01831300	中国古籍资源与整理	新闻与传播学院
2014—2015	1	018	01831490	社会调查研究方法	新闻与传播学院
2014—2015	1	018	01831750	专题片及纪录片创作	新闻与传播学院
2014—2015	1	018	01831760	世界电影史	新闻与传播学院
2014—2015	1	018	01831800	汉语语言修养	新闻与传播学院
2014—2015	1	018	01832220	毕业实习	新闻与传播学院
2014—2015	1	018	01832400	广播电视专题研究	新闻与传播学院
2014—2015	1	018	01832420	品牌研究	新闻与传播学院
2014—2015	1	018	01832490	北京风物与传统文化	新闻与传播学院
2014—2015	1	018	01832650	公共关系	新闻与传播学院
2014—2015	1	018	01832730	传媒法律法规	新闻与传播学院
2014—2015	1	018	01832760	英语新闻阅读	新闻与传播学院
2014—2015	1	018	01832910	视频编辑	新闻与传播学院
2014—2015	1	018	01832950	传媒发展史	新闻与传播学院
2014—2015	1	018	01832970	高级采访写作	新闻与传播学院
2014—2015	1	018	01832980	播音与主持	新闻与传播学院
2014—2015	1	018	01832990	新闻与中国当代改革	新闻与传播学院
2014—2015	1	018	01833030	广播电视节目制作	新闻与传播学院
2014—2015	1	018	01833090	电脑辅助设计	新闻与传播学院
2014—2015	1	018	01833090	电脑辅助设计	新闻与传播学院

续表

学年度	学期	院系代码	课程号	课程名称	开课系所
2014—2015	1	018	01833140	英语公共演讲	新闻与传播学院
2014—2015	1	018	01833180	传播学英语经典阅读	新闻与传播学院
2014—2015	1	018	01833330	影像与社会	新闻与传播学院
2014—2015	1	018	01833350	社会学基础与新媒体传播	新闻与传播学院
2014—2015	1	018	01833650	传播技术	新闻与传播学院
2014—2015	1	018	01833690	新闻传播导论	新闻与传播学院
2014—2015	1	018	01833690	新闻传播导论	新闻与传播学院
2014—2015	1	030	03030630	信息存储与检索	信息管理系
2014—2015	1	030	03030700	计算机网络	信息管理系
2014—2015	1	030	03030720	信息经济学	信息管理系
2014—2015	1	030	03030740	管理信息系统	信息管理系
2014—2015	1	030	03030780	办公自动化	信息管理系
2014—2015	1	030	03030910	多媒体技术	信息管理系
2014—2015	1	030	03031100	办公自动化上机	信息管理系
2014—2015	1	030	03031170	信息存储与检索上机	信息管理系
2014—2015	1	030	03032000	管理学原理	信息管理系
2014—2015	1	030	03032110	信息政策与法规	信息管理系
2014—2015	1	030	03032130	信息组织	信息管理系
2014—2015	1	030	03032170	媒体与社会	信息管理系
2014—2015	1	030	03032270	图书馆管理	信息管理系
2014—2015	1	030	03032380	专业英语	信息管理系
2014—2015	1	030	03033160	图书馆自动化	信息管理系
2014—2015	1	030	03033243	中国名著导读	信息管理系
2014—2015	1	030	03033270	视觉圣经—西方艺术中的基督教	信息管理系
2014—2015	1	030	03033350	面向对象程序设计JAVA	信息管理系
2014—2015	1	030	03033360	面向对象程序设计JAVA上机	信息管理系
2014—2015	1	030	03033400	信息资源管理基础	信息管理系
2014—2015	1	030	03033420	信息资源编目	信息管理系
2014—2015	1	030	03033430	Web信息构建理论与实践	信息管理系
2014—2015	1	030	03033440	数据挖掘导论	信息管理系
2014—2015	1	030	03033450	信息系统分析与设计	信息管理系
2014—2015	1	030	03033470	图书馆参考咨询	信息管理系
2014—2015	1	030	03033500	运筹学基础	信息管理系
2014—2015	1	030	03033560	信息素养概论	信息管理系
2014—2015	1	030	03033580	人类信息行为	信息管理系
2014—2015	1	048	00130201	高等数学(B)(一)	信息科学技术学院
2014—2015	1	048	00130201	高等数学(B)(一)	信息科学技术学院
2014—2015	1	048	00130211	高等数学(B)(一)习题课	信息科学技术学院
2014—2015	1	048	00130211	高等数学(B)(一)习题课	信息科学技术学院
2014—2015	1	048	00130211	高等数学(B)(一)习题课	信息科学技术学院
2014—2015	1	048	00130211	高等数学(B)(一)习题课	信息科学技术学院
2014—2015	1	048	00130280	计算方法(B)	信息科学技术学院
2014—2015	1	048	00131460	线性代数(B)	信息科学技术学院
2014—2015	1	048	00131460	线性代数(B)	信息科学技术学院
2014—2015	1	048	00131470	线性代数(B)习题	信息科学技术学院

续表

学年度	学期	院系代码	课程号	课程名称	开课系所
2014—2015	1	048	00131470	线性代数(B)习题	信息科学技术学院
2014—2015	1	048	00131470	线性代数(B)习题	信息科学技术学院
2014—2015	1	048	00131470	线性代数(B)习题	信息科学技术学院
2014—2015	1	048	00131480	概率统计(A)	信息科学技术学院
2014—2015	1	048	00132301	数学分析(I)	信息科学技术学院
2014—2015	1	048	00132304	数学分析(III)	信息科学技术学院
2014—2015	1	048	00132311	数学分析(I)习题	信息科学技术学院
2014—2015	1	048	00132311	数学分析(I)习题	信息科学技术学院
2014—2015	1	048	00132313	数学分析(III)习题	信息科学技术学院
2014—2015	1	048	00132321	高等代数(I)	信息科学技术学院
2014—2015	1	048	00132331	高等代数(I)习题	信息科学技术学院
2014—2015	1	048	00132331	高等代数(I)习题	信息科学技术学院
2014—2015	1	048	00135040	程序设计技术与方法	信息科学技术学院
2014—2015	1	048	00431141	力学	信息科学技术学院
2014—2015	1	048	00431141	力学	信息科学技术学院
2014—2015	1	048	00431141	力学	信息科学技术学院
2014—2015	1	048	00431141	力学	信息科学技术学院
2014—2015	1	048	00431200	基础物理实验	信息科学技术学院
2014—2015	1	048	04031650	思想道德修养与法律基础	信息科学技术学院
2014—2015	1	048	04031650	思想道德修养与法律基础	信息科学技术学院
2014—2015	1	048	04031650	思想道德修养与法律基础	信息科学技术学院
2014—2015	1	048	04031650	思想道德修养与法律基础	信息科学技术学院
2014—2015	1	048	04830010	信息科学技术概论	信息科学技术学院
2014—2015	1	048	04830041	计算概论A	信息科学技术学院
2014—2015	1	048	04830041	计算概论A	信息科学技术学院
2014—2015	1	048	04830041	计算概论A	信息科学技术学院
2014—2015	1	048	04830041	计算概论A	信息科学技术学院
2014—2015	1	048	04830050	数据结构与算法(A)	信息科学技术学院
2014—2015	1	048	04830050	数据结构与算法(A)	信息科学技术学院
2014—2015	1	048	04830050	数据结构与算法(A)	信息科学技术学院
2014—2015	1	048	04830070	集合论与图论	信息科学技术学院
2014—2015	1	048	04830090	数理逻辑	信息科学技术学院
2014—2015	1	048	04830140	计算机组织与体系结构	信息科学技术学院
2014—2015	1	048	04830140	计算机组织与体系结构	信息科学技术学院
2014—2015	1	048	04830141	计算机系统结构实验班	信息科学技术学院
2014—2015	1	048	04830142	计算机组成与系统结构实习A	信息科学技术学院
2014—2015	1	048	04830143	计算机组成与系统结构实习B	信息科学技术学院
2014—2015	1	048	04830161	操作系统A	信息科学技术学院
2014—2015	1	048	04830162	操作系统及实习(实验班)	信息科学技术学院
2014—2015	1	048	04830163	操作系统A(实验班)	信息科学技术学院
2014—2015	1	048	04830170	数据结构与算法实习	信息科学技术学院
2014—2015	1	048	04830170	数据结构与算法实习	信息科学技术学院
2014—2015	1	048	04830180	编译实习	信息科学技术学院
2014—2015	1	048	04830181	编译实习(实验班)	信息科学技术学院
2014—2015	1	048	04830220	数据库概论	信息科学技术学院

续表

学年度	学期	院系代码	课程号	课程名称	开课系所
2014—2015	1	048	04830240	计算机网络概论	信息科学技术学院
2014—2015	1	048	04830241	计算机网络实习	信息科学技术学院
2014—2015	1	048	04830250	人工智能概论	信息科学技术学院
2014—2015	1	048	04830250	人工智能概论	信息科学技术学院
2014—2015	1	048	04830260	理论计算机科学基础	信息科学技术学院
2014—2015	1	048	04830270	程序设计语言概论	信息科学技术学院
2014—2015	1	048	04830300	Web技术概论	信息科学技术学院
2014—2015	1	048	04830310	人机交互	信息科学技术学院
2014—2015	1	048	04830390	数字化艺术	信息科学技术学院
2014—2015	1	048	04830410	信息安全引论	信息科学技术学院
2014—2015	1	048	04830470	操作系统B(含实习)	信息科学技术学院
2014—2015	1	048	04830480	微机原理B	信息科学技术学院
2014—2015	1	048	04830510	语言统计分析	信息科学技术学院
2014—2015	1	048	04830530	计算概论A(实验班)	信息科学技术学院
2014—2015	1	048	04830540	数据结构与算法(A)(实验班)	信息科学技术学院
2014—2015	1	048	04830550	存储技术基础	信息科学技术学院
2014—2015	1	048	04830610	电动力学	信息科学技术学院
2014—2015	1	048	04830610	电动力学	信息科学技术学院
2014—2015	1	048	04830630	电子线路(A)	信息科学技术学院
2014—2015	1	048	04830640	电子线路实验(A)	信息科学技术学院
2014—2015	1	048	04830650	数字逻辑电路	信息科学技术学院
2014—2015	1	048	04830660	数字逻辑电路实验	信息科学技术学院
2014—2015	1	048	04830670	信号与系统	信息科学技术学院
2014—2015	1	048	04830670	信号与系统	信息科学技术学院
2014—2015	1	048	04830720	通信原理	信息科学技术学院
2014—2015	1	048	04830720	通信原理	信息科学技术学院
2014—2015	1	048	04830740	微波技术实验	信息科学技术学院
2014—2015	1	048	04830790	嵌入式系统	信息科学技术学院
2014—2015	1	048	04830830	数字信号处理实验	信息科学技术学院
2014—2015	1	048	04830840	热学	信息科学技术学院
2014—2015	1	048	04830870	热力学与统计物理(B)	信息科学技术学院
2014—2015	1	048	04830910	固体物理	信息科学技术学院
2014—2015	1	048	04831040	半导体器件物理	信息科学技术学院
2014—2015	1	048	04831050	集成电路工艺原理	信息科学技术学院
2014—2015	1	048	04831060	集成电路设计实习	信息科学技术学院
2014—2015	1	048	04831160	半导体材料	信息科学技术学院
2014—2015	1	048	04831180	PSoC应用开发基础实验	信息科学技术学院
2014—2015	1	048	04831190	射频集成电路	信息科学技术学院
2014—2015	1	048	04831220	智能科学技术导论	信息科学技术学院
2014—2015	1	048	04831250	机器智能实验	信息科学技术学院
2014—2015	1	048	04831270	智能信息系统	信息科学技术学院
2014—2015	1	048	04831280	可视化与可视计算概论	信息科学技术学院
2014—2015	1	048	04831290	模式识别导论	信息科学技术学院
2014—2015	1	048	04831300	图像处理	信息科学技术学院
2014—2015	1	048	04831320	脑与认知科学	信息科学技术学院

续表

学年度	学期	院系代码	课程号	课程名称	开课系所
2014—2015	1	048	04831420	数据结构与算法（B）	信息科学技术学院
2014—2015	1	048	04831433	文科计算机基础	信息科学技术学院
2014—2015	1	048	04831433	文科计算机基础	信息科学技术学院
2014—2015	1	048	04831433	文科计算机基础	信息科学技术学院
2014—2015	1	048	04831433	文科计算机基础	信息科学技术学院
2014—2015	1	048	04831433	文科计算机基础	信息科学技术学院
2014—2015	1	048	04831433	文科计算机基础	信息科学技术学院
2014—2015	1	048	04831433	文科计算机基础	信息科学技术学院
2014—2015	1	048	04831433	文科计算机基础	信息科学技术学院
2014—2015	1	048	04831433	文科计算机基础	信息科学技术学院
2014—2015	1	048	04831510	微电子学概论	信息科学技术学院
2014—2015	1	048	04831670	计算机网络与WEB技术	信息科学技术学院
2014—2015	1	048	04831800	数字媒体技术基础	信息科学技术学院
2014—2015	1	048	04831860	光纤通信系统	信息科学技术学院
2014—2015	1	048	04831890	现代信息检索导论	信息科学技术学院
2014—2015	1	048	04831900	通信网概论与宽带信号技术	信息科学技术学院
2014—2015	1	048	04831970	卫星导航定位系统概论	信息科学技术学院
2014—2015	1	048	04831990	C♯程序设计及其应用	信息科学技术学院
2014—2015	1	048	04832010	基于HDL的数字系统设计	信息科学技术学院
2014—2015	1	048	04832090	力学B类习题补充	信息科学技术学院
2014—2015	1	048	04832110	高等模拟集成电路原理	信息科学技术学院
2014—2015	1	048	04832120	微电子器件测试实验	信息科学技术学院
2014—2015	1	048	04832130	微电子学物理基础	信息科学技术学院
2014—2015	1	048	04832191	软件工程实习	信息科学技术学院
2014—2015	1	048	04832192	互联网数据挖掘	信息科学技术学院
2014—2015	1	048	04832200	纳电子器件导论	信息科学技术学院
2014—2015	1	048	04832220	智能机器人概论	信息科学技术学院
2014—2015	1	048	04832271	科学研究方法、实践与文化（实习课）	信息科学技术学院
2014—2015	1	048	04832280	C＋＋语言程序设计	信息科学技术学院
2014—2015	1	048	04832281	离散数学（I）	信息科学技术学院
2014—2015	1	048	04832350	统计分析与商务智能	信息科学技术学院
2014—2015	1	048	04832362	计算机系统导论	信息科学技术学院
2014—2015	1	048	04832362	计算机系统导论	信息科学技术学院
2014—2015	1	048	04832363	计算机系统导论讨论班	信息科学技术学院
2014—2015	1	048	04832363	计算机系统导论讨论班	信息科学技术学院
2014—2015	1	048	04832363	计算机系统导论讨论班	信息科学技术学院
2014—2015	1	048	04832363	计算机系统导论讨论班	信息科学技术学院
2014—2015	1	048	04832363	计算机系统导论讨论班	信息科学技术学院
2014—2015	1	048	04832363	计算机系统导论讨论班	信息科学技术学院
2014—2015	1	048	04832363	计算机系统导论讨论班	信息科学技术学院
2014—2015	1	048	04832363	计算机系统导论讨论班	信息科学技术学院
2014—2015	1	048	04832363	计算机系统导论讨论班	信息科学技术学院

续表

学年度	学期	院系代码	课程号	课程名称	开课系所
2014—2015	1	048	04832363	计算机系统导论讨论班	信息科学技术学院
2014—2015	1	048	04832363	计算机系统导论讨论班	信息科学技术学院
2014—2015	1	048	04832363	计算机系统导论讨论班	信息科学技术学院
2014—2015	1	048	04832363	计算机系统导论讨论班	信息科学技术学院
2014—2015	1	048	04832363	计算机系统导论讨论班	信息科学技术学院
2014—2015	1	048	04832363	计算机系统导论讨论班	信息科学技术学院
2014—2015	1	048	04832363	计算机系统导论讨论班	信息科学技术学院
2014—2015	1	048	04832400	高级光电子技术实验	信息科学技术学院
2014—2015	1	048	04832410	原子物理导论	信息科学技术学院
2014—2015	1	048	04832420	固体物理导论	信息科学技术学院
2014—2015	1	048	04832430	电子线路A(实验班)	信息科学技术学院
2014—2015	1	048	04832440	光学	信息科学技术学院
2014—2015	1	048	04832440	光学	信息科学技术学院
2014—2015	1	048	04832640	数学物理方法	信息科学技术学院
2014—2015	1	048	04832650	电路分析原理	信息科学技术学院
2014—2015	1	048	04832651	电路分析原理研讨班	信息科学技术学院
2014—2015	1	048	04832651	电路分析原理研讨班	信息科学技术学院
2014—2015	1	048	04832651	电路分析原理研讨班	信息科学技术学院
2014—2015	1	048	04832651	电路分析原理研讨班	信息科学技术学院
2014—2015	1	048	04832651	电路分析原理研讨班	信息科学技术学院
2014—2015	1	048	04832651	电路分析原理研讨班	信息科学技术学院
2014—2015	1	048	04832651	电路分析原理研讨班	信息科学技术学院
2014—2015	1	048	04832660	电子系统设计实践	信息科学技术学院
2014—2015	1	048	04832680	社会科学中的计算思维方法	信息科学技术学院
2014—2015	1	607	60730020	军事理论	学生工作部人民武装部
2014—2015	1	607	60730020	军事理论	学生工作部人民武装部
2014—2015	1	607	60730020	军事理论	学生工作部人民武装部
2014—2015	1	607	60730020	军事理论	学生工作部人民武装部
2014—2015	1	607	60730020	军事理论	学生工作部人民武装部
2014—2015	1	607	60730320	当代国防	学生工作部人民武装部
2014—2015	1	607	60730330	孙子兵法导读	学生工作部人民武装部
2014—2015	1	607	61030020	大学生职业生涯规划	学生工作部人民武装部
2014—2015	1	607	61030020	大学生职业生涯规划	学生工作部人民武装部
2014—2015	1	180	00131421	高等数学C(一)	医学部教学办
2014—2015	1	180	00131421	高等数学C(一)	医学部教学办
2014—2015	1	180	00131421	高等数学C(一)	医学部教学办
2014—2015	1	180	01034880	普通化学(B)	医学部教学办
2014—2015	1	180	01034880	普通化学(B)	医学部教学办
2014—2015	1	180	01034880	普通化学(B)	医学部教学办
2014—2015	1	180	01034920	普通化学实验(B)	医学部教学办
2014—2015	1	180	01034920	普通化学实验(B)	医学部教学办
2014—2015	1	180	01034920	普通化学实验(B)	医学部教学办
2014—2015	1	180	01034920	普通化学实验(B)	医学部教学办
2014—2015	1	180	01139380	普通生物学(A)	医学部教学办

续表

学年度	学期	院系代码	课程号	课程名称	开课系所
2014—2015	1	180	01139380	普通生物学(A)	医学部教学办
2014—2015	1	180	04831410	计算概论(B)	医学部教学办
2014—2015	1	180	04831410	计算概论(B)	医学部教学办
2014—2015	1	180	04831410	计算概论(B)	医学部教学办
2014—2015	1	180	04831410	计算概论(B)	医学部教学办
2014—2015	1	180	04831650	计算概论(B)上机	医学部教学办
2014—2015	1	180	04831650	计算概论(B)上机	医学部教学办
2014—2015	1	180	04831650	计算概论(B)上机	医学部教学办
2014—2015	1	180	04831650	计算概论(B)上机	医学部教学办
2014—2015	1	180	18050200	中医养生学	医学部教学办
2014—2015	1	180	18050500	血管探秘	医学部教学办
2014—2015	1	180	89139790	医学发展概论	医学部教学办
2014—2015	1	180	89339770	健康的生活方式与健康传播	医学部教学办
2014—2015	1	043	04330013	艺术学原理	艺术学院
2014—2015	1	043	04330015	当代艺术概论	艺术学院
2014—2015	1	043	04330021	戏曲与中国传统文化	艺术学院
2014—2015	1	043	04330028	跨文化艺术传播学	艺术学院
2014—2015	1	043	04330029	文化市场营销学	艺术学院
2014—2015	1	043	04330038	中国艺术学原著导读	艺术学院
2014—2015	1	043	04330039	艺术批评	艺术学院
2014—2015	1	043	04330043	西方音乐史	艺术学院
2014—2015	1	043	04330052	中国美术通史(上)	艺术学院
2014—2015	1	043	04330057	西方音乐通史(上)	艺术学院
2014—2015	1	043	04330070	舞蹈概论	艺术学院
2014—2015	1	043	04330101	电影概论	艺术学院
2014—2015	1	043	04330166	合唱基础的理论与实践	艺术学院
2014—2015	1	043	04330641	交响乐(初)	艺术学院
2014—2015	1	043	04330643	交响乐(中)	艺术学院
2014—2015	1	043	04330645	交响乐(高)	艺术学院
2014—2015	1	043	04330941	民族管弦乐(初)	艺术学院
2014—2015	1	043	04330945	民族管弦乐(高)	艺术学院
2014—2015	1	043	04331020	中外名曲赏析	艺术学院
2014—2015	1	043	04331452	中国电影史	艺术学院
2014—2015	1	043	04331791	视听语言(电影语言)	艺术学院
2014—2015	1	043	04331802	影视编剧(一)	艺术学院
2014—2015	1	043	04331812	影视导演(一)	艺术学院
2014—2015	1	043	04331821	影视节目策划	艺术学院
2014—2015	1	043	04331881	中国书法艺术美学	艺术学院
2014—2015	1	043	04332120	影视音乐	艺术学院
2014—2015	1	043	04332210	中国电影史	艺术学院
2014—2015	1	043	04332250	影片导读(一)	艺术学院
2014—2015	1	043	04332251	影片导读(二)	艺术学院
2014—2015	1	043	04332270	表演理论与实践	艺术学院
2014—2015	1	043	04332281	学年作品(一)	艺术学院

续表

学年度	学期	院系代码	课程号	课程名称	开课系所
2014—2015	1	043	04332282	学年作品(二)	艺术学院
2014—2015	1	043	04332283	毕业作品拍片实践	艺术学院
2014—2015	1	043	04332284	毕业实习	艺术学院
2014—2015	1	043	04332290	影视技术(非线性编辑)	艺术学院
2014—2015	1	043	04332301	西方舞蹈文化史	艺术学院
2014—2015	1	043	04332350	中国流行音乐流变	艺术学院
2014—2015	1	043	04332490	西方歌剧简史与名作赏析	艺术学院
2014—2015	1	043	04332511	西方美术通史(上)	艺术学院
2014—2015	1	043	04332530	文化产业导论	艺术学院
2014—2015	1	043	04332551	艺术训练(一)	艺术学院
2014—2015	1	043	04332552	艺术训练(二)	艺术学院
2014—2015	1	043	04332553	艺术训练(三)	艺术学院
2014—2015	1	043	04332554	艺术训练(四)	艺术学院
2014—2015	1	043	04332555	艺术训练(五)	艺术学院
2014—2015	1	043	04332556	艺术训练(六)	艺术学院
2014—2015	1	043	04332557	艺术训练(七)	艺术学院
2014—2015	1	043	04332590	中国传统装饰艺术与审美文化	艺术学院
2014—2015	1	043	04332661	中国画理论与技法	艺术学院
2014—2015	1	043	04332881	中外美术创作比较	艺术学院
2014—2015	1	043	04332952	水墨画	艺术学院
2014—2015	1	043	04333021	美术概论	艺术学院
2014—2015	1	043	04333100	音乐剧概论与实践	艺术学院
2014—2015	1	039	03835061	大学英语(一)(2)	外国语学院
2014—2015	1	039	03835061	大学英语(一)(2)	外国语学院
2014—2015	1	039	03835061	大学英语(一)(2)	外国语学院
2014—2015	1	039	03835061	大学英语(一)(2)	外国语学院
2014—2015	1	039	03835061	大学英语(一)(2)	外国语学院
2014—2015	1	039	03835061	大学英语(一)(2)	外国语学院
2014—2015	1	039	03835061	大学英语(一)(2)	外国语学院
2014—2015	1	039	03835061	大学英语(一)(2)	外国语学院
2014—2015	1	039	03835062	大学英语(二)(2)	外国语学院
2014—2015	1	039	03835062	大学英语(二)(2)	外国语学院
2014—2015	1	039	03835062	大学英语(二)(2)	外国语学院
2014—2015	1	039	03835062	大学英语(二)(2)	外国语学院
2014—2015	1	039	03835062	大学英语(二)(2)	外国语学院
2014—2015	1	039	03835062	大学英语(二)(2)	外国语学院
2014—2015	1	039	03835062	大学英语(二)(2)	外国语学院
2014—2015	1	039	03835062	大学英语(二)(2)	外国语学院
2014—2015	1	039	03835062	大学英语(二)(2)	外国语学院
2014—2015	1	039	03835062	大学英语(二)(2)	外国语学院
2014—2015	1	039	03835062	大学英语(二)(2)	外国语学院

续表

学年度	学期	院系代码	课程号	课程名称	开课系所
2014—2015	1	039	03835062	大学英语(二)(2)	外国语学院
2014—2015	1	039	03835062	大学英语(二)(2)	外国语学院
2014—2015	1	039	03835062	大学英语(二)(2)	外国语学院
2014—2015	1	039	03835062	大学英语(二)(2)	外国语学院
2014—2015	1	039	03835062	大学英语(二)(2)	外国语学院
2014—2015	1	039	03835062	大学英语(二)(2)	外国语学院
2014—2015	1	039	03835062	大学英语(二)(2)	外国语学院
2014—2015	1	039	03835062	大学英语(二)(2)	外国语学院
2014—2015	1	039	03835062	大学英语(二)(2)	外国语学院
2014—2015	1	039	03835062	大学英语(二)(2)	外国语学院
2014—2015	1	039	03835062	大学英语(二)(2)	外国语学院
2014—2015	1	039	03835062	大学英语(二)(2)	外国语学院
2014—2015	1	039	03835062	大学英语(二)(2)	外国语学院
2014—2015	1	039	03835062	大学英语(二)(2)	外国语学院
2014—2015	1	039	03835062	大学英语(二)(2)	外国语学院
2014—2015	1	039	03835062	大学英语(二)(2)	外国语学院
2014—2015	1	039	03835062	大学英语(二)(2)	外国语学院
2014—2015	1	039	03835062	大学英语(二)(2)	外国语学院
2014—2015	1	039	03835062	大学英语(二)(2)	外国语学院
2014—2015	1	039	03835062	大学英语(二)(2)	外国语学院
2014—2015	1	039	03835062	大学英语(二)(2)	外国语学院
2014—2015	1	039	03835062	大学英语(二)(2)	外国语学院
2014—2015	1	039	03835062	大学英语(二)(2)	外国语学院
2014—2015	1	039	03835062	大学英语(二)(2)	外国语学院
2014—2015	1	039	03835063	大学英语(三)(2)	外国语学院
2014—2015	1	039	03835063	大学英语(三)(2)	外国语学院
2014—2015	1	039	03835063	大学英语(三)(2)	外国语学院
2014—2015	1	039	03835063	大学英语(三)(2)	外国语学院
2014—2015	1	039	03835063	大学英语(三)(2)	外国语学院
2014—2015	1	039	03835063	大学英语(三)(2)	外国语学院
2014—2015	1	039	03835063	大学英语(三)(2)	外国语学院
2014—2015	1	039	03835063	大学英语(三)(2)	外国语学院
2014—2015	1	039	03835063	大学英语(三)(2)	外国语学院
2014—2015	1	039	03835063	大学英语(三)(2)	外国语学院
2014—2015	1	039	03835063	大学英语(三)(2)	外国语学院

续表

学年度	学期	院系代码	课程号	课程名称	开课系所
2014—2015	1	039	03835063	大学英语(三)(2)	外国语学院
2014—2015	1	039	03835063	大学英语(三)(2)	外国语学院
2014—2015	1	039	03835063	大学英语(三)(2)	外国语学院
2014—2015	1	039	03835063	大学英语(三)(2)	外国语学院
2014—2015	1	039	03835063	大学英语(三)(2)	外国语学院
2014—2015	1	039	03835063	大学英语(三)(2)	外国语学院
2014—2015	1	039	03835063	大学英语(三)(2)	外国语学院
2014—2015	1	039	03835063	大学英语(三)(2)	外国语学院
2014—2015	1	039	03835063	大学英语(三)(2)	外国语学院
2014—2015	1	039	03835063	大学英语(三)(2)	外国语学院
2014—2015	1	039	03835063	大学英语(三)(2)	外国语学院
2014—2015	1	039	03835063	大学英语(三)(2)	外国语学院
2014—2015	1	039	03835063	大学英语(三)(2)	外国语学院
2014—2015	1	039	03835063	大学英语(三)(2)	外国语学院
2014—2015	1	039	03835063	大学英语(三)(2)	外国语学院
2014—2015	1	039	03835063	大学英语(三)(2)	外国语学院
2014—2015	1	039	03835063	大学英语(三)(2)	外国语学院
2014—2015	1	039	03835063	大学英语(三)(2)	外国语学院
2014—2015	1	039	03835063	大学英语(三)(2)	外国语学院
2014—2015	1	039	03835063	大学英语(三)(2)	外国语学院
2014—2015	1	039	03835063	大学英语(三)(2)	外国语学院
2014—2015	1	039	03835063	大学英语(三)(2)	外国语学院
2014—2015	1	039	03835063	大学英语(三)(2)	外国语学院
2014—2015	1	039	03835063	大学英语(三)(2)	外国语学院
2014—2015	1	039	03835063	大学英语(三)(2)	外国语学院
2014—2015	1	039	03835063	大学英语(三)(2)	外国语学院
2014—2015	1	039	03835063	大学英语(三)(2)	外国语学院
2014—2015	1	039	03835063	大学英语(三)(2)	外国语学院
2014—2015	1	039	03835063	大学英语(三)(2)	外国语学院
2014—2015	1	039	03835063	大学英语(三)(2)	外国语学院
2014—2015	1	039	03835063	大学英语(三)(2)	外国语学院
2014—2015	1	039	03835063	大学英语(三)(2)	外国语学院
2014—2015	1	039	03835063	大学英语(三)(2)	外国语学院
2014—2015	1	039	03835063	大学英语(三)(2)	外国语学院
2014—2015	1	039	03835063	大学英语(三)(2)	外国语学院
2014—2015	1	039	03835063	大学英语(三)(2)	外国语学院
2014—2015	1	039	03835067	大学英语(四)	外国语学院
2014—2015	1	039	03835067	大学英语(四)	外国语学院
2014—2015	1	039	03835067	大学英语(四)	外国语学院
2014—2015	1	039	03835067	大学英语(四)	外国语学院

续表

学年度	学期	院系代码	课程号	课程名称	开课系所
2014—2015	1	039	03835067	大学英语(四)	外国语学院
2014—2015	1	039	03835067	大学英语(四)	外国语学院
2014—2015	1	039	03835067	大学英语(四)	外国语学院
2014—2015	1	039	03835067	大学英语(四)	外国语学院
2014—2015	1	039	03835067	大学英语(四)	外国语学院
2014—2015	1	039	03835067	大学英语(四)	外国语学院
2014—2015	1	039	03835067	大学英语(四)	外国语学院
2014—2015	1	039	03835067	大学英语(四)	外国语学院
2014—2015	1	039	03835067	大学英语(四)	外国语学院
2014—2015	1	039	03835067	大学英语(四)	外国语学院
2014—2015	1	039	03835067	大学英语(四)	外国语学院
2014—2015	1	039	03835067	大学英语(四)	外国语学院
2014—2015	1	039	03835067	大学英语(四)	外国语学院
2014—2015	1	039	03835067	大学英语(四)	外国语学院
2014—2015	1	039	03835067	大学英语(四)	外国语学院
2014—2015	1	039	03835067	大学英语(四)	外国语学院
2014—2015	1	039	03835067	大学英语(四)	外国语学院
2014—2015	1	039	03835067	大学英语(四)	外国语学院
2014—2015	1	039	03835067	大学英语(四)	外国语学院
2014—2015	1	039	03835067	大学英语(四)	外国语学院
2014—2015	1	039	03835067	大学英语(四)	外国语学院
2014—2015	1	039	03835067	大学英语(四)	外国语学院
2014—2015	1	039	03835067	大学英语(四)	外国语学院
2014—2015	1	039	03835067	大学英语(四)	外国语学院
2014—2015	1	039	03835067	大学英语(四)	外国语学院
2014—2015	1	039	03835067	大学英语(四)	外国语学院
2014—2015	1	039	03835067	大学英语(四)	外国语学院
2014—2015	1	039	03835067	大学英语(四)	外国语学院
2014—2015	1	039	03835067	大学英语(四)	外国语学院
2014—2015	1	039	03835067	大学英语(四)	外国语学院
2014—2015	1	039	03835067	大学英语(四)	外国语学院
2014—2015	1	039	03835067	大学英语(四)	外国语学院
2014—2015	1	039	03835067	大学英语(四)	外国语学院
2014—2015	1	039	03835067	大学英语(四)	外国语学院
2014—2015	1	039	03835067	大学英语(四)	外国语学院
2014—2015	1	039	03835067	大学英语(四)	外国语学院
2014—2015	1	039	03835067	大学英语(四)	外国语学院
2014—2015	1	039	03835067	大学英语(四)	外国语学院
2014—2015	1	039	03835067	大学英语(四)	外国语学院
2014—2015	1	039	03835067	大学英语(四)	外国语学院

续表

学年度	学期	院系代码	课程号	课程名称	开课系所
2014—2015	1	039	03835067	大学英语(四)	外国语学院
2014—2015	1	039	03835067	大学英语(四)	外国语学院
2014—2015	1	039	03835067	大学英语(四)	外国语学院
2014—2015	1	039	03835067	大学英语(四)	外国语学院
2014—2015	1	039	03835150	高级英语—阅读与写作	外国语学院
2014—2015	1	039	03835150	高级英语—阅读与写作	外国语学院
2014—2015	1	039	03835150	高级英语—阅读与写作	外国语学院
2014—2015	1	039	03835150	高级英语—阅读与写作	外国语学院
2014—2015	1	039	03835150	高级英语—阅读与写作	外国语学院
2014—2015	1	039	03835150	高级英语—阅读与写作	外国语学院
2014—2015	1	039	03835150	高级英语—阅读与写作	外国语学院
2014—2015	1	039	03835150	高级英语—阅读与写作	外国语学院
2014—2015	1	039	03835170	高级英语听力技巧	外国语学院
2014—2015	1	039	03835170	高级英语听力技巧	外国语学院
2014—2015	1	039	03835170	高级英语听力技巧	外国语学院
2014—2015	1	039	03835201	大学英语 ABC(一)(2)	外国语学院
2014—2015	1	039	03835201	大学英语 ABC(一)(2)	外国语学院
2014—2015	1	039	03835203	大学英语 ABC(三)(2)	外国语学院
2014—2015	1	039	03835203	大学英语 ABC(三)(2)	外国语学院
2014—2015	1	039	03835230	实用英语词汇学	外国语学院
2014—2015	1	039	03835230	实用英语词汇学	外国语学院
2014—2015	1	039	03835230	实用英语词汇学	外国语学院
2014—2015	1	039	03835230	实用英语词汇学	外国语学院
2014—2015	1	039	03835260	英语名著与电影	外国语学院
2014—2015	1	039	03835260	英语名著与电影	外国语学院
2014—2015	1	039	03835260	英语名著与电影	外国语学院
2014—2015	1	039	03835260	英语名著与电影	外国语学院
2014—2015	1	039	03835270	英语词汇与英美文化	外国语学院
2014—2015	1	039	03835350	大学英语听说	外国语学院
2014—2015	1	039	03835350	大学英语听说	外国语学院
2014—2015	1	039	03835350	大学英语听说	外国语学院
2014—2015	1	039	03835350	大学英语听说	外国语学院
2014—2015	1	039	03835350	大学英语听说	外国语学院
2014—2015	1	039	03835350	大学英语听说	外国语学院
2014—2015	1	039	03835350	大学英语听说	外国语学院
2014—2015	1	039	03835500	新西兰历史与文化	外国语学院
2014—2015	1	039	03835530	美国重要历史文献选读	外国语学院
2014—2015	1	039	03835530	美国重要历史文献选读	外国语学院
2014—2015	1	039	03835540	英语阅读 A	外国语学院
2014—2015	1	039	03835540	英语阅读 A	外国语学院
2014—2015	1	039	03835550	英语听说与写作 A	外国语学院
2014—2015	1	039	03835550	英语听说与写作 A	外国语学院
2014—2015	1	039	03835560	英语阅读 B1	外国语学院

续表

学年度	学期	院系代码	课程号	课程名称	开课系所
2014—2015	1	039	03835560	英语阅读B1	外国语学院
2014—2015	1	039	03835560	英语阅读B1	外国语学院
2014—2015	1	039	03835560	英语阅读B1	外国语学院
2014—2015	1	039	03835560	英语阅读B1	外国语学院
2014—2015	1	039	03835560	英语阅读B1	外国语学院
2014—2015	1	039	03835570	英语听说与写作B1	外国语学院
2014—2015	1	039	03835570	英语听说与写作B1	外国语学院
2014—2015	1	039	03835570	英语听说与写作B1	外国语学院
2014—2015	1	039	03835570	英语听说与写作B1	外国语学院
2014—2015	1	039	03835570	英语听说与写作B1	外国语学院
2014—2015	1	039	03835710	语言、文化与交际	外国语学院
2014—2015	1	039	03835710	语言、文化与交际	外国语学院
2014—2015	1	039	03835730	美国文化概览	外国语学院
2014—2015	1	039	03835730	美国文化概览	外国语学院
2014—2015	1	039	03835730	美国文化概览	外国语学院
2014—2015	1	039	03835730	美国文化概览	外国语学院
2014—2015	1	039	03835840	英美短篇小说赏析	外国语学院
2014—2015	1	039	03835840	英美短篇小说赏析	外国语学院
2014—2015	1	039	03835880	英美报刊选读	外国语学院
2014—2015	1	039	03835890	汉英翻译理论与实践	外国语学院
2014—2015	1	039	03835890	汉英翻译理论与实践	外国语学院
2014—2015	1	039	03835900	高级英语写作	外国语学院
2014—2015	1	039	03835900	高级英语写作	外国语学院
2014—2015	1	039	03835900	高级英语写作	外国语学院
2014—2015	1	039	03835900	高级英语写作	外国语学院
2014—2015	1	039	03835900	高级英语写作	外国语学院
2014—2015	1	039	03835900	高级英语写作	外国语学院
2014—2015	1	039	03835940	语音与听说词汇	外国语学院
2014—2015	1	039	03835940	语音与听说词汇	外国语学院
2014—2015	1	039	03835940	语音与听说词汇	外国语学院
2014—2015	1	039	03835940	语音与听说词汇	外国语学院
2014—2015	1	039	03835950	高级英语口语	外国语学院
2014—2015	1	039	03835950	高级英语口语	外国语学院
2014—2015	1	039	03835950	高级英语口语	外国语学院
2014—2015	1	039	03835950	高级英语口语	外国语学院
2014—2015	1	039	03835950	高级英语口语	外国语学院
2014—2015	1	039	03835950	高级英语口语	外国语学院
2014—2015	1	039	03835960	英文文体风格鉴赏	外国语学院
2014—2015	1	039	03835960	英文文体风格鉴赏	外国语学院
2014—2015	1	039	03835960	英文文体风格鉴赏	外国语学院
2014—2015	1	039	03835960	英文文体风格鉴赏	外国语学院
2014—2015	1	039	03835990	英美经典散文节选阅读	外国语学院
2014—2015	1	039	03835990	英美经典散文节选阅读	外国语学院

续表

学年度	学期	院系代码	课程号	课程名称	开课系所
2014—2015	1	046	00332250	理论力学	元培学院
2014—2015	1	046	00333820	概率论	元培学院
2014—2015	1	046	01034310	普通化学	元培学院
2014—2015	1	046	01034321	普通化学实验	元培学院
2014—2015	1	046	04630030	学术规范与论文写作	元培学院
2014—2015	1	046	04630030	学术规范与论文写作	元培学院
2014—2015	1	046	04630030	学术规范与论文写作	元培学院
2014—2015	1	046	04630030	学术规范与论文写作	元培学院
2014—2015	1	046	04630030	学术规范与论文写作	元培学院
2014—2015	1	046	04630030	学术规范与论文写作	元培学院
2014—2015	1	046	04630800	英语Ⅰ(整合科学)	元培学院
2014—2015	1	046	04630820	数学—物理的整合Ⅰ	元培学院
2014—2015	1	046	04630830	综合实验课程Ⅰ	元培学院
2014—2015	1	046	04630840	有机化学(整合科学)	元培学院
2014—2015	1	046	04630900	思想道德修养与法律基础	元培学院
2014—2015	1	046	04630910	新生讨论班	元培学院
2014—2015	1	046	04630910	新生讨论班	元培学院
2014—2015	1	046	04630950	思想道德修养与法律基础讨论班	元培学院
2014—2015	1	046	04630950	思想道德修养与法律基础讨论班	元培学院
2014—2015	1	046	04630950	思想道德修养与法律基础讨论班	元培学院
2014—2015	1	046	04630950	思想道德修养与法律基础讨论班	元培学院
2014—2015	1	046	04630950	思想道德修养与法律基础讨论班	元培学院
2014—2015	1	046	04630950	思想道德修养与法律基础讨论班	元培学院
2014—2015	1	046	04630950	思想道德修养与法律基础讨论班	元培学院
2014—2015	1	046	04630950	思想道德修养与法律基础讨论班	元培学院
2014—2015	1	046	04831410	计算概论(B)	元培学院
2014—2015	1	046	04831770	微电子与电路基础	元培学院
2014—2015	1	046	04831870	基础电路实验	元培学院
2014—2015	1	046	04832320	人群与网络	元培学院
2014—2015	1	046	04832830	通信与计算机网络	元培学院
2014—2015	1	023	02318373	伊斯兰哲学研究专题	哲学系(宗教学系)
2014—2015	1	023	02330001	哲学导论	哲学系(宗教学系)
2014—2015	1	023	02330002	哲学阅读与写作	哲学系(宗教学系)
2014—2015	1	023	02330002	哲学阅读与写作	哲学系(宗教学系)
2014—2015	1	023	02330002	哲学阅读与写作	哲学系(宗教学系)
2014—2015	1	023	02330002	哲学阅读与写作	哲学系(宗教学系)
2014—2015	1	023	02330003	哲学导论	哲学系(宗教学系)
2014—2015	1	023	02330004	哲学导论讨论课	哲学系(宗教学系)
2014—2015	1	023	02330004	哲学导论讨论课	哲学系(宗教学系)
2014—2015	1	023	02330004	哲学导论讨论课	哲学系(宗教学系)
2014—2015	1	023	02330004	哲学导论讨论课	哲学系(宗教学系)
2014—2015	1	023	02330004	哲学导论讨论课	哲学系(宗教学系)
2014—2015	1	023	02330004	哲学导论讨论课	哲学系(宗教学系)
2014—2015	1	023	02330026	马克思主义哲学导论(下)	哲学系(宗教学系)

续表

学年度	学期	院系代码	课程号	课程名称	开课系所
2014—2015	1	023	02330087	中国哲学史（下）	哲学系（宗教学系）
2014—2015	1	023	02330088	中国哲学史（下）讨论课	哲学系（宗教学系）
2014—2015	1	023	02330088	中国哲学史（下）讨论课	哲学系（宗教学系）
2014—2015	1	023	02330088	中国哲学史（下）讨论课	哲学系（宗教学系）
2014—2015	1	023	02330088	中国哲学史（下）讨论课	哲学系（宗教学系）
2014—2015	1	023	02330160	宗教学导论	哲学系（宗教学系）
2014—2015	1	023	02330162	宗教学导论	哲学系（宗教学系）
2014—2015	1	023	02330163	宗教学导论讨论课	哲学系（宗教学系）
2014—2015	1	023	02330163	宗教学导论讨论课	哲学系（宗教学系）
2014—2015	1	023	02330163	宗教学导论讨论课	哲学系（宗教学系）
2014—2015	1	023	02330163	宗教学导论讨论课	哲学系（宗教学系）
2014—2015	1	023	02330163	宗教学导论讨论课	哲学系（宗教学系）
2014—2015	1	023	02330163	宗教学导论讨论课	哲学系（宗教学系）
2014—2015	1	023	02330180	科学历史哲学导论	哲学系（宗教学系）
2014—2015	1	023	02330340	形而上学	哲学系（宗教学系）
2014—2015	1	023	02330341	后形而上学与后现代主义	哲学系（宗教学系）
2014—2015	1	023	02330350	西方马克思主义专题	哲学系（宗教学系）
2014—2015	1	023	02330360	马克思主义宗教学	哲学系（宗教学系）
2014—2015	1	023	02330501	美国环境思想	哲学系（宗教学系）
2014—2015	1	023	02330610	心灵哲学	哲学系（宗教学系）
2014—2015	1	023	02330800	西方美学史	哲学系（宗教学系）
2014—2015	1	023	02331031	一阶逻辑	哲学系（宗教学系）
2014—2015	1	023	02331121	形式语义学导论	哲学系（宗教学系）
2014—2015	1	023	02331182	动态逻辑	哲学系（宗教学系）
2014—2015	1	023	02331190	集合论	哲学系（宗教学系）
2014—2015	1	023	02331371	数学结构	哲学系（宗教学系）
2014—2015	1	023	02332013	印度佛教史	哲学系（宗教学系）
2014—2015	1	023	02332024	中国伊斯兰教史	哲学系（宗教学系）
2014—2015	1	023	02332071	道教原典	哲学系（宗教学系）
2014—2015	1	023	02332180	宗教社会学	哲学系（宗教学系）
2014—2015	1	023	02332250	中国宗教史	哲学系（宗教学系）
2014—2015	1	023	02332338	印度佛教经典选读	哲学系（宗教学系）
2014—2015	1	023	02332480	全球化时代的宗教关系	哲学系（宗教学系）
2014—2015	1	023	02333051	古希腊语导论（I）	哲学系（宗教学系）
2014—2015	1	023	02333056	古希腊语导论（3）	哲学系（宗教学系）
2014—2015	1	023	02333070	近代欧洲哲学专题	哲学系（宗教学系）
2014—2015	1	023	02333090	德国古典哲学专题	哲学系（宗教学系）
2014—2015	1	023	02333161	现象学导论	哲学系（宗教学系）
2014—2015	1	023	02333170	后现代主义哲学	哲学系（宗教学系）
2014—2015	1	023	02333180	东西方哲学比较	哲学系（宗教学系）
2014—2015	1	023	02333320	近现代中国哲学	哲学系（宗教学系）
2014—2015	1	023	02333321	中国哲学专题	哲学系（宗教学系）
2014—2015	1	023	02334020	环境伦理学	哲学系（宗教学系）
2014—2015	1	023	02334030	应用伦理学专题	哲学系（宗教学系）
2014—2015	1	023	02335062	西方哲学史（下）	哲学系（宗教学系）

续表

学年度	学期	院系代码	课程号	课程名称	开课系所
2014—2015	1	023	02335065	西方哲学史（下）	哲学系（宗教学系）
2014—2015	1	023	02335066	西方哲学史（下）讨论课	哲学系（宗教学系）
2014—2015	1	023	02335066	西方哲学史（下）讨论课	哲学系（宗教学系）
2014—2015	1	023	02335066	西方哲学史（下）讨论课	哲学系（宗教学系）
2014—2015	1	023	02335072	中国哲学史（下）	哲学系（宗教学系）
2014—2015	1	023	02335122	复杂性科学与哲学	哲学系（宗教学系）
2014—2015	1	023	02335330	世界文明中的科学技术	哲学系（宗教学系）
2014—2015	1	023	02336162	西方思想经典（三）	哲学系（宗教学系）
2014—2015	1	023	02336162	西方思想经典（三）	哲学系（宗教学系）
2014—2015	1	023	02336162	西方思想经典（三）	哲学系（宗教学系）
2014—2015	1	023	02336162	西方思想经典（三）	哲学系（宗教学系）
2014—2015	1	023	02336170	哲学与人生	哲学系（宗教学系）
2014—2015	1	023	02336201	康德《纯然理性范围内的宗教》	哲学系（宗教学系）
2014—2015	1	023	02337003	古典语文学专题研讨（三）	哲学系（宗教学系）
2014—2015	1	032	03230020	政治学原理	政府管理学院
2014—2015	1	032	03230040	比较政治学概论	政府管理学院
2014—2015	1	032	03230050	当代中国政府与政治	政府管理学院
2014—2015	1	032	03230100	当代西方国家政治制度	政府管理学院
2014—2015	1	032	03230120	组织与管理	政府管理学院
2014—2015	1	032	03230430	国家公务员制度	政府管理学院
2014—2015	1	032	03230450	行政领导学	政府管理学院
2014—2015	1	032	03230670	秘书学与秘书工作	政府管理学院
2014—2015	1	032	03230700	中国近现代政治发展史	政府管理学院
2014—2015	1	032	03231050	公共经济学原理	政府管理学院
2014—2015	1	032	03231180	博弈论与政策科学	政府管理学院
2014—2015	1	032	03231210	公共政策案例分析	政府管理学院
2014—2015	1	032	03231230	城市与区域经济	政府管理学院
2014—2015	1	032	03231240	经济地理学	政府管理学院
2014—2015	1	032	03231250	城市管理	政府管理学院
2014—2015	1	032	03231260	城市规划	政府管理学院
2014—2015	1	032	03231280	现代不动产	政府管理学院
2014—2015	1	032	03231470	货币与金融政策	政府管理学院
2014—2015	1	032	03231610	管理运筹学	政府管理学院
2014—2015	1	032	03231620	公共政策分析	政府管理学院
2014—2015	1	032	03231720	监察与监督	政府管理学院
2014—2015	1	032	03231750	中国地方政府与政治	政府管理学院
2014—2015	1	032	03232200	区域分析方法	政府管理学院
2014—2015	1	032	03232240	地方政府经济学	政府管理学院
2014—2015	1	032	03232270	政治学概论	政府管理学院
2014—2015	1	032	03232270	政治学概论	政府管理学院
2014—2015	1	032	03232270	政治学概论	政府管理学院
2014—2015	1	032	03232270	政治学概论	政府管理学院
2014—2015	1	032	03232270	政治学概论	政府管理学院
2014—2015	1	032	03232280	公共行政学概论	政府管理学院
2014—2015	1	032	03232310	政治学科的理论与方法	政府管理学院

续表

学年度	学期	院系代码	课程号	课程名称	开课系所
2014—2015	1	032	03232340	国家与市场	政府管理学院
2014—2015	1	032	03232460	公共组织行为学	政府管理学院
2014—2015	1	032	03232470	论文写作与研究方法	政府管理学院
2014—2015	1	020	02030011	现代汉语(上)	中国语言文学系
2014—2015	1	020	02030021	古代汉语(上)	中国语言文学系
2014—2015	1	020	02030021	古代汉语(上)	中国语言文学系
2014—2015	1	020	02030033	中国古代文学史(三)	中国语言文学系
2014—2015	1	020	02030033	中国古代文学史(三)	中国语言文学系
2014—2015	1	020	02030070	语言学概论	中国语言文学系
2014—2015	1	020	02030070	语言学概论	中国语言文学系
2014—2015	1	020	02030120	汉语方言学	中国语言文学系
2014—2015	1	020	02030150	理论语言学	中国语言文学系
2014—2015	1	020	02030220	目录学	中国语言文学系
2014—2015	1	020	02030252	古文献学史(下)	中国语言文学系
2014—2015	1	020	02030330	民俗学	中国语言文学系
2014—2015	1	020	02030350	中国神话研究	中国语言文学系
2014—2015	1	020	02030470	散曲研究	中国语言文学系
2014—2015	1	020	02030930	现代汉语语法研究	中国语言文学系
2014—2015	1	020	02030950	汉语修辞学	中国语言文学系
2014—2015	1	020	02031090	《孟子》选读	中国语言文学系
2014—2015	1	020	02031090	《孟子》选读	中国语言文学系
2014—2015	1	020	02031130	索绪尔语言学理论	中国语言文学系
2014—2015	1	020	02031521	汉语史(上)	中国语言文学系
2014—2015	1	020	02031540	中国古代文化	中国语言文学系
2014—2015	1	020	02031540	中国古代文化	中国语言文学系
2014—2015	1	020	02031540	中国古代文化	中国语言文学系
2014—2015	1	020	02032640	《论语》《孟子》导读	中国语言文学系
2014—2015	1	020	02032780	西方文学理论史	中国语言文学系
2014—2015	1	020	02033000	台湾文学	中国语言文学系
2014—2015	1	020	02033100	语言工程与中文信息处理	中国语言文学系
2014—2015	1	020	02033130	鲁迅研究	中国语言文学系
2014—2015	1	020	02033170	影片精读	中国语言文学系
2014—2015	1	020	02033260	汉语语音学基础	中国语言文学系
2014—2015	1	020	02033270	中国文学理论批评史	中国语言文学系
2014—2015	1	020	02033310	《广韵》研究	中国语言文学系
2014—2015	1	020	02033320	中国古代诗歌理论专题	中国语言文学系
2014—2015	1	020	02033360	中国当代文学	中国语言文学系
2014—2015	1	020	02033450	古代典籍概要	中国语言文学系
2014—2015	1	020	02033450	古代典籍概要	中国语言文学系
2014—2015	1	020	02033570	静园学术讲座	中国语言文学系
2014—2015	1	020	02033580	古代汉语	中国语言文学系
2014—2015	1	020	02033630	海子诗歌研究	中国语言文学系
2014—2015	1	020	02033700	中国传统节日研究	中国语言文学系
2014—2015	1	020	02033830	经典讲读	中国语言文学系
2014—2015	1	020	02033830	经典讲读	中国语言文学系
2014—2015	1	020	02033850	中国古籍入门	中国语言文学系

续表

学年度	学期	院系代码	课程号	课程名称	开课系所
2014—2015	1	020	02033861	中国古代文学经典(一)	中国语言文学系
2014—2015	1	020	02033890	美国华裔小说与戏剧	中国语言文学系
2014—2015	1	020	02033931	经典精读课程(一)	中国语言文学系
2014—2015	1	020	02033980	唐代小说研究	中国语言文学系
2014—2015	1	020	02034000	现代汉语	中国语言文学系
2014—2015	1	020	02034020	中国有声语言和口传文化	中国语言文学系
2014—2015	1	020	02034030	中国现当代文学	中国语言文学系
2014—2015	1	020	02034090	《西游记》研读	中国语言文学系
2014—2015	1	020	02034171	中国古代文学史(一)	中国语言文学系
2014—2015	1	020	02034171	中国古代文学史(一)	中国语言文学系
2014—2015	1	020	02034171	中国古代文学史(一)	中国语言文学系
2014—2015	1	020	02034171	中国古代文学史(一)	中国语言文学系
2014—2015	1	020	02034171	中国古代文学史(一)	中国语言文学系
2014—2015	1	020	02034171	中国古代文学史(一)	中国语言文学系
2014—2015	1	020	02034171	中国古代文学史(一)	中国语言文学系
2014—2015	1	020	02034230	西方人文经典导读	中国语言文学系
2014—2015	1	020	02034250	艺术人文学导论	中国语言文学系
2014—2015	1	020	02034270	当代外国经典短篇小说细读	中国语言文学系
2014—2015	1	020	02034280	汉代文学与社会政治	中国语言文学系
2014—2015	1	020	02034290	民间叙事研究	中国语言文学系
2014—2015	1	020	02034300	大学国文	中国语言文学系
2014—2015	1	020	02034300	大学国文	中国语言文学系
2014—2015	1	020	02034300	大学国文	中国语言文学系
2014—2015	1	020	02034300	大学国文	中国语言文学系
2014—2015	1	020	02039310	大学语文	中国语言文学系
2014—2015	1	020	02080042	现代汉语(下)	中国语言文学系
2014—2015	1	020	02080051	古代汉语(上)	中国语言文学系
2014—2015	1	020	02080261	中国现代文学(上)	中国语言文学系
2014—2015	1	020	02080331	中国当代文学作品(上)	中国语言文学系
2014—2015	1	020	02080341	中国古代文学(一)	中国语言文学系
2014—2015	1	020	02080343	中国古代文学(三)	中国语言文学系
2014—2015	1	020	02080410	中国民俗与社会生活	中国语言文学系
2014—2015	1	020	02080420	中国古代文化基础	中国语言文学系
2014—2015	1	020	02080421	阅读与写作(初级)	中国语言文学系
2014—2015	1	020	02080421	阅读与写作(初级)	中国语言文学系
2014—2015	1	020	02080423	阅读与写作(中级下)	中国语言文学系
2014—2015	1	020	02080423	阅读与写作(中级下)	中国语言文学系
2014—2015	1	020	02080423	阅读与写作(中级下)	中国语言文学系
2014—2015	1	020	02080423	阅读与写作(中级下)	中国语言文学系
2014—2015	1	020	02080431	高级汉语口语(上)	中国语言文学系
2014—2015	1	020	02080431	高级汉语口语(上)	中国语言文学系
2014—2015	1	020	02130011	中国古代史(上)	中国语言文学系

表 7-3　教材建设立项名单

序号	主编姓名	主编单位	教材名称
1	丘维声	数学科学学院	解析几何(第三版)
2	谢广明	工学院	机器人引论
3	刘 岩	化学与分子工程学院	电化学动力学 基础和应用
4	刘春立	化学与分子工程学院	放射化学简明教程
5	林建华 荆西平	化学与分子工程学院	无机材料化学
6	陈守良	生命科学学院	人类生物学十五讲
7	陈守良	生命科学学院	人类的性、生育与健康
8	张海霞	信息学院	集成微纳系统
9	陈立翰	心理学系	心理学研究方法——使用 Matlab 和 Psychtoolbox
10	贺桂梅	中国语言文学系	20 世纪中国女性文学
11	邵燕君	中国语言文学系	网络文学类型经典解读
12	漆永祥	中国语言文学系	大学国文选本
13	方 拥	考古文博学院	中西建筑比较
14	孙尚扬	哲学系(宗教学系)	宗教社会学
15	萧鸣政	政府管理学院	人力资源开发与管理——在公共组织中的应用
16	杨凤春	政府管理学院	中国政府概要
17	白智立	政府管理学院	中国现代公务员制度
18	孔凡君	国际关系学院	世界社会主义理论与实践
19	牛 军	国际关系学院	中华人民共和国对外关系史概论(1949—2010)
20	李辰旭	光华管理学院	金融中的数学方法
21	马 浩	国家发展研究院	战略管理学精要(第二版)
22	侯 猛	法学院	社科法学讲义
23	马忆南	法学院	婚姻家庭继承法学
24	姜明安	法学院	行政诉讼法(第三版)
25	车 浩	法学院	刑法案例研习
26	王 成	法学院	侵权责任法
27	刘剑文	法学院	财税法专题研究(第三版)
28	甘培忠	法学院	企业与公司法学
29	汪 劲	法学院	环境法学(第三版)
30	赵丹群	信息管理系	引文分析:理论与实践(Citation Analysis:Its Theory and Application)
31	王 军	信息管理系	信息产品设计教程
32	陈文广	信息管理系	图书馆自动化基础教程
33	刘爱玉	社会学系	Spss 基础分析教程
34	刘红中	外国语学院	大学英语视听说教程 1—4(修订版)CAI 课件
35	王 京	外国语学院	日本民俗学
36	吴贻翼	外国语学院	现代俄语复合句句法学
37	胡 泳	新闻与传播学院	新媒体与社会
38	田 丽	新闻与传播学院	社会化媒体导论
39	王异虹	新闻与传播学院	跨文化新闻传播案例分析教程
40	赫忠慧	体育教研部	健康体适能
41	赵国栋	教育学院	教师发展与课件设计导论
42	李淑珍	马克思主义学院	形势与政策

表 7-4　入选第二批"十二五"普通高等教育本科国家级规划教材名单

序号	书名	主要作者	第一作者单位	出版社
1	数学分析（第一册）	伍胜健	数学科学学院	北京大学出版社
	数学分析（第二册）	伍胜健	数学科学学院	北京大学出版社
	数学分析（第三册）	伍胜健	数学科学学院	北京大学出版社
2	数值线性代数（第二版）	徐树方、高　立、张平文	数学科学学院	北京大学出版社
3	高等代数（上册）——大学高等代数课程创新教材	丘维声	数学科学学院	清华大学出版社
	高等代数（下册）——大学高等代数课程创新教材	丘维声	数学科学学院	清华大学出版社
4	大学文科高等数学（第2版）	姚孟臣	数学科学学院	高等教育出版社
	大学文科高等数学（第2版）学习辅导与习题解答	姚孟臣、张清允	数学科学学院	高等教育出版社
5	算法与数据结构——C语言描述（第3版）	张乃孝、陈　光、孙　猛	数学科学学院	高等教育出版社
6	现代光学基础（第二版）	钟锡华	物理学院	北京大学出版社
7	电磁学（第三版）	赵凯华、陈熙谋	物理学院	高等教育出版社
8	中级有机化学	裴　坚	化学与分子工程学院	北京大学出版社
9	细胞生物学（第4版）	翟中和、王喜忠、丁明孝	生命科学学院	高等教育出版社
10	现代分子生物学实验技术（第2版）	魏春红、门淑珍、李　毅	生命科学学院	高等教育出版社
11	微型计算机基本原理与应用（第二版）	王克义	信息科学技术学院	北京大学出版社
12	综合自然地理学（第2版）	蒙吉军	城市与环境学院	北京大学出版社
13	地貌学原理（第3版）	杨景春、李有利	城市与环境学院	北京大学出版社
14	发展心理学	苏彦捷	心理学系	高等教育出版社
15	语言学纲要（修订版）	叶蜚声、徐通锵	中国语言文学系	北京大学出版社
	语言学纲要（修订版）学习指导书	王洪君	中国语言文学系	北京大学出版社
16	唐诗宋词十五讲（第二版）	葛晓音	中国语言文学系	北京大学出版社
17	发展政治学（第二版）	燕继荣	政府管理学院	北京大学出版社
18	产业组织理论	黄桂田	经济学院	北京大学出版社
19	国际贸易实务（第二版）	李　权	经济学院	北京大学出版社
20	货币银行学（第四版）	姚长辉、吕随启	光华管理学院	北京大学出版社
21	消费者行为学（第二版）	符国群	光华管理学院	高等教育出版社
22	企业与公司法学（第六版）	甘培忠	法学院	北京大学出版社
23	海商法教程（第二版）	郭　瑜	法学院	北京大学出版社
24	刑事证据法学	陈瑞华	法学院	北京大学出版社
25	美国刑法（第四版）	储槐植、江　溯	法学院	北京大学出版社
26	金融法概论（第五版）	吴志攀	法学院	北京大学出版社
27	财税法学（第二版）	刘剑文	法学院	高等教育出版社
28	语言学教程（第四版）	胡壮麟	外国语学院	北京大学出版社
	语言学教程（第四版）练习册	胡壮麟	外国语学院	北京大学出版社
29	综合日语第一册（修订版）	彭广陆、守屋三千代、李奇楠、押尾和美	外国语学院	北京大学出版社
	综合日语第二册（修订版）	彭广陆、守屋三千代、冷丽敏、丸山千歌	外国语学院	北京大学出版社
	综合日语第三册（修订版）	彭广陆、守屋三千代、王轶群、今井寿枝	外国语学院	北京大学出版社
	综合日语第四册（修订版）	彭广陆、何　琳、守屋三千代	外国语学院	北京大学出版社
30	美国文学选读	陶　洁	外国语学院	北京大学出版社
31	美英报刊文章阅读（精选本）（第四版）	周学艺、赵　林	北京大学出版社	北京大学出版社
	美英报刊文章阅读（精选本）学习辅导（第四版）	周学艺、赵　林	北京大学出版社	北京大学出版社
32	网络广告	陈　刚	新闻与传播学院	高等教育出版社

续表

序号	书名	主要作者	第一作者单位	出版社
33	信息分析与决策(第二版)	王延飞、秦铁辉	信息管理系	北京大学出版社
34	大学体育教程	郝光安、冯青山	体育教研部	人民体育出版社
35	医用物理学(第三版)	喀蔚波	医学部	高等教育出版社
36	生物化学与分子生物学(第2版)	贾弘禔、冯作化	医学部	人民卫生出版社
37	病理生理学(第2版)	吴立玲	医学部	北京大学医学出版社
38	医学寄生虫学(第2版)	高兴政	医学部	北京大学医学出版社
39	内科学	王德炳	医学部	北京大学医学出版社

表7-5 第六批"精品视频公开课"名单

序号	学校名称	课程名称	主讲教师
1	北京大学	大学生职业素养提升(1~5讲)	庄明科
2	北京大学	政治学导论(1~6讲)	唐士其 王正毅 张清敏 王联 归泳涛
3	北京大学	数字图书馆资源检索与利用(1~9讲)	肖珑 赵飞 刘素清 廖三三

医学部本科生教育

【招生工作】基本概况 2014年医学部内地本科实际招生817人,其中一批本科737人,二批本科80人,具体情况见表7-6、表7-7、表7-8、表7-9。

表7-6 医学部本科招生基本情况

批次	层次	专业	人数	小计	合计	总计
一批本科	本博连读	临床医学八年制	100	204	737	817
		基础医学八年制	75			
		口腔医学八年制	29			
	本硕连读	预防医学七年制	80	181		
		药学六年制	101			
	普通本科	临床医学	140	352		
		口腔医学	30			
		护理学	143			
		生物医学英语	39			
二批本科		医学实验技术	50	80	80	
		医学检验技术	30			

表7-7 医学部本科生源基本情况

基本情况 \ 层次	一批本科		二批本科		合计	
	人数	比例(%)	人数	比例(%)	人数	比例(%)
男生	366	49.7	37	46.3	403	49.3
女生	371	50.3	43	53.8	414	50.7
党员	8	1.1	2	2.5	10	1.2
团员	713	96.7	72	90.0	785	96.1
少数民族	75	10.2	21	26.3	96	11.8
往届生	88	11.9	10	12.5	98	12.0
农村户口	242	32.8	20	25.0	262	32.1

表 7-8　医学部各省市招生人数

省市	人数	省市	人数
安徽省	25	江西省	20
北京市	181	辽宁省	17
福建省	23	内蒙古自治区	36
甘肃省	26	宁夏回族自治区	4
广东省	20	山东省	26
广西壮族自治区	34	山西省	41
贵州省	12	陕西省	29
海南省	5	四川省	20
河北省	42	天津市	12
河南省	57	西藏自治区	4
黑龙江省	18	新疆维吾尔自治区	16
湖北省	20	云南省	35
湖南省	18	浙江省	16
吉林省	19	重庆市	27
江苏省	14		

表 7-9　医学部各省市录取分数

省份	一批提档线	省份	一批提档线
北京	656	安徽	627
天津	672	湖北	663
河北	688	湖南	666
山西	656	广东	664
内蒙古	655	广西	661
辽宁	672	重庆	655
吉林	678	四川	651
黑龙江	665	云南	662
江苏	397	陕西	685
浙江	711	甘肃	642
福建	660	宁夏	646
江西	662	贵州	664
山东	693	海南	847
河南	674	新疆预科	620

自主招生　根据教育部有关文件精神，结合医学部自主选拔名额情况，2014 年医学部自主选拔录取仍然在华北地区进行试点。自主选拔录取要求考生对医学类专业具有浓厚兴趣，志愿献身医学事业，身心健康、心理素质好，具有学科特长、创新潜质的应届高中毕业生。认定自主选拔录取资格的考生可在北京大学医学部当地录取线下 60 分内提档录取，高考投档成绩达到医学部当地录取分数线的考生，可在专业录取时享受加 10 分的优惠。经初审各类考生共有 287 人参加笔试，根据笔试、复试综合成绩，自主选拔录取资格北京认定 51 人，京外认定 17 人，共计 68 人。认定资格的北京考生实

际录取44人,京外考生实际录取9人。

保送生 2014年国家保送生政策有所调整,需考生获得全国中学生奥林匹克竞赛决赛一等奖并被中国科学技术协会遴选参加国际数学、物理、化学、生物学、信息学奥林匹克竞赛国家队集训。经大学统一测试考核,医学部最终录取保送生2人。

贫困地区专项招生计划 医学部依照国家政策要求,结合自身实际情况,首次在云南、甘肃、河南等中西部地区设置专项计划,招生专业以护理专业为主,部分省份安排医学实验技术、医学检验技术专业,最终录取75人,其中农村户籍学生49人。

港澳台学生及留学生情况 医学部招收港澳台学生33人,其中,联招8人,台湾保送5人,香港保送2人,插班生18人;招收留学生40人。

【教学改革】"新途径"第二阶段教学改革 2014年医学部调整招生方案,临床医学专业从八年制180人改为八年制100人,五年制140人;口腔医学从八年制60人改为五年制、八年制各30人。为顺畅完成各专业教学工作,9月启动临床医学及口腔医学专业培养方案修订,同时启动临床医学专业教学进程表修订工作。经专家组讨论,已确定临床医学、口腔医学五年制及八年制本科阶段并轨教学,适当增加临床实习时间。临床教学任务同期调整,自2014级起,临床医学专业(五年制、六年制、八年制)临床教学工作由第一至第五临床医学院、航天中心医院、中日友好医院、民航总医院共同承担。2014年11月,在"新途径"教育教学改革实施6年之际,结合临床医学专业招生及培养模式的调整,为进一步优化课程结构和强化课程整合,医学部适时启动第二阶段改革工作。本阶段教改重点涵盖以下几个领域内容:医学预科阶段课程调整及学分制探索;基础阶段教改的巩固及进一步课程优化;基础与临床阶段教学的进一步融合;临床阶段课程前移及优化。先后召开教改核心专家组讨论会、基础阶段临床专业培养方案修订讨论会、临床专业正态物诊前移专家咨询会、临床专业培养方案修订临床专家咨询会,并初步设计课程改革及融合方案。

【考试管理】2014年3月筹建本科教学临床考核命题组,经推荐,来自八家教学医院的27位内、外、妇、儿科专业教师加入命题组,负责2014年度临床专业本科毕业考试/二级学科资格考试专业理论及专业技能的命题工作。为加强考核对学生学习的辅助作用,医学部首次尝试在考试结束后针对每个学生进行个性化反馈,下发"考试反馈单",其中涵盖理论考试、技能考试中各部分的个人成绩及相应成绩排名情况,使其了解自己在年级中的学习状况,也为二级学科进科面试提供了参考。2014年,医学部进一步优化临床医学专业OSCE考核过程,首次在考核中增设精神科检查的内容,着重考核学生精神科问诊、精神状态检查的能力;改革体格检查考站,使考站设计深入结合病例。

【课程情况】课程建设 2014年根据临床医学专业认证的反馈意见和学生需求,在临床医学专业开设"循证医学"必修课程,筹备建设为本科基础阶段、本科实习阶段与二级学科阶段多阶段授课的形式,现本科阶段"循证医学概论""循证医学临床实践"已经形成课程草案,在进一步专家论证、课程师资准备中。筹备建设"临床医学研究方法学"为临床二级学科选修课程。

网络课程建设 2014年春、秋季两个学期,医学部教育处经过调查,从网络学院选取部分课程对学生开放选修,实际开设3门课程,累计选课人数超过百人次,初步探索了网络课程在学生教学中的应用。针对现有卓越课程平台,重新梳理了课程情况和学生使用情况,找出问题和解决的办法,对现有功能进一步完善,实现了卓越"课程中心"与方正教务系统基础数据在内的学生数据、教师数据、课程数据、教学单位数据等的共享,为教师使用提供了便利;新扩建医学类、化学类课程模版11个,用于帮助老师建设网络课程。组织了相关教师培训工作,近百人参与平台使用的培训。截至2014年10月底,卓越课程平台共完成课程展示87门(含非课程类网站),2014年新建立网络课程5门,包括生物物理、大学英语(科技英语编辑)、内科护理学(本科)、外科护理学(本科)、生物数学建模。2014年医学部以临床医学专业为例进行"课程图"建设的探索在课程平台中展示,目前"课程图"基本构架建立完成,拟进一步测试并推广至校内所有专业,便于师生了解培养方案及现有课程情况。

视频公开课 医学部共申请了2项教育部视频公开课。

表7-10 教育部2014年视频公开课

课程名称	负责人
健康传播的理论与方法	钮文异
基础医学专业导论课程	王韵等

MOOC课程 医学部在Coursera和Edx平台上开设了4门MOOC课程。

表7-11 MOOC课程

开课单位	课程名称	上线平台
公共卫生学院	流行病学基础	Coursera
公共卫生学院	软件包在流行病学研究中的应用	Coursera
公共卫生学院	身边的营养学	Edx
第一临床医学院	更年期综合管理	Edx

【教务管理】 北京大学医学部2014届本科生毕业生555人，其中1人毕业无学位，5人结业，获得学士学位的共549人（其中，理学学士139人，医学学士385人，文学学士25人）。医学部2013年本科结业、2014年换发毕业证书并授予学士学位10人。医学部2014届外国留学生应届毕业生73人，其中，毕业并获得医学学士学位的68人，结业5人。这5人可按规定在一年内修满学分申请换发毕业证，符合学位授予条件的，可授予学士学位。

教学秩序运行良好。2014年共有55人通过转换专业资格审核，48人成功转换专业。共有368人进入二级学科，其中临床148人，口腔36人，药学、公卫、基础合计184人。2014年，医学部共有本专科和临床医学、口腔医学八年制毕业生共676人（不包含长学制进入二级学科学生），其中大陆学生594人，港澳台学生13人，留学生69人；本博连读学生219人，本科学生267人，专科学生190人。

【教学评估】 天津市第五中心医院的调研及评审工作 2008年11月27日，天津市塘沽区人民政府与北京大学医学部签订合作协议，共建天津市第五中心医院；2014年起承担北京大学医学检验专业临床课程的教学任务。2014年9月初，天津市第五中心医院认真梳理和总结了共建以来教学工作情况，完成自评报告，向北京大学医学部提交了成为医学部教学医院的申请。9月24日，受医学部委托，教育处组织专家组对医院进行了评审。专家们结合医院的自评报告，观看了医院五年共建成果展、听取了院长汇报，进行了实地考察，查阅档案资料，并与骨干教师座谈交流，深入了解医院的教学运行、师资培训、教学激励、质量保障、学生教育等情况。专家们认为医院领导重视教学，建立了基本完善的教学管理体系，制度规范，执行良好。医院对教学投入较大，一线教师热心于教学，并在教学实践中积极思考和探索。医院通过教学实践工作，积累了一定的经验，正在形成了自己的特色和优势；建议医院应进一步开展有针对性的师资培训，从夯实教学基本功入手，不断营造医院的教学氛围，提升教师教学意识和教学能力，提高教学质量。教育处结合专家意见完成考察报告，报医学部批准，同意将天津第五中心医院升格为北京大学教学医院。

教学调研 2014年5月22日至6月19日，医学部教育处组织10名教育教学督导专家和教育部临床医学专业认证专家及12名教学管理人员，分5组共51人次，对首钢医院、世纪坛医院、航天中心医院、民航总医院和中日友好医院进行本科教育教学工作调研。本次调研是医学部继2013年上半年对6所承担八年制教学的医院进行临床教育教学工作检查后，对承担非八年制专业临床教学的临床学院进行的调研，旨在了解各临床学院的教学运行及教学改革基本情况，梳理总结教学中所取得的经验并查找存在的问题和不足，促进医学部与临床医院间的交流协作，加强与师生的沟通，进一步提高各临床医院的整体教学水平，保证临床教学质量。

教育评价体系建设 教育评价是保证教育质量的重要环节。教育评价主要通过对课程、教师、学生、教学基地及教学管理等环节的评价得以实现，具有指标多、内容多、观测点多、执行复杂的特点。为医学部完善教育评价体系，探索构建与学校教育评价体系相配套的各环节评价方案，王维民教授负责的课题《医学院校内部教育评价体系构建研究》，获2013年北京高等学校教育教学改革立项支持，2014年12月完成中期检查报告。课题研究团队通过文献研究，结合医学部特点，确定宗旨目标、教育计划、教育过程、教育结果为医学部教育评价体系的四大模块，并研究制定了二级评价指标。研究中，根据医学教育的特点及侧重点，重点针对课程评价、教师评价及学生评教方案的研究。

2014年3月至12月，13名督导专家对医学部校内5个学院7门课程进行全程跟踪研究，深入参与其课程设计、课堂观察、中期反馈、期末考核、师生座谈等过程，探索医学课程评价方案的指标及观测点等内容,并与各学系教师探讨如何加强课程建设。2014年9月,在各学院自愿参与调研的16名教师的支持下,对《北京大学医学部教师教学综合评价指标(试行)》的应用研究全面展开,教师们通过自评、互评,对指标解读、应用进行讨论,提出使用意见及建议。根据本次调研结果,研究者将整理出指标使用建议,在2014年年度教学绩效考核中建议部分学系试用,继而对评价结果分析总结,以期形成最终《北京大学医学部教师教学综合评价指标(试行)》的应用指南,在教学评价中推广使用。

同时,为全面评价教学效果,研究团队对学生评教方案进行调研,经过文献检索、对以往评价结果和经验的总结梳理,初步形成以学生为中心的学生评教指标,并已试用,后继将对测试结果进行分析,进一步了解学生需求,对指标进行修改完善。

另外,在初步形成的医学院校教育评价体系的基础上,对"北京大学医学部教育评价管理办法"进行了探索,规范了教育评价的实施过程及管理原则。以三级评价机构为组织实施主体,采用形成性评价、诊断性评价及总结性评价的方法,形式包括日常实时评价、定期评价和专题评价,自评与他评相结合,加强相关利益方的参与,以评促建,重在引导各学院及专业通过自我评价促进发展。

【教学发展】 教学发展中心 围绕医学部教学发展中心的定位,结合实际需求和医学教育的改革发展,共有23名教师开设了23次示范性讲课,共组织16次讲座及沙龙活动,内容涉及教育理念、教育评价、教学方法、信息技术及教学研究等,1150余人次教师、学生参加了学习和交流。11月"医学部教学发展中心"微信公共平台也正式上线。

研究生助教项目 2014年9月,为配合研究生院助教制度的实施,确保研究生助教的教学质量,教学发展中心开发了研究生助教培训项目,对研究生进行系统培训。培训包括开班仪式、助教沙龙、教学讲座、考核结业四个阶段,助教们需参加必修4学分、选修2学分的学习,并完成相关作业后方可获得结业证书。本期培训共有135名研究生助教参加,开班仪式上助教们聆听了《研究生助教制度及能力发展》的报告,了解了北医及医学教育改革发展状况,学习了如何与本科生沟通交流,通过"如何做好理论课助教""如何做好实验课助教"沙龙更深入了解研究生助教的职责与技能,并参加了"创新人才培养三项改革""教师职业生涯发展""如何引导学生主动参与教学""翻转课堂的教学实践"等讲座沙龙活动,积极参与讨论,最终60余人修满学分完成作业获得研究生助教培训结业证书。

【教学激励】 为鼓励教师们在教学工作中的投入,结合目前教育教学改革的需要,组织对医学部现有的《北京大学医学部教学优秀奖评选条例》的修订,在充分调研、梳理总结历年评审经验的基础上,医学部正式下发《北京大学医学部教学优秀奖评选管理办法》,管理办法紧密结合医学部教育教学工作的现状,明确了个人奖和团队奖的获奖标准,有利于激发教师敬业奉献的工作热情,树立典型、弘扬先进、表彰优秀,也为推送省部级教学优秀奖做好了准备。

在2014年教学优秀奖评审中,共评选出医学部优秀教学团队奖5个,北京大学优秀教师奖6名,医学部教学名师奖3名,医学部优秀教师奖263名,奖励金额达60余万元。

【教学研究】 教育教学研究课题 根据《北京大学医学部教育教学研究课题管理办法(试行)》,医学部启动了2014年度教育教学研究课题的申报工作。本次申报面向所有承担教学工作的教师及管理人员,特别鼓励一线教师积极参与。共收到29个二级单位申报的341项课题,研究内容涉及了宗旨目标、教育计划、教育过程和教育结果等方面,覆盖了医学教育的全过程。

医学部成立了由王宪副主任、段丽萍副主任为组长,及13位专家组成的教改课题评审委员会,并聘请27位专家,对申报项目进行分组网络初评、组间讨论会评、评审委员会对有异议项目的讨论复议,提出评审意见及修改建议;对部分需合并或修改项目再次提交的申请书进行了审核。经部领导审核通过后共评审出2014年北京大学医学部教育教学研究课题274项,其中重点立项课题71项、一般立项课题203项,并给予重点立项课题资助经费达105万元。

项目申报与论文获奖 医学部副主任王宪教授主持的《医学生评价体系的建设与实施》获得了2014年度北京高等学校教育教学改革立项。2014年12月,在中华医学会医学教育分会的"2013年度医学教育优秀论文"评选工作中,医学部各单位、学院、教学医院共有49篇论文参加评选,其中12篇论文从全国690余篇申报论文中脱颖而出,获得一等奖2项,二等奖5项,三等奖5项。

【教学成果】 教学成果奖 第二临床医学院王杉、陈红、周庆环、姜冠潮、张斯琴的研究项目《德育为先 能力为重 推进临床实践教学综合改革》,获得了国家级教学成果奖一等奖。

教材建设 医学部教师组织

编写的5本教材经遴选入选第二批"十二五"普通高等教育本科国家级规划教材。

表7-12 第二批"十二五"普通高等教育本科国家级规划教材名单

书名	主要作者	第一作者单位	出版社
医用物理学(第三版)	喀蔚波	公共教学部	高等教育出版社
生物化学与分子生物学(第2版)	贾弘禔、冯作化	基础医学院	人民卫生出版社
病理生理学(第2版)	吴立玲	基础医学院	北京大学医学出版社
医学寄生虫学(第2版)	高兴政	基础医学院	北京大学医学出版社
内科学	王德炳	第二临床医学院	北京大学医学出版社

教学名师 公共卫生学院的郝卫东教授获得2014年度北京市教学名师称号。

【基地建设】 2014年医学部严抓教学医院质量,于3—6月针对各教学医院的需求,开展对深圳医院、航天中心医院、民航总医院、首钢医院、天津市第五中心医院的教学检查、临床教师培训工作,受到了医院、教师的好评。2014年12月,经过不断建设与完善,天津市第五中心医院经过教学专家的评审,正式成为北京大学医学部教学医院。截至2014年12月31日,医学部共有直属学院(部)13个,教学医院14个,基层卫生实践教学基地7个,教学基地4个,社区卫生教学基地3个。

表7-13 医学部教学单位汇总

(截至2014年12月31日)

性质	教学单位名称
直属学院(部)(13个)	基础医学院
	药学院
	公共卫生学院
	护理学院
	公共教学部
	第一临床医学院
	第二临床医学院
	第三临床医学院
	口腔医学院
	临床肿瘤学院(肿瘤医院)
	精神卫生研究所(第六医院)
	首钢医院
	深圳医院
教学医院(14个)	第四临床医学院(北京积水潭医院)
	第五临床医学院(卫生部北京医院)
	第九临床医学院(北京世纪坛医院)
	北京大学航天临床医学院(北京航天中心医院)
	北京大学中日友好临床医学院(卫生部中日友好医院)
	北京地坛医院教学医院(北京地坛医院)
	北京大学民航临床医学院(北京民用航空总医院)
	北京大学首都儿科研究所教学医院(首都儿科研究所)
	北京大学北京京煤集团总医院教学医院(北京京煤集团总医院)
	北京大学北京仁和医院教学医院(北京仁和医院)
	北京大学解放军306医院教学医院(解放军306医院)
	北京大学解放军302医院教学医院(解放军302医院)
	北京大学北京回龙观医院教学医院(北京回龙观医院)
	天津市第五中心医院

续表

性质	教学单位名称
基层卫生实践教学基地（7个）	内蒙古巴林右旗人民医院
	北京市平谷区医院
	北京市密云县医院
	北京市延庆县医院
	北京市昌平区医院
	辽阳市第二人民医院
	北京市平谷区中医医院
教学基地（4个）	北京航天总医院
	北京市红十字市血液中心
	北京急救中心
	北京王府中西医结合医院
社区卫生教学基地（3个）	北京大学第三医院第二门诊部
	航天医院永定路社区卫生服务中心
	北京中关村医院

【临床学系】 2014年医学部各临床学系继续在医疗、教学、科研沟通交流方面发挥着作用。医学部目前共建设临床学系20个。神经病学、心血管内科学及风湿免疫学学系分别在2014年3月、7月、12月完成换届工作，全科医学学系于9月完成成员增补，重症医学及麻醉学学系12月更换学系秘书。

表7-14 北京大学医学部临床学系成立时间及第一届学系主任名单

（截至2014年12月31日）

序号	学系名称	成立时间	第一届学系主任
1	妇产科学	2005年1月1日	魏丽惠
2	核医学	2005年1月1日	王荣福
3	传染病学	2005年1月1日	王勤环
4	儿科学	2005年6月1日	陈永红
5	皮肤与性病学	2005年6月1日	朱学俊
6	医学检验学	2005年6月1日	夏铁安
7	眼科学	2005年10月1日	黎晓新
8	肾脏病学	2006年6月1日	王海燕
9	麻醉与重症医学*	2006年6月1日	吴新民
9	麻醉学	2009年11月1日	吴新民
10	重症医学	2009年11月1日	安友仲
11	神经病学	2009年11月1日	黄一宁
12	普通外科学	2010年7月1日	冷希圣
13	心血管外科学	2010年9月15日	万 峰
14	中西医结合学	2010年9月15日	韩晶岩
15	心血管内科学	2010年12月10日	胡大一
16	全科医学	2011年5月15日	郑家强
17	风湿免疫学	2011年7月1日	栗占国
18	放射肿瘤学	2012年2月9日	朱广迎
19	胸外科学	2012年4月1日	王 俊
20	血液病学	2013年4月1日	黄晓军

* 麻醉与重症医学于第二届取消，变为麻醉学、重症医学2个学系。

【本科生科研训练】大学生创新实验项目　组织2014—2015年度大学生创新实验项目申报，共有366名学生申报项目102项；经24位教师和8位学生评委的评审，97个项目参加答辩，96个项目按期提交课题计划书，获得医学部立项支持，资助经费总额达到42.2万元。为配合项目的开展，组织了近百名学生参加的项目宣讲活动；邀请路潜教授举行专题讲座，结合自身科研经验和评审中发现的问题，有针对性地指导同学如何撰写课题计划书，四十多名学生参加学习。

组织了2013年度大学生创新实验项目结题，专家组从课题的实施、项目组成员的分工合作、研究成果，以及收获、论文和经费使用等方面进行了认真的评审并公示，最终80个项目达到了结题标准，准予结题，并评选出一等奖10项、二等奖22项、三等奖33项、结题15项、未结题2项。教育处编印了《大学生创新实验项目论文集2014》；在宣传橱窗中展示优秀项目负责人设计的展板；组织召开表彰大会，邀请韩济生院士与学生们分享了自己的科研历程，指导学生在科研中如何面对困难和失败，激励学生投身医学研究工作。

志愿者全程参与了项目宣传、申报、答辩、评审和材料整理等工作。为了进一步扩大大学生创新实验项目的影响力，学生志愿者团队在原有公邮、飞信群和人人网公共主页的基础上，推出了"北医大学生创新实验"微信公众平台，不定期向学生推送科研动态、项目最新进展、推广优秀项目经验以及展示大师风采等内容，为学生搭建更好的学术交流平台。

学生自主组织临床能力大赛　在2013年医学部首次尝试由学生主导组织办大赛的基础上，2014年度进一步加强了学生团队的组织作用，并首次尝试在医学部逸夫教学楼PBL教室进行竞赛，来自5个临床学院的24名学生负责人，组织并协调着各自的团队，从赛程策划到器材准备，从题目选定到评委邀请，从LOGO设计到大赛宣传，每个环节都由学生们讨论确认、亲自落实，2009级到2011级临床专业的学生中，参与整个活动的人数超过200人。2014年11月，第五届临床能力大赛总决赛在逸夫教学楼成功举办，复旦大学上海医学院、汕头医学院等多家国内医学院校闻讯前来观摩，取得了较好的示范辐射作用。

【全科医学本科教学】　全科医学教育有助于深化医疗系统改革，是保障民生提供基本医疗卫生服务的重要基础。在全社会强调全科医学教育和培训的大背景下，临床医学本科教育阶段该如何定位与实施全科医学教育值得重视和思考。在此背景下，2014年11月北京大学医学部与中国高等教育学会医学教育专业委员会共同主办"医学本科阶段全科医学教育国际研讨会"，在国内首次探讨相关问题。全科医学教育作为临床医学专业教学的内容之一，是学生全面了解医学教育过程和毕业后医疗服务需求的重要途径。过去的几年，本科阶段的全科医学教育得到各医学院校的重视，但应该看到，本科阶段全科医学理念需要进一步澄清与教育目标应当更加明确，其课程设置也需要进一步讨论完善。医学教育本科阶段全科医学教育国际研讨会为国内外同仁提供了一个沟通和交流的平台，也是一个重要的标志与起点，将会对进一步规范本科阶段的全科医学课程设置及全科医学学科建设起到积极的推动作用，对建设适合我国国情的全科医学课程体系提供有益的参考。

【附录】　1. 本科专业目录

（1）基础医学

（2）临床医学

（3）口腔医学

（4）预防医学

（5）药学

（6）护理学

（7）生物医学英语

（8）医学实验技术

（9）医学检验技术

（10）口腔医学技术

2. 本科课程目录

（1）公共基础课程：英语、数学、物理、化学、计算机应用、政治理论课、医学心理学、医学伦理学、法律基础知识；

（2）医学基础课程：人体解剖学、组织胚胎学、生理学、生物化学、生物物理学、细胞生物学、医学遗传学、免疫学、病原学、病理学、病理生理学、药理学、预防医学、创新性思维训练课程；

（3）临床医学专业课程：诊断学、内科学、外科学、妇产科学、儿科学；

（4）药学基础及专业课：无机化学、有机化学、生物化学、分析化学、物理化学、药物化学、天然药物化学、药理学、药用植物学、药剂学、药物治疗学、药事管理学、药物分析；

（5）预防医学专业课程：卫生统计学、流行病学、毒理学基础、妇女保健与儿少卫生学、职业卫生与环境卫生学、营养与食品卫生学、社会医学、健康教育与健康促进、卫生法学；

（6）口腔医学基础及专业课程：牙体解剖学、口腔生理学、口腔组织病理学、口腔材料学、口腔颌面影像诊断学、口腔生物学；口腔临床药理学、口腔设备学、牙体牙髓病学、牙周病学、儿童牙病学、口腔黏膜病学、口腔颌面外科学、口腔修复学、口腔正畸学、口腔预防医学；

（7）英语专业课程：英语精读、英语听力、英语口语、英语语音、英语写作、英语泛读、英美国家概况、英美文学选读、高级英语阅读、口译、翻译、医学英语词汇、生物医学英语编辑与写作、医学文献阅读、第二外语；

（8）护理专业课程：基础护理学、内科护理学、外科护理学、妇产科护理学、儿科护理学、精神科护理学、社区护理、康复医学、健康评估；

（9）检验专业课程：临床医学概要、临床检验基础、临床免疫学检验、临床微生物学检验、临床生物化学检验、临床血液学检验、临床分子生物学检验、临床输血学检验、临床实验室管理学；

（10）实验专业课程：实验诊断学、实验影像学、实验动物学、实验核医学、形态学实验技术、信息实验技术、生物物理实验技术。

研 究 生 教 育

【发展概况】 北京大学的研究生教育可以追溯到20世纪初。1917年，北京大学成立研究所，开始招收和培养研究生。1932年成立国立北京大学研究院，下设文史部、自然科学部和社会科学部，领导和管理全校研究生教育工作。1952年至1966年，共招收研究生1200余人。1978年9月，北京大学录取了恢复招生后的首批444名研究生。1984年10月，北京大学成立研究生院，北京大学研究生教育进入全面发展的新时期。

北京大学招收研究生7405人：其中，博士生2271人、硕士生5134人。在校研究生24648人：其中，博士生9089人、硕士生15559人。校本部（包括深研院和大兴软件学院）20657人：其中，博士生7563人、硕士生13094人；医学部3991人：其中，博士生1526人、硕士生2465人。

北京大学共授予学位17057名。其中，博士学位1813人、硕士学位6600人、学士学位8644人。

教育部和北京市停止了优秀博士学位论文的评选工作，北京大学继续评选出99篇校级优秀博士学位论文。

9—11月，研究生院办公地点由才斋（红二楼）搬迁至新太阳学生中心。

12月30日，在中关新园科学报告厅召开"继往开来，再铸辉煌"——北京大学研究生教育工作研讨会暨北京大学研究生院建院三十周年庆祝座谈会。

【招生工作】 总体情况 报考北京大学硕士生的人数为20252人，共录取5134人：其中，录取推荐免试生2294人、应试考生2840人；2014年报考北京大学博士生的人数共计6329人，共录取2271人。其中，录取推荐免试直博生906人、本校硕转博502人、公开招考407人、"申请—审核制"456人。

招生计划 2014年教育部给北京大学下达的硕士招生计划为5250人，其中，学术学位2720人、专业学位2530人。2014年教育部给北京大学下达的博士生招生计划为1965人，其中，学术学位1826人、专业学位139人。

简章和目录变化 生命科学学院和前沿交叉学科研究院，2014年不再招收学术型硕士研究生，只招收博士研究生；经济学院2014年不再招收学术型硕士研究生（单考班除外），改为启动3个专业学位硕士研究生的招生；软件与微电子学院增加学术型软件工程专业（只接收推荐免试生），以及计算机技术、集成电路工程两个专业学位硕士研究生的招生；法学院增加法律硕士（法学）专业学位硕士研究生招生。该专业不招收应试生，只招收推荐免试研究生；中国语言文学系增加广播电视创意写作方向艺术硕士（MFA）专业学位硕士研究生招生，以及中国语言文学（中国民间文学）学术型硕士招生专业；心理学系增加心理学（临床心理学）学术型硕士招生专业。

接收推荐免试研究生 2014年北京大学接收专业学位硕士研究生666人，同比2013年增加了17%；接收学术型硕士研究生（含硕博连读）1620人，同比2013年减少了6%。

2014年北京大学接收的学术型硕士（含硕博连读）占该类别招生计划的76%，除去部分因报考条件限制不招收推荐免试生的专业，接收的专业学位硕士占该类别招生计划的47%。

在接收为硕士的校外推荐免试研究生中，人数较多的来源院校有南开大学（62人）、中山大学（57人）、厦门大学（56人）、中国人民大学（54人）、武汉大学（50人）、清华大学（43人），人数均超过了40人。

共有12个院系开展了"夏令营"活动。

考试和阅卷 1. 1月4—5日为全国硕士生入学统考时间，北京大学校本部考点有考生7477人，分布在一教、二教、三教、理教和资源中学的5个教学楼，合计155个教室，310个考场。参与组考和监考人员共约500人。另外，还有7720名考生在外埠的385个考点参加全国硕士研究生入学考试。

2. 硕士自命题科目为247门，采用小信封独立封装了17430

份试题,包括北京大学考点的试题信封数7730个,外埠考点的试题信封数9700个,其中外埠考点的试题信封在经过分省分考点排序、整理和封装后,寄送至全国各个考点。

3. 1月19—22日,北京大学在理科教学楼组织开展了2014年硕士招生集中评阅自命题试卷工作。

政治阅卷 1. 2014年政治阅卷共有199793份,缺考人数为28712人,缺考率为14%。北京大学马克思主义学院等14个院系选派了526位评卷员参加了阅卷,要评阅的是第34至38题,共5道大题,每题10分。

2. 阅卷采用了背靠背"双评"的方式进行网上评阅,即每份试卷至少要经过两位评卷员评阅。

差额复试 院系拟定专业学位和单独考试班的建议复试分数线。由招收专业学位硕士(不含已开展提前面试的专业学位)和单独考试班的院系,自行拟定建议复试分数线并书面报研究生招生办公室审批,最终以研究生院确定的分数线为准。

录取工作 1. 在"全国硕士研究生招生信息公开平台"上公布《北京大学2014年硕士研究生招生复试录取办法》,以及公布经审核、查验和汇总后的北京大学2014年硕士研究生拟录取名单,接受社会的监督。

2. 向北京市教委和北京市财政局,以及北京市发展和改革委员会送交了学术型硕士、专业学位硕士和单独考试班等学费立项报告。其中,数学科学学院的金融数学与精算学应用硕士和光华管理学院的金融学硕士两个招生项目,在录取阶段全部改为金融专业学位硕士。深圳研究生院的金融学专业改为金融学专业学位硕士,中国语言文学系的创意写作艺术专业学位硕士改为新闻与传播(创意写作)专业学位硕士。

【培养工作】基本数据 1. 研究生规模。截至9月1日,北京大学有三种类型研究生教育,第一种为双证研究生24648人;其中,博士生9089人、硕士生15559人。校本部研究生人数20657人;其中,博士生7563人、硕士生13094人。医学部研究生人数3991人;其中,博士生1526人、硕士生2465人。第二种为在职攻读专业学位研究生(单证、仅有学位无学历)4717人,比去年同期减少500余人,分布在软件与微电子学院、工学院、法学院、政府管理学院、艺术学院、光华管理学院、国家发展研究院、深圳研究生院、建筑与景观设计学院、城市与环境学院、外国语学院,以及对外汉语教育学院共11个学院中。第三种为研究生课程进修班,共计2840人。

2. 研究生学籍异动。截至12月26日,北京大学研究生学籍异动处理量为2955人次,相较于去年同期的2752人次,增长7%。

国际交流 截至12月26日,研究生出国(境)2434人次,较去年同期2282人次,增长7%。其中博士1382人次,硕士1052人次。2014年,为需要出国的研究生办理成绩单近6000份,办理中英文在学证明2000余份。

1. "北京大学博士生短期出国(境)研究"项目。有60名博士研究生到国外高水平的大学和研究机构从事1至3个月的短期研究。进一步完善了"博士生短期访学"的信息管理系统。首次足额完成年度60人派出的目标。

2. "研究生学术交流基金"项目。完成了三个批次,共资助32个院系的357名研究生(博士272人、硕士85人)赴40个国家和地区参加了国际高水平学术会议和暑期学校。

3. "国家建设高水平大学公派研究生"项目。工作内容包括三方面:(1)往年派出学生的在外管理和回国报到手续的办理,共计受理往年派出学生的各类调整留学期限、调整留学院校申请等公派留学生管理事项96人次;(2)2014年项目的具体执行,北京大学总计305名(含医学部)研究生被该项目录取,其中,联合培养博士生219人,攻读博士学位86人,12位博士生导师获得"博士生导师交流项目";(3)2015年度项目已于2014年11月启动,项目实施方案及相关文件已公布,面向在校生的专场辅导讲座已举行了两次。

2007—2014总计8个年度中,北京大学共录取2016人(含医学部),其中,联合培养博士生1465人,攻读博士学位研究生551人。

4. 国内访学学生。国内访学学生共有博士8人、硕士62人,其中,台港校际交换学生18人,工学院—台湾大学工学院交换生1人,光华PG&MBA交换项目11人,CLS和PTN联合培养项目中清华学籍学生6人,国内高校访学项目1人,国际数学中心强化班32人,信息科学技术学院—台湾大学资讯学院交换项目1人。

台湾香港交换项目中派出的研究生的比例有大幅增加,以2015年春季为例,全校本、研共29个名额,最终派出研究生22人。从数据上看,申请台湾交换项目的中文系、历史系、深圳研究生院学生较多。

过程管理 1. 更新北京大学研究生培养方案。7—9月,与相关院系一道对2014级硕士、博士研究生的培养方案进行了修订,并在培养管理系统中进行了更新。

2. 课程教学。共开设研究生课程3820门(不含暑期学校课程),其中新开设研究生课程494门。这几年研究生正常开课的比例逐年提高:近两年达95%以上,本学期达97%。

3. 课程建设。立项资助40

门课程建设,多数课程为本专业基础必修课。同时,还对2013年课程立项的42门课程进行了中期检查,所有课程建设均正常提交中期报告。对2012年课程立项的34门课程进行了结题检查。组织才斋讲堂20讲,为选课的同学们带来了一场科学的盛宴。自2014年正式启动"黉门对话"专家主题论坛。

4. 课程评估。校本部研究生课程评估共计完成2013—2014学年第一、第二学期两次评估工作。其中第一学期有28个院系总计1024门课程参评,共25580人次参与评估,全校平均得分为96.40分;第二学期有27个院系总计1024门课程,共17540人次参与评估,全校平均得分为96.49分。

5. 公共课程管理。2013学年共安排外语、政治及公共选修课(不含单证专业学位、软件学院)共计170个班次。

6. 研究生学风建设。10月组织在读研究生到人民大会堂参加首都高校2014年度研究生科学道德和学风建设宣讲报告会。

2014年起,将新生培养要求说明会扩大到全体博士生、硕士生新生,并作为入学教育中的必修环节。研究生学术规范和学术道德列为北京大学研究生新生的入学第一课,由研究生院常务副院长、中国科学院院士严纯华主讲科学道德与学术诚信。在"才斋讲堂"专门安排了两场有关学术规范的讲座:分别是物理学院院士欧阳颀"我所经历的科学研究之路"和信息管理学系教授王子舟"学术规范与文献引用方法"。在博士生政治理论课中特别安排清华大学马克思主义学院院长肖贵清主讲"社会主义核心价值观与中国文化软实力"。完成《科学道德和学风建设简明读本》的发放工作,为2014级新生发放"科学道德和学分建设简明读本"。自9月起开通研究生科学道德与学术规范网络学习平台,并在研究生新生中开展科学道德与学术规范基本知识的测试,要求研究生新生入学后的第一学期内,通过自学方式完成《科学道德和学风建设宣讲大纲》等文献的学习,并完成"科学道德与学术规范基本知识测试"的测试。

7. 毕业审查。7月校本部共计1158名博士生结束学业,其中,毕业1101人,结业28人,肄业28人、其他随届处理情况1人;硕士毕业4271人,其中,1月毕业生107人、7月毕业生4164人。

8. 硕博连读研究生的培养工作。共有来自27个院系的356名同学通过了硕博连读的选拔和审核,并在9月份重新以博士身份入学。

9. 研究生课程研修班。为902多人办理入学手续,组织课程考试20多场。本年度审查结业人数约1000人。为500多名同等学力申请学位者审查成绩及整理档案。

10. 首次组织研究生学业调查。指导研究生会完成《2013年度研究生状况调查报告》。

研究生层次学费收入统计 1. 对上一年度研修班的学费进行了核查和统计,收取学费5845多万元。

2. 接收外单位人员旁听研究生课程的共有27个院系,接收587人,选修课程967门,收取旁听费1015120元。

3. 2014年核算2013年度公共课运行费共8504234.41元人民币划拨研究生院专项管理和使用,比2013年多20.1%。

研究生创新计划 1. 组织实施各类"研究生教育创新计划"项目。2014年度北京大学"研究生教育创新计划"立项资助48个项目,涉及28个院系,其中,研究生暑期学校24个,博士生学术会议7个,博士生学术论坛11个,研究生教育研究与改革探索6个,总计投入经费359万元。

2. 6月,召开2014年度"研究生教育创新计划"交流研讨会。12月15日召开全校范围内的"研究生教育创新计划"项目总结研讨会。北京大学"研究生教育创新计划"总计立项项目累计达到436项,经费投入总计1800余万元。

3. "博士研究生国际专题学术研讨会"项目。共召开以博士生为主要组织者的14项国际专题学术研讨会。

院系评估 1. 院系绩效评估。继续从重点学科、全国优博、学科评估结果、研究生指导和教学工作,以及学院导师队伍建设等五个方面,进行评价,具体评价过程中综合考评。对全校各教学科研单位进行了定性评价,对于2014年度在招生、学生管理、论文评价等方面发生重大问题的单位直接按C等评价。

2. 试点开展学科国际评估。自2013年起首先在城市与环境学院、环境科学与工程学院启动国际同行评议试点工作。2014年度参加评估的单位是生命科学学院和工学院。

管理信息系统建设 4月,单证系统正式上线使用,已经稳定运行。成功实现了学术交流基金项目的电子化与系统化。

课题调研、工作获奖与研究发表 进行"北京大学研究生家庭来源状况调查"等课题。《规律、体系、质量:研究生教育内涵式发展的探索与实践》获北京市教学成果一等奖;"育人为本,打造精品,推进科学道德教育的资源共享及成果建设"和"教学为基,重在过程,系统构建研究生科学道德教育课程体系"两项成果入选2013年度北京市科学道德和学风建设示范项目;承担全国学位与研究生教育学会重点研究课题"研究生学术规范教育的系统化建设",经费10万元;承担全国学位与研究生教育学会一般研究课题"研究生中外联合培养模式研究",经费2万元;承担工程院重大研究课题"高校与工程院所联合培养博士生机制研究"经费10万元;承担北京大学教师教学发展中心项目"加强研究生教学和导师队伍建设",经费8万元。

【学位工作】学位授予 北京大学学位评定委员会召开第113次、114次、115次、116次、117次会议,完成2014学年度博士、硕士及学士学位授予审核与管理工作。2014年,全校各级学位授予总数共计17057名,其中:博士学位1813名,硕士学位6600名,学士学位8644名。

质量保证 1. 学位论文答辩审批。1—11月,共完成1100名毕业生的博士学位论文答辩材料的审查工作。4月,出台《关于调整我校博士学位论文答辩审批程序及实施学位论文抽检的方案》。

2. 启动北京大学学位论文抽查工作。设计了算法,在学位管理系统中设计了抽查程序,并于11月份正式投入使用。起草《北京大学学位论文抽检结果处理办法》。

3. 提升学位论文水平。教育部和北京市相继停止了优秀博士学位论文的评选工作,北京大学注重优秀博士学位的引领示范作用,2014年继续评选校级优秀博士学位论文,产生99篇校级优秀博士学位论文。

4. 4月,发布《研究生学位申请答辩指南》。

5. 5月,编写和发布《北京大学研究生学位论文写作指南》和学位论文写作模板。

以同等学力在职申请学位共计受理1620人次以研究生毕业同等学力在职申请学位审批(包括科学学位501人和专业学位1119人)。于2013年11月至2014年1月底完成了北京和深圳地区2013级同等学力学员的现场确认工作,共计1220人。自2014年2月开始在全国同等学力信息平台复核已在册的学员,目前共有4869名在册学员进入信息平台。

学位授权学科申报、评估和考核 1. 设置交叉学科分委员会。研究生院从2011年开始着手调研,经过三年来的系统论证,提议成立北京大学交叉学科学位分委员会并获审议通过。

2. 探索建立自我评估机制。提出"学科自我评估"方案。在学校层面建立一套自我评估、自我管理的综合机制。

3. 自主设置二级学科。9月,经第116次校学位评定委员会审议通过,北京大学新增中国学二级学科学位点。11月,经第117次校学位评定委员会会议审议通过,新增"物理海洋学"二级学科学位点和"数据科学"交叉学科学位点,启动"原子与分子物理"二级学科,批准"教育技术学"由硕士点升级为博士点。

研究生指导教师的管理和服务 1. 导师遴选。改革导师遴选制度,让有能力、有课题经费的年轻老师走到培养研究生的一线上来。通过师生互选的不固定导师资格制度,强化导师的责任意识。

2. 导师交流研讨会。11月29日,组织召开2014年新上岗博士生导师交流研讨会,2013、2014年新任博士生导师共90余人参加会议。起草《北京大学研究生指导教师管理办法》,于2015年1月9日提交校学位评定委员会审议。

信息管理系统建设 学位管理系统再次增添学科管理和学位论文抽查功能模块。

协作与协助 1. 国务院学科评议组的有关工作。完成国务院学科评议组成员的推荐工作,推荐48个学科,有44个学科获得推荐成功。

2. 北京大学与北京市共建项目管理工作。自2008年11月北京大学成立"北京大学与北京市共建项目领导小组"至今已5年。2014年度完成了2015年度16类项目财务预算的填报组织工作,共涉及资金2022万元。完成了北京市共建经费的日常管理工作。北京大学共有100多项与北京市共建项目,每年涉及金额2000多万元。

3. 教育部评估所、北京市教委及兄弟院校委托的评审工作。受理了数百件上级有关部门和兄弟单位委托的评审工作材料。

4. 中国学位与研究生教育学会委托的有关工作任务。2014年12月组织召开了文理科工作委员会第五届委员会的换届工作暨第一次委员会会议。协助总会组织了学术分论坛。

【奖助工作】完善奖助体系 1. 积极开展调研,探索资源配置有效途径。4月中旬开始,就改革研究生招生选拔模式、完善名额分配机制和调整奖助体系等涉及研究生教育资源分配的问题,展开调研。4月15日和16日分别召开了文、理科院系部分主管领导的调研会。4月21—22日,先后访问了浙江大学、复旦大学和上海交通大学,与兄弟院校进了深入的讨论。

2. 调整全日制学术学位研究生学费标准和收费模式。根据国家政策要求,自2014级开始,全日制学术型博士生学费调整至1万元/人·年,硕士生0.8万元/人·年,学费缴纳实施"收支两条线",所有研究生须自行缴纳学费,奖学金总额度和发放额度均进行相应的调整。2013级及以前获得学业奖学金的研究生仍采用奖学金冲抵的形式缴纳学费。

3. 加大校长奖学金资助力度。经2月28日党政联席会审议通过,校长奖学金的获奖人数由100人/年级调整至120人/年级奖学金生活费部分将从3.6万元/人·年调整至4.8万元/人·年。

9月，从2014级起，人数调整至120人/年级，增加的20人原则上用于人文社科博士生，即人文社科博士生总名额为30人/年级，奖学金标准暂不调整。2015年9月起，与北大学业奖学金的标准同步调整，增加校长奖学金额度，生活费部分调整至4.8万/人·年，即奖学金总额为5.8万元/人·年（含学费1万）。

4. 增设专项学业奖学金。根据国家的拨款体系，增设国家学业奖学金。国家学业奖学金的评选与学科建设有机结合，将一定比例的名额分配与学科评估情况相结合。同时，国家学业奖学金的名额分配也将覆盖至全日制专业学位与单列项目研究生。奖励标准为：博士生10000元/人·年，硕士生8000元/人·年。

5. 增设专业学位研究生国家助学金资助。9月起，国家财政新增硕士生国家助学金专项拨款，涵盖全日制专业硕士学位研究生。因此，从9月起，符合条件的专业硕士学位研究生均新增国家助学金，标准为6000元/人·年。

6. 协调软件与微电子学院、深圳研究生院国家助学金事宜。向深圳研究生院拨款445.2万元（2226人），向软件与微电子学院拨款369.2万元（1846人）。

学业奖学金的评定、发放与管理　6月，组织进行2014学年度学业奖学金评定工作，其中，2014级研究生的奖学金评定方式根据政策变化进行了相应的调整。

据统计，2013—2014学年度，共有9175名研究生获得学业奖学金，2014—2015学年度，共有9510名研究生获得学业奖学金。9月，共计冲抵学费86023000元。共发放学业奖学金152437489元，其中，生活补贴125039489元，2014级研究生学费津贴27398000元。获奖学生中享受博士待遇的研究生共5550人，平均每人每月的生活补助为1429元，享受硕士待遇的研究生共3960人，平均每人每月生活补助为812元。

博士生校长奖学金　2013年10月启动2014级博士研究生校长奖学金评定工作，于2014年6月完成评审。最终共有115位申请人获得2014—2015学年度博士生校长奖学金。115位获奖人中，理工科88人，文科27人。

6月，启动对2013年度博士生校长奖学金获得者进行中期评审的工作，共有357位博士生拟获得2014—2015学年度校长奖学金，其中，42人为此次经调整增补的。2014年共计发放校长奖学金生活津贴16740500元，2014级学费津贴127万元。

专项学业奖学金的预算、发放与管理　2014年起，根据《研究生学业奖学金管理暂行办法》（财教〔2013〕219号）的要求，北京大学设立研究生专项学业奖学金，并按专项奖学金的操作模式进行评定，单独评奖，一次性单独发放。名额分配方案于2014年6月与2014学年度的北京大学学业奖学金预算同时下达院系。

专项学业奖学金按照博士生、学术学位硕士生、专业学位硕士生三类分别进行评定。资助金额为博士10000元/人·年，硕士8000元/人·年。硕士研究生专项学业奖学金总名额的15%用于专业学位硕士生。分配的名额为博士1036人，硕士1704人。2014年11月一次性发放情况：博士1035人，共1035万元；硕士1438人，共1150.4万元；专业学位256人，共204.8万元。

专业学位国家助学金的发放与管理　根据《研究生国家助学金管理暂行办法》（财教〔2013〕220号）文件的要求，北京大学自2014年秋季学期起，对全日制专业学位硕士研究生发放研究生国家助学金，以补助研究生基本生活支出。国家助学金的资助标准为：博士生12000元/人·学年，硕士生6000元/人·学年，每次发放金额为资助标准的一半。2014年9月共计发放国家助学金2082人次，金额6246000元。

调控招生计划经费的收取　截至12月底，共收取调控招生计划经费16958400万元，其中普通调控计划总额9708400元，科研经费资助形式的调控计划总额7250000元。

助教、助研津贴的发放　1. 助教津贴。2014年（包括2013—2014学年度第二学期、2014—2015学年度第一学期），全校共设立2445.19个助教岗位，助教津贴共计968.25万元，共计资助研究生3040人次。

2. 社会科学学部助研津贴。北京大学给予社科学部每位博士生225元/月的配套补贴。2013—2014学年度第二学期，发放社科学部和部分人文学部博士生助研津贴约238.2万元，其中博士生导师或其所在院系支出约115.25万元，学校配套补贴122.95万元，共约880位博士生从中受益。2014—2015学年度第一学期，操作发放的社科学部和部分人文学部博士生助研津贴约268.6万元，其中博士生导师或其所在院系支出约110.3万元，学校配套补贴158.3万元，共有约1000位博士生从中受益。

全校共发放社科学部和部分人文学部博士生助研津贴约507万元，其中博士生导师或其所在院系补贴约225万元，学校配套补贴2281万元。

对延期博士生的资助与管理　继续针对2007、2008级延期博士生施行延长期博士生资助政策的过渡方案。共向42位延长期博士生提供共11.25万元的资助。2009级及以后延长期博士生继续执行校发〔2010〕92号《北京大学延长期博士生资助管理办法》。

专项奖学金的评定工作 1. 才斋奖学金。12月，启动了2013学年度才斋奖学金获得者中期评审工作。2013学年度获得才斋奖学金的15名同学通过院系评审。中期评审通过的获奖人，发放资助金额的40%。

2. "王文忠—王天成奖学金"和"闳材奖学金"。9月，启动"王文忠—王天成奖学金"和"闳材奖学金"两项助困性质的奖学金的评审工作。共有191位申请人获得"闳材奖学金"的资助，20位申请人获得"王文忠—王天成奖学金"的资助，资助总金额分别为95.5万元和10万元。

3. "翁洪武科研原创基金"。资助标准为硕士1.5万元、博士3万元、博士后3万元，起草相关的管理规定及相关的工作流程。

4. 科学实践创新奖的设立与评审。从2012年开始，北京大学开始为全日制专业学位研究生和单列项目研究生设立奖优性质的奖学金"研究生科学实践创新奖"，资助标准为10000元／人·年，资助范围为全校全日制专业学位研究生和单列项目研究生总人数的10%左右。

9月，启动2014—2015学年专业学位研究生科学实践创新奖的评选工作。共有176人获得2014—2015学年北京大学专业学位科学实践创新奖，其中130人已发放奖学金。资助金额共计130万元，2014年度第一学期共发放奖学金65万元。

制度建设 完成对《北京大学研究生学业奖学金管理办法》和《北京大学博士研究生校长奖学金管理办法》的修订，召开了北京大学研究生奖助工作专家委员会会议，研究生教务管理人员会议和研究生代表会议，对上述2个文件的修订稿进行了征求意见。

启动对管理系统的改造 9月起，重新梳理工作程序，并对整个奖助体系的工作模式进行了总结和提炼，创新性地首次采用动态模块的设计思想规划新系统。

【中国研究生院院长联席会秘书处】主席院长会议 4月3日，联席会主席院长扩大会议在南开大学召开。

"中国研究生教育质量联盟"筹备工作。4月3日，确定"中国研究生教育质量联盟"的名称。5月5日，召开院长联席会全体成员单位参加的"中国研究生教育质量联盟"筹备工作会议。

7月9日，就"中国研究生教育质量联盟"筹备工作向教育部副部长杜占元进行汇报。杜占元在服务需求、改革创新、取得国际影响等目标设计层面，以及工作机制、业务范围等具体操作层面都给了明确的指示。

支持西部地区研究生教育 8月20—22日在兰州举办2014年研究生院院长联席会暑期工作研讨会。这是在西部地区举办的首届暑期工作研讨会，除院长联席会成员单位的参会人员，还特别邀请了西藏大学、新疆师范大学、青海大学、石河子大学、西北大学、贵州师范大学等14所西部高校研究生院（部/处）的主要负责人参会。

开展国际间学位与研究生教育的交流 10月17日，举行中国研究生院院长联席会第三届国际论坛（ACGS International Forum 2014）。围绕"研究生教育评估方法""研究生教育国际化与国际合作模式"和"奖助政策和研究生质量保证"三个主题，国内外专家分别做了专题报告。

继续保持与美国CGS的友好往来，9月7—10日，参加在加拿大纽芬兰召开第八届"全球研究生教育战略领袖峰会"。

院长联席会2013年年会 10月19日，中国研究生院院长联席会2014年年会在天津举行。教育部学位管理与研究生司司长李军、教育部学位与研究生教育发展中心主任王立生、教育部学位管理与研究生司副司长黄宝印等出席会议。天津市教委、天津市学位办有关负责同志一同出席。

纪念研究生院制度建立30周年征文活动 1984年8月8日，教育部发出《关于在北京大学等22所高等院校试办研究生院的通知》（〔84〕教研字026号），同时印发了《关于在部分全国重点高等院校试办研究生院的几点意见》，标志着研究生院制度在我国的确立。到2014年，研究生院制度建立已经走过30年的历程。为纪念我国研究生院制度建立30周年，研究生院组织57所成员单位开展纪念研究生院制度建立30周年征文活动。

《中国研究生院院长联席会e通讯》汇编工作 2013年11月开始编辑电子会刊《中国研究生院院长联席会e通讯》，通报会员采取机构动态。《中国研究生院院长联席会e通讯》已经刊发了9期。

编撰《年度报告》 2013年重庆会之后，继续2013年年报的编撰，并开始着手2014年年度报告的有关工作。在问卷发放与回收环节，得到了联席会各成员单位的大力支持和配合。2014年年初的主席院长会上，除了总报告外，经过讨论确定了2014年年报的各项专题。具体承担编撰任务的是华东师范大学。

【研究生院促进交流计划】自2009年12月25日开始首次促进交流计划讲座开讲，截至2014年12月，共举办了30次促进交流计划活动：由王仰麟主讲"管理就是生产力"，由研究生招生、培养、学位、奖助、综合办公室分别介绍各办公室业务工作内容及流程，中国研究生院院长联席会秘书处为大家介绍国内外研究生教育未来发展趋势；在业务培训的同时，还举办聆听中国古典诗词赏析等讲座、组织参观国家博物馆等活动。4月23日，由培养办公室主任贾爱英及综合办公室副主任刘佰军介绍赴美学习经验交流；5月26日美国印第安纳大学研究生院助理院长 Ms Yolanda 做了题为"Broadening Participation/Diversity and Pipeline Programs"报告；12月11日由综合办公室主任张辉及培养办公室钱岷分别介绍赴加拿大、英国学习进修经验交流，以及严纯华常务副院长做"如何改善我们的工作"的报告。

【"黉门对话"专家主题论坛项目正式启动】 3月30日，由研究生院主办、生命科学学院承办的"黉门对话"专家主题论坛第一期——"雾霾，我们何去何从"举办，北京大学"黉门对话"专家主题论坛项目正式启动。

"黉门对话"以对话式的专家主题论坛为基本组织形式，邀请若干位知名专家和学者为嘉宾，围绕特定主题进行对话交流和互动研讨，并面向全校研究生开放，从而推动思想的碰撞、对话、交融和创新，引导广大研究生对学术和理想的思考、对科学和人文的探讨、对国家和社会的关注。"黉门对话"以学术性、跨学科、对话式、专家参与为基本原则，每一期确定人文、科技、文化领域内的某一主题，开展对话交流和研究讨论，引导跨学科的思考以及对当前学术界、国家和社会的热点问题的关注和研究，体现学术研究者的社会责任。

经院系申报和专家评审，有6个院系的7个项目立项，组成2014年度"黉门对话"系列专题主题论坛。"黉门对话"在2014年一共举办7期，内容覆盖生命科学、环境科学、数学、统计学、经济学、教育学、物理学、人口学、航空航天、汉语教育等多个领域。

【新聘任博士生导师交流论坛】 11月29日，举办北京大学2014年新聘任博士生导师交流论坛。新聘任博士生导师、资深博士生导师代表及研究生院工作人员120余人参加了论坛。

陈十一院士出席论坛并讲话，与导师们分享了自己在中美两地教学科研的经历和体会，希望导师们要立德树人，注重自身的道德修养，提高自身业务素质和创新意识。人口研究所所长郑晓瑛做了题为"做能与学生共同学习和成长的老师"的报告。化学与分子工程学院陈尔强教授做了题为"学术道德规范与科技写作"的报告。研究生院常务副院长严纯华分析了北大研究生教育面临的机遇和挑战，强调在研究生培养过程中导师作为第一责任人的关键作用。研究生院招生办公室主任廖晓玲、培养办公室主任贾爱英、学位办公室主任黄俊平和学位办副主任胡晓阳分别介绍了相关工作，特别对导师培养研究生相关的政策规定进行了详细的介绍。

在分组讨论中，导师们畅谈了心得体会，对自己在工作中面临的问题进行了讨论和咨询，还对学校的导师队伍建设建言献策。

【2014年度理工科院系国际同行评议】 经校长办公会决定，自2013年起北京大学首先在城市与环境学院、环境科学与工程学院启动国际同行评议试点工作，邀请国际知名专家、学者为学校的学科发展状况把脉诊断。2014年度列入评议的单位为生命科学学院和工学院。

11月14—15日，专家现场评议首先在生命科学学院展开。生命科学学院院长吴虹教授、副院长郭红卫教授和李沉简教授分别向专家做报告，介绍了学院发展规划以及在科学研究、队伍建设、教学和人才培养、发展态势、制约因素等方面的整体情况。11月17—18日，工学院的国际同行评议工作展开。工学院院长张东晓教授向专家详细汇报了学院历史发展、学科建设、人才培养、师资队伍、课程设立、科学研究、社会责任与社会服务等各个方面的情况，并介绍了学院近些年发展过程中存在的机遇和挑战、优势和劣势、战略规划等情况。

评议专家来自麻省理工学院、杜克大学、康奈尔大学、佐治亚理工学院、牛津大学十余所等世界一流高校。

党委组织部、科研部、国际合作部、人事部、发展规划部、教务部、实验室与设备管理部、985/211办公室等校能部门参与了评议活动。

【"研究生教育创新计划"项目总结研讨会】 12月15日，召开北京大学"研究生教育创新计划"项目总结研讨会，"创新计划"历年各项目负责人、各院系主管院长、系主任和教务负责人、学校相关职能部门负责人、研究生院领导及工作人员等共计一百余人参加本次会议。

高松出席会议，就提高研究生教学质量、优化调整本硕博课程体系、贯通本科和研究生培养、推进培养模式创新等方面提出了指导性意见。研究生院常务副院长严纯华作了"创新计划"实施6年来的工作总结。随后，八位往年承办"创新计划"的院系项目负责人代表发言。

自2003年教育部启动"创新计划"，特别是2009年北京大学设立"创新计划"和项目资助体系以来，北京大学累计举办了235个项目。以研究生暑期学校为例，已支持举办了110期，开课1051门，资助海外师资351人次，招收正式学员10722人次。"创新计划"以师生共举、学术牵引、多学科综合、国际化实施的特点，在人才培养、科学研究、交流合作等方面取得了显著效果,逐渐成为北京大学研究生教育领域的特色项目。

【建院三十周年座谈会】 12月30日,召开"继往开来,再铸辉煌"——北京大学研究生教育工作研讨会暨北京大学研究生院建院三十周年庆祝座谈会。教育部学位与研究生教育司副司长黄宝印,北京大学常务副校长刘伟,党委副书记叶静漪,副校长高松,原校长陈佳洱、许智宏、周其凤,原副校长张国有出席座谈会。研究生院原常务副院长、原副院长、离退休工作人员,原校评委会委员代表,校内各职能部门负责人,研究生代表,研究生院校本部及医学部工作人员等一百余人参加了座谈会。会议由北京大学副校长、研究生院院长陈十一主持。

黄宝印从历史和横向两个维度介绍了北京大学研究生院在研究生招生人数、全国优秀博士学位论文及中国研究生院院长联席会等方面的突出工作,深入剖析了当前世界研究生教育的情况。刘伟提出北大的研究生教育应努力开创和引领国内国际研究生教育发展的新潮流。张国有从北大研究生教育的历史出发,带领大家共同回顾了北大研究生院30年来在建院、人才培养、教育管理、学科建设、招生方式、招生规模、分类培养、跨学科培养、导师队伍、研究生教育的国际化等方面的发展历程及取得的成就。研究生院医学部分院评估办公室主任徐明从学科发展、激励与收获、招生、生源结构、课程设置、创新人才培养、职业胜任力等方面介绍了医学部研究生教育的情况。研究生院常务副院长严纯华以"以立德树人、提高质量为核心,全面推进北大研究生教育综合改革"为题作主题报告。

会议为离任的校学位评定委员会委员代表文兰、涂传诒、周其凤、王邦维、尚新建颁发了感谢状,感谢他们为北京大学的学位授予、学位制度建设,以及研究生教育发展做出的贡献。与会嘉宾积极发表了各自对北大研究生教育的意见及建议。

【办公室搬迁】 按照学校的总体部署,9—11月,研究生院办公地点由红二楼(才斋)搬迁至新太阳学生中心的四楼和五楼。按照搬迁计划和装修进程,9月5日,各办公室主任、各位院长,以及与学生业务相关较多的培养办公室的学籍、教务办公室第一批搬迁完成;11月下旬研究生院全部搬迁完成。研究生院培养办公室主任以及学籍、教务办公室在新太阳学生中心四层,其余各办公室均在新太阳学生中心五层。

医学部研究生教育

招生工作 1. 北京大学医学部共招收研究生1218人,其中,博士生452人,硕士生766人。博士生中367人攻读博士学术学位,85人攻读临床医学/口腔医学博士专业学位。硕士生中335人攻读硕士学术学位,431人攻读硕士专业学位。博士生和硕士生中学术学位研究生与专业学位研究生之比分别为4.3∶1和1∶1.3。

截至12月31日,在校研究生为3981人,其中,硕士研究生2458人(专业学位1162人,科学学位1296人),博士研究生1523人(专业学位182人,科学学位1341人)。

2. 2014年在北京大学医学部各学院全面开展学术型博士生申请考核制招生。

就业工作 北京大学医学部2014届毕业研究生978人,其中,留学生6人,港澳台学生9人。博士研究生389人,硕士研究生589人,毕业生人数与2013届相比基本持平。截至12月底,毕业研究生就业率为96.32%。

培养工作 1. 推进专业学位硕士研究生教育与住院医师规范化培训并轨工作。允许北医学生在毕业当年参加北京市住院医师规范化培训合格考试,考试合格可取得《住院医师规范化培训合格证书》。

2. 推进住院医师规范化培训和硕士学位衔接。取得《住院医师规范化培训合格证书》并符合国家学位要求的临床医师可授予医学硕士专业学位。经报名审核,已接收2012年进入医学部住院医师规范化培训基地的59名在培住院医师选修专业学位硕士研究生课程学习。在培住院医师通过同等学力人员申请硕士学位外国语水平及综合水平全国统一考试,并在学校研究生导师指导下完成硕士学位论文,通过学位论文答辩、完成住院医师规范化培训,且经学位委员会评审达到学位授予要求者,可授予临床医学硕士专业学位。

3. 建设大规模网络公开课程(MOOCs)。负责组织进行北大医学部大规模网络公开课程中"全科医学课程"的建设工作。2014年10月,前往河南滑县就基层医生对全科医学MOOC项目建设的相关需求展开调研,向美国中华医学会(CMB)申请资助。

4. 深化创新能力培养,推进国际学术交流。北京大学医学部共52名研究生获得国家留学基金管理委员会建设高水平大学公派研究生项目资助,其中25名攻读博士学位,27名联合培养博士研究生。校际导师联合培养博士、硕士研究生10人。2014年度医学部"北京大学医学部研究生国家学术交流基金"与"博士研究生短期出国(境)研究项目"共资助10名同学赴境外交流。

学位工作　1. 授予学位情况。共向913名研究生授予学位，其中，授予博士学位398人，授予硕士学位515人；共向142名在职人员授予学位，其中，授予在职人员博士学位64人，授予在职人员硕士学位78人；授予七年制公共卫生医学硕士学位17人，授予六年制药学理学硕士学位70人，授予八年制临床医学专业学位184人，授予八年制口腔医学专业学位37人，授予八年制基础医学科学学位30人，授予学士学位1149人。

2. 在职人员申请学位工作。3月，组织了在职人员申请博士学位英语全国统考报名和全部考务工作，参加考试人员115人；共组织113人参加在职申请硕士学位英语听力考试。共接受在职申请硕士学位人员79人；接受申请博士学位的在职人员65人。

3. 随机抽取20%的2014届学术型博士学位论文组织开展双盲匿名评阅。北京大学医学部学位评定委员会五届一次会议决定扩大双盲匿名评阅范围，包括20%博士研究生（包括学术型和专业学位）、5%学术型硕士研究生。

4. 根据北京大学学位办公室《关于北京大学学位评定委员会、学位分会换届的通知》精神，启动并完成了医学部学位评定委员会及各院（部）学位评定分委员会换届工作。

评估工作　经11月3日医学部第25次部务办公会研究，北京大学研究生院医学部分院成立评估办公室，并任命徐明为评估办公室主任。

研究生工作部工作　1. 持续推进"爱·责任·成长"主题教育，建立"北医研究生"微信公众平台，利用新媒体工具与在校生积极互动，成功举办"生命的故事"微感想征集大赛。

2. 组织研究生代表召开"群众路线教育实践活动征集学生意见会及建议反馈会"，开展党的群众路线教育实践活动。

3. 深入推进创先争优活动，加强学生党支部和班集体建设。推送1个班级参评北京市教工委在北京高校开展的"优秀基层组织"创建活动。2个研究生党支部分别获得北京市教工委红色"1+1"活动示范评比三等奖及优秀奖。1名学生被评为北京大学第四届十佳学生党支部书记。

4. 积极推进社会实践活动，大力宣传实践成果。暑假，14个学院共组成27支实践团，另有10名研究生开展个人实践。近400人参与到社会实践当中。多个团队及个人分获"首都大学生社会实践优秀团队奖""首都大学生暑期社会实践先进工作者"等奖项。

5. 开展第三届医学部研究生"良师益友"评选活动，共有22位导师荣获"良师益友"奖，编辑《良师益友》（第三册）。

6. 落实教育投入机制改革，完善奖助管理工作。根据《财政部 国家发展改革委 教育部关于完善研究生教育投入机制的意见》（财教〔2013〕19号）等相关文件精神制定医学部教育投入机制改革方案，拟订医学部研究生国家学业奖学金、奖助机制改革办法等奖助相关文件，从2014级起实施。发布助教工作相关文件，首次启动研究生助教岗位。

7. 做好研究生班集体及个人的奖励、表彰工作。优化执行小学院国家奖学金评审模式，1个学院获北京大学先进学工单位称号，多个班级及个人分别获北京大学优秀班集体、北京市三好学生等荣誉称号及各类奖学金。

8. 做好保险办理工作。2014年9月，研究生参保人数达2583人，参保率57.81%。协助研究生保险理赔24人次，理赔金额近2.7万元。

9. 深化学生工作"科学化"，加强德育工作队伍建设。选派多名辅导员参加各级辅导员培训。组织召开以"向育人聚焦 向德育发力"为主题的医学部研究生辅导员/班主任培训交流会等。

综合工作　1. "北京大学医学部研究生综合信息管理系统"一期上线试运行；根据运行中出现的问题及后续使用中应改进和完善的部分。

2. 组织并完成《北京卫生志》北医研究生教育部分的编写工作。

3. 《学位与研究生教育简报》2014年共发行4期，每期120份。

4. 为312人次研究生办理研究生中英文成绩单4600余份。

5. 做好宣传工作，参加各类典礼、讲座、培训、会议，拍摄照片，向宣传部编送通讯稿等。

6. 做好对外交流及兄弟院校来访的接待工作。接待沈阳医学院、协和研究生院、解放军三〇一医院研究生处、郑州大学第一附属医院研究生处、印第安纳大学研究生院助理院长等。

医学教指委、医药科秘书处工作　1. 4月3日，全国医学专业学位研究生教育指导委员会、北京大学医学部、英国医学教育局，以及英国伯明翰大学医学院在北京签署四方合作协议，并召开中英医学教育国际论坛。

2. 4月20日全国医学专业学位研究生教育指导委员会护理分委会工作会议在西安交通大学医学部召开。

3. 5月31日，全国医学专业学位研究生教育指导委员会、公共卫生与预防医学类专业教学指导委员会联合在北京召开公共卫生教育研讨会。

4. 6月5日，全国医学专业学位研究生教育指导委员会临床医学分委员会在北京大学医学部召开。

5. 7月16日，由全国医学专业学位研究生教育指导委员会秘书处主办的临床医学专业学位研究生教育研讨会在哈尔滨举办。

6. 12月12—13日，中国学位与研究生教育学会医药科工作委员会、全国医学专业学位研究生教育指导委员会联合主办。

7. 全国医学专业学位研究生教育指导委员会分别于4月26日至5月4日，8月15日至25日，11月28日至12月7日，实施了三期临床医学（全科）研究生指导教师海外交流培训项目，50余人参加项目。

8. 全国医学专业学位研究生教育指导委员会秘书处积极落实教指委建设项目，相关成果于9月通过专家组验收。

9. 2014年年底，全国医学专业学位研究生教育指导委员会完成医学类《博士、硕士学位基本要求（专业学位）》编写工作。

10. 12月11日，中国学位与研究生教育学会医药科工作委员会在天津召开了第五届全体委员会一次会议，完成换届工作。

教学成果 1. 所获奖项。贾金忠等的《我国全日制公共卫生硕士培养现状、问题与对策研究——基于35所培养院校的质性分析》获全国第十届医药学学位与研究生教育学术年会优秀论文一等奖；段丽萍荣获2014年中国学位与研究生教育学会突出贡献奖；段丽萍、崔爽、贾金忠荣获2014年中国学位与研究生教育学会医药科工作委员会医药学学位与研究生教育突出贡献奖。

2. 开展课题研究。中国学位与研究生教育学会课题"学术型学位研究生教育改革与制度创新研究"；中国学位与研究生教育学会课题"全科医学专业学位研究生教育的研究与实践"。

3. 发表论文。《基于利益相关者视角的临床医学硕士研究生培养模式改革分析》，学位与研究生教育杂志；《深入推进临床医学（全科领域）专业学位研究生教育筑全民医疗卫生系统基石》，中国高等医学教育杂志；《从科研管理的视角看导师与研究生沟通的重要性》，中华医学科研管理杂志；《北京大学医学部在职申请临床医学博士专业学位实践》，中华医学科研管理杂志；《全科医学硕士专业学位研究生培养模式思考》，中华医学教育探索杂志；《高校践行"以学生为本"教育理念的探索》，教育探索杂志；《临床医学八年制医学生二级学科专业选择的价值观辨析》，中国高等医学教育。

表7-15 2014年有权授予博士、硕士学位的学科专业目录

编号	学科专业
01	**哲学**
0101	**哲学**
010101	马克思主义哲学
010102	中国哲学
010103	外国哲学
010104	逻辑学
010105	伦理学
010106	美学
010107	宗教学
010108	科学技术哲学
* 0101J2	中国学（哲学与宗教）
02	**经济学**
0201	**理论经济学**
020101	政治经济学
020102	经济思想史
020103	经济史
020104	西方经济学
020105	世界经济

续表

	编号	学科专业
	020106	人口、资源与环境经济学
	020121	理论经济学(国家发展)
	0202	**应用经济学**
	020201	国民经济学
	020202	区域经济学
	020203	财政学
	020204	金融学
	020205	产业经济学
	020208	统计学
	020220	应用经济学(风险管理与保险学)
*	0202J2	中国学(经济与管理)
	03	**法学**
	0301	**法学**
	030101	法学理论
	030102	法律史
	030103	宪法学与行政法学
	030104	刑法学
	030105	民商法学
	030106	诉讼法学
	030107	经济法学
	030108	环境与资源保护法学
	030109	国际法学
	030120	法学(知识产权法)
*	030121	法学(商法)
*	030122	法学(国际经济法)
*	030123	法学(财税法学)
*	0301J2	中国学(法律与社会)
	0302	**政治学**
	030201	政治学理论
	030202	中外政治制度
	030203	科学社会主义与国际共产主义运动
*	030204	中共党史
	030206	国际政治
	030207	国际关系
	030208	外交学
	030221	政治学(国际政治经济学)
*	0302J2	中国学(政治与国际关系)
	0303	**社会学**
	030301	社会学
	030302	人口学
	030303	人类学
*	030320	社会学(老年学)

续表

编号		学科专业
0305		**马克思主义理论**
	030501	马克思主义基本原理
	030503	马克思主义中国化研究
	030504	国外马克思主义研究
	030505	思想政治教育
	030506	中国近现代史基本问题研究
04		**教育学**
0401		**教育学**
	040101	教育学原理
	040106	高等教育学
*	040110	教育技术学
0402		**心理学**
0403		**体育学**
*	040301	体育人文社会学
05		**文学**
0501		**中国语言文学**
	050101	文艺学
	050102	语言学及应用语言学
	050103	汉语言文字学
	050104	中国古典文献学
	050105	中国古代文学
	050106	中国现当代文学
	050108	比较文学与世界文学
	050120	中国语言文学（中国民间文学）
0502		**外国语言文学**
	050201	英语语言文学
	050202	俄语语言文学
	050203	法语语言文学
	050204	德语语言文学
	050205	日语语言文学
	050206	印度语言文学
	050207	西班牙语语言文学
	050208	阿拉伯语语言文学
	050210	亚非语言文学
	050211	外国语言学及应用语言学
0503		**新闻传播学**
	050301	新闻学
	050302	传播学
0504		**艺术学**
0552		**新闻与传播硕士**
06		**历史学**
0601		**历史学**

续表

编号		学科专业
	060100	考古学
0602		**中国史**
	060200	中国史
	060201	史学理论及史学史
	060202	历史地理学
*	060203	历史文献学
	060204	专门史
	060205	中国古代史
	060206	中国近现代史
0603		**世界史**
	060300	世界史
	060301	世界史
	040201	基础心理学
*	040202	发展与教育心理学
	040203	应用心理学
*	040220	心理学（临床心理学）
07		**理学**
0701		**数学**
	070101	基础数学
	070102	计算数学
	070103	概率论与数理统计
	070104	应用数学
0702		**物理学**
	070201	理论物理
	070202	粒子物理与原子核物理
	070204	等离子体物理
	070205	凝聚态物理
*	070206	声学
	070207	光学
0703		**化学**
	070301	无机化学
	070302	分析化学
	070303	有机化学
	070304	物理化学
	070305	高分子化学与物理
	070320	化学（化学生物学）
	070321	化学（应用化学）
	070322	化学（化学基因组学）
0704		**天文学**
	070401	天体物理
0705		**地理学**
	070501	自然地理学

续表

编号		学科专业
	070502	人文地理学
	070503	地图学与地理信息系统
	070520	地理学(环境地理学)
	070521	地理学(历史地理学)
*	070523	地理学(城市与区域规划)
*	070524	地理学(景观设计学)
0706		**大气科学**
	070601	气象学
	070602	大气物理学与大气环境
	070620	大气科学(气候学)
0708		**地球物理学**
	070801	固体地球物理学
	070802	空间物理学
0709		**地质学**
	070901	矿物学、岩石学、矿床学
	070902	地球化学
	070903	古生物学与地层学
	070904	构造地质学
	070905	第四纪地质学
	070920	地质学(材料及环境矿物学)
	070921	地质学(石油地质学)
0710		**生物学**
	071001	植物学
	071002	动物学
	071003	生理学
*	071005	微生物学
	071006	神经生物学
	071007	遗传学
	071009	细胞生物学
	071010	生物化学与分子生物学
	071011	生物物理学
	071020	生物学(生物信息学)
	071021	生物学(生物技术)
	071022	生物学(分子医学)
0712		**科学技术史**
	071200	科学技术史
	071300	生态学
	071400	统计学
08		**工学**
0801		**力学**
	080101	一般力学与力学基础
	080102	固体力学

续表

编号	学科专业
080103	流体力学
080104	工程力学
080123	力学(先进材料与力学)
080124	力学(能源与资源工程)
080120	力学(生物力学与医学工程)
080121	力学(力学系统与控制)
080125	力学(航空航天工程)
0809	**电子科学与技术**
080901	物理电子学
080902	电路与系统
080903	微电子学与固体电子学
080904	电磁场与微波技术
080921	电子科学与技术(量子电子学)
0810	**信息与通信工程**
081002	信号与信息处理
0811	**控制科学与工程**
081101	控制理论与控制工程
0812	**计算机科学与技术**
081201	计算机系统结构
081202	计算机软件与理论
081203	计算机应用技术
081220	计算机科学与技术(智能科学与技术)
0813	**建筑学**
081302	建筑设计及其理论
0816	**测绘科学与技术**
081602	摄影测量与遥感
0817	**化学工程与技术**
0827	**核科学与技术**
082703	核技术及应用
0830	**环境科学与工程**
083001	环境科学
083002	环境工程
0831	**生物医学工程**
083100	生物医学工程
0835	**软件工程**
083500	软件工程
09	**农学**
10	**医学**
1001	**基础医学**
100101	人体解剖与组织胚胎学
100102	免疫学
100103	病原生物学

续表

	编号	学科专业
	100106	放射医学
	100120	病理学
	100121	病理生理学
	100122	基础医学(人体生理学)
	100123	基础医学(医学生物化学与分子生物学)
	100124	基础医学(医学神经生物学)
	100125	基础医学(医学细胞生物学)
	1002	**临床医学**
	100201	内科学(血液病)
	100201	内科学(传染病)
	100201	内科学(风湿病)
	100201	内科学(肾病)
	100201	内科学(内分泌与代谢病)
	100201	内科学(消化系病)
	100201	内科学(呼吸系病)
	100201	内科学(心血管病)
	100202	儿科学
	100204	神经病学
	100205	精神病与精神卫生学
	100206	皮肤病与性病学
	100207	影像医学与核医学
	100208	临床检验诊断学
*	100209	护理学
	100210	外科学(神外)
	100210	外科学(整形)
	100210	外科学(胸心外)
	100210	外科学(泌尿外)
	100210	外科学(骨外)
	100210	外科学(普外)
	100211	妇产科学
	100212	眼科学
	100213	耳鼻咽喉科学
	100214	肿瘤学
	100215	康复医学与理疗学
	100216	运动医学
	100217	麻醉学
*	100218	急诊医学
*	100231	临床医学(全科医学)
	100232	临床医学(重症医学)
*	100233	临床医学(临床病理学)
*	100234	临床医学(医学信息学)
	100235	临床医学(临床研究方法学)

续表

编号		学科专业
	1003	**口腔医学**
	100301	口腔基础医学
	100320	牙体牙髓病学
	100321	牙周病学
	100322	儿童口腔医学
	100323	口腔黏膜病学
	100324	口腔预防医学
	100325	口腔颌面外科学
	100326	口腔颌面医学影像学
	100327	口腔修复学
	100329	口腔正畸学
	1004	**公共卫生与预防医学**
	100401	流行病与卫生统计学
	100402	劳动卫生与环境卫生学
	100403	营养与食品卫生学
	100404	儿少卫生与妇幼保健学
	100405	卫生毒理学
	1006	**中西医结合**
*	100601	中西医结合基础
	100602	中西医结合临床
	1007	**药学**
	100701	药物化学
	100702	药剂学
	100703	生药学
	100704	药物分析学
	100706	药理学
	100720	[药学]化学生物学
	100721	[药学]临床药学
	1011	**护理学**
	101120	护理学(临床护理学)
	12	**管理学**
	1201	**管理科学与工程**
	120100	管理科学与工程
	1202	**工商管理**
	120201	会计学
	120202	企业管理
	1204	**公共管理**
	120401	行政管理
	120402	社会医学与卫生事业管理
	120403	教育经济与管理
*	120404	社会保障
*	120421	公共管理(公共政策)
*	120422	公共管理(发展管理)

续表

	编号	学科专业
	1205	**图书馆、情报与档案管理**
	120501	图书馆学
	120502	情报学
	120520	图书情报与档案管理(编辑出版学)
	13	**艺术学**
	1301	**艺术学理论**
	130100	艺术学理论
	1303	**戏剧与影视学**
*	130300	戏剧与影视学
	1304	**美术学**
*	130400	美术学
	20	**专业学**
*	025100	金融硕士
*	025200	应用统计硕士
*	025300	税务硕士
*	025400	国际商务硕士
*	025500	保险硕士
*	025600	资产评估硕士
*	025700	审计硕士
*	035101	法律硕士(非法学)
*	035102	法律硕士(法学)
*	035120	法律硕士(LL.M.)
*	035200	社会工作硕士
*	045101	教育管理
*	045300	汉语国际教育硕士
*	045400	应用心理硕士
*	055101	英语笔译
*	055105	日语笔译
*	055106	日语口译
*	055200	新闻与传播硕士
*	055300	出版硕士
*	065100	文物与博物馆硕士
*	085204	材料工程
*	085208	电子与通信工程
*	085209	集成电路工程
*	085211	计算机技术
*	085212	软件工程
*	085237	工业设计工程
*	085239	项目管理
*	085271	电子与信息
*	085273	生物与医药
*	095300	风景园林硕士
	105101	内科学
	105102	儿科学
	105104	神经病学
	105105	精神病与精神卫生学

续表

编号		学科专业
	105106	皮肤病与性病学
	105107	影像医学与核医学
	105108	临床检验诊断学
	105109	外科学
	105110	妇产科学
	105111	眼科学
	105112	耳鼻咽喉科学
	105113	肿瘤学
	105114	康复医学与病理学
	105115	运动医学
	105116	麻醉学
	105117	急诊医学
	105126	中西医结合临床
	105127	全科医学
	105128	临床病理学
	105200	口腔医学
*	105300	公共卫生硕士
*	105400	护理硕士
*	105500	药学硕士
*	125101	工商管理硕士
*	125102	高级管理人员工商管理硕士
*	125120	工商管理硕士（社会公益管理）
*	125200	公共管理硕士
*	125300	会计硕士
*	125500	图书情报硕士
*	125600	工程管理硕士
*	135102	戏剧（歌剧艺术）
*	135105	广播电视
*	135107	美术

备注：* 表示硕士学位授权点。

表7-16　2014年度北京大学优秀博士学位论文（99篇）

序号	系所	作者姓名	导师姓名	专业名称	论文题目
1	数学科学学院	王晁	王诗宬	基础数学	曲面上可扩张的有限群作用
2	数学科学学院	夏彬伯	方新贵	基础数学	几乎单群的分解及其应用
3	数学科学学院	王枫	朱小华	基础数学	Bakry-Emery 几何与 Kaehler-Ricci 孤立子
4	数学科学学院	宋凯	邓明华	概率论与数理统计	高通量测序数据相似性比对的统计与生物信息学分析
5	物理学院	邵华圣	赵光达	理论物理	重夸克偶素产生唯象学和单圈散射振幅计算
6	物理学院	杨再宏	叶沿林	粒子物理与原子核物理	丰中子核 12Be 的集团结构研究
7	物理学院	付学文	俞大鹏	凝聚态物理	弹性应变和应变梯度对准一维 ZnO 材料物性调控及应用研究
8	物理学院	陈基	王恩哥	凝聚态物理	氢的原子核量子效应计算模拟研究

续表

序号	系所	作者姓名	导师姓名	专业名称	论文题目
9	物理学院	姜雪峰	肖云峰	光学	超高品质因子非对称光学微腔的实现及其物理特性
10	物理学院	徐婉筠	赵春生	大气物理学与大气环境	华北平原 SO_2 的变化机制及其与气溶胶的相互作用
11	物理学院	杨腾飞	王宇钢	核技术及应用	陶瓷及金属陶瓷材料的离子辐照损伤机理研究
12	化学与分子工程学院	王也夫	严纯华	无机化学	核—壳结构稀土纳米发光材料:设计与能量传递调控
13	化学与分子工程学院	禹蒙蒙	付雪峰	无机化学	可见光促进吡啉金属配合物催化 Si-C(sp3)、Si-H 键羟基化及苯乙烯氧化酰基化的研究
14	化学与分子工程学院	辛恭标	李星国	无机化学	镁基薄膜在温和条件下的气态和电化学储氢性质研究
15	化学与分子工程学院	舒志斌	王剑波	有机化学	芳香化合物的氰基化反应研究
16	化学与分子工程学院	李振东	刘文剑	物理化学	开壳层含时密度泛函理论
17	化学与分子工程学院	贾传成	郭雪峰	物理化学	基于界面调控的光电功能器件:设计、构筑和应用
18	化学与分子工程学院	徐丽敏	阎云	物理化学	可逆金属配位超分子的静电组装及性质研究
19	化学与分子工程学院	侯绍聪	邹德春	高分子化学与物理	柔性可编织纤维太阳能电池对电极的设计、制备和表征
20	化学与分子工程学院	林世贤	陈鹏	化学(化学生物学)	光交联探针的开发及其在研究活体蛋白质—蛋白质相互作用中的应用
21	前沿交叉学科研究院	高雅博	刘忠范	物理化学	超高真空体系下石墨烯及其杂化材料的生长、表面结构和物性研究
22	生命科学学院	陈亮	陈建国	细胞生物学	Cab45S 在细胞增殖与凋亡过程中的功能研究
23	生命科学学院	祖尧	张博	细胞生物学	斑马鱼心脏发育机制的研究及相关基因组精确修饰技术的建立
24	生命科学学院	舒健	邓宏魁	细胞生物学	利用细胞谱系特异性因子诱导小鼠细胞重编程及"跷跷板"模型的研究
25	生命科学学院	胡斌	郑晓峰	生物化学与分子生物学	人类 HSCARG 蛋白通过抑制 H2A 泛素化参与 DNA 损伤修复反应并影响细胞周期
26	分子医学研究所	王黎	周专	生理学	多巴胺能神经元胞体和突触分泌的机制:新鲜脑片电化学微电极实时记录量子化分泌和纹状体突触传递
27	分子医学研究所	尚维	程和平	生物物理学	心脏纳米钙火花
28	地球与空间科学学院	王新	涂传诒	空间物理学	太阳风湍流小尺度间歇结构的观测分析
29	地球与空间科学学院	王伟	刘树文	地球化学	辽西—冀东北地区前寒武纪地壳演化与壳幔作用过程
30	地球与空间科学学院	梁存任	曾琪明	摄影测量与遥感	多模式合成孔径雷达数据干涉处理及其应用
31	心理学系	张喜淋	方方	基础心理学	注意的产生、作用与早期视皮层的关系
32	深圳研究生院	陈冰	刘晓彦	微电子学与固体电子学	金属氧化物阻变器件的表征与可靠性研究
33	信息科学技术学院	张晓升	张海霞	微电子学与固体电子学	基于微加工技术的微纳复合制造及其在微能源系统中的应用研究
34	信息科学技术学院	温森文	焦秉立	信号与信息处理	空域调制技术在空时频维度上的应用及容量研究
35	信息科学技术学院	阴红志	崔斌	计算机软件与理论	社会化媒体中若干时空相关的推荐问题研究

续表

序号	系所	作者姓名	导师姓名	专业名称	论文题目
36	前沿交叉学科研究院	李志强	张 兴	微电子学与固体电子学	锗基MOS器件源漏关键技术研究
37	前沿交叉学科研究院	金坚石	苏晓东	力学(生物力学与医学工程)	基于单分子荧光技术的DNA—蛋白质精细调控机制研究
38	工学院	杨 策	侯仰龙	力学(先进材料与力学)	纯相碳化铁纳米颗粒的可控合成及其催化性能研究
39	工学院	李华芳	郑玉峰	力学(先进材料与力学)	基于营养元素(Mg、Ca、Zn、Sr)的可降解合金设计及生物学评价
40	工学院	李应卫	李法新	固体力学	铁电单晶/陶瓷变形与失效行为研究
41	城市与环境学院	何 伟	徐福留	地理学(环境地理学)	巢湖水体溶解性有机质及其环境效应研究
42	城市与环境学院	高 攀	周力平	第四纪地质学	海水溶解无机碳中放射性碳分析制样方法的发展及其在南海东北部环流研究中的应用
43	环境科学与工程学院	申芳霞	要茂盛	环境科学	微生物气溶胶监测新方法及其应用研究
44	新闻与传播学院	杨 虎	肖东发	传播学	大众文化视野下的畅销书出版营销机制研究
45	中国语言文学系	王耐刚	董洪利	中国古典文献学	《孟子》赵注流衍研究
46	中国语言文学系	王紫微	傅 刚	中国古代文学	《春秋》学背景下的《史记》撰作
47	中国语言文学系	王冬冬	吴晓东	中国现当代文学	1940年代的诗歌与民主
48	中国语言文学系	王 尧	陈平原	中国现当代文学	地方性神灵的生长机制——以山西洪洞地区的二郎传说与信仰为对象
49	历史学系	陈晓伟	刘浦江	中国古代史	北族政权行朝政治新探
50	历史学系	邱靖嘉	刘浦江	中国古代史	天地之间:天文分野的历史学研究
51	历史学系	胡 宁	朱凤瀚	中国古代史	春秋用诗与贵族政治
52	历史学系	戴 鑫	颜海英	世界史	托勒密埃及希腊移民的特权
53	考古文博学院	罗汝鹏	徐天进	考古学及博物馆学	公元前20世纪至前9世纪中国东南地区考古学文化研究——以闽浙赣交界地区为中心
54	哲学系(宗教学系)	张 梧	丰子义	马克思主义哲学	资本逻辑与空间问题
55	哲学系(宗教学系)	赵立研	魏常海	中国哲学	以慧为次第的解脱与以定为次第的解脱——论原始佛教的定慧源流
56	哲学系(宗教学系)	赵金刚	陈 来	中国哲学	天理视域下的历史世界
57	哲学系(宗教学系)	胡翌霖	吴国盛	科学技术哲学	媒介史强纲领——媒介环境学的哲学解读
58	经济学院	高秋明	王跃生	世界经济	外商直接投资的工资效应
59	国家发展研究院	谭之博	姚 洋	西方经济学	金融结构、企业融资和储蓄与经常账户失衡
60	光华管理学院	秦 昕	张志学	企业管理	为什么上司做出公平行为?态度功能的视角
61	光华管理学院	林道谧	路江涌	企业管理	海归创业的前因、行为及其影响
62	国家发展研究院	谢沛初	黄益平	金融学	实际汇率若干问题研究——决定、调整和影响
63	法学院	谭道明	张千帆	宪法学与行政法学	中央集权与地区分权:拉美联邦制与政党制度关系比较研究
64	法学院	茅少伟	刘凯湘	民商法学	合同法上的风险分配:以任意规范的设置与适用为中心
65	法学院	牟绿叶	陈瑞华	诉讼法学	论侦查人员的证人地位
66	社会学系	陈 涛	谢立中	社会学	涂尔干的道德科学——基础及其内在展开
67	社会学系	许 琪	郭志刚	社会学	中国父系家庭制度的延续与变迁:投资和反馈中的性别差异研究
68	政府管理学院	臧雷振	徐湘林	中外政治制度	变迁中的政治机会结构与政治参与:新媒体时代的国家治理回应

续表

序号	系所	作者姓名	导师姓名	专业名称	论文题目
69	政府管理学院	张 满	肖鸣政	行政管理	公务员职业道德评价指标体系与应用检验研究——以科级公务员为样本的量化研究
70	外国语学院	徐 颖	刘 锋	英语语言文学	《圣经》阐释与乔治·爱略特小说
71	外国语学院	李 颖	段 晴	印度语言文学	"翻搅乳海"——吴哥寺中的神与王
72	马克思主义学院	丁 晔	尹保云	科学社会主义与国际共产主义运动	二战后美国的右翼社会运动研究
73	艺术学院	戴 璐	丁 宁	艺术学	英国乔治亚时代肖像画在美国的收藏：1890—1930
74	教育学院	蔺亚琼	刘云杉	高等教育学	知识制度化：以学科身份建构为中心的多个案研究
75	医学部	仇 炜	郭应禄	外科学	粉防己碱对肿瘤细胞自噬及凋亡影响的机理研究
76	医学部	韩 晓	尚永丰	生物化学与分子生物学	Jade-2是LSD1的E3泛素连接酶并促进多能干细胞的神经分化
77	医学部	李晶晶	柯 杨	生物化学与分子生物学	第一部分：河南安阳农村地区自然人群皮肤HPV感染调查第二部分：十一种新型HPV基因组分离鉴定及其特征分析
78	医学部	王 攀	童坦君	生物化学与分子生物学	PKD1通过NF-κB调控衰老相关炎症促进Ras诱导细胞衰老
79	医学部	杨 晨	邓大君	生物化学与分子生物学	骨髓来源细胞浸润小鼠胃肠道肿瘤间质伴p16基因DNA甲基化失活
80	医学部	李卫华	方伟岗	病理学	P2Y2受体在前列腺癌细胞侵袭和转移中的作用及其机制研究
81	医学部	韩启飞	管又飞	病理学与病理生理学	AMP激活的蛋白激酶和丙酮酸激酶M2亚型在肾脏髓质间质细胞存活中的作用
82	医学部	仰浈臻	齐宪荣	药剂学	双肽修饰的阳离子脂质体共输送siRNA和多西他赛治疗脑胶质瘤研究
83	医学部	李秀英	吕万良	药剂学	多功能靶向性紫杉醇酯质体抗脑胶质瘤效应与机制研究
84	医学部	刘 强	贾彦兴	药物化学	1. 麦角类生物碱麦角酸和Clavicipitic Acid的全合成 2. 天然产物Crotogoudin和Crotobarin的全合成研究
85	医学部	罗宜孝	陆 林	药理学	非条件性刺激唤起—消退模式消除成瘾记忆及其神经生物学机制
86	医学部	刘剑锋	陆 林	药理学	恐惧记忆维持与消退的调控及其神经生物学机制
87	医学部	范胜军	李学军	药理学	促红细胞生成素促进人肾透明细胞癌细胞增殖与迁移作用的机制研究及其靶点发现
88	医学部	丁 叶	李 勇	营养与食品卫生学	葡萄籽原花青素对糖尿病和糖尿病周围神经病变大鼠的干预作用及内质网应激相关机制研究
89	医学部	陈 田	贾 光	劳动卫生与环境卫生学	上皮间质转化在不同长度多壁碳纳米管致肺纤维化中的作用研究
90	医学部	王赛楠	高学军	牙体牙髓病学	纳米生物活性玻璃诱导牙髓牙本质复合体形成的作用

续表

序号	系所	作者姓名	导师姓名	专业名称	论文题目
91	医学部	肖锷	张益	口腔颌面外科学	间充质干细胞与创伤性颞下颌关节强直的发生及其机械力感受性研究
92	医学部	黄婧	赵明辉	内科学	可溶性尿激酶受体在原发性局灶节段性肾小球硬化症中的研究
93	医学部	赵荷珺	洪天配	内科学	胰高糖素样肽1受体激活对人胰腺癌的影响及机制研究
94	医学部	张瑶	刘开彦	内科学	脂肪因子在造血干细胞移植后植入功能不良中的作用及其临床意义的研究
95	医学部	杜燕	栗占国	内科学	LILRA3和PADI4在自身免疫性疾病遗传易感性及其作用机制中的研究
96	医学部	刘辉	戚豫	儿科学	线粒体基因病临床表型异质性的分子遗传学研究
97	医学部	刘晓怡	洪楠	影像医学与核医学	未用药慢性精神分裂症患者扩散张量成像及脑皮层结构研究
98	医学部	李理宇	张礼和	化学生物学	核酸适配体的截短和异核苷修饰及靶向脂质体的研究
99	医学部	周静怡	朱卫国	生物化学与分子生物学	FOXO3激活PI3K-AKT1调节FOXO1诱导的细胞自噬

表7-17　2014年在校研究生统计（双证）

代码	系所名称	博士	硕士	合计
00001	数学科学学院	272	240	512
00004	物理学院	731	141	872
00010	化学与分子工程学院	467	178	645
00011	生命科学学院	501	78	579
00012	地球与空间科学学院	349	285	634
00016	心理学系	109	143	252
00017	软件与微电子学院	39	2046	2085
00018	新闻与传播学院	99	205	304
00020	中国语言文学系	307	271	578
00021	历史学系	209	149	358
00022	考古文博学院	90	86	176
00023	哲学系（宗教学系）	250	161	411
00024	国际关系学院	196	326	522
00025	经济学院	144	285	429
00028	光华管理学院	219	1441	1660
00029	法学院	250	1077	1327
00030	信息管理系	85	69	154
00031	社会学系	97	269	366
00032	政府管理学院	172	408	580
00039	外国语学院	188	378	566
00040	马克思主义学院	92	66	158
00041	体育教研部		21	21

续表

代码	系所名称	博士	硕士	合计
00043	艺术学院	95	80	175
00044	对外汉语教育学院	31	134	165
00047	深圳研究生院	100	2425	2525
00048	信息科学技术学院	647	765	1412
00062	国家发展研究院	53	103	156
00067	教育学院	261	122	383
00068	人口研究所	41	34	75
00084	前沿交叉学科研究院	414	13	427
00086	工学院	502	272	774
00126	城市与环境学院	254	275	529
00127	环境科学与工程学院	148	155	303
00182	分子医学研究所	82	51	133
00192	歌剧研究院		16	16
00195	建筑与景观设计学院		29	29
00099	医学部	1523	2458	3981
总计		9017	15255	24272

继 续 教 育

【成人高等学历教育年度概况】 2014年,北京大学成人高等学历教育继续保持平稳发展态势。

招生情况 成人业余教育方面,2014年教育部下达招生计划总计2915人,招生层次均为专科起点本科,其中校本部招生计划为2215人,实际招生录取2176人;医学部招生计划为700人,实际招生录取712人。

网络教育方面,2014年校本部全年招生总计6837人,其中,春季招生997人,秋季招生5840人。

在校生情况 2014年上半年度在校生总数21304人,其中,成人业余教育学生8060人,网络教育学生13244人。下半年度在校生总数25401人,其中,成人高等教育学生7757人,网络教育学生17644人。

毕业生情况 2014年成人业余教育毕业生总计1769人,均为专科起点本科学历。网络教育毕业生总计4873人,其中,高中起点本科27人,专科起点本科4804人,高中起点专科42人。

学位发放情况 2014年授予成人高等教育学士学位共3352人,其中,业余教育学生994人、网络教育学生1247人、自学考试学生1111人(含广东162人)。

【进修教师、访问学者】 进修教师、访问学者规模保持稳定,继续承担多个国家级、省部级委托项目。2014年,北京大学全年共接收访问学者及进修教师403人,分别来自全国的近百所高等院校。其中具有副教授以上职称、从事课题研究的国内访问学者316名,以系统学习专业知识为主的进修教师87名。在北京大学接收的全部进修教师中,由中共中央组织部、教育部、人事部、财政部联合实施的"西部之光"项目访问学者2人;西藏少数民族访问学者4人;新疆少数民族访问学者9人,来自全国各高校的骨干访问学者114人。受第二炮兵政治部委培的教员10人。学术成果方面,经过导师的认真推荐和编辑部同志对选送文章的审核、筛选,最终汇总31篇有一定学术水平的论文,编辑出版了《北京大学学报——北京大学国内访问学者、进修教师论文专刊》。2014年5月29日,北京大学召开"访问学者及进修教师表彰会暨经验交流会",表彰66名取得丰硕科研成果的访问学者、9名学习成绩突出的进修教师、9位访问学者的优秀导师。

【自学考试工作】 北京大学作为主考院校完成北京市计算机及应用、心理学、法律、律师、日语、人力资源管理、护理学等6个专业,以及政治公共课考试的命题、网上阅卷、非笔试课程组考、本科段学生的毕业论文指导与答辩等主考任务。完成自考日常咨询、毕业生材料审核、毕业证书副署公章、本科毕业生学位证制作与发放等工作。2014年完成151门课程80343科次的网上阅卷任务。2014年北京大学在北京市的各主考专业共毕业专科生489人，本科生984人，授予学士学位846人（包括护理学）。北京大学在广东省办了法律、计算机、工商企业管理、行政管理4个专业的主考工作。2014年毕业专科生10人，本科生94人，获得北京大学相关学科学士学位的本科毕业生162人。

【"圆梦计划"实施情况】 北京大学、广东团省委、教育部等单位共同实施"圆梦计划"项目，2014年共录取广东各地新生代产业工人3356人。

【北京市成人继续教育比赛参赛情况】 北京大学积极参加北京市举办的各类成人继续教育比赛，近年来在北京市成人英语口语竞赛、继续教育大学生计算机应用竞赛、继续教育优秀教学团队评比中多有斩获。在2014年举办的继续教育大学生计算机应用竞赛中荣获参赛作品二等奖、优秀指导教师奖、竞赛突出贡献奖等奖项。

【非学历继续教育培训】 2014年，全校共有31个办学单位举办各类非学历继续教育。共审批立项培训项目1156个，培训学员62858人。合作办班项目572个，院系独立办班项目584个；面向社会招生项目362个，系统委托招生项目446个，定向招生项目348个。

【非学历继续教育质量监管】 加大非学历继续教育监管力度，实施包括事前审批管理、事中过程管理和事后结业管理在内的全过程质量管理，严肃查处违纪、违规问题，维护正常办学秩序。事前对所有申报项目依规审查，事中配合纪检、督查、审计等部门查处违规违纪问题，保障教学秩序质量，事后配合财务部监管经费使用与证书发放等事宜。两次下发清理整顿通知，开展全校范围内的继续教育项目大检查，对不符合规范的项目进行了逐一清理。

【领导干部培训】 北京大学以"贯彻十八大、加快创一流、助推中国梦"为主题，以中央和国家机关司局级干部选学、教育部机关和直属单位干部选学为重点，全面贯彻落实全国干部教育培训工作会议精神和《2013—2017年全国干部教育培训规划》《全国教育系统干部培训规划》(2013—2017年)，改革创新、锐意进取，在基地建设和干部教育培训方面又上一个新台阶。北京大学各院系结合自身优势，实现干部教育培训的多元化发展。其中继续教育学院主要开展多类型综合性培训，包括中央和国家机关司局级干部选学、教育部机关和直属单位干部选学、部分省市干部教育培训等；光华管理学院、经济学院、教育学院等院系结合院系特色开办各类专业性的培训工作，包括金融系统培训、中央企业管理人员培训、专业技术人员培训等。通过发挥各自优势，分工合作，有效加强了北京大学干部教育培训品牌形象、管理服务、质量标准的一体化建设，促进了学科优势、教学模式、市场渠道、服务对象的多元化发展，形成了统分结合，良性发展的新格局。

【发布《北京大学非学历继续教育管理办法》】 2014年1月1日起正式施行的《北京大学非学历继续教育管理办法》（校发〔2014〕225号）是北京大学非学历继续教育办学的核心规范，对非学历继续教育的主管机构和办学主体、项目申报、宣传、合作、收费、结业、违规处理等事宜进行了明确规定。

【发布《〈北京大学非学历继续教育管理办法〉财务专项实施细则(2014)》】 2014年10月20日，北京大学纪委、财务部、审计室、继续教育部联合发布《〈北京大学非学历继续教育管理办法〉财务专项实施细则(2014)》，进一步明确了非学历继续教育的预算决算制度、教师课酬标准、学费分配制度、第三方单位支付制度、相关工作人员聘用制度等内容。

【召开2014年北京大学继续教育年终总结交流会】 2015年1月5日，2014年北京大学继续教育总结交流会在中关新园科学报告厅顺利举行。会议主题为积极响应党的十八届四中全会号召，推进继续教育依法依规办学，研讨继续教育如何更好地服务社会和促进学科发展，增强继续教育发展的内在动力，全面提高继续教育教学质量和管理、服务水平。北京大学常务副校长刘伟、副教务长关海庭等继续教育指导委员会委员，相关职能部门负责人，各院系主管继续教育工作领导等共计100余人参加会议。

【继续教育信息化建设】 2014年末，北京大学继续教育部启动了"新一代北京大学继续教育管理信息系统"建设，新一代管理信息系统将充分结合移动互联网的优势，将管理者、教师和学员更加紧密地结合在一起。新一代信息系统计划将在2015年5月陆续上线测试。

北京大学作为教育部批准的68所高等学校开展现代远程教育试点，十多年来积累了丰富的远程教学经验，建设了高质量的远程教学平台和一批优质远程教学资源。2014年北京大学继续承担教育部"中小学教师国家级培训计划"培训任务，累计开办18个班次，培训42009人次。

北京大学还根据经济社会发展的需要，逐步建立起一批开放课程体系和建设开放型大学，实现北京大学的"中国梦"——"让凡是想做北大学生的人，都能成为北大的学生"。

【继续教育学院】 机构设置 学院设院长、常务副院长各1名，副院长3名;学院党总支设书记、副书记(副院长兼)各1名;下设8个办公室。

人员概况 目前学院共有员工158人,其中,编制内15人,合同制员工137人,返聘及派驻会计6人。

业绩情况 目前继续教育学院涉及的业务有:高端面授培训、学历教育(网络学历教育和夜大学)和网络培训三大部分。

2013年总收入为15898万元,其中上缴学校3180万元。2014年总收入为18369万元,较去年增17.2%,其中上缴学校3498万元,比2013年增长10%。

表7-18 2012—2014年继续教育学院收入情况汇总表(单位:万元)

	2013年	2014年
高端面授培训	8874	11285
	较上年增长	27.2%
学历教育	3304	3588
	较上年增长	8.6%
网络培训	3262	3766
	较上年增长	15.5%
其他	457	501
	较上年增长	9.6%
合计	15898	18369
	较上年增长	17.2%
上缴学校	3180	3498
	较上年增长	10%

党建群团工作 2014年9月,成功召开继续教育学院党员大会和新一届党总支委员会第一次全体会议,选举出新一届党总支委员和书记、副书记。党总支下设4个党支部。

2014年3月,成立学院工会委员会。以科室为单位,成立8个基层工会小组。

制度建设 2014年1月7日和2月19日党政联席会上,集中讨论通过《北京大学继续教育学院关于党政领导班子落实"三重一大"制度的实施办法》《党政联席会议事规则》《公务接待管理规定》《理论学习制度》等二十余项规定和办法。制定《固定资产及相关设备采购流程》等多项工作流程。

高端培训项目 为服务国家人才战略,学院继续开展中组部"中央和国家机关司局级干部选学"项目,2014年北京大学共承办10个专题班,报名人数1033人,实际参训人员918人。2010年至今,共培训10110人次,在7所承办院校中培训人数遥遥领先。

继续承担教育部机关和直属单位干部选学工作;举办中组部、环保部"经济结构转型与城市建设管理专题研究班"等市长项目;以中高级领导干部为重点继续承办来自国家质检总局的厅局级干部理论班等各类面授培训项目。

根据北京大学与中国人民解放军海军签署的《军民融合创新发展战略合作框架协议》,顺利举办了"北京大学——海军院校长集训班"。来自海军8所院校的院校长等共40余人参加了集训。

根据朱善璐书记与国防大学领导会谈达成的共识,承办国防大学第44期联合战役指挥培训班第一波次选训课。北京大学课程以整个板块形式纳入国防大学培训班教学体系,开创了国防大学与地方院校合作的先河。

重点民生领域项目 2014年,学院加大对环保领域的服务,举办中组部、环保部市长项目"生态环境保护专题研究班"和"京津冀及周边地区大气污染防治专题研究班"。

学院在卫生行业系统培训、中小企业发展等关系国计民生的重点领域,也投入了大量精力。

地区人才发展 分别为北京市西城、海淀等城区,为福建宁德、河北乐亭、海南三沙等地培训干部。承办新疆、宁夏和四川相关高级研修班,支持老少边穷地区。与中国儿童少年基金会等举办"北京大学蓝天春蕾教师培训班",为云南、西藏、甘肃、青海等地的春蕾教师免费培训。

圆梦计划 为践行"共享北大"理念、服务新生代农民工的需要,2010年启动实施"圆梦计划·北大100"项目,全额资助农民工攻读北京大学网络高等学历教育。项目实施五年来,数以十万计的新生代农民工圆了北大梦。2013—2014年,辐射实施了温州新居民计划、如皋圆梦工程、重庆圆梦计划、北京安保项目和平民学校等。

中小学教师国家级培训计划 "国培计划"是提高中小学教师特别是农村教师队伍整体素质的重举措。北京大学成为首批合作单位之一。如今,各级各类培训项目覆盖义务教育所有学科,涉及全国所有34个省份,培训学员近141

万人次。

2014年国培项目总计33个，学员人数达24.4万人，其中，中西部项目中标10个省市17个子项目，学员人数近140000人。

圆明园校区继续接收入住研究生 2014年，圆明园校区继续接收452名研究生入住，从基础设施到后勤服务给予全面保障，确保了学生安全，提升了生活体验。

校地合作 参与中组部、住房与城乡建设部主办，中国市长协会与德国国际合作机构（GIZ）共同承办的市长培训项目"经济结构转型与城市建设管理专题班"的整体方案设计，并承办了国内阶段的培训。

分别与福建宁德市、河北乐亭县、海南三沙市、广东汕头市、山东济宁市等地方合作，为当地培训干部，赢得了各地好评。

与校内其他院系合作 按照学校的统一调整，2014年首都发展研究院的原有项目和合作伙伴全部转入我院，由我院和首发院联合承办后续工作，取得了良好的经济效益和社会效益。并陆续与首发院、艺术学院签署战略合作协议，大力支持了学校各学院的工作。

工勤人员提供学习平台 与校内工会和平民学校合作，针对平民学校学生与工勤人员开展的"启航计划"、跟学校保卫部合作针对首都一些高校的保安人员合作开展"优秀保安员培养计划"，为提升北大工勤人员和保安人员的学历和素质提供了良好平台。

医学继续教育

【住院医师规范化培训工作】基本情况 1. 医学部5家附属医院和6家教学医院成为国家级培训基地，有2家附属医院和3家教学医院成为协同医院，另外还接纳了6家有协作关系的非教学医院成为协同医院，共139个专业基地。参加住院医师规范化培训的各类人员总数达到5186人，其中，住院医师3462人，专业学位研究生1072人，长学制医学生652人。

2. 部分学科第一阶段考试组织情况。2014年，医学部附属医院和教学医院共有15名住院医师参加了医学部自行组织的第一阶段考试，13人合格，合格率86.7%；共有367名住院医师参加了北京市专科医师/住院医师培训（普通专科）结业考试的理论考试，366人合格，合格率99.7%，取得了优异的成绩。

3. 第二阶段审查与考试工作组织情况。2014年，共有来自15所医院的360名住院医师报名第二阶段考试，共涉及46个专业。通过资格审核人数303人，实际考试人数297人，其中，住院医师270名、外单位调入须确认北医主治医师资格者19名，在职申请博士专业学位者8人。考试科目涉及25个学科、45个专业。共有242人考试合格，总合格率为81.5%。

4. 承担北京市住院医师公共课程情况。2014年5—6月，承担北京市住院医师公共课程任务，培训5248人次，截至12月26日，授予学分4301人次，授分率81.96%。

5. 住院医师规范化培训与研究生培养的双向衔接情况。根据教育部、国家卫计委等有关文件精神，继续教育处与研究生院多次协商，同意接受2012年进入规范化培训的59名在培住院医师选修硕士研究生课程。医学部还将接受2013年、2014年进入规范化培训的在培住院医师进行硕士研究生课程培养。2015年，允许研究生毕业前参加住院医师规范化结业考试，合格者可以获得培训合格证书。初步实现了住院医师规范化培训与临床专业学位研究生培养的双向衔接。

体系建设 1. 继续做好与北京地区住院医师培训体系衔接工作。2012年起，中医、中西医结合专业培训纳入北京市中医管理局统一管理。2014年是北医最后一次自行组织上述专业的第一阶段考试。2014年年底，北京市卫计生委通过了肿瘤学住院医师/专科医师一体化培训试点方案，自2013年开始实施。2012年进入培训的住院医师可以参加2015年北京市住院医师规范化培训结业考试。

医学部2013年及以后毕业的临床专业博士研究生由于未取得住院医师培训合格证书，需要按照卫生局要求进行培训和考核。2015年，允许2013年毕业的临床专业博士在完成培训内容的前提下同一年参加第一阶段考试和第二阶段考试。两个考试均合格者视为住院医师规范化培训合格，可以获得培训合格证书和主治医师资格。

2. 开展优秀住院医师评选工作。为进一步推进北京大学医学部住院医师规范化培训工作，提高住院医师培训质量，评选出2014年度优秀住院医师50人，并于2015年1月进行表彰。

3. 尝试进行考试形式和内容的改革。内科进行了改变题型的尝试，增加了客观题比例，细化了病例分析的评分标准，希望增加考试的客观性。麻醉科准备从明年开始进行改革尝试。

【启动专科医师培训试点】 2014年3月，继续教育处组织召开了"医学部专科医师培训试点工作研讨会"。确定了第一批开展专科医师培训的9个试点专科及负责人，布置了细则修订工作。7月，召开了第二次研讨会，分组讨论了各试点专科细则，同时还制定了专科医师培训总则。11月，医学部医学教育工作委员会工作会议讨论通过，并做最后修订，2015年1月正式实施。

【学者培养】 2014年，医学部为教育部委托培养的高等学校青年骨干教师访问学者19人；为人力资源和社会保障部委托少数民族科技骨干特殊培养9人；为中组部委托培养的"西部之光"访问学者5人。2014年，为河北、福建、天津等省（市）卫生计生委、医院委托培养的学科骨干共计191人（其中2014年新接受了山西省、山东省卫生计生委和榆林市学科骨干89名）。2014年春季，培训访问学者和学科骨干134名。2014年秋季，接收访问学者90人。2014年，医学部接收北京市学科骨干1名，各二级单位接收北京市学科骨干32名，培养方式与国内访问学者类似。自2014年12月，为北京市区、县级132名基层骨干，以及石家庄市18名中青年学科骨干安排了为期13天的理论课程培训。

【进修生培养】 2014年，医学部举办单科进修班327班次，培训2209人，培训零散进修生1289人。

【继续医学教育项目】 2014年，医学部举办各类培训班共417项，共培训39588人，其中：国家级继续医学教育项目共举办261项，培训32821人；远程国家级继续医学教育项目99项，培训1341人；北京市市级继续医学教育项目举办54项，培训5275人；培训班4项，培训151人。

申报2015年国家级继续医学教育项目437项，其中：新申报项目274项（含远程项目109项）；申请备案项目89项；11个国家级继续医学教育基地申请2015年备案项目74项。申报2015年北京市市级继续医学教育项目100项，其中新申报市级项目66项，申报市级备案项目34项。

2014年，对14个国家级继续医学教育项目和5个市级继续医学教育项目进行现场督查。分别占获准项目数的6.8%和5.8%。

为实现证书电子化，提高管理工作效率，2014年，着手对《继续医学教育项目管理软件》系统重新升级改造，目前处于招投标准备阶段。

【对内继续医学教育工作】 2014年，医学部共申报北京大学医学部继续医学教育项目（相当于北京市区县级项目继续医学教育项目）1122项，其中1091项通过审核，通过率为97.24%。实际举办项目数为1081项，举办率为99.08%。医学部人员参加对内继续医学教育项目总人次达到108565人次，比2014年增长13.42%。

2014年10月20日至11月5日，对附属医院中级以上职称人员进行网上学分审验，并对北京市抽查的医学部6家附属医院共计505名人员的资料进行预审，针对发现的问题，提出了整改意见。

【先进集体和先进个人表彰】 为表彰先进，进一步推动医学部继续教育工作，组织开展了"2014年医学部继续教育系统先进集体和先进个人"评选工作。在各院、有关教学医院推荐基础上，评选出7个住院医师规范化培训工作先进集体、6个继续教育工作先进集体、27名管理干部先进个人，并进行表彰。

【医学继续教育课题研究工作】
1. 承担国家卫计委《十二五继续教育工作评估指标体系》课题。经过文献资料回顾、专家咨询和专题研讨会，拟订《十二五继续医学教育评估指标体系》一、二、三级指标，并完成河南和山东两省的调研工作。

2. 承担国家卫计委《医疗机构科室、部门及场所中文和英语的文字标志》卫生标准的制定，并联合各附属医院共同申报。

3. 完成"中外继续医学教育制度比较研究"课题相关工作。课题组召开多次会议，不断推进课题研究的各项内容。

4.《中国23所医学院校继续医学教育调查》一文被2014年世界继续工程教育大会收录为海报展示。

【医学网络教育学院】 学院坚持"管理规范，资源优秀，服务满意，技术可靠，提供一流的医学远程教育"的质量方针，2014年回报医学部资金1200万元。现有员工117人，具有本科以上学历的占72.6%；其中，博士学位2人，硕士学位15人，本科学历68人。

学院开设有护理学、药学、应用心理学、公共事业管理、信息管理与信息系统和卫生信息管理6个专业；办学层次有专科、专升本。2014年学院在全国有34个学习中心。学院积极开拓新的市场需求，2014年增加了北京医药职工大学成为学院在京第二家校外学习中心。两季招生工作中报名5167人，全年毕业生5272人，其中本科生2803人，获得学位383人，学位获得率为13.59%。

教学管理与研究 2014年学院在教学改革方面继续深化。学院在2014年继续落实面向以学生为中心，培养学生实践能力的教学体系改革，不断推进心理学专业实习指导与药学专业的学习督导工作。尤其在护理班的实践上，学院推出了专业辅导员与小班师生配比的政策，逐步做深做细教学服务工作。2014年新开发课程28门，完成了学历课程15门次的修改。2014年学院共组织三次课程考试和两次学位英语考试，应考179595人次，阅批试卷304566份，均无差错。

非学历教育 在2014年共执行国家级Ⅰ类项目99项，Ⅱ类项目90项，共制作课件924个。学科覆盖基础医学、临床内科学、临床外科学、妇产科学、儿科学、眼耳鼻喉学、口腔学、影像学、急诊学、医学检验学、公共卫生与预防学、药学、护理学、医学教育与卫生管理学、全科医学与康复医学等。学员覆盖北京、江苏、甘肃、内蒙古、安徽、陕西,累计学习人数达4万余人。同时,申报并备案2015年国家Ⅰ类项目105项,省级Ⅰ类项目110项,Ⅱ类项目206项。

内部建设与管理 2013年底学院投资百万元,建设第四代、基于互联网的新型MECC客户中心(Medical Education Customer Center)。在2013年建设的基础上完成两个演播室的数字化建设,达到高清记录水准。为医学部和医院制作纪录片10部。2014年学院采购了新的办公协同平台,建设了4个模块、50条行政办公流程,初步实现了人力管理、考勤管理、资产管理和财务管理系统化、自动化,并将部门协同工作统一在一个平台上。学院还修订质量手册,形成质量手册5.2版本。学院免费改造办公区的网络接入为双路由。

2014年学院全面启动360企业版统一管理各个桌面终端,不仅可以监控各终端的资源消耗情况(包括网络、CPU、内存等),还能及时发现并修补终端的系统漏洞,巩固内部网络的安全。

【在职教育培训中心】 2014年是在职教育培训中心实施自主招生的第四年,中心开展业务:(1)医院管理班:2014年新开班13期;医药管理班:3期;护理管理班:3期;内训9次。(2)2014年5月承接2014年卫生专业资格考试(北京考区)机考任务4天,完成了北京市卫生系统4525余人次的卫生行业从业人员考务工作。

中心内部进行了培训市场调研和学员需求分析;改进了项目营销宣传手段,在原有网络、期刊、广告等宣传的基础上增加微信平台,进一步开展北医人文与北医文化宣传。

7月19日在北京大学医学部会议中心举办以"百期责任 医者价值"为主题的论坛,分别邀请到多位嘉宾进行专题演讲。国家卫计委医政医管局副局长赵明钢以"鼓励社会资本办医,构建多元化办医格局"为演讲主题;著名作家、原华润医疗集团CEO张海鹏(笔名:冯唐)将企业管理经验植入医疗实践的心得与大家分享;央视主持人白岩松出席了此次会议,白岩松指出,化解医生职业的尴尬,缓解紧张的医患关系,在于体制机制改革,一个良善的社会应该在医患之间建立起润滑机制和缓冲机制。北京大学医学人文研究院王岳教授从律师的角度讲述了"当代医学人文精神的培养""和谐医患关系的构建"等主题。

主题演讲之后,举行了以"医疗服务的责任与价值"为主题的圆桌论坛和北医医药卫生管理校友分会。经组委会讨论,产生第二届校友会理事共141位。

留学生与港澳台学生教育

【发展概况】 截至2014年10月,共有来自114个国家的2507名外国留学生在北京大学攻读学位,其中,本科生1636人,硕士研究生563人,博士研究生308人。

【留学生招生】 2014年,北京大学共录取留学生学位生790人,其中,本科生323人,硕士研究生296人,博士研究生55人;另外招收非学位生4701人次。

【校友工作】 2014年3月,国际合作部向学校提交了《北京大学留学生校友工作报告》,系统汇报了学校留学生校友工作的历史、现状、经验、不足,提出了改进留学生校友工作的建议,向学校申请在国际合作部增设留学生校友联络办公室。经发展规划会讨论并报校长办公会通过,学校于9月下发文件,批准在国际合作部增设留学生校友办公室,统筹全校的留学生校友工作。

2014年,与校友工作办公室、北京大学汉学家研修基地和国际校友联络会等合作,多次组织留学生校友活动。结合留学生校友的特殊身份,创设了"燕缘·雅聚"系列活动的品牌,并在该品牌下启动了"留学生校友茶座"系列活动。

【港澳台学生工作】 2014—2015学年,共有852名全日制港澳台学生在北京大学学习,其中,本科生257人,硕士生381人,博士生214人。从地区分类来看,香港学生239人,澳门学生84人,台湾学生527人,华侨生2人。

交换生也是北京大学港澳台交流工作的重要部分。2014年,与北京大学签署有校际学生交换协议的港澳台高校共11所。2014年度,参与校级港澳台交换生项目的人数共260人。其中,派出北大学生145人,接收港澳台交换生115人。

科学研究与社会服务

理工科与医科科研

【发展概况】 2014年,北京大学的科研工作在基础研究和应用基础研究方面继续保持竞争力,承担了大量国家科研任务,取得了丰富的科研成果。

2014年,北京大学理工科在研项目2913项,医科1205项;理工医科到校科研经费23.58亿元,其中理工科到校经费19.16亿元(含深圳研究生院1.8亿元),医科到校科研经费4.42亿元。2014年度理工医科到校科研经费中,由财政部拨款的自然科学基金委项目和科技部主管项目到校经费分别达5.76亿元和4.91亿元,两项合计占理工医科到校经费总数的45%,是北京大学科研经费的主要来源。

2014年,北京大学理工医科在中国政府主导的重大基础研究和应用基础研究领域继续保持竞争优势,获批"973"计划项目7项(含青年科学家专题2项)、课题24个,重大科学研究计划项目4项、课题11个,获批项目数连续5年稳定在10项以上,高居全国榜首。新批"863"计划课题9个,国家科技支撑计划项目课题1个,ITER专项项目2项。获批准总经费2.14亿元。

2014年,北京大学获批国家自然科学基金总经费6.85亿元,获资助各类项目682项。其中,创新研究群体(新立项)5个,创新研究群体(延续资助)3个,国家杰出青年科学基金13人,优秀青年科学基金16人,重大科研仪器设备研制专项(自由申请类)1项,重点项目21项,面上项目341项,青年科学基金项目149项,重大研究计划22项,国际合作45项,海外及港澳台学者合作研究基金10项。

2014年,北京大学获批教育部科学技术研究项目4项,留学回国启动基金3项;获得北京市科技计划课题14项;获得北京市自然科学基金24项(理工科11项,医学部3项),其中,重点项目1项、面上项目19项、青年项目3项和预探索项目1项;入选北京市科技新星计划2人;获批各行业部门(公益性)科研专项7项;新增企事业单位委托项目84项。

北京大学牵头的面向科学前沿的"分子科学协同创新中心"通过初审进入会议答辩阶段;参与的上海交大牵头的"未来网络媒体协同创新中心"和"IFSA协同创新中心"、国防科大牵头的"高性能计算协同创新中心"成功获得认定。

2014年度北京大学作为第一完成单位获得国家科学技术奖3项,其中,自然科学奖1项、科技进步奖2项;作为第一完成单位获得"高等学校科学研究优秀成果奖(科学技术)"15项。获奖总数连续多年保持在高位。

据中国科学技术信息研究所2014年9月27日召开的"2014年度中国科技论文统计结果发布会"公布,《北京大学学报(自然科学版)》连续十次入选年度"中国百种杰出学术期刊"。此外,2014年还获得教育部科技发展中心2013年度"中国科技论文在线优秀期刊"一等奖。

【科研基地建设】 依托北京大学建设的理工医科重点科研基地包括:国家实验室、国家重点实验室、教育部重点实验室、卫生部和北京市重点实验室等,是北京大学组织重大科学研究活动、产生重大科研成果的重要科研平台;是北京大学高水平创新团队、拔尖研究人才的聚集地。

2014年度科研部积极组织申报各级重点科研基地,推荐申报北京市重点实验室2个、北京市工程技术中心1个;获认定北京市重点实验室1个,北京市工程技术研究中心1个。

以下简述各类科研基地的建设运行情况。

国家级科研基地 1. 国家实验室:北京分子科学国家实验室(筹)到校运行经费1782万元。

2. 国家重点实验室:2014年依托北京大学建设的8个国家重点实验室专项经费到校经费共计7415万元,其中两个国家重点实验室经专家论证提交了更名申请。

3. 电子出版新技术国家工程研究中心、软件工程国家工程研究中心通过创新能力建设项目验收。

4. 探讨北京大学理工医科重点科研基地建设方案及战略；调研依托北京大学建设的国家重点实验室，并且召开依托北京大学建设的国家重点实验室研讨会，就北京大学国家重点实验室的战略规划及支持政策展开研讨。

省部级科研基地 1. 组织申报卓越材料、纳米器件与系统、工程科学与新兴技术3个北京市高校高精尖创新中心；组织讨论并撰写上报"北京大学国家应用科学实验室"建设方案。

2. 北京市重点实验室：1个北京市重点实验室、1个北京市工程技术研究中心通过北京市论证，分别为蛋白质修饰与细胞功能北京市重点实验室、北京市城市热管理工程技术研究中心；推荐申报2个北京市重点实验室，1个北京市工程技术研究中心，分别为分子药剂学与新释药系统北京市重点实验室、行为与心理健康北京市重点实验室、固体废弃物资源化利用北京市工程技术研究中心。

3. 组织教育部国际合作实验室培育校内答辩工作，经专家评审，推荐出优先培育的教育部国际合作实验室。

【科研项目与科研经费】

国家自然科学基金委员会资助的各类项目 2014年度北京大学在研的国家自然科学基金各类项目2804项，到校经费5.76亿元；新批项目682项，经费总额6.85亿元。

1. 面上青年项目：2014年度北京大学共获批准面上和青年基金项目498项，批准经费3.1亿元。

2. 重点项目：2014年度北京大学共获批准重点项目21项，获资助经费6959万元。

3. 重大项目：2014年度北京大学获批重大项目2项。

4. 重大研究计划：2014年度北京大学获批重大研究计划22项。

5. 国家杰出青年科学基金：2014年度北京大学共有13人荣获国家杰出青年科学基金资助(2014年全国共批准198人)，他们是：

数学科学学院(2人)：王家军、章志飞；

化学与分子工程学院(2人)：孙聆东、陈兴；

物理学院(1人)：孟智勇；

城市与环境学院(1人)：贺灿飞；

生命科学学院(1人)：张研；

信息科学技术学院(1人)：黄铁军；

光华管理学院(1人)：陈玉宇；

国际数学中心(1人)：许晨阳；

医学部(3人)：邓旭亮、陈旻、杨勇。

2014年度全国共计198名青年学者获得该项基金资助。

6. 优秀青年科学基金项目：2014年度北京大学共有16人获得优秀青年科学基金项目(2014年全国共批准400人)，他们是：

物理学院(4人)：李新征、林金泰、方哲宇、吕国伟；

工学院(2人)：李法新、段小洁；

化学与分子工程学院(1人)：阎云；

数学科学学院(1人)：束琳；

地球与空间科学学院(1人)：张波；

城市与环境学院(1人)：万祎；

环境科学与工程学院(1人)：童美萍；

分子研究所(1人)：刘颖；

医学部(4人)：汤新景、冯星淋、崔庆华、孙露洋。

7. 创新研究群体科学基金：2014年度北京大学以张平文(数学科学学院)、饶毅(生命科学学院)、宗秋刚(地球与空间科学学院)、黄如(信息科学技术学院)和任秋实(工学院)为学术带头人的5个研究群体，获得了基金委创新研究群体科学基金的资助。

8. 国家重大科研仪器设备研制专项：2014年度北京大学医学部王乐今获得此项基金资助，获资助经费710万元。

9. 海外(及港澳)学者合作研究基金：2014年度共有10位以北京大学作为国内研究基地、目前尚在海外(或港澳)从事自然科学基础研究的优秀青年学者，获得了此项基金资助，他们的合作者都是北京大学相应学科的学术带头人。

10. 国际交流与合作项目：2014年度北京大学在基金委资助下开展各类国际交流与合作共45项，其中包括国际合作重大项目、国际合作研究项目、在华召开国际会议，广泛开展国际交流与合作，很好地促进了科研人员所承担国家自然科学基金项目的高水平完成。

国家科技部主管的各类项目 2014年度科技部主管的各类国家科技计划项目到校经费4.91亿元，占理工科与医科到校经费的21%。其中，国家重点基础研究发展规划项目(973项目)和重大科学研究计划项目2.57亿元，高技术研究发展计划项目(863计划)6442万元，科技支撑计划项目5969万元，国家重点实验室专项1.09亿元。

1. 国家重点基础研究发展规划项目(973项目):2014年全国共批准81项973项目、青年科学家专题34个项目立项,其中北京大学作为第一依托单位获批7项(包含青年科学家专题2项),项目首席科学家分别是数学学院鄂维南教授,信息学院高文、金芝教授,化学学院施章杰教授和医学部陆林教授,青年科学家专题负责人是环工学院刘永研究员、心理系李健研究员。截至2014年,北京大学主持的"973"项目共计59项。北京大学2014年新获批973课题24个,其中,理工科19个,医科5个,获批专项经费共5405万元。

2. 重大科学研究计划:2014年全国共批准37项,其中北京大学作为项目第一承担单位的项目有3项;另有获批的ITER项目2项,项目首席科学家是物理学院汤超、谢新澄、王宇钢、林晨,药学院张强。北京大学目前主持的重大科学研究计划项目共34项。2014年北京大学在重大科学研究计划中新立课题13个,其中,理工科10个,医科3个,获批专项经费共5090万元。

3. 国家高技术发展计划(863计划):2014年北京大学新立"863"计划课题12项(理工科7项,医科5项),获批经费6766万元。

4. 科技支撑计划:2014年,北京大学共获准支撑计划课题8项(理工科3项,医科5项),获批专项经费共4170万元。

国际科技合作项目 2014年度北京大学理工医新签国际科技合作项目47项,其中来自国内政府的项目有2项,另有45项来自海外基金会、海外企业以及海外政府。项目总经费2000万元,2014年到校经费1872万元。

教育部资助项目 2014年度获批教育部科学技术研究项目4项,留学回国启动基金3项。

北京市科研项目 1. 北京市自然科学基金项目:北京大学2014年获批北京市自然科学基金24项(理工科11项,医学部13项),其中,重点项目1项、面上项目19项、青年项目3项和预探索项目1项。

2. 北京市科技项目与北京市科技新星计划:2014年度北京大学获批北京市科技计划课题14项。2014年度北京大学2名青年教师入选北京市科技新星计划。

其他部门科研专项 2014年,北京大学获批各部委公益性行业专项7项。

【科研成果】**科技奖项** 2014年度以北京大学为第一完成单位获得的科技奖项包括:

1. 国家科学技术奖3项,其中,自然科学奖1项,科技进步奖2项。

2. 教育部"高等学校科学研究优秀成果奖(科学技术)"15项(一等奖4项,二等奖11项)。

3. 北京市科学技术奖5项,均为三等奖。

4. 化学学院施章杰教授荣获2014年度何梁何利科学与技术进步奖。至此,北京大学共有46人获得何梁何利基金的奖励。

论文专著 根据2015年10月21日在中国科学技术信息研究所召开的"2014中国科技论文统计结果发布会"上公布的统计结果,北京大学2014年SCI收录论文3871篇(按第一作者统计,论文指Article、Review、Letter、Editorial四类文献),在高等院校中排名第4位。在2005—2014收录的国际论文中,截至2015年9月累计被引用次数为331785次,在高等院校中排名第3位;国际论文被引用篇数为28942篇,在高等院校中排名第4位。北京大学2014年国内收录论文(CSTPCD)5717篇,在高等院校中排名第3位;国内论文被引用次数24966次,在高等院校中排名第2位。

2014年度北京大学发表SCI收录论文6947篇(比2013年增长了1048篇),其中被SCI收录的北京大学作为第一作者单位或责任作者单位的论文3671篇(比2013年增长了311篇),平均影响因子3.48。

2014年出版理工类著作157部,其中校本部72部,医学部82部。

专利 2014年度北京大学共申请专利692项(本部466项,医学部131项),其中,申请国际专利33项,外国专利4项。2014年度北京大学授权专利464项(本部339项,医学部101项,深圳研究生院24项),其中,国内专利3项,外国专利7项。

附 录

表8-1 国家实验室

编号	实验室名称	负责人
1	北京分子科学国家实验室(筹)	席振峰

表 8-2 国家重大科技基础设施

编号	实验室名称	负责人
1	国家蛋白质科学基础设施(北京基地)(与军事医学部科学院、清华大学共建)	吴 虹

表 8-3 国家重点实验室

编号	实验室名称	负责人
1	人工微结构和介观物理国家重点实验室	龚旗煌
2	湍流与复杂系统研究国家重点实验室	陈十一
3	核物理与核技术国家重点实验室	叶沿林
4	蛋白质与植物基因研究国家重点实验室	朱玉贤
5	天然药物及仿生药物国家重点实验室	周德敏
6	生物膜与膜生物工程国家重点实验室(北大分室)	王世强
7	环境模拟与污染控制国家重点实验室(北大分室)	胡 敏
8	区域光纤通信网与新型光纤通信系统国家重点实验室(北大实验区)	陈章渊
9	稀土材料化学及应用国家重点实验室	严纯华
10	分子动态与稳态结构国家重点实验室(联合)	来鲁华

表 8-4 国家级重点实验室

编号	实验室名称	负责人
1	微米/纳米加工技术国家级重点实验室(北大分室)	金玉丰

表 8-5 国家工程研究中心

编号	中心名称	负责人
1	电子出版新技术国家工程研究中心	肖建国
2	软件工程国家工程研究中心	张世琨

表 8-6 国家工程实验室

编号	中心名称	负责人
1	数字视频编解码技术国家工程实验室	高 文
2	口腔数字化医疗技术和材料国家工程实验室	郭传瑸

表 8-7 省部共建国家重点实验室培育基地

编号	实验室名称	负责人
1	化学基因组学省部共建国家重点实验室培育基地	杨 震

表 8-8 教育部重点实验室

编号	实验室名称	负责人
1	数学及其应用教育部重点实验室	张平文
2	北京现代物理研究中心	李政道
3	生物有机与分子工程教育部重点实验室	王剑波
4	纳米器件物理与化学教育部重点实验室	彭练矛
5	地表过程分析与模拟教育部重点实验室	方精云

续表

编号	实验室名称	负责人
6	水沙科学教育部重点实验室（联合）	倪晋仁
7	造山带与地壳演化教育部重点实验室	张立飞
8	分子心血管学教育部重点实验室	王 宪
9	神经科学教育部重点实验室	万 有
10	高分子化学与物理教育部重点实验室	陈尔强
11	机器感知与智能教育部重点实验室	查红彬
12	统计与信息技术教育部—微软重点实验室	郁彬、姜明
13	高可信软件技术教育部重点实验室	梅 宏
14	细胞增殖分化调控机理研究教育部重点实验室	张传茂
15	恶性肿瘤发病机制及转化研究教育部重点实验室	季加孚
16	计算语言学教育部重点实验室	穗志方
17	视觉损伤与修复教育部重点实验室	黎晓新
18	慢性肾脏病防治教育部重点实验室	赵明辉
19	辅助生殖教育部重点实验室	乔 杰
20	数理经济与数理金融教育部重点实验室	建设中

表 8-9　教育部工程研究中心

编号	中心名称	负责人
1	微处理器及系统教育部工程研究中心	程 旭
2	再生医学教育部工程研究中心	李凌松
3	体内局部诊疗教育部工程研究中心	谢天宇
4	地球观测与导航教育部工程研究中心	陈秀万
5	灵长类及大动物临床前研究教育部工程研究中心	程和平
6	移动数字医疗教育部工程技术研究中心	建设中

表 8-10　卫生部重点实验室

编号	实验室名称	负责人
1	卫生部心血管分子生物学与调节肽重点实验室	高 炜
2	卫生部肾脏疾病重点实验室	赵明辉
3	卫生部精神卫生学重点实验室	张 岱
4	卫生部神经科学重点实验室	万 有
5	卫生部医学免疫学重点实验室	张 毓
6	卫生部生育健康重点实验室	任爱国

表 8-11　卫生部工程技术研究中心

编号	中心名称	负责人
1	卫生部口腔医学计算机应用工程技术研究中心	吕培军

表 8-12 北京市重点实验室/工程技术研究中心

编号	实验室名称	负责人
1	医学物理和工程北京市重点实验室	高家红
2	空间信息集成与3S工程应用北京市重点实验室	晏 磊
3	城市固体废弃物资源化技术与管理北京市重点实验室	王习东
4	先进电池材料理论与技术北京市重点实验室	夏定国
5	网络与信息安全北京市重点实验室	邹 维
6	食品安全毒理学研究与评价北京市重点实验室	郝卫东
7	造血干细胞移植治疗血液病研究北京市重点实验室	黄晓军
8	脊柱疾病研究北京市重点实验室	刘忠军
9	磁共振成像设备与技术北京市重点实验室	韩鸿宾
10	皮肤病分子诊断北京市重点实验室	李若瑜
11	生殖内分泌与辅助生殖技术北京市重点实验室	乔 杰
12	丙型肝炎和肝病免疫治疗北京市重点实验室	魏 来
13	恶性肿瘤转化研究北京市重点实验室	季加孚
14	肿瘤系统生物学北京市重点实验室	尹玉新
15	泌尿生殖系疾病(男)分子诊治北京市重点实验室	金 杰
16	风湿病机制及免疫诊断北京市重点实验室	栗占国
17	心血管受体研究北京市重点实验室	张幼怡
18	北京市智能康复工程技术研究中心	王启宁
19	北京市有源显示工程技术研究中心	刘晓彦
20	北京市新型污水深度处理工程技术研究中心	倪晋仁
21	代谢及心血管分子医学北京市重点实验室	肖瑞平
22	药物依赖性研究北京市重点实验室	陆 林
23	运动医学关节伤病北京市重点实验室	敖英芳
24	神经系统小血管病探索北京市重点实验室	黄一宁
25	视网膜脉络膜疾病诊治研究北京市重点实验室	黎晓新
26	北京市低维碳材料工程技术研究中心	刘忠范
27	北京市虚拟仿真与可视化工程技术研究中心	汪国平
28	蛋白质修饰与细胞功能北京市重点实验室	朱卫国
29	儿科遗传性疾病分子诊断与研究北京市重点实验室	姜玉武
30	肝硬化肝癌外科基础研究北京市重点实验室	朱继业
31	骨与软组织肿瘤诊治研究北京市重点实验室	郭 卫
32	痴呆诊治转化医学研究北京市重点实验室	于 欣
33	北京市城市热管理工程技术研究中心	张信荣

表 8-13 中关村开放式实验室

编号	实验室名称	负责人
1	微处理器及系统芯片开放实验室	程 旭
2	细胞分化与细胞工程实验室	邓宏魁
3	空间信息集成与3s工程应用北京市重点实验室	晏 磊
4	网络与信息安全实验室	邹 维
5	医药卫生分析中心	王京宇
6	软件工程国家工程研究中心	张世昆
7	微米/纳米加工技术国家级重点实验室	张 兴
8	数字视频编解码技术国家工程实验室	高 文
9	实验动物中心	朱德生

表 8-14 广东省、深圳市重点实验室

编号	实验室名称	负责人
1	化学基因组学广东省重点实验室	杨 震
2	集成微系统科学工程与应用深圳市重点实验室	张 兴
3	城市人居环境科学与技术深圳市重点实验室	栾胜基

表 8-15 其他省部级研究基地

序号	机构名称	负责人
1	国家中医药管理局中药配伍减毒重点研究室	张宝旭
2	国家中医药管理局痰瘀重点研究室	韩晶岩
3	国家中医药管理局微循环实验室(三级)	韩晶岩
4	国家中医药管理局中药药理(肿瘤)实验室(三级)	李萍萍
5	国家统计局统计科学研究所	耿 直
6	国家湿地保护与修复技术中心	吴晓磊
7	国家新闻出版广电总局同轴宽带网络工程技术研究中心	吴建军

表 8-16 北京大学 2014 年度理工医科在研科研项目数分类统计

	单位名称	科技部				重大专项	国家基金委				教育部项目	北京市项目	其他部门专项	海外合作	企事业单位	总计
		973/重大计划	863计划	支撑计划	仪器国合其他专项		杰青优青群体海外	重点重大计划及仪器	面上青年	国合联合专项协作						
校本部	数学科学学院及中心	7			0		6	9	51	30	25	1	5	1	10	145
	物理学院	81	4	2	3		19	21	110	30	38	10	19	3	50	390
	化学与分子工程学院	48	3		4	2	17	26	83	17	24	6	16	8	45	299
	生命科学学院	56	8	1		8	5	16	65	6	15	3	6	9	17	218
	地球与空间科学学院	22	10	13	1	6	5	10	73	25	14	2	20	1	63	265
	城市与环境学院	10	4	12	2	3	9	13	47	5	2	3	14	3	35	162
	环境科学与工程学院	4	1	3	3	5	2	7	27	9	9	3	18	4	75	170
	信息科学技术学院	43	22	14	4	6	14	14	130	29	45	6	21	6	100	454
	工学院	23	21	11	5	2	19	25	92	23	23	12	20	1	86	363
	心理学系	4	3				2	5	28	3	3		1	3	10	67
	计算机科学技术研究所		3	3				17	1	6	3		10	3	10	56
	分子医学研究所	17	1	1		4	3	5	15	2	4		4	0	2	1	60
	科维理天文与天体物理研究所				0		0	6	2	1			4			13
	其他	6	1	15	0		7	9	132	13	14	5	13	3	32	251
	校本部合计	321	81	75	25		112	158	876	200	223	58	204	46	534	2913
医学部合计		58	58	20	17	21	17	44	645	32	248	80	14	0	0	1205
总计		379	379	95	42	58	129	202	1521	232	471	138	181	46	534	4118

表 8-17 北京大学 2014 年理科与医科科研项目到校经费 （单位：万元）

单位		科技部项目				重大专项	基金委项目	教育部项目	北京市项目	其他部委专项	企事业委托项目	海外合作项目	科技开发	行业专项	到校经费合计
		973	863	支撑	实验室专项										
校本部	数学科学学院	156	0	0	0	0	2575	7	20	244	50	0	207	75	3335
	物理学院	5526	630	71	1800	478	7386	17	250	1313	269	90	3405	117	21353
	化学与分子工程学院	3209	281	0	1777	239	5774	6	667	803	88	177	764	192	13977
	生命科学学院	2807	177	8	1922	1429	3251	220	510	755	107	170	1025	0	12381
	地球与空间科学学院	1309	125	516	0	265	2073	6	132	1184	266	27	2253	487	8642
	城市与环境学院	533	438	895	0	1065	2043	20	0	964	944	213	1160	0	8283
	环境科学与工程学院	118	153	14	350	949	1200	0	81	1774	384	86	1756	50	6914
	信息科学技术学院	3461	1764	464	1523	949	5424	27	921	462	358	53	2998	6952	25355
	工学院	1354	1019	649	706	1520	5662	219	1488	2815	208	2	3809	3398	22849
	心理学系	121	33	0	0	0	928	0	0	70	56	10	38	0	1257
	计算机科学技术所	0	280	88	0	209	243	0	36	896	238	60	80	630	2759
	分子医学研究所	1146	32	107	0	935	5413	0	12	8	0	275	0	0	7929
	暂存	−238	140	514	0	336	−3777	95	−413	−943	1514	0	0	538	−2235
	其他	265	19	114	0	241	3157	12413	164	21147	289	0	2701	307	40816
	小计	19767	5090	3439	8078	8615	41353	13030	3876	31491	4772	1164	20196	12745	173616
医学部		5197	1301	2473	2858	3806	15613	785	714	2864	3429	608	3262	1250	44160
深圳研究生院		775	51	57	3	0	645	174	0	11243	4967	100			18015
总计		25739	6442	5969	10939	12421	57611	13989	4590	45598	13168	1872	23458	13995	235791

注：其他（包括凤凰工程、生命联合中心、2011、理科基本科研费、文科院系承担的基金委和科技部项目、实验动物中心等其他个别单位）

表 8-18 北京大学 2003—2014 年北京大学到校科研经费分类统计 （单位：万元）

年度	理科	医学部	科技开发部	先进院	文科	深圳研究生院	深港产学研基地	合计
2006	38545	14096	6801	3535	6677	2832		72486
2007	44011	18793	7225	5400	7200	3500		86129
2008	56107	26160	10594	7163	9514	3784		113322
2009	68586	21760	9862	8288	13313	5172		126981
2010	95698	46356	11532	20265	17000	5683		196534
2011	113619	31990	15454	15081	17000	10277	1763	205184
2012	139638	42643	17685	16300	19000	20180	4396	259842
2013	141925	41781	21557	12022	20000	14467	3192	254944
2014	140675	44160	20196	12745	19405	18015		255196

表8-19 北京大学2014年理工科新批科研项目

(经费单位：万元)

单位	科技部项目											自然科学基金委项目		教育部项目		北京市项目		其他部委省市专项		企事业单位委托项目		海外合作项目		合计	
	973项目		重大计划		863项目		支撑计划		国际合作及其他															
	项目	经费	项目	经费	项目	经费	项目	经费	项目	经费	项目	经费	项目	经费	项目	经费	项目	经费	项目	经费	项目	经费	项目	经费
数学科学学院	1	806	1	285					0	0	24	3430	1	10			1	50	4	49	0	0	32	4630
物理学院	2	446	5	1428					0	0	60	6225	2	200	3	55	4	203	10	134	0	0	86	8691
化学与分子工程学院	2	452			1	117			0	0	46	5339	2	2	5	104	5	220	5	91	0	0	66	6325
生命科学学院	2	447	2	631	1				0	0	32	4591	2	200	5	459	1	10	4	62	0	0	49	6400
地球与空间科学学院	1	200							0	0	25	3454	1	3	1	389	17	609	6	75	0	0	51	4730
城市与环境学院							1	400	0	0	14	1340					6	319	22	649	2	0	45	2708
环境科学与工程学院	2	450					2	650	1	161	13	1712	1	70	1	45	11	731	10	407	3	141	44	4248
信息科学技术学院	6	1504			4	3198			1	60	40	5435	1	150	9	909	6	145	6	634	3	55	76	12090
工学院									0	0	41	4674			7	995	10	4353	8	233	1	95	67	10350
心理学系	1	258							0	0	10	699					1	2			1	5	13	964
计算机科学技术研究所					1	555			0	0	4	322	1	13	2	33	1	797	2	253	1	10	12	1983
分子医学研究所									0	0	14	1205									1	500	15	1705
前沿交叉学科研究院									0	0	2	430	1	156	1	90	1	5	1	1	0	0	4	436
其他	1	194							0	0	69	10168	5				4	90	6	109	3	84	90	11160
合计	18	4757	8	2344	6	3870	3	1050	2	221	394	49024	16	814	34	2729	68	7534	84	2697	15	890	649	76080

表 8-20 北京大学 2014 年医科新增科研项目

（经费单位：万元）

单位	科技部项目								自然科学基金项目		教育部项目		北京市自然科学基金项目		卫生部项目		合计	
	973项目与重大计划		863项目		支撑计划		科技部其他课题											
	项目	经费	项目	经费	项目	经费	项目	经费	项目	经费	项目	经费	项目	经费	项目	经费	项目	经费
基础医学院	4	1379							60	5634			6	108			70	7121
药学院	4	1168					1	150	22	1313			3	42			30	2673
公共卫生学院									18	1025			5	296			30	3343
第一医院	1	260					1	200	43	2980	1	3.5			6	2012	48	3458.5
人民医院	3	759	1	150					40	2294	3	75			1	839	48	4117
第三医院			2	1650	1	2018	1	1800	58	3126.9	3	9			1	4	66	8607.9
口腔医院	2	543	1	96	3	889	1	160	27	1616	2	54					34	2815
第六医院			1	1000	1	213	1	2500	9	639.8	2	6					12	3682.8
肿瘤医院	2	490							21	859							27	2568
深圳医院									7	320							7	320
药物依赖性研究所	1	433							3	541							4	974
医药卫生分析中心																	0	0
中国卫生发展研究中心									2	44							2	44
公共教学部															1	10	1	10
育钢医院															2	8	2	8
护理学院																	0	0
医学信息学中心																	0	0
总计	17	5032	5	2896	5	3120	5	4810	310	20392.7	12	157.5	14	446	13	2888	381	39742.2

表 8-21 北京大学 2014 年获批国家自然科学基金项目

(经费单位:万元)

单位	面上项目		青年基金		重点项目		杰出青年科学基金		优秀青年科学基金		创新研究群体		重大科研仪器研制专项		重大项目		重大研究计划		国际(地区)合作交流		其他类项目		总计	
	项目	经费	项目	经费	项目	经费	项目	经费	项目	经费	项目	经费	项目	经费	项目	经费	项目	经费	项目	经费	项目	经费	项目	经费
数学科学学院	7	441	2	46			2	560	1	100							1	300	2	409	7	134	24	3430
物理学院	26	2354	7	159	5	1750	1	400	4	400	2	1440					3	380	11	542	3	240	60	6225
化学与分子工程学院	28	2518	1	25	4	1400	2	800	1	100							1	100	7	371	2	25	46	5339
生命科学学院	19	1597	2	48	2	665	1	400			1	1200					1	120	4	541	2	20	32	4591
城市与环境学院	9	765	3	75					1	100													14	1340
地球与空间科学学院	12	1222	5	86	1	350			1	100	1	1200					1	400			4	96	25	3454
环境科学与工程学院	7	663			1	255			1	100	1	600					1	80	2	14			13	1712
信息科学技术学院	25	2035	7	130	1	330					2	1800					1	500	1	20	2	220	40	5435
工学院	19	1630	7	165	2	715	2	280	2	200	1	1200					2	160	5	34	3	570	41	4674
光华管理学院	9	552	1	20	1	256															1	20	12	1108
心理学系	8	655	2	44																			10	699
分子医学研究所	8	649	2	48	1	298	1		1	100							1	90			1	20	14	1205
计算机科技研究所	4	322																					4	322
科维理天文与天体物理研究所	4	379																					7	419
前沿交叉研究院	1	80													1	320	1	350					2	430
校本部其他	6	406	4	82	1	260											0	0	3	95	12	6287	28	7730
深圳本科生院	6	457	11	270													2	130	1	20			20	877
深圳研究生院			1	25																	1	10	2	35
医学部	143	10933	94	2156	2	680	3	1200	4	400			1	710	1	240	7	1110	8	1234	25	857	288	19520
总计	341	27658	149	3379	21	6959	13	4720	16	1600	8	7440	1	710	2	560	22	3720	45	3300	64	8499	682	68544

注:未含肿瘤医院,下同。

表 8-22 北京大学医学部 2014 年获批国家自然科学基金项目和经费

（经费单位：万元）

单位	面上项目		青年基金		重点项目		杰出青年科学基金		优秀青年科学基金		海外港澳学者基金		国际地区合作交流		重大项目课题		重大研究计划		联合基金		仪器专项		创新群体		应急管理		合计	
	项目	经费	项目	经费	项目	经费	项目	经费	项目	经费	项目	经费	项目	经费	项目	经费	项目	经费	项目	经费	项目	经费	项目	经费	项目	经费	项目	经费
基础医学院	40	3247	10	226	2	680			2	200			3	905			2	370							1	6	60	5634
药学院	13	1008	6	140					1	100			1	5			1	60									22	1313
公共卫生学院	10	768	7	157					1	100																	18	1025
第一医院	20	1430	12	276			2	800							1	240	2	180							6	54	43	2980
人民医院	20	1425	13	299							1	200	1	320											5	50	40	2294
第三医院	20	1498	26	602							1	200	2	320							1	710			8	115	58	3126.9
口腔医院	13	961	10	230			1	400					1	1.9											3	25	27	1616
第六医院	4	370	3	68													1	200									9	639.8
深圳医院	3	226	4	94																							7	320
首钢医院																											0	0
药物依赖性研究所			1	20									1	1.8			1	300	1	221							3	541
医药卫生分析中心																											0	0
中国卫生发展研究中心			2	44																							2	44
公共教学部																											0	0
临床研究所																											0	0
护理学院																											0	0
肿瘤医院	9	628	9	201																					3	30	21	859
总计	152	11561	103	2357	2	680	3	1200	4	400	2	400	8	1233.7	1	240	7	1110	1	221	1	710	0	0	26	280	310	20392.7

表 8-23　北京大学 2014 年度获批的国家自然科学基金重点项目

批准号	项目名称	负责人	所在院系
11431001	辛拓扑与规范场理论中的数学不变量	刘小博	北京国际数学研究中心
11434001	细胞迁移动力学的实验与理论研究	欧阳颀	物理学院
11434002	强激光场中原子分子的超快成像及超快控制	刘运全	物理学院
11435001	强相互作用系统的相变及其实验室观测信号的理论研究	刘玉鑫	物理学院
21432002	植物生物大分子的化学修饰及功能调控	陈　鹏	化学与分子工程学院
21433001	纤维素高效转化制备化学品的催化基础	刘海超	化学与分子工程学院
31430025	真核基因定点编辑技术优化和基于高通量基因敲除文库搭建的功能性筛选平台在生物医学研究上的应用	魏文胜	生命科学学院
31430045	巨噬细胞—脂肪组织相互作用调节机体胰岛素敏感性及糖稳态的分子机制	汪南平	医学部
31430051	细胞分裂起始与细胞核去组装的分子调控机理研究	张传茂	生命科学学院
31430059	心脏再生的分子遗传机制	熊敬维	分子医学研究所
41430207	冀东地区麻粒岩相变质作用与TTG质岩石成因研究	魏春景	地球与空间科学学院
41430646	利用在线质谱研究海洋气溶胶理化特性及来源	郑　玫	环境科学与工程学院
51431001	石墨烯修饰的新型轻质稀土金属间化合物及其高容量储能特性研究	李星国	化学与分子工程学院
51431002	可降解镁合金的关键基础科学问题	郑玉峰	工学院
51432002	新型碳基二维原子晶体材料的控制制备、结构表征及应用探索	刘忠范	化学与分子工程学院
61432001	软件生命期数据组织、分析及应用研究	周明辉	信息科学技术学院
61433001	面向工业大系统安全高效运行的报警设计与消除方法及应用	王建东	工学院
61435001	微腔增强的光纤免疫传感技术与应用研究	肖云峰	物理学院
71432001	以福利增进为导向的消费者决策研究	张　影	光华管理学院
81430037	脑血流灌注和脑氧代谢功能磁共振成像的定量研究	高家红	物理学院
81430056	PTEN家族蛋白在肿瘤代谢异常中的调控机制研究	尹玉新	医学部

表 8-24　北京大学 2014 年度获批的国家自然科学基金重大项目

批准号	项目名称	负责人	所在院系	备注
71490732	健康老龄化—老年人口健康影响因素及有效干预的基础科学问题研究	曾　毅	国家发展研究院	课题
81490745	复发流产和子痫前期的资源库建设和血浆标志分子鉴定	杨慧霞	医学部	课题

表 8-25　北京大学 2014 年度获批的国家自然科学基金国家重大科研仪器设备研制专项

批准号	项目名称	负责人	所在院系	类别
31427801	植入式青光眼眼压监测与微引流智能仪器的研究	王乐今	医学部	自由申请

表 8-26　北京大学 2014 年度获批的国家自然科学基金重大研究计划

批准号	项目名称	负责人	所在院系
91413106	用于糖链标记的新报告基团的发现	叶新山	医学部
91413114	利用小分子探针研究CD38的膜拓扑学	李汉璋	深圳研究生院
91416000	近空间飞行器的关键基础科学问题指导专家组调研和学术交流经费	方岱宁	工学院
91421107	FeSe薄膜原位精密调控及角分辨光电子能谱研究	张　焱	物理学院
91421303	复合量子结构中的拓扑量子态与电子纠缠研究	徐洪起	信息科学技术学院
91430217	生物网络的可计算建模	汤　超	前沿交叉学科研究院
91431101	果蝇转座元件和piRNA之间的基因组冲突及对杂交不育的影响	陆　剑	生命科学学院

续表

批准号	项目名称	负责人	所在院系
91432303	恐惧记忆储存和消除的神经微环路机制	陆　林	医学部
91432304	基于脑网络组图谱的精神分裂症工作记忆障碍研究	张　岱	医学部
91433102	超高时空分辨研究钙钛矿基太阳能电池材料中的微纳结构、界面工程及转换效率调控方法	俞大鹏	物理学院
91433114	多维共轭大分子非富勒烯受体	占肖卫	化学与分子工程学院
91433119	室温辐照吸杂研究和应用于提高硅太阳电池效率的探索	秦国刚	物理学院
91434132	絮凝气浮过程介尺度结构的形成、作用及其定向调控	赵华章	环境科学与工程学院
91434201	气固系统的底层建模—约简及介尺度结构机理分析	张平文	数学科学学院
91436210	双波长好坏腔一体的主动光钟	陈景标	地球与空间科学学院
91439107	p55gamma 对血管平滑肌细胞增殖及损伤诱导的内膜新生的作用研究	曹春梅	分子医学研究所
91439110	内源性二氧化硫对低氧性肺血管结构重构形成中肺血管炎症反应的调节作用及分子机制	杜军保	医学部
91439119	管周脂肪功能异常导致 Perilipin 缺失小鼠发生高血压的机制	徐国恒	医学部
91439130	蛋白激酶 D 在血管生成与重构过程中的作用及分子机制	欧阳昆富	深圳研究生院
91439206	高同型半胱氨酸血症放大高脂引起动脉粥样硬化早期发病——管周脂肪的抗原呈递作用	王　宪	医学部
91441110	连续旋转爆轰波生成与湮灭的机理研究	王健平	工学院
91442120	Cyr61 在结缔组织病相关肺动脉高压发病机制中作用的研究	张卓莉	医学部

表 8-27　北京大学 2014 年度获批的国家自然科学基金重大国际合作项目

批准号	项目名称	负责人	所在院系
21420102005	用于高性能场效应晶体管的有机共轭半导体材料研究	裴　坚	化学与分子工程学院
31420103904	水稻矮缩病毒（RDV）在传毒昆虫介体和水稻两种宿主中 siRNA 的产生以及抗病毒机制研究	李　毅	生命科学学院
31420103905	抑癌蛋白 PTEN 翻译后修饰的调控研究	尹玉新	医学部
81420108002	中国发作性睡病的发病机制：T 细胞受体生物标记物与 H1N1 甲流疫苗后的变化	韩　芳	医学部
81420108016	NSun2 介导的衰老相关 microRNA 甲基化与调控机制	王文恭	医学部
81420108019	基于 Porphysome 的新型分子探针的研究	王　凡	医学部

表 8-28　北京大学 2014 年获批的《国家重点基础研究发展规划》项目

项目编号	首席科学家	所在单位	项目名称
2015CB351800	高　文	信息科学技术学院	基于视觉特性的视频编码理论与方法研究
2015CB352200	金　芝	信息科学技术学院	基于开源生态的网构化软件开发原理和方法
2015CB856000	鄂维南	数学科学学院	非结构数据的统计学习：数学基础及算法
2015CB856400	陆　林	第六医院	睡眠脑功能及其机制研究
2015CB856600	施章杰	化学与分子工程学院	基于惰性体系的新一代化学转化
2015CB458900	刘　永（青年专题）	环境科学与工程学院	富营养化湖泊中 POPs 在底栖—浮游耦合食物网中的传递行为和机制
2015CB559200	李　健（青年专题）	心理学系	模型驱动的奖赏记忆相关脑区的功能整合研究

表8-29 北京大学2014年获批的《国家重点基础研究发展规划》课题

课题编号	课题名称	负责人	所在单位
2015CB057201	异构通道电信息传输的电磁耦合效应与高保真传输	金玉丰	信息科学技术学院
2015CB150101	光合膜体系高效利用光能的分子机理	赵进东	生命科学学院
2015CB351801	视觉信息处理基本机理	王亦洲	信息科学技术学院
2015CB351805	基于视觉特性的高效视频编码	高 文	信息科学技术学院
2015CB351806	场景视频编码与验证平台	黄铁军	信息科学技术学院
2015CB352103	局域场增强高效换能机理与方法研究	吴文刚	信息科学技术学院
2015CB352201	基于群体协同的网构化软件开发、管理和演化理论与方法	金 芝	信息科学技术学院
2015CB352502	城市多模态数据的语义计算与融合	林宙辰	信息科学技术学院
2015CB458901	富营养化湖泊中POPs在底栖—浮游耦合食物网中的传递行为和机制	刘 永	环境科学与工程学院
2015CB553401	大气细颗粒物成分及其诱导呼吸道氧化应激与炎症的机理研究	朱 彤	环境科学与工程学院
2015CB553503	成瘾记忆存储、提取机制和消除策略	时 杰	基础医学院
2015CB553906	癌前病变进展过程中上皮—间皮转化与侵袭能力积累的分子机制	寿成超	肿瘤医院
2015CB559201	模型驱动的奖赏记忆相关脑区的功能整合研究	李 健	心理学系
2015CB755906	超深渊生物独特分子的发现和功能潜力研究	林文翰	药学院
2015CB856001	非结构数据的统计学习及非结构数据空间的数学结构	鄂维南	数学科学学院
2015CB856105	古洋壳俯冲到陆壳俯冲过程的岩石学记录	宋述光	地球与空间科学学院
2015CB856402	睡眠时相的神经微环路研究	李毓龙	生命科学学院
2015CB856403	睡眠过程中的脑信息处理	陆 林	第六医院
2015CB856405	睡眠异常的遗传学机制	韩 芳	人民医院
2015CB856505	碗烯类分子的光电特性与器件基础	孟 鸿	深圳研究生院
2015CB856601	芳香体系的高效转化	施章杰	化学与分子工程学院
2015CB856602	含烯(炔)惰性体系的高效转化	王剑波	化学与分子工程学院
2015CB856801	非晶体系的动力学及非平衡物理特征	徐莉梅	物理学院
2015CB857101	大样本射电天体的观测和前沿问题研究	李柯伽	科维理天文与天体物理研究所

表8-30 北京大学2014年获批的重大科学研究计划项目

项目类别	项目编号	首席科学家	所在单位	项目名称
量子调控	2015CB910300	汤 超	物理学院	基于蛋白质调控网络的系统生物学研究
蛋白质	2015CB921100	谢心澄	物理学院	高迁移率半导体及新型二维电子材料的新有序态
纳米研究	2015CB932100	张 强	药学院	难溶性药物口服纳米制剂的转运机制及临床转化研究
ITER	2015GB113000	王宇钢	物理学院	基于载能粒子辐照的聚变堆材料快速筛选的等效性研究
ITER	2015GB120000	林 晨	物理学院	磁约束聚变物理前沿基础问题研究

表8-31 北京大学2014年获批的重大科学研究计划课题

项目类别	项目编号	负责人	项目名称	所在单位
量子调控研究	2015CB921101	林 熙	基于高迁移率半导体二维电子气的拓扑量子计算探索	物理学院
量子调控研究	2015CB921102	谢心澄	基于拓扑绝缘体材料的拓扑量子计算探索	物理学院
蛋白质	2015CB910301	汤 超	生物调控网络中的设计原理	物理学院
蛋白质	2015CB910302	魏 平	生物信号转导网络中的信息处理机制	生命科学学院
蛋白质	2015CB910303	邓明华	疾病相关生物分子网络的构建、动态演化及调控规律	数学科学学院
纳米研究	2015CB932102	张 强	难溶性药物口服纳米制剂细胞转运的分子基础研究	药学院
纳米研究	2015CB932203	朱 瑞	高效钙钛矿太阳电池器件结构设计与构筑	物理学院
纳米研究	2015CB932403	方哲宇	表面等离激元的增益传输和检测	物理学院

续表

项目类别	项目编号	负责人	项目名称	所在单位
发育生殖	2015CB942802	徐成冉	肝脏的细胞分化及再生调控	生命科学学院
发育生殖	2015CB943304	杨慧霞	妊娠相关疾病早期预警和干预研究	第一医院
干细胞	2015CB964501	白 云	神经细胞的化学转分化及其机制研究	基础医学院
ITER	2015GB120001	林 晨	极向磁场的激光离子束轨道探针诊断方法探索	物理学院
ITER	2015GB121004	付恩刚	面向等离子体纳米晶钨基材料的制备技术及损伤行为研究	物理学院

表 8-32 北京大学 2014 年度获批的"863"课题

申报领域	课题编号	课题名称	负责人	所在单位
信息技术领域	2015AA01A203	云端和终端资源自适应协同与调度平台	黄 罡	信息科学技术学院
信息技术领域	2015AA015903	真三维视频紧凑表示与高效压缩	马思伟	信息科学技术学院
信息技术领域	2015AA016009	云安全的可信服务及在教育云的示范验证	吴中海	信息科学技术学院
信息技术领域	2015AA015403	面向基础教育的类人智能知识理解与推理关键技术	赵东岩	计算机科学技术研究所
信息技术领域	2015AA016302	基于移动终端的户外实时视觉定位技术	段凌宇	信息科学技术学院
生物和医药技术领域	2015AA020406	单细胞实时动态三维成像新技术及装置研究	孙育杰	生命科学学院
生物和医药技术领域	2015AA020407	单细胞操纵与基因组测序新方法在生殖医学领域的应用	闫丽盈	第三医院
生物和医药技术领域	2015AA020941	基于生物活性全蛋白质水凝胶的药物控释体系	张文彬（青年专题）	化学与分子工程学院
生物和医药技术领域	2015AA020949	具备定向吸附功能的眼内药物缓释载体研究	陶 勇（青年专题）	人民医院
生物和医药技术领域	2015AA0201171	单细胞测序技术在常见高发肿瘤复发转移及耐药监测中的应用研究	王 洁	肿瘤医院
生物和医药技术领域	2015AA0202092	诱导成骨的可注射载他汀智能体系研发	宋纯理	第三医院
生物和医药技术领域	2015AA032004	新型可注射磷酸钙基自固化生物材料研究	张学慧	口腔医院

表 8-33 北京大学 2014 年度获批的支撑计划课题

课题编号	负责人	所在单位	课题名称
2015BAL07B01	赵鹏军	城市与环境学院	村镇科学规划设计技术成果集成应用研究
2014BAI04B06	彭 歆	口腔医院	口腔颌面部肿瘤的规范化手术治疗研究
2014BAC21B01	张远航	环境科学与工程学院	区域大气二次污染闭合观测技术与联防联控机制
2014BAC06B02	王雪松	环境科学与工程学院	区域性大气污染来源识别与预测技术及应用
2015BAI13B06	刘 平	第三医院	生殖健康相关临床协同网络建设示范应用研究
2015BAJY2558F01	郭传瑸	口腔医院	口腔健康协同服务系统研究
2015BAJY2558F03	徐明明	口腔医院	口腔健康协同服务应用示范
2014BAI09B02	李子禹	肿瘤医院	胃癌转化医学和综合防治研究

表 8-34 北京大学 2014 年理工医科获批的教育部科学技术研究项目

项目名称	负责人	所在单位
基础研究和交叉前沿优先支持方向专项	周 辉	科学研究部
高校科技人员聘用和薪酬制度改革及政策措施	邵 莉	财务部
高校科技人才队伍建设"十三五"顶层设计和制度建设	韦 宇	科学研究部
教育信息化对推动高等教育改革与发展（人才培养、科学研究、社会服务、文化传承）的作用及发展方向研究	汪 琼	教育学院

表 8-35　北京大学 2014 年青年教师入选北京市科技新星计划名单

序号	姓名	所在单位
1	王启宁	工学院
2	陈兴	化学与分子工程学院

表 8-36　北京大学 2014 年获批的公益性行业专项

主管部门	项目名称	负责人	所在单位
地震局	汾渭断陷带中段地震危险性研究	宁杰元	地球与空间科学学院
地震局	民乐—大马营断裂 1∶5 万活动断层填图	李有利	城市与环境学院
地震局	武威盆地南缘断裂	张波	地球与空间科学学院
气象局	青藏高原大气边界层特征分析研究	李成才	物理学院
国土资源部	辽宁"一区一带"土地城镇化质量评价关键技术研究	林坚	城市与环境学院
粮食局	基于大数据的储藏数据采集、挖掘及云服务技术研究	侍乐媛	工学院
粮食局	中国粮食储备体系仿真优化系统建模研究	宋洁	工学院

表 8-37　北京大学获 2014 年度国家科学技术奖项目

奖励类别	获奖等级	单位排序[1]	项目名称	获奖人[2]	所在单位
国家自然科学奖	2	1	复杂流体的数学理论和计算方法	张平文	数学学院
国家科技进步奖	2	1	移植后白血病复发及移植物抗宿主病新型防治体系建立及应用	黄晓军,许兰平,刘开彦,刘代红,赵翔宇,王昱,常英军,张晓辉,陈欢,韩伟	人民医院
国家科技进步奖	2	1	原发恶性骨肿瘤的规范化切除及功能重建的系列研究	郭卫,杨荣利,汤小东,燕太强,杨毅,姬涛,李大森,唐顺,曲华毅,董森	人民医院

注:[1] 分母为获奖单位总数,分子为北京大学作为获奖单位所处的序次。以下同。
[2] 分母为获奖人总数,分子为该获奖人在所有获奖人中所处的序次。以下同。

表 8-38　北京大学获 2014 年度高等学校科学技术奖项目

奖种类别	获奖等级	单位排序	项目名称	获奖人	所在单位
自然科学奖	1	1	新型低功耗多栅 MOS 器件的实验与理论研究	黄如　王润声　张兴　王阳元	信息科学技术学院
自然科学奖	2	1	飞秒激光三维微纳制备机理及其应用基础研究	李焱　杨宏　蒋红兵　吴朝新　龚旗煌	物理学院
自然科学奖	2	1	地球磁层 ULF 波与粒子相互作用过程及"杀手"电子快速形成机制	宗秋刚	地球与空间科学学院
自然科学奖	2	1	华北克拉通中部带及相邻地区早前寒武纪地壳演化研究	刘树文　李秋根　侯贵廷　陈斌　张进江　田伟	地球与空间科学学院
自然科学奖	2	1	不确定性系统的建模与分析	曹永知　李永明　陈国青	信息科学技术学院
自然科学奖	2	1	对等网络数据共享系统设计的理论与方法	崔斌　杨智　代亚非　李晓明	信息科学技术学院
自然科学奖	2	1	基于放射性示踪小分子核酸的肿瘤靶向显像研究	王荣福　刘萌　康磊　张春丽　闫平	第一医院
自然科学奖	1	2/3	保球变换群的几何及其子流形理论	王长平　马翔　李同柱	数学科学学院
自然科学奖	2	2/2	资源可用能核算理论与方法研究	陈彬　陈国谦	工学院

续表

奖种类别	获奖等级	单位排序	项目名称	获奖人			所在单位
技术发明奖	1	1	特种液晶材料及调光膜制备技术	杨 槐 李立东	曹 晖 张兰英	杨 洲 王 冬	工学院
科技进步奖	1	1	华北大气污染跨省域输送—转化机理及预报—联控技术	朱 彤 张世秋 丁国安 王雪松	徐祥德 胡 敏 程兴宏	邵 敏 周秀骥 曾立民	环境科学与工程学院
	1	1	难治性不孕不育诊治问题的临床研究	乔 杰 李 蓉 迟洪滨 甄秀梅 李 明	刘 平 郑晓英 王丽娜 陈新娜 林胜利	马彩虹 王 颖 李红真 李军生 杨 蕊	第三医院
	2	1	III—V族氮化物材料生长用图形化蓝宝石衬底关键技术与产业化	张国义 童玉珍 龙 浩	付星星 于彤军	康 凯 胡晓东	物理学院
	2	1	胃癌诊疗体系的创新及其关键技术的应用	周丽雅 李 渊 闫秀娥 黄雪彪 张 静	林三仁 邓 凯 孟灵梅 张 莉 顾 芳	丁士刚 金 珠 崔荣丽 黄永辉 徐志洁	第三医院
	2	1	阻塞性睡眠呼吸暂停低通气综合征若干重要机制的研究及其临床应用	王广发 张 珽 徐雪峰 董 慧	张 成 方 竞 钟益珏 王奇敏	马 靖 李 琳 吕向裴	第一医院
	2	1	关节软骨损伤修复的基础与临床研究	敖英芳 张 辛 皮彦斌 代岭辉	余家阔 龚 熹 邵振兴	郭秦炜 闫 辉 胡晓青	第三医院
	2	1	国人年龄相关性黄斑变性的流行病学特征和诊治模式的建立与推广	黎晓新 黄旅珍 于文贞 原公强 刘晓玲 张卯桥 邢怡桥 杨 柳 程 湧	胡永华 田 君 孙晓东 刘哲丽 梁小玲 张军军 张中宇 白玉婧 孙摇遥	赵明威 姜燕荣 朱小华 王雨生 刘庆淮 陈有信 崔 浩 陶 勇 苗 恒	人民医院
	1	4/5	区域大气污染源高分辨率排放清单关键技术与应用	贺克斌 程水源 谢绍东 薛志钢	王书肖 郑君瑜 宋 宇 刘 欢	张 强 吴 烨 蒋靖坤 陈东升	清华大学 北京工业大学 华南理工大学 北京大学 中国环境科学研究院
	2	4/5	临床中药耐药菌的发生和传播新机制及临床应用	卓 超 郑 波 钟南山	宗志勇 蓝乐夫	王明贵 郭庆兰	广州医科大学 复旦大学附属华山医院 四川大学华西医院 北京大学第一医院 中国科学院上海药物研究所

表 8-39 北京大学获 2014 年度北京市科学技术奖项目

获奖等级	单位排序	获奖人	项目名称	完成单位
3	1	马 军,王海俊,宋 逸,胡佩瑾,宋洁云,王 都	中国儿童青少年肥胖流行特点,运动与营养干预及发病机制研究	北京大学医学部公共卫生学院
3	1	黄一宁,袁 云,王朝霞,孙 葳,张 巍,张 珏	脑小血管病的发病机制与诊治研究	北京大学第一医院
3	1	陈仲强,曾 岩,齐 强,郭昭庆,李危石,孙垂国	胸腰椎脊柱后凸畸形的外科治疗与临床研究	北京大学第三医院
3	1/8	孟焕新(1/6)	牙周炎与全身疾病相关关系及相应治疗策略的研究	北京大学口腔医学院 广东省口腔医院 上海交通大学医学院附属第九人民医院 山东大学口腔医院 四川大学华西口腔医院 中国医科大学附属口腔医院
3	1	张光武	常见骨与关节疾病防治知识系列科普读物	北京大学首钢医院

表 8-40 北京大学获 2014 年度中华医学科技奖项目

获奖等级	单位排序	获奖人	项目名称	完成单位
3	1	肾上腺髓质素功能多样性及在心血管疾病中的作用和机制	齐永芬,齐建光,金红芳,唐朝枢,杜军保,张 靓,滕 旭,蒋 维	第一医院
3	1/2	生物活性短肽的产学研集成研究	李 勇(1/8),张召锋(3/8),王军波(4/8),许雅君(6/8)	公共卫生学院
3	1/5	血脂异常防治技术及在基层的推广应用	胡大一(1/8),陈 红(2/8),孙艺红(3/8),丁荣晶(7/8)	人民医院
3	1	中国黑色素瘤个体化治疗模式的初步建立	郭 军,孔 燕,斯 璐,迟志宏,崔传亮,盛锡楠,毛丽丽,李思明	肿瘤医院

表 8-41 SCI 数据库 2014 年收录的北京大学为第一作者单位的论文及分布情况

单位	发表论文总数		论文收录期刊	论文收录期刊
	篇数	所占百分比%	平均 IF	最高 IF
数学科学学院	121	3.29	1.31	5.92
北京国际数学研究中心	13	0.35	3.35	31.47
工学院	405	11.01	3.32	30.43
物理学院	433	11.77	3.65	38.59
化学与分子工程学院	522	14.19	5.67	45.66
生命科学学院	142	3.86	7.21	42.35
地球与空间科学学院	171	4.65	2.38	8.12
城市与环境学院	126	3.43	3.66	42.35
环境科学与工程学院	133	3.62	3.32	11.67
心理学系	62	1.69	3.41	9.92
信息科学技术学院	322	8.75	2.61	15.41
计算机科学技术研究所	17	0.46	2.07	3.89
人口研究所	6	0.16	2.14	3.90
科维理天文与天体物理研究所	25	0.68	7.48	42.35
分子医学研究所	31	0.84	7.84	42.35
前沿交叉学科研究院	19	0.52	2.66	6.16
医学部	1007	27.38	3.28	54.42
深圳研究生院	116	3.34	4.27	13.73
总计	3671	100.00	3.48	54.42

表 8-42　北京大学 2014 年出版的理工医类著作目录

单位	作者	著作名称	出版单位
数学科学学院(3部)	文　兰	微分动力系统引论	高等教育出版社
	谭小江	多复分析与复流形引论(第二版)	北京大学出版社
	高　立	数值最优化方法	北京大学出版社
物理学院(12部)	钟锡华	电磁学通论	北京大学出版社
	舒幼生,胡望雨,陈秉乾	物理学难题集萃·上册	中国科学技术大学出版社
	舒幼生,胡望雨,陈秉乾	物理学难题集萃·下册	中国科学技术大学出版社
	陈秉乾	电磁学	北京大学出版社
	舒幼生	奥赛物理题选(第二版)	北京大学出版社
	李新征,王恩哥	Computer Simulations of Molecules and Condensed Matters: from Electronic Structures to Molecular Dynamics	北京大学出版社
	俎栋林	核磁共振成像——物理原理和方法	北京大学出版社
	俎栋林	核磁共振成像——生理参数测量原理和医学应用	北京大学出版社
	张宏昇	大气湍流基础	北京大学出版社
	龚旗煌、胡小永	Photonic Crystals: Principles and Applications	Pan Stanford Publishing Pte. Ltd.
	钱维宏	Typhoon Turning Atlas	World Scientific
	王树峰	超快光学研究前沿	上海交通大学出版社
化学与分子工程学院(3部)	施章杰	Homegeneous Catalysis for Unreactive Bond Acctivation	John Wiley &sons, Inc.
	席振峰	Organo-di-Metallic Copmpounds (or Reagents) Synergistic Effects and Synthetic Applications	Springer
	郭雪峰	碳纳米管和石墨烯器件物理	科技出版社
生命科学学院(8部)	Pan, W., Lü, Z., Zhu, X., Wang, D., Wang, H., Long, Y., Fu, D. and Zhou, X.	A Chance for Lasting Survival: Ecology and Behavior of Wild Giant Pandas	Smithsonian Institution Scholarly Press
	史蒂芬·奥布莱恩著；朱小健,夏志,蒋环环译	猎豹的眼泪	北京大学出版社
	许智宏,吕　植	燕园动物	北京大学出版社
	王大军,李　晟	丛林之眼——红外触发相机十年	北京大学出版社
	董　巍,张俊争	发育生物学实验	高等教育出版社
	猫科动物专家组著,罗述金,陆军编译	中国猫科动物	中国林业出版社
	杜立颖,冯仁青	流式细胞术(第二版)	北京大学出版社
	张　璐,刘佳子,王大军	草场、人和普氏原羚	北京大学出版社
地球与空间科学学院(8部)	杜世宏	多尺度空间关系理论与实践	科学出版社
	程承继,李　琦,等	地球科学方法探索	科学出版社
	侯贵廷	渤海湾盆地地球动力学	科学出版社
	郑海飞	金刚石压腔高温高压实验技术及其应用	科学出版社
	朱永峰,徐　新,罗照华,等	中亚成矿域核心区地质演化与成矿作用	地质出版社
	晏　磊,陈　伟,相　云,杨　彬,赵云升,等	偏振遥感物理	科学出版社
	张显峰	生态环境参数遥感协同反演与同化模拟	科学出版社
	王河锦	Air Pollution and Pollutants	Academy Publish

续表

单位	作者	著作名称	出版单位
城市与环境学院(11部)	陈耀华	城市建设用地节约关键技术研究	北京大学出版社
	陈耀华	中国自然文化遗产资源价值体系及其保护利用	北京大学出版社
	贺灿飞	中国城市发展透视与评价：基于经济地理视角	科学出版社
	吴必虎	旅游学100例	中国人民大学出版社
	柴彦威	空间行为与行为空间	东南大学出版社
	柴彦威	单位的前世今生——中国城市的社会空间与治理	东南大学出版社
	李双成	自然保护学	中国环境出版社
	李双成	生态系统服务地理学	科学出版社
	冯长春	中国建设用地变化驱动力研究	北京大学出版社
	冯长春	房地产经纪专业知识与实务(初级)	中国人事出版社
	冯长春	房地产经纪专业知识与实务(中级)	中国人事出版社
环境科学与工程学院(1部)	李天宏	东亚环境政策(日文)	昭和堂
信息科学技术学院(14部)	电子线路实验课程组	电子线路实验	北京大学出版社
	王克义	计算机硬件技术基础	清华大学出版社
	屈婉玲,耿素云,张立昂	离散数学(第3版)	清华大学出版社
	屈婉玲,耿素云,张立昂	离散数学习题解答与学习指导(第3版)	清华大学出版社
	张海霞,缪旻,方东明	射频微机电系统的理论、设计、制备及应用	科学出版社
	张刚,Navin Manjooran	Nanofabrication and its Application in Renewable Energy	Royal Society of Chemistry
	李甲,高文	Visual Saliency Computation: A Machine-Learning Perspective	Springer-Verlag
	朱雪田,赵孝武,宋令阳,张银成,诸瑾文,李慧芳,等	物联网关键技术与标准：应对M2M业务挑战的4G网络增强技术	电子工业出版社
	边凯归,Jung-Min Park、Bo Gao	Cognitive Radio Networks: Medium Access Control for Coexistence of Wireless Systems	Springer
	杜朝海,刘濮鲲	Millimeter-wave Gyrotron Traveling-wave Tube Amplifiers	Springer
	王源,贾嵩,崔小欣,王润声,甘学温	超大规模集成电路分析与设计	北京大学出版社
	王克义	微机原理	清华大学出版社
	屈婉玲,刘田,张立昂,王捍贫	算法设计与分析习题解答与学习指导	清华大学出版社
	胡薇薇	电路分析原理	清华大学出版社
工学院(3部)	李忠奎,段志生等	Cooperative Control of Multi-agent Systems: A Consensus Region Approach	CRC press
	席鹏	Optical Nanoscopy and Novel Microscopy Techniques	CRC Press
	刘杰,郑春苗	水文科学的挑战与机遇	科学出版社
计算机科学技术研究所(1部)	丛中笑	中国工程院院士传记系列丛书——王选传	人民出版社、学苑出版社联合出版
基础医学院(23部)	李刚	生物化学	北京大学医学出版社
	童坦君	童坦君院士集	人民军医出版社
	周春燕	医学分子生物学	人民卫生出版社
	吴立玲	病理生理学	北京大学医学出版社
	吴立玲	病理生理学学习指导	北京大学医学出版社
	向若兰	组织和细胞培养技术(第3版)	人民卫生出版社
	韩济生	韩济生院士集	人民军医出版社
	张瑛	生理科学进展	高等教育出版社
	鲁凤民	医学免疫学与微生物学	北京大学医学出版社

续表

单位	作者	著作名称	出版单位
基础医学院(23部)	鲁凤民	医学免疫学与微生物学学习指导	北京大学医学出版社
	彭宜红	医学微生物学	高等教育出版社
	彭宜红	医学微生物学	北京大学医学出版社
	田新霞	病理学	人民卫生出版社
	杨宝学	2014年麻醉药理学进展	人民卫生出版社
	杨宝学	基础与临床药理学	人民卫生出版社
	杨宝学	简明药理学	人民卫生出版社
	杨宝学	药理学	高等教育出版社
	杨宝学	Urea Transporter	Springer
	李学军	基础与临床药理学(第二版)	人民卫生出版社
	李学军	实验基础医学(第四版)	第四军医大学出版社
	李学军	图表药理学(第二版)	人民卫生出版社
	李卫东	护用药理学	北京大学医学出版社
	廖松林	现代诊断病理学手册(第2版)	北京大学医学出版社
药学院(7部)	杨秀伟	中国药用植物志(第十卷)	北京大学医学出版社
	杨秀伟	中国药用植物志(第十一卷)	北京大学医学出版社
	卢 炜	临床药代动力学——理论与实践	人民军医出版社
	范田园	药物制剂与递药系统	人民卫生出版社
	余四旺	中国学科发展战略 化学生物学：微量元素化学生物学	科学出版社
	杨晓改	Biomedical Inorganic Polymers，Progress in Molecular and Subcellular Biology	Springer Berlin Heidelberg
	江 滨	2014药事管理与法规冲刺宝典	北京大学医学出版社
公共卫生学院(2部)	余小鸣	大学生健康教育教材——健康与成才	高等教育出版社
	刘 民	医学科研方法学(第2版)	人民卫生出版社
第一医院(22部)	王 彬	甲状腺恶性肿瘤超声及病理图谱	人民卫生出版社
	李 星	新编临床儿科学	吉林科学技术出版社
	高献书	中国医疗产业安全报告(2013—2014)	社会科学文献出版社
	徐 阳	生殖内分泌疾病诊断与治疗	北京大学医学出版社
	徐小元	肝脏病学新进展——肝脏疾病和全身脏器损伤	中华医学电子音像出版
	王荣福	北京地区住院医师规范化培训细则(2013版)	中国协和医科大学出版
	王荣福	核医学实习指导	人民卫生出版社
	王荣福	核医学学习指导与习题集	人民卫生出版社
	冯珍如	免疫学疾病	北京科学技术出版社
	王宁华	康复医学概论学习指导及习题集	人民卫生出版社
	郭晓蕙	临床执业医师实践技能考试站站通	北京大学医学出版社
	霍 勇	冠脉介入球囊与导引导丝的临床应用	科学技术文献出版社
	霍 勇	心内科临床实践(习)导引与图解	人民卫生出版社
	霍 勇	心血管疾病与血栓——基础与临床	安徽科学技术出版社
	霍 勇	心血管内科学习题集	人民卫生出版社
	霍 勇	中国基层医生心血管疾病实用手册	中华医学电子音像出版
	霍 勇	中国基层医生心血管药物实用手册	中华医学电子音像出版
	霍 勇	中华冠脉介入之旅	复旦大学出版社
	晏晓明	现代眼科手册	人民卫生出版社
	郑 波	苯唑西林钠临床应用手册	中国协和医科大学出版
	李 岩	住院医师/临床医学专业学位研究生临床培训指南	北京大学医学出版社
	李 航	美容皮肤科	中国医药科技出版社

续表

单位	作者	著作名称	出版单位
人民医院(4部)	刘玉兰	整合肝肠病学——肝肠对话	人民卫生出版社
	陈 尘	膝关节镜手术学	人民卫生出版社
	阚 秀	乳腺肿瘤临床病理学	北京大学医学出版社
	冯桂建	喉咽反流相关疾病	人民卫生出版社
第六医院(7部)	于 欣	MCCB中国常模手册	北京大学医学出版社
	黄悦勤	临床流行病学第四版	人民卫生出版社
	王华丽	老年期痴呆专业照护——护理人员实务培训	中国社会出版社,北京大学医学出版社,中国劳动社会保障出版社
	唐宏宇	国家卫生和计划生育委员会住院医师规范化培训规划教材——精神病学	人民卫生出版社
	陆 林	经颅磁刺激与神经精神疾病	北京大学医学出版社
	徐 佳	心灵的治愈——意义治疗和存在分析的基础	电子工业出版社
	王华丽	中国记忆门诊指南:阿尔茨海默病患者及家属照护的最佳实践	中国出版集团世界图书出版公司
肿瘤医院(2部)	郭 军	黑色素瘤	人民卫生出版社
	季加孚	健康大百科·恶性肿瘤防治篇	人民卫生出版社
口腔医院(15部)	刘 峰	美容牙科	中国医药科技出版社
	葛立宏	儿童口腔医学	北京大学医学出版社
	张震康	口腔颌面外科学	北京大学医学出版社
	林 红	口腔材料学	北京大学医学出版社
	赵士杰	口腔颌面部解剖学	北京大学医学出版社
	孟焕新	临床牙周病学	北京大学医学出版社
	傅民魁	口腔正畸学	北京大学医学出版社
	华 红	口腔黏膜病学	北京大学医学出版社
	林 野	口腔种植学	北京大学医学出版社
	周永胜	口腔修复工艺学	北京大学医学出版社
	俞光岩	唾液腺病学	人民卫生出版社
	冯海兰	老年患者的口腔修复治疗	北京大学医学出版社
	韩 科	牙合学理论与临床实践	人民军医出版社
	刘 峰	美容牙科	中国医药科技出版社
	葛立宏	儿童口腔医学	北京大学医学出版社
深圳研究生院(3部)	邱国玉,熊育久等	水与能:陆地蒸散发、热环境及其能量收支	科学出版社
	Li, Z., Sun, W. B.	C-C Bond Formation(II), Mordan Organic Reactions	化学工业出版社
	秦华鹏,袁辉洲	城市水系统与碳排放	科学出版社

表8-43 北京大学2014年通过鉴定的科研成果统计表

序号	项目名称	第一完成单位	第一完成人	组织、批准鉴定单位
1	新型稀土永磁材料—高性能钐铁氮各向异性磁粉产业化关键技术研究和开发	物理学院	杨应昌	教育部
2	HIV/HCV混合感染者临床特征及HIV-1细胞嗜性研究	第一医院	徐小元	教育部
3	胃癌早期诊断及防治的新方法	第三医院	周丽雅	教育部
4	关节软骨损伤修复的基础与临床研究	第三医院	敖英芳	教育部
5	肌肉骨骼运动系统病变的超声诊断与推广应用	第三医院	王金锐	教育部
6	难治性不孕不育诊治问题的临床研究	第三医院	乔 杰	教育部
7	阻塞性睡眠呼吸暂停通气综合征若干重要机制的研究及其临床应用	第一医院	王广发	教育部
8	特种液晶材料及调光膜用光聚合单体制备技术	工学院	杨 槐	教育部
9	国人年龄相关性黄斑变性的流行病学特征和诊治模式的建立与推广	人民医院	黎晓新	教育部

表 8-44　北京大学 2014 年专利申请受理、授权情况统计表

单位	申请专利受理(项)			授权专利(项)		
	国内专利	国际专利	外国专利	国内专利	国际专利	外国专利
信息科学技术学院	229	5	2	154		2
计算机科学技术研究所	53			22	3	1
化学与分子工程学院	42	1		42		
物理学院	34			14		1
生命科学学院	10	3		19		
工学院	59			59		1
环境科学与工程学院	10			12		
城市与环境学院	5			5		
地球与空间科学学院	13			7		
分子医学研究所				2		
软微学院	8			3		
数学科学学院	2					
先进技术研究院	1					
校本部小计	466	9	2	339	3	5
医学部	131	2	1	101		
深圳研究生院	95	22	1	24		2
总计	**692**	**33**	**4**	**464**	**3**	**7**

表 8-45　北京大学本部 2014 年主办的理工类国际学术会议和研讨班情况统计

会议时间	主办单位	会议名称
20140828-30	心理学系	第五届环太平洋联盟与心智学术研讨会
20140704-05	城市与环境学院	ISEH 2014
20141020-24	物理学院	国际自旋物理研讨会
20140407-11	物理学院	水科学前沿问题
20140521-23	软微学院	国际服务科学大会
20141206-07	化学与分子工程学院	化学生物学研究的新工具国际研讨会
20140630-0711	信息科学技术学院	2014 北京大学硅基光电子技术及应用暑期学校
20140827-0901	北京国际数学研究中心	首届中俄纽结理论及相关会议
20141029-31	化学与分子工程学院	亚洲分子手性会议
20140926-28	化学与分子工程学院	中以双边均相催化论坛
20140521-23	城市与环境学院	电器电子产品回收处理技术及生产者责任延伸制度国际会议
20140614-16	生命科学学院	学科的跨越与交融:从物理学到生物学
20140921-24	工学院	第二届高能量密度物理国际会议
20140417-17	工学院	水资源与能源之间的关系:可持续性与全球挑战国际会议
20140623-25	生命科学学院	国际系统与合成生物学青年学者研讨会
20140708-18	物理学院	第 21 届量子色动力学理论实验国际合作组暑期学校
20141020-22	物理学院	Quarks and Compact Stars
20140427-29	工学院	2014 亚洲工学院院长大会
20141031-1104	生命科学学院	植物分子生物学前沿会议

表 8-46 北京大学医学部 2014 年主办的医学类国际学术会议和研讨班情况统计

时间	会议名称	主办单位
2014.9.5—7	世界中医药学专会联合会气血专业委员会成立大会暨气血研究国际学术会议	基础医学院
2014.11.1—3	第三届中加动脉硬化、血栓和血管生物学会议	基础医学院
2014.12.6—7	第二届血管钙化转化医学研讨会	基础医学院
2014.9.11—13	第六届长城泌尿男科转化医学论坛暨第七届亚太男性健康与抗衰老研究学会年会（GTAUF2014 & APSMHA2014）	第一医院
2014.10.25—26	脑功能成像研究国际前沿北京论坛	第六医院
2014.10.23—26	国际老年精神病学学会 2014 年国际会议	第六医院
2014.10.23	第五届海峡两岸暨香港老年精神科学术交流会	第六医院
2014.10.22	北京大学老龄化与认知障碍交叉学科国际学术研讨会	第六医院
2014.10.18—19	2014 年北京黑色素瘤国际研讨会	肿瘤医院
2014.10.17—19	第五届肿瘤精准放化疗规范暨（2014）全球肿瘤放疗进展论坛	肿瘤医院
2014.10.18—19	北京国际胃肠肿瘤高峰论坛	肿瘤医院
2014.4.11—13	2014 年北京淋巴瘤国际研讨会	肿瘤医院
2014.2.27—28	2014 首届全球美学牙科大师峰会	口腔医院
2014.9.17—19	第十一届亚洲口腔预防医学大会	口腔医院
2014.9.6—9.8	第五届先进数字技术头颈外科应用会议	口腔医院

表 8-47 北京大学理工医科 2014 年获得科技部政府间国际合作项目

负责人	项目名称	所在单位	合作期限	合作国家
杨川川	智慧楼宇内低成本高精度可见光室内定位系统	信息科学技术学院	20150401—20180401	新加坡
要茂盛	城市环境空气污染便携式传感监测网络集成	环境科学工程学院	20150401—20180401	加拿大

表 8-48 北京大学理工科 2014 年获得其他国际（地区）合作项目

负责人	所在单位	合作国别	合作单位	项目名称	合作期限
邹 磊	计算机科学技术所	美国	美国	Graph Data Management in Urban Computing	2014.01—2014.12
曾立民	环境科学工程学院	欧盟	欧盟	MarcoPolo-Monitoring and Assessment of Regional Air Quality in China Using Space Observations, Project of Long-term Sino-european Co-operation	2014.01—2016.12
邵 敏	环境科学工程学院	欧盟	欧盟	PANDA-PArtnership with chiNa on space Data	2014.01—2016.12
陈 钟	信息科学技术学院	美国	英特尔	英特尔并行教育中心项目	2014.09—2015.08
曾 钢	信息科学技术学院	美国	微软亚洲研究院	微软亚洲研究院项目	2014.12—2017.12
郑 强	工学院	美国	Division of Intl Cooperation	Strategy Development for Division of Intl Cooperation (DIC) of CFDA-contract with Peking University Center for Pharm Information and Engineer Research Center (CPIER)	2014.10—2015.03
朴世龙	城市与环境学院	欧盟	欧盟	Land Use Change: Assessing the Net Climate Forcing, and Options for Climate Change Mitigation and Adaptation-LUC4C	
朴世龙	城市与环境学院	欧盟	欧盟	AXA Fellowship for Methane project	
吴中海	软件与微电子学院	美国	IBM	IBM 大数据及分析技术中心	
熊敬维	分子医学研究所	欧盟	AstraZeneca	AstraZeneca MSA	2014.11—2019.12
李文军	环境科学与工程学院	UN	UN	IIED	2014.06—2015.03

负责人	所在单位	合作国别	合作单位	项目名称	合作期限
任爱国	公共卫生学院	美国	NIH	Study of Neural Tube Defects Etiology: Genome and Exposome	2014.7.1—2015.6.30
赵耀辉	经济中心	美国	NIH	The Care Economy, Women's Economic Empowerment and China's Inclusive Growth Agenda	2014.01—2017.01
高家红	核磁中心	美国	NIH	In Vivo Measurements of Physiologically-evoked Neuronal Currents	2014.1.1—2014.7.31
姚翔	心理学系	美国	SIOP	Testing the Efficacy for Entry stress: an Exploratory Longitudinal Field Experiment	2014.01—2014.12
赵卉菁	信息科学技术学院	法国	雪铁龙	驾驶行为建模与论证	2014.01—2014.12

表8-49 北京大学医学部2014年获得的其他国际(地区)合作项目(30项)

负责人	所在单位	合作国别	合作单位	项目名称	合作期限
曾克武	药学院	韩国	韩国科学技术研究院	醛糖还原酶在b淀粉样蛋白诱导的神经炎症中的作用	2014/5/16
卢炜	药学院	比利时	Jassen Pahrmaceutica NV	乙肝病毒感染自然过程和抗乙肝病毒药物的药理作用的定量分析	2014/10/23
潘小川	公共卫生学院	韩国	韩国国家环境研究学会	环境汞暴露和潜在的不良影响研究	2014/4/14—2014/11/30
丛亚丽	公共教学部	美国	美国哥伦比亚大学医学职业研究所	美国哥伦比亚大学医学职业研究所INAP捐赠基金	2014/9/4
王燕	公共卫生学院	美国	国际儿童基金会	中国案例研究	2014/12/26—2015/10/31
孟庆跃	卫生发展研究中心	瑞士	WHO	RESYST Comparative Study	2014/10/27—2014/12/1
潘小川	公共卫生学院	英国	自然资源保护协会NRDC	煤炭消费总量控制方案和政策研究项目建议书NRDC	2014/5/16—2014/12/31
李智文	公共卫生学院	德国	德国环境医学研究所	皮肤老化测试评估和分析	2014/10/20
黄薇	公共卫生学院	荷兰	荷兰皇家飞利浦电子公司	使用室内空气净化装置对老年人的健康影响研究	2014/5/5
黄卓	药学院	挪威	University of Bergen	癫痫发病机制研究	2014/9/5
潘小川	公共卫生学院	英国	英国埃克塞特大学	中欧多城市温室气体减排方案和政策研究	2014/5/16 2015/6/30
王培玉	公共卫生学院	澳大利亚	Optum	了解胃癌晚期患者治疗、资源利用和生存质量——河北省登记试点观察性研究	2014/2/26
邓芙蓉	公共卫生学院	韩国	韩国首尔大学	北京市大气污染水平和特征研究	2014/1/13
孔炜	基础医学院	美国	the University of Texas	Materials Transfer Agreement	2014/3/24
马迎华	公共卫生学院	美国	伊利诺伊大学芝加哥分校	艾滋病培训项目	2014/3/28
鲁凤民	基础医学院	美国	Medimmun	研究HBV感染的过程中有缺陷的病毒特异性T细胞应答课题协议书	2014/4/8—2015/4/30

续表

负责人	所在单位	合作国别	合作单位	项目名称	合作期限
刘梅林	第一医院	美国	美国乔治华盛顿大学	技术引进协议	2014/5/4
刘培龙	公共卫生学院	美国	杜克大学	中英全球卫生支持项目产出3——全球卫生证书班授课协议	2014/7/1
孟庆跃	公共卫生学院	美国	世界卫生组织WHO	2015—2020年卫生服务提供系统研究	2014/7/1
孔炜	基础医学院	美国	阿斯利康	ADAMTS7在慢性肾衰板块及血管钙化中的作用的合作研究协议	2014/9/2
张大庆	公共卫生学院	美国	印第安纳大学	与印第安纳大学董事会人文学院、社会工作学院及医学人文项目的合作	2014/9/29
杨莉	公共卫生学院	美国	辉瑞投资有限公司	肺炎疫苗沛儿卫生经济学评价研究	2014/10/27
武阳丰	临床研究所	美国	Medidata Solutions公司	Medidata Solutions公司和北京大学医学部框架协议修正案(第3号)	2014/12/2
郝卫东	公共卫生学院	日本	日本水产株式会社	Nissui Krill Oil对急性酒精中毒影响试验	2014/6/3
王培玉	公共卫生学院	日本	日本大阪大学医学系研究科	日本大阪地区与中国北京郊区居民生活方式与慢性病患者关系的比较研究	2014/12/24—2015/5/31
张玉梅	公共卫生学院	瑞士	雀巢产品技术援助有限公司	中国母婴营养调查和母乳营养研究补充协议	2014/10/28
郝卫东	公共卫生学院	瑞士	雀巢产品技术援助有限公司	紫甘蓝提取物产品和基于紫甘蓝提取生产的蓝色安全性毒理学试验	2014/12/23
吴明	公共卫生学院	瑞士	WHO	安徽省基层医药卫生体制综合改革评估方案	2014/9/10
孙静	护理学院	乍得	恩贾梅纳炼油有限公司	关于员工健康分类指导和培训的服务协议	2014/3/21
张拓红	公共卫生学院	瑞士	the Graduate Institute Geneva	中英全球卫生支持项目产出三——日内瓦高等研究院课程支持及授课费	2014/10/21
刘晓云	中国卫生发展研究中心	英国	利物浦热带医学院	改善中国、越南边远农村地区新生儿健康研究	2014/9/23
孟庆跃	公共卫生学院	英国	伦敦卫生与热带病学院	全球卫生项目——加强卫生服务体系项目	2014/11/25

文 科 科 研

【发展概况】 北京大学文科现有21个院系,在院系之外,设有社会科学部作为校级综合性职能部门,在文科主管校长领导下负责全校人文社会科学科研管理工作。社会科学部前身可追溯到1956年9月成立的科学工作处,1960年4月,学校撤销科学工作处,设立社会科学处和自然科学处,分管文理科的科研。后又经几次调整,2000年8月,正式更名为"社会科学部"。目前社会科学部下设综合、项目管理、成果管理、基地管理四个办公室,现任社会科学部部长为哲学系王博教授。

【科研项目】 2014年,北京大学纵向项目立项总数继续稳健增长,在各类项目的申报中继续保持了领先的位置。在重大项目申报中,重视选题征集,提高教师参与申报的积极性,推动申报者不断修改完善标书,提高中标率。

表 8-50　北京大学人文社会科学 2014 年主要纵向项目申报和立项情况

项目名称	申报数	立项数
2014 年国家社科重大项目	23	10（其中 3 项重大转重点，1 项委托）
2014 年国家社科年度项目	112	29
2014 年教育部重大攻关项目	3	2
2014 年教育部年度项目	71	10
总计	209	51

表 8-51　北京大学人文社会科学 2014 年其他纵向项目立项情况

项目名称	立项数
2014 年国家社科基金后期资助项目	8
2014 年国家社科基金艺术科学规划项目	4（含重大 1 项）
2014 年国家社科基金《成果文库》项目	4
2014 年教育部专项项目（专项、普及读物）	5
2014 年北京市社科基金项目	13（含重大 1 项）
2014 年北京市教育科学规划课题	3
2014 年国家体育总局项目	2
总计	39

近五年各类项目到账经费持续增长。继 2008 年我校文科科研经费一举突破亿元大关后，2014 年经费小有波动，继续保持稳定。

表 8-52　北京大学人文社会科学近五年科研经费情况

年度	2010 年	2011 年	2012 年	2013 年	2014 年
到账经费（万元）	17055	17387	19068	20167	19405

【科研成果】　2013 年文科各单位共发表各类科研成果 3937 项，其中，专著 218 部、论文 3289 篇、编著和教材 240 部、工具书和参考书 10 部、古籍整理作品 21 部、译著 65 部、研究咨询报告 54 篇、译文 34 篇、电子出版物 6 部。人文社科教师发表 SSCI、A&HCI、SCI 论文共计 197 篇。因成果的录入统计有一定的延后，所以年鉴统计之数为 2013 年的科研成果。

第十三届北京市哲学社会科学优秀成果奖再创辉煌。2014 年 11 月中旬，第十三届北京市哲学社会科学优秀成果奖（以下简称"北京市奖"）获奖结果揭晓，北京大学共有 27 项成果获奖，其中，一等奖 10 项，二等奖 17 项，获奖总数及一等奖总数均居北京市各单位之首。本届北京市奖北大共提交 50 项成果，获奖率达 54%。北京市奖每两年评选一次，旨在繁荣发展首都哲学社会科学事业，鼓励社科工作者围绕改革开放和社会主义现代化建设，开展学术研究、推动理论创新、多出精品力作和服务首都发展。本届北京市奖马克思主义理论、哲学、文学等 12 个学科 204 项优秀成果获奖，代表了 2011 年 7 月至 2013 年 6 月期间北京市各高校及其他研究单位人文社会科学领域研究的最高水平。

【科研机构】　科研机构（Centers、Programs、Institutes）与院系（Departments）有着不同的使命：院系以学科为导向，在学科的基础上构建院系，院系具有相对稳定的特征；科研机构以问题为导向，应现实需要，组建各种机制灵活的"机构"弥补学科（院系）之不足。目前北京大学的文科科研机构主要包括三类：第一类，校级虚体机构；第二类，各类省部级重点研究基地；第三类，新体制的创新机构。

虚体机构　2014 年，在"北京大学人文社会科学研究机构管理办法"的指导下，全校虚体研究机构的科学研究、制度建设、队伍建设有序进行、良性运转。其中 2014 年度新成立的校级机构 2 个，分别是：国家金融研究中心和中东研究中心。

重点研究基地　北京大学现共有教育部哲学社会科学重点研究基地 13 个，另有北京市哲学社会科学、文化部、国家体育总局、国家汉办、全国妇联、国家版权局基地各 1 个。在这些基地中，13 个教育部重点研究基地尤为重要，2014 年，在如下方面开展了系列工作。

表 8-53　北京大学现有教育部哲学社会科学重点研究基地

基地名称	基地主任	基地批准时间	基地批次
中国古文献研究中心	廖可斌	1999 年 12 月 15 日	1
中国特色社会主义理论研究中心	杨　河	2000 年 9 月 25 日	2
中国语言学研究中心	陈保亚	2000 年 9 月 25 日	2
教育经济研究所	闵维方	2000 年 9 月 25 日	2
外国哲学研究所	尚新建	2000 年 9 月 25 日	2
中国考古学研究中心	徐天进	2000 年 9 月 25 日	2
中国社会与发展研究中心	邱泽奇	2000 年 9 月 25 日	2
东方文学研究中心	王邦维	2000 年 12 月 26 日	3
政治发展与政府管理研究所	谢庆奎	2000 年 12 月 26 日	3
中国古代史研究中心	荣新江	2000 年 12 月 26 日	3
美学与美育研究中心	朱良志	2004 年 11 月 26 日	5
宪法与行政法研究中心	姜明安	2004 年 11 月 26 日	5
中国经济研究中心	姚　洋	2004 年 11 月 26 日	5

1. 新一届基地主任聘任会议顺利召开,刘伟常务副校长代表学校向新一届基地主任颁发聘书,标志着基地建设进入新阶段。下半年,宪法与行政法研究中心和中国考古学研究中心分别开始了第二轮基地主任圆桌会议。该系列会议由社科部主办、各基地轮流承办、全体基地主任参加,以促进各基地的工作交流和学科交叉。

2. 科研项目是基地科研工作的重要内容。2014 年,北京大学 13 个基地共新增教育部基地重大项目立项 20 个,有 22 个项目通过了中期检查,有 20 个项目提交结项鉴定。各项目负责人组织召开了多场开题和结项研讨会,详细研讨项目的研究架构、学术难点、分工合作以及成果呈现,以此推动了基地的学术交流。

【科研管理工作】创建高校智库　进一步整合校内各机构与学者力量,为中央决策提供有意义的学术成果和咨询报告。3 月 15 日,北京大学国际关系学院于铁军老师应邀参加国内较有影响的时政类网站"共识网"组织的关于陷入低谷的中日关系问题的讨论,作了《当前处理中日关系的重点是搞好危机管控》为题的发言。该发言受到有关部门的重视,并呈送习近平同志。习近平同志阅后作出批示,给予肯定,并指示有关部门好好研究。上半年,北京大学法学院孙东东老师向中央作了三项政策咨询报告,其中"关于吸取台湾'反服贸'学运的教训,加强党和政府与青年联系的建议"通过农工党中央信息直报全国政协,全国政协作为综合信息上报中共中央,习近平总书记批示要求团中央落实。"关于将医院纳入反恐重点单位的建议"通过农工党中央信息直报全国政协,全国政协副主席张庆黎批示由公安部落实。"关于吸取汶川原地重建的教训,鲁甸、巧家实行异地迁建的建议"通过北京大学信息直报点上报中共中央办公厅,国务院主要领导批示纳入灾区重建规划。11 月,党的十八届四中全会提出全面推进依法治国,北京大学姜明安教授、王浦劬教授、郭雳教授及时对此发表了专家意见,收到教育部社科司的专函致谢。2014 年,教育部正式设立教育部简报《高校智库专刊》,以"聚焦重大问题、服务国家战略"为导向,直接报送中共中央办公厅等核心部门。教育部社科司为此特设 10 个编辑室,其中外交与国际关系编辑室、文化传承编辑室设在北大。《高校智库专刊》首期刊登了厉以宁教授的文章《怎样看待当前的宏观经济形势》。

设立学术交流基金　为了更好地促进北京大学人文社会科学领域的国际学术交流,鼓励学术著作出版和培育跨学科、跨领域的学术创新,2014 年 9 月正式设立"北京大学人文社会科学学术交流基金",支持和资助多种形式的学术交流活动。该项基金由学校拨款设立,由社会科学部负责统一管理和使用,资助内容分为学术沙龙、参与国际学术会议、学术著作出版三个类别。基金设立近 4 个月来,已批准人文社科各院系教师七十余项学术交流资助申请,资助总金额近 80 万元。同时,通过网站和电子邮件及时发布学术活动预告及改版的《文科通讯》,将学术活动预告及人文社科科研、成果、项目等最新信息扩散到每个教师,促进了各学科领域的学术信息交流,受到了老师们的一致好评。

开展院系评估　5—7 月,社科部会同组织部、发展规划部、人事部、研究生院、教务部、房产部等部门,对考古文博学院、教育学院、对外汉语学院、经济学院 4 个人文社科院系展开评估工作。评估小组由校内外知名专家组成。评估小组对各个院系均开展了为期两天的实地评估工作。经过院系领导作院系建设情况汇报、评估专家与学院领导沟通、院系教师集体座谈和个别访谈、学生座谈、校友座谈、评估小组意见反馈等环节,评估小组专家就4个院系的发展优势和面临的主要问题等提出了意见和建议。社科部在专家意见的基础上分别对4个院系作了简要的评估报告,并上报学校领导供决策参考。

表8-54　2014年度北京大学文科纵向科研课题立项名单

序号	项目名称	负责人	所在部门	项目类别	预计成果形式
1	推进我国国家治理体系现代化研究	王浦劬	政府管理学院	国家社会科学基金、重大项目	专著
2	增强中国对外传播文化软实力深度研究	关世杰	新闻与传播学院	国家社会科学基金、重大项目	专著
3	生态价值补偿标准与环境会计方法研究——基于发展水平与功能区划的梯度差异	王立彦	光华管理学院	国家社会科学基金、重大项目	专著
4	世界科学技术通史研究	吴国盛	哲学系（宗教学系）	国家社会科学基金、重大项目	专著
5	中国"东方学"学术史研究	王邦维	外国语学院	国家社会科学基金、重大项目	专著
6	基于中国语言及方言的语言接触类型和演化建模研究	陈保亚	中国语言文学系	国家社会科学基金、重大项目	专著
7	我国商业养老保险制度体系与运行机制研究	郑　伟	经济学院	国家社会科学基金、重大项目	专著
8	高考改革试点方案跟踪与评估研究	文东茅	教育学院	国家社会科学基金、重大项目	专著
9	中国特色残疾人事业研究	陈　功	人口研究所	国家社会科学基金、重大项目	专著
10	基于最新文献的马克思重要文本再研究	聂锦芳	哲学系（宗教学系）	国家社会科学基金、重点项目	专著
11	现代化背景下的本土社会心理学研究	方　文	社会学系	国家社会科学基金、重点项目	专著
12	抗战时期国共军队研究	王奇生	历史学系	国家社会科学基金、重点项目	专著
13	德国小说发展史	李昌珂	外国语学院	国家社会科学基金、重点项目	专著
14	广告产业中国模式的理论建构研究	陈　刚	新闻传播学院	国家社会科学基金、重点项目	专著
15	大数据环境下的计算型情报分析方法与技术研究	李广建	信息管理系	国家社会科学基金、重点项目	专著
16	使市场在资源配置中起决定性作用和更好发挥政府作用研究	平新乔	经济学院	国家社会科学基金、重点项目	专著
17	推进我国基层协商民族制度话的对策研究	燕继荣	政府管理学院	国家社会科学基金、重点项目	专著
18	中国古代营造文献中的制度和思想研究	方　拥	考古文博学院	国家社会科学基金、重点项目	专著
19	古注十三经整理与研究	王丰先	哲学系（宗教学系）	国家社会科学基金一般项目	专著
20	梅洛—庞蒂中期哲学研究	宁晓萌	哲学系（宗教学系）	国家社会科学基金一般项目	专著
21	创新驱动视角下农业经济发展方式转变能力成长的关键问题研究	刘丽伟	光华管理学院	国家社会科学基金一般项目	研究报告
22	基于国家能力理论视角的国家治理能力现代化研究	张长东	政府管理学院	国家社会科学基金一般项目	专题论文集 研究报告
23	政府向社会力量购买公共服务与事业单位改革的衔接机制研究	句　华	政府管理学院	国家社会科学基金一般项目	研究报告

续表

序号	项目名称	负责人	所在部门	项目类别	预计成果形式
24	P2P互联网金融商业模式的法律规制与监管体系构建研究	孙艳军	政府管理学院	国家社会科学基金一般项目	专著、专题论文集
25	中国城市老年人与成年子女代际支持研究	刘岚	人口研究所	国家社会科学基金一般项目	专题论文集
26	拉丁美洲现代化进程中的民众主义研究	董经胜	历史学系	国家社会科学基金一般项目	专著
27	普鲁士行政制度的现代化研究	徐健	历史学系	国家社会科学基金一般项目	专著
28	犹太教与现代以色列国家的关系及其演变研究	王宇	外国语学院	国家社会科学基金一般项目	专著
29	秦汉神仙信仰与近年考古图像的图文关系研究	朱浒	考古文博学院	国家社会科学基金一般项目	专著
30	网络文学的经典化与"主流文学"的重建研究	邵燕君	中国语言文学系	国家社会科学基金一般项目	专著
31	《十三经注疏》版本研究	张丽娟	哲学系(宗教学系)	国家社会科学基金一般项目	专著
32	汉代《洪范》五行学研究	程苏东	中国语言文学系	国家社会科学基金青年项目	专著
33	无处不在的语境敏感性与意义研究	李麒麟	哲学系(宗教学系)	国家社会科学基金青年项目	专著
34	我国收入代际流动的趋势、机制与政策分析	杨奇明	国家发展研究院	国家社会科学基金青年项目	专题论文集
35	民国时期西康省的政权建设、族群关系与刘文辉的边疆策略研究	王娟	社会学系	国家社会科学基金青年项目	专著、研究报告
36	中国战略性矿产资源国际话语权研究	徐铭辰	国际关系学院	国家社会科学基金青年项目	专著、研究报告
37	郑州老奶奶庙遗址与东亚现代人的出现问题研究	曲彤丽	考古文博学院	国家社会科学基金青年项目	研究报告
38	清升平署戏曲文献著录与研究	熊静	信息管理系	国家社会科学基金青年项目	专著
39	梵语、巴利语、汉语中的佛经譬喻故事对比研究	范晶晶	外国语学院	国家社会科学基金青年项目	专著、译著
40	中国文学在西班牙的翻译与传播研究	程弋洋	外国语学院	国家社会科学基金青年项目	专著
41	出土战国至汉初简帛所见人物名号汇释与研究	王辉	中国语言文学系	国家社会科学基金青年项目	专著
42	古代专制制度考察	马克垚	历史学系	国家社科基金后期资助项目	专著
43	出土文献《五行》《诗论》与先秦学术思想史的重构	常森	中国语言文学系	国家社科基金后期资助项目	专著
44	股权让与基础理论研究	张双根	法学院	国家社科基金后期资助项目	专著
45	中外旧约章补编(清朝)	郭卫东	历史学系	国家社科基金后期资助项目	专著
46	英语使用者语言态度与认同	高一虹	外国语学院	国家社科基金后期资助项目	专著
47	马克思经济学的现代转化	方敏	经济学院	国家社科基金后期资助项目	专著
48	晚清民间视野中的西方形象	王娟	中国语言文学系	国家社科基金后期资助项目	专著

续表

序号	项目名称	负责人	所在部门	项目类别	预计成果形式
49	传世石涛款作品真伪考	朱良志	哲学系(宗教学系)	国家社科基金后期资助项目	专著
50	"一国两制"台湾模式	李义虎	国际关系学院	国家社科基金成果文库立项	专著
51	分配危机与经济法规制	张守文	法学院	国家社科基金成果文库立项	专著
52	中国残疾预防对策研究	郑晓瑛	人口研究所	国家社科基金成果文库立项	专著
53	《燕行录》北京史料类编	漆永祥	中国语言文学系	北京市社科基金重点项目	专著、其他
54	生态文明建设试点示范区实践的哲学研究	郇庆治	马克思主义学院	北京市社科基金重点项目	研究报告/论文集
55	晚清资政院研究	李启成	法学院	北京市社科基金一般项目	专著
56	卢沟桥事变史料全编	徐勇	历史学系	北京市社科基金一般项目	其他(史料集)
57	基于中外比较的社区治理体系与治理能力建设评估体系研究	萧鸣政	政府管理学院	北京市社科基金一般项目	研究报告
58	社会资本与中国阶层流动性研究	杨汝岱	经济学院	北京市社科基金一般项目	论文集
59	首都援藏:上市公司、金融市场与区域经济之互动模式	王立彦	经济学院	北京市社科基金一般项目	研究报告
60	中国当代艺术的国际化与本土化	时胜勋	中国语言文学系	北京市社科基金一般项目	研究报告
61	北京市"3+2"中高职衔接模式的经费需求研究	刘云波	教育学院	北京市社科基金青年项目	研究报告
62	代表制在协商民主中的地位和作用研究	段德敏	政府管理学院	北京市社科基金青年项目	专著
63	语料库语言学视野下的网络文学研究	苏祺	外国语学院	北京市社科基金青年项目	研究报告
64	马克思公平正义思想及其当代价值	李旸	马克思主义学院	北京市社科基金青年项目	专著
65	生态文明建设试点示范区实践的哲学研究	郇庆治	马克思主义学院	北京市社会科学基金、重点项目	专著
66	定窑遗址发掘报告编纂与研究	秦大树	考古文博学院	北京市社会科学基金、重大项目	专著
67	北京市社会资本现状及对经济增长的影响渠道分析	崔巍	经济学院	北京市哲学社会科学基地一般项目	论文、研究报告
68	北京市农产品批发市场提档升级创新研究	章政	经济学院	北京市哲学社会科学基地重点项目	论文、研究报告
69	城市化的生态效应评估与模拟:模型和实证研究	季曦	经济学院	教育部哲学社会科学一般项目	论文
70	以社会生态学理论为基础的青少年伤害预防机制研究	余小鸣	医学部	教育部哲学社会科学一般项目	论文、研究报告
71	改革开放以来电视媒体建构国家意识形态的策略研究	顾亚奇	艺术学院	教育部哲学社会科学一般项目	专著、论文、研究报告
72	清末新式国文教育研究——学科构建、文体想象与知识转型的互动	陆胤	哲学系(宗教学系)	教育部哲学社会科学一般项目	专著、论文
73	京津冀地区服务业空间分工效应及优化研究	席强敏	政府管理学院	教育部哲学社会科学一般项目	论文、研究报告

续表

序号	项目名称	负责人	所在部门	项目类别	预计成果形式
74	唐后期以皇权为主导的制度变迁研究	叶 炜	历史学系	教育部哲学社会科学一般项目	专著
75	社区社会工作者双重身份实践研究——以内蒙古 B 市为例	谢冰雪	社会学系	教育部哲学社会科学一般项目	专著
76	基于贝叶斯网络多主体模型的农户土地流转决策机制研究	谷 彬	光华管理学院	教育部哲学社会科学一般项目	论文、研究报告
77	日本动漫在中国的传播研究	李常庆	信息管理系	教育部哲学社会科学一般项目	专著
78	大规模开放在线课程的社会网络和社区研究	叶韦明	深圳研究生院	教育部哲学社会科学一般项目	论文、研究报告
79	我国商业养老保险制度体系与运行机制研究	郑 伟	经济学院	教育部哲学社会科学重大项目	专著
80	高考改革试点方案跟踪与评估研究	文东茅	教育学院	教育部哲学社会科学重大项目	专著
81	历史唯物主义与中国道路	杨学功	中国特色社会主义理论体系研究中心	教育部人文社会科学重点研究基地重大项目	专著
82	中国特色社会主义价值观念研究	李翔海	中国特色社会主义理论体系研究中心	教育部人文社会科学重点研究基地重大项目	专著
83	古代近东传记文献与传记文学研究	李 政	东方文学研究中心	教育部人文社会科学重点研究基地重大项目	专著
84	鄂东方言词语探源	孙玉文	中国语言学研究中心	教育部人文社会科学重点研究基地重大项目	专著
85	基于出土文献的上古汉语词汇与语法研究	胡敕瑞	中国语言学研究中心	教育部人文社会科学重点研究基地重大项目	专著
86	学区房、择校与城市义务教育财政体制改革	哈 巍	教育经济研究所	教育部人文社会科学重点研究基地重大项目	专著
87	中国艺术中的文人意识研究	朱良志	美学与美育研究中心	教育部人文社会科学重点研究基地重大项目	专著
88	西方美学史 1—2 卷	彭 锋	美学与美育研究中心	教育部人文社会科学重点研究基地重大项目	专著
89	启蒙与人性论的嬗变	尚新建	外国哲学研究所	教育部人文社会科学重点研究基地重大项目	专著
90	奥古斯丁时间概念研究	徐龙飞	外国哲学研究所	教育部人文社会科学重点研究基地重大项目	专著
91	行政法视野下的公众参与研究	王锡锌	宪法与行政法研究中心	教育部人文社会科学重点研究基地重大项目	专著
92	公共服务动机理论的验证、比较与应用	王浦劬	政治发展与政府管理研究所	教育部人文社会科学重点研究基地重大项目	专著
93	明清科举制与官僚社会	郭润涛	中国古代史研究中心	教育部人文社会科学重点研究基地重大项目	专著
94	两汉魏晋南北朝宫禁制度研究	陈苏镇	中国古代史研究中心	教育部人文社会科学重点研究基地重大项目	专著
95	近代日本中国书志学的研究与译介	陈 捷	中国古文献研究中心	教育部人文社会科学重点研究基地重大项目	专著
96	我国东部地区产业升级政策研究:基础数据平台建设与效应评价	张晓波	中国经济研究中心	教育部人文社会科学重点研究基地重大项目	专著
97	夏商周考古学术体系的建立	孙庆伟	中国考古学研究中心	教育部人文社会科学重点研究基地重大项目	专著
98	皖南地区早期铜冶金的技术与社会	宫希成	中国考古学研究中心	教育部人文社会科学重点研究基地重大项目	专著
99	青年流动人口的城市适应:生存策略、整合技术和亚文化实践	刘 能	中国社会与发展研究中心	教育部人文社会科学重点研究基地重大项目	专著

续表

序号	项目名称	负责人	所在部门	项目类别	预计成果形式
100	西部地区城镇化进程中的文化格局变迁:"藏彝走廊"多个地点的历史—人文区位学考察	王铭铭	中国社会与发展研究中心	教育部人文社会科学重点研究基地重大项目	专著
101	中国特色马克思主义"五位一体"总体布局研究	郭建宁	马克思主义学院	教育部各类专项项目、普及读物	专著
102	跨学科背景下研究生的心理特点及应对措施——以北京大学前沿交叉学科研究院为例	魏朋	前沿交叉学科研究院	教育部各类专项项目、思政专项	论文
103	高校马克思主义学院建设标准研究	陈占安	马克思主义学院	教育部各类专项项目、专项委托	研究报告
104	文化生态保护区建设和城镇化进程中非遗保护机制与政策研究	高丙中	社会学系	教育部各类专项项目、专项委托	研究报告
105	推进中外人文交流合作研究——中印人文交流合作	王邦维	外国语学院	教育部各类专项委托项目	研究报告
106	推进中外人文交流合作研究——中美人文交流合作	王缉思	国际战略研究院	教育部各类专项委托项目	研究报告

表8-55　第十三届北京市人文社会科学研究优秀成果奖北京大学获奖名单

序号	成果名称	申报人	单位	奖项等级
1	心灵秩序与世界历史——奥古斯丁对西方古典文明的终结	吴飞	哲学系（宗教学系）	一等奖
2	以利为利:财政关系与地方政府行为	周飞舟	社会学系	一等奖
3	希腊古代经济史	厉以宁	光华管理学院	一等奖
4	冷战与新中国外交的缘起1949—1955	牛军	国际关系学院	一等奖
5	全球化时代的高等教育:市场的挑战	蒋凯	教育学院	一等奖
6	批判民法学的理论建构	薛军	法学院	一等奖
7	中古医疗与外来文化	陈明	外国语学院	一等奖
8	面向世界城市的北京发展趋势研究	李国平	政府管理学院	一等奖
9	基于单字的现代汉语词法研究	王洪君	中国语言文学系	一等奖
10	当代中国艺术学研究(1949—2009)	王一川	艺术学院	一等奖
11	现代思想政治教育课程论	宇文利	马克思主义学院	二等奖
12	东正教圣像史	徐凤林	哲学系（宗教学系）	二等奖
13	流动儿童社会融合的代际传承	周皓	社会学系	二等奖
14	中国经济增长的产业结构效应和驱动机制	张辉	经济学院	二等奖
15	金融市场全球化下的中国金融监管体系改革	曹凤岐	光华管理学院	二等奖
16	New York City Cab Drivers' Labor Supply Revisited: Reference-Dependent Preferences with Rational-Expectations Targets for Hours and Income	孟涓涓	国家发展研究院	二等奖
17	中国的协商治理与人权实现	王浦劬	政府管理学院	二等奖
18	国际关系理论——从政治思想到社会科学	宋伟	国际关系学院	二等奖
19	教育的"技术"发展史	郭文革	教育学院	二等奖
20	法治的代价:法律经济学原理批判	凌斌	法学院	二等奖
21	大学法治与权益保护	湛中乐	法学院	二等奖
22	《春秋》与"汉道"——两汉政治与政治文化研究	陈苏镇	历史学系	二等奖
23	陶渊明传	钱志熙	中国语言文学系	二等奖
24	杜登德汉大词典	赵登荣	外国语学院	二等奖
25	《浮士德博士》〔德国〕托马斯·曼著	罗炜	外国语学院	二等奖
26	文化现代性的视觉表达:观看、凝视与对视	吴靖	新闻与传播学院	二等奖
27	医学人文学导论	张大庆	医学部	二等奖

表 8-56　北京大学获"北京市社会科学理论著作出版基金 2014 年上半年(总第 43 批)资助著作"名单

序号	推荐单位	著作名称	申请人	出版社
1	北京大学	莱蒙托夫研究	顾蕴璞	北京大学出版社
2	外国语学院	新中国 60 年外国文学史研究	韩加明	北京大学出版社
3	外国语学院	新中国 60 年外国文论研究	周小仪	北京大学出版社
4	外国语学院	十八世纪法国戏剧中的中国形象研究	罗湉	北京大学出版社
5	中国语言文学系	新世纪第一个十年小说研究	邵燕君	北京大学出版社
6	外国语学院	语篇语义框架研究	高彦梅	北京大学出版社
7	外国语学院	日本文言助动词用法例释	潘金生	北京大学出版社
8	哲学系(宗教学系)	政教存续与文教转型——近代学术史上的张之洞学人圈	陆胤	北京大学出版社
9	法学院	两岸税法比较研究	刘剑文	北京大学出版社
10	经济学院	保险资金运用风险管控研究	朱南军	北京大学出版社
11	法学院	刑事误判问题研究	陈永生	北京大学出版社

表 8-57　北京大学获"北京市社会科学理论著作出版基金 2014 年下半年(总第 44 批)资助著作"名单

序号	推荐单位	著作名称	申请人	出版社
1	北京大学	传世石涛款作品真伪考	朱良志	北京大学出版社
2	北京大学	产权视角下的企业创新绩效分析	高歌	北京大学出版社
3	北京大学	训诂方法论	徐刚	北京大学出版社
4	北京大学	六朝声律与唐诗体格	杜晓勤	北京大学出版社
5	北京大学	背过身去的大娘娘——地方民间传说生息的动力学研究	陈泳超	北京大学出版社

表 8-58　2013 年度北京大学人文社科 SSCI、A&HCI、SCI 论文奖励名单

序号	单位	姓名	英文标题	期刊名称	文章类型
1	法学院	张千帆	Human Dignity in Classical Chinese Philosophy: The Daoist Perspective	Journal of Chinese Philosophy	Article
2	光华管理学院	张影	The Unexpected Positive Impact of Fixed Structures on Goal Completion	Journal of Consumer Research	Article
3	光华管理学院	王新超	Effectiveness of a Workplace-Based Intervention Program to Promote Mental Health among Employees in Privately Owned Enterprises in China	Population Health Management	Article
4	光华管理学院	雷明	DEA Analysis of FDI Attractiveness for Sustainable Development: Evidence from Chinese Provinces	Decision Support Systems	Article
5	光华管理学院	岳衡 赵龙凯	How does Culture Influence Corporate Risk-taking?	Journal of Corporate Finance	Article
6	光华管理学院	韩亦	An Empirical Investigation on Firms' Proactive and Passive Motivation for Bribery in China	Journal of Business Ethics	Article
7	光华管理学院	董小英	Strategies, Technologies, and Organizational Learning for Developing Organizational Innovativeness in Emerging Economies	Journal of Business Research	Article
8	光华管理学院	陈玉宇	Prenatal Sex Selection and Missing Girls in China Evidence from the Diffusion of Diagnostic Ultrasound	Journal of Human Resources	Article
9	光华管理学院	韩亦	A Rough Set Approach for Evaluating Vague Customer Requirement of Industrial Product-Service System	International Journal of Production Research	Article

续表

序号	单位	姓名	英文标题	期刊名称	文章类型
10	光华管理学院	林莞娟 孟涓涓	Social Networks and Externalities from Gift Exchange: Evidence from a Field Experiment	Journal of Public Economics	Article
11	光华管理学院	陈玉宇	The Promise of Beijing: Evaluating the Impact of the 2008 Olympic Games on Air Quality	Journal of Environmental Economics and Management	Article
12	光华管理学院	江亭儒	Gender Makes the Difference: The Moderating Role of Leader Gender on the Relationship between Leadership Styles and Subordinate Performance	Organizational Behavior and Human Decision Processes	Article
13	光华管理学院	徐淑英	The Spirit of Science and Socially Responsible Scholarship	Management and Organization Review	Editorial Material
14	光华管理学院	张建君	Dared to Care: Organizational Vulnerability, Institutional Logics, and MNCs' Social Responsiveness in Emerging Markets	Organization Science	Article
15	光华管理学院	路江涌	Returnee Faculty Members, Network Position and Diversification Strategy: an Analysis of Business Schools in China	Asia Pacific Business Review	Article
16	光华管理学院	董小英	A Multilevel Model for Effects of Social Capital and Knowledge Sharing in Knowledge-intensive Work Teams	International Journal of Information Management	Article
17	光华管理学院	徐信忠	Political Connections, Financing Friction, and Corporate Investment: Evidence from Chinese Listed Family Firms	European Financial Management	Article
18	光华管理学院	蔡洪滨 张庆华	China's Land Market Auctions: Evidence of Corruption?	Rand Journal of Economics	Article
19	光华管理学院	岳衡	Managerial Incentives and Management Forecast Precision	Accounting Review	Article
20	光华管理学院	虞吉海	Near Unit Root in the Spatial Autoregressive Model	Spatial Economic Analysis	Article
21	光华管理学院	虞吉海	Growth Spillover through Trade: A Spatial Dynamic Panel Data Approach	Economics Letters	Article
22	光华管理学院	张然	National Culture and Corporate Investment	Journal of International Business Studies	Article
23	光华管理学院	朱国忠	Inter-generational Effect of Parental Time and its Policy Implications	Journal of Economic Dynamics & Control	Article
24	光华管理学院	陈玉宇	Evidence on the Impact of Sustained Exposure to Air Pollution on Life Expectancy from China's Huai River Policy	Proceedings of the National Academy of Sciences of the United States of America	Article
25	光华管理学院	江明华	Quantifying the Dynamic Effects of Service Recovery on Customer Satisfaction: Evidence From Chinese Mobile Phone Markets	Journal of Service Research	Article
26	光华管理学院	徐菁	Mental Representation and Perceived Similarity: How Abstract Mindset Aids Choice from Large Assortments	Journal of Marketing Research	Article

续表

序号	单位	姓名	英文标题	期刊名称	文章类型
27	光华管理学院	杨云红	Bank Capital, Interbank Contagion, and Bailout Policy	Journal of Banking & Finance	Article
28	光华管理学院	张红霞	Guilt by Association: Heuristic risks for Foreign Brands during a Product-harm Crisis in China	Journal of Business Research	Article
29	光华管理学院	颜 色	Real Estate Prices in Beijing, 1644 to 1840	Explorations in Economic History	Article
30	光华管理学院	蔡洪滨	Family Ties and Organizational Design: Evidence from Chinese Private Firms	Review of Economics and Statistics	Article
31	光华管理学院	路江涌	The Evolution of Price Dispersion in China's Passenger Car Markets	World Economy	Article
32	光华管理学院	虞吉海 朱国忠	How Uncertain is Household Income in China	Economics Letters	Article
33	光华管理学院	金 李	What Does Stock Ownership Breadth Measure?	Review of Finance	Article
34	光华管理学院	徐淑英	Making Research Engaged: Implications for HRD Scholarship	Human Resource Development Quarterly	Editorial Material
35	光华管理学院	吴连生	Ensuring Employees' IT Compliance: Carrot or Stick?	Information Systems Research	Article
36	光华管理学院	冯 米	Social Identity, Market Memory, and First-mover Advantage	Industrial and Corporate Change	Article
37	光华管理学院	王 辉	Unraveling the Relationship Between Family-Supportive Supervisor and Employee Performance	Group & Organization Management	Article
38	光华管理学院	王新超	Depression in Employees in Privately Owned Enterprises in China: Is It Related to Work Environment and Work Ability?	International Journal of Environmental Research and Public Health	Article
39	光华管理学院	徐淑英	2012 Presidential Address on Compassion in Scholarship: Why Should We Care?	Academy of Management Review	Editorial Material
40	光华管理学院	李 奇 罗 炜 王亚平	Firm Performance, Corporate ownership, and Corporate Social Responsibility Disclosure in China	Business Ethics—a European Review	Article
41	光华管理学院	韩 亦	Testing the Rhetoric of China's Soft power Campaign: a Case Analysis of Its Strategic Ambiguity in the Six Party Talks over North Korea's Nuclear Program	Asian Journal of Communication	Article
42	光华管理学院	徐淑英	Calling for Humanistic Scholarship in China	Management and Organization Review	Editorial Material
43	光华管理学院	陈松蹊	Parameter Estimation and Model Testing for Markov Processes via Conditional Characteristic Functions	Bernoulli	Article
44	光华管理学院	陈 磊	Employment Protection Legislation, Adjustment Costs and Cross-country Differences in Cost Behavior	Journal of Accounting & Economics	Article
45	光华管理学院	张 影	All Roads Lead to Rome: The Impact of Multiple Attainment Means on Motivation	Journal of Personality and Social Psychology	Article

序号	单位	姓名	英文标题	期刊名称	文章类型
46	光华管理学院	彭泗清	Social Darwinism, Status Ranking, and Creativity in Confucian-heritage Education: Dialectics between Education and Knowledge Economies	Kedi Journal of Educational Policy	Article
47	光华管理学院	龚六堂	The Z-Transform and Comparative Dynamics in Discrete-Time Models	Macroeconomic Dynamics	Article
48	光华管理学院	孙 博	The Optimal Shape of Compensation Contracts with Earnings Management	Applied Economics	Article
49	光华管理学院	王亚平	Full Privatization through Controlling Rights Transfer in China: the Extent of Its Success	Applied Economics	Article
50	光华管理学院	武常岐	The Seller's Perspective on Determinants of Acquisition Likelihood: Insights from China's Beer Industry	Journal of Management Studies	Article
51	光华管理学院	陈松蹊	Estimation in Semiparametric Models with Missing Data	Annals of the Institute of Statistical Mathematics	Article
52	光华管理学院	陈松蹊	Mann-Whitney Test with Adjustments to Pre-treatment Variables for Missing Values and Observational Study	Journal of the Royal Statistical Society Series B-Statistical Methodology	Article
53	光华管理学院	陈松蹊	On Smoothing Estimation for Seasonal Time Series with Long Cycles	Statistics and Its Interface	Article
54	光华管理学院	陈松蹊 徐敏亚	Tests Alternative to Higher Criticism for High Dimensional Means under Sparsity and Column-wise Dependence	Annals of Statistics	Article
55	光华管理学院	冯 米	Local Appeal and Competition in Multiple Geographic Markets: Evidence from California Retail Banking between 1900 and 1990	Industrial and Corporate Change	Article
56	光华管理学院	金 李	Does Ethnicity Pay? Evidence from Overseas Chinese FDI in China	Review of Economics and Statistics	Article
57	光华管理学院	李辰旭	Maximum-likelihood Estimation for Diffusion Processes via Closed-form Transition Density Expansions	Annals of Statistics	Article
58	光华管理学院	任 润	The Beautiful, the Cheerful and the Helpful: The Effects of Service Employee Attributes on Customer Satisfaction	Psychology & Marketing	Article
59	光华管理学院	唐 涯	Weekly Momentum by Return Interval Ranking	Pacific-Basin Finance Journal	Article
60	光华管理学院	王汉生	A Note on Tail Dependence Regression	Journal of Multivariate Analysis	Article
61	光华管理学院	王汉生	Multivariate Regression Shrinkage and Selection by Canonical Correlation Analysis,	Computational Statistics & Data Analysis	Article
62	光华管理学院	王汉生	Testing the Statistical Significance of an Ultra-High Dimensional Naive Bayes Classifier	Statistics and Its Interface	Article

续表

序号	单位	姓名	英文标题	期刊名称	文章类型
63	光华管理学院	王汉生	On a Principal Varying Coefficient Model	Journal of the American Statistical Association	Article
64	光华管理学院	张 然	Do Institutional Investors Pay Attention to Customer Satisfaction and Why?	Journal of the Academy of Marketing Science	Article
65	光华管理学院	姚琦伟	Estimation in the Presence of Many Nuisance Parameters: Composite Likelihood and Plug-in Likelihood	Stochastic Processes and Their Applications	Article
66	国家发展研究院	刘国恩	How does Separating Government Regulatory and Operational Control of Public Hospitals Matter to Healthcare Supply?	China Economic Review	Article
67	国家发展研究院	黄益平	Consumption Recovery and Economic Rebalancing in China	Asian Economic Papers	Article
68	国家发展研究院	林毅夫	New Structural Economics: the Third Wave of Development Thinking	Asian-Pacific Economic Literature	Article
69	国家发展研究院	雷晓燕	Capital Gains, Illiquidity, and Stock Returns	Pacific-Basin Finance Journal	Article
70	国家发展研究院	徐建国	Short Sale Constraints, Heterogeneous Interpretations, and Asymmetric Price Reactions to Earnings Announcements	Journal of Accounting and Public Policy	Article
71	国家发展研究院	张晓波	The Rapid Rise of Cross-Regional Agricultural Mechanization Services in China	American Journal of Agricultural Economics	Article
72	国家发展研究院	Stening Bruce W.	Do Indigenous Firms Incur a Liability of Localness When Operating in Their Home Market? The Case of China	Journal of World Business	Article
73	国家发展研究院	Stening Bruce W.	Mao Meets the Market Reconciling Ideology and Pragmatism in China	Management International Review	Article
74	国家发展研究院	林毅夫	Demystifying the Chinese Economy	Australian Economic Review	Editorial Material
75	国家发展研究院	余淼杰	Firm R&D, Absorptive Capacity and Learning by Exporting: Firm-level Evidence from China	World Economy	Article
76	国家发展研究院	王 敏	Monopoly Extraction of a Nonrenewable Resource Facing Capacity Constrained Renewable Competition	Economics Letters	Article
77	国家发展研究院	赵 波	Cyclical Dynamics in Idiosyncratic Labor-market Risks: Evidence from March CPS 1968—2011	Economics Letters	Article
78	国家发展研究院	黄益平	Intraregional Cross-holding of Reserve Currencies: A Proposal for Asia to Deal with the Global Reserve Risks	China & World Economy	Article
79	国家发展研究院	余淼杰	Trade Liberalisation, Product Complexity and Productivity Improvement: Evidence from Chinese Firms	World Economy	Article

续表

序号	单位	姓名	英文标题	期刊名称	文章类型
80	国家发展研究院	姚洋	Unions and Workers' Welfare in Chinese Firms	Journal of Labor Economics	Article
81	国家发展研究院	林毅夫	Endowment, Industrial Structure, and Appropriate Financial Structure: a New Structural Economics Perspective	Journal of Economic Policy Reform	Article
82	国家发展研究院	曾毅	Household and Living Arrangement Projections at the Subnational Level: An Extended Cohort-Component Approach	Demography	Article
83	国家发展研究院	林毅夫	Global Infrastructure Initiative and Global Recovery	Journal of Policy Modeling	Article
84	国家发展研究院	刘国恩	Developing the Chinese Version of the New 5-level EQ-5D Descriptive System: the Response Scaling Approach	Quality of Life Research	Article
85	国家发展研究院	鄢萍	How Much do Workers Search?	Annals of Economics and Finance	Article
86	国家发展研究院	雷晓燕	Health, Height, Height Shrinkage, and SES at Older Ages: Evidence from China	American Economic Journal-Applied Economics	Article
87	国家发展研究院	曾毅	Health Consequences of Familial Longevity Influence Among the Chinese Elderly	Journals of Gerontology Series a-Biological Sciences and Medical Sciences	Article
88	国家发展研究院	王敏	Voting under Temptation	Economics Letters	Article
89	国家发展研究院	林毅夫	Financial Structure and Economic Development: A Reassessment	World Bank Economic Review	Article
90	国家发展研究院	徐建国	Weekly Momentum by Return Interval Ranking	Pacific-Basin Finance Journal	Article
91	国家发展研究院	林双林	Skill Distribution and the Optimal Marginal Income Tax Rate	Economics Letters	Article
92	国际关系学院	查道炯	Food in China's International Relations	Pacific Review	Article
93	国际关系学院	王勇	Introduction—IPE with China's Characteristics	Review of International Political Economy	Editorial Material
94	国际关系学院	王勇	Chinese IPE Debates on (American) hegemony	Review of International Political Economy	Article
95	国际关系学院	陈长伟	Shifting Interests: Whitlam, Britain and French Nuclear Tests in the South Pacific	Australian Journal of Politics and History	Article
96	国际关系学院	李安山	The Dragon's Gift: The Real Story of China in Africa	Pacific Affairs	Book Review
97	教育财政研究所	宋映泉	Can Information and Counseling Help Students from Poor Rural Areas Go to High School? Evidence from China	Journal of Comparative Economics	Article
98	教育财政研究所	宋映泉 魏建国	Information, College Decisions and Financial Aid: Evidence from a Cluster-randomized Controlled Trial in China	Economics of Education Review	Article

续表

序号	单位	姓名	英文标题	期刊名称	文章类型
99	教育财政研究所	刘明兴	Guerrilla Capitalism: Revolutionary Legacy, Political Cleavage, and the Preservation of the Private Economy in Zhejiang	Journal of East Asian Studies	Article
100	教育财政研究所	刘明兴	The Political Economy of Private Sector Development in Communist China: Evidence from Zhejiang Province	Studies in Comparative International Development	Article
101	教育学院	贾积有	Effects of an Intelligent Web-based English Instruction System on Students' Academic Performance	Journal of Computer Assisted Learning	Article
102	教育学院	李茵	A Study of the Greater Male Variability Hypothesis in Creative Thinking in Mainland China: Male superiority exists	Personality and Individual Differences	Article
103	教育学院	鲍威	The Effects of Individual Characteristics, Socioeconomic Status, and Political Engagement on the Attainment of Student Leadership Roles in Chinese University Students	International Journal of Educational Development	Article
104	经济学院	谢世清	An Empirical Analysis of the Volatility in the Open-End Fund Market: Evidence from China	Emerging Markets Finance and Trade	Article
105	经济学院	张亚光	Monetary Theory and Policy from a Chinese Historical Perspective	China Economic Review	Article
106	经济学院	秦雪征	Disparity and Convergence: Chinese Provincial Government Health Expenditures	Plos One	Article
107	经济学院	宋敏	Do Bank Regulations Affect Board Independence? A Cross-country Analysis	Journal of Banking & Finance	Article
108	经济学院	李虹	Economic and Environmental Gains of China's Fossil Energy Subsidies Reform: A Rebound Effect Case Study With EIMO Model	Energy Policy	Article
109	经济学院,光华管理学院	崔小勇 龚六堂	The Z-transform Method for Multidimensional Dynamic Economic Systems	Applied Economics Letters	Article
110	经济学院,国家发展研究院	秦雪征 刘国恩	Does the US Health Care Safety Net Discourage Private Insurance Coverage?	European Journal of Health Economics	Article
111	经济学院,国家发展研究院	秦雪征 李力行	Too Few Doctors or too Low Wages? Labor Supply of Health Care Professionals in China	China Economic Review	Article
112	经济学院,国家发展研究院	秦雪征 李力行	The Value of Life and its Regional Difference in China	China Agricultural Economic Review	Article
113	经济学院,国家发展研究院	秦雪征 刘国恩	The Impact of Body Size on Urban Employment: Evidence from China	China Economic Review	Article
114	考古文博学院	宝文博	River Floodplain Aggradation History and Cultural Activities: Geoarchaeological Investigation at the Yuezhuang Site, Lower Yellow River, China	Quaternary International	Article
115	考古文博学院	陈建立	Microscopic Study of Chinese Bronze Casting Moulds from the Eastern Zhou Period	Journal of Archaeological Science	Article

续表

序号	单位	姓名	英文标题	期刊名称	文章类型
116	考古文博学院	吴小红	Archaeological and Palaeopathological Study on the Third/Second Century BC Grave from Turfan, China: Individual Health History and Regional Implications	Quaternary International	Article
117	考古文博学院	张 海	The Neolithic Ceremonial Complex at Niuheliang and Wider Hongshan Landscapes in Northeastern China	Journal of World Prehistory	Article
118	考古文博学院	张 弛	Jiahu 1: Earliest Farmers Beyond the Yangtze River	Antiquity	Article
119	考古文博学院	曲彤丽 王幼平	The Chinese Upper Paleolithic: Geography, Chronology, and Techno-typology	Journal of Archaeological Research	Article
120	历史学系	董正华	Does China Need to Develop Agrarian Capitalism?	Chinese Studies in History	Article
121	历史学系	祝总斌	Reasons for Changing the System of Prime Ministers in the Western Han Dynasty	Chinese Studies in History	Article
122	历史学系	荣新江	How the Residents of Turfan used Textiles as Money, 273—796 CE	Journal of the Royal Asiatic Society	Article
123	历史学系	王 希	Lincoln and the Triumph of the Nation: Constitutional Conflict in the American Civil War	American Historical Review	Book Review
124	历史学系	法恩瑞	Mao, Stalin and the Korean War: Trilateral Communist Relations in the 1950s	Cold War History	Book Review
125	马克思主义学院	郇庆治	Sustainable Development as a Civilizational Revolution: a Multidisciplinary Approach to the Challenges of the 21st Century	Environmental Politics	Book Review
126	人口研究所	郑晓瑛	Road Traffic Disability in China: Prevalence and Socio-demographic Disparities	Journal of Public Health	Article
127	人口研究所	郑晓瑛	Clustering of Disability Caused by Unintentional Injury among 15-to 60-year-old: a Challenge in Rapidly Developing Countries	Geospatial Health	Article
128	人口研究所	郑晓瑛	Understanding on-road Practices of Electric Bike Riders: An Observational Study in a Developed City of China	Accident Analysis and Prevention	Article
129	人口研究所	李 宁	Mental Health Service Use Among Chinese Adults With Mental Disabilities: A National Survey	Psychiatric Services	Article
130	人口研究所	郑晓瑛	The Socioeconomic Inequality in Traffic-related Disability among Chinese Adults: The Application of Concentration index	Accident Analysis and Prevention	Article
131	人口研究所	郑晓瑛	Comorbidities and Group Comparisons of Epilepsy-caused Mental Disability in China	Epilepsy & Behavior	Article
132	人口研究所	郑晓瑛	Road Traffic Disability in China: Prevalence and Socio-demographic Disparities	Journal of Public Health	Article

序号	单位	姓名	英文标题	期刊名称	文章类型
133	人口研究所	郑晓瑛	Using Spatial Multilevel Regression Analysis to Assess Soil Type Contextual Effects on Neural Tube Defects	Stochastic Environmental Research and Risk Assessment	Article
134	人口研究所	郑晓瑛	Impact of Periconceptional Multi-micronutrient Supplementation on Gestation: A Population-based Study.	Biomedical and Environmental Science	Article
135	人口研究所	郑晓瑛	Illiteracy and Schizophrenia in China: A Population-based survey	Social Psychiatry and Psychiatric Epidemiology	Article
136	社会学系	邓锁	Asset Poverty in Urban China: A Study Using the 2002 Chinese Household Income Project	Journal of Social Policy	Article
137	社会学系	马戎	A Han vs. Minorities Dual Structure of Chinese Society	China—an International Journal	Article
138	社会学系	周皓	Academic Achievement and Loneliness of Migrant Children in China: School Segregation and Segmented Assimilation	Comparative Education Review	Article
139	社会调查中心	孔涛	Inequality in Intergenerational Mobility of Education in China	China & World Economy	Article
140	社会调查中心	孔涛	Egalitarian Redistributions of Agricultural Land in China through Community Consensus: Findings from Two Surveys	China Journal	Article
141	体育教研部	董进霞	Holding Up More Than Half the Asian Sky Foreword	International Journal of the History of Sport	Editorial Material
142	体育教研部	董进霞	"Glittering Guangzhou": The 2010 Asian Games—Local Rivalries, National Motives, Geopolitical Gestures	International Journal of the History of Sport	Article
143	图书馆	朱强	The Role of Information Technology in Academic Libraries' Resource Sharing in Western China	Library Trends	Article
144	外国语学院	申丹	What is "Covert Progression" and How to Uncover it?	Foreign Literature Studies	Article
145	外国语学院	申丹	Implied Author, Authorial Audience, and Context: Form and History in Neo-Aristotelian Rhetorical Theory	Narrative	Article
146	外国语学院	段晴	Were Textiles Used as Money in Khotan in the Seventh and Eighth Centuries?	Journal of the Royal Asiatic Society	Article
147	外国语学院	申丹	Covert Progression behind Plot Development: Katherine Mansfield's "The Fly"	Poetics Today	Article
148	新闻与传播学院	王秀丽	Reality and Newsworthiness: Press Coverage of International Terrorism by China and the United States	Asian Journal of Communication	Article
149	新闻与传播学院	胡泳	On the Ground	Index on Censorship	Article
150	新闻与传播学院	王秀丽	The Power of EWOM: A Re-examination of Online Student Evaluations of Their Professors	Computers in Human Behavior	Article

续表

序号	单位	姓名	英文标题	期刊名称	文章类型
151	信息管理系	赖茂生	The Development, Current State, and Effects of Community Informatization in Mainland China	Library Trends	Article
152	信息管理系	张鹏翼	Social Inclusion or Exclusion? When Weibo (Microblogging) Meets the "New Generation" of Rural Migrant Workers	Library Trends	Article
153	信息管理系	韩圣龙	Social Capital, Digital Inequality, and a "Glocal" Community Informatics Project in Tianzhu Tibetan Autonomous County, Gansu Province	Library Trends	Article
154	信息管理系	王子舟	Private Libraries in China: Their Diversity, Informatization, and Role as Public Spaces	LIBRARY TRENDS	Article
155	信息管理系	徐扬	A Quantitative Model on Knowledge Management for Team Cooperation	Knowledge-Based Systems	Article
156	哲学系（宗教学系）	吴国盛	Popular Science Publishing in Contemporary China	Public Understanding of Science	Article
157	哲学系（宗教学系）	王彦晶	On Axiomatizations of Public Announcement Logic	Synthese	Article
158	哲学系（宗教学系）	陈波	Kripke's Epistemic Argument Against Descriptivism Revisited	Journal of Chinese Philosophy	Article
159	哲学系（宗教学系）	孙尚扬	Chinese Christianity from the Field and Data: An Introduction	Logos & Pneuma-Chinese Journal of Theology	Editorial Material
160	哲学系（宗教学系）	孙尚扬	Choice of Churches by Christians among University Students in Beijing and Their Religious Commitment	Logos & Pneuma-Chinese Journal of Theology	Article
161	哲学系（宗教学系）	李四龙	The Practice of Buddhist Education in Modern China	Chinese Studies in History	Article
162	哲学系（宗教学系）	王彦晶	Reasoning About Agent Types and the Hardest Logic Puzzle Ever	Minds and Machines	Article
163	哲学系（宗教学系）	陈波	Kripke's Semantic Argument against Descriptivism Reconsidered	Croatian Journal of Philosophy	Article
164	哲学系（宗教学系）	Schaefer Rainer	Contradictio est Regula Veri. Priciples of Thinking in the Formal, Transcendental and Speculative Logic	Hegel-Studien	Book Review
165	哲学系（宗教学系）	Schaefer Rainer	The Event	Philosophisches Jahrbuch	Book Review
166	哲学系（宗教学系）	Schaefer Rainer	Anaximander's Saying	Philosophisches Jahrbuch	Book Review
167	哲学系（宗教学系）	Schaefer Rainer	Seminars Hegel-Schelling	Philosophisches Jahrbuch	Book Review
168	政府管理学院	朱天飚	Globalization and the Role of the State: Reflections on Chinese International and Comparative Political Economy Scholarship	Review of International Political Economy	Article

续表

序号	单位	姓名	英文标题	期刊名称	文章类型
169	政府管理学院	张长东	Making Capitalism in Rural China	Journal of Peasant Studies	Book Review
170	政府管理学院	薛领	RAEDSS: An Integrated Decision Support System for Regional Agricultural Economy in China	Mathematical and Computer Modelling	Article
171	中国语言文学系	陈晓明	A Survey of Twentieth-century Literary Theory and Criticism in Chinese	Clcweb-Comparative Literature and Culture	Article
172	中国语言文学系	汪锋	Report of Conference in Evolutionary Linguistics (2012)	Journal of Chinese Linguistics	Article

医院管理

【发展概况】 北京大学医学部医院管理处是北京大学医学部对所属医院实行管理、组织、协调的医疗行政管理部门,是北京大学医院管理专家委员会、北京大学医院管理研究中心、北京大学医学部医疗质量管理委员会、中国医院协会大学附属医院分会、PUHSC-JCI研究所的日常办事机构及北京市外国医师在京短期行医资格考试中心,在北京大学和医学部党政和医学部主管主任的领导下开展工作。2014 年,医院管理处共有在职职工 7 人,工作内容包括医疗护理管理、医疗信访工作、医疗保健工作、外国医师在京行医资格考试中心工作、国际交流与合作、中国医院协会大学附属医院分会工作等。

2014 年,北京大学医学部完成了北京大学基于数据中国最佳临床专科评估架构与体系。建立了基于数据中国最佳临床专科评估方法,运用临床大数据助力卫生部临床重点专科评估和新周期医院评审,为国家医院管理创新发展提供高端技术支持。北京大学医学部医院管理处牵头组织医学部医学专家、医疗管理专家与医学信息学专家运用病案首页数据信息,承担了中国医院协会委托的18 家医院数据分析任务,医院管理研究所委托的全国 65 家三甲医院数据分析任务,各省卫生行政部门委托的一百余家医院数据分析任务,进一步扩大了医学部在全国医院管理中的影响地位,并显现了北京大学医学部服务政府、行业引领的作用。在承担上述任务的实践中,逐渐完善、探索并建立了基于数据的中国临床专科评估体系。主要成果如下:(1)数据接收、处理、质量控制上的突破。具体数据技术突破包括:数据接收—隐私保护—有效结果获取、数据信息兼容性和有效性、数据提取数量和质量保证、医院改进质量促进性、运用双种数据提取法,准确且最大限度获取病例、提升数据使用可能性,已经申请技术专利。(2)建立了稳定的研究团队。(3)建立了基于数据的中国临床专科评估的体系。是国内首次运用数据客观、真实地反映各临床专科的现状。为各医院学科发展与质量改进指明问题所在和改进方向。(4)建立了科学质量控制的可靠的数据库。

【医疗质量管理与培训工作】 鉴于对病房医护人员应急能力及急会诊资质的连续 6 年的抽查,各附属医院领导和管理人员都比较重视,发现问题逐年减少并比较稳定,故今年北京大学医学部医院管理处暂停此项检查。为强化医院对洁净手术部运行管理的意识,今年继续对洁净手术部的运行管理进行抽查,同时增加了医院感染病历漏报/错报情况、各医院的环境清洁状况等医院感染检查内容。及时发现医疗隐患,促进医疗安全。

【护理管理工作】 5月11日,北京大学医学部组织召开"5.12国际护士节庆典及表彰大会",大会表彰了24名优秀护士长,78名优秀护士,并对护理学院225名应届毕业生举行了授帽仪式。同时为了促进护理专业学组的工作开展,在庆典活动结束后举办了"护理管理论坛",邀请原中国人民解放军总医院副院长、卫生部医管所医院管理咨询中心主任陈晓红少将,南丁格尔奖获得者北京地坛医院红丝带之家王克荣护士长分别从护理管理、护理人文等方面为大家带来了精彩的演讲。北京大学第一医院、人民医院、第三医院、深圳医院的护理部主任也就多年来护理管理中的亮点与护理同道们进行了交流与分享。

北京大学医学部继续开展各附属医院护理学组的工作。搭建平台，密切各附属医院之间以及医院与学院之间的联系合作，凝聚北京大学医学部的护理团队，通过各种形式提高临床护理实践、护理教学与科研水平，收集提炼各学科精品学术活动，加强对外推广与宣传，提高在业界的影响力；在学组活动过程中发现和培养人才，为护理队伍发展提供永续动力。

【医疗信访工作】 2014年，北京大学医学部共接待、处理群众医疗投诉类来信、来访、来电话及传真共计37件次，除此之外，重访计22件，比去年同期减少5件。5年来，各医院医疗投诉事件呈现逐年减少趋势，说明各医院在控制医疗纠纷，缓解医患矛盾中做了大量工作，为医院医疗工作正常运行奠定了良好基础。

【服务政府和社会工作】 积极应对各类突发事件（如暴力恐怖事件、地震灾害、各类疫情等），组织医疗队开展相关救治工作，充分展示了"北医人"精湛的医术、无私奉献、高度敬业的医德风范。

积极对口扶持云南弥渡、福建宁德、广元市医疗卫生事业的发展，全面提高当地医疗服务水平。受九三学社社中央的委托，于11月25日组织医疗专家赴广元开展帮扶活动。并与广元市政府签署了医疗合作协议，依据协议将对广元市医疗卫生开展对口帮扶，包括学科建设、卫生人才培养、临床、教学以及双向转诊等方面，以期全面提升广元市医疗卫生技术水平，更好地为川北人民群众的健康服务。

完成卫生部保健局下达的专家会诊任务和保健知识讲座等健康教育工作，协调组织各医院医疗队参与"两会"及APEC会议期间医疗卫生保障工作，获得了卫生部保健局的高度好评。

【外国医师考试中心】 由北京市卫生局委托的北京市外国医师考试中心工作继续顺利进行，根据考试情况，修订了口腔科考试要求，新增放疗科、神经外科、影像科3个考试科目，全年参加考试的医疗机构27所次，来自19个国家的考生72人次，共15个科目。与2013年相比，2014年外国医师考试无论是考生数量还是考试科目以及考生国籍都有不同程度增加，报名的医疗机构不仅仅限于私人诊所和门诊部，北京友谊医院、清华长庚医院等大型三级医院也有考生报考。这些变化对规范考试工作提出了更高的要求，考试中心要满足医疗机构对学科需求必须有一支稳定、优质、学科齐全的考官队伍，为此，考试中心在原有开设考试科目基础上，为了完成考生对检验科、放疗科、心胸外科、神经外科、影像科需求，又新聘任部分考官。同时考试中心针对目前考试中存在的问题，及各学科通过率情况进行了系统分析并形成报告提交北京市卫生计生委医政处。

【合作共建】 北京大学医学部与天津市塘沽区人民政府共建天津市第五中心医院顺利通过北京大学教学医院的评审，成为北京大学教学医院，并被授牌为北京大学滨海医院。12月16日举行北京大学滨海医院授牌仪式。这是市校合作一个历史性的开端，为国家滨海新区的快速发展建设提供有利的医疗保障。为探索公立医院管理模式改革，提升医院管理水平和服务效益，在国家京津冀一体协同发展战略方面提供良好示范。

12月5日，北大国际医院开业运行，管理处协调北医附属医院优势学科对国际医院扶持与注入，保障北大国际医院高质量、高水平的运行。由医学部牵头，分别与北京大学第一医院8个科室、北京大学人民医院13科室、北京大学第三医院12个科、北京大学口腔医院、北京大学肿瘤医院和北京大学第六医院科室负责人及骨干进行了沟通。多次组织各医院专家到国际医院现场考察。

【年度纪事】 2014年医学部附属医院门诊量、入院人数、手术人数均继续增加，平均住院日进一步缩短。

完成了北京大学基于数据中国最佳临床专科评估架构与体系。建立了基于数据中国最佳临床专科评估方法，运用临床大数据助力卫生部临床重点专科评估和新周期医院评审，为国家医院管理创新发展提供高端技术支持。

对洁净手术部的运行管理进行抽查，同时增加了医院感染病历漏报/错报情况、各医院的环境清洁状况等医院感染检查内容。及时发现医疗隐患，促进医疗安全。

出色完成了卫生部保健局下达的专家会诊任务和保健知识讲座等健康教育工作，协调组织各医院医疗队参与"两会"及APEC会议期间医疗卫生保障工作，获得了卫生部保健局的高度好评。

科 技 开 发

【发展概况】 2014年,科技开发部在继续推进原有业务的基础上,积极拓展新业务,加强创新创业教育与研究平台、创新创业孵化平台、高端专利运营平台和国际化协同创新平台的建设,并取得了良好成效。2014年,科技开发部签订进款合同559项,合同金额40558.2万元,到款20196万。医学部技术转移办公室审核科技开发合同506项,签约资金总额12608万元,到款6148万元。科技开发部积极拓展与全国各地政府和企业交流合作的渠道,设立地方技术转移机构,加强与地方企业的合作。在学校加强创新创业教育,开展多种形式的创新活动,受到本校学生的欢迎与好评。

【成果收集】 2014年,科技开发部走访了校本部8个院系(所)的64个老师(项目组),征集可进行产业化的最新科技成果,并于2014年上半年完成《北京大学重点科技成果项目汇编》的编辑和印刷工作。本册汇编中共收录高新技术成果35项,仪器设备项目18项,并已制作成电子书,为北京大学科技成果推广和技术转移工作打下好良好基础。

【服务地方】 2014年,科技开发部推进已有的江苏淮安、湖南长沙、江苏扬中、天津武清等地的产学研办公室建设,积极洽谈内蒙古包头稀土高新园区、甘肃科技厅、安徽安庆、天津蓟县等地区。在南京地区引进香港的凯望公司与南京高新区合作,孵化凯望公司的仿制药,已有5个品种进入临床阶段,同时获得了南京市重点支持的创新中心。在苏州地区,引进了日本健康养老项目与苏州本地企业合作,哈佛大学医学院老年科与前沿交叉学院合作落户昆山,葡萄牙的磨具企业与苏州企业在生产与销售上达成合作。

【扩展平台】 2014年,科技开发部继续推进和企业共建协同创新实验室,构建新的产学研合作模式,共与企业新建了5个联合研发平台,合同总额近4000万元,分别为:百度—北京大学数字媒体研究所联合实验室,两年600万元;北京大学信息学院—众阳软件大数据联合研发中心,三年运行费300万元;北京大学—软通动力智慧城市和大数据应用联合研究中心,三年不低于1000万元;拜耳医药保健—北大新药研发和转化研究中心,三年不低于1000万元;朔州工业固废资源综合利用研发平台,1000万元。2012年至今,共签署平台类合作协议18项,合同总额19185万元,累计到款5040万元。

【加强合作】 12月,科技开发部与北京市科委共同组建的前孵化基金正式签约,基金规模1.11亿元,其中市科委出资5000万元,校友基金企业募集5000万元,主要用于支持北京大学校内及引进的生命科学领域的项目。

海淀区政府以专项方式出资3000万元,与科技开发部共同成立孵育基金,孵化北京大学校内以及引进的处于早期的项目。目前已经投资项目1项,投资500万元。

【带动创新】 10月,科技开发部成为海淀区的第一批创新驿站,推荐我校首批创新导师9人,第二批创新导师14人。2015年海淀区的企业与我校教授签署的合作合同,将按照企业付款的30%给企业补助。

【支持平台】 在科技部火炬中心、北京市科委、中关村管委会、海淀区人民政府支持下,科技开发部于3月成立了"北大科技—金融合作联盟",目前已有11家做早期项目投资的创投公司加入该联盟。联盟每个月举行2次项目路演活动,校内已有15个项目参加了项目路演,为校内科技成果转移转化提供了新的平台和金融支持。

【海外合作】 2014年,科技开发部与17所国际知名大学的技术转移部门建立了战略合作关系,包括斯坦福、布拉德福德、多伦多、乌普萨拉等。与安大略省的著名生物医药领域的孵化器MARS、HTX,新加坡国立研究院ASTAR以及IPI机构也建立了合作关系。收集海外大学项目95项,拟来华发展的成长性企业18家。对于这些项目与企业在中国的落地工作,以牛津大学和哈佛大学的健康医学项目,以葡萄牙磨具企业和香港的仿制药企业为试点,探索互利共赢的商业化模式。

【合同管理】 2014年,科技开发部和医学部技术转移办公室继续为校内科研人员提供各类法律事务咨询,严格审定、管理各类合同。2014年科技开发部签订进款合同559项,合同额40558.2万元;医学部技术转移办公室审核科技开发合同506项,签约资金总额12608万元。科技开发部签订的合同中,技术转让合同39项,合同额3123万元;技术合作及开发合同249项,合同额21728.7万元;技术服务及咨询合同269项,合同额10468.9万元;合资联营合同2项,合同额5237.6万元。签订的技术合同按院系分,前几位分别为:工学院签订合同79项,合同额

6247.6万元；生命科学学院签订合同16项，合同额4878.5万元；信息科学技术学院签订合同126项，合同额4686.9万元；物理学院签订合同44项，合同额3350.2万元。

在所签订的进款技术合同中，合同额在100万元以上的合同共有74项，合同额28752万元，占到合同总额71%。医学部2014年科技开发合同签约资金超过100万元的合同21项，签约资金6520万元。2014年，科技开发部与海外企业签订技术合同28个，合同金额2403.8万元，合作方包括美国、德国、日本、法国、英国、瑞士、丹麦、马来西亚等国的企业和国际组织。

【经费管理】 2014年，科技开发部在科研经费管理方面进一步规范，根据国家有关规定和学校的相关要求，为教师提供优质、方便的服务，保证科技开发活动正常有效进行。2014年，科技开发部现金与股权到款额总计为25433.6万元，其中：技术合同到款共计20196万元，通过合资联营成立公司共占股权5237.6万元。按合同类型分，技术开发合同到款9360.64万元，占46%；技术转让合同到款2689.64万元，占13%；技术服务与咨询合同到款8145.76万元，占41%。按到款按院系分：工学院3808.8万元，物理学院3405.2万元，信息科学技术学院2998.2万元，地球与空间科学学院2252.5万元，环境科学与工程学院1756.5万元，生命科学学院1024.7万元，化学学院763.9万元，软件工程中心232.5万元，数学科学学院207万元，建筑与景观设计学院118.5万元，计算机科学技术研究所79.5万元，心理学系38.2万元。2014年科技开发部外汇到款共计368万元。

【创业课程】 2012年9月至今，产业技术研究院连续五学期开设200人大班公选的学分课《创业基础》与50人小班教学的学分课《模拟创业》，整体师资与导师团队40余人，包括成功创业和有实战经验的北大校友、社会企业家、天使投资人、风险投资、国内外大学的教授与不同领域的行业专家。两门课程累计培养与孵化了34支学生创业项目与创业团队，创业项目涉及生物科技、移动互联、创意、社会服务等多个领域。创业团队累计申报了4项国家专利和1项国际专利，至少五个项目已获得投资，其中一个项目获得京津冀大学生创新创业大赛一等奖与30万元奖金，一个项目产品已经上市并获得首期70万元天使投资。

开课至今，产研院梳理制作了27个模块化的创业课程，既包括《初创企业商业模式》、《初创企业的团队建议和激励管理》等基础模块，也包括《移动互联网时代的创业机会》、《如何利用好创新创业工具》等细分领域或专题模块。本学期进行了线上课程与专业网站的制作。

【创业竞赛】 产业技术研究院创办了北京大学模拟创业大赛与创业项目路演大赛，积极扶持北大学生创新创业活动的开展，比较有影响力的活动包括：为北京大学"挑战杯"赛事提供特别贡献课题、"北京大学青年人才交流峰会"、"中国梦·创业梦"北京大学—常青藤盟校创业实践京杭行活动、"创业助跑行动"、"创客课程"、"创客工作坊"、"业界分享会"以及"创客马拉松"，参与学生累计在1000人次以上。

【创业教育】 为更好地服务国家创新创业发展战略，北京大学于2014年启动了青年公益创业教育项目——北京大学创业大讲堂，项目对在校大学生和已经走出校门、正在创业或有创业梦想的青年免费开放。

北京大学广州创业大讲堂首期（2014）由广州市番禺区委区政府和北京大学产业技术研究院共同主办，得到了广东团省委的积极支持。2014年6月，以"志在广东·创业兴邦"为主题的北京大学广州创业大讲堂（2014）启动仪式在广州举行。2014年7月至12月，创业大讲堂在广州开课，并引入创业导师以及早期创业扶持基金、孵化团队与项目。本期创业大讲堂课堂学员190人，来自54支青年创业团队，课程讲授实施网络在线直播，累计听众三千余人次，辐射了北京、上海、广东等城市以及山东、河北省省市。目前，项目已优选出11支优秀创业团队，10支团队注册了公司，平均注册资金81万人民币，平均企业员工人数12人。

【信息化建设】 2014年，完成了科技开发部与产业技术研究院中英文网站的修改与建设工作。经过与学校信息化办公室和计算中心协商，科技开发部网站纳入学校的CMS系统管理，保证了网站的安全性和正常运行。2014年中英文网站累计发布各类新闻、通知公告、技术需求等信息120条。

【医学部专利】 2014年医学部（含附属医院）申报专利131项（含国际专利3项），其中发明专利101项（含国际专利3项），实用新型29项，外观设计1项；授权专利101项，其中发明专利60项，实用新型38项，外观设计3项。

表 8-59　2014年度北京大学签订的进款技术合同统计表　　　　　　　　　　（单位：万元）

院系	技术开发		技术转让		技术服务与咨询		合资联营		合计	
	合同数	合同额	合同数	合同额	合同数	合同额	合同数	合同额	合同数	合同额
工学院	45	3859	3	172	31	2216	0	0	79	6248
生命科学学院（含生物动态光学成像中心）	5	2115	2	205	8	203	1	2355	16	4878
信息科学技术学院	81	3952	18	309	27	426	0	0	126	4687
物理学院	17	981	7	2012	20	357	0	0	44	3350
地球与空间科学学院	26	1658	0	0	38	1410	0	0	64	3068
城市与环境学院	3	42	0	0	31	2167	0	0	34	2209
化学与分子工程学院	18	1810	1	60	23	215	0	0	42	2085
环境科学与工程学院	8	217	4	200	31	1305	0	0	43	1722
考古文博学院	0	0	0	0	30	897	0	0	30	897
分子医学研究所	1	380	2	150	0	0	0	0	3	530
前沿交叉学科研究院	2	451	0	0	0	0	0	0	2	451
数学科学学院	7	283	0	0	5	50	0	0	12	334
软件工程研究中心	4	152	0	0	2	128	0	0	6	279
政府管理学院	0	0	0	0	3	248	0	0	3	248
计算机科学技术研究所	5	110	1	15	4	99	0	0	10	224
软件与微电子学院	2	110	0	0	2	73	0	0	4	183
国家发展研究院	2	39	0	0	3	72	0	0	5	112
心理学系	2	47	0	0	1	12	0	0	3	59
建筑与景观设计学院	0	0	0	0	1	33	0	0	1	33
其他	10	1181	0	0	5	408	0	0	15	1590
科技开发部	11	4340	1	0	3	80	1	2882	16	7303
校本部总计	249	21728	39	3123	268	10461	2	5238	559	40490

表 8-60　2014年科技开发部技术合同到款　　　　　　　　　　（单位：万元）

院系	2014年科技开发部到款额（万元）				合资联营	总计
	技术开发	技术服务及咨询	技术转让	合计		
工学院	1932	1877	0	3809	0	3809
信息科学技术学院	2530	317	151	2998	0	2998
地球与空间科学学院	1046	1207	0	2253	0	2253
生命科学学院	775	50	200	1025	2355	3380
环境科学与工程学院	229	1295	233	1757	0	1757
城市与环境学院	128	1032	0	1160	0	1160
物理学院	476	924	2005	3405	0	3405
化学与分子工程学院	516	162	85	763	0	763
其他	1120	598	0	1718	2882	4600
考古文博学院	0	290	0	290	0	290
计算机科学技术研究所	55	9	15	79	0	79
国家发展研究院	14	101	0	115	0	115
软件工程研究中心	181	52	0	233	0	233

续表

院系	201年科技开发部到款额（万元）				合资联营	总计
	技术开发	技术服务及咨询	技术转让	合计		
数学科学学院	153	54	0	207	0	207
心理学系	36	2	0	38	0	38
光华管理学院	0	18	0	18	0	18
法学院	0	0	0	0	0	0
经济学院	0	0	0	0	0	0
建筑与景观设计学院	0	118	0	118	0	118
分子医学研究所	0	0	0	0	0	0
前沿交叉学科研究院	21	0	1	22	0	22
软件与微电子学院	93	15	0	108	0	108
信息管理系	0	3	0	3	0	3
综合所	57	20	0	77	0	77
合计	9362	8144	2690	20196	5237	25433

表 8-61　2014 年度北京大学签订的 100 万元以上技术合同

（单位：万元）

项目名称	项目人	单位	合同类别	合同对方	合同金额
翁洪武与北京大学教育基金会、科技开发部关于设立"北京大学翁洪武学术创新研究基金"的协议	周福民	科技开发部	技术合作	翁洪武	4000
新型特异性肿瘤显像剂	王　凡	医学部	技术转让	佛山瑞迪奥医药有限公司	3000
恒有源科技发展集团有限公司与北京大学科技开发部合作协议	陈东敏	科技开发部	合资联营	恒有源科技发展集团有限公司	2883
共建"北大冠昊干细胞与再生医学研究院"合作协议	邓宏魁	生命科学学院	合资联营	广东知光生物科技有限公司、广东冠昊生物科技股份有限公司	2355
化学小分子诱导人体多潜能干细胞技术的开发	邓宏魁	生命科学学院	技术开发	北京宏冠再生医学科技有限公司	1000
朔州工业固废资源综合利用研发平台建设	王习东	工学院	技术服务	朔州市经济和信息化委员会	1000
Oled Eqe 提成的技术合作开发	邹德春	化学与分子工程学院	技术合作	京东方科技集团股份有限公司	1000
Collaboration and Option Agreement	吴　虹	生命科学学院	技术合作	Bayer Healthcare Company Ltd.	1000
智能媒资共享交换服务技术	柳军飞	其他	技术开发	北京沙氏影视文化发展有限公司	1000
大型涡扇发动机复杂流动的数值模拟技术与软件	陈十一	工学院	技术开发	中航商用航空发动机有限责任公司	750
桓台县"多规合一"试点技术支持	林　坚	城市与环境学院	技术咨询	桓台县人民政府	600
北京大学信息科学技术学院软通动力信息技术（集团）有限公司共建北京大学—软通动力智慧城市和大数据应用联合研究中心协议书	蒋　云	信息科学技术学院	技术开发	软通动力信息技术（集团）有限公司	500
针对中老年人的随身医学监测与紧急情况下自动电刺激清醒装置（第一期工程）	董蜀湘	工学院	技术开发	北京维盛视通科技有限公司	500
氮化镓功率器件制造技术研发与产业化	陈东敏	前沿交叉学科研究院	技术开发	深圳方正微电子有限公司	450

续表

项目名称	项目人	单位	合同类别	合同对方	合同金额
全球卫生政策制定和治理核心机构咨询服务	刘培龙	医学部	技术服务	卫生部项目资金监管服务中心	450
卫生发展援助核心机构咨询服务	张拓红	医学部	技术服务	卫生部项目资金监管服务中心	400
专利权转让合同1	张国义	物理学院	技术转让	北京大学东莞光电研究院	400
专利权转让合同2	张国义	物理学院	技术转让	北京大学东莞光电研究院	400
专利权转让合同3	张国义	物理学院	技术转让	北京大学东莞光电研究院	400
专利权转让合同4	张国义	物理学院	技术转让	北京大学东莞光电研究院	400
专利权转让合同5	张国义	物理学院	技术转让	北京大学东莞光电研究院	400
2013年中国国际太阳能十项全能竞赛合作协议	张东晓	工学院	技术服务	保定天威集团有限公司	390
Research Collaboration Agreement In-depth Evaluation of MG53 as an Anti-diabetic Drug Target	肖瑞平	分子医学研究所	技术开发	Novo Nordisk A/S，北京博雅和瑞科技有限公司	380
东河油田隔夹层成因和空间展布及其对注气渗流机理的影响研究	潘懋	地球与空间科学学院	技术开发	中国石油天然气股份有限公司塔里木油田分公司	380
注射用益气复脉冻干补气行血和固摄作用的物质基础和作用机理等	韩晶岩	医学部	技术服务	天士力制药集团股份有限公司	340
三个品种的经典名方标准颗粒研究	屠鹏飞	医学部	来源国家课题	华润三九医药股份有限公司	300
玉北地区奥陶系储层发育模式与分布规律	刘波	地球与空间科学学院	技术开发	中国石油化工股份有限公司	300
转账协议	陈十一	工学院	技术合作	北京大学教育基金会	300
北京大学科技开发部与山东众阳软件有限公司共建"大数据联合研发中心"协议书	唐世渭	信息科学技术学院	技术开发	山东众阳软件有限公司	300
百度—北大数字媒体研究所联合实验室合作协议	马思伟	信息科学技术学院	技术合作	北京百度网讯科技有限公司	300
研究课题合作协议	黄桂田	其他	技术咨询	东莞市桃源商住建造有限公司	300
中国未来产业新城理想发展模式和空间研究	吕斌	城市与环境学院	技术咨询	三浦威特园区建设发展有限公司	250
北京市建设用地节约集约利用评价项目	林坚	城市与环境学院	技术服务	北京市国土资源局	241
武汉市大气灰霾成因与来源研究	邵敏	环境科学与工程学院	技术咨询	武汉市环境保护局	235
智慧长阳建设咨询服务	陈秀万	地球与空间科学学院	技术服务	房山区长阳镇人民政府	230
温州雁荡山国家级风景名胜区总体规划	宋峰	城市与环境学院	技术服务	温州市雁荡山风景旅游管理委员会	220
技术合作及服务合同书	郑强	工学院	技术合作	长沙楚天投资有限公司	210
水蛭素突变体HV2-Lys47的生产方法及其专用表达载体与菌株	朱圣庚	生命科学学院	技术转让	广东双骏生物科技有限公司	200
北京大学—常州四药联合研究平台	郑强	工学院	技术服务	常州四药制药有限公司	200
唐安西大都护府相关军政建置考古调查（2013年度）	陈凌	考古文博学院	技术服务	新疆维吾尔自治区新和县文物局	200
中国低碳智慧城市发展论坛及低碳智慧城市发展报告	沈体雁	政府管理学院	技术服务	广安绿源低碳置业有限公司	190

续表

项目名称	项目人	单位	合同类别	合同对方	合同金额
负氢离子源技术开发	彭士香	物理学院	技术开发	中国人民解放军63672部队	179
塔北西部—柯坪地区寒武系沉积储层研究	关 平	地球与空间科学学院	技术开发	中国石油天然气股份有限公司塔里木油田分公司	175
1st Specific Research Project Agreement	李笑宇	化学与分子工程学院	技术开发	Bayer HealthCare Company Ltd.	161
基于社区卫生服务体系的居民健康教育及医生培训计划项目	任 涛	医学部	技术服务	北京伍和泰科技发展有限公司	160
荆芥、板蓝根、升麻等中药材质量控制基地建设合作协议	屠鹏飞	医学部	来源国家课题	北京中医药大学	160
海口市建设用地节约集约利用评价委托协议书	林 坚	城市与环境学院	技术服务	海口市国土资源局	158
"智慧大鹏"总体规划	邬 伦	地球与空间科学学院	技术服务	深圳市大鹏新区管理委员会	158
孕妇乳母DHA营养营养状况调查	刘建蒙	医学部	技术服务	惠氏营养品（中国）有限公司	158
中山生态文明大气污染物来源解析	郑 玫	环境科学与工程学院	技术服务	北京融昭普瑞科技有限公司	155
广州城市环境总体规划（2013—2030年）编制	王 奇	环境科学与工程学院	技术咨询	环境保护部环境规划院	155
库车前陆冲断带北部山前构造裂缝形成机制及预测	侯贵廷	地球与空间科学学院	技术开发	中国石油天然气股份有限公司塔里木油田分公司	154
ADAMTS7在慢性肾衰板块及血管钙化中的作用的合作研究协议	孔 炜	医学部	技术服务	阿斯利康投资（中国）有限公司	150
康复医学工程联合实验室	张 珏	工学院	技术合作	苏州工业园区隽康医学工程技术产业发展有限责任公司	150
扬中市人民政府—北京大学科技开发部关于成立产学研合作办公室的协议	陈东敏	科技开发部	技术合作	扬中市人民政府	150
合作协议（高场环境下fMRI研究试验系统开发）	高家红	物理学院	技术开发	深圳市美德医疗电子技术有限公司	150
远程医疗技术联合实验室	张 珏	工学院	技术合作	苏州工业园区隽康医学工程技术产业发展有限责任公司	150
新一代流媒体内容传输与保护技术研究项目	黄铁军	信息科学技术学院	技术开发	华为技术有限公司	150
环境与健康工程联合实验室	张 珏	工学院	技术合作	苏州工业园区隽康医学工程技术产业发展有限责任公司	150
等离子体医学联合实验室	张 珏	工学院	技术合作	苏州工业园区隽康医学工程技术产业发展有限责任公司	150
医学图像联合实验室	张 珏	工学院	技术合作	苏州工业园区隽康医学工程技术产业发展有限责任公司	150
愈疮片及部分药材质量标准提升研究	郭晓宇	医学部	来源国家课题	辽宁好护士药业（集团）有限责任公司	145.96
苍术、白鲜皮、荆芥等中药材质量控制基地建设合作协议	屠鹏飞	医学部	来源国家课题	药都制药集团股份有限公司	140

续表

项目名称	项目人	单位	合同类别	合同对方	合同金额
天门冬、杜仲、红花等中药材质量控制基地建设合作协议	屠鹏飞	医学部	来源国家课题	四川新荷花中药饮片股份有限公司	140
射频超导腔最终性能检测	全胜文	物理学院	技术服务	宁夏东方钽业股份有限公司	130
人参肽的安全性及基础营养研究	李勇	医学部	技术服务	吉林肽谷生物工程有限责任公司	126
时速200—250公里铁路列车运行控制系统研制——列控车载相关软件安全理论及智能化技术的研究	王平	软件工程研究中心	技术服务	北京全路通信信号研究设计院有限公司	126
小牛脾提取物注射液询证药物经济学研究	史录文	医学部	技术服务	吉林敖东洮南药业股份有限公司	125
全球环境基金"履行斯德哥尔摩公约国家实施计划更新项目"总报告编写工作技术支撑工作大纲	胡建信	环境科学与工程学院	技术咨询	环境保护部环境保护对外合作中心	120
模块式小型堆关键技术研究及应用示范科研项目	张霖	物理学院	技术开发	中国核电有限公司	120
核心舱机械臂关节控制系统特性分析和验证	王建祥	工学院	技术开发	北京空间飞行器总体设计部	120
中国神经病理性疼痛诊疗专家共识全国巡讲支持协议	韩济生	医学部	其他	辉瑞制药有限公司	120
模块式小型压水堆厂址适应性研究 用于事故后果评价的大气扩散模型研发	陈家宜	物理学院	技术开发	中国核电工程有限公司	118
新疆油田砾岩油藏比表面对化学驱效果影响研究	师永民	地球与空间科学学院	技术服务	中国石油新疆油田分公司（实验检测研究院）	115
Joint Development Contract	查红彬	信息科学技术学院	技术开发	Waseda University	114
LNG冷能—海水发电系统工艺研究开发	张信荣	工学院	技术开发	中海油能源发展股份有限公司	110
茫东地区油气成藏主控因素评价	关平	地球与空间科学学院	技术服务	中国石油天然气股份有限公司青海油田分公司勘探开发研究院	110
激光熔覆及激光熔覆焊丝等技术	王茇祥	工学院	技术转让	南京北大工道光电技术有限公司	110
防己黄芪汤标准颗粒研究	屠鹏飞	医学部	来源国家课题	正大青春宝药业有限公司	105
监控视频摘要与人/车运动目标颜色、轨迹检索	张超	信息科学技术学院	技术开发	通号通信信息集团有限公司	100
加氢催化剂活性前驱物结构调控研究	王颖霞	化学与分子工程学院	技术开发	中国石油化工股份有限公司	100
白光OLED材料及器件技术	肖立新	物理学院	技术开发	烟台万润精细化工股份有限公司	100
知件技术在就业服务领域的应用	李戈	信息科学技术学院	技术开发	江苏网新博创科技有限公司	100
金属深刻蚀技术	陈兢	信息科学技术学院	技术转让	苏州含光微纳科技有限公司	100
赛马投资统计预测模型和学习算法研究	马尽文	数学科学学院	技术开发	（美国）Hong Chi Investments LLC	100
冶金资源环境新技术研究与推广应用	王习东	工学院	技术开发	潍坊燕园未名创投科技有限公司	100
转账协议	王茇祥	工学院	技术合作	北京大学教育基金会	100

续表

项目名称	项目人	单位	合同类别	合同对方	合同金额
全球环境基金"履行斯德哥尔摩公约国家实施计划更新项目"硫丹清单调查和战略行动计划编制	刘建国	环境科学与工程学院	技术咨询	环境保护部环境保护对外合作中心	100
扬州市人民政府、北京大学科技开发部关于成立产学研合作办公室的协议	李士杰	化学与分子工程学院	技术合作	扬州市人民政府	100
ALD制备高保形性Cu薄膜	陈兢	信息科学技术学院	技术开发	华进半导体封装先导技术研发中心有限公司	100
衰老机制及重大慢性疾病风险预测早期风险筛查个性化健康管理和亚健康重点人群动态队列建设	陈大方	医学部	技术服务	北京东方亚美基因科技研究院	100
当归六黄汤标准颗粒的研究	屠鹏飞	医学部	来源国家课题	河南省宛西制药股份有限公司	100
枸杞汤标准颗粒研究	屠鹏飞	医学部	来源国家课题	太极集团重庆桐君阁药厂有限公司	100
桃红四物汤标准颗粒研究	屠鹏飞	医学部	来源国家课题	北京中研同仁堂医药研发有限公司	100
厚朴七物汤标准颗粒研究	屠鹏飞	医学部	来源国家课题	北京中研同仁堂医药研发有限公司	100

表8-62 2014年医学部专利申请及授权情况统计(含附属医院)

单位名称	申请				授权			
	发明专利	实用新型	外观设计	合计	发明专利	实用新型	外观设计	合计
基础医学院	12(国外2)			12	6			6
药学院	29(国外1)			29	30			30
公共卫生学院								
药物依赖所	2			2	1			1
第一医院	6	1		7	2	1		3
人民医院	11	5	1	17	14	5	2	21
第三医院	15	11		26	1	19	1	21
肿瘤医院	5	2		7	1	2		3
精神卫生研究所	1			1				
口腔医院	12	3		15	1	1		2
深圳医院	8	7		15	3	8		11
首钢医院								
合计	101(国外3)	29	1	131(国外3)	59	36	3	98

国 内 合 作

【发展概况】 2014年,在学校的统一领导下,在各院系部门的大力支持下,国内合作办公室响应国家发展战略,聚焦学校创建世界一流大学中心任务,不断推动校地、校企、校军合作,以及对口支援与扶贫工作创新发展,收到了较好的成效。

【交流合作】 1月14日,北京大学副校长陈十一赴山西省访问,会见张复明副省长,并考察山西科技创新城和高校新校区。

2月20日,河北省唐山市乐亭县委书记王东群一行访问北京大学,北京大学党委书记朱善璐、副校长王杰参加会见。

2月25日,福建宁德市委书记

廖小军一行访问北京大学，就进一步深化校地合作与北京大学进行交流座谈。北京大学党委书记朱善璐出席座谈。

3月12日，广西壮族自治区副主席李康、钦州市委书记肖莺子、南宁市市长周红波一行访问北京大学，与校长王恩哥、副校长王杰、王仰麟座谈交流进一步推进区校合作事宜。

3月28日，河北省廊坊市市长冯韶慧一行访问北京大学，双方就进一步推进校市务实合作进行了交流。北京大学党委书记朱善璐、副校长王杰，校长助理、党办校办主任马化祥，国内合作办公室主任、党办校办副主任雷虹，分子医学研究所所长肖瑞平，分子医学研究所梁子才教授等参加了会见。

5月13—14日，北京大学党委书记朱善璐率代表团赴海南省访问，分别与海南省委书记罗保铭，省委副书记、省长蒋定之进行了会谈，并与海南省人民政府签署了省校合作协议。北京大学副校长王杰、陈十一陪同访问。

6月10日，北京大学副校长李岩松带队赴贵州访问，会见秦如培常务副省长，商讨生态文明贵阳国际论坛合作及绿色大学联盟建设事宜。

6月26日，浙江省副省长、舟山市委书记孙景森率队访问北京大学，拜会北京大学党委书记朱善璐，并就合作共建北京大学舟山海洋研究院事宜进行沟通磋商。北京大学副校长陈十一，校长助理、党办校办主任马化祥，医学部副主任方伟岗，工学院院长张东晓等参加了会见。

7月10日，北京大学贵州生态文明研究院揭牌仪式在贵安新区举行，北京大学副校长王杰、贵州省副省长陈鸣明代表双方讲话并为研究院揭牌。

7月28日至8月2日，北京大学、清华大学与中国人民解放军海军联合组织师生航海实习活动，两校组织了一百余名以国防生为主的师生队伍，随海军郑和舰从旅顺起航，途经渤海、黄海区域，停靠烟台、威海等港口，于青岛结束航程。海军副政委王森泰、参谋长助理韩小虎，北京大学副校长王杰、校长助理程旭等参加活动。

8月23日，北京大学党委书记朱善璐率团赴山东省访问，拜会省委省政府主要领导，商谈进一步深化省校合作事宜。北京大学副校长王杰陪同出访。

9月3日，广东省珠海市副市长龙广艳一行访问北京大学，探讨市校合作事宜，北京大学王杰副校长出席座谈会。

9月10日，"北京大学—海军院校长集训班"开学典礼在英杰交流中心举行。海军副司令员徐洪猛中将、副参谋长王维明少将，北京大学党委书记朱善璐，常务副校长刘伟，副校长王杰出席。朱善璐与徐洪猛分别讲话。

9月15日，北京大学校长王恩哥率团访问河北省，会见省委省政府主要领导，商谈加快推进省校合作事宜。王恩哥校长在冀期间还参观了旭新光电科技有限公司，石家庄市市长王亮陪同。

9月16日，湘潭大学章兢书记、黄云清校长带队访问北京大学，探讨校际支援合作事宜，北京大学副校长王杰参加会见。

9月17日，北京大学副校长陈十一与云南科技厅代表团一行举行座谈会，科研部、科技开发部、工学院分别介绍了相关情况，信息科学技术学院、环境科学与工程学院分别介绍了项目情况。座谈会后，云南科技厅代表团先后参观了工学院的四个实验室、音视频编解码技术国家实验室。

9月29日，北京大学常务副书记、副校长张彦带队赴石景山区看望挂职博士生，到区创业公社考察调研，与区委组织部相关局办座谈。

10月17日，北京大学党委书记朱善璐、校长王恩哥一行赴浙江省访问，会见省委书记夏宝龙，省委副书记、省长李强，并举行省校战略合作协议签约仪式。

10月19日，河北省党政代表团一行访问北京大学，双方签署了河北省人民政府与北京大学战略合作协议。北京大学党委书记朱善璐、校长王恩哥等校领导出席签约仪式。签约仪式由北京大学副校长王杰主持。

10月23日，甘肃省党政代表团一行访问北京大学，商谈省校合作事宜。北京大学党委书记朱善璐，校长王恩哥，常务副书记、副校长张彦，副校长王杰，校长助理程旭参加会见。

11月13日，首都师范大学校长宫辉力、党委副书记缪劲翔、副校长周建设访问北京大学，洽谈学生联合培养事宜。北京大学校长王恩哥出席座谈。

11月13日，四川省委组织部副部长戴允康一行来校洽谈选调生及省校合作事宜。北京大学党委副书记、纪委书记于鸿君，组织部部长郭海等参加座谈。

【支援援建】 1月，北京大学安排石河子大学、西藏大学2人到校挂职，协调后续3名干部挂职事宜。

3月13日，石河子大学党委书记何慧星，副校长代斌、夏文斌一行访问北京大学。北京大学党委书记朱善璐，副校长王杰及相关职能部门代表与石河子大学代表团就进一步深化对口支援工作举行座谈。

4月，北京大学共选拔石河子大学、吉林大学共20名本科生来校插班学习。

6月23日，北京大学常务副校长、医学部常务副主任柯杨一行访问石河子大学，双方共同签署了"北京大学对口支援石河子大学医药学科框架协议"，深化两校医药学科合作。

7月22—23日，北京大学光华管理学院帮助西藏大学组织"经济金融会计学术前沿与西藏经济发展"研讨会，邀请国内知名学者到藏大调研，搭建学术平台，提出有关发展建设的建议。

9月，北京大学共安排石河子大学、西藏大学共7名教师来校进修。

9月2日，烟台大学党委书记崔明德、房绍坤一行来校拜会北京大学党委书记朱善璐，就进一步推进北京大学支援烟台大学建设有关事宜交换了意见。

9月12日，北京大学副校长王杰带队赴西藏拉萨出席2014年对口支援西藏大学例会，就对口支援高校高层次人才支持西藏大学"双聘"工作、校际学生联合培养等展开了分组讨论，就慕课合作、高层次人才培养、实验室建设、科技创新等下一步的支援与合作重点达成了共识。

9月18日，北京大学副校长王杰率队参加高校团队对口支援石河子大学工作例会。北京大学重点与对应学科的学院进行了分组讨论并在师资队伍、学科建设、人才培养等方面达成支援意向。

11月26日上午，北京大学、清华大学支援烟台大学建设委员会第十二次会议在北京大学中关新园二层科学报告厅召开。北京大学党委书记朱善璐、副校长王杰出席会议。他表示，北京大学将与清华大学一起，一如既往地支持烟台大学建设，共同为山东省、烟台市的经济发展和社会进步做出更大贡献。

【定点扶贫】 1月2—3日，为促进弥渡医疗卫生事业发展，提高当地医疗水平，北京大学常务副校长、医学部主任柯杨，医学部副主任姜保国一行赴弥渡县调研医疗卫生工作，随行专家结合具体病例分别对县医院骨科、神经内科方面的技术骨干进行了临床技术业务指导，提升弥渡医疗管理水平。

4月23日，北京大学与云南省弥渡县对口帮扶座谈会在办公楼105会议室举行，副校长王杰会见了弥渡县委书记沙伟风一行。双方就干部、教师及医疗人员培训、产业发展规划制定、扶贫项目捐助等帮扶需求进行了交流。

5月25—28日，北京大学党委副书记叶静漪一行赴云南省慰问在大理白族自治州和楚雄彝族自治州支教的北大第十五届研究生支教志愿者，组织部、研究生院、校团委等相关部门负责同志陪同走访。

6月22—29日，北大女生发展协会"一米阳光"暑期社会实践项目在云南省大理白族自治州弥渡县顺利进行，11名来自北大不同院系、不同专业的本科生组成的实践团圆满完成了校园宣讲、村民法律知识讲座、村民健康体检、田间调研等多项活动。

7月，北京大学医学部实践团赴弥渡县开展暑期社会实践活动。实践团深入到弥渡县村镇，开展义诊宣传，走访贫困家庭和乡镇卫生院，为贫困家庭带去粮油等生活必需品。

8月，北京大学医学部协调8名弥渡县人民医院和县中医院院长、副院长、骨干医生到北大医院进修，加强弥渡县医疗卫生技术人员培养，提高基层医疗技术水平。

9月，北京大学协调北京大学附属中学接收10名弥渡一中、二中教师到附中跟班学习，更新教育教学理念，改进教育教学方法。

9月9日，大理学院院长张桥贵一行来访，探讨学院升格、年度例会召开等事宜。

10月，通过远程网络为弥渡县396名乡科级领导干部开设综合能力提升培训班，提高了该县公务员的政治素养、理论水平和工作作风。

主要区域发展服务机构

首都发展研究院

【发展概况】 2014年，首都发展研究院（以下简称"首发院"）认真学习党的十八届三中全会精神，强化服务首都意识，作好北大与北京市对接的桥梁与纽带，积极服务首都经济社会发展。在北京市和北京大学的指导和领导下，首发院立足北京发展，紧紧围绕京津冀协同发展这一国家发展战略，积极为中央政府和北京市献计献策，在能力建设和服务北京方面取得了显著的成绩。

【能力建设】 组织开好民主生活会首发院领导班子带头学习贯彻习近平总书记系列重要讲话精神，以"严格党内生活，严守党内纪律，深化作风建设"为主题，召开学习会、座谈会和听取意见会，认真听取院内工作人员对院领导和院内工作的意见和建议。在此基础上，院领导通过自查和开展批评会，查找自身和工作中存在的问题，认真开展批评与自我批评，并研究整改落实，建章立制。

党风廉政建设 配合学校党

建工作,提高领导干部廉洁从政意识,自觉接受监督。首发院大力推进院务公开,坚持"三重一大"的重要原则,充分发扬民主,坚持两周召开一次首发院办公例会,重大问题由办公会集体讨论决定,首发院人事、财务、科研、培训等都严格按制度办事。

提升服务首都能力　在领导班子带领下,首发院在综合协调管理、科研咨询等方面得到了加强和提升。2014年,首发院共承担北京市委托课题59项,完成研究报告27篇,发表论文、论著56篇(部),获奖2项,专利2项。

内部管理　首发院行政主管领导和行政办公室在原有各项规章制度的基础上,根据首发院工作实际,完善了各项管理程序和操作规范,内容涵盖人事、行政、财务、信息、学术和项目管理、办公用品、仪器设备等有关制度和操作规范,使行政管理工作更加规范、高效。首发院根据科研需求和发展需要,通过学校人事部网站公开招聘1名科研人员,经过试用期满考核合格留用,已纳入学校合同制聘用人员管理体系。

【服务首都】京津冀协同发展政策研究　2月26日,习近平总书记在视察北京后,就京津冀协同发展提出了七点要求。在今年的"两会"上,京津冀协同发展上升为新时期的国家战略。2014年5月,由杨开忠教授任首席科学家,以首发院核心研究团队为主,联合北京大学政府管理学院、国家发展研究院、人口研究所、南开大学、中国科学院、交通运输部公路科学研究院等校内外科研单位,成功申请了国家自然科学基金委2014年第1期应急管理项目——京津冀一体化协调发展的政策研究。2014年11月14日在北京大学英杰交流中心举行了"京津冀一体化协调发展的政策研究"中期检查报告会。国家自然科学基金委的领导与会专家充分肯定了以杨开忠教授为项目总负责人的研究团队的中期成果,希望首发院下一步在研究的深度和高度上更进一步,在政策建议上更加聚焦,亮点更加突出,为京津冀协同发展这一重大国家战略添砖加瓦。

申请筹建京津冀区域发展协同创新中心　随着京津冀协同发展国家战略的不断推进,相关的研究任务也将越来越多。首发院在京津冀研究中具有长期的积累和优势,首发院从服务国家战略需求的高度出发,今后将京津冀协同发展的系统研究和政策咨询作为研究和服务国家战略的主攻方向,努力为京津冀协同发展提供更扎实的技术支持和智力支撑。为更好地服务这一国家战略,首发院依托北京大学,联合中国人民大学、南开大学、河北经贸大学和首都经济贸易大学等多所高校,拟筹建"京津冀区域发展协同创新中心"。"京津冀区域发展协同创新中心"将根据国家重大需求开展顶层设计及相关研究,为中央和京、津、冀三省市高层推进京津冀协同发展的科学决策,及时提供政策建议及其科学基础。在研究的基础上,努力将区域发展协同创新中心建设成为一个高端的学术交流平台和人才培养平台。

编制《首都发展报告2014》《首都发展研究报告》是由北京市哲学社会科学规划办公室委托开展的北京社科基金特别委托项目。《首都发展研究报告》是全面分析和研究首都区域发展的综合性报告,依托首都经济社会最新数据,全面深刻分析首都发展现状,客观判断首都发展阶段,准确地找出存在的关键问题,长期跟踪首都发展的特征,把脉首都发展,为首都经济、社会、人口、资源环境、空间变革的协调发展提供参考依据与决策支持。《首都发展研究报告》是自京津冀协同发展战略实施以来,第一部能够全面反映和分析首都经济、社会、环境、人口、资源等发展的书籍。它既系统回顾了首都的发展历程,又紧密结合全新形势下的首都功能定位,从而提出相应战略性意见和应对措施。《首都发展研究报告2014》将于2015年3月出版,并逐年积累形成每年出版的机制,将成为首发院对外发布的权威性研究成果,届时将会对政府部门、事业单位,以及区域经济、城市管理、城市规划、产业规划等相关领域的专业人员、研究人员、管理人员具有重要的阅读和参考价值。

培训工作　1—3月,首发院共举办了三期短期培训班和一期一年制长期班。自2014年3月后,经学校继续教育部同意,首发院和继续教育学院联合举办非学历教育短期培训项目,首发院负责课程设置、师资聘请、后期跟踪等。

继续承办"北京大学国子监大讲堂"　2014年,"北京大学国子监大讲堂"共授课17讲,内容涉及绘画艺术、诗歌艺术、北京历史、环境、旅游与民俗文化等方面。同时,首发院与东城区教委继续开设流动大讲堂,深入到北京的街道、社区和中学,为他们带来传统文化的相关讲座,取得了良好的成效。2014年,北京大学国子监大讲堂被评为教育部2014"终身学习活动品牌"。

合作主办《决策要参》《决策要参》紧扣首都发展中的重大问题,力求为市委、市政府相关政策制定提供针对性很强的海内外重要政策研究成果。2006年2月创刊至2014年年底,已出版115期,在北京市政机关起到了良好的咨询作用,成为各级政府的主要理论阅读材料。

北京论坛城市分论坛　北京论坛(2014)于11月7—9日在北京举行,其中的城市分论坛由北京大学首都发展研究院和北京大学—林肯土地政策研究院城市发展与土地政策研究中心联合承办，其主题是"大都市圈的和谐发展与共同繁荣"。来自美国、加拿大、英国、澳大利亚、巴西、中国等11个国家和地区的30多位专家学者围绕大都市圈的治理、规划、环境和教育等议题展开广泛而深入的研讨与交流，分享了各自的研究成果与经验总结。

【科研工作】 2014年，首发院坚持服务首都研究与决策咨询工作，在多个领域与北京市多部门开展了全面的研究咨询与合作。主要合作单位包括北京市科学技术委员会、人口和计划生育委员会、对口支援办公室、国家发展和改革委员会、城市规划委员会、北京市社会科学界联合会、北京市哲学社会科学办公室、北京市经济普查办公室、北京市城市规划设计院等，此外首发院还承担了国家级重要科研任务，主要委托单位包括国家哲学社会科学办公室、国家自然科学基金委、教育部、国家发展和改革委员会、国土资源部、科学技术部、环境保护部、中国工程院等。

表 8-63　首都发展研究院承担的重要科研项目一览

序号	项目主持人	科研项目名称	项目委托方	项目经费/万元	时间	结题情况
1	杨开忠	京津冀城市群发展形态研究				
2	杨开忠	京津冀一体化协调发展的政策研究	国家自然科学基金委员会管理学部应急课题	20	2014年4月至2015年2月	未结题
3	杨开忠	调整疏解非首都核心功能与京津冀协同发展研究				
4	杨开忠	和墨洛一体化课题研究	新疆和田发改委			未结题
5	李国平	产业转移与我国区域空间结构优化研究	国家社会科学基金重大项目	70	2011年11月至2014年12月	结题
6	李国平	我国区域空间结构演化机理、影响因素及其优化研究	国家自然科学基金项目		2012年1月至2015年12月	未结题
7	李国平、崔洪涛	京津冀区域发展报告	教育部哲学社会科学发展报告资助项目		2012年1月至2014年12月	结题
8	李国平	气候变化与气候保护中的全球经济问题	国家重点基础研究发展计划（"973"计划）专题任务		2012年1月至2015年12月	未结题
9	李国平	中国低碳发展公共参与战略研究	国家发改委气候司	94.04	2013年1月至2014年12月	结题
10	李国平	北京市产业发展与资源投入及人口增长的分析	北京市科委	25	2013年6月至2014年12月	结题
11	李国平	首都区域协同创新机制研究	北京市科委	8	2013年12月至2014年10月	结题
12	李国平	北京（房山）高端制造业基地项目人口评估	北京市人口计生委	30	2013年11月至2014年3月	结题
13	李国平	北京部分产业向周边地区合理转移研究	北京市对口支援和经济合作工作领导小组办公室		2013年10月至2014年5月	结题
14	李国平	北京与周边一体化发展研究	北京市对口支援和经济合作工作领导小组办公室		2013年10月至2014年5月	结题
15	李国平	首都阶段性特征及动力机制研究	北京市发改委	35	2013年10月至2014年9月	结题
16	李国平	怀柔经济转型升级发展略研究	怀柔区发改委	60	2013年10月至2014年9月	结题
17	李国平	北京城市副中心（通州）功能定位、发展思路及对策研究	通州区发改委	80	2013年10月至2014年8月	结题

续表

序号	项目主持人	科研项目名称	项目委托方	项目经费/万元	时间	结题情况
18	李国平	北京建设科技创新中心政策研究	北京市科委	15	2014年4月至2015年3月	未结题
19	李国平	京津冀协同发展的现状、挑战与对策研究	北京市科委	15	2014年4月至2014年12月	结题
20	李国平	京津冀城市群、城市布局和空间结构研究	北京市社科联	15	2014年4月至2014年12月	结题
21	李国平	京津冀科技创新一体化发展政策研究	国家自然科学基金项目	20	2014年4月至2015年2月	未结题
22	李国平	首都发展规律及趋势分析研究	北京市社科基金重点项目	20	2014年10月至2015年6月	未结题
23	李国平	基于首都功能定位的北京产业空间布局研究	北京市第三次全国经济普查重点研究课题	15	2014年10月至2015年6月	未结题
24	冯长春	村镇区域空间规划与集约发展关键技术研究	"十二五"国家科技支撑计划重点项目		2012年1月至2015年12月	未结题
25	冯长春	村镇区域土地利用规划智能化系统开发	"十二五"国家支撑计划重点项目课题		2012年1月至2015年12月	未结题
26	冯长春	城市带土地空间规划技术研究	国土资源部		2012年1月至2015年2月	未结题
27	冯长春	适用"两型"社会建设的土地规划技术	国土资源部		2012年1月至2015年6月	未结题
28	冯长春	新型城镇化进程中的人地挂钩政策研究	河南省国土资源厅		2013年9月至2014年9月	结题
29	冯长春	新型城镇化进程的土地资源管理工程科技支撑体系研究	中国工程院重点咨询项目		2014年5月至2015年5月	未结题
30	冯长春	京津冀土地优化利用管控技术方法研究	国土资源部		2015年1月至2017年12月	未结题
31	冯长春	山西省武乡县发展战略规划研究2014—2030	武乡县发展和改革局		2013年11月至2014年12月	结题
32	林坚	大都市区土地城镇化的空间绩效研究:以北京为例	国家自然科学基金面上项目	70		未结题
33	林坚	基于城乡统筹的北京市农村集体建设用地规划实施研究	北京城市规划设计研究院委托	30		结题
34	林坚	自然资源资产监管者的范围和具体职责研究	中央编制机构委员会办公室委托	8		未结题
35	林坚	生态环境红线制度创新研究	中国环境与发展国际合作委员会委托			结题
36	林坚	辽宁"一区一带"土地城镇化质量评价关键技术研究	国土资源行业公益性专项	133		未结题
37	林坚	村镇区域资源环境效应评估技术及应用示范	"十二五"科技支撑计划子课题	40		未结题
38	林坚	城市建设用地节约集约利用更新评价技术标准研制	国土资源部、中国土地勘测规划院委托	15		未结题
39	林坚	土地成本要素与经济产业结构变化的相关性定量评价模型专题研究	国土资源部、中国土地勘测规划院委托	30		未结题

续表

序号	项目主持人	科研项目名称	项目委托方	项目经费/万元	时间	结题情况
40	林坚	土地利用总体规划调整修改技术标准编制研究	国土资源部、中国土地勘测规划院委托	30		未结题
41	林坚	2014年度全国城镇土地利用热点问题专题分析	国土资源部、中国土地勘测规划院委托	20		结题
42	蔡满堂	国家水体污染控制与治理科技重大专项		246	2012年6月至2015年	未结题
43	蔡满堂	京津冀生态环境建设一体化建设思路与研究	国家自然科学基金委员会管理学部应急课题	20	2014年4月至2015年2月	未结题
44	沈体雁	2019年北京世界园艺博览会总体策划及重大课题研究	未结题			
45	张波	北京市通州区西集镇产业发展前瞻性研究	西集镇政府	35		结题
46	李平原	北京市完善服务中央单位和驻京部队工作机制研究	北京市科学委员会、北京市政府对外联络服务办公室	16		结题
47	孙铁山	中国特大城市多中心空间发展的模式、效应及动力机制—多城市比较和实证	国家自然科学基金项目	80		未结题
48	孙铁山	我国都市圈空间组织的经济绩效与空间结构优化研究	国家社科基金项目	15		结题
49	孙铁山	北京市产业结构升级与经济空间格局演化及优化对策研究	北京市支持中央高校共建项目	15		未结题
50	孙铁山	北京市西城区经济普查空间地图开发研究	西城区统计局	15		未结题
51	孙铁山	房山基本单位变动的总体评价与分析	房山区统计局	10		未结题
52	李国平 刘翔	北京生态文明报告——首都生态圈理论与实践	北京市21世纪议程办公室	15	2013年5月至2014年3月	结题
53	薛领	2013年度北京市组织机构代码数据分析报告——基于组织机构代码信息资源的北京市发展规划综合评估研究	北京市组织机构代码管理中心		2013年11月至2014年5月	结题
54	薛领	调整疏解非首都核心功能与京津冀协同发展研究	北京市社会科学联合会		2014年6月至2015年6月	未结题
55	薛领	2014年度北京市组织机构代码数据分析报告——京津冀协调发展视角下北京市经济社会发展综合分析	北京市组织机构代码管理中心		2014年8月至2015年3月	未结题
56	万鹏飞	和田绿色生态与产业发展对策研究	和田地区农村工作领导小组办公室		2014年9月	结题
57	万鹏飞	"十三五"时期首都社会治理创新研究	北京市发改委		2014年12月	结题
58	万鹏飞	提升潍坊国际化水平对策研究	潍坊市政府外事与侨联办公室		2014年11月	结题
59	万鹏飞	青海省玉树藏族自治州干部编制待遇问题研究	中共玉树州委组织部		2014年12月	结题

表 8-64 首都发展研究院撰写的科研报告一览

序号	报告主持人	科研报告题目
1	李国平	产业转移与我国区域空间结构优化研究
2	李国平,崔洪涛	京津冀区域发展报告
3	李国平	中国低碳发展公共参与战略研究
4	李国平	北京市产业发展与资源投入及人口增长的分析
5	李国平	首都区域协同创新机制研究
6	李国平	北京(房山)高端制造业基地项目人口评估
7	李国平	北京部分产业向周边地区合理转移研究
8	李国平	北京与周边一体化发展研究
9	李国平	首都阶段性特征及动力机制研究
10	李国平	怀柔经济转型升级发展略研究
11	李国平	北京城市副中心(通州)功能定位、发展思路及对策研究
12	李国平	京津冀协同发展的现状、挑战与对策研究
13	李国平	京津冀城市群、城市布局和空间结构研究
14	冯长春	新型城镇化进程中的人地挂钩政策研究
15	冯长春	山西省武乡县发展战略规划研究 2014—2030
16	林 坚	基于城乡统筹的北京市农村集体建设用地规划实施研究
17	林 坚	生态环境红线制度创新研究
18	林 坚	2014 年度全国城镇土地利用热点问题专题分析
19	张 波	北京市通州区西集镇产业发展前瞻性研究
20	李平原	优化行业综合服务窗口行政审批制度的研究
21	孙铁山	我国都市圈空间组织的经济绩效与空间结构优化研究
22	刘 翔	2014 年中国省市区生态文明水平报告
23	薛 领	2013 年度北京市组织机构代码数据分析报告——基于组织机构代码信息资源的北京市发展规划综合评估研究
24	万鹏飞	和田绿色生态与产业发展对策研究
25	万鹏飞	十三五时期首都社会治理创新研究
26	万鹏飞	提升潍坊国际化水平研究
27	万鹏飞	青海省玉树藏族自治州干部编制待遇问题研究报告

表 8-65 首都发展研究院发表的论文一览

序号	论文作者	论文题目	发表期刊	发表时间
1	杨开忠	深化高校学术委员会改革的几点思考	中国高等教育	2014 年第 8 期
2	杨开忠	规划有边界一体化无边界推进京津冀协同发展	广西社会科学	2014 年第 8 期
3	杨开忠	新型城镇化的改革取向	中国国情国力	2014 年第 10 期
4	杨开忠,张子晔,刘翔,王安然	首都圈与长三角含水生态足迹差异比较研究	2014 年第 6 期	
5	杨开忠,邵志清,刘翔,张子晔等	2014 年生态文明水平报告	中国经济周刊	2014 年 7 月
6	李国平	中国首都圈——空间划分与规划	产业立地(日文)	2014 年第 1 期
7	李国平	北京人口长期均衡发展水平评价及其提升举措研究	前线	2014 年 3 期
8	赵浚竹,孙铁山,李国平	中国汽车制造业集聚与区位选择	地理学报	2014 年第 6 期
9	李国平	首都"单中心集聚"效应破解良方	人民论坛	2014 第 5 期(上)
10	原嫄,孙铁山,李国平	近五十年来全球经济地理格局的演化特征与趋势	世界地理研究	2014 年第 3 期
11	李国平	京津冀一体化发展战略及对策	前线	2014 年第 8 期
12	李国平	京津冀地区科技创新一体化发展政策研究	经济与管理	2014 年第 6 期
13	李国平	《西部地区现代服务业发展战略研究》评介	地理研究	2014 年第 3 期
14	李国平	区域文化资源与创新驱动	中原文化研究	2014 年第 3 期

续表

序号	论文作者	论文题目	发表期刊	发表时间
15	LI Guoping, YUAN Yuan	Impact of Regional Development on Carbon Emission: Empirical Evidence across Countries	Chinese Geographical Science	2014, Vol. 24, No. 5
16	Wu Aizhi, Li Guoping, Sun Tieshan, et al.	Effects of Industrial Relocation on Chinese Regional Economic Growth Disparities: Based on System Dynamics Modeling	Chinese Geographical Science	2014, Vol. 24, No. 12
17	沈昊婧,冯长春,侯懿珊	城市间土地价格及影响因素的空间差异研究	城市发展研究	2014 年第 3 期
18	冯长春,刘 明,沈昊婧,侯懿珊	土地发展权视角下农村集体建设用地流转问题研究——以河南省新乡市为例	城市发展研究	2014 年第 3 期
19	谢婷婷,冯长春,杨永春	河谷型城市教育设施空间分布公平性研究——以兰州市中学为例	城市发展研究	2014 年第 8 期
20	陈 春,冯长春,张 维	城乡建设用地置换研究进展及展望	地理科学	
21	冯长春,谢旦杏,马学广,蔡莉丽	基于城际轨道交通流的珠三角城市区域功能多中心研究	地理科学	2014 年第 6 期
22	王福良,冯长春,甘 霖	轨道交通对沿线住宅价格影响的分市场研究——以深圳市龙岗线为例	地理科学进展	2014 年第 6 期
23	王利伟,冯长春,许顺才	传统农区外出劳动力回流意愿与规划响应——基于河南周口市问卷调查数据	地理科学进展	2014 年第 7 期
24	张书海,冯长春,刘长青	荷兰空间规划体系及其新动向	国际城市规划	2014 年第 5 期
25	冯长春,曹敏政,甘 霖	皖江城市带承接产业转移的空间适宜性研究	经济地理	2014 年第 10 期
26	冯长春,刘思君,李荣威	我国地级及以上城市工业用地效率评价	现代城市研究	2014 年第 4 期
27	陈 佳,冯长春	我国养老地产发展探讨	现代城市研究	2014 年第 9 期
28	刘 萌,冯长春,曹广忠	中国城市土地投入产出效率与城镇化水平的耦合关系——对 286 个地级及以上城市行政单元的分析	中国土地科学	2014 年第 5 期
29	林 坚	如何提高城镇建设用地效率	人民日报第 8 版	2014 年 03 月 28 日
30	林 坚	坚定不移推进节约集约用地	光明日报第 3 版	2014 年 1 月 4 日
31	林 坚,许超诣	土地发展权、空间管制与规划协同	城市规划	2014 年第 1 期
32	林 坚,马 珣	中国城市群土地利用效率测度	城市问题	2014 年第 5 期
33	林 坚	土地用途管制:从"二维"迈向"四维"	中国土地	2014 年第 3 期
34	林 坚,刘博宇,楚建群	城乡结合部土地利用如何变无序为有序	中国土地	2014 年第 5 期
35	林 坚,刘乌兰	如何划好用好城市开发边界	中国土地	2014 年第 10 期
36	杨琳琳,林 坚,楚建群	国内外大学校园用地布局与结构比较研究	现代城市研究	2014 年第 5 期
37	宋丽青,林 坚,马晨越	控制性详细规划调整中的利益相关者诉求研究	上海城市规划	2014 年第 5 期
38	林 坚,刘乌兰	论划定城市开发边界	北京规划建设	2014 年第 6 期
39	孙铁山,齐云蕾,刘霄泉	北京都市区就业结构升级与空间格局演化	经济地理(CSSCI)	2014, 34(4):97—104
40	Wang, Lanlan, and Tieshan Sun	Capitalization of Legal Title: Evidence from Small-property-rights Houses in Beijing	Habitat International (SSCI)	2014(44):306—313
41	Wang, Lanlan, Tieshan Sun, and Sheng Li	Legal Title, Tenure Security, and Investment—An Empirical Study in Beijing	Housing Studies(SSCI)	2014:1—22
42	Fan, Yingling, Ryan Allen, and Tieshan Sun	Spatial Mismatch in Beijing, China: Implications of Job Accessibility for Chinese Low-wage Workers	Habitat International (SSCI)	2014(44):202—210
43	李佳洺,孙铁山,张文忠	中国生产性服务业空间集聚特征与模式研究	地理科学	2014, 34(4):385—393
44	李佳洺,张文忠,孙铁山,等	中国城市群集聚特征与经济绩效	地理学报	2014, 69(4):474—484
45	刘 翀,蔡满堂	城镇化的可持续发展规划与多样性	前线	2014 年第 3 期
46	揭懋汕,雪 燕,薛 领	京津冀县域粮食产量空间格局演变研究	中国区域经济	2014 年 6 月
47	宋 刚,万鹏飞	从政务维基到维基政府创野下的合作民主	中国行政管理	2014 年第 10 期
48	万鹏飞	依法治国与首都城市治理	城市管理与科技	2014 年第 6 期

表 8-66 首都发展研究院出版的学术著作一览

作者及著作方式	著作名称	出版社	出版时间
李国平等编	教育部哲学社会科学系列发展报告《京津冀区域发展报告（2014）》	科学出版社出版	
陈 春,冯长春著	《中国建设用地变化驱动力研究》	北京大学出版社	2014年8月
冯长春参编	《房地产经纪专业知识与实务（中级）》	中国人事出版社	2014年5月
冯长春参编	《房地产经纪专业知识与实务（初级）》	中国人事出版社	2014年5月
陈耀华,林 坚主编	《城市建设用地节约关键技术研究》	北京大学出版社	2014年3月
林 坚,马 珣,孙海清参编	土地利用总体规划制度的形成与发展,《社会转型与中国土地管理制度改革》（甘藏春主编）	中国发展出版社	2014年7月
林 坚,许超诣,张禹平,罗洁参编	节约集约用地的理论、经验与对策,《社会转型与中国土地管理制度改革》（甘藏春主编）	中国发展出版社	2014年7月
林 坚,刘乌兰,居晓婷,许超诣参编	土地管理制度改革与城镇化模式,《中国城市规划发展报告 2013—2014》（中国城市科学研究会等编,李迅、张兵执行主编）	中国建筑工业出版社	2014年9月

表 8-67 首都发展研究院获奖情况一览

获奖者	作品名称	奖项	获奖时间
李国平等	面向 2030 年的首都水战略研究	北京市第十一届优秀调查研究成果一等奖	2014年6月
李国平,王 立,孙铁山,刘霄泉,曹红阳,吴爱芝	面向世界城市的北京发展趋势研究（2014）	北京市第十三届哲学社会科学成果奖一等奖（北京市人民政府）	2014年

表 8-68 首都发展研究院国家专利情况

专利人	专利名称	专利情况
冯长春,张文晖,李天猜,冯支越	一种人性化高效率行人过街设施及其控制方法	申请发明专利（CN103745604A）,已被受理
冯长春,张文晖,李天猜,冯支越	一种行人过街设施	已获得国家专利局专利授权（CN203689700U）

深港产学研基地

【发展概况】 2014 年，深港产学研基地紧紧围绕产学研合作，积极参与深圳市未来产业发展，在突破关键核心技术，强化自主创新能力，引导产业高端发展，加速人才集聚，完善支撑环境等方面基地开展工作，为两校科技成果转化、参与深港合作等方面发挥了关键作用。

在第十六届高交会上，国务院副总理刘延东、广东省委书记胡春华亲临基地展位视察，了解高校在深成果转化工作。2014 年，在中国产学研合作大会上，深港产学研基地获得"中国产学研合作创新示范基地"，同时，基地通过培训合作，引入国家资源，与国家检验研究院合作共建深圳培训基地，为下一步发展奠定了坚实基础。

【孵化器建设】 经过开创性的探索和实践，深港产学研基地在产业孵化，科技成果转移等方面积累了丰富经验并打下坚实基础。基地近年相继被认定为深圳市科技企业孵化器、深圳市创业辅导示范基地、广东省中小企业创业服务机构示范单位、国家级科技企业孵化器，标志着在企业孵化领域已经获得深圳市、广东省和国家的全面认可。

南京基地 2014 年第二期孵化场地启用,同时被认定为南京市级孵化器；目前，南京基地已累计孵化企业近 100 家，其中 4 家已达成投资意向。

哈尔滨基地 2014 年第二期孵化场地也已投入使用并被认定为哈尔滨市级孵化器；现已孵化 72 家企业，其中 3 家企业已达成投资意向。

2014 年，深港产学研基地获得科技部创新基金立项资助。

【成果转化】 通过与企业孵化和技术转移工作结合，2014 年创业投资实现突破：深圳市深港产学研环保工程技术股份有限公司在深港产学研基地的推动下已完成增资工作，现已进入上市前的最后冲刺工作，环境技术中心也已完成清算工作,这将是深港产学研基地由实验室整体成功转型,科研技术成果成功转化的成功案例。2014年,基地还积极推动孵化企业的发展。2014年,基地推动参股企业贝尔信挂牌,推动众鸿科技、诚迈科技、骏达光电等孵化企业上市。

【研发平台】 2014年,基地积极推动和引导实验室紧密结合产业需求开展研发工作,探索实验室建设机制创新,同时夯实实验室人才队伍建设,实验室建设得到很大发展,2014年媒体语音实验室的互联网高端商情挖掘及服务平台获得深圳市科学技术奖社会公益类一等奖;车载智能多媒体信息娱乐系统项目获得广东省科技进步奖三等奖;SOC实验室的双栅纳米FINFET的器件物理、模拟模型和电路设计技术研究获得深圳市科学技术奖自然科学奖二等奖;海岸大气实验室的深圳市城市森林生态系统碳汇研究获得2014年度广东省环境科学技术奖二等奖。深港产学研基地博士后科研工作站培养出站博士后9人。

【合作基金】 2014年,深港产学研基地积极探索实验室建设机制创新,进一步完善和落实深港产学研基地实验室管理办法,同时协调与优化基地产学研合作基金的使用,加大奖励和支持力度,设立200万元专项基金,用于支持实验室知识产权的保护和与市场结合的应用研发,引导实验室研发方向与产业紧密结合,给予骨干人员岗位津贴,并资助4个项目。通过进一步理顺实验室的运作,给实验室以新的定位,促进实验室向应用研究方向发展,并鼓励与企业共同发展。

【应用研发】 深港产学研基地以产业为导向,密切结合深圳市产业和市场需求,大力推动各实验室建设发展,2014年各实验室均取得较大突破。

成功促成空气污染与环境模拟实验室与深圳市越众绿色建筑科技发展有限公司联合成立深圳市人居科技有限公司,将部分实验室的工作进行市场化运营,环境技术分析平台顺利通过CMA认证并扩项,目前已经达到150个检测项目。

与深港产学研环保工程技术股份有限公司共建深圳市海岸与大气研究重点实验室。

与固高科技合作建立的运动控制技术实验室,推动自动装备业的发展,运动控制实验室已初步完成从机器人设计到产品成型的过程,目前产品已经销往全国及海外地区。

语音媒体实验室的舆情分析与监控项目、证券信息分析平台等项目已逐渐成熟并积极寻找产业化突破,2014年与深圳特区报业集团进行产业化合作。

先进技术研究所在金融信息化领域精耕细作,取得良好成绩,同时在新媒体社交领域进行布局,依托该研究所合作建立的深圳市联信通有限公司计划在2015年开始启动上市工作。

生物医学工程中心在前沿交叉学科、产业关键核心技术上进行研发并取得重大突破,工程中心通过与产业界的紧密合作,完成新型人工椎间盘、全降解血管支、小口径人造血管、新一代骨植入材料关键技术与产品研发等四项国家支撑计划课题的研究,有望引领产业发展。

SoC实验室在与企业合作开展了大量的研发项目,目前大力搭建团队建设上取得突破。

【人才培养】 2014年,深港产学研基地继续承办了都市计划班、胜任力班等中高级干部培训班,保质保量完成培训任务。截至目前,为深圳市80%以上的中高级政府公务员提供过培训课程,成为名副其实的深圳市人才培养基地。

2014年,深港产学研基地继续举办深圳市民营及中小企业高级工商管理研修班,迄今已经连续举办了八届。通过这几年的项目运作,"深圳市民营及中小企业高级工商管理研修班"已经有很高的知名度,每年报名人数远远超过计划录取人数,学员职位从副总经理到总经理,再到董事长,录取层次逐步提升;2014年共招收学员160余名,为深圳市高层次企业管理发挥了积极作用。2014年新推出的电子商务班、星火计划班均取得较好效果,学员报名非常踊跃。

远程教育的培训质量和学员数量均位列北大远程教育系统内全国前三名。

【青年创业训练营】 2014年11月15日,在深圳召开的第八届中国产学研合作(深圳)创新大会的海峡两岸暨香港、澳门青年协同创新论坛上,深港产学研基地携手深圳科技合作促进会、香港资讯科技联会、香港青联科协、澳门科技协进会、台湾玉山科技协会、深圳市创赛基金投资管理有限公司等20余家社团、投资机构,以及30余家高校深圳校友会共同发起倡议,组建海峡两岸暨香港、澳门青年创新创业联盟,并正式启动首届中国高校校友会(深圳)创新创业大赛。

在前期开展的深港青年ICT大赛、中国创新创业大赛,以及即将开展的中国高校校友(深圳)创新创业大赛等赛事的基础上,建立海峡两岸暨香港、澳门青年创业训练营,训练营以"大众创业、万众创新"形成发展的新动力,绑定全国创赛项目,以项目和校友为纽带,推进"高校—企业"新模式的协同创新工程,开展进校园访校友走企业、专家导师结对、校友众筹、地接秘书、创业大讲堂、微视频路演和微信传播等创新型服务平台。参赛团队和企业可以全年随时参赛并获得训练营的全程服务。

该项计划得到海峡两岸暨香港、澳门诸多高校、科技团体、学生社团、创投资本及产业界的大力支

校办产业管理

【发展概况】 2014年在学校的正确领导下,北京大学的校办企业努力适应经济新常态,奋力开拓产业新局面,取得了良好的经济效益和社会效益。2014年度校办企业共上缴学校1.8亿元,其中:北大方正集团有限公司上缴1.2亿元、北京大学出版社有限公司上缴1900万元、北京北大青鸟软件系统有限公司上缴1200万元、北京北大未名生物工程集团有限公司上缴1000万元、北京北大先锋科技有限公司上缴633万元、北京北大维信生物科技有限公司上缴563万元、北京北大学园教育投资有限公司上缴500万元、北京北大临湖科技发展有限公司上缴200万元、北京北大英华科技有限公司上缴34.6万元、北京燕园隶德科技发展有限公司上缴18万元、北大培文教育文化产业(北京)有限公司上缴6.5万元。经初步统计,各校办企业2014年向学校及社会捐款、捐物总额超过2500万元,已向国家缴纳各项税费共计33亿元之多。

【服务管理】 近两年教育部等有关部门调整了高校校办企业经济行为审批、备案的工作流程,校办产业管理委员会办公室及时跟进,调整了服务方式,加强对下属企业经济行为的监管。2014年,校办产业管理委员会办公室承担的监管和服务主要包括:股权整合方面,协调完成了北大资源集团控股有限公司内部资产重组、方正信息产业控股有限公司下属6家企业股权重组;企业并购方面,协调完成了北大方正投资有限公司收购上海高科房地产有限公司100%股权等事项;资产转让方面,协调完成了福建方兴化工有限公司转让所属资产的事项;股权转让方面,协调完成了北京未名博雅科技有限公司转让所持有的霸州市兰光科技有限公司100%股权、方正科技集团股份有限公司受让方正国际软件有限公司和方正宽带网络服务有限公司各100%股权、北大方正集团有限公司转让所持方正东亚信托有限责任公司12.5%股权、北京北大资源物业经营管理集团有限公司股权转让等事项;增资方面,协调完成了北大医疗产业集团下属北京北大医疗产业基金管理有限公司增资等事项;公司设立方面,协调完成了北大医疗产业集团设立北大医疗产业集团控股有限公司、北大医疗产业集团设立北京北大医疗产业基金管理有限公司等事项;上市公司方面,协调完成了方正科技集团股份有限公司采用非公开方式向特定对象发行股份、北大医药股份有限公司采用非公开方式向特定对象发行股份等事项。

【产业创新】 校办产业管理委员会办公室充分考虑企业发展的需要,积极为企业解决疑难问题。校办产业管理委员会办公室还积极扶持企业参与政府主导的各项优惠政策,推动企业创新发展。如协助企业上报2014年文化产业发展专项资金项目,共获得拨款1020万元,其中方正国际软件(北京)有限公司"电视台与互联网发展支撑系统应用示范及产业化推广项目"获财政拨款900万元,北大培文教育文化产业(北京)有限公司"中国传统文化展示体验平台+纸、布、木文化"项目获财政拨款120万元。另外,协助北大方正集团有限公司"北大方正云服务平台研发及建设项目"获得2014年中央国有资本经营预算3677万元,用以增加国有法人资本。

【规范管理】 按财政部和教育部的要求,校办产业管理委员会办公室积极组织下属企业开展企业国有资产产权登记工作,目前已经梳理并网上填报了一百多家下属企业的国有资产产权情况。

校产办进一步规范了资产公司自身贷款、担保、借款等行为,截至2014年12月31日,资产公司贷款担保的总额保持在教育部规定的额度内,降低了学校的风险。

【北大资产公司】 北大资产经营有限公司(简称"北大资产公司")是经国务院批准,北京大学出资设立的国有独资有限责任公司。其前身是"北京市北大三川信息技术公司",2002年6月24日根据国办函〔2001〕58号文件《国务院办公厅关于北京大学清华大学规范校办企业管理体制试点问题的通知》精神改制而成。2005年11月14日注册资本金由原来的50万元增加到300050.7万元,公司名称由"北京北大资产经营有限公司"变更为"北大资产经营有限公司"。

北大资产公司接受北京大学的委托经营管理学校国有资产,代表学校统一持有所属企业及学校对外投资的股权和经营性资产,对北京大学所属的经营性国有资产承担保值增值的责任,享有出资人的权利和义务。北大资产公司是北京大学科技企业投融资、科技园区建设、高新技术企业孵化、对外贸易及经济技术合作交流等重大经营活动的中心。北大资产公司在统筹学校科技产业资源、调整产业结构、推进学校科技产业化,创办具有文化教育特色和智力资源优势企业等方面发挥主导作用;对北京大学所属企业改制后建立产权清晰、权责明确、校企分开、管理科学的现代企业制度具有指导和促进的重要作用。

北大资产公司通过高新技术的推广和应用,现已形成以北大方正、北大未名、北大临湖、北大青鸟和北大科技园等以电子出版系统、信息产业、生物制药、文化教育和高科技孵化器等具有相当规模和效益的高科技产业格局;同时在科技成果转化和产业化方面也取得了卓越的成绩,涵盖了科技发展的多个领域,将为国家和地方经济建设和发展发挥重要作用。据统计,2014年北大资产经营有限公司合并报表的资产总额1999.30亿元,比2013年资产总额1325.83亿元增长约50%;总收入917.31亿元;归属于北大资产经营有限公司所有者权益186.44亿元;归属于母公司所有者的净利润4.58亿元;上缴税金总额38.03亿元,在全国高校产业中仍保持领先地位。

【主要企业名录】

1. 北京大学出版社有限公司
2. 北京大学音像出版社有限公司
3. 北京大学医学出版社有限公司
4. 北大方正集团有限公司
5. 北大资源集团有限公司
6. 北京北大青鸟软件系统有限公司
7. 北京北大科技园有限公司
8. 北京北大科技园建设开发有限公司
9. 北京北大临湖科技发展有限公司
10. 北京开元数图科技有限公司
11. 北大英华科技有限公司
12. 北京北大宇环微电子系统有限公司
13. 北京北大明德科技发展有限公司
14. 北京燕园天地科技有限公司
15. 北京北大软件工程发展有限公司
16. 北大培文教育文化产业(北京)有限公司

医学部国内合作与产业管理

【发展概况】 以"围绕中心,服务大局"为宗旨,以"积极发展、规范管理"为政策依据,充分利用学校的优势资源和现代企业的管理理念,从实际出发,积极探索学校产业发展的新方法、新思路,打造具有北医特色的现代产业管理平台,全面推进高校企业改革。4月、12月产业管理团队参加由教育部科技发展中心、中国高校校办产业协会分别举办的"高校科技成果资本化与产业化专题研修班"和"中国高校校办产业协会2014年年会"。4月25日,全国卫生产业企业管理协会召开第四届会员代表大会,北大医学部副主任李鹰当选常务理事,北大医学部国内合作与产业管理办公室主任吴问汉、北医投资管理有限公司陈立奇当选为理事。

【产业管理】 2014年,根据教育部的要求,学校所属企业应办理《国有资产产权登记证》。医学部的企业由于历史遗留问题,存在企业隶属分散、历史档案不全等问题,北大医学部国内合作与产业管理办公室(简称北医国产办)认真研读政策,梳理了医学部所属企业产权登记情况,坚持"先清后登、应登必登、不重不漏、确保质量"的原则,制定了医学部所属公司逐级提交材料、逐级审核、逐级补充的工作流程,并开展4次不同级次人员的培训,将任务落实到每个企业。在此期间,北医国产办审核梳理了近百份各个企业在设立、重组、改制、存续期间与产权相关的文件、批文、各类决议、审计报告、评估报告、各类说明等。直接组织办理正常产权登记的公司共7家;对2家正在履行关闭程序且短期内无法彻底关闭的企业,起草相关文件向北大国有资产管理委员会办公室(简称北大国资办)说明情况;协调、配合科研处和总务处完成其管辖范围内的5家企业的产权登记工作,为企业的资本运作奠定基础。

2014年,初北医国产办召开产业发展战略研讨会,讨论医学部产业发展规划(2015—2017)。年中召开产业中期工作总结会。10月底召开2014年北医产业专家咨询会,专家们针对北医投资管理公司下属控股公司重组工作的重点和难点进行可行性分析。

北医国产办先后与戈壁基金、中国医药集团、中国非公立医疗机构协会共同协商合作事宜,相关工作正在稳步推进中。

北医国产办、北医投资管理有限公司及其所属京医福晨教育科技有限公司,经过两年的市场调研与分析,结合国家相关政策和国内外养老领域的现状对比,探索与养老产业相关的培训课程。11月10日至13日,北京大学医学部首期养老产业管理高级研修班成功举办,全国20余个省区市的70多名养老产业管理者参加了培训。

在医学部两办及法律事务小组的帮助下,2014年,北医国产办共处理冒用北京大学和医学部名义的事件二十余起，包括由医学部纪委和法律事务小组批转的"北医李睿医考"和"壳聚糖胶囊"事件。对冒用北京大学医学部名义的违法违规行为分别予以投诉或举报，借助工商局、药监局或公安局的行政权力进行查处，并在医学部网站"维权打假"网页专栏中对造成恶劣影响的经营活动发布声明，维护了北医的合法权益。

受医学部委托，北医国产办代表医学部对外出租产业楼、有朋馆的全部，制定了《北大医学部国内合作与产业管理办公室房屋租赁管理办法》，对房屋租赁的租金标准、承租人经营项目、承租人的确定程序、房屋租赁合同的签订与管理做了规定。2013年国产办根据教育部有关文件精神，委托中平建评估事务所对国产办管理的房屋的市场租赁价格进行了评估，调整了2014年的租赁价格，确保国有资产保值增值。

2014年，北医国产办召集下属企业及租户召开安全工作会议6次，传达医学部安全工作要求文件4次，组织消防安全培训及消防演练1次，定期邀请医学部保卫处领导协助检查各租户的安全及各项制度的执行情况，对不符合安全要求的租户，国产办出具整改通知2份，要求限期整改。完成有朋馆楼宇维修工作和产业楼各租户日常维修工作。

【制度建设】 按照教育部和北京市校办产业管理中心的要求，医学部所属企业开展了内部控制评价工作。组成医学部企业内部规范小组，对企业的资金活动、采购活动、资产管理、销售业务、研究开发、工程项目、担保业务、财务报告进行全方位的认定和评价。这项工作历时三年，于2014年11月结束，医学部较好地完成了此项工作。12月23日，教育部召开内部控制评价工作总结会，会上对北京大学的工作进行了表扬。

2014年，北医国产办组织所属单位及企业根据教育部、财政部、北京市教委和学校的要求进行了多次、多种形式的自查自纠，涉及企业国有资产管理、财务管理、领导干部兼职等多个方面，并在产业范围内建立长效的防范机制，以实际行动落实中央的反腐倡廉工作。

1月，根据《北京市教育委员会办公室关于对利用职务插手校办企业、损害群众利益行为进行专项整治的通知》文件精神，以及学校的部署，北医国产办组织开展了自查工作。参与自查活动的企业为医学部所属全资、控股和参股企业。调查结果显示，校级领导无利用职务插手校办企业、损害群众利益行为。5月，根据《教育部办公厅关于通报南京大学等3所高校校长经济责任审计问题及开展直属高校财务管理自查自纠工作的通知》文件精神，从房屋租赁管理、资产管理及内部控制、财务收支管理几个方面进行自查。8月，根据《财政部审计署关于深入开展贯彻执行中央八项规定严肃财经纪律和"小金库"专项治理工作方案的通知》文件精神，从收入支出、政府采购和项目的招投标、资产管理及内部控制、财务管理及票据使用、小金库等几方面进行自查，撰写了自查报告。强化了企业的财务管理。9月，根据《关于开展直属高校、直属单位国有资产管理自查自纠工作的通知》（教财司函〔2014〕401号）文件精神，国产办严格对照《教育部直属高等学校国有资产管理暂行办法》和《教育部直属高等学校、直属单位国有资产管理工作规程（暂行）》及教育部直属高校、直属单位国有资产管理工作视频会议精神，逐项对本单位所属企业国有资产管理工作进行自查，上交自查报告。10月，根据中央巡视组专项巡视复旦大学发现问题，对照其校办企业管理缺位等3个重大问题进行自查自纠，并上交自查报告和台账。

【企业改制】 为了使学校国有资产保值增值和有效规避市场风险对学校的冲击，北医国产办经医学部批准，报北大校办产业管理委员会同意建立医学部独资的资产管理公司。2014年经北京大学校办产业管理委员会会议审议，同意北京大学将所持北京医大时代科技发展有限公司30%股权以增资方式投资至北医咨询公司。国产办采取转股增资的方式，使之达到相当规模后行使学校资产管理公司的职能，构建医学部新的经营性国有资产管理平台。

严格执行国有资产的处置流程，继续完成部分传统企业的"关停并转"。1月13日，医学部第2次部务会同意北医国产办《关于博士苑宾馆报废申请》，国产办代博士苑宾馆作为主体采用公开招标方式竞拍该宾馆181台电视，并由医学部纪委、计财处、设备处、审计室、后勤处、国产办共同组成评标小组负责本次招标工作。国产办牵头履行了资产清查、招标公示、竞标等相关程序，顺利完成此项工作。北医投资公司所属医学科技开发分公司履行关闭程序三年，经历报批、清产核资、审计、清理债权债务等阶段。本年度按国有资产报废的相关规定，在聘请中介机构进行评估的基础上，在基础医学院病理学系的支持下，处置了价值25万元的存货。

【经营状况】 进一步完善科学合理的成本核算机制，加大国有资产的保值增值和回报学校资金的力度。2014年产业系统上缴医学部资金2977万元，其中教育培训1731万元、出版社465万元，产业房租及其他781万元。

北大科技园

【发展概况】 北京北大科技园建设开发有限公司(简称北大科技园)成立于2000年,注册资金5亿元人民币,位于北京市海淀区中关村北大街127-1号,是北京大学的校办企业。北大科技园是北京大学为响应国家"科教兴国"战略,促进北京大学科研成果产业化而建立的,是最早的国家级大学科技园之一,是北京大学建设世界一流大学的重要组成部分。北大科技园主要业务涵盖项目开发、科技成果转化服务、孵化投资、园区建设管理、酒店旅游等多个领域。

2014年,北大科技园相继与北大团委、北大校友会、北京大学光华管理学院、北京大学工学院、北京大学建筑与景观设计学院、北京大学信息科学技术学院、北京大学软件与微电子学院、北大文化产业研究院及北大校友企业开展多方实质性合作,聚集高校知名教授、成功企业家、创业者、各行业精英校友,打造科技人员、科研成果、社会投资、园区建设、企业孵化等优质平台。北大科技园通过建设"北大创业家俱乐部""北京市国际科技合作基地""创新驿站""北大创业孵化营"、企业精品项目推介会("三三会")、企业百家行、银企对接会,打造"集中办公+创业辅导+创业投资"的新型创业服务产品。北大科技园在与北京市、包头市、南昌市、杭州市、青岛市、天津市等地方政府继续深化合作的同时,承办第八届中国大学生iCAN物联网创新创业大赛以及2014年"创启未来"国际青年科技创业大赛,以全球化视野为指引,着眼世界前沿科技和高端人才,着力增强科技驱动发展新动力,提升自主创新能力。2014年,园区企业北大方正集团PCB事业部获得国家科技进步奖、方正阿帕比技术有限公司获中国创意工业创新技术金奖、土人城市规划设计有限公司总裁俞孔坚博士荣膺2014中国十大品牌人物。

【园区建设】 北大科技园与天津市宝坻区人民政府共同建设北京大学京津科技园。就科研成果转化、高端项目引入、科技孵化企业服务平台建设、人才交流、科技金融、园区发展、政策创新等进行合作。园区选址天津宝坻经济技术开发区西侧,规划内容包括作为承接北京大学产学研转移及新型科技企业孵化的海关大厦,以及未来将要投入建设的北京大学京津科技园产学研用创新综合示范基地。

北大科技园以底价成功竞得南昌经济技术开发区双港西大街以南、桂苑大道以西58.21亩净地。该地块位于南昌经济技术开发区CBD中心,是北大科技园江西分园二期软件产业基地项目用地。项目建成后将成为北京大学与江西省人民政府战略合作的重要组成部分,是北京大学产学研的重要实践基地。项目以楼宇经济为方向,软件基地加研发科技中心为业态,是一个集电子信息产业、科技研发、企业孵化、管理人才培训为一体的新型楼宇经济综合体。此次成功摘地,为北大科技园江西分园二期项目发展奠定了坚实的基础。

北大科技园金华分园是北大科技园与北京大学信息科学技术学院、金华市人民政府共建项目,意在落实金华市"一号产业"发展战略,重点发展电子商务、信息软件、通信服务、现代物流、互联网金融等五大行业,计划通过5到10年的努力,让金华网络经济发展处于省内、国内领先水平,努力打造全国网上集聚中心,基本建成全国网络经济强市。北大科技园金华分园建成后将成为立足金华、辐射浙中,在国内有一定影响力的知名精品园区,成为金华与北京、深圳、硅谷等国内外创新创业活跃城市沟通联系的桥梁,成为向外展示金华创新产业发展的城市名片。

北大科技园包头分园,是北大科技园北大产学研用创新体系在包头的综合运营,园区总占地面积736亩,规划建设"两园四区",工业区建设规模约12万平方米,综合区建设规模约35万平方米,包括科技研发区、技术转化与孵化区、产业发展区、综合配套服务区等四个功能区。园区主要承接及服务以北京大学为主,相关高校、科研院所、高科技企业的科研成果转化落地与产业化发展。作为北大科技园"校地合作、协同创新"样板工程,北大科技园包头分园在产学研合作方面积极探索,不断引入北大科技园创新要素资源与前沿发展理念。以北大工学院包头研究院为技术创新平台,园区建成后,北大工学院包头研究院及其下属的12个研究所将全部入驻园区;以北大(包头)创业家俱乐部为创新创业服务平台,将北大科技园新型创业服务体系与优质资源引入包头,开办企业百家行、创业大讲堂、创业孵化器等一系列品牌活动,关注包头创业家精神,构建良好的创新创业环境与文化氛围。除北大创业家俱乐部以外,科技园将依临的人工湖命名为"北大西湖",将北京大学的精神图腾带到包头园区,将成为包头创业精英们创新思想的源泉。项目启动实施以来,园区通过搭建"以技术创新为基础的服务体系"和"以人为本的创业服务体系",打造多种新型服务平台,"开放式、集团式"创新服务模式初步形成,在科研开发与成果转化方面稳步发展,园区品牌示范与地区创新带动效应成果显著。

北大科技园青岛分园是北大科技园、北京协同创新研究院与青岛高新技术产业开发区共建项目。在环渤海经济区战略发展要求下,青岛高新区推进"科技服务业+软件与信息服务、蓝色生物与医药、高端装备制造、海洋工程装备制造、节能环保新材料"的"1+5"主导产业发展,加强自主创新能力的培育发展。为落实青岛创新发展战略,青岛高新区引入北京协同创新研究院一流的人才与科研力量和北大科技园成熟的产业园区运营管理经验与强大的品牌影响力,以共建北大科技园青岛分园为载体,通过发展战略、园区建设、产业研究、创新服务、科技金融等方面的多层次合作,使北京大学人才资源、科技优势、产学研成果与青岛高新区独特的区位优势、产业基础和自然资源有效结合,创造良好的校地合作环境,为区域科技创新创业环境建设和高新技术产业快速发展提供有力支撑。北大科技园青岛分园作为北大产学研用创新体系在青岛的综合运营平台,搭建以北京大学为主,相关高校、科研院所及创新型科技企业联合的集团式创新体系,开放合作、协同发展,致力于建设成为青岛市"原创科技的策源中心、产业创新发展的促进中心和高科技企业的产品创新中心",以研发经济、总部经济、创业经济带动区域创新发展,打造环渤海区域创新人才高地与创新技术高地,助推青岛、环渤海经济区产业转型升级与创新发展。

【基地建设】 北大科技园与在园企业北京土人景观与建筑规划设计研究院共同建立"科技与景观设计融合北京市国际科技合作基地",该基地是国家科技部、北京市政府、北京市科委认定的"北京市国际科技合作基地",以北大科技园为基地建设和管理主体,以北京大学建筑与景观设计学院为科研技术支撑主体,以北京土人景观与建筑规划设计研究院为生产服务和发展主体。同时,基地将协同北大文化产业研究院、北京大学信息科学技术学院等具有文化创意设计共性关键技术研发优势的科研院校和技术企业,按照"需求定位—技术研发—技术集成—创新服务"四维一体的产学研优势互补、协同发展模式,产学研互动进行基于技术集成的文化创意设计服务共性技术的攻关以及相关平台的开发。整个基地建设将在北大科技园品牌化、规模化运营下,为社会企业提供技术、信息、知识、人才、管理、资金等服务,将在北京市文化创意产业中起到引领、示范效应。

【业务发展】 北大科技园与共青团北京大学委员会签署战略合作协议,在创业教育、人才培养、创业导师、项目孵化等方面达成了合作意向,决定共同开展"北大创业家俱乐部""北京大学学生创业计划大赛"等活动。此战略合作有利于进一步探索大学生创新创业指导合作模式,树立教育与实践相结合之典范,对北京大学的创新创业工作的开展具有里程碑式的意义。

北大科技园协办2014年首届"北大培文杯"创意写作大赛,本届创意写作大赛强调创作者独特的想象、鲜明的个性、新奇的构思以及诗意表达的能力,并鼓励生产应用型的创意文本。北大科技园作为首批认定的"海淀区文化科技园区",是文化产业集聚发展的重要载体,依托北京大学优势资源和自身特点,加强创新文化环境建设,大力发展原创文化,加速中国文化创意产业发展。

北大科技园参加2014年中国(包头)首届国际装备制造业博览会,本次博览会以"创新科技、交流合作、产业升级"为主题,展出面积为3.2万平方米,分为装备制造业展示专区、能源技术设备展区、工程机械及特种车辆展区、工业自动化展区、通用设备展区、机床模具和有色金属展区、动力传动与控制技术展区7大展区,共有参展企业324家,其中来自海外的企业和采购团有50余家。展会吸引到24个国家专业人士、9000余名专业观众参加本次博览会。在本次博览会上,作为装备制造产业园的园中园,北大科技园对工程建设、企业发展以及招商引资情况进行了详尽的呈现,为园区招商工作奠定了良好的客户基础。

北大科技园与中关村科技园区海淀园管理委员会共同主办"创启未来"国际青年科技创业大赛,大赛是由北京市海淀区人民政府和北京大学携手发起,以"创新驱动"国家战略为方向,以全球化视野为指引,着眼世界前沿科技和高端人才,着力增强科技驱动发展新动力,提升自主创新能力的国际性创业大赛。大赛立足国家自主创新示范区核心区的建设,以战略性新兴产业为主旨,每年关注一个产业主题,挖掘培养创新项目,前沿示范、引领前行,形成可持续发展的创新能力和创新文化的源源动力。

北大科技园协办2014年"中国电子商务文化节"。"中国电子商务文化节"是我国电子商务行业及相关领域规格最高、规模最大、行业最全、亮点最多、影响最大和最富创意、最受欢迎的主题盛会,是中国电子商务行业的大舞台与风向标。本届文化节的主题是"雄才大略·跨界融合",旨在搭建一个宽广、有效的展示与交流的平台。本次文化节共有1500家以上的电子商务行业及传统行业的优秀企业参加。北大科技园与浙江金华市人民政府与合作共建的高端产学研用综合运营发展平台,通过整合自身优质高校智力资源、企业资源、国际化创新孵化理念与成熟的高科技产业运营发展经验,为本届文化节提供了前沿的思想、优质的项目和创新资源渠道,将进一步助力金华网络经济大发展,致力于成为推动浙江、金华产业转型升级发展的创新引擎。

北大科技园协办的第八届中国大学生 iCAN 物联网创新创业大赛中国总决赛。本次大赛共有来自全国 96 所高校的 421 支参赛队伍进入决赛阶段,参赛作品涉及公共安全、环境监控、智能交通、智能家居、健康监测等多个领域。在总结过去七届大赛经验的基础上,为了使大赛中涌现的杰出创意作品更好地转化为成熟的产品,使新颖的设计理念同企业产品技术升级紧密联系起来,使参赛的优秀大学生更多地了解创业、走向创业,北大科技园联手 iCAN 组委会启动"创启未来-iCAN·北大科技园创业孵化营"项目。孵化营依托北大科技园在全国各地园区,通过优秀作品与企业对接会、创业公开课、创业导师全程跟踪辅导、iCAN 创业基金扶持、优秀企业走访、政府政策对接等多种形式,使更多大学生走向创业,并丰富和引导各地大学生创业氛围,加速带动中国大学生创新创业事业发展。

北大科技园协办"中国互联网 20 年创业创投峰会",来自中国互联网协会、阿里巴巴、腾讯、软通动力等三十余家中国互联网巨头以及三百多位与会代表、投资界资深人士齐聚一堂,共同回首中国互联网 20 年的跌宕起伏,探讨未来区域经济发展中的互联网新机遇。峰会现场还举办了"中国好项目"互联网创新创业大赛决赛。

北大科技园南区正式运营,运营后将围绕科技创新链发展与创新创业生态环境打造,搭建多种新型服务平台,形成"以创新要素为基础的技术服务体系"和"以人为本的创业服务体系"。北大科技园将逐步携手光华管理学院、北大信息科学技术学院、北大工学院、闪联信息产业联盟、未名天使投资等多家院系、行业协会及投资机构,共同打造创新型孵化器集群,创造良好的创新创业生态环境。北大科技园南区的建立是北大科技园探索新形势下国家级大学科技园发展新模式的实践载体,专注于创新型孵化器建设,以垂直化的产业服务为科技与人才发展提供支撑平台,打造创业谷·光华(G-lab)、智能互联创新孵化器。

北大科技园承办中关村留学人员精品项目推介会("三三会"),本次推介会由中关村科技园区管理委员会主办,北京中关村留学人员创业园协会协办,专场推介了北大科技园园内 38 个优秀项目,6 个从事互联网金融和大数据的项目进行了路演,来自朗玛峰创投、中关村创投、正和岛基金等三十余家投融资机构,中国高新技术产业导报、中国留学生创业杂志等十余家新闻媒体,各兄弟留学生创业园和留学生创业企业的代表共八十多人参会。北大留学人员创业园是北京大学和中关村管委会共建的首家大学与政府合作的留学人员孵化基地,多年来北大留学人员创业园依托北京大学,汇聚多领域的创新技术、管理思想和人文精神,吸引着众多海外留学人员回国入园创办高科技企业。活动的主旨是为中关村科技园区的留学人员企业创造展示企业形象和技术产品的机会,建立企业与金融、投资机构之间合作的渠道。作为中关村核心区重要发展载体,北大科技园探索新形势下大学科技园发展模式,围绕科技创新链发展与创新创业生态环境打造,搭建多种新型服务平台,形成"以创新要素为基础的技术服务体系"和"以人为本的创业服务体系",为留学人员企业的培养和快速壮大提供了有力保障。

北大科技园首期北大创业孵化营正式开营,北大创业孵化营处于中关村核心区域,36 家项目团队进驻。

【获奖情况】 北大科技园被国家科技部火炬中心、北京市科委、中关村科技园区管委会、海淀区人民政府认定为"海淀·创业期科技型企业集中办公区"。

北大科技园被中关村科技园区管委会、北京市科委和海淀区人民政府认定为中关村海淀园首批"创新驿站"。

北大方正集团

【发展概况】 北大方正集团有限公司由北京大学于 1986 年投资创办,北大资产经营有限公司持股 70%。王选院士为方正集团技术决策者、奠基人,其发明的汉字激光照排技术奠定了方正集团起家之业。现今,北大方正已成功转型为多元投资控股集团,业务领域涵盖 IT、医疗医药、资源地产、金融、大宗商品贸易等产业,6 家在上海、深圳、香港交易所上市的公众公司,并在海外市场开拓方面成绩显著。北大方正是诠释中国政府"创新"理念,即"企业为主体、市场为导向、产学研结合"的典范企业之一。依托北京大学,方正拥有并创造对中国 IT、医疗医药产业发展至关重要的核心技术,是国家首批 6 家技术创新试点企业之一,多次荣膺"国家技术创新示范企业"等荣誉称号。2014 年,方正集团总收入 748 亿元,总资产 1521 亿元,净资产 483 亿元。

【研究开发】 5 月 13 日,北京大学人民医院成功问鼎 HIMSS-7 级,成为国内首家、全亚洲第二家通过 HIMSS(美国医疗卫生信息与管理系统协会)7 级评审的医院。该系统已经全面应用于北大医学部第九家附属医院——北京大学国际医院。在全球范围内,达到

HIMSS-7级水准的医院仅占2.1％。北京大学人民医院和北京大学国际医院现有医疗信息化系统都是北大方正信息产业集团旗下北大医疗信息技术有限公司全力打造的,这也是北大医学部与方正集团积极参与医改和深耕医疗信息化领域十余年的重大成果。

【业务发展】 方正证券子公司成功"驻港" 2月18日,方正证券公告收到中国证监会批复,核准公司以自有资金出资,在香港特别行政区设立方正证券(香港)金融控股有限公司,注册资本为1亿元港币。新设立的香港子公司可主要开展证券经纪、期货经纪、资产管理、投资银行等业务。香港子公司的设立有利于方正证券进一步拓宽投资范围和业务领域,开拓新的盈利渠道,促进母公司相关业务的开展;服务客户参与港股市场的投资,进一步丰富公司客户投资渠道和提升客户服务质量。

共建心理医院 2月27日,北京大学医学部、北京大学第六医院与北大医疗产业集团签署了三方战略合作协议,敲定北大六院与北大医疗将成立合资公司,在正在筹建的北京大学医学部第九家附属医院——北京大学国际医院的旁边,开办"北京大学心理医院",并以此作为双方精神卫生领域全面合作的平台,开展高端精神卫生业务,打造中国最大、最专业的精神卫生领域医疗管理集团。

株洲恺德医院二号住院大楼落成 5月18日,株洲恺德医院二号住院大楼收尾落成。北大医学部医院管理处处长、北大医疗产业集团董事张俊教授带队出席了当日的落成典礼。北大医疗产业集团收购株洲恺德医院近一年来,北大医疗管理小组在学科建设、财务、品牌、医院信息化、人力资源管理、采集物流等方面帮助恺德医院提升管理能力和医疗水平,新增床位数达三甲水平,恺德医院全面升级。北大医疗产业集团领导表示,未来将把株洲恺德医院打造成湖南省有影响力的"小综合,大专科"医院。

方正中期期货获得资产管理业务资格 5月20日,方正中期期货收到证监会许可,正式获得资产管理业务资格。2011年,方正中期期货启动了资产管理业务准备工作,组建技术研发团队、开发资产管理策略、构建制度和流程框架,为正式开展资管业务积累了丰富的业务经验和业务能力。2014年2月,由公司资产管理部(筹)牵头启动资产管理业务资格申请工作,一举取得资产管理业务资格,进一步扩大了公司经营业务领域。资产管理业务资格的取得,将丰富方正中期期货的业务领域,提升公司整体竞争实力,使公司有望实现业务模式和盈利方式的转型,成功进入经纪业务、资产管理、投资咨询等多层次的综合经营模式。

方正科技收购方正宽带和方正国际 5月30日,方正科技公告,拟向方正集团及其他股东收购方正宽带和方正国际两家公司100％股权(评估值分别为7.52亿元、8.23亿元)。作为上市公司,方正科技历经了三年的转型升级,形成以客户为中心,高端PCB制造为主、FA业务为辅,以行业物联网及系统集成解决方案为培育和补充的业务模式。本次并购,主要整合了方正宽带和方正国际现有的优质成长业务,搭建起"PCB元器件支撑智能终端以及通信网络——高速宽带接入支撑智能家居及智慧社区——五大行业解决方案支撑智慧城市"的综合业务结构,使得方正科技在面向"智慧城市、智慧生活"的IT服务产业链条布局上更加完善。同时,定增方案通过方正证券设立的资管计划,令上市公司发展和员工利益息息相关。复牌之后的6月3日和6月4日,方正科技接连收获两个涨停板,显示市场对本次重组的认可。

与中国长城资产管理公司签署了战略合作协议 7月4日,方正集团与中国长城资产管理公司签署了战略合作协议,两家公司将在地产、金融、医疗等方面展开全面合作。长城资管总裁张晓松表示,方正集团近年来在IT、房地产、医疗、金融等方面不断融合北京大学优质教育资源,各个业务板块的重组力量不断加大,与长城公司现有业务方向相通,凭借多年市场经验,将为双方的合作带来许多新突破。方正集团领导向张晓松详细介绍了方正的五大产业发展情况,希望通过多种模式,将方正的产业发展经验与长城公司的政策经验相结合,打造优质上下游产业链,发挥各自优势,形成全方位的紧密合作。

北大医药签署战略框架协议 7月9日,北大医药与北京大学医学部、北京大学肿瘤医院、北大医疗产业基金,以及心安医疗签署战略框架协议,共同设立北大医疗肿瘤医院管理有限公司,开展肿瘤专科医疗业务。未来的肿瘤医疗服务将以京津冀为核心,以北大肿瘤医院目前有效覆盖的区域为主要范围,以国内的合作医院为外延,开展连锁化肿瘤专科医疗管理等业务,建立"北大系"品牌的中国最大肿瘤专科医疗网络。北大肿瘤医院与北大医疗及合资公司的下属医疗机构将在会诊和转诊方面进行协同与合作。北大医疗及合资公司下属医疗机构的病人甚至可优先享受多学科会诊和转诊入住北大肿瘤医院的福利。

方正中期期货喜获最高评级 9月16日,中国证监会北京证监局正式公布关于2014年期货公司分类评价结果,方正中期期货在本次分类评级中喜获最高评级——A类AA级。这次评级,是在100分的基础上,依据期货公司风险管理能力、市场竞争力、培育和发展机构投资者状况、持续合规状况等评价指标与标准进行综合评价计分的。方正中期期货最终以优异成绩被评为2014年新晋AA级期货公司。方正中期期货现有营业部27家,遍布北京、上海、天津3个直辖市,以及河北、山东、内蒙古、陕西、浙江、江苏、湖北、湖南、广东9个省(自治区)的20个地级市。

"北大医疗城发展论坛"成功举办 10月29日,"北大医疗城发展论坛"在中关村生命科学园内成功举办,中国首家医疗医药综合体——北大医疗产业园正式开园,五家国家级实验室(北大医学部所属综合性创新药物研究开发技术大平台、转化医学中心、口腔数字化医疗技术和材料国家工程实验室、国家卫计委生殖医学中心、北大医学部天然药物及仿生药物国家重点实验室)成功入驻。

与淮南市政府签署全面战略合作框架协议 11月2日,方正集团与淮南市政府全面战略合作座谈会暨框架协议签约仪式在方正大厦举行,双方约定在IT、医疗、金融、职业教育等领域开展优势合作。淮南市委书记沈强,市委常委、市委秘书长刘涛,北京大学产业党工委副书记、北大资产经营有限公司高级副总裁韦俊民等领导出席。此外,双方还将在医疗信息化、金融、职业教育等方面谋求广泛合作。

与珠海市政府签署全面战略合作框架协议 11月11日,珠海市重大项目签约仪式在第十届中国国际航空航天博览会首映日举行,方正集团与珠海市政府签署全面战略合作框架协议,北京大学校长王恩哥院士应邀出席。根据协议,双方将在IT、医疗、城镇化建设、金融等领域开展全方位合作。在珠海市重大项目签约仪式上,方正集团高级副总裁、方正信产董事长方中华代表方正集团与珠海市委常委、常务副市长刘小龙签署了《珠海市人民政府与北大方正集团有限公司全面战略合作框架协议》。

【重点项目】国家重点实验室落户北大方正 1月10日,依托北大方正集团有限公司建设的"数字出版技术国家重点实验室"正式通过国家科技部验收,数字出版技术实验室正式进入国家重点实验室序列。该实验室由方正信产集团运维管理,是目前我国唯一一家专注于数字出版领域研究的企业国家重点实验室。实验室建设过程中,积极完善机制,瞄准行业发展前沿,不断加强人才培养引进、开展创新性研究力度,共承担了包括国家973计划等13项重要项目,发表了学术论文20篇,申请专利75项,获授权专利30项,主导制定了新闻出版行业标准1项。

"联合创新中心"揭牌 4月29日,"北京大学创新研究院——方正信产联合创新中心"揭牌仪式举行。北大创新研究院与方正IT在智慧城市、医疗大数据、物联网、车联网等方向高度契合,基于此,双方于2013年9月合作成立了"联合创新中心",并联合开展了"包头食品溯源项目",该项目在2014年7月开展实施。此次揭牌仪式的举办,标志着双方战略合作伙伴关系的正式建立,今后双方将继续推进科技成果的产业化。

【获奖情况】1. 北大方正集团有限公司获北交所"最佳产权交易组织奖"。12月8日,方正集团荣获北京产权交易所颁发的"最佳产权交易组织奖"。北大医疗产业园作为方正集团旗下唯一获得产权交易代理授权的企业,代理执行方正集团全部的产权交易业务。

2. 方正信产集团荣列"软件及信息服务十大领军企业"。12月19日,"2014中国软件大会"拉开了序幕,备受业内关注的"软件及信息服务十大领军企业"榜单揭晓,方正集团旗下的北大方正信产集团榜上有名。本次大会以"互联网时代的软件创新"为主题,工业和信息化部副部长杨学山出席大会并做主题报告。

3. 方正PCB喜获国家科技进步奖。12月,由国务院设立的"国家科学技术进步奖"表彰大会在人民大会堂隆重举行,方正科技旗下方正PCB申报的《高密度互连混合集成印制电路板关键技术及产业化》项目成功获得"2014年国家科技进步二等奖"。

【自主创新】氮化镓项目专家论证会 12月22日,氮化镓电力电子器件产业化项目专家论证会在方正大厦成功举行。在氮化镓技术上,北京大学、中山大学研究了多年,方正微电子也在氮化镓材料和器件制备方面不断探索。在论证会上,与会专家为氮化镓电力电子器件产业化项目把脉,围绕其发展前景、技术成熟度、团队架构与模式、进入时机和项目风险等多角度进行了客观、深入、充分的探讨并给出了相应的合理化建议。

信息技术国产化战略发布会 12月27日,方正集团举行信息技术国产化战略发布会暨与北京大学国家网络安全与信息化研究院联合研发中心揭牌。方正信产集团与北京大学国家网络安全与信息化研究院成立联合研发中心，正在就国产CPU、自主安全可控PC、自主安全打印系列解决方案，以及办公系统、警务系统等领域展开合作，进一步在基础、关键、战略性的领域进行布局。

【回报社会】 8月，"2014中国女性公益慈善·健康论坛"在京举行，北大方正集团有限公司副总裁兼首席品牌官魏亚欧代表方正集团做主题演讲，回顾"方正健康发展基金"的践行与成长之路。会上，作为中国首个参与女性"两癌"救助项目的企业，方正集团与中国妇女发展基金会联合发起成立"中国女性健康公益联盟"。作为中国首个参与女性"两癌"救助项目的企业，方正集团多年来成为中国妇女发展基金会在女性健康事业上的坚实后盾和伙伴。联合国妇女署、国务院妇女儿童工作委员会办公室、中国妇女发展基金会、中国公益研究院等机构与爱心企业参加了当天论坛。

【年度纪事】 1月16日，"方正，我们共同的名字"北大方正集团有限公司2014年年会举行。来自北京大学、方正集团及合作伙伴等参会代表、嘉宾出席了本次年会。北京大学校长王恩哥出席本次年会，并作了主题演讲"投资创新就是投资未来"。

3月5日，方正物产成功入选北京市商务委员会首批《北京市重点总部企业名录》。北京市重点总部企业评选工作是由北京市商务委牵头，企业自主申报，经市政联席会议办公室严格筛选评出。

4月29日，方正证券与上海银行签署了《上海银行—方正证券综合金融业务合作协议》，双方将以一账通"上方账户通"为载体，集投融资、资产管理、小额贷款、医疗服务、在线购物、在线支付等多功能于一体，向客户提供统一服务平台，打通双方的客户资源。

5月15—16日，方正集团与吉林省省领导王儒林、巴音朝鲁、高广滨等探讨智慧城市建设，推动方正集团五大产业与当地的更高级别合作。

5月27日，北京大学国际医院与北京大学第六医院、北京大学口腔医院学科共建签约仪式在北大医学部行政楼举行。本次签约，意味着北大医学部旗下资源开始全面对接国际医院。

5月31日，中央政治局委员、广东省委书记胡春华一行调研方正PCB产业园，方正集团高级副总裁、方正信产集团CEO方中华全程陪同胡春华一行参观了方正PCB工厂，并重点介绍了方正PCB的企业发展、产业规划、项目建设等情况。

7月8日，方正集团出席第五次中美创新对话，并在"城镇化进程中的智能基础设施"环节发表演讲。本次中美创新对话由全国政协副主席、科技部部长万钢与美国总统科技助理、白宫科技政策办公室主任约翰·霍尔德伦共同主持，两国政府及产学研各界代表参加。

8月1日，北京大学国际医院与北大医学部下属的北大第一医院、北大人民医院、北大第三医院举行学科共建签约仪式。

9月1日，北大医药发布公告，全资子公司北医医药与北京大学人民医院签署《体外诊断试剂耗材供应与配送及实验室流程优化长期服务协议》，这标志着北大医药的流通板块与医院的业务结合已全面启动。

9月23日，由北大计算机研究所和方正电子共同举办的"748工程"京内老领导老同志叙谈会在方正大厦举行，当年参与、支持及报道"748工程"的部分京内老领导、老同志应邀参会，与北大计算机研究所教授陈堃銶、部分教师，以及方正集团、方正电子公司相关领导等共计四十余人共同纪念"748工程"四十周年。

10月10日，国务院总理李克强与德国总理默克尔在德国柏林共同出席第七届中德经济技术合作论坛，主题为"创新驱动发展"。北京大学国际医院院长王杉随中方代表团参会，并与德国夏洛蒂医院签署合作协议。

10月24日，2014年度"CCF王选奖"揭晓，中国工程院院士、北京航空航天大学教授赵沁平，小米科技董事长兼CEO雷军获奖。

11月17日，中华数字书苑作为我国最大的正版华文数字资源库，第14次担起国礼重任，由国家主席习近平赠予悉尼科技大学，成为该校图书馆"中国馆"的核心组成部分。

12月12日，方正集团与盐城市正式签订全面战略合作框架协议。双方将加快推进一批合作载体和产业项目落地，推动江苏盐城的经济社会发展。

北大青鸟集团

【重点项目】 5月23日在西安"第十八届中国东西部合作与投资贸易洽谈会暨丝绸之路国际博览会"签约仪式上，北京北大青鸟软件系统有限公司一期投资20亿元，携手新疆生产建设兵团打造新疆"丝绸之路经济带"文化旅游产业的战略合作框架协议正式签署。北大青鸟集团执行董事徐祗祥与新疆生产建设兵团六师五家渠市副市长张霞女士分别代表合作各方在协议上签字，陕西省人大常委会、乌克兰工商会、新疆生产建设兵团、陕西省商务厅的领导等出席签约仪式。此次战略合作是北大青鸟集团围绕习总书记共建"丝绸之路经济带"战略构想,助力西部地区文化、教育、旅游等产业发展事业的延续与深化,是"一带一路"发展布局的重要组成部分。

8月19日,北大青鸟加拿大生产研发中心(Maple Armor)在加拿大魁北克省圣布鲁诺市正式开建。中国驻加拿大使馆公使参赞余本林、加拿大魁北克省外交经济贸易部部长达乌斯(Jacques Daoust)、加拿大魁北克圣布鲁诺市市长马丁(Martin Murray)等中外嘉宾为工程开工奠基。北大青鸟加拿大生产研发中心(Maple Armor)是青鸟环宇消防设备公司的分支机构,占地13500平方米,建筑面积7200平方米,基建及生产、研发设备总投资3000万加元,是近年来中资企业在魁北克省制造业和研发领域实施的最大投资项目。Maple Armor将建立研发实验室和质量控制部门,基于北大青鸟在电子材料生产领域的先进技术和一流行业管理经验,肩负研发生产符合行业国际最高标准产品的使命,所生产的产品将供应中国、北美、西欧等高需求市场。

11月26日,位于潍坊市潍县中路和北宫东街交叉处的"北大·锦城",继一期5座高楼热卖,二期5座新楼建高8层,也具备了预售资格。"北大·锦城"是北京北大青鸟软件系统有限公司旗下文化地产的先驱,意在还原具中国特质本土文化生活方式,倡导现代中式居住理念,推崇邻里和睦老院子、老街坊式和美生活。

【业务发展】 7月12日,为推进京津冀教育一体化发展,进一步拓展区校合作,天津市武清区政府与北大青鸟文教集团和天津鸿盛投资集团三方在武清区签约,将合作引入的北大公学天津国际学校确址于武清区,依托北京大学优质教育教学资源,集中打造国内一流的高端教育品牌。中共天津市委常委、市委教工委书记朱丽萍出席项目签约仪式;北京大学校长助理程旭、北大青鸟集团总裁、北大青鸟文教集团董事长初育国、中共武清区委书记张勇、天津鸿盛投资集团总经理王勇在仪式上致辞。

北大公学天津国际学校是现代化寄宿制学校,校舍与活动场地计划于2015年底落成,2016年正式招生开学,可容纳5000名学生。

【回报社会】 8月26日,北京北大青鸟软件系统有限公司实施"北大青鸟云南地震灾区——致公学生专项培养计划",招收云南省昭通震灾地区36名初三应届毕业生到北大附属实验学校开始高中学业,三年资助总额共540万元。

至2014年年底,北大青鸟集团与致公党中央合作的致公公益教育事业累计捐资1.2亿元,其中与致公党中央、共青团贵州省委合作实施的"春晖行动——致公学生培养计划"五年累计捐资1.13亿元,共选拔贵州老区5批417名贫困且品学兼优的小升初学生到北京北大附属实验学校完成6年中学学业。

【获奖情况】 4月21日,北大青鸟APTECH被中国保护消费者基金会授予"质量放心 用户满意双优品牌"。继2013年之后,北大青鸟APTECH再获此殊荣,是中国保护消费者基金会对北大青鸟APTECH多年来致力于中国IT职业教育发展的肯定与赞扬。

9月19日,在中国计算机报社、中国计算机行业协会、中国信息化推进联盟联合我国行业权威机构和传媒机构举办的"第六届中国行业信息化奖项评选活动暨2014中国行业信息化颁奖盛典"上,北大青鸟APTECH获得"2014年度中国IT职业教育最具影响力机构奖"证书与奖牌,其在IT职业教育领域中的示范作用和领先地位被再次肯定。

9月25日,北大青鸟环宇消防设备股份有限公司在"中国消费品安全论坛"活动中捧回了2014年全国"质量月"企业质量诚信倡议专题活动颁发的"全国质量诚信优秀典型企业"证书。

9月25日,商务部、教育部、科技部、工业和信息化部、浙江省政府联合主办,中国国际投资促进会、杭州市政府、浙江省商务厅共同承办,中国软件行业协会在杭州协办了"第六届中国国际服务外包交易博览会"。北大青鸟APTECH力揽优秀服务外包培训机构年度奖、最具规模服务外包培训机构奖、优秀服务外包人才培训国际合作奖三项大奖。

10月22日,在中国消防协会举办的"第四批消防行业信用等级评价A级以上信用企业发布颁奖大会"上,北大青鸟环宇消防设备股份有限公司获得2014年度消防行业AAA级企业信用等级证书。

12月11日,第六届"金翼奖"网易教育年度大选颁奖典礼在北京举办,数百位教育界名人专家汇聚一堂,揭晓了年度教育行业领袖、年度公益人物、年度行业新锐人物、年度最具影响力教育集团等18个年度重磅榜单。北大公学最终以领先票数及突出成绩,获网易教育评选的"2014年度最具影响力教育集团"大奖。

【自主创新】 5月10日,北京北大青鸟软件系统有限公司投资发展的映瑞光电科技(上海)有限公司对外发布,其研发的倒装LED芯片性能经权威机构评估已达到国际领先水平,并成功实现量产。

本次发布的倒装LED芯片规格型号为FC4040,大小为40mil×40mil,驱动电流为350 mA,VF:2.8 V~3.1 V,光效可达190lm/W,其结温和热阻均处于行业领先地位。

映瑞光电该LED项目自2011年1月上旬在上海临港产业区开工,5月建成投产。6月14日,时任中共中央政治局委员、上海市委书记的俞正声同志视察该公司。经四年奋斗,映瑞光电LED高端芯片项目新品优异性能已直逼行业龙头标准。该公司得到了北大青鸟集团等后援企业在资金、人才、经验等方面的全方位鼎力支持,以创新作为企业发展、品牌建立的内在驱动力,持续引进人才,构建起具有国际水平的研发和管理团队,在产品技术方面持续创新、突破。同时,映瑞光电注重提升产能,2013年销售额突破1亿元,单线产值领先国内LED芯片行业,2014年实现3亿元年创收目标。

北大未名生物工程集团有限公司

【发展概况】 北京北大未名生物工程集团有限公司(简称未名集团)成立于1992年,是北京大学三大产业集团之一,主要从事生物经济体系的建立和生物产业的发展,重点投资生物医药、生物农业、生物能源、生物环保、生物服务、生物制造和生物智能七大领域。集团已发展成为中国现代生物产业的旗舰企业和中国最具国际竞争潜力的企业集团之一。

2014年,未名集团在潘爱华董事长"构建生物经济体系,打造生物经济旗舰"企业愿景的引领下,公司经营管理向既定目标定向发力,持续发力,实现了"稳健经营,均衡发展;突破金融,高效有力;强势发展,全面进步"的年度目标,全年共完成销售收入28亿元,总资产超50亿元的出色业绩,刷新了公司年度发展的最好成绩。

3月28日上午,中共中央政治局委员、国务院副总理汪洋在国家食品药品监督管理局、福建省厦门市等领导的陪同下到未名集团下属企业厦门未名医药公司参观考察,对公司发展现状和未来规划给予了高度肯定。

2014年,世界首个生物经济体系更加清晰,未名集团世界生物经济策源地的地位更加巩固,集团呈现强劲发展态势,未名医药上市获得重大进展,重组上市草案获批公告,厦门未名生物医药有限公司经营持续向好,年利税达2.3亿元。成功重组天津华立达生物工程有限公司,向实现"干扰素大王"梦想迈出坚实步伐。成功组建未名种业公司,玉米良种利民33将为解决中国人吃饭问题做出贡献。合肥半汤生物经济实验区正式开工建设,成为世界首个生物经济实验区。安徽未名生物医药基地正式开工建设,将建成世界最大抗体药基地。集团企业文化实践基地建设获重大突破,三道书院总部与分部相继建成并投入使用。

【研究开发】 2014年,北京北大未名生物工程集团有限公司及下属公司在研项目51项,其中,国家863计划、973计划、星火计划和国家部委项目共13项,省市级项目6项,其他项目32项。

未名农业集团建立了一流的生物技术研发中心,成功构建了20多万株系的水稻突变体库。在研项目有转基因新技术新方法、抗除草剂转基因大豆、油菜新品种的研究等14项;未名医药有15000AU新规格治疗视神经损伤项目、重组人源NGF表达纯化、单克隆抗体类药物开发等12项;中智教育有教师培训系统软件、同步课堂辅导系统、主题教育应用软件等10项;未名博思有智能语义交流引擎、基因组测序比对Exact™软件等6项;北京科兴有EV71灭活疫苗、23价肺炎球菌多糖疫苗等4项;湖南未名有第二代生物柴油制备工艺技术及产业化研究、年产5万吨生物柴油生产装置技术开发等3项;江苏未名有胰岛素原料药及其制剂大规模产业化项目和未名利康的杀蟑胶饵各1项。

在研项目进展顺利。如北京科兴的EV71灭活疫苗已完成CDE专家审评,23价肺炎球菌多糖疫苗完成肺炎车间工程建设,2014年5月4日获得临床批件,临床方案已经完成,临床试验用疫苗已于2014年12月检验合格。SIPV脊髓灰质炎灭活疫苗已与荷兰疫苗转化研究所签署技术转让协议,现已完成申报资料的提交和现场核查。北京科兴还与中科院生物研究所、牛津大学、中国食品药品检定研究院等紧密合作,在甲型肝炎全病毒三维结构领域取得重大突破,相关论文于2014年在Nature杂志上在线发表。

未名生物医药有限公司的15000AU新规格治疗视神经损伤项目III期顺利开展,新适应征糖尿病足及创面愈合已完成动物药效试验,重组人源NGF表达纯化进行顺利,已掌握整套制备工艺技术,申请专利2项,已进入实质审查,发表文章1篇。单克隆抗体类药物开发初见成果,完成阿达木单抗和贝伐单抗的抗体纯化工艺,产物纯度大于98%,经检测产物活性与原研药物一致。

【业务发展】 9月19日北京北大未名生物工程集团有限公司下属企业厦门北大之路生物工程有限公司更名为未名生物医药有限公司,开启了成为中国生物医药旗舰企业的新旅程。2014年,公司营业收入5.75亿元,同比增长47%,实现利税2.45亿元。公司还先后获得厦门AAA信用等级、福建省知识产权优势企业、厦门市重点工业企业等六项荣誉。

未名生物医药有限公司是集团生物医药板块的核心企业,

2014年集团协助上市公司顺利公布了《发行股份购买资产暨关联交易预案》,并提交了《发行股份购买资产暨关联交易报告书(草案)》,该交易申请材料已经获中国证监会行政许可申请受理,上市工作获重大突破,取得了阶段性的成功。

下属企业北京科兴生物制品有限公司2014年累计销售疫苗1160万支,平均每天有3万人接种北京科兴的疫苗。公司不仅取得23价肺炎球菌多糖疫苗、流感病毒裂解疫苗临床试验批件,而且在拓展国际市场方面也取得突破,2014年,北京科兴接受了土耳其药监局的甲肝疫苗GMP认证,意味着北京科兴的甲肝疫苗原液或半成品,有望在土耳其当地进行分装。北京科兴还先后收到墨西哥、智利等国家的GMP认证,标志着北京科兴的流感疫苗将首次进入南美市场,这对北京科兴而言是一个重要的里程碑。

5月,重组天津华立达生物工程有限公司,这是我国率先进入基因工程制药产业化领域的企业之一。经过近7个月的努力,逐步扭转销售下滑趋势,截至2014年12月底,"安福隆"的销售较2013年增长了51.5%。华立达公司还取得国家新版药品GMP证书,成为继北京科兴、未名医药公司之后集团第三家取得该证书的医药企业。华立达公司还对干扰素生产线进行了升级改造,可满足年产2000万支干扰素产能的需要。

经过重组后的未名天人公司在生产及基地建设两方面均取得进展,公司于2014年取得北京市药品生产许可证。6月完成了顺义厂区质检实验室重建,为乌杞乙肝颗粒的大规模生产做好了前期准备。

2014年,与松原市利民种业有限公司完成合作,填补了集团生物农业板块产业化的空白,获得了具有重大战略价值的国审和省审"农作物品种权"16个,"植物新品种权"证书6个;其中,"利民33"等3个玉米品种获农业部"植物新品种权保护"认定公告;同时还并购接管了16.6万亩的"利民33"玉米种植面积和甘肃育种制种基地;9月,经农业部测产确认,"利民33"玉米亩产突破1033公斤,达到国际先进水平。吉林新闻联播、新华网吉林频道、《农民日报》《吉林日报》等媒体先后多次对"利民33"种子测产成果进行了集中报道。

能源板块有序发展。湖南北大未名生物科技有限公司以建成国家林油一体化示范基地、能源林育苗育种示范基地、林下经济示范基地、10万亩能源林种植基地、年产3000吨生物柴油中试生产线、生产欧V汽油600m³库容、液化石油气接卸铁路专用线、液化气充装及分装能力等工作为标志,基本完成生物能源产业布局。

【重点项目】 8月26日,2014年合巢经开区重大项目暨北大未名生物经济示范区一期(十大抗体药项目)集中开工仪式在未名集团合肥半汤生物经济孵化器(抗体药项目)现场隆重举行。未名集团投资建设的抗体中心占地400亩,建筑面积约40万平方米,项目总投资200亿元,中心通过实施抗体药"1361工程"(即1个新药证书、3个临床阶段、6个临床批文、100个自主与合作研发项目),分三阶段建设,每个阶段生产十个抗体药,全部建成后,年产值将达1000亿元,利税300亿元,将成为世界上最大的抗体药生产基地。

8月,集团与通用电气医疗(中国)签订全面战略合作协议,并完成了覆盖抗体药物生产工艺流程的所有设备的询价。与GE、IMA等国际品牌企业确立了设备供应意向;同时与国家发改委上海抗体工程中心、科技部抗体技术中心、卫生部抗体技术重点实验室等建立了抗体药物研发、中试合作,全力打造世界最大的抗体药生产基地。

自2014年1月实验区筹建指挥部成立以来,集团紧紧围绕着生物经济孵化器、国际健康中心、生物经济社区三大项目积极开展工作,目前已完成多项合作谈判。2014年度,安徽未名公司及其下属6家公司共计获得政策性扶持资金2400万元。

【回报社会】 北京北大未名生物工程集团有限公司出资在北京大学生命科学院设立的"沈同奖学金"金额增至200万元,并出资设立中南大学湘雅医学院奖学金、南京医科大学奖学金、中国传媒大学奖学金。

【基地建设】 1月11日,安徽北大未名生物经济研究院有限公司、半汤生物经济实验区筹建指挥部、生物经济社区(未名公社)等挂牌运行。正式开启合肥半汤生物经济实验区生物经济孵化器、生物经济社区、国际健康中心三大项目群建设工作。

2014年6月签约启动保定古北岳生物经济示范区,示范区项目群占地150平方公里,项目总投资约120亿元。保定古北岳生物经济示范区主要发展项目:一是建设世界最大中药基地。以于家寨水库、贺家庄为核心,占地10平方公里。建设世界最大的中药生产基地(100条GMP生产线)、世界最大的中药配方颗粒生产基地(500种中药材配方颗粒)和道地中药材基地。通过实施中药材种植在线质量检测(SGAP)计划,建立道地药材可追溯体系,推动建立国家道地药材质量检验鉴定中心,整合中药材资源,打造中药材第一品牌。

二是建设林下经济示范基地。充分发挥保定古北岳国家森林公园的自然资源优势，重点发展以万亩油用牡丹、道地中药材种植为主要方向的林下经济示范带，同时发展食品精细化工产业链，提高产品附加值，为当地经济发展提供支撑。

北京北大维信生物科技有限公司

【发展概况】 北京北大维信生物科技有限公司于1994年9月1日创建于北京中关村高科技园区，注册资金8000万元，是由山东绿叶制药有限公司与北京大学共同合作投资的公司。公司自成立以来一直致力于天然药物和现代中药的研究、开发、生产和销售。2013年，北大维信总计实现销售收入3.01亿元，实现工业总产值34836万元，利润7801万元，资产总额4.4亿元。公司现有员工约1000人。

2014年年底，继2008年首次被认定为国际高新技术企业后，公司再次被北京市科委、北京市财政局、国家税务局及地方税务局联合认定为国家高新技术企业。

【业务发展】 2014年年底，北京北大维信生物科技有限公司通过质量（ISO9001）、环境（ISO14001）、职业安全健康（OHSAS18001）整合型管理体系（IMS）认证。三体系是国际优秀企业管理通用标准，是对公司现行GMP质量管理体系的补充和完善，不仅为公司产品国际化推广提供了有效通行证，更从提升企业综合运营管理方面，为其发展壮大提供了强有力支持。

【回报社会】 5月21—23日，在"六一"儿童节来临之际，由北京北大维信生物科技有限公司组织的爱心志愿者一行10人再次来到北大维信希望小学。张翠玲与杜保民副总经理代表北大维信全体员工表达了对孩子们的真诚祝愿和殷切期望，并给孩子们带去了学习用品。爱心志愿者精心为孩子们组织了各种室内和户外游戏，"传递爱、表达爱"成为这次希望之旅的意义所在，北大维信在担当社会责任的道路上将会继续前行！

12月14日，北京大学医学部"2013—2014学年度学生先进集体、优秀个人表彰大会"在医学部会议中心礼堂隆重举行。公司总经理段震文作为颁奖嘉宾出席了颁奖会，向获奖学生颁发了获奖证书。"维信医学教育奖学金"设立于2006年，旨在鼓励医学部优秀本科生和长学制学生，并对经济困难的学生进行无偿资助，已连续九年在医学部颁奖，该奖项受到了医学部学生的热烈欢迎，此次共有40名优秀学生获得该项奖学金的奖励。此外，10名学生获得了"爱心维信助学金"的资助。

【技术改造】 9月，工厂5号楼提取车间提取浓缩、真空机组和乙醇回收设备升级改造完成。该套设备的改造完成，可有效降低生产乙醇消耗25%，全年可节约乙醇消耗成本约100万元。

【重点项目】 中药国际化。继2013年完成血脂康美国II期临床试验后，2014年公司开始进入III期临床试验的筹备阶段。2014年公司与国内外专家召开了多次项目组会议，详细讨论了III期临床试验的相关问题，有力地推动了血脂康在美国的注册进展工作。

北大维信自1996年起先后向美国、挪威、日本、新加坡、马来西亚等多个国家，以及中国台湾、中国香港地区销售血脂康及红曲产品，累计出口额已超过1.2亿美元。血脂康胶囊已在新加坡、马来西亚、中国台湾取得药品注册证书，并在美国、中国香港进行了药品注册申请。2014年，公司实现出口额约88.3万美元，比2013年增长了86%。

北京北大英华科技有限公司

【发展概况】 北京北大英华科技有限公司（简称北大英华），成立于1999年，注册资金1000万元，位于海淀区中关村大街中关村大厦9层，是北京大学的控股公司。北京北大英华科技有限公司依托北京大学的资源优势，在北大校办产业管理委员会、北大资产经营有限公司的引导和支持下，致力于法律信息、网络教育和高端培训产业，为社会各界提供法律信息内容和应用平台，以及源源不断的更新服务，已成为中国最大的法律信息与知识内容供应商。北大英华不断探索最新信息技术与法学信息的结合方式，为用户和社会公众打造汇集、传播、交流法律知识和信息的综合法律信息平台，积极搭建有效法律社交网络和主动梳理展现基本法律知识体系，以不断促进法治文化社会传播，履行法律信息主导企业应尽到的社会责任。2014年，实现销售收入3606万元，利润378万元，资产总额6308万元，所有者权益3872万元。

【年度纪事】 4月26日，北京北大英华科技有限公司在中国法学会法学教育研究会诊所法律教育专业委员会主办的诊所法律教育研讨会上向2013—2015"卓越法律人才培养计划——公益法律服务志愿者项目"的10名志愿者捐赠北大法宝使用账号及英华出版物《责任高于热爱》一书。

5月16日,"北大法律信息网""北大法宝"(北大英华公司)作为赞助单位参加由中国法学会主办的《中国法学》创刊30周年纪念座谈会,北大法制信息中心副主任、"北大法宝"(北大英华公司)副总经理郭叶在学术研讨会上做了简短发言。

5月9—10日,北京北大英华科技有限公司(北大法宝)、北京市法学会法律图书馆与法律信息研究会、北京伟文盛业文化发展有限公司(Wells)联合举办了"2014北京法律图书馆最新动态交流座谈会"。来自北京近30所法律图书馆界的代表,以及华东政法大学、中山大学、江西警官学院等外地嘉宾参加了本次座谈会,畅谈了法律图书馆和法律信息服务领域的最新动态及发展趋势。

5月23日,由北京北大英华科技有限公司主办、主题为"企业并购合同中的几个重要条款"的首度企业法务培训在北大英华科技有限公司隆重举行。来自中国石油工程建设公司、中国兵工物资集团等单位的法律人士30余人应邀参加了培训。

7月11日,北京北大英华科技有限公司应邀出席在人民大会堂隆重举行的"1+1"中国法律援助志愿者行动2014年总结派遣工作会议,并在会上向中国法律援助基金会捐赠价值864万元的"北大法宝"数据库产品,旨在为志愿者们提供全面、准确、实用的法律检索服务,帮助志愿者们更好地提供服务。

9月26日,由北京北大英华科技有限公司主办、主题为"房地产交易架构的风险控制"的第二季房产交易沙龙在北大英华科技有限公司隆重举行。来自中粮置地、光大投资、华远置业、天津融创集团等单位的法律人士30余人应邀参加了培训。

12月21日,北京北大英华科技有限公司协办中国案例法学研究会2014年年会,该会在北京大学法学院学术报告厅举行,由中国案例法学研究会主办,北京大学法学院承办,清华大学法学院、中央财经大学法律援助中心、北京市中闻律师事务所共同协办。

【企业改革】 4月2日,为推动公司新的北大法宝平台战略,促进业务发展,公司决定将原销售部、市场部、行业发展部整合成立为市场营销事业部。

11月25日,为整合资源实现优势互补、增强活力、提高效益、扩大英华教育的覆盖面和品牌影响力,公司决定将培训部与网教中心整合,成立教育培训事业部。

【研究开发】 7月,北京北大英华科技有限公司上线"司法考试平台"。平台包括在线答题、重点法条、法律汇编、司考大纲、法律文书、我的司考六个部分,涵盖信息全面,数据来源权威,平台功能强大,是广大考生备战司考的制胜利器。

【产业运行】 北京北大英华科技有限公司积极顺应移动互联网时代的发展趋势,结合网页端淘宝电商、手机端微信,在2014年增加更多便捷功能宣传推广北大法宝,多元化的销售方式相结合,逐步创建和完善微营销体系,进一步促进生产经营的顺利运行。

【重点项目】 2014年,针对用户的特殊需求,结合北京北大英华科技有限公司的优势,在北大法宝的产品基础上研究开发定制项目。包括"食品安全法律信息平台""金融企业法律服务系统""立法文件审查系统""法务文件审查系统"等。在满足用户需求的同时,提高自身的创新能力和开发能力,开阔了发展思路,增加了企业的盈利点,提高了北大法宝在高端法律检索行业的声誉。

【所获荣誉】 2014年,北大法宝获得北京市科委科技服务业专项基金。

北大资源集团

【发展概况】 北大资源集团有限公司是北大方正集团有限公司旗下专业从事房地产开发、教育投资、商业地产运营、物业经营管理等业务的综合性房地产控股集团。集团依托北京大学和方正集团,定位于资源整合型城市运营商,通过有效配置和整合教育、IT、医疗、金融等领域的内外部优质资源,提升自建项目的社区生活品质和城市价值,并通过战略合作,服务于外部开发商的地产项目,致力成为中国特色城市运营模式的开拓者和领跑者。在商业开发的同时,北大资源集团深入挖掘北大深厚的人文底蕴,致力构筑新文化社区与新文化城市,以文化设施营建、文化活动发起、文化氛围塑造等,为中国城市及城市居民创造更有文化品质、更宜居、更具幸福感的生活。北大资源开发项目涵盖城市运营、住宅、写字楼、酒店、商业、科技园、工业园区等多种类型。目前项目主要分布于长三角、珠三角、环渤海区、华中、西南等国家重点发展地区。

2014年,北大资源集团有限公司在开发项目34个,较2013年增加11个,增长47.8%;开拓城市市场16个,较2013年增加了天津、杭州、南昌、广州、包头等5座城市。截至2014年12月,北大资源集团储备土地521.14万 m^2(即7817亩),其中2014年新增储备154.53万 m^2(即2318亩)。

【年度纪事】 1月17日,北大方正集团有限公司2014年年会资源集团分会现场正式发布《北大资源典》。这是一本首次成体系、全方位地介绍北大资源集团各方面优质资源的书籍。全书共10章、245节,合计72万字,详细介绍了北京大学在教育、医疗、文化等方面的独特优势,系统梳理了方正集团在IT、医疗医药、金融等方面的产业布局。

4月27日,北大资源集团首个社区级新文化中心——北大资源尚品清河新文化中心正式揭牌运营。同时,新文化中心还挂牌为"济南市天桥区泺口街道文化中心"。另一个重磅级的社区服务平台——北大医疗社区健康管理中心,也在当日揭牌。这是北大资源集团首次尝试以新文化中心和健康管理中心的"双中心"架构,作为社会力量参与和支持公共文化服务体系建设。

4月27日下午,"以感动之名表感恩之情"——北大资源2014年"感动资源"颁奖典礼在山东济南盛大启幕。

4月28日,北大资源集团第四届品牌年会"资源·品茗斋"在山东济南召开。

5月22日上午9时,由国家文化部组织的国家公用文化服务典型采访团来到山东北大资源尚品清河社区的新文化中心开展调研考察工作。

6月14日开始,由北京大学公众考古与艺术中心、鸣鹤书苑文化传播有限公司主办,北大资源集团协办,主题为"北大带你玩'穿越'"的北京大学考古文博训练营陆续在贵阳、济南、昆山、长沙、青岛、东莞、成都、重庆、武汉等全国9座城市启动营员招募。

7月9日,北大附中与北大资源集团战略合作签约仪式在北京举行。双方宣布北大附中首批外埠学校将落地北大资源项目所在地——天津和开封。北京大学王恩哥校长出席了本次签约仪式,北大校产办、北大附中,天津市、开封市、厦门市政府等相关领导,以及方正集团董事会、执委会,北大资源集团总办会相关领导出席了此次活动。

7月10日,山东北大资源所辖的北大时代C4地块18号楼继5号、19号楼获得"济南市建筑施工安全文明工地"称号后,获得"山东省建筑施工安全文明工地"称号。

9月18日,东莞万江新城社区文化中心、御湾新文化中心、北大幼教中心御湾幼儿园落成典礼在东莞举行。

9月22日,北大资源集团打造的社区服务网络平台——"资源家"2.0版本在全国同步上线。网站包含教育、健康、理财、商城、社区、业主专享6大核心频道,实现社区资讯发布、教育健康咨询、线上购物理财等诸多功能。居民通过登录网站就可以居家享受与生活相关的各类服务,满足各个群体的不同需求。

10月18日,全国首家北大医疗社区健康管理中心在济南尚品清河开业,这标志着北大资源集团房地产项目配套的专属社区医疗机构正式建成,北大医疗社区健康管理中心迈出了全国战略部署的第一步。

10月19日下午,天津市博物馆报告厅名家云集,"相信文化的力量——天津北大悦读会启动仪式暨全民悦读季名家大讲堂"活动举行。

11月3日,北大附中直接对外办学的首批学校之一——北大附中开封学校在开封北大资源城举行奠基仪式。

11月13日,东莞市万江北大幼教中心御湾幼儿园顺利通过了"广东省规范化幼儿园"评估,为下一步御湾幼儿园冲刺东莞市一级一类幼儿园奠定了良好基础。

11月30日,由中共中央党校报刊社主办,北大资源集团、北大方正信产集团承办的第三届中国城市管理高峰论坛在天津举办。本届论坛上,北大资源集团正式发布新文化社区服务体系。

12月1日,北大资源(控股)有限公司(00618.HK)寄发股东通函,宣布落实收购母公司北大资源集团12个物业发展项目,此举标志着北大资源(00618.HK)成功实现了北大资源集团旗下优质地产开发业务的证券化,进一步夯实了其向地产业务进行战略转型的方向。

12月18日上午,北大资源·梦想城新文化中心奠基仪式在贵阳观山湖区举行。

【重大奖项】 2014年,北大资源集团有限公司荣获第十四届"中国地产金砖奖——年度文化社区创新大奖"。

天津北大资源·阅府荣获2014年度搜狐焦点楼盘评选之"最具潜力大盘"。

昆山北大资源·理城荣获搜房网颁发的"2014年度昆山楼市最具潜力楼盘"。

开封北大资源城荣获河南省房地产业商会评选的"2014最具文化价值楼盘"。

武汉北大资源·莲湖锦城荣获首届城市宜居楼盘大奖之"2015年度最值得期待楼盘"。

长沙北大资源·时光荣获凤凰网颁发的"2014长沙最具人文气质别墅"。

重庆北大资源·博雅荣获新浪乐居颁发"2014年度购房者最喜欢购买的楼盘"。

佛山北大资源·博雅滨江荣

获2014年中国地产金钥匙奖·全国十佳优质人居金奖。

成都北大资源·燕楠国际荣获第六届中国地产杂志联盟"传媒评论大奖"之"2014年度特别影响力文化住区"。

贵阳北大资源·梦想城荣获2014人民选择好房子之"年度好房子""最佳高铁物业"。

杭州北大资源·海港城荣获2014年搜狐杭州房地产十大最值得期待楼盘。

山东北大资源·尚品燕园荣获新浪乐居2014年度人气搜索楼盘奖。

华南MALL荣获"2014东莞金牌地产评荐"之"金牌商业"大奖。

物业集团2014年6月荣升"2014中国物业服务百强企业"。

主要教学科研服务机构

图书馆

【发展概况】 2014年图书馆首次全面规划发展战略,启动5年行动计划。资源建设方面,继续压缩印本资源的采购,扩大数字资源的经费投入。读者服务方面,年内形成了院系分馆向全校师生开放借阅服务、总分馆文献资源协调采购两个重要决议。在信息基础设施方面,开发并推出了北京大学开放研究数据服务平台。在图书馆空间建设方面,北京大学校方就古籍图书馆的建设与沙特方进一步签署了谅解备忘录,年底召开了项目建设评标会,确定了中标单位。调整与修订图书馆东楼改造和西楼扩建方案。年内有11个新立项的科研课题,图书馆职工正式出版的学术成果著作类18种。2014年,图书馆荣获全国古籍保护工作先进单位,全民阅读先进单位,北京大学青年教师教学基本功比赛组织奖等;党委和各级党组织获得了多项优秀组织奖。

【文献资源建设】 保持文献资源建设连续和稳定,完成图书馆日常文献资源的采访工作。

印本文献采访 普通图书购置经费比上年减少9.08万元,欠款约为230万元,比上年减少90万元。总购书量65964种/112025册,比上年增加10031种/14352册。其中,中文图书采购量比上年增加13311种,增幅为35.55%;因文科专款减少,外文图书采购量比上年减少3280种,降幅为17.73%。订购期刊5012种,比上年减少18种;续订报纸213种。

表8-69 2014年度书刊采访工作统计

项目		文科		理科		总计	
		种	册	种	册	种	册
图书	中文	43937	82147	6812	11787	50749	93934
	外文	13519	16248	1696	1843	15215	18091
	图书总计	57456	98395	8508	13630	65964	112025
期刊	中文	2108	4660	1433	3360	3541	8020
	外文	1165	945	306	555	1471	1500
	期刊总计	3273	5605	1739	3915	5012	9520
报纸	中文	153	756	21	0	174	756
	外文	39	0	0	0	39	0
	报刊总计	192	756	21	0	213	756
学位论文		3229	3229	3311	3311	6540	6540
音像资料						550	589
年新增总计						78279	129430

医学图书馆采购量比上年略有下降,全年共采访中文图书4157种/9066册,比上年减少182种/413册;外文图书641种/731册,比上年增加16种/63册;中文报刊641种,外文期刊155种。

电子资源 新订4个数据库:CEIC数据库、CNKI年鉴网络出版数据库、CNKI中国经济社会发展统计数据库、新东方英语四六级网考平台多媒体数据库。电子文献经费支出比上年减少约82.2万元,减幅为6.18%。中外文电子报刊总数与上年比略有增加,中外文电子图书总数比上年增加1万余册。多媒体实体资源总量达到24685种/53270件,当年新增电影、语言、音乐、节目、学习参考等类DVD550种/589件。继续自建内容丰富、形式多样的数字化资源,包括学位论文、教学参考书、民国期刊、满铁资料、外文刊元数据等,并在一定范围内发布利用。

表8-70 2014年度电子资源订阅情况统计

项目	中文(种)	外文(种)	年采访量(种/件)	累积量(种/件)
数据库	179	164	343/353	491/515
电子期刊	25063	27244	52307	52450
电子报纸	174	971	1145	1145
电子图书	1004390	376189	1380579	2802186
电子学位论文	2379049	491858	2870907	2870907
多媒体实体资源			550/589	24685/53270

医学图书馆订购电子图书、电子期刊数据库94个(其中与总馆合订45个),单独订购的电子期刊4666种,电子书1342种。

文献捐赠 全年共接受赠书12159种/16848册,比上年增加3618种/3090册。年内入藏的重要捐赠有:赵宝煦藏书(中文书2167种/2342册,外文书256种/262册,期刊32种/65册);王旭赠书(中文书1376种/1449册,外文书934种/937册);马若孟赠书(中文书47种/48册,外文书1939种/2036册);韩素音赠刊(24种/171册)。完成"中国之窗"项目赠书1032册,比去年增长15.7%。医学图书馆接受中文赠书604种/657册,中外文期刊约3000册。

【馆藏数字化】 数字加工中心当年文本扫描226万页,视音频加工49TB,数字加工总量累计达到257TB,对北京大学教学科研的数字化服务支持能力进一步加强。

【文献资源组织与揭示】 书刊编目方面,继续中文编目工作外包,完善质量控制体系。除完成常规新书与赠书的中外文编目外,通过程序开发实现了乱码字符自动处理,通过程序处理和人工核查,成功纠正的字段有13546个,部分成功纠正的字段有3403个,基本解决小语种乱码字符问题。全年提交古籍编目数据3803条,完成未编古籍编目2007种/65957册;增加书影1820种/3139幅。完成了大型佛教古籍丛刊《永乐北藏》的整理编目工作。完成年内新入藏拓片的编目。新增拓片记录版刻级838条,版本级1195条。全年为光华管理学院、考古文博学院、历史系、数学中心、外国语学院、哲学系等完成书刊编目2099种/2562册。

【古籍与特藏整理】 特色库建设方面,"宿白书藏"数据库初步建设完成。特藏整理与揭示方面,陈翰笙档案文献资料数字化基本完成,主要包括书信、日记、诗稿、论文、口述记录、传记资料等。完成对司徒雷登800封书信的著录的核对,以及37封书信的手稿的辨识、写信人的考订、说明文字撰写等。全年共完成修复中度、重度破损古籍78种/631册/47670叶,修复轻度破损古籍41册/2667叶,修复中、重度破损拓片112张。

【读者到馆服务】 继续深化创新各项读者服务,加深与读者之间的互动,大力开展阅读推广活动,学位论文系统和数字应用体验服务全面升级,加强学科竞争力情报分析,新辟"大雅讲堂"系列讲座活动等。

表8-71 2010—2014年相关读者服务工作进展情况

统计项目	2010年	2011年	2012年	2013年	2014年
入馆人次	2290881	2284612	2149345	2336698	2162878
外借册次	777349	697781	606543	591542	529641
续借册次	437773	395769	386369	394015	359032

续表

统计项目		2010年	2011年	2012年	2013年	2014年
预约册次		45494	36728	27923	31910	49134
借出预约册次		21753	16433	13392	14574	27659
馆际互借/文献传递笔数		28679	32125	33521	30698	28354
网上咨询个数		2437	2536	5868	5695	3896
课题咨询个数		644	1099	1397	1522	862
信息素养服务	场次	116	125	138	141	132
	人次	3828	3902	3598	3569	3817
电子资源检索人次		29222743	31366310	68281297	97770793	119837217
电子资源全文下载篇次		18615432	16829590	17902510	17010131	19196062
多媒体资源在线检索与点播频次		542664①	1031842	1269767	2008118	1922086
视听欣赏区/数字体验区人次		33000	34300	40382	53200	50316
空间和设施服务	场次	662	678	935	1368	1372
	人次	69080	67320	71727	78930	79747
主页登录次数		5499041	3824300	4192563②	3915678	3792433
储存馆外借册次		1390	1470	1996	2490	3920

注：① 2010年重新调整统计指标。② 含新门户主页发布后的访问量。

【电子资源检索服务】 电子资源检索服务每周开放98小时，电子资源检索服务共接待到馆读者237186人。

【馆际互借与文献传递】 借出文献请求19662笔（满足16854笔），借入文献请求8692笔（满足7011笔）。借出文献请求总量是借入文献请求总量的2倍多。

启用自助借书机和图书除菌机 5月，自助借书机在人文社科借阅区投入试用，自助借书机消磁比较彻底，报警概率低，并且大大减少了人工劳动，提高了工作效率。图书除菌机在科技图书借阅区进行试用，读者可自主对图书进行消毒。10月8日起，增加保存本阅览室中午开放时间，周一至周日 8:00—17:00连续开放，并取消了进门换证的程序。

全方位升级改造数字应用体验服务 新增了部分最新型号的平板设备，并对已有设备进行了升级。根据读者需求调查结果，在苹果专区增加了高保真音乐欣赏服务，下半年新增了3D打印和3D电影，为读者体验新技术和新设备提供了条件，受到读者的积极关注与使用。

学位论文系统全面升级 学位论文的服务工作由印本向电子化方向全面转型。本年度精简了学位论文工作流程中的编目和装订环节，电子版学位论文在提交审核通过后直接进行转换和发布，大幅度加快了学位论文的发布时间。

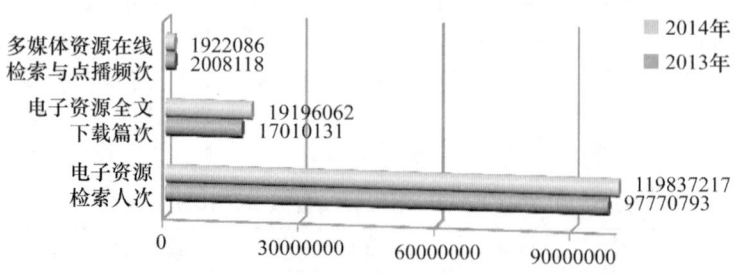

图8-1 2013—2014年总馆电子资源检索服务发展状况

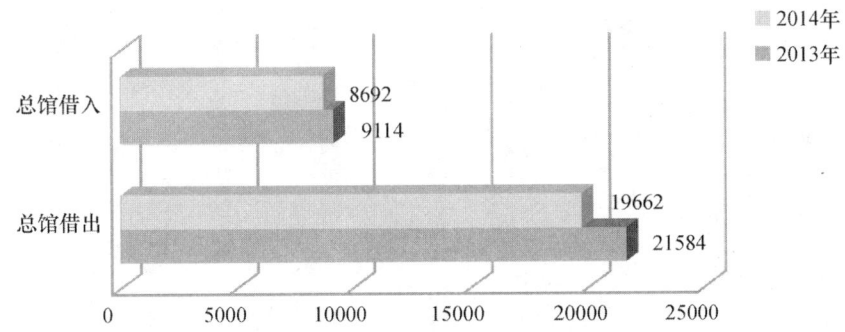

图 8-2 2013—2014 年馆际互借与文献传递量比较(单位:笔)

优化"未名学术搜索"功能 对未名学术搜索做了多方面的改进,包括:(1)书目信息实时馆藏(RTA)显示,方便读者实时了解馆藏情况。(2)解决中文资源的全文链接问题,中文检索体验得到提升。(3)完成配置 OA 资源,读者可以检索到文章级的 OA 资源。(4)增强检索结果展示效果,增加了 WOK 的引用次数,书目信息题名预览增加出版社信息等新功能。(5)解决了网络服务与部分数据库的应用问题,如 Web of Science 平台的链接解析,中文图书导出到 Endnotes 的出版地字段缺失的问题等。

社交媒体平台服务快速发展 利用微博、人人网和微信三大社交媒体平台为师生提供服务。跨部门运维小组完成在线咨询、信息推送、举办在线活动等工作。本年度新增了佳片有约、今日 3D 电影、艺图鉴赏、视频百科等栏目。微博和微信的粉丝量分别达到 1.8 万人和 2 万人。

表 8-72 社交媒体平台服务累积量

社交媒体名称	统计项目	粉丝人数	发布条数	转发条数
微博	粉丝数	18065	652	326
微信	粉丝数	20618	652	—
人人网	粉丝数	7843	652	95

学科馆员继续探索新的服务 继续与院系开展深度合作,全校公选课"法律写作与法律检索"由图书馆承担的课时增加到 6 学时。应任课老师要求,尝试制作 MOOC 课程的试点服务。本年度完成 MOOC 课程的音视频录制、MOOC 字幕及音视频的后期制作、MOOC 课件制作及审核、MOOC 界面管理与维护、MOOC 在线题库的建设与审核、线下现场答疑培训、MOOC 虚拟咨询及平台反馈意见的处理、MOOC 助教团队的管理等模块。

读者互动型的各类人文活动 连续开展"书读花间人博雅"阅读榜精选书目暨阅读摄影展活动、毕业季系列活动、迎新季系列活动,首次举办脱机自习大型活动等。

新电子教参服务平台 该平台拥有近 10000 册学校课程的中外文教学参考书全文,涵盖学校 30 多个院系的近 1000 门本科、研究生课程。较之旧平台在多方面进行了优化:支持统一认证、支持多种阅读方式、支持移动设备在线阅读、提供丰富的互动功能、增强了搜索功能、解决了旧平台新增院系目录无法显示等系统问题。

【数字图书馆门户】 北京大学期刊网正式上线,向开放出版更进一步;北京大学开放研究数据服务平台测试版上线。数字特长平台建设深入发展。宿白赠书室网站正式发布。信息素养评测平台正式上线服务。系统服务不断提升:未名学术搜索服务稳步推进;自动化集成系统升级,功能改进。

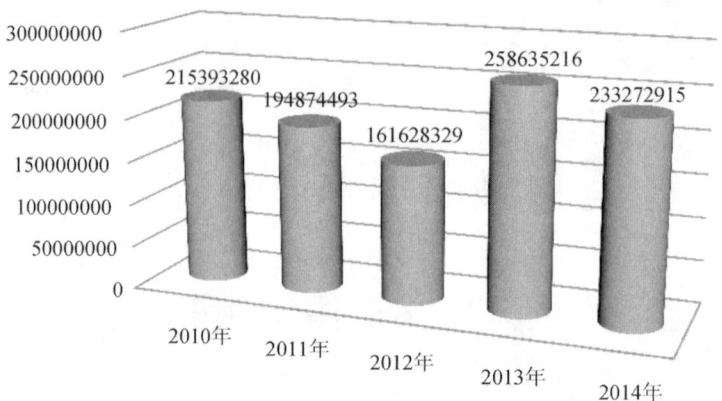

图 8-3　2010—2014 年总馆主页访问总体情况（单位：次）

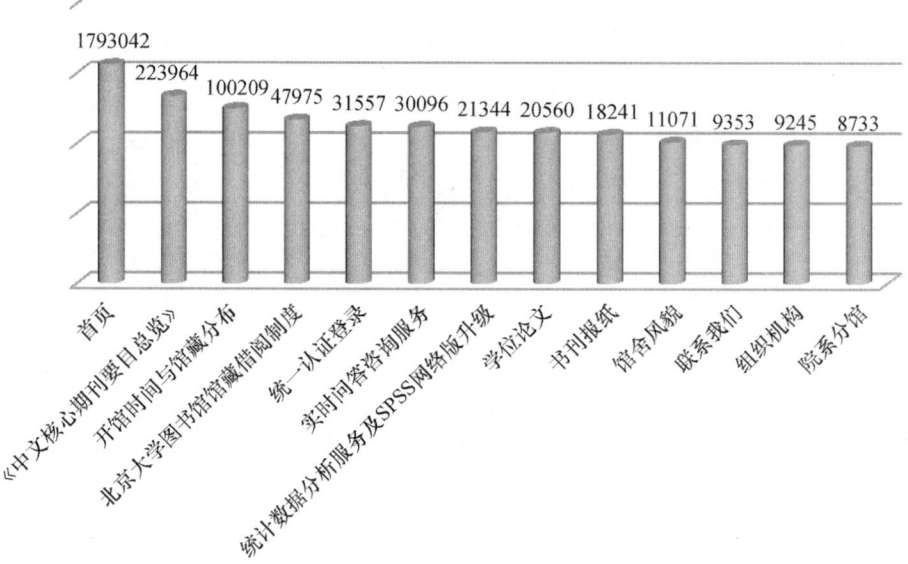

图 8-4　年度网页点击量排行榜（单位：次）

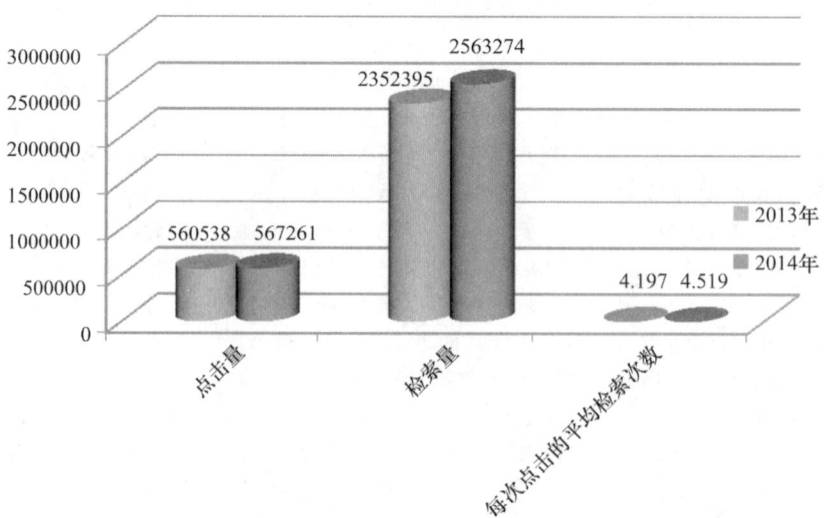

图 8-5　2013—2014 年未名学术搜索（SUMMON）访问情况比较（单位：次）

【课题咨询与学科服务】 科技项目查新因教育部取消博士点基金,查新要求业务量下降,论文收录及引用检索的业务量较上年都有所增长。论文收录和引用检索完成613笔,11371条。学科馆员针对所服务院系,在文献资源保障、信息分析服务等方面做了探索。尝试探索特定学科科研发展和前瞻力分析,就海洋能源、海洋材料和海洋法律等进行深层次内容分析。

【北京大学文献信息资源体系】 召开"北京大学文献信息资源战略发展委员会"和"北京大学图书馆工作委员会"第五次工作会议。会上完成四年一次的换届工作,增加了4名学生委员,并向两个委员会的新聘委员颁发了聘书,为优秀分馆颁奖和为新加入的分馆授牌,并就促进全校文献信息资源共建共享等议题形成了"院系分馆向全校师生开放借阅服务"和"总分馆文献资源协调采购"两个重要决议,这些决议的实施将为北京大学建设成为世界一流大学提供最基本的文献资源保障。

分馆建设进展 发展1家分馆:高等人文研究院分馆。至此,共建成33家分馆(含附属医院图书馆5家)。

分馆服务与建设工作 多次深入国际汉学家研修基地、外国语学院、新闻与传播学院、信息管理系、教育学院等分馆调研与走访,解决工作中的实际问题,与经济学院、中古史中心和考古文博学院分馆共同举办分馆沙龙活动。

【信息基础设施建设】 通过服务器、微机、网络等设备更新,数字存储设备的引进与使用,管理软件的引进与开发,进一步加强信息基础设施建设。

硬件方面 推进完成核心交换机的迁移升级工作,图书馆万兆核心交换机正式上线,为图书馆网络稳定运行提供了更加可靠的保障。

应用系统开发与维护 推出北京大学开放研究数据服务平台Beta版(http://opendata.pku.edu.cn),为研究中心、实验室和课题组共建立9个数据空间,30多个数据集。加强电子资源监控与统计系统的监控功能,实现实时提醒违规用户功能。根据违规监测情况,制定与完善系统的监控规则。

存储、网络服务扩展与提升 扩展存储容量至390TB,并对多台存储设备,规划扩容空间,合理分配现有空间。针对不同类型的数据采用相应的备份模式及备份策略,对现有资源数据进行保护,提供长期保存的安全保障。医学部图书馆发布新版新书通报后台管理平台。除展现新书的书封、书目信息、目录、内容简介、豆瓣链接等外,新增了评论功能。电子资源远程访问服务系统面向医学部全部合法用户即正式教职工、医护人员开放,对远程服务系统进行了清理,共计770人使用该系统。全年远程页面点击量达135.6万次。

【基础设施保障】 行政工作有序和规范化,后勤保障持续改进,为营造更好的馆舍环境而努力。在内部管理上完成以下几项工作:

古籍图书馆的建设稳步推进 12月15日,李岩松副校长与沙特国王公共图书馆载德馆长签署了古籍馆项目的第三次谅解备忘录《沙特国王图书馆北大分馆项目执行程序谅解备忘录》;16日,召开了阿卜杜勒·阿齐兹国王公共图书馆—北京大学分馆建设项目评标会,山西六建集团有限公司中标。通过与基建工程部、清华设计院多次沟通与讨论,提出新的图书馆东楼改造和西楼扩建规划方案,并上报学校规划委员会讨论。

加强内部管理 图书馆领导会同安保、物业、总务、电工等相关人员举行了两次全馆范围内的安全与卫生大检查。检查组对全馆各层公共自习区、阅览室、库房、机房,以及办公区域的用电、防火、防水等安全情况进行了深入细致的检查,研究了相关问题的应对举措,并要求各部门认真落实整改。

【党建工作】 图书馆党委集中开展专题学习,拟定读书学习计划建立读书角,积极落实讲话精神,组织党员认真学习领会总书记讲话精神,在日常工作中贯彻并践行社会主义核心价值观。积极动员、部署各支部召开专题学习会,深入学习习近平总书记"五四"重要讲话精神,通过活动加强了党支部建设。

【队伍建设】 合同制人员工资待遇得到适当提升。开展推荐评选2014年奖教金候选人工作,陈凌荣获方正教师奖优秀管理奖。启动2013—2014年度岗位考核工作。将劳务人员、返聘人员纳入本次考核,进一步规范了劳动合同制人员的管理。开展新馆员岗前培训,除了总馆的6位新馆员,继续协助人事部对北大医院和物理学院分馆的2名馆员进行了集中培训和轮训,将近一年来入馆的合同制人员纳入集中培训。

表 8-73　2014 年图书馆人员流动情况

流动	姓名
退休	沈乃文、程元柯、邵珂、徐韶、朱宪、李东明、宋力生、高倬贤、张立亚、肖连发、吴宗亮
	多苏敏（医学馆）
进馆	王文清、季梵、周璟、郭超、胡希琴、罗鹏程、张元俊
	徐坤（医学馆）

表 8-74　2014 年图书馆专业技术职务评定情况

职称	姓名
研究馆员	邹新明
副研究馆员	刘姝、艾春艳、朱本军
	李维（医学馆）
馆员	邵亚雄、王力朋、徐清白
	管同（医学馆）

【工会工作】　动员并组织48位合同制员工加入中华全国总工会。在校工会网站发布31篇新闻稿件。

【学术与交流】　2014年图书馆（总馆）的科研项目共28项，其中，新立项11项，完成14项，全年拨入图书馆（总馆）的科研经费共302.5万元。全年共有92项正式出版或发表的成果，包括：著作18部，视频1种，学术论文和其他成果63篇（其中，核心期刊论文30篇）。

表 8-75　2014 年图书馆科研项目一览

序号	项目名称	负责人	项目来源	项目状态
1	文物数字化保护元数据标准研究	朱强	2014国家科技支撑计划	新增/进行
2	道德同煤展览策划、设计与评估	萧群	大同煤矿集团智通传媒有限公司	新增/进行
3	我国高校图书馆面向"十三五"制定与实施战略规划研究	别立谦	日本桐山教育基金项目	新增/进行
4	谭其骧主编《中国历史地图集》战国地名校补及战国历史地图考绘	朱本军	日本桐山教育基金项目	新增/进行
5	大仓文库善本古籍的整理与研究	李云	全国高等院校古籍整理研究工作委员会	新增/进行
6	转型期中国纺织服装产业空间布局演化及机理研究	吴爱芝	国家自然科学基金青年项目	新增/进行
7	高等院校图书馆发展调查	朱强	教育部博士点基金	新增/完成
8	中央文化企业数字化转型升级	陈凌	中国出版集团公司	新增/完成
9	非专利数据资源统一接入平台升级开发	陈凌	易通远见（北京）科技有限公司	新增/完成
10	网络技术对科学传播提供的手段与方法	王文清	中国科协科普部	新增/完成
11	中国科协互联网科普建设研究	王文清	中国科协科普部	新增/完成
12	面向泛在信息社会的国家战略及图书馆对策研究	朱强	国家社科基金重点项目	进行
13	文化遗产数字化公共服务平台与产业化应用示范	朱强	国家文物局	进行
14	CALIS高校图书馆课题咨询服务	肖珑	清华大学	进行
15	古籍整理研究	李云	全国高等院校古籍整理研究工作委员会	进行
16	基于用户视角的数字资源质量管理实务研究	刘素清	国家社科基金一般项目	进行
17	数字图书馆动态知识管理研究	周义刚	国家社科基金一般项目	进行
18	高校图书馆基于区域图书馆联盟开展阅读推广活动的策略研究	刘彦丽	国家社科基金青年项目	进行
19	西文古籍中清代北京老照片及图片的整理及研究	张红扬	北京市哲学社会科学规划办公室	进行

续表

序号	项目名称	负责人	项目来源	项目状态
20	《大学图书馆学报》期刊资助	朱 强	全国哲学社会科学规划办公室	完成
21	数字内容对象存储、复用与交换(DC-OSRE)	陈 凌	新闻出版总署信息中心	完成
22	泛在信息环境下我国大学图书馆人力资源管理对策研究——以北京大学图书馆为例	裴微微	日本桐山教育基金项目	完成
23	新信息环境下中日韩高校图书馆文献资源共享体系建设现状研究	关志英	日本桐山教育基金项目	完成
24	高校图书馆古文献数字特藏建设研究	刘秀文	日本桐山教育基金项目	完成
25	校级人文社科数据服务平台构建研究	李晓东	日本桐山教育基金项目	完成
26	图书馆馆藏图像资源数据加工标准	肖 珑	国家图书馆	完成
27	高校图书馆文献信息资源发展政策实证研究	张美萍	北京高校图书馆工作委员会	完成
28	中文图书评价体系研究	何 峻	教育部人文社科研究项目	完成

表8-76 2014年图书馆(总馆)学术成果获奖情况统计

成果名称	著者/负责人	成果形式	所获奖项
北京大学图书馆藏历代墓志拓片目录	胡海帆 汤燕 陶诚	专著	2013年度全国优秀古籍图书二等奖
民国时期图书馆学著作出版与学术传承	范 凡	专著	北京大学第十二届人文社会科学研究优秀成果奖一等奖
下一代图书馆系统与服务研究	朱本军	专著	北京大学第十二届人文社会科学研究优秀成果奖二等奖
北京大学捐赠特藏资源的建设与展示	刘 丹 张丽静	论文	北京高校图书馆"新技术驱动图书馆服务创新"学术研讨会实践应用案例二等奖
北京大学图书馆机构知识库内容建设实践及思考	刘 丹 韦成府	论文	中国机构知识库学术研讨会:机构知识库的发展与创新会议论文推荐优秀论文奖
试论图书馆对其所藏古籍的权利和义务	姚伯岳	论文	出版界图书馆界全民阅读年会征文一等奖
CALIS机构知识库中心系统的研究、设计与实现	韦成府 聂华 崔海媛	论文	图书馆信息技术的应用、服务和创新学术研讨会暨第四届数字图书馆与开放源码软件(DLIB & OSS 2014)学术研讨会会议论文三等奖
以教师学者为中心之北京大学机构知识库平台建设实践与构想	韦成府 聂华	论文	中国机构知识库学术研讨会:机构知识库的发展与创新会议论文优秀论文奖
梦想与使命——我与北大图书馆古籍未编书的不解情缘	姚伯岳	论文	《光明日报》、国家古籍保护中心"我与中华古籍"征文三等奖
北京大学期刊网建设与发展	周义刚 刘丹 吴越	论文	北京高校图书馆"新技术驱动图书馆服务创新"学术研讨会实践应用案例二等奖
北京大学资源发现服务推广探析——以未名学术搜索为例	周义刚 聂华 廖三三	论文	第二届图书馆现代技术学术研讨会优秀论文奖
北京大学开放研究数据服务平台建设	朱玲 崔海媛 聂华 刘丹 吴越 罗鹏程	论文	北京高校图书馆"新技术驱动图书馆服务创新"学术研讨会实践应用案例一等奖

重要的学术活动 7月8日,召开了图书馆暑期发展研讨会,会议主题为"面向世界一流北京大学图书馆2014—2018年行动计划"。11月20日,成功承办"2014年中国索引学会年会暨学术研讨会",主题为"学术著作书后索引编纂"。

【**科研机构**】 1月,北京大学数字图书馆研究所"文物数字化保护元数据标准研究"课题组根据要求,向科技部网上填报了课题任务书;8月,提交纸本课题任务书;9月,项目获得科技部正式批复;11月,课题组接到国家文物局通知和科技部批复文件,课题正式启动。课题组于课题正式启动前,已开始在文物元数据标准、文物分类体系等方面展开了部分调研,邀请国外专家进行学术讲座,派人与国外文物研究机构进行了学术交流。在研究生培养方面,毕业研究生3人,招收研究生4人。已培养和正在培养的研究生达到15级,共67人。进入研究所的研究生:何成海、刘硕、关清文、吴蕾。

【CALIS全国文理中心】 配合高校图书馆数字资源采购联盟,在引进数据库、咨询服务、用户培训等方面深入开展工作。年内,主要针对高校古文献资源库未来的发展进行研讨,决定继续扩大高校古文献库的建设,策划若干项目,争取各方面经费支持。11月,召开了由高校图工委古籍组和"高校古文献资源库"项目组骨干共同参加的高校图书馆古文献发展工作座谈会,进一步策划项目申请方案。年内共组织33个数据库的集团采购工作,包括英文数据库30个,中文数据库3个,参加集团的馆次超过2800个。续订的数据库集团主要包括 Reaxys、LexisNexis Academic、Lexis.com、EB Online、Wiley、IOP、Science、Nature、JSTOR、EEBO、ECCO、PAO、WOS系列、ESI、Incites、Frontiers、万方、维普数据库等。此外,还组织了哈佛大学出版社电子书的集中试用。年内共完成修订/发布资源评估报告16个。

【CALIS全国医学中心】 牵头组织协调全国医学院校图书馆联合引进数据库,成功引进高质量医药电子资源,提高了医学中心的凝聚力。电子期刊:LWW+NEJM、Thieme eJournals、BMJ Journals、Karger eJournals、PML/PHMC、F1000Prime、Landes Bioscience Journals、美国医学会(AMA)电子期刊、英国 Informa 出版社全文电子期刊基础医学专辑 & 药学专辑;电子书:Karger eBooks、Thieme eBooks、Landes Bioscience Books;事实型:MICROMEDEX、Best Practice、Clinical Evidence。其中美国医学会(AMA)电子期刊和英国 Informa 出版社全文电子期刊基础医学专辑 & 药学专辑为新订资源。全面提高医药文献保障率和受益面,全年共处理文献传递申请4327条,馆际互借申请106册次,文献满足率87.15%,累计 CALIS 用户442个,累计 BALIS 用户739个,其中 BALIS 成员馆达到91个。随着 BALIS 和 CALIS 进一步融合,医学中心的用户分布和文献提供途径越发多元化。组织学术交流,召开专题会议。6月,举办大数据时代医学图书馆变革与创新研讨会暨2014海峡两岸暨香港医学图书馆馆长论坛。

【中国高校人文社会科学文献中心(CASHL)】 继续巩固、扩大和调整文专纸本图书、纸本期刊(含期刊目次)、电子期刊、电子图书、大型特藏(含大型特藏目次)五大类资源的建设,重点加强与社科院图书馆在国家哲学社会科学期刊数据库、与 CALIS 在高校古文献等方面的合作,在文专图书回溯、大型特藏采购和小语种文献采集渠道拓展方面有所突破。管理中心重点对区域文献(特别是日本研究、港台文献)和国家哲学社会科学期刊进行揭示传递。推进古文献服务在华东南区域试点,加强图书畅读活动等借阅服务的推介,加大新媒体、社交网络宣传,策划并实施西部馆员人才交流与合作计划,积极拓展与 CALIS、汤森路透、爱墨瑞德、社科院图书馆之间的深度合作,探索文献资源建设与资源服务的新方法和新途径。

【高校图书馆数字资源采购联盟(DRAA)】 2014年新增集团采购方案43次,采购数据库130余个,成员馆数量平稳增长,联盟影响力也日趋扩大。年内联盟新增了34家成员馆,总计拥有成员馆572家,DRAA 门户注册成员馆用户1538人,数据库商136人,代理商38人。年内联系数据库商开通 SUSHI 自动收割数据库 COUNTER 使用统计报告服务,逐步实现组团数据库统计数据的自动化收割与规范化管理。通过对 DRAA 平台功能的一系列完善与改进,高校图书馆数字资源采购联盟首次全部收取了组团数据库的资源信息,为进一步规范集团采购的各项工作奠定了基础。DRAA 理事第六次、第七次会议和与数据库商座谈会的召开,以及规范化统计工作的开展,都不断推进着 DRAA 引进资源规范化管理。

【教育部高校图工委与中国图书馆学会高校分会】

教育部高校图工委 召开《普通高等学校图书馆规程》第一次修订工作会议。召开战略规划工作组第一次工作会议。召开馆舍与环境建设工作组会议。举办第一期海外学科化服务馆员培训班。召开首届全国高校图书馆服务创新案例大赛暨研讨会。召开《普通高等学校图书馆规程》第二次修订会议。召开由教育部高等学校图书情报工作指导委员会、上海交通大学图书馆主办,宁夏大学图书馆承办的"第七届图书馆管理与服务创新论坛"。召开第四届图工委第二次工作会议。召开信息技术应用工作组工作会议。汇总"教育部高校图书馆事实数据库"中2013年数据,发布各项排行榜,提交《2013年高校图书馆发展概况》,组织中国古籍保护单位和个人的高校图书馆界的报奖工作。《大学图书馆学报》的建设取得硕果。《大学图书馆学报》的移动终端应用——"大学图书馆学报",在苹果商店正式上线。7月,Google Scholar 推出 H5 指数,列出100种中文热门出版物,图书馆学刊物占8种,其中《大学图书馆学报》位列第1名。11月24日,中国社会科学评价中心发布2014年中国人文社会科学期刊评价结果,《大学图书馆学报》被评为权威期刊,总分名列图书馆、情报与档案学第3名,吸引力和影响力得分均为第2名。在中国知网发布的"中国学术期刊影响因子年报(人文社会科学2013版)"中,影响因子学科排序位于图书馆学情报学期刊第2名。在万方公司发布的年报中,影响因子学科排序也位于图书馆学情报学期刊第2名。

中国图书馆学会高等学校图书馆分会 在中国图书馆学会的领导下,与教育部高校图书情报工作指导委员会密切配合,圆满完成了任务,取得如下成绩:完成分会相关人选变更工作。由中国人民大学图书馆副馆长宋姬芳接替北京师范大学图书馆王琼副馆长担任学会秘书长;由复旦大学现任馆长陈思和教授接替葛剑雄教授担任分会副主任委员。配合学会做好相关推选及申报工作。配合中国图书馆学会推选第九届理事会理事、常务理事候选人;组织推荐全国优秀科技工作者候选人、中国图书馆学会第六届青年学术论坛发言代表、中国图书馆学会优秀会员、优秀学会工作者及优秀学会;继续配合中国图书馆学会组织各高校认真开展"2014年全民阅读活动",并推选高校分会系统内的全民阅读活动"先进单位奖"和"全民阅读示范基地";组织参加中国图书馆学会最美基层图书馆推选工作、中国图书馆学会年会学术活动。创立分会学术品牌,继续举办好年会。6月,举办第五届"高校图书馆发展论坛",并举行了高校分会"优秀网站特约通讯员"的颁奖仪式。筹建中国高校图书馆案例数据库。与全国高校图书馆工作委员会服务创新工作组及南京农业大学合作,以每年年会论坛征集的案例为基础,筹建中国高校图书馆案例数据库。年内完成案例库功能模块搭建和案例提交格式等工作。加强对外合作与交流。连续第十年主办"中国图书馆馆员暑期培训班"项目,累计参加人数突破200人,逐步成为图书馆界赴海外学习的品牌项目。

医学图书馆

【发展概况】 北京大学医学图书馆始建于1922年,现馆于1989年建成并投入使用,馆舍面积为10200平方米,提供阅览座位600余个。藏书以生物及医药卫生类为主。1985年,教育部在北京大学医学图书馆建立了全国唯一的医学外国教材中心。中心积极引进国外优秀医学教材和教学参考书,为全国医学教材的研究与发展提供文献信息保障;1991年,被卫生部确定为文献资源共享网络系统华北地区中心馆;1993年,通过卫生部医学情报工作管理委员会首批考核审定为科研成果查新定点单位(北京大学医学信息咨询中心);1998年,教育部在北京大学医学图书馆设立中国高等教育文献保障系统(CALIS)全国医学文献信息中心,作为"211工程"医药重点学科所需文献的保障基地。2003年,被教育部审核确认为教育部综合类科技成果查新及项目咨询中心工作站(与北京大学图书馆查新部门合称为综合查新站),具备为国家级或部级以上科研项目提供查新咨询服务、出具具有法律效力查新报告的资格。截至2014年12月31日,北京大学医学图书馆共有各类藏书63.1万余册;其中,中外文现刊794种,报纸60种,引进数据库94个,自建医药卫生数据库8个,中外文电子期刊61409种(其中外文刊27480种)(该馆未与北大图书馆共同订购,而是单独订购电子期刊4666种)。特藏中国大陆唯一珍善本——手抄本《太平圣惠方》一部十函,共100卷100册。

【组织机构】 北京大学医学图书馆共有综合办公室、采访编目部、参考咨询部、流通阅览部、系统部等五个部室。馆长为张大庆教授,副馆长谢志耘、王金玲。每周二下午定期召开馆务会,商讨医学图书馆重大事项。馆务会成员由馆长、副馆长、办公室主任组成。

2014年度,医学图书馆面向馆内公开招聘、重组医学信息咨询中心,并对外承接两项横向调研课题,分别来自红杉资本和博瑞精实公司,课题经费共计15万元。

用于馆员内部交流的馆员空间正式上线。

【队伍建设】 职工共计47人(不含张大庆馆长),新晋升副研究馆员一人(李维),晋升馆员一人(管同),应届生新入职人员一人(徐坤)、退休人员一人(多苏敏),去世一人(冯文九)。消防监控、保安、保洁、书库外包等社会化人员均运转正常。

【学术交流】 全年接待校外参访人员(来自台湾长庚大学、台湾阳明大学、滨州医学院等)共计3批次。

2014年6月3—5日在昆明召开"大数据时代医学图书馆变革与创新研讨会暨2014海峡两岸暨香港医学图书馆馆长论坛"。负责会议通知的起草、发布,与承办馆的沟通、协调,会议预算的制定,会议开、闭幕词的撰写。来自53所高校医学图书馆的81位馆长和部门负责人以及22家数据库厂商参与了本次会议。

此外,医学部图书馆组织安排国内医学图书馆馆长赴台参加"第36届医学图书馆工作人员年会"暨2014年海峡两岸医学图书馆馆长会议。

2014年共计23人次外出学习、交流与培训。开展馆员内部培训,共分5门课,每门课3课时,全部利用周五中午的一小时午休时间,为没有图书馆学背景的12位新职工培训。

【服务工作】 书刊借阅 继续实行每周开馆87小时,主阅览室早8点到晚10点的开馆模式。2014年度自助借还书机使用率达85%，较上年增长近12%。流通一部、流通二部继续按岗位方案轮换，一部到期刊及文艺书报刊借阅室，二部到出纳台及书库，书库外包业务运转正常。新版新书通过后台管理平台发布，除展现新书的书封、书目信息、目录、内容简介以及豆瓣链接等外，新增了评论功能。

通借通还 医学馆与五家附属医院（不含人民医院）图书馆继续实行通借通还，与北大馆实行通还。

数据库讲座 组织 SciFinder 等4次数据库的宣传、培训工作，培训100余人次。

馆际互借与文献传递 共计完成馆际互借106册次，文献传递4327篇，为校内读者服务人数734人，目前 CALIS 用户达442个（包括机构和个人），BALIS 用户累计达739个（个人，以借书证为认证），CALIS 服务馆（成员馆）达1061个，BALIS 成员馆91个，文献满足率为87.15%。完成云端馆际互借任务，服务对象馆1家，接受任务量7662篇，成功传递文献量3087篇。

检索教学 完成各种各类文献检索教学任务217学时，培训人员达1300人次。并组织实施了对滨州医学院医学信息管理专业2名来馆本科实习生的毕业实习带教与指导，以及内蒙古医科大学图书馆崔宇鹏老师在我馆为期3个月的进修指导工作。

新生入馆教育 扩宽范围，2014年11月，应北医附小的要求，开展了对北医附小三年级一个班级的图书馆教育，反映良好。

主页服务 图书馆网站首页年点击量446931次。

学科服务 全体学科馆员积极定期走访学科联系人，以相对固定的时间去了解和发掘学科服务的方向。为再生型植入医疗器械课题组，提供"我国动物源性再生型医用植入器械行业信息分析报告"服务；为昆泰企业管理（上海）有限公司北京分公司提供"倍然和新泪然这两个品种的活性成分和重要辅料的药理毒理学研究"信息调研服务；为北京大学医学与信息科学技术学院交叉学科联合研究种子基金项目，提供"体感刺激与脑组织通道信息传输与交互规律及机制研究"的信息调研服务。通过对全国39所医学院校12个基础医学二级学科数据收集整理和评价，完成2013年度基础医学二级学科竞争力评价研究。

【阅读推广】 2014年对外发布电子馆讯3期。9月起，成立由学生自主管理的新服务模式，成立图书馆学生服务团。

4月29日，"我心目中的图书馆"为图书馆建筑建言献策活动在北京大学医学部主干道热烈开幕。7月3日，举办以"书来书往·知识飘香"为主题的医学图书馆第一届换书大集。10月23—25日，举办第二届走进图书馆活动之"图书馆闯关"。11月18日晚，组织人文沙龙颁奖。11月，举办"我的书单我做主"活动，征集学生喜欢的图书书目。12月，组织微信宣传，第600位微信粉丝获得图书馆的小奖品。12月评选图书馆服务之星，并制作海报。

1月13日开通图书馆微信，6月30日试运行，截至2014年12月31日粉丝已达600余人。

定期举办人文沙龙，与学生会合作，反映良好。

【党建工作】 2014年9月开展支部党日活动，医学图书馆党支部组织本支部所有党员自学了总书记"五四"讲话，并根据"五四"讲话内容和精神发放了一份答题问卷。

2014年10月中旬至11月底，医学部开展"深化综合改革、聚力科学发展"讨论活动，图书馆党员认真阅读医学部改革发展讨论方案，针对学校的综合改革方案，提出自己的意见与建议。

【科研成果】 2014年，图书馆正式发表期刊论文13篇，主持或参与各级科研项目10余项，并获得多个奖项。

（一）论文

1. Xie Zhiyun, Chan Julia L. Y., Murphy Jeannette. International Perspectives and Initiatives [J]. Health Information and Libraries Journal, 2014, (31): 161—166.

2. 翁蕾鸣. 高校图书馆医学学科馆员服务体系的国内外比较与思考[J]. 情报科学, 2014(32): 152—155.

3. 翁蕾鸣. 高校文献检索培训的比较与思考[J]. 图书馆建设, 2014(增): 14—17.

4. 李春英. 医药卫生科技查新要点的拟定原则与方法[J]. 中华医学科研管理杂志, 2014, 27(4): 441—443.

5. 殷蜀梅, 李春英. 基于文本挖掘技术探测胰岛淀粉样多肽的研究趋势[J]. 中华医学科研管理杂志, 2014, 27(2): 162—166.

6. 张建静. 高校图书馆阅读推广研究综述[J]. 图书情报工作, 2014(S2).

7. 刘颖, 张燕蕾等. 中国科学家学术谱系库的构建思路初探与实践[J]. 图书情报工作, 2014(S2).

8. 李维, 韩鸿宾. 脑细胞微环境研究的情报学分析[J]. 中华医学科研管理杂志, 2014, 27(2): 119—126.

9. 李维, 李毅. 转化医学信息学研究热点双向聚类计量分析[J]. 医学信息学杂志, 2014, 35(4): 15—19.

10. 管同. 对医学高校图书馆口腔类图书借阅情况的初步研究[J]. 科技情报开发与经济, 2014, 24(5): 34—35.

11. 周志超,张悦,张士靖. 健康素养研究领域的演进路径与热点预测[J]. 中国健康教育,2014,30(10):904—908.

12. 黄应申. 生物医学开放获取资源的特性及相关网络资源介绍[J]. 图书情报工作,2014,58(S1):69—71.

13. 丛敏超. 浅谈如何加强图书馆的统计工作[J]. 内蒙古科技与经济,2014,319(21):88—89,91.

(二)科研项目与编写教材

1. 参与国家社科基金项目"数字图书馆动态知识管理研究";

2. 参与国家社科基金项目"关联数据中潜在知识关联的发现方法研究";

3. 参与中国图书馆学会医院图书馆委员会2011—2012年度科学研究基金项目;

4. 参与编写《中华医学百科全书·医学信息学卷》;

5. 主持国家医学电子书包《医学文献检索》;

6. 参与科技部基础司"脑研究领域热点与前瞻性报告分析";

7. 参与公卫学院的国家社会科学基金面上项目:医务社工的角色定位与功能整合研究;

8. 参与医学人文研究院《医患关系蓝皮书》计划课题;

9. 参与教育部组织的《科技查新经典案例研究》参考书的第10章编写;

10. 完成中央电视大学《医学文献检索》在线教材编写与制作工作;

11. 参与《医学文献检索》(顾萍、谢志耘主编,北京大学医学出版社)的修订工作。

(三)所获奖项

1. 北京大学医学图书馆获2013年度中国图书馆学会"先进阅读单位";

2. 马晓庆荣获2014年度BALIS原文传递先进个人;

3. 2014年度BALIS原文传递先进集体奖二等奖;

4. 2014年6月,殷蜀梅获北京大学医学部优秀共产党员;

5. 2014年5月,张燕蕾获中国图书馆学会高校分会优秀网站特约通讯员;

6. 2014年,张燕蕾获滨州医学院2014年度教学管理先进个人。

出 版 社

【发展概况】 2014年,北京大学出版社出版图书4245种,实现销售码洋5.59亿元,销售收入3.40亿元(含音像社0.04亿元)。上缴学校利润1900万元,支持学校教材建设专项基金100万元,上缴国有资本收益707万元(含音像社9.1万元),上缴国家各种税费3865.8万元(含音像社69.8万元)。

出版的4245种图书中,新版1695种、重印2550种。新版图书中,教材新书764种,学术新书686种,大众新书245种。教材、教学参考书和学术著作出版占比为85.55%,比上年上升9.63%。大众新书品种占比14.45%,比上年下降9.63%。

截至2014年年底,出版社职工有399人,其中事业编制58人,其他人员341人;正高职称22人,副高职称40人,中级职称149人;博士学历22人,硕士学历161人,本科125人,大专38人。硕士以上学历占全社职工人数比例达到45.86%。

【重点项目】 2014年,北京大学出版社有2个图书项目入选"'十二五'国家重点图书、音像、电子出版物出版规划"第三批增补名单。此外,出版社还积极承担北大立项教材42项。

基金项目情况:(1)《从苏联模式到中国道路》获得2014年度国家出版基金立项,资助金额9万元;(2)《甲骨文摹本大系》项目获得国家古籍整理出版资助,获得资助金额135万元;(3)承担了《十九世纪下半期俄国反虚无主义文学研究》等8个"国家哲学社会科学成果文库"项目的出版工作;(4)承担"国家社科基金后期资助项目"42种,其中本社申报入选20种,全国哲学社会科学规划办公室划拨出版22种;(5)《中国现代主义诗潮史论》等4种图书入选"国家社科基金中华学术外译项目",共获得87万元资助;(6)《音韵学教程》等5种图书入选"CBI图书对外推广计划",获得152.4万元资助;(7)《草房子》《红瓦》2种图书入选"经典中国国际出版工程",获得资助36.9万元;(8)《从苏联模式到中国道路》入选"深入学习贯彻习近平总书记系列重要讲话精神主题出版项目"。

【版权工作】 2014年出版社完成签约的版权引进新项目共计162项,其中教材30种,学术著作122种,一般图书10种。输出版权以及完成签约的项目共计148项,其中教材34种,学术著作104种,一般图书10种。在国家"一带一路"倡议指导下,北京大学出版社版权输出再创新高,版权输出语种方面有了新的突破:利用中国在贝尔格莱德书展做主宾国的机会,通过努力在书展期间成功输出了《中华文明史》和《解读中国经济》的塞尔维亚语版;积极利用输出俄语版图书建立起的合作关系,进一步实现了对哈萨克斯坦和吉尔吉斯斯坦的版权输出。

2014年,《超前引领:对中国区域经济发展的实践与思考》(英文版)、《敦煌学十八讲》(英文版)、《新结构经济学》(繁体中文版)三种图书获得"2013年度输出版优秀图书奖",《元照英美法词典》(缩印版)、《全球通史:从史前到21世纪》(青少版)获得"2013年度引进版社科类优秀图书奖"。《启蒙如何起死回生》韩文版荣获"2014年大韩民国学术院优秀学术图书奖",该奖项是韩国最具权威的学术图书奖。

海外合作部王妍荣获"2013年度全国优秀版权经理人"称号。

【出版社荣誉】 2014年北京大学出版社被图书馆报授予2013年全国优秀馆配商评选"十佳出版社",并荣获"国家重点文化出口企业"称号(2013—2014年度)。

2014年出版社各类图书荣获奖项101项,其中47种图书荣获省部级以上奖项,例如:(1)《南画十六观》获得第九届中国文联文艺评论奖,并入选2013年度"中国好书";(2)"幽雅阅读丛书"(6册)入选"首届向全国老年人推荐优秀读物";(3)《有色人民》获得第六届鲁迅文学奖文学翻译奖。

【社会公益】 在"共产党员献爱心"活动中党员和群众积极参与,共计捐款10210元。在为北京大学工会爱心基金的捐款活动中,广大职工踊跃捐款,共筹集了23440元爱心基金,出版社也以单位名义捐款20000元。

【重大纪事】 2014年成立了由王明舟社长任组长、刘乐坚副总编辑任副组长的信息化建设领导小组,调整了信息化建设工作小组,年初选定了新的管理信息系统建设实施方。

医学部出版社

【发展概况】 2014年,出版图书665种,其中新书275种,占41.35%;重印书390种,占58.65%。造货码洋1.25亿元,造货册数242万册。销售码洋1.29亿元。销售收入5785万元。利润总额1728万元,上缴学校利润518万元。

【图书获奖】 《美国结直肠外科医师学会结直肠外科学》(第2版)、《心力衰竭——Braunwald心脏病学(姊妹卷)》(第2版)被评为2013年度引进版科技类优秀图书。共4种教材增补为"十二五"普通高等教育本科国家级规划教材。共6种图书增补为"十二五"国家重点图书和电子出版物。

【企业管理与信息化建设】 为巩固并扩大出版社教材、考试书的市场份额,成立考试培训中心(编制3人),扩大职成教出版中心的人员编制1人。逐步发展编辑加工中心的规模,扩大全职人员编制至4人。完成ERP平台项目构建并正式使用。基本完成OA项目的部署与试运行。

【教材出版】 基本完成了口腔医学长学制教材(第2轮)的出版工作。基本完成了全国高等医学院校五年制本科教材(第3轮)的出版工作。完成全国医学院校专科教材(第4轮)的出版工作。启动全国医学院校护理本科教材(第2轮)的修订再版工作。启动高职高专教材(第2轮)的修订再版工作。启动全国高等医学院校成人教育护理专科与专升本教材建设项目。

【学术专著出版】 国家出版基金资助项目《生育力保护与生殖储备》《医学人文素质与医患沟通技能》完成出版并通过项目验收。

【数字出版】 加强和完善国家"十二五"重点数字出版规划——教材立体化计划。《生育力保护与生殖储备》入选新闻出版改革发展项目库。

【党建工作】 积极开展2014年党风廉政建设自查工作并完成工作报告。参加医学部第九期基层党建创新立项申请并获得医学部机关资助。发展了张卫东、林强庆、张凌凌3名预备党员。医学出版社党支部被评为北京大学医学部优秀党支部。

【人才培养】 多次对员工进行专业知识培训,组织编辑人员参加大学出版社协会与北京新闻出版局举办的编辑业务培训。组织员工先后参加多个书展和图书订货会。通过参会,发行人员开拓了新客户、巩固了老客户,编辑人员了解并调研分析了全国新书出版情况。

【获奖情况】 王凤廷社长被评为全国新闻出版行业领军人才。冯智勇的论文《以北京大学医学科学出版基金为例探讨大学出版基金的管理与发展》获首届中国大学出版社编辑论文大赛三等奖。

档 案 馆

【发展概况】 1958年11月,档案室成立,为大学办公室的内设机构;1959年1月成为独立的北京大学档案室,由校党委办公室领导;1982年12月,北京大学综合档案室成立,为学校直属机构,处级建制;1993年5月,北京大学综合档案室更名为北京大学档案馆。档案馆既是学校档案工作的职能部门,又是永久保存和提供利用本校档案的科学文化事业机构,下设收集指导、管理利用和技术编研三个办公室,编制13人。2014年全馆有工作人员11人,其中高级职称1人,中级职称9人,初级职称1人。另有兼职人员1人,返聘人员2人。现任馆长马建钧,副馆长刘晋伟。

档案馆馆藏包括北京大学、西南联合大学、日伪占领区北京大学、北平大学和燕京大学5个全宗,涉及党政、学籍、科研、基建、人物、出版、会计、声像、设备、实物等10个档案门类。截至2014年12月,馆藏档案排架长度2016米。

2014年档案馆的工作重点在

于继续做好档案常规收集和利用工作,同时为保护和抢救档案资源,加快开展档案数字化和编研工作。

档案馆管理利用办公室获得共青团北京大学委员会颁发的"2013—2014年度青年文明号"荣誉称号。张娜获得"2014年度北京大学优秀共产党员"荣誉称号。

【档案收集与整理】 总结近五年归档情况,对职能部门和院系文书档案归档内容进行分析,对文书档案产生量较大的部门进行了访谈沟通。加强自身业务学习的同时,对各归档单位的部门档案员进行业务指导和培训服务。为新成立的和机构设置发生变化的归档单位,明确归档范围,确保归档工作的完整性和准确性。2014年已接收进馆并进行馆内移交的常规业务档案合计18406卷(件)。其中文书档案9958卷(件)、学籍档案7614卷(件),声像照片和光盘档案632件,会计档案48卷,实物档案13件,出版档案16件,人物档案61卷,已故人员档案63卷,资料1件。2014年继续开展历史档案的整理工作,本年度共有对外汉语中心等4个单位的历史档案全部整理完毕,共整理档案528卷,并为这些档案更换了装具,共计85盒。

【档案管理与利用服务】 档案核查入库 本年度共接收档案入库17810卷(件),其中文书档案9950卷(件)、学籍档案7285卷(件)、照片档案497张、实物档案13件、出版档案5件,人物档案60件。

档案利用工作 本年度共提供档案利用1459人次,利用档案4768卷(件)。其中1949年前1360卷(件)、1949年后3408卷(件);用于编史修志1018卷(件)、工作查考1529卷(件)、学术研究1184卷(件)、宣传教育318卷(件)、其他类719卷(件);复印档案5460张、扫描1893张、拍摄214张。

档案库房管理 每天记录温湿度,针对温湿度变化采取相应措施,确保库房整体环境达到标准要求。分别于寒假、暑假前闭馆进行清库、倒库,包括2004—2013年的全部本科学籍档案,研究生院、人事部文书档案,会计档案,本、硕、博学籍卡片等,涉及档案2万多卷(件)。

教育部学历学位认证工作共接受51人次学历学位认证,提供70余卷(件)档案利用,主要包括学位证、学历证以及成绩单认证等。

【档案编研与信息化建设】 WEB录入系统 Web录入系统经过了几年的修改和完善,2014年5月份正式进行全校推广使用。通过对全校各单位文书档案员进行新系统的培训工作,2014年度文书档案归档工作正式采用新系统。

档案馆新网站开通 档案馆网站进行了全新改版,采用了学校信息办的网站内容管理系统进行构建。新网站于2014年5月正式推出。档案馆新网站主要改变了风格和定位。这一次改版,坚持功能性定位,突出用户来查档、归档、捐赠档案等操作流程,方便了用户的使用。

声像档案清理和复制 将光盘档案全部复制到服务器的硬盘进行保存,共计复制710卷。从2014年开始归档的光盘,在入库上架之前,全部复制到服务器硬盘,确保档案的安全。录像带的转录光盘工作也已经完成,共转录381盘录像带。所有翻录的音像资料保存在服务器上,便于保管和利用。

学生档案数据库建设 2014年对学生档案数据库中46705条数据进行了整合,全部检查、复核完毕。同时,共完成档案扫描58卷(件),20170张,并已将上述档案原文全部挂接到学生档案数据库。

《毕业生临别赠言》专题研究将1949年前档案馆、校史馆、图书馆的毕业纪念册及相关档案中,学校领导对毕业生的寄语进行了梳理、汇总、编辑以及文字核对工作,目前此项工作已经完成。

【档案安全与保密】 加强安全责任制的落实工作,注重发挥安全、保密工作小组的作用,定期分析、查遗堵漏,坚持日常巡查以及节假日前清查,并每季度进行一次消防设备的安检。保卫部统一对自动报警系统进行更新。新增加门禁系统,加强出入门管理。严格按照学校保密工作相关要求和规定,做好涉密档案管理工作。共接收涉密档案7件,提供借阅1人次、3卷。

校 史 馆

【发展概况】 校史馆成立于2001年3月,日常工作主要为校史展览、校史研究,以及校史文物的征集、保管和展出。

校史馆馆舍于1998年北京大学百年校庆时奠基,2001年9月竣工,建筑面积为3100平方米,分为上下三层,时任国家主席江泽民亲笔为校史馆题写了馆名。2002年5月4日,校史展览正式对外开放。展览主要分为北京大学校史陈列展、北京大学杰出人物展和专题展览三个部分。首层为北京大学杰出人物展,首批展出的革命先烈、学术先辈和各方面的杰出人物共217位。地下一层不定期举办各类校史专题展览。地下二层为北京大学校史陈列展,根据北京大学自身发展的脉络和特点,将北京大学历史分为九个阶段进行展示,展线长400余米,展板273块,展出图片图表800余幅、实物440余件。地下二层设有影视厅,定期播放校史专题影视作品。

校史馆内设研究室、综合办公室及资料室,编制7人,现有在职人员6人、返聘人员4人、兼职人员1人。现任馆长马建钧,副馆长刘晋伟。10月25日,刘静被任命为综合办公室主任(试用期一年)。

校史馆党支部包括在职及退休党员11人。党支部书记为林齐模(2012年12月起任直属机关党委委员),副书记为杨琥。

【参观接待】 2014年,校史馆共接待参观41354人次,其中,本校师生员工、校友及客人8767人次,2014级新生2529人,新入职员工22人,团组323个。

重要参观团队及人员有:北京市党建和思想政治工作先进学校评选考察组宣传思想工作组组长郑萼一行,马叙伦孙女马今,科技部党组书记、副部长王志刚一行,香港杰出青年协会代表团,澳大利亚堪培拉大学代表团,河北省党政代表团,南京航空航天大学校领导,甘肃省党政代表团,全国政协委员、吉利集团董事长、沃尔沃汽车董事长、北京吉利学院董事长李书福一行,印尼金光集团执行董事主席黄荣年一行等。

积极探索提高参观接待与对外服务水平的方式与途径。10月,面向全校师生公开招聘志愿讲解员20余人。至2014年年底,校史馆志愿讲解服务队的规模近60人,基本满足参观人员和团队的讲解需求。坚持日常开馆义务值班、节假日临时接待发放讲解补助等制度,做到开馆时间至少两名讲解员同时值班讲解、预约团队皆能得到志愿讲解服务。做好志愿讲解员队伍的培训及服务工作。先后组织讲解员至国家博物馆、北大旧址参观并聘请校史专家张万仓研究员做题为"燕园:历史、建筑、景观"的讲座。北京大学校史馆志愿讲解服务队获得了北京大学2014年度十佳志愿服务团队"铜奖"。

展馆建设方面,校史馆对导览、展陈等设备进行了维护更新。购入6组新展柜,引入中文语音自助导览机,制作完成了新版校史馆折页,并在馆外设计安装了太阳能智能海报栏。将既有污水井及污水提升泵改造成密闭式的污水提升设备,有效解决了污水存积造成的馆内空气质量较差的问题,较好地改善了参观及办公环境。

【展览筹办】 9月,在梁漱溟先生亲属的支持下,校史馆"书生本色 学者风范"系列专题展览推出"梁漱溟先生生平图片展"。展览以160余幅历史照片以及梁漱溟先生手迹、著作及生前所用之实物相结合,生动地再现了梁漱溟先生自学奋进、精研佛儒、潜心教育、为民族进步和国家发展不懈实践探索的一生。12月,此展览作为"中国百年乡村建设思想与实践"系列活动的重要内容,在西南大学中心图书馆展出。

【校史研究】 "北京大学校史上的第一·人物编"、"北大名贤馆集萃"(暂定名)项目仍在进行中。北京大学口述史的前期筹备工作已着手进行。

在研究成果方面,杨琥与皮后锋合作撰写了《新旧、政学之争——民初北大校长更迭风波及其政治动因》,发表于《中国学术》第33辑(2014年3月);杨琥与王宪明合作撰写了《走近李大钊 理解李大钊——编辑〈李大钊全集〉的几点认识和体会》,发表于《党的文献》2014年第6期(2014年12月)。

研究人员先后参加或投稿"福建省纪念严复诞辰160周年暨'严复思想与中华民族复兴'学术讨论会"、"陈汉章先生第二届学术研讨会"、全国高校校史学会常务理事会、"中国高等教育学会校史研究分会第13届学术年会"、"中国百年乡村建设思想与实践系列研讨会"等学术研讨会议。

4月,设计制作了校史系列(十一)2015年校史台历。校史系列台历已成为联系北大朋友、宣传北大校史的一个有效媒介。

【文物征集与管理】 校史馆共有藏品10大类614件、礼品17类756件。2014年,共接受8位校内外人士捐赠北大校史文物3件、电子资料3份、复制件1件,校内单位移交北京大学礼品9件。

继续开展藏品数字化工作,更新了数字化设备,共扫描馆藏文本资料70余组、照片资料649件、重要复制品5件组。

【业务交流】 与到访的第四军医大学、潍坊医学院宣传部、传媒博物馆、北京航空航天大学校史馆、北京科技大学校史馆、南京航空航天大学、天津大学档案馆、郑州师范学院、故宫博物院院办、北京工业大学档案馆等学校或业内同行进行了交流座谈。

为提高业务水平,先后组织馆员到中央编译局展览馆及新文化运动纪念馆、浙江蔡元培故居纪念馆、蒋梦麟故居纪念馆、嘉兴南湖革命纪念馆、故宫博物院文化服务中心、严复故居、严复故居纪念馆、林纾故居纪念馆、邓拓故居纪念馆等展馆和北大老校友纪念馆进行了参观交流。

【图书资料】 继续加强图书资料室的规范化管理,对所购买和赠送的新书做到及时编目、上架、出借,并做好新书发布工作,在为展览和内部工作人员服务的同时,每周定期对社会开放。资料室现有图书3874册,中文图书3533种3618册,中文刊131种142册,工具书107种113册,报刊56册。接待校内外读者阅览605人次,借阅图书1012册次,室内阅览556人次,咨询81人次。

4月,设计制作了图书资料捐赠纪念证书。

【内部管理】 校史馆高度重视安全保卫工作,连续十三年做到"十无"达标。坚持并不断完善往年形成的安全保卫小组例会制度、安全员巡视制度、消防及电路器材定期检查制度、人员进出登记管理制度、年度消检电检制度和中控员日间消防安全巡查制度,确立消防设备月度维保制度。7月,完成消防控制室标准化建设。中控室实现24小时双人值守,值守人员皆具有专业资质;更新改造消防及安防设备,保证监控无死角及疏散出口畅通。4月及7月,组织进行了两次消防疏散演习。

在设备维护方面,继续与设备公司签订维保协议,确保电梯、安防、消防等设施安全有效运行。更换了部分消用水管道及喷淋设备,在空调进出水管道增加阀门,购置了防暴器械用具及火灾应急包,张贴地面疏散指示牌及安全出口标识牌,在馆内外放置防鼠捕鼠用具。

【党建工作】 校史馆继续开展"党的群众路线教育实践活动"。领导班子成员通过召开座谈会、发放征求意见表、汇总观众意见等方式,认真听取本部门职工以及校内外单位和观众对校史馆及校史馆领导班子的意见建议,结合教育实践活动的总要求,坦诚开展谈心谈话,深入分析校史馆工作现状,提出加强和改进工作的具体举措,认真组织召开专题民主生活会,并形成专题报告,着重在建章立制上下功夫。

重视党风廉政建设工作,认真贯彻学校关于党风廉政建设的要求,通过日常工作的制度化和规范化建设来保证党风廉政建设。

领导班子坚持每周馆务会制度,坚持《档案馆校史馆馆务会议工作规则》《档案馆校史馆领导班子落实"三重一大"制度的实施办法》《档案馆校史馆财务工作规则》《档案馆校史馆馆务公开制度及实施办法》,研究决定各项工作,工作中一贯坚持集体领导、集体决策,实行民主集中制,坚持馆务公开,

建立共识,增强向心力、主人翁责任感和集体荣誉感。认真遵守学校的财务制度,坚持"收支两条线",不设"小金库"。在强调思想觉悟和政治要求的同时,发挥政策和制度的约束作用,保证了工作的公正和廉洁。

医学部档案馆

【发展概况】 2014年北京大学医学部档案馆有专职档案人员5人(退休人员付玉蓉)。新接收职工田祎娴。董惠华为副馆长,王兆怡为党支部书记。

【档案收集整理】 共接收各部门移交的档案523卷,其中教学档案250卷,含教学综合137卷;科研档案187卷;基建档案4卷;党政档案57卷;出版档案21卷;设备档案4卷。

收集征集照片199张,纪念册1本,光碟1张。更换密集架,完成10754卷档案资料的倒架和腾挪。其中,财会档案1990年至1999年凭单共计6725卷,财会综合类110卷,财会档案账簿表册1740卷,出版物档案343卷,出版综合类75卷,收发文清册200余卷,发文汇编150卷,资料汇编210卷,历史档案201卷,产业档案凭单350卷,倍益公司财会档案294卷,卫校档案257卷,另有其他散件。

【档案利用服务】 2014年,对外提供查阅、借阅纸质档案872卷次,提供电子档案查询和借阅8406张次。

经部务会讨论,将韩济生院士的部分人物档案的原件及科研档案中部分获奖证书的复制件捐赠给中国科协供特藏并展览,同时就今后利用捐赠的档案签订了书面协议。

组建北京大学医学部第一批校史讲解员队伍。在教育处、团委、工会等单位的协助下,档案馆招募了第一批校史讲解志愿者48人,其中各学院学生36人,各单位教职工12人。档案馆安排了面试、示范讲解、试讲,并针对讲解技巧及校史知识开展培训,举办专家讲座,撰写并多次修改讲解词,供志愿者使用。经过近半年的努力,培训出北医第一支校史讲解志愿者队伍。从2014年9月开始,志愿讲解员配合医学部及各二级单位接待校内外参观访问团体,较好地完成讲解任务共计15次。

举办校史文化讲座,普及北医校史知识。10月14日举办主题为"继承百年北医精神,解说世纪风雨历程"的校史专题讲座。

完成"北医百年历程展"展板内容的修改完善。

【档案编研】 4月向北京大学医学部提出"老照片采集项目启动计划"的申请,得到北京大学医学部批准立项,并拨付了10万元经费,支持项目的正常运转。老照片项目启动后,档案馆开始在校内外广泛征集北京大学医学部的老照片,通过网站、校友会平台广而告之,也主动联系老校友,鼓励个人捐赠照片。目前已经有多位老师向档案馆捐赠私人珍藏的老照片。为了能让更多的师生、校友了解老照片征集工作,在档案馆内部,以立项的形式开展档案编研。把现有的老照片以不同的专题汇编成图册,用图片和史料向师生和校友讲述北京大学医学部的历史,用图册的形式与广大师生、校友交流,吸引更多的人参与,从而实现老照片的征集。目前正在开展的是《北医老照片图册1912—1949》《北医建筑风貌图册1952—1959》两个项目。

完成北京市高校档案研究会科研课题结题汇报工作,课题为"关于高校人物全宗管理的理论与实践探究"。

【学习与交流】 3月17日,组织了

一次北京大学医学部层面的有针对性、规模比较大的档案业务培训和档案专业知识的普及。培训会从宏观到微观，详细介绍了北京大学医学部档案及档案馆资源收集和利用情况，工作人员分门别类对档案收集、整理、立卷、归档各环节进行详细的讲解，对部门档案员在档案立卷归档中遇到的重点问题做了解答。

4月1日，为北京大学医学部两办讲解医学部档案工作体系、馆藏档案分类体系、文件与档案的关系等，普及档案专业知识，为部门做好档案工作提供必要的指导和帮助。

10月，与基础医学院负责档案管理的老师交流如何收集、整理、移交档案。

11月，与人事处有关领导和老师交流档案管理业务。

【党建工作】 1月，荣获学习党的群众路线建设服务型党支部主题党日活动优秀奖。6月13日，组织参观密云古北口抗战纪念馆暨"学习习近平总书记重要讲话精神，为党旗增辉"主题党日活动。10月24日，开展"深化综合改革、聚力科学发展"主题党日活动。12月，开展"严格党内生活、严守党内纪律、深化作风建设"民主生活会。完成预备党员田祎娴转正事宜。开展"共产党员献爱心"捐款活动。

【工会工作】 工会小组积极参与医学部工会和机关工会的各项活动。2人次参加医学部工会"一起走"启动仪式。1人次参加医学部运动会机关团体操表演，10人次参加机关趣味运动会过草地、托球跑等项目，获得一项三等奖。5人次参加迎校庆"大步走"活动。组织会员参加机关工会"三八节"知识问答。

6月，组织会员到奥林匹克森林公园健康大步走，欢送老同志退休。

10月17日，组织在职会员、退休人员共7人参加"体验幸福农耕，建设温馨小家，告慰烈士英灵"工会小组活动。

赛克勒博物馆

【举办展览】 2014年共办展览8个，其中在本馆举办展览7个。

2014年5月1日至6月25日，绍兴市人民政府、绍兴市博物馆与北京大学考古文博学院合作，举办越地遗珍——绍兴文物精品展，展出了包括石器、青铜器、越窑瓷器等百余件古越地区出土的文物精品，为北京大学师生提供了一次难得的了解中华古越文明的机会。

2014年5—10月，举办吉莉安·赛克勒女爵士国际艺术家展览项目的第二个展览《幻》，此项目旨在把国际上有才华的艺术家引荐到北京大学赛克勒考古与艺术博物馆，把具有不同背景的艺术家及其作品介绍给中国人民，促进跨文化的理解，增进人们之间长久的友好往来。

2014年5—10月，资料室、博物馆联合举办考古追梦人——苏秉琦考古生涯及捐赠图书展。

2014年7月—2015年3月，考古文博学院研究生在老师的指导下，自主策划鼎——被解读的图像、被看见的故事展览。

2014年10月21日—11月21日，举办华沙大学考古研究图片展，展出了华沙大学在中亚、东亚、欧洲、非洲及南美等地区的考古工作与研究。华沙大学考古学教授们通过举办座谈和讲座与考古文博学院师生做进一步学术交流，共同探讨世界文明的起源。

2014年11月—2015年5月，举办毕加索时代：与西方版画大师同行——斯通教授捐赠版画展，本次展览展出了唐纳德·斯通教授新近捐赠给北京大学的毕加索、马蒂斯、夏加尔等西方著名画家版画作品80余幅。

2014年11月30日—2015年3月15日，由甘肃省文物局、陕西省文物局、国家博物馆、北京大学、西北大学联合主办秦与戎——秦文化与西戎文化十年考古新成果展，展出了300多件组精美文物，为我们揭开了秦与戎的神秘面纱。

2014年10月17日—11月17日，在上海徐汇图书馆满庭芳展厅举办人民的米开朗琪罗——北京大学赛克勒考古与艺术博物馆收藏版画展。展出了赛克勒博物馆收藏的斯通教授捐赠的法国著名讽刺漫画家杜米埃的78幅珍贵版画作品。

【新增藏品】 本年度新增西洋版画23幅。

地质博物馆

【发展概况】 北京大学地质博物馆1909年与北京大学地质学系同时建立，是中国最早的地学类专业研究型博物馆。该馆是北京大学理工科虚体研究机构之一（校发〔2010〕99号），是国家理科基础科学研究和人才培养基地之一，是北京市科普基地（2013—2015），是2014北京市科普之旅开放单位，是北京高校博物馆联盟盟员和发起单位之一，是海淀区青少年校外教育实践基地，承担着地球科学知识教育和社会科普的任务。

【管理人员构成】 在职馆员1名，兼职馆员4名（教授2人，副教授1人，讲师1人）、勤工俭学岗6名和若干学生志愿者。

【教育教学】地质学专业课程教学实践 北大地质学系新生入学教育：2门全校公选课"地球历史中的生命"和"地球历史概论"，4门本科生主干基础课"古生物学""地史学""矿物学和结晶学""综合野外地质实习",1门古生物学研究生专业必修课"古生物学研究方法",2门专业选修课"生物地层学"和"博物馆学"。

中小学教育辅助　2014年度作为海淀区青少年校外教育实践基地,承担了北京大学周边多所中小学自然类学科课外实践,包括北京大学附小、中关村二小、八一中学等。暑假期间免费对外开放,接待了来自全国各地的中小学生暑期夏令营参观团体多达6000人次。

学生培养　以博物馆相关项目为基础,基于已建立的国际科研合作关系,2014年度博士研究生付婉璐在美国加利福尼亚大学(戴维斯分校)地质系交流学习一年,为基于国际合作交流平台培养一流学生做出了有益探索。

【社会科普】　2014年度承担了北京市教委、市科委地学科普共建项目。

(一)项目实施

1. 北京大学科普基地——地质博物馆建设(四期):重点建设化石标本修雕修复和翻模制模技术室,增强博物馆动手实践、体验性科普能力。

2. 北京市教委北京高校博物馆联盟建设:北京大学地质博物馆(改革试点),实现了博物馆全年免费开放。

(二)重要科普活动

1. 校园开放日:全天开放,2位教师10位志愿者向社会人士大力普及地球科学知识,提高了地质学的社会认知。

2. 地球日:以"珍惜地球资源,转变发展方式——促进生态文明共建美丽中国"为主题,北京大学地质博物馆联合北美高等基础课程指导中心(UFEIC)启动"地球日科普宣传周"。

3. 3月15日免费宝石鉴定咨询活动:联合北京大学宝玉石鉴定中心在"315国际消费者权益日"举办免费宝石鉴定咨询活动,提供便民服务,普及宝石玉石知识。

4. 北京市科技周:代表北京大学参加了北京市科技周。

5. 中小学校外教学实践:接待八一中学、北大附小、北交大附中参观地质博物馆,普及地学知识并应参观单位要求解答招生咨询。

6. 环球探索之古生物课堂系列科普活动:与环球亲子网合作,共同举办北大古生物课堂,介绍远古生命系统知识,普及生命演化规律。

体 育 馆

【发展概况】　2014年,北京大学邱德拔体育馆充分发挥了高校大型综合体育馆的教育及服务功能,为北京大学的体育教学、运动队训练、体育运动文化普及,以及教育、体育协会活动,师生日常健身等提供多方位优质服务,得到了校内领导及来馆健身师生们的一致好评。2014年,全体工作人员在刘伟副校长和体育馆领导班子的带领下,以"坚持服务于学校的总体发展方向"为根本目标,群策群力、精益求精,不断提高服务质量和水平,贯彻执行党风廉政制度,积极开展党的群众路线教育实践活动,有步骤地落实各项具体工作内容,实现了体育馆收支平衡的目标。

【校系服务】　2014年体育馆推出了更多服务项目和措施,包括运动后健康理疗恢复、增设健身卡种类(台球时段次卡、乒乓球次卡)、续卡和办新卡送礼品活动、帮助师生代购体育用品、加强巡视及时补充饮品等。2014年体育馆具体服务内容主要包括:

教学训练　2014年,北大本科生的健美操、形体、瑜伽、器械健身、羽毛球、乒乓球、台球、击剑、剑道、篮球、排球、地板球、游泳、壁球、攀岩等课程在馆内进行了教学,体育馆全年上课总时数约7750课时;学校男女篮球队、羽毛球队、乒乓球队的训练全部放在体育馆内进行。北大男女篮球队在邱德拔体育馆双双获得2014年CUBA总冠军,体育馆全体员工大力支持、积极配合。

社团活动　体育馆为学校21个学生社团和教工体育社团、24个体育项目提供常年场地服务,包括:教工体育舞蹈、瑜伽练习,学生乒乓球协会、羽毛球协会、体育舞蹈社团、排球协会、风雷社、精武会、太极拳协会等。因服务周到,部分社团向体育馆书写了感谢信。另外,考虑到大部分学生社团活动经费紧张,学生体育社团使用场地可享受3~5折的费用优惠;考虑到部分大学生家庭生活困难,为贫困学生提供部分免费锻炼卡。

大型活动　体育馆全年承接各类大型活动60余场,校内大型活动主要包括:2014年本科生毕业典礼、研究生毕业典礼、EMBA毕业典礼、光华学院新生教育、研究生院新生教育、国防教育、一二·九大合唱、2015新年晚会等;校内外主要赛事包括:CUBA男/女篮球赛总决赛、大学生超级篮球赛、"北大杯"羽毛球/乒乓球/台球/篮球/排球/壁球/游泳比赛、"新生杯"羽毛球/乒乓球/篮球/壁球/排球比赛、北大教工羽毛球团体赛和乒乓球比赛决赛、北京市高校羽毛球赛、北京市剑道比赛、北京市高校室内五人制足球赛、北京市高校壁球比赛、全国大学生健美操艺术体操锦标赛等。

健身培训　体育馆共有18个健身房、1个游泳馆,可开展22项体育项目活动,除了农历新年期间闭馆两周,其余时间全部向校内外健身爱好者开放。据日常统计,2014年来馆健身的人数平均每天约1500人次。为提高锻炼者的运动兴趣和技术水平,向校内师生提供更高层次的服务,体育馆日常开设壁球、乒乓球、跆拳道、击剑、舞蹈、健身房各类操课等项目的培训,2014年新增设了防身术、动感单车等培训项目,并且成立了"首都高校剑客之家"。

2014年北京大学体育馆获得了"2014年度北京市海淀区优秀体育场馆"称号,体育馆常务副馆长李杰主任获得了"2014年度北京市体育场馆协会先进管理者"称号。

北京大学学报（自然科学版）

【刊载论文情况】 《北京大学学报（自然科学版）》2014年出版6期,共1162页,刊载学术论文152篇。其中,力学3篇、物理学2篇、化学1篇、生命科学4篇、电子学与信息科学69篇、地球与空间科学31篇、地理学与环境科学39篇、心理学3篇。每篇论文都在"中国知网学术期刊数字出版平台"实行数字优先出版。

【数据库收录情况】 《北京大学学报（自然科学版）》2013年刊载的论文在2014年被多个国内外文献检索机构收录。重要国内文献数据库有:中国科学引文数据库、万方数据和中国知网。重要国际文献数据库有:Elsevier科学期刊数据库（Scopus）、美国《化学文摘》（CA）、美国《地质参考》（GR）、美国《数学评论》（MR）、俄罗斯《文摘杂志》（AJ）、日本科学技术振兴机构文献数据库（JST）、德国《数学文摘》（ZM）、英国《科学文摘》（SA）、英国皇家化学学会《质谱学通报（增补）》（RSC）和英国《动物学记录》（ZR）。作为中国科学引文数据库（CSCD）的核心期刊,可在ISI的Web of Knowledge数据库跨库检索。

【文献计量指标】 据中国科技信息研究所出版的《2014年版中国科技期刊引证报告（核心版）》对2013年出版的1989种中国科技论文统计源期刊的统计,见《北京大学学报（自然科学版）》2013年主要文献计量指标。

表8-77 《北京大学学报（自然科学版）》文献计量指标

年份	总被引频次	影响因子	即年指标	他引率	引用刊数	扩散因子	权威因子	被引半衰期	学科扩散指标	学科影响指标	综合评价总分
2012	1170	0.585	0.045	0.97	475	40.60	534.09	7.2	8.48	0.29	79.2
2013	1258	0.598	0.048	0.98	481	40.42	542.61	7.0	7.63	0.35	67.2

【出版质量与获奖情况】 据中国科学技术信息研究所2014年9月27日召开的"2013年度中国科技论文统计结果发布会"公布,《北京大学学报（自然科学版）》连续第十次入选年度"中国百种杰出学术期刊"。此外,2014年还获得教育部科技司颁发的"第五届中国高校精品科技期刊奖"和教育部科技发展中心2013年度"中国科技论文在线优秀期刊"一等奖。

北京大学学报（哲学社会科学版）

【发展概况】 综合性人文社会科学术期刊要关注现实、关注时代,尽量多刊载一些研究解决国家或地区经济、社会发展中,具有全局性、前瞻性、战略性的重要研究成果,一些在基础理论方面有创新意义、特别是具有原创性意义的学术成果,着力推出精品,进一步组织学术前沿文章、学术前沿栏目,加强交叉学科的综合研究。如,《略论儒家的"以人为本,道行天下"》（汤一介,2014年第1期）、《儒家的伦理底线、道德境界及其现实意义》（张志刚,2014年第5期）、《价值哲学的研究方法检视》（胡为雄,2014年第2期）、《中华文明的开放性和包容性》（叶朗,2014年第2期）等文章,产生了良好的社会影响。

【专题化】 在和校内外、国内外学者充分沟通和交流的基础上,发动一些著名学者为学报组稿、约稿,聘请他们担任相关栏目的特约主持人。2014年度,"台湾问题研究"（2014年第1期）、"文学与思想史研究"（2014年第3期）、"古代小说前沿问题丛谈·之八"（2014年第3期）、"诗学与诗歌史研究"（2014年第4期）等专题研究,都在学术界产生了较大影响。

【获奖情况】 2014年11月,全国高等学校文科研究会在广州召开第五届评奖活动颁奖典礼,《北京大学学报（哲学社会科学版）》荣获"全国高校社科名刊"称号。

经全国新闻出版行业领军人才评审委员会评审,常务副主编刘曙光编审于2014年9月被国家新闻出版广电总局评为"全国新闻出版行业领军人才"。

在全国高校文科学报研究会第五届评选活动中,副主编郑园获得"全国高校社科期刊优秀主编",管琴获得"全国高校社科期刊优秀编辑"称号。同时,郑园还获得北京市高教学会文科学报研究会"北京市社科期刊优秀主编",管琴获得北京市高教学会文科学报研究会"北京市社科期刊优秀编辑"和"优秀编辑学论文"奖励。

【学术影响】 入选教育部哲学社会科学名刊和得到国家社科基金资助以来,经过各级领导特别是学校领导的支持和编辑部的不懈努力,《北京大学学报》这些年来名刊建设成效显著,在国内外享有良好声誉。

根据中国人民大学人文社会科学学术成果评价研究中心 2015 年在《光明日报》公布的数据,2014 年人大《复印报刊资料》转载的论文数量、转载率和综合指数,北京大学学报(哲学社会科学版)名列第一。

根据中南财经政法大学图书馆期刊信息检索中心 2015 年的检索报告,《北京大学学报》(哲学社会科学版)2014 年共被中国人民大学书报资料中心、《新华文摘》、《高等学校文科学术文摘》、《报刊文摘》等检索途径转载的文章 90 篇,在全国综合性大学学报中位居第一。

根据中国学术期刊(光盘版)电子杂志社、中国科学文献计量评价研究中心和清华大学图书馆编写的《中国学术期刊影响因子年报》(2015 版),《北京大学学报》(哲学社会科学版)在大学学报社会科学类综合高校中的总被引频次、基金比、影响因子、5 年影响因子和即年下载率均名列前茅。

进入数字化、信息化、网络化时代,各期刊的纸质发行量不断减少。《北京大学学报》虽然也受到一些影响,但在国内外的发行总量,一直稳居人文社会科学期刊的前列。在筹备建构自己的网络平台的同时,加入了中国知网和国家哲学社会科学学术期刊数据平台,努力扩大刊物影响力和传播力,产生了较好的社会效益和经济效益。

【岗位培训】 2014 年 8 月,主编程郁缀、常务副主编刘曙光、副主编郑园参加了在河北张家口举行的全国高校社科期刊编辑业务培训,收效明显,圆满结业。

北京大学学报(医学版)

【组稿与出版情况】 完成全年 6 期 1004 页的编辑出版工作,同时始终坚持编委会定稿制度,共召开了 8 次编委定稿会议。编委、专家参与办刊。

2014 年学报共完成了 4 个重点(专题)号的组稿工作。由俞光岩副主编、李铁军编委负责组织的第 1 期"口腔医学"重点号;由胡永华、郭岩和郭新彪编委组织的第 3 期"公共卫生"重点号;由郭应禄编委、马潞琳教授组织的第 4 期"泌尿外科"重点号;由高炜副主编组织的第 6 期"心血管疾病"重点号。

【承担学会工作】 中国高校科技期刊研究会于 2014 年 11 月 10—12 日召开了第 7 次会员代表大会,大会选举产生了新一届理事会,《北京大学学报(医学版)》编辑部主任曾桂芳编审当选研究会第 7 届副理事长兼组织工作委员会主任。曾桂芳编审曾担任研究会第 6 届理事会常务理事兼组织工作委员会主任。中国高校科技期刊研究会(原中国高等学校自然科学学报研究会)是教育部主管的由高等学校主办或承办的科技期刊编辑部(室)和科技期刊工作者自愿结成的学术性、全国性、非营利性的社会组织。学会成立于 1987 年 8 月 5 日,原名"高等学校自然科学学报研究会",1991 年 12 月 28 日经原国家教委批准,后经新闻出版署同意,1993 年 7 月 6 日在民政部登记时转为国家一级学会,并更名为中国高等学校自然科学学报研究会。2010 年 6 月 12 日更名为中国高校科技期刊研究会(民函〔2010〕139 号),现有单位会员近千个,个人会员近 4000 名。

【获奖情况】 《北京大学学报(医学版)》荣获第 5 届中国高校精品科技期刊奖。《北京大学学报(医学版)》已连续 5 届荣获"精品期刊"这一奖项。

荣获第 3 届中国精品科技期刊奖。北京大学学报(医学版)连续三届入选中国精品科技期刊。被评为"2014 中国国际影响力优秀学术期刊"。荣获 2013 年度"中国科技论文在线优秀期刊"一等奖。

计算中心

【发展概况】 截至 2014 年年底,计算中心共有职工 85 人,其中,正式在岗职工 60 人,返聘 14 人;正高级职称 6 人,副高级职称 24 人,中级职称 28 人,初级职称 2 人。具有硕士及以上学历的人数 46 人,占中心总人数 76% 以上,其中,具有博士学位的 8 人,在读博士 1 人,学历结构逐年升高。2014 年中心退休 5 人。

2014 年,计算中心先后获得了中国教育与科研网建网 20 年突出贡献奖、2014 年度安全保卫工作先进集体、工会先进委员会等多项奖项,并在北京大学新闻网、计算中心网站和北京大学工会网站发表各类宣传稿件 26 篇,各项工作扎实推进,计算中心获得良好发展。

成人教育方面,中心 2014 年完成了 1928 名在册学生的授课、考试及 340 名本科生的毕业工作。

【科研工作】 项目数量 2 项,包括:国家发改委 2011 年度信息安全专项项目"基于可信身份联盟和云计算的数字资源安全防护服务";北大研究 2014 年课题"基于知识仓库的北京大学移动智能问答系统建设方案研究"。

科研成果 2014 年共发表论文 9 篇,其中,核心期刊 8 篇,SCI

检索1篇,EI检索7篇。

经费情况　2014年度科研经费到账2万元,属横向经费。

学术活动　2014年3—4月,与北京航空航天大学、上海交通大学讨论申请国家高技术研究发展技术(863计划)课题"基于中国云产品的混合元关键技术与系统",并编写项目申报书。

2014年10月,北京大学研究2013年课题"智能推荐引擎在北京大学学生管理信息系统中的研究与应用"结题。

【成人教育】　计算中心成人教育工作主要是在保证原有夜大和远程教育两种办学形式的教学工作前提下,与继续教育学院积极配合,承担总参加北大青鸟计算机专业的"专升本",并和北大青鸟共同承担"高升专"的教学准备工作。2014年共招新生707人,毕业398人,现共有在校生1885人。

【交流合作】　2014年1月8—27日,计算中心副主任马皓参加了北京大学2013年干部境外培训,赴美国加州大学洛杉矶分校UCLA和伯克利分校UC Berkeley考察学习。在这次考察学习中,马皓老师重点与这两所高校的IT技术服务单位进行了交流,了解到美国高校在信息化建设管理体制、规划和运行机制等方面的做法,探讨了在提高信息化服务质量、提升服务水平方面的新举措,也学习到美国高校在云计算、移动互联网等互联网新技术方面的应用情况。

2014年4月开始,计算中心宋维佳到美国康奈尔大学进行访问交流。

2014年5月至2015年4月,计算中心江岳到荷兰阿姆斯特丹大学进行校级访问交流。

2014年9月15—17日,计算中心马皓参加由美国纽约大学主办的中美高级网络研讨会(Chinese-American Networking Symposium, CANS),研讨会上马皓介绍了由北京大学计算中心牵头发起的中国教育科研网统一认证和资源共享基础设施(CARSI, Cernet Authentication and Resource Sharing Infrastructure)在跨域认证和授权领域的最新进展,并组织协调完成了CARSI与威斯康星大学麦迪逊分校IT知识库的认证互访功能。马皓老师还与来自纽约大学、杜克大学、乔治城大学等高校的IT同行交流,探讨了有关高校信息化建设的成功经验和举措,其中一些新举措为北京大学信息化建设的发展提供了有价值的参考。

【党建工作】　2014年3月5日,计算中心党的群众路线教育实践活动总结会在交流中心222会议室召开。北京大学党的群众路线教育实践活动第十四督导组曲春兰组长、郑清文副组长和组员陈懿出席会议。计算中心领导班子和全体人员参加了会议。会议由计算中心主任张蓓主持。计算中心副主任、支部书记马皓代表计算中心领导班子对党的群众路线教育实践活动做总结汇报。

5月16日下午,计算中心党支部召开支部党员大会,学习习近平总书记五四讲话精神。大家首先回顾了习近平总书记视察北大的全过程,支部书记马皓带领大家学习了习总书记讲话的重要内容,针对讲话的三大部分和若干要点进行逐一讲解,深入讨论习总书记讲话的重要思想内涵。会上,大家积极发言,认真探讨,彼此交流了自己的感想与心得。

10月30日,计算中心党支部在理科1号楼召开支部大会,全体教工党员围绕"议改革、谋发展,群策群力创一流"和"弘扬社会主义核心价值观,争做党和人民满意的好老师"开展主题党日活动。全体党员一起学习了十八届四中全会通过的《中共中央关于全面推进依法治国若干重大问题的决定》、习近平总书记代表中央政治局做的《中共中央关于全面推进依法治国若干重大问题的决定》的说明。支部书记马皓传达了学校党委近期下发的《关于在全校开展"深化综合改革、聚力科学发展"讨论活动的通知》等文件精神。会议期间全体党员围绕《中共中央关于全面推进依法治国若干重大问题的决定》和学校印发的《北京大学综合改革方案(征求意见稿)》展开了热烈讨论。

【校园网建设】　完成新建改建楼宇网络工程,包括:太平洋大厦1—3层,11—17层,裙楼1—4层;南门3号楼(新闻与传播学院)B1—5层;电话室新楼1—2层;勺园1—3号楼。完成了新太阳学生活动中心的网络开通工作。实现了校园卡中心、财务部、研究生院考试监控等多个重要部门专网的部署。共计新安装交换机296台,无线AP735台,涉及信息点4888个。截至年底,校园网共有各类网络接口9.4万个,各种网络设备5000多台,其中包括无线网络接入设备2119台。校园网用户总数达到13.7万,出口总带宽达到9.23Gbps,另有IPv6出口带宽10Gbps。同时,在校园网出口加强了对不同业务类型的管理力度,以更有效地使用有限的出口带宽。

2014年4月,首次在学生宿舍楼进行了实际的有线无线一体化部署,每个宿舍安装1个面板式AP,同时提供4个有线网络端口和802.11n的无线网络覆盖,共涉及120个宿舍。

2014年上半年,北大课程在线pkumooc平台建设,结合校园网统一用户管理系统,支持北大师生使用校园网身份访问该平台。完成了pkumooc平台相关网络加速、身份认证等技术支持工作。

2014年2月20日开始,为校本部师生提供每人每月60小时免费校园网包月时长。

2014年3月19日,由计算中

心自主研发的万兆控制网关正式上线,网关转发速率达到10Gb/s,吞吐量是原千兆控制网关的10倍。进一步提高了校园网出口可靠性和可用性。

2014年11月29日,新版邮件系统正式上线,涉及19个邮件域、16.7万用户、26.5T邮箱容量。上线后教工和学生的邮箱容量分别扩大至10 GB和5 GB。同时,为全校各职能部门提供群发服务,截至年底,共提供邮件群发服务13次,累计发送邮件70余万封。

2014年上半年,配合电话室搬迁工程,改造和扩容校园网主干光缆共9条264芯;各接入楼宇光纤统一更换为单模光纤,涉及图书馆周边25座楼宇,共计29条372芯光纤。

2014年11—12月,协调北京市通信管理局、CERNET网络中心和赛尔公司,理顺北京大学网站ICP备案流程,解决了历史遗留的北京大学网络备案不规范、备案主体信息错误、近五年新网站无法备案等问题。明确新网站备案流程。自2014年12月12日起,恢复新网站备案工作。

【**电子校务开发**】 2014年3月,房地产部的高访公寓管理系统开始上线运行。

2014年4月,"北京大学人事综合信息管理系统"中职称材料提交和公示子系统上线运行。

2014年5月,"北京大学学生综合信息管理系统"中本科辅修双学位学生填报子系统上线运行,非学历研究生的培养、学籍、教学等子系统上线运行。

2014年6月,为毕业离校工作设计开发的"北京大学毕业驿站"网站上线运行,为毕业生提供更便利的服务。

2014年7月,"北京大学迎新网"上线运行,将与新生有关的信息和操作进行整合,为新生提供更好的服务。

2014年9月,依托新版"北京大学实验室与设备管理信息系统"的设备查询系统上线运行。

2014年9月,教职工出国申报系统上线运行。

2014年10月,"北京大学组织工作综合信息管理系统"中的党员主题党日和党建创新立项两个子系统上线运行,支持主题党日教育活动和党建创新项目申报、评奖等多个环节的工作。

2014年11月,新版校内信息门户和微信服务平台开始上线试运行。

2014年11月,几个月以来,自主开发的统一缴费服务平台为工学院的国际会议和社会调查中心IBUC会议的报名、注册及收费等工作提供全面支持。

2014年11月,为更好地为新电子邮件业务、电子校务、图书馆各类资源提供全方位的数据保障服务,实现关键业务的不间断运行,新配置的存储系统,增加容量200T。

2014年12月,新版网络办公自动化系统开始全面启用。功能包括公文运转、议题申报、会议报名、单位信息、干部信息、发布通知等。

2014年12月,"北京大学学生综合信息管理系统"中本科生成绩管理子系统、学生奖学金管理子系统上线运行。

2014年12月,"北大研究"2013年度课题"智能推荐引擎在北京大学学生管理信息系统中的研究与应用"提交了结题报告,顺利结题。

【**公共教学资源建设**】 本科生教育教学是学校第一要务,实验教学是培养全面素质能力强高质量人才的重要环节。围绕创建中国特色一流大学目标,一切从实际出发,以人为本,注重质量,创新发展,资源共享。坚持服务管理与技术研发相结合;坚持高质量资源应用与功能辐射相结合,发挥国家级计算机实验教学示范中心引领辐射作用。面向全校文科、理科、工科、医学科本科生、国防生和部分研究生,全年开放,日开放14小时,是全校同学受益面最大,利用率最高的实验室。实现计算机和英语教学平台一体化管理,为学校节约50%左右的人员、经费、房子、设备和水电等资源。14年来,上课完好率和设备完好率分别保持99%和100%,公共计算机和英语教学实验室在同类高校一直处领先水平。

2014年1月,网上政治阅卷在计算中心圆满结束,首次采用有线网卡和多媒体教室软件,实现多机房视频会议功能。

2014年2月17日至6月22日,2014年9月15日至2015年1月4日,全年完成全校计算机和英语教学实习机时约74万小时,以及校内管理培训机时约1500小时。

2014年2月17日至6月22日,2014年9月15日至2015年1月4日,为计算中心多年级成人教育班1400人提供全年实习机时。

2014年3月,教代会代表提案管理信息系统MIS进入研发阶段,2014年12月上线投入使用,性能良好。

2014年3月16日,是全年第一次TOEFL/GRE网考监考,全年提供网考共40场。

2014年3月16日,8号机房第一次作为TOEFL网考投入使用。

2014年3月22日18点,北京大学平民学校计算机班首次课在计算中心7号机房正式开始,为102名学员提供机时1700小时。

2014年4月25日至27日,为北京大学学生运动会、教工运动会和游泳比赛提供技术支持和服务保障。

2014年4月,北京大学人事部

离退休工作部网站的美工设计及编码工作进入研发阶段。2014年7月，完成网站研发，并上线运行使用，性能良好。

2014年5月1—3日，第12届连续72小时数学建模大赛在计算中心举行，教学室一如既往，全面做好赛前、赛中全天候服务，大赛圆满结束。

2014年5月11日，在计算中心机房成功举办了第13届北京大学"斯伦贝谢杯"程序设计竞赛暨ACM/ICPC北大代表队选拔赛在北京大学计算中心隆重举办。本次大赛吸引了近300名来自北京大学，以及500多名其他高校的同学报名参赛。计算中心投入8个机房共600台机器，竞赛规模、参赛人数及组队均创历史新纪录。

2014年5月31日在计算中心机房成功举办第五届"蓝桥杯"全国软件和信息技术专业人才大赛总决赛，此次大赛由教育部高校学生司指导，工业和信息化部人才交流中心主办，先后共历时七个月，有来自全国31个省市自治区1200余所高校的2.5万余名选手报名参加。计算中心为大赛总决赛提供了八个机房的近六百台计算机为比赛用机。做到了大赛软硬件技术保障零差错、零故障、零事故。保障工作有力、有序、有度，实现了比赛选手们满意、相关合作部门满意目标。我校的参赛学生在此次大赛中取得了包括特等奖、一等奖在内的优异成绩。北京大学作为组织者获得大赛软件类"优胜学校"和"优秀组织单位"荣誉称号。

2014年6月9—17日，北京市普通高考统考语文科目的网上阅卷工作在北京大学计算中心进行。计算中心在总结往年经验的基础上，进一步增强安全意识，加大安全力度，实现了今年网上阅卷环境的多个"首次"，首次安全门隔离、首次阅卷动员大会在多个机房召开、首次完全物理隔断下局域网视频会议，进一步提高了阅卷环境的安全性，使阅卷工作更加规范、高效、有序，更进一步体现了阅卷工作的公平性和公正性。

2014年6月与北京大学外国语学院共同申请的"中国高校英语写作教学协同创新联盟"项目，已经正式上线运行，将面对全校范围内的英语教学写作应用，计算中心为其提供Web服务管理、技术支持及服务器托管等业务。目前已经与大学英语上机教学结合在一起。

2014年6月22—25日，全球计算机程序设计ACM决赛在俄罗斯举行，由计算中心连续12届支持的北京大学代表队荣获金奖。

2014年11月13日，正式收到北京大学实验室与设备管理部通知，修购基金已经可以启动，可以开始着手进行相应的采购流程，但支付采购费用需等到2015年2月份左右。项目名称：公共计算机和英语实验教学系统客户端更新改造；设备名称：公共机房计算机；数量510台，金额255万元。

【校园网运行及用户服务】新建网络工程 （1）2014年7月：物理学院西楼、北楼，勺园5号楼。（2）2014年8月：与基建工程部一起验收了勺园1、2、3号楼，校南门6号楼，学生宿舍44号楼。

上门服务 学生区全年上门服务286次，家属区全年205次，办公区全年78次，新建联网用户全年139户。

用户服务 （1）"51023"24小时值班热线电话，2014年全年共直接拨打、接听43477次。（2）高性能机器和托管服务：目前托管机群包括物理学院的机群，工学院的1个服务器，运行室配合厂家进行了硬件维修等工作，保障了机群及服务器的稳定工作。2014年全年铺设光缆4800多米，熔接光纤198芯，抢修挖（剪）断光纤7次。

现代教育技术中心

【发展概况】 现代教育技术中心主要承担北大教学信息化建设和服务工作，包括慕课（MOOCs）建设、网络教学平台、教学资源建设、课件制作、媒体技术支持与服务、教育技术培训及应用研究推广、教室教学环境建设、有线电视运维服务和全国高等学校教育技术协作委员会秘书处工作。

现代教育技术中心进行了行政换届，新一届领导班子成员是何山、张亦工、王胜清、王肖群，何山主持工作。同时，现代教育技术中心重新成立了新技术研究与开发室、媒体设计与制作室、教育技术应用研究室、教育技术服务室四个业务科室。

现代教育技术中心进行了工会换届选举，新一届工会成员是张亦工、李久安、李志刚、王肖群、陈飞、曾腾、杨公义。

现代教育技术中心荣获北京大学"青年文明号"，员工荣获北京大学实验室工作先进个人、北京大学直属单位党委优秀共产党员、北京大学安全保卫工作先进个人、中国教育技术协会主办的全国教育影视优秀作品大赛一等奖、北京大学统战系统摄影展"特别奖"。

【北大慕课】 北京大学慕课支持服务是现代教育技术中心2014年度最重要的工作之一。现代教育技术中心作为北京大学慕课建设的主责单位，积极组织所有科室进行业务分工与合作。目前，已经形成了以教育技术应用研究室、媒体设计与制作室为主体，教育技术服务室和新技术研究与开发室参与的，包括教学设计师、培训讲师、媒体设计师、环境设计师等的专业化支持服务团队。已经建设完善了"北京大学慕课相关教育技术培训"体系，成功完成了7期教师培训，共培训教师150人，其中北京大学校本部教师100人，4名教师已经在全球开设慕课课程。现代教育技术中心为慕课建设提供了：教学设计、平台使用、字幕制作、制作环境建设、课程宣传片制作、教师应用、后期制作、课堂拍摄等整体支持服务，有效保障了32门课程分别在EdX、Coursera开课，其中24门为新开课程。

【教学信息化工作】北大教学网建设　北大教学网现有课程10621门，注册用户49355人。2014年，现代教育技术中心组织重新制作使用帮助、推出常规培训、加强服务支持、组织试用新的功能模块。

2014年，现代教育技术中心与blackboard公司合作开发了大学英语插件，解决了困扰大学英语网络教学的大部分问题；自主完成了北大教学网与北京大学选课系统的接口改造，消除了7年来由于两个系统的系统架构、数据库表不一致造成的各种问题；自主开发完成校内门户网站教学网单点登录功能。

优秀教学资源建设　北大讲座是校园文化的有机组成部分。2014年，现代教育技术中心共全程录制了30门课程，包括11门精品资源共享课、3门视频公开课，共500余课时。在"北大讲座网"发布信息2320条、视频900多个，访问者来自我国三十个省市自治区，以及其他二十个国家，世界各大洲均有访问量，日平均点击量2540，最高日访问量达到4956。配合北京大学教务部申报北京市级及国家级资源共享课，其中，17门为国家级课程，18门为北京市级课程。

【教学促进工作】2014年，现代教育技术中心为北京大学教师和助教提供技术培训和教法咨询服务，负责组织慕课培训、北大教学网培训、办公和多媒体软件培训、教育技术一级培训、教学新思路培训和助教学校培训。所有培训项目累计培训1200人，热线和邮件咨询服务6000人次。

【教室教学环境建设】2014年，现代教育技术中心完成了北京大学10个教学楼、294个多媒体和22个语音教室的设备管理和技术服务工作。完成更新100间教室设备350件，包括北京大学第二教学楼、北京大学第三教学楼、北京大学第四教学楼和北京大学文史楼。在北京大学文史楼增加了考试监控系统，保障北京大学各项面试的影像录制。

现代教育技术中心提高了教室管理工作要求，要求中规定管理员不仅要负责教室的日常运行，还要负责教学楼内与教学相关的其他设施的管理及维护，为教室使用者提供良好的环境。针对学生助管招聘不到位的问题，现代教育技术中心积极克服困难，挖掘现有人员潜力，加班加点，合理调配，保障了教学工作正常运转。

【有线电视运维服务】2014年，现代教育技术中心与北京歌华有线电视网络股份有限公司合作完成了对北京大学有线电视网络进行数字化双向改造。现代教育技术完成北京大学自办节目数字化，广大用户可以通过电视机顶盒收看到北京大学、清华大学和凤凰卫视等节目。同时，改造境外电视系统，解决长期困扰学校的管理问题。

【华文慕课平台】2014年5月，北京大学与阿里巴巴公司共同启动了"华文慕课"平台开发。现代教育技术中心调研Coursera、Edx等系统，搭建Edx开源系统测试环境，组成平台需求小组与阿里巴巴公司方面进行技术沟通，完成华文慕课系统的功能需求、视觉及交互页面设计、运行方案等工作。

【北京大学英文主页】2014年，现代教育技术中心参与北京大学中英文主页改版，共设计中英文主页面4套方案。其中设计的北京大学英文主页方案，先后通过8轮在北京大学范围内对设计方案的演示和讨论，最终中标成为新一版北京大学英文主页，计划在2015年年初正式上线。

【志愿者协会】2014年5月，现代教育技术中心开始筹划成立了"北大慕课志愿者协会"，提供业务指导和相关慕课技能培训，吸收会员60人，在慕课宣传和视频剪辑工作中发挥了重要作用。北大慕课志愿者协会的学生分小组开展了关于慕课相关的小课题研究。2014年11月，现代教育技术中心支持北大慕课志愿者协会举行了"北大最受欢迎的慕课课程"评选活动，提升了国内外的学习者对北京大学慕课的认知度，取得良好效果。

海洋研究院

【发展概况】北京大学海洋研究院（以下简称"研究院"）采用新体制、新机制，是北京大学在海洋领域唯一的、独立的跨学科校级实体科研机构，以建设北京大学海洋学科和海洋资源平台为使命，在此基础上，整合全校的海洋学科优势力量，统一负责全校海洋学科的规划协调和海洋产业及相关领域的对外合作工作。

2013年12月31日，北京大学正式成立"北京大学海洋研究院"。之后，北京大学相继与海南省人民政府、浙江省人民政府等签署合作协议，分别在海南省三亚市、浙江省舟山市建立北京大学海南海洋研究院、北京大学舟山群岛新区海洋研究院。北京大学海洋研究院也分别与海南省三沙市、中广核签署合作协议，共建"三沙研究中心"和"海上能源研究所"。

学科建设　海洋科学、海洋工程、海洋战略、海洋人文社科等。

队伍建设　研究院目前实行双聘制,其研究人员同时分布在北京大学各个相关兄弟院系。目前研究人员总人数39人,其中,教授24人,副教授4人,讲师2人,讲席教授1人,兼职教授1人,研究员4人。

【组织结构】　院领导班子　院长:张东晓;副院长:周力平、王磊。

研究院理事会　共同理事长:朱善璐(北京大学党委书记)、焦志刚(中国对外建设有限公司总裁)。副理事长:陈十一(原北京大学副校长)、陈学义(中国对外建设有限公司副总裁)。理事:王博(北京大学社科部部长、哲学系主任)、张东晓(北京大学工学院院长、海洋研究院院长)、王纪年(中国对外建设有限公司顾问)。

院所中心　北京大学海南海洋研究院、北京大学舟山群岛新区海洋研究院、海洋战略研究中心、"一带一路"研究中心、海洋信息研究中心、海洋产业与金融中心(筹)、海洋生物资源与功能分子研究所(筹)。

【人才队伍】　中国科学院院士3人:陈十一、陶澍、吴立新(双聘院士)。

教育部"长江学者"6人:陈峰、陈永顺、段慧玲、陶澍、张东晓、周力平。

中组部"千人计划"专家3人。

中国科学院"百人计划"引进人才2人:黄富强、刘谋斌。

"百人计划"研究员2人:韦骏、许云平。

国家杰出青年基金获得者6人:段慧玲、胡永云、黄富强、吴晓磊、张东晓、周力平。

青年千人学者1人。

"新世纪百千万人才工程"国家级人选1人:周力平。

【学术活动】　2014年北京大学"走向深海"系列讲座概览:

1. 海军装备研究院马骋研究员:水动力学中的一些关键问题。

2. 中国海洋大学吴立新院士:深海大洋多尺度动力过程变异及其对资源和气候的影响。

3. 702所颜开副所长:船舶与海洋工程的发展需求与关键力学问题。

4. 美国伍兹霍尔海洋研究所资深研究员林间:国际深海科学技术的前沿与展望。

5. 美国伍兹霍尔研究所所长Susan Avery:同一个世界,同一片海洋。

6. "蛟龙号"第一副总设计师崔维成:我国载人深渊器的发展策略及当前进展。

【学生工作】　1. 2014年7月,北大师生暑期三沙社会实践团成功对西沙进行了考察,这是国内高校首次在南海考察并踏上西沙永兴岛的土地。

2. 2014年12月,海洋研究院与共青团北京大学委员会联合举办"且听海吟"海洋主题创意摄影大赛。

【年度纪事】　2014年6月,北京大学海洋研究院成立"海洋战略研究中心"(以下简称"中心"),中心由法学院李鸣教授担任主任,历史系包茂红教授担任副主任。同时,研究院开办北京大学"走向深海"系列讲座,并编纂内参刊物《海洋研究快报》和《海洋战略研究报告》。

2014年7月与2015年2月,研究院前后两次组织北大师生赴三沙市永兴岛等地考察调研。

2014年11月,研究院主持承办北京论坛分论坛"人类与海洋"专场会议,获得圆满成功。同年年底,研究院成立"海洋研究中心",由信管系王继民教授担任主任。

医学部信息通讯中心

【发展概况】　医学部信息通讯中心成立于2002年,其前身为医学部信息中心和医学部电话室,2002年合并后组建。医学部信息通讯中心下辖综合服务室、网络管理室、信息管理室、运行管理室四个科室。种连荣为主任,张翎为常务副主任,宋式斌为副主任。信息通讯中心党支部党员5名,党支部书记尹忆民,副书记黄宁玉。在编员工总数16人,其中,正高1人,副高2人,中级职称9人,初级职称1人,工人2人,退休2人,新入职1人(王明会,毕业于中国科学院大学,硕士研究生)。办公地址:医学部行政一号楼西侧楼一层。

【基础设施】　改善校园网络环境核心网络更新改造,骨干万兆管理细化;更新医学部核心骨干网络设备,实施网络精细化管理,实现网络细化隔离,清理网络环境,万兆骨干汇聚;继续实施无线覆盖,方便师生服务大家。通过调整7号楼网络建设、家属楼网络节省经费再利用,建设了医学部无线网络二期工程,对学生7号楼、生化楼、护理楼、部分开放教室进行了覆盖,供部署AP约150个。工程实施后,医学部共部署550个无线AP,无线网高峰期连接达3000个终端。

信息应用环境加强　加大对医学部虚拟化运行环境的利用,初步实现云数据中心运行平台,施行统一管理和服务,提高医学部信息化应用运行服务支撑的条件,已部署运行虚拟服务器78台,节省投资与能源消耗,在满足信息通讯中心管理业务的余力下,支持教学、科研、财务、团委等各部门信息化运行服务。部署医学部网站服务平台,迁移网站提升能力。2013

年年底购置新网站群运行平台，迁移大小网站70余个，提供更高效、更安全、更易管理的网站运行环境，提升医学部的网络宣传能力。开发志愿者服务系统，支持业务建设服务。根据团委的业务需要，信息通讯中心开发志愿者服务系统，并实施上线运行，该系统的使用，对团委业务提供更高效地支撑。邮件升级换代，邮箱扩容效率提升。更新医学部电子邮件系统，邮箱扩容至每人5G，邮件发送效率显著提升，日程更新会议联动，提供更优质的网络基础服务能力。

电话系统更新改造　更新电话程控交换机、装修改造电话新机房，扩展至4000个电话号段支持，在保留原有医学部定制化功能的基础上，全部号码提供来电显示，并能够部分实现视频电话会议等，为未来若干年医学部电话服务提供支持。

【自助服务】提高师生自助服务能力，校园卡圈存机部署到各学生宿舍楼，网上支付平台提供网费、电话费的充值缴纳。2014年共完成圈存机缴费25986笔，网上支付3396笔，同比分别增加46％和910％。信息门户不仅成为医学部信息服务的平台，还成为部分业务数据的采集来源。暑假提供新生照片采集，收集照片752张，新生入学一次办理校园卡，提高新生入学手续的办理效率；门户还提供教工更换银行卡自助申请服务，累计为1000多人提供服务。2014年，信息通讯中心开展信息系统与网站安全调查，丰富第一手资料，基于调查基础，将进一步加强信息安全的相关工作。

【支撑服务】2014年暑期，信息通讯中心改造办公及服务区域，优化服务办公布局，提供更优质的服务环境，改善用户的服务体验。2014年，在医学部常规经费支持下，为每位师生增加60小时国际时长，同时下调国际包月访问费用。本年度共发布回复BBS帖253篇，回复邮件240余封。

【常规工作】信息通讯中心常规工作开展顺利，通过各种途径为师生提供服务，根据年底的工作统计，数据如下：

1. 网络电话费充值情况：前台收费12790笔，校园卡充值25986笔，网上支付3396笔。
2. 校园卡发卡1933张，补卡1715张。
3. 维护服务情况：外勤派单959次，114电话查询9938次，2999服务电话6585次。

医药卫生分析中心

【发展概况】北京大学医药卫生分析中心直属北京大学医学部，成立于1990年，多次通过国家计量认证评审，是具有检测资质的单位，属于学校公共服务体系，为校内外医、教、研服务。

组织结构　设有中心正主任和副主任各一名，各个实验室分别设有实验室主任。11月，医学部启动了中心主任换届工作，中心全体人员高度关注，积极参与民主推荐和自荐工作。

学科建设　设有五个实验室：细胞分析实验室、蛋白质组学实验室、分子影像学实验室、同位素实验室、电镜分析实验室。

队伍建设　招聘具有博士学位的新员工1名，外调1人，人事关系在中心的员工达到25人。

【教学工作】学生人数　中心各项课程选课总人数157人，其中研究生122人，本科生35人。中心开设了《科研仪器实验技能》课程，研究生学生共44人，分别选修了细胞分析室、蛋白质组学实验室、分子影像学实验室的相关仪器的课程，该课程被北京市高校物资研究会和北京大学医学部列为实验教学模式改革支持项目。

课程设置　细胞分析实验室完成了《激光共焦显微镜与流式细胞术》课程教学。同位素实验室承担并完成了基础医学院本科生《实验核医学》和研究生《放射性同位素技术与安全》的理论课和实验课的教学工作。电镜分析实验室配合基础医学院生物物理学系完成了研究生课程《生物医学中的电镜方法》的实验教学工作，并对5名相关单位的人员进行了电镜技术培训。中心参与了《高级医学技术》研究生课程的教学工作，共40学时。

【科研工作】项目数量　新申请国家自然基金项目3项。在研项目有国家自然科学基金重点项目、青年基金、杰出青年科学基金、"973"、科技部重大专项等18个项目。王京宇、何其华分别获医工结合种子基金项目各一项。

表8-78　医药卫生分析中心代表性科研项目

项目名称	起止时间	负责人	总经费(万元)	任务来源
靶向肿瘤表达的integrin αvβ3的新型分子显像探针	2014/1—2016/12	史继云	14	北京市自然科学基金面上项目

科研成果　在Mol Pharm、J Nucl Med、Eur J Nucl Med Mol Imaging等杂志发表文章共24篇，其中22篇SCI，2篇核心期刊。王京宇主持的项目获中国分析测试协会科学技术奖三等奖，吴后男获"2014年度北京大学实验室工作先进个人"殊荣，中心共申请2项发明专利。

表 8-79 医药卫生分析中心代表性科研成果

成果名称	作者	出版单位	成果形式
Anti-tumor Effect of Integrin Targeted 177Lu-3PRGD2 and Combined Therapy with Endostar	史继云	Theranostics 2014，4(3):256—266	SCI论文
Structure of the Rabbit Ryanodine Receptor RyR1 at Near-atomic Resolution	严 正,尹长城	Nature,Accepted	SCI论文

表 8-80 医药卫生分析中心代表性发明专利

发明名称	发明人	专利申请号	类型
一种用 MALDI-TOT-TOF 质谱对蛋白质 N 端序列进行从头测序的方法和试剂盒	邹霞娟,杨 彬	201410722851.7	发明专利
一种纳米壳聚糖衍生物富集和纯化糖基化多肽的方法	邹霞娟,杨 彬	201410722773.0	发明专利

经费情况 入账横向经费共计34万元。

学术活动 举办了高校分析中心管理论坛、高校分析测试技术发展论坛和大型仪器平台建设与现代分析技术发展论坛,来自全国的40多所大专院校参会,有效扩大了分析中心在全国的影响力,提升了分析中心的学术氛围。细胞分析实验室参加了BD Horizon多色流式技术亚太巡讲、流式细胞专题应用技术讲座、贝克曼第二届MoFlo club学术交流研讨会、北京赛泰克第一届流式细胞术应用研讨会、北京BD染色体分选研讨会等会议并作专题报告。同位素室王凡、贾兵、史继云参加在美国举办的美国核医学及分子影像年会。分子影像学实验室参加了第六届小动物影像论坛。

分析测试工作 完成测试服务约240万元。细胞分析实验室测试服务约138万元。蛋白质组学实验室全年测试服务约35万元。同位素实验室承担医学部的全部同位素分析测试,为其他课题组提供同位素技术支持,全年完成测试服务36余万元。电镜分析实验室开展扫描电镜、透射电镜、免疫电镜对外技术服务工作,服务对象包括北医及各附属医院,以及社会其他各医院、科研院所、企业单位。服务范围包括医学生物学、材料学、动植物学领域的测试服务。样品总数达420余例,全年完成测试服务11余万元。分子影像学实验室为完成测试服务20万元。

实验室建设 顺利完成了各室仪器维修工作。中心楼二层2间实验室装修完成,仪器已到位,部分仪器已对外测试,中心大型仪器共享平台初期安装工作基本完成,目前在试运行阶段。中心各室配套设备申请、论证、购置工作已完成,学校投入共计约188万元,仪器设备明年将陆续到位。同位素实验室小动物SPECT/CT活体成像影像平台已进入试运行。环保局终态验收正在办理中,已完成环境监测,等待检测报告,正式运行后该仪器作为医学部第一个核医学分子影像评价技术平台,可以为基础医学、药学以及临床医学研究提供崭新的方法和手段。6月完成高校资质认定获证实验室自查工作,上报高校评审组;完成了内审工作;1人进行了内审员培训并获内审员证书。

【交流合作】 9月派1名员工出访美国进修一年。分子影像学实验室开展了与国家纳米中心关于影像学方面的科研合作和中科院武汉物理与数学所的影像学方面的科研合作。同位素实验室与美国斯坦福大学的陈小元教授和普度大学刘爽教授实验室开展科研合作与交流。电镜室与基础医学院中西医结合教研室、天士力微循环研究中心开展科研协作,承担全部科研课题中的电镜形态学研究方面的工作,参与国家自然科学基金和天士力基金课题:(1)基于脏器微血管通透性的调控,探讨生脉饮及其主要补气和收摄成分固摄作用的机理;(2)基于心肌能量和功能,心脏微循环动态和微血管通透性的调控,探讨芪参益气滴丸补气行血和补气摄血的机理;(3)芪参益气滴丸、丹酚酸注射液、复方丹参滴丸、注射用益气复脉冻干和养血清脑颗粒药理作用研究;(4)基于血管内皮质膜微囊的调控,探讨人参皂苷RB1对LPS诱导的大鼠血浆白蛋白漏出的固摄作用。

【党建工作】 组织开展了"学习习近平总书记重要讲话精神,为党旗增辉"主题党日活动;结合《北京大学综合改革方案》(征求意见稿)开展了"深化综合改革、聚力科学发展"大讨论活动;组织参观了密云古北口抗日阵亡将士公墓及古北口保卫战纪念碑,感受中华儿女在抗日战争中舍身为国的英雄气概及时代价值观。集体学习中,围绕如何深刻领会并弘扬社会主义核心价值观、如何牢固树立文化自信、如何为创建世界一流大学贡献力量开展了讨论。深入学习贯彻了十八大、十八届三中、四中全会精神和习近平总书记系列重要讲话精神。苏黎博士荣获北京大学优秀共产党员称号。

【行政工作及其他工作】 行政队伍所有行政工作由各实验室人员兼职处理，有关人员积极主动地承担了各项日常管理工作，计量认证、财务、研发基金、工会、办公室等日常事务管理工作职责得到全面履行。

工会工作　积极组织参加医学部工会、机关工会组织的各项活动。2014年申请到"权益杯"活动经费4500元，工会小组主办和协办了"趣味运动会"、为贫困山区儿童献爱心、奥森公园大步走等一系列活动。

其他工作　完成了医药卫生分析中心成立30周年庆典策划、筹备并举办了30周年庆典系列活动。组织在职员工和部分离退休员工，回顾了分析中心30年历程，摄制了"北京大学医药卫生分析中心30周年庆典"短片，重新编撰了《中心人之梦》歌词，由分析中心员工演唱、录制，先后在分析中心30年庆典和全国高校分析中心研究会年会上播放。摄制了"北京大学医药卫生分析中心宣传短片"，介绍分析中心的人员、仪器设备以及服务范围。

实验动物科学部

【发展概况】 2014年，北京大学医学部实验动物科学部在学校和医学部领导的关怀和指导下，坚持以学校的教学与科研工作服务为中心，确保提供优质实验动物和动物实验服务，经过全体职工的共同努力，圆满完成了各项工作任务，切实起到了作为学校教学与科研公共支撑条件的作用。

【实验动物生产供应】 向校内、外，供应合格（达到SPF/VAF标准）实验动物23.56万只。

【实验动物保种】 实验动物科学部承担了北京大学医学部老师们引进的包括基因修饰动物在内的模型动物的保种工作。现常年保种的实验动物品系达到百余种。

【实验动物代养】 代养试验用大小鼠合计21.33万只。

【动物实验】 协助各教研室及附属医院等70多家单位进行清洁级动物实验1000余项，实验操作600余项。包括肿瘤接种、灌胃、皮下注射、腹腔注射、尾静脉注射、取血、代谢、取组织、离心等操作。共检测3248份血常规样品，1679份血生化样品。受校内外10多个单位委托，以合同形式独立承担并完成有关一般药理学、毒理学、免疫学、肿瘤学等方面的动物实验21项。实验项目包括：不同分子量胶原蛋白肽促骨活性研究动物实验、铁蛋白装载阿霉素用于肿瘤的动物实验、PLGA药效学实验、聚合物微球—抗原复配制剂小鼠免疫试验、抗小鼠S180肿瘤药效学实验、大鼠心电心率测定、益生菌株乳酸肠球菌的安全性试验、H22和S180肿瘤模型制作、提供荷瘤鼠、细胞外组蛋白对急性一氧化碳中毒后大鼠脑组织的损伤、蛋白类药物在小鼠体内分布实验、hGH-PEG药物代谢观察、ARDS模型制作、奇森水对高血脂大鼠血液流变指标和血脂的影响、创伤止血实验等。完成10余个单位委托的30项大动物实验，开展手术300余台，成功建立全委托手术大鼠模型2个。

【教学与培训】 1. 本年共举办11期上岗证培训班，培训人数963人。

2. 药学院本科生《实验动物学基础》教学：本年共36学时。

3. 本年度完成四个班的教学工作（32学时×4），培训研究生1019人，选课同学课程结束后均取得北京市科委颁发的《实验动物从业人员职业资格证书》。

4. 协助医学部遗传学系本科生《实验动物学》教学，承担了8个学时的教学任务。

5. 完成了基础医学院本科生《实验动物学导论》教学任务。

【教材编写及发表论文】 在本专业核心期刊发表文章2篇。郑振辉主任主编，本部多位老师参编的《实验动物机构质量与能力管理指南》一书由中国标准出版社出版发行。

【动物福利伦理审查】 主持完成学校及相关单位动物实验伦理审查工作288项。

【设施设备改造】 1. 实验动物繁殖楼二楼、三楼全面装修、维护、消毒后重启使用。

2. 实验动物繁殖楼、动物实验楼的门禁系统安装启用。

3. 动物实验楼视频监控系统安装启用。

4. 动物实验楼内外对讲呼叫系统安装启用。

5. 动物实验楼新添置8台IVC笼具，替换掉了部分老式的层流柜。

6. 大动物手术室新添置全自动手术器械灭菌器。

7. 实验动物繁殖楼新添置2台隔离器。

【医用废弃物清运】 完成北京大学医学部医用废弃物清运处理3.1万公斤。

【党建工作】 王爱军被批准为中国共产党预备党员。

组织各室负责人认真学习党风廉政建设文件，转变思想观念和工作作风，树立为科研和教学中心工作做贡献的思想。各项工作力争做到透明、公开，发动群众参与党风廉政建设工作。结合群众反映的突出问题，找准阻碍党风廉政建设的症结，提出整改措施，及时纠正，加强管理，不断增强服务意识。

中国药物依赖性研究所

【发展概况】 2014年北京大学中国药物依赖性研究所在卫生部、国家食品药品监督管理总局、公安部禁毒局,以及北京大学各级领导的支持下,研究所事业有了进一步的发展。2014年,新申请获准科研基金项目5项,在研科研项目19项。在社会服务方面,针对药物滥用防治和禁毒工作中的问题,受卫生部、国家食品药品监督管理局和公安部禁毒局的委托,研究所开展了大量的流行病学研究。设立在研究所的国家药物滥用监测中心,建立了覆盖全国的药物依赖性监测网络。承担国家食品药品监督管理局和卫生部下达的任务。作为国家药物依赖性研究中心,开展了新药的临床前药理毒理学评价研究,并从整体、细胞和分子水平开展了与药物依赖性有关的基础研究。

【学科建设】 研究所在既往研究工作的基础上,从多个层面开展药物滥用与成瘾的机制、干预药物和方法、流行现状及其控制策略等研究,为药物滥用与成瘾及相关疾病的预防和治疗提供重要科学依据和方案。从分子生物学机制、临床药理学特征及流行病学方面,系统地研究药物滥用与成瘾及其相关疾病的分子基础、干预措施和流行现状。在动物模型上,阐明药物戒断后的心理渴求和复吸的分子基础,寻找新的干预靶点和治疗药物;通过成瘾记忆理论,探索抑制心理渴求和复吸的行为学和药理学干预手段。在药物滥用与成瘾及相关疾病患者中,研究药物滥用与成瘾及相关疾病所导致的脑结构和脑功能的改变及风险基因。此外,通过制订全国药物滥用监测抽样方案,完善我国药物滥用监测系统并建立吸毒人群的艾滋病疫情综合数据库;通过横断面调查及队列研究,阐明新发HIV、HCV等病毒持续传播的现状及危险因素,提出相应的预防措施。

【科研工作】 2014年,新申请获准科研基金项目5项,其中国家重点基础研究发展计划(973计划)项目1项、国家自然科学基金委重大研究计划集成项目1项、国家自然科学基金委NSFC-云南联合基金重点支持项目1项、国家重点基础研究发展计划(973计划)项目子项目1项、国家重点基础研究发展计划(973计划)青年科学家专题项目1项;在研科研项目19项,其中,科技部国家重点基础研究发展计划(973)项目1项、国家自然科学基金创新研究群体科学基金1项、国家自然科学基金杰出青年科学基金1项、国家自然科学基金重点项目1项、国家自然科学基金重大研究计划培育项目2项、国家自然科学基委面上项目4项、国家自然科学基金青年科学基金项目2项、国家重大新药创制重大专项2项、北京市科技创新基地培育与发展工程专项1项、艾滋病和肝炎等传染病防治十二五科技重大专项1项、十二五支撑课题物质依赖综合防治研究子课题1项、高等学校博士学科点专项科研基金新教师类2项。承担部委课题8项,横向课题3项。

【科研成果】 2014年,药物依赖所在国际刊物发表论文33篇,国内刊物发表论文10篇,提交会议交流论文或摘要49篇,提交研究报告8篇。研究成果"药物成瘾的神经机制及干预策略研究"获得2013年教育部高等学校科学研究优秀成果奖自然科学奖一等奖,获奖人:时杰、陆林、贾忠伟、李素霞、赵励彦、鲍彦平、吴萍、王贵彬、薛言学、朱维莉、丁增波。申请专利两项:用于检测ZNF804A基因中的rs1344706位点的核苷酸的物质的新用途(发明人:时杰、孙艳、王贵彬、陆林、朱维莉、赵励彦;申请号:201410044809.4),用于检测rs7597593位点和rs1344706位点的核苷酸的物质的新用途(发明人:时杰、孙艳、胡蝶、梁洁、陆林、王贵彬、朱维莉;申请号201410227778.6)。获得专利两项:一种多肽及其在制备抑郁症治疗药物中的应用(发明人:陆林、孙成玉、孟适秋、朱维莉、时杰;专利号:201310036360.2),一种半抗原与载体共价结合的吗啡/海洛因疫苗及其应用(发明人:陆林、孙成玉、李芊芊、罗宜孝、徐凌志;专利号:201310319395.7)。

【学术会议】 2014年10月30日至11月1日在福建省厦门市闽南大酒店隆重召开了第十三届全国药物依赖性学术会议暨国际精神疾病研讨会,会议由中国毒理学会、北京大学中国药物依赖性研究所主办。来自北京大学第六医院院长陆林教授、北京大学中国药物依赖性研究所副所长时杰教授、澳大利亚墨尔本大学Malcolm Hopwood教授、美国Roskamp研究所脑疾病研究及治疗中心申勇教授、台湾中正大学杨士隆教授、香港中文大学陈佳鼐教授、中国疾病预防控制中心汪宁教授、四川大学华西医院唐向东教授、国家药监局叶国庆处长、公安部禁毒局宫秀丽处长和李昭处长等300余位药物依赖和精神疾病领域的专家学者参加了会议。北京大学中国药物依赖性研究所副所长时杰教授主持了开幕式。大会分设基础研究、临床研究及流行病学与社会学研究三个专题报告,来自海内外的60余名专家学者和研究生做了专题发言。此外,会议还吸引了广大学者以论文摘要的形式展示他们最新的研究成果。

【教学工作】 在教学方面,研究所为北京大学医学部研究生讲授《药物滥用与成瘾》课程,同时讲授《药理学研究进展》《神经精神药理学》课程。2014年,研究所有在读博士研究生13名,硕士研究生11名,博士后4名,8年制学生12名,联合培养研究生8名,本科专题生/实习生4名。

【社会服务】 2014年,研究所的专家多次受国家禁毒办、公安部禁毒局和北京市禁毒办的委托,接受中央台等媒体和北京市人民政府新闻办等采访,开展禁毒社会宣传工作;多次参与国家自然基金委大数据项目筹备工作。

【实验室建设】 目前研究所按照SFDA的要求,进行药物临床研究机构的建设准备,建立健全研究所各项SOP;建立睡眠实验室,购置人体多导睡眠监测系统,开展睡眠脑功能相关研究;开始运行屏障实验动物设施。

中国卫生发展研究中心

【发展概况】 北京大学中国卫生发展研究中心是北京大学医学部和美国中华医学基金会共同建立的实体性研究机构,于2010年4月成立,孟庆跃教授为中心执行主任。2014年,有全职研究人员6人,其中教授2人,副教授1人,讲师2人,行政管理1人。在原有兼职教授的基础上,又邀请了来自美国密歇根大学公共卫生学院的梁泽西教授专门就"老龄化与健康"做了为期1个月的合作交流。此外,2名博士后研究人员进入中心。2014年,中心在科研、机构文化建设、学术活动、政策传播等方面更上一层楼。

【科研工作】 2014年,中国卫生发展研究中心获得资助的项目有近10项。在2013年的基础上,又有2项国家自然科学基金获批。在科研产出方面,发表中文期刊论文14篇;10篇文章已在国际学术期刊上发表或被接收;撰写了3期中文工作报告;完成了4次国际会议报告。

表8-81 2014年中国卫生发展研究中心重要科研项目

题目	主要研究者	合作者	项目来源
北京市卫生服务调查	刘晓云		北京市公共卫生信息中心
农村卫生适宜技术研究	孟庆跃		国家科技部
基于福利效应理论的城乡基本医疗保险最优补偿和可持续筹资机制研究	侯志远		国家自然科学基金委员会
基于认知理论研究我国基层公共卫生服务人员的工作动机及其对工作绩效的影响	袁蓓蓓		国家自然科学基金委员会
国家"十三五"卫生计生发展规划重大项目	孟庆跃	朱炜明	卫生计生委

【团队建设】 中国卫生发展研究中心通过定期召开内部会议和学术研讨会,已经建立起较为完善的学术文化机制。"卫生发展对话"是由中心组织的旗舰型讲座,用以讨论各种卫生发展问题。2014年,中心围绕卫生体系、政策、卫生经济等领域共组织了8场"卫生发展对话"。来自美国密歇根大学、斯坦福大学、北京大学国家发展研究院、世界卫生组织、北京市卫计委等单位的外部报告人受邀在"卫生发展对话"研讨会上做了报告。同时,中心还组织了17次内部讨论会,由青年教师、博士后以及研究生就研究方法、研究选题等做汇报,然后由资深教师点评,最后集体讨论。此外,中心在团队文化建设方面,也取得了不错的成效。4月中旬和11月初组织教职工和研究生开展了以"团队建设"为主题的春游和秋游活动。

【政策传播】 政策简报是卫生政策传播的重要形式。卫生政策简报 Health Development Outlook 的定期发布成为2014年度政策传播的亮点。共有9期政策简报系列发布,分别是:第10期的《预防接种政策分析和制度设计》、第11期的《我国经济增长对国民健康的作用分析》、第12期的《医改应解决医疗服务供需失衡问题》、第13期的《我国城乡卫生不平等问题仍然值得关注》、第14期的《农村基层医疗卫生服务面临的挑战》系列简报,第15期的《从信息不对称的视角思考我国的卫生信息化》、第16期的《河南医疗服务综合支付制度改革评价》、第17期的《医疗保障需要关注耐多药结核病经济负担问题》、第18期的《国际经验对我基本公共卫生服务均等化按绩效支付制度设计的启示》。

【年度纪事】第三届"全球卫生新兴之声"系列培训 9月21日至10月4日,中心与比利时安特卫普热带医学院、南非西开普敦大学、南非开普敦大学、印度班加罗尔公共卫生研究院成功联合在南非开普敦举办第三届"全球卫生新兴之声"培训会(Emerging Voices for Global Health 2014)及第三届全球卫生体系研究大会(The Third Global Symposium on Health Systems Research)青年会前会。来自17个国家的51名卫生体系研究领域的青年学员参与了活动。

组织召开项目启动中英项目研讨会 2月27日,由北京大学、英国伦敦卫生与热带病学院、坦桑尼亚伊法克拉卫生学院、复旦大学、河南省卫生厅合作申请的"中英全球卫生支持项目:全球卫生核心研究—卫生体系改进"项目启动会和政策研讨会在中心召开。北京大学医学部领导、国家卫计委国际合作司领导、英国国际发展署官员、项目管理方负责人分别致辞,强调了全球卫生项目对于学科发展和卫生体系政策研究的重要意义,表达了对该项目的大力支持,阐述了项目启动后对项目执行机构各方的期待和相应的工作内容。

举办高层卫生对话会 7月7日,"将健康融入所有政策,应对下一代健康挑战"高层卫生对话会在北京大学医学部举行。活动由世界卫生组织主办、国家卫生和计划生育委员会和北京大学医学部合办。全国人大常委会副委员长陈竺和世界卫生组织总干事陈冯富珍出席活动并发表主旨演讲。国务院发展研究中心社会发展研究部部长葛延风、尼泊尔驻华大使Mahesh Maskey作为嘉宾参与对话。北京大学常务副校长、医学部常务副主任柯杨和世界卫生组织驻华代表施贺德博士分别代表北京大学和世界卫生组织致辞。

医学信息学中心

【发展概况】发展历程 北京大学医学信息学中心(Peking University Medical Informatics Center)成立于2010年4月,隶属于北京大学医学部,是具有独立编制的集医学信息学教学、科研、服务为一体的实体机构。经过四年多的努力,医学信息学中心已初步形成了多学科的人才队伍,与多个单位初步形成了合作关系,取得了阶段性的成果。

组织结构 2014年,在北京大学医学部的领导下,医学信息学中心完成了领导班子换届工作。2014年3月底,由于工作需要,医学部医管处张俊处长不再兼任中心代理主任的职务。4月8日经医学部第八次部务会研究决定[北医(2014)部人字56号],任命胡永华教授为北京大学医学信息学中心常务副主任,任命俞国培教授为北京大学医学信息学中心副主任。

学科建设 中心确定了病案首页数据集成与医院质量评估、临床数据仓库与挖掘分析,以及与北大本部、北大医信公司合作开展医疗健康大数平台建设和研究三大战略。

队伍建设 中心成立四年来,从海内外延揽了多名高级科研人才,其中既有具备国际视野、拥有多年海外学术科研经验的归国人员,也有对国内医学信息生态环境深刻理解的专业技术人才。学科背景涵盖临床医学、公共卫生、数学、统计学、生物统计学、计算机科学等多个学科领域。目前,中心教师队伍(不含非教学科研岗位)总人数为12人,其中,教授2人、特聘研究员2人(北京大学"百人计划")、副高级职称3人、中级职称5人。中心另特聘兼职教授和客座教授3人,合同制人员2人。中心教职员工覆盖临床医学、流行病学、数学、生物统计学、计算机科学、管理学等多个学科领域,具备了较完善的学科知识和技能体系。

【教学工作】 北京大学医学信息学中心目前没有招收本科学生。中心在读硕士研究生共3名,其中,2013级硕士研究生1人,2014级硕士研究生2人。2013—2014年度,中心开设了《医学信息学理论与实践》课程(课号:060006)。2014年度由本中心参与编写的全国高等学校教材《卫生信息学概论》由人民卫生出版社出版,此教材被列为国家卫生和计划生育委员会"十二五"规划教材。

【科研工作】 在新的发展战略指导下,2014年中心确立了具体的科研工作项目和目标,包括:北京大学临床数据仓库建设与医疗数据分析挖掘项目,病案首页数据集成与医院综合能力评估项目,国家自然科学基金项目和科技部新药创制重大专项项目,以及开展健康大数据合作项目等。

病案首页数据集成与医院综合能力评估项目是由国家卫生和计生委授权开展的,全国医院质量评估和临床重点专科评估项目。中心首创医院医疗综合能力评价模型,将病案首页数据信息与医院现场评价相结合对医院进行客观评价。可以实现面向医院综合质量评价的病案首页数据集成、检验、质量控制、数据计算和报告发布等功能和流程。该模型和系统可以为医院提供客观反映医疗管理水平和管理能力的评估评价报告,为政府、行业和医院提供科学管理依据。目前已对全国100多家医院进行了评审评价,其结果获得了国家卫生和计生委领导的高度肯定和授评医院的高度重视。目前中心已采集和管理全国200多家3甲医院病案首页数据,总共5000多万条病案记录。另外,中心还储存了全国150多家三甲医院临床专科1100多万条病人记录。

中心开展的临床数据仓库(CDW)与医疗数据分析挖掘项目,目前已完成了医学部部分附属医院的数据集成和有关临床事件时间树的工作,可以初步为今后的学科评估、医院评审、医学信息标准的建立、数据仓库的建设与共享提供相关技术支持。目前,中心正在利用病案首页数据和临床数据仓库中的海量数据,开展深度分析、挖掘工作,撰写研究论文,扩大中心影响,同时培养年轻教师的科研能力。下一步中心将利用信息技术，努力改善病案首页数据质量，同时逐步从挖掘分析病案首页数据过渡到挖掘分析医院全部数据，为医疗行政管理和临床提供支持。

项目数量 2014年医学信息学中心继续通过合作参与和自主申请的方式获得各类研究经费，目前已经落实的研究经费总计约48万元，其中包括国家自然科学基金面上项目2项和青年项目2项、国家发改委高技术服务业研发及产业化专项1项、工业与信息化部国家科技重大专项1项、教育部留学人员科研经费1项、美国国立卫生研究院和美国国立癌症基金各1项，以及教育部、北京大学和医学部项目多项。项目涉及医学信息学学科建设、大数据分析平台与服务创新、大数据医院综合评估、医疗质量综合评估、移动医疗与健康管理、远程医疗、无线物联网、院前创伤评估决策支持系统、临床数据仓库、药物治疗不良反应主动监测方法学等专业领域。

表8-82 2014年医学信息学中心承担的项目

项目名称	起止时间	负责人	总经费	任务来源
面向远程医疗和社区医疗信息化的无线物联网技术总体研究	2012—2014	焦秉立	30万元	工业与信息化部国家科技重大专项
临床医生信息需求研究与"一键通"系统：一种基于临床现场的智能"临床决策支持"系统的研究和应用	2012.1—2015.12	雷健波	58万元	国家自然科学基金面上项目
面向医疗卫生行业的大数据分析平台与服务创新	2012—2014	谢志华	总经费：13108.80万元，北医400万元	国家发改委高技术服务业研发及产业化专项
医疗物联网中间件的设计与实现	2013.1—2015.12	萧志春	10万元	北京大学
基于证据推理方法的医院医疗质量综合评估	2013.3—2015.12	孔桂兰	10万元	北京大学
从住院病案和病人满意度双重视角的医疗质量综合评估	2013.6—2016.5	孔桂兰	8万元	教育部
孕妇体重干预初步研究	201309—201509	许蓓蓓	2.5万元	教育部留学人员科研经费
院前创伤评估决策支持系统	201401—201612	孔桂兰	23万元	国家自然科学基金委青年项目

科研成果 2014年医学信息学中心发表SCI文章11篇，在国内核心期刊上发表文章5篇，在其他期刊发表文章4篇。

表8-83 2014年医学信息学中心科研成果

成果名称	作者	出版单位	成果形式
The Current Status of Usability Studies of Information Technologies in China: a systematic study	Jianbo Lei, Lufei Xu, Qun Meng, Jiajie Zhang, Yang Gong.	Biomed Research International vol. 2014	SCI论文
A Comprehensive Study of Named Entity Recognition in Chinese Clinical Text.	Lei J, Tang B, Lu X, Gao K, Jiang M, Xu H	J Am Med Inform Assoc	SCI论文
Characteristics of Health IT Outage and Suggested Risk Management Strategies: an Analysis of Historical Incident Reports in China.	Lei J, Guan P, Gao K, Lu X, Chen Y, Li Y, Meng Q, Zhang J, Sittig DF, Zheng K.	Int J Med Inform.	SCI论文
Cost-Effectiveness Analysis of Combined Chinese Medicine and Western Medicine for Ischemic Stroke Patients.	LI Yi, XI Han-Xu, ZHU Sha, YU Na, WANG Jing, LI Yan, YU Guo-Pei, MA Xie-Min, ZHANG Jun, ZHAO Lue Ping.	Chinese Journal of Integrative Medicine.	SCI论文

续表

字数　成果名称	作者	出版单位	成果形式
Aspiration Pneumonia after Concurrent Chemoradiotherapy for Head and Neck Cancer.	Xu B, Boero Isabel, Hwang Lindsay, Le Quynh-Thu, Moiseenko V, Sanghvi P, Cohen E, Mell L, Murphy J.	Cancer	SCI 论文
Adult Height and Head and Neck Cancer: a Pooled Analysis within the INHANCE Consortium	Stefania Boccia, …, Yu GP, et al	Eur J Epidemiol	SCI 论文
The Stomach Cancer Pooling (STOP) Project: Study Design and Presentation	Pelucchi C, …, Yu GP, et al.	European Journal of Cancer Prevention	SCI 论文
Estimating and Explaining the Effect of Education and Income on Head and Neck Cancer Risk: INHANCE Consortium Pooled Analysis of 31 Case-control Studies from 27 Countries. 2014	Conway DI, …, Yu GP, et al.	Int J Cancer	SCI 论文
Maternal and Cord Blood Hormones in Relation to Birth Size.	Lagiou P, Samoli E, Hsieh CC, Lagiou A, Xu B, Yu GP, Onoyama S, Chie L, Vatten LJ, Adami H-O, Trichopoulos D, Williams MA.	Eur J Epidemiol	SCI 论文
Folate Intake and the Risk of Oral Cavity and Pharyngeal Cancer: a Pooled Analysis within the INHANCE Consortium.	Galeone C, Edefonti V, Parpinel M, Leoncini E, Matsuo K, Talamini R, Moysich K, Zhang ZF, Morgenstern H, Levi F, Bosetti C, Kelsey K, McClean M, Schantz S, Yu GP, Boffetta P, Lee YCA,	Int J Cancer.	SCI 论文
Protecting Privacy in a Clinical Data Warehouse.	G. L. Kong, Xiao ZC	Health Informatics Journal	SCI 论文

【交流合作】 2014年1月9日北京大学医疗健康大数据中心研讨会召开,中心刘徽和包小源介绍中心在医疗质量评估方面的工作和成果。

2014年2—5月,中心许蓓蓓前往美国加州大学圣地亚哥分校莫尔斯肿瘤中心,主要学习肿瘤大数据的分析处理和管理。

2014年5月22日,俞国培、雷健波、许蓓蓓、刘徽、包小源等前往大连参加由中国医院协会信息管理专业委员会主办的"2014全国医院信息网络大会"。会上俞国培、包小源等老师与北大医信合写的论文获得二等奖。

2014年6月5日,北京大学医疗健康大数据研讨会召开,美国Vanderbilt University石喻教授介绍生物信息学发展现状,中心俞国培、刘徽介绍中心情况。

2014年7月22日,胡永华、李毅等前往昆明参加由中国卫生信息学会主办的"2014年中国卫生信息技术交流大会"。

2014年10月15日,美国Vanderbilt University石喻教授来中心与中心研讨医疗大数据及平台建设相关问题。

2014年10月20日,北京大学医疗大数据头脑风暴研讨会举行,中心全体人员以及北大医疗大数据相关单位、北大各附属医院信息负责人参加了研讨会,胡永华老师做主旨演讲。

2014年10月24日,北京大学医学信息学中心与北大医疗信息技术有限公司达成共同主办"北大HIT论坛"意向。

2014年11月1日,由北京大学医学信息学中心与北大医疗信息技术有限公司共同主办的"2014第一届北大HIT论坛"举行。

2014年11月至2015年1月,中心萧志春前往美国University of Arkansas, Fayetteville计算机科学系(Computer Science Department)开展合作研究项目。

【党建工作】 中心现有党员7人,属于医管处和医学信息学中心联合支部,定期开展民主生活会等活动。

【学生工作】 2014年3月中心完成了硕士研究生面试和录取工作,共招收2014级硕士研究生2名,中心现有在读研究生3名。6月中心培养的1名2011级硕士研究生顺利完成学业。

【科学研究与产业开发】 2014年中心积极通过各种途径,积极拓展和扩大国际合作与学术交流,提供中心的学术和专业水平。同时与国内外医疗临床、科研机构以及厂商开展合作,积极拓展中心在医学信息学研究和医疗健康应用领域的学术和开发能力,努力使中心在医学信息学领域占有领先地位。

2014年10月24日,中心与北大医疗信息技术有限公司达成共同主办"北大HIT论坛"合作意向。双方希望共同努力,建立长期合作关系,力争建立产、学、研、医、决策和大众健康紧密融合的医疗卫生信息新体系,以支持医疗卫生管理和临床的科学决策,推动中国医疗卫生信息化建设,促进医疗卫生改革和公众健康。

2014年11月1日,中心与北大医疗信息技术有限公司共同主办了"2014第一届北大HIT论坛"。论坛以"激荡20年"为主题,旨在对中国医疗卫生信息化建设二十年的历程进行回顾和总结。会议由胡永华主持,俞国培做主旨发言。来自中国内地卫生主管机关、医院、高校、企业,以及香港、台湾地区共500余位专家学者、HIT技术人员参加了会议。今后"北大HIT论坛"将每年举办一次。

管理与后勤保障

"985工程"与"211工程"建设

【"985工程"和"211工程"建设】

新体制科研机构(理工医)建设 在"985工程"中重点建设了一批新体制科研机构,包括分子医学研究所、北京国际数学研究中心、科维理天文与天体物理研究所、统计科学中心、高能效计算与应用中心、生物动态光学成像中心、量子材料科学中心、定量生物学中心、合成与功能生物分子中心、系统生物医学研究所、临床研究所、医学信息学中心、麦戈文脑科学研究所、北大—清华生命联合中心等14个新体制科研机构(理工医),产生了一批原创性成果。

百人计划研究员已经逐步成为教学科研骨干 "百人计划"经过8年的实践,已经实现了招聘100位优秀青年人才的目标。所引进人才平均年龄33岁,90%的人具有海外学术工作经历。几年来,他们在学校的建设中发挥了积极作用,其中已有4人获得"长江学者特聘教授"称号,7人获得"杰青",10人获得首批国家基金委优秀青年基金,7人入选国家"青年千人计划"。不少在国内外学术共同体中已崭露头角,已经逐渐成为教学科研骨干,不断产生高水平成果。仅今年上半年就涌现了一大批突出成果。

部分重点建设项目取得突破进展 "985工程"重点建设的化学与分子工程学院和纳米科学与技术研究中心的李彦课题组经过12年的潜心研究,得到了生长结构均一的碳纳米管,在单壁碳纳米管手性可控生长研究上取得重要突破,该项成果于2014年6月26日在 Natura 杂志上发表。

2014年5月4日,数学领域的权威杂志《数学进展》发表了北京大学数学科学学院教授宗传明一篇长达61页的研究论文。解开了一个古老的数学问题——希尔伯特的第18个问题。数学科学学院关启安与他人合作的论文被世界顶级数学期刊 Annals of Mathematics 接受。

"985工程"重点建设的邓宏魁研究组取得了高效制备功能成熟的人肝脏细胞的重大突破,提出了一种全新的策略,成功地将人皮肤成纤维细胞诱导为具有成熟代谢功能的人诱导性肝脏实质细胞。

生命科学学院邓兴旺研究组和郭红卫研究组合作研究在植物幼苗出土调控机理取得重要进展。该工作在 PNAS 在线发表。此外,邓兴旺实验室3月还在 UV-B 光信号转导研究中取得重要进展。

生命科学学院朱健实验室揭示动物发育过程中内体运输途径的调控机制,研究工作发表在 Development 杂志上。

3月,生命科学学院郭红卫研究组在植物激素调控幼苗顶端弯钩形成机理中取得重要进展,揭示了另一种植物激素茉莉素拮抗乙烯在顶端弯钩形成中的作用机理。本项工作于2014年3月26日在 Plant Cell 在线发表。

生命科学学院邓兴旺和朱丹萌研究组与中国科学院陈润生院士合作在高等植物中等长度非编码 RNA 的研究中取得系列进展。研究成果于2014年6月30日在 PNAS 在线发表。

罗述金研究组以全新的观点阐释了在第四纪冰河时期环境气候变化影响下东南亚同域分布猫科动物的生物谱系地理学格局,揭示亚洲猫科动物演化和遗传多样性形成的重要机制。

上半年,城市与环境学院方精云领导的研究团队发展了一种巧妙的方法,并利用具有完整龄级结构数据的日本森林资源清查资料,成功地开展了陆地生态系统碳收支和生物多样性的研究,研究结果以《环境变化促进森林生长的证据》为题,在线发表在 PNAS 杂志上,提出气候变化促进森林生长的直接证据。他们还提出了一种如何分离面积变化和森林生长变化对森林碳源汇相对贡献的定量方法,并据此研究了东亚地区森林碳源汇的相对贡献。

PNAS 发表了城市与环境学院彭书时博士与朴世龙教授关于我国人工林在减缓气候变暖方面的研究成果,首次报道了我国植树造林对于局域地表温度的影响。

PNAS刊登城市与环境学院陶澍研究组的关于全球黑炭排放和呼吸暴露模拟的研究论文。该研究模拟了全球黑炭大气浓度的空间分布,并完成了全球人群呼吸暴露评估。

  工学院生物医学工程系陈匡时特聘研究员与美国科学家合作,发现了宿主细胞抵御HIV病毒感染的新机制。该成果发表于PNAS。论文第一作者陈匡时研究员2013年4月入职北京大学工学院,为生物医学工程系特聘研究员。

  工学院力学与工程科学系、应用物理与技术研究中心段慧玲课题组与美国罗格斯大学林灝博士合作,在固体微结构表面浸润转变机制研究方面取得了重要进展,研究成果发表在5月16日出版的美国PRL上,论文题目为"水下超疏水微结构表面浸润转变及亚稳态"。此外段慧玲还与德国科学家合作,在利用纳米多孔金材料实现纳米尺度流体可控性的研究方面取得重要进展。

  工学院航空航天工程系黄迅课题组在声学隐身斗篷研究方面取得新进展。国际光学权威刊物Optics Letters发表了北京大学工学院生物医学工程系席鹏特聘研究员课题组及其合作者的研究论文,报道了他们在激光共聚焦相位显微成像方面的重要进展。

  工学院张信荣课题组在超/近临界流体微尺度流动传热方面、李长辉课题组在研发新型眼科成像系统、肖卫课题组在有机太阳能电池方向、侯仰龙课题组在纳米颗粒研究和石墨烯能源材料等方面均取得了重要进展。

  环境科学与工程学院胡建信、张剑波和徐建华等在非CO_2温室气体研究中取得重要进展。研究组研究了中国目前排放量最大的氢氟碳化物三氟甲烷和氧化亚氮的历史排放清单,并预测了其未来的排放趋势和减排潜力,首次报道了中国北京地区五氟乙烷降解产物三氟乙酸的大气浓度和变化趋势。三项相关研究成果连续发表在环境科学与工程领域权威期刊ES&T上。

  心理学系运动控制实验室魏坤琳副教授及其团队从一个新的角度来研究了电脑使用的影响:和电脑屏幕的运动交互影响了运动学习的泛化。该研究成果在Current Biology杂志上发表,同时Science杂志网站专门对该文的意义进行了阐述。

  光华管理学院商务统计与经济计量系王汉生教授入选美国统计协会会士(Fellow),成为国内从讲师培养起来的统计学学者首位入会者。光华管理学院商务统计与经济计量系2010级直博生郭斌同学,获得国际数理统计协会颁发的2014年IMS Travel Award。

  "985工程"重点支持项目《儒藏》"精华编"百册出版。目前《儒藏》"精华编"已由北京大学出版社正式出版100册,共计6000余万字。5月4日,习近平总书记来到北大人文学苑同汤一介先生交谈,了解《儒藏》编纂情况。

  北京大学中国社会调查中心向国家自然科学基金委汇报了过去几年来的社会调查工作。

  【学科建设成效显著】 北京大学通过建设,已形成符合国家建设需要、门类齐全、目标明确、结构合理的学科体系,整体学科实力不断加强。

  2013年11月汤森路透基本科学指标(ESI)更新数据,北京大学新增微生物学科进入全球前1%,进入全球前1%的学科总数达到19个,居国内高校首位。

  2014年12月,英国Natural杂志首次以全新的"加权分值计数法"指数方式发布2014全球自然指数。在全球前200名科研机构中,中国(含港澳台)有20所大学入围,北京大学自然指数排名第22位,位居中国(含港澳台)高校第一。

发展规划工作

  【发展概况】 发展规划部是在学校党委和行政领导下的职能部门。内设学科规划办公室、事业规划办公室、文物保护与管理办公室、综合办公室,党委政策研究室挂靠发展规划部。2014年12月,校园规划与可持续发展办公室全部调整至房地产管理部。

  【现代大学制度建设】 制定《北京大学章程》 2014年,发展规划部作为主责部门,协助学校完成《北京大学章程》冲刺阶段的各项攻坚任务。编制过程中,发展规划部先后完成6个版本《北京大学章程》草案的制定,形成重要阶段性稿件30余份,完成了300余次重要修订,草拟30余万字的重要版本。修改讨论过程中,协调并筹备现代大学制度建设协调推进工作小组会议10次、章程起草秘书组全体会议3次、章程起草秘书组核心成员会议近40次、章程意见征求会议12次。起草过程中,发展规划部认真贯彻《高等学校章程制定暂行办法》,紧密结合本校实际,党委领导、行政推动、广泛动员、民主参与、上下互动、内外结合,专家论证、信息公开,认真听取师生员工、校友、学校老领导,以及社会各界的意见。按照上级和校内规定程序,《北京大学章程》经党委常委会、校长办公会、校务委员会审议,通过征求校学术委员会委员意见,经过第六届教职工代表大会第三次会议讨论,于中共北京大学第十二届委员会第五次全体会议审议通过,形成公示征求意见稿。《北京大学章程》进行征求意见后,发展规划部与全校师生员工进行沟通,对征求到的意见进行收集、整理,并对《北京大学章程》加以修改完善。

2014年9月3日,教育部袁贵仁部长正式签发《高校章程核准书第24号》,《北京大学章程》正式核准、生效。发展规划部作为主要的起草秘书机构,为深入贯彻并执行《北京大学章程》,开展了一系列的宣传及研讨工作。包括完成《〈北京大学章程〉大事记》,整理并归档章程制定文字、影音材料及有关数据统计工作等;起草《北京大学章程答记者问》供宣传部答复各大媒体记者有关《北京大学章程》的提问;参加北京大学教育法中心组织的"大学法治与章程制定"研讨会,介绍《北京大学章程》制定情况及特色;起草给《北大人》刊物有关《北京大学章程》制定情况及特色的专访稿;研究起草《中国特色现代大学制度建设的若干思考》等相关论文。

《北京大学章程》颁布后,发展规划部结合自身职能,努力推进依法治校和现代大学制度建设,根据《北京大学章程》规定的相关条款,对《校务委员会章程》进行了研究修订。

研究制定新版《学术委员会章程》 自2010年下半年,新版《学术委员会章程》研究制定工作正式启动。2014年,发展规划部继续进行新版《学术委员会章程》研究制定工作。1月,新的《学术委员会章程》提交北京大学第六届教职工代表大会第二次会议审议。2月,北京大学第65次党委常委会对《学术委员会章程》进行审议并原则通过。3月,面向校学术委员会委员、学校领导班子、相关专家学者进一步征求意见。10月10—24日,新的《学术委员会章程》在校内进行了公示,公示共收到36名师生和一个职能部门提出的意见共84条。发展规划部根据征求到的意见,进一步研究修改完善了新的《学术委员会章程》文本。

研究制定《北京大学机构编制管理办法》 为落实《北京大学章程》的相关规定,发展规划部对上级主管单位有关事业单位改革和机构编制管理的报告及文件进行研究,对国务院及地方各级人民政府机构设置和编制管理条例进行学习,经调研清华大学、复旦大学、台湾大学等兄弟院校和中国科学院机构编制管理相关改革举措,起草形成了《北京大学机构编制管理办法》第九稿。

参与制定《北京大学综合改革试点方案》 发展规划部承担了北京大学综合改革方案大学治理结构部分的任务,对大学法人治理结构、行政管理体制等方面进行研究。对大学治理结构的现状和问题、改革的目标模式、措施、进程、风险评估及需要国家支持的政策等多个方面撰写了相关报告。

【学校战略规划】制订《北京大学2018行动计划》 2013年4月,北京大学决定启动制订《北京大学2018行动计划》。发展规划部作为牵头负责部门,与相关职能部门协同推进。截至目前已历经框架拟定、协同制订、持续完善三个阶段。2月,学校寒假战略研讨会对《北京大学2018行动计划》草案稿第3稿进行讨论。发展规划部根据研讨会意见修改完善稿件后,于3月向北京大学党委常委会汇报了《北京大学2018行动计划》草案稿第4稿。根据党委常委会精神,进一步修改和精简,形成《北京大学2018行动计划》草案第5稿,并于5月4日会同学校其他重要文件呈送国家领导审阅。8月,北京大学党委常委会讨论了《北京大学2018行动计划》推动实施方案。9月,北京大学召开了综合改革方案和2018行动计划工作会议,对两者关系进行梳理,并明确了进一步修改意见和具体实施工作方案。在此基础上,发展规划部结合草案第4稿和第5稿,形成了《北京大学2018行动计划》征求意见稿(过程稿第26稿)。2014年11—12月,发展规划部又根据新核准的北大章程、综改方案,根据党和国家新的发展阶段,根据学校领导的指示精神继续完善行动计划。

【学科规划】学科发展分析长效机制 2013年年底,发展规划部与数据公司爱思唯尔公司签订了学科分析协议,分析主要基于Scopus数据库中的文献计量学数据,包含北京大学27个学科以及其子学科从1998—2012年的发展状况和10所国内外对比高校的现状、差距与未来发展趋势。在分学科分析方面,与爱思唯尔公司共同完成生物、计算机、物理、化学、数学、环境6个重点学科和海洋、能源、先进材料3个交叉学科专题的分析报告,共计8万余字。还与图书馆合作,从论文总量、被引次数、研究领域、学科合作等多个方面对北京大学整体和22个学科的科研实力进行分析,共形成报告23份。

完成农学科专项分析 为配合学校对成立农学院的调研,专题对北京大学农学学科的发展展开分析,从农学学科分类、文献发布、学科评估、发展方向分析、高被引论文分析等多个方面剖析北京大学及兄弟高校农学发展状况,为调研论证工作提供学科分析支撑。

大学排名更新和变动情况分析　实时关注大学排名的相关数据,对公布的大学排名进行第一时间的分析。撰写并上报多份大学排名分析报告,包括2014年QS世界大学排行榜分析、2014年泰晤士世界大学排行榜分析、金砖五国大学排行榜分析、2015年 US News 全球最佳大学排行榜分析等。报告明晰了制约大学排名、学科排名总体得分的瓶颈因素,对学校相关方面的未来发展提出了建议与设想。

学科规划工作会议　在前期调研工作基础上,与申请人以及相关院系负责人进行调研;征求相关职能部门意见,收到书面反馈。组织召开理学部学术委员会,并依据北京大学章程规定,学科规划委员会审议设立北京大学现代农学院事宜。后报请事业规划会、学校学术委员会、北京大学校长办公会、党委常委会审议,形成决议。

【事业规划】修订《校属实体机构设置与调整的审批流程》　发展规划部进一步梳理和优化的论证程序:收到相关机构申请报告后,规划部首先根据申请内容自行开展国内外相关机构的比较研究和趋势分析,开展学科分析作为决策参考。同时开展相关利益人调研,严格论证程序广泛听取申请者、相关院系、职能部门负责人意见。待时机成熟,组织召开一系列论证会,从学部学术委员会、学科规划会、事业规划会到学术委员会等,层层听取意见,最后提交校长办公会或党委常委会审议。为进一步切实贯彻依法治校,进一步规范机构编制管理,加强部门间的协同合作,发展规划部完善了同组织部、人事部等相关职能部门有关事业规划等机构编制管理工作的会商机制,并对《校属实体机构设置与调整的审批流程》进行了修订和完善。

展开机构编制核查工作　根据中编办、教育部要求,按照学校领导指示,发展规划部进行了机构编制核查工作。会同人事部、组织部、医学部人事处,以及附中、附小等所属法人单位,汇总梳理并填报本部、医学部,以及附属医院等的机构、编制、人员信息 20 余万项,根据中编办、教育部一审、二审的要求,修订确认信息 5000 余项,起草北京大学机构编制核查总结报告,经报请学校领导审阅、公示后正式报送教育部、中编办,完成了中央事业单位机构编制核查工作。

事业规划工作会议　发展规划部收到学校领导批转的各类机构编制相关调整申请事宜 20 余项,按照学校领导批示,发展规划部对批转文事项进行了充分深入的调研论证,并将调研论证报告提交事业规划委员会参阅。本年度发展规划部共组织筹备事业规划委员会工作会议 2 次,审议行政类机构党委宣传部、纪委办公室、财务部、设备部、房地产管理部、国际合作部、国内合作委员会办公室、燕园街道办、学术实体机构生物动态光学成像中心,以及新设学术实体机构北京大学新媒体研究院\国家竞争力研究院、燕京学堂、北京大学现代农学院(筹)等 14 项校属实体机构的机构编制事宜的议题,并报请学校党委常委会校长办公会核准,发放项目审批意见书 16 份。

【校园规划】校园建设改造项目的研究、审议和落实　组织召开校园规划委员会会议和各类专题会议,审议和落实校园建设及改造项目。处理校园规划建设、绿色校园、空间分配等方面相关文件。撰写会议纪要,撰写相关项目报校长办公会材料。结合学校近期规划与建设重点,共同组织会议并邀请教代会、工会、学生会、研究生会、校友、离退休教师代表讨论静园区域建设项目等问题。

参与改善校园环境　结合学校党代会提案,会同保卫部、总务部、房地产管理部、基建工程部等部门,完善校园交通优化方案。参与沟通校园建设项目、室外环境美化项目及校园标识系统更新,共同推进美丽校园建设。协助设计《2014年北京大学移动4G网络工程》,完善校园内通信系统。参与基建工程部学校基本建设项目评标、开标工作,为基建工程部等单位的建设项目设计提供规划依据。推动"朱光亚"纪念室建设及朱光亚诞辰九十周年纪念活动事宜。

【文物保护】推动完善文物保护规章制度建设　依据国家和北京市相关法律法规,并参考兄弟高校文物保护规章制度,起草《北京大学文物保护管理条例》初稿,经过多次调整修改,形成征求意见稿。其后积极组织责任单位对条例进行研讨,并在其后征求所有学校文保委员会所有委员意见,修改完善后在北京大学文物保护管理委员会进行了研究审议,并根据会议精神,继续精练和修改完善,争取尽快试行。

组织召开文保会议　2014年3月7日,协调组织召开北京大学文物保护管理委员会第 3 次会议,在会上就近期文保工作进展进行汇报,积极推动完善规章制度建设,并参与研究探讨下一阶段工作任务。

古建修缮项目申报和推动　会同基建工程部申请2014年全国重点文物保护单位文物保护专项资金,2014年国家文物局下拨化学北楼专项资金 1000 万元;会同基建工程部研究推动俄文楼、外文楼、民主楼古建修缮立项申报和修缮设计工作。

开展可移动文物普查　与赛克勒考古与艺术博物馆、图书馆、校史馆、档案馆等单位研究讨论具体普查事宜,并请文物保护管理委员会进行研究;与相关单位就摸底申报范围进行深入研究,并组织相关数据报送工作;组织相关单位参加各级普查培训工作;向文物保护管理部门争取普查经费支持。

开展文物保护区访客承载量研究 依据国家文物局文件要求,并结合北京大学校园访客实际情况,组织三个学生课题组对校园文物保护区访客承载量进行调查研究,研究结果作为今年暑期校门管理的相关依据。

推进文物普查建档工作 完善散置文物普查建档工作;配合校内拆迁规划工作,对蔚秀园、承泽园保留建筑进行调研和认定;在《燕园建筑》书籍编纂基础上,组织专业领域学生,补充材料,启动编写《燕园文物》一书,梳理和宣传校内各类文物。

文物保护日常工作 积极落实国家文物局、北京市文物局政策文件要求,处理上级单位各类文件30余件,接待北京市文物局文保工作检查3次、海淀区文保工作检查1次,并对校园文物进行定期日常巡查;作为副会长单位,积极参加高校历史建筑专业委员会筹备和成立会议;会同宣传部对断桥残雪修复、"圆明园文物石刻被曝遭遗弃在北大车棚"相关情况向媒体和有关部门进行说明。

【**党的群众路线教育实践活动**】
完成群众路线教育实践活动 按照中央统一部署,在北京大学党委的领导下,发展规划部党支部定于2013年下半年深入开展党的群众路线教育实践活动。根据《中共中央关于在全党深入开展党的群众路线教育实践活动的意见》等一系列文件精神,结合规划部的实际,在北京大学教育实践活动领导小组的正确领导和学校第4督导组的悉心指导下,规划部统一思想认识,精心组织安排,与工作任务紧密有机结合,认真抓好学习教育、听取意见环节各项工作,按节点完成了阶段性目标任务,确保了教育实践活动有力有序推进。

对 外 交 流

【**发展概况**】 2014年度,北京大学共计接待高校代表团138个,国家元首及政要8位,其中包括美国第一夫人米歇尔·奥巴马、埃塞俄比亚总统穆拉图、泰国公主诗琳通,荷兰王后马克西玛·索雷吉耶塔等。接待到访的NGO团组和学术研究机构22个、企业团组13个、驻华使馆和政府代表团22个,新签/续签校级交流协议50个,派出校级出访团组18个。

【**重要出访**】 2014年3月13—20日,李岩松副校长率团访问了埃及、卡塔尔两国。代表团先后访问了中国驻埃及大使馆、中国驻埃及使馆教育处、开罗大学、开罗美国大学、开罗美国大学孔子学院、卡塔尔大学,期间参加了由北京大学非洲研究中心、阿语系同开罗美国大学全球事务与公共政策学院联合举办的"中国与埃及:全球关系与发展道路"研讨会。5月18—22日,王恩哥校长率代表团一行赴以色列参加耶路撒冷希伯来大学孔子学院揭牌仪式,并顺访了Yissum公司,以色列理工大学、特拉维夫大学等高校和研究机构。访问期间与各机构深入交流,介绍了北大最新发展情况及战略,了解了对方发展,探索了与以色列知名高校合作的可能性。

10月26—30日,王恩哥校长率团赴土耳其访问。王校长一行先后访问了中国驻土耳其大使馆、中东科技大学、伊斯坦布尔大学和海峡大学。

【**重要来访**】 **米歇尔·奥巴马来访** 2014年3月22日上午,美国第一夫人米歇尔·奥巴马到访北京大学,在北京大学斯坦福中心发表演讲,并与青年学生开展交流活动。美国新任驻华大使马克斯·鲍卡斯及其夫人陪同到访。北京大学校务委员会主任朱善璐、校长王恩哥、副校长李岩松会见了来宾。演讲会上,米歇尔围绕"海外学习和文化交流的意义与愿景"发表了演讲。演讲结束后,米歇尔在斯坦福中心地下一层的视频会议室,与现场及远在美国斯坦福大学的美国学生,通过远程视频展开互动交流。

穆拉图来访 2014年7月9日上午,北京大学杰出校友、埃塞俄比亚总统穆拉图·特肖梅偕夫人、孩子一行来访北京大学。中国驻埃塞俄比亚大使解晓岩及夫人等陪同访问。朱善璐书记、李岩松副校长在临湖轩会见了来宾,并陪同穆拉图总统一行前往李兆基人文学苑,与穆拉图总统当年在哲学系和国际关系学院的多位老师、同学和朋友座谈,共同回忆总统30多年前在北京大学的学习和生活情况。

【**项目建设**】 **中巴科学研讨会** 4月16—18日,"中国—巴西科学研讨会"在北大举办。会议由北京大学和巴西圣保罗研究基金会共同举办50位来自中国和巴西的顶尖学者出席了研讨会的开幕式。此次研讨会为期三天,设有纳米、能源、农业、生科和医学五个分论坛。11月,双方共同签署了科研合作协议,各出资10万美元成立北大—FAPESP联合科研基金,为北大与巴西圣保罗州研究人员之间开展科研和技术合作提供资金支持。

燕京学堂 5月,举办创新人才培养国际论坛暨北京大学"燕京学堂"启动仪式,国内外45所高校的大学领导与会。与会代表围绕创新人才培养的新途径、新维度、新模式进行了热烈讨论,并宣布"燕京学堂"正式启动。首批学生将在2015年秋季入学。

国外大学日 2014年度,北京大学承办4次大学日/国家日活动,深化中外高校之间的学科了解。分别为:5月,爱尔兰都柏林大学校长安德鲁·迪克斯率团来访,举行"北京大学都柏林大学日";10月,由荷兰莱顿大学发起并组织的"北京大学荷兰日"活动在校举行,包括莱顿大学、阿姆斯特丹大学等名校在内的八所荷兰高校参加;11月,赫尔辛基大学与北京大学共同举办"纯净芬兰——科学对话"活动,双方除签署北大—赫尔辛基合作补充协议,还举办了法治、环境、教育论坛;12月,荷兰莱顿大学校长卡雷尔·斯多克率代表团到访,举办"北京大学莱顿日"。

筹建北京大学国际咨询委员会 北京大学拟筹建北京大学国际咨询委员会。国际合作部于2013年年底开始起着手草拟了咨询委员会委员推荐名单,并于2014年年初拟定年内召开咨询委员会成立大会暨第一次会议。经过前期邀请,最终确认15名推荐委员回复同意参加此委员会。

医学国际合作 与权威医学杂志及知名高校合作,推动高层次医学研究。11月,北京大学与新英格兰医学杂志(NEJM)举行合作签约仪式,并对《新英格兰医学杂志》中国办公室进行揭牌。北京大学分子医学研究所所长肖瑞平教授成功竞聘,成为该刊在中国和亚洲地区的副主编;12月,北京大学国际医院宣布开业。北京大学国际医院与英国伦敦政经学院、美国宾夕法尼亚大学、德国夏洛蒂医学院、美国洛杉矶加州大学医学中心等合作机构就合作项目进行了揭牌。同期还召开了北京大学国际医院顾问委员会成立大会和北京大学医学论坛,海内外30多所顶尖医学院校和机构负责人与会。

大学国际组织 王恩哥校长于2014年环太平洋大学联盟(APRU)校长年会期间成功当选为APRU执委会委员。2014年7月,由北京大学牵头,联合美国圣母大学、德国柏林自由大学、澳大利亚墨尔本大学、日本京都大学等国内外11所大学共同发起的"生态文明国际大学联盟(GAUSF)"在贵阳成立。联盟在倡导绿色校园建设、生态课程体系建设及课程共享、顶尖学者讲席计划、学生国际交流、公众教育及社会服务等领域发挥作用;8月,第五届环太平洋大学联盟脑与心智学术研讨会在北京大学举行。

【孔子学院建设】5月,北京大学与耶路撒冷希伯来大学合办孔子学院举行揭牌仪式,国务院副总理刘延东为希伯来大学孔子学院揭牌。至此,北京大学已承建了10所孔子学院和39所孔子课堂。9月,北京大学国际汉学家研修基地举办了"国际汉学研究回顾与前瞻:我的汉学之路"学术研讨会,邀请部分曾经在北京大学留学或研修的汉学家重访北大。来自美国、德国、法国等11个国家的30位知名汉学家出席会议。国家汉办主任、孔子学院总部总干事许琳出席开幕式。

【学生海外学习】2014年全年,北京大学共为学生提供校级学期交换项目100个,假期学校24个,540名学生参与。2014年新设立"希腊研究地区考察项目",与北大希腊中心联合组织和执行,并由希腊中心为参与学生提供资助。北大积极利用国家留学基金委"优秀本科生项目"平台,助推院系优质交流项目的建立。2014年,北大最终获批项目总计50个,涉及项目人数130人,在全国高校位居前列。

【大型交流活动】北京大学第十一届国际文化节 10月25日,北京大学第11届国际文化节在校举行。本届国际文化节以"新起点、新梦想、新世界"为主题,吸引来自58个国家和地区的北大在校留学生和中国学生,以及300多名学生志愿者的踊跃参加。

北京论坛(2014) 由北京大学、北京市教育委员会和韩国高等教育财团联合主办的第十一届北京论坛于2014年11月7—9日在北京举行。本届论坛的主题是"文明的和谐与共同繁荣——中国与世界:传统、现实与未来"。来自世界55个国家和地区的343位知名学者应邀出席了本届论坛。本届论坛共设有八个分论坛、两个学术专场和一个学生论坛,领域涵盖国际关系、政治、中文、哲学、历史、城市发展、生态环保、社会企业等方面。联合国副秘书长约瑟夫·里德(Joseph Reed)、中国国务院副总理刘延东、教育部部长袁贵仁等国内外嘉宾和领导出席了本届论坛。

生态文明贵阳会议 7月11—12日,"生态文明贵阳国际论坛2014年年会·北大生态教育分论坛"在贵州召开。本次分论坛由北京大学主办,主题为"生态文明教育的全球视野"。在本次分论坛期间,北京大学联合美国圣母大学、德国柏林自由大学、澳大利亚墨尔本大学、日本京都大学、以色列耶路撒冷希伯来大学、俄罗斯圣彼得堡大学、英国爱丁堡大学、清华大学、浙江大学、贵州大学等国内外11所大学共同发起了"生态文明国际大学联盟（GAUSF）"。与会代表们对联盟章程、组织框架和任务议题展开深入交流，确立了联盟的模式和未来工作思路。

【外国专家工作及国际会议】 据统计，2014年北京大学利用各种引智平台共聘请外籍学者603人次。2014年，北大主办、承办、协办了72场各种规模的双边和多边国际学术会议，累计邀请2000余名外方学者和研究人员参会。

"大学堂"顶尖学者讲学计划 2014年，北京大学"大学堂"顶尖学者讲学计划邀请到美国哈佛大学地球与行星科学系和化学与生化学系讲席教授詹姆斯·安德森，印度前总统、著名导弹学家卡拉姆，新加坡国立大学东亚研究所主席王赓武，2004年诺贝尔物理学奖获得者弗朗克·韦尔切克，2001年诺贝尔生理学或医学奖获得者保罗·纳斯共5位顶尖学者来校讲学。

【派出工作】 2014年，北京大学办理因公出访手续共计7538人次。

【港澳台交流】 2014年，北京大学因公赴港澳台地区参加校际交流、合作研究、学术会议、短期学习、访问考察的师生共计1514人，

政要来访 2月19日，中国国民党荣誉主席、两岸和平发展基金会董事长连战来访，获授北京大学名誉教授称号。授予仪式结束后，连战先生与来自两岸的北大师生进行了座谈。学生们就关心的在台陆生待遇、两岸学生交流、学生社会服务，以及文化创意发展等话题与连战进行了探讨。5月8日，亲民党主席宋楚瑜先生访问北大，并出席其新书《如何写学术论文》的发布会。

校级交流 2014年5月25—30日，党委书记朱善璐率北京大学师生代表团一行37人，赴台进行友好访问。北大代表团此行活动密集，广泛接触台湾政、商、学、宗教各界友好人士，取得了重要成果。2014年中，朱善璐书记、王恩哥校长、吴志攀常务副校长、于鸿君副书记、叶静漪副书记、李岩松副校长、陈十一副校长等学校领导分别率团赴港澳台地区进行工作访问，并利用不同场合，扩大和深化北大同港澳台地区高校的交流与合作。

2014年，香港大学校长马斐森先后三次访问内地，出席北京大学主办的相关活动。期间，北京大学王恩哥校长与马斐森校长多次会面，就进一步扩大和深化两校交流合作交换看法，在举办"大学日"主题交流活动、设立港大驻北大联络处、合作发展华文慕课（Moocs）等达成重要共识。

2014年4—5月间，台大学术副校长陈良基、行政副校长张庆瑞、财务副校长汤明哲先后到访北大，出席相关活动并商谈两校合作事宜。5—8月，北大朱善璐书记、王恩哥校长分别与台大校长杨泮池在两岸不同场合会面，并先后签署了《北京大学与台湾大学访问教授计划协议书》和《北大台大慕课（MOOCS）合作意向书》，就推动相关领域的实质合作达成多项共识。

品牌活动 7月，由民盟中央、北京大学、南京大学、台湾大学共同主办的第十届海峡两岸暨港澳地区大学校长联谊活动在贵州举行。本届活动由贵州大学承办，来自海峡两岸暨香港、澳门30余所高校的新、老校长出席活动。活动期间，王恩哥分别会见了前来出席此次活动的香港大学校长马斐森（Peter William Mathieson）、台湾大学校长杨泮池，就进一步扩大和深化双方在教学科研、人才培养、社会服务和文化传承等方面的交流合作交换了意见和看法，达成一系列重要共识和成果。

2014年，北京大学共执行完成"香港与内地高校师生交流计划"（万人计划）项目18个，共邀请香港高校师生800多人到内地交流。合作院校包括香港大学、香港中文大学、香港科技大学、香港理工大学、香港城市大学、香港教育学院、香港浸会大学、香港公开大学、香港岭南大学、香港演艺学院等10所，交流内容涵盖学习、科研、实习、服务和文化体验等方面。

2014年，"未名湖畔好读书：北京大学暑期学校（港澳台学生）"共招收来自香港大学、澳门大学和台湾大学等44所港澳台地区高校的272名大学生，其中，香港地区129人，澳门地区4人，台湾地区139人。

作为"2014香港与内地高校师生交流计划"项目，由教育部资助的北京大学"中国方略：当代中国与世界"研习营于2014年12月27日至2015年1月4日在北京大学举办。该计划邀请北京大学知名教授开设有关经济、文化、外交、"一国两制"、民族关系及环境保护等领域的专题讲座。在香港各高校的支持下，本次研习营共招收来自香港大学、香港中文大学、香港科技大学、香港理工大学、香港城市大学、香港演艺学院等高校的148名学生。

人事管理

【奖教金评审工作】 2014年度奖教金总额已经突破1100万元,同比增长约10%,获奖人数达到244人,同比增长约15%。本年度北京大学新设置唐立新优秀学者奖、唐立新教学名师奖和唐立新后勤服务杰出员工奖,其中唐立新后勤服务杰出员工奖首次奖励在后勤一线工作岗位上的优秀员工。4月,根据捐赠方的奖励要求和原则,同时兼顾各单位和学科领域,学校合理分配奖教金的名额,以确保评选出师德高尚、能力卓越、业绩突出的教师。6月,学校奖教金评审委员会召开会议,分别对各个奖项进行评审。11月,召开国华杰出学者奖评审会,周其凤等六位教授获奖。12月,学校分别召开了人文杰出青年学者奖颁奖仪式和2014年度奖教金、奖学金颁奖典礼,以表彰获奖教师。

2014年医学部刘俊义老师获得宝钢优秀教师奖特等提名奖,软件与微电子学院褚伟杰获国家留学基金委IBM奖教金。

根据晋升薪级的规定,为5515名教职工晋升一级薪级工资。根据发放一次性年终奖的规定,为5131名教职工发放一次性年终奖。根据增加工龄的规定,为5537名教职工增加一年工龄。为促进本科生教学,为808名教职工发放拔尖人才培养计划经费。

【工资与福利】 1月,根据《北京大学专项岗位绩效奖励实施办法(试行)》,同时结合2011计划的人员绩效,顺利完成2013年度专项岗位绩效奖励的发放工作。本次专项岗位绩效奖励总额约为8770万元,获奖人数为4267人,人均奖励20553元。

1月,根据《关于提高离休干部护理费标准的通知》(组通字〔2013〕37号),按照参加革命工作时间,护理费由每人每月200元、400元和600元,分别提高到每人每月600元、1000元和1200元。北京大学共有239名离休干部符合条件,年需增加经费128万元。

3月,调整遗属补助标准。根据《关于调整本市去世离休干部无工作配偶生活困难补助费标准的通知》(京组通〔2014〕28号),去世离休干部配偶无工作、有子女的生活困难补助费调整到每人每月690元;去世离休干部配偶无工作、无子女的生活困难补助费调整到每人每月1030元。

4月,根据《关于出境定居离退休、退职人员办理健在证明有关问题的通知》(外领函〔2007〕35号),定居境外的离退休人员,每年应提交居住地中国使馆或领事馆出具的健在证明。据统计各单位短期或长期在境外的人员有90余人。

5月,启动教育岗位工作满30年的申报工作。2014年共有94名教职工符合在教育工作岗位满30年的条件。9月,整理符合条件的教职工材料和名册,在教师节对这些辛勤工作的教职工进行表彰。

9月,根据中组部通知,结合学校相关政策,为保障院士、学校资深教师、千人专家的身体健康,学校顺利组织完成院士、资深教授和千人专家年度体检工作。2014年,30名院士、8名资深教授、6名千人专家分批参加了体检。

10月,完成2014年度工勤技能岗位的聘任工作。根据《北京大学工勤技能岗位聘任实施细则》,共有7名中级工晋升为高级工,同时调整了相应的工资待遇。

12月,根据福利费相关文件规定,福利费主要用于教职工的生活困难补助、医药补助、慰问等情况,已按个人标准发放到单位。

北京大学继续为1993年前晋升正高专家和千人专家办理医疗照顾手续。截至2014年12月,通过与教育部、卫计委、北医三院、校医院协调,共为来鲁华等8位教授办理或补办医疗照顾手续。

2014年,为崔桂芳等4名新合同制工人办理了北京市社会养老保险的退休手续。根据学校出台教师职位分系列管理的规定,研究技术系列职位作为新的教师职位系列,执行新的管理方式。经与学校财务部商议,确定研究技术系列教师的薪酬发放流程。目前,已完成10名研究技术系列教师的薪酬发放。

【合同制管理】 为丰富用人方式,学校决定在校部机关开展聘用劳动合同制员工的工作。学校根据此种类型劳动合同制的具体情况,参考事业编制的工资福利标准,制定了劳动合同制的用人成本标准。目前,已完成5名校部机关劳动合同制员工的拨款工作。

【津贴与补助】 根据干警津贴的相关规定,及时调整52名教职工的干警津贴。根据护理费的相关规定,将20名80岁以上患癌症离休干部的护理费提高到600元/月。

根据防暑降温费的相关规定,为232名离休干部发放防暑降温费,人均240元,共计55680元。对支援西藏、新疆的高校建设的教职工给予边疆补助。为提高青年教职工的收入水平,调整了311名教职工的青年津贴。调整81名教职工的离退返聘费,让离退休教职工发挥余热,以更好地继续为学校做贡献。

离退休工作

【发展概况】 2014年,北京大学离退休人员总数继续保持增长态势。截至12月,北京大学离退休人员共11023人,其中离休人员432人(含医学部、附属医院)。

【工作队伍】 离退休工作部现有工作人员7名,领导班子一正一副。部长马春英,副部长李海燕。北京大学99个二级单位有离退休人员,均有负责离退休事务的工作人员。

4月启动第二届"老有所为"先进个人评选表彰活动,郭建栋等44名离退休同志被授予"北京大学老有所为先进个人"荣誉称号。

【政治待遇】 组织司局级离休干部学习会,每两周一次,派专人负责,让老同志们及时学习党的重要文件,了解党和国家的大政方针。为每位离休干部订阅《北京老干部》杂志,为老同志们了解有关政策提供帮助。借助北京市委教工委等平台,为老同志提供培训学习机会。坚持年节慰问、生日慰问、疾病慰问制度。2014年,离退休工作部各类走访慰问共计167人次。

离退休工作部定期制作《离退休工作简报》,及时向老同志通报信息。针对离退休人员普遍关心的学校建设发展问题,如《北京大学章程》及《综合改革方案》讨论出台、学校规划建设等有关工作,通过召开离退休教职工代表座谈会、基层工作人员座谈会、离休组长会、老年兴趣队代表座谈会、团拜会等,听取他们的意见与建议。2014年10月,离退休工作部完成了网站建设工作。

【生活待遇】 2014年年初,根据校医院提供的《北京大学患癌症离休干部名单》,协调人事部,将23位身患癌症的离休干部的护理费提高到1000元/月/人,另将4位生活不能自理的离休干部的护理费从原来的200元/月提高到1000元/月。自2014年起,学校调整了离休干部护理费,抗日战争时期参加革命的离休干部护理费每月提到1200元,解放战争时期参加革命的离休干部护理费每月提到600元。协调校医院,由校医院医生每两周为司局级离休干部开药一次。继续设立每年4万元专项经费,由校医院医生每两周为30名80岁以上、生活不能自理的离休干部上门巡诊一次。

继续设立每年60万元离退休特困补助专项经费。离退休工作部根据《北京大学离退休教职工重大疾病补助专项经费使用办法》,坚持对因瘫痪长期卧床或因癌症、心血管疾病等大手术造成特殊困难的老同志及时补助。2014年,已累计补助逾120人次,补助金额近40万元。自2014年起,学校每年划拨40万元作为离退休人员生活特困专项经费,用于帮扶生活困难的老同志。离退休工作部制定了《北京大学离退休教职工生活特困补助专项经费使用办法》。截至目前,已累计补助近600人次,补助金逾40万元。

【文体活动】 围绕"中国梦"的重要主题,4月,组织男声小合唱参加教育部老干部文艺会演。6月,推荐男声小合唱参加教工委"与党同心、与祖国同行"北京老教育工作者庆祝中华人民共和国成立65周年文艺演出;举办"墨香华彩 爱满燕园"北京大学老年书画摄影艺术作品展,展出200多幅作品。10月,举办"老少共筑中国梦"主题摄影展,43件摄影作品参展。积极选送书画摄影作品参加市委组织部、老干局、文化局组织的"与党同心、与祖国同行——同心共筑中国梦"书画摄影作品展。还积极推荐16件工艺作品参加北京教工委老干部活动中心主办的"创意生活、共筑梦想"北京教育系统老同志创意作品展。重阳节前夕,组织离退休人员进行健康环湖走的活动,共计500余位老同志参加活动。为2014年新退休的227位教职工举行退休典礼,颁发感谢状,感谢他们为学校所做的贡献。

加强老干部活动中心建设,筹措资金对燕南园63号院陈旧损毁处进行修葺粉刷,更新设备,维修维护活动场所。活动中心常年开设有书法、国画等多种课程,今年还增设了老年声乐班,课程内容丰富。先后与北京大学书画研究会、老年摄影协会、老年工艺协会、老干部合唱团、燕园国乐社、老年舞蹈团等群众性老年社团进行座谈交流,认真了解各社团在队伍建设、制度建设、管理建设等方面存在的突出问题,在扩大宣传、整合资源、完善为老服务制度规范等方面给予配合,保障老年社团健康、有序发展。

针对我校目前离退休人员人数众多、年龄差距大、身体状况有别、居住地区分散等现实情况,离退休工作部将离退休人员活动经费中的2/3下拨各单位。4月,向全校88个单位划拨1057600元经费。

【宣传调研】 3月,在北京大学新闻网开设"君子志道"离退休老同志访谈专题,现已发表12篇。组织撰写郭建栋、姜德珍、许渊冲、杨武栓等老师的先进个人事迹材料,以及生命科学学院先进集体材料,推荐到市教工委,分别收入市教工委编《霞为乐章》第五辑、

《霞辉映党旗》第五辑等书目。11月，哲学系教授、离休干部杨辛被中组部评为"全国离退休干部先进个人"。杨辛先生数次无偿捐赠，为学校立德树人教育工作做出突出贡献。离退休工作部编写杨辛先生先进事迹材料、制作宣传视频，积极组织老同志学习观摩。

2014年，离退休工作部依托二级单位，通过走访调研、举行座谈会、数据统计等方式，在全校开展"离退休教职工空巢情况"专项调研。根据此次调查，全校共有648人处于严格意义上的空巢状态（无子女或子女不在京），占离退休总人数的12.14%。离退休工作部通过走访部分二级单位，深入了解离退休人员生活现状和需求情况，听取工作意见与建议。召集燕园街道、燕园社区与院系工作人员代表举行座谈会，加强与街道、社区的联系沟通，充分利用其资源，共同商讨"空巢"问题的解决办法。

【关心下一代工作】 7月，校党委在常委会上专题讨论关工委工作，研究制定《关于进一步加强和改进关心下一代工作的意见》（党发〔2014〕34号），科学规划关心下一代工作的长远发展。同时出台了《北京大学关工委工作章程》《北京大学二级关工委工作条例》，规范关心下一代工作。落实《关于在教学单位组建关心下一代工作委员会的决定》（党发〔2013〕70号）文件精神，积极推进二级关工委组建工作。目前，承担本科教学任务的24个院系、承担研究生教学任务的单位中独立组建党组织的2个研究中心以及附中、附小都建立了结构完善、力量充实的关工委组织。

形成理论文章《坚持立德树人的根本任务大力推进关心下一代工作 建立培育和践行社会主义核心价值观的坚强阵地》，并由吴志攀主任代表教育系统在中国关工委理论研讨会上作大会发言。推广博雅银龄导师项目和人生导师项目。2014年首批共聘请了13名分别来自中文、哲学、物理等多个学科的德高望重的老教授、老专家担任"博雅银龄导师"，并且还制定了《北京大学关工委人生导师项目实施方案》。启动关心下一代工作创新项目。2014年围绕培育和践行社会主义核心价值观主题，首批确定《青蓝同走"五四"路，老少共话价值观》等17个项目为2014年度北京大学关心下一代工作创新项目，并提供3.68万元的经费支持。

【立德树人教育基地】 2013年12月，北京大学离休干部、哲学系教授杨辛先生将136件荷花艺术藏品无偿捐赠给学校（万柳）建立荷花艺术藏品展馆。2014年，北京大学进一步将该展馆建成"北京大学关心下一代工作委员会立德树人教育基地"。中国关工委副主任、教育部关工委主任田淑兰，北京市关工委主任、北京教育系统关工委主任范伯元亲自为基地揭牌。关工委先后组织离退休老领导、老同志和青年学生参观荷花艺术藏品展馆。离退休工作部网站专门开辟关工委专栏和立德树人教育基地专栏，制作杨辛先生先进事迹主题视频，深入宣传报道以杨辛先生为代表的北大优秀离退休教师的先进事迹。经学校批准，任命赵桂莲为北京大学关工委立德树人教育基地主任。

财 务 工 作

【发展概况】 按照教育部财务决算报表（财基表）口径，2014年北京大学收入总额845344万元，与2013年同口径相比，增加84137万元，增长11.05%。财政补助收入355205万元，比2013年的319702万元增加35502万元；其中，专项补助收入150371万元，比2013年的133396万元增加16975万元，非专项补助收入153266万元，比2013年的132440万元增加20826万元。事业收入比2013年增加2354万元；其他收入比2013年增加46212万元，其中非同级财政拨款中地方拨款收入增加3815万元，利息收入增加1661万元，后勤保障单位净收入增加6944万元。

2014年北京大学支出总额为847204万元，比2013年的743509万元增加103694万元，增长13.95%。年末固定资产总额为1187615万元，增长11.55%。

【财务专题分析】 1.办学经费呈双头增长态势。2014年北京大学收入具体构成情况如下：财政补助收入355205万元，教育事业收入168003万元，科研事业收入204065万元，附属单位缴款210万元，经营收入1527万元，其他收入116336万元。国家拨款（包括财政补助收入、科研事业收入中非同级财政拨款、上级补助收入、其他收入中非同级财政拨款）占总收入的64.53%，仍然是学校办学财力的主要来源；学校自筹资金（包括教育事业收入、其他科研事业收入、附属单位缴款、经营收入、其他收入中除非同级财政拨款以外的收入）占总收入的35.47%。不管是国家拨款还是学校自筹资金都呈现稳定增长态势。

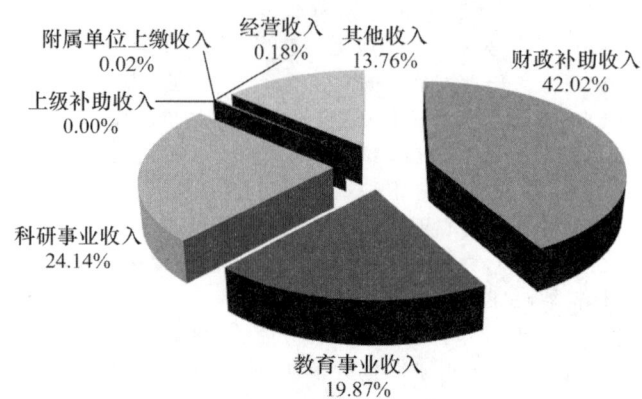

图 9-1　2014 年北京大学收入构成

(1) 财政拨款稳定增长。从图 9-1 中可以看出，国家拨款在 2014 年度有一定程度的增加，主要原因为 2014 年财政补助收入增加 35503 万元，其中教育专项补助收入增加 16974 万元，主要为"统筹支持一流大学和一流学科建设"专项资金增加 46600 万元，中央高校捐赠配比资金增加 4175 万元；非专项补助收入增加 20826 万元，主要是促进高校内涵式发展经费增加 26700 万元。此外，2014 年其他收入中非同级财政拨款中地方拨款收入增加 3815 万元。从资金占比来看，财政拨款占学校总收入的 64.53%。

(2) 自筹经费能力增强。北京大学充分利用自身条件，积极开展各种社会服务，努力发展校办产业，广泛争取海内外捐赠和社会资助。2014 年学校自筹经费收入达 299838 万元，比上年的 265689 万元增加 34149 万元，增长 12.85%。但由于受国家政策影响，学校在 2014 年度教育事业收入下降了 6905 万元。

2. 支出结构与事业发展需求匹配。2014 年北京大学总支出为 847204 万元，教育事业支出和科研事业支出分别占总支出的 43.16% 和 24.23%，是学校最大的两项支出。

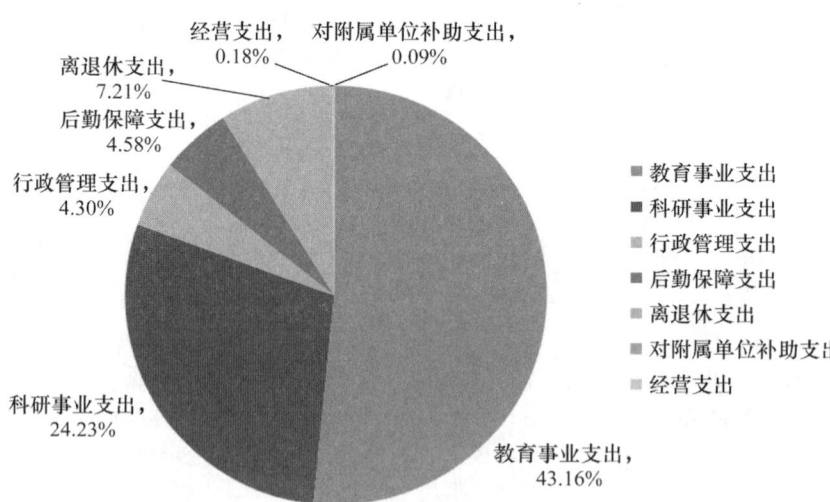

图 9-2　2014 年北京大学支出构成

同时，通过与 2013 年支出的各项对比可以看出，由于学校"统筹支持一流大学和一流学科建设"等专项资金的增加以及学校自筹经费的进一步增长，学校支出情况与上年相比更为活跃，尤其是教育事业支出稳步增长。同时随着国家加大对科研经费监管力度，科研事业支出处于调整阶段，支出金额略有下降。

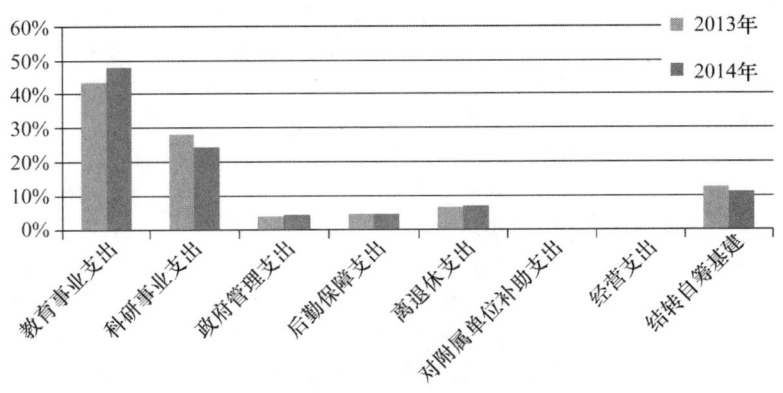

图 9-3 2013、2014 年北京大学支出构成比较

3.财务指标评价良好。2014年,北京大学资产负债率为5.37%,流动比率为569.29%。2014年,北京大学人员支出比率67.91%,公用支出比率32.09%,人均基本支出302238元,生均奖助学金4678元。2014年,学校总资产增长率1.54%,净资产增长率1.73%,固定资产净值率100%,总收入增长率12.21%,财政补助收入增长率13.86%,自筹经费增长率11.02%。注:按照《高等学校会计制度》(财会〔2013〕30号)要求,北京大学2014年度财务决算依据新的会计制度要求编制完成,为增强与2013年财务数据的可比性,对2013年度财务决算数据进行了同口径调整。

【财务管理工作】因校制宜贯彻落实国家新政 2014年前后,为切实落实新政,北京大学在迅速着手执行的同时,主要做了以下几方面工作:一是广泛征求院系、职能部门负责人以及众多学者的意见,研究学校执行过程中可能存在的问题和解决思路;二是积极与兄弟高校交流、研讨,一起向上级主管部门反映问题和情况。教育部、财政部开展深入调研座谈,及时出台针对高校的差旅费、会议费管理实施细则,为高校加强经费使用管理提供了更具有操作性的指导。三是以校发文形式向全校各单位发布《北京大学关于差旅费等经费管理的通知》,将经费管理新政与"八项规定""厉行节约、反对浪费"紧密结合起来,重申各项经费使用管理要点,明确各级各部门职责。四是积极开展会计人员培训,加强对院系财务主管、科研人员、教职工代表的宣传工作,推动政策得以广泛深入落实。

强化考核加快预算执行进度 北京大学着力加强对预算执行进度的考核评估。一是对"985工程"、基本科研业务费等专项资金实行预算执行考核制度,预算安排只保证到10月15日。10月15日之后,账上结余资金全部冻结,由学校根据各项目的预算执行情况,结合实际资金需求重新分配。至12月31日,各项目未执行的预算全部清零,第二年重新申请。对财政资金预算执行绩效良好的单位,优先保证其申请下一年度财政资金。二是对校级预算实行专项管理、专账核算,年初安排预算时,首先考虑其上年校级预算执行情况,其次严格审核重大专项的必要性和实施条件,防止预算重复安排,避免因项目条件不成熟而导致资金结余浪费。三是主管校领导高度重视财政资金执行情况,通过定期召开分管部门负责人会议,解决项目执行中遇到的实际困难,推进项目执行进度。四是年初下达校内财政资金预算控制数的同时,制订2014年执行财政资金工作方案,明确任务和目标,责任到人。五是自2014年6月起对重点财政项目进行实时追踪,通过定期下达资金执行进度通知、召开项目负责人会议,通报资金使用情况等措施,加快执行进度。六是加强学校内部各业务主管部门的沟通交流,财务部门及时提供财政专项资金执行情况,与职能部门大力配合,避免存在清理盲点。

减支开源促进资源节约增效 在经济总量增速放缓和财政收支形势趋紧的"新常态"下,北京大学2014年通过减少支出、盘活存量和完善资源有偿使用机制等举措,促进资源的节约增效。一是压缩一般性支出,严格控制"三公经费"。紧密结合群众路线教育实践活动,大力提倡厉行节约、勤俭办事业的作风,2014年将行政开支压缩10%以上,同时通过建立公务用车经费登记监控系统、严控公务出国等措施,减少"三公经费",把有限的资金用于学校最核心和师生最关心的事业上。二是盘活资金存量,优化资源配置。针对部分专项资金预算执行进度偏慢的问题,对结余资金冻结50%,甚至全部清零,由学校结合实际需求重新分配,优化资源配置,提高资金效益。三是完善有偿使用机制,有效调控资源。在对公用房实行"分类定额管理、有偿使用、基础定额(教学、办公)免费、超定额加大收费"的改革后,结合落实国家对办公面积的标准规定,学校利用经济手段、行政手段、信息化手段三个抓手,进一步提高了房屋资源的利用效率,公用房屋得到了更为科学合理的管理。

按照规范完善内部控制建设
自财政部印发《行政事业单位内部控制规范(试行)》以来,北京大学指定了牵头部门,明确了各部门在内部控制中充分沟通协调和配合联动的工作机制,通过健全决策机制、梳理内控制度、强化全过程监督进一步完善内部控制,提高内部管理水平。一是完善重大事项决策机制,陆续成立了校领导牵头相关职能部门参加的各种评审决策机构,如校园规划委员会、学校投资评审小组、预算工作小组、收费领导小组、仪器设备招标采购领导小组等,对学校和院系重大项目的方案设计、造价评估、预算安排、收费政策、招标采购等事项进行审议和研究,提高了学校内部监督体系的独立性和权威性。二是梳理完善学校内部控制制度,按照预算管理、收支管理、政府采购管理、资产管理、建设项目管理、合同管理、评价监督管理等方面对内控制度分类整理,对部分时效性不强、约束力不够的制度研究实施修订,对岗位责任制和内部授权审批等关键制度不断予以完善。三是强化事前、事中、事后的全过程监督。事前通过党政联席会与各项决策委员会,重视审议监督项目的可行性研究,加强风险分析与控制;事中通过合同管理、支出管理规范资金使用过程;事后通过审计检查、财务公开等措施把好内部控制的最后一道关卡。

积极稳妥转换新旧会计制度
北京大学高度重视执行新的《高等学校会计制度》工作,自酝酿之初便全过程参与制度起草、意见征询等工作,自新制度正式公布起,即集校内外财务、软件骨干专家之合力,采取多项措施,力保新旧会计制度转换顺利平稳完成。一是学校领导高度重视,全过程指导和大力推动新旧会计制度转换的每个环节,协调学校有关部门加强对新会计系统研发的支持与配合。二是认真组织学习,派出业务骨干参加教育部组织的高等学校会计制度培训,编制《北京大学新会计制度核算手册》,开展校内专题讲座培训。三是广泛征求意见,通过召开多次座谈会,充分听取预算、资产、科研、支出、往来款、收费、出纳、院系财务等财务岗位的意见和建议,反复研究新旧制度转换过程中可能存在的问题和对策。四是转换系统和科目,按照新制度要求升级财务核算、管理服务和相关应用系统,编制新旧会计科目对照表,进行会计科目转换,并生成新的会计报表。五是加强部门间的协调配合,如为落实新制度要求的资产折旧等问题,由学校国有资产管理办公室牵头,对学校设备部、房产部、基建部等资产管理部门进行工作部署。

严肃纪律强化科研经费管理
北京大学采取了多项措施:一是将科研经费管理与党风廉政建设紧密结合。2014年,北京大学连续第二年将科研经费作为全校党风廉政建设工作会的重中之重,党委书记、校长共同出席部署工作。会议将党风廉政建设、校风校纪建设和科研经费管理相结合,通报了国家和学校有关科研经费管理的政策和要求以及当前科研经费管理存在的问题,从经费管理的角度对下一步科研经费管理工作提出了明确要求。二是逐步建立行之有效的监督管理体系。从学校、院系、科研人员三个层面,加强制度建设,理顺体制,完善制度,调整工作流程。同时加强审计检查与纪检监察,按照国家的相关规定,将科研经费纳入内部审计,对发现的违法违纪行为严肃查处。三是严格科研经费支出的管理,加强对外拨科研经费真实性和关联性的审核,避免通过以转拨经费的方式套取科研经费;对购买办公用品、耗材等项目,在财务报销时应提供购物明细清单;严格审核发放人员的资格和标准,一律通过个人银行卡发放,以零现金方式支付。四是完善间接费用管理。在严肃纪律、严禁各种违规开支科研经费的同时,积极落实国发〔2014〕11号文件,对2012年制定的《北京大学纵向科研课题间接费用管理办法》进行了修订,扩大了科研间接费用的覆盖范围和支出项目,间接费用总量得到增加。

建章立制提升资产管理水平
2014年北京大学资产总额达到282亿元,其中固定资产119亿元。《教育部直属高等学校国有资产管理暂行办法》出台后,北京大学迅速启动校内资产管理办法的修订工作,经过各部门间反复沟通协调,于2014年制定了《北京大学国有资产管理暂行办法》,明确了学校资产管理体制和部门职责以及资产在使用、处置的管理规定。在此基础上,北京大学还依据教育部工作规程,结合学校资产管理特点,研究制定了具体的资产管理细则和工作流程,包括图书资料资产管理、房屋报废资产处置、仪器设备报废处置的流程等。此外,在资产管理方面还做了以下四项主要工作:一是按照国务院机关事务管理局的要求,2014年逐步开展公车改革工作,目前正在以公务用车情况全面统计作为基础,结合教学科研的需求,研究制订公车改革的方案和步骤。二是按照财政部的部署和要求,开展学校事业单位和校办企业国有资产产权登记工作。三是在完成财政部、国管局资产报表统计工作的基础上,根据学校各单位资产管理现状,研究推进财政部国有资产管理信息系统的全校性部署工作。四是逐步规范资产处置工作,按照规定上报教育部。北京大学医学部完善了设备采购合同执行流程、"医学部实验用品在线询购系统",以及完成了试剂采购平台核算工作。

修订办法加强收费管理工作 2014年北京大学根据《关于进一步规范高校教育收费管理若干问题的通知》《财政票据管理办法》等有关国家规定,重新修订印发了《北京大学收费及票据管理办法》,建立完善学校收费工作领导小组、财务部及各单位的收费管理责任制,细化了学历教育、非学历教育、服务性收费的申请审批程序,明确了财政、税务等四类票据的使用范围和要求,对票据的领取、使用、保管及核销工作提出了具体要求,并要求校内非法人独立核算单位加强收费与票据管理。在收费管理方面还做了以下四项主要工作。一是严格把关,不断规范院系办学行为,同时简化办事程序,保障院系办学收入及时到账和分配。二是充分发挥学校收费工作领导小组的作用,积极开展春秋两季全校性教育收费自查工作。小组全年召开六次会议,对涉及全校师生利益的收费申请严格进行审议。三是根据营改增的新形势,在不断规范财政票据和税务票据工作的基础上,请示国税部门,安排专人管理,保障校内单位票据的使用。四是按照教育部要求,开展全校收费项目核查登记工作,在完善收费公示制度的基础上,为教育收费信息向全面公开做好准备。

内外兼顾完善财务公开体系 2014年逐步构建学校和院系两级财务公开制度,促进教职工全面参与管理、实施监督。一是通过党委常委会、校长办公会和中层干部大会由主管校长向学校的主要领导汇报全校预决算和主要财务情况。二是通过年初的教代会、职代会、新干部上岗培训、科研人员座谈会等多种形式上向教职工代表报告财务状况。三是建立各类账务查询系统,院系财务主管、科研人员、普通教职工、学生等各类人员可以随时登录校内门户网站查询自己关心的财务信息。四是落实教育收费公示制度。五是利用书记校长信箱、部长信箱开辟与教职工和学生的沟通渠道。

持之以恒加强财务信息化建设 2014年升级了财务核算以及管理服务和相关应用系统;根据教育部《关于做好财政票据电子化改革试点工作的通知》要求,作为试点单位提出了关于实行票据电子化的意见,并制定了学校实行票据电子化的技术方案,不断完善自主开发的财务管理信息系统,陆续增加了制单、审核、出纳、对账、公车登记、支票查询、收费系统、人员发放系统等各项功能。

着眼存量挖掘财会队伍潜力 2014年教育部出台《关于加强直属高校直属单位财务队伍建设的意见》后,北京大学把提升财会队伍素质的重点放在整合存量、加强培训、挖掘潜力之上。一是抓好骨干队伍建设加强后勤财务工作,自2013年成立后勤财务核算中心以来,重点加强了对核算中心领导班子的选配和各后勤中心财务科室负责人的选拔任用,配备骨干精英力量,从规范流程、理顺财务关系、制定内部控制制度、统一核算程序入手,推动后勤财务改革。二是开展员工专项业务培训。在组织完成国管局会计人员继续教育之外,针对业务当中的新情况新特点,专门组织了《校系账务核对及其现有会计科目核算的要求》《2015年会计科目及会计核算的说明》等校内财会人员培训。同时,抓住教育部在北大开展高校骨干财务人员培训的契机,组织全体财务人员参加了《差旅费、会议费等6项经费管理办法》培训。三是通过多种方式培养会计人员的综合素质,挖掘会计人员的潜力,支持会计人员的职业发展,具体包括鼓励在职人员攻读学位,吸引更多年轻同志参与财务课题研究,支持参加中、高级职称考试,选派去国外大学进行短期学习培训等。

积极开展财务检查评估工作 2014年北京大学以落实教育部加强高校经费管理各项举措为契机,分别在全校范围内开展了财务管理自查自纠、"小金库"专项治理、财务状况评价等工作,国家发改委组织对学校进行了收费专项检查,北京市地税局来校进行了长达一年的税务稽查。

规范流程做好会计核算与服务工作 2014年北京大学进一步规范业务流程,加强会计核算管理,提高会计服务能力。一是规范管理流程,在资金流转、暂付款流程、院系财务报账等方面制定完善了相应的管理办法;同时,在车辆费用报销、办公用品报销、差旅费报销、发票鉴别等方面规范了业务流程,有效防控了财务风险。北京大学医学部加强了附属医院科研经费管理,制定校外机构参与校内项目经费报销流程,初步将世纪坛医院等6家医院纳入该报销体制。二是继续为院系提供派驻会计服务,2014年共有82名派驻会计服务于各个院系和二级单位,在处理日常报销业务同时,主动与教师、课题负责人对接,深入了解他们的需求和困难,积极提供专业的个性化业务指导,让老师们在财务上少耗费时间,把更多的精力放到教学科研、人才培养等中心工作中去。三是改进财务服务手段,如进一步试点将外汇报销业务下放到院系,减少老师在院系和财务部之间的路途往返;设置银行汇款单自助打印室,安排专人为办事人员讲解、示范打印流程;通过完善科研财务信息系统、深入开展预算编制培训工作,努力加快经费入账速度等方式,进一步完善面向课题负责人的科研经费服务。

审 计 工 作

【发展概况】 深化教育领域综合改革,加快推进教育治理体系和治理能力现代化,是2014年教育系统工作的主题。北京大学作为国家财政重点支持的大学,在事业发展和资源使用方面,不仅应当把事办好,还应当把钱花好;不仅应当合法合规,还应当不断提高资源绩效。北京大学不断加强内部审计工作,把内部审计作为完善学校治理、规范学校管理、提高资源绩效的重要力量。

本年经教育部核准发布的《北京大学章程》中明确规定"学校建立内部审计制度,设立审计机构,在校长领导下依法独立行使审计职权,对学校及所属机构的业务活动、内部控制进行审计,对各内部组织机构负责人经济责任进行审计"。学校一直坚持校长直接分管内部审计工作,切实组织开展各类审计工作,大力加强内部审计专业化建设。学校党委书记十分关心、经常过问、大力支持审计工作,为审计工作营造良好氛围。

党的十八大以来,北京大学财政规模较大,2014年收入预算是118亿元,需要有效的审计监管。北京大学按照国家要求,全面开展并不断拓展各类审计工作,在2014年经国家教育体制改革领导小组批准实施的《北京大学综合改革方案》中明确提出:"强化审计在完善资源管理和规范权力运行中的作用,把重大经济决策执行、预算管理与执行、内部控制建设、经济责任履行、资源绩效等纳入常规审计工作。加强对重点领域资金、资产、资源的全过程审计监管,促进完善内部控制、落实经济责任、提高资源绩效。加强审计结果运用,逐步推行审计结果公开。"

2014年共完成审计审签项目(出具审计报告、意见)1233项,包括综合管理审计、经济责任审计、建设工程管理审计、建设投资评审、参与"三重一大"经济事项等五个方面工作。除去隐性效益之外,显性效益主要包括:通过综合管理审计,增收节支1189万元;通过工程造价审计,直接减少工程费用1.1亿元;通过工程月度拨款审计,直接减少月度拨款1506万元;建设工程投资控制在合理规模以内。

2014年10月经教育部推荐,北京大学审计室被评为全国内部审计先进集体。

【综合管理审计】 预算执行审计 组织开展对学校预算管理与执行的审计,加强了对科研预算管理与执行、工程预算管理与执行等方面的审计。

业务管理内部控制审计 组织开展对科研管理(包括社科)、后勤管理、校园卡管理等方面内部控制的审计,对内部控制的薄弱环节提出改进建议。

大额资金管理控制审计 组织开展对22个单位(校本级和在结算中心开户的二级独立核算单位)大额资金管理控制的月度审计。

二级单位综合管理审计 组织开展对19个二级单位(包括教学科研单位、直属附属单位、后勤服务单位等)综合管理情况的审计(包括重大经济决策、预算管理与执行、内部控制等)。

科研经费管理审计 完成科研项目审计、审签401项。对科研经费整体状况进行全面分析,对科研经费转拨环节进行重点审计,对一定额度以上外协外拨经费进行重点审计。

【经济责任审计】 完成领导干部经济责任审计19项,坚持发挥部门联动作用,以综合管理审计为业务基础,全面促进经济责任的落实。

【建设工程投资评审】 完成50万元以上建设投资评审70项,其中大中型项目(1000万元以上)11项。

修订发布《北京大学建设工程投资评审规定》,优化投资评审业务模式,强化分类管理,提升对建设投资控制的效果。

加强年度投资计划评审、设计概算评审,根据各类工程的不同特点,采用有效的方法和程序,及时地为建设工程投资评审小组审定建设投资提供决策支持。

【建设工程管理审计】 修订发布《北京大学建设工程审计规定》,优化工程审计业务模式,抓住重点关键业务环节,全面提升审计绩效。

造价管理审计 1.开工前造价管理审计。一方面督促工程管理部门加强招标控制价编制的内部管理控制,并落实管理责任。另一方面,加强对重要工程招标控制价的审计复核。2014年完成50万元以上项目72项,送审金额17.2亿元,复核审减金额1亿元。

2.竣工后造价管理审计。对送审工程造价变动原因及其责任进行分析,促进工程管理部门和使用单位明确造价变动责任,规范造价管理内部控制;再对工程造价进行审计复核。2014年完成20万元以上项目97项,送审金额4.5亿元,复核审减752万元,复核审减率1.67%。

招标管理审计　一方面促进工程管理部门完善招标管理的内部控制,明确询价要求,落实询价责任;另一方面加强重要项目审计监管,对50万以上项目招标文件、工程合同等进行审计复核,对招标过程进行监管。2014年完成50万元以上建设工程招标文件审计99项,合同审计73项,大型项目评标监管26项。

工程财务请款审计　一方面促进建设财务管理规范化,落实管理部门审核责任;另一方面加强对建设财务请款的审计复核。2014年送审金额8.4亿元,审减金额1506万元,复核审减率1.8%。

建设工程拆迁管理审计　继续开展肖家河项目、承泽园项目拆迁管理审计。参与审议房屋搬迁补偿方案等,在审议的过程中与学校相关部门人员一起督促规范拆迁工作流程,完善付款审批手续。

【参与学校"三重一大"经济事项】在内部审计工作中持续践行"建设性"理念,努力探索促进问题解决与机制建设的途径,参与学校"三重一大"经济事项,参与财务管理、资产管理、采购招标管理、建设管理等方面十多个专门委员会和专项工作。

【审计专业化建设】专业人才建设　1.建设一支专业化的内部审计队伍。在审计人员中,国际注册内部审计师(CIA)达到10名,中国注册会计师(CPA)达到5名。此外,还具有注册造价工程师、高级审计师等专业人才。审计人员具有经济、管理类研究生学历的达到80%以上。2.通过多种途径提高审计人员综合素质。(1)坚持组织集体学习10次,提升现代内部审计理念;(2)坚持组织案例研讨,提升审计实战能力;(3)组织审计人员参加专业学会培训、理论研讨、课题研究。

专业规范建设　坚持每年对审计手册修订一次,确保审计专业服务品质。

2014年对内部审计手册进行补充完善。《内部审计手册》包括审计工作规章、业务管理规范、业务操作规程等三个部分的文件。

专业技术建设　1.深入运用"业务入手、问题导向"审计方法。加强"业务梳理、问题揭示、数据分析、沟通协调"等方面的要求和训练。2.深入运用数据审计技术。有效运用通用数据库软件(access、excel等)对各类业务数据和财务数据进行数据挖掘、多维分析、透视处理等,促进审计品质和效率不断提升。添置服务器设备,提高计算机配置,提高信息化建设硬件水平。

专业管理建设　1.准确把握审计方向,切实突出审计重点。2.持续优化业务模式,深入提高业务能力。3.落实审计结果公开和特约审计员制度。4.强化审计机构整体设置,完善部门专业职务设置,强化分类管理,提高业务管理水平与绩效。5.加强审计技术与方法建设(业务入手、问题导向、数据式审计方法);加强内部审计信息系统建设(内部控制监管系统)。

医学部审计工作

经济责任审计　2014年完成医院经济责任审计2项:北京大学口腔医院院长及领导班子离任经济责任审计,北京大学第六医院院长及领导班子离任经济责任审计;完成医学部继续教育处处长经济责任审计等3项。

在完成经济责任审计确认工作的基础上,进一步履行内部审计的咨询服务职能。剖析审计中发现的主要问题,帮助指导被审计单位进行审计后整改工作;建立审计回访制度,调研审计工作对管理的改善促进效果,提升审计结果的实际运用,发挥内部审计价值增值作用;梳理归纳近2年来审计工作中发现的共性问题,向医学部提交《医学部常见问题与管理建议》,提出管理建议17项,发挥内部审计风险防范作用。

建设工程审计　1.基建工程项目,2014年完成运动场看台改造工程结算审计,为学校节约资金520余万元。2.专项修购项目,2014年8项全部纳入全过程审计管理。3.专项修购及修缮工程,2014年完成结算审计177项,送审金额7252万元,审减773万元。4.工程款支付审签,2014年完成157项,涉及金额3353.32万元。

科研经费审计　首次启动科研经费大额专项内部审计工作,在完成科研经费审签工作基础上,整合内外审力量,加大对重大科研课题及大额度科研项目资金使用的审计确认和咨询力度。

完成37项科技重大专项财务自查自纠项目(课题)的资料审核、意见流转工作。在配合完成自查自纠材料上报卫计委工作的同时,梳理归纳自查自纠工作的概况、依据、结果、成效。

表 9-1 审计项目分类统计表 单位：项

方面	类别	数量
一、综合管理审计	1. 预算管理与执行审计	1
	2. 业务管理内部控制审计	4
	3. 大额资金管理内部控制审计（校本级及独立核算单位共22家月度审计）	264
	4. 二级单位管理审计	15
	5. 新体制科研单位审计	4
	6. 科研项目审计、审签	401
	7. 采购管理审计（大额物资、服务等）	6
	小计	695
二、经济责任审计	8. 中层领导干部经济责任审计	19
	9. 提任副校级领导干部经济责任审计	0
	小计	19
三、工程管理审计	10. 造价审计（50万以上招标控制价）	72
	11. 造价审计（20万以上竣工结算）	97
	12. 招标文件审计（50万元以上项目）	99
	13. 大型项目评标监管	26
	14. 合同审计（50万以上施工合同等）	73
	15. 工程财务月度请款审计（5个管理部门）	41
	16. 拆迁管理审计（2个拆迁项目）	11
	小计	419
四、建设投资评审	17. 投资计划评审（1000万元以上）	11
	18. 设计概算评审（50万以上）	59
	小计	70
五、参与"三重一大"事项	19. 财务、资产管理类	10
	20. 采购招标管理类	10
	21. 建设工程管理类	5
	22. 其他业务管理类	5
	小计	30
合计		1233

房 地 产 管 理

【发展概况】 2014年房地产管理部进一步加强了对学校土地、房屋、家具资产的科学管理与合理调配，重点做好公房信息化建设（查询、租赁系统）、完成学校重点工程建设项目分配方案制订及实施等重点专项工作，以及公用房的调配与管理、房地产产权管理与土地管理、房屋维修管理、家具资产管理、人防工程维护与管理等常规工作。

2014年年底，北京大学占地面积2741117.98平方米；校本部各类房屋建筑面积1849406平方米，其中教学、科研及辅助用房666788平方米，行政办公用房64299平方米，学生宿舍321345平方米，教职工住宅（含集体宿舍）162372平方米。

【房地产管理】 2014年，房地产管理部顺利完成公用房调配与管理、教职工住房和教师公寓的管理与服务、房改售房等方面的工作。

公用房调配与管理 1. 公用房分配与调整：2014年，为社会研究中心、海洋研究院、国际战略研究院、马克思学院等23家单位协调临时周转用房3435平方米。2. 公房搬迁周转：（1）新电话室楼竣工，电话室、生物展厅、工会会议室、广播站均已搬入新电话室楼。（2）配合基建工程部、会议中心完成勺园1—3号楼的交接。（3）与基建工程部完成六院交接，实现静园整体搬迁。（4）完成俄文楼、校内29—31楼搬迁，交付基建工程部启动施工。3. 公用房竣工验收工作：外汉语学院大楼、新闻传播学院大楼、一教东北平方餐饮中心制剂间改造、朗润园158号、新电话室楼、太平洋大厦改造、技物大楼西平房改造、行政中心大楼、物理西楼完成竣工。4. 公用房数据的采集、录入和整理等基础工作：完成了新法学楼、微电子大厦、国际数学中心、人文大楼，工学院1号楼、物理楼加层及物理东楼、理科楼公共教室改造、实验设备一号楼、外语学院大楼等9栋大楼的电子工程图房间面积测量、房号编制、面积现场核对、使用单位公房信息数据库录入等，共完成1820个房间、14000多个数据的整理。5. 公房定额管理：启动全校45家教学科研单位公房定额管理和使用费缴纳工作，已有43家单位与房地产管理部签订了用房协议并缴纳了房产资源使用费。缴费总额为26506024.32元。

公寓及住房日常管理　1. 供暖费报销及支付。2014年，报销及支付无房教职工自购房及住外单位福利房职工供暖费约184.6万元。2. 办理住房相关手续。办理住房调查表、开具住房证明375人次，办理退休、病故、调出转单108人次。回收借房、退房40户。3. 办理访问学者公寓各项手续81人次。办理访问学者公寓入住手续33人次，办理退房手续29人次、办理续办协议21人次。

房屋维修管理　1. 日常维修：2014年，处理各类房屋报修775起。2. 房屋装修：完成教师公寓粉刷检修（三期）工程60套教师公寓的粉刷检修，51套教师公寓（含博士后公寓）入住简装检修；配合承泽园、燕东园、蔚秀园平房区拆迁和44楼搬迁，完成30套空房简装检修；完成二期15套高级访问学者公寓精装修，启动三期12套高访公寓精装修。3. 房屋整修：启动家属园区公共楼道塑钢窗改造（三期）工程；完成资源西楼顶层屋面防水改造工程；完成朗润园8—13公寓、燕东园4—7公寓、畅春园55楼安全检测鉴定；完成燕东园21号楼22号楼顶面防水及瓦面新做工程、蔚秀园16楼房顶换彩钢顶工程等。

土地与房屋产权管理　1. 万柳、资源西楼房产证、土地证变更工作：就两处房产商用部分涉及缴纳土地出让金问题，向校领导提交了"关于万柳公寓和资源西楼土地证变更事宜的请示"提供解决方案。该方案已经得到校领导的同意，将进一步推进落实。2. 继续推进燕东园、成府园土地证办理工作：10月，启动了土地登记工作，下一步将与地铁建设公司协调解决两个地铁出入口占北京大学土地问题，确保土地权属审核工作的顺利开展。

地下空间与人防工程管理　召集教育部高校人防第一协作组年度工作会议；对有人员居住和经营性使用的地下空间不定期进行全面检查，确保安全。协助体育馆办理地下空间使用证。完成人防工程验收。

【房改工作】房改售房　1. 积极协助法政公司做好北京大学购买五道口教职工产权证发放工作。分五批次共为454户五道口嘉园住户现场办理发放产权证手续。2. 顺利完成购买五道口职工原已购公有住房223套的产权回购工作。已取得房屋所有权证，并已归档至档案馆。3. 按照海淀房管局最新要求，对北京大学1995年以来全部可售住房共计4341套住房的相关信息进行整理核查，制作了对照表、爬格图，并送交房管局审核。4. 继续开展2011价房改售房工作，完成9户待售公有住房房价计算，对其中住房面积超标的4户进行了核实登记并完成了超标处理，并将整理好的售房档案报送海淀区房管局房改办公室。5. 开展对已售住房面积超标处理工作。按照国家房改政策，共计对因办理抵押、继承及上市交易等原因的19户住房超标职工进行了超标处理，并收缴了住房超标款。6. 审核办理继承业务的教职工32人，办理共有业务的教职工29人，均按规定完成申请人信息的登记、审核以及数据上报央产办等工作。7. 办理校园周边住房产权回购工作，已办结产权手续4套，正在办理4套。

住房改革资金测算和住房调查及审核工作　按照国家要求和学校规定，为350名新进校职工及时建立住房档案。同时，对北京大学现有教职工住房档案进行完善。编制上报北京大学住房制度改革支出预决算报表，为3941名在职无房职工和住房未达标职工申报2015年住房补贴资金6192万元。

教职工住房补贴发放　全年为2894名无房及未达标教职工发放住房补贴4580万元，其中为343名新进职工及时核定和发放住房补贴及临时生活津贴。继续做好老职工住房补贴拾遗补阙工作，为69名老职工核定和发放了住房面积未达标补贴和级差补贴。

《北京大学已购公有住房上市出售管理暂行办法》正式启动实施　2014年1月起《北京大学已购公有住房上市出售管理暂行办法》正式启动实施，全年共为109位申请住房上市的教职工办理了住房登记、审核、公示手续，为其中58户办理产权过户的教职工办理了购房人登记、向央产房交易办公室提交相关住房档案等手续，为12户住房超标教职工按政策核算了超标房款，并进行了超标处理。

蓝旗营小区电梯更新改造工

程顺利完成 2014年配合蓝旗营小区业委会做好工程收尾及验收等工作,协调财务部,做好工程尾款的批复和支付手续。

【家具资产管理】 审核、建账、贴示家具标签的新购置家具为22199件,价值2225.2745万元。处置废旧家具3679件,价值84.7177万元。调拨可再用家具1011件,价值58.4068万元;为一次性购置家具总值超10万元的单位,以公开招标的方式完成了13次家具招标,总中标价511.1842万元,合同价472.2859万元。

【校园置换与腾退】 完成了校内平房区域搬迁腾退项目拆迁、拆除、评估公司的招投标工作。完成了校内平房区域房屋安全鉴定工作。完成了上林溪、枫润家园、育新花园、燕北园等搬迁腾退项目安置房源的房屋评估工作。对校内平房区域搬迁腾退项目内的办公用房如承泽园居委会等进行了妥善安置,对违法私自占用公有房屋的个人、单位进行了积极清退。组织安排了平房区154户约300位居民参观了安置房源。负责校内平房区搬迁腾退项目相关公文的流转、会议的组织协调及安置居民材料的整理和存档。校内平房区搬迁腾退项目自2014年10月启动以来共签订了142户居民安置补偿协议,完成项目92%的工作量;累计拆除平房4579.9平方米,违建4446.8平方米。

【重点专项工作】 经集中调试,3月6日,北京大学公房信息查询系统正式上线。5月,公房租赁系统正式上线。

1. 太平洋大厦入住工作:进一步细化、落实太平洋大厦入住及腾退方案,已与全部入住单位签订了用房协议,目前各单位均已妥善安排入住。

2. 外国语学院大楼入住、腾退工作:积极配合外国语学院完成内部分配方案的制定,敦促外国语学院尽快完成搬迁。

3. 对外汉语学院入住、腾退工作:2014年1月,对外汉语学院竣工交接,对外汉语学院和信息管理系已完成入住和原房腾退工作。

4. 新闻传播学院入住、腾退工作:6月上旬,新闻传播学院、宣传部新闻网、校报等相关使用单位已基本完成入住,并将绝大部分原房腾退交还学校。

5. 朗润园158号入住、腾退工作:2014年1月,朗润园158号竣工交付使用。5月下旬和9月中旬,画法研究院、诗歌研究院已正式入住新楼,并签订了公用房使用协议。

6. 学生区地下室分配方案制订工作:学生区配合基建工程部,结合学校三角地至浴室一线拆迁、餐饮中心大楼拆迁工作,完成学生区改造中地下空间用途设计。

7. 动力中心小楼分配方案制订工作:动力中心小楼已开工建设,计划近期与动力中心协商签订用房分配及原房腾退协议。

8. 学生中心大楼入住、腾退工作:8月底,学校接管大楼建设及管理工作,正式启动了学生中心大楼入住。目前,各单位均已完成搬迁入住,各单位原办公用房依据房地产管理部与其签订的腾退协议正在逐步腾退中。

9. 行政中心大楼、后勤中心大楼建设工作:8月,完善了中心大楼、后勤中心大楼分配方案,启动行政楼公共会议室家具采购招标工作。经协商并报学校同意,确定大楼建成后由邮局承担校内收发服务。协助邮局、银行做好大楼入住准备工作。

10. 新配置完成高访公寓17套,精装修,可拎包入住。现有入住人员主要为"千人计划""青年千人计划"成员,以及各院系邀请的知名外籍教授。

11. 五道口丁类住房分配:学校人才工作领导小组多次研究,拟定了以学校"千人计划(长期岗)"人员为主体的"40人建议名单"作为五道口教师住宅丁类房源的申购对象,对具有北京市城镇常住户口的人按照《北京大学五道口教师住宅置换售房实施办法》(校发〔2011〕186号)的有关规定先进行售房操作。完成五道口人才住房36人的购房手续,其中,9人已经办理入住及产权证手续,27人(含医学部附属医院及医学部本部14人)的购房名单报送法政公司、北京市建委及海淀房管局。

12. 上地枫润家园商品住房的分配:为8位人才办理申购及选房手续,因涉及外籍人员在京购房,手续复杂,目前在与开发商等配合推进中。

附 表

表9-2 2014年北京大学土地基本情况汇总表

序号	资产名称	土地面积/平方米
1	昌平区十三陵镇泰陵园村东南侧	1938
2	昌平区十三陵镇西山口村南苗圃	11260
3	昌平区十三陵镇西山口村南	3935

续表

序号	资产名称	土地面积/平方米
4	昌平区十三陵镇北京大学昌平园区	346296
5	海淀区北京大学中关园	160200.68
6	海淀区海淀路50号	2150.52
7	海淀区海淀路46号	1548.05
8	海淀区海淀路36号	589.44
9	海淀区海淀路38号	777.79
10	海淀区万柳大学生公寓	23557.61
11	北京大学4—7公寓	15732.44
12	海淀区骚子营北京大学燕北园	94472.54
13	北京大学畅春园	60644.06
14	海淀区中关村19号楼	663.66
15	海淀区中关村23号楼	651.55
16	海淀区中关村26号楼	1045.24
17	海淀区中关村25号楼	1017.84
18	北京大学燕东园	185073.08
19	北京大学蔚秀园	84851.11
20	北京大学承泽园	58748.41
21	海淀区海淀路44号	132.61
22	海淀区中关村北二条3号	13182.95
23	海淀区海淀路5号	1016971.11
24	海淀区蓝旗营教师住宅小区	25323.84
25	海淀区大泥湾北大附中	55485.32
26	海淀区北京大学畅春新园学生宿舍	19999.94
27	海淀区中关村北二条街7号	1527.07
28	海淀区北河沿3号楼	581.68
29	海淀区上地朱房	7529.8
30	海淀区教养局10号	353.8
31	海淀区苏家坨镇金仙庵	16779.39
32	海淀区苏家坨镇金仙庵朝阳院	6667
33	海淀区苏家坨镇寨口村44号	1681.83
34	东城区黄米胡同7号	837
35	东城区黄米胡同9号	400
36	东城区礼士胡同141号	375.2
37	东城区东高房胡同21号	3093
38	昌平区南口镇太平庄村	6667
39	昌平区十三陵镇北京大学昌平园区污水处理池	120
40	海淀区蓝旗营教师住宅小区商建	5964.45
41	海淀区北京大学簸斗桥学生宿舍	7774.67
42	海淀区北京大学成府园	102212.3
43	医学部	392305
44	合计	2741117.98

表 9-3　2014 年北京大学房屋基本情况汇总表(校本部)

(单位:平方米)

0	编号	学校产权校舍建筑面积				正在施工校舍建筑面积	非学校产权校舍建筑面积		
		计	其中				合计	独立使用	共同使用
			危房	当年新增校舍	被外单位借用				
甲	乙	1	2	3	4	5	6	7	8
总计	1	1849406	0	27466	0	299021	0	0	0
一、教学科研及辅助用房	2	666788	0	17853	0	166382	0	0	0
教室	3	54267	0	0	0	0	0	0	0
图书馆	4	57438	0	0	0	12897	0	0	0
实验室、实习场所	5	273664	0	0	0	94565	0	0	0
专用科研用房	6	229748	0	17853	0	58920	0	0	0
体育馆	7	39252	0	0	0	0	0	0	0
会堂	8	12419	0	0	0	0	0	0	0
二、行政办公用房	9	64299	0	2171	0	11700	0	0	0
三、生活用房	10	683841	0	7442	0	69592	0	0	0
学生宿舍(公寓)	11	321345	0	6307	0	69592	0	0	0
学生食堂	12	31781	0	0	0	0	0	0	0
教工宿舍(公寓)	13	107940	0	0	0	0	0	0	0
教工食堂	14	0	0	0	0	0	0	0	0
生活福利及附属用房	15	222775	0	1135	0	0	0	0	0
四、教工住宅	16	54432	0	0	0	0	*	*	*
五、其他用房	17	380046	0	0	0	51347	0	0	0

肖家河教工住宅项目

【概况】 2014 年是肖家河教工住宅项目(以下简称"项目")正式开工建设的第一年。朱善璐书记和王恩哥校长先后 5 次到施工现场及办公区调研。王仰麟副校长带领肖家河项目建设办公室(以下简称"建设办")赴相关单位协调解决项目面临的瓶颈问题。学校党政联席会、项目建设领导小组会多次召开会议,审议、决策项目建设重大事项。

【拆迁指挥机构调整】 2014 年 2 月 13 日下午,海淀区副区长龚宗元主持召开会议,就肖家河重点村拆迁腾退收尾工作进行专题讨论。王仰麟副校长等领导参加会议,区政法委、区委区政府督查室、区城乡一体办、区信访办、公安分局、海淀镇政府、马连洼街道、区住建委、规划分局、国土分局、区城管执法局、交通支队、区审计局、区监察局等单位与会。会议确定指挥部完成历史使命,机构解散,"五人工作组"及资金联审会议机构保留;其余拆迁善后工作转交区一体办牵头负责。

【宅基地拆迁完成情况】 自拆迁工作启动至 2014 年年底,项目拆迁资金联审组累计召开了 44 次会议,审议通过住宅拆迁协议 969 份,涉及宅基地院落 643 个,其中拆迁补偿款 183262 万元,确认安置人口 3021 人;认定宅基地面积 159912.59 平方米,弃房面积 19174.5 平方米,补足面积 52294.32 平方米,实际安置面积 211756.30 平方米;人均安置面积 70.09 平方米,人均拆迁补偿款 606626.92 元。

【拆迁周转费延续发放】 根据《肖家河重点挂账村腾退拆迁补偿安置实施细则》的相关规定,项目拆迁周转补助费自房屋拆除之日起按36个月计算,在签订拆迁协议时已一次性发放。2014年10月下旬开始,周转期限陆续届满。按建设进度,项目回迁住宅西侧H地块2015年10月预计交付,东侧J地块2016年1月预计交付。部分被拆迁住户的回迁房存在不同程度的延期交付情况。建设办会同项目法律顾问等多方调研,制定周转费延续发放方案,并报请学校审议。2014年10月21日,学校十二届党委第97次常委会研究决定,同意依据《肖家河重点挂账村腾退拆迁补偿安置实施细则》和拆迁协议向被拆迁户按原政策标准延续发放周转补助费,周转期暂延到2015年10月底(即2014年10月—2015年10月),按照被拆迁户周转费到期时一次性发放。根据以上决定,建设办多次召开研讨会,重点研究周转费延续发放事宜,确定发放流程及《宅基地房屋拆迁置换补偿协议书之补充协议》文本。

【公产拆迁情况】 截至2014年年底,累计审议通过非住宅拆迁协议27份,涉及单位8个、建筑面积726903.86平方米,拆迁补偿款52812.25万元。

国防大学水井房 2013年年底,建设办与国防大学营房部相关负责同志进行了面谈,就水井房拆迁补偿条件进行了充分沟通。对方表示一定会大力支持北京大学肖家河教工住宅项目,争取尽快达成框架协议并对相关工作做了明确的分工和具体安排。2014年年初开始具体补偿条款细节的沟通,此过程中,遇国防大学营房部主管部门人事变动,谈判迟迟没有进展。2014年10月下旬学校致函国防大学刘亚洲政委《关于妥善解决国防大学肖家河水井房征地拆迁补偿问题的建议》,送达国防大学营房部转呈刘政委,此项工作尚在推进中。

北京变压器厂开关分厂 北京变压器厂开关分厂的拆迁补偿条件于2013年已经达成协议框架,并报请学校党政联席会审议。在此基础上,双方就具体条款进行了多回合谈判,对拆迁协议文本进行多次修改。2014年4月2日,学校校长法律顾问办公室、纪委、审计、财务、工会、后勤、建设办及项目法律顾问共同对上述拆迁协议及资料进行审核,并原则同意协议内容。经2014年4月15日学校十二届党委第71次党委常委会审议,同意该协议文本内容及按协议约定支付拆迁补偿款。2014年5月8日,北京大学与北京变压器厂开关分厂就拆迁补偿安置协议举行了签字仪式。5月27日与北京变压器厂正式进行交接,进行电线移杆、线路改造、移树、伐树工作、地上建筑物拆除,进入正常施工管理程序。

海淀海华换热器厂 该厂权属为海淀镇人民政府所有,因经营权等历史问题,需待海淀镇政府厘清内部权属关系。根据海淀镇2014年11月上旬会议精神,肖家河地区镇属企业海华换热器厂区域内地上物拆迁事宜由海淀镇副镇长杨青山牵头负责,其中集体所有地上物拆迁由圆明园农工商公司(原肖家河大队)与北京大学协商,个人所有地上物拆迁由北京大学负责。经与海淀镇政府领导多次沟通,其难点是政府对企业房产权属的认定。目前,该厂拆迁事宜正在逐步推进中。

北京明圆学校 位于海淀镇海华换热器厂占地范围之内,学校负责人张哥真。该校创办于1997年,是北京最早建立的打工子弟学校,租借海华换热器厂用地和房屋,后期自建部分校舍办学。2014年春节前,在海淀镇的配合下,建设办与明圆学校达成初步意见,春季开学后由学校自行分流在校学生,有关补偿问题按照政策与相关方进行磋商解决。

西郊机场北远距导航台 2011年12月底学校与空军方面已经签署了该导航台相关拆迁安置协议。2013年9月中旬,导航台权属部门空军34师提出了新的补偿要求,现新补偿安置条件几经磋商,于2014年11月双方达成一致,并签订协议,并支付首期拆迁补偿费用。另根据空军方面要求,需与导航台所属场站签订补充协议,现该协议文本已经双方认可,正在办理转签手续。导航台新址建设工作将在2015年开春后实施。

【征地结案工作】 由于拆迁模式、还建商业设计及建设等情况几经变化,圆明园农工商公司作为原土地方,坚持将《〈征地安置补偿协议〉之补充协议》作为出具征地结案同意书的先决条件。有鉴于此,建设办与海淀区圆明园农工商公司进行了长期艰苦的协商,草拟了补充协议文本,经项目法律顾问出具法律意见书后报请学校审批。2014年10月21日,学校十二届党委第97次常委会研究决定,同意与圆明园农工商公司签订《〈征地安置补偿协议〉之补充协议》。协议签署后,根据2014年11月4日海淀镇政府镇长专题会决定,海淀镇为北大肖家河项目出具了相关征地结案证明。现建设办已将肖家河项目征地结案手续上报北京市国土资源局海淀分局,按照办理程序推进土地的批复手续。2014年12月22日,项目正式获得《国家建设征收土地结案表》。

【规划等手续办理积极推进】 由于若干设计问题与政府相关规划部门尚未达成一致,影响了项目办理建设工程许可证前对图纸的审核工作。虽然目前项目未获得相关批准手续，按照流程尚不具备开工手续办理条件。为全力保证回迁安置房开工进度，建设办与海淀区规划分局、国土、发改委、住建委、重大办等相关主管部门多次请示、协调。2014年1月10日上午，市住建委牵头，市、区发改委、国土局、规划委召开保障房项目协调会，会议明确肖家河回迁住宅是北京市保障房建设项目之一，可以先进行施工总承包单位的招标工作，相应手续逐步完善。项目已向规划部门申报《工程规划许可证》前期手续，并在海淀区招投标平台完成了H、J地块回迁住宅项目的土方、CFG桩的专业承包招投标、建设施工监理和总承包招投标工作。

【电力手续进展】 2014年4月2日下午，王仰麟副校长率领建设办相关人员赴北京市电力公司，就肖家河教工住宅项目供电事宜与市电力公司尹昌新总经理及办公室、营销部、客服中心等部门负责人进行了深入沟通。市电力公司领导表示一定积极支持北京大学肖家河教工住宅项目建设，并安排相关部门分别就项目报装供电方案、临时用电、110KV变电站建设等事宜进行对接。2014年7月，市供电局已批复临电施工方案及项目正式高压用电方案，2014年12与办理外电源设计招标工作。

【启动回迁安置房建设】 肖家河教工住宅项目回迁H地块率先于2014年1月27日开始打桩及基坑支护工作。J地块虽剩余北京变压器厂开关分厂尚未拆迁，亦于2014年3月10日召开了该标段第一次建设、施工、监理工地例会，标志该地块土方开挖工作启动。根据北京市住建委相关会议精神，2014年5月一标段J地块、二标段H地块回迁住宅及G15、G16号回迁住宅完成了总承包工程招标工作，确定中建八局集团有限公司为一标段J地块的中标单位、中国建筑第三工程局有限公司为二标段H地块的中标单位。回迁住宅正式开工建设是2004年度项目工作的重头戏，建设办为此投入了大量的人力精力，在图纸审核、施工监管、材料设备考察等各方面都力求瞻之在前、组织有力、协调有方，同时建立严格的现场协调或调度制度，积极处理好设计、监理、工程承包单位等工程建设各方的关系，为施工创造良好的外部条件，另一方面要求施工企业要切实加强管理，认真履行签定的承包合同，保证工程建设的工期、质量和安全管理达到预期。两个回迁地块在施建筑面积29.3061万平方米，楼座23栋，回迁住宅2761套。2014年年底H地块完成结构封顶；J地块主体结构完成80%工作量。

【学校自有住宅设计调整】 项目在办理《工程规划许可证》的图纸审核工作时，经与市规委、海淀规划分局等单位进行沟通，规划部门认为项目上报的户型标准已超越国管局和教育部的立项批复原则，规划部门无权更改，不能批复现有图纸方案。为此，建设办多方调研，通过各种渠道了解相关政策及执行情况，并参照清华大学八家项目情况提出相关建议，提请学校审议。2014年10月21日，学校十二届党委第97次常委会研究决定，同意根据2012年国管局《关于同意北京大学肖家河教工住宅项目立项的函》(国管房地〔2012〕261号)的规定，肖家河项目教工自有住宅户型标准为绝大多数住宅户型建筑面积标准不超过120平方米和少量(不超过30套)的住宅户型建筑面积标准为160平方米。根据以上会议精神，建设办已经责成设计单位，以"保规模、增套数、平面局部微调"为方针，强调保证120平方米户型(含公摊)面积限制不突破，加紧进行自有住宅设计调整。2014年12月底完成方案调整的初步计划。

【红线外大市政建设】 根据2011年3月29日张玉平副秘书长主持召开北大肖家河项目建协调会精神，市领导在北京市人民政府签报(〔2011〕90081号)中批示：根据市政府的现行政策，肖家河教工住宅项目红线外的基础设施建设由市、区两级财政负责。主干线由市级财政负责建设，次干线由区级财政负责建设。按以上批示，建设办积极协调，陆续促成《北京大学肖家河教工住宅项目外部市政工程规划方案综合》〔建〕城规编第(081003)、《海淀区北京大学肖家河教工住宅周边道路规划方案》〔建〕城规编(141003)、《北京大学肖家河教工住宅项目外部雨污水工程方案》等项目红线外市政规划方案的出台。建设办与海淀区政府安排对接单位北京海融达投资建设有限公司积极接触，并于2014年11月将以上规划方案移交该公司。经沟通，2014年12月建设办与北京海融达投资建设有限公司达成一致，以项目取得《北京大学肖家河教工住宅项目外部市政工程规划方案综合》及《海淀区北京大学肖家河教工住宅周边道路规划方案》会议纪要为时间节点，后续项目周边道路范围内的9条道路工程及外部市政管线(包括雨水管线、污水管线、供水管线、中水管线、天然气管线、信息管线、有线电视管线)工程等均由北京海融达投资建设有限公司负责办理建设相关事宜。建设办保持与海淀区一体办及海融达公司的工作沟通，积极推进。

根据学校指示，紧紧依靠政府力量解决项目建设过程中遇到的问题与困难，积极准备与市政府及相关主管部门的沟通材料。建设办与海淀区政法委、发改委、住建委、一体办、重大办、征收办、统计分局、规划分局、国土分局、公安分局、海淀法院、海淀检察院等单位保持了良好畅通的沟通机制，配合相关单位进行数据填报、进展通报、信访调查、法律诉讼等工作。配合海淀法院山后法庭完成拆迁安置补偿协议调档工作。

2014年5月19日下午，市规划委刘玉民副主任召集建委、国土局、发改委等单位召开保障房项目专题会，会上建设办就新路网规划与项目规划意见书冲突、影响回迁住宅规划指标实现事宜进行汇报，会议予以协调解决。

2014年6月20日下午，经建设办建议，海淀区城乡一体化建设领导小组办公室肖敏鹏主任组织召开会议，专题协调肖家河项目推进过程中遇到的困难和问题，此次会议解决了项目用地范围内110KV变电站的资金渠道及施工临时用水指标审批的相关问题。

【协调应对被拆迁户行政诉讼】海淀区政法委多次召开肖家河地区诉讼工作协调会，就被拆迁户诉讼事宜作出部署。建设办积极落实政府会议精神，联合拆迁公司、法律顾问等，与海淀镇、海淀法院等单位密切配合，以弱化矛盾、化解问题为目标，加强与被拆迁户的沟通。主动联系，寻找突破口，并始终保持与海淀镇、海淀法院的工作联动机制。在被拆迁户诉北京市规委"不服建设用地规划许可"、诉海淀区房屋征收办公室"不服拆迁许可"等案中北京大学被法院追加为诉讼第三人，建设办代表学校积极与海淀法院、市规委、区征收办及中伦文德律师事务所等相关单位多次协商、提供证据材料。

【成立项目建设联审组】 2014年5月23日，学校党委常委会审议建设办与学校审计室联合提请的议题，同意成立肖家河项目建设联审组，负责项目前期和建设过程中相关特殊事项的审理。联审组由校审计室、财务部、纪委、工会或教代会，房产部等单位参加，建设办负责组织。

【更新参与项目建设教代表】2014年6月，在建设办提议下，根据新一届的学校教代会代表构成，继2010年第一批教代表后，工会推荐了第二批参与项目建设教代表成员组名单。

【建设办自身建设】 建设办多方调研，根据实际制订了《人员编制及薪酬调整方案》，并提交肖家河项目建设领导小组和学校党政联席会审议。2014年4月15日，学校十二届党委第71次党委常委审议通过了《北京大学肖家河项目建设办公室机构设置、人员编制和薪酬方案》，建设办据此陆续完成6位工程师的招聘及17名劳动合同制员工工资调整的相关工作。至此建设办员工数量达到了29人。

【党建工作】 2014年建设办严格执行《北京大学肖家河教工住宅项目建设经费审批管理办法》及学校财务管理规定，规范经费使用；坚持肖家河项目拆迁资金联审制度。加强招投标和物资采集采购管理，严格执行北京市和学校的相关招投标管理规定，重大、特殊事项提交学校招投标领导小组审议或书面请示报告。建设办同时适时组织建设办经理及以上管理人员学习北京大学纪委《2014年纪检监察工作要点》《高校职务犯罪案例选编》等文件。

实验室与设备管理

【发展概况】 2014年，实验室与设备管理部的工作重点是：积极推进学校大型科学仪器公共平台建设，构建国内领先、国际一流的科研公共服务体系，支撑各学科建设和发展；深化实验教学改革，总结和凝练实验教学示范中心及虚拟仿真实验教学中心评建经验，以培养复合型、创新型人才为核心目的，将实验教学的作用贯穿人才培养的全过程；继续加强实验技术队伍建设，组织完成本年度实验技术系列职称评审和实验室工作先进集体和先进个人评审工作；继续完善大型科学仪器购置论证和效益管理，促进资源整合与开放共享；继续管理和执行学校"985/211工程"设备经费；进一步规范设备采购的各个环节，加大招标采购、集中采购的执行力度，为学校争取更大的利益；全程负责仪器设备进口免税手续的办理，进一步加强免税科教用品的管理和政策宣传；建立健全实验室安全教育体系，加强环境保护和辐射防护管理、实验室危险废物排放及实验动物安全管理；承担北京市科委相关研究项目的建设工作；继续以管理机制创新和信息化建设为手段，进一步落实各项规章制度的执行；协助先进技术研究院完成相关认证工作。

【实验室建设与实验教学改革】

截至2014年年底,北京大学共有实验室157个,其中校本部84个,医学部73个。2014年实验室建设和实验教学改革的主要工作如下:

实验教学示范中心验收　根据北京市教委《关于开展北京市高等学校实验教学示范中心验收工作的通知》(京教函〔2014〕484号)安排,北京大学环境与生态实验教学中心和临床技能实验教学中心等2个北京市级实验教学示范中心接受了北京市教委的验收并获通过。

实验教学改革和教学实验室建设经费的评审与执行　北京大学设立了实验教学改革经费和实验教学设备补充经费。通过申报、评审等程序,2014年度北京大学实验教学改革经费共支持实验教学改革项目20项,金额59.6万元;2014年度北京大学实验教学设备补充经费共支持教学实验室建设项目17项,金额59.96万元。

修购基金申报工作　2014年北京大学申报的基础实验教学条件提升改造工程项目,共获经费支持1600余万元(其中学校配套245万元)。该经费将主要用于物理、化学、生物、信息、地学、考古、环境、心理等学科本科实验教学中心实验教学条件的改善,计划于2015年下半年执行完毕。

实验技术队伍建设　截至2014年年底,北京大学校本部共有实验技术人员395人(指在院系工作的实验技术人员),其中,教授级高级工程师23人,高级工程师/高级实验师150人,工程师/实验师209人。

1. 组织完成2014年实验技术系列职务聘任工作。2014年,北京大学新聘教授级高级工程师2人,高级工程师/高级实验师14人(其中医学部1人),工程师/实验师11人(其中代评4人)。

2. 组织完成2014年度北京大学实验室工作先进集体和先进个人评选。根据《北京大学实验室工作评审奖励办法》的相关规定,设备部在全校范围内组织开展"2014年度北京大学实验室工作先进集体和先进个人"(每2年一次)的申报和评审工作。经过院系推荐、专家评审和校内公示等环节,全校共评选出实验室工作先进集体12个,其中校本部6个,医学部及附属医院6个;实验室工作先进个人29名,其中,校本部20名,医学部及附属医院9名。

大型科学仪器公共平台建设　截至2014年年底,北京大学共有6个校级公共平台,分别为:实验动物中心、分析测试中心、电子显微镜实验室、微纳加工实验室、北京核磁中心和液氦中心,设备总价值3.5亿元。2014年,北京大学公共平台建设工作主要包括:

1. 液氦中心建设完成并通过验收。从2012年起,由主管校领导主持,设备部与物理学院量子科学材料中心共同组织,学校投入2100万元开始筹建"北京大学氦气液化回收系统校级公共平台"(即液氦中心)。2014年,液氦中心建设工作全部完成。

2. 实验动物中心再次获得国际AAALAC组织完全认证。2014年2月,国际AAALAC组织正式函告北京大学再获该组织完全认证,有效期三年。

3. 实验动物中心昌平校区分中心建设规划启动。为从根本上缓解动物饲养空间紧张的局面,经学校原则同意,中心着手启动了昌平校区分中心的建设规划工作。根据规划,分中心将分两期建设,总面积达10000平方米,首期建设5000平方米,预计投资4000万元。

4. 北京大学核磁中心搬迁及扩建工作全部完成,资源总量跃升亚洲第一。2014年,北京大学核磁中心完成了搬迁,新购的4台高场谱仪也全部完成了安装调试。

5. 组织完成校级公共平台绩效考评。设备部组织编制了高校中首个公共平台绩效考评指标体系并于2012年起组织开展校级公共平台绩效考评。2014年,设备部分别组织完成了北京大学公共平台的中期和年终绩效考评,从公共性、科研能力、管理机制、队伍建设、平台特色等方面全面检验了各平台的管理与服务工作,并根据考核成绩拨付了平台运行专项补贴。

【985/211设备经费管理与执行】截至2014年年底,设备部负责管理和执行的"985工程"三期设备经费总拨款6.85亿元,截至2014年年底已执行6.42亿元,其中2014年执行1.01亿元。

【仪器设备管理】　截至2014年年底,北京大学在用仪器设备总量248544台,价值51.76亿元(校本部185423台,价值39.38亿元;医学部63121台,价值12.38亿元),其中40万元以上大型仪器设备1441台,价值19.6亿元(校本部1069台,价值15.02亿元;医学部372台,价值4.58亿元)。

2014年,北京大学新增1000元以上仪器设备24533台,价值6.55亿元。其中校本部新增18770台,价值4.76亿元;医学部新增5763台,价值1.79亿元。

2014年,北京大学新增40万元以上大型仪器设备183台,价值2.75亿元。其中校本部新增40万元以上大型仪器设备118台,价值1.96亿元;医学部新增40万元以上大型仪器设备65台,价值0.79亿元。2014年仪器设备管理方面的主要工作如下:

北京大学第二十二期大型仪器设备开放测试基金的执行　第二十二期大型仪器设备开放测试

基金共开放设备177台/套（含实验动物中心），完成课题1192项，使用基金749.0万元，测试机时363998小时，测试样品254939个，资助申请人发表SCI论文746篇，获得专利127项，出版专著8部，培养相关人才1243人。获资助单位包括化学与分子工程学院、物理学院、生命科学学院、信息科学与技术学院、地球与空间科学学院、城市与环境学院、环境科学与工程学院、考古文博学院、工学院、前沿交叉学科研究院、深圳研究生院、分子医学研究所、心理学系、医学部等14个院系。

北京大学第二十三期大型仪器设备开放测试基金的申报和评审　第二十三期大型仪器设备开放测试基金共收到课题申请1370个，测试费申请总额1948万元，申请机时26.20万时，申请样品测试37.65万余个。经专家评审，最终获得批准的课题共1364个，测试基金总额800万元，其中学校出资400万元，申请人配套经费400万元。参加本期基金开放的仪器设备共181台/套（含实验动物中心平台）。

大型仪器设备测试服务　2014年，北京大学大型仪器设备测试服务总收入5353.2万元（不含大型仪器设备开放测试基金部分）。

组织40万元以上大型仪器设备购置可行性论证130台/套（校本部）。

大型教学科研仪器设备使用情况调查及分析　根据教育部和北京市教委文件要求，完成全校961台40万元以上仪器仪表类教学科研仪器设备的年度使用情况调查及分析。其中校本部778台，价值10.95亿元，年使用机时800小时以上的仪器占84.06%，年使用机时2000小时以上的仪器占22.75%。

国家科技基础条件资源调查　根据科技部、财政部《关于开展2014年科技基础条件资源调查工作的通知》国科发计〔2014〕50号的要求，完成北京大学（含医学部）50万元以上大型仪器设备基本信息和设备使用情况的统计上报。

仪器设备资产处置　设备部继续实行校内调剂、集中收储、公开处置的仪器设备报废程序，力求实现仪器设备使用价值的最大化。2014年北京大学旧仪器设备变价收入为124.79万元。

北京大学仪器创制与关键技术研发中心建设　为设备部于2009年组织成立了高校中首个"仪器创制与关键技术研发中心"，并设立专项基金，用于培育和支持学校的仪器研发创新工作。截至2014年年底，设备部已组织完成了五期"仪器创制与关键技术研发"项目的申请、评审和总结验收工作，共41个项目获得支持，获支持单位涵盖除数学学院外的全部理工科院系，资助经费共计约1000万元，所支持项目后续获国家重大专项经费约9000万元。

首都科技条件平台北京大学研发实验服务基地建设　2014年，北京大学继续承担北京市科委现代服务业促进重大专项——"首都科技条件平台北京大学研发实验服务基地建设及运营"项目（六期）建设工作，项目经费220万元，并顺利通过六期项目建设验收和绩效考评。

首都科技条件平台高等学校仪器创新与服务试点项目　2014年，北京大学继续承担北京市科委首都科技条件平台试点项目——高等学校仪器创新与服务试点，经费100万元。该项目2014年已结题，并顺利通过北京市科委的验收。

北京大学科普基地建设　2014年，北京大学顺利完成了北京市科委科学技术普及专项——"北京大学科普基地建设"项目（三期）建设任务，项目经费100万元，并成功启动了项目（四期）的建设工作（项目经费90万元）。2014年5月，设备部组织北京大学11个相关项目参加北京大型科普博览——全国科技活动周暨北京科技周的展出。刘延东副总理亲临北京大学展区，参观了"PET-CT分子医学影像装备"与"小动物多模态分子医学影像系统"等项目。

【仪器设备采购】　2014年，设备部进一步完善采购制度，规范仪器设备采购申报、审批程序以及招标采购流程；继续完善"阳光采购"机制，每月定期公布学校通用设备实际采购价格及采购工作相关信息，帮助全校师生及时掌握通用类仪器设备的实际价格变动情况。2014年，北京大学共采购仪器设备6.55亿元，其中，校本部采购仪器设备4.76亿元，医学部采购仪器设备1.79亿元，主要工作如下：

招标采购工作　2014年，设备部共组织仪器设备招标采购72次，中标金额共计1.32亿元。其中校本部仪器设备招标56次，中标金额共计1.05亿元；医学部仪器设备招标16次，招标金额共计0.27亿元。通过招标方式采购，为学校节省经费约1168.4万元。

国内仪器设备采购　2014年，北京大学共采购国内仪器设备3.94亿元，审核并签订5万元以上合同488份，合同金额共计1.35亿元。其中校本部采购国内仪器设备2.48亿元，审核并签订5万元以上合同358份，合同金额共计0.99亿元；医学部采购国内仪器设备1.46亿元，审核并签订5万元以上合同130份，合同金额共计0.36亿元。

国外仪器设备采购 2014年,北京大学采购国外仪器设备2.61亿元人民币。其中,校本部采购国外仪器设备2.28亿元人民币,通过竞争性谈判或招标采购等方式签订及执行合同595项,共计2897台(件、套、批);医学部采购国外仪器设备0.33亿元人民币,通过竞争性谈判或招标采购等方式签订及执行合同102项。

办理科教用品免税情况 2014年,北京大学共办理免税682项,免税合同金额折合人民币约2.94亿元,按平均税率20%计算,共免除税款约0.59亿元。其中,校本部办理免税556项,免税合同金额折合人民币约2.51亿元,免除税款约0.5亿元;医学部办理免税126项,免税合同金额折合人民币约0.43亿元,免除税款约865.66万元。

【实验室安全与环境保护】 北京大学在创建世界一流大学的过程中,有责任在从事教学科研的同时,提高师生的环保、安全意识,建立健全相关规章制度和管理流程,不断加强和完善实验室安全管理,同时避免或减少对环境的污染。2014年,在实验室安全、环境保护和辐射防护方面的主要工作如下:

实验室技术安全管理 为确保北京大学实验室安全,设备部采取多种措施,大力加强实验室技术安全管理工作:

1. 危险化学废物管理与处理。2014年,设备部环境保护办公室(简称环保办)在化学与分子工程学院的积极配合下,组织处理化学废弃物共计120.19吨,支付处理费用156万元;组织处理实验动物废弃物共计5490公斤,支付处理费用2.43万元。同时,完成了北京市环保局、北京市安全生产监督管理局、北京市教委布置的各项实验室危险化学品、危险废物情况的调查和统计工作。

2. 加强试剂管理工作。设备部对化学试剂的生产、销售、运输、储存、使用、处置、财务等各个环节进行了深入的调研。同时力争逐步实现覆盖源头管控、过程监督、末端处置等环节的全过程管理,消除安全隐患,减少和避免安全事故的发生,保证学校教学科研工作的顺利进行。

3. 实验室、仪器设备和实验室安全巡查。设备部自2013年6月起开始实施实验室巡查制度,每周巡查一个实验室。2014年度共巡查了19个院系的33个实验室,巡查报告和实验室安全整改通知已发送相关单位。设备部后续还将对整改效果进行复查。

4. 实验室安全检查。每年寒暑假期、重大节假日以及重要会议期间,由环保办组织、学校实验室安全委员会暨辐射防护工作小组成员组成实验室安全检查小组,对学校各院系实验室进行全面、细致的安全检查。2014年共开展安全检查10次。

5. 安全责任落实。为确保实验室和辐射防护安全,设备部代表学校与全校各院系、实验室签订了实验室安全责任书及辐射防护安全责任书,将安全责任逐级落实。

辐射安全与防护 为确保北京大学辐射防护安全,设备部通过多种方式加强管理:

1. 组织新增使用放射性同位素和射线装置项目环境影响评价。2014年,环保办为学校新增的使用放射性同位素和射线装置项目办理了环境影响评价,包括新增使用的非密封放射性同位素15种,生命科学学院X射线生物学辐照仪1台,化学学院应用化学系同位素实验室Ⅲ类射线装置9台,实验动物中心丙级小动物同位素实验场所1处和物理学院核物理实验室使用放射源教学场所3处。上述项目均获审批通过。

2. 办理非密封放射性物质转让审批手续。按相关规定,环保办先后办理了P-32、S-35、H-3、C-14、Tc-99m、I-131(京环辐审〔2014〕100号、101号、333号、334号)的非密封放射性物质转让审批手续,共计4次。

3. 完成一批废旧放射源和放射性废物送贮。经过固化等前期整备,环保办于2014年9月12日送贮了一批废旧放射源和放射性废物,共计10个标准桶。

4. 辐射工作人员管理。2014年环保办共组织134名辐射工作人员进行了职业健康检查,全部合格;累计完成700余人次的个人剂量检测,未发现超标或异常;另外,对全校所有辐射工作场所进行了两次全面的环境剂量检测,结果显示所有辐射工作场所环境剂量均处于环境辐射本底水平,无超标或异常。

环境保护 1. 环境保护审批申报。根据相关规定,向环保部等上级主管部门报送各类统计报表;向环保局申报办理污染物审批。

2. 水质、室内空气质量监测和环境剂量检测。环保办组织开展了一系列环境质量检测工作,主要包括:对11个理工科院系的50余间实验室室内空气质量进行了检测,并对不同专业实验室室内环境状况进行了分析对比。

3. 环保宣教活动。向本科新生和新教工发放安全、环保宣传材料,开展"认知燕园草木,爱护校园环境"等活动。

表 9-4 2014 年北京大学实验室基本情况一览表（校本部）

序号	单位	实验室个数	实验室使用面积（m²）	教学实验（12—13 学年）			仪器设备		其中 20 万元以上大型设备	
				实验个数	实验时数	实验人时数（万）	数量	金额（万元）	数量	金额（万元）
	合计	157	145110	1645	31389	1794691	127881	325106	2175	173742.2
1	数学科学学院	2	2100	8	24	1179	3228	2000.07	1	47.61
2	工学院	5	8975	37	2272	9580	10807	24568.98	133	10280.29
3	物理学院	10	17623	163	1432	114281	16318	66823.10	414	44866.26
4	化学与分子工程学院	12	18968	189	1991	478666	14928	41202.58	368	26795.32
5	生命科学学院	9	12910	190	569	60569	13412	35834.04	283	18813.24
6	地球与空间科学学院	5	5085	253	1419	48451	6695	11637.05	76	4605.54
7	心理学系	4	600	88	832	17220	1405	1974.30	15	742.80
8	中国语言文学系	1	80	5	710	9030	1679	1451.01	0	0.00
9	考古文博院	1	1200	7	1136	25424	2230	3892.03	27	1516.62
10	光华管理学院	1	450	50	751	33273	5532	5010.25	11	389.07
11	法学院	1	530	3	116	2880	1711	1271.42	0	0.00
12	北京核磁共振中心	1	2000	0	0	0	444	3721.67	11	3219.35
13	现代教育技术中心	1	1128	0	0	0	3578	3242.11	10	292.58
14	体育教研部	1	80	9	180	10020	1141	1019.23	2	49.92
15	信息科学技术学院	17	21500	253	5925	943179	17886	49449.55	336	26556.09
16	计算机科学技术研究所	1	1100	0	0	0	1081	2403.03	11	539.80
17	计算中心	1	2000	0	0	0	6370	13255.24	81	6451.91
18	图书馆自动化实验室	1	400	0	0	0	3301	12073.89	51	3109.32
19	城市与环境学院	3	3062	28	659	26702	5396	8658.24	84	3531.07
20	环境科学与工程学院	3	2840	3	210	1170	5022	11795.31	104	5492.62
21	分子医学研究所	1	2120	0	0	0	2475	6731.57	58	3362.70
22	北京大学实验动物中心	1	4139	1	32	9600	419	3149.21	7	2628.46
23	电子光学与电子显微镜实验室	1	850	1	48	3456	288	5009.54	18	4661.07
24	北京现代物理研究中心教育部重点实验室	1	600	0	0	0	31	38.61	0	0.00
25	基础医学院	45	12052	166	5105	8.30	1249	3671.68	33	1873.19
26	药学院	13	12463	57	4552	0.88	515	2310.60	23	1687.41
27	公共卫生学院	7	3639	31	208	0.19	510	959.99	8	445.74
28	护理学院	1	913	46	178	0.44	22	7.89	0	0
29	公共教学部	3	1503	49	2970	1.05	84	49.86	0	0
30	医药卫生分析中心	1	1229	8	70	0.04	32	928.32	3	897.14
31	实验动物科学部	1	1538	0	0	0	6	1.92	0	0
32	中国药物依赖性研究所	1	1097	0	0	0	33	165.81	2	120
33	信息中心	1	336	0	0	0	53	797.91	5	767.09

表 9-5 2014 年新增 40 万元以上大型仪器设备一览表

序号	设备名称	单价(万元)	经费来源	单位
1	超细制粉系统	40.4	科研专款或基金	物理学院
2	台式 X 射线衍射仪	45.4	科研专款或基金	物理学院
3	极低温强磁场综合物性测量系统	480.7	科研专款或基金	物理学院
4	高分辨真空光谱仪	87.2	科研专款或基金	物理学院
5	半导体参数分析仪	46.7	科研专款或基金	物理学院
6	综合物性测量系统	348.1	科研专款或基金	物理学院
7	双极磁铁	47.4	科研专款或基金	物理学院
8	超高真空极低温强磁场扫描探针显微镜系统	619.9	985 工程	物理学院
9	超快脉冲整形器	57.9	科研专款或基金	物理学院
10	极低温强磁场系统	304.2	捐赠	物理学院
11	二维磁场氦 3 制冷系统	236.7	科研专款或基金	物理学院
12	脉冲激光沉积和磁控溅射双模式沉积系统	317.3	基建设备费	物理学院
13	70GHz 合成信号连续微波信号发生器	55.3	基建设备费	物理学院
14	高强度粉末中子衍射仪	821.7	科研专款或基金	物理学院
15	高分辨光谱仪	72.4	科研专款或基金	物理学院
16	全自动磁控溅射镀膜机系统	70.3	科研专款或基金	物理学院
17	扫描近场光学显微镜	73.0	科研专款或基金	物理学院
18	原子力显微镜	118.3	科研专款或基金	物理学院
19	低能电子衍射枪	52.2	科研专款或基金	物理学院
20	分子束外延蒸发源	62.3	科研专款或基金	物理学院
21	透射电镜特殊成像系统	93.9	科研专款或基金	物理学院
22	综合物性测量系统	100.5	科研专款或基金	物理学院
23	高能量光参量放大器	45.5	985 工程	物理学院
24	四极杆—静电场轨道阱复合式质谱仪	295.2	211 工程	化学与分子工程学院
25	高分辨粉末 X 射线衍射仪	155.8	基建设备费	化学与分子工程学院
26	场发射透射电子显微镜	418.1	科研专款或基金	化学与分子工程学院
27	透射电子显微镜	244.2	985 工程	化学与分子工程学院
28	高温凝胶色谱仪	89.1	科研专款或基金	化学与分子工程学院
29	智能型超速离心机	61.6	科研专款或基金	化学与分子工程学院
30	双压线性离子阱液相色谱质谱联用仪	188.9	985 工程	化学与分子工程学院
31	红外成像探测器	62.5	科研专款或基金	化学与分子工程学院
32	正置显微镜	40.2	科研专款或基金	化学与分子工程学院
33	扫描近场拉曼光谱仪	150.5	985 工程	化学与分子工程学院
34	激光共聚焦实时成像仪	165.2	科研专款或基金	生命科学学院
35	多模式微孔板检测仪	97.0	985 工程	生命科学学院
36	多功能荧光分析仪	43.0	985 工程	生命科学学院
37	力敏激光光镊系统	184.8	科研专款或基金	生命科学学院
38	动态激光散射仪	53.8	科研专款或基金	生命科学学院
39	微滴荧光检测系统	71.6	科研专款或基金	生命科学学院
40	超分辨率显微镜	328.7	科研专款或基金	生命科学学院
41	生物分子相互作用分析仪	208.3	捐赠	生命科学学院
42	研究级正置显微镜	125.6	科研专款或基金	生命科学学院
43	活细胞超高分辨率显微镜	359.7	科研专款或基金	生命科学学院

续表

序号	设备名称	单价(万元)	经费来源	单位
44	快速棉纤维性能测试仪	66.8	科研专款或基金	生命科学学院
45	实时荧光定量基因扩增仪	45.7	985工程	生命科学学院
46	流式细胞分选仪	60.0	985工程	生命科学学院
47	嗅觉诱发电位系统	169.4	科研专款或基金	生命科学学院
48	在体MOM可倾斜式显微镜	104.2	科研专款或基金	生命科学学院
49	超景深台式电子显微镜	67.9	科研专款或基金	考古文博学院
50	超景深三维显微镜	58.3	科研专款或基金	考古文博学院
51	电子束曝光机	637.9	科研专款或基金	信息科学技术学院
52	存储系统	107.8	科研专款或基金	信息科学技术学院
53	电感耦合等离子体刻蚀机	279.9	985工程	信息科学技术学院
54	正置显微镜(包括配件)	49.6	科研专款或基金	信息科学技术学院
55	原子力显微镜	108.0	985工程	信息科学技术学院
56	信号分析仪	53.7	科研专款或基金	信息科学技术学院
57	倒装芯片键合机	100.3	985工程	信息科学技术学院
58	功率器件分析仪	68.4	985工程	信息科学技术学院
59	大功率载片探针测试平台	65.5	科研专款或基金	信息科学技术学院
60	不跳模可调谐激光器	46.6	科研专款或基金	信息科学技术学院
61	低压化学气相沉积系统	119.8	科研专款或基金	信息科学技术学院
62	温控位置速率转台	89.5	科研专款或基金	信息科学技术学院
63	低温磁场扫描探针显微镜	329.6	科研专款或基金	信息科学技术学院
64	数字喷墨印刷平台	78.0	985工程	计算机科学技术研究所
65	磁盘阵列	111.4	985工程	计算中心
66	磁盘阵列	111.4	科研专款或基金	计算中心
67	倒置研究型荧光显微镜	91.6	科研专款或基金	前沿交叉学科研究院
68	测序系统	168.4	科研专款或基金	前沿交叉学科研究院
69	小动物四模态成像系统	308.3	基建设备费	工学院
70	内窥镜系统	41.0	基建设备费	工学院
71	内窥镜系统	41.0	基建设备费	工学院
72	半导体参数测试系统	51.7	985工程	工学院
73	高温综合热分析仪	96.4	985工程	工学院
74	X射线衍射仪	61.8	科研专款或基金	工学院
75	原子力显微镜	40.7	985工程	工学院
76	24通道土壤呼吸全自动测量仪	50.4	基建设备费	城市与环境学院
77	高分辨气相色谱/高分辨质谱联用仪	208.9	科研专款或基金	城市与环境学院
78	自动增温野外试验系统	53.2	211工程	城市与环境学院
79	气相色谱—质谱联用仪	51.9	科研专款或基金	环境科学与工程学院
80	高通量高内涵细胞成像分析系统	185.3	科研专款或基金	分子医学研究所
81	高精度经颅直流电刺激系统	49.0	科研专款或基金	生命科学中心
82	3D活细胞激光共聚焦成像分析系统	311.7	教学事业费	生命科学中心
83	3D活细胞激光共聚焦成像分析系统	311.7	科研专款或基金	生命科学中心
84	气相色谱质谱联用仪	46.6	科研专款或基金	生命科学中心
85	离子淌度—高分辨质谱仪	378.6	985工程	生命科学中心

续表

序号	设备名称	单价(万元)	经费来源	单位
86	四级杆液相色谱质谱联用仪	73.0	科研专款或基金	生命科学中心
87	实验室自动化工作站	62.6	科研专款或基金	生命科学中心
88	实验室自动化工作站	64.5	科研专款或基金	生命科学中心
89	在体短脉冲激光损伤显微镜	102.0	科研专款或基金	生命科学中心
90	宽场单分子荧光显微镜	239.6	科研专款或基金	生命科学中心
91	高性能计算集群	149.6	科研专款或基金	生命科学中心
92	飞秒红外激光器	104.5	科研专款或基金	生命科学中心
93	近红外脑功能成像仪	380.6	科研专款或基金	生命科学中心
94	圆二色光谱仪	71.9	985 工程	生命科学中心
95	双光子激光扫描显微镜	121.2	科研专款或基金	生命科学中心
96	活细胞实时跟踪荧光显微镜	107.4	985 工程	生命科学中心
97	倒置研究型显微镜	58.9	科研专款或基金	生命科学中心
98	多光子共聚焦显微镜	179.9	科研专款或基金	生命科学中心
99	自动纯化液相色谱系统	98.1	科研专款或基金	生命科学中心
100	800MHz 液体核磁共振谱仪	1303.8	科研专款或基金	生命科学中心
101	植物分子标记成像系统	56.1	科研专款或基金	生命科学中心
102	核磁共振波谱仪	152.5	科研专款或基金	生命科学中心
103	自动蛋白质斑点切取仪	54.3	基建设备费	生命科学中心
104	多功能荧光分析仪	78.5	985 工程	生命科学中心
105	快速纯化液相色谱系统	57.7	科研专款或基金	生命科学中心
106	个人基因组测序仪	106.7	科研专款或基金	生命科学中心
107	一体式全自动超宽调谐飞秒激光器	118.5	科研专款或基金	生命科学中心
108	600MHz 液体核磁共振谱仪	615.0	科研专款或基金	生命科学中心
109	600MHz 固体核磁共振谱仪	696.6	科研专款或基金	生命科学中心
110	静电场轨道阱液质联用仪	311.2	科研专款或基金	生命科学中心
111	三维激光扫描测量臂	79.2	985 工程	口腔实验室
112	超高分辨率数码切片显微成像系统	132.9	985 工程	口腔实验室
113	云计算医学网络服务系统	54.0	科研专款或基金	口腔实验室
114	三维蜡型打印机	100.1	科研专款或基金	口腔实验室
115	套管式内窥镜	149.3	自筹经费	口腔实验室
116	金属粉末激光快速成型设备	247.7	科研专款或基金	口腔实验室
117	三维生物打印机	160.0	科研专款或基金	口腔实验室
118	牙科材料高精度车削中心	300.0	科研专款或基金	口腔实验室
119	高分辨活细胞显微成像系统	27.1	985 工程	北京大学第六附属医院
120	牙周内窥镜	48.0	985 工程	北京大学口腔附属医院
121	高通量基因测序仪	168.2	985 工程	北京大学口腔附属医院
122	口腔专用 CAD/CAM 系统	170.0	科研专款	北京大学口腔附属医院
123	红外线热成像仪	120.0	修购经费	北京大学口腔附属医院
124	三维牙颌模型扫描仪	45.0	修购经费	北京大学口腔附属医院
125	动物心脏离体灌流系统	44.8	修购经费	北京大学第三附属医院
126	动物专用 DR 影像系统	50.0	985 工程	北京大学第三附属医院
127	运动测试系统	45.0	985 工程	北京大学第三附属医院

续表

序号	设备名称	单价(万元)	经费来源	单位
128	液相色谱质谱联用仪	474.3	修购经费	北京大学第三附属医院
129	激光扫描共聚焦显微镜	288.3	修购经费	北京大学第三附属医院
130	流式细胞仪	69.9	985工程	北京大学第三附属医院
131	前列腺剜除镜系统	50.0	985工程	北京大学第三附属医院
132	激光共聚焦显微镜	202.5	211工程	北京大学第三附属医院
133	纳米力学测试系统	298.1	985工程	北京大学第三附属医院
134	眼科激光治疗机	40.8	985工程	北京大学第一附属医院
135	全自动酶免分析仪	95.0	985工程	北京大学第一附属医院
136	无线网络系统	169.6	修购经费	北京大学第一附属医院
137	荧光定量基因扩增仪	114.5	985工程	北京大学第一附属医院
138	自动磁珠提取纯化系统	60.0	985工程	北京大学第一附属医院
139	激光扫描共聚焦显微镜	293.0	985工程	北京大学第一附属医院
140	实时荧光定量PCR仪	89.2	985工程	北京大学第一附属医院
141	范例式教学系统软件	59.2	修购经费	北京大学第一附属医院
142	BMJ数据库软件	48.7	修购经费	北京大学第一附属医院
143	流式细胞仪	49.0	985工程	北京大学第一附属医院
144	IVC独立通气笼	48.0	985工程	北京大学肿瘤医院
145	IVC独立通气笼	48.0	985工程	北京大学肿瘤医院
146	IVC独立通气笼	48.0	985工程	北京大学肿瘤医院
147	实时荧光定量PCR仪	62.2	修购经费	北京大学肿瘤医院
148	高清电子结肠镜	48.0	修购经费	北京大学肿瘤医院
149	流式细胞仪	59.1	985工程	基础医学院
150	高内涵细胞成像分析系统	215.0	985工程	基础医学院
151	智能荧光显微镜	98.2	985工程	基础医学院
152	微量热泳动仪	96.0	985工程	基础医学院
153	多维全景分析流式细胞仪	147.9	985工程	基础医学院
154	超灵敏单分子多重基因表达谱分析系统	206.6	985工程	基础医学院
155	超高效液相色谱系统	55.7	科研专款	基础医学院
156	激光共聚焦显微镜	162.4	985工程	基础医学院
157	眼底照相机升级软件	40.0	985工程	北京大学人民医院
158	倒置荧光显微镜	48.2	211工程	北京大学人民医院
159	高级综合模拟人	287.3	修购经费	北京大学人民医院
160	定量PCR仪	89.9	985工程	北京大学人民医院
161	高级无线模拟人	79.2	修购经费	北京大学人民医院
162	流式细胞仪激光器及升级系统	49.9	科研专款	北京大学人民医院
163	小动物眼底成像系统	90.0	科研专款	北京大学人民医院
164	核心路由器	87.7	修购经费	信息中心
165	核心路由器	84.3	修购经费	信息中心
166	液质联用仪	243.7	科研专款	药学院
167	透射式电子显微镜	272.0	211工程	医药卫生分析中心
168	活体小动物核医学影像系统	593.9	211工程	医药卫生分析中心
169	超高效液相色谱系统	43.8	科研专款	天然及仿生药物国家重点实验室

续表

序号	设备名称	单价(万元)	经费来源	单位
170	全自动液体处理系统	113.6	科研专款	天然及仿生药物国家重点实验室
171	超高效合相色谱仪	111.6	科研专款	天然及仿生药物国家重点实验室
172	高效液相色谱仪	56.8	科研专款	天然及仿生药物国家重点实验室
173	超高效液相色谱仪	179.7	科研专款	天然及仿生药物国家重点实验室
174	气相质谱联用仪	40.9	科研专款	天然及仿生药物国家重点实验室
175	单四级杆气相色谱仪	77.8	科研专款	天然及仿生药物国家重点实验室
176	高压液相离子色谱仪	77.8	科研专款	天然及仿生药物国家重点实验室
177	超速冷冻离心机	77.3	科研专款	天然及仿生药物国家重点实验室
178	X射线单晶衍射仪	268.0	科研专款	天然及仿生药物国家重点实验室
179	流式细胞仪	65.7	985工程	系统生物医学研究所
180	个人化基因组测序仪	79.9	985工程	系统生物医学研究所
181	活细胞激光共聚焦显微镜	227.3	教学事业费	预防医学实验教学中心
182	多导脑电睡眠监测系统	60.0	985工程	中国药物依赖性研究所
183	多导脑电睡眠监测系统	60.0	985工程	中国药物依赖性研究所
184	合计：	27528.5		

表 9-6　北京大学大型仪器设备开放测试基金使用情况表

序号	年份	校拨测试费(万元)	经费来源	资助课题(个)	测试费总额(万元)
十一期	2002—2003	70.00	"985"一期	374	91.00
十二期	2003—2004	152.00	"十五""211"	443	198.00
十三期	2004—2005	204.00	"十五""211"	564	306.00
十四期	2005—2006	249.14	"十五""211"	628	373.70
十五期	2006—2007	299.75	"985"二期	690	449.63
十六期	2007—2008	350.00	"985"二期	792	571.00
十七期	2008—2009	300.00	"985"二期	808	600.00
十八期	2009—2010	370.00	"985"三期	892	740.00
十九期	2010—2011	414.08	基本科研业务费	960	828.16
二十期	2011—2012	400.00	基本科研业务费	1055	800.00
二十一期	2012—2013	399.70	基本科研业务费	1198	799.40
二十二期	2013—2014	402.40	基本科研业务费	1293	804.80
二十三期	2014—2015	400.00	基本科研业务费	1364	800.00

表9-7 第二十三期大型仪器设备开放测试基金开放仪器一览表

序号	仪器编号	仪器名称	型号	所属院系	仪器负责人
1	200103757	激光测振仪	OFV-3001/353	工学院	强 明
2	200108948	粒子成像流场测量系统	Y120-15E	工学院	强 明
3	200604089	原位纳米力学测试系统	Tribo Indenter	工学院	强 明
4	201015295	非接触式材料及结构应力场成像系统（红外热像仪）	SC7300M	工学院	强 明
5	201308908	全谱直读等离子发射光谱仪	Prodigy	工学院	许 零
6	200107525	数字化扫描电子显微镜	KYKY-2800	工学院	袁章福
7	201001591	日立高分辨扫描电子显微镜	S-4800	工学院	张杨飞
8	200605224	串联飞行时间质谱仪	Ultraflex	化学与分子工程学院	白 玉
9	200507397	稳态/瞬态荧光光谱仪	FLS920	化学与分子工程学院	陈明星
10	201014861	气相色谱质谱联用仪	7890A/5975C	化学与分子工程学院	陈明星
11	201313957	荧光光谱仪	F-7000	化学与分子工程学院	陈明星
12	201313958	荧光光谱仪	F-7000	化学与分子工程学院	陈明星
13	201003907	光电子发射谱仪	AC-2	化学与分子工程学院	关 妍
14	201119329	红外荧光测试系统	Nanolog FL3-2iHR	化学与分子工程学院	关 妍
15	201301827	激光共聚焦荧光显微系统	ALR-SI	化学与分子工程学院	关 妍
16	198400195	色谱质谱联用仪	ZAB-HS	化学与分子工程学院	贺晓然
17	198600050	透射电子显微镜	JEM-100CX	化学与分子工程学院	黄建滨
18	201403022	场发射透射电子显微镜	JEM-2100F	化学与分子工程学院	鞠 晶
19	201404610	透射电子显微镜	JEM-2100	化学与分子工程学院	鞠 晶
20	201001956	拉曼光谱及成像系统	L2BRAM ARAMIS	化学与分子工程学院	李 彦
21	201116571	傅里叶变换红外光谱仪	IRAFFINITY-1	化学与分子工程学院	李泽军
22	201118219	等离子体发射光谱仪	Prodigy	化学与分子工程学院	李泽军
23	201202861	离子色谱仪	ICS-900	化学与分子工程学院	李泽军
24	200609789	电位分析仪	ZeTaPALS	化学与分子工程学院	梁德海
25	201003893	流变仪	MCR301	化学与分子工程学院	梁德海
26	199400783	X射线衍射仪	DMAX-2400	化学与分子工程学院	廖复辉
27	200303529	核磁共振谱仪	300MHz Mercury Plus	化学与分子工程学院	林崇熙
28	200308369	核磁共振谱仪	JEOL-300MHZ	化学与分子工程学院	林崇熙
29	200706424	核磁共振波谱仪	AM-300	化学与分子工程学院	林崇熙
30	199900777	高压液相色谱仪	HP1100	化学与分子工程学院	刘虎威
31	199900780	气相色谱仪	HP6890	化学与分子工程学院	刘虎威
32	200108925	接触角测定仪	OCA2O	化学与分子工程学院	刘忠范
33	200508250	多针尖纳米刻蚀系统	830-ABC/SP/N	化学与分子工程学院	刘忠范
34	200108939	热台偏光显微镜	DMLP	化学与分子工程学院	潘 伟
35	200303532	扫描探针显微镜	SPI3800N,SPA-400	化学与分子工程学院	潘 伟
36	199400801	傅氏变换拉曼红外谱仪	Raman950/Magna-IR750	化学与分子工程学院	潘 伟
37	199801799	高效液相色谱仪	HP1100	化学与分子工程学院	孙 玲
38	199900528	凝胶渗透色谱	515+2401+2487	化学与分子工程学院	孙 玲
39	200401840	全自动旋光仪	P-1030	化学与分子工程学院	宛新华
40	200404637	圆二色光谱仪	J-810	化学与分子工程学院	宛新华
41	200006914	超高真空镀膜机	ULS-400	化学与分子工程学院	王银川
42	200307671	高压液相色谱	AGILENT 1100	化学与分子工程学院	王银川
43	200508249	MBE/SPM电学测量系统	Multiprobe	化学与分子工程学院	王银川
44	200604091	冷场发射扫描电镜	S-4800	化学与分子工程学院	王银川

续表

序号	仪器编号	仪器名称	型号	所属院系	仪器负责人
45	200609791	紫外/可见光谱仪	Lambda 950	化学与分子工程学院	王银川
46	199500572	红外光谱分析仪	SYSTEM 2000	化学与分子工程学院	王银川
47	200804693	元素分析仪	Vario MICRO CUBE	化学与分子工程学院	王智贤
48	199803387	元素分析仪	VARIO EL	化学与分子工程学院	王智贤
49	200502371	多功能成像电子能谱	Axis Ultra	化学与分子工程学院	谢景林
50	200210195	激光光散射仪	ALV/DLS/SLS-5022F	化学与分子工程学院	阎云
51	200201511	X射线衍射仪	D8 Discover	化学与分子工程学院	杨爽
52	200201512	X射线粉末衍射仪	X'PertPro	化学与分子工程学院	杨爽
53	200805821	小角X射线衍射仪	SAXsess	化学与分子工程学院	杨爽
54	200210191	多功能电泳仪	Multiphor II	化学与分子工程学院	袁谷
55	200401834	液相色谱—质谱联用仪	SURVEYOR-LCQDECA	化学与分子工程学院	袁谷
56	200108938	等离子发射光谱仪	PROFILE SPEC	化学与分子工程学院	张莉
57	200210194	X射线荧光光谱仪	S4-Explorer	化学与分子工程学院	张莉
58	200108930	影像板X射线衍射仪	RAPID-S	化学与分子工程学院	张文雄
59	199801798	毛细管电泳仪	P/ACE 5500	化学与分子工程学院	张新祥
60	201208573	400MHz宽腔固体核磁共振谱仪	AVANCE III 400M HZ	化学与分子工程学院	张秀
61	201208574	400M核磁共振谱仪	BRUKER AVANCE III 400	化学与分子工程学院	张秀
62	201208575	500M全数字化超导核磁共振仪	AVANCE III 500M HZ	化学与分子工程学院	张秀
63	200210465	调制式扫描量热仪	Q100	化学与分子工程学院	章斐
64	200604084	热重分析仪	Q600SDT	化学与分子工程学院	章斐
65	199703476	热分析系统	TA3100	化学与分子工程学院	章斐
66	199802240	比表面和孔径分布测定	ASAP 2010	化学与分子工程学院	章斐
67	200807358	傅立叶变换高分辨质谱	APEX IV	化学与分子工程学院	周江
68	199400803	紫外可见近红外光度计	UV-3100	化学与分子工程学院	周永芬
69	201207386	场发射扫描电子显微镜	S-4800	化学与分子工程学院	邹德春
70	2000003	病理组织形态学检测系统	RM2235/CM1900/VIP-5-JR-J2/TEC-5/ST5020/BX51/IX71	分子医学研究所	张秀琴
71	200201583	高性能计算服务器	9076-550	计算中心	孙爱东
72	200210231	128导脑电采集分析仪	ESI-128system	心理学系	韩世辉
73	201001770	64导脑电系统	BrainAmp DC Standard 64-channel	心理学系	周晓林
74	201001771	眼动追踪系统	CL Version 4.31	心理学系	周晓林
75	199400782	透射电子显微镜	H-9000NAR	电镜实验室	陈晶
76	200407723	环境扫描电子显微镜	Quanta 200FEG	电镜实验室	陈莉
77	201202793	透射电子显微镜	Tecnai G2 T20	电镜实验室	李雪梅
78	200210472	聚焦离子束系统	STARTA DB235	电镜实验室	徐军
79	200302852	场发射透射电子显微镜	Tecnai F30	电镜实验室	尤力平
80	201202794	场发射透射电子显微镜	Tecnai F20 S-Twin	电镜实验室	张敬民
81	200913727	等温滴定微量热仪	ITC-200	生命科学学院	李兰芬
82	200405161	制备超速离心机	L-80XP	生命科学学院	潘卫
83	200108941	激光共聚焦显微镜	Tcs-sp	生命科学学院	桑华春
84	200201576	蛋白质序列分析仪	Procise 491	生命科学学院	沈为群
85	201107186	高通量基因组测序仪	Hiseq 2000	生命科学学院	谢晓亮
86	201309469	线性离子阱—静电场轨道阱组合式质谱液质联用仪	LTQ Orbitrap XL	生命科学中心	陈兴

续表

序号	仪器编号	仪器名称	型号	所属院系	仪器负责人
87	201413387	核磁共振波谱仪	Bruker-400	生命科学中心	林崇熙
88	201314384	流式细胞分析仪	LSRFortessa	生命科学中心	罗春雄
89	201318318	流式细胞分选仪	FACSAria III	生命科学中心	罗春雄
90	201318319	流式细胞分选仪	FACSAria SORP	生命科学中心	罗春雄
91	200207679	高分辨等离子质谱仪	VG Axiom	地球与空间科学学院	黄宝玲
92	200210230	激光显微定年系统	MS5400	地球与空间科学学院	季建清
93	198801723	激光显微探针定年系统	VSS	地球与空间科学学院	季建清
94	201105841	热场发射扫描电镜	QUANTA-650FEG	地球与空间科学学院	刘建波
95	201001989	高温高压材料合成系统	Quick Press	地球与空间科学学院	刘 曦
96	201002203	六面顶大腔体静高压装置	6＊14MN 铰链式	地球与空间科学学院	刘 曦
97	201301764	傅立叶变换红外显微光谱仪	Nicole iN10	地球与空间科学学院	刘 曦
98	200806017	电感耦合等离子质谱仪	Agilent 7500 Ce	地球与空间科学学院	马 芳
99	200210622	激光拉曼光谱仪	RM-1000 型	地球与空间科学学院	任景秋
100	201414008	全谱直读等离子体发射光谱仪	BLUE SOP	地球与空间科学学院	沈 冰
101	200108955	电子探针	JXA-8100	地球与空间科学学院	舒桂明
102	200606221	多功能 X 射线粉末衍射仪	X′pert Pro MPD	地球与空间科学学院	王河锦
103	200407725	顺序式 X 射线荧光光谱	ADVANTXP＋	地球与空间科学学院	杨 斌
104	200210218	总有机碳/总氮分析仪	Multi TOC/TN 3000	环境科学与工程学院	陈 倩
105	200210480	石墨炉原子吸收分析仪	AAS Zeenit 60	环境科学与工程学院	陈 倩
106	200301647	液相色谱质谱联用仪	1100LC/MS Trap SL	环境科学与工程学院	陈 倩
107	200407733	离子色谱	ICS-2500	环境科学与工程学院	陈 倩
108	200510134	气相色谱质谱联用仪	5973I	环境科学与工程学院	陈 倩
109	200805825	纳米粒度仪	ZS90	环境科学与工程学院	陈 倩
110	200805826	倒置荧光显微镜	TI-DH	环境科学与工程学院	陈 倩
111	200805827	PCR 仪	DNAENGINE	环境科学与工程学院	陈 倩
112	200916336	高级微波消解系统	ETHOS1	环境科学与工程学院	陈 倩
113	200916337	高效液相色谱仪	Agilent 1200	环境科学与工程学院	陈 倩
114	201015728	电感耦合等离子质谱仪	XSEKIES2	环境科学与工程学院	陈 倩
115	201108995	电感耦合等离子体发射光谱仪	Prodigy	环境科学与工程学院	陈 倩
116	200108956	高分辨气谱质谱联用仪	MSTATION 700-D	环境科学与工程学院	胡建信
117	200703602	诱导耦合等离子刻蚀机	KYICP-T888036	物理学院	康香宁
118	200709089	紫外喇曼光谱仪	invia 6365	物理学院	林 芳
119	201204366	薄膜沉积系统	DE-12	物理学院	林 芳
120	200407740	^{14}C 测量加速器质谱仪	1.5SDH-1	物理学院	刘克新
121	199703475	交变梯度磁强计	2900-04C	物理学院	刘顺荃
122	198601027	串列静电加速器	5SDH-2	物理学院	马宏骥
123	201002870	准分子激光器	LPX PRO 210F	物理学院	马 平
124	199401760	离子刻蚀机	LKJ-1C	物理学院	马 平
125	200107670	脉冲激光溅射沉积系统	PLD-IV	物理学院	聂瑞娟
126	200508027	精密阻抗分析仪	Agilont 4294A	物理学院	沈 波
127	200508028	半导体参数分析仪	Agileut 4155C	物理学院	沈 波
128	200608982	高温高阻霍尔测量系统	Accent	物理学院	沈 波
129	199701789	材料研究衍射仪	X'PERT-MRD	物理学院	王永忠
130	200404087	物理性质测量系统	PPMS 9Tesla	物理学院	张 焱
131	200404088	磁学性质测量系统	MPMS XL-7Tesla	物理学院	张 焱

续表

序号	仪器编号	仪器名称	型号	所属院系	仪器负责人
132	201104977	场发射扫描电镜	Nova_NanoSEM430	物理学院	朱 瑞
133	000000000	实验动物开放平台		实验动物中心	陈建国
134	200108949	液相色谱—质谱仪	Alliance2690-ZMD	城市与环境学院	胡建英
135	200703605	气相色谱质谱联用仪	GC-MS-QP2010plus	城市与环境学院	胡建英
136	000000001	北京大学塞罕坝生态实验站开放平台		城市与环境学院	吉成均
137	200108579	大幅面扫描仪	Atlas Plus P-93	城市与环境学院	刘雪萍
138	201004693	计算机机群服务器及存储	DELL 2970	城市与环境学院	刘雪萍
139	200201580	气相色谱—质谱联用仪	HP6890/5973N	城市与环境学院	刘 煜
140	200201581	气相色谱仪	Agilent 6890	城市与环境学院	刘 煜
141	200407727	气相色谱—质谱联用仪	5973 I	城市与环境学院	刘 煜
142	200510080	高效液相色谱仪	Agilent 1100	城市与环境学院	刘 煜
143	200510101	气相色谱仪	Agilent 6890N	城市与环境学院	刘 煜
144	200805823	气相色谱仪	7890A	城市与环境学院	刘 煜
145	200805824	三级四极杆串联质谱仪	320 MS	城市与环境学院	刘 煜
146	200809816	气质色谱/质谱联用仪	5975C/7890A	城市与环境学院	刘 煜
147	201305053	液相色谱/三重四极杆串联质谱仪	API4000/UFLC-XR	城市与环境学院	刘 煜
148	199902810	气相色谱仪	HP-6890	城市与环境学院	刘 煜
149	200001685	激光粒度仪	FRITSCH A22	城市与环境学院	蒙冰君
150	200103753	快速溶剂提取仪	ASE-300	城市与环境学院	蒙冰君
151	200306881	极谱仪	757VA	城市与环境学院	蒙冰君
152	200307516	离子色谱仪	792IC	城市与环境学院	蒙冰君
153	200510102	微波消解/萃取系统	MARSXPRESS	城市与环境学院	蒙冰君
154	200804131	纳米粒度仪	Nano-ES90	城市与环境学院	蒙冰君
155	199901713	总有机碳分析仪	TOC-5000A	城市与环境学院	蒙冰君
156	199902809	原子吸收分光光度计	Z-5000	城市与环境学院	蒙冰君
157	200001352	激光粒度分析仪	MS2000	城市与环境学院	周力平
158	200407897	薄膜蒸镀仪	AXXIS	信息科学技术学院	董立军
159	200803978	原子层沉积系统	Savannah	信息科学技术学院	董立军
160	201005130	低温探针台	TTP4	信息科学技术学院	廖建辉
161	200404726	场发射扫描电镜	XL30SFEG	信息科学技术学院	王 胜
162	201014677	紫外—可见—近红外拉曼光谱仪	LABRAM HR800	信息科学技术学院	王 胜
163	200912731	场发射环境扫描电镜	FEI Quanta 600	信息科学技术学院	魏贤龙
164	201005272	磁控溅射镀膜仪	PVD75	信息科学技术学院	许胜勇
165	201004654	台阶仪	XP1	信息科学技术学院	岳双林
166	200904369	半导体参数测试仪	B1500A	信息科学技术学院	张志勇
167	200806015	紫外近红外成像光谱仪	JYIHR320	信息科学技术学院	高 旻
168	201107673	原子力显微镜	liDimension ICON	信息科学技术学院	李 力
169	200911517	反应离子刻蚀机	Minilock	信息科学技术学院	潘华勇
170	200805818	扫描探针显微镜	MultiMode V	信息科学技术学院	彭练矛
171	200805819	扫描探针显微镜	Innova	信息科学技术学院	彭练矛
172	200805820	脉冲测试仪	Keifhley 4200-PIV-A	信息科学技术学院	王 胜
173	200301559	电子显微镜	TECNAI20	信息科学技术学院	王晶云
174	200806018	单面紫外光刻机	MJB4	信息科学技术学院	岳双林
175	200807301	椭偏谱仪	UVISEL FUV	信息科学技术学院	岳双林
176	200807302	单双面紫外光刻机	2000S/A	信息科学技术学院	岳双林

续表

序号	仪器编号	仪器名称	型号	所属院系	仪器负责人
177	200303325	800兆核磁共振谱仪	AV 800	北京核磁共振中心	金长文
178	200303326	600兆核磁共振谱仪	AV 600	北京核磁共振中心	金长文
179	200303559	500兆核磁共振谱仪	AV 500	北京核磁共振中心	金长文
180	200608985	400M核磁共振谱仪	AV400	北京核磁共振中心	夏 斌
181	200608986	600M核磁共振谱仪	AVANCE DRX 600MHz	北京核磁共振中心	夏 斌

表9-8　2008—2014年北京大学大型仪器设备测试服务收入统计表
（校本部，不含开放测试基金）

年度	金额（万元）
2008	693.3
2009	1159.0
2010	1864.0
2011	1960.4
2012	3675.0
2013	5522.0
2014	5353.2

表9-9　2014年北京大学大型仪器设备购置论证统计表（校本部）

序号	设备名称	拟购型号	论证预算（万元）	资金来源	所属院系	申请人	论证日期
1	寡核苷酸芯片合成仪	AZCO Biotech，美国	188.8	生命科学联合中心	工学院	席建忠	2014/01/02
2	植物分子标记成像仪	Roper Scientific，美国	54	生命科学联合中心	北大—清华生命科学联合中心	钱伟强	2014/01/06
3	多靶磁控共溅射仪	Semicore，美国	130	重大专项	信息科学技术学院	刘力锋	2014/01/08
4	可调谐激光器	DAYLIGHT，美国	47.23	863重点项目经费	信息科学技术学院	党安红	2014/01/15
5	定制超高真空低温扫描隧道显微镜系统	Omicron Nano Technology GmbH 公司，德国	400	青年千人、优秀青年、面上经费等	物理学院	王 健	2014/03/14
6	分子束外延	VG Scientific Semicon 公司，英国	65	973项目经费	物理学院	杜瑞瑞 张 弛	2014/03/25
7	血管内超声诊断仪	火山公司，美国	70	985三期	工学院	霍云龙	2014/03/27
8	粉末X射线衍射仪	PANalytical，荷兰	73	分析测试中心测试费	化学与分子工程学院	廖复辉	2014/03/31
9	快速棉纤维性能测试仪	陕西长岭纺织机电科技有限公司，中国	66.8	国重实验室设备费	生命科学学院	朱玉贤	2014/04/03
10	电子探针显微分析仪	日本电子JEOL，日本	400	985三期	地球与空间科学学院	魏春景	2014/04/15
11	近红外荧光量子产率检测系统	爱丁堡，英国	40	分析测试中心测试费	化学与分子工程学院	陈明星	2014/04/16
12	静电场轨道阱液质联用仪	Thermo Fisher Scientific，德国	300	生命科学联合中心经费	北大—清华生命科学联合中心	王 初	2014/04/28
13	正置显微镜	Zeiss，德国	61.44	国重实验室设备费	生命科学学院	郭红卫	2014/04/29
14	67 GHz矢量网络分析仪	安捷伦，美国	140	国重实验室设备费	信息科学技术学院	陈章渊	2014/04/30
15	110 GHz信号分析仪	安捷伦，美国	113	国重实验室设备费	信息科学技术学院	陈章渊	2014/04/30
16	110 GHz微波信号源	安捷伦，美国	101	国重实验室设备费	信息科学技术学院	陈章渊	2014/04/30

续表

序号	设备名称	拟购型号	论证预算（万元）	资金来源	所属院系	申请人	论证日期
17	逻辑分析仪	安捷伦,美国	107	国重实验室设备费	信息科学技术学院	陈章渊	2014/04/30
18	高速可编程码型发生器	SHF,德国	190	国重实验室设备费	信息科学技术学院	陈章渊	2014/04/30
19	单轴速率转台	北京航空精密机械研究所,中国	90	国重实验室设备费	信息科学技术学院	李正斌	2014/04/30
20	数字电视信号测试仪	罗德与施瓦茨,德国	100	863项目经费	信息科学技术学院	赵玉萍	2014/04/30
21	RF信号录制仪	罗德与施瓦茨,德国	40	863项目经费	信息科学技术学院	赵玉萍	2014/04/30
22	RF信号回放仪	罗德与施瓦茨,德国	50	863项目经费	信息科学技术学院	赵玉萍	2014/04/30
23	激光共聚焦显微镜	Zeiss,德国	165	国重实验室设备费、生命科学联合中心经费	生命科学学院	邓兴旺	2014/04/30
24	微型化活体老鼠成像显微镜系统	Inscopix,美国	46	基金委重大仪器研制专项	分子医学研究所	周专	2014/05/13
25	微型化活体老鼠成像显微镜系统	Inscopix,美国	46	基金委重大仪器研制专项	分子医学研究所	周专	2014/05/13
26	磁学测量系统	Quantum Design公司,美国	425	2011计划	物理学院	陈剑豪	2014/05/21
27	磁光系统	Oxford Instruments公司,英国	146	2011计划	物理学院	韩伟	2014/05/21
28	真空型傅里叶变换红外光谱仪	Bruker Optik GmbH,德国	105	985三期	物理学院	王楠林	2014/05/29
29	十周期可调间隙波荡器	中科院高能物理研究所,中国	52	973项目	物理学院	黄森林	2014/05/30
30	飞秒激光器	Coherent公司,美国	113	2011计划	物理学院	马仁敏	2014/05/30
31	激光共聚焦显微镜	Zeiss,德国	128	生命科学联合中心经费	生命科学学院	饶毅	2014/06/10
32	企业级中端存储阵列	EMC,美国	120	985经费、发改委2011年信息安全专项经费	计算中心	张蓓	2014/06/11
33	企业级中端存储阵列	EMC,美国	120	985经费、发改委2011年信息安全专项经费	计算中心	张蓓	2014/06/11
34	原位电子输运—扫描探针显微镜联合系统	Createc,德国	442	青年拔尖人才支持计划,985工程	物理学院	江颖	2014/06/13
35	高速实时存储示波器	泰克,美国	267	国重实验室设备费	信息科学技术学院	陈章渊	2014/06/18
36	毫米波非线性网络分析仪	安捷伦,美国	93	985三期	信息科学技术学院	刘濮鲲	2014/06/18
37	单细胞长时间成像显微系统	JPK Instruments,德国	180	凤凰工程	生命科学学院	孙育杰	2014/06/20
38	正置多焦点多光子显微镜	Zeiss,德国	330	凤凰工程	生命科学学院	陈建国	2014/06/20
39	多参数行为测试系统	Noldus,荷兰	50	凤凰工程	生命科学学院	张晨	2014/06/20
40	蛋白质功能相关行为观测系统	MED,美国	20	凤凰工程	生命科学学院	张晨	2014/06/20
41	蛋白质功能相关行为观测系统	MED,美国	20	凤凰工程	生命科学学院	张晨	2014/06/20
42	蛋白质功能相关行为观测系统	MED,美国	20	凤凰工程	生命科学学院	张晨	2014/06/20

续表

序号	设备名称	拟购型号	论证预算（万元）	资金来源	所属院系	申请人	论证日期
43	蛋白质功能相关行为观测系统	MED,美国	20	凤凰工程	生命科学学院	张 晨	2014/06/20
44	蛋白质生理功能观测系统	Allentown公司,美国	60	凤凰工程	实验动物中心	张 晨	2014/06/20
45	蛋白质生理功能观测系统	Allentown公司,美国	60	凤凰工程	实验动物中心	张 晨	2014/06/20
46	蛋白质生理功能观测系统	Allentown公司,美国	60	凤凰工程	实验动物中心	张 晨	2014/06/20
47	蛋白质生理功能观测系统	Allentown公司,美国	60	凤凰工程	实验动物中心	张 晨	2014/06/20
48	蛋白质生理功能观测系统	Allentown公司,美国	60	凤凰工程	实验动物中心	张 晨	2014/06/20
49	等离子增强化学气相沉积系统	牛津仪器等离子技术公司,英国	147	985三期	信息科学技术学院	彭练矛	2014/06/23
50	6寸手动晶圆测试分析型探针机台	CASCADE MICROTECH,美国	169	985三期	信息科学技术学院	彭练矛	2014/06/23
51	电子束蒸发镀膜仪	DE Technology Inc,美国	166.5	985三期	信息科学技术学院	彭练矛	2014/06/23
52	原子层沉积系统	Ultratech,美国	119	985三期	信息科学技术学院	彭练矛	2014/06/23
53	点激光扫描系统	RAPP,德国	85	国重实验室设备费	生命科学学院	张 晨	2014/06/23
54	激光共聚焦显微镜	NIKON,日本	130	生命科学联合中心	生命科学学院	李毓龙	2014/06/30
55	纳米颗粒物吸湿/挥发性测定仪	莱布尼茨对流层研究所,德国	140	国重实验室联合基金、青年千人	环境科学与工程学院	吴志军	2014/07/01
56	三重四极杆液质联用仪	安捷伦,美国	195	凤凰工程	生命科学学院	伊成器	2014/07/03
57	圆二色光谱仪	Bio-Logic,法国	79.5	凤凰工程	生命科学学院	伊成器	2014/07/03
58	波浪生物反应器	GE公司,美国	60	凤凰工程	生命科学学院	伊成器	2014/07/03
59	高效液相色谱仪	安捷伦,美国	68.7	凤凰工程	生命科学学院	伊成器	2014/07/03
60	质谱仪	安捷伦,美国	60	青年千人启动经费	生命科学学院	伊成器	2014/07/03
61	微透析及高效液相色谱分析系统	Waters,美国	110	凤凰工程	生命科学学院	张 晨	2014/07/03
62	连续波激光超高分辨率共聚焦系统	Abberior Instruments,德国	497	国重实验室设备费	生命科学学院	王世强	2014/07/04
63	高压冷冻仪	Boeckler Instruments Inc,美国	145	国重实验室设备费	生命科学学院	陈建国	2014/07/04
64	单细胞多基因表达分析仪	Fluidigm Corporation,美国	107	凤凰工程	生命科学学院	汤富酬	2014/07/04
65	数字玻片扫描系统	Zeiss,德国	97.5	凤凰工程	生命科学学院	张 晨	2014/07/04
66	动磁式动态生物反应器	BOSE公司,美国	96	973项目、国家杰出青年科学基金	工学院	郑玉峰	2014/07/09
67	覆膜机	北京华信普科技有限公司,中国	65	科技部国际合作经费、985三期	工学院	杨 槐	2014/07/11
68	大型变温箱	北京华信普科技有限公司,中国	45	科技部国际合作经费	工学院	杨 槐	2014/07/11
69	深紫外光源与单色仪	SPECS公司,德国	100	2011计划	物理学院	张 焱	2014/07/17
70	DNA/RNA合成仪	K&A公司,德国	55	985三期	化学与分子工程学院	吕 华	2014/07/18
71	液质联用仪	Waters公司,美国	118	985三期	化学与分子工程学院	吕 华	2014/07/18

续表

序号	设备名称	拟购型号	论证预算（万元）	资金来源	所属院系	申请人	论证日期
72	高温凝胶色谱	Agilent Technologies，英国	120	985三期	化学与分子工程学院	马玉国	2014/07/18
73	多功能荧光分析仪	GE公司，美国	93.86	985三期	化学与分子工程学院	张文彬	2014/07/18
74	流式细胞仪	BD Biosciences，美国	150	985三期	化学与分子工程学院	吕华	2014/07/18
75	流变仪	TA Instruments-Waters LLC，美国	120	985三期	化学与分子工程学院	张文彬	2014/07/18
76	原子力显微镜	BrukerNano Inc.，美国	146	985三期	化学与分子工程学院	张文彬	2014/07/18
77	激光共聚焦显微镜	NIKON，日本	170	985三期	化学与分子工程学院	张文彬	2014/07/18
78	剧场音响设备	L-Acoustics，法国	390	教育部改善办学条件专项经费	会议中心	刘寿安	2014/07/23
79	含蒸镀系统的手套箱	布劳恩惰性气体系统，德国	153	北大化学基地人才培养支撑条件建设项目等	化学与分子工程学院	裴坚	2014/07/31
80	超高真空外延设备	PREVAC，波兰	228	973项目、自然科学基金项目	物理学院	王新强	2014/08/01
81	Sentaurus半导体模拟软件套装	Synopsys International Limited(美国)	99	973项目/重大专项/自然基金	信息科学技术学院	黄如	2014/08/21
82	在体多通道神经信号采集系统	Alpha Omega，以色列	85	生命科学联合中心	北大—清华生命科学联合中心	纳家勇治	2014/08/27
83	X射线荧光光谱仪	岛津，日本	81	工业固废资源综合利用研发平台假设经费	工学院	王习东	2014/08/29
84	Opera高内涵筛选系统	PerkinElmer，美国	440	生命科学联合中心	北大—清华生命科学联合中心	雷晓光	2014/09/09
85	彩色多普勒超声检测仪	GE，美国	66	凤凰工程	生命科学学院	张晨	2014/09/22
86	高通量单细胞成像系统	Merck Millipore，美国	350	凤凰工程	生命科学学院	罗春雄	2014/09/22
87	等离子体增强化学气相沉积系统	SOITEC，法国	245	973项目	信息科学技术学院	黎明	2014/09/23
88	眼动追踪系统	加拿大SR Research公司	47	985三期	中国语言文学系	孔江平	2014/09/26
89	事件相关电位系统	美国EGI公司	76	985三期	中国语言文学系	孔江平	2014/09/26
90	磁共振成像兼容眼动追踪仪	SR Research，加拿大	40	凤凰工程	北京核磁共振中心	高家红	2014/09/29
91	磁共振成像兼容眼动追踪仪	SR Research，加拿大	40	凤凰工程	北京核磁共振中心	高家红	2014/09/29
92	磁共振成像兼容眼动追踪仪	SR Research，加拿大	40	凤凰工程	北京核磁共振中心	高家红	2014/09/29
93	磁共振成像兼容多导生理记录仪	BIOPAC，美国	40	凤凰工程	北京核磁共振中心	高家红	2014/09/29
94	经颅磁刺激仪	Magstim，英国	70	凤凰工程	北京核磁共振中心	高家红	2014/09/29
95	灵长类动物头部线圈	苏州众志医疗科技有限公司，中国	45	凤凰工程	北京核磁共振中心	高家红	2014/09/29

续表

序号	设备名称	拟购型号	论证预算（万元）	资金来源	所属院系	申请人	论证日期
96	灵长类动物头部线圈	苏州众志医疗科技有限公司,中国	45	凤凰工程	北京核磁共振中心	高家红	2014/09/29
97	气相分子沉积系统	Integrated Surface Technologies 美国	95	自然科学基金重大研究计划集成项目	信息科学技术学院	李志宏	2014/10/14
98	CST 工作室软件套装	CST 股份有限公司,德国	58.28	国重实验室设备费	物理学院	刘克新	2014/10/14
99	CO_2 激光器光纤熔接及玻璃加工系统	Fujikura 公司,美国	110	基金委重大科研仪器设备研制专项	信息科学技术学院	王爱民	2014/10/16
100	非接触式声波高通量移液系统	Labcyte,美国	210	生命联合中心	北大—清华生命科学联合中心	雷晓光	2014/11/17
101	显微共焦激光拉曼光谱仪	Renishaw,英国	160	985 三期	地球与空间科学学院	鲁安怀	2014/10/20
102	原子力显微镜	Bruker,美国	155	985 三期	地球与空间科学学院	鲁安怀	2014/10/20
103	显微红外光谱仪	Bruker,美国	55	985 三期	地球与空间科学学院	鲁安怀	2014/10/20
104	喷墨印刷机平台	上海紫光机械有限公司,中国	78	喷墨数字印刷机研制技术开发合同	计算机科学技术研究所	杨 斌	2014/10/21
105	氧化物分子束外延系统	MBE-Komponenten GmbH,德国	392.1	985 三期	物理学院	韩 伟	2014/10/22
106	超高真空无液氦超导磁体系统	Cryomagnetics,美国	101.1	985 三期,青年千人	物理学院	陈剑豪	2014/10/22
107	演播室置景及后期编辑网络系统	以招标结果为准	620	宣传部综合预算	宣传部	陈 波	2014/10/27
108	演播室声学及照明系统	以招标结果为准	430	宣传部综合预算	宣传部	陈 波	2014/10/27
109	演播室摄录设备系统	以招标结果为准	450	宣传部综合预算	宣传部	陈 波	2014/10/28
110	高性能计算机集群系统	IBM,惠普,Dell,曙光,富士通,浪潮等	1160.00	军口重大专项	工学院	陈十一	2014/10/28
111	多标记微孔板检测系统	PerkinElmer,美国	90	生命科学联合中心	北大—清华生命科学联合中心	雷晓光	2014/10/28
112	模数转换器 IP 核	新思科技,美国	116	863 项目	信息科学技术学院	赵玉萍	2014/11/04
113	数模转换器 IP 核	新思科技,美国	91	863 项目	信息科学技术学院	赵玉萍	2014/11/04
114	嵌入式处理器 IP 核	新思科技,美国	74	863 项目	信息科学技术学院	赵玉萍	2014/11/04
115	传输线脉冲/极快速传输线脉冲测试系统	Thermo Scientific Celestron,美国	98	973 项目	信息科学技术学院	王 源	2014/11/06
116	蛋白晶体结晶观察系统	FORMULATRIX,美国	96.7	凤凰工程	生命科学学院	肖俊宇	2014/11/15
117	微量热泳动生物分子相互作用分析仪	Nanotemper 公司,德国	104	生命科学联合中心	化学与分子工程学院	来鲁华	2014/11/17
118	超快激光器	光谱物理,美国	73.5	985 三期,自然科学基金	物理学院	方哲宇	2014/11/18
119	双光子显微镜	自建设备,组件供应商以招标结果为准	205	定量中心实验平台建设资金	化学与分子工程学院	刘 峰	2014/11/18
120	超速离心机	贝克曼,美国	65.2	生命科学联合中心	分子医学研究所	陈晓伟	2014/11/18
121	功率放大器	北京北广科技股份有限公司,中国	112	973 项目	物理学院	刘克新	2014/11/18

续表

序号	设备名称	拟购型号	论证预算（万元）	资金来源	所属院系	申请人	论证日期
122	半导体参数分析仪	泰克科技（中国）有限公司，美国	54	拔尖人才培养计划	化学与分子工程学院	裴坚	2014/11/21
123	超高真空氦三低温恒温器及超导磁体系统	Janis，美国	393.6	985三期，自然科学基金，青年千人	物理学院	陈剑豪	2014/11/25
124	超快时间分辨率光谱探测系统	滨松光子学株式会社，日本	211	国家自然科学基金	物理学院	俞大鹏	2014/11/25
125	生物标本馆展厅建设	福建恒达教育装备工程有限公司，中国	300	教育部修购基金	生命科学学院	许崇任	2014/12/04
126	2K泵组	欧瑞康莱宝真空设备公司，德国	263.5	国家重大科技基础设施建设项目	物理学院	郝建奎	2014/12/08
127	X射线衍射仪	帕纳科，荷兰	62	工业固废资源综合利用研发平台经费	工学院	王习东	2014/12/09
128	Apico定制XYZ电动旋转手动半电动耦合系统	科艺仪器有限公司，中国香港	55.57	863专项	物理学院	冉广照	2014/12/24
129	脉冲激光器	Newport，美国	106.24	国家自然科学基金	物理学院	俞大鹏	2014/12/24
130	荧光光谱仪	Edinburgh Instruments，英国	40	985三期（临床医院合作专项）	工学院	陈海峰	2014/12/25

昌平校区管理

【发展概况】 北京大学昌平校区位于北京市昌平区西北4公里的天寿山脚下，目前占地面积550余亩，已有建筑面积5.6万平方米，是北京大学60年代建设的分校区。1994—1999年间，北京大学文科一年级新生迁入昌平校区，2000年之后成为成人教育学院的办学基地。2008年，北京大学做出决定，对昌平园区的功能定位进行调整，把北京大学昌平校区建设成集大科学装置、开放性公共科研平台、国家重大科研项目和国家重点实验室于一体的科学研究基地，建设成基础研究向实际应用转化的研发平台。至2014年12月昌平校区有职工53人，其中，在编职工13人，劳动合同制职工28人，劳务协议职工12人。

【日常行政工作】 2014年公开招聘了昌平校区副主任1名、安全保卫室主任1名、职工3名。办理昌平校区副主任调职1名、安全保卫室主任离职1名、合同制职工离职2名，以及劳务协议季节工的入职离职手续。将1000元以上的46台设备录入学校的设备管理系统和95个家具录入设备系统和家具系统。加强对昌平校区财务、公章、车辆、电话、信息以及网站维护等的管理。

办理职工晚育津贴、社保延长、劳动合同续订及工伤社保卡登记等，按时发放职工劳保用品，做好离退休人员春节慰问和在岗职工除夕慰问。

【入驻实验室工作】 2014年，共有三个院系在昌平校区新建实验室，其中，工学院夏定国老师和地空学院何川老师的实验室已开始运行，信息学院周治平老师实验室还在组建过程中。由于对自建、改扩建房收费标准存有异议，尚有包括工学院、图书馆等在内的部分单位未交纳房屋资源费。

建立实验室定期巡查制度，实验室工作通报编发制度，每周二、四上午办理一卡通制度等。结合用水、用电实际情况，定期巡查，特殊时期加大巡查力度。每逢寒暑假、节假日，停电、停水、供暖试水、安全检查等，提前告知实验室做好应对工作，保证实验室师生的住宿、就餐、班车等服务。

【对外联络工作】 2014年继续利用闲置资源，先后与北京明园大学、北京皓知文化传播有限公司、学生心理健康教育与咨询中心、北京思尔豪国际文化咨询有限公司、TIP项目、工学院扶贫项目等校内外单位合作，开展了长期、短期的租赁办学服务。

【运行保障工作】 2014年，完善并落实运行保障方面的各项规章制度，定期召开班组长及管理人员沟通会制度，总结工作，明确任务，配合昌平校区入驻的办学单位做好后勤管理和运行。

配合实验室及其他方面工作，先后完成了电增容改造，电表更换工作，完成包括工学院风洞实验室周边在内的各项绿化工程，昌平校区南墙增加护网及中水管线铺设工程。处理各类故障报修800余起，网络建户106个。检修锅炉管道，维护保养水井，做好电站的管理，保证水电暖运行。检修更换路灯100多个，清掏化粪池8个，维修4号楼已腐蚀损坏护网180平方米，对已生锈的球场护栏刷漆防腐。落实节能减排，年节约用水达到1万余吨。

【安全保卫工作】加强制度建设 成立安全管理小组，建立各类安全管理制度、应急预案，成立由25人组成的义务消防队。坚持学期及节假日、重大活动日安全检查；坚持24小时巡逻，对昌平校区重点场所、部位每天24小时监控。针对不同时期的特点，以不同的形式发放安全宣传资料，做好宣传教育工作。

加强队伍建设 协调文安公司，保安大队的相关领导为保安员进行不同形式的教育；更换巡更设备，加强保护，排除人为损坏等行为；更换不符合用人标准的保安员，以保证队伍质量，健全交接、考勤、评优、奖惩等制度。

【党组织建设】开展主题党日活动，深入学习讨论 昌平校区党支部于10月22日开展了"议改革、谋发展，群策群力创一流"和"弘扬社会主义核心价值观，争做党和人民满意的好老师"主题党日活动。11月18日召开"学习四中全会精神，聚焦综合改革与科学发展"专题讨论会，结合昌平校区实际情况，对学校深化综合改革方案深入讨论。

党组织建设 2014年5月郭宝莲同志被发展为预备党员，9月继续教育学院党总支成立，10月昌平校区教工一支部完成了换届改选，11月校区各党支部组织党员群众参加献爱心捐助活动。

基 建 工 作

【概况】 学校批准北京大学基建工程部岗位编制为32人，截至2014年年底，在编人员27人，其中，部长1人，副部长4人，综合办公室5人，计划办公室6人，维修管理办公室7人，工程建设办公室4人。在编人员中教授级正高职称1人，副高级职称7人，中级职称15人，其他工作人员4人。

截至2014年年底，基建工程部共有党员47人，其中，在职一支部党员27人（含北京大学建筑设计院5人，肖家河建设办3人），占在职人员总数的66%。退休二支部党员为20人。

基建工程部各类工程无论大小，均实施阳光工程：严格进行工程招标；接受政府及学校相关部门监督管理；接受校纪委、审计等部门全过程监督；工程竣工结算接受审计室审计监督。2014年在建筑市场共完成5项总包、监理招标，分别是：北京大学新建附属小学体育馆工程（11647平方米、85316567.37元），图书馆（阿卜杜勒·阿齐兹国王公共图书馆暨北京大学古籍图书馆）等3项工程（12960平方米、83989699.76元），生命科学科研大楼等2项（26900平方米、117077858.15元），北京大学新建学生公寓一期工程（31046平方米、101930096.88元），北京大学燕东幼儿园改造工程（3115.5平方米、2724516.75元）。2014年在校内共完成9项总包、监理招标，分别是：北京大学学生公寓44楼Ⅲ段工程（6307平方米、15759108.55元），动力中心周转楼工程（3546平方米、10876182.75元），北京大学俄文楼室内装修工程（1909882.44元），北京大学第二体育馆加固工程（2026.91平方米、21950713.16元），北京大学百周年纪念讲堂观众厅声场改造工程（10623898.05元），北京大学百周年纪念讲堂屋顶修缮工程（1687031.25元），未名湖燕园建筑一院至六院文物建筑修缮工程（9734.73平方米、32532392.38元），北京大学一院至六院抗震加固工程（9734.73平方米、12481072.38元），北京大学勺园6#楼结构工程（4268266.88元）。

2014年度结算完成92项，其中送审52项。

【基建投资计划与完成情况】1.投资计划情况：截至2014年年底，北京大学当年新建、代管、改造项目共有2项，建设总规模198653平方米，计划总投资105198万元。其中，新建项目8项，建筑面积125331平方米，计划总投资68685万元；改造项目14项，建筑面积

74920平方米，计划总投资38044万元。

2. 投资完成情况：（1）2014年完成新建项目投资64217万元。（2）2014年完成维修改造工程投资20031万元。包括勺园1、2、3及5号楼翻建改造4615万元、静园1—6号院修缮加固2887万元、太平洋科技大厦改造2743万元、学生公寓44号楼改造1337万元、电话室搬迁1087万元、二体修缮加固988万元、百年讲堂声场改造668万元、核磁中心迁建436万元、技物楼西平房超强激光实验室改造426万元、五四体育活动中心352、朗润园158号院（国学中心）260万元、百年讲堂屋顶修缮177万元、蔚秀幼儿园改造141万元、镜春园75号（教育基金会）改造122万元、燕东幼儿园改造120万元、光华企业家研修院图书馆修缮105万元，其他项目3567万元。

【工程项目管理情况】 2014年校本部新建和改造工程开复工主要项目为22项，建筑规模约为198653平方米。其中，竣工项目10项，竣工面积为91233平方米，在施项目12项，建筑规模约109018平方米。

1. 竣工工程：（1）南门区域6号楼（新太阳学生活动中心）：建筑面积19266平方米，由新太阳集团捐资兴建的北京大学学生活动中心。2011年9月开工，2014年9月竣工。（2）物理西楼：建筑面积25165平方米，因其建设地点位于地铁四号线北大东门站上方，地铁建设方需要进行各项安全性的评估，2012年7月进入正式施工阶段，2014年11月竣工。（3）核磁共振中心迁建：建筑面积1854平方米，将原核磁中心迁建至原校医院口腔门诊处，2012年11月开工，2014年10月竣工。（4）勺园1、2、3及5#楼改造翻建餐厅与行政办公楼：建筑面积27721平方米，学校规划对勺园1—3楼及5号楼砖混结构进行改造，建筑面积约13599平方米；勺园2号楼西侧新建的餐厅及行政办公楼为钢筋混凝土框架结构，建筑面积约14122平方米。该工程2012年10月开工，2014年12月竣工。（5）44号楼改扩建：建筑面积6307平方米，为缓解学生住宿紧张问题，学校决定对原保卫部保安宿舍进行改造，作为新的学生宿舍。该工程于2014年3月开工，于2014年8月竣工。（6）技物楼超强激光实验室改造：建筑面积1449平方米，因超强激光实验室需要改善实验环境，增添新的实验仪器等，需要对技物楼西平房的实验室进行改造。该工程2014年4月开工，2014年10月竣工。（7）百年讲堂屋顶修缮：百年讲堂建立16年以来，屋顶未进行过大修，漏雨严重，因此学校计划对百年讲堂的屋顶进行整体大修。该工程2014年9月开工，预计2015年8月竣工。（8）物理西楼量子中心精装修：该工程建筑面积1397平方米，为缓解物理学院实验用房紧张的问题，在其挑顶位置加层建立量子中心，该工程2014年10月开工，2014年12月竣工。（9）太平洋大厦植物房和计算机房：植物房建筑面积656平方米，为生命科学学院建立植物房实验室，该工程2014年3月开工，于2014年12月竣工。计算机房建筑面积520平方米，为生命中心进行大型实验计算数据提供技术支持，该工程2014年5月开工，于2014年12月竣工。（10）镜春园75号（教育基金会）修缮：建筑面积1598平方米，为教育基金会后院的加建及精装修工程，2010年12月开工，2014年12月完成精装修工程。

2. 在施工程：（1）多功能后勤综合楼：该工程建筑面积11700平方米，2014年4月开工，目前正在进行装修阶段，预计2015年6月底竣工。（2）环境科学大楼：该工程建筑面积20500平方米，因其所处地块的土地证尚未取得，一直未能拿到施工许可证，影响了该工程的进展。该工程于2014年7月进行正式施工阶段，即将结构封顶，预计2015年12月底竣工。（3）附中体育馆一期及教学北楼：该工程建筑面积37053平方米，2014年5月开工，因地下空间作业量较大，教学楼目前已进行到二层，体育馆结构封顶过半，外墙防水施工完成20％，预计于2016年7月竣工。（4）附小体育馆：该工程建筑面积11647平方米，2014年7月开工，预计2015年9月竣工，目前正在地下室结构施工阶段，底板钢筋绑扎完成60％。（5）生命科学科研大楼：该工程建筑面积26900平方米，2014年10月开工，预计2016年9月竣工，目前主楼土方已进行开挖，挖至4.8米处，护坡桩施工已过半，桩顶冠梁正在施工中。（6）百年讲堂声场改造：对百年讲堂的声场设置进行改造和提升，该工程建筑面积1200平方米，于2014年9月开工，预计2015年9月完工，目前原有舞台木地板和结构都已拆除，通风风管和消防管道完成改造。（7）勺园6号楼加建：该工程建筑面积8587平方米，于2014年9月开工，目前新建部分的首层顶板砼浇筑已完成；旧楼改造部分的首层地面拆除完成40％，需加固墙面的二层抹灰层拆除完成，预计2015年8月竣工。（8）静园1—6号院改造：该工程建筑面积9735平方米，于2014年9月开工，目前一院的地下室和侧墙加固工作已完成60％，二院的地下室和侧墙加固工作已全部完成，三院至六院，顶板加固碳纤维施工正在进行中,修缮工程的招标已经完成,即将进场施工,预计2015年8月完工。(9)二体加固修缮改造:该工程建筑面积3331平方米,于2014年10月开工,目前结构施工的钢管桩施工已完成,结构托换工作正在施工进行中,修缮招标工作正在开展,预计2015年8月完工。(10)俄文楼改造:该工程建筑面积2150平方米,2014年10月开工,目前正在拆除阶段,准备进行下一阶段的装修工作,预计2015年4月完工。(11)燕东幼儿园改造:该工程建筑面积3115平方米,2014年8月开工,目前小班楼的墙地砖已完成粘贴,水电配合施工,27#托班楼结构施工阶段,预计2015年8月完工。(12)学生公寓一期:建筑面积31046平方米,2014年12月开工,目前正在进行打井降水,护坡桩施工及喷锚支护,预计2015年8月完工。

【工程前期报批情况】 2014年除了承接前一年度各项工程的前期报批工作,为配合学校事业发展需要,新增了多项大型工程,由于建设项目的增多,2014年度前期报批工作仍然面临时间紧、任务重的问题。

在校领导及部领导班子的积极有效推动下,新建及改造项目的报建工作均在有条不紊地进行,2014年度处于前期申报阶段主要的项目的进展情况如下:1. 实验设备2号楼(30008平方米):本年度取得环境影响评价、可行性研究报告、人防规划、文物方案、建设项目备案、用地预审批复。预计2015年年初可取得建设工程规划许可证。

2. 软件工程大厦(14000平方米):2014年度完成环境影响评价编制及取得批复、委托进行设计勘察招投标及可行性研究报告的编制、项目备案、建设项目用地预审批复,并已完成文物方案及核准。预计2015年年底可开工建设。

3. 化学学院E区大楼(25679平方米):2014年完成项目建议书的编制并取得批复、建设项目规划条件批复,2014年年底正在办理建设项目用地预审,2015年陆续完成后续报批程序。

4. 北京大学一院至六院及第二体育馆修缮工程:原方案为对北京大学一院至六院修缮及地下空间利用:该工程先后经考古勘探、岩土工程勘察、编制文物建筑保护方案、北京市名城委及文物专家论证,并经与北京市文物局、国家文物局及北京市规划委多轮沟通。之后方案调整为:一院至六院修缮工程(包括一院及二院地下室),静园草坪及地下不建设;第二体育馆进行修缮改造,二体地下室改造后用作教室。2014年5月27日调整方案修缮工程立项已正式上报北京市文物局。2014年8月取得国家文物局立项及北京市文物局方案核准批复。

5. 沙特国王图书馆分馆(12960平方米):2014年度承接去年的前期工作,基建工程部与国际合作部、图书馆就该项目计划总投资、招投标的方式等问题进行了多轮讨论研究,在合理合法的前提下,力求最大限度满足沙方要求,并取得实质性进展,年底沙我双方还签订了进一步谅解备忘录。

6. 餐饮综合楼(34602平方米):2014年度完成可行性研究报告的编制,设计勘察招投标。因设计方案多轮优化调整,文物方案上报两次,2014年正式已取得文物核准、方案复函批复。2015年上半年可取得人防初设、园林绿化及规划许可证批复。预计2015年下半年可开工建设

7. 学生公寓一期(29—31楼)(29987.8平方米)、学生公寓二期(28、32、35楼,38794.2平方米)及学生公寓44楼(19830平方米):2014年度完成了科研报告的评估,取得人防初设、可行性研究报告、一期建设工程规划许可证批复。学生公寓44楼取得建设项目规划条件批复,项目建议书的编制及上报。目前学生公寓一期工程场地已平整,2015年春天可正式开工建设。2015年上半年可取得二期规划许可证。

8. 北京大学附属中学北校区综合教学楼(31314平方米):2014年度完成了科研报告的评估,初步设计的评估,取得文物方案及核准批复,目前已报方案复函待批。因可行性研究报告评估提出方案修改意见,目前已重新申报文物方案审批。预计2015年下半年可取得规划许可证。

2014年度处于前期报批及设计阶段的主要新建项目有12项,分别是:实验设备2号楼、软件工程大厦、化学学院E区大楼、沙特国王图书馆分馆、餐饮综合楼、学生公寓一期(29—31楼)、学生公寓二期(28、32、35楼)及学生公寓44楼、图书馆改扩建、北大附中北校区综合教学楼、艺术学院与歌剧研究院大楼,光华管理学院大楼加层改造。

2014年度处于设计阶段的改造项目主要有7项,分别是一院至六院及第二体育馆修缮工程、俄文楼修缮、外文楼修缮,民主楼修缮、第一体育馆修缮、百年讲堂声场改造、幼儿园改造。

总 务 工 作

【发展概况】 总务部是学校的行政职能机构,是学校教学科研中心工作和各项日常工作正常运转的后勤保障部门,其主要职责是:坚持"为教学科研和师生员工提供优质服务"的宗旨,以"做好保障服务和实现安全稳定"为根本目标任务,根据学校建设和发展的需要,制定后勤保障服务规划和总务系统工作计划;按照"小机关、多实体、大服务"的管理运行模式,协助学校,管理监督协调服务总务系统各中心做好各项后勤保障服务工作;做好和政府有关部门及校外业务单位的接口衔接工作。北京大学总务部下设综合办公室、计划管理办公室、运行管理办公室、人事办公室。同时,北京大学爱国卫生运动委员会办公室、北京大学绿化委员会办公室常设于总务部。截至2014年12月,总务系统在职事业编制428人(其中总务部11人),非事业编制2400人(含劳动合同制、劳务派遣、合作经营单位职工),共计2828人。

【运行管理工作】 1. 校园及周边地区水暖电管网改造。(1)校园电缆隧道建设与西部开闭站外线电缆采购、敷设工程。根据学校规划,今年我校利用教育部和财政部拨付的中央高校发展长效机制补助经费和学校自筹资金完成校园电缆隧道及西部开闭站外线电缆采购、敷设工程。本工程是由学校110KV电站敷设电源电缆到北达资源中学开闭站,并配套实施新建电缆隧道及沿线原有电缆沟改造等工作,工程完成后可满足校园西部区域近几年内新建和改建教学科研楼宇的供电需求。(2)校园电网设备更新维护一期工程。为保障全校电网安全运行,已完成对开闭站综保系统进行更换、对110KV电站和西区开闭站的消防及安防设备更新、开闭站及配电室低压开关和仪表更换、110KV电站10KV开关检修等工作。(3)继续实施校内感应雷防护三期工程,进一步完善校园雷电安全防护系统。截至2014年12月,已完成未名湖北区建筑物的感应雷系统防护工程。(4)考古博物馆及加速器高压配电室改造工程,保证教学科研供电安全、可靠。(5)集中供暖锅炉房"煤改气"后续工程。对集中供暖锅炉房一次循环泵及配套系统、一次水外网等进行改造。(6)燕北园供水系统改造。为了保证家属区居民饮用水安全,已将燕北园现有水箱更换为搪瓷水箱,对相应的变频泵、阀门等供水设备进行更换,对配套电气系统、电站围墙、值班室等进行改造。(7)二教修缮工程,对二教厕所、防水、上下水管道等进行相关修缮。二、三、四教自投入使用已达6年,楼内各系统均出现不同程度的隐患问题,需要进行整体修缮工程,截至2014年12月,已完成二教顶层防水、上下水的相关工程。(8)自备井更新工程。由于校区新增建筑面积较大,用水人数较多,2012年年底我校向北京市水务局申请更新3眼井,通过审核后批准。截至2014年11月,燕东园、成府园、荷花湖水井均已打完,燕东园泵房已建完。

2. 校园基础设施维修、改造。(1)学生宿舍基础设施改造工程。学生宿舍45—48楼更换不锈钢水槽172个、45—48楼宿舍阳台整修、学生宿舍楼外墙砖修补工程以及45甲地面砖更新工程。(2)44楼学生宿舍设施设备购置。完成44楼饮水机、空调、家具等设施设备的采购与安装。(3)理科1、2号楼厕所改造。理科1、2号楼需对74间厕所进行改造,包括小便斗、隔断板、打碱等,2014年已完成40间厕所的改造。(4)理科楼群、二教空调中修及清洗。按照国家相关规定,人员密集场所中央空调应定期清洗,2014年度完成理科楼群和二教中央空调的清洗;对理科楼群中央空调机组老化严重的电子部件进行中修和更换;对二教中央空调进行中修;更换二教部分损坏严重的空调风幕机。(5)学生宿舍及公共教室饮水机采购。为了给学生提供更加便利的生活条件,继续完成学生宿舍饮水机采购、安装,已安装饮水机的宿舍包括畅春新园1—4楼、校内28—35、37—42、45—48、45甲、45乙、61甲、64—65楼,并对教室楼纯水机进行报废、更新。(6)圆明园校区改造。根据学校对圆明园校区入驻学生的安排,继续完成宿舍、阅览室、浴室、食堂改造以及设备改造,并开设新的班车。(7)学生宿舍粉刷工程。对1618间毕业生宿舍及相应的楼道进行粉刷、检修工程。(8)食堂基础设施改造工程。为达到卫生部门要求,保证供电安全,对佟园食堂进行室内粉刷、门窗更换、电气系统改造等;对餐饮中心学一、学五、艺园三个临时售卖点彩板房进行改造,消除安全隐患;配合学校新食堂建设,对学五食堂后厨及售卖窗口进行改造和维修;为保证食堂消防安全,对学一食堂的排烟系统进行更新改造,同时完成燕南、学五、艺园、农园食堂隔油池的改造;勺园1、2、3、5号及餐厅配套设施设备用具购置,确保学生宿舍楼、行政楼、餐厅的正常使用。(9)学生宿舍安装信息发布液晶显示屏。

3. 校园环境整治。(1)燕园

景观与环境综合整治工程。利用财政部、教育部中央高校发展长效补助资金,在保持原有风格的前提下对朗润园、镜春园、人文学苑及红湖的驳岸进行修整,同时对湖底实施了清淤和整治工作,恢复了该区域原有景观水系。(2)全校道路更新改造。2014年已完成光华南侧道路、成府园道路、8—13公寓道路更新。

【计划管理工作】 进一步完善后勤基础设施的建设与改造,消除安全隐患问题,与运行管理办公室协作,先后完成学校拨款的专项工程十余项,包括学生宿舍及公共教室饮水机采购,农园食堂改造二期,学生宿舍空调安装,燕北园低压电气改造,康博思食堂空调安装,全校道路更新改造,食堂排烟系统更新,圆明园专项工程,自备井更新,燕北园供水系统改造,勺园宿舍、综合楼及食堂设施设备用具购置,考古博物馆及加速器高压配电室改造等,已使用资金5100万元,2015年度将使用剩余资金;总务部完成预算内工程70余项,涉及全校水、电、暖、空调、土建、园林绿化、校园环境等各个方面,自筹资金750余万元。

【节能工作】 根据"北京大学十二五节能规划",2014年度学校节能指标计划为6.25万吨标准煤,截至2014年年底,实际能源消耗总量为5.39万吨标准煤,完成了本年度设定的节能指标量。

继续坚持执行北京大学用水用电全额收费的市场运作机制,将节约能源纳入到市场经济的轨道。2014年是执行全额收费办法的第13个年头,也是执行学生宿舍"定额管理,计量收费"制度的第9个年头。学校全年水电费总支出为:7651万元,总收费为:8620万元,收支基本平衡,略有节余。2014年完成大大小小节能减排项目共计九项,投入资金约2750万元。

1. 继续实施节能监管平台建设。利用学校自筹资金,继续进行全校节能监管平台的搭建工作。校园建筑节能监管系统覆盖全校区,按分类与分项相结合、分阶段建设、逐步完善的原则实施。平台建设严格按照高等学校校园节能监管平台建设相关导则要求,并结合我校实际情况,因校制宜,充分利用校园网络资源,具体分析校园建筑用能特征及管理需求。平台建成后,将为制定不同类型建筑的能耗基线提供数据支撑,正确把握学校能耗特点并及时发现问题,进行建筑节能潜力的分析,为节能改造和节能运行提供支撑。

2. 绿色照明推广工程。在2012年完成校园路灯、景观灯节能型光源改造工程的基础上,2014年又对太平洋大厦、三教、核磁共振中心的路灯进行节能改造,选用低频无极灯灯头作为路灯光源,既满足了照度要求又节约了电能资源。部分教室楼和圆明园校区学生宿舍进行照明灯具改造,用T5灯管代替原有T8灯管。

3. 学生宿舍盥洗水重复利用工程。为进一步推动节水工作,在汲取兄弟院校成功案例经验的同时,先对学生宿舍45乙楼进行盥洗水重复利用改造试验,以充分考察实施效果。45乙楼地上六层、地下一层,每层东、西各有1个卫生间,本项目收集处理上一层盥洗室用水用于本层冲厕用水,通过对比改造前后用水数据,节水效果较为明显,预计2014年将在所有学生宿舍楼进行推广应用。

4. 其他节水工程。建设北京大学生活污水处理站,中水用于校园景观改造。

5. 能效之星评选。参与讨论、制定高校"中国能效之星评价指标体系"有关细则和公式,配合高校节能联盟完成"中国能效之星"在北京地区高等院校的推广工作,并积极参与国家节能环保中心组织的首批"能效之星"的评选活动。

6. 定期、及时报送能源利用状况报告。北京大学作为在京万家企业和全市57家重点用能单位,每年定期、按要求完成能源利用状况报告,报送至北京市发展和改革委员会和节能环保中心,并接受相关部门对学校"十二五"节能目标完成情况的考核。学校已连续四年完成了既定的节能目标。

7. 加强节能宣传。积极配合各级政府的能源管理部门及市区节水办在世界节水日、全国节水宣传周及节能宣传周开展节水、节能宣传。加强与兄弟院系的沟通,学习周边学校切实可行的节水、节能经验和技术;与学校相关学生社团联系,开展宣传活动,引导学生树立节能环保观念,关注生活中节电、节水、节约资源的方式方法,从自己做起,从身边的小事做起,真正把节能减排工作落实到位。

【财务管理工作】 2014年,总务财务室完成了财务部、总务部交办的各项财务任务,保障了学校在供暖、公用水电、校园环境及卫生、零星修缮、学生宿舍及公共教室等方面运行保障的资金支持。

2014年总务系统校级预算经费为12702万元,预算支出为12702万元,完成校级预算经费,预算支出如下:1. 供暖费支出为8109万元。2. 修缮及零星维修维护费支出750万元。3. 公用水电费污水处理费等支出1824万元。4. 校园管理服务环境卫生保洁支出880万元。5. 学生宿舍管理服务运行支出550万元。6. 全校水电运行费用支出为310万元。7. 公共教室维护保洁支出100万元。8. 职工班车费支出148万元。9. 办公费支出为15万元。10. 其他支出16万元。

2014年完成学校专项资金9732万元,包括集中供暖煤改气后续工程、燕园景观环境综合整治、电缆隧道与西部开闭站电缆工程、学生宿舍安装空调、生活污水回用工程、44楼学宿开办费、勺园食堂配套设施及采购、农园食堂改造二期、校园电网设备更新维护一期工程、考古及加速器高压配电室改造、燕北园供水系统改造、学生宿舍基础设施改造、二教修缮工程、校园感应雷防护三期、食堂排烟系统改造、校园道路更新改造、理科楼及二教空调中修、校园水井开凿、荷花湖水井工程、学宿及公教饮水机安装、校园供电网络大修、圆明园校区改造等35项专项支出。

2014年总务部自有资金共支出1245万元,包括弥补中心经费185.4万元,返回餐饮中心工资222.3万元,学生宿舍周转支出162.9万元,快递进校园设施建设支出44万元,学生公寓信息发布系统安装72万元,全校饮水机运行维护支出26.4万元,以及学生宿舍、浴室、食堂、教室、校园绿化、道路维修、校园房屋修缮、公共基础设施的更新改造零星工程等方面支出440.8万元,总务部其他支出91.2万元。

2014年总务部上缴学校水电费差价为696.97万元,上缴学校供暖费567.53万元,上缴物美超市房租85万元。

【队伍建设】 1. 落实《北京大学后勤队伍建设"十二五"规划纲要》中进一步补充队伍和建立科学发展的进人机制的精神,向学校争取到2014年总务系统8个招聘计划,并在暑期前后招聘完毕。

2. 配合后勤改革和中心调整,进行人事方面配套工作。(1)进一步明确总务部和中心人事工作职责、权限。(2)进行中心人员和编码合并调整。(3)配合组织部完成对中心领导班子和负责人的试用期满考察。

3. 加强后勤干部队伍建设。(1)配合相关部门做好干部的管理、考核、培训、薪酬等。(2)做好总务部领导干部年度考核、民主生活会,以及领导干部收入、兼职、重要事项报告,新上岗干部试用期满考核。(3)为中心干部争取破格晋升管理6级岗,总务部1人晋升6级岗。莫元彬获得2014年方正优秀管理奖。

4. 进一步探讨建立骨干队伍管理制度。正在逐步调研和制定骨干薪酬管理制度。

5. 制定并实施《北京大学总务部劳动合同制职工劳动合同管理规定》《北京大学总务部劳动合同制职工招聘、录用、考勤、奖惩、离职管理规定》《北京大学总务部劳动合同制职工社会保险和住房公积金缴纳管理办法》规章制度,进一步规范管理。

6. 做好工程技术(后勤/产业)学科组职称评审。人事办公室承担本学科组职称评审的组织工作。2014年,学科组评审,共有1人晋升高级工程师,1人晋升工程师。

7. 做好后勤唐立新奖教金推荐评选。学校首次设立这个奖项,给予后勤一线职工10个名额。经过后勤评审组商议,全部给予后勤中心,经过学校评选,共有3名副处级干部和7名工人获奖。

8. 做好总务部在职人员人事管理服务。(1)结合学校进人的新制度和总务部人员实际情况,从中心借调2名人员,首次聘用2名学生助理,首次聘任1名合同制职工。(2)完成通用岗位聘任。(3)做好年度考核和985岗位聘任。2014年,部机关职员年度考核测评合格率为100%。(4)做好1名人事代理人员的聘期考核和续聘合同。(5)做好月考勤考核、年终岗位绩效奖励发放、三十年教龄申报、独生子女互助医疗、生日庆祝会等薪酬福利。

9. 协调服务各中心做好在职人员人事管理服务。(1)完成通用岗位聘任。(2)做好年度考核。总务系统5个中心426人,年度考核合格423人,不参加考核3人。(3)做好公寓服务中心教师公寓办公室2名副主任招聘;5个中心财务办公室负责人共8名干部招聘。(4)协助学校做好5名合同制职工晋升中级职称;起草并向学校提交合同制职工代评副高及以上职称的报告。(5)5个中心申报2015年招聘计划8个,学校批准招聘指标5个。(6)做好1名人事代理人员的聘期考核和合同续聘。(7)做好餐饮中心对会议中心14名职工接收。(8)做好职工培训。(9)做好月考勤考核、三十年教龄申报、独生子女互助医疗等薪酬福利。(10)做好返还工资。(11)做好对合同制职工管理服务。配合人事部,进行合同制职工工作现状问卷调查及各中心现状调研,为做好合同制职工政策制定、规范管理、队伍建设打下基础;协助工会做好平民学校培训,2014年,后勤有66人获得结业证书;中心进一步做好合同制职工规范管理和薪酬福利工作。在做好上述工作的同时,特别注意加强好干部、管理、技术骨干和一线职工队伍建设,构建精干高效可靠的后勤队伍。

10. 做好总务部和中心离退休人员管理服务。(1)学校组织的离退休人员政治学习、活动经费、特困补助、北京大学"老有所为"先进个人评选表彰等,都及时向离退休人员传达和发放。(2)结合后勤特点,在做好对当年离退休人员的安排和服务、加强离退休人员思想政治学习、加强生活福利方面的关心、加强离退休党支部工作、对生活困难和遇有难事的离退休人员的关心和帮助、组织好年底慰问和团拜等方面加大工作力度。(3)总务部王希祜、校园服务中心骆信获得北京大学第二届"老有所为"先进个人表彰。(4)总务部4人获得学校离退教职工特殊群体一次性补贴,2人获得学校离退休教职工生活特困补助专项经费。(5)参加学工部2014年年底慰问学校离退休干部、工人的春燕行动,后勤共报8人。

11.人事干部参加好业务培训。(1)参加北京大学2014年劳动用工管理培训会。(2)参加北京高校后勤思政专业委员会举办"规避用工法律风险与企业劳资纠纷处理技巧专题讲座"。

【综合事务管理】 1.协调保障工作。与校相关部门密切配合,协调习近平总书记五四视察、美国总统夫人米歇尔北大演讲、埃塞俄比亚总统来校访问、北京大学开放日、全国优秀高中生夏令营、高考阅卷、迎接新生、新生党员培训、军训、毕业生就业招聘会、毕业生离校、校庆活动、北京论坛、国际文化节等大型活动和其他学校重大活动的后勤保障服务工作;完成开放校园暑期参观、冬季冰场管理等的相关组织协调工作,维护校园秩序、保护校园环境。保证各项活动圆满完成。

2.安全检查工作。(1)总务部牵头,会同保卫部、学工部等七个单位配合学校开展了春季、秋季安全教育和联合检查活动。对校本部、畅春新园学生宿舍的消防设施和违章用电现象进行安全检查,排查安全隐患。(2)为迎接"海淀区创建全国文明城区"工作检查组,配合保卫部、燕园街道办,对学校的商铺进行几次重点检查,消除物美超市及其地下空间中的不安全因素。

3.组织会议及对外接待工作。(1)成功主办了"厉行节约、高校在行动"建设节约型校园主题宣传活动,并接待山东大学、新乡学院等兄弟院校的后勤部门来访、调研。(2)成功举办2014年度后勤系统年终工作总结会、老干部新春团拜会;完成本年度总务长办公会、后勤中心主任联席会等会议的筹备、议题收集、会议纪要报送工作。

4.其他综合性事务。(1)管理未名BBS总务部账号,对校长信箱版面中针对后勤工作提出的意见和建议进行及时了解、答复、处理,2014年共答复同学发帖15件。(2)办理学生公交卡共计5508张。(3)2014年,后勤系统编制完成并向师生推出校园服务手册。

医学部总务工作

【内部管理】 2014年,总务处凭依改组契机,萧规曹随,明晰目标、理清思路、调整职能、优化队伍,固本强基,强化内部管理,推进内涵式发展。

2014年,在与人事处多次沟通,并经医学部批准,总务处机关的中层干部通过公开选聘配置到位。2月,后勤干部会进一步明晰总务发展方向和阶段性要求,突出服务医教研、服务师生需求导向,着力于为师生提供满意服务,干部职工凝聚共识,内化于心、外化于行,植根师生而又让师生感受到实实在在的优质管理服务。

进一步完善目标管理考核机制,初步形成《北京大学医学部后勤绩效考核方案(草稿)》,有效结合年初制定的工作目标和年底绩效考核,将考核结果与评奖评优、职务晋升和薪酬直接挂钩,探索建立涵盖干部职工的薪酬奖励体系及年终目标管理评价体系。

基于2013年对后勤所有制度的初步梳理,2014年全面开展规章制度的规范和完善工作。通过逐项审核,对所有规章制度分门别类,实行归口管理,各主管领导牵头,各实体、办公室结合实际,负责具体规章制度梳理工作。2014年,总务处修订财务、资产、安全等方面制度近6项,出台规章制度10余项,进一步完善总务制度体系。在流程梳理上,通过程序精简、流程再造,从党务、人事、工会、文件处理等多个方面,梳理流程近30项,在标准、规则、程序和机制上,得到质的提升和优化,形成了较完善的程序化、标准化和规范化的流程运行管理机制。

【队伍建设】 内外调研 2014年,针对人员老化、人才结构不合理等问题,总务处广泛调研,一方面到各实体了解人员具体情况,尤其是难点和问题,摸清家底;另一方面,赴北京大学(本部)、清华大学、首都医科大学、北京航空航天大学、北京科技大学等高校,学习借鉴他们的总务处在面临同类问题所采取的针对性举措,以之为鉴,吸优摒缺,并最终形成人事工作调研报告,为下一步总务队伍建设提出对策和建议。

人才培育 定编定岗,加大投入,多方沟通,争取编制指标,根据部门需求,通过多种渠道,招聘高校优秀毕业生、专业技术人员和聘用经验丰富的已退休职工,形成可持续人才补充机制。2014年,总务引入高学历知识人才2名,专业技术工人87名,在一定程度上弥补了部门人员缺口。

建立文化育人、待遇留人,健全人才培育机制,不断创新方式,多层次、多形式开展教育培训,以提高职工队伍整体素质。采取"走出去、请进来、沉下去"的培训方式,提高干部职工的政治理论素质、业务能力和工作水平。除了各层级组织的如廉政教育、安全讲座、法律讲座等专业知识、技术培训外,总务处还陆续开展新职工拓展、非在编职工学历教育等,拓宽视野、增长见识、转变观念、培育人才。同时,2014年,总务处结合财政实际状况,开源节流基础上,为确保人员稳定,加大投入,与市场接轨，逐步调整非在编职工薪酬，并建立小幅度的工资晋升机制，力争留住人才。

打破界限，科学规范，完善用人机制。打破身份限制，整合人力资源，建立通畅的职业晋升通道，将能力强、有责任感的青年人才，以及专业知识丰富的非在编技术骨干职工大胆调整到更加重要的岗位上去，并通过制度形成科学化、规范化和民主化的用人机制。目前，总务机关的主任、副主任层面都是年轻干部；在各实体，班组长等岗位以非在编职工作为主体，承担起了学校最基础也最重要的服务保障职责。

以人为本，情感留人，营造"家园"氛围。2014年，总务处除了薪酬递增外，还通过多种渠道扩大民生福利。扩大非在编职工入会范围，在以往签订无固定期限合同才能入会基础上，扩展到与总务处签订第二次劳动合同的非在编职工均可入会，享受学校实实在在的福利与温暖。经与医学部医院多次沟通，于12月组织所有非在编职工参加体检。

【安全稳定】一是通过各种培训、演练等活动，提高职工安全意识和防范能力。在公共区域悬挂安全宣传标语、横幅等，向师生宣传。二是加大安全巡查力度，坚持领导月巡查和实体日巡查相结合，要做到事前严监管、勤巡查，与保卫处建立联动机制，网格化管理，突出重点，不留死角，建立台账，及时发现隐患，及时排除，不等不靠不瞒。三是安全责任细化到人。一级抓一级，层层抓落实，明确生产运行各级责任人，并签订安全责任书，强力推进安全管理。四是安全工作抓落实，抓常态，一刻不能疏忽、松懈，防微杜渐，以常态化安全机制培育师生职工安全生产、工作的良好习惯，达到众人参与、动态监管、不留隐患、安全稳定的状态。

【提供服务】遗留问题 2014年，总务处以解决历史遗留问题为重点工作之一，直面老旧房改造问题、人事编制问题、公寓房问题、宿舍安排问题、家属区管理新模式等各种诉求和信访问题，积极探索和创新解决或化解历史遗留问题的新思路、新举措。如幼儿园旧园改造问题、校园供水管线老化问题、26号楼房产证的办理、公寓房改革的推进等，都在2014年得到不同程度的推进。

房屋产权 26号楼房产证是老问题之一，也是广大居民广泛关注并急盼解决的民生问题。2014年年初，海淀区房屋管理局向我校下发了26号楼房屋所有权证，即大产权证，但受国家相关房屋政策变更影响，个人房屋产权证办理十分烦琐、困难。总务处经入户测绘、签署代办合同、重新核算房款、工龄补贴、住房补贴，以及合同、补充协议的重新起草、确定、签订和上级房管局审批制证、粘贴印花税票等多项程序，9月29日和12月8日，总务处分批完成26号楼个人产权证的发放。

公寓管理 为进一步规范和完善教师公寓管理体系，推进公寓房管理工作，2014年，总务处牵头，多次组织召开医学部房改与教师公寓管理委员会工作小组会，研究公寓房相关的各种决策和措施，并经2014年9月15日医学部第20次部务办公会讨论通过，新修订的《北京大学医学部教职工公寓管理实施细则》正式下发各单位执行。

查问题抓整改 群众路线提出"以知促行、以行促知"，放到总务工作中，就是畅通两个渠道：一个是师生建言献策渠道，一个是批评监督渠道。既要"请上来"，也要"走下去"，只有深入师生之中，才能接地气，才能知道师生最关心的问题，才能明白改革发展的实质和整改的方向。

2014年，总务处除了采取BBS、电子邮箱、座谈会等常规沟通模式外，还重点开展了服务满意度专项调查，44名师生职工参与了问卷调查，主要就各楼宇及公共区域的绿化、卫生、维修保障情况进行分类调查，经统计，整体满意率达到80%以上，但不满意率仍占10%以上，集中在卫生间的保洁、绿化带的规划以及绿化的专业维护方面，需总务处采取针对性措施，加大监管巡查力度，增强相关服务保障单位的专业性、职业性。

特色餐饮 2014年，总务处持续创新，调整餐饮格局，彰显文化、突出特色，促进餐饮服务优化升级和全面发展。一是按照"合理布局、突出特色、适度超前"的要求，科学制定和实施学校餐饮发展规划。通过跃进厅、德园及清真餐厅和其他补充餐饮，形成中西餐厅、食堂大伙、主食、饮料和风味特色相补充的特色鲜明、布局合理、配套完善的餐饮格局。二是学校引导、企业主体，在暑期完成跃进厅二三层餐厅的招标，引入新餐饮服务企业，并在招标过程中邀请教工和师生代表到已发放标书的企业进行实地考察，共同参与答辩陈述，共同决定引入企业。三是营造文化、加大监管，调整菜品、提高质量。要求餐饮单位落实合同要求按时落实更新菜品、按时供餐，开足窗口、落实菜谱月申报制度，"基本伙"低中高价菜按2∶5∶3比例足量供应、明码实价等，开展特色主题餐饮活动，引入机器人削面机，每周都推出几十种特色菜品，以个性化、多样性和现代化服务，提升餐饮品牌，提高餐饮服务保障质量。

服务监管 2014年，总务处通过招标，在餐饮、保洁服务托管项目、污水处理站、中水处理设施维保托管项目、部分楼宇消防值机托管项目、医学部2014—2016年热力维修保养托管项目等多个领域，相继引入10余家社会优质企业，承担医学部的服务保障工作。在服务监管上，总务处坚持在求同存异基础上，创新机制、完善队伍、推进服务监管的专业性、规范化和高效化，发挥资源优势，为师生提供厚道满意服务。

1. 把握好"进口"准入。通过编制招标文件，完善引入企业的服务范围、内容和标准要求，为大于细，着眼于实实在在的服务保障能力。认真审核资质，引入师生参与实地调研，回标材料综合评价，全方位做好中标企业的准入。

2. 完善过程管理。以多种形式，招揽年轻化、知识化、专业化人才，完善监管队伍，并通过专业培训，提升监管队伍素质，探讨制定职业道德标准、管理服务规范、安全操作流程、质量技术标准，制定硬件配备标准、制度建设标准及服务质量标准，形成以专业管专业的良性模式。二是强化日常管理和控制。在充分沟通、合作基础上，通过各种形式的巡检、抽检，传递良性互动、服务到位、质量管理的信息，双方互赢。

3. 做好"结算口"考核。基于投标文件中的承诺和签订的托管合同，制定定量与定性相结合的科学考核指标体系，健全全过程监控信息反馈系统，建立准确的管理服务经费测算体系，形成双方都认可的科学评价体系，进而将服务保障监管落地生根。

【常规工作】 2014年，各部门实施目标管理，强化服务意识，优化资源利用率，重点突破与整体推进相促进，改革发展、服务保障既有量的扩大，又有质的提升。

房地产管理中心（含房地产管理办公室） 完成26号楼个人产权证办理和发放工作。修正《北京大学医学部教职工公寓管理实施细则》，推进医学部教职工公寓规范管理。组织开展校内出租、出借和空置公用房使用情况调查登记工作。配合完成国有资产占有产权登记工作、安宁里小区3号楼五套住宅的售卖工作、附属医院选购五道口教师住宅工作、7号楼进修生宿舍装修改造工程，以及27户高调低及特殊情况住宅的职工住房调查等。为学生提供完善服务，协助完成5号楼外窗玻璃更换、中控室托管及学生宿舍烟感安装等工作。

校园管理中心（含校园管理办公室） 及时保质，加强公共维修，做好季节性设备设施维护保养；加强安全巡查，确保水电供应正常安全；做好设备改造、安全检验，为大于其细，热忱周到，卫生保洁、电梯监管、水电收费、巡查、节能检查及各种活动保障有序运行。加强安全工作，确保健康发展。党政一心，创先争优。2014年，校园管理中心党支部获北京大学医学部"学习党的群众路线，建设服务型党支部"主题党日活动优秀奖和北京大学医学部2014年度先进党支部称号。

饮食服务中心 逐步提高餐饮条件，提升餐饮服务保障水平。及时调整改进菜品，增设时令性、季节性风味，清真餐厅顺利运行一周年，切实保障学生基本伙食。面包房推陈出新，广获赞誉。安全保质、验收审核，强化采购、库房管理，严把原材料进货关，确保物资供应。执行分级检查，强化安全责任，确保安全运行。拓宽师生沟通渠道，增强工作透明，以良性互动增理解、建和谐。引进机器人操作，提高餐饮服务规范化、现代化水平。

教室管理服务中心 积极主动与各学院师生沟通，做好课表编排和教室使用。满足二级单位需求，充分利用电子屏。优化资源分布，以教学为主，合理兼顾各类考试及其他教室使用活动保障。群策群力，做好设备设施维护；全面改造空调系统，完成塑料座椅座板背板更换，试运行铃声系统；做好会议服务，全力满足师生服务保障需求。党政互补，组织学习，完善制度，强化服务意识、发挥团队精神，同推健康发展。

运输服务中心 紧抓安全管理、提升服务意识、提供满意服务保障。加强职工安全教育，通过完善安全制度、召开安全工作会和强化车辆安全检查巡视，全年安全运行38万公里无事故。面对人员缺失、车辆老化等难题，科学安排、合理调度，保障学校各项活动用车需求。

部医院 率先与北京大学第三医院建立预约转诊模式，全年社区患者预约转诊812人次。严格加强消毒管理，制定家庭护理病床制度，积极参加课题研究，提升护理人员业务素质。加强药品管理，明确岗位职责，完善规章制度，积极应对药房检查和调整药价。关心师生居民健康，重视预防保健，严格公费医疗管理，做好学校活动保障，更好地为师生居民提供满意医疗服务。

幼儿园 通过"重师风建设、过程培养和梯队建设"的"三重"育人模式，建设专业、职业、现代化和充满活力的干部教师队伍。深入探索实践，着力特色教育，在孤独症儿童的融合教育领域取得成果。以幼儿园抗震加固为契机，添置硬件设备，改善环境卫生，完善后勤保障，服务师生员工。加强安全工作，全力以赴，做好北京市示范幼儿园验收工作。2014年，幼儿园获"海淀区学前教育三年行动计划"工作先进集体称号，其财务室获"2013—2014年海淀区教育事业统计工作"先进集体。

居委会 开展党的群众路线

教育实践活动，切实服务社区居民；通过各种形式宣传、参观、家属区环境整治及免费体能测试，推进海淀区文明城区创建；众志成城，通过六型社区验收；完成经济普查、四个实有普查及3%人口抽查工作。以民为本，协助完成8号楼南北院自行车棚改建、申建文化墙、添置健身器材、加装露天椅及家属区楼道粉刷等工作。2014年获评"海淀区利用单位内部设施开展社区服务先进单位"。

饮食管理办公室 师生共参与，跃进厅二、三层重新招标，新餐饮服务单位顺利进驻；完善规章制度，加强卫生巡查，强化餐饮监管；推陈出新，以时令性菜品和主体特色餐饮活动营造北医餐饮文化；"请进来""走下去"，创新途径，完善师生沟通渠道，及时解决投诉。重视安全巡查、抓好托管维保、坚持考核评估、细心会务服务，提供厚道服务。

城内学生宿舍管理办公室 细化沟通、预案筹备、精心布置，全力做好城内宿舍学生入住；优化资源、美化环境、完善配套设施，为学生提供人性化服务。健全规章制度，完成生活用水管道切换、热力站设备设施及管道系统更换，推进南楼房檐修缮工程，启用高低压配电室等，以民生促发展。提高安全意识，充实安防人员配备，加大巡查力度，落实安全责任，确保安全稳定。

主要后勤保障服务机构

会议中心

【发展概况】 北京大学会议中心是1999年9月正式组建的专业化服务实体，主要负责组织承办各类会议，开展多种形式的对外学术、文化交流活动；管理经营群众文化活动场所，组织校园文化艺术活动；为外国专家、留学生、部分国内学生和其他中外宾客提供住宿、餐饮等服务。会议中心现有建筑面积23万平方米，拥有一个2100座位的礼堂和44个大、中、小型会议室，各类不同风格特点的餐厅5个，接待床位5000多张及其他综合服务设施。

会议中心组建时下设办公室、对外交流中心、百周年纪念讲堂管理部和勺园管理部，2003年8月增设中关园留学生公寓建设项目部，负责中关园留学生专家公寓园区前期筹备和施工阶段的工作，并为建成后的运行管理做准备。2007年4月学校批准会议中心设立中关新园管理部，撤销原中关园留学生公寓建设项目部。2011年中关新园开始全面运营。2008年4月会议中心办公室开始实体运行，加强对中心行政、人事、信息等工作的统筹协调。2008年年底成立中心财务室，开始整合中心财务工作，加强集中统一管理和内部控制。

范强任会议中心主任，张胜群、孙战龙、李榕、刘寿安任副主任。郝淑芳任中心办公室主任。2014年共有员工811人，其中学校编制员工108人（干部17人、工人91人）。2014年退休员工17人。

2014年会议中心继续秉承"服从学校大局，服务广大师生"的根本宗旨，根据学校整体规划完成勺园9号楼功能调整和6号楼搬迁腾空，期间，协调会议中心整体力量和资源，妥善搬迁安置6号楼原住宿留学生，对22名工程涉及员工进行岗位分流，改造9号楼设备设施，并调整了勺园管理部组织结构；配合完成1—3号楼改造，并在不到一个月的时间里完成近千名学生的住宿筹备，顺利迎接学生入住；积极配合推进6号楼留学生公寓加改建工程，着手筹划后续服务管理工作，为6号楼公寓运行使用做好准备。

2014年会议中心紧抓"争创一流会议中心"工作主线，积极贯彻学校第十二次党代会精神，根据学校整体战略规划，结合自身实际情况，经过充分酝酿、多方调研和广泛征求意见，历时半年制订出台《会议中心2018发展计划》，明确了下一阶段服务学校、争创一流的目标任务，为未来几年的发展提供了指导纲领。

2014年会议中心运行稳定，为学校重大会议活动、重要接待、国际学术交流、校园文化活动、学生生活服务等提供了有力保障，为学校创建一流工作做出了积极贡献。

【业务发展】 2014年会议中心继续承担大量高层次活动组织和重要接待任务，包括习近平总书记五四师生座谈会、美国总统夫人米歇尔·奥巴马演讲活动、印度前总统卡拉姆欢迎午宴、中国国民党荣誉主席连战北京大学名誉教授授予仪式、北京论坛、校领导战略研讨会、学校春节团拜会等；承办包括8000余人参会的中国化学学会第二十九届年会、90余所高校参加的全国高校日本知识大赛等国际国内学术会议12个，承接海外交流团队、研修班 13 个;接待来访海外宾客 65 批 2800 人次;各类会场使用 5003 次,参加会议活动约 60.7 万人次;举办演出 116 台,放映电影 74 场,举办艺术课堂 12 场,承接展览 7 场,观众约 16.9 万人次;接待中外宾客 6.9 万余人次住宿,42 万人次就餐;在住外国专家 33 人,留学生 1242 人,港澳台学生 49 人,国内研究生本科生 2134 人,博士后 258 户。

对外交流中心规范业务管理,创新工作模式,拓展会议与交流项目规模层次和提升会场服务效率品质,在承办学术会议和活动的品牌度、影响力和多样性等方面取得进一步突破。讲堂积极引进中外高雅艺术精品项目,并利用新媒体手段推动艺术交流和文化传播;丰富艺术课堂内容,新开辟"文谦美坛"精品系列;新增多功能厅 3D 电影放映功能;推出青瓷等艺术展览,更新纪念大厅壁画,美化讲堂环境。勺园组建学生公寓楼委会,搭建"北大勺园学生公寓"微信公众平台,多渠道加强与学生交流;完善学生生活服务设施,开展公寓特色文化活动,打造学生服务新品牌;推出低价团餐、盒饭、外送茶点和送餐等多种餐饮服务方式。中关新园继续完成留学生新生报到服务保障任务,接纳国内研究生周转住宿和勺园留学生转移入住;以销售为龙头,发挥自身多功能综合服务特长和竞争优势,实行"首接负责制"和"一站式"服务规范,努力提升接待服务水平;针对政策约束消费、市场因素难测的实际问题,制定了《党政机关事业单位团队接待办法》,降低成本和利润,努力达到既能满足接待要求,又能稳定优质客源的效果;继续拓展网络合作预订平台,在稳定与携程、艺龙等网络公司的合作基础上,与"去哪儿"网和国际最大订房网站——缤客网(BOOKING)建立了合作关系。

会议中心积极应对功能调整、设备改造、政策影响、社会竞争、成本上涨等带来的运营压力,合理经营创收,总收入达到 2.05 亿元,利润 6600 万元,偿还中关新园借款 3601 万元,完成了预算和上缴学校利润任务。

对外交流中心为学校重要活动减免收费 110 多万元;讲堂为学校和师生服务减免收费 78 万元,为学校活动和师生艺术团体免费提供活动及排练场地 132 次,向校内师生销售让利 20% 的兑换券,优惠 2.1 万元;向贫困生赠兑换券折合人民币 6000 元。

会议中心自筹资金 890 万元完善基础设施,完成讲堂贵宾室装修、勺园 9 号楼设备改造、中关新园中控室电视墙改造等项目;利用教育部"改善办学条件专项经费",筹备并启动讲堂屋顶修缮、观众厅声场改造和舞台设备改善三项工程,为保证改造效果,另自筹 650 余万元投入改造工程,以满足师生高品质艺术体验需求。

【财务管理】 2014 年会议中心严格执行学校和中心相关财务管理规范,对日常经营和物资采购等加强监管。明确校内外收费标准,规范业务接洽行为;严格进出账手续,落实财务审批制度,执行"收支两条线"等财务纪律,认真开展"小金库"自查自纠专项工作,未发现违规违纪事项;规范招投标流程,加强中心招标工作小组对招标活动的指导监督;继续完善中心联合采购平台,增加棉织品等联合采购项目,有效降低成本支出;完成勺园原一、二部合账,理顺财务机制。

【队伍建设】 2014 年会议中心继续加强班子建设,坚持每周发布中心领导班子工作信息动态,出台了《会议中心领导班子学习管理办法》,组织督促班子成员认真学习政治理论知识和相关政策法规,提高班子成员工作水平;加大干部管理力度,制定《会议中心干部聘任暂行办法》,从中心层面规范干部聘任程序,全年中心测评任命所属单位内设一级机构助理及以上人员 9 名;坚持组织核心骨干团队召开专题研讨会,2014 年研讨会以"制订 2018 发展计划,推进会议中心一流建设"为主题,通过研讨加深了核心骨干团队成员对中心整体发展目标和任务的理解把握,提升了团队成员的大局意识、整体意识和责任意识;继续通过跨单位调动、兼职等方式促进人才交流和骨干成长。

会议中心成立中心培训工作小组,统筹各单位培训资源开发利用和培训活动开展,组织各类培训 1661 课时、15200 人次受训,9 人参加平民学校学习,10 人在职进修大专或本科课程,58 人获得相关专业认证证书。对外交流中心建立不同层次、不同形式的培训模式,开展了专项业务培训、英语培训、拓展训练、瑜伽培训、交流研讨等,保持培训常态化;对会场部员工进行岗位等级评定。讲堂在内部常规培训之外,组织员工赴国家大剧院、国家图书馆音乐厅、新清华学堂等剧场参观学习,接待电影博物馆负责人和港澳学生志愿者,开阔员工眼界和思路;组织核岗定编,减员增效的同时加强业务技术骨干培养和选拔,首次开展内部技术等级评定。勺园针对新调整的岗位和人员组织专门培训和实地考察,还开展了两次管理干部新型拓展培训。中关新园开辟了"先之网"网络培训平台,组织了 367 名员工参加第三届业务技能大赛和园区知识大赛,建立培训质检月报制度,完善员工技术等级评定和动态管理机制。

会议中心继续为员工参加讲堂高水平艺术活动提供政策支持和经费保证;组建中心合唱团,组织员工参加文体比赛;规范中心工会职工之家运行,为各单位购置体育健身器材；组织员工体检，联合校医院进行健康知识讲座，组织健步走活动，走访慰问生活困难员工和离退休人员。对外交流中心增添文体活动设施，开展班组文化活动，营造和谐快乐、健康向上的氛围。勺园扩大特殊工种的意外险投保范围，增加相关岗位高温补贴，改善员工宿舍环境，多角度关爱员工。中关新园借助庆祝建设10周年契机，开展有奖征文、特别贡献奖评比等活动，增强员工凝聚力和向心力。

【党建工作】 2014年会议中心共有6个党支部，党员101人，预备党员4人。

中心党总支认真组织广大党员学习习近平总书记五四重要讲话精神，积极开展多种形式的党员活动，联合中心工会组织了观看《生如夏花》等红色剧作、参加"爱心衣柜"捐助活动等。

5月初，会议中心按程序和完成党总支各支部换届工作，进一步健全组织机构；组织新任支部委员进行党务知识培训。

会议中心党政领导积极巩固党的群众路线教育实践活动成果，继续加强作风建设，严格执行落实学校和中心相关规定，对公务接待、学习考察、办公费用等均从严规范和控制，同时在中心网站设立了主任信箱，出台了《会议中心主任信箱管理暂行办法》，收集听取群众意见，加强基层联系。

会议中心坚持集体领导，中心和所属单位均通过办公会对"三重一大"事项进行集体审议和决定；认真开展廉政自查工作，按照学校要求进行了关于中央巡视组专项巡视复旦大学发现问题自查自纠、党风廉政建设责任制贯彻落实情况自查等，加强廉政风险排查，深化风险防范工作。

【内部管理】 2014年，会议中心制定修订8个中心层面的规章制度，并加强对各单位制度建设的督导；将各单位人事工作纳入统一的朗新人事管理系统，推进规范管理；全面运行中心OA办公系统，顺畅中心层面信息沟通渠道；针对讲堂和勺园改造工程，分别由中心领导班子相关成员组成工作小组，完善中心重要项目统筹协调机制；加强安全管理，成立反恐防暴指挥小组，强化安全巡视和检查力度，联合保卫部和燕园派出所进行法制宣传教育，组织消防演练，全年安全运行无事故。

对外交流中心制定完善《交流中心员工休假、考勤管理规定》等11项规章制度；坚持中心办公会、每周例会、会场部班组晨会等会议制度，加强集体决策和信息共享；研发使用学术会议注册管理系统和海外研修项目学员管理系统，扩充业务数据库，提升工作规范化水平。

讲堂健全完善规章制度，拟订完善《员工档案管理办法》《干部选聘办法》《突发事件应急预案》等18项制度；设计并使用讲堂视觉标识系统，使标识系统进一步与整体建筑环境相协调；开辟微博、微信等宣传新平台，规范电视、期刊、展板、网站、节目单、电子屏等原有宣传渠道，增强宣传效果。

勺园加强制度建设，拟定实施《长期离岗人员管理规定》《员工二次录用管理办法》《工服工鞋管理制度》等规章制度；启用千里马酒店管理系统，提升日常工作效率，规范业务流程；尝试进行不同形式的用工办法，降低人工成本；聘请专业公司进行消杀处理，确保卫生安全。

中关新园制定完善了《中关新园管理部反恐防暴预案》等19项规章制度，汇总编订了《中关新园管理规范》，涵盖六大类共计86项规章制度，50多万字；在1号楼实行WiFi无线网络全覆盖，上线运行客房智慧酒店项目，更换一卡通平台，加强服务管理的信息化水平；及时发现并宣传正面典型，激发正能量；安装启用1号、9号楼梯禁系统，提高安全管理水平。

2014年会议中心党总支荣获"学习习近平总书记五四重要讲话精神"优秀党日活动三等奖。

2014年勺园和中关新园均获得海淀区公安分局出入境管理大队颁发的境外人员登记服务"优秀单位"荣誉称号。

2014年中关新园客务部下属前厅部获得"北京大学2013—2014年度青年文明号"荣誉称号。

餐饮中心

【概述】 截至2014年年底，餐饮中心共有员工923人（含合作经营单位员工370人），其中劳动合同制职工840人，占员工总数的91%。1—12月，伙食营业总收入1.52亿元（含合作经营单位），比2013年增加9.5%。

2014年，日均服务就餐师生58150人次（以2014年9月15日用餐情况统计，早、中、晚三餐合计，人次统计每人每天不超过3次）。食品原材料采购量合计8730万元，大宗食材采购均来自北京高校伙食联合采购平台。其中，在北京高校联合采购及"农校对接"平台可提供采购品种中采购总量达6738.3万元，占全年采购总量的77.2%，比2013年增加4%。为保持伙食稳定，确保伙食补贴基金的"专款专用"，对米、面、肉、蛋、豆制品及蔬菜等品种执行价格补贴合计约722万元（含人工成本上涨因素）。

【内部管理与食品安全】 在2013年全面启动精细化管理的基础上，餐饮中心进一步细化分工、明确责任，先后成立了安全工作领导小组、节能工作领导小组，食堂合作经营项目招标小组、定价小组、设备设施采购招标小组、大宗食品原材料采购招标小组、技能培训工作领导小组等若干个工作组，并明确了每个工作组的职能，强化了每项重点工作的领导责任和落实力度。

精细化管理覆盖餐饮中心各管理环节，从采购、验收、仓储、加工、售卖、餐具洗消、师生意见处理进行全流程控制，彻底消除管理真空区域。2014年在海淀区食品药品监督局的7次"拉网"检查中，均获"优秀"等级，受到上级卫生主管部门的高度评价，保持了连续57年未发生群体性食源性疾患的优良办伙记录，并且出色完成了中国化学会第29届学术年会（每天6000人，连续5天，共计3.8万人次）、北京大学建校116周年校庆等10余项大型活动的供餐任务。精细化管理带来的直接效果是人性化服务的提升，经过一年的实施，师生在BBS上的各类意见较以往有大幅度减少。

【大型项目】 1. 正式接管佟园食堂。根据北京大学统一安排，经餐饮中心积极筹备，2014年元旦，佟园食堂正式由会议中心交付餐饮中心管理。

2. 勺园食堂正式开业。2013年年底，经北京大学研究决定，调整勺园食堂使用功能，将原本由会议中心作为接待餐厅管理使用的勺园二号楼餐厅改为学生食堂使用，由餐饮中心负责管理。经餐饮中心为期一年的筹备，勺园食堂于2015年1月2日正式营业。勺园食堂建筑面积约4600平方米，一层为学生基本伙食堂，二层为地方风味档口和教师餐厅，是一个集学生基本伙食和地方风味菜系于一体的综合性食堂，提供早、中、晚三餐服务。

3. 餐饮综合楼筹建进展顺利。按照北京大学基础设施建设规划，康博思快餐和家园食堂将被拆除，原址新建餐饮综合楼。餐饮综合楼建筑面积3.6万平方米，地下三层、地上四层，其中地上四层为学生食堂，地下三层为加工间和库房。餐饮综合楼体量大、筹建难度高。2014年，餐饮中心密切配合基建工程部和设计方开展调研和图纸修订工作，已累计修订图纸20余稿。同时，随着勺园食堂的开业，家园食堂已于2014年年底完成搬迁。

【特色餐饮服务】 1. 以开展"食品卫生月""文明服务月""食品质量月"专题评比活动为契机，全面提升服务水平。2014年上半年，餐饮中心利用3个月的时间，集中开展了涉及食品卫生、文明服务、伙食质量的三项专题评比活动，以评促管，管评结合，有效调动了食堂工作积极性，使餐饮中心管理服务水平进一步提升。

2. 以开展饭菜异物整治工作为抓手，减少师生网络投诉。由于餐饮中心每天食材消耗量大，仅蔬菜类每天消耗约12500千克，再加之食材品种多，食堂饭菜异物问题一直是食堂工作中的一个难题。为解决这一问题，餐饮中心从三个方面着手，力争把饭菜异物发生频率降到最低。一是在2013年食堂配备小型专用洗菜机的基础上，考察并适时引进新型洗菜机；二是加强采购验货环节管理，在采购部安排专人每天对易藏有异物的木耳、干黄花菜等干货进行挑拣；三是建立饭菜异物问责制度，如发现师生在饭菜异物方面的投诉，从厨师、食堂经理和分管领导分级进行经济处罚，以此来强化各加工环节负责人的责任心。通过以上措施的执行，饭菜异物发生频率较以往有大幅降低。

3. 加大食堂水果售卖力度，满足师生需求。应广大同学要求，2014年5月初，餐饮中心启动水果销售工作。为减少中间环节，降低水果销售价格，餐饮中心采取了直接从新发地水果批发市场采购的方式，实现了水果从市场到餐桌的直供。水果价格由餐饮中心统一制定，品种随季节变化调整，不仅满足了师生需求，同时还在一定程度上起到了平抑校内水果价格的作用。

4. 佟园食堂开设夜宵。应穆斯林同学要求，经过暑期的积极筹备，2014年9月9日起，佟园食堂正式提供夜宵服务，陆续推出了羊杂汤、炒烤肉、羊肉串等多个受穆斯林同学欢迎的菜品。为增进穆斯林同学和汉族同学的沟通，夜宵时间段内，汉族同学校园卡用餐不受限制，此举得到穆斯林同学和汉族同学的广泛认可。随后，食堂又增加了火锅品种，一方面丰富了同学的饮食，另一方面也搞活了食堂经营。

5. 开发新品种，做好经典菜。为丰富校内饮食，11月1日，餐饮中心在燕南美食推出陕西风味和韩式风味菜品，特聘烹饪技师给予指导，让同学足不出校就能品尝到相对正宗的地方美食。学一、农园等食堂根据季节变化，推出西红柿炖牛肉、蜂蜜菠萝鸡等菜品，推出后深受同学欢迎，一度成为BBS十大热门话题。一些经典菜品（如康博思鸡腿饭、农园麻辣香锅、松林三丁包、燕南酒香坛肉、学五宫保鸡丁等）更是被同学制作成《舌尖上的北大》专题片，风靡网络，将北京大学美食传遍祖国大江南北。

6. 创新沟通形式，共建良好服务氛围。在与师生沟通方面，餐饮中心联合学生会权益部在坚持每两周一次的食堂监督员工作例会的基础上，通过邀请食堂监督员和学生代表到食堂后厨、集中生产加工车间、食材库房和新发地蔬菜供应基地参观的形式，让师生全面了解食堂食材采购流程和饭菜制作过程，并接受同学们的监督。此外，餐饮中心还联合学生工作部于6月份举办了"回味舌尖上的北大"——传授毕业生制作食堂菜肴活动;康博思快餐还常年为同学免费提供包饺子场所,并提供必要的技术指导,累计接待各类包饺子互动40余次;学五食堂、农园食堂也免费为同学提供活动场地10余次,全年受到师生网上表扬58次。上述活动增进了餐饮中心和同学之间的互动,融洽了师生关系。

动　力　中　心

【概况】　动力中心主要承担全校水、电、暖的供应和服务保障工作。包括水电暖的运行、水电暖管网的检修维护、防汛抗洪、零星维修、水电暖费用的收缴、浴室管理服务、校内公共区域的物业管理服务等。中心下设9科室,共有职工238人(其中,事业编制108人,合同制110人,派遣14人,退休返聘6人)。2014年事业编制退休9人。

【水电暖运行】　北京大学2014年全年实际收入水量约为:2677921吨,实际收入电量约为:108906015度,实收水费11595587.50元、电费74609455.37元。2014年实际收入水量比2013年增加23万吨,增长9.4%。由于水单价调整和加大追缴力度,水费比2013年增加95万元,增长8.8%;实际收入电量比2013年增加11万度,增长0.1%。电费比13年增加175万元,增长2.4%。校内新增16间楼区浴室,新增喷头76个,浴室共计125间,喷头总量达938个。全年洗浴人数2245501人,日均洗浴人数6334人,单日洗浴人数最高可达10374人次。迎新当日制卡与提前制卡总计4922张。2014—2015供暖季,辖区供暖面积约为201万平方米,其中新增新太阳学生活动中心、物理西楼、勺园5号楼、学生公寓44楼等供暖面积约9万平方米。

【水电暖系统检修】　1. 给排水管网清疏工作。动力中心对北大辖区内下水管道、出水口、污水管道进行清淤、疏通,共完成挖漏抢修47处,检修阀门150多个,疏通下水管道1.8万余米,防汛期间清掏雨水沟2300米,夏季换纱260平方米,清修全校污水泵40处,检修消防设施5处,更换室外井盖79套,安装井盖防护网200处,清掏污水井及化粪池280个,为安全度汛打下良好的基础。

2. 浴室设备检修。浴室除了完成基本的寒暑期检修外,还完成了对畅春园60甲楼、61甲楼、63楼楼内浴室的全面升级改造,改造后的浴室硬件水平得到大幅提升。此外还对地热井水泵进行了提泵升井检修,确保浴室安全稳定运行。

3. 变配电系统检修。动力中心对校园电网内的综合保护装置、电力仪表进行更换,对低压开关和高压开关进行检测检修。还按照电力相关规程完成了北大变电站和开闭站的保护校验工作。完成北大家属区架空线及杆上变压器的清扫工作。更换1台变压器,大修2台变压器,检修变压器护栏2个,加固电杆1根,更换烧毁及老化的跌落保险7组、隔离开关3组、避雷器6组、变压器加注绝缘油40升。2014年北京大学新建新太阳、行政楼、物理西楼3处10kV配电室,为学校创造了良好的用电条件。

4. 全校照明系统的巡视与检修。动力中心担负着对全校两千多盏路灯进行巡视和每周检修的任务,每逢重大活动和节日都会进行一次大检修,2014年重点完成湖区路灯检修,其中双球灯167套、宫灯133套、高杆灯195套、方柱灯41套,校内燕南园外及家属区路灯检修320套,保证了全校良好的夜间照明环境。

5. 供暖系统夏季检修。动力中心完成了全校辖区供暖系统的检修工作,包括物理大楼供暖回水管更新,燕东园39—40楼供暖外线更新和学生区36—42楼蝶阀更新、燕北园锅炉房一次循环泵更新等,解决了供暖系统老化、堵塞等问题,为本供暖季安全运行奠定坚实的基础。

6. "煤改气"后期完善工作。学校投入700余万元专项资金进行"煤改气"工程后期完善工作,工程内容包括对一次水循环泵进行更新改造、安装换热站数据采集及一次水流量调控系统和对有关的配电系统进行改造等,改造完成后,集中供暖锅炉房供暖系统一次水总流量得到显著提升。

7. 协调核磁共振中心、新太阳学生活动中心安装计量器具。核磁中心和新太阳学生活动中心水电计量器具安装不到位,动力中心及时与用户沟通,组织人员摸底排查计量器具安装存在的问题,上门征求所有用户的意见建议,重新安装计量器具,落实水电费收缴问题。

【水电暖基础设施建设】　动力中心配合学校完成新建楼宇及校园基础设施改造水、电、暖前期方案设计及后期改造等任务。其中大项工程包括:二教修缮工程、理科1—2号楼厕所改造工程、后勤综合楼给排水工程、南门6号楼室外上下水工程、物理西楼上下水工程、太平洋大厦周边路灯安装工程、物理西楼电源进线工程、南门6号楼学生活动中心(10KV电源外线)工程、学生公寓44楼工程(电源外线工程)、电力隧道工程暖外线、沙特图书馆暖外线、南门6号楼采暖系统维修、生命科学院暖气移改等工程。

【水电暖系统改造】　2014年暑期,动力中心按上级安排完成了新太阳学生活动中心前期排查和交接工作,在交接过程中发现因设计原因水电暖系统存在一系列问题,无法正常使用,如:全部卫生洁具无法正常使用、下水管道不通、卫生间地漏缺失、拖布池、洗手池部分损坏、楼内部分房间墙、地面未做处理、原有消防泵启动柜安装不合规范、由于使用功能改变,部分房间没有散热器等。中心及时汇总上报相关部门。先期垫付100余万元用于水电暖系统的改造调整。先后完成对全楼厕所及楼道内管道洁具检修、更换失灵洁具阀门、疏通下水管道、新做雨箅子排水沟、安装室外空调机不锈钢防护网、更换失灵污水泵、检修室内电气接地系统、对遗漏孔洞进行封堵、对供配电系统进行调试、对现有污水泵加装变频启动柜、按电气规范重新敷设水泵电源线路、新装消防巡检柜、检修室内原有插座、照明灯具、加装散热器、调整供暖管道坡度、完善管道保温和加装排气阀、改变换热站运行方式、购买同型号备用泵等。水电暖系统改造调整完成后,确保了新太阳学生活动中心的正常使用。

【服务保障工作】 1. 动力中心分批次将表现良好的派遣制工人转为学校合同制工人,并逐步提高合同制工人的待遇。

2. 动力中心统一水、电、暖、浴24小时报修热线62753319。

3. 动力中心建立了网站,加强与师生沟通。中心坚持每天专人负责查看校办督查室发布的舆情专报、邮箱、未名BBS的相关版面、翻阅青年研究中心发布的网络动态,如果有反映和中心工作相关的问题,都会及时答复并由相应的主管副主任着力解决。

【党建工作】 2014年,动力中心分总支发扬战斗能力强的优良作风,在中心党员中大力开展"深化综合改革、聚力科学发展"主题党日活动。同时进一步加强中心党员领导干部党风廉政建设。班子成员认真参加民主生活会和述职述廉,如实向党组织报告个人有关事项。

公寓服务中心

【概况】 公寓服务中心由原学生宿舍管理服务中心和房地产管理部教师公寓管理服务中心合并组建。负责学生公寓、教师公寓的服务,以"服务育人"为出发点和落脚点,确保"安居乐学"和"安居乐教",为学校创建世界一流大学提供服务保障。

公寓中心(不含万柳公寓部分)现有干部、职工189人,其中,管理人员11人,辅助管理、综合服务及维修人员8人,楼长113人,保洁员57人。

学生公寓方面,按照学校的招生计划,统筹国内学生(含港澳台学生)的住宿安排。共有学生宿舍7160间,床位22643个。其中公寓中心直接承担校内及畅春新园、畅春园31栋学生宿舍楼的管理和服务,建筑面积19万平方米,宿舍6435间,床位数20533个;由会议中心、万柳公寓和继续教育学院圆明园校区负责管理和服务的宿舍725间,床位数2110个。

教师公寓方面,学校教师公寓管理委员会由校领导、相关部门和教代会代表组成,制定相关政策和规定,公寓中心作为日常服务机构,为学校引进人才和新进教职工提供周转公寓和相关服务。教师公寓共有1450套(间),现居住教师公寓教职工1500余人,其中具有正高职称200多人,副高职称500多人,中级职称及以下约800人。

【常规工作】 1. 学生公寓方面工作。(1) 精心准备,保证重点时期各项工作高效有序。2014年7—9月,顺利完成了6000名毕业生安全、有序、文明退宿离校工作。对毕业生宿舍及时清理,调整男女床位3000余次,招标采购代购本科新生卧具2400套,提前做好迎新准备,确保了6000多名新生的迎新入住工作。与有关部门协调配合,确保圆明园校区和万柳校区800多名研究生平稳入住。做好新建宿舍44楼、勺园1号楼和3号楼有关后续完善和改进事项,确保1600多名新生顺利入住。在暑假期间,承担学校港澳台学生暑期学校及新生党培、招办体验营、全国科协夏令营、元培新生夏令营等各项住宿接待服务,共计3000多人。

(2) 规范管理,硬件设施改善和维修工程落实到位。中心作为主要责任单位,配合总务部完成了毕业生宿舍维修以及新建宿舍空调安装和管理工作。暑期修缮工作涉及20栋楼,约2.7万平方米,期间共完成800余间宿舍的粉刷维修,570余间宿舍的综合检修及有关工程验收等工作。畅春新园1号楼门厅改造、畅春新园学生活动室装修改造,各楼大厅LED显示屏安装工程、新建学生宿舍44楼家具配备,以及圆明园校区新增宿舍维修改造和家具配备等工作如期完成。

(3) 加强队伍建设,进一步提高公寓服务的规范化和制度化建设。对楼长队伍进行调整和补充,修订"楼长考勤和管理办法",加强楼长队伍建设。调整保洁管理队伍,完善落实保洁卫生规章制度。邀请校医院、保卫部对楼长、保洁员进行卫生防疫、消防安全等方面的讲座与培训,进行消防演习,增加师生参与。

(4) 持之以恒,安全保卫工作长抓不懈。坚持落实各项安全规章,积极迎接学校组织的各类安检查,每月开展由中心各部门共同参加的安全大检查。加强安全基础设施建设和安全宣传教育。开展安全先进楼管组评选活动,加强了日常安全管理,强化安全意识。组织消防灭火演习与消防器材实操培训。学生宿舍全年未发生安全责任事故。

(5)坚持和完善与学生沟通联络机制,改进和提高各项服务。加强楼委会建设,开展宿舍楼委会代表培训与拓展训练。圆明园校区、44楼、勺园1号楼和3号楼等成立楼委会。校领导及有关单位与圆明园楼委会沟通座谈。完成2014年度安全文明卫生宿舍检查评比以及"示范学生宿舍"评选活动。学生宿舍楼信息发布系统安装并投入运行。

(6)改善畅春新园宿舍区域环境和秩序,提升服务水平。坚持开展畅春新园宿舍区的主任现场办公活动,及时征求了解同学意见建议。改造和设立学习生活中心(学术沙龙)和讨论休闲公共区域。改移1号楼主出入口,疏导人员流量和自行车停放场地。

2.教师公寓方面工作。(1)教师公寓入住及调整。正高职称教师全部调整和入住3居室教师公寓。副高职称50人调整和入住2居室。中级职称40人调整和入住1居室或青年公寓。

(2)应届生及选留教工住宿安排。2014年7月共安排21人入住教师公寓。9月与学工部协同完成2012届选留教工退房,以及23位2014届选留教工入住。10月配合团委做好21名研究生支教团人员临时宿舍的安排工作。

(3)教师公寓清理。协同特房中心、育新小区物业针对转租转借教师公寓进行清查,在人事部、院系、动力中心等部门密切配合下清理教师公寓占房或违规使用18处。

(4)博士后公寓。2014年博士后集中进站3次共入住81人,到期出站腾退公寓107人。与博士后办公室、院系配合,清退博士后公寓历史违规占房7套。通过电话提醒通知、上门发放腾退须知,详细告知退房手续办理事项,进一步提高了博士后公寓人性化管理水平和服务效率。2014年4月起,人事部启用博士后信息系统,博士后公寓的管理更为高效公平和透明。

【专项与创新工作】 1.多方协调住宿资源,解决2014年学生宿舍床位缺口。2014年学生宿舍床位缺口900个,在圆明园校区350个床位继续入住的前提下,缺口550个。经过积极协调,会议中心中关新园100个毕业生床位继续使用;在圆明园校区增加150个;在万柳校区调剂300个。2014年6月底,又增加了生命中心140名博士生床位缺口,最终在万柳公寓协调落实。切实做好2014年学生宿舍住宿方案。在校领导的支持下,与研究生院、学工部、总务部等密切配合,拟订并顺利落实了2014年住宿方案。特别是圆明园校区和万柳校区住宿方案和直博生暂住4人间方案及生命中心博士生入住万柳公寓安排。

2.妥善安排,确保29—31楼宿舍暑期搬迁调整以及圆明园校区研究生回迁。完成校内宿舍29—31楼近800名同学暑期内宿舍搬迁调整和圆明园校区350名研究生在暑期搬迁回校内工作。

3.全力配合,29—31楼搬迁腾空工作顺利完成。经过多方努力和协调,完成了29—31楼空调移机和床具、书桌柜的搬迁、存放。30楼有关单位办公用房搬迁周转。协助房产部、国有资产监督管理办公室及有关单位做好29—31楼有关设备、设施搬迁拆除。确保在2014年10月中旬搬迁腾空交付给基础建设工程部。

4.积极探索宿舍育人途径,筹备并成立学生公寓自我管理委员会(燕窝),为同学的自我教育、自我服务、自我管理打造平台。结合老楼改建,指导并组织"我的青春我的楼——纪念我们永远的家"活动,引发校友和在校同学共鸣及对燕园的感恩情绪。开展宿舍校友导师试点,首批聘任10余名校友担任宿舍导师,为同学提供生活、学业、职业规划等与同学成长有关的全过程指导。参与北京大学第23届挑战杯系列赛事"特别贡献奖"宿舍文化与宿舍教育课题重点资助课题征集。

5.协同多方力量,组织北京大学首届宿舍文化节。联合校友会、学工部、宣传部、基金会等部门共同组织北京大学首届宿舍文化节,主要内容包括启动"砖注奉献,爱归燕园"项目,首次向参与捐赠校友代表颁发由老楼旧砖设计制成的纪念砖;首次公映老楼纪念微电影《那年那楼前》;成立北京大学小舍大家宿舍文化发展基金,为学生宿舍的文化空间建设与宿舍文化活动争取资源保障;开通燕园家传承网页,记录宿舍成长历程,传承宿舍成长经验;组织北大第二届示范家评比与示范家·秀;开展燕园好家人和好家人故事推荐等系列活动。

6.保证教师公寓工作正常开展,加快推进有关工作事项的划分与交接。公寓中心与房地产管理部密切配合,共同做好教师公寓有关工作,确保"部门更换,服务不断"。同时,加快推进关于教师公寓有关工作事项的划分与交接安排,进行逐项落实。教师公寓管理信息系统数据整理、管理权限切分工作稳步推进。与财务部、人事部等积极沟通协调,积极推进有关工作的划分与交接。

【党建工作】 1.结合党的群众路

线教育实践活动整改措施,扎实改进和落实,并开展整改落实情况"回头看"活动。

2. 按照学校党委、行政的部署,认真开展以"深化综合改革、聚力科学发展"为主线的讨论活动。组织全体党员学习中共十八大、十八届三中、四中全会报告和习近平同志系列重要讲话,开展"议改革、谋发展,群策群力创一流"等主题党日活动,加强党员培养,严格党内生活,严守党内纪律,深化作风建设。

3. 在工作中严格贯彻执行民主集中制、"三重一大"等有关规定,不断完善中心办公会制度,推动决策的科学化和民主化。认真落实中央八项规定精神,坚决反对"四风",履职尽责。

4. 认真落实党风廉政建设主体职责,加强党风廉政建设。把"一岗双责"落实到实际工作中,切实做好廉政风险防范管理。

校园服务中心

【概况】 2014年,校园服务中心在学校综合改革和后勤改革的大背景下,完成了多项改革措施,有力地推动校园服务中心改革发展。校园服务中心下设综合办公室、财务室、绿化环卫科、综合事务科、车辆管理科及附属幼儿园。中心2014年在编职工115人,合同制职工320人,退休人员395人,其中2014年退休9人。

【业务发展】 绿化环卫科 2014年完成全校的83.56万平方米绿地、531株古树的绿化养护及日常管理;10万平方米湖泊的清理保洁;重大节日、活动校园内的盆花生产及租摆。完成北京大学3505亩荒山义务植树的年度任务目标。完成校园内64.47万平方米露天场地的日常清扫保洁,种植灌木17034株、攀缘植物4350株、水生植物2180株、宿根花卉58700芽、草坪2.85万平方米,铺装1327平方米,摆放景石60吨,新建防腐木平台65平方米。新建喷灌设施铺设管线覆盖1.7万平方米绿地。配合校园基本建设移伐大型乔木90株、灌木162株、竹子1200株丛。全校设置防治美国白蛾诱捕器30处、防治国槐叶柄小蛾诱捕器90余处。完成绿化施工改造工程总计20余项。其中重点工程包括:人文学院绿化改造工程9800平方米;朗润园西区绿化改造工程2650平方米;燕园景观与环境综合整治项目绿化改造工程12000平方米;基金会南侧驳岸绿化改造工程1187平方米;化学学院绿化改造工程1290平方米;临湖轩绿化恢复工程1735平方米。

综合事务科 保洁部完成了教学区65467平方米,267间教室,22714个座位及近50个服务单位103659平方米的日常清洁养护工作。圆满完成在毕业生就业洽谈会、高考阅卷、毕业典礼、研究生考试,以及"第五届亚洲与大洋洲质谱会议暨第33届中国质谱学会学术年会"、"第29届全国电化学会议研讨会"等重要活动的后勤保障工作。顺利完成新太阳学生活动中心等学校新建楼宇的开荒保洁、物业承接工作。

收发室 2014年完成1034280份报纸,32760份杂志的征订、分拣和派送工作。完成596340封信件以及大量印刷品的投递工作。顺利完成2015年校内各单位及师生的报刊征订工作。

维修部 2014年完成全校265台开水器及饮水机的巡检、保洁、报修工作。

电话室 2014年新安装电话497部;迁移电话485部;检修电话故障2711部,安装电话宽带(ADSL)44部;日常维护固定电话2万多部;配合联通公司对学校的外语学院大楼、太平洋大厦、教育学院、新闻传播学院、新太阳学生活动中心、燕园大厦、核磁楼、物理西楼、对外汉语中心、校内44号楼学生宿舍、勺园1—3号楼、5号楼等新建楼宇完成光纤接入工作,确保了通话质量。

2014年2月电话室新址搬迁。涉及全校所有电话及校园网、监控、闭路电视等多路管道,由于准备工作充分,割接工作顺利完成。安装201电话1077部,顺利完成学生活动中心、太平洋大厦的固话移机和安装等工作。2014年对校内地下通信管网清理、核查调研工作逐步展开。

订票室完成寒暑期学生票共计2.3万多张。全年为师生订售火车票、机票共3万多张。

车辆管理科 2014年完成西二旗、西三旗、圆明园校区共11辆班车的运行任务。承担学校各院系、"两会"、迎新生、教职工生活等服务用车。

幼儿园 幼儿园有教学班28个。在园儿童877名。接收10名特殊需要儿童,并有针对地开展干预与指导。2014年幼儿园合作办园工作取得新进展,建立合作关系,对直管幼儿园进行技术指导,提升幼教品质。

2014年蔚秀幼儿园完成户外活动场地的改造和户外玩具的添置,提升了幼儿园硬件条件。至2014年年底,正在进行燕东幼儿园抗震加固工程。

【财务管理】 2014年在校管中心财务室的基础上,成立了中心财务室。在原单位各自独立核算的基础上,对各单位财务管理现状、资金来源、资金管理、支出事项、薪酬管理和财务制度等,进行了梳理和规范;对相关财务人员的岗位进行了调整;制定了中心的财务管理制度汇编。

汇编内容为：

1. 校园服务中心财务人员岗位职责及经济责任。
2. 校园服务中心资金内部控制制度。
3. 校园服务中心大额资金审批规定。
4. 校园服务中心事业基金的分配办法。
5. 校园服务中心固定资产及家具的管理办法。
6. 校园服务中心支款及报账程序（手续）规定。
7. 校园服务中心资金审批授权书。

【队伍建设】 2014年是校园服务中心深化改革的第一年。校园服务中心坚持放权与监管相结合，实行分级管理与中心统筹相结合的管理模式。

1. 加强制度建设，完善中心管理制度，强化自身建设、规范内部管理。
2. 重视队伍建设，加强职工培训。

校园服务中心利用暑期对中心主管以上干部进行财务培训，强调规范财务管理意识。同时，各科室不定期开展职工服务水平、业务能力及工作技能培训；绿化环卫管理科有针对性地对职工进行技术答疑和业务指导；保洁部对职工进行分层培训；车辆管理科开展司机培训会；附属幼儿园开展教师培训会，组织干部教师参加市区各级培训。重视教育教学与科研，继续开展特教和干部教师培训基地工作，发挥了作为市级示范园的示范引领作用。

【党建工作】 校园服务中心重视党建工作，办公例会要求主管以上干部参加，党建工作是会议的重要内容之一，要求各级干部以党员的标准严格要求自己，促进中心发展。中心要求全体干部坚决抵制"四风"，遵守中央八项规定。

开展民主生活会，广泛征询意见 中心领导班子开展民主生活会，深入基层征询群众意见，听取基层员工对中心改革发展的意见和建议。了解各基层科室实际困难，解答和听取职工对中心改革发展的问题和建议。

重视组织建设 校园服务中心加强组织建设。电话室党支部并入校园管理服务中心党支部，校园服务中心4个党支部陆续进行支部换届，1名党员转正，发展3名预备党员，并将4名入党积极分子列入2015年发展计划。

2014年开展主题党日活动，中心领导深入基层，与基层职工开展面对面交流，听取职工对中心工作的建议和意见，同时反馈中心改革发展的进展和决心。

【内部管理工作】 加强管理，贯彻民主集中制。校园服务中心领导班子结合新形势、新任务和新要求，根据工作需要，中心及下设各科室结合实际工作特点，建立和完善相应的规章制度，努力形成规范化、系统化的工作制度体系，提高中心各部门服务师生的水平。

1. 坚持中心班子例会、主管以上办公例会及专项工作会制度，定期讨论研究中心工作，布置阶段性工作任务和要求，及时召开专题工作会，研究重大事项和协调解决具体问题，推进中心工作。在科室层面，建立科务会制度，各科室定期分析研究实际工作问题，确保运行工作顺畅有序。
2. 校园服务中心深化改革，对群众反映的问题及时解决，不推诿、不拖延，及时处理。中心对群众反映的问题建立台账和整改方案，坚持走群众路线，各项工作接受群众监督，将群众路线教育实践活动形成长效工作机制。

燕园社区服务中心

【概况】 社区中心于1999年11月伴随着北大社会化改革而成立。成立之初学校在组织体制、发展机制、资源配置等方面进行了创新探索，组成了以主管校长为理事长，北大各部门领导为理事的燕园社区理事会，具体领导社区中心的各项工作。社区中心以"服务学校、拾遗补阙"为工作方针，以"经营补服务、服务促经营"为发展机制，在社区服务与社区建设方面做了大量的工作。运行15年来，社区中心在便民服务、园区建设、为老服务、社区文化、校市合作、国际交流等方面做出了一定的成绩，赢得了广大教职工的认可。2014年社区中心以党的十八大、十八届三中、四中全会和习近平总书记一系列重要讲话精神为指导，牢固树立"以人为本、服务师生"的理念，在学校党政领导的亲切关怀下，在兄弟单位的大力支持下，在全体职工团结一致的共同努力下，圆满地完成了本年度的各项工作内容。

【社区服务】

居家养老服务 居家养老服务开展五年来，燕园地区的高龄老人及残疾人得到了这项政策的关心与关爱。社区中心也始终以"为老服务、贴心为老"为原则，尽职尽责的做好老年券的发放和使用回收工作。为了方便居民，满足老年人的需求，社区中心不断扩大老年券服务商的规模，如社区服务队、服务站、理发店、订奶、送水等都可以使用老年券。2014年度，燕园地区服务范围内的80岁以上的老人达到989人，残疾人员近100人。2014年下半年，海淀区在全市率先试点老年券变卡政策，海淀户籍的老年人可以用银行卡大小的浅蓝色芯片卡取代原来的纸质老年券，老年人可以使用该卡在家政、餐饮、医疗等六大类进行刷卡服务，极大地方便了老年人的生活。

呼叫系统及家政服务　呼叫系统全年接收服务呼叫100次，8次治安无事故报警呼叫。网站浏览量4万余次，接听热线电话7800余次，咨询类电话3600次。全年新增小时工10人，完成保姆及小时工服务量4232小时，方便了燕园地区的居民，解决了他们生活中的实际困难。

社区服务队及服务站的"上门服务"　2014年社区服务队依然保持传统，继续承担小区居民家庭的日常维修、房屋修缮工作。全年服务3526次，其中免费上门500余次。共组织便民活动2次，参加人数达到2400多人，咨询人数1800多人次，预约服务200余人次，在便民服务活动中，中心请来校医院的医生免费为社区居民开展义诊活动，受到了居民的欢迎。三个社区服务站继续做好为高龄老人免费送货上门服务，送水送粮、随叫随到，社区居民多次写来表扬信。

公益讲座及文体活动　2014年社区大讲堂依然充分发挥为居民服务的功能。举办各类知识讲座，如：心理咨询、健康的养护、法律讲座、食品安全等。

留学生文化交流　2014年继续开展留学生住家及厨艺活动，全年共接待北大国际MBA家访、日本留学生家访、斯坦福大学厨艺等项目的外国留学生263名。

【经营管理】　近几年，社区中心始终从学校大局出发，服从学校发展建设的需要，根据学校要求相继拆除了未名湖原工程处大院、校内48楼社区招待所、44楼博实超市分店、南门内工程处办公室及博实超市地上库房。最终基本完成了年初预定的经营指标，为社区服务提供了保障。

1. 配合学校完成快递中心的建设。为了配合学校快递中心的建设及学生宿舍周边环境的建设，社区中心将原在地上的工程队办公室和博实超市库房搬迁至地下室，自投资15万元对地下室进行装修改造以保证工程队及博实超市继续使用。地上建筑腾出用于学校快递中心的建设。

2. 根据学校的部署及安排，将中关园常安福宾馆改造成学生公寓。6月23日开始，宾馆停业并进入装修改造阶段，共投资44万元进行装修施工，包括更换室内空调、电热水器、卫生洁具、室内家具等电气设备及电路改造。同时为了给学生们提供一个安全的住宿环境，社区中心还增加了室内消防喷淋系统、全楼宇安全监控系统、安装全楼烟感报警装置及室内消防栓系统。社区中心职工加班加点，不计付出和报酬，晚上轮流到学生公寓进行值班，以保证学生们的安全，防止发生火灾及偷盗事件，8月份圆满完成了接待新生入住的任务。

3. 禾谷园、4—7公寓招待所接待院系进修教师入住。根据学校总务部的安排，社区中心燕东园4—7公寓招待所及禾谷园招待所于9月接待继续教育学院进修教师入住。为了给教师提供一个干净整洁的住宿环境，招待所职工放弃了休假的时间，从室内卫生清扫、卫生洁具清洗、室内家具更换到消防设施的配备，给教师入住做好了充分的准备。

【党支部、工会活动】　发挥党支部、工会的作用，关心职工思想动态和生活，了解职工困难。开展职工文体活动，丰富职工文化生活，做职工的贴心人。

1. 定期召开党支部活动，关心职工的思想动态，了解职工的生活需求，对于有实际困难的职工，从工会的角度给予帮助和照顾，保持职工队伍的稳定和团结。

2. 加强中层领导干部的学习，布置了《北京大学章程》的学习考核任务，使中层干部了解和掌握北京大学的最新发展方向，更好地为北京大学的建设做出贡献。

3. 开展职工文体活动。2014年为职工举办了棋类比赛、羽毛球比赛及职工趣味运动会，充分调动了职工的积极性，丰富了职工的文化生活。

【综合管理】　1. 加强领导班子建设，重视党风廉政建设工作。领导班子成员高度重视党风廉政建设及组织建设，定期召开民主生活会。在组织部的领导下，认真开展领导班子民主测评会，班子成员做工作总结，认真梳理社区工作中存在的问题及自身存在的不足，开展批评与自我批评，寻找差距及剖析产生问题的原因，并提出今后的努力方向与改进措施。通过民主生活会及测评会，班子成员加强了理解与沟通，提高了班子的凝聚力与执行力，并对社区中心的未来发展有了清晰的认识，制定了《社区中心中远期发展规划》。

2. 重视企业安全，定期进行安全检查工作。"企业安全重于泰山"，多年来社区中心始终坚持"综合检查制度"，在春节、劳动节、国庆节前对企业的消防、食品安全、环境卫生、人员健康等情况进行综合检查并进行不定期的抽查，奖罚分明，对不合格企业进行通报批评与落实整改。综合检查制度保证了社区中心各企业的安全平稳运行，保证了企业经营"零事故"。

3. 继续为学校各种公益活动提供资助，为校园公益事业贡献力量。继续支持北大老龄问题研究中心开展老龄问题研究工作。继续关心家庭经济困难新生，为430名北大校本部及医学部的家庭经济困难新生准备"爱心大礼包"，向新生送上社区中心的祝福。

燕园街道办事处

【概况】 燕园街道办事处成立于1981年12月,属于大院式街道办事处,受北京大学和海淀区双重领导。燕园街道辖区面积约1.86平方公里,其中北京大学校园面积272.17万平方米。辖区户籍人口约4.4万人,流动人口5474人。燕园街道办事处设有综合办公室、居民民政办公室、劳动和社会保障办公室、城管监察办公室、计划生育办公室、社会保障事务所六个科室,并设有中关园、燕东园、校内、畅春园、蔚秀园、承泽园、燕北园7个社区居委会。燕园街道办事处人员编制隶属北京大学,共有事业编制人员16人。

【环境建设】 推进创建全国文明城区工作,利用社区宣传栏、展板、宣传手册等形式,多渠道向社区居民宣传文明城区创建工作的相关政策和内容,制作并向居民发放燕园地区便民服务手册、生态文明环保袋等物品。牵头召开燕园地区创建全国文明城区领导小组工作会议,根据海淀区创建办实地考察专项测评相关情况,划分包括北京大学总务部等十余家单位的责任分工,联合地区工商所、卫生监督所等执法部门开展联合执法检查。开展经营环境秩序的实地调研考察工作,建立实地考察问题点位动态监管台账。对北京大学校门周边重点区域,制订环境秩序专项整治方案,成立含城管高校分队、食品药品监督所、安监局驻区检查员在内的综合检查队,开展集中执法检查6次。协调北京大学相关部门,完成北大东门周边环境整治工作,外墙粉刷2000余平方米,绿植补种200平方米,改善北大东门周边环境面貌。整治畅春园南路的占道经营现象,杜绝各门店占用护栏内区域经营烧烤。

【平安建设】 联系海淀区文明创建办公室、海淀区环保局、区市政市容管理委员会等相关部门,协调北京大学总务部、保卫部、校园管理中心、房地产管理部、区园林局、城管高校分队等单位,完成对学校南门外快递公司的整治工作,28家快递企业进入校内指定区域营业,校内快递自提点建成并正常运转。2014年暑期,学校累计接待来访25万人次,联合城管高校分队、燕园派出所等多家单位,落实保障措施,保证暑期、国庆期间"北京大学校园游"的外围秩序。

建立地区应急管理工作体系,落实全国两会、十八届四中全会安保群防群治力量社会面防控工作,建立带值班制度,全年重点时间段组织实施应急值守一百余天,发布各类预警信息百余条。

【民生建设】 发放低保金和帮困卡407户次共计39万元;发放生活补贴、阶梯电价、医疗、教育、年底二次救助、平房煤火费、两节慰问金、调标补发270人/户次共计9.8万元;办理低保新申请、撤销、变更19户次;发放地退、军休退休金和无收入地退遗属补助1117人次共计387万元。落实低保人员的重残、无保障老人待遇。发放过节费、孤老换季补贴、中华人民共和国成立前老工人年初补贴、护理费、困难救助、抚恤金、丧葬费、调标补发451人次共计113万元;按月发放伤残抚恤金、护理费、补贴128人次共计25.5万元;发放两节补贴、慰问金、死亡抚恤金、退伍大学生义务兵优待金及困难补助、调标补发35人次共计20.5万元;通过"春雨行动""春风送暖"、云南鲁甸地震捐款活动共接收283人次善款共计26865元。为辖区困难群众申请残、老、医、困、学的相关慈善求助23人次共计25100元;为124位无保障老人落实校医院免费体检;推进辖区商户申请、安装POS机工作,以便老人持卡消费;组织社区福利主任和居民参加侨联文艺会演、运动会、参观中国人民抗日战争纪念馆等。

开展同区通办三级联动前期筹备工作;完成人力资源许可证年审工作;开展社退人员征文活动,征集文章13篇;组织2人参加劳动保障协理员考试,8人次参加社保下沉业务培训,其他业务培训17人次;重阳节慰问社会化退休人员394人;办理外埠人员延长缴费4人,退休1人;接转档案144份;招聘备案9人;发放失业金248人次共计328159元;就业91人;办理灵活就业各项业务444人次;职业指导289人;失业监测18人;跟踪指导用人单位20家52次;办理社退疗养10人;特困认定25人;办理退休业务872人次;银行信息采集38人次;发放洗理费、书报费、取暖费300人次共计8345元;发放退休军转干部生活补助22人次;办理城镇居民医疗增减268人;发放自采暖补贴55人次542624.19元;办理城乡养老69人次;办理无保障老人增减6人;异地就医14人;公益性特困认定18人次,申请补贴65人次共计346282元;报医药费114人次共计17673.94元;95周岁以上老年人补充医疗报销3人次共计50767.18元;办理社保卡业务766人次;信息变更278人次;发放丧葬费9人共计45000元;办理社保登记业务242笔899件;开具各类证明70人次。推选各类先进16个,为2名困难妇女、儿童送去慰问金共计1600元,为14名流动务工家庭的婴幼儿送去奶粉、鸡子黄，为患乳腺癌的居民测量、发放义乳，落实7个社区开展家长学校的相关工作并接受区妇联的检查。

2014年8—9月全面摸底筛选、核查燕园地区单独夫妇的基本信息及怀孕、生育子女的情况，修订或补充单独夫妇信息，完成信息采集、录入及汇总上报5073条。接待"单独两孩"电话咨询120余件次，完成初审、上报区人口计生委"单独两孩"申请资料39件次，办结、核发二孩证37件次。办理生育服务证390件，新生儿入户229件，独生子女证101件，开具各类婚育证明共计684件。发放各类避孕药具98300只。发放暖心卡14人次，为400户1155人投保计划生育家庭意外伤害险，核发北大独生子女费、幼儿托补费349人，审核发放独生子女奖励费216人，独生子女意外死亡后对父母经济帮助申报17人次，共审核、提交5户低保困难家庭的帮困申请。以上各项措施共惠及群众1966人次，金额约为55.17万元。

评议通过保障房家庭43户，市级备案40户，三房轮候家庭申请公租房21户，办理市场化租赁补贴7户，公租房意向登记4次共50户，廉租房意向登记1次，经济适用房后期选房9户，办理公租房补贴16户，家庭复核28户，变更11户，购房家庭资格终止1户。

【社区建设】 开展"一键式"家庭医生服务体系建设工作。协调北京大学党委办公室校长办公室、离退休工作部、校医院、燕园社区服务中心等单位，制订了"一键式"家庭医生服务体系建设工作方案，指导社区居委会向居民进行相关政策宣传与解读，完成了对免费服务人群的调查核实及资料审核，为7个社区及蓝旗营小区的北大教职工488户，共计625人次安装调试智能服务终端并进行使用验收。完成11项为民办实事项目，投入80余万元完成园区道路整修、交通改善、体育文化场地拓展等项目。

做好统计及第三次经济普查工作。收审年报报表664张，收审服务业报表856张，批发零售业1026张、金融业82张，住宿餐饮业157张。完成各季度小微企业调查、企业用工调查、服务业和商业7家"一址多企"核实工作、外来人口抽样调查、53家准规模单位核实工作及2014年调查单位增减变动年度审核工作。街道经普办共登记单位828家，登记率104.4%，个体户登记率100.6%，排名全区第8。后期核实普查单位劳资、能源、营业收入、定位信息、三证图片等各类信息599条。

【基层党建和精神文明建设】 推进基层党建工作。组织全体党员干部学习习近平总书记系列重要讲话精神，邀请北大教授进行十八届四中全会精神解读，组织党员赴海淀区反腐警示教育基地接受警示教育，开展一系列党日活动，召开民主生活会，推进党风廉政建设。

领导班子成员继续深入社区与居民进行面对面交流，倾听群众的诉求，征求建议。开展社会管理创新的理论研究工作，2014年8月因《老旧小区停车管理问题研究》课题荣获2013年度海淀区调查研究工作先进单位和优秀调研成果二等奖。组织对《北京大学章程》《北京大学综合改革方案》进行专题讨论，开展"深化综合改革、聚力科学发展"讨论活动，并将相关意见汇总反馈给学校。

北京大学医院

【发展概况】 医院继续秉持"立足北大，服务社会，精益求精，诚信为本"的办院方针，以社区卫生服务为基础，以专科特色为亮点，为师生提供优质的医疗保障；以为北大全校师生谋福利、为北大创建世界一流大学贡献力量为目标，推进医院全面发展。

科室设置 设有综合办、医务科、护理部、财务科、人力资源办、宣教办、离退休接待办、质量管理与控制办、公费医疗管理办、医院感染管理与控制办等职能和管理科室；三个特色中心为口腔中心、体检中心、妇幼中心；门诊科室有内科、外科、急诊室、眼科、耳鼻喉科、中医科、皮肤科、康复科、心理咨询科、保健科、导医组、挂号室；辅助科室有放射科、功能检查科、检验科、药房、手术室、供应室、信息科、物资组。

人员情况 现有在编职工123人，其中卫生技术人员112人；正高职称6人，副高职称43人，中级职称61人，初级职称8人。劳动合同制人员235人，其中，医师63人，护士110人，其他62人；2015年正式调入1人，退休6人。

人事管理 加强医院人事工作管理，对医院所有中层管理岗位实行竞聘上岗。竞聘信息在院务公开栏进行公示，并分别召开医院干部例会和全院职工大会。成立由北京市知名专家、教授和医院党政领导组成的聘任委员会，于9月4日对竞岗人员进行竞聘演讲答辩，最终46人获得医院中层干部管理岗位聘任资格。

依法执业　完成135位执业医师考核，并建立医师定期考核档案。完成20名医师执业变更注册，35名护士执业变更或延续等注册。新增医院诊疗科目12项，包括麻醉专业、口腔牙体牙髓病专业、口腔牙周病专业、口腔矫形专业、口腔儿科专业、口腔颌面外科专业、口腔种植专业、口腔修复专业、口腔预防专业，同时完成妇幼中心产前诊断资质申请和计划生育科目，与北医三院妇产科签署转诊协议。

【医疗服务】工作任务　接收门诊403163人次，急诊31009人次；日均门诊1638人次，住院483人次，免疫接种23286人次，上门医疗服务1861人次，医务人员参加学校重大活动医疗保健服务59次，共计216人次。参加北京大学综合反恐演练1次。

2015年体检33895人次，对体检中被发现重大问题的442人进行追访，筛查确诊肿瘤27例；追访学生体检异常228人，筛查肺结核17人；为无社会养老保障老人及精神疾患病人免费体检80人次；开展心理咨询4968人次，放射、B超等影像学检查85826人次；各种检验2076957件次；制作各类展板、海报、宣传栏共计256个，与北大电视台合作开办2期《健康大家谈》栏目，与中国教育电视台合作开办《天一视线——好孕十月》特别栏目，共录制20多期，以孕期各个时段孕妇常见健康问题为线索，由专家进行有针对性的、深入浅出的科普教育。

质量管理　全年组织院长业务查房11次，门诊病历、住院病历及处方督导检查10次，全年护理查房12次。特别是通过信息化管理手段，完善门诊病历记录时效性督查工作。有针对性的组织召开医疗质量管理会议15次，及时讲评、奖优罚劣。全年住院甲级病历合格率98%以上。

严格执行人员准入及技术准入制度。加强医务人员医疗安全教育，举办医疗纠纷防范及处理讲座培训，提高医疗风险意识，完成《北京大学医院签字书汇编》，补充完善医疗制度流程10项。

服务质量　为规范医院服务标准，提升服务质量及形象，医院于10月中下旬聘请专家，分四批对医院全体医务人员进行服务礼仪专题培训。全年收到表扬信22封，锦旗4面；门诊患者满意度95%，住院患者满意度98%。

【社区卫生】公共卫生　做好常见传染病流行病学调查，对亲密接触者进行应急接种，加强结核病管理，传染病网络直报，无漏报、迟报。儿童健康管理、妇女及围产保健、重大疾病随访等各项工作都做到规范管理，达到卫生局要求。完成市或区卫生局布置的相关调查、报表、公共卫生应急任务等工作70次。

健康教育　开展社区居民健康教育大课堂、大学生健康教育课、社会或学校大型健康教育及宣传活动89次，受益人群广泛。为大学生开展健康教育选修课，2学分，34学时。

慢病管理　继续做好社区慢病管理的各项工作，完成北京市、海淀区区卫生局布置的相关工作任务。由海淀区卫生局推荐，代表海淀区接受了国家级"慢性非传染性疾病综合防控示范区"的检查，因独特的"把慢病工作融于日常临床工作中"的管理模式赢得好评，并通过验收，为海淀区卫生局和北京大学赢得赞誉。全年迎接市或区卫生局的督查、验收、质控检查18次。

专科特色　(1)口腔中心。注重品牌建设，实现复诊患者网络即时预约医生制，提升患者满意度。加强团队建设，积极引进人才，实现三级管理负责制。截至2014年年底，中心有医师58人，护士59人，技士2人；其中，博士13人，硕士11人，学士46人。加强儿童牙科、牙周科、正畸科、种植科、颌面外科、牙体牙髓科建设，得到同行业的认可，接收包括两家知名专科口腔医院在内的多家三甲医院的转诊病人。在北京市享有良好声誉。中心全年共接诊病人74185人次，组织各类业务学习或讲座28次，派出医护人员参加各类学习117人次。

(2)妇幼中心。中心全年为北大的师生和周边的社区居民分娩120人次。

【教育培训】　全年举办各类院级业务讲座、培训44次，其中，抗菌药物规范应用培训2次、院感知识培训2次、传染病知识及法律法规培训、公共卫生应急培训19次，特别是埃博拉疫情期间，开展埃博拉防控专题培训或演练6次，全院医技护共计256人完成在职继续教育学习，达标率100%。

开展多科室参加的常见急症抢救流程学习培训和现场模拟演练14次，使医务人员知晓医院急救预案启动、熟练操作技能、熟知药物、设备使用，密切急救医护、科室间的配合，全面提升医务人员急诊急救能力。

组织全体医疗技术人员进行年度理论考试和技能操作考核各1次。6名护士参加了北京市护理质量管理委员会举办的"二级医院静脉输液规范化培训"，通过考核。

【科研合作】　1. 与安贞医院合作，参与北京市科委项目：心房颤动治疗规范和技术优化研究。

2. 与阜外医院合作，参与国家科技支撑计划课题"职业场所高血压管理"。

3. 与北京大学环境科学与工程学院合作，参与国家自然科学基金重大项目"二次颗粒物和臭氧的环境暴露和健康效应研究"。

4. 与北京医院合作，参与"十二五"国家科技支撑项目：2型糖尿病高危人群干预；与北京医院合作，参与首发基金项目"北京市慢性肾脏病社区教育与干预"。

5. 与阜外心血管病医院合作，参与国家"十二五"科技支撑项目"难治性高血压诊断和治疗研究"。

6. 与北京市心肺血管疾病研究所合作，参与首都卫生行业发展科研专项的重点攻关项目"北京地区人群冠心病发病率、死亡率的检测研究"。

【国际交流与合作】 4月26日至5月2日张宏印院长一行6人应邀到日本渡边牡蛎研究所进行学术交流。

【党建工作】 做好教工入党积极分子培养和党员发展工作，5人通过学校党委组织部党校培训；全年预备党员转正3人。

【群众工作】 充分发挥工会群众组织优势和桥梁纽带作用，认真做好"三八妇女节""六一儿童节"慰问，组织职工春游、暑期游和秋游活动，增强职工团队意识和凝聚力。发展102名合同制职工加入工会组织，组织医院职工50人参加学校教工运动会集体操表演，并获得精神文明奖。

做好离退休接待工作，协助离退休党支部开展党日活动、重阳节游园活动。

加强医院文化建设，以纪念5·12国际护士节为契机，举办"我的人生座右铭"主题演讲会，弘扬南丁格尔精神，展示医院护理工作人员奋发向上，积极进取的良好精神风貌和职业风范。

【公费医疗管理】 全年公费医疗总收入1.3233亿元，其中卫生局专项拨款5733万元，学校公费医疗投入7500万元，总支出1.246亿元。

【医院还贷】 按期向学校偿还借款利息1500万元。新增固定资产822.79万元。

【所获荣誉】 获得海淀区妇幼健康技能竞赛围产保健个人第三名及竞赛优秀组织奖；国汝洁、刘景兰荣获海淀区卫生系统"优秀护理管理者"；孔祥娟、王泓滨、许定祝、杨诚获海淀区卫生系统"优秀护理先进个人"；获得2014年度海淀区交通安全管理先进集体。

北京大学附属中学

【发展概况】 北京大学附属中学占地面积5.1575万平方米、建筑用地面积2.7575万平方米。在建体育馆一期建筑面积1.685万平方米，体育馆屋面运动场1.195万平方米。图书馆藏书9万册，电子图书与北大图书馆共享。固定资产总值3980.83万元。全年教育经费投入9143.14万元，其中，国家拨款6047万元、自筹经费2908.01万元。学校信息化经费投入300万元，拥有计算机966台（计算机资产总值766万元），多媒体教室座位300个，校园网出口总带宽1Gbps，数字资源量5TB，"信息技术"课程2课时/周/人。普通教室77个、专用教室108个、实验室14个。教职工296人，包括副高级职称105人、中级职称82人。专任教师239人，包括特级教师11人、北京市学科教学带头人4人、市级骨干教师6人；海淀区学科带头骨干共59人，本科及以上学历219人。开设教学班56个，其中，初中班24个、高中班32个。毕业生559人，其中，初中毕业生222人、高中毕业生337人；招生618人，其中，初中251人、高中367人；在校生1817人，其中，初中748人、高中1069人。高中录取分数线（海淀区）544分，应届高考本科上线率100%。

【教育教学改革】 语文、英语以阅读为核心的课程改革 2014年7月，学校对英语和语文课程进行了大胆改革，语文以"专书"的"经典阅读"方式引导学生读经典、学经典，以"经""史""子""集"为纲，开设系列经典阅读课程。英语以英语文学原著阅读为载体，开设基础英语、初中高级文学阅读，专业英语阅读等一系列课程。这些课程涵盖国家课程标准，参考"翻转课堂"的教学模式，培养、增强学生阅读与领悟能力，强化写作、口头表达能力，培养与训练批判性思维。

高中成长辅导处课程建设 2014年9月起，成长辅导处负责建设与学生成长有关的课程，三个专业团队根据各自的目标和优势建设了不同的课程：（1）成长类课程：一个专业，一个世界、高一新生适应与成长、高一拓展训练。（2）公民教育课程：校会、书院议事会在内的公民教育课程；书院自治工作坊。

初中部开设课外活动与俱乐部课程 2014年9月起，初中部创设课外活动课程与俱乐部课程新课程。全体学生根据自己兴趣进行自主选择。学生从初一入学选定俱乐部项目后，持续学习或训练一年或一年以上。选修课学生每学期换一个项目，一个项目持续学习一学期。俱乐部教练与选修课课程教师来源于国家专业团队、社会专业机构、高校教师或研究生、本校专业教师。目前开设俱乐部21个，兴趣选修课程26门，课程开始实施就得到了学生的喜爱，在本学期初中部专门课程调查中，学生对俱乐部和选修课完全满意和非常满意比率达到96%。

道尔顿特色的"18+2"课程 道尔顿学院注重各种学习体验，无论是心智方面、体能方面还是创造性或情感上的体验。除了课堂学习以外，课外体验式学习活动也于2014年正式开展。其中18+2课程即学生有18周的时间在课堂上学习，另外2周将根据课程主题通过实地考察的形式进行体验式学习，理论与实践相结合。2014年暑假期间，道尔顿学院已开展了英国莎士比亚之旅和意大利文艺复兴时期艺术文化之旅。

高中艺体俱乐部课程化 本着"创新型、实践性、高水平、有特色"的原则，高中艺术、体育俱乐部实行课程化模式。俱乐部活动课程化是指将第一课堂和第二课堂有机整合，相得益彰。一方面让训练内容在课程体系构建下呈现出系统学习、深入探究的特点；另一方面也让学生在课堂上就能够满足兴趣爱好，实现团队合作。

【教学管理】

北大附中天津东丽湖学校筹建 作为北京大学推动落实京津冀协同发展重大国家战略的实际行动的一部分，在天津市政府、东丽区政府的大力支持下，北大附中东丽湖学校筹建工作正紧锣密鼓地进行。

学院课程通选和书院平行新关系的建立，书院盾的诞生 2014—2015学年开始，北大附中原元培、博雅、道尔顿书院正式更名为明德、至善、新民书院。今年专职书院指导教师的加入，成为学校强化书院建设的举措之一。本学年通过学生自行设计，推出了代表各书院精神内涵和文化特点的书院盾，在2014年10月6日校友日上举行了揭牌仪式。作为学校办学特点向校友传播的标志，校友可作为荣誉书院成员保持和母校的联结。

预科部首届新型备考模式改革取得成果 预科部首届新型备考模式改革取得成果，"指导课+辅导课"的模式将高三备考资源优势和学生自主学习能力相结合，充分发挥质化教学、个性化辅导、实效性诊断的优势。2014年高考再创佳绩：北大清华录取58人，达近年最高水平；文理科高分段人数43人，位居海淀区第二名；张凯悦同学以717分的成绩位居海淀区理科第二名（含10分加分），张钊同学以684分的成绩位居海淀区文科第四名；统招生一本上线率99%。

高中课程委员会引领课程建设趋向特色化、科研化 2014年课程委员会成立四学院、三中心，在加强组织结构的同时，课程委员会进一步梳理了学校课程建设方向，新建以"行知、元培、博雅、道尔顿"学院和"体育、艺术、信息技术"为依托的课程开发架构。继而从学科价值出发，组织教师规划、设计课程，以促进不同特色的课程体系研发，凸显课程设置和建设的特色化、科研化。老师们在承担足量教学任务的同时，辛勤工作，投入大量时间精力进行课程研发的思考、讨论和落实。

成长辅导处成立，导师队伍走向专业化 成长辅导处引入专职导师和书院指导教师，并整合学校心理师资源，为学生提供人性化、专业化以及全方位的成长支持。用课程化的方式策划、组织、指导学生开展公民教育及进行书院建设，并进行了诸多针对高中生群体的成长辅导尝试。高中部还在每个学生都配备专职导师的基础上，实行了荣誉导师制度，从成年人的角度为学生发展提出建议和帮助。

北大附中教科研成果喜获基础教育国家级教学成果一、二等奖 在教育部组织的2014年首届"基础教育国家级教学成果评奖"中，北大附中的集体项目《高中学院制、书院制学生发展模式探索——构建跨年级、多元自主的校园生态》，获得全国二等奖；张思明、冯海君、辛华等老师主持的个人项目《中学数学建模"双课堂"教与学的实践研究》获得全国一等奖。

校园管理服务中心成立 校园管理服务中心成立于2014年7月1日，承担后勤保障和校园安全工作。主要职责包括：保障学校水、电、气、热、餐饮、医务、车辆、场地，以及学校教学的设施设备；管理保安以及物业公司；组织学校大规模消防疏散演练等，是学校正常运转的重要组成部分。

李冬梅当选全国优秀教师 为庆祝新中国成立65周年和第30个教师节，教育部决定于2014年表彰一批全国优秀教师和全国优秀教育工作者，同时表彰德育和思想政治教育工作先进个人，李冬梅老师在评选中荣获全国优秀教师表彰。

高中部启用chalk系统 高中部于2014—2015学年第二学段启用了新的教学管理平台Chalk系统，实现师生双向选课、跨学期课程管理、成绩统计与管理、随堂考勤、学生请假、评教、通知发布、教学大纲等功能，用户日均登录3.4次，已建设收纳近千个教学班资料。

【外事交流】接待 4月，接待泰国吉拉达学校、英国金斯福德学校、英国使馆文化处的汉语大赛获奖学生团、台湾师大附中的代表。

5月，接待澳大利亚PLC、芬兰罗素高中、法国德比西中学、西班牙教育国务秘书一行、苏格兰中小学教师协会代表、爱丁堡大学代表、格拉斯哥大学代表、美国门洛中学教师代表、日本早大本庄高等学院教师代表。

7月,接待香港大学暑期课程夏令营。

9—10月,接待新加坡南洋女中、新加坡莱佛士书院、德国海涅中学、台湾中山女高、台北女一中、澳大利亚苏格兰高中的代表。

出访　1月,出访芬兰罗素高中、法国德比西学校,管乐团赴日本交流。

4月,出访新加坡莱佛士书院和南洋女中。

7月,赴新加坡参加亚洲科学营。

8月,出访印尼金光生物基地及国际学校、泰国吉拉达学校、韩国韩亚高中会议,参加教育部赴俄罗斯中学生夏令营、合唱团赴欧洲交流。

10月,加拿大草岭高中。

【学术委员会】　2014年学术委员会(职称评定委员会)委员名单:张思明、李冬梅、陈伟聪、于璇、鲍敬谊、崔岩、戴颖、姜民、翟蕾、生玉海、王铮、李艳、栾斌、李世民、沈莹、景志国、何道明。

【教学科研】　2014年北大附中的教科研工作取得重大突破。在教育部组织的2014年首届"基础教育国家级教学成果评奖"中,王铮校长主持的课改研究项目《高中学院制、书院制学生发展模式探索——构建跨年级、多元自主的校园生态》获得全国二等奖;张思明、冯海君、辛华等老师主持的《中学数学建模"双课堂"教与学的实践研究》获得全国一等奖。徐雪梅老师的《高中写作话题的拓展和延伸实践研究》获2014年北京市课程教材实验论文评比三等奖。马丽清老师的《生物技术的过程性评价的探索和实践》获2014年北京市课程教材实验论文评比一等奖。

学校在教师节评选出第二届"北大附中年度突出贡献奖",王冰、史连元、蔡力尚、辛华、马晶、马占江、李桐柱老师当选。

【教师队伍建设】　教师队伍建设工作稳步推进,学校与北大方正人力资源部合作,首次进行了360度干部素质测评,将绩效和素质测评量化。

学校对新入职教师全员进行了入职培训,张思明、于璇、戴颖、李克峰、方超、董玉亮老师作为培训教师,结合老师们新入职时的困惑和问题,进行了师德、师风、教学基本功、信息技术应用、教师角色、教师在岗发展、好教师的标准和养成等一系列的培训。初中部还针对新教师上岗进行了技术培训,取得了很好的效果。

【办学条件】　北大附中占地面积51575平方米,建筑用地面积27575平方米,校舍建筑面积54274平方米,生活用房面积19046平方米,行政办公用房面积7736平方米,其他用房面积3232平方米,运动场地面积2000平方米,绿化用地面积10315平方米。拥有教学班数60个,其中,初中班数24个,高中班数36个。教职工240人,其中专任教师185人。

【教师聘任】　秉承学校的招聘原则,严格遵循招聘流程,为符合招聘条件的应聘者提供岗位。2014年网上报名人数达2500多人,从中选出符合进编条件的优秀人才。进编人数6人,其中,3人已办理入编手续,3人手续办理中。近年附中进行教育教学改革,需要一定数量的人才充实教学一线及服务管理,作为附中教工队伍的重要组成部分,在完成招聘计划之外,附中每年根据岗位需要招聘劳动合同制教工进入附中工作。2014年附中共计招聘合同制教工66人。

【职称评定】　北京大学附属中学职称评审初评委员会于2014年4月3日在附中召开了2014年职称评定会。最终评出中学高级教师4名,中学一级教师5名。

【北大附中图书馆】　北大附中图书馆的前身是清华速成中学图书馆,50余载风雨兼程,业已与附中共同成长为"名师成长的沃土、英才辈出的摇篮",为建设书香校园做出了突出贡献。

新落成的图书馆现为北大图书馆分馆,以中学教育藏书为鲜明特色,由学术报告厅、综合阅览室、外文原版图书阅览室、教师阅览备课区及"康幔屋"休闲体验区等部分组成,总面积3000平方米,可同时供400余名读者阅览和自习。现图书馆藏书9万余册,生均40—50本,预计可藏书30余万册。新馆同时提供书刊借阅、教学参考资料检索、电子资源浏览和下载、信息咨询、用户培训、学术交流、阅读休闲、多媒体点播等多类型多层次服务,是北大附中最重要的教学科研公共服务体系之一,也是师生共同营筑并诗意栖居的理想精神家园。图书馆卫生情况优良,安排清洁工每天打扫。

图书采购工作制度　所购图书应符合教育部《中小学图书馆(室)规程》要求,根据本校的教育教学任务,办学特色及发展方向,建立科学的藏书体系。具体到北大附中,应以附中课程体系中国家课程设置及相关具体建设方案为中心。学科划分和藏书体系参考《中国图书馆图书分类法》。保证品种的同时,合理安排总量,复本量原则上不超过3册。外文教科书限购1册。主要以订单采购为主,如有大型书展、书市,可以适当采取现采方式。

北京大学附属小学

【概况】 北京大学附属小学占地面积27080平方米、建筑面积21709平方米,体育场(馆)面积6120平方米。图书馆(室)藏书7.29万册,电子图书180G,订阅杂志、报刊170种。固定资产总值2679万元。全年教育经费投入3961万元,其中,国家拨款2767万元、自筹经费800万元。多媒体教室座位356个,校园网出口总带宽100 Mbps,数字资源量20 TB,"信息技术"课程1课时/周。普通教室59个、专用教室24个。拥有计算机466台。教职工171人,其中,高级职称8人、中级职称136人。专任教师144人,包括北京市骨干教师8人、北京市学科教学带头人3人,本科以上学历141人。开设教学班59个。毕业449人、招生376人、在校生2180人。

【教学工作】 6月4—6日,由北京教育科学研究院基础教育教学研究中心、中国写作学会中小学写作教学专业委员会北京分会组织的北京市第一届习作教学大赛观摩活动在朝阳区举行,20多位来自北京市各区县的老师各具特色的教学展示中,北大附小黄祥昀老师的《成长的滋味》获得特等奖。

6月,学校8位老师参加海淀区小学第七届"世纪杯"教师教学基本功展评活动。在各个团队的认真研究、大力支持下,老师们取得了好成绩,其中,贾宁、杨重生、王杰、李文婷、任辉获得一等奖,李颖、张文光、刘桂红获得二等奖。

11月4—6日,北京市六城区第九届"京城杯"小学课堂教学交流活动以"聚焦学科能力 构建生态课堂"为主题在北京大学附属小学隆重进行。吴正宪、王建平、裴娣娜等九位来自不同领域的学科专家,进行了精彩到位的点评和有效的点拨引领。2400余人次参与了现场观摩。北大附小的黄祥昀老师的《杨氏之子》代表海淀区在活动中展示,获得好评。

12月,学校申报由北京市新闻出版广电局、北京市教育委员会、共青团北京市委员会联合组织开展的首届全市中小学"书香校园"建设示范校。学校确定"博雅悦读"作为我们学校的活动主题,师生共同践行"品味书香,放飞童心"。

【科研工作】 6月,尹超校长的《为了爱和自由的教育》一书由北京师范大学出版社出版。全书以故事的形式,重点撷取了尹超校长在学校民主管理中的诸多侧面和细节,呈现了当前基础教育的小学多元思想,相互激荡的气象。全书共分三章,总计25万字,并配以100余幅精美的图片。

11月28日,从学校课程到学科课程——北京大学附属小学实验校开放活动在北大附小进行。北京师范大学裴娣娜教授、北京市教委李奕委员、北京市教科院杨德军主任、海淀区教科所吴颖惠所长等专家和领导以及来自北京市、海淀区等兄弟学校的领导和老师共100余人参与了大会。会议共分四个环节:首先,尹校长代表学校做了"从学校课程到学科课程——北京大学附属小学邀游计划项目研究报告";其次,李瑜老师代表英语学科进行了题为Tiger's Drum Kit的现场教学;随后,北大附小语文、数学、英语学科教师代表分别介绍了"博雅语文""生长的数学"和"卓越英语"三大学科课程建设的研究报告;最后,学科代表教师与现场专家进行深度互动。此次会议抛出了7个学科课程建设的核心问题,能对基础教育课程教学改革起到较好的示范引领作用。

12月,北大附小报送的"生命发展课程建设研究成果"荣获北京市基础教育课程建设优秀成果一等奖,同时北京大学附属小学也荣获北京市基础教育课程建设先进单位的荣誉称号,系海淀区荣获该荣誉的唯一一所学校。

【艺术工作】 10月20日,北京市金帆艺术团验收评审工作组的专家领导来到北大附小,对北大附小金帆京剧团进行三年一次的验收评审。尹校长对北大附小艺术教育工作做了题为"娃娃唱戏 国粹生辉"的自评报告,专家组认真查阅了北大附小艺术教育课内外三年来的各方面档案资料。京剧团进行了专场艺术展示,几位艺术教师的展示课受到了专家们的一致好评。

【教师专业发展工作】 12月,根据市教委特级教师评选相关精神,经学科组评议推荐,市教委和人力社保局组成的评选委员会评审通过,北大附小英语学科范冰老师、数学学科李宁老师、信息技术学科何立新老师被北京市教委评为"北京市特级教师"。

【管理工作】 12月,中共海淀区委教育工作委员会和海淀区教育委员会为北大附小尹超校长成立了"名校长工作室"。

【信息化工作】 2014年年底,北大附小完成了学校的资源库建设,为老师们的教学提供录像课、讲座、课件和自然资源录像等音视频资料,目前资源库已建设资源20 TB。

【科技工作】 北大附小科技竞赛取得了许多优异成绩,包括全国无线电测向锦标赛一等奖、全国建筑模型竞赛一等奖、北京市青少年机器人竞赛金牌、北京市学生机器人智能大赛冠军、北京市科学建议奖和北京市金鹏科技论坛二等奖等，北大附小机器人社团还取得了VEX机器人世锦赛决赛权，将于2015年4月代表中国青少年参加在美国举办的VEX机器人世界锦标赛。另外，北大附小的机器人系列校本教材之一《神奇的单片机》已经由北京大学出版社正式出版。

【国际交流工作】 9月11日下午，丹麦首相赫勒·托宁-施密特访问了北大附小。施密特来到机器人教室，与正在上课的同学热情互动。同学们把现场制作的机器人作品赠送给首相，同时校长代表学校赠送给施密特首相一幅书法作品，施密特首相非常高兴，临行时与北大附小师生合影留念。

【基建工作】 5月，经过多年努力设计的地下2层，地上2层，集集会、游泳、排练、训练、上课于一体的高科技体育馆破土动工，预计将在2016年正式投入使用。

信息化建设与管理办公室

【概况】 2014年2月25日，北京大学规划委员会发布《关于信息化建设与管理办公室职能和机构调整的批复》(规划〔2014〕02号)，对信息化建设与管理办公室的定位、职能及内设机构进行调整。

机构定位 信息化建设与管理办公室是在学校领导下全面负责学校信息化工作的职能部门，负责统筹学校的信息化建设与管理。

机构职能 负责国家信息化法律、法规、规章、政策的贯彻执行及学校信息化相关政策、规章、标准的制定；负责学校信息化建设规划的制定和组织实施；负责学校信息化经费的统筹管理；负责学校信息化建设项目的管理；负责统协调信息化相关单位，处理学校信息化基础设施建设、运行与管理中的重大问题；负责学校网站的管理与监控和信息安全工作的组织协调；负责监测分析学校信息化的发展与运行态势，统计相关信息；负责学校信息化人才队伍建设；负责信息化领域国内外合作与交流等。

内设科室 信息化建设与管理办公室下设信息化政策、法规、标准办公室，信息化推动协调办公室。学校形象建设办公室调整为综合办公室、政策规划办公室、项目管理办公室。

1. 综合办公室，其职能为：负责信息化建设与管理办公室的日常行政事务；负责网站的管理与监控，负责信息安全工作的组织和协调；负责学校信息化人才队伍建设及相关培训工作；负责学校信息化工作相关事件的组织协调和落实。

2. 政策规划办公室，其职能为：负责国家有关信息化法律、法规、规章、政策的贯彻执行，负责学校信息化相关政策、规章及各种标准的制定；负责学校信息化建设规划的起草制定及规划的组织实施，负责学校信息化年度工作计划的制订和组织实施；监测分析学校信息化的发展与运行态势，统计相关信息。

3. 项目管理办公室，其职能为：负责学校信息化年度经费预算的制定、执行与监督；负责学校信息化建设项目的审批、执行、监督与验收；负责统筹协调信息化相关单位，处理学校信息化基础设施建设、运行与管理中的相关问题；负责公共信息化服务平台的管理。

人员变化 信息化建设与管理办公室有10名工作人员，其中，主任1人，副主任1人，医学部兼职副主任1人，挂职副主任1人；工作人员6人，其中1人于5月调动至校外其他单位。

【智慧校园总体规划】 信息化建设与管理办公室组织软件工程中心、信息科学技术学院、计算中心、现代教育技术中心等单位共同努力，形成《北京大学智慧校园总体规划》，经组织专家多次论证并修改后，11月17日上报信息化建设领导小组会议审议，获原则通过。

【信息化建设领导小组人员和职责调整】 为更好地发挥北京大学信息化建设领导小组在规划审议、项目协调上的作用，同时鉴于现任多名成员发生工作变动，为方便开展工作，根据学校目前领导机构和相关单位的实际，信息化建设与管理办公室向学校做出人员和职责调整建议，保证了政策的稳定性和延续性。

1. 北京大学信息化建设领导小组的职责：(1)负责北京大学信息化建设与发展规划；(2)信息化建设年度工作计划的审议；(3)负责信息化项目的协调。

2. 北京大学信息化建设领导小组人员组成：(1)主管校领导为信息化建设领导小组组长；(2)秘书长、总会计师及医学部领导为信息化建设领导小组副组长；(3)学校相关单位主要领导为信息化建设领导小组成员。

表 9-10　北京大学信息化建设领导小组成员

组　　长	王　杰
副组长	杨开忠　闫　敏　戴谷音　白志强
成　员	马化祥　方新贵　刘旭东　刘明利　刘　波　朱　强　张庆东　张　蓓　张西峰　张新祥　李宇宁　李　强 李晓明　肖　渊　陈宝剑　周　辉　柳军飞　夏红卫　莫元彬　蒋朗朗　程　旭　薛　领

【信息化建设项目】　信息化建设项目立项以《北京大学信息化建设项目管理办法（试行）》（校发〔2013〕212号）为依据，2014年4月3日和11月17日，信息化建设与管理办公室协调召开信息化建设领导小组会议，分别对2014年、2015年信息化建设项目立项进行审议。2014年获得立项批准的信息化建设项目为科研管理综合信息系统、北京大学学生管理与服务系统（研究生子系统）；2015年获得立项批准的信息化建设项目为数字资源一体化服务平台、学生教学一体化管理与服务系统、餐饮安全监管系统、机动车进校认证管理系统、消防监管系统等。2014年5月23日，北京大学常委会研究决定，同意两个系统纳入北京大学2014年信息化建设项目，并就经费来源做出安排。

【信息化经费管理】　组织协调信息化建设相关单位开展信息化常规经费及建设专项申报，统筹管理985专项经费下拨的信息化经费，2014年安排经费944.87万元，涉及27个具体项目。

【信息安全工作】　网站与信息系统安全自查　信息化建设与管理办公室定期组织网站与重要信息系统安全检查，2013年年底至2014年年初完成12个重要网站和信息系统安全自查，总检查项计2155项，检查结果录入北京市公安局重要信息系统等级保护平台。

信息系统测评　为进一步排查现有重要信息系统安全隐患，2014年6—12月，信息化建设与管理办公室委托教育部教育管理信息中心，对北京大学未名BBS系统进行等级测评，并以此次测评为基础，对学校基础网络和其他重要信息系统实施安全扫描。目前，测评工作已经完成。

召开北京大学网站与信息系统安全会议　2014年6月13日，为贯彻落实上级有关精神和要求，加强学校网站与信息系统安全工作，信息化建设与管理办公室组织学校各部门、各院系、各直属附属单位等信息化工作负责人及网站管理人员召开北京大学网站与信息系统安全会议，通报学校网站与信息系统安全有关工作安排，并开展了技术培训。

【门户网站改版】　根据学校门户网站的发展需求及学校领导的指示精神，信息化建设与管理办公室于2014年年初启动门户网站改版工作。在调研国内外高校门户网站建设现状的基础上，信息化建设与管理办公室提出北京大学门户网站建设在设计理念、栏目设置及技术实现等方面的规划，并调研了校内外40余家网站建设单位，综合考虑多种因素之后，选择2家设计公司、2家校内单位及北京大学学生团队等5家设计方进行方案设计，要求在设计理念、栏目设置及技术实现等方面达到既定要求，设计方案需具备唯一性、国际性、前瞻性、便捷性和共享性等特点。5家设计方共提出中文网站13稿方案、英文网站6稿方案。6月16日，信息化建设与管理办公室组织了专家评审，初选出通元公司中英文方案、计算中心中文方案及现代教育技术中心英文方案。6月27日，王杰副校长组织召开了北京大学门户网站改版方案意见征集会，相关职能部门、直属附属单位代表与会，就初选方案进行讨论，形成中文网站和英文网站各2套备选方案，并于9月16日提交校长办公会审议。校长办公会认为：各备选方案较现在运行版本均有长足进步，但应该征求更广范围师生员工的意见。根据校长办公会的要求，信息化建设与管理办公室在王杰副校长指导下，在工会、团委及国际合作部留学生办公室、校友工作办公室、离退休工作部等单位的大力支持下，组织召开意见征求会，征求不同的受众对各个版本中英文门户网站的意见信息化建设与管理办公室统计了调研数据，并报校长办公会，供选定方案参考。11月4日，校长办公会综合考虑调研数据与网站后期运维等各种因素，决议中、英文门户网站分别由计算中心、现代教育技术中心负责完成。截至2014年年底，内部测试已经完成，待上报学校常委会审议通过后即可正式上线。

【北京大学校园电子地图建设】　2014年，信息化建设与管理办公室启动北京大学校园电子地图（燕园校区）建设，内容包括：二维地图、三维地图和高仿真校园。目前校园电子地图服务功能已完成，实现了地点搜索、路径规划、全景展现、中英文切换等功能，可以满足普通用户的基本需求。北京大学校园电子地图将与门户网站同步上线运行。

【信息化基础数据调查】　信息化建设与管理办公室经过分析北京

大学信息化建设的历史和现状，认为信息化目前已全面深入到学校教学、科研、管理和服务的各个层面，但学校一直缺乏全校信息化基础数据以及相应评估，为解决这一问题，更好地为信息化规划、经费管理及项目管理服务，2014年年初，信息化建设与管理办公室启动北京大学信息化数据调查和评估体系建设。经过与计算中心、现代教育技术中心多次沟通，2014年上半年，信息化建设与管理办公室构建了北京大学信息化数据调查指标体系，形成针对信息化基础运维单位、职能部门、院系等不同版本的调研问卷。2014年下半年，信息化建设与管理办公室协调计算中心、现代教育技术中心有关负责同志，开展数据调研工作，并根据调研数据，开展数据分析，整合形成《北京大学信息化数据调查分析报告》。

【北京大学2014年信息化工作会议】3月17日，北京大学2014年信息化工作会议成功召开。北京大学副校长、信息化建设领导小组组长王杰及有关领导出席。柳军飞主任作北京大学信息化工作报告。报告系统梳理了2008年信息化建设工作会议以来，学校在信息化常规运维、智慧校园规划、建章立制及信息安全管理等方面取得的成绩，对学校在信息化建设和管理中存在的问题进行了分析，并通报了下一阶段工作考虑。

【信息化服务平台运维】北京大学统一短信平台 截至2014年4月25日，共有90个单位开通了140个账号，发出的短信条数近1000万条。信息化建设与管理办公室主要负责账户管理、平台发展规划、建设、维护、升级及应用咨询。2014年5月，根据"管办分离"的信息化管理思路，北京大学统一短信平台运维转由计算中心承担。

北京大学正版软件共享平台 信息化建设与管理办公室通过统筹购买的方式，面向师生提供软件正版化服务，提供软件下载、激活、升级、刻盘和咨询等服务。2013年5月，新版正版软件共享平台上线运行，截至2014年4月底，一年时间软件下载超过20万次。2014年5月，根据"管办分离"的信息化管理思路，北京大学正版软件共享平台运维转由计算中心承担。

大型软件购置审批 对校内各单位的大型软件申购进行审核、审批，2014年共审批申报表40份，并协调组织了电子邮件系统（coremail）、Sentaurus半导体模拟软件套装购置的专家论证。

编码管理 2014年完成新媒体研究院、海洋研究院、燕京学堂、国家竞争力研究院、量子材料科学中心等单位的编码发放和调整工作。

表9-11　2014年大型软件审批目录

序号	大型软件
1	Davis软件及软件分析密钥
2	二维/三维数字图像相关应力应变分析系统
3	北京大学光华管理学院金融硕士相关功能开发
4	北京大学光华管理学院财务预算系统
5	标准普尔capial IQ数据库
6	说道英语语音听说教学与考试平台
7	CASE Database
8	操作系统（oracle ovm,oracle linux）及服务
9	北京大学招生网改版
10	THomsonReuters教育机构产品
11	计算机访问问卷编程软件
12	ABAQUS有限元分析软件
13	SAS系统（教育授权许可）
14	电子邮件系统（coremail）
15	句酷英语作文自动批改系统V1.0
16	VASP5.3
17	Sentaurus半导体模拟软件套装
18	达梦数据库管理系统
19	达梦数据库交换工具

续表

序号	大型软件
20	薛定谔分子模拟软件
21	CST 工作室套装
22	ENVI 遥感图像处理软件
23	自然地图网站制作费
24	XD-3 控制软件及其分析软件
25	Memory 控制器片上 SRAM
26	万得数据库 WFT 金融终端
27	万方数据知识资源系统 v1.0
28	CPU 外围 IP 核—AMBA 总线
29	从头量子力学和分子动力学的计算软件包
30	ANSYS 软件
31	美德功能磁共振图像后处理软件
32	书生移动图书馆系统
33	中孚违规深度检查工具
34	行为观察分析系统
35	MATLAB 软件
36	PIV 近壁速度测量软件开发
37	面访专家软件 v2.0
38	Cadence 软件
39	论文查收查引系统
40	众志 IPS 图像优化系统软件

表 9-12 2014 年楼宇信息网络建设目录

序号	项目
1	太平洋大厦网络设备(有线)
2	太平洋大厦网络设备(有线)
3	太平洋大厦网络设备(无线一)
4	太平洋大厦网络设备(无线,外贸)
5	勺园 5 号楼综合布线材料
6	勺园 5 号楼综合布线施工、光纤工程
7	太平洋大厦综合布线系统集成工程(洽商)
8	物理西楼网络设备(有线)
9	物理西楼网络设备(无线)
10	朗润园 158 号院网络设备
11	基金会(二期)网络设备

【党风廉政建设】 2014 年,信息化建设与管理办公室深入学习贯彻习近平总书记系列重要讲话精神,借鉴和运用党的群众路线教育实践活动的成功经验,以认真贯彻中央八项规定精神、坚决反对"四风",结合开展群众路线教育实践活动"回头看"工作,对照教育实践活动整改落实任务清单及"深化综合改革、聚力科学发展"讨论,做好工作,务求实效。本年度,信息化建设与管理办公室党员干部能够"严格党内生活,严守党内纪律,深化作风建设",通过不断学习增强政治意识、大局意识、党的意识、廉洁自律意识和遵纪守法观念,未发生违纪违规事件。

筹资与基金管理

【概况】 2014年是全面贯彻落实党的十八届四中全会精神、推进法治建设的一年,也是完成"十二五"规划的关键一年。在学校和理事会强有力的领导下,教育基金会紧密围绕学校加快创建世界一流大学的战略目标,团结一心,扎实进取,科学制定筹资规划,完善筹资体制和制度建设,为筹资工作长远发展提供了坚实保障,全面提升了筹资和管理等各项工作。在学校各院系、各部门的共同努力下,共获得社会捐赠2900余笔,到账捐赠总额达5.68亿元;新签署捐赠协议数达400份,创历史新高,协议总额达16.29亿元。

2014年到账捐赠中,用于基础设施建设的约占4.05%,用于教师发展的约占48.16%,用于学生发展的约占9.96%,用于院系发展约占31.39%,非限定资金约占4.40%,其他用途约2.04%。

【筹资工作】 教育基金会围绕学校战略目标,科学制定筹资规划,完善筹资体制和制度建设,积极拓展捐赠资源。

1. 制订2018筹资挑战计划。在2013年召开全校筹资与发展工作会议的基础之上,北京大学于2014年召开了全校筹资工作推进落实座谈会,分析了筹资工作的形势、挑战,研究和部署了未来筹资工作,提出关于进一步加强和改进筹资工作的意见,做出制定未来筹资规划的战略部署,实现由年度筹资向长期筹资的转变。

根据学校的战略部署,教育基金会充分调研、学习借鉴,紧密结合北大发展需要和筹资工作现状,制订了"2018筹资挑战计划",抓住120周年校庆契机,启动了全校性大规模主题筹款运动,以建设雄厚的大学基金,支持北京大学实现2018年跻身世界一流大学的宏伟目标。按照学校发展需求,"2018筹资挑战计划"分为四大主题:"汇聚顶尖师资""培育未来领袖""破解前沿难题""助力永续发展",为北京大学的教学科研、人才培养等重要领域筹集资金支持。

2. 完善筹资体制和制度建设。为完成筹资规划,实现筹资工作新突破,教育基金会不断推动学校筹资体制和制度建设的完善,为筹资工作提供体制和制度保障。一是加强组织领导,成立了学校筹资发展委员会,统筹领导全校筹资工作;二是制定出台了六项筹资工作相关制度文件,主要包括进一步加强和改进筹资工作的意见、筹资奖励办法、捐赠鸣谢、捐赠命名管理办法等方面的规定;三是加强与院系的定期沟通机制。多次召开院系筹资座谈会,了解院系需求、困难和问题;建立了教育基金会与院系的联系制度,每位副秘书长对应负责联系部分院系。

3. 积极拓展捐赠资源。在完善筹资体制机制的基础上,教育基金会积极主动宣传学校理念,增进社会各界对北大的了解、信任和认同,为学校发展争取更多更大的支持。

一直关心支持学校发展的老朋友为学校发展建设给予了新的宝贵支持,主要有:金光集团与北京大学签署捐赠协议,黄志源校友宣布,将连续捐赠十年,共计5亿元,支持"北京大学博雅讲席教授"计划;香港百贤教育基金会承诺捐资支持燕京学堂的发展建设,同时设立"亚洲未来领袖奖学金";联泰国际集团董事长陈守仁先生捐赠设立"陈守仁教育基金",资助学生国际交流;李彦宏校友再度捐赠,支持"李彦宏回报基金";北京大学名誉校董、教育基金会理事陈国钜先生与夫人、教育基金会名誉理事陈伍玉华女士捐赠支持"致敬大师专项基金"与"120周年校庆筹备工作启动资金"。

一批新的朋友加入到支持北京大学的行列,主要有:西控产业投资有限公司承诺捐资两亿元,支持景观大楼建设,以及建筑与景观设计学院的发展;中植集团捐资支持国家金融研究中心与国家网络安全与信息化研究;广东知光生物科技有限公司捐资设立"北京大学冠昊国际交流基金";亿赞普(北京)科技有限公司捐资支持国家竞争力研究院开展大数据研究;内蒙古和信园蒙草抗旱绿化股份有限公司承诺捐资支持生态农业研究;唐立新先生捐资设立"唐立新教育发展基金";美国唐仲英基金会捐资支持汉籍善本工程,等等。

【项目管理】 2014年,基金会继续按照"规范、透明、效益、安全、服务"的总方针,不断深化项目管理,加强与学校相关部门的沟通协作,确保了捐赠项目的规范透明、高效执行,确保捐赠人的慈善理念得以实现。

截至2014年年底,教育基金会管理的各类捐赠项目达2396项,其中,讲席教授基金41项、奖学金544项、助学金213项、奖教金127项、研究资助282项,直接奖励资助师生7300余名。2014年,北京大学大幅度扩大了面向贫困地区定向招生专项计划的招生人数,为保证每一位新生顺利入学,台湾财团法人张荣发基金会设立"北大之友——张荣发助学金",来自全国22个省(直辖市、自治区),分布于全校15个院系的一百多名优秀同学成为第一批"北大之友——张荣发助学金"获得者,免除学习生活的后顾之忧，心无旁骛地开始燕园的求学生涯；"休斯敦北京大学校友会奖学金"筹款成功，将成为第一个海外校友会永久奖学金；北大校友、真格基金创始人徐小平，北大纽约校友会会长陈愉生等众多校友捐赠设立"吕林社团发展基金"，成为首个以个人名义命名的社团发展基金。此外，基础设施项目顺利推进，进一步拓展了办学空间，为老师和同学们提供更好的教学科研环境。如，城市与环境学院、建筑与景观设计学院大楼奠基，王克桢楼揭幕启用，新太阳学生中心落成。

教育基金会按照捐赠项目性质与捐赠人的需求，举办各类活动，增进捐赠人和受奖助师生的沟通与交流，传播捐赠人的慈善理念，培养"人助、自助、助人"的理念。在教育基金会及学校相关部门的共同努力下，举办了多项重大活动，如奖教金颁奖典礼、奖学金颁奖典礼、与奔驰共同举办奔驰奖助学金20周年庆典，人文基金和光华奖学金颁奖典礼，等等。

【机构建设】 2014年2月和11月，教育基金会分别召开第五届理事会第三、四次会议，分析当前形势和筹资现状，审议通过筹资发展规划，讨论同意成立北京大学筹资发展委员会，就进一步改革机制、动员各方力量、创新筹资和投资策略等多方面工作进行了充分讨论和战略部署。

根据《教育基金会管理条例》等相关法律法规要求，在扎实的项目管理和财务管理工作的基础上，教育基金会顺利完成上一年度的审计和年检工作。

加强信息宣传工作。继续做好基金会网站和刊物的形象宣传工作，加强校内外媒体联系，加紧制作项目书等公关产品，树立良好的品牌形象；开通了北京大学教育基金会微信公众账号，借助新媒体力量，加大宣传，加强信息公开，提升基金会公信力。

加强队伍建设。2014年上半年，在学校组织部的大力支持下，教育基金会通过面向全校公开招聘，选拔了三名副秘书长，增强了领导班子建设和干部队伍建设。根据新的形势和工作需要，教育基金会进行了部门和分工的调整。2014年下半年，基金会多个岗位面向校内外公开招聘合同制员工，通过笔试、面试等严格的选拔流程，最终选出6名优秀新员工，充实到基金会的工作队伍中。

【年度纪事】 1. 联泰国际集团再次捐资支持北大学生国际交流。3月9日上午，联泰国际集团向北京大学捐赠仪式在陈守仁国际研究中心隆重举行。联泰国际集团董事长陈守仁先生、副董事长兼行政总裁陈亨利先生及家人集团成员专程从香港赴北京出席仪式。联泰国际集团副董事长兼行政总裁陈亨利先生和北京大学常务副校长吴志攀教授共同签署了捐赠协议。根据协议，联泰国际集团将向北京大学捐赠1500万元人民币，设立"陈守仁教育基金"，资助北京大学学生国际交流，并支持北大教育基金会的发展。

2. 香港百贤教育基金会慷慨捐资支持北京大学燕京学堂建设。北京大学116周年校庆前夕，香港百贤教育基金会与北京大学签署捐赠协议，将捐资支持北京大学燕京学堂的基础设施建设，同时设立"亚洲未来领袖奖学金"，每年选拔和资助20名来自世界顶尖高校的亚裔本科应届毕业生进入燕京学堂学习中国学硕士项目。捐赠仪式于5月3日下午举行。香港百贤教育基金会创办人兼理事会主席、永新企业有限公司副董事长曹其镛先生及夫人曹罗碧珍女士、百贤亚洲研究院行政总裁曹惠婷女士、百贤教育基金会营运总监温德美女士一行专程从香港来到燕园出席仪式。

3. 北京大学举行新太阳学生中心落成仪式。6月6日上午，新太阳学生中心落成仪式隆重举行。新太阳集团董事长李晓东先生一行专程从上海赶赴燕园出席仪式。朱善璐、王恩哥、张彦、叶静漪、王仰麟、邓娅、马化祥等领导和200多名师生代表共同参加了活动。前校长周其凤和教育部办公厅巡视员、前副校长鞠传进也专程出席了活动。

4. 金光集团将连续捐资十年支持北京大学博雅人才计划。6月25日上午，金光集团向北京大学捐赠协议签署仪式隆重举行。金光集团董事长兼总裁、北京大学名誉博士、杰出校友黄志源和朱善璐书记、王恩哥校长共同签署了捐赠协议。根据协议，金光集团将在今后十年捐赠五亿元人民币支持"北京大学博雅讲席教授"计划，帮助学校延揽国际顶尖的学术人才，培育和支持国际领先学科。

5. 北京大学召开筹资工作推进落实座谈会部署下阶段相关工作。6月26日下午，北京大学筹资工作推进落实座谈会在新闻发布厅召开。党委书记、教育基金会理事长朱善璐，校长王恩哥，常务副校长吴志攀、柯杨、刘伟，副书记叶静漪，副校长李岩松、王仰麟，总会计师闫敏出席会议。学校筹资发展委员会委员，各院系党政主要负责人、职能部门、直属附属单位主要负责人参加会议。此次会议旨在研究和部署今年及未来五年的筹资工作，交流筹资工作经验，凝心聚力、埋头苦干、改革创新，为加快创建世界一流大学进程打造坚实的物质支撑保障。

6. 蒙草抗旱公司与北大合作开展生态农业相关教学科研。8月3日，内蒙古和信园蒙草抗旱绿化股份有限公司董事长王召明先生与北京大学校长王恩哥院士在北大签署协议，宣布蒙草抗旱与北京大学合作开展生态农业相关领域的研究,蒙草抗旱为北大的科研和师资建设提供资金和其他资源支持。

7. 西控投资捐赠两亿元支持建筑与景观设计学院发展。8月11日,西控产业投资有限公司向北京大学捐赠协议签字仪式隆重举行。北京大学校长王恩哥院士、西部发展控股有限公司董事局主席陈远东先生、李西平董事长及师生代表参加了签字仪式。根据捐赠协议,西控投资无偿向北京大学捐赠人民币2亿元,其中5000万元用于支持景观大楼建设,1.5亿元用于建筑与景观设计学院教学、科研和人才聘任及开展国际合作。

8. 中植集团捐资支持北京大学学科建设。9月18日上午,中植集团与北京大学签署捐赠协议,宣布中植集团捐资支持北京大学开展国家网络安全和信息化研究。中植集团董事长表示,中植集团与北大的合作将致力于加强一流人才队伍建设,促进产学研的合作和科技成果转化,服务于国家战略需要。

9. 北京大学举行2014年度奖教金、奖学金颁奖典礼。12月5日下午,北京大学2014年度奖教金、奖学金颁奖典礼举行。2014年,北京大学共评出18项奖教金、77项校级奖学金,5000余名优秀教师和同学获奖,奖金总额逾5600万元。

10. 北京大学举行2014年度人文基金和光华奖学金颁奖仪式。12月3日下午,第五届北京大学人文基金颁奖仪式和2013—2014学年度北京大学光华奖学金颁奖仪式隆重举行。受光华教育基金会鼎力支持,本年度共有50位老师获得人文杰出青年学者奖,678名同学获得光华奖学金。

校友工作

【联络与服务】 加强数据库基础建设,依托标签管理,尝试基本数据和活动记录两个维度上的突破,完善数据库构成和功能。2014年导入和更新校友数据7万余条,校友信息数量达到24万条,年度增加10%;综合联络覆盖率由40%提高到60%。重点校友记录5200条,捐赠校友记录10864条,重点校友标签四级300余类。

推进校友网主站建设,积极推进新版校友网的建设进度和细节优化;同时加强与相关校友企业的合作,如今年2月与CC视频达成初步合作协议,解决校友网及未来移动终端的视频处理支持。

校友网燕缘社区上线,生态化社区建设正式展开。覆盖全体校友,延伸至在校生,以会员生态管理、群组生态管理、校友导师计划等为具体内容,以全球最大职业社交网络"领英"(LinkedIn)为合作伙伴,以移动互联衍生产品为配套工具的全新校友社区网络正式进入会员引导进驻阶段。

探索移动互联背景下的校友工作,积极研究移动互联终端的开发和合作,经与腾讯、活动行等企业合作,校友会在校庆前成功推出微信公众服务号,并在校庆活动期间开始推广,与原有的微博、微信订阅号和北大人应用共同构成移动互联宣传体系。

【《北大人》杂志】 《北大人》编辑部2014年制作完成了春季刊(总第52期)、夏秋合刊(总第53、54期)、冬季刊(总第55期)共4期杂志。本年度《北大人》的工作重点是优化内容结构:人物报道增加年轻校友和在校师生的比重,选题更加注重与时事热点的联系。此外,文字风格在坚持对知识性和专业性的追求外,更加注重趣味性、故事性和人文关怀。调整后读者普遍反映杂志更具北大之风。此外,本年度编辑部还大量增加了与校友及师生的一对一沟通,更加具体的了解读者的阅读期待。

【机构建设】 截至2014年12月,在北京大学校友会备案在册的二级校友组织共计112个,涵盖20个院系校友组织、84个地方校友会,以及8个行业类校友组织。在拓展组织架构之上,积极加强基础规章制度的建设,深度研讨、不断修改完善北京大学校友会规范性文件。与此同时,完善、规范了校友会作为社会组织的年度审计、年度检查、选举规程等,并逐步展开社会评估、信息公开等相关工作。

【理事会议】 12月27日,北京大学校友会第八届理事会在天津召开第二次会议,168名理事中有118人参会,其中,88人现场参会,30人通讯参会。

本次理事会对常务理事会提交理事会审议的《北京大学校友会关于进一步加强备案校友组织指导工作的意见》《北京大学监事聘任和工作办法》(试行)及监事候选人名单、《北京大学校友基金管理办法》及管理委员会成员名单、《北京大学校友理事产生办法》(试行)4个规范性文件进行了讨论和表决,表决结果为全部通过。此外,与会理事就"新形势下的校友组织规范与发展""北京大学120周年校庆筹备""移动互联时代的校友社群新生态"展开了小组讨论,理事们的建议和意见经由校友会秘书处整理后认真研究落实,并反映给学校领导及相关部门,服务于北京大学校友会工作水平的提升,服务于母校北京大学加快创建世界一流大学的伟大事业。

【大型活动】 2014年联络与发展部继续加大对校友群体的服务力度,针对不同年龄、行业、需求的校友群体参与策划组织了海内外各类活动30余场,使校友与母校之间的联系更为密切。2014春节校友联谊会、燕京大学校友返校、西南联合大学校友返校的聚会类活动获得了年长校友群体的一致欢迎。除此之外,"北大人"大师论坛,张维迎教授、吴志攀教授的主题分享会,"小北大人"夏令营、北美校友会年会暨北京大学校庆宴会、北京国际图书文化节北大分论坛、2014中国创业者峰会、单身校友联谊会等均成了广受校友好评的品牌活动。其中,两年一届的小北大人夏令营不仅让海内外校友子女体验了父母的大学生活,增强了他们对北京大学、北京和中国的认知,此次还前往云南弥渡贫困县牛街乡完全小学进行了为期2天的支教和体验生活。通过为期8天的夏令营,加深了小营员之间的友谊,增强了团队协作意识,提升了社会责任感。夏令营结束后,收到了家长和营员的积极反馈。

在116周年校庆期间,以"家·年华"为理念的校友返校活动继续开展。"家·年华"策划组织了多个门类、18项丰富的校友活动。"游园寻梦"带领校友故地重游,再寻青春;"母校重聚",老中青几代校友欢聚一堂、共叙同窗之情;"燕缘雅聚",留学生校友们不远万里返回母校,与同窗师生团聚,追忆往事;"文化之旅"让校友们重温北大人文情怀;"科学探索",传承五四科学、民主精神,展现北大学术氛围;"重返赛场",开放邱德拔体育馆运动健身项目。作为今年校庆活动中的亮点,图书馆学系1980级校友邱明斤将个人收藏的数百件北大历史藏品运回母校,举办了"燕园留痕——邱明斤校友北京大学文献收藏展",展品年代跨度从清末大学堂时至今日,从燕大文献到北大旧刊,一件件意义非凡的珍贵藏品呈现在校友们面前,使参观校友对北大的历史文化有了感性而直观的体验。同时,联络部协调近20个校内部门、机构,开放了艺术学院展映室、赛克勒考古博物馆、地质博物馆、图书馆等科教文化资源,展示了学生课外学术科创成果、丰富的社团活动等多项校园文化资源,使校友充分体验和利用了学校的各种资源,感受了母校的进步与发展。

在北京大学2014年本科与研究生两场毕业典礼上,分别邀请了张益堂校友及吴军桥校友作为校友代表寄语毕业生,两人从不同的人生经验角度为即将走出校门的青年毕业生送上临别寄语。同时还邀请到了百余位毕业30周年或50周年的校友代表来到毕业典礼现场观礼。让这些学长们重温了毕业时的激动,感受了母校的繁荣发展,亲身体会了作为北大人的自豪。学长们的到来也激励着这些刚刚走出校门的毕业生,不忘师恩,不忘母校,奋发图强,为母校永续荣光。在北京大学2014年开学典礼上,校友代表、中科院院士王会军校友在发言中对新生们提出了两点希望。首先,应坚持勤奋刻苦的学习精神;其次,应保持坚持不懈的学习态度,勤不在一时一刻,而在持之以恒。

党建与思想政治工作

组织工作

【概况】2014年,党委组织部落实学校十二次党代会和"三步走"发展战略,成功召开了学校组织工作会议,对2014—2018年的党建工作进行全面设计和部署。认真谋划和开展学校党建和组织工作;进一步加强领导班子民主建设、干部队伍建设、基层党组织和党员队伍建设,持续推进干部人事制度改革、组织制度创新和基层党建工作创新。

【群众路线教育实践活动】2014年,党委组织部(活动办公室)以开展总结交流、深化整改落实为主线,持续推进党的群众路线教育实践活动。

1. 召开总结会,为各单位真改、实改、彻底改奠定基础

2月21日,筹备并召开了学校党的群众路线教育实践活动总结大会,朱善璐书记做总结报告,李延保组长讲话,并在会后开展了民主评议。3月13日,召开党的群众路线教育实践活动领导小组办公室暨督导组工作总结会。4月24日,召开党的群众路线教育实践活动二级单位深化整改落实工作座谈会。几次全校性会议的召开,在总结活动情况的基础上,为贯彻中央"三严三实"要求,落实整改责任奠定了良好基础。

2. 建章立制,以严格的制度保障持续规范和推动整改落实工作

经过向各类群体多次征求意见和学校党委反复讨论,研究制订了《北京大学党的群众路线教育实践活动整改落实方案》,并以党发文形式向全校印发,供全校师生监督。同时,制订了《制度建设工作计划》《专项治理工作方案》,梳理了《整改落实台账》,逐一落实整改落实项目,确保每个项目都有明确的责任人、责任单位和整改期限。在此基础上,4月下旬,活动办根据整改落实工作进展情况,制定并印发《北京大学关于深化整改工作的若干意见》,建立了整改项目负责制、整改措施和整改过程公示制、整改跟踪督办制及整改成效评价制。以"三严三实"要求抓好二级单位深化整改工作。

3. 召开民主生活会,整改落实"回头看",进一步正风肃纪

2014年民主生活会以"严格党内生活,严守党内纪律,深化作风建设"为主题,在会前认真组织研讨学习,通过发放征求意见表、召开座谈会、设置意见箱等各类现有渠道,同时结合实际丰富拓展其他方式,广泛征求党组织、党员干部、师生群众、教代表、党代表等各方代表的意见。要求班子成员逐一开展谈心谈话,为开展批评和自我批评打好基础。要求领导班子及其成员要按照从严从实的要求,自己动手撰写对照检查材料。

党委组织部结合二级单位民主生活会的安排,部署全校各院系、各个部门的"回头看"工作,包括在民主生活会征求意见环节增加就各自整改落实方案的进展情况进行自查的内容,以及在各单位的民主生活会上,必须对整改措施落实情况进行通报,对尚未整改的要说明原因。组织部由活动中的15个督导组按照分工,对二级单位整改措施落实情况进行检查,分头了解各单独整改措施落实情况,并向有关校领导进行反馈。校领导带着问题参加联系单位领导班子民主生活会,对整改措施落实等情况进行点评,提出要求。

【北京大学组织工作会议】6月6日,召开组织工作会议,对过去一段时间的工作经验进行总结,对未来五年的工作规划进行研究。党委组织部总结经验,凝聚共识,一手抓工作积累和工作规范,一手抓工作创新和制度改革。党建工作室参与起草了前期调研报告、《北京大学党的建设2014—2018工作规划》,修订了《中共北京大学委员会关于进一步加强教职工党支部建设的若干意见》和《中共北京大学委员会关于进一步加强学生党支部建设的若干意见》,整理了党建工作相关的文件规范,组织了教师和学生党支部书记等座谈会。

会议召开期间,一些老师重点提出了党支部活力不足、党支书作用发挥困难、党员教育管理服务有待改进等党建工作的难点问题。这些积累,有助于党建工作下一阶

段理清思路,抓住重点,寻求突破。

【**深化综合改革**】 10月13日,在党的群众路线教育实践活动集中解决作风问题后,学校党委、行政正式部署开展以"深化综合改革、聚力科学发展"为主线的讨论活动,聚焦发展问题。讨论活动从10月中旬开始到11月底共分三阶段进行。10月,在活动的第一阶段,党委组织部下发了《关于在教工党支部中开展"议改革、谋发展,群策群力创一流"和"弘扬社会主义核心价值观,争做党和人民满意的好老师"主题党日活动的通知》,充分调动基层党组织和广大教职工党员在这次讨论活动中的带头引领作用。随后,11月初至11月中旬的第二阶段,全校各基层党委逐步深入展开讨论活动,组织部派人参加了部分院系的党支部活动,参与到党员和师生讨论活动中。11月中旬至11月底的第三阶段,党委组织部对各基层党委提交的讨论活动意见进行归纳整理,又将医学部党委组织部汇总的意见及统战部提供的来自民主党派人士的意见建议汇入,共形成了172条关于《综合改革方案(征求意见稿)》的意见,411条围绕十个讨论问题展开的意见。形成了《北京大学"深化综合改革、聚力科学发展"讨论活动意见建议情况》2册。

【**迎评工作**】 2—3月,北京市委组织部、北京市委教育工委、北京市人力资源和社会保障局组织开展了北京市党建和思想政治工作先进普通高等学校评选工作。党委组织部以迎评工作为契机,协调全校各基层党组织和相关职能部门进行了认真准备,编印了书记报告、校长报告、综合报告、专项工作报告、特色工作报告、基层自查报告、支持材料目录等7本册子,全面总结和提炼了学校近年来在党建和思想政治工作方面的成就,在各单位提供的资料基础上,形成了全面反映北大近年来党建和思想政治工作9大方面的135盒资料。同时督促各基层党组织完成自查自评,并认真挑选了能够反映北大特色的考察点。

迎评工作中,党委组织部系统总结了2007年以来各级党组织围绕人才培养、科学研究、社会服务、文化传承创新等的各项成果,进一步建立和修订了相关文件,进一步加强了对基层党组织的监督检查,进一步推动了基层党建工作向着制度化和规范化的方向迈进,使学校成功获评"北京市党的建设和思想政治工作先进普通高等学校"。考察组对学校党建工作给予了高度评价,也提出了建议和要求:一是进一步加强基层党组织制度化、规范化建设;二是进一步加大在高层次人才中发展党员力度。

【**学习《中国共产党发展党员工作细则》**】《中国共产党发展党员工作细则》正式公布后,为进行广泛宣传和深入解读,将《细则》具体内容在校内网站上发布的同时,党委组织部以多种方式在全校各级党组织中广泛宣传和深入解读《细则》,还通过电子邮箱面向各基层党支部发送了学习辅导材料,组织党员群众逐章逐条学习,以准确把握发展党员工作精神实质。

组织部以党委组织部门负责同志和基层党组织负责人为重点,通过举办各种形式的培训班、研讨班,在基层党委(党工委、党总支、直属党支部)组织委员、党委秘书、教工及学生党支部书记四个层面抓好《细则》的学习培训工作,同时要求院系结合自身实际举办专题培训、座谈或研讨。

为贯彻落实好《细则》,根据新精神结合北大实际,组织部制定了北京大学发展党员工作规范和流程,并进行多次讨论、专题调研,尤其是围绕入党积极分子和发展对象的培养培训问题展开了多次讨论,并就发展党员问题进行了基层院系调研,在相关职能部门和基层党组织、党员中征求意见。

此外,为在党员发展过程中认真贯彻"控制总量、优化结构、提高质量、发挥作用"的总要求,加强计划指导,实行动态监测,2014年年底,党委组织部就基层党组织的贯彻执行情况,组织了全校范围的自查,学校还组织力量进行了抽查。

【**基层党组织建设**】 在对2013年教工党支部主题党日教育活动"落实十八大,共话中国梦"和"学习党的群众路线,建设服务型党支部"进行隆重评选表彰的同时,还先后开展了2014年"学习习近平总书记五四重要讲话精神""议改革、谋发展,群策群力创一流"和"弘扬社会主义核心价值观,争做党和人民满意的好老师"教工主题党日活动。充分调动了基层党组织和广大教职工党员学习贯彻好习近平总书记讲话精神,扎实推进学校创建世界一流大学的各项事业和改革发展进程的积极性。尤其在后一次活动中,全校各基层党委全方位组织动员,结合自身实际,制订了切实可行的方案,使全校初步掀起了"议改革、谋发展"的热潮。

组织在职党员到社区报到服务群众。根据北京市委教育工委的要求,制订《北京大学在职党员到社区报到服务群众工作实施方案》,公布北京大学党委与燕园街道对接的具体方案,详细说明法学院党委、校医院党委等十来单位的工作职责,统筹全校各级党组织做好在职党员到社区报到为群众服务的前期工作。全校共有25家二级党组织完成到社区报到,包括本部20家,医学部5家,到燕园街道下属社区报到的20家,到其他街道下属社区报到的6家。参与组织报到的人数总计为2100人,另有88人以个人形式到社区报到。

教育培训抓好队伍建设。9月23日,党委组织部举办全校基层党委(党总支、党工委、直属党支部)组织委员、秘书培训会,11月27日,又举办主题为"学习贯彻重要讲话、规范发展党员工作"的教工党支部书记培训示范班。内容包括"十八届四中全会精神"专题报告,发展党员工作专题辅导,党建创新立项与党组织活力的提升,信息系统应用与基层党建制度化程序化规范化等,在党务工作队伍中强调对于新修订的《中国共产党发展党员工作细则》的学习贯彻,并结合北京大学实际,进一步明确了发展党员工作流程和工作规范。同时对党务工作者们如何使用组工管理信息系统也进行了业务培训。

扩大困难党员帮扶范围。2014年,为进一步向党员送爱心、送温暖,党委组织部扩大了帮扶补助范围,各单位在申报时可在原来一人的基础上酌情再增加一位困难党员。今年的申报对象共有69位,来自28个基层党委的46家单位。比去年增加了18位,增约35%。

【奖励工作】 积极主动向北京市推荐候选人和报送材料,经过严格评选,北京大学精神卫生研究所党委被评为北京高校先进基层党组织;化学与分子工程学院研究员陈鹏,基础医学院党委副书记、工会主席谷涛,北京大学第一医院纪委委员、大内科主任、主任医师、教授丁文惠获评北京高校优秀共产党员;心理学系党委书记、副主任吴艳红获评北京高校优秀党务工作者。2014年6月18日,学校隆重举行庆祝中国共产党成立93周年暨表彰大会,授予刘化荣、童笑梅等10位同志"北京大学优秀共产党员标兵",苏勉曾、叶新山等292位同志"北京大学优秀共产党员"称号。物理学院重离子所教工党支部、基础医学院神经生物学系党支部等91个单位荣获"北京大学先进党支部",赵诚、张宇识等10位同志荣获"北京大学十佳学生党支部书记"。

【党建研究】 开展高校党建工作的学习、研讨、交流活动。围绕群众路线教育实践活动,开展专题研究,形成多篇高质量成果,在北京市获奖,并编辑了北大党建群众路线专刊。面向各院系组织开展"践行社会主义核心价值观,加强服务型党组织建设"基层党建创新立项。发布《关于北京大学党建研究会2014—2015年度课题申报的通知》,组织全校党务工作者和党建专家积极申报开展研究。

承担全国党建研究会2014年度调研课题,选取今年三个重点课题之中的《党的群众路线教育实践活动经验和健全改进作风常态化制度研究》作为研究方向。5月10—11日,赴长沙参加课题协调会,经协调,高校专委会承担"健全党员、干部坚定理想信念常态化制度研究"子课题并顺利完成调研工作,形成研究报告《高校健全党员、干部坚定理想信念常态化制度研究》,深入开展高校群众路线教育实践活动理论研究,全面总结高校第一批活动经验,根据高等学校特点开展理论研讨,发挥带动示范作用,为建立长效机制提供重要理论支撑。获得三等奖。

组织申报2014年度北京市高校党建研究会课题,其中生命科学学院柴真老师的《生命科学海外归国人才入党意愿及其培育研究》被列为拟立项课题的C类课题,获得1万元立项资助。

【积极分子与党员干部培训工作】

北京大学第41期干部研讨班 2014年5月至2015年1月举办,培训对象主要是2013年5月1日以来新上岗和新晋升职务的中层领导干部。校情校策培训阶段,邀请学校党政主要领导和职能部门负责人为学员讲授学校的基本情况、建设世界一流大学的总体目标和实施综合改革的发展战略,以及大学人事与财务管理的现状等。国情国策培训阶段,研讨班赴焦裕禄干部学院,通过现场教学、体验教学、音像教学等形式,从历史和现实两个维度,学习焦裕禄精神,深化群众路线教育实践活动。治校理教能力培训阶段,结合对干部教育培训的有关要求和新上岗中层干部的特点,安排了保密专题、领导力和领导角色、新媒体发展与高校舆情应对等课程,并首次为正副职学员分别安排了"如何做好一把手"和"如何做好副职"的培训内容,使培训更具针对性。期间,研讨班还开展了围绕学校综合改革工作的专题沟通会、与国际合作部的部门沟通会,并组织学员前往口腔医院进行现场教学。研讨班共70名学员结业。

北京大学第5期中青年骨干研修班 2014年5月至12月举行,培训对象首次扩大到院系专职管理干部。校情校策培训与第41期干部研讨班共同举行。国情国策教育阶段,研修班赴红旗渠干部学院,学习红旗渠精神,深化群众路线教育实践活动。治校理教能力培训阶段,围绕学习十八届四中全会精神相关要求,重点从法治与社会转型、职业发展、心理调适和领导力塑造等方面进行课程设计,并邀请发展规划部就"2018行动计划"与学员进行深入交流。本期研修班倡导学员加强读书自学和英语培训。研修班共53名学员结业。

学生入党积极分子培训

2014年,党校举办第27期党的知识培训班和第21期党性教育读书班,组织专题辅导报告、党委书记讲党课、院系分组讨论和创新性活动等,党性教育读书班首次增加结业考试,加大对党章等基础知识的考核。第27期党的知识培训班共1319人结业,第21期党性教育读书班共1268人结业。

教职工入党积极分子培训工作　党校于2014年3—4月举办北京大学第6期教职工党的知识培训班,组织专题辅导报告和小组报告,经考核,全班73名学员结业。

专题研讨班　根据中央组织部《关于做好县处级以上领导干部学习贯彻习近平总书记系列讲话精神集中轮训工作的通知》精神,学校党委于3月26日正式启动北京大学处级以上领导干部深入学习贯彻习近平总书记系列讲话精神教育培训活动。5月4日上午,习近平总书记到北京大学考察并在师生座谈会上发表重要讲话。学校党委要求处级以上领导干部在前一阶段教育培训活动的基础之上,重点学习习近平总书记"五四"重要讲话精神,将学习贯彻活动引向深入。党委书记朱善璐为研讨班做专题辅导报告和动员会,医学部和深圳研究生院通过远程视频同步学习。处级以上干部结合学校发放的学习材料,在本单位内以读书会、座谈会、研讨会、专题讲座、支部学习、班子理论学习、党团日活动等各种形式组织开展自学。同事,借助国家教育行政学院远程课程培训平台,学校为全体处级以上干部购买网上专题培训课程,参学干部须完成至少16学时的网络课程学习任务。

暑期境外培训项目　2014年1月8—27日,7名副处级(含)以上干部经选拔前往加州大学洛杉矶分校、伯克利分校等开展与本职工作相关的问题导向型培训。2014年,学校首次举行暑期境外培训,围绕"队伍建设"这一主题,由指定单位推荐干部参训,7月10—19日,17名副处级(含)以上干部前往新加坡培训学习。

举办北京大学首届学生党支部书记培训示范班　北京大学党委组织部、学生工作部、党校办公室于2013年11月至2014年5月举办了北京大学第12届学生党支部书记培训班,首次分为示范班和普通班。学生党支部书记示范班的学员为各院系推荐的优秀学生党支部书记,原则上为北京大学2013年"十佳学生党支部书记"和北京大学2012年"先进党支部"书记。示范班在普通班的基础上增加了社会实践、《党支部书记业务指南》编写、向普通班做工作实务报告等环节,使示范学员充分发挥引领作用,以达到示范班和普通班学员的双向促进、双向提升。

宣 传 工 作

【概况】　中央电视台《新闻联播》报道了习近平总书记"五四"到访北京大学、北大学习习近平总书记"五四"讲话精神座谈会、谢晓亮研究组成果世界首例MALBAC胚胎全基因组扩增测序试管婴儿在北京大学第三医院诞生等;在《中央电视台》的《新闻直播间》《朝闻天下》《晚间新闻》等栏目播出对生命科学学院邓宏魁研究成果、北京大学承办2018世界哲学大会、北大"大仓文库"善本展、"燕京学堂"计划启动、北京大学毕业典礼、汤一介先生逝世、北京大学启动综合改革方案等宣传报道。

策划组织学校主要领导在《人民日报》《求是》《光明日报》等中央主要媒体发表署名文章。协调参与制作完成北大宣传微电影《星空日记》。组织策划北大优秀校友柴生芳事迹"时代楷模"柴生芳先进事迹北京大学报告会。完成第三届蔡元培奖的颁奖工作。策划组织北京大学校庆120周年出版物及宣传片的筹备工作。

继续摸索应对危机事件的处理方式,最大程度减少负面新闻对学校形象的影响。

【理论工作】　2013—2014年度是党的十八大召开以后,围绕学习和宣传习近平总书记的重要讲话,思考、总结学校发展的战略问题。以学习和践行社会主义核心价值观为工作红线,2014年年初,集体研究起草了《北京大学培育和践行社会主义核心价值观的有关情况及下一步深入推进的举措》《中共北京大学委员会关于深入贯彻落实习近平总书记"五四"重要讲话精神,加快创建世界一流大学的意见》。

2014年3—4月,参与《高校宣传工作手册》编撰工作;6月,配合中宣部开展了"关于各地各高校培育和践行社会主义核心价值观有关情况"的研究;7月,结合《求是》杂志约稿,对新媒体条件下提高高校意识形态工作能力和水平等问题进行了专题研究。

2014年1—3月,组织教师申请教育部"群众路线教育实践活动重大理论课题研究";5月,选拔推荐了我校8位教授作为北京市宣传文化系统"四个一批"人才候选人。

【北京大学校刊】 2014年,北京大学校刊共出报31期(第1339—1369期)。发挥舆论宣传主阵地作用,学习贯彻习近平总书记考察北京大学的"五四"讲话精神,以及十八届四中全会精神的贯彻落实。2014年五四青年节之际,习近平总书记考察北京大学,独家策划采写了四篇相关通讯报道,并配发了五篇学习贯彻讲话精神的文章。

发挥专刊、专版优势,集中宣传,突出效果。2014年,北大校刊共出版3份专刊:习近平五四考察北京大学专刊,第十一届北京论坛专刊、学工部表彰专刊,记录学校的重大事件和重要工作。同时出版了14个专版,在宣传了学校中心工作和职能部门工作、弘扬北大人精神、展示北大学者理论水平方面发挥了很好的作用。

【新闻网】 北大新闻网围绕学校中心工作,充分发挥新媒体环境下网络宣传的重要作用,全方位报道了学校在教学科研、国内外交流合作、思想党建、校园建设、校园文化等方面的新举措新面貌,编辑、发布文章近5000篇,采写新闻、通讯等新闻作品近200篇,拍摄摄影作品150余张,发布新闻图片万余张。英语新闻网共发布新闻300余篇。

依据网络媒体特色,建设专题,新闻网将重要新闻点通过专题等形式多角度多层面报道。新开设专题22个,维护更新以往专题数十个。英文网维护建设栏目8个。更换了访问服务器。配合计算中心、信息办等部门,改版学校主页。

【电视台】 2014年北大电视台共完成新闻600余条,专题节目300多期,全程拍摄超过120场/次,制作专题片30余部、现场直播30多场。工作总数量比往年平均水平有近20%的增加并开创了一系列新的栏目和新的做法。

开辟了专题报告和系列报道宣传党的十八届三中、四中全会和党的群众路线教育实践活动精神。进一步挖掘学校的学术和文化底蕴,凸显北大电视台的高品位。开设《燕园风物》系列专题片,"科技创业讲堂""健康大讲堂",以及学校各部门、学院组织的学术讲座活动。

积极践行中央关于传统媒体和新媒体融合的意见精神,探索电视媒体在微博、微信等平台上的传播和推广。2014年,电视台创建了微信公众号,针对新媒体的特点专门制作了一系列节目。

【广播台】 广播台在2014年度每周制作共计十一档栏目。本年度下半年共计播出节目60期3600分钟。

维护燕园校区公共广播系统,实现了校园广播通过手机方式播出。起草了广播台远景规划,修订了广播台工作章程。制定了新的录制播出系统的使用指南。完善设备及家具信息登记、图文资料整理、重大报道等多项工作规章制度。整理了部分广播台历史资料。着重为落实广播台政治安全保障进行了多方沟通协调。在宣传、保卫、房产等部门领导支持下落实了保安及值班室。组织协调了全国高校广播工作联谊会的日常工作。

【摄影与图片】 宣传部摄影组承担所有北大重要活动的拍摄工作:5月4日,习近平总书记来访北大同师生座谈,北京论坛,米歇尔访问北京大学等,及时向校内外媒体提供图片报道。在校内外报刊网络共发稿二百余幅图片,制作图片橱窗展板三十余版,全年图片拍摄总数量约九万张。

承担学校各种部门各种类型的图片展览,以及向出版书籍提供图片,图片提供内容丰富,资料全面完整。

【官方微博、微信】 北京大学官方微博在2014年度关注人数已经突破26万,全年增长10万以上,官方微信团队一年内关注人数也已近12万。单条微博平均互动数据(转发、评论、点赞总数)、单篇微信图文平均互动数据(阅读、点赞总数)位居全国高校官微前列。

2014年,官方微博先后通过新浪微博平台直播了美国第一夫人米歇尔·奥巴马来访、2014中国电视年度掌声·嘘声等活动。同时,官方微博先后就引起校内外广泛关注的事件发布了官方通告,向社会澄清事实真相,表明北大立场,维护学校权益。官方微博还通过开"悼念汤一介先生""2014北京论坛"等新闻专题,集中报道了重点事件。

官方微博上线以来,早安晚安、人物、摄影、读书、美文等栏目以其传播的知识与正能量,2014年官方微博共推出"大美北大"246期、"燕园风物"68期、"每周读书特辑"46期、"燕园达人秀"27期、"未名知道"13期、"博雅人物谈"7期。所有栏目在微博和微信两个平台同步上线,对于展示北大校园生活与师生风采,营造正面校园文化氛围发挥了积极作用。

统 战 工 作

【思想建设】 深入学习贯彻十八大，十八届三中、四中全会精神和习近平总书记系列重要讲话精神。在3月召开的北京大学统战干部工作会议和4月召开的北京大学民主党派、侨联工作研讨会上，统战部对年度思想建设和重要学习活动的计划作了研讨、沟通和安排。

3月21日，由北京市委教育工委主办、北京大学党委统战部承办的北京高校统战大讲堂首场报告会在百周年纪念讲堂举行。

5月7日，北京大学党外人士学习贯彻习近平同志五四讲话精神座谈会在英杰交流中心举行，与会的党外人士对习近平同志五四讲话阐释的社会主义核心价值观予以了高度肯定，一致赞同习近平同志提出的中国的世界一流大学必须有中国特色，扎根中国大地办大学的思路。

5月16日，民盟北大委员会、北大医学部委员会联合举行了学习习近平同志五四讲话精神，践行社会主义核心价值观座谈会。

9月16日，协助市委教工委举办北京高校统战理论大讲堂，马克思主义学院孙熙国教授为全市高校统战干部做"培育和践行社会主义核心价值观"讲座。

10月29日，统战部党支部召开支部生活会，集中学习十八届四中全会精神，并就北京大学综合改革方案进行讨论，校党委副书记、医学部党委书记敖英芳到会。

12月12日，为深刻理解依法治国理念、加强思想建设和组织建设，九三学社北大委员会举办了"中共十八届四中全会精神学习会"。九三学社中央研究室原主任、北京大学历史系教授岳庆平应邀做主题辅导报告。

12月24日，医学部统战系统召开学习贯彻十八届四中全会精神暨民主党派侨联负责人会议，会议认真学习了《中共中央关于全面推进依法治国若干重大问题的决定》的主要精神。

【民主监督】 巩固群众路线教育实践活动成果 按照学校总体安排和部署，统战部在工作中继续落实群众路线教育实践活动成果，充分利用群众路线教育实践活动的机会，逐一落实整改台账，加强统战工作生态环境的建设和优化。具体包括推进学校党员校领导与党外代表人士联系交友制度的细化、落实；继续举办午间交流会，加强与民主党派普通成员联系；研究制定《北京大学民主党派、党外代表人士建议办理、回复制度》；走访调研基层院系，了解基层单位党外人士在本单位的工作情况，加强与基层单位的联系沟通等。

2014年，统战部继续在党外人士座谈会、茶话会，以及到基层院系和民主党派走访调研中，就学校统战工作征求意见建议。12月9日，敖英芳副书记主持召开民主党派负责人及无党派人士座谈会，就群众路线教育实践活动"回头看"工作、学校综合改革方案有关工作，以及学校领导班子民主生活会征求意见。统战部也在会上向民主党派、无党派人士通报了统战系统群众路线教育实践活动整改落实情况。

广泛征求意见，充分发挥党外人士监督作用 6月13日，《北京大学章程（草案）》民主党派、侨联负责人征求意见会召开，统战部、发展规划部负责同志及各民主党派、侨联负责人等参加会议。各民主党派、侨联负责人围绕章程结构、条目内容和文字表述展开讨论，并提出意见建议。

9月22日，在第65个国庆节到来之际，学校举行2014年党外人士国庆茶话会，学校党委书记朱善璐、党委副书记敖英芳、秘书长杨开忠等参会，与会党外人士围绕北大改革发展等方面畅所欲言，提出了自己的意见和建议。

11月5日，医学部统战系统召开座谈会，听取统战人士对北京大学综合改革方案的意见和建议，校党委副书记、医学部党委书记敖英芳等参会。与会统战人士按照北京大学开展"深化综合改革、聚力科学发展"主题讨论活动的要求，围绕"北京大学综合改革方案（征求意见稿）"进行了讨论。统战部还通过邮件等方式征求各民主党派和党外人士对"北京大学综合改革方案（征求意见稿）"的意见建议，共收集整理8类23条书面意见上报给学校。

【制度建设】 健全体系，探索民主协商制度建设 推进学校党委与民主党派、无党派人士民主协商机制、统战事务协商机制、学校民主党派及党外代表人士建议回复等制度建设，探索扩展民主党派、党外人士参与学校民主管理和民主监督的渠道和途径。

筹备北京大学党外知识分子联谊会，为党外知识分子发挥作用提供平台 截至2014年年底，北大共有高级知识分子（副高以上）5792人，其中党外高级知识分子2984人，占51.5%（民主党派成员1147人，无党派1837人）。为切实做好党外知识分子工作，按照上级统战部门要求，统战部就筹建北京大学党外知识分子联谊会开展了相关准备工作，探索进一步加强党外知识分子工作的渠道和平台。

建设北京市党外知识分子领

域理论政策研究基地 北京市委统战部4月份在北京大学设立北京市统一战线理论研究会党外知识分子领域理论政策研究基地,主要开展三方面工作:一是承担市委统战部有关党外知识分子领域的重点课题研究任务;二是向市委统战部领导班子提供相关理论政策研究的最新动态;三是承担全市无党派、党外知识分子工作领域干部和代表人士的部分授课任务。

【"大统战"工作格局】深入开展基层调研工作 2014年1月开始,学校统战部开展基层调研工作,先后到工学院、物理学院、信息科学技术学院、环境科学与工程学院、经济学院、国际关系学院、化学与分子工程学院、新闻传播学院、哲学系、教育学院等院系进行调研,与院系党委就学院统战工作相关情况进行沟通,并对学校统战工作下一步的发展听取意见建议。不少基层单位对基层统战工作开展进行了有益探索,地球与空间科学学院党委、口腔医院党委等基层党委每年邀请本单位党外人士举行座谈会,通报近期工作情况,并就本单位改革与发展、学生培养和人才队伍建设等方面听取党外人士的意见建议,收到良好效果。

加强统一战线系统工作研讨和培训 3月,党委统战部召开2014年北京大学统战干部工作会议,就2014年全国统战部长会议、北京市统战部长会议、北京市高校统战部长会议精神进行传达和学习,对2013年学校统战工作进行总结,并就2014年统战工作重点进行了说明。4月,北京大学民主党派、侨联工作研讨会在英杰交流中心举行,北京大学各民主党派、侨联负责人出席了会议。会上就2013年统战工作的总体情况进行了介绍,并就2014年的工作重点进行了沟通研讨。

加强部门联席会议制度,起草《加强党外干部培养和选拔的工作意见(讨论稿)》 5月、9月,组织部、统战部召开联席会议,就进一步加强党外干部培养选拔工作措施的文件制定进行商议、讨论、起草了《加强党外干部培养和选拔的工作意见(讨论稿)》。

推进午间交流会项目,创新交流平台 继续举办午间交流会,邀请民主党派成员、校党委副书记敖英芳、北京市委统战部党外知识分子处一起参加交流。《中国统一战线》2014年第7期以《寻访燕南园53号——北大党外人士"午间交流会"见闻》为题对北大党外人士午间交流会进行了报道。

丰富活动,加强与统一战线广大成员密切联系 开展民主党派合唱团、统战系统新春联谊会等群众性活动,促进统战干部与广大党外人士沟通交流,创造和谐氛围,增进互相了解和友谊。1月9日,北京大学医学部2014年统战系统新春联欢会在卫生部礼堂隆重举行,敖英芳副书记参加,统战系统400余人齐聚一堂,喜迎马年新春。12月,组织民主党派合唱团排练并参加北京大学"一二·九"歌会,取得良好反响。

加强与上级部门联系,实现上下联动、活动共建、资源共享 3月21日,中央统战部四局局长张献生、干部局副巡视员张奇等一行来北京大学就中央统战部"统战理论进高校"试点工作进行调研。4月1日,北京市委统战部副部长、市侨联党组书记周开让到北京大学调研党外代表人士工作。6月5日,海淀区委常委、统战部部长彭玉敬,海淀区委统战部常务副部长杨志洪一行到北京大学调研统战工作。2014年,中央统战部六局将北京大学党委统战部确定为基层统战工作联系单位。12月9日,中央统战部六局副局长张明、留学人员工作处处长王松涛到统战部就新时期高校统战工作开展走访调研,并拜访了北京大学副校长、"千人计划"专家联谊会副会长陈十一,就留学人员统战工作进行了交流。

此外,党委统战部还注意与兄弟高校统战部加强联系和交流。9月19日,由党委副书记、纪委书记吉克跃林带队的西南民族大学党外代表人士一行来北大调研,校党委副书记、医学部党委书记敖英芳等参加座谈。10月23日,安徽财经大学党委统战部来校调研。

【队伍建设】协助上级部门加强党外代表人士安排使用工作 2014年,陈十一、黎晓新当选为欧美同学会第七届理事会副会长,马大龙被增补为全国政协人口资源环境委员会副主任,陈平原新增为国务院参事。此前,北大共有46位党外同志担任全国和北京市人大代表、政协委员,2位党外同志担任国务院参事,3位党外同志担任海外联谊会理事,2位党外同志担任北京市政府参事。此外,还有6位党外同志担任市政府特约工作人员,8位党外同志担任市党外知识分子联谊会理事(其中2人入选常任理事)。还有1位党外同志担任全国工商联专职副主席,1位党外同志担任北京大学副校长。他们在各自岗位上展现风采,为国家、北京市和北大的发展建设积极发挥作用。

推进党外代表人士队伍建设 注重加强党外代表人士队伍梯队建设,不断完善党外代表人士数据库建设。充实调整党外代表人士队伍,动态管理党外高层次人才库,丰富党外后备干部库。注重利用校内外教育培训资源,分层分类开展学校党外代表人士教育培养力度。4月和12月,中央统战部六局、中央统战部干部培训中心、北京市委教育工委联合先后举办两期北京高校党外代表人士高级研修班。推荐彭练矛等9位党外人士参加第一期学习培训和实践锻炼,推荐郭红卫等15位党外人士参加第二期教育培训。9月，推荐北大九三学社主委沈兴海等4位党派组织负责人参加教工委举办的北京高校民主党派组织负责人研讨班。

加大学校党外代表人士实践锻炼力度　2013年北大成为北京市委统战部党外代表人士挂职锻炼联系点。按照有关工作要求，全面开展了党外代表人士考察调研、党外干部挂职平台、课题研究等方面工作。2014年推荐了数学学院宋春伟、北医三院田耘、口腔医院唐志辉、信息科学学院田永鸿参加北京市"三个一百"党外干部挂职锻炼，同时接收了一位北京市党外干部到北大挂职。与组织部联合对2013年度北京市处级岗位挂职锻炼的党外人士进行了考察。12月，在北京市第二批高层次党外代表人士挂职锻炼工作中，北大生命科学学院教授、中科院院士、第十二届全国政协委员、致公党中央常委赵进东挂职北京市农委副主任，中文系教授、第十四届北京市人大常委、民进中央委员、市委副主委张颐武挂职北京市文化局副局长。

引导党外代表人士服务国家和学校发展　进一步支持党外代表人士参政议政、认真履职，发挥"两会"代表委员的作用和社会影响力。

2月18日，全国"两会"前，举行全国"两会"代表、委员座谈会。代表委员们就所关心的有关国家和北京市发展、教育与医疗改革、国际形势的焦点、热点、难点问题发表了看法。学校领导介绍了学校近期主要工作，与会代表委员与相关职能部门负责人就拟在"两会"上提交的提案、建议案等交流了看法。

2月18日，市委统战部、教工委与北大部分全国"两会"代表、委员进行座谈，听取意见建议并进行信息报送。

全国两会结束后，3月19日，医学部党委统战部举行"两会"精神报告会，医学部党政领导、各医院、学院负责人，机关部处负责人，离退休老同志和教师、学生代表等200余人参加了报告会。

3月21日，党委统战部与学生工作部合作举办的"聚时事　观热点"两会精神解读报告会在理教108举行，部分全国两会代表、委员以及师生代表共计400余人参加了报告会。

3月学校新闻网两会专题对北大代表委员参加两会、积极发挥参政议政作用的情况进行宣传报道。医学部还制作了全国、北京市政协委员、人大代表人物介绍展板和"两会"专刊，将代表委员建议和提案汇编成册，并以建言献策小组为载体，为统战人士发挥作用搭建平台。

8月，全国政协常委、民盟中央副主席、中科院院士、北京大学数学科学学院院长、北京国际数学研究中心主任田刚率领调研组前往广西壮族自治区马山县、上林县就农村义务教育资源配置情况开展调研，并提交提案。

9月，按照北京市委统战部、教育工委的要求，组织部分党外院士参与首都发展建言献策活动。

完善党员领导干部与党外代表人士联系交友制度　贯彻落实中共中央、北京市关于《关于加强新形势下党外代表人士队伍建设的意见》（中发〔2012〕4号）以及《中共北京大学委员会关于加强和改进新形势下党外代表人士队伍建设的意见》（党发〔2013〕24号）要求，更好地加强北大党员领导干部与党外代表人士联系交友工作，促进学校建设与发展，13位党员校领导同45位党外人士建立了联系。

【支持民主党派活动】支持协助各民主党派基层组织加强自身建设　3月，致公党北京大学人民医院支部成立大会在人民医院举行，致公党市委专职副主委谢朝华等相关领导参加了会议。会议选举产生人民医院支部主委关振鹏，支部委员黄磊。5月，民进北大基层委员会图书馆支部举行会史回顾主题活动。9月，九三学社北京大学第二委员会成立青年活动小组。青年活动小组的成立是委员会落实青年工作、加强自身建设的重要措施，为青年社员更好地参政议政、服务社会、锻炼能力、做出贡献搭建了平台。12月，致公党北大支部到海淀区智光特殊学校参加捐助物资公益活动。此外，统战部积极协助各民主党派做好党派成员发展、市级后备干部考察等工作。支持民主党派加强宣传工作，刊印党派刊物。民主党派的基层组织建设不断加强。

支持民主党派开展有影响的活动　5月，民建北大委员会主办了第二届民建"城市发展论坛"。9月，九三学社北京大学委员会、清华大学委员会、北京大学第二委员会联合北京市委科技委员会在北京大学医学部举办"深化科技体制改革"主题议政会。10月，民盟北京大学医学部委员会在口腔医院举办第五届医改沙龙。12月，民盟北京大学医学部委员会、北京大学委员会、清华大学委员会联合在北京大学肿瘤医院举办了"第九届民盟高教论坛—大学之道"。

统战部注意加强与民主党派中央和市委组织的联系，以支持北大基层组织的建设。6月，全国人大常委、民进中央常委兼北京市委主委庞丽娟，民进北京市委常务副主委李焕喜一行到北京大学调研。9月，九三学社中央常务副主席邵鸿、北京市委专职副主委方炎、中央研究室处长曾建军、市委组织部部长刘海红等一行来北大调研。

【民族宗教、港澳台侨和统战对象照顾工作】贯彻落实民族政策关心少数民族师生的工作、学习和生活情况，了解他们的思想动态，加强对少数民族师生骨干的培养教育。10月,组织学校穆斯林民族师生一起在学校佟园清真餐厅欢度古尔邦节。12月18日,中央统战部民族宗教工作局副局长张天昱到校为部分本科生做题为"学习中央民族工作会议精神,为促进民族团结多做贡献"专题讲座。

港澳台侨工作 3月,北京市侨办副主任李纲等一行来医学部就基层侨务工作情况进行调研。4月,医学部侨联主办"归侨留学人员创新论坛",中国侨联经济科技部部长陈桦、市侨联副主席苏建敏等参加论坛。5月,北京市侨务工作会议暨首届"京华奖"颁奖大会在北京举行。泰国归侨、北京大学生命科学学院教授潘文石获北京市华侨华人"特别荣誉奖"。6月,根据北京市委教育工委和北京市台办的安排,在北大举办"两岸情·中国梦"主题宣传月活动,由国台办原副主任、海协会原副会长王在希为北大师生做全面推进两岸关系和平发展的报告。8月,接待台湾高校教师大陆文化教育参访团一行45人访问北京大学。2014年北大港澳在校生323人,台湾在校生522人。12月,协助中国侨联成功举办2014海外侨领中国国情研修班。

关心、照顾统战对象 关心照顾老统战人士及遗孀,帮助他们解决一些生活困难。在与学校相关单位一起完成了第一届全国人大代表郑昕先生遗孀房季娴老人房屋腾退、养老院及养老费用落实工作后,6月为其过了96岁生日。9月12日,与北京市委教工委统群处、经济学院党委一起为北大无党派人士、国务院参事、全国政协原常委、全国人大代表、经济学院教授李庆云祝贺70岁生日,并转交中央统战部为其制作的《人民生日报》。11月,协助数学学院党委与中央统战部、全国政协、市委统战部、民建党派组织等协调丁伟岳先生后事工作。

【统战理论研究和信息宣传工作】
统战理论研究工作 2014年承接北京市社会主义学院重点课题、市委教工委重点课题《高层次党外代表人士成长路径研究》、市委统战部重点课题《影响无党派人士作用发挥的主要因素及其改进策略研究》。《北京高校高层次党外代表人士成长路径研究》课题获2014年度北京市统战理论研究与调查研究一等奖,并获2014年北京统战理论研究基地优秀课题;《影响无党派人士作用发挥的主要因素及其改进策略研究》课题获2014年度北京市统战理论研究与调查研究二等奖。党委统战部获2014年度北京市统战理论研究与调查研究优秀组织单位。

信息宣传工作 开展统战网页管理和优化,重新设计并改善了统战网页,安排专人定期更新网页信息和内容,进一步加强统战工作的信息化建设。更新信息员队伍,加强信息报送工作。按照中央统战部信息工作要求,调整了信息员队伍,努力提高信息质量和参考价值。5月,无党派人士、北京大学国家发展研究院原院长周其仁教授提出的《"村民议事会"保障农民决策权和经营权》建议,被中央统战部部门刊物采用,并以信息形式报送中央领导。编印《北大统战工作》,积极宣传我校统一战线工作和优秀党外代表人士,目前已推出四期。据北京市委统战部信息采用情况显示,北大在2014年的统战信息报送高居高校统战部门榜首,并作为唯一高校被评为2014年度北京市统战系统信息工作优秀单位(全市共19个)。

【"统战理论进高校"活动】 3月19日,中央统战部四局局长张献生、干部局副巡视员张奇等一行四人来北京大学调研,就统战理论进高校问题与北京大学有关干部、专家进行沟通。校党委副书记、医学部党委书记敖英芳,党委统战部长张晓黎,研究生院学位办公室主任黄俊平,教务部教材办公室主任于瑞霞,政府管理学院教授、政党研究中心主任金安平,马克思主义学院教授、形势与政策课主持人李淑珍,马克思主义学院教授、北京市中共党史学会理事程美东,马克思主义学院副教授、政治经济学研究所所长宋国兴参加了调研会。

11月1日,"统战理论进高校"第一讲成功举办,中央统战部政策研究室主任张健为学校入党积极分子培训班做"新时期统一战线基础理论"的报告。

12月18日,中央统战部民族宗教工作局副局长张天昱到校为部分本科生做了"学习中央民族工作会议精神,为促进民族团结多做贡献"的专题讲座。

12月31日,中央统战部六局局长王永庆来校为本科生做题为"新的社会阶层人士统战工作"专题讲座。

【北京高校统战大讲堂首场报告会】 3月21日,由北京市委教育工委主办、北京大学党委统战部承办的北京高校统战大讲堂首场报告会在百周年纪念讲堂举行。报告会邀请了全国工商联专职副主席,北大国家发展研究院名誉院长、著名经济学家林毅夫教授做了题为"当前国际国内经济形势与2014年经济工作"的报告。北京市委教育工委常务副书记刘建主持了报告会,北京市数十所高校的党委主管书记、统战部长及统战干部,北大部分基层党委书记、统战委员及民主党派成员共300多人参加了报告会。北京高校统战大讲堂是北京高校统战理论与实践研究会研究决定的从2014年开始分片举办的系列报告会,由北京市委教育工委主办,相关高校承办。

【周开让来北大探望院士】 4月1日,北京市委统战部副部长、市侨联党组书记周开让来北大,探望了北大具有党外和侨界身份的新任中科院院士。他代表北京市委统战部,同时受中央统战部委托,代表中央统战部领导,向新当选的院士表达了问候和祝福。周开让还对北大的党外代表人士工作进行了调研。校党委副书记敖英芳,党委统战部长张晓黎,以及医学部党委副书记顾芸,党委统战部副部长、医学部党委统战部长王军为等参加了调研座谈会。

【第二届民建"城市发展论坛"】 5月18日,民建北大委员会在北京大学中关新园举办了第二届"城市发展论坛"。本次论坛的主题是"市场、政府与城市资源配置",由民建北大委员会主办,民建北京市委经济委员会和人口资源环境委员会协办。论坛得到了北京大学党委、民建北京市委、海淀区委的大力支持与帮助。全国政协副主席、民建中央常务副主席马培华,北京大学党委副书记敖英芳,民建中央副主席、北京市委主委王永庆,民建北京市委常务副主委任学良,中共海淀区委统战部长彭玉敬,民建北京市委秘书长李申虹、海淀区委主委王玉梅,北京大学党委统战部长张晓黎,以及民建北京市委、海淀区委有关领导,学校其他民主党派负责人和民建会员近100人出席了本届论坛。

本届论坛共邀请了五位嘉宾做主题演讲。北京大学常务副校长、经济学院教授刘伟从理论和实践层面,旁征博引、深入浅出地剖析了我国经济改革进程中市场与政府的相互关系;北京大学秘书长、政府管理学院教授杨开忠围绕首都圈一体化发展发表了看法;国家财政部财政研究所副所长刘尚希就中国城镇化的风险与机会发表了看法;国家发展与改革委员会低碳经济联盟全国城乡一体化专家委员会副主任宋键坤谈了自己"关于建立国家土地银行的设想";民建北京市委副主委、北京大学光华管理学院教授符国群结合近期在北京市的调研谈了对地方国有企业改革的思考。

【民进北京市委主委前来调研】 6月4日,全国人大常委、中国民主促进会中央常委、北京市委主委庞丽娟和常务副主委李焕喜一行12人到北京大学调研,就民主党派的组织建设召开座谈会。北京大学党委副书记、医学部党委书记敖英芳,北京大学党委统战部长张晓黎,北京大学党委统战部副部长、医学部统战部长王军为,民进北大委员会主委张颐武,以及部分民进北大委员会成员共30余人参加了座谈会。

【台湾参访团到访北大】 8月21日,台湾高校教师大陆文化教育参访团一行45人访问北京大学,台湾同学会秘书长高卫东等一同到访。参访团在统战部有关人员的陪同下首先参观了北大校园,随后在正大国际中心举行了座谈交流。北京大学副秘书长、党委统战部长张晓黎,医学部党委统战部长王军为等出席。座谈会上,高卫东秘书长,参访团团长吴明雄教授,著名保钓人士陈治利老先生,台湾同学会理事、中央教育科学研究院高级研究员陈云英,台湾同学会理事、北方工业大学教授吕明灿先后发言。原全国台联副会长、原北京市台联会长、北京大学党委统战部原部长卢咸池介绍了北京大学的历史、概况,以及和台湾交流的有关情况。张晓黎、王军为与参访团成员进行了交流互动,回答了他们提出的各种问题。随后,张晓黎副秘书长与吴明雄团长互赠了象征两岸高校友谊的纪念品。

【"深化科技体制改革"主题议政会】 9月20日,九三学社北京大学委员会、清华大学委员会、北京大学第二委员会联合九三学社北京市委科技委员会(以下简称两校三委、市委科技委)在北京大学医学部举办"深化科技体制改革"主题议政会。九三学社中央副主席、北京市委主委马大龙,社市委副主委方炎,社中央参政议政部副部长王元丰,北京大学医学部党委副书记顾芸,北京大学党委统战部长张晓黎,清华大学党委统战部长唐杰,医学部党委统战部长王军为,九三学社北京市委参政议政部部长李幸福,以及两校三委、市委科技委负责人、社员等60余人出席会议。

会上,来自两校三委和市委科技委的四位代表分别做了主题发言。市委科技委委员、中关村科技园管理委员会副主任王汝芳做了"完善体制机制政策、促进创新驱动发展——鼓励创新、宽容失败"的主题发言;清华大学科研院项目部副主任朱付元探讨了美国科技投入体制对我国的借鉴作用;北京大学信息科学技术学院许进教授从微电子技术发展的角度提出"快速启动非传统计算机研制建议";北大医院皮科杨勇教授从研究生导师制度、研究生和博士后制度、研究经费制度、成果评价制度等方面提出了意见建议。之后,来自两校三委、市委科技委的多位社员就深化科技体制改革这一议题展开了热烈的讨论,马大龙副主席最后作了总结发言。

【九三学社中央常务副主席来访】 9月29日,九三学社中央常务副主席邵鸿,九三学社北京市委专职副主委方炎,九三学社中央研究室处长昝建军、九三学社北京市委组织部部长刘海红一行来北大调研。邵鸿一行首先看望了北京大学信息管理系教授、九三学社老社员、96岁高龄的关懿娴先生。随后,邵鸿一行来到燕南园53号统战小楼,与北大部分九三社员进行了座谈。北京大学党委副书记兼医学部党委书记敖英芳、党委统战部部长张晓黎出席了座谈会。化学学院教授、中科院院士刘忠范,分子医学研究所教授、中科院院士程和平,九三学社北京市委副主委、社会学系教授陆杰华,九三学社北京大学委员会主委、化学学院教授沈兴海,九三学社北京大学委员会副主委、数学学院教授夏壁灿,九三学社北京大学委员会副主委、法学院教授徐爱国等十余位九三社员参加了座谈会。

【第五届医改沙龙】 10月20日晚,民盟北京大学医学部委员会40多位盟员聚集一堂,在口腔医院举办第五届医改沙龙。北京大学医学部党委副书记顾芸、民盟北京市委常务副主委刘玉芳和宣传部长赵苏霞、医学部党委统战部部长王军为,口腔医学院党委书记李铁军和院长郭传瑸等领导应邀参加。与会的盟员代表分别围绕医改的话题进行了主题发言,公共教学部盟员刘继同做了《探索中国医改正确的理论基础》的发言,第三医院盟员贾东林分析了医师多点执业政策,肿瘤医院盟员步召德介绍了新旧医改的主要历程,口腔医院盟员梁宇红介绍了荷兰的医疗体制特点,北大医院盟员赵侠介绍了药物临床试验的有关问题,人民医院盟员朱卫华系统分析了看病难问题。主题发言结束,盟员还进行了热烈讨论。

【第九届民盟高教论坛】 12月10日,民盟北京大学医学部委员会、北京大学委员会、清华大学委员会联合在北京大学肿瘤医院举办了"第九届民盟高教论坛—大学之道"。民盟中央副主席徐辉、葛剑平,民盟北京市委专职副主委宋慰祖、宣传部长赵苏霞,北京大学医学部党委副书记顾芸、清华大学统战部长唐杰、北京大学统战部长张晓黎、北京大学医学部统战部长王军为,肿瘤医院党委书记朱军等出席了论坛。本次论坛还邀请了民盟海淀区工委、北京师范大学委员会等11个民盟基层组织的代表和医学部其他民主党派成员参加,参加论坛的盟员共计150余人。

论坛上,特约嘉宾、北京大学法学院教授王磊做了"树立宪法权威,促进宪法实施"的报告;北京大学历史系教授、民盟盟员吴小安做了"大学综合改革与世界一流大学建设"的报告;清华大学委员会盟员林佳分析了大学生信息素养能力的调研情况;北京大学医学部委员会盟员吴楠主任医师以"医学教育中科技与人文的融合"为题做了发言。主题发言后,部分盟员做了自由发言,就大学之道发表了各自的看法和意见。葛剑平副主席对本次论坛进行了总结。

【第五期海外侨领高级研修班】 12月19日,由国务院侨务办公室、中国海外交流协会主办,北京大学承办的第五期海外侨领高级研修班结业仪式举行。国务院侨务办公室主任裘援平、副主任谭天星,北京大学党委副书记敖英芳等出席了结业仪式。本次研修活动历时7天,51位学员都是中国海外交流协会美国华社的知名人士和侨领,均为美国各领域的精英和顶尖人才。结业仪式上,研修班班长、美国独立报业董事长、北京大学校董方李邦琴女士,美国加州阿罕布拉市市议员沈时康等学员代表回顾了参加研修的收获,认为本次研修班内容充实,富有成效,表示本次研修活动让学员倍感温馨,加深了学员之间、学员对祖籍国的感情,并感谢国务院侨办和北京大学精心周到的组织安排。

表10-1 北京大学校本部民主党派组织机构状况

党派名称	委员会数(个)	总支数(个)	支部数(个)	小组数(个)	总人数(人)
民革	0	0	1	0	27
民盟	1	0	9	0	208
民建	1	0	0	0	30
民进	1	0	6	0	112
农工	0	0	1	0	12
致公党	0	0	1	0	33
九三	1	0	7	0	154
台盟	0	0	0	0	1
总计	4	0	25	0	577

表 10-2　北京大学医学部民主党派组织机构状况

党派	委员会（个）	支部/支社（个）	成员数（人）	外单位成员数（人）	发展数（人）	去世数（人）	备注
民革	0	1	39	0	2	0	2000年8月成立中国国民党革命委员会北京大学第一医院支部。
民盟	1	6	207	1	9	0	1992年7月8日成立中国民主同盟北京医科大学委员会，2001年3月27日更名为中国民主同盟北京大学医学部委员会。
民建	0	0	7	0	0	0	
民进	0	0	20	0	1	0	
农工	1	5	309	7	5	0	1990年11月10日成立中国农工民主党北京医科大学总支，2001年12月成立中国农工民主党北京大学委员会。
致公党	0	3	42	0	5	0	2001年2月成立中国致公党北京大学医学部支部，2010年3月成立中国致公党北大医院支部，2014年3月成立中国致公党北大人民医院支部。
九三	1	9	380	10	13	2	1956年成立九三学社北京医学院支社，1989年9月16日成立九三学社北京医科大学委员会，2003年12月更名为九三学社北京大学第二委员会。
台盟	0	0	1	0	0	0	
合计	3	25	1005	30	36	2	

纪检监察工作

【概况】 北京大学纪委是党内专门的监督机关，旨在维护党的章程和党的纪律，协助学校党委抓好党风廉政建设和反腐败工作，组织协调学校的党风廉政建设工作，检查党的路线、方针、政策和决议的执行情况。纪委办公室与监察室实行合署办公。校本部纪委现有专职纪检干部7人，医学部纪委有专职纪检干部5人。

【党风廉政建设工作会议】 2014年4月28日，在英杰交流中心阳光厅召开2014年党风廉政建设和反腐败工作会议。会议主题是聚焦中心任务，注重解决问题，强化一岗双责，开创党风廉政建设及反腐败斗争新局面。常务副校长柯杨主持会议。学校党委书记朱善璐分析了当前北京大学党风廉政建设和反腐败工作中的突出问题，并对2014年党风廉政建设和反腐败工作提出了三点具体要求：一要把思想和行动统一到中央党风廉政建设和反腐败的工作部署上来；二要严明党的纪律，推进作风建设常态化；三要认真落实党委主体责任和纪委监督责任。学校党委副书记、纪委书记于鸿君回顾了一年来北大党风廉政建设和反腐败工作总体情况，深入分析了当前北大党风廉政建设和反腐败工作面临的新形势和新挑战，重点从强化监督责任、加大查办案件力度、改进监督检查方式、防控廉政风险专项治理、提高制度执行力、推进惩防体系建设以及推进纪检监察队伍建设等七个方面对下一阶段推进党风廉政建设和反腐败工作作出部署。

【落实党风廉政建设主体责任和惩防体系工作部署大会】 2014年10月13日，在办公楼礼堂召开"强化党风廉政建设主体责任，贯彻落实2013—2017年惩防体系工作规划"专题会。会议主题是学习贯彻十八大以来党中央反腐倡廉的新精神，深化"一岗双责"，落实党风廉政建设主体责任，执行2013—2017年惩防体系工作规划，开创党风廉政建设和反腐败斗争新局面。学校党委书记朱善璐结合十八大以来中央反腐倡廉精神以及学校面临的党风廉政建设形势,对如何落实主体责任提出具体要求:一要做敢于担当的表率;二要建立主体责任体系;三要严格主体责任追究;四是纪委要承担监督责任。学校党委副书记、纪委书记于鸿君传达了今年6—7月教育部部长袁贵仁约谈部分直属高校主要负责人和部分司局主要负责人落实党风廉政建设主体责任情况时的讲话精神,通报了中央巡视组专项巡视复旦大学的情况,并就下发《监察建议书》和《纪律检查建议书》及开展约谈、函询工作作了专门部署。根据统一安排,会上由党委书记和校长代表学校与党风廉政建设各主体责任单位主要负责人签署《中共北京大学委员会落实党风廉政建设主体责任承诺书》。

【党风廉政建设责任制检查】 根据北京市教工委、教委《关于开展2014年北京高校党风廉政建设责任制专项检查的通知》精神,结合党的群众路线教育实践活动"回头看"工作,在全校范围内开展党风廉政建设责任制贯彻执行情况专项检查,要求各单位对照《党风廉政建设主体责任制自查表》,对贯彻执行党风廉政建设主体责任等工作进行全面自查。检查内容包括党的纪律执行情况、落实党风廉政建设责任制情况、执行党风廉政建设主体责任情况、推进惩治和预防腐败体系建设情况、贯彻落实"八项规定"要求,推进作风建设情况等。学校党风廉政建设领导小组采取听取汇报、查阅资料、座谈访谈等方式对部分院系、职能部门进行重点检查。

医学部纪委在医学部各单位进行自查并上交自查报告和量化打分表的基础上,于11月18—21日和12月12—18日,对医学部6所医院和5所学院(部)党风廉政建设责任制情况进行了实地检查。6个附属医院和5个学院(部)党委书记就落实医学部反腐倡廉建设工作部署及履行党风廉政建设责任制做了专题报告。各医院纪委书记就履行监督责任进行了报告。检查组通过召开座谈会、发放问卷、查阅相关资料等方式了解情况。

【信访处理和纪律审查】 据统计,纪委共收到信访141件(本部103件,医学部及附属医院38件),其中,群众举报108件,上级交办31件,执法检查中发现2件。141件信访件中,反映经济问题和干部自律问题的45件,占32%;招生考试问题的32件,占23%;教育收费、办班问题16件,占11%;生活作风及工作作风问题13件,占9%;基建设备招标9件,占6%;其他问题26件,占19%。共立案6件,涉及9人,其中办结5件。涉案的8名党员中有7人被开除党籍,1人受党内警告;1人被开除公职、1人被撤销教师资格和教师职务。

按照上级领导机关要求,开展信访线索"大起底、大排查、大清理"工作,对2003年以来所有反映领导干部问题的线索进行全面清理,共清理线索111件。

【制度建设】 协助党委制定《中共北京大学委员会关于落实党风廉政建设主体责任的实施细则》,本细则包括总体要求、责任内容、工作机制、制度保障、检查考核、责任追究以及附则等七部分内容,其中责任内容包括组织领导责任、选人用人责任、正风肃纪责任、监督管理责任、支持保障责任和示范表率责任,制度保障包括履责报告制度、责任承诺制度、干部谈话制度、述责评议制度。

2014年医学部纪委修订《北京大学医学部关于实行领导干部廉政谈话的规定》,规范领导干部实行约谈、任前廉政谈话、信访谈话、诫勉谈话等方式。

【监督检查工作】 从2014年4月份起,监察室对学校各类招标活动实行备案抽查制,制定《关于实行招标审查备案制的通知》,要求学校相关职能部门定期填报《北京大学招标项目报告单》《北京大学招标项目情况月报表》。

根据教育部下发的《关于转发〈财政部审计署关于深入开展贯彻执行中央八项规定严肃财经纪律和"小金库"专项治理工作方案的通知〉的紧急通知》精神,会同财务部从2014年8月份起在全校范围内开展"小金库"专项治理工作,整治范围涉及全校所有职能部门、院系所、附中、基金会、校办企业等单位,重点整治"三公"经费、会议费、培训费等违规开支以及私设"小金库"等问题。

根据中共教育部党组《关于中央巡视组专项巡视复旦大学情况的通报》的要求,制作并发放了《北京大学关于中央巡视组专项巡视复旦大学发现问题自查自纠表》,要求各单位逐项逐条对照表格所列各项内容开展自查自纠工作。

针对招生问题,纪委办公室监察室主要负责人在招生工作会议上对招生人员和工作人员提出具体的廉政要求和纪律要求。对自主招生、特殊类型招生和研究生入学考试的程序进行监督。

结合学校教学科研需要,协助检查贯彻落实《中央和国家机关会议经费管理办法》情况,共同研究制定会议经费管理办法,督促各单位建立健全务实管用、便于操作的会议制度。

配合相关部门开展公务用车专项治理,根据财政部、教育部联合下发的《关于开展事业单位公务用车清查工作的通知》,对学校公务用车进行专项清理,修订执行《北京大学机动车固定资产管理暂行办法》,进一步规范学校公务用车的使用管理,执行公车备案制度。

配合相关部门共同向存在用房严重超标现象的单位和领导干

部发送清理、清退函,对于未能按时清理、清退的单位和个人进行相应处理。根据群众反映,已经对两个单位的三位干部办公用房超标准问题进行了纠正。

严查师德师风问题,深入宣传教育部《关于建立健全高校师德建设长效机制的意见》精神,惩处教师违反社会主义道德行为。

【党风廉政教育】 纪委在2014届毕业生廉洁教育主题报告会开设"近期党风廉政建设和反腐败情况介绍"专题。医学部纪委对新教工开设"以廉洁为本,做人做事"的廉洁执业讲座,为后勤中层干部开设"守规则、尽职责"讲座,对新生团员开设"医乃仁术 做仁智兼养德理双修医学生"讲座,并在医学部优秀毕业生座谈会上提出廉洁从医、廉洁执业的希望。

汇编《学习贯彻十八大以来反腐倡廉建设新精神参考材料》(第一辑),收录十八大以来党中央关于反腐倡廉建设的重要文献、重要制度、理论解读和重要评论。汇编《高校职务犯罪案例选编》。

继续发挥廉政短信平台的宣传教育作用,重点发布高校职务犯罪腐败案例,在实现处级及以上干部全覆盖的基础上,把教育范围拓展至部分重点部门的干部。

【纪检监察组织和队伍建设】 2014年2月21日,在考古文博学院A座多功能厅召开全校纪检监察系统群众路线教育实践活动总结会暨十八大以来中央反腐倡廉新精神学习贯彻会。校纪委委员及全校专兼职纪检干部60多人参加了会议。学校群众路线教育实践活动第一督导组组长许崇任到会指导。纪委书记于鸿君做总结报告,全面回顾了纪检监察系统开展党的群众路线教育实践活动的组织动员、专题学习、听取意见、查摆问题、正风肃纪、落实整改等方面工作情况,并作题为"十八大以来中央反腐倡廉建设新精神"的专题辅导讲座,主要内容包括十八大以来中央反腐倡廉新精神、中央反腐倡廉新成果以及学校推进党风廉政建设的新思路等。督导组现场对纪委领导班子整体及班子成员的活动表现进行了满意度测评。

经学校党委常委会决定,正式明确纪委办公室的正处级建制,设办公室主任和副主任各一名。

制定纪检监察工作手册,向全校公开纪委监察室的主要职能、人员构成、办公地点和联系电话等信息,主动与师生员工沟通并接受师生员工的监督。

选派2名专职纪检监察干部参加教育部办案人才培训会、座谈会、报告会等,提高运用政策、依纪依法办案的能力。加大干部培养力度,选派一名专职纪检监察干部到教育部进行为期1年的借调锻炼和3个月的出国培训。纪委办公室监察室招聘一名应届硕士毕业生加入纪检监察队伍。

集体承担北京市教育纪工委委托课题"北京高校纪检监察信访办理案件查办规范化研究",探索高校科学办案的工作机制。医学部完成国家卫计委监察局的课题"建立与高校纪委在查处附属医院行风案件中的协调配合机制的研究",形成调研报告。

纪委办公室监察室获得2012—2014年度北京市先进纪检监察组织荣誉称号。

保 卫 工 作

【深化"平安校园"建设】 "平安校园"创建工作已逐步发展为北京大学各级各单位"常态化"工作;北京大学部分单位(部位)长年积累的一些安全隐患在2014年得到整改;效仿中共北京市委教育工作委员会的做法,把"二级单位安全管理标准化建设"方案全面推行;在创建工作中形成的"校门管理、综合服务热线、安全宣传教育"等特色性工作,又有新的提升。

【校园秩序管理】 2014年正式给考试合格的保安员配发实名制上岗证。严格执行入校验证登记、校外车辆入校预约、大型活动审批和团队参观预约等制度,强化校门管理。2014年各校门共阻拦无证人员610 956人、上访及精神病人128人次,查获假证4918个;查抄游商58起,制止钓鱼采摘146次;积极开展校园治安秩序整治工作,共审查、核录黑导、无照游商等各类人员45人,其中受治安警告(出具当场处罚决定书)43人,治安拘留2人,查获伪造机动车通行证23个,查获伪造、挪用学生证、校园卡等本校有效证件22个,处理了旅游团队及个人因进校问题与学校门卫保安发生纠纷11起。

【消防安全管理】 通过开展安全检查,做好校园安全摸排工作。开展全校消防水泵房和高位水箱普查工作。保卫部组织对全校37个单位(楼宇)的消防水泵房、高位水箱以及部分不设消防水泵房楼宇的消火栓管网进行了检查和统计,摸清了全校消防水泵房的位置、数量、管理模式、维保方式、运行状况以及存在的问题和隐患等。规范消防控制室的建设。根据北京市消防局要求,结合学校实际情况,制定并下发了《关于进一步加强我校消防控制室规范化建设的通知》。对全校38个消防控制室的设计要求、设备布置、人员配备、管理制度、值班人员技能要求、管理及应急程序等进行了统一规定和要求；安全办设计、印制值班记录、报修记录、报警记录、出入登记册800份。组织人员用一周时间对全校消防控制室进行规范化建设检查指导。年底开展全校安全大检查及2014年度安全保卫工作检查评比工作。开展全校安全大检查、隐患整改和评比总结工作。这次检查评选出20个"安全管理先进单位"和5个"安全管理先进标杆单位"和60名安全管理先进个人，并对每个"安全管理先进标杆单位"奖励3万元（共计15万元），为先进单位和个人颁发证书。对检查中发现的安全隐患，督促各单位立即整改。全年共填发21份《火险隐患安全通知》，要求各单位限期整改，并对5个单位或楼宇进行了约谈，要求限期制定整改计划。

【交通安全管理】 圆满完成了上级部署的各项工作任务，包括净化交通3号行动、4号行动，接送学生车辆摸排，违章超标治理等；完成公车信息收集。加大投入，完善校园交通设施。一是维护更新道路标线、指示牌、减速带、隔离柱、护栏，重新施划了校园所有主要道路标线，共4600米；更新增设交通指示标牌共28块、减速带共32条420米、隔离柱共43个、护栏共127片、反光镜2个等。二是建设完善校园自行车停车设施，更换新增圈式停车架900余个，施划自行车位线3000余米，护栏93片；改造勺园、哲学楼等地自行车架，更换新增圈式停车架300余个，施划自行车位线1000余米。三是建设改造地下停车场，新建启用了新闻传播学院、对外汉语交流学院地下车库，新增停车位68个。四是挖潜增设路面机动车停车位，施划停车位共210余个；增设停车位40余个。严格实行校内车辆凭证入校和校外车辆预约入校制度，全年共预约来校公务社会车辆2.5万余辆次，拦截无关社会车辆1.6万余辆次。对校园内违规车辆采取惩罚措施，全年共张贴违规通知单6000余张次，警告教育100余人次；针对伪造使用假车证、"黑车"等开展专项治理行动，仅暑假期间就查获假车证227个，处置"黑车"100余起。

【校园治安管理】 2014年，燕园派出所共接到处理各类报警2403起（件），其中110报警1336余起（件）；全年共发生刑事案件167起，破获各类刑事案件10余起；查处各类治安案件836起、纠纷、求助警情816余起；处理各类违法违纪人员189余人次（其中，治安、刑事拘留32人）。同时，根据北京市公安局海淀分局要求，进行居民限养注册，共注册犬120条，办证率达到100%；收缴流浪犬10条；加强对旅店、招待所、复印、打字、横幅制作等特殊行业的管理；处理民工讨薪、个体上访4起。与辖区内的银行建立联动机制，银行工作人员在日常工作中发现可能被骗的汇款人员后及时通知派出所，民警及时出警对汇款人开展甄别和劝阻工作；为防范砸机动车玻璃盗窃，印制发放了13000张传单。加大对校园犯罪的打击力度，成功破获两起在学校教室盗窃学生笔记本电脑的违法事件，加强了校园的安全稳定，使学校的发案率持续下降；加强物技防系统建设，更新、增设学校及周边社区地域的摄像头，加强对案件高发地的监控；加强对学校及社区静态机动车辆的核录及登记，排除安全隐患。在APEC会议期间，社区民警按照北京市公安局、海淀分局的规范要求，对辖区内的50余名重点精神病人的档案进行规范整理，加强辖区内国保重点人、上访重点人的管控工作，民警24小时在岗，确保重点人始终处于民警的管控中，确保APEC会议期间辖区精神病人及重点人的管理工作不出现任何问题。严格落实户籍管理，全年户籍民警开具各种户籍证明530份，整理户籍档案530卷，办理户口11975人次（迁入6031人次，出生报户238人次，迁出5619人次，死亡销户87人次）。在身份证管理方面，全年共办理身份证7729人次。

【安全宣传教育】 2014年，以促进"安全加倍小心、平时养成习惯"为总思路，通过提供安全知识、传授安全技能、针对性地开展安全演习，达到培养良好的安全行为习惯。在综合往年消防演习的基础上，创造性地融入反恐环节，开展复合型演习。12月6日，在北京大学东南门至第二教学楼一线举行了"反恐、消防综合安全演习"。这次演练采取校内单位、校警、校地多方联动协调举行，公安特巡警、海淀消防支队、双榆树中队、120急救和学工部、教务部、校医院、保安大队等近300人参加演习，全校各二级单位的专兼职安全管理干部和其他高校的保卫干部近400人观摩了这次演练，提高了北大保卫部、燕园派出所、校外警力、急救等各方面力量的组织指挥、协调联动、处置能力。常规安全教育时期，采取宣传形式多样化。结合119宣传日，制作了7个条幅，通过显示屏、短信、微信等平台发布了安全提示信息，组织工作人员在食堂前、三角地发放宣传资料3000多份。在节假日、新生入学和交通安全宣传日期间，保卫部开展了形式多样、内容丰富的交通安全宣传活动。在怀柔军训基地组织对军训学生和带队老师（共计3290人）进行了油盆灭火和疏散逃生演练。积极开展安全防范宣传工作，针对教室、食堂、运动场、教室等高发案地特点，加大在教室的宣传力度，在饮水机、教室门、厕所等处张贴警示宣传画，增强宣传效果。发送各类安全提示短信近7万条。通过学校网站、BBS论坛及时发布各类诈骗提示26篇。

保密工作

【概况】 北京大学推荐的2个涉密项目科研成果获国家保密局科学技术司项目指南公布。《抓好涉密载体销毁环节，带动保密工作整体提升》一文向国家保密局主管的《保密工作》杂志投稿。在教育部直属高校中，北京大学率先开始并完成保密技术防护专用系统升级配备工作。北京大学成为中国保密协会教育分会单位会员，保密办公室负责人被推荐为常务委员，先进技术研究院副院长兼保密办公室兼职副主任入选个人会员。与北京科技大学、北京理工大学作为首都高校代表参加北京市2014年保密工作会议。

【定密工作】 经过充分的校内研讨交流、校外学习讨教，报经校长和保密委主任批准，学校决定实行定密责任人制度，采取"校长为定密'当然责任人'，由校长授权，指定定密具体'工作责任人'"的定密责任人模式，对原有定密流程进行调整，增加对项目保密要点确认环节。明确原国防军工科研定密工作小组不再运转。成立"人文社会科学领域定密工作小组及其专家组"，制定《北京大学人文社会科学研究领域涉密事项目录》，人文社会科学领域各单位均已明确定密具体工作责任人。

【重点单位管理】 针对涉密纸图遗留问题，邀请北京市国家保密局和北京市测勘办相关领导同志现场指导学校地理信息保密管理工作，与相关学院多次沟通协商，分门别类进行汇总，真正实现了涉密纸图台账清楚，并向学校主管领导呈报《关于妥善解决我校涉密测绘成果管理突出问题的请示》，加以确认。

邀请国家军工保密认证专家对先进技术研究院新建保密要害部位设计方案进行指导。会同相关职能部门对先进技术研究院新址保密要害部位安防措施进行保密审批及后续检查验收。

对工学院空天工程研究中心保密要害部位的重新设置进行指导。

联合先进技术研究院、计算中心赴学校昌平校区对物理学院、环境科学与技术学院、工学院相关实验室进行保密检查。

先后4次与房地产管理部、出版社、先进技术研究院会商推进全校载体集中印制点建设事宜，并一同现场勘察拟选址情况。

【重点人员管理】 经北京大学常务副书记、副校长张彦批准，提请学校党委常委会审议学校保密委员会组成人员调整名单。

向学校人事部提供涉密人员名单以核对此类人员人事关系情况，并向校长助理程旭呈报《关于对全校涉密人员保密关系与人事关系一致性情况的核对报告》。

对30名涉密人员、3名脱密期人员因私出境申请进行保密审查审批，向5名拟脱密人员的接收单位发出《脱密期委托管理书》。

【教育培训】 在学校党校的协助下，组织召开保密委员会主任讲授专题党课活动。张彦对学校第41期干部研讨班全体成员、保密委员、各单位主管保密工作领导、重点单位全体成员等共92人进行了保密培训。并向北京市委保密办报送《北京大学保密委员会主任讲保密专题党课工作汇报》。

组织相关单位22名重要级涉密人员前往国家安全部教育培训基地参观学习。

举办"当前严峻的国际形势与猖獗的窃密行为"保密教育提醒活动。邀请北京市国家安全局有关负责人对学校保密委成员、各单位主管科研/保密工作领导和涉密人员等149人进行了国际形势和敌情教育。

举办"北京大学2014年度保密教育培训活动"。放映保密教育警示片和保密技术防范常识，学校保密委委员、各单位主管保密工作领导、涉密人员、教育考试管理人员、涉密纸图管理人员等130余人参加。

与社会科学部联合对学校社会科学领域9个相关学院、所、中心主管科研领导、主管保密领导、科研秘书和保密干部等20余人进行专题保密培训；发放保密教育专栏；并就如何做好社科领域保密管理工作进行了深入探讨。

编发保密教育培训材料：保密工作简报5期，保密教育专栏2期，保密委会议纪要1期；向学校副处级及以上领导干部和全体涉密人员发放保密法及其实施条例读本；向重点单位发放《保密法实施条例》宣传挂图；向各学院发放供新生入学教育使用的《北京大学普通学生保密须知》10 321本;向人事部发放供新入职干部教育使用的《北京大学普通教职工保密须知》60本。

在青年研究中心的协助下,先后刊上刊登的具有保密教育意义的文章转载于北大未名站三角地版,尝试加强对学生开展保密提醒的新形式。

编辑完成《北京大学近年违反保密规定的典型案例汇编》。

【监督检查】 对数十台计算机、便携计算机及存储介质进行保密检查。对校领导工作使用的联网计算机进行保密检查。完善保密技术防护建设,添置深度保密检查工具3套、涉密会议手机信号干扰仪。迎接国家保密局对学校涉密科研项目保密管理情况开展的专项检查。试行《北京大学关于限制严重违规的单位、人员承担或参与涉军、涉密科研工作的暂行规定》。根据上级文件通知内容,及时修改《北京大学通信和办公自动化设备保密管理暂行规定》。印发《北京大学关于开展深度综合保密检查的通知》,开展深度检查。

【教育考试】 协助研究生院、继续教育部、教务部本科生招生办公室等单位做好各类考试过程中的保密工作。

针对在以往保密检查过程中发现外国语学院承办的部分外语类专业等级考试的保密管理工作存在的薄弱环节,与教育部保密委员会办公室、外国语学院主管保密工作领导、教务长办公室负责人进一步深入沟通、协调。

【载体管理】 6次组织为全校集中销毁纸质材料18.26吨,办理各类相关审批301项。

【评优表彰】 遵照张彦的指示和部分保密委员会委员的建议,借鉴兄弟高校保密先进评比工作情况,对评优表彰的范围、流程等进行了优化调整。共评出先进集体5个,先进个人24名。

工会与教代会工作

【发展概况】 北京大学第六届教职工代表大会执行委员会委员19人、第十七届工会常委会委员17人、工会委员会委员43人。校工会专职干部8人、兼职干部4人。下属基层工会委员会、直属工会小组60个。2014年,北京大学教代会、工会在校党委的领导和上级工会的指导下,在校行政的大力支持下,以服务教职工、服务学校发展为核心,进一步激发自身活力、提高工作水平,大力推进学习型、服务型、创新型工会组织建设,为北京大学的发展建设做出了应有的贡献。在北京市教育工会2014年度年终考核评比中,北京大学工会、第三医院工会荣获"先进单位奖",第一医院工会、人民医院工会荣获"综合考评奖"。北大工会申报的"'幸福学堂'构和谐,阳光心态创一流"和人民医院工会申报的"创新模式践行党的群众路线,'双园建设'提升职工幸福感"创新工作荣获"特色工作奖"。

【民主建设】 充分发挥教代会作用 1月8日,北京大学六届二次教代会召开。大会听取了2013年学校行政工作报告,财务工作报告,医学部专项工作报告,《北京大学学术委员会章程》的起草工作报告,2013年教代会、工会工作报告,以及六届一次教代会提案工作报告。6月27日,北京大学召开六届三次教代会,专题讨论《北京大学章程》。各代表组分别召开讨论会,对《北京大学章程》征求意见稿的内容提出意见和建议。保障了教职工的知情权、参与权、管理权和监督权。2月21日,医学部第六届二次教职工代表大会顺利召开。代表听取医学部工作报告,对医院、学院的发展规划以及涉及教职工利益的重大事项进行讨论。指导各基层单位开好二级教代会,完善基层民主制度。

提升教代会提案工作水平 2014年,继续推进教代会提案工作"三会两评一化"制度,教代表共158人次提交30件提案,内容涉及学校管理、教学科研、学科建设、校园秩序、后勤服务与保障等方面。经提案工作委员会审议,对2件议题相近的提案作并案处理,最终立案21件,另有8件转为建议。提案工作委员会在学校督查室的支持下,积极推进提案答复落实,及时通报提案工作进展,反馈答复落实意见。提案答复率达到100%。教代会提案系统研发建设是2014年教代会重点工作之一。2013年底,提案系统建设正式启动。由校工会牵头成立系统研发建设工作小组,成员由工会、计算中心、督查室、教代会提案工作委员会、特邀代表、教职工代表和开发公司代表组成。提案系统研发建设小组按照"务实、特色、创新"的原则,依据提案工作的实际需求综合考虑,先后召开13次专门工作会议，规划开发进度，确认详细需求，研究设计方案，审核系统功能，开展内部测试，广泛征求意见。2015年1月，教代会提案系统正式上线试运行，并与学校网络办公自动化系统（OA）顺利衔接，实现了教代会提案系统与学校 OA 系统的信息共享与协同办公。代表们可登录教代会提案系统撰写、附议、提交提案，跟踪提案办理进度，查看历年提案内容和办理情况。提案系统的上线，开启了北京大学教代会提案工作的新篇章，在很大程度上解决了传统纸质提案工作在开放性上的不足和时效性上的滞后，为实现提案的科学化管理奠定了基础，将促进提案质量、提案答复落实质量的双提升。医学部工会和教代会提案工作委员会积极征集、归纳代表提案和意见建议，不断改进相关工作，建立提案工作"三会一满意"工作机制，有效地促进了提案工作质量和效率的提升。医学部教代会收到提案30件，立案15件，改为意见建议15件，答复率100%，满意率93%。2014年教代会提案质量和提案答复落实质量与往年相比均有显著提高。经提案工作委员会评审，并提交第六届教代会执委会第七次会议审议通过，评选产生5件"优秀提案"和4个"提案办理奖"。

"校领导与教职工沟通会"拓宽民主参与渠道 召开4次校领导与教职工面对面沟通会：校长王恩哥、党委常务副书记、副校长张彦，常务副校长刘伟，副校长、教务长、教代会执委会主任高松，校务委员会副主任、秘书长杨开忠就"学校改革与发展""北京大学教职工处分暂行规定""教师分系列管理制度""北京大学章程"等主题与教职工代表座谈。

加大教职工民主参与力度 工会及时汇总上报教代会各代表组讨论意见、教职工关注焦点及思想状况，为学校改革发展献计献策。组织教代表民主评议学校领导干部，参与学校门户网站改版、校园秩序管理等征求意见活动，以及肖家河教工住宅项目开标会、评标会，列席学校党的群众路线教育实践活动总结大会等，加强教职工参与民主管理与监督的力度，广纳民意，助力学校发展。

探索教代表队伍建设新载体 继续开展教代表"知校爱校"系列活动。4月28日，教代表"知校爱校"第二期"走进国际数学研究中心"举行。校党委书记朱善璐及数学中心领导出席活动并与代表交流，增强了教职工对学校工作的多方面了解，引导教职工为学校建设发展贡献智慧和力量。

【教职工权益维护】真诚服务教职工 积极开展"送温暖"和慰问活动，慰问两院院士、资深教授、骨干教师、困难教职工，以及节假日坚守岗位的职工等共计千余人次。组织驾驶员培训班、单身教职工联谊等活动；通过"父母沙龙"帮助年轻父母适应家庭角色转变；以"雏鹰公益社"为平台，为教职工子女课后活动提供经费、人力和场地上的支持，为教职工分担后顾之忧；开展健康讲座，医学部举办午间健康讲堂，促进教职工身心健康全面发展。为教职工办理公园年票1200余张。办理女工特疾互助保险5869人次，赔付16人；医学部办理重大疾病险3199人次，赔付28人；共计赔付金额75万余元。

维护教职工合法权益 做好劳动争议调解和教职工接待工作，为教职工排忧解难。2014年，校工会共接待教职工个人来访十余人次，与有关方面协调沟通，维护教职工合法权益，化解矛盾，促进和谐校园建设。医学部工会搭建沟通平台，就"青年职工公寓房""职工子女就读问题"同教职工代表进行了深入沟通。从实际出发，稳步推进合同制和劳务派遣制职工入会工作。工会活动向合同制职工全部开放，爱心基金等工作全面覆盖；通过平民学校为合同制和劳务派遣制职工搭建成长平台；冬季为全校保安员送去保暖手套和袜子。这些举措有效增强了合同制和劳务派遣制职工的认同感与归属感。

开展丰富多彩的女教职工活动 在"三八"节期间，举办电影招待会、健身趣味运动会、"走进新农村，感悟新发展"女教授沙龙、"共话北大发展"女干部座谈会、工会女干部走进知名企业等丰富多彩的女教职工活动，在缓解工作压力、丰富精神文化生活的同时，增进相互了解，促进彼此交流。医学部举办职业女性专题讲座、教职工服装服饰秀等活动，评选"女教职工之星""天使之星"，鼓励女教职工为学校和医疗教育事业发展建功立业。

完善扶贫帮困长效机制 2014年，工会"爱心基金"校本部账户共收到捐款39万余元，支出31.7万元，慰问18位教职工（含2名合同制职工），使他们感受到学校大家庭的温暖和关怀。

【教职工队伍建设】加强师德师风建设，教职工群体传递正能量 肿瘤医院超声科获"全国工人先锋号"，物理学院人工微结构和介观物理重点实验室获"北京市工人先锋号"，口腔医院俞光岩教授获全国"五一劳动奖章"，第三医院乔杰教授获"首都劳动奖章"，第一医院杨柳教授获"北京市师德标兵"，生命科学学院许崇任教授等10名教师获"北京市师德先进个人"。通过评选先进、树立典型，提高全体教职工的思想政治素质、职业道德水平和责任感，引导教职工立足岗位，争创一流业绩。组织教职工参与志愿服务，弘扬公益精神，深化文明校园建设。教师节之际，近百名教职工参加工会组织的"美化校园"活动，用志愿服务的方式庆祝节日,向师生传递共建"大美北大"的正能量。

比赛、实践相辅相成,助力青年教师发展 为服务青年教师队伍建设,校工会以五四青年节和116周年校庆为契机,于5月8日举办"北京大学青年教师教学论坛暨第十三届青年教师教学基本功比赛颁奖会",隆重表彰获奖单位及个人。青年教师结合个人的教学实践,畅谈个人感悟与工作体会。校党委常务副书记、副校长张彦勉励青年教师不断加强自身修养和师德建设,成为总书记要求的广大青年学生的学问之师、品德之师。副校长、教务长高松介绍了学校在推动教学发展建设方面的规划和措施,希望青年教师以学生为根本,热爱教学,投身教学。完善青年教师教学基本功比赛评价体系。在保留教师评委现场点评和学生评委的基础上,引入青年教师评委机制,进一步扩大比赛效益,使更多的青年教师通过基本功比赛平台,相互切磋,提高教学技能。12月,第十四届青年教师教学基本功比赛圆满落幕,来自全校44个学院(系、所、中心)、医院、教学医院和深圳研究生院的89名青年教师进行了展示,参与人数为历届比赛之最。汇编出版青年教师优秀教案及教学论文集《青果集》,成为青年教师学习交流和展示风采的新载体。组织青年教师参加第二届全国高校青年教师教学竞赛,第三医院杨渝平荣获自然科学应用学科组一等奖第一名。基础医学院伊鸣老师在中华医学会教育分会第四届医学院校青年教师教学基本功比赛中蟾宫折桂,医学部青年教师连续四次摘得此奖桂冠,为北京大学和北京高校赢得了荣誉。暑期由校党委常务副书记、副校长张彦带队,组织部分青年教师教学基本功比赛获奖教师、青年岗位能手标兵、职能部门代表赴辽宁与全国道德模范郭明义座谈、走访

雷锋团,开展主题为"雷锋精神与社会主义核心价值观"的社会实践活动,鼓励青年教师认真学习、研究、宣传社会主义核心价值观,时刻铭记教书育人的使命,在传播知识的同时加强师德建设。医学部工会组织"践行核心价值,追逐青春梦想""提升教学水平,探求科学前沿"沙龙活动,为青年教师搭建交流学习平台。

提高平民学校办学质量 120名新学员走进平民学校第九期课堂,104人顺利结业。举办学员素质拓展、参观北大红楼、秋游登山、师生趣味运动会等课外活动。与继续教育学院沟通协调,启动平民学校"启航计划",为学员提供进一步深造学习的机会,继续教育学院为学员减免1/4学费。指导学员主办班刊《燕园百草堂》,帮助他们拓宽视野、促进交流。召开平民学校理事会(扩大)会议、师生座谈会,为进一步完善办学机制,提高办学质量总结了经验,凝聚了智慧。经过培训,学员的学习主动性和工作积极性得到有效激发,以更加良好的精神面貌融入北大,参与北大建设。以平民学校为平台,面向全校合同制职工举办"人际沟通技巧""如何在农村科学建房"开放课堂,令更多职工受益。平民学校继续得到上级领导的高度重视和社会各界的广泛关注。2014年2月,《瞭望》新闻周刊刊登《北大平民学校的能量》一文,报道平民学校办学成果。

"幸福学堂"打造阳光心态 工会以广大教职工的需要为基本出发点,于2013年年底启动"幸福学堂"教职工心理健康支持计划。2014年共聘请14位专家学者对55名来自基层单位的志愿者进行为期一年、共计45学时的培训。初步建立了一支教职工心理健康宣传员、引导员、信息员的教职工心理健康工作志愿者队伍,发挥教职工心理压力"减压阀"作用,提升

广大教职工的幸福感。

【文化体育活动】开展群众性文体运动,丰富教职工精神文化生活 以丰富多彩的文体活动为载体,展现北大教职工的精神风貌,丰富校园文化生活。全校约有7万人次参加校工会组织的各类群众性体育活动。校运动会开幕式上的教职工大型团体操表演已经成为燕园亮丽的风景线。以游泳、毽球、棋牌、羽毛球、足球、乒乓球比赛和冬季健步走活动为主线,以社团活动、体育培训班为辅助,全面开展全民健身运动。健步走活动月引进刷卡机制,推动体育健身常态化。医学部工会举办历时一年的"拥抱自然、走向健康"健康大步走活动,每月评选出30名健步走之星。为促进校本部与医学部及附属医院教职工间的交流,继2013年举办棋牌友谊赛之后,在体育教研部和教职工足球协会的协助下,工会恢复停办三年的教职工足球赛,共有来自本部院系、机关、后勤、医学部、附属医院的19支代表队报名,参赛运动员超过250人,医学部联队摘得桂冠。

加强教职工社团建设,支持基层自主开展活动 支持基层工会与教职工社团自主开展活动,满足教职工多样性需求。教职工社团根据《北京大学工会教职工社团管理办法》重新注册、集体招新。教职工户外健身协会、足球协会、篮球协会、羽毛球队积极参加校外体育赛事和志愿者活动,充分展现北大教职工风采;舞蹈团、健美操团邀请专业人士进驻,丰富教职工业余文化生活。教授合唱团、教工合唱团在学生毕业典礼和"一二·九"大合唱中的倾情演唱赢得学生的喝彩。2014年继续为"教职工小家"配发乒乓球台及其他运动器材,在一定程度上改善了教职工的文体活动条件。鼓励院系组建教职工兴趣小组,搭建多级教职工交流平台。

【工会组织自身建设】搭建学习和交流平台　召开"推进学习型、服务型、创新型工会组织建设"工作研讨会，校党委常务副书记、副校长张彦作主题报告，社会学系钱民辉教授作辅导报告，基层单位工会代表介绍工作经验，开展学习交流。校领导、专家学者、校工会、基层工会共同交流继承、创新、发展工会工作。举行工会干部沙龙活动，提升工会干部的能力和水平。举办"学习贯彻习近平总书记'五四'重要讲话精神"工会委员会扩大会等学习活动，医学部工会组织召开2014年工会系统干部培训会，邀请北京市工会干部学院郭庆教授作了"如何做好新形势下工会工作"的报告。

完善制度建设，工作重心下移　发挥经审工作委员会和财务工作委员会的作用，修订《北京大学工会经费管理办法》，举办财务管理培训，进一步规范、健全财务账目和收支管理制度，确保工会经费和会费使用得当，并接受会员监督。医学部工会建立完善关于工会财务工作和经审工作的相关制度，下发医学部工会系统切实贯彻执行。

工作重心下移。2014年向基层下拨经费增长百分之百。开展基层工会组织工作规范化评比活动；完成继续教育学院、软件与微电子学院、深圳研究生院三家单位工会组建工作，2014年新入会合同制职工1000余人，进一步扩大工会组织覆盖面。

加大基层工会组织建设调研力度　增设专项经费，鼓励和引导全校工会干部和热心工会工作的教职工开展理论研究与调研工作，进一步推动理论创新与实践创新。开展工会理论与调查研究立项工作，出版《中国劳动关系学院学报》增刊。共收入论文32篇，为工会的理论调研工作提供了平台。2014年，校本部资助6项课题。医学部立项20个课题。2014年，医学部工会作为会长单位，组织召开全国医学院校工会理论研究会，医学部系统共提交论文12篇，其中，1篇获一等奖，6篇获二等奖，2篇获三等奖，3篇获优秀奖。

激励基层迸发活力　深入开展"创先争优"活动，促进整体工作水平提升，评选出12个校级模范教职工小家，评选、表彰了11名模范工会主席、125名优秀工会干部、101名优秀工会积极分子，开展工会精品活动、好新闻奖等评选交流活动，评选出精品活动15项，优秀活动14项，推广先进经验。医学部设专项经费支持了26项"权益杯"立项活动，并组织现场观摩，基层工会活动的顶层设计水平和实践效果得到普遍提升。

加强信息化建设　探索新思路，寻求新突破，引入新技术力量支撑工会组织能力建设。继工会活动报名平台和教代会代表活动报名平台上线投入使用之后，基层工会信息管理系统投入使用，提升了工会工作效率及服务水平，为更好地服务全校教职工提供有力保障。

加大宣传工作力度　积极建设工会网站、《北大教工》《教工之声》宣传阵地，充分利用互联网、电视台、报刊等媒介宣传北大工会、教代会工作，营造有利于树立北京大学教职工的整体形象、扩大工会教代会影响、促进工会事业发展的良好舆论氛围。

学　生　工　作

【概况】建立改进作风、服务师生长效机制　建立与学生的经常性沟通机制。固化主管校领导与学生见面会机制，建立主管校领导每月与学生见面机制。建立学生工作部领导班子成员与学生每周见面机制，班子成员轮流分主题与学生代表见面沟通，提供发展辅导。为院系和学生提供更多上门服务，文件通过收发室转发或通过电子邮件发布，学生团体保险卡、新生电话卡、学习材料或书籍等送达院系或学生宿舍。改进学生活动宣传和组织方式，减少"拉人"现象。强化事前规划，向院系提早公布全年重要常规事项主要时间节点，便于院系合理安排工作。

党风廉政建设　在与学校签署廉政建设主体责任书的同时，利用信息化手段加强政策文件的宣传，尽可能多地记录办事过程信息；定期召开部长办公会议，落实"三重一大"事项决策制度，将业务安排与廉政风险防控同部署；严格控制三公经费支出，严格执行财务管理制度，初步建立预算审批制和主管副部长财务审核的内控制度；精简会议，控制学生活动场地费支出，探索建立办公设备采购、使用、管理、报废和交接制度，搬入新太阳学生中心后使用旧家具；加强信息公开工作，通过学生工作部网站、校内综合信息门户、燕园学子微助手平台公布信息，增加工作透明度。在启用学生工作部协同办公平台的基础上，探索项目负责制,将学生工作部工作内容设定为若干个项目,明确项目负责人和参与人员。

学生工作部机关人员变动情况 通过校内外公开招聘,8月27日,戴玉娇(劳动合同制)入职,从事学生发展辅导与综合服务岗位的工作;11月17日,张旭入职,从事奖学金事务与综合管理岗位的工作(劳动合同制)。11月21日,刘宁调任继续教育学院,任综合办公室主任。

【队伍建设】 辅导员队伍建设 选派22人参加全国高校辅导员骨干培训班,选派12人参加教育部举办的其他专题培训研讨班,选派11人参加北京高校发展辅导与心理咨询培训,选派48人参加教工委组织的各类专题培训和岗前培训。面向选留学生工作干部开展有针对性的业务专题培训。组织辅导员到上海、陕西两地的高校及企业考察调研。组织于超美、李晓鹏等4名辅导员到台湾大学实地全程观摩新生入学教育专题。组织学生工作先进单位和优秀辅导员到港澳高校学习考察。选派唐金楠、姜男至澳门大学进行为期两周的体验锻炼。举办"学工半月谈"、辅导员沙龙等工作交流活动27场。

设立北京大学唐立新优秀辅导员奖,于超美、刘德英、琴知雅等10名辅导员、班主任获奖。举办北京大学第一届辅导员职业能力大赛,19个院系的20名辅导员参加比赛。经过闭卷笔试和现场情景模拟展示,王艳超等12人获奖。王艳超参加第二届北京市高校辅导员职业能力大赛并获二等奖,组织辅导员"博文"大赛,金鑫获评"2014年全国优秀教师"和"全国优秀辅导员"。刘雨龙获第六届全国高校辅导员年度人物提名奖。

2015年度首都大学生思政课题立项,战略课题1项,一般课题2项,支持课题6项。在年度学生工作课题评审立项中,有24个课题组(重点课题6个、一般课题8个、支持课题10个)获得资助,资助金额共5万元。

学生骨干队伍建设 学生工作宣传骨干中心试行项目制与部门制相结合的运行模式。常设党建项目组、"教授茶座"项目组、"微助手"项目组、《学生工作周报》项目组,根据工作需要设置临时项目组;设置秘书处、多媒体部两个部门,负责内联、培训、多媒体技术支持等方面的工作。学生助理学校举办公文写作、简历制作、时间管理、网络素养提升等专题培训,组织第四届北京大学学生助理风采展示大赛。

【学生思想政治教育】 2014年,学生工作部以培育和践行社会主义核心价值观为主线,加强和改进学生思想政治教育工作。

社会主义核心价值观宣传教育 5月12日,北京大学党委书记朱善璐在廖凯原楼437教室为全校学生党支部书记解读习近平总书记五四重要讲话、社会主义核心价值观。举办"学习五四讲话 践行核心价值"微话语征集展示活动。制作"五四讲话问问问"FLASH动画短片,以学生喜闻乐见、生动有趣的形式阐述讲话精髓和要点,并在网络媒体上发布,组织学生利用暑期社会实践活动、学生党支部与社区共建活动等平台深入基层农村、社区、学校、企事业单位进行宣讲,直接受众超过5000人。学生党支部书记还利用赴美交流机会在美国密歇根大学宣讲,中外受众100余人参加。该短片还在2014年北京大学本科新生党员培训班、北大新生第一课播放,受众超过4000人。开展"砥砺高尚品行,践行核心价值"学生党团日联合主题教育活动,19个院系的94个学生党团支部和班级参与总结评比。

创办"教授茶座"品牌项目,邀请知名教授与学生茶叙畅谈,进行思想引领和发展辅导,全年举办16期,355名学生参与。主题包括"学习与成长""大学精神与青年视野""科学素养与社会责任""青年与价值观""人生之路""学术精神与人生感悟""经济与人生""经典、生命与世界""选择、探索与发现""青年与社会""北大的人文传统""选择与坚持""学习、传承与创新""科学与人生""从'成长'走向'长成'"和"求真、务实、创新"。每期活动结束后,嘉宾都会亲笔为全体学生写下箴言寄语,项目团队会整理"微语录",通过"燕园学子微助手"微信公众号推送。2014年,教授茶座"微语录"阅读量21972人次,转发量2231人次。"教授茶座"项目入选教育部社会主义核心价值观教育典型案例和全国高校辅导员精品项目,并获得中央有关领导同志批示。

开展礼敬中华优秀传统文化系列活动"。以"杨辛荷花品德奖"的设立为契机,设立"立德树人教育基地",组织学生不定期参观"杨辛先生荷花艺术藏品展",培育学生讲解员,以"荷文化"为主体开展优秀传统文化教育。邀请刘世民将军举办"弘扬优秀传统文化·培育践行核心价值"专场报告会。

《以"中国梦"主题教育为统领培育践行社会主义核心价值观》荣获第五届北京高校党建和思想政治工作优秀成果一等奖和创新奖。

学习贯彻十八届四中全会精神 邀请北京大学党委书记朱善璐和中央党校教授谢春涛、北京大学法学院教授王磊分别为学生骨干解读全会精神，组织学生座谈研讨，举办手绘海报大赛。举办首个"国家宪法日"教育活动，组织学生学习宪法、赴海淀法院旁听庭审。开展"与改革同向·与法治同行"学生党团日联合主题教育活动，25个院系165个党团支部参与总结评比。举办"与改革同向·与法治同行"主题知识竞赛，参与学生800余人次。指导学生党团支部参与学校综合改革和《北京大学章程》讨论，收集意见建议1586条。依托"思想道德修养与法律基础"课堂，举办"校园中的法律现象与大学生的法律素养"主题讨论活动。

学生党建 加强和创新学生党员骨干培训。以"践行核心价值 勇做时代先锋"为主题举办2014年本科新生党员培训班。组织196名新生党员聆听报告，参观抗日战争纪念馆，观看《建党伟业》，参与相识工作坊、阳光心态和人际关系工作坊，举办趣味运动会，与十佳党支书面对面交流，开展小组学习讨论、知识竞赛、成果展示、素质拓展等活动。继续举办北京大学第12期学生党支部书记培训班，开展党支部工作实务报告、基层党支部体验、党支部风采展示、小组体育健身等活动，135名学生党支部书记结业。第13期学生党支部在项目化运作、学分制选课、分层分类培训的基础上，增设由院系党委开设、组织和考核的院系课程，丰富课程内容和形式，组织现场观摩优秀党团日活动，开展校外参观实践类活动等。组织北京大学第四届十佳学生党支部书记评选，赵诚、张宇识、陶治旭、刘语潇、李广兴、孙傲伊、李韦、庄昱、姚怡云、马元亨等10人当选，获奖学生党支部书记首次在学校七一表彰会上表彰。

指导和支持学生党支部开展北京高校红色"1+1"活动，22个学生党支部与农村、社区、部队、企业、学校等基层党支部结对共建，在北京市的评审中北京大学获得优秀组织奖，考古文博学院硕士研究生党支部获评二等奖，公共卫生学院流行病学与卫生统计学系研究生党支部获评三等奖，另有5个学生党支部获得优秀奖。

实施学生党员"先锋工程"。开展"亮身份、树形象、做表率"党员承诺践诺系列活动，要求党支部在自身建设和履行职能、党员在专业学习、社会工作、日常生活、服务同学等方面承诺践诺。开展党员"服务先锋"行动，建立高年级学生党支部联系低年级党团支部或班级、学生党支部对接所在班级或实验室、学生党员与困难同学结对的"三个一"联系帮扶制度。设立学生宿舍党员服务岗，开展党员助学零距离活动和志愿服务活动。

制定发布《学生党团日联合主题教育活动工作规范》，明确活动内容、流程和注意事项，提升党支部活动的针对性、规范性和实效性。

毕业教育和新生入学教育 举办毕业生廉洁教育报告会，帮助建立赴各地就业毕业生微信联络群，发布《毕业前要做的十件事》倡议。举办"我的燕园记忆"图文征集展示、校园定向比赛、"百分之多少北大人"网络答题、"燕园味道"烹饪沙龙、参观校史馆和赛克勒考古与艺术博物馆等校内系列展馆、制作发放"毕业之叶"明信片等活动。扩展新生入学教育"北大新生第一课"授课规模，在邱德拔体育馆举办；在开展思想引领、发展辅导、综合素养培育的基础上，将国防教育引入其中，并加大组织研究生参加新生入学教育的力度；通过网络在线答题形式组织校纪校规考试。通过座谈会、在线测评等方式进行工作效果测评和意见反馈。

网络思想政治教育 固化未名BBS公共账号版面答复制度，及时发布信息、答疑解惑、协调解决具体问题。加强"燕园学子微助手"微信平台建设，围绕学生实际需求，创新栏目、丰富内容、美化图文，加强线上线下活动联动。2014年，"微助手"共推送135期、发布图文等信息445条，粉丝数超过13000人，总阅读量超过71万人次。

日常思想政治教育 举办"我爱你中国"图文征集活动，组织近200位学生在国庆节清晨赴天安门广场观看升国旗仪式，纪念中华人民共和国国庆65周年。在首个国家"烈士纪念日""南京大屠杀死难者国家公祭日"，组织开展线上线下纪念活动，对学生进行爱国主义教育。举办"聚时事·观热点"两会精神解读报告会等。丰富"春燕行动"内涵，组建口述史特别小组启动口述史工作，在探访老人时从他们的口述中了解和记录北大历史。国际关系学院2012级本科生侯逸凡获评第九届中国大学生年度人物。编发"未名星""班级风采"专题报道，宣传优秀学生和集体典型。

首次组织"北京大学学生年度人物·2014"评选活动。通过"燕园学子微助手"微信平台先后推送了35名候选同学关于热爱祖国、敬业奉献、创业创新、热心助人、艰苦奋斗、自强不息的核心价值观优秀事迹,各篇事迹所获点赞数之和超过10万。评选结果在北京大学新年晚会揭晓,陈正勋、李尽沙、李力、李晓丹、米娜、秦冲、王青璨、王泽奇、徐奔、张杰铌(以姓氏拼音为序)等10名同学当选。

通过座谈会、访谈调研等途径了解掌握学生思想动态。开展学生思想政治状况滚动调查和首都高等教育质量与学生发展监测调查,了解学生思想状况。全年编报《学生思想动态专报》和《情况反映》17期,编写《学生工作周报》31期。

2014年,学生工作部组织开展的日常思想政治教育活动(不含新生入学教育和毕业教育),以及配合上级部门和校内相关部门完成的活动,覆盖学生总计8000余人次。

【学生管理】奖励奖学金评审 2014年,全校获得校级奖励学生4635人,占参评总人数的16.44%。评选2013—2014学年度"三好学生标兵"280人,"三好学生"1694人,"优秀学生干部"101人,学习优秀奖1395人,社会工作奖841人,红楼艺术奖24人,五四体育奖18人。55名学生荣获"北京市三好学生",18名学生荣获"北京市优秀学生干部"。"创新奖"获奖个人282人(学术类266人,体育类10人,文艺类1人,社会活动类5人);获奖团队5个(学术类2个,文艺类2个,社会活动类1个)。评选2013—2014学年度"学生工作先进单位"7个,"优秀班集体"45个,"先进学风班"79个。19个班级荣获"北京市先进班集体"。地球与空间科学学院2013级遥感硕士生班、口腔医学院口腔颌面外科科研班在北京市"我的班级我的家"优秀班集体创建评选活动中被评为"示范班集体"。评选2012—2013学年度"示范学生宿舍"10个、提名奖10个。元培学院2010级本科生俞秀梅等10名同学荣获第九届北京大学"学生五四奖章",城市与环境学院2012级博士生班等10个班级荣获"班级五四奖杯"。

2013—2014学年度,全校(以下均含医学预科,不含医学部其他学生)参加奖学金评审的总人数为22530人,其中,校本部(含医学预科)19330人,软件与微电子学院1358人,深圳研究生院1842人。截至12月12日,我校共评出校级奖学金76项(不含新生奖学金),奖金总额2965.87万元。其中个人奖励额度最高的项目为福光奖学金,每人每年40000元。本年度,我校奖学金获奖学生人数为3903人,约占参评学生总数的17.32%,人均奖金额度约为7599元。其中,由学校出资设立的五四奖学金奖金总额182.4万元,奖励学生912人;由国家出资设立的国家奖学金奖金总额1391.8万元,奖励学生674人。新增设唐立新奖学金、唐立新优秀学生奖、唐立新优秀学生干部奖,本年度获奖人数为94人。12月5日下午,在英杰交流中心阳光厅举办北京大学2013年度奖教金、奖学金颁奖典礼。组织松下育英奖学金、三星奖学金等专项奖学金颁奖会、签字仪式以及相关的联谊活动。

强化精致化管理服务。统筹下达奖励奖学金项目,便于院系对奖学金项目和名额进行科学规划和分配;完善名额分配方案,引入"人均奖奖金额"指标;修订《北京大学国家奖学金评审办法》;各项目的评审工作均实现了院系初评、学工部审核、校学生奖学金评审委员会审议的完整流程,分批审议奖学金初评结果;召开沟通培训会议,加强对院系评审工作的针对性指导;安排专门工作人员,负责仲英公益促进协会、曾宪梓公益服务团、创享俱乐部等特殊获奖学生群体的管理和指导工作。试行向2013—2014学年度获得奖励和奖学金的同学的家长发送喜报。

学生团体保险 继续使用学生综合信息管理系统在线申请团体保险,共计22495人投保。

学生综合管理信息系统 继续推进学生综合信息管理系统建设,基本做到了分散信息的集成整合、学生基础数据与学校其他管理系统实时同步更新,《奖励奖学金登记表》实现在线填写审核,辅导员信息管理模块上线,学生助理津贴发放模块正在试运行。

维护稳定工作 在重大活动和敏感时期实行在岗带班和24小时值班巡查制度。建立突发学生个案台账制度和预研机制,按一事一议原则,分别组成由学生工作部、学生心理健康教育与咨询中心、院系学生工作负责人、班主任和辅导员等相关主体参加的应对小组,研究制定处理预案。

【国防教育】学生军训 8月16—31日,由我校3287名本科生整编组成的2014年学生军训团,在怀柔区军训基地开展军事技能训练,承训官兵为北京卫戍区66329部队,团长为北京卫戍区警卫十一团岳炳瑜中校。军训期间,开展队列训练、内务训练、棍术、军体拳、刺杀操、匕首操等常规军事训练以及内务比赛、板报比赛、演讲比赛、拔河比赛、歌咏比赛、文艺会演等军营文化活动,继续举办国防讲座、医疗讲座、安全讲座,以及定向越野、消防演练、安全教育体验等特色体验项目。特别设立十四连队，将战术班、格斗班、宣传班、定向班、医疗班等纳入连队管理。北京卫戍区司令员潘良时少将与北京军区、北京卫戍区、教育部、国防大学、北京市军训办的负责同志出席结业典礼并现场观摩同学们的训练成果展示。

军训筹备方面，多次召开学生座谈会听取学生意见，组织学生军训服装和军训车辆租赁项目招投标工作；党建方面，沿袭"将支部建在连上"的制度原则，成立临时党总支，联合北京大学关心下一代工作委员会、中国大学生环境教育基地、北京大学爱心社联合开展"传递爱心 唱响林歌"公益主题活动，回收军训服装并捐赠给河北省贫困地区的学生，皮带、肩章换领的资金用于"北大林歌林"植树；军训制度方面，建立健全军训团各项管理制度，首次实施三级例会制度；军训宣传方面，在微信平台"燕园学子微助手"发布军训专题，创刊《未名军梦》报纸；军训期间，北京大学校长王恩哥、党委副书记敖英芳、党委副书记叶静漪等赴基地慰问参训师生，党委书记朱善璐出席军训结业典礼并检阅军训成果。

义务兵征集 6月10日上午，北大2014年夏季征兵政策咨询会在28楼北侧举办。9月，医学部公共卫生学院2013级本科生王利康、基础医学院2013级本科生李星材、公共教学部2010级本科生冯昱、2012级本科生马燕军、新闻与传播学院2012级本科生丁炎、2011级本科生黄萧玮、考古文博学院2012级本科生马青龙、元培学院2011级本科生全太明、光华管理学院2010级本科生程春晓、生命科学学院2010级本科生余玄飞、软件与微电子学院2013级硕士研究生刘亚雄等11名学生参军入伍。9月4日，2014年新兵入伍欢送仪式在办公楼103举行。11月底，马克思主义学院2012级研究生沈越、地球与空间科学学院2010级本科生王剑男、外国语学院2012级本科生王世杰、国际关系学院2011级本科生周璇、医学部公共卫生学院2010级本科生朱赫、基础医学院2010级本科生赵雪蓉等6名大学生士兵退伍陆续返回学校。其中，国际关系学院2011级本科生周璇荣立三等功，其余5名学生都获得优秀士兵荣誉称号。

国防宣传教育 军事理论课方面，2014年学生工作部人民武装部与国防大学合作，协调国防大学优秀教员来校授课，开课前组织试讲试听，完成2013级文科学生和2014级理科学生3000多人的军事理论课教学工作。北京大学党委副书记叶静漪到军事理论课堂旁听并考察教学情况。继续开设《孙子兵法导读》《当代国防》等课程，同时积极邀请校内外专家学者来北京大学做国防专题报告。

日常国防教育方面，依托定向运动协会和爱国军友会两个学生社团开展活动。定向运动协会举办包括新生定向、夜间定向、趣味定向、军训定向等定向活动，并在2014年北京高校学生军事定向运动春季公园赛获军事组团体第二名。爱国军友会组织师生参观北京卫戍区警卫十三团、到清华大学射击馆进行气枪射击体验，举办首届"一站到底"国防知识竞赛和第二届真人彩弹射击体验等活动，获得北京高校"华山论剑"国防知识竞赛亚军、北京高校学生首届兵棋推演大赛亚军。

就业指导中心

【概况】 据《泰晤士报高等教育期刊》近日发布的泰晤士高等教育2014毕业生就业能力排行榜显示，北京大学成为入围榜单排名最高的中国大学，位列全球第20名，较前一年提升6名。该榜单由法国人力资源咨询集团Emerging Associate和德国民意测验调查机构Trendence共同调查20多个国家的2500家用人单位得出，超过一半受访者来自1000家全球最佳的公司。

【精品课程项目】 学校提出"多元就业、集体成才"的学生发展理念，将就业指导服务理念与学校教育教学风格融合统一。特别是学校加快就业学科建设和课程改革，突出针对性、参与性和实效性，"大学生职业生涯规划"课程一举荣获北京地区以及全国高校职业发展与就业指导示范课程。课程采用大班讲授和小班讨论相结合的方式，将讲授教育和体验指导结合起来，同时积极参与学校慕课（MOOC）教学项目改革，采用新型教育技术完善就业指导课程建设。此外，打造"职场北大人"系列讲座、"职业素养大讲堂""生涯导航——学生职业发展全程训练营""职慧茶空间"等一系列品牌活动，帮助学生更好地树立生涯规划意识，让学生的个性受到尊重，在多元选择中收获成长，在共同成长中体会幸福。

【基层和西部就业】 学校将毕业生家国情怀和现实选择有机融合起来，发挥北大毕业生"以天下为己任"、"修身齐家治国平天下"的理想主义精神,倡导毕业生"回家乡做贡献""到祖国最需要的地方去"。通过"省校合作、定向选调、全面要求、长远发展"的人才输送模式,学校与广西、福建、河北、贵州、西藏、新疆等19个省市自治区共同实施"人才林"工程,建立定向选调生或专项人才合作,打通人才培养与人力资源配置两大环节,促使毕业生流向更加广泛和多元。2014年,毕业生中409人签约基层和西部地区,比去年增长10%以上,再创历史新高,同时涌现出一批赴艰苦地区的就业优秀典型,如前往西藏阿里地区的马克思主义学院硕士生邓兴华、志愿去新疆南疆克州基层工作的国际关系学院硕士生钟梓欧等。

【培育社会骨干力量】 学校采取公开选拔优秀毕业生党员的方式,组建成立"毕业生就业党员示范引领班",充分发挥"同伴教育、自我教育和实践教育"的功能,采取专题培训、内部研讨、开放交流、实践体验等多种形式,并且定期编辑出版《北大选调生》电子期刊,充分发挥毕业生党员"示范青年成才,引领人生方向"的模范作用,在校园唱响把个人发展同祖国需要密切结合的职业发展主旋律。

学校相关单位联合推出农村教育"启明工程",选拔优秀本科毕业生赴少数民族地区中学支教三年,之后免试攻读MBA硕士研究生。通过这一项目,增强当代青年的社会责任感与影响力,为国家输送具有教育情怀、管理思维、实践能力和志愿服务精神的未来人才。

【开拓就业优势领域】 注意发掘中西部和重点行业新兴市场,大力拓展就业领域和渠道,先后举办春季大型人才洽谈会、500强企业高端咨询会、人才合作伙伴重点单位招聘会、校友企业专场招聘会等大中型招聘会,同时协助用人单位举办各类招聘宣讲会,规模数量与去年相比增长6%以上。

2014年10月,学校成功举办北京大学第二届人才论坛,提出"人才海"计划,包括促进毕业生就业和在校生实习、企业员工到北大培训深造、企业与北大院系对接开展人才定向培养和联合培养、聘请企业负责人担任社会导师和实践导师、校企合作开展面向世界和未来的人才战略研究和理论实践创新等,深入探讨按市场需求和社会需要培养输送人才的有效模式,发挥北大智力资源与学科优势,实现校企合作全面对接和战略提升。

【就业服务】 学校就业工作提出"让毕业生更为成功、更加幸福、更有尊严"的愿景目标,注重打造高效专业的学习型工作队伍,建立科学化、专业化、专家化的人员队伍和科研体系,2014年学生就业指导服务中心先后撰写《港澳台学生在大陆就业的思考》《毕业生求职效率与就业满意度的影响因素研究》《学生就业"三微"新媒体平台的工作探索与思考》《发挥毕业生党员示范引领作用促进就业工作的若干思考》等六篇理论文章,完成教育部、北京市教委有关《中小微企业接收高校毕业生政策研究》《探索建立适合当代中国国情和大学生实际需求的就业指导体系》《近20年北京大学学生就业状况特点与趋势》等三项研究课题。通过"职场体验日""人才战略伙伴大讲堂"等特色活动,积极加强就业教师队伍业务能力建设,提升精致化管理服务水平。2014年先后与港澳台地区以及美国、日本、新加坡等地高校交流研讨,将国际流行理念与中国具体实践有机融合。

学校着力加快信息化建设,完善互联网展示和信息交流空间,进行学生就业信息网的改版升级,对工作流程和业务模式整合优化,打造一体化、一站式信息化平台;特别是搭建以"微信、微博、微电影"为主体的"三微"新媒体平台,充分利用新媒介技术和学生喜闻乐见的交流形式,开发"北大就业"微信公众号,拍摄职业指导系列短片,为学生提供就业"微"服务,让北大就业服务品牌深入人心,赢得口碑,学生在北大未名BBS赞扬就业指导服务中心不愧为"业界良心"。

【创新创业】 学校注重把握好创新与创业、生存型创业与机会型创业、商业创业与公益创业三组概念,提出"以就业的标准实习,以创业的精神就业"的响亮口号,初步形成涵盖三大模块在内的创新创业育人体系:一是以教务部、研究生院和学生就业指导服务中心为主体的教学改革与人才输送的引领体系;二是以校友会、产业技术研究院和科技园为主体的专业教学与商业实操的训练体系;三是以学生工作部、校团委,以及相关院系为主体的学生实践与课外活动的支撑体系。

2014年4月,北京大学"创业教育与实践基地"落户中关村创业大街,在标志性建筑获批1200平方米专属空间。最近,由北大企业家俱乐部和中关村管委会共同发起,以"政府资金引导,社会资本运营"为宗旨,北大创投基金正式设立,并得到中关村1000万元引导基金配套支持。同时,以支持大学生创新创业为使命,北大科技园南区在方正国际大厦揭幕开业。此外,学生就业指导服务中心被评为北京高校示范性创业中心,并积极争取教育部及相关部门支持,进一步筹建全国大学生创业研发中心,努力构建大学生创业生态系统,探索适合中国高校大学生实际需求的创新创业工作体系。

青年研究中心

【发展概况】 在专业化基础上进一步推动机构转型和职能转变,逐步形成"立德树人,探寻E时代青年成长规律;示范引领,创新全环境高校育人体系"的中心工作理念。12月,由党政一把手共同牵头的"北京大学网络文化建设与思想政治教育工作领导小组"正式成立,办公室设在青年研究中心(简称"网教办"),负责协调落实相关工作,并批准支持"新青年网络文化工作室"项目建设。此前的6月,学校规划委员会正式批复中心机构编制调整事宜,同意增设副主任1名(正科级)、校级预算劳动合同编制2名;9月,中心正式迁入新太阳学生中心办公。此外,全国高校校园网站联盟明确由北京大学作为网络权益与形象维护专业委员会主任单位,学校决定由中心承担秘书处日常工作。

【常规工作】 1.校园网络舆情监管工作。中心坚决做好校园网络舆情监管工作,积极做好事前预警研判、事中干预引导、事后梳理总结等各个环节的工作。在此基础上,不断创新模式,推动舆情信息成果的成效转化。一方面,积极发挥"未名BBS发展委员会"的协调作用,推动线下问题的实际解决。另一方面,通过舆情报送等形式实现下情上传。

2.《北大青年研究》杂志。2014年恰逢《北大青年研究》创刊十周年,杂志不断提高办刊标准、丰富作者群体、扩充稿件来源、拓展研究范围,在转载数量高位持平的情况下,核心期刊转载比例进一步提高,并编辑出版《以科学化、精致化理念 推进北大立德树人工作——〈北大青年研究〉十周年德育论文精选集》和《传承与变革——北京大学加强和改进学生思想政治教育论文选编》。

3.加强对未名BBS的发展指导。未名BBS着力为北大师生网民打造便捷有效的交流平台,对WWW界面进行重新布局,对集体账号进行加V认证,扮演了"虚拟北大"精神纽带的重要角色。2014年2月,在第六届"全国高校百佳网站"评选中,北大未名BBS荣膺"全国高校百佳网站"称号。

【特色工作】 1.承接专项课题、出版学术专著、发表理论文章。6月,教育部批复人文社会科学研究项目"大学生网络素养现状及教育对策研究",校党委书记朱善璐任课题组长,校党委副书记叶静漪任课题副组长,中心负责课题的具体实施。7月,由中心推出的国内首部网络社会与高校育人工作研究专著《网络社会的崛起与大学使命的传承——北京大学网络育人工作的实践探索与理论思考》由北京大学出版社正式出版。

2.推动校园网络文化建设。一是大力建设新媒体集群。"北大新青年"公共微信成为高校首个以推动大学生网络素养教育为主旨的民间新媒体平台;未名BBS官微粉丝数量突破10万,在新浪发布的《2013校园微博发展年度报告》中位居十大高校媒体微博之首。二是提出并倡导青年网络文明观。中心以"新青年网络文化工作室"筹建为契机,提出以"融入·节制·创造"为核心内容的青年网络文明观,于"双十一"网络购物狂欢节前夕正式发布,筹划推出首届"青年网络文化节"。三是以高标准建设专业课程。"大学生发展综合素养"试验课程继续顺利开讲,中心承担了课程中与网络素养相关的教学内容的讲授工作,并以此为基础,进一步向全校推广网络素养和网络思政的专业课程,推动相关学科的筹建。

3.探索新时期网络思政教育创新路径。在多年探索的基础上,中心整合原有校园网络管理、网络文化建设、网络素养教育等工作职责,针对新时期网络思想政治教育开展了系统、立体、全面的创新探索,形成了以"全环境育人"理念为代表的全新工作思路,代表性成果《强化"全环境育人"理念 推动网络思想政治教育创新》一文刊于《中国高等教育》2015年第22期。

《传承与变革——北京大学加强和改进学生思想政治教育论文选编》,由北京大学出版社正式出版发行,系统展示了2011—2014年间北京大学学生思想政治教育理论与实践的成果。这也是继同序列作品《转型与跨越》(2007年)、《实践与探索》(2009年)、《创新与发展》(2011年)之后,由青年研究中心和《北大青年研究》编辑部推出的第四本专题文集,这一系列历史而全面地呈现了北京大学学生工作的发展进程。

学生资助中心

【概况】 2014年北京大学学生资助中心获得中国青少年发展基金会突出贡献奖、全国学生资助管理中心"助人·筑梦·铸人"征文活动组织奖等荣誉称号,并连续四年取得教育部绩效考核第一名的成绩。按照学校的统一安排,学生资助中心搬入新太阳学生活动中心。

【党建工作】 全体工作人员积极学习党中央的各项政策文件,通过个人学习、集体讨论等多种方式重点学习习近平总书记的五四讲话、十八届四中全会会议公报、党风廉政建设相关文件,深入领会党中央的各项会议、讲话精神,并在日常工作中用实际行动践行各项政策文件。学生资助中心继续开展群众路线活动,设立专门的群众路线专员,不定期举办民主生活会,开展工作生活讨论活动。

【规章制度】 起草《北京大学研究生借款暂行办法》《学生资助中心安全管理暂行办法》等制度,健全北京大学学生资助工作制度体系。

【队伍建设】 2014年学生资助中心录用两名新员工(含1名合同制员工)。中心先后安排工作人员赴境内外18个地区开展了近30次交流学习,与到访的四川大学、华东师范大学、广西科技大学、福建医科大学、中国海洋大学、贵州大学、大连工业大学等8所兄弟院校交流。继续发挥学生资助表彰激励机制的作用,表彰近三十家学生资助工作先进单位、百余名先进个人。

【理论研究】 学生资助中心承接教育部课题研究《进一步完善高校学生资助体系》,参与教育部课题《学生资助立法研究》,在《北大青年研究》发表3篇研究文章,开展课题调研,梳理二十年高校学生资助体系建设情况,召开进一步完善高校学生资助体系理论与实践研讨会,加强国内外学生资助体系建设的交流活动。同时,学生资助中心积极开展家庭经济困难学生的综合情况,开展普查调研活动。

【宣传工作】 通过网站、BBS、短信平台、印制发放政策宣传页等多种方式多种渠道宣传国家资助政策。针对各项工作的开展情况,学生资助中心努力做好新闻宣传工作,学校内部新闻网、电视台等媒体报道约80次,中央媒体报道48次。教育部简报〔2014〕第43期以《北京大学多举措支持家庭经济困难学生成长成才》为题专门报道北大资助工作。

【信息化建设】 4月,完成新网站建设和测试工作,正式上线,对内容进行了全面的更新,增添了在线学生服务资助门户,开设了在线答疑系统和在线查询系统。

【助学金评审】 积极联络国家财政、学校拨款、社会捐赠、校友捐赠等多方资源,现有国家助学金、国家励志奖学金、五四助学金、新东方助学金等81项助学金,总计金额较上一年增加,为近3000名同学提供经济支持。其中,学生资助中心单独募集社会捐赠、校友捐赠约30项助学金。与学院积极沟通,按照评审要求严格审查,通过学生提交申请、学院评审、中心审查、学校资助管理委员评审等流程,实现"四级评审,三级公示"。利用周末时间,加班加点直接面向学生指导完成近6000份申请表格填写,并对各项助学金申请严格评审,确保实现应助尽助。

【贷后管理】 2014年,根据教育部助学贷款工作安排,再次确定中国银行承担国家助学贷款工作。学生资助中心联合中国银行每月沟通助学贷款工作,直接面向每一名贷款学生开展贷后管理、毕业生还款协议签订等一系列服务,积极开展诚信教育,北京大学还款率仍居北京市前列。进一步强化银校合作,积极与院系沟通,提升还款率,确保国家助学贷款工作安全顺利开展。

【贷款代偿工作】 通过网站、BBS、短信、校内宣传栏等媒体扩大政策宣传,长期开通代偿资助政策咨询热线,在网站上开辟"代偿专栏",专门介绍代偿资助政策。2014年,北京大学共有14名学生符合学生服义务兵役学费补偿贷款代偿及减免学费资助政策的申请要求,其中7人为获得助学金或国家助学贷款资助的家庭经济困难学生。继续发放2012届基层就业毕业生和2013届基层就业毕业生的两次代偿补偿资金;为2014届的14名学生申请基层就业补偿。

【绿色通道】 学生资助中心在新生报到之际,继续面对每一位家庭经济困难新生提供政策宣传和咨询、借款和贷款协议签订、爱心礼包发放等服务工作,开通微信扫描功能,让学生更加全面了解学生资助政策和流程,方便新生报到。2014年的绿色通道上,为国家面向贫困地区招生计划的百余名同学制订专业化个性化的绿色成长方案。553名本科同学通过绿色通道入学,领取总价值408万元的爱心礼包,创新为50名研究生同学发放总价值6.9万元的爱心礼包。

【勤工助学】 拓展校内勤工助学，开拓家教培训、校园引导、图书馆助理、教室多媒体协管等勤工助学岗位，共发放勤工助学费用100余万元，设立勤工助学岗位近2000个。创新思维，积极联络校外单位，严格把关，为学生提供部分校外勤工助学岗位，实现勤工助学的校外化。

【紧急救助】 实施包括应急资助、国防生专项补助、毕业生资助、学生借款、临时困难补助、实物捐赠、伙食补贴、节日补助等在内的紧急救助机制，共发放资助资金13.9万元。

【学生服务总队】 配备专职学生服务总队辅导老师，协助中心主任开展总队的指导工作。严格执行每周例会制度，及时了解家庭经济困难学生的思想动态，宣传各项政策文件，指导举办"善行100"、运动会志愿者招募、彩虹工程、女性论坛、首届国际高校学生公益论坛等各级各类活动，培养提升家庭经济困难学生的综合素质。

【专项创新】 落实"2018筹资挑战计划"，新设两项学生成长成才基金，为北大家庭经济困难学生搭建成长成才平台。

面向北大全体家庭经济困难学生开展"燕园领航课堂"系列培训活动。邀请北大党委副书记叶静漪、全国人大代表铁飞燕等各领域的知名老师授课，与学生面对面交流，同时带领学生参观首都博物馆、宋庆龄故居等地，开展校外锻炼活动。

指导组织学生服务总队17个团队前往香港、安徽、贵州、江苏、内蒙古、黑龙江、青岛等12个省市开展"优才拓展"项目，在项目中创新性开展"燕园携手大手牵小手"活动，帮扶当地中学生成长发展。

重点关注入学新生，及时提供经济资助和非经济支持 暑假期间，通过电话、邮件等多种方式联系北大新生，宣传北大学生资助政策，第一时间了解学生家庭经济情况。在迎新绿色通道上，面向国家贫困地区招生专项计划的学生一站式提供相关助学金，并面向困难研究生发放爱心礼包。过去一年，中心积极联络邀请各个领域的专家学者，面向2014级新生开展"青年领袖计划"，邀请多位院士、长江学者等各领域的领军人物前来作讲座5次，并前往国家博物馆参观学习。

加强机构合作 牵头国内30余个省市学生资助机构、60余所高校学生资助中心建立沟通合作机制，建立高校学生资助微信群，共同开展《进一步完善高校学生资助体系》等课题研究。中心组织课题组成员分赴四川、河南、广东、长春、哈尔滨等地开展调研工作，召开关于进一步完善高校学生资助体系课题研讨会，来自全国的40余所高校学生资助中心和省市学生资助机构参加会议。

开展首届国际高校公益论坛 举办首届国际高校公益论坛，邀请中国青少年发展基金会、中国扶贫基金会和来自美国、法国、印度等多个国家的大学生共同分享公益理念和公益故事。

举办公益新年晚会 学生资助中心偕同基金会共同邀请多位捐赠嘉宾出席新年晚会，并以晚会为契机，向社会爱心人士展示北京大学学生资助中心的工作情况，分享学生成长的快乐心境，为北大家庭经济困难学生进一步筹集资金、物资、实践机会等多种资源。

心理健康教育与咨询中心

【发展概况】 2014年，北京大学学生心理健康教育与咨询中心（简称心理中心）在学校领导的亲切关怀和大力支持下，在相关部门及各院系的积极配合下，坚持以人为本的原则，以大学生的健康成长成才为最高目标，在完成各项日常工作的同时，开展了大量以"心教育"为主题的心理健康教育活动。2014年4月，心理中心被中共北京市委教育工作委员会授予"北京高校心理素质教育工作基地"称号，2014年5月，心理中心被中共北京市委教育工作委员会、北京市教育委员会授予"2014年首都大学生心理健康节活动最佳组织奖"称号。

【常规工作】 1. 心理健康教育。心理中心的心理健康教育分课程、讲座、工作坊、报纸等4个方面。在课程方面，中心独立开设了《大学生心理素质拓展》《朋辈心理辅导》《自杀与危机干预》《心理创伤治疗》4门课程，同时联合青年研究中心、就业指导中心开设《大学生综合素养提升》课程。同时，心理中心指导心理协会举办了主题为幸福感、提升情商、焦虑应对、恋爱关系、拖延症、幸福的误区等形式多样、贴近同学生活的讲座，现场均非常火爆，累计参与人数为800人左右。在工作坊方面，中心还面向全校举办亲密关系、情绪管理、人际关系、焦点解决及教练技术、压力应对、学习适应、拖延症等近10个主题的工作坊，近100名同学参与其中，共计开展了60余次小组活动，每次2小时左右。在工作坊活动中,同学们通过游戏和交流拉近了距离,通过分享与讨论提升了自我认识,改善了生活状态。在报纸方面,截至2014年12月,《燕园心声》本年度一共发放了8期,每期8000份,累计共64000份。

2. 心理咨询服务。心理咨询服务是心理中心工作的重要组成部分,形式上分为个体面询和多人网络咨询。

3. 危机排查干预。危机排查干预是心理中心工作中的重中之重。心理中心依托严密的心理危机监控网络,及时识别、干预危机个体。通过定期和临时开展的危机排查上报工作,中心可以及时有效地识别学生中的危机个体。对于较严重的个案,都进行了专业的心理状况评估,并给出了评估意见、指导与转介。

2014年,心理中心为参与网络测评的8180名新生(包括研究生)建立了心理健康档案,更加系统地为广大学生提供心理健康服务,对问题学生进行实时的追踪。

【特色工作】 1. 国内外学术交流培训。心理中心承办了高质量的国际学术研讨会。2014年5月,心理中心与北京大学医院心理咨询与治疗中心共同主办了"中国心理治疗界与佛学界对话"公益论坛,2014年10月,心理中心与中美精神分析协会共同主办了"心理治疗对话——中美精神分析协会(CAPA)北大论坛"。

2014年心理中心加大培训投入,促进院系学生工作队伍的专业化建设。心理中心多次培训各院系分管学生工作的老师、选留学生干部、辅导员、党团领导等,普及并巩固了学生心理管理工作的相关知识和专业技能,开拓了国际化视野,并进一步提高了他们辅导学生的技巧。

2. 公益活动。"心教育"是心理中心结合北大学生特点,发展出的心理健康教育的创新模式。"心教育"与传统心理健康教育不同的是其深度、广度和形式多样性、时代性和创新性。心理中心长期的研究和实践也显示,学生从事公益活动有助于促进学生形成积极的心态和健康的价值观。为此,心理中心开展了大量以公益服务为基础的心教育活动。

2014年5月10日,心理中心承办了"心手相牵,共享阳光"——中国青年志愿者助残"阳光行动"高校公益励志讲唱会系列活动,2000余名师生参加了首场晚会,晚会给他们带去了一次敲击心灵的聆听盛宴,一个转换思维的视角感受。接下来的一个月,北京其他9所高校依次在北京大学的组织下举办了其余9场晚会。

2014年5·25首都高校大学生心理健康节期间,北京大学承办"筑梦志愿团"活动,号召北京市的广大学生加入到公益服务的队伍中,为需要帮助的人带去温暖。心理中心组织九所高校举办相关志愿活动,活动期间共计778名志愿者参与到志愿服务活动中,他们均进行了多次志愿服务,在社会上引起了巨大的反响。

2014年9月10日晚,心理中心承办了"我的梦·中国梦·心教育"北京大学2014级新生生命教育公开课,近5000人参加了此次活动。本次晚会以高雅艺术感染观众、高尚故事感动心灵、高端访谈启发智慧的活动形式,向网络时代的大学生呈现阳光心态、倡导互帮互助的校园文化,以及传递利他大爱的人生智慧。残疾人艺术团的专业演出带给同学们的不仅仅是感官上的强烈体验,更重要的是心灵上的震撼。

2014年10月,心理中心指导心理协会发起"尺素心友"项目,这是一项以"爱心陪伴,通信支教"主旨的公益项目。该项目在北京大学招募志愿者和在对象学校挑选参与者的基础上,通过两边同性者自愿的原则,建立中长期的一对一志愿服务关系,两者通过长期通信,使得服务对象和志愿者能够互相了解、互相倾听,共同面对人生的困难和挑战,共同分享快乐和喜悦。今年12月起,每月至少通信1次,每年最少8次,目前第一批信件业已寄出。本项目将于开展一段时间后向其他高校拓展,将公益之光洒向兄弟高校和众多贫困中小学,在他们之间建立起心的联结。

3. 依托网络技术开展心理健康教育咨询工作。网络在线咨询一直因其方便、快捷、匿名性、充分共享性而深受同学的欢迎。心理中心每周定期在网上进行网络心理咨询,帮助学生发现自身问题,解决心理的困扰。

心理中心通过微信公众平台账号每天为其关注用户推送一篇高质量的心理素质和心理健康方面的文章,通过短时间的阅读增加关注者的心理健康知识,提升心理健康水平。自2013年9月1日以来,累计发布图文消息227篇,截至2014年12月8日,累计关注人数达到3150人。

共青团工作

【概况】 2014年,北京大学共青团认真学习贯彻党的十八大、十八届三中全会和四中全会、团的十七大精神,认真学习贯彻习近平总书记五四重要讲话精神,按照团中央、团市委和学校党委的统一部署,根据北京大学第十二次党代会的具体安排,紧紧围绕北京大学加快创建世界一流大学的中心工作,服务全校青年学生成长成才大局,不断开拓进取,切实改进大学生思想政治教育工作,努力发展繁荣校园文化,完善青年成才服务体系,大力加强共青团组织的自身建设,有效增强了北大共青团对全校青年学生的吸引力和凝聚力,扩大了团的工作覆盖面,圆满完成了各项工作。

北京大学共青团以党的十八届四中全会与习近平总书记系列重要讲话精神为指导,深刻领会依法治国的重要意义,扎实抓好青年思想政治教育工作,不断提升思想引领工作水平。五四青年节期间,习近平总书记来到北京大学考察,参加师生座谈会并发表了重要讲话,深刻阐述了社会主义核心价值观的重大意义、丰富内涵和实践要求。北京大学各级团组织认真举办了一系列座谈会、互动讨论和主题党日活动,学习贯彻习近平总书记重要讲话精神,增强了全校同学自觉践行社会主义核心价值观的思想自觉和行动自觉。

北京大学共青团以加强理想信念和社会主义核心价值观教育为目标,着力优化大学生骨干培养格局,紧扣时政热点和青年需求,深入探索人才培养规律。进一步巩固发展北京大学团校三层次办学体系,建立全方位全过程培训架构。组织学生骨干参加清明节公祭、纪念"九一八"事变八十三周年升旗仪式暨"百位共产党员百篇小传"朗诵活动、烈士纪念日公祭、南京大屠杀国家公祭日献花活动,弘扬时代精神,培养爱国主义情怀。组织编纂《十八届四中全会时事评论》,引导青年学生关注时事,深入思考。以"怀强国梦、担天下任、修笃实志"为主题,开展第九期学生骨干训练营活动,分设"星火之路·强国之梦""为公之路·天下之任""奉献之路·笃实之志"三支学生骨干队伍,分赴长沙、广安、沈阳等地,服务地方,奉献社会。

北京大学共青团秉承"育人为本,德育为先"的理念,深入推进素质教育,坚持实践育人,努力营造和谐的校园文化氛围。坚持虚功实做,引领学生在服务基层、奉献社会的生动实践中自觉养成社会主义核心价值观。以亚太经济合作组织(APEC)领导人会议志愿服务为重点,努力营造志愿服务文化氛围。以雷锋精神调动工作活力,全面开展基层志愿服务。围绕大学生思想政治教育工作,坚持文化育人。立足现状,勇于创新,扎实高效推进社团工作。丰富创新系列赛事内涵,提升第二课堂创新教育实效。明确创业教育活动导向,进一步深化创业理念。

北京大学共青团深入推进全方位多层次基层团组织建设,不断扩大团的工作覆盖面。为适应当代北大青年成长的新特点,积极推进实验室建团、社团建团、学生会建团、年级建团、宿舍建团、网络建团等新模式,有效扩大基层团组织建设的覆盖面。创新主题团日活动形式,设计贴近青年、贴近基层、贴近现实的活动主题,丰富基层团建活动内容。开展校地合作,与北京市各区县社区青年汇互动交流,形成优势互补的工作格局。做好区域化团建,与朝阳区金融街道团组织对接,开展合作共建活动。

【学习习总书记讲话精神】 2014年5月4日,中共中央总书记、国家主席、中央军委主席习近平来到北京大学考察,与北大师生亲切座谈并发表了题为"青年要自觉践行社会主义核心价值观"的重要讲话。习近平总书记还参加了"青春中国梦,赤忱五四情——北京大学纪念五四运动95周年青春诗会",称赞师生们的朗诵透着自信,表达了强烈的历史责任感和自豪感,希望他们紧跟时代,既创作出优美的文字诗篇,又创作出壮丽的人生诗篇。

北京大学各级团组织开展了系列活动,深入学习习近平总书记五四重要讲话精神。5月4日晚,北京大学团委举办了"北大团员青年学习习近平总书记五四重要讲话精神"座谈会;同时,北京大学团校举办了"回顾系列纪念活动,传承五四伟大精神"主题讨论会。北京大学团委面向各基层院系团委开展了"我的中国梦——奋斗的青春最美丽""培育和践行社会主义核心价值观""与改革同向,与法治同行""建言综合改革,群策科学发展"等主题团日活动。各基层团组织积极响应,开展了形式多样的主题团日活动,通过各类媒体特别是微信平台的运用,在扩大宣传学习的覆盖面和影响力的同时,也为群策综合改革、助力学校发展提出了大量有益的意见建议,取得了显著成效。

北京大学医学部团委以践行社会主义核心价值观为主线,将青年思想引领贯穿于全年工作始终。

5月4日习近平总书记考察北京大学并发表重要讲话后，北京大学医学部共青团系统深入开展了多层次、多形式的学习活动。以首个"南京大屠杀死难者国家公祭日"等重要时间节点为契机，北京大学医学部团委在北医青年中广泛开展了爱国主义教育。

【学生思想政治教育】 3月，以雷锋精神调动工作活力，顺利开展"北京大学2014年院系青协服务月"活动。5月，习近平总书记发表五四重要讲话后，北京大学各级团组织认真举办了一系列座谈会、互动讨论和主题党团日活动，学习、贯彻习近平总书记重要讲话精神，增强了全校同学自觉践行社会主义核心价值观的思想自觉和行动自觉。

9月18日，北京大学团委举办纪念"九一八"事变83周年升旗仪式暨"百位共产党员百篇小传"朗诵活动，培养青年爱国主义情怀。11月，APEC会议在中国北京成功举办，北京大学共有115名志愿者参与志愿服务，他们以热情真诚周到的服务，保障了APEC会议的成功举行，为国家和民族赢得了喝彩。

此外，北京大学团委组织编纂了《十八届四中全会时事评论》，引导青年学生关注时事，深入思考。为紧扣时政热点和青年需求，推动实践育人的思想，第九期学生骨干训练营以"怀强国梦、担天下任、修笃实志"为主题，赴多地开展实践，服务地方，奉献社会。同时，按照团中央的部署，北京大学团委积极推动分类引导青年思想工作，开展专项调研系统研究青年思想意识的关键点，积极探索创新有效引导青年的路径和载体。

【理论研究与宣传引导】 北京大学团委着力加强理论研究工作制度建设。在组织上，加强青年理论骨干发展中心的建设，带动团校以及青年马克思主义发展研究会等学生理论社团，主动发挥"理论代表队"的作用。在机制上，继续开展"学习例会""专题学习""专业写作""实践调查""基层理论研究"等特色工作，有力地促进了学习的日常化和规范化。在品牌上，继续完善和巩固《海外参考》《理论学习通讯》等项目。

北京大学团委不断提升思想引领工作水平。一是拓展思想阵地，推行全媒体运行模式，巩固提高办刊、办报水平，继续进军网络和新媒体，启动全新发行、征稿模式。二是创新引领内容，把正能量、大道理转化为青年喜闻乐见的小道理，更加广泛和深层地吸引、凝聚了全校青年学生，在全校范围内激发了自觉践行社会主义核心价值观的积极性和主动性。组织学生骨干参加清明节公祭、纪念"九一八"事变83周年升旗仪式暨"百位共产党员百篇小传"朗诵活动、烈士纪念日公祭、南京大屠杀国家公祭日献花活动，弘扬时代精神，培养他们的爱国主义情怀。组织编纂《十八届四中全会时事评论》，引导青年学生关注时事，深入思考。

《北大青年》 2014年，《北大青年》电子日报内容框架进一步完善，手机报用户覆盖了包括北京大学校本部和医学部在内的大一、大二全部新生和大三大部分同学。研究生"国是论坛"以"青年与时代"为主题，使同学们增强了责任意识，开拓了国际视野。

团委工作信息化 共青团北京大学委员会官方网站是校团委和各级院系团委、基层团委组织信息发布与交流、宣传共青团育人理念、展现共青团风采、学习共青团先进理论的重要阵地。2014年共青团北京大学委员会网站重新设计了系统，改良了原有网站的一些不足，创新设计了界面，对版块分工进行了优化，成了连接各职能部门的活动管理平台。同时，提高了网站信息的更新速度，增强了共青团新闻的时效性，提升了共青团工作的信息化程度。

【大学生素质教育】《形势与政策》实践课程是由北京大学团委各部门联合开设的一门重要课程，也是"形势与政策"课程不可缺少的组成部分。2014年，北京大学团委继续开设形势与政策实践课程，包括爱乐传习、北大讲座、社会实践、志愿服务等无门槛课程，以及创新创业活动、学生骨干训练营、高级团校等认证类课程。北京大学团委社会实践部统一开设社会实践和志愿服务课程，减少了开课环节，优化了课程管理，方便了课程信息发布。2014年春季学期采用全新的课程系统，改进了原有系统程序复杂、操作不便的情况，简化了操作页面，优化了页面使用体验，便利了开课教师和同学。同时，加大宣传力度，通过在三角地张贴海报等形式，确保每一位同学都能及时获取有关《形势与政策》课程的更新信息。

第二课堂 第二课堂是北京大学实践育人工作的重要组成部分，在多年发展历程中已经形成了较为完善的工作框架。北京大学学生第二课堂活动具有门类齐全、覆盖全面的特点：学生第二课堂不仅仅局限于本科生，也包含研究生；不仅仅局限于北京大学校本部，也包含医学部；不仅仅局限于学生社团活动，也包含党、团校等活动。

2014年，北京大学团委开展了对北京大学校内学生第二课堂活动参与情况的调查，调研范围覆盖所有本科生院系，通过定性与定量的综合研究，以活动组织方、院系、地域为尺度，分析在校学生课外活动的参与情况，重点针对2014级新生的进行调研，全面追踪学生在第二课堂中的成长轨迹,反映学生对当下第二课堂体系的评测,为第二课堂育人体系的不断完善与发展提供助益。

北京大学团委在全校范围内组建北京大学学生第二课堂咨询委员会。进一步探索构建惠及每一个学生的第二课堂育人体系,为学生第二课堂活动提供系统性、时效性的咨询指导意见。

新生教育 2014年,北京大学团委根据相关调研成果,就我校新生教育体系提出了一系列参考性建议;同时,不断完善"预习北大"项目致力于探索个性化服务渠道,广泛发动各基层院系力量,根据不同学科特点、不同地区差异联合各院系开展针对性、个性化服务,继续实施"点线面结合"的个性化新生教育,积极探索新生教育新渠道。《预习北大电子书》内容继续全面升级革新,《师兄师姐告诉你》稿件质量不断提高,"预习北大微电影"继续创新,给新生更加艺术化的观赏体验,全新设计光盘以及个性化的盒装封面,拉近与新生读者的距离。"预习北大"项目的个性化发展模式不断创新,新生教育效果得以巩固和提升。同时将建立面向大一新生、高三学生的微信信息推送平台,完善新生教育信息服务。

【学术科研与社会实践】 2014年,北京大学共青团重点落实学术竞赛、创业教育、讲座品牌三大工作,在学生中间广泛开展"挑战杯"系列赛事、创新创业系列赛事、"北大讲座"和各类科普活动,营造出校园内浓厚的校园学术科创氛围,为学生创新创业提供了广阔的平台和优质的服务。

学术科创 北京大学团委持续丰富校内创新创业赛事,成功举办北京大学第二十二届"挑战杯"系列赛事。来自包括校本部、医学部、深圳研究生院等38个院(系、所、中心)的总计366件参赛作品成功立项,其中,自然科学类学术论文72件,社会调查报告和哲学社会科学类学术论文175件,科技发明制作类作品22件,特别贡献奖作品40件,跨学科竞赛作品57件。在北京大学第六届计算机应用设计大赛中,全校共有426名同学参加,比赛提高了同学们运用信息技术解决实际问题的综合能力,并培养了大家团队合作精神,促使同学在信息时代中具备更加全面的综合素质。

在全国"创青春"创业大赛中,"CHEERS简衣时尚设计"平台作品获得银奖,SKILL FAIR作品荣获全国"创青春"创业大赛MBA专项赛金奖。在全国第五届大学生数学竞赛决赛中,共有130人参加比赛,北京赛区获奖66人,全国赛区获奖5人。

成功举办第十六届学生创业计划大赛。来自校内20多个院系的参赛者共提交132件参赛作品,作品覆盖能源、生物医药、服务、信息技术、金融、环保等多个类别。该体系共由"启蒙"创新创业、"助跑"创新创业、"加油"创新创业、"腾飞"创新创业四个阶段组成,逐步建立起理论与实践、国内与国际、学校与社会相结合的较为完备的学生创新创业培训体系。积极采用多形式、多角度的宣传引导模式,实现对青年学生科研兴趣的有效引导。对《未名学页》进行改革,利用广受学生喜爱的微信平台推出"未名学页加油站",优化内容结构。

社会实践 2014年寒假,社会实践以"聚焦改革发展,关注民生改善"为主题,鼓励同学们从寒假返乡的身边小事中发现问题,从日常生活体验中提炼课题,开展具有鲜明主旨和时代特性的社会实践活动。活动参与总数达468人次,提交各类型实践成果321份。

为深入贯彻党的十八届三中全会精神和习近平总书记五四重要讲话精神,引导青年学生树立和践行社会主义核心价值观,做到"勤学,修德,明辨,笃实"。2014年暑假社会实践以"勤学明辨求真知,修德笃实建功业"为主题,分为"红色之旅""改革之路""基层之声""创新之源""志愿之歌"五个板块,共有352支暑期社会实践团队赴全国各地开展活动,参与总数达3500人次,提交各类实践成果共524份。

2014年暑期,北京大学团委继续与北京大学中国社会科学调查中心合作,开展"实证求真知,深处看中国"第3期北京大学深入社会实证调研计划。以"中国中老年人生命历程调查"为新主题,旨在通过追溯受访者过去的经历,书写中国45岁及以上城乡居民的生活历史。7月,北京大学赴海南三沙市暑期社会实践团成为全国高校第一支登上三沙市的实践团,响应党的十八大报告关于"坚决维护国家海洋权益,建设海洋强国"的号召,扎根广阔的"蓝色国土"。

【校园文化建设】 2014年,北京大学团委深入学习习近平总书记五四讲话重要精神,努力尝试,开拓创新,大力推进校园文化建设,开展了一批具有影响力和感召力的精品活动,不断推动校园文化事业迈上新台阶。

北京大学团委围绕大学生思想政治教育,继续践行文化育人理念,致力于将思想引导和人文美育相结合。5月,以"青青中国梦,赤忱五四情"为主题的北京大学纪念五四运动95周年青春诗会成功举办,习近平总书记与广大师生共赏诗会并给予了高度评价,鼓励青年学子们抓住时代机遇,承担历史重任。团委工作人员和艺术团骨干赴央视录制"五月的鲜花"全国大学生文艺会演,取得圆满成功。北京大学团委与武警天安门支队团委共建10周年文艺晚会,深化双方友谊,增强了共青团组织的凝聚力。

9月中秋节,"月满燕园,情聚博雅:2014北大—台大中秋诗会"顺利举办,活动促进了两校沟通和了解,建立了两岸青年亲密互动、携手成长的平台,广受师生好评。12月,以"践行核心价值观,共筑青春中国梦"为主题的"爱乐传习"活动暨纪念"一二·九"运动79周年师生歌会首次在邱德拔体育馆举办,围绕"声动一二·九"开展的微信平台投票活动吸引广泛关注。

此外,新生文艺会演、新年联欢晚会、毕业生晚会等一系列文艺活动继续稳步推进。北京大学团委与国家大剧院深化合作的"IDG世界名人名作系列演出"为广大师生提供了近距离接触高雅艺术的平台。学生合唱团赴拉脱维亚参加第八届世界合唱比赛,斩获两块金牌,为校为国争光。展示北大文化事业发展面貌的《文化北大》付梓出刊。由北京大学团委指导制作的法制微电影《职场维权记》蝉联首都高校优秀法制短剧作品一等奖。

为响应团中央"走下网络、走出宿舍、走向操场"的号召,北京大学团委举办"益骑益跑"主题体育锻炼活动,将体育锻炼与公益活动相结合,得到了师生的广泛关注。其中公益骑行活动吸引数千人参与,累计骑行里程2120公里。5月,第28届"京华杯"北京大学、清华大学棋类桥牌友谊赛成功举办,最终北京大学斩获"京华杯"历史上第一个八连冠。

【青年志愿服务】 2014年是中国青年志愿者协会成立20周年。在第十届中国青年志愿者评选中,北京大学志愿者宋文轩、潘援荣获优秀个人奖,北京大学人民医院志愿服务队荣获优秀组织奖。

3月4—5日,北京大学团委组织北大学子重访沈阳军区雷锋生前所在团,实地感受雷锋精神。3—6月开办第九期平民学校,充分利用校内既有的专业教育培训资源,借助学生、教师志愿者的力量,为校内工友提供免费的培训教育服务。11月5—11日,APEC会议在中国北京成功举办。北京大学团委组建北京大学APEC志愿者团队,共有123名志愿者助力APEC峰会。

2014年,北京大学医学部青年志愿服务管理平台建立并面向广大师生正式投入使用,全年1800余名志愿者参与到志愿服务活动中,开展了268个志愿服务项目。

【团干部与学生骨干培养】 继续推动青年马克思主义者培养工程,巩固并发展"高级团校—机关团校—基层团校"三层办学体系。

北京大学团委举办了第30期和第31期高级团校,聘请校团委机关和院系工作经验丰富的年轻教师担任学员导师,指导学员开展日常培训和交流活动。举办第二期"北京大学团委与沈阳军区雷锋生前所在团共建共育培训班",邀请雷锋团优秀青年官兵赴北大进行短期学习,通过主题讲座、互动交流、参观考察、素质拓展等多种形式,充分发挥北大学术、文化优势展开联合培训。秉承优良传统,弘扬时代精神,坚持思想引领。

机关团校不断明确定位,完善培训模式,深入开展共青团学生骨干梯队建设。推进岗位交流计划,举办第七期轮岗培训班,为学生骨干提供多岗位、多层面、理论学习与工作实务有机结合的锻炼平台,不断探索更加有效的轮岗考评机制,推进共青团学生骨干梯队建设。

北京大学第九期学生骨干训练营以践行"自我教育、同伴教育、实践教育"为理念,以"怀强国梦、

担天下任、修笃实志"为主题,组织43名营员分为"星火之路·强国之梦""为公之路·天下之任""奉献之路·笃实之志"三支队伍,分赴长沙、广安、沈阳等地开展实践活动。

研究生骨干培养 北京大学团校研究生骨干研修班以研究生中坚骨干为培养对象,坚持"信仰锻造、能力建设"两条培养主线,提升学员思想政治素养、实践沟通能力、资源整合能力与平台构建能力。研修班适时策划组织学习和实践活动,丰富研修班学员的学习内容。为进一步理解两会政策,了解国家大政方针,3月16日,北大团校研修班结合第十二届全国人大和政协二中全会关于环境保护、城镇化、网络监管、大学生就业等问题召开主题讨论会。11月23日,北京大学团校第31期研究生骨干研修班素质拓展在邱德拔体育馆重竞技场举行。

【研究生与青年工作】 就业创业见习 2014年,北京大学团委青年就业创业见习活动合作单位和基地共征集上报岗位341个,共吸引315名同学报名参加活动,最终录取173人,组织派遣了27支青年就业创业见习团队,10支挂职团队,12支博士生服务团,以及2个青年公益接力计划团队。

北京大学团委在积极推进青年就业见习活动工作的同时,开展新型活动《就业创业大讲堂》。

研究生专项公益活动 2014年"博士生服务团"活动继续积极与基地开展实践活动,共征集课题302个,吸引报名人数165名,最终共派98名研究生分赴山东青岛、江苏南京等13个省市区进行博士生服务工作。

2014年,"研究生挂职"活动选派的博士生和优秀硕士生人数进一步增加,合作地区也增至10个。"青年公益接力计划"在吸取

2013年的经验教训之上对项目模块做出了相应的改变,核心课程得到了创新和优化,试点学校也从2013年的1所学校扩展到了2014年的3所学校,项目在藏区逐渐扎根、受益面也逐渐扩大。2014年夏天,10名包括汉族、藏族在内的酥油灯传递计划成员前往西藏日喀则地区完成了第三次暑期公益服务活动。

《北京大学研究生学志》 2014年1月,《北京大学研究生学志》编辑部按时完成了《北京大学研究生学志》2013年秋冬合刊的编辑工作,并于2月交付印刷,3月初完成校外寄刊与校内送刊工作。自3月开学起,编辑部正常启动2014年春夏合刊的编辑工作,在4月间完成了对北京大学哲学系青年骨干教师吴飞教授的专题采访。5月,第二期青年论坛如期举行。

2014年,北京大学团委与北京大学研究生院共同创办《北大研究生》杂志。该杂志秉承"以北大研究生的利益为中心,以北大研究生教育改进为目的"的创办宗旨,通过记录和展示研究生在科研工作和生活上的历练、成长和发展的经历,全方位助力学校人才培养。杂志共设立了博雅茶话、燕园面孔、未名随笔等七个板块,覆盖研究生的科研、生活等各个方面。

青年职工工作 按照全国青年文明号活动组委会2011年12月12日修订通过的最新《青年文明号活动管理办法》,在综合考虑我校青年文明号活动工作需要和实际意义基础上,校工会、后勤党委、机关党委、直属单位党委、图书馆党委、校团委于2014年春在全校管理及服务单位、窗口部门范围内开展了2013年度北京大学青年文明号评选活动。

【学生组织】学生会 2014年6月7日,北京大学第三十三届学生会中期调整会议召开。经过无记名投票,李赫然、王圣博、甘宜哲、史末也、张岳、张晓天、陈傲寒当选主席团成员,田定方、汤逊、聂丹、潜硕成为新任常代会会长团成员。其中,李赫然被推选为执委会主席。田定方被会长团推选为常代会会长。学生会在广大同学的监督下,以服务同学为核心,开展了各方面的工作,取得了较大进展。

在继承历届传统精品活动的同时,北京大学学生会立足创新,结合学校实际,开展了一系列富有北大特色的校园活动。校园十佳歌手大赛、"北大剧星"风采大赛获得了校内外的广泛关注,涌现出一大批原创作品;"青春同行计划"为圆北大学子志愿服务之梦添砖加瓦;"北大之锋"和"新生杯"辩论赛继续完善细节,赛制不断成熟;"北大杯"和"新生杯"系列体育赛事与"运动达人"积分赛、体育之夜及未名体育梦想计划为学生搭建活动平台;创业交流会定期邀请企业家与北大创业团队共同交流,为北大学子的创业事业的发展提供有益的平台。此外,北京大学学生会还举办了"十佳教师"评选、PKU Speech、PKU Talk、国际文化节、文化中国说、"齐"迹之路等活动,极大丰富着校园文化生活,促进着校内同学间的交流。

针对食堂卫生问题,北京大学学生会积极展开调查与维权活动,发放《学生维权手册》,为新生提供维权渠道、树立维权意识;印刷、发放《此间》新生攻略手册和《此间》学生会特刊,帮助新生全面了解校园各方面的信息,尽快融入北大生活。

加强学生会信息化建设,积极探索信息发布方式,进一步完善学生会微信平台与人人主页的建设。此外,还编写了《学生会大事记》,梳理与展示学生会一年成果的同时,加深对于工作的再次思考;不断推进骨干培训学校的建设与发展,从课程设置、活动举办、参访调研等方面进行了一系列积极的创新,为北京大学学生会储备了大量骨干人才;进一步通过规范制度来提高工作效率。

研究生会 2014年6月8日北京大学第30次研究生代表大会选举产生了韩非池、房煊、朱贵之、张辰昊、闫力、李玮、庄希威共七人组成的主席团。韩非池当选为北京大学第三十五届研究生会执行委员会主席,刘博当选为北京大学第三十五届研究生会常代会主任。

2014年,研究生会的工作围绕"学术本位"展开。在"学术十杰"评选活动的牵头引导下,一系列学术科研活动顺利开展。第二届"论道杯"学术演讲比赛推广到北京市各高校,邀请九所高校参加北京市校际邀请赛;北京大学第二届"十佳导师"启动仪式顺利举办。

研究生会成立了研究生会"骨干训练营",积极做好人才培养工作。12月14日,成功举办北京大学青年人才交流峰会活动。活动为地方政府、企业、青年人才提供了一个有效的交流平台。

在文体活动方面,"硕博杯"体育比赛已发展成研究生群体参与度最高、覆盖面最广的年度体育盛事。12月27日,"研写青春"2015年新年晚会暨北大研会成立35周年庆典隆重举行。研究生会还发起了"为留守儿童上一堂课"的公益活动,邀请到林毅夫、田刚、张东晓、平新乔等名师为留守儿童录制课程视频,活动得到全校师生的热烈响应。

【学生社团】 3月和9月,北京大学团委根据《北京大学学生社团管理条例》及其实施细则之规定,两次对全校的学生社团进行了重新登记注册,并要求全校社团在3月和9月的登记注册时分别提交了社团现行章程和学期工作总结。截至2014年10月,北京大学正式登记注册的学生社团达265家；截至12月，医学部注册学生社团共计70家，其中学生社团建团数量已达8家。

4月、5月、10月、12月，北京大学团委组织召开4次学生社团工作会议，讲解《北京大学学生社团管理条例》及实施细则和其他各项相关条例，同时就社团发展过程中出现的新思路、新问题与各社团负责人进行充分沟通，协调社团发展过程中需要的各类资源，促进学生社团健康有序发展。

9月，在全面学习总书记关于"中国梦""社会主义核心价值观"系列重要讲话精神活动中，学生社团作为引领校园文化的重要力量，在北京大学团委的指导下组织开展了一系列社会主义核心价值观学习践行活动。北京大学团委筹备成立北京大学"中国梦·社会主义核心价值观"学习践行团，引导学生社团代表深入学习"中国梦""社会主义核心价值观"相关理论，交流心得体会。

2014年，为加强与社团的沟通，北京大学团委继续落实"联系人制度"，依据类别将社团分为15组，选取15名学生骨干与校团委有关部门对接，社团联系人担负与所在组社团的一对一沟通工作，提高"上传下达"的效率同时，方便社团提出问题，团委解决问题，助力社团成长。

坚持开展"四方午餐会"及相关工作。每周邀请约20家社团及其指导单位、指导老师与团体部负责人形成四方会餐，就共同关心的话题进行讨论。此活动共举办十余次，已邀请所有学生社团、指导单位、指导老师至少参与一次，形成四方沟通的有效机制。

组织编写了北京大学社团简史，通过文献查找和相关任务访谈，对从五四时期至当今时代各个时期的社团进行了较为客观、翔实的总结，使北大社团的精神文化和辉煌历史得以记录、延续和传承。同时，和国内外其他高校的社团进行对比研究，总结优势，弥补不足，推动北大社团的发展进步。

12月，北京大学团委成功举办2014年社团发展研讨会与社团发展论坛。研讨会就社团发展过程中组织建设、品牌传承、活动开展、资金管理与宣传推广等方面进行广泛的讨论，形成成果并汇总，以报告的形式在论坛上向广大社团代表公布。

积极调试社团管理平台，完善包括社员管理、活动宣传、场地与展板申请、教室群发通知等多项功能在内的网络管理平台。新太阳学生中心启用后，平台加入了学生中心的场地申请功能，为日常工作高效化做出积极尝试。

10月，北京大学团委正式启动2013—2014学年学生社团评优表彰工作。在奖项设置上，保留了"品牌社团"和"十佳社团"这两项社团最高荣誉，旨在表彰在本年度表现卓著、广受欢迎，对北京大学校园文化的丰富和第二课堂建设做出突出贡献的学生社团。同时，新增"新锐社团"奖项，表彰成立时间较短，但为繁荣校园文化、促进学生成长成才做出贡献的学生社团。最终，通过匿名打分、评选的方式，评出爱心社等五家品牌社团，朗诵艺术协会等十家十佳社团，女生发展协会等十家新锐社团。

【团的自身建设】 作风建设 北大团委坚持从严治团，扎实开展意见建议征集工作；通过专门制作意见征求表，面向校团委机关各部门负责人征求对校团委领导班子和班子成员的意见建议，共收集到意见建议18条；举办"建言综合改革、群策科学发展"主题团日活动，收集各院系团支部对北大发展、对共青团工作的意见建议，经过梳理，形成11个大项130条主要意见；通过广泛收集意见建议，为进一步从严治团、推进作风建设奠定了坚实基础。

北大团委坚持育人为本，扎实推进大学生思想政治教育工作；以深入学习贯彻十八届四中全会精神和习近平总书记五四重要讲话精神为主线，开展系列主题团日活动，引导青年弘扬法制观念、建言综合改革。

北大团委坚持实践培优，切实巩固、完善学生骨干培养工作；参与第一期大学生国家机关实习"紫光阁"计划，招募选拔6名在校大学生暑期赴国家机关部门进行为期一个月的实习；举办第一期北大—香港学生交流营，赴港进行调研考察，与港大、港中文学生就时事热点交流看法。

组织建设 北京大学团委研究完善现有学生副部长选聘机制，加强干部配备，进一步维持组织机构稳定，保障了共青团工作的高效开展。2013年度春、秋两学期两次进行校团委机关学生干部聘任工作，分别聘任111名、128名学生骨干担任副部长（副主任、副秘书长）、部长助理（主任助理、秘书长助理）。同时鼓励不断创新，探索扩展工作领域，提升团委工作绩效。

北大团委持续巩固基层团组织建设。一方面，不断完善网状基层团组织建设模式，逐渐形成了实验室建团、社团建团、学生会建团、年级建团、宿舍建团、网络建团等全方位、多层次的网状基层团组织建设模式；另一方面，扎实推进基层团务工作。积极组织开展团市委"先锋杯"和北京大学2013—2014年度共青团系统评优工作，共评选出优秀团支部23个，优秀团干部、优秀团员各30人。

北京大学医学部团委进一步深化"青年文明号""青年岗位能

手"创建工作,人民肝胆外科、口腔医院药剂科、肿瘤医院胸外二科荣获"北京市青年文明号"荣誉称号。

信息工作 2014年,北京大学团委共编辑出版《北大团内信息》30期,向学校报送《北京大学党务信息》36期,及时、全面地反映了北京大学共青团系统工作成果和风采,并荣获2014年度北京共青团信息工作先进单位。校团委持续改善信息编辑工作,优化人员分工,改进编校流程,充分利用信息化手段,提升工作效率;创新信息报送工作,除传统的纸版寄送、网站报送外,采用微信等新媒体手段,拓宽报送渠道,为上级团组织及整个团系统更好地了解北京大学共青团提供了重要的渠道。

财务工作 北京大学团委按照国家法律法规及学校有关规定,遵循厉行节约的原则,按照公开、系统的账目处理程序开展一系列财务工作;进一步完善《北京大学团委财务报账工作制度》,规范财务报账流程,确保经费合理使用,为"挑战杯"等学术科研竞赛、学生暑期社会实践、学生骨干训练营、纪念"一二·九"运动师生歌会等一系列丰富多彩的活动的顺利举行提供了保障,为学校文化的多元化和学生第二课堂的建设努力做出贡献。

公共管理工作 2014年,北京大学团委办公地址搬迁至新太阳学生中心一层后,及时开展设备清查工作,严格执行学校相关规定和《校团委仪器设备管理制度》,对损坏、新增设备和设备领用人的变更进行汇报和登记,保证团委财产的安全。进一步规范团委会议室管理工作,执行会议室使用预约和钥匙借用登记制度,确保公共空间使用合理有序、责任落实到人。

机 关 党 建

【领导班子干部队伍建设】 认真贯彻落实学习内容,学习党的十八大、十八届三中、四中全会报告、习总书记系列讲话和学校第十二次党代会精神,开展党的群众路线教育实践回头看活动、学习习总书记五四重要讲话和《北京大学章程》以及北京大学综合改革方案等,学习有计划、有检查、有总结,并指导基层党支部深入领会把握党、国家和学校的政策方针,坚持正确的政治方向和舆论导向。

召开好群众路线教育实践活动领导班子专题民主生活会,征求意见,开展批评与自我批评,制定整改措施并严格落实。

坚持群众路线,召开座谈会、深入基层,听取对机关管理工作的意见和建议,不断提升业务水平和服务质量。

【主题党日活动】 机关党委组织各党支部积极开展主题党日活动,如:开展"学习习近平总书记五四重要讲话精神"、开展"议改革、谋发展,群策群力创一流"和"弘扬社会主义核心价值观,争做党和人民满意的好老师"等活动,充分发挥党支部和广大党员的带头引领作用,调动大家的积极性、主动性,学习《北京大学章程》,为学校的改革发展建言献策。在"学习总书记五四重要讲话精神"主题活动中获得优秀组织奖,科技开发部党支部、审计室党支部获得二等奖,实验室与设备管理部党支部、统战部党支部获得三等奖。

【组织发展、评优工作】 2014年,在评选先进党支部和优秀共产党员工作中,机关党委张立获得北京大学优秀共产党员标兵称号,保卫部等6个党支部获得北京大学先进党支部称号,王义遒等15人获得北京大学优秀共产党员称号,纪委等4个党支部获得北京大学机关党委系统先进党支部称号,李航等7人获得北京大学机关党委系统优秀共产党员称号。2014年,机关党委发展了4名新党员,5名入党积极分子参加了学校党的知识培训班学习。

【党建创新立项】 为激发党支部活力,提高党支部组织生活质量,2014年审计室党支部申报了创新立项,并按期结题。

【校外工作交流】 为全面贯彻落实党的十八大精神,加强机关干部的教育和培养,与南开大学、中南大学机关党委进行了工作交流,相互学习。

【工会、共青团工作】 做好教代表提案工作。"整治校园绿化超高土减少扬尘的建议"获得优秀提案奖。支持机关分工会开展丰富多彩的文体活动,如学校运动会、各种球类比赛、"校园清洁"志愿服务、爱心基金捐款、学校"一二·九"合唱、机关趣味运动会等。2014年,机关分工会获得工会先进工作委员会称号,科研部工会、党办校办工会、保卫部工会和设备部工会获得优秀工会小组称号。为加强机关青年干部的思想政治学习和爱岗敬业、争创一流,有9名青年干部参加了校团委组织的评选青年岗位能手活动。

后勤党建

【概况】 2014年，后勤党委以后勤改革，后勤党委、基层党支部调整换届为契机，重点做好加强领导班子和干部队伍建设、加强党员学习教育、后勤队伍建设、规范管理、基层党组织建设和思想政治工作、党风廉政建设等，履行好党委政治核心、战斗堡垒、配合行政保障监督、思想政治与精神文明建设的职责。同时，创新工作思路与方式，特色工作取得进展。

后勤党委所属党总支6个，党支部29个（在职13个、退休8个、混编8个）。党员540名（在职290名、离退休250名），分布在后勤9个单位：总务部、房地产管理部、基建工程部、燕园社区服务中心、会议中心、餐饮中心、动力中心、公寓服务中心（含特殊用房管理中心）、校园服务中心。

【领导班子干部队伍建设】 加强领导班子思想政治建设、组织建设、干部队伍建设和党风廉政建设，努力建成坚强有力的领导班子，发挥好后勤党委、后勤干部"带头人"的作用。

1. 领导班子认真贯彻执行党的路线方针政策，落实学校党政工作精神，坚持正确的政治方向，不断提高思想认识水平。在党、国家、北京市教委和学校党委部署的历次思想政治和理论学习中，认真贯彻落实学习内容，学习党的十八大、十八届三中、四中全会报告、习总书记系列讲话和学校第十二次党代会精神，开展党的群众路线教育实践回头看活动、学习习总书记五四重要讲话和深化改革讨论活动等，带头学习、主动学习，学习有计划、有检查、有总结，在学习的过程中撰写理论体会文章和本单位的发展规划纲要。带领后勤党委、基层党组织和广大干部职工深入领会把握党、国家和学校的政策方针，坚持正确的政治方向和舆论导向。

2. 召开好群众路线教育实践活动领导班子专题民主生活会，征求意见，开展批评与自我批评，制定整改措施并严格落实。

3. 在组织建设方面，坚持民主集中制，集体议大事。一方面，遇有重要的事项都要召开党委会。另一方面，指导监督后勤各单位执行好集体议大事的制度；后勤党委和各单位都坚持党政联席会议制度，党政配合，团结协作，科学决策，民主、规范管理。

4. 坚持群众路线，深入基层，坚持为民务实清廉的作风，为群众办实事和解决问题困难。

5. 干部工作，配合组织部做好后勤干部的考察、选拔、管理、考核、培训和后备干部推荐工作。

6. 在党风廉政建设方面，对领导干部加强教育，完善制度，重点防控，党风廉政建设成效好，无违法违纪问题。领导班子比较坚强有力，群众威信较高。

【开展好主题党日活动】 1. 通过学习加强作风建设，做好后勤工作。党委召开扩大会，在党委委员和支部书记中首先学习。

2. 各单位领导干部带头学习，开展学习总书记讲话在线学习和主题党日活动中的专题讨论等活动，加强认识。

3. 各党支部也开展丰富多彩的活动。如会议中心一支部观看新闻视频重温总书记讲话情景，五支部通过网上阅读和支部购置书目方式实现图书漂流、读书分享，并定期召开交流会、建立支部阅读传统文化经典书目的长效机制。公寓服务中心党总支在开展主题党日活动时与日常工作紧密结合，如外来务工党员表态，把总书记讲话精神落实在实际工作中，配合学校各单位圆满完成暑期各项任务，迎接新生入校。特殊用房党支部也将学习与打造"北大万柳公寓品牌"紧密结合。校园服务中心幼儿园党支部开展了师德教育。

4. 领导班子和干部带头撰写体会文章。副总务长崔芳菊以勤学、修德、明辨、笃实为重点撰写了学习体会，后勤党委书记刘宝栓从党建工作角度撰写了心得，并以总书记讲话精神为指导进一步谈了对中国梦、个人梦的体会，后勤党委共撰写体会文章13篇。

5. 向学校党委报送优秀党支部活动总结5个。在本次学习活动中，后勤党委获得学校优秀组织奖，会议中心党总支获得优秀党日活动三等奖。

【开展好综合改革大讨论】 以培育和践行社会主义核心价值观、创建中国特色世界一流大学为目标，开展好学校综合改革讨论活动。

1. 后勤党委第一时间召开扩大会，组织党委委员、基层党组织负责人集体学习并广泛动员，要求将主题党日活动认真及时部署到党员。

2. 各党支部开展形式多样的活动。如动力中心党总支结合讨论主题和10个重点题目，紧密联系工作实际，以后勤业务和具体科室进行划分，细化讨论重点和题目。餐饮中心邀请专业培训人员开展"党员体验式教育"，通过精心设计的团队活动、讨论式学习、"重温入党誓词"等环节，教育引导党员坚定理想信念，加强党性修养。校园服务中心党总支领导班子深入到基层一线，与工人进行座谈，详细介绍学校改革方案和中心发展现状，听取意见，改进工作。

3. 后勤党委将各基层党组织征求的意见汇编成册,共计129项。召开党委扩大会,组织党组织负责人汇报开展活动情况,促进后勤系统进一步交流,并为后勤和学校改革发展出谋划策。

4. 各单位围绕学校发展、如何创建一流,从加强科研、师德建设、立德树人、数字化校园、体制机制改革和制度创新等方面提出好的意见。立足于后勤工作,意见主要集中于四方面:进一步加强对后勤工作的规划和顶层设计,做好资源配置;建立合理的后勤队伍建设制度,尤其是合同制职工管理激励晋升机制;进行后勤体制机制改革和创新;加强后勤党组织建设。

【群众路线教育实践活动】 开展好群众路线教育实践活动民主生活会、整改落实、"回头看"等系列工作,使后勤管理、服务工作水平提高,师生满意度提高。后勤党委在全部的群众路线活动和后续工作中,承担的主要是对所属各单位和党员指导、监督、保障、协调作用,督促各单位完成好各个环节的任务并做好整改落实;同时,牵头做好向师生征求意见、进行整改落实情况汇报、建章立制等工作。主要完成:

1. 在整改落实和回头看阶段,于9月初由朱善璐书记召开的群众路线整改落实基层党组织负责人座谈会上,后勤党委进行了专题汇报;11月底,按照主管校长的要求,牵头召开后勤整改落实情况汇报师生代表座谈会,汇报已经整改落实的51项意见和主动改善服务的31项工作。后勤整改落实工作得到了学校领导和师生代表的好评。

2. 建章立制,牵头完成北大后勤服务手册的编辑和发行,目前正在进行各单位规章制度汇编和后勤服务平台建设工作,这些都是服务师生创新举措。

【做好党代表提案工作】 后勤党委关注学校改革发展,配合学校做好党代表履行职责工作,从后勤实际出发建言献策。配合学校做好党代表年会代表召集、组织分组讨论工作。

【做好后勤改革和规范管理】 发挥政治核心作用,配合行政保障监督,确保后勤改革和管理服务工作平稳推进。

1. 落实《北京大学后勤队伍建设"十二五"规划纲要》中进一步补充队伍和建立科学发展的进人机制的精神,向学校争取到总务系统8个招聘计划,并在暑期前后招聘完毕。

2. 与总务部一同具体负责编写北京大学后勤服务手册。服务手册分为教工版和学生版,已经于2014年新学期在学校发行,进一步规范管理,体现后勤工作为民务实的宗旨,受到师生好评。

【做好基层党建工作】 后勤党委依托于基层党支部开展丰富多彩的活动,同时,协调指导党支部做好管理服务党员和基层党建工作。

1. 动力中心党总支、校园服务中心党总支、幼儿园党支部被评为校级先进党支部,王太芹、刘钊、苗洁生、徐晓辉、童春林被评为校级优秀共产党员。评选后勤级先进支部7个、后勤级优秀共产党员36人。

2. 发展党员8人,转正10人,入党申请人115人,入党积极分子104人,参加北大教职工党的知识培训班14人,发展党员外调10人,列为2015年发展计划23人。

3. 在职党员到社区报到覆盖所有在职支部,参加党员289人。

4. 397人参加共产党员献爱心捐款,共计捐款26048元。

5. 8人获得"生活困难党员帮扶补助"。

【加强党务工作规范创新】 1. 探讨后勤党委换届和委员设置方案。

2. 指导后勤党委各基层党组织进行支部设置和完成换届。(1) 后勤新成立的中心党总支做好换届,对中心下属党支部重新进行设置,条件成熟的完成换届。(2) 对由于各种原因多年未换届的3个党支部开展工作,顺利进行换届。(3) 对离退休党支部党员管理、书记配置的方式进行探讨,经过多方细致工作,为离退休支部选配好书记。本年度共完成10个支部换届。

3. 在组织部的帮助下,进一步加强对后勤基层党组织负责人的培训,9名负责人全部参加学校教工党支部书记培训。组织支部书记参加学校新任党支部书记培训及北京高校基层党组织负责人示范培训班(教师党支部书记专题班)、北京高校离退休干部党支部书记培训班(5人)。完成35名党支部书记的信息采集。

4. 组织党总支、党支部书记参加发展党员相关工作培训,后勤党委结合学校要求制定了本单位发展党员工作规范。

5. 党委进一步完善了书记、副书记、党委委员联系基层制度,做到重要的主题党日活动、发展党员、民主生活会等都到基层积极参与,深入调研。

6. 以餐饮中心党总支为代表的基层单位积极参与党建创新课题研究。

【加强党风廉政建设】 1. 按照《北京大学推进廉政风险防控管理权力结构科学化配置体系建设具体安排》的文件精神和关于开展2014年度党风廉政建设责任制贯彻执行情况专项检查的通知,做好组织领导建设和相关工作部署。

2. 各单位推进廉政风险防范管理。

3. 召开好处级领导班子专题民主生活会。

4. 进一步加强制度建设和干部廉洁教育,后勤廉政情况较好。

【支持好老干部工作】 加强对离退休党组织和党员的管理服务,主动向离退休老同志介绍学校和后勤工作的近期动态与发展变化,组织好年底慰问和团拜,向组织部和离退休工作部申请困难帮扶补助,关心他们的思想状况和现实困难并帮助解决问题。

【支持好工团工作】 支持后勤分工会开展各项工作。做好学校教代会、工会代表履行好职责、代表提案工作,召开后勤合同制职工入会问题座谈会,开展平民学校工作,组织后勤职工参加运动会、文体比赛、"校园清洁"志愿服务、爱心基金捐款、学校"一二·九"合唱等。2014年年底,推荐5个基层工会组织参加优秀工作小组评选。指导后勤团委开展工作,如加强对后勤团员青年教育、引导、服务,引导后勤青年加强思想政治学习和爱岗敬业、争创一流。评选青年文明号4个。评选优秀团支部1个、优秀团干部、团员3人。引导青年职工参加平民学校班主任等志愿服务工作,搭建青年服务学校、服务社会的平台,建设有朝气、有热情、能力强、团结上进的后勤青年职工群体。

【荣誉表彰】 后勤党委党建工作得到学校认可,获得多项表彰。经过后勤党委各党支部和党员的共同努力,后勤党委获得北京大学教工党支部"落实十八大 共话中国梦"和"学习习近平总书记五四重要讲话精神"主题党日教育活动优秀组织奖。总务部党支部获得教工党支部"落实十八大 共话中国梦"主题党日教育活动优秀党日二等奖,公寓服务中心、餐饮中心党支部获得三等奖。会议中心党总支获得教工党支部"学习习近平总书记五四重要讲话精神"主题党日教育活动优秀党日三等奖。

医学部后勤党建

【深入讨论 聚力发展】 医学部后勤党委严格按照北京大学和医学部的统一部署及要求,于10月16日正式启动医学部后勤"深化综合改革、聚力科学发展"讨论活动。

积极动员、认真部署 10月16日下午,召开党支部书记全体会议,部署"深化综合改革、聚力科学发展"讨论活动相关工作。医学部后勤党委书记王运生主持会议,副书记吕晓明、各部门及各离退休党支部书记参加会议。向各党支部下发《北京大学综合改革方案(征求意见稿)》《习近平:青年要自觉践行社会主义核心价值观——在北京大学师生座谈会上的讲话》等学习材料并组织集中学习。此外,充分发挥《家园》、宣传网站等方式进行宣传,积极动员广大党员、职工参与到"深化综合改革、聚力科学发展"讨论活动中。

热烈讨论、收集意见建议 10月21日,居委会党支部组织开展讨论活动,共提出四大类意见建议;10月22日,总务处机关党支部召开了支部扩大会议,共征集意见建议35条;部医院党支部、教室管理服务中心党支部均于10月23日召开讨论活动,重点对《北京大学综合改革方案》结合自身工作发表意见;幼儿园党支部结合自身工作,于10月24日召开"弘扬'社会主义核心价值观',争创市级示范园"的讨论活动;校园管理中心党支部、饮食服务中心党支部分别于10月29日开展"议改革、谋发展,群策群力创一流"主题党日活动、"实实在提建议,一心一意促发展"主题党日活动,共收集意见建议12条;房地产管理中心党支部于10月31号召开讨论会,共征集意见建议14条;基建工程处党支部通过讨论活动,收集7大类,共12条意见;此外,5个离退休支部分别以开会、走访等形式征求广大离退休党员的意见建议。

医学部后勤党委通过对意见建议进行汇总梳理,主要对育人、人才队伍建设、信息建设、工作机制,医学部职工住房、人事制度、校园安全等方面提出意见建议。涉及学校层面共6大类16条,涉及医学部层面共7大类22条,涉及后勤工作共8大类41条。

认真研究、积极整改 医学部后勤党委将汇总的对学校改革发展的意见建议,报医学部党委组织部。同时将涉及后勤工作的意见建议在医学部后勤党政联席会通报,并将相关问题印发给分管领导。由分管领导负责,及时整改。此外,后勤党政领导班子将"深化综合改革、聚力科学发展"中收集的意见建议作为2014年民主生活会的重点内容,要求在对照检查材料中写明相关问题的解决方案,并将整改落实情况在民主生活会中进行通报。由此,进一步推动了后勤解决问题,推动后勤工作更好地发展。

【培养责任 加强思想建设】 医学部后勤党委在加强理论与实践教育的同时,重视培养党员的社会责任感,通过开展"学雷锋"活动、参与"共产党员献爱心"活动、积极为灾区捐款等活动,充分调动广大党员的积极性,激发党员的奉献精神,体现中国共产党的先进性。

加强学习教育 医学部后勤党委通过文件学习、专题民主生活会、定期举办讲座、讨论会等形式,将集中学习和自我学习相结合,坚持不懈地开展党纪党规、廉洁从政教育,提高广大干部职工的学习能力,从而加强思想建设。

开展学雷锋活动 医学部后勤党委于3月15上午在家属区和校园开展了以"弘扬雷锋精神,深入群众服务"为主题的学雷锋活动。在医学部后勤党委的统一组织下,共有来自后勤各党支部党员、预备党员、入党积极分子、职工等70余名参与其中。本次活动的服务项目包括:水电节能宣传、燃气安全宣传、燃气咨询、消防知识宣传、创建全国文明社区倡议、配钥匙、磨刀磨剪子、科学早教进社区、测血压、常见病咨询、用药咨询、自行车打气等。

积极参与献爱心活动 根据《关于开展2014年"共产党员献爱心"捐献活动的通知》的相关精神,医学部后勤党委倡议各党支部积极组织广大党员、积极分子及群众献上自己的一份爱心。据统计,后勤党委共有212人参加此次活动并捐款9571元。其中,党员156人,积极分子8人,群众48人。本次捐款已通过医学部计划财务处"共产党员献爱心"暂存账户转到北京市慈善协会。

利用《家园》促教育宣传 2014年,《家园》作为后勤独到的宣传平台,使广大党员、职工、群众对党的十八届四中全会、党的改革政策等有更全面清晰的了解;让服务在一线的后勤人更能感受到自身工作的实在性和重要性;为热衷写作、喜欢采风、热爱生活的后勤人提供了抒发情感的平台。2014年,《家园》共出刊6期,收入文章170篇,刊载文字近16万字,收录图片275张,充分展现了后勤工作的实际情况和后勤人的工作状态,营造了良好的文化氛围。

【加强组织建设】完善支部架构 为进一步加强医学部后勤支部建设,根据医学部基建工程处的实际情况,经4月17日第2次医学部后勤党委会研究,决定设立医学部基建工程处党支部。经5月19日后勤第3次党委会研究,同意2014年4月25日基建工程处党支部党员大会选举结果,王真龙担任医学部基建工程处党支部书记,余平担任支部组织委员,韩丽担任支部宣传委员。经5月19日后勤第3次党委会研究,决定将原后勤机关党支部更名为总务处机关党支部。此外,党委会同意校园管理中心党支部选举由柳文慧担任支部宣传委员;总务处机关党支部选举由王文雅担任支部组织委员。

各支部开展特色活动 各党支部积极参与每年的学雷锋、服务社区的活动。根据"深化综合改革、聚力科学发展"的相关要求,开展主题党日活动。幼儿园党支部开展的"学习社会主义核心价值观,为党旗增辉——师德建设主题教育活动"、总务处机关党支部开展的"打造团队特色文化,增强党性齐心聚力"获准医学部第九期基层党建创新立项。

此外,基建工程处党支部组织16人赴南开大学、天津大学新校区学习交流;房地产管理中心党支部还组织党员参观抗日战争纪念馆和卢沟桥;校园管理中心党支部与总务处机关党支部联合开展了"种下一片希望,共建美好家园"植树造林活动;饮食服务中心党支部开展"实实在在提建议,一心一意促发展"主题党日活动;教室管理服务中心党支部组织党员,对教学楼教室中的多媒体设备、黑板进行清扫除尘;运输服务中心党支部举办了"热爱生命、珍视运动"第五届体育节;部医院党支部开展"责任医师、健康服务"活动;居委会党支部开展慰问社区空巢老人,创建文明城区、六型社区等活动;离退休党支部组织53名退休党员同志参观了最美乡村——榆林村。总务处机关支部与基建工程党支部还组织开展了"穿越历史 回归本心 问道钱币 历久弥香"纪念币收藏讲座、参观"北京市反腐倡廉教育影像展览"等。

【透过工会、促进职工福利】 医学部后勤工会作为后勤党委联系职工群众的桥梁和纽带,切实促进职工福利,为非在编职工争取机会。2014年,在以往签订无固定期限合同才能入会基础上,扩展到签订第二次劳动合同的非在编职工统一入会,享受学校福利温暖;并于12月组织所有非在编职工参加统一体检,关心职工健康、确保职工权益;此外积极组织后勤职工参与北京市、北京大学及医学部组织的各项活动,充分展示了后勤人的风采,取得了优异的成绩。后勤代表队在医学部首届乒乓球双打联谊赛获团体第一名;在医学部第五十一届田径运动会上获得团体第六名和优秀组织奖的好成绩;获得医学部教职工第三届游泳比赛第四名;参加"庆祝北医102华诞"大步走活动、"优秀教师、满30年教龄教师一日游活动"等。

【多管齐下、加强队伍建设】提高中层干部学历教育 2014年,医学部后勤共有11名中层干部完成网络学历教育课程,并取得毕业证书。经5月19日总务处、基建工程处、保卫处、后勤党委联席会讨论,同意按照《关于鼓励后勤中层干部参加北京大学医学网络教育学院学历教育的通知》(北医后勤〔2010〕党字5号)文件精神,执行后勤中层干部参加网络学历教育学费报销及学分奖励。

举行工作汇报会 2月19日,举行了党政领导班子成员工作汇报会,医学部副主任宝海荣、后勤党委书记王运生、总务处处长陈斌斌出席了会议。会上,副处长、副书记及处长助理分别就各自分管领域2014年工作重点、难点及目标任务进行了汇报。宝海荣全程听取汇报,站在更高层面对后勤各部门及各条战线工作做出了部署,并提出了具体要求。

召开干部工作会 2月27日,医学部后勤召开了干部工作会。医学部后勤党政领导班子成员、各实体、办公室主任、副主任、支部书记、工会小组长及保卫处处领导、各科室人员等70余名干部参加了组织讨论教代会工作报告 3月6日,医学部后勤代表团就医学部第六届二次教职工代表大会工作报告进行了认真讨论。

召开领导班子民主生活会 12月26日,召开了医学部后勤领导班子专题民主生活会,会议历时2个小时。医学部副主任宝海荣、纪委办公室主任刘江平、组织部副部长孙晓华出席了会议,后勤党委书记王运生、总务处处长陈斌斌、基建工程处副处长、后勤党委副书记共9人参加了会议。基建工程处处长余也列席本次会议。

【进一步深化作风建设】加强廉政学习 为切实加强党员干部廉洁自律意识,提高干部职工拒腐防变能力,后勤党委通过文件学习、专题民主生活会、定期举办党风廉政建设讲座等形式,将集中学习和自我学习相结合,坚持不懈地开展党纪党规、廉洁从政教育。

认真贯彻落实上级部署 共16次在医学部后勤党政联席会上传达教育部党风廉政建设视频工作会议有关精神、医学部纪委关于2013年反腐倡廉建设工作检查的意见反馈等、北京大学纪委转发中纪委《关于落实中央八项规定精神坚决刹住中秋国庆期间公款送礼等不正之风的通知》精神等;多次强调了廉政建设重要性,要求加强廉政警示教育,杜绝腐败现象及苗头。

坚持民主集中 严格按照民主集中制的要求,完善后勤决策(会议)制度,实现科学、集体决策。完善后勤核心组工作会、后勤党政联席会、总务处处长办公会、基建工程处处长办公会、北京大学医学部总务处、基建工程处、保卫处、后勤党委联席会、后勤党委会、后勤专题工作会(财务工作会、人事工作会、基建工作会、房地产工作会及其他专题工作会)以及中心理论组学习会、民主生活会等科学决策体系。通过多层次、全方位的科学决策制度,使后勤管理规范化、制度化,规范和制约权力,防止权力失控、管理空当或个人自由裁量空间过大等问题出现,实现科学决策。

严格执行"三重一大"制度,凡属重大决策、重要干部任免、重大项目安排和大额度资金的使用,严格要求2014年6月19日之前的议题必须经后勤党政联席会研究,6月19日之后的议题必须经医学部总务处、基建工程处、保卫处、后勤党委联席会集体决策。

完善制度建设 医学部后勤党委始终注重科学有效的制度体系建设,针对"三重一大"集体决策、岗位聘任、人员聘用、财务管理等重点岗位和关键环节,不断健全完善各项规章制度,强化制度监督机制。以制度管人、以标准管事,使后勤的各项工作制度化、规范化。根据现有工作的需求,结合党风廉政建设,以防控廉政风险、规范内部管理,后勤党委通过对已有制度进行梳理,制订了《医学部后勤制度建设计划》。根据计划,完善已有制度,废止不适用的制度,制定新制度等,共涉及制度78个。

督促廉洁自律 为加强党员领导干部廉洁自律,医学部后勤所有的科级以上干部均在任职时签写《廉洁承诺书》,对个人任职后的行为做出正式承诺,并以此时刻规范自身行为。处级领导每年做好述职述廉工作。处级领导干部参加述职考核、职代会、离退休党员会等,广泛听取师生职工意见建议,接受职工、师生民主评议和监督。同时,后勤按照医学部要求做好领导干部个人收入和领导干部个人有关事项报告制度,出台了《北京大学医学部后勤首任负责制》等。

依法、高效、热情办理信访案件 结合后勤工作实际,根据《北京大学信访工作规定》(2014年3月25日第837次校长办公会审议修订)和《北京大学医学部信访工作的规定(试行)》,于6月制定了《北京大学医学部后勤信访工作规定》,使医学部后勤信访案件的处理工作更加规范、有序。切实做到依法、及时、就地解决问题与思想教育疏导相结合。

【丰富职工文化生活】 为丰富后勤职工业余生活,营造积极向上、充满活力、和谐友好的文化生活氛围,后勤党委积极组织开展内部培训、讲座交流、参观学习等形式多样的活动。于5月21日下午组织后勤50余名新入职职工开展"相识相知、挑战自我、熔炼团队"新职工素质拓展活动;邀请医学部纪委副书记范春梅老师于9月18日以"守规则 尽职责"为主题,开展一场生动的廉政课;9月30日上午,后勤组织近百名职工赴古北水镇秋游;10月28日,举办"运动健康快乐"2014年职工趣味运动会;12月7日,组织50名职工参加北京大学2014年"爱乐传习"项目暨纪念"一二·九"运动79周年师生歌会;11月27日下午,举办"医学部后勤好声音选拔赛"。选拔推荐的选手孙伟在"医学部好声音"2015新年晚会中取得第二名的优异成绩;12月31日晚,组织45名职工登上北京大学2015年新年联欢晚会的舞台。

直属单位党建

【概况】 北京大学直属单位党委成立于2012年12月18日,前身为北京大学直属单位党总支,所属设有计算中心党支部、档案馆党支部、教育基金会党支部、现代教育技术中心党支部、校史馆党支部和歌剧研究院党支部,共计6个党支部,党员139人。其中,学生党员5人,教职工党员134名;在职正式党员78人,离退休党员56人;女党员65人,少数民族党员11人,预备党员7人。2014年发展党员5人,转入2人,死亡1人,与上年相比党员总数增加9人。

【学习"五四"重要讲话】 直属单位党委安排党委委员及支部书记对习近平总书记的《青年要自觉践行社会主义核心价值观》重要讲话进行了认真学习,并鼓励和指导各党支部按照校党委的要求,在全体党员中掀起学习贯彻总书记重要讲话精神的热潮。

计算中心党支部将学习分三大部分20项要点,逐一地讲解、学习和讨论习总书记讲话的重要思想内涵。大家积极发言,认真探讨,彼此交流了感想与心得。

档案馆党支部召开专题学习会,组织全体党员认真学习讲话全文,领会总书记对北大光荣历史和立德树人工作的肯定以及对建设世界一流大学的要求。每位党员结合自身学习和工作经历,围绕如何深刻领会并弘扬社会主义核心价值观、如何牢固树立文化自信、如何为创建世界一流大学贡献力量等话题畅谈心得体会。

基金会采取会前自学与会上集体讨论学习的方式,通过党支部会议、基金会全体人员会议、领导班子会议,深入学习贯彻落实十八届三中、四中全会精神和习近平总书记系列重要讲话精神,结合"深化综合改革、聚力科学发展"的讨论活动,学习了《北京大学综合改革方案》《北京大学章程》,并且为每位党员购买了《习近平谈治国理政》一书,供党员学习。

现代教育技术中心党支部根据上级组织对于工作的具体要求,严肃认真地通过召开支部会议、印发相关学习材料、组织讨论学习、撰写心得体会等方式,使得各项理论学习任务基本达到了预期效果,提高了支部成员的政治理论水平和凝聚力。

校史馆党支部与馆行政、工会互相配合,把业务学习与参观活动结合,先后组织馆员到中央编译局展览馆及新文化运动纪念馆、浙江蔡元培故居纪念馆、蒋梦麟故居纪念馆、嘉兴南湖革命纪念馆、故宫博物院文化服务中心、严复故居、严复故居纪念馆、林纾故居纪念馆、邓拓故居纪念馆等北大老校友纪念馆进行了参观交流。

【学习学校章程及学校改革方案】 2014年,北京大学就学校章程和综合改革方案面向全校师生员工内部征求意见。直属单位党委组织党委委员及支部书记就《北京大学综合改革方案》征求意见稿进行学习,大家就自己关心和了解的热点问题开展了热烈讨论。

讨论会上,直属单位党委委员和支部书记们从治理结构与管理体制、人才培养、科研体制、医学教育与医疗体制、师资人事制度、资源保障与配置体制、管理服务等7个方面学习和探讨了综合改革的主要任务和重要举措。在学习和讨论过程中,大家牢牢把握习近平总书记所强调的"深化高等教育改革,高校要紧紧围绕立德树人的根本任务,加快构建充满活力、富有效率、更加开放、有利于学校科学发展的体制机制"的要求,对北京大学今后一段时间综合改革的路线图、任务书和时间表进行了学习。大家认为,北大的综合改革以立德树人为根本,以人才培养模式改革为核心,通过教学、科学研究、社会服务等大学职能的内涵提升和创新实践,带动学校人事管理制度、资源配置方式和党政管理体制的改革,并在政府、社会的支持下,逐步建成中国特色现代大学制度和治理体系。北大全面深化综合改革将有利于更好地落实党和人民赋予北大的办学使命和时代责任,有利于解决发展中遇到的深层次矛盾和问题,破解瓶颈和难题,实现北大又好又快发展。同时,大家还在讨论过程中形成了若干条意见和建议,并通过党委向学校反馈。

此外,各党支部也分别围绕"议改革、谋发展,群策群力创一流"和"弘扬社会主义核心价值观,争做党和人民满意的好老师"开展主题党日活动。全体党员围绕《中共中央关于全面推进依法治国若干重大问题的决定》和学校印发的《北京大学综合改革方案(征求意见稿)》积极讨论。大家畅所欲言,结合工作感悟,就有关问题提出了很多中肯的想法和建议。

【主题党日活动】 2014年6月4日,档案馆党支部组织离退休党员主题党日活动,赴国家博物馆参观《复兴之路》主题展览,赴首都博物馆参观《直挂云帆济沧海——海上丝绸之路》特展。老同志们时而驻足观看珍贵文物,时而仔细阅读历史文献,大家纷纷表示,重温伟大的复兴之路,感慨于中国共产党人"先天下之忧而忧,后天下之乐而乐"的广阔胸怀,是一次深刻的爱党、爱国、爱社会主义洗礼和理想信念教育,并寄语档案馆,希望年轻同志能够增强使命意识和担当精神,克服困难,解放思想,创新服务模式,为北大创建世界一流大学做贡献。

【党建创新】 现代教育技术中心党支部开展了以"增强党员凝聚力和归属感的有效实现渠道研究——基于群众路线教育活动后建章立制、主题党日和志愿服务等"为主题系列支部活动,并获得北京大学党建创新立项。该系列活动吸引了中心全体党员群众的积极参与,取得了良好的成效和反馈。

建章立制:以定期巡访退休教师生活开展帮扶支持,党员赠书,老党员讲历史等系列活动为基础,进行中心支部、行政和工会的文化制度建设的研究。

党员赠书:精选《全球通史》《平行宇宙》《物理学的未来》《环球旅行》为首批党员系列赠书,引导党员同志多读书,读好书,努力保持党员先进性。

老党员讲历史:邀请老党员张永魁和刘家祯两位老师为中心党员和教职员工进行中心历史发展沿革的报告讲解,开展中心历史发展的座谈讨论。

主题党日:组织党员和群众代表赴国家博物馆参观《复兴之路》大型展览,开展主题党日的座谈讨论活动。

【党支部到期换届】 健全基层党组织的选举制度,搞好基层党组织的换届选举是加强党的基层组织建设的一个重要环节。按时且保质保量地完成到期党支部的换届工作不仅有利于充分发挥党内民主,保障党员的民主权利,调动广大党员的积极性,也有利于领导成员接受党的监督,增强责任感,有利于充分发挥党员大会的应有作用,有利于增强党员的组织观念和纪律性。2014年11月,直属单位党委有基金会党支部和档案馆党支部两个支部届满。根据两个支部的实际情况,直属单位党委组织和指导基金会党支部按时完成换届工作。此次基金会党支部换届实行公推直选,党员知晓率接近100%,在党员中产生了良好的效果,全体党员的意志得到了比较充分的表达和尊重,增强了党内的民主氛围,增进了团结、激发了基层党组织的活力。

【优秀表彰】 为进一步营造提振信心、鼓舞干劲、凝聚力量、弘扬先进、选树典型的浓厚氛围,直属单位党委根据学校要求,讨论并申报基金会党支部为"北京大学先进党支部",申报基金会党支部的李宇宁、计算中心党支部的欧阳荣彬、档案馆党支部的张娜3位同志为2014年度"北京大学优秀共产党员"。另外,评选现代教育技术中心党支部的管佩森同志为"北京大学直属单位优秀党员"。

2014年档案馆党支部推荐的"档案馆管理利用办公室"获"北京大学青年文明号"称号。

【党员爱心捐款】 "共产党员献爱心"捐献活动是首都广大党员发挥先锋模范作用,体现党的先进性,弘扬中华民族扶贫济困传统美德、展示北京精神的特色活动。根据北大党委组织部文件精神,直属单位党委在6个党支部的全体党员中开展捐款活动。共收到捐款6500元,其中有6名群众也参加捐款活动,以实际行动奉献了爱心。

【困难党员帮扶】 为深入贯彻落实科学发展观,更好地建立健全党内激励、关怀、帮扶机制,促进党内和谐及校园和谐,直属单位党委积极配合学校党委开展2014年生活困难党员帮扶补助工作,确定并申报刘兢、文清河2名党员为2014年度北京大学困难党员帮扶补助对象。另外确定刘润、周润珍、韩少荣、李兆权4名党员为2014年度直属单位党委的困难党员帮扶补助对象,并为每位困难党员发放帮扶补助金额为1500元。

产业系统党建

【概况】 中国共产党北京大学校办产业工作委员会简称产业党工委,是北京大学的基层党委,所属设有方正集团党委、青鸟集团党委两个分党委,校产办机关党支部、未名集团党支部、科技园党支部、维信公司党支部、临湖公司党支部和软件工程公司党支部六个直属支部;其中,方正集团党委设有15个党支部,青鸟集团党委设有6个党支部。产业党工委及各分党委、直属党支部在学校党委组织部的领导下,密切配合、深化改革,继续发扬党的优良传统和作风。2014年,产业党工委严格按照学校党委组织部的要求,认真贯彻落实党的十八大精神和习近平总书记五四重要讲话精神,积极开展党的群众路线教育实践活动和创新性的主题党日活动,参与深入企业调研工作和交流活动,把北大文化与企业文化紧密结合,调动企业党员的积极性,促进企业发展。

【党的群众路线总结大会】 产业党工委于2014年1月9日召开群众路线总结大会,参会人员有校产办机关党支部全体在职党员,所属企业分党委和各支部负责人,以及督导组领导。黄桂田校长助理主持并请孟庆焱书记做总结报告。孟庆焱首先强调了整改过程中保证制度落实,根据校办企业的特殊性加强沟通,理论学习与业务实践相结合,在为企业服务的过程中做好廉洁自律和反奢靡之风。接着总结了工作特色:高度重视、工作分层次、认真接受督导组领导、充分发挥企业积极性。

督导组祝老师受学校委托对产业党工委群众路线工作做了总结:

1. 活动开展很圆满,各个环节均做了很多精心的工作;

2. 结合校办产业的特殊性做到了点面结合,受到各级分党委和支部的积极配合;

3. 配合学校整体群众路线工作节奏,适当结合企业特色顺利开展群众路线工作;

4. 通过活动加强了企业与学校的联系,推动了企业的协调发展;

5. 提升了管理水平,努力帮助企业解决实际问题。

黄桂田总结群众路线的基础是大家,学校的督促促使大家把工作做得更切实、到位,整改方案落到实处,收获将会更多。

【党风廉政建设】 高度重视党风廉政建设在校办产业工作中的地位,产业党工委深刻认识到党风廉政建设的重要性,始终把落实党风廉政建设责任制放在非常重要的位置。具体措施是:

1. 坚持理论学习,筑牢反腐倡廉的思想基础;

2. 建立健全规章制度,形成集体合力;

3. 加强党政领导班子的廉政教育,发挥表率作用;

4. 结合校办产业工作的特点,努力杜绝腐败现象的产生。

产业党工委将在未来的工作中进一步提高对反腐倡廉建设重要性的认识,在学校党委和纪委的领导下,做好北京大学校办产业系统的反腐倡廉建设工作,使校办产业系统健康发展,为科教兴国、建设世界一流大学的事业做出应有的贡献。

【党建基础工作】 产业党工委对所属两个分党委,即北大方正集团有限公司党委及其所属的15个支部,北京北大青鸟软件系统有限公司党委及其所属的6个支部,再加上北京北大临湖科技发展有限公司党支部、北京北大未名生物工程集团有限公司党支部、北京北大维信生物科技有限公司党支部、北京北大软件工程发展有限公司党支部、北大科技园党支部,以及校办机关党支部,共计27个支部的党员进行了梳理。领导班子建设方面,产业党工委和校办产业管理委员会办公室坚持定期、不定期召开产业党工委扩大会,坚持召开产业党工委、校办产业管理委员会办公室领导班子民主生活会。同时,结合党的群众路线教育实践活动认真开展批评与自我批评,加强班子凝聚力,提升了干部的管理服务水平。

【主题党日活动】 2014年6月11日,产业党工委校产办机关党支部深入北京北大方正电子有限公司组织字库参观,并通过电子视频学习"习近平总书记五四重要讲话精神",在联系基层的主题党日活动中,通过考察和深入学习收获很大。北京北大方正电子有限公司作为方正字库的发源地做出过很大贡献,通过学习交流认识到字库还有很大发展潜力,在市场中也可以为大学更好的服务。此项具有创新性的主题党日活动不仅获得优秀组织奖;校产办机关党支部、北大方正集团有限公司党委电子公司党支部还获得了"主题党日活动"的一等奖;另有北京北大维信生物科技有限公司党支部获得三等奖。

另外在"落实十八大,共话中国梦"系列活动中,上报的26篇征文中,校产办机关党支部的一篇《中国梦:我的乐章"三重奏"》获得征文一等奖,北京北大临湖科技发展有限公司党支部和北京北大软件工程发展有限公司党支部各有一篇获得征文三等奖。

【企业调研】 2014年7月,产业党工委到包头北大科技园深入了解科技园多个项目进展情况及课题成果产业化落地实践。包头北大科技园由包头青山区人民政府与北大科技园合作共建,是北京大学与包头市进行产学研全面合作的重点建设项目,是北大科技园落实北京大学服务地方社会经济发展的重要战略举措。2011年12月包头市与北京大学工学院协商加强产学研合作,签署了科技合作协议,决定共建包头研究院和科技园,其主要发展路径是:以北京大学为依托,并面向全球,遴选已完成实验室研究、创新性强、市场前景好的项目,到研究院进行中试或工程化研究,每个项目研发周期1年左右,完成后在包头北大科技园转化;另外围绕企业的技术需求组织攻关,完成后由企业产业化。通过实地考察,以及与包头市委领导的洽谈,促进了项目的落地实施和产业化。

【方正分党委活动】 2014年5月,响应产业党工委关于开展"学习习近平总书记五四重要讲话精神"通知要求,北京方正阿帕比技术有限公司党支部要求党员积极学习习近平五四讲话精神,发动入党积极分子学习文件,参加党员的学习活动,互相探讨,加深理解,并结合工作实际提升思想觉悟。支部书记魏丕讲解了习近平总书记五四重要讲话精神专题学习攻略，并发起读传统文化经典的活动。建议全体党员和入党积极分子要经常阅读中华民族传统的经典作品，并呼吁大家利用阿帕比数字图书馆"中华书苑"上的经典图书学习经典。

5月15日，按照产业集团党工委和方正集团党委《关于在产业党工委开展"学习习近平总书记五四重要讲话精神"的通知》的部署和要求，软件技术学院党委副书记胡冶刚主持召开了由各党总支书记和支部书记及党办人员参加的专题会议，布置了"学习习近平总书记五四重要讲话精神"活动的内容，由各支部组织分别在5月16日和5月21日分专题进行了学习，取得了较好效果，并圆满完成了主题党日的各项任务。

10月23日，"议改革、谋发展，群策群力创一流"和"弘扬社会主义核心价值观，争做党和人民满意的好老师"主题党日活动伊始，软件技术学院党委召开了由各党总支书记和支部书记及党办人员参加的专题会议，布置了"议改革、谋发展，群策群力创一流"和"弘扬社会主义核心价值观，争做党和人民满意的好老师"主题党日活动的内容，各总支、支部认真执行学院党委的指示，发动党员和入党积极分子根据自己的工作经历、政治表现、对单位发展的看法等开展讨论活动。截至10月30日，共收到"议改革、谋发展，群策群力创一流"和"弘扬社会主义核心价值观，争做党和人民满意的好老师"主题党日活动建议80余条，经把关筛选上报集团党委12条。

6月11日，北大校产办机关党支部及方正电子党支部联合主题党日活动在方正电子公司举行。作为北大校产办"学习习近平总书记五四重要讲话精神"相关活动的重要一站，北京大学校长助理黄桂田、北大产业党工委书记孟庆焱、副书记韦俊民、北大资产经营有限公司总裁张兆东等一行10人参观、调研了方正字库创意制作过程、方正电子喷墨数字印刷实验室，并体验了数字教育互动课堂。对方正电子在技术、商业模式及新领域的创新和拓展，给予了充分肯定。

【维信党支部活动】 2014年，维信支部紧紧围绕公司中心工作，带领支部全体党员进一步开展学习贯彻习近平总书记系列重要讲话精神，践行社会主义核心价值观，落实党的群众路线教育实践活动整改措施，开拓创新、锐意进取，为公司的生产经营快速发展提供了坚强有力的思想组织保证，实现了全年方针目标。2014年3月6日，俞海燕、王亚峰、张浩按期转正为中共正式党员。郭忠海、林振参加北京大学第6期教职工党的知识培训班并取得结业证书。2014年5月，根据产业党工委的安排，开展"学习习近平总书记五四重要讲话精神"专题学习会，并提交8篇优秀学习心得，支部被授予"优秀党支部奖"；2014年10月，开展北京大学"深化综合改革、聚力科学发展"讨论活动，并提交《北京大学"深化综合改革、聚力科学发展"讨论活动征求意见汇总表》）。

【临湖党支部活动】 遵照《产业党工委开展"学习习近平总书记五四重要讲话精神"的通知》要求，临湖公司党支部组织党员、入党积极分子认真学习、研读了习近平总书记"青年要自觉践行社会主义核心价值观"的重要讲话。大家表示，一定按照习近平总书记要求，努力做到学习不停步、奋斗不停步、奉献不停步，脚踏实地创新创业、争先创优；自觉树立和践行社会主义核心价值观，真正把核心价值观的要求内化于心、外化于行；勇于为北大临湖公司的发展建功立业，在为北京大学建设世界一流大学的服务中，在为实现"中国梦"的伟大实践中书写自己的精彩人生。

医学部产业系统党建

【概况】 在北京大学医学部产业党总支与行政、企业和工会紧密合作，以党政工企四方共建的方式，做好产业党总支和产业工会的各项工作，推动产业科学发展、创新发展。

【党风廉政建设】 医学部产业党总支完善了廉政风险防范管理体系建设，认真梳理制度30余项，细致排查风险点，制定防控措施，制定、完善了制度和流程。

坚持三重一大制度、党风廉政建设责任制实施办法、重大事项报告制度、民主生活会制度、党员领导干部廉洁从政若干准则、中央八项规定等党风廉政建设各项制度。

在中央巡视组对复旦大学专项巡视结果正式传达后，李鹰副主任召集党总支全体委员，针对复旦大学产业领域存在的问题，结合医学部产业的实际，对总支委员进行了一次法律法规、产业政策和廉洁自律的培训。随后，产业进行了自查自纠，并形成报告上报医学部纪委。

产业党政通力合作，贯彻落实产业各项党风廉政建设方面的制度和流程，规避发展风险，严防国有资产流失。涉及医学部企业的重大事项经产业专家咨询委员会论证，聘请法律事务所出具法律意见书，编制项目可行性分析报告和相关请示报医学部部务会和北京大学校产管理委员会审批，对于关停并转企业的资产处理和资金使用，坚持"双签制"。在关闭企业过程中成立由相关部门成员组成的关闭清算小组，被列入关闭企业的财务支出从清算小组成立即实行联合签字制度，实施双重审批。聘请有资质的会计师事务所对其进行税务审计、清算审计，并出具报告。传统企业关停并转及资产处理流程和北京北医投资管理有限公司内部控制流程从制度上予以了保障。

召开产业职工大会，党政领导述职述廉，并进行党政企主要领导的职工满意度测评。会后，总支书记如实反馈情况并进行谈话，提出改进要求。

【产业党总支换届】 6月6日召开医学部产业第三次党员大会。医学部副主任李鹰、医学部党委副书记顾芸、医学部党委组织部副部长孙晓华与会指导。吕廷煜书记代表第二届产业总支部委员会做了题为《规范管理，和谐创新，科学发展》的工作报告，孔繁菁同志代表第二届党总支委员会做党费收缴、使用和管理情况的报告。大会严格按照规定程序，经过无记名投票，选举产生了产业第三届总支部委员5人（按姓氏笔画为序）：吕廷煜、孙斐、吴问汉、堵文静、梁峰霞。吕廷煜当选医学部产业党总支书记。

医学部产业新一届党总支委员会有3名新加入的委员，都是所在单位和企业的骨干力量。9月3日下午，产业特别邀请医学部纪委书记孔凡红、医学部组织部部长戴谷音、副部长孙晓华为产业第三届党总支委员做了系统培训和产业总支班子的任职谈话。产业党总支书记吕廷煜传达了中央全面深化改革领导小组最近关于国有企业高管薪酬及职务消费问题的会议精神，要求各位总支委员认真领会孔书记、戴部长的培训内容，在各自的单位里学习研究政策，廉洁自律，为企业提供更好的服务。

【党建基础工作】 4月25日，医学部产业系统举行学习习近平重要讲话座谈会。医学部副主任、北京北医投资管理有限公司董事长李鹰，产业管理团队、企业中层管理干部、各党支部书记、退休党员代表参加了座谈。座谈会采取了分段阅读习近平重要讲话并谈认识体会、现场互动交流的生动形式。与会同志深刻感受到总书记在语重心长地教大家怎么做事做人，领导干部要起率先垂范的表率作用。

2014年，网络学院党支部被评为北京大学先进党支部；联合二支部被评为医学部先进党支部。孔繁菁同志被评为北京大学优秀共产党员，孙斐同志被评为医学部优秀共产党员。

3月7日，产业党总支、工会组织"三八"妇女节"魅力女性"专题讲座，邀请中央电视台资深化妆师毛茂老师主讲。7月14—15日，为了解京津冀一体化后保定在医疗卫生方面的新举措及在医疗卫生和教育培训方面的需求，医学部产业党总支一行10人到保定市卫生局调研洽谈，探讨合作机会。"聚焦京都两翼，助力产业发展"活动在医学部"权益杯"精品活动申报中成功立项并获得"优秀活动"称号。10月16日，医学部产业党总支、国产办党支部、工会小组组织参观了世界花卉大观园。11月19日，医学部产业工会组织职工约30人前往密云古北水镇进行以"放松心情，回归自然"为主题的冬游活动。根据产业自身特点，坚持每周四下午的篮球训练活动。在工会"我身边的好老师"微视频大赛中，网院工会小组获得二等奖。王丽老师获得"医学部师德先进个人"称号；董芳老师获得医学部女教工之星称号。

关注弱势群体和困难职工，扩大慰问范围，提高慰问金额。医学部产业党总支、国产办、北医投组成几个慰问小组，进行了患病职工慰问和为统战对象、退休老干部送温暖活动。

【主题教育活动】 十八届四中全会召开以后，医学部产业党总支认真学习有关精神，结合产业在规范管理、科学发展过程中的相关措施以及党组织在产业工作中如何发挥作用进行了探讨。医学部产业各党支部也结合企业管理运营实际，认真学习十八届四中全会精神。

根据医学部党委《关于在教职工党支部中开展"学习党的群众路线 建设服务型党支部"主题教育活动的通知》文件精神，产业各支部相继开展了主题教育活动。网络学院党支部以"集员工智慧促学院发展"的主题党日活动获得优秀奖。产业机关及各党支部结合"整风肃纪'回头看'"活动召开组织生活会，针对征求的意见和建议，开展批评和自我批评，并提出了整改措施和努力方向。

医学部国产办党支部为加强管理干部和职工在财务、资产管理方面的法律法规意识，理解事业单位和企业单位财务管理方面的异同，培养入党积极分子，5月15日，医学部国产办党支部、工会小组举行以财务管理为主题的学习交流会。国产办副主任、北医投资管理有限公司财务总监安红波结合产业的工作实际，介绍了事业单位与校办企业在财务管理、核算原则以及内部控制制度层面的相同性与差异性。国产办党支部书记介绍了近期北京大学校党委书记、党校校长朱善璐为入党积极分子所做的专题辅导报告中所谈到的加强党性修养的四个关键环节。

· 人 物 ·

在校院士名录

	姓名	所在单位
中国科学院	唐有祺	化学与分子工程学院
中国科学院	徐光宪	化学与分子工程学院
中国科学院	李政道(兼)	物理学院
中国科学院	王 夔	医学部
中国科学院	韩济生	医学部
中国科学院	赵柏林	物理学院
中国科学院	翟中和	生命科学学院
中国科学院	刘元方	化学与分子工程学院
中国科学院	蒋有绪(兼)	城市与环境学院
中国科学院	杨芙清	信息科学技术学院
中国科学院	黄春辉	化学与分子工程学院
中国科学院	张焕乔(兼)	物理学院
中国科学院	秦国刚	物理学院
中国科学院	杨应昌	物理学院
中国科学院	童坦君	医学部
中国科学院	陈佳洱	物理学院
中国科学院	王阳元	信息科学技术学院
中国科学院	陆汝钤(兼)	信息科学技术学院
中国科学院	童庆禧(兼)	地球与空间科学学院
中国科学院	黄 琳	工学院
中国科学院	黎乐民	化学与分子工程学院
中国科学院	张弥曼(兼)	地球与空间科学学院
中国科学院	张恭庆	数学科学学院
中国科学院	苏肇冰(兼)	物理学院
中国科学院	霍裕平(兼)	物理学院
中国科学院	贺贤土(兼)	工学院
中国科学院	姜伯驹	数学科学学院
中国科学院	张礼和	医学部
中国科学院	甘子钊	物理学院
中国科学院	周又元(兼)	物理学院
中国科学院	陈建生(兼)	物理学院
中国科学院	徐至展(兼)	物理学院
中国科学院	李启虎(兼)	先进技术研究院

续表

	姓名	所在单位
中国科学院	叶大年（兼）	地球与空间科学学院
中国科学院	赵光达	物理学院
中国科学院	涂传诒	地球与空间科学学院
中国科学院	叶恒强（兼）	物理学院
中国科学院	陈运泰（兼）	地球与空间科学学院
中国科学院	朱作言（兼）	生命科学学院
中国科学院	解思深（兼）	信息科学技术学院
中国科学院	许智宏	生命科学学院
中国科学院	韩启德	医学部
中国科学院	文 兰	数学科学学院
中国科学院	秦大河（兼）	城市与环境学院
中国科学院	周其凤	化学与分子工程学院
中国科学院	陶 澍	城市与环境学院
中国科学院	王诗宬	数学科学学院
中国科学院	欧阳颀	物理学院
中国科学院	朱玉贤	生命科学学院
中国科学院	陈十一	工学院
中国科学院	赵进东	生命科学学院
中国科学院	王恩哥	物理学院
中国科学院	吴云东	深圳研究生院
中国科学院	方岱宁	工学院
中国科学院	田 刚	数学科学学院
中国科学院	方精云	城市与环境学院
中国科学院	包为民（兼）	工学院
中国科学院	严纯华	化学与分子工程学院
中国科学院	刘忠范	化学与分子工程学院
中国科学院	程和平	分子医学研究所
中国科学院	梅 宏	信息科学技术学院
中国科学院	鄂维南	数学科学学院
中国科学院	高 松	化学与分子工程学院
中国科学院	尚永丰	医学部
中国科学院	龚旗煌	物理学院
中国科学院	张培震（兼）	地球与空间科学学院
中国科学院	李德仁（兼）	工学院
中国工程院	沈渔邨	医学部
中国工程院	郭应禄	医学部
中国工程院	陆道培	医学部
中国工程院	唐孝炎	环境科学与工程学院
中国工程院	庄 辉	医学部
中国工程院	俞梦孙（兼）	工学院
中国工程院	何新贵（兼）	信息科学技术学院
中国工程院	王陇德（兼）	医学部
中国工程院	高 文	信息科学技术学院
中国工程院	马永生（兼）	地球与空间科学学院
中国工程院	甘晓华（兼）	工学院
中国工程院	王 浩（兼）	建筑与景观设计学院

哲学社会科学资深教授名录

批次	院系	姓名
1	中国语言文学系	袁行霈
1	考古文博学院	宿 白
1	光华管理学院	厉以宁
2	中国语言文学系	严家炎
2	哲学系（宗教学系）	叶 朗
2	历史学系	马克垚
2	考古文博学院	严文明
2	外国语学院	刘安武
2	外国语学院	胡壮麟
2	国际关系学院	梁守德
2	马克思主义学院	梁 柱
2	信息管理系	吴慰慈
2	党委办公室校长办公室	吴树青
2	教育学院	汪永铨

部分长江学者名录

序号	批次	单位	姓名	岗位类别
1	1	物理学院	欧阳颀	特聘
2	1	化学与分子工程学院	刘忠范	特聘
3	1	信息科学技术学院	彭练矛	特聘
4	1	物理学院	龚旗煌	特聘
5	1	工学院	佘振苏	特聘
6	1	信息科学技术学院	张志刚	特聘
7	1	工学院	陆祖宏	特聘
8	2	物理学院	刘晓为	特聘
9	2	化学与分子工程学院	赵新生	特聘
10	2	城市与环境学院	周力平	特聘

续表

序号	批次	单位	姓名	岗位类别
11	2	信息科学技术学院	查红彬	特聘
12	2	化学与分子工程学院	严纯华	特聘
13	2	工学院	陈十一	特聘
14	3	数学科学学院	张继平	特聘
15	3	物理学院	孟 杰	特聘
16	3	生命科学学院	赵进东	特聘
17	3	生命科学学院	邓宏魁	特聘
18	3	城市与环境学院	陶 澍	特聘
19	3	环境科学与工程学院	朱 彤	特聘
20	3	医学部	王 宪	特聘
21	3	医学部	叶新山	特聘
22	3	分子医学研究所	程和平	特聘
23	4	化学与分子工程学院	来鲁华	特聘
24	4	化学与分子工程学院	杨 震	特聘
25	4	化学与分子工程学院	刘文剑	特聘
26	4	物理学院	马伯强	特聘
27	4	化学与分子工程学院	席振峰	特聘
28	4	化学与分子工程学院	夏 斌	特聘
29	4	化学与分子工程学院	金长文	特聘
30	4	生命科学学院	朱玉贤	特聘
31	4	地球与空间科学学院	陈永顺	特聘
32	4	数学科学学院	王诗宬	特聘
33	4	工学院	王 龙	特聘
34	4	医学部	刘国庆	特聘
35	4	医学部	汪 涛	特聘
36	5	数学科学学院	张平文	特聘
37	5	物理学院	俞大鹏	特聘
38	5	化学与分子工程学院	高 松	特聘
39	5	生命科学学院	苏晓东	特聘
40	5	地球与空间科学学院	高克勤	特聘
41	5	城市与环境学院	方精云	特聘
42	5	医学部	尚永丰	特聘
43	5	分子医学研究所	肖瑞平	特聘
44	5	工学院	韩平畴	特聘
45	5	工学院	方岱宁	特聘
46	6	物理学院	沈 波	特聘
47	6	化学与分子工程学院	邵元华	特聘
48	6	生命科学学院	张传茂	特聘
49	6	历史学系	王 希	特聘
50	6	外国语学院	申 丹	特聘
51	6	法学院	陈兴良	特聘
52	6	人口研究所	郑晓瑛	特聘

续表

序号	批次	单位	姓名	岗位类别
53	6	医学部	管又飞	特聘
54	6	医学部	王克威	特聘
55	6	信息科学技术学院	周治平	特聘
56	6	工学院	杨槐	特聘
57	6	工学院	陈峰	特聘
58	6	信息科学技术学院	刘濮鲲	特聘
59	7	化学与分子工程学院	王剑波	特聘
60	7	生命科学学院	王世强	特聘
61	7	生命科学学院	郭红卫	特聘
62	7	地球与空间科学学院	张立飞	特聘
63	7	信息科学技术学院	梅宏	特聘
64	7	医学部	张毓	特聘
65	7	中国语言文学系	陈平原	特聘
66	7	历史学系	阎步克	特聘
67	7	经济学院	刘伟	特聘
68	7	艺术学院	王一川	特聘
69	8	地球与空间科学学院	宗秋刚	特聘
70	8	医学部	杜军保	特聘
71	8	法学院	朱苏力	特聘
72	8	历史学系	彭小瑜	特聘
73	8	工学院	任秋实	特聘
74	8	城市与环境学院	陆雅海	特聘
75	9	数学科学学院	姜明	特聘
76	9	工学院	王建祥	特聘
77	9	生命科学学院	瞿礼嘉	特聘
78	9	历史学系	荣新江	特聘
79	9	心理学系	余聪	特聘
80	10	数学科学学院	宗传明	特聘
81	10	物理学院	朱世琳	特聘
82	10	化学与分子工程学院	高毅勤	特聘
83	10	信息科学技术学院	黄如	特聘
84	10	医学部	陆林	特聘
85	10	光华管理学院	蔡洪滨	特聘
86	11	数学科学学院	朱小华	特聘
87	11	化学与分子工程学院	宛新华	特聘
88	11	化学与分子工程学院	吴凯	特聘
89	11	城市与环境学院	胡建英	特聘
90	11	医学部	乔杰	特聘
91	11	历史学系	李剑鸣	特聘
92	11	法学院	陈瑞华	特聘
93	11	信息科学技术学院	夏明耀	特聘
94	12	数学科学学院	史宇光	特聘

续表

序号	批次	单位	姓名	岗位类别
95	12	化学与分子工程学院	裴 坚	特聘
96	12	化学与分子工程学院	施章杰	特聘
97	12	生命科学学院	蒋争凡	特聘
98	12	城市与环境学院	朴世龙	特聘
99	12	心理学系	方 方	特聘
100	12	工学院	谭文长	特聘
101	12	工学院	夏定国	特聘
102	12	中国语言文学系	陈晓明	特聘
103	12	哲学系(宗教学系)	韩水法	特聘
104	12	经济学院	黄桂田	特聘
105	12	社会学系	郭志刚	特聘
106	12	建筑与景观设计学院	俞孔坚	特聘
107	12	医学部	黄晓军	特聘
108	13	物理学院	孙庆丰	特聘
109	13	化学与分子工程学院	李 彦	特聘
110	13	化学与分子工程学院	张 锦	特聘
111	13	生命科学学院	张泽民	特聘
112	13	心理学系	周晓林	特聘
113	13	工学院	段志生	特聘
114	13	环境科学与工程学院	胡 敏	特聘
115	13	中国语言文学系	钱志熙	特聘
116	13	哲学系(宗教学系)	王中江	特聘
117	13	光华管理学院	龚六堂	特聘
118	13	政府管理学院	王浦劬	特聘
119	13	国家发展研究院	赵跃辉	特聘
120	13	医学部	王 韵	特聘
121	13	医学部	周德敏	特聘

突出贡献专家

工作单位	姓名	入选年份
考古文博学院	吴小红	2014
信息科学技术学院	陈 清	2014
数学科学学院	朱小华	2014
医学部	陆 林	2014

教 授 名 录

1. 校本部教授名录

说明：本名录为2014年在职的具有正高级专业技术职务的人员。

数学科学学院

教授

艾明要	安金鹏	蔡金星	蔡天文	陈大岳	邓明华
丁 帆	范辉军	方新贵	房祥忠	冯荣权	甘少波
高 立	耿 直	姜伯驹	姜 明	蒋美跃	李才恒
李 若	李铁军	李伟固	李治平	林作铨	刘和平
刘力平	刘培东	刘旭峰	刘 勇	刘张炬	柳 彬
马尽文	莫小欢	潘家柱	庆 杰	裘宗燕	任艳霞
史宇光	宋春伟	孙文祥	谭小江	汤华中	田 刚
王保祥	王冠香	王 鸣	王诗宬	王正栋	文 兰
吴 岚	伍胜健	夏壁灿	夏志宏	徐 恺	徐茂智
徐树方	杨家忠	杨建生	杨静平	郁 彬	张恭庆
张继平	张平文	章志飞	郑 浩	郑志明	周蜀林
周 铁	朱小华	宗传明			

研究员

| 蔡云峰 | 黄 辉 | 王家军 | 席瑞斌 | 姚 远 |

力学系

教授

白树林	陈国谦	陈 璞	程承旗	楚天广	段志生
方 竞	耿志勇	黄 琳	李存标	励 争	刘才山
刘凯欣	佘振苏	谭文长	唐少强	陶建军	王建祥
王金枝	王 龙	王 勇	谢广明	熊春阳	杨 莹
郑玉峰	朱怀球				

物理学院

教授

班 勇	陈 斌	陈佳洱	陈建生	陈晓林	陈 勇
陈志坚	崔 琦	戴 伦	杜瑞瑞	樊铁栓	范祖辉
付遵涛	盖 峥	甘子钊	高家红	龚旗煌	郭东升
胡小永	胡晓东	胡永云	华 辉	霍裕平	季 航
蒋红兵	李定平	李东海	李 浩	李 焱	李振平
林志宏	刘 川	刘富坤	刘克新	刘树华	刘 晓为
刘玉鑫	刘征宇	马伯强	马中水	冒亚军	孟 杰
牛 谦	欧阳颀	钱维宏	秦国刚	邱子强	冉广照
沈 波	施 靖	史俊杰	孙庆丰	谭本馗	汤 超
田光善	涂豫海	王恩哥	王福仁	王宏利	王楠林
王若鹏	王世光	王宇钢	吴成印	吴学兵	肖立新
谢心澄	熊传胜	徐仁新	徐至展	许甫荣	颜学庆
杨海军	杨金波	杨应昌	叶恒强	叶沿林	尹 澜
于彤军	俞大鹏	张 冰	张朝晖	张国辉	张 酣
张宏昇	张焕乔	张家森	张庆红	赵柏林	赵春生
赵光达	郑汉青	周又元	朱世琳	朱守华	朱 星

教授级高工

| 陈 晶 | 葛愉成 | 鲁向阳 | 陆元荣 | 王洪庆 | 徐 军 |

研究员

曹庆宏	陈建军	陈剑豪	方哲宇	冯 济	付恩刚
傅宗玫	何琼毅	贾 爽	李 博	李新征	李 源
林 晨	林金泰	林 熙	刘开辉	刘运全	卢海洋
马仁敏	裴俊琛	乔 宾	全海涛	任泽峰	施均仁
施可彬	宋慧超	孙 栋	王大勇	王 堡	王 健
危 健	韦 骏	吴 飙	吴孝松	徐莉梅	杨李林
张 霖	朱 瑞	Ryuichi Shindo			

化学与分子工程学院

教授

陈尔强	陈 鹏	程正迪	范星河	甘良兵	高 松
高毅勤	何 川	黄春辉	黄富强	黄建滨	贾欣茹
金长文	来鲁华	黎乐民	李 娜	李星国	李 彦
李子臣	梁德海	林建华	刘春立	刘 锋	刘海超
刘虎威	刘文剑	刘元方	刘忠范	马玉国	裴 坚
彭海琳	齐利民	其 鲁	邵元华	沈兴海	施章杰
施祖进	唐有祺	宛新华	王剑波	王颖霞	王 远
王哲明	魏高原	吴 凯	吴云东	席振峰	夏 斌
徐东升	徐光宪	严纯华	杨 震	余志祥	袁 谷
翟茂林	张 锦	张新祥	张亚文	赵达慧	赵美萍
赵新生	周其凤	朱 涛	邹德春		

研究员

| 陈 兴 | 雷晓光 | 李笑宇 | 刘 剑 | 刘小云 | 罗佗平 |
| 马 丁 | 孙俊良 | 孙聆东 | 王 初 | 王申林 | 张文彬 |

生命科学学院

教授

| 安成才 | 白书农 | 蔡 宏 | 柴 真 | 昌增益 | 陈建国 |
| 陈章良 | 邓宏魁 | 邓兴旺 | 范六民 | 顾红雅 | 顾 军 |

郭红卫	纪建国	孔道春	李沉简	李 毅	吕 植
秦咏梅	瞿礼嘉	饶广远	饶 毅	苏都莫日根	
苏晓东	陶 伟	滕俊琳	王家槐	王世强	王忆平
魏丽萍	吴 虹	谢晓亮	许崇任	翟中和	张 博
张传茂	张 研	张泽民	赵进东	郑晓峰	朱玉贤
朱作言	庄小威				

教授级高工

郝雪梅	李兰芬				

研究员

方 敏	高 歌	蒋争凡	李 程	李 晴	李毓龙
刘 东	陆 剑	罗冬根	罗述金	钱伟强	宋 艳
汤富酬	唐世明	魏 平	魏文胜	肖俊宇	谢 灿
徐成冉	徐冬一	姚 蒙	伊成器	张 晨	朱 健

城市与环境学院

教授

曾 辉	柴彦威	陈效逑	陈彦光	邓 辉	方精云
冯长春	韩茂莉	贺灿飞	贺金生	胡建英	蒋有绪
李本纲	李双成	李有利	林 坚	刘耕年	刘鸿雁
刘文新	陆雅海	吕 斌	莫多闻	朴世龙	秦大河
阙维民	唐晓峰	唐艳鸿	陶 澍	王红亚	王学军
王仰麟	吴必虎	徐福留	杨小柳	周力平	

研究员

刘峻峰	万 祎	王志恒	许云平	赵鹏军	赵淑清

地球与空间科学学院

教授

白志强	曾琪明	陈鸿飞	陈秀万	陈衍景	陈永顺
陈运泰	传秀云	费英伟	傅绥燕	高克勤	关 平
郭召杰	韩宝福	侯贵廷	侯建军	胡天跃	黄宝春
黄清华	江大勇	赖 勇	李江海	李培军	李 琦
刘建波	刘树文	刘 瑜	鲁安怀	马学平	马永生
毛善君	宁杰远	潘 懋	秦其明	秦 善	宋述光
孙元林	童庆禧	涂传诒	王德明	王河锦	王彦宾
魏春景	邬 伦	吴朝东	吴泰然	徐 备	晏 磊
叶大年	张进江	张立飞	张弥曼	张培震	章 云
赵永红	郑海飞	周仕勇	朱永峰	宗秋刚	

研究员

法文哲	何建森	林 沂	沈 冰	王玲华	巫 翔
许 成	张 勇	周煦之	周 莹		

心理学系

教授

方 方	甘怡群	韩世辉	李 量	钱铭怡	苏彦捷
王 垒	吴艳红	谢晓非	余 聪	周晓林	

研究员

李 健	李 晟	纳家勇治			

建筑与景观设计学院

教授

俞孔坚	John Keith Zacharias

信息科学技术学院

教授

蔡进一	查红彬	陈 兢	陈景标	陈 清	陈向群
陈徐宗	陈章渊	陈中建	陈 钟	程 旭	程玉华
丛京生	代亚非	党安红	杜 刚	封举富	傅云义
高 军	高 文	郭 弘	郝一龙	何 进	何新贵
侯士敏	胡薇薇	黄 罡	黄 如	黄铁军	焦秉立
焦文品	解思深	金玉丰	金 芝	康晋锋	李红滨
李红燕	李文新	李晓明	李正斌	李志宏	梁学磊
廖怀林	林宙辰	刘爱群	刘 宏	刘濮鲲	刘晓彦
刘新元	陆汝钤	罗 武	罗英伟	马思伟	梅 宏
彭练矛	穗志方	谭少华	谭 营	田永鸿	汪国平
王捍贫	王厚峰	王金延	王立威	王千祥	王腾蛟
王阳元	王 漪	王志军	王子宇	邬江兴	吴建军
王文刚	吴玺宏	夏明耀	谢 冰	谢昆青	徐洪起
许 超	许 进	许胜勇	杨芙清	杨振川	姚建铨
叶安培	英向华	于晓梅	张大成	张大庆	张 帆
张耿民	张海霞	张锦文	张 路	张 铭	张 兴
张 岩	张志刚	张志勇	赵建业	赵玉萍	周小计
周治平	朱柏承				

教授级高工

段晓辉	冯梅萍	高成臣	何永琪	金 野	李 婷
王兆江	于敦山				

研究员

陈 婧	杜朝海	盖伟新	何燕冬	胡又凡	解晓东
黎 明	李廉林	宋令阳	孙 栩	王永锋	魏贤龙
熊瑞勤	熊英飞	张盛东			

工 学 院

教授

包 刚	包为民	陈 峰	陈十一	董蜀湘	方岱宁
甘晓华	韩平畴	贺贤土	侯仰龙	黄岩谊	李德仁
刘 锋	卢海龙	米建春	任秋实	史建军	侍乐媛
孙 强	王健平	王习东	吴晓磊	谢天宇	徐 昆
杨 槐	俞梦孙	张东晓	郑春苗	郑 强	郑 焰

研究员

曹安源	陈匡时	陈 正	戴志飞	段小洁	黄 迅
霍云龙	陆祖宏	王茗祥	席建忠	夏定国	杨剑影
杨 越	于海峰	袁章福	占肖卫	张艳锋	

计算机科学技术研究所

教授

彭宇新　肖建国

研究员

陈晓鸥　郭宗明　汤帜　万小军　赵东岩　周秉锋

软件工程中心

教授

柳军飞　王平　王亚沙　吴中海

研究员

李影　张世琨

环境科学与工程学院

教授

蔡旭晖　陈忠明　郭怀成　何玉山　胡建信　胡敏
黄艺　籍国东　李文军　李振山　刘阳生　马晓明
毛志锋　倪晋仁　邵敏　宋宇　宋豫秦　唐孝炎
谢绍东　叶正芳　张剑波　张人一　张世秋　张远航
郑玫　朱彤

教授级高工

曾立民

研究员

刘娟　刘思彤　刘永　陆克定　邱兴华　吴志军

中国语言文学系

教授

曹文轩　常森　车槿山　陈保亚　陈连山　陈平原
陈晓明　陈泳超　陈跃红　戴锦华　董秀芳　杜晓勤
傅刚　高路明　高远东　葛晓音　耿振生　龚鹏程
郭锐　韩毓海　胡敕瑞　计璧瑞　康士林　孔江平
孔庆东　李简　李小凡　李杨　廖可斌　刘勇强
刘玉才　刘子瑜　潘建国　漆永祥　钱志熙　孙玉文
王洪君　王岚　王岳川　王韫佳　吴鸥　吴晓东
夏晓虹　项梦冰　杨荣祥　杨铸　于迎春　袁行霈
袁毓林　詹卫东　张辉　张鸣　张旭东　张颐武

研究员

李铎

历史学系

教授

包茂红　陈苏镇　邓小南　董经胜　高岱　高毅
郭润涛　郭卫东　何晋　黄春高　李剑鸣　刘浦江
刘一皋　罗新　罗志田　穆启乐　牛大勇　欧阳哲生
彭小瑜　钱乘旦　桥本秀美　荣新江　尚小明　王红生
王立新　王奇生　王晴佳　王希　王小甫　王新生
王元周　吴小安　辛德勇　许平　阎步克　颜海英
杨奎松　臧运祜　张帆　赵世瑜　朱凤瀚　朱青生
朱孝远　朱玉麒

研究员

陈侃理　法恩瑞　井上亘　陆扬

考古文博学院

教授

陈建立　方拥　杭侃　胡东波　雷兴山　李崇峰
李水城　林梅村　齐东方　秦大树　宋向光　孙华
孙庆伟　王幼平　韦正　魏正中　吴小红　徐天进
张弛　张辛　赵化成　赵辉

研究员

陈凌

哲学系（宗教学系）

教授

陈波　陈鼓应　陈少峰　杜维明　丰子义　干春松
韩林合　韩水法　何怀宏　李四龙　刘华杰　刘壮虎
聂锦芳　尚新建　孙尚扬　王博　王中江　王宗昱
吴飞　吴国盛　吴增定　先刚　徐春　徐凤林
徐龙飞　杨立华　杨学功　仰海峰　姚卫群　叶闯
叶朗　张广保　张学智　张志刚　章启群　赵敦华
郑开　周北海　周程　朱良志
Rainer Fritz Schafer　Thomas Rockmore

外国语学院

教授

薄文泽　查晓燕　陈岗龙　陈明　程朝翔　褚敏
丁宏为　董强　段晴　付志明　高一虹　拱玉书
辜正坤　谷裕　韩加明　黄必康　黄燎宇　姜景奎
金景一　金勋　李昌珂　李强　李玮　李政
梁敏和　林丰民　凌建侯　刘锋　刘建华　刘金才
刘曙雄　刘树森　罗炜　马小兵　宁琦　潘钧
彭甄　钱军　秦海鹰　任一雄　申丹　苏耕欣
滕军　田庆生　王邦维　王丹　王东亮　王继辉
王建　王军　王辛夷　王一丹　魏丽明　吴杰伟
谢秩荣　杨国政　于荣胜　喻天舒　湛如　张敏
张世耘　张薇　赵白生　赵桂莲　赵华敏　赵杰
周小仪

艺术学院

教授

陈旭光　丁宁　顾春芳　侯锡瑾　李爱国　李道新
李松　林一　彭锋　王一川　翁剑青　邹惠

对外汉语教育学院

教授
李红印　刘颂浩　刘元满　王海峰　徐晶凝　杨德峰
张　英　赵　杨

歌剧研究院

教授
傅海静　蒋一民　金　曼
研究员
周笑莉

国际关系学院

教授
查道炯　丁　斗　贾庆国　孔凡君　李安山　李寒梅
李义虎　连玉如　梁云祥　罗艳华　牛　军　潘　维
尚会鹏　唐士其　王缉思　王　联　王逸舟　王　勇
王正毅　许振洲　叶自成　印红标　袁　明　翟　崑
张光明　张海滨　张清敏　张小明　张植荣　朱　锋

法学院

教授
白桂梅　白建军　陈端洪　陈瑞华　陈兴良　傅郁林
甘培忠　葛云松　龚刃韧　郭自力　贺卫方　蒋大兴
李　鸣　梁根林　凌　斌　刘剑文　刘凯湘　刘　燕
马忆南　潘剑锋　钱明星　强世功　饶戈平　邵景春
沈　岿　汪建成　汪　劲　王　成　王　磊　王世洲
王锡锌　王　新　吴志攀　徐爱国　薛　军　尹　田
张　平　张　骐　张千帆　张守文　赵国玲　周旺生
朱苏力
研究员
李红海　叶静漪　易继明

信息管理系

教授
陈建龙　段明莲　李常庆　李广建　李国新　刘兹恒
祁延莉　申　静　王继民　王　军　王延飞　王余光
王子舟　张浩达　周庆山

社会学系

教授
蔡　华　方　文　高丙中　郭志刚　李建新　刘爱玉
刘　能　陆杰华　马凤芝　马　戎　钱民辉　邱泽奇
渠敬东　佟　新　王铭铭　谢立中　熊跃根　张　静
周飞舟　周　云　朱晓阳

政府管理学院

教授
包万超　傅　军　顾　昕　关海庭　黄恒学　江荣海
金安平　李国平　李　强　陆　军　路　风　沈明明
沈体雁　王丽萍　王浦劬　吴　丕　肖鸣政　徐湘林
薛　领　燕继荣　杨开忠　袁　刚　赵成根　周志忍

马克思主义学院

教授
白雪秋　程美东　郭建宁　黄小寒　康沛竹　李少军
李翔海　李毅红　刘志光　孙蚌珠　孙代尧　孙熙国
王文章　魏　波　郇庆治　杨　河　尹保云　宇文利
张守民
研究员
夏文斌

教育学院

教授
陈洪捷　陈向明　陈晓宇　丁小浩　郭建如　贾积有
李文利　刘云杉　马万华　闵维方　施晓光　汪　琼
文东茅　阎凤桥　岳昌君　赵国栋
研究员
哈　巍

教育财政科学研究所

教授
刘明兴　王　蓉

新闻与传播学院

教授
陈　刚　陈汝东　程曼丽　胡　泳　刘德寰　陆　地
陆绍阳　吕　艺　师曾志　吴　靖　肖东发　谢新洲
杨伯溆　俞　虹

体育教研部

教授
董进霞　顾玉标　郝光安　何仲恺　李德昌　张　锐

经济学院

教授
曹和平　董志勇　杜丽群　何小锋　胡　坚　黄桂田
李　虹　李连发　李庆云　李绍荣　李心愉　刘民权
刘　伟　刘　怡　平新乔　施建淮　宋　敏　苏　剑
孙祁祥　王大树　王曙光　王一鸣　王跃生　夏庆杰
萧　琛　叶静怡　张　博　张　延　章　政　郑　伟
周建波

编审

于小东

光华管理学院

教授

蔡洪滨　陈丽华　陈松蹊　陈玉宇　单忠东　符国群
龚六堂　何志毅　黄　涛　贾春新　江明华　姜国华
金　李　雷　明　李　东　李怡宗　厉以宁　梁钧平
廖　卉　刘　力　刘　俏　刘晓蕾　刘　学　刘玉珍
陆正飞　路江涌　彭泗清　涂　平　王汉生　王　辉
王建国　王立彦　王明进　吴联生　武常岐　徐信忠
杨云红　姚琦伟　姚长辉　于鸿君　岳　衡　张国有
张红霞　张一弛　张　影　张志学　周黎安　周长辉
朱善利

人口研究所

教授

陈　功　李涌平　穆光宗　裴丽君　乔晓春　宋新明
郑晓瑛

国家发展研究院

教授

曾　毅　海　闻　胡大源　黄益平　霍德明　李　玲
林双林　林毅夫　刘国恩　卢　锋　马　浩　沈　艳
宋国青　唐方方　汪丁丁　汪　浩　巫和懋　徐晋涛
杨　壮　姚　洋　余淼杰　张　黎　张维迎　张晓波
赵跃辉　周其仁　朱家祥

研究员

徐建国

元培学院

教授

孙　华

先进技术研究院

教授

李启虎

前沿交叉学科研究院

教授

陈东敏

社会科学调查中心

教授

谢　宇

分子医学研究所

教授

肖瑞平

研究员

陈良怡　程和平　顾雨春　何爱彬　梁子才　刘　颖
罗金才　汪阳明　熊敬维　周　专

科维理天文与天体物理研究所

教授

樊晓晖　Luis Chi Ho　Spurzem Rainer

研究员

东苏勃　柯文采　李柯伽　李立新　理查德　王　然
闫慧荣　于清娟　Gregory Joseph Herczeg

北京国际数学研究中心

教授

鄂维南　郭　岩　韩　青　刘小博　许晨阳　许进超
James Andrew Carlson

研究员

葛　颢　刘若川　文再文　杨文元　张　磊

画法研究院

教授

范　曾

党委办公室校长办公室

教授

马化祥　王　杰　吴树青　许智宏　朱善璐

研究员

冯支越

党委组织部

教授

李文胜　张晓黎

研究员

郭　海　岳素兰

学生工作部

教授

杨爱民

保密委员会办公室

研究员

刘旭东

教 务 部
研究员
金顶兵　卢晓东　秦春华

科学研究部
研究员
蔡晖　周辉

社会科学部
编审
刘曙光

研究生院
研究员
贾爱英

人事部
研究员
刘波　王红印

财务部
研究员
闫敏　郑庄

国际合作部
研究员
李岩松　夏红卫　郑如青

总务部
研究员
鞠传进　张宝岭

基建工程部
教授级高工
莫元彬

审计室
研究员
王雷

产业管理办公室
教授级高工
王川　周亚伟

继续教育学院
研究员
张虹

工会
研究员
孙丽

图书馆
研究馆员
陈凌　关志英　胡海帆　刘大军　刘素清　聂华
肖珑　姚伯岳　张春红　张红扬　张明东　朱强
邹新明

计算中心
教授级高工
陈光　陈萍　李庭晏　马皓　张蓓　种连荣

教育基金会
研究员
邓娅

出版社
编审
杜若明　冯益娜　符丹　高秀芹　耿协峰　金娟萍
李东　林君秀　刘方　刘乐坚　马辛民　商鸿业
沈浦娜　王明舟　杨立范　杨书澜　张冰　张凤珠
张弘泓　张黎明　周雁翎

校医院
主任医师
李华　沈嵩　云虹　张宏印　周广华

会议中心
研究员
范强

燕园社区服务中心
研究员
赵桂莲

餐饮中心
研究员
崔芳菊

北大方正集团

教授级高工
黄肖俊　汪岳林　王国印
研究员
蒋必金　张兆东

北大未名生物集团有限公司

教授级高工
潘爱华
研究员
张　华

北京北大维信生物科技有限公司

研究员
段震文

北大资源集团

研究员
张永祥

北大青鸟集团

教授级高工
田仲义　叶智勇
研究员
初育国　杨　明

2. 医学部教授名录

说明：本名录为2014年在职的具有正高级专业技术职务的人员。

基础医学院

教授
陈英玉　崔彩莲　崔德华　崔庆华　杜晓娟　方伟岗
高子芬　高远生　顾　江　管又飞　韩济生　韩晶岩
韩文玲　李　刚　李学军　刘国庆　鲁凤民　罗建沅
马大龙　毛泽斌　梅　林　倪菊华　濮鸣亮　齐永芬
钱瑞琴　邱晓彦　沙印林　尚永丰　沈　丽　宋学军
谭焕然　田新霞　童坦君　万　有　汪南平　王　凡
王　玲　王　露　王文恭　王　宪　王　韵　王月丹
吴立玲　邢国刚　徐国恒　杨宝学　杨吉春　尹长城
尹玉新　于常海　云彩红　张　波　张宏权　张炜真
张永鹤　张　毓　张晓伟　章国良　赵红珊　郑　杰
周春燕　钟　南　朱卫国　朱　毅　祝世功　庄　辉
孔　炜　王　应　彭宜红　葛　青　邵根泽
研究员
吴鎏桢　肖坤宏

主任医师
钟延丰
编审
安晓意

药 学 院

教授
蔡少青　崔景荣　李润涛　李中军　梁　鸿　凌笑梅
刘俊义　卢　炜　吕万良　蒲小平　齐宪荣　史录文
屠鹏飞　王　超　王坚成　王克威　王　夔　王　璇
王银叶　徐　萍　杨晓达　杨秀伟　杨振军　叶　敏
叶新山　曾慧慧　张礼和　张亮仁　张　强　张庆英
张天蓝　周德敏　杨晓改　张　烜
研究员
车庆明　陈世忠　崔育新　傅宏征　郭敏杰　郭绪林
林文翰　贾彦兴　焦　宁

公共卫生学院

教授
安　琳　常　春　曹卫华　陈大方　陈　娟　方　海
郭新彪　郭　岩　郝卫东　何丽华　胡永华　贾　光
康晓平　李立明　刘　民　马　军　马谢民　马迎华
钮文异　潘小川　孙昕霙　王海俊　王培玉　王晓莉
王　燕　王志锋　吴　明　许雅君　詹思延　张宝旭
张拓红　朱文丽　王　旗　张玉梅
研究员
陈晶琦　李可基　李　勇　王京宇　武阳丰　余小鸣
周小平
主任技师
欧阳荔

护 理 学 院

教授
郭桂芳　李明子　陆　虹　路　潜　尚少梅　孙宏玉

公共教学部

教授
丛亚丽　高　嵩　贺东奇　洪　炜　贾炳善　李　菌
刘大川　刘继同　刘新芝　王　玥　吴任钢　张大庆
甄　橙　孙秋丹　郭莉萍　王一方
研究员
王红漫　谢　虹

党政机关、后勤、直属及产业

教授
孟庆跃　田　佳

研究员

蔡景一 陈立奇 戴清 邓艳萍 范春梅 樊建军
高澍苹 侯卉 郭立 郭艾花 李红 李岩
李鹰 梁建辉 刘建蒙 刘穗燕 刘志民 陆林
聂克珍 任爱国 时杰 王春虎 王翠先 王军为
王青 徐善东 徐白羽 叶荣伟 殷晓丽 郑庄
张蕾 张明 张翎 朱树梅 祝虹

主任医师

韩方群 王晓军 易英 王振宇 阮晶 张素敏

研究馆员

王金玲 谢志耘

主任技师

袁兰 周淑佩

主任护师

丁玥

教授级高级工程师

何其华

编审

白玲 暴海燕 冯智勇 王凤庭 曾桂芳 赵蒔

第一临床医学院（北大医院）

教授

白文佩 包新华 鲍圣德 曹永平 陈旻 陈明
陈育青 迟春花 崔一民 丁洁 丁文惠 杜军保
冯琪 高献书 龚侃 郭晓蕙 郭应禄 洪涛
黄一宁 霍勇 贾志荣 姜毅 姜玉武 金杰
李建平 李海潮 李若瑜 李挺 李晓玫 廖秦平
刘刚 刘梅林 刘新民 刘荫华 刘玉村 刘玉和
刘朝晖 潘英姿 乔歧禄 秦炯 秦永 任汉云
涂平 万远廉 王东信 王广发 王贵强 王海燕
王丽 王荣福 王薇薇 王蔚虹 王维民 王霄英
王学美 汪欣 温宏武 吴林 吴问汉 吴晔
席志军 谢鹏雁 肖水芳 辛钟成 熊晖 徐小元
严仁英 晏晓明 杨慧霞 杨柳 杨艳玲 杨尹默
杨勇 姚晨 于岩岩 袁云 郑波 张宏
张学智 张彦芳 张月华 张卓莉 赵明辉 周丛乐
周利群 周应芳 朱平 朱丽荣 朱学骏 邹英华

主任医师

白勇 毕蕙 蔡立新 岑溪南 柴卫兵 陈建
陈旻 陈倩 陈喜雪 陈旭岩 陈永红 成虹
董颖 段学宁 冯珍如 高枫 高燕明 高莹
韩文科 何志嵩 贺占举 黄真 金其庄 季素珍
李淳德 李航 李海丽 李简 李良 李梅
李巧娴 李淑清 李岩 梁芙蓉 梁丽莉 梁卫兰
刘凤君 林健 刘洪 刘玲玲 刘桐林 刘宪义
刘小颖 刘秀芬 刘雪芹 柳萍 卢宏章 卢新天
陆海英 吕继成 马靖 马晓伟 米川 年卫东
聂红萍 聂立功 潘义生 庞琳 齐慧敏 齐建光
秦乃姗 曲元 阙呈立 山刚志 盛琴慧 时春艳
宋以信 孙洪跃 孙洁 孙伟杰 孙晓伟 孙瑜
谭伟 佟小强 汪波 王爱萍 王刚 王化虹
王建中 王进 王军 王宁华 王平 王全桂
王素霞 王文生 王颖 文立成 吴士良 吴艳
肖锋 肖慧捷 肖江喜 徐阳 许幸 杨海珍
杨建梅 杨莉 姚红新 姚勇 邑晓东 尹玲
于峰 于晓兰 袁振芳 张红 赵桂萍 赵鸿
张宝妮 张家湧 张俊清 张凯 张澜波 张渺
张淑娥 张宪生 张晓春 张志超 章小维 赵建勋
赵卫红 周福德 周菁 庄岩 曾争

研究员

高树宽 金红芳 李惠芳 李敬伟 李六亿 刘伟
刘晓燕 吕媛 马兰艳 潘虹 戚豫 王静敏
辛殿祺 张春丽 张庆林

研究馆员

黄明杰

主任药师

孙培红 周颖 赵侠

主任护师

陈建军 丁炎明 耿小凤 王群

主任技师

艾乙 李雪迎 刘静霞 卢桂芝 王彬 杨宏云

编审

高雪莲 单爱莲

第二临床医学院（人民医院）

教授

白文俊 鲍永珍 常英军 陈红 崔恒 冯传汉
冯艺 高承志 高旭光 高占成 关振鹏 郭淮莲
郭卫 洪楠 黄晓波 黄晓军 纪立农 姜保国
姜冠潮 姜燕荣 黎晓新 李建国 李澍 栗占国
林剑浩 刘开彦 刘文玲 刘玉兰 刘元生 陆道培
苗懿德 穆蘭 彭吉润 沈浣 苏茵 王德炳
王辉 王建六 王晶桐 王俊 王梅 王秋生
王杉 王晓峰 魏来 魏丽惠 徐涛 许克新
许清泉 燕太强 杨欣 余力生 张建中 张萍
张庆俊 张小明 张晓辉 张学武 赵明威 赵彦
朱继业 左力 冯婉玉

主任医师

安海燕 安友仲 白文 鲍立 蔡林 蔡美顺
曹照龙 陈欢 陈坚 陈江天 陈雷 陈陵霞

陈琦玲 陈适 陈彧 陈源源 陈育红 陈周 凌晓锋 刘剑羽 刘湘源 刘晓光 刘忠军 马彩虹
程琳 戴林 董霄松 杜娟 付中国 高杰 马芙蓉 马潞林 马志中 乔杰 汪涛 王贵松
高燕 关菁 郭静竹 郭丹杰 郭继鸿 郭杨 王金锐 王俊杰 王乐今 王薇 王侠 王颖
韩芳 韩学尧 何晋德 何燕玲 胡肇衡 黄磊 王悦 王振宇 吴玲玲 修典荣 徐智 杨孜
黄迅 贾玫 贾园 江滨 江浩 江倩 余家阔 袁慧书 翟所迪 张爱华 张纯 张捷
蒋绚 姜可伟 寇伯龙 李帮清 李建兴 李剑锋 张燕燕 张永珍 赵扬玉 郑丹侠 周丽雅 周谋望
李明武 李琦 李学斌 李永杰 李月红 梁建宏 **主任医师**
梁梅英 梁旭东 梁冶矢 梁勇 刘波 刘春兰 毕洪森 陈文 陈朝文 崔国庆 陈新娜 崔立刚
刘代红 刘桂兰 刘国莉 刘广志 刘海鹰 刘健 窦宏亮 冯新恒 高洪伟 龚熹 顾芳 郭长吉
刘杰 刘捷 刘靖 刘军 刘兰燕 刘鹏 郭红燕 郭丽君 郭秦炜 郭昭庆 韩江莉 韩劲松
刘士军 刘献增 刘月洁 陆爱东 路瑾 马慧 韩庆烽 和岚 侯纯升 侯小飞 胡跃林 黄雪彪
毛汛 苗榕生 穆荣 倪磊 潘芳 裴秋艳 黄毅 黄永辉 霍则军 姬洪全 贾建文 姜亮
齐慧君 钱彤 曲军 曲星珂 饶慧瑛 任景怡 景红梅 李比 李东 李东明 李海燕 李红真
任泽钦 沈晨阳 沈丹华 孙宁玲 孙铁铮 孙秀丽 李民 李蓉 李危石 李小刚 李选 李学民
孙艺红 汤晓东 唐军 田莉 佟富中 王波 李在玲 李志刚 梁莉 刘桂花 刘平 刘书旺
王朝华 王东 王福顺 王豪 王旻 王茜 刘延青 刘瑜玲 刘仲奇 卢剑 鲁明 鲁珊
王少杰 王世军 王殊 王天兵 王伟民 王屹 马力文 马勇光 么改琦 苗立英 聂有智 牛杰
王悦 王智峰 韦洮 吴夕 吴彦 吴燕 朴梅花 齐虹 齐强 沈宁 沈扬 史成和
夏瑞明 谢启伟 邢志敏 熊六林 徐海林 许俊堂 宋世兵 宋为明 孙宇 田华 田耘 童笑梅
许兰平 薛利芳 严荔煌 杨德起 杨帆 杨荣利 万峰 王爱英 王超 王海燕 王继军 王健全
杨松娜 杨铁生 杨晓东 叶颖江 尹东辉 尹虹 王军 王丽 王立新 王少波 王圣林 王霄
尹慕军 于文贞 袁燕林 曾超美 张殿英 张海澄 王新利 王雪梅 王永清 魏玲 魏瑗 邬海博
张欢 张乐萍 张立红 张挺杰 张万蕾 张熙哲 夏志伟 肖卫忠 谢京城 熊光武 徐雁 徐迎胜
张晓红 赵辉 赵辉 赵晓涛 赵永平 周波 肖春雷 胥婕 许艺民 闫辉 闫明 闫天生
周殿阁 周蓉 周翔海 朱凤雪 朱继红 朱天刚 杨雪松 姚宏伟 原春辉 袁炯 张龑 张凤山
朱元民 张福春 张华斌 张俊 张克 张立 张立强
研究员 张利萍 张璐芳 张卫方 张媛 张喆 赵军
陈红松 李翠兰 戴谷音 何雨生 黄锋 李红 赵素焱 赵艳 郑亚安 周方 周劲松 朱红
李小平 李月东 刘艳荣 路阳 阮国瑞 王吉善 朱丽 朱曦 朱昀 庄申榕 郑卓肇 曾辉
赵越 周庆环 曾岩
主任药师 **研究员**
顾健 于芝颖 艾华 常翠青 耿力 金昌晓 李树强 李子健
主任护师 林丛 刘薇薇 秦泽莲 沈韬 宋纯理 徐明
王泠 吴晓英 应菊素 张海燕 许锋 张春雷 张小为 张幼怡 计虹 赵一鸣
主任技师 周洪柱
李丹 马丽萍 **主任药师**
编审 胡永芳 杨毅恒 赵荣生
李静然 李燕华 林文玉 王黛 张立群 **主任护师**
李葆华 张洪君 张会芝
第三临床医学院（北医三院） **主任技师**
吕志珍
教授 **研究馆员**
敖英芳 陈亚红 陈跃国 陈仲强 崔鸣 丁士刚 田新玉
段丽萍 樊东升 付卫 高炜 郭向阳 韩鸿宾
韩启德 郝燕生 贺蓓 洪晶 洪天配 姜辉
解基严 克晓燕 李东 李邻峰 李昭屏 林共周

口腔医学院

教授

蔡志刚 邓旭亮 董艳梅 冯海兰 傅开元 傅民魁
甘业华 高学军 高雪梅 高 岩 葛立宏 谷 岩
郭传瑸 胡文杰 华 红 贾绮林 姜 婷 李翠英
李 刚 李铁军 李巍然 林久祥 林 野 刘 鹤
刘宏伟 刘 宇 栾庆先 吕培军 马 莲 毛 驰
孟焕新 聂 琼 欧阳翔英 彭 歆 秦 满 谭建国
唐志辉 王伟建 王晓燕 王新知 王 兴 魏世成
谢秋菲 许天民 徐 军 徐 莉 徐 韬 俞光岩
岳 林 张 刚 张建国 张 益 张震康 郑树国
周彦恒 周永胜

主任医师

安金刚 陈 洁 崔念晖 丁 云 樊 聪 高 娟
何秉贞 和 璐 胡 炜 胡晓阳 姬爱平 纪志农
姜若萍 姜 霞 江 泳 晋长伟 康 军 李健慧
李彤彤 李自力 梁 成 梁宇红 柳登高 刘瑞昌
刘 怡 刘玉华 骆泉丰 罗 奕 马 琦 马文利
潘 洁 邱立新 荣文笙 孙 凤 佟 岱 王世明
王泽泗 王尊一 魏 松 夏 斌 阎 燕 杨亚东
伊 彪 翟新利 张汉平 张 豪 张 杰 张 雷
张 清 张 笋 张万林 张 伟 张祖燕 赵 奇
赵燕平 周爽英

研究员

李盛林 林 红 郑 刚

主任技师

陈智滨 吴美娟

主任药师

郑利光

主任护师

李秀娥

教授级高级工程师

王 勇

临床肿瘤学院(肿瘤医院)

教授

陈克能 邓大君 方志伟 顾 晋 郭 军 郝纯毅
季加孚 柯 杨 李惠平 李萍萍 刘宝国 吕有勇
潘凯枫 沈 琳 寿成超 苏向前 王 洁 朱广迎
解云涛 邢宝才 杨仁杰 杨 勇 游伟程 张力建
张青云

主任医师

安彤同 步召德 蔡 勇 陈晋峰 陈 晓 迟志宏
邸立军 范志毅 方 健 高雨农 胡永华 蒋国庆
李 健 李 洁 李金锋 朱 军 李 明 李 萍
李 燕 李子禹 廖盛日 陆爱萍 马丽华 那 加
朱 旭 欧阳涛 宋国红 宋玉琴 孙 红 孙 艳
孙应实 谭宏宇 王洪义 王宏志 唐丽丽 王 崑
卫 燕 武爱文 吴梅娜 吴 楠 徐 博 薛卫成
严 昆 杨 跃 郑 文 张 霁 张集昌 张乃嵩
张晓东 张小田 赵爱莲 朱步东

研究员

胡亚洲 隗铁夫 许秀菊 徐国兵 杨 志 张焕萍
张志谦

主任技师

白 桦

主任药师

张艳华 杨 锐

精神卫生研究所(第六医院)

教授

沈渔邨 黄悦勤 钱秋谨 司天梅 王华丽 于 欣
张 岱

主任医师

丛 中 甘一方 韩永华 贾美香 姜荣环 孔庆梅
李 冰 李雪霓 刘建成 刘 靖 马 弘 孙洪强
唐登华 唐宏宇 田成华 王希林 王向群 闫 俊
姚贵忠 张大荣 张鸿燕 周 沫

研究员

李晓霓 汪向东 岳伟华

主任护师

马 莉 耿淑霞

2014年逝世人员名单

1. 校本部2014年逝世人员名单

姓名	出生年月	单位
丛汉章	1924.10	北京大学出版社
陈　坚	1934.02	物理学院
马存真	1925.01	北大附中
陈士英	1931.09	北京大学校医院
胡妙慧	1936.07	财务部
何镇华	1932.07	外国语学院
宋礼庭	1935.10	地球与空间科学学院
何端孙	1930.12	外国语学院
尚铁光	1953.08	动力中心
王泽田	1929.11	餐饮中心
牟保磊	1933.10	地球与空间科学学院
范瑞生	1930.05	教务部
昌瑞颐	1925.10	外国语学院
丛树桐	1926.10	物理学院
王世权	1937.06	保卫部
王谦培	1925.05	体育教研部
李　海	1950.09	体育教研部
吴淑珍	1926.12	北大附小
林雅贞	1929.12	城市与环境学院
王艳荣	1946.10	北大青鸟集团
郑寿美	1923.09	外国语学院
郝淑云	1925.03	外国语学院
白仲文	1928.12	水电中心
李贵海	1925.01	总务部
许杜美	1932.07	历史学系
张　信	1932.05	基建工程部
康树华	1926.06	法学院
张会成	1931.10	外国语学院
牛　明	1950.07	人才交流中心
李淑英	1920.11	校园管理服务中心
童沈阳	1932.04	化学与分子工程学院
戴鼎培	1930.04	水电中心
石志洪	1945.07	数学科学学院
莫志超	1931.12	地球与空间科学学院
曹靖珍	1930.03	北京大学校医院

续表

姓名	出生年月	单位
承继成	1930.07	地球与空间科学学院
宋淑兰	1936.07	校园管理服务中心
王丽荣	1939.12	校园管理服务中心
闻国椿	1930.09	数学科学学院
吴同宝	1922.07	历史学系
闫信博	1932.04	餐饮中心
杨庭林	1934.12	北京大学校医院
颜 保	1922.07	外国语学院
刘军清	1965.01	餐饮中心
王桂林	1929.11	校园管理服务中心
牛连秀	1954.10	北大青鸟集团
谢立新	1946.02	外国语学院
符致福	1933.07	力学系
黄泽三	1923.05	会议中心
苑福田	1930.02	物理学院
张康琴	1931.04	经济学院
王锡山	1937.10	保卫部
牛建平	1956.02	生命科学学院
王福丽	1942.08	工会
薛永山	1937.03	社区服务中心
孙建中	1953.09	生命科学学院
吕道娜	1951.07	北大附小
崔 岩	1933.11	心理学系
孙瑞庆	1932.04	体育教研部
戴德水	1953.07	社区服务中心
解树仁	1925.05	餐饮中心
陈德成	1937.07	力学系
梅镇安	1919.09	生命科学学院
汤一介	1927.02	哲学系(宗教学系)
张国庆	1956.10	政府管理学院
修保琨	1930.02	地球与空间科学学院
王云鄂	1932.12	学生工作部
刘秀菊	1928.11	校园管理服务中心
石廷如	1929.09	餐饮中心
赵光云	1932.12	校园管理服务中心
王素敏	1956.07	电话室
华惠珍	1926.11	化学与分子工程学院
潘永祥	1928.08	北京大学图书馆
张光佩	1930.08	教育学院
张为合	1939.01	物理学院
丁同仁	1929.03	数学科学学院
肖俊民	1935.01	社区服务中心

续表

姓名	出生年月	单位
刘老伍	1927.08	水电中心
李福春	1930.11	北大青鸟集团
林 平	1926.09	马克思主义学院
韩明谟	1918.11	社会学系
李根培	1939.10	化学与分子工程学院
丁伟岳	1945.04	数学院
朴泰学	1934.12	社区服务中心
魏英敏	1935.06	哲学系（宗教学系）
顾海根	1930.03	外国语学院
陈树华	1937.10	北大附中
白守训	1935.08	信息科学技术学院

2. 医学部2014年逝世人员名单

姓名	出生年月	单位
王福庆	1929.11	后勤
杨秀明	1937.12	药学院
葛明珠	1942.04	基础医学院
何美懿	1923.12	机关
张娟秋	1942.08	医学部医院
张振文	1930.07	机关
裴印权	1931.01	基础医学院
李绍兴	1934.10	后勤
魏永全	1930.12	后勤
刘志发	1927.04	后勤
吴爱珍	1933.08	药学院
孙继武	1928.10	机关
尹文秀	1931.06	药学院
田金和	1927.10	基础医学院
田文博	1949.07	网络
董苍玉	1925.07	基础医学院
尹德福	1935.11	后勤
林 紫	1921.06	机关
王承祝	1917.07	机关
钟仁昌	1933.12	基础医学院
张贵业	1939.05	机关
王元龙	1937.07	公共教育部
马维义	1923.08	基础医学院
青 萍	1929.11	公共教育部
白乃生	1932.06	机关
王愚箴	1919.12	后勤
吴 棠	1925.04	公共教育部
黄捷华	1942.01	护理学院
卢静轩	1930.01	机关

党发

党发〔2014〕1号——关于丁夕友任职的通知
党发〔2014〕2号——关于任颋任职的通知
党发〔2014〕3号——关于中共北京大学地球与空间科学学院党员代表大会选举结果的批复
党发〔2014〕4号——关于印发《北京大学党的群众路线教育实践活动整改落实方案》的通知
党发〔2014〕5号——关于调整北京大学党校校务委员会组成人员的通知
党发〔2014〕6号——中共北京大学委员会关于评选表彰优秀共产党员、先进党支部的通知
党发〔2014〕7号——关于王玥、吴玉杰职务任免的通知
党发〔2014〕8号——关于印发《北京大学党风廉政建设和反腐败工作主要任务分工》的通知
党发〔2014〕9号——关于《学习贯彻习近平总书记在北京大学师生座谈会上的重要讲话精神》的通知
党发〔2014〕10号——关于转发《中共教育部党组关于教育系统学习贯彻习近平总书记五四重要讲话精神的通知》的通知
党发〔2014〕11号——关于转发《中共北京市委教育工作委员会关于学习宣传贯彻习近平总书记北京大学考察重要讲话精神的通知》的通知
党发〔2014〕12号——北京大学关于深化整改落实工作的若干意见
党发〔2014〕13号——关于中共北京大学物理学院党员代表大会选举结果的批复
党发〔2014〕14号——关于中共北京大学数学科学学院党员大会选举结果的批复
党发〔2014〕15号——关于中共北京大学基础医学院第三次党员代表大会选举结果的批复
党发〔2014〕16号——中共北京大学委员会关于表彰优秀共产党员和先进党支部的决定
党发〔2014〕17号——关于北京大学教育学院党委书记选举结果的批复
党发〔2014〕18号——关于中共北京大学医学部产业第三次党员大会选举结果的批复
党发〔2014〕19号——关于中共北京大学软件与微电子学院党员代表大会选举结果的批复
党发〔2014〕20号——关于中共北京大学图书馆党员大会选举结果的批复
党发〔2014〕21号——关于调整部分议事协调机构组成人员的通知
党发〔2014〕22号——关于中共北京大学工学院党员代表大会选举结果的批复
党发〔2014〕23号——关于谭文长、白志强职务任免的通知
党发〔2014〕24号——中共北京大学委员会 北京大学关于表彰2013—2014学年获奖教师的决定
党发〔2014〕25号——关于转发《中共教育部党组关于落实党风廉政建设主体责任的实施意见》的通知
党发〔2014〕26号——关于中共北京大学继续教育学院党员大会选举结果的批复
党发〔2014〕27号——关于中共北京大学继续教育学院党员大会选举结果的批复
党发〔2014〕28号——关于王浩雷任职的通知
党发〔2014〕29号——关于印发朱善璐书记、王恩哥校长在全校组织工作会上的讲话的通知
党发〔2014〕30号——关于印发《北京大学贯彻落实〈建立健全惩治和预防腐败体系2013—2017年工作规划〉实施办法》的通知
党发〔2014〕31号——关于印发《中共北京大学委员会落实党风廉政建设主体责任实施细则》的通知
党发〔2014〕32号——关于陈宝剑、杨开忠职务任免的通知
党发〔2014〕33号——关于在全校开展"深化综合改革、聚力科学发展"讨论活动的通知
党发〔2014〕34号——关于进一步加强和改进关心下一代工作的意见
党发〔2014〕35号——关于吕斌免职的通知

党发〔2014〕36 号——关于印发《北京大学党委 2014 年工作要点》的通知
党发〔2014〕37 号——关于余锴任职的通知
党发〔2014〕38 号——关于路姜男、杨晓雷职务任免的通知
党发〔2014〕39 号——关于印发《中共北京大学委员会关于加强中层领导班子和干部队伍建设的意见》的通知
党发〔2014〕40 号——关于印发《关于加强中层领导班子和领导干部考核工作的意见》的通知
党发〔2014〕41 号——关于印发《关于加强后备干部选拔培养工作的若干措施》的通知
党发〔2014〕42 号——关于印发《中共北京大学委员会关于 2014—2018 年干部教育培训工作的实施意见》的通知
党发〔2014〕43 号——关于印发《北京大学党的建设 2014—2018 年工作规划》的通知
党发〔2014〕44 号——关于印发《北京大学院(系)党政领导班子职责》
党发〔2014〕45 号——关于开好 2014 年院系级领导班子民主生活会的通知
党发〔2014〕46 号——关于路姜男免职的通知
党发〔2014〕47 号——关于孙赵君任职的通知
党发〔2014〕48 号——关于中共北京大学口腔医学院、口腔医院第三次党员代表大会选举结果的批复党发〔2014〕48 号
　　　　　　——关于中共北京大学口腔医学院、口腔医院第三次党员代表大会选举结果的批复
党发〔2014〕49 号——关于转发《中共中央办公厅、国务院办公厅关于做好 2015 年元旦春节期间有关工作的通知》的通知
党发〔2014〕50 号——关于蒋承任职的通知
党发〔2014〕51 号——关于中共北京大学信息科学技术学院党员代表大会选举结果的批复
党发〔2014〕52 号——关于中共北京大学哲学系党员大会选举结果的批复
党发〔2014〕53 号——关于张彦同志免职的通知

校发

校发〔2014〕1 号——关于白志强等职务任免的通知
校发〔2014〕2 号——关于批复档案馆内设机构负责人招聘结果的通知
校发〔2014〕3 号——关于批复燕园街道办事处内设机构负责人招聘结果的通知
校发〔2014〕4 号——北京大学关于同意北大方正集团有限公司参股公司福建方兴化工有限公司挂牌转让经营性资产的批复
校发〔2014〕6 号——关于批复财务部内设机构负责人招聘结果的通知
校发〔2014〕7 号——关于批复人事部内设机构负责人招聘结果的通知
校发〔2014〕8 号——关于表彰 2013 年北京大学学生资助工作先进单位的决定
校发〔2014〕9 号——关于表彰 2013 年北京大学学生资助工作先进个人的决定
校发〔2014〕10 号——北京大学关于同意北大方正集团有限公司参股公司福建方兴化工有限公司挂牌转让经营性资产的批复
校发〔2014〕11 号——北京大学关于方正信息产业控股有限公司下属企业股权重组的批复
校发〔2014〕12 号——北京大学关于确认方正国际软件(北京)有限公司过往经济行为的批复
校发〔2014〕13 号——北京大学关于确认北大方正集团有限公司所属方正国际软件有限公司过往经济行为的批复
校发〔2014〕14 号——关于授予连战先生北京大学名誉教授称号的决定
校发〔2014〕15 号——关于印发《北京大学教学科研职位分系列管理规定(试行)》的通知
校发〔2014〕16 号——关于李沉简任职的通知
校发〔2014〕17 号——关于余也任职的通知
校发〔2014〕18 号——关于转发《教育部关于扩大直属高等学校、直属事业单位无形资产使用和处置权限的通知》的通知
校发〔2014〕19 号——关于成立北京大学海洋研究院的通知
校发〔2014〕20 号——关于吴学兵任职的通知
校发〔2014〕21 号——关于成立北京大学新媒体研究院的通知
校发〔2014〕22 号——关于成立北京大学国家竞争力研究院的通知

校发〔2014〕26 号——关于北京大学前沿交叉学科研究院行政班子任职的通知
校发〔2014〕27 号——北京大学关于同意北京北大先锋科技有限公司下属北京未名博雅科技有限公司挂牌转让霸州市兰光科技有限公司清产核资结果的批复
校发〔2014〕28 号——关于李强任职的通知
校发〔2014〕29 号——关于成立北京大学医疗健康大数据研究院的通知
校发〔2014〕30 号——关于韩流任职的通知
校发〔2014〕31 号——关于批复实验室与设备管理部内设机构负责人招聘结果的通知
校发〔2014〕32 号——关于同意聘请安德里亚斯·瓦纳博士为北京大学客座教授的决定
校发〔2014〕33 号——关于同意聘请蒂莫西·斯旺森博士为北京大学客座教授的决定
校发〔2014〕34 号——关于同意聘请野田勇夫博士为北京大学客座教授的决定
校发〔2014〕35 号——关于成立北京大学建校 116 周年庆祝活动工作小组的通知
校发〔2014〕36 号——关于印发《北京大学研究技术系列职位聘任管理实施细则（试行）》的通知
校发〔2014〕37 号——关于印发《北京大学信访工作规定》的通知
校发〔2014〕38 号——关于批复国际合作部内设机构负责人岗位调整的通知
校发〔2014〕45 号——关于麻志毅任职的通知
校发〔2014〕46 号——关于欧阳颀、张幼怡任职的通知
校发〔2014〕47 号——关于王博、李强职务任免的通知
校发〔2014〕48 号——关于董志勇、方新贵职务任免的通知
校发〔2014〕49 号——关于方新贵任职的通知
校发〔2014〕50 号——关于姜国华任职的通知
校发〔2014〕51 号——关于印发《北京大学肖家河项目建设办公室机构设置、人员编制和薪酬方案》的通知
校发〔2014〕52 号——关于调整北京大学马克思主义学院院长的通知
校发〔2014〕54 号——关于撤销北京海淀未名木器厂的通知
校发〔2014〕55 号——关于表彰北京大学第十三届青年教师教学基本功比赛获奖单位及个人的决定
校发〔2014〕56 号——北京大学关于同意北大方正投资有限公司收购上海高科房地产有限公司 100％股权的批复
校发〔2014〕57 号——关于第九届北京大学"学生五四奖章""班级五四奖杯"的表彰决定
校发〔2014〕59 号——关于表彰北京大学第十三届青年教师教学基本功比赛获奖单位及个人的决定
校发〔2014〕60 号——北京大学关于同意方正集团控股上市公司中国高科发行股份收购方正集团所持有方正东亚信托 40％股权的批复
校发〔2014〕62 号——关于批复教务部内设机构负责人招聘结果的通知
校发〔2014〕63 号——关于陈旭光任职的通知
校发〔2014〕64 号——关于成立北京大学燕京学堂的通知
校发〔2014〕65 号——关于成立北京大学世界环境史研究中心的通知
校发〔2014〕66 号——关于批复国际合作部内设机构负责人招聘结果的通知
校发〔2014〕67 号——北京大学关于同意北大医疗产业集团有限公司下属北京北医医院管理有限公司受让湖南恺德微创医院有限公司 80％股权的批复
校发〔2014〕68 号——北京大学关于同意北大资源集团有限公司受让北京红楼计算机科学技术研究所持有的北京北大资源物业经营管理集团有限公司 0.05％股权的批复
校发〔2014〕69 号——关于孙熙国等职务任免的通知
校发〔2014〕72 号——关于表彰 2013—2014 学年北京大学公益之星的决定
校发〔2014〕73 号——关于公布北京大学本科招生组组长名单的通知
校发〔2014〕74 号——关于成立北京大学建校 120 周年庆祝活动筹备领导小组和工作小组的通知
校发〔2014〕76 号——关于北京大学计算中心行政班子任职的通知
校发〔2014〕77 号——北京大学关于同意北大方正集团有限公司控股上市公司北大医药股份有限公司发行股份购买深圳市一体医疗科技有限公司 100％股权并发行股份募集配套资金的批复
校发〔2014〕78 号——关于表彰 2014 年度北京大学优秀博士学位论文获得者及其导师的决定
校发〔2014〕79 号——关于陈晓宇免职的通知

校发〔2014〕80号——关于衣学磊任职的通知
校发〔2014〕81号——关于北京大学教育学院行政班子任职的通知
校发〔2014〕82号——北京大学关于方正科技集团股份有限公司受让方正国际软件有限公司、方正宽带网络服务有限公司各100％股权项目的批复
校发〔2014〕83号——关于北京大学考古文博学院行政班子任职的通知
校发〔2014〕84号——关于同意聘请洪小文博士为北京大学客座教授的决定
校发〔2014〕85号——关于同意聘请理查德·波特博士为北京大学客座教授的决定
校发〔2014〕86号——关于李铁军等职务任免的通知
校发〔2014〕87号——关于批复教务部内设机构负责人招聘结果的通知
校发〔2014〕88号——关于批复教务部内设机构负责人招聘结果的通知
校发〔2014〕89号——关于批复离退休工作部内设机构负责人招聘结果的通知
校发〔2014〕90号——关于表彰北京大学第十二届人文社会科学研究优秀成果奖获得者的决定
校发〔2014〕91号——关于公布北京大学第十届学位评定委员会委员名单的通知
校发〔2014〕92号——关于成立北京大学教育基金会筹资委员会的通知
校发〔2014〕93号——北京大学关于表彰2014届优秀毕业生的决定
校发〔2014〕94号——关于批复房地产管理部内设机构负责人招聘结果的通知
校发〔2014〕95号——关于批复信息化建设与管理办公室内设机构负责人招聘结果的通知
校发〔2014〕96号——关于印发《北京大学建设工程审计规定》的通知
校发〔2014〕97号——关于印发《北京大学建设工程投资评审规定》的通知
校发〔2014〕98号——关于批复公寓服务中心内设机构负责人招聘结果的通知
校发〔2014〕104号——关于王文彦、杨学祥职务任免的通知
校发〔2014〕105号——关于屈兵任职的通知
校发〔2014〕106号——关于谭文长任职的通知
校发〔2014〕107号——关于批复国际合作部内设机构负责人招聘结果的通知
校发〔2014〕108号——关于批复财务部内设机构负责人招聘结果的通知
校发〔2014〕110号——关于北京大学对外汉语教育学院行政班子任职的通知
校发〔2014〕111号——关于北京大学法学院行政班子任职的通知
校发〔2014〕112号——关于北京大学经济学院行政班子任职的通知
校发〔2014〕113号——关于北京大学软件与微电子学院行政班子任职的通知
校发〔2014〕114号——关于北京大学信息科学技术学院行政班子任职的通知
校发〔2014〕115号——北京大学关于同意北大资源集团有限公司受让北京红楼计算机科学技术研究所持有的北京北大资源物业经营管理集团有限公司0.05％股权的批复
校发〔2014〕116号——关于耿姝、张勇、胡俊职务级别的通知
校发〔2014〕117号——关于批复房地产管理部内设机构负责人招聘结果的通知
校发〔2014〕118号——北京大学关于同意方正集团转让所持有方正东亚信托12.5％股权的批复
校发〔2014〕119号——北京大学关于北大资源集团控股有限公司内部资产重组相关的国有产权实施协议转让事项的批复
校发〔2014〕120号——关于孙迎春任职的通知
校发〔2014〕121号——关于陈亮任职的通知
校发〔2014〕122号——关于授予袁玉环、李轶男等同学2014—2015学年度博士研究生校长奖学金的决定
校发〔2014〕123号——关于表彰2014年第二届北京大学研究生教育管理奖获得者的决定
校发〔2014〕124号——关于印发《北京大学研究技术系列职位聘任管理实施细则(试行)》的通知
校发〔2014〕125号——关于转发《教育部办公厅关于中秋、国庆期间及开学前后进一步落实中央八项规定精神的通知》的通知
校发〔2014〕126号——关于印发《北京大学关于进一步加强和改进筹资工作的意见》的通知
校发〔2014〕127号——关于成立北京大学深入开展贯彻执行中央八项规定严肃财经纪律和"小金库"专项治理工作领导小组及领导小组办公室的通知

校发〔2014〕128号——关于转发《中华人民共和国教育部高等学校章程核准书》(第24号)的通知
校发〔2014〕129号——关于印发《北京大学建设工程投资评审规定》的通知
校发〔2014〕130号——关于印发《北京大学建设工程审计规定》的通知
校发〔2014〕131号——关于王磊任职的通知
校发〔2014〕132号——北京大学关于表彰2013—2014学年招生工作优秀工作者、先进个人、优秀团队的决定
校发〔2014〕133号——关于祝诣博任职的通知
校发〔2014〕134号——关于成立北京大学经典与文明研究中心的通知
校发〔2014〕135号——关于成立北京大学中东研究中心的通知
校发〔2014〕136号——关于成立北京大学全球治理研究中心的通知
校发〔2014〕137号——关于同意聘请詹姆斯·安德森博士为北京大学客座教授的决定
校发〔2014〕138号——关于成立北京大学世界环境史研究中心的通知
校发〔2014〕139号——关于徐晋涛、赵跃辉职务任免的通知
校发〔2014〕140号——关于同意聘请文正博士为北京大学客座教授的决定
校发〔2014〕141号——关于成立北京大学APEC健康科学研究中心的通知
校发〔2014〕142号——关于杨仲昭免职的通知
校发〔2014〕143号——关于权忠鄂免职的通知
校发〔2014〕144号——关于叶树青免职的通知
校发〔2014〕145号——关于表彰2014年度北京大学实验室工作先进集体和先进个人的决定
校发〔2014〕146号——北京大学关于表彰2013—2014学年度学生优秀个人和先进集体的决定
校发〔2014〕147号——关于赵为民免职的通知
校发〔2014〕148号——关于成立北京大学国际批评理论中心的通知
校发〔2014〕149号——关于成立北京大学国家金融研究中心的通知
校发〔2014〕150号——关于批复校史馆内设机构负责人招聘结果的通知
校发〔2014〕151号——关于批复信息化建设与管理办公室内设机构负责人招聘结果的通知
校发〔2014〕162号——关于成立北京大学水科学研究中心的通知
校发〔2014〕163号——关于批复餐饮中心内设机构负责人招聘结果的通知
校发〔2014〕164号——关于批复动力中心内设机构负责人招聘结果的通知
校发〔2014〕165号——关于批复公寓中心内设机构负责人招聘结果的通知
校发〔2014〕166号——关于批复会议中心内设机构负责人招聘结果的通知
校发〔2014〕167号——北京大学关于同意北大方正集团有限公司下属方正产业控股有限公司受让深圳市北大方正数码科技有限公司所持北大方正物产集团有限公司股权的批复
校发〔2014〕168号——关于成立北京大学水科学研究中心的通知
校发〔2014〕169号——关于印发《北京大学国有资产管理暂行办法》的通知
校发〔2014〕170号——关于曾辉任职的通知
校发〔2014〕172号——关于周波免职的通知
校发〔2014〕173号——关于姜晓刚、王太芹等职务任免的通知
校发〔2014〕174号——关于徐晓辉免职的通知
校发〔2014〕175号——关于赵桂莲免职的通知
校发〔2014〕176号——关于批复教育基金会内设机构负责人招聘结果的通知
校发〔2014〕178号——北京大学关于同意开展上海方正信息安全技术有限公司清产核资立项工作的批复
校发〔2014〕179号——北京大学关于同意开展深圳市北大方正数码科技有限公司清产核资立项工作的批复
校发〔2014〕180号——北京大学关于同意北京北大先锋科技有限公司下属北京未名博雅科技有限公司挂牌转让霸州市兰光科技有限公司100%股权的批复
校发〔2014〕181号——关于印发《北京大学收费及票据管理办法》的通知
校发〔2014〕185号——关于贺凯丰任职的通知
校发〔2014〕186号——关于授予周其凤等六位教授2014年度北京大学国华杰出学者奖的决定
校发〔2014〕187号——关于北京大学文献信息资源战略发展委员会和北京大学图书馆工作委员会换届的通知

校发〔2014〕188 号——北京大学关于确认未名生物医药有限公司过往经济行为的批复
校发〔2014〕189 号——北京大学关于确认北京北大未名生物工程集团有限公司过往经济行为的批复
校发〔2014〕190 号——北京大学关于同意北京北大未名生物工程集团有限公司以其所持未名生物医药股权与上市公司进行重大资产重组的批复
校发〔2014〕191 号——关于叶静漪同志兼任中外妇女研究中心主任的通知
校发〔2014〕192 号——关于成立北京大学网络文化建设与网络思想政治教育工作领导小组的通知
校发〔2014〕193 号——关于同意天津市第五中心医院使用"北京大学滨海医院"名称的批复
校发〔2014〕194 号——关于印发《北京大学本科考试工作与学习纪律管理规定》的通知
校发〔2014〕195 号——关于批复房地产管理部内设机构负责人岗位调整的通知
校发〔2014〕196 号——关于表彰北京大学 2014 年优秀博士后的决定
校发〔2014〕197 号——关于成立北京大学现代农学院(筹)的通知
校发〔2014〕200 号——关于批复校园服务中心内设机构负责人招聘结果的通知
校发〔2014〕201 号——关于批复会议中心内设机构负责人招聘结果的通知
校发〔2014〕202 号——关于任命北京大学载人航天工程项目总指挥和主任设计师的通知
校发〔2014〕203 号——关于印发《北京大学干部人事档案专项审核工作实施方案》的通知
校发〔2014〕205 号——关于杨弘博、仰海峰职务任免的通知
校发〔2014〕206 号——关于批复离退休工作部内设机构负责人招聘结果的通知
校发〔2014〕207 号——关于批复人事部内设机构负责人招聘结果的通知
校发〔2014〕208 号——关于印发《北京大学理工科民口科研项目管理办法(暂行)》的通知
校发〔2014〕209 号——关于成立北京大学国家网络安全和信息化研究院的通知
校发〔2014〕210 号——关于殷雪松、陈宝剑职务任免的通知
校发〔2014〕211 号——北京大学关于加强出国(境)证件管理工作的通知
校发〔2014〕212 号——关于转发《教育部办公厅关于印发教育部规范节庆论坛展会活动管理的暂行规定的通知》的通知
校发〔2014〕213 号——关于转发《北京市教育委员会关于做好本市教育系统 2015 年烟花爆竹安全管理工作的通知》的通知
校发〔2014〕214 号——关于成立北京大学国家金融研究中心的通知
校发〔2014〕215 号——关于成立北京大学国际批评理论中心的通知
校发〔2014〕216 号——关于表彰北京大学 2014 年度安全保卫工作先进单位和先进个人的决定
校发〔2014〕217 号——北京大学关于差旅费等经费管理的通知
校发〔2014〕219 号——关于张彦免职的通知

表彰与奖励

党建与思想政治工作奖励

北京高校先进基层党组织

精神卫生研究所党委

北京高校优秀共产党员

陈　鹏	化学与分子工程学院党委委员　研究员
谷　涛	基础医学院党委副书记　工会主席　助理研究员
丁文惠	第一医院纪委委员　大内科主任　教授　主任医师

北京高校优秀党务工作者

吴艳红　心理学系党委书记　副主任　教授

北京大学优秀共产党员标兵

王一川	艺术学院党总支委员　院长　教授
朱　强	图书馆党委委员　馆长　研究馆员
刘化荣	党建组织员　数学科学学院党委书记　研究员
李小凡	中国语言文学系教授
李润涛	药学院党委委员　教授
沈健平	元培学院空军飞行员党支部组织委员　纪检委员　国防生连长　飞行员班班长　空飞军委会副主任　2012级本科生
迟　骋	人民医院急诊科住院医师
张　立	人事部副部长　助理研究员
侯　卉	医学部研究生院干部　研究员
童笑梅	第三医院儿科主任　副教授　主任医师

北京大学优秀共产党员

丁　鹏	口腔医院正畸科行政秘书　副主任医师
丁炎明	第一医院护理部党支部书记　主任　主任护师
丁嘉辉	深圳研究生院通识教育中心主任　讲师
于冬梅	口腔医院急诊科党支部组织委员　主管护师
于惠芳	社会学系离退休党支部组织委员　副研究员
么改琦	第三医院危重医学科党支部书记　副主任　副教授　主任医师
马迎华	公共卫生学院妇女与儿童青少年卫生学系党支部书记　北京大学儿童青少年卫生研究所副所长　教授
马朝来	第三医院普通外科党支部组织委员　副主任　副主任医师
丰伟静	物理学院行政后勤党支部组织委员　实验设备办公室副主任　助理研究员
王　宁	软件与微电子学院科技四苑党支部书记　2013级硕士生
王　伶	外国语学院英语系大学英语教研室副教授
王　梅	人民医院肾内科教授　主任医师
王　冕	口腔医院院长办公室党委办公室干部　团委书记　助理研究员
王　清	北京北大维信生物科技有限公司工程设备部电工班长　技师
王　越	深圳研究生院国际法学院学生党支部书记　2011级硕士生
王一涵	信息科学技术学院团委书记　讲师
王义遒	教务部退休教师　教授
王艺淋	环境科学与工程学院2013级博士生党支部书记
王太芹	公寓服务中心党总支副书记　副主任　工会主席　助理研究员
王文娟	审计室工程审计办公室主任　高级审计师
王世衡	信息科学技术学院2011级计算机智能本科生党支部书记
王在存	工学院研究生会主席　2011级博士生
王同利	燕园街道燕东园社区居委会主任　党支部书记

王雨丽	医学部房地产管理办公室副主任 助理研究员		任 副教授
王明聪	历史学系2011级硕士生党支部书记	白书农	生命科学学院党委委员 教授
王周谊	社会科学部党支部组织委员 副部长 副研究员	白雪秋	马克思主义学院党委委员 教授
王思广	物理学院技术物理系教工党支部书记 副教授	冯 娟	基础医学院生理学与病生理学系党支部组织委员 助理研究员
王艳超	外国语学院学生工作办公室副主任 团委常务副书记 助教	冯长春	城市与环境学院党委委员 城市与经济地理系主任 首都发展研究院副院长 教授
王晓燕	口腔医院牙体牙髓科副主任 教授 主任医师	冯泰来	法学院团委副书记 2010级本科生第一党支部书记
王铁民	光华管理学院企业管理系教师党支部书记 北京大学管理案例研究中心执行主任 副教授	兰 铁	软件与微电子学院经管七苑党支部书记 2013级硕士生
王梦泽	工学院2012级理论与应用力学本科生团支部书记	巩 梅	图书馆工会副主席 文献典藏与分馆办公室主任 副研究馆员
王晨曲	生命科学学院2012级博士生	朴玉粉	第三医院护理部党支部书记 副主任 副主任护师
王智鑫	物理学院2013级本科生党支部宣传委员 2010级本科生	曲一铭	国际关系学院党委办公室主任 党委秘书 助理研究员
王鹏远	第一医院院长助理 党委办公室院长办公室主任 人事处处长 普通外科党支部委员 副教授 副主任医师	朱德春	医学部饮食服务中心高级工
		乔天宇	社会学系2011级硕士生党支部副书记
		乔艳芳	口腔医院退休干部 助理研究员
王慧玲	地球与空间科学学院2011级遥感硕士生党支部书记	任庆鹏	生命科学学院2010级博士生
		华 红	口腔医院中医黏膜科主任 教授 主任医师
王磊明	环境科学与工程学院2012级硕士生党支部书记	向 妮	生命科学学院党委委员 院长助理 办公室主任 助理研究员
王霄英	第一医院医学影像科党支部委员 医学影像科主任 教授 主任医师	庄 重	信息科学技术学院电子系2011级硕士生党支部书记
韦日生	基础医学院生物物理学系党支部书记 副主任 讲师	刘 苏	元培学院2010级本科生党支部宣传委员
毛丽丽	肿瘤医院肾癌黑色素瘤科党支部宣传委员 医师	刘 钊	房地产管理部党支部书记 副部长 助理研究员
勾 斌	环境科学与工程学院本科生联合党支部书记 2011级本科生	刘 哲	哲学系主任助理 副教授
		刘 涵	法学院2013级法学硕士第一党支部书记
孔繁菁	医学部医学网络教育学院副院长 助理研究员	刘 燕	法学院教授
		刘 璐	软件与微电子学院经管一苑党支部书记 2013级硕士生
左 婧	产业党工委委员 党工委秘书 校办产业管理委员会办公室综合事务部副主任 助理研究员	刘 璐	外国语学院2012级硕士生第一党支部书记
		刘乃勇	党委宣传部党支部宣传委员 助理研究员
龙 颖	生命科学学院2010级本科生	刘玉村	第一医院党委委员 院长 大外科主任 教授 主任医师
平新乔	经济学院学术委员会主席 教授	
卢晓霞	城市与环境学院副教授	刘军燕	肿瘤医院财务处处长 高级会计师
叶雄俊	人民医院泌尿外科副主任医师	刘苏杰	附属中学预科部党支部组织委员 中学一级教师
叶新山	药学院党委委员 教授	
田 雨	第一医院消化、免疫科党支部书记 党委办公室院长办公室副主任 主治医师	刘幸芬	第三医院工会党支部书记 助理研究员
		刘泽宇	国家发展研究院2013级研究生团支部书记 班长
白 云	基础医学院细胞生物学系党支部书记 副主	刘语潇	经济学院2013级硕士生党支部书记 经济学系2011级本科生班主任
		刘浦江	历史学系中国古代史研究中心副主任 教授

刘鸿雁	城市与环境学院党委委员　副院长　教授		书记
刘颖坤	第一医院骨科党支部委员　护师	李宇宁	校友工作办公室主任　副研究员
齐永芬	基础医学院病原生物学系教授	李尽沙	艺术学院2011级本科生党支部书记　校学生工作宣传骨干中心秘书长
齐宪荣	药学院药剂学系党支部书记　教授		
闫梦醒	中国语言文学系2012级本科生党支部书记　选留干部	李建新	对外汉语教育学院党委委员　副院长　工会主席　副研究员
米古月	信息科学技术学院智能科学系博士生党支部书记　校团委研究生与青年工作部副部长　2011级博士生	李春英	人民医院退休干部　研究员
		李春亮	继续教育部综合办公室主任　助理研究员
		李俐娇	外国语学院团委常务副书记　2011级本科生
江大勇	北京大学地质博物档案馆馆长　地球与空间科学学院教授	李奕璋	人民医院机关第一党支部宣传委员　助理研究员
汤华中	数学科学学院党委委员　科学与工程计算系主任　教授	李晓霓	精神卫生研究所人事处处长　离退休办公室主任　机关党支部书记　研究员
安　然	深圳研究生院研究生会主席2012级国际法学院硕士生		
		李雪梅	物理学院凝聚态第二教工党支部书记　高级工程师
安金刚	口腔医院口腔颌面外科二病区主任　副主任医师	李银雪	人民医院医院感染管理办公室副主任　副主任护师
安海燕	人民医院麻醉科副主任　党支部组织委员　副主任医师	李彩霞	人民医院神经内科护师
许一苇	哲学系2012级硕士生党支部书记	李淑珍	马克思主义学院教授
许雅君	公共卫生学院院长助理　营养与食品卫生系党支部书记　副教授	李维红	化学与分子工程学院院长助理　副教授
		李瑞利	深圳研究生院环境与城市学院助理研究员
苏　黎	医学部医药卫生分析中心党支部委员　助理研究员	杨　景	物理学院基础物理实验教学中心讲师
		杨兴文	燕园街道办事处副主任　工程师
苏勉曾	化学与分子工程学院离休教师　教授	杨晓雷	法学院党委副书记　讲师
杜浩然	经济学院研究生会主席　2013级博士生党支部书记　2013级硕士生班主任	肖　杰	软件与微电子学院经管二苑党支部书记　2013级硕士生
李　林	哲学系团委书记　学生工作办公室副主任　研究实习员	吴　岚	数学科学学院金融数学系主任　副教授
		吴　杰	信息管理系会计　助理会计师
李　春	人民医院风湿免疫党支部宣传委员　主治医师	吴　昊	肿瘤医院放疗科副主任　高级工程师
		吴天昊	工学院团委副书记　2010级博士生
李　奎	第一医院妇产科党支部委员　副教授　副主任医师	吴惠人	第一医院老年科党支部委员　老年病内科护士长　主管护师
李　彦	化学与分子工程学院教授	吴锦雷	信息科学技术学院退休教师　教授
李　晋	国家发展研究院高年级学生党支部书记　2009级博士生	何冰冰	中国语言文学系2011级本科生党支部书记
		佟向军	生命科学学院副教授
李　梅	地球与空间科学学院遥感教工党支部宣传委员　副教授	余万里	国际关系学院副教授
		谷士贤	第三医院教育处学生党总支青年委员　助理研究员
李　颖	人民医院感染科门诊护士长　肝病研究所党支部委员　主管护师		
		谷洪涛	第一医院大外科护士长　护师
李士杰	科技开发部党支部组织委员　副部长　副教授	邹晓民	药学院学生党总支教工党支部书记　学生办公室主任　讲师
李小菲	保卫部党支部副书记　助理研究员	辛　华	附属中学初中党支部宣传委员　中学高级教师
李六亿	第一医院感染管理—预防控制处处长　研究员		
		汪小林	信息科学技术学院教工第三党支部书记　副教授
李文曾	法学院2013级博士生党支部书记		
李先江	化学与分子工程学院2012级本科生党支部	汪怡安	法学院2012级本科生第二党支部书记

沙丽曼	元培学院教工党支部书记 学生工作办公室主任 讲师	张卓莉	第一医院风湿免疫科主任 教授 主任医师
沈定昌	外国语学院朝语系教授	张建民	出版社部门经理 行政第二党支部宣传委员 编辑
宋东伟	肿瘤医院退休护士 主管护师	张茗翔	政府管理学院2010级本科生党支部副书记
宋东红	第三医院生殖医学中心党支部青年委员 科护士长 主管护师	张晓辉	人民医院血液病研究所所长助理 教授 主任医师
宋亚云	中国语言文学系工会副主席 古代汉语教研室党支部委员 副教授	张峻梓	数学科学学院2011级本科生党支部组织委员
宋学军	物理学院技术物理行政退休党支部书记	张慧婧	第一医院2009级学生党支部书记
宋振清	党建组织员 地球与空间科学学院干部 研究员	陈功	人口研究所党支部书记 副所长 教授
初明	基础医学院免疫学系讲师	陈苹	基础医学院生物化学与分子生物学系党支部组织委员 副主任技师
迟春花	第一医院呼吸和危重症医学科医师 教授 主任医师	陈虎	教务部党支部组织委员 基地办公室主任 工程师
张杰	口腔医院口腔颌面外科三病区主任 主任医师	陈琦	公共教学部医学人文系党支部组织委员 讲师
张虹	继续教育学院党总支委员 常务副院长 研究员	陈松岩	外国语学院俄语系副教授
张娜	档案馆党支部组织委员 管理利用办公室主任 助理研究员	陈庚山	北京北大临湖科技发展有限公司总裁助理 物业部部门经理 工程师
张莹	校工会党支部委员 文体青年女工部部长 助理研究员	陈剑铭	第三医院病案科党支部书记 副主任 主管技师
张积	新闻与传播学院教工第一党支部书记 副教授	陈徐宗	信息科学技术学院量子电子学研究所所长 教授
张航	医学部人事处党支部委员 助理研究员	陈路增	第一医院超声诊断中心党支部书记 副主任医师
张凌	深圳研究生院院长办公室党委办公室副主任 助理研究员	陈慧红	基础医学院学院办公室副主任 讲师
张蒙	光华管理学院2013级金融学硕士生党支部书记	陈燕平	软件与微电子学院招生办公室副主任 助理研究员
张锦	化学与分子工程学院党委委员 纳米中心副主任 教授	武慧媛	医学部党委宣传部干部 助理研究员
		苗思安	心理学系团委书记 助教
张霁	肿瘤医院医院感染管理与疾病预防控制科主任 副主任医师	苗洁生	餐饮中心学五食堂经理 中餐高级烹调师
		林红	精神卫生研究所教育处处长 研究室第一党支部宣传委员 助理研究员
张大成	信息科学技术学院微纳电子学研究院副院长 校工会副主席 教授	林艳秋	数学科学学院工会副主席 综合办公室主任 馆员
张广文	物理学院大气与海洋科学系研究生党支部书记 2012级硕士生	欧阳汉强	第三医院2007级本科生党支部书记
		欧阳荣彬	计算中心党支部宣传委员 高级工程师
张东和	地球与空间科学学院空间所副所长 副教授	尚俊杰	教育学院党委委员 副院长 教育技术系主任 副教授
张圣平	光华管理学院党委委员 院长助理 高层管理教育中心执行主任 副教授	季栋	化学与分子工程学院2011级本科生党支部书记
张存群	发展规划部党支部书记 副部长 副研究员		
张庆东	学生工作部人民武装部党支部书记 部长 副研究员	金鑫	城市与环境学院党委青年委员 院长助理 团委书记 讲师
张宇识	信息科学技术学院微电子MEMS党支部书记 2011级博士生	金克荣	第一医院副院长 副研究员
		周伟	新闻与传播学院团委副书记 2011级本科生
张丽燕	肿瘤医院消化肿瘤内科党支部组织委员 护士长 主管护师	周锋	科学研究部党支部书记 海外项目办公室主

	任　副研究员	任　讲师	
周　颖	人民医院急诊科团支部书记　护师	倪丽慧	外国语学院行政办公室副主任　助理研究员
周广华	校医院党委委员　副院长　主任医师	倪学勇	第三医院总务处副处长　助理研究员
周立松	北达资源中学初三年级组长　中学高级教师	倪润安	考古文博学院副教授
周非非	第三医院骨科党支部宣传委员　主治医师	徐志庆	物理学院重离子所研究生党支部书记　2011级硕士生
周洪柱	第三医院党委委员　医务处党支部组织委员　处长　海淀医院副院长　研究员	徐晓辉	总务部副部长　助理研究员
周曼群	对外汉语教育学院2012级硕士生党支部书记	高　玉	考古文博学院博士生党支部书记　2012级博士生
周福德	第一医院纪委委员　肾内科副主任　副教授　主任医师	高　静	国际关系学院行政党支部书记　团委书记　讲师
庞　岩	环境科学与工程学院退休干部　研究实习员	高　瑾	医学部出版社党支部组织委员　编辑
庞　剑	附属中学高中首席教师及高三体育工作负责人　中学一级教师	高慧芳	党委组织部党支部委员　综合办公室主任　助理研究员
郑　一	工学院能源与资源工程系副主任　党支部组织委员　副研究员	郭　威	物理学院技术物理系研究生党支部宣传委员　2011级硕士生
郑小伟	人民医院心脏中心护士长　主管护师	郭　莉	第三医院护理部副主任　手术室护士长　副主任护师
赵　欣	出版社编辑		
赵　通	历史学系2012级硕士生班班长	郭　雳	法学院党委委员　院长助理　副教授
赵予涵	第一医院设备处党支部书记　助理研究员	海泽龙	国际关系学院2012级博士生
赵铁凯	中国语言文学系研究生会主席　2012级硕士生	陶治旭	外国语学院2010级本科生党支部书记
		黄　晨	法学院院务秘书　助理研究员
郝雨萌	信息科学技术学院2013级本科生党支部书记　2013级硕士生	黄振宇	人民医院妇产科医师　副主任医师
胡薇薇	信息科学技术学院党委副书记　电子学系副主任　教授	黄晓军	人民医院血液病研究所所长　教授　主任医师
钟璐玮	化学与分子工程学院2009级研究生党支部书记	黄敬理	政府管理学院2013级博士生党支部书记
		龚　侃	第一医院科研处副处长　教授　主任医师
段燕梅	附属小学高级教师	龚怡琳	第三医院人事处干部　助理研究员
侯月中	口腔医院修复科主治医师	崔之久	城市与环境学院退休教师　教授
俞荔琼	基础医学院学生党总支副书记　团委书记　讲师	崔金杰	数学科学学院2012级博士生党支部书记
饶戈平	法学院教授　北京大学港澳研究中心主任　港澳台法律研究中心主任　国际法研究所所长	章　政	经济学院党委书记　副院长　北京大学中国信用研究中心主任
		阎凤桥	教育学院党委委员　副院长　教授
		盖晓燕	第三医院呼吸内科党支部青年委员　主治医师
祝学光	人民医院胃肠外科退休医师　教授	梁云祥	国际关系学院教授
姚静仪	政府管理学院党委副书记　2010级本科生党支部书记　2012级本科生党支部书记　副教授	梁敏和	外国语学院教授　北京大学国家外语非通用语种本科人才培养基地主任
耿淑霞	精神卫生研究所综合三科护士长　副主任护师	隋诗华	经济学院2013级本科生党支部书记
		彭　耕	药学院2010级本科生党支部书记
贾　光	公共卫生学院劳动卫生与环境卫生学系副主任　教授	葛　蕾	肿瘤医院离退休办公室主任　离退休党总支书记
贾欣茹	化学与分子工程学院高分子系副主任　教授	蒋海涛	光华管理学院企业管理学硕士生博士生党支部组织委员　校团委研究生与青年工作部副部长　2012级硕士生
贾爱英	研究生院党支部副书记　培养办公室主任　研究员	韩　慧	护理学院2010级本科生党支部书记
钱俊伟	体育教研部教师党小组组长　群体办公室主任	韩　巍	公共教学部党委委员　党政办公室主任　副

	研究员
韩巧慧	第三医院党委办公室院长办公室党支部组织委员　助理研究员
韩宝福	地球与空间科学学院教授
韩晓宁	第一医院心内科党支部副书记　主治医师
程　翔	信息科学技术学院电子学系教工第一党支部书记　副教授
程苏华	第一医院门诊部党支部书记　主任　副研究员
傅郁林	法学院诉讼法党支部书记　教授
焦　岩	医学部团委书记　团委党支部书记　讲师
焦剑波	深圳研究生院信息工程学院学生党支部书记　2012级硕士生
童　坤	光华管理学院2010级本科生党支部书记
童云海	信息科学技术学院信息中心和数字媒体党支部书记　机器感知与智能教育部重点实验室主任助理　副教授
童春林	校园服务中心党总支委员　副主任　副研究员
曾　辉	深圳研究生院城市规划与设计学院常务副院长　教授
谢　文	方正宽带网络服务股份有限公司财务总监　会计师
谢晓慧	药学院药事管理与临床药学系党支部书记　副教授
雷　凯	深圳研究生院信息工程学院院长助理　教工党支部书记　副研究员
嵩竹兰	国际关系学院2012级硕士生党支部书记
鲍　雷	公共卫生学院营养与食品卫生学系2012级博士生
蔡　捷	基础医学院神经生物学系教师　主管技师
蔡运龙	城市与环境学院退休教师　教授
蔡学娣	外国语学院西葡语系党支部书记　讲师
裴素荣	北京北大方正软件技术学院总务部党支部书记　副部长
廖一平	化学与分子工程学院副教授
廖倩雯	体育教研部2011级硕士生
熊　辉	第一医院急诊科副主任　副主任医师
熊　锦	社会学系2013级硕士生党支部书记
樊　帅	光华管理学院会计金融学硕士生博士生党支部组织委员　2013级博士生
颜　色	光华管理学院应用经济系副主任　应用经济与市场营销系教师党支部组织委员　副教授
戴明明	公共卫生学院2010级本科生党支部书记
魏　朋	前沿交叉学科研究院教职工党支部书记　团委书记　学生工作办公室主任　讲师
魏　姝	国内合作办公室副主任　助理研究员
魏　瑗	第三医院妇产科党支部副书记　副教授　副主任医师
瞿　绮	信息管理系本科生党支部书记　2010级本科生

北京大学先进党支部

数学科学学院2012级博士生党支部
物理学院重离子所教工党支部
物理学院凝聚态硕士生党支部
化学与分子工程学院物理化学研究所党支部
化学与分子工程学院2010级研究生党支部
生命科学学院离退休党支部
城市与环境学院2012级博士生党支部
地球与空间科学学院行政党支部
地球与空间科学学院地球物理硕士生党支部
心理学系教工党支部
信息科学技术学院电子学教工第一党支部
信息科学技术学院计算机教工第二党支部
信息科学技术学院软件所博士生第一党支部
工学院2013级硕士生党支部
工学院2011级、2013级本科生党支部
软件与微电子学院经管二苑党支部
环境科学与工程学院2013级硕士生党支部
中国语言文学系2012级本科生党支部
历史学系2012级硕士生党支部
考古文博学院本科生党支部
哲学系本科生党支部
外国语学院东南亚系党支部
外国语学院行政党支部
外国语学院2010级本科生党支部
艺术学院教工党支部
对外汉语教育学院2013级硕士生党支部
国际关系学院行政党支部
国际关系学院2012级硕士生党支部
人口研究所2013级研究生党支部
光华管理学院会计金融系教师党支部
法学院2010级本科生第二党支部
法学院2012级博士生党支部
法学院2012级法学硕士生第一党支部
信息管理系硕士生党支部
社会学系2011级硕士生党支部
政府管理学院2011级本科生党支部
马克思主义学院2013级硕士生党支部
教育学院2013级高等教育管理硕士生党支部
新闻与传播学院教工第二党支部
国家发展研究院高年级学生党支部

体育教研部直属党支部
继续教育学院第三党支部
元培学院2012级本科生党支部
深圳研究生院教工信息材料联合党支部
深圳研究生院2012级数量金融学生党支部
深圳研究生院2011级国际法学生党支部
基础医学院生物化学与分子生物学系党支部
基础医学院神经生物学系党支部
药学院机关党支部
药学院2010级本科生党支部
公共卫生学院流行病与卫生统计系党支部
公共卫生学院毒理中心党支部
护理学院教工第三党支部
公共教学部医学人文学系党支部
第一医院血液科党支部
第一医院普通外科党支部
第一医院妇产科党支部
第一医院科研处党支部
第一医院研究生党总支
人民医院中医科党支部
人民医院机关第一党支部
人民医院血液病研究所党支部
人民医院机关第三党支部
第三医院普通外科党支部
第三医院骨科党支部
第三医院儿科党支部
第三医院运动医学研究所党支部
口腔医院口腔颌面外科党支部
口腔医院第一门诊部党支部
肿瘤医院乳腺中心党支部
肿瘤医院机关第二党支部
精神卫生研究所门诊党支部
党委办公室校长办公室党支部
发展规划部党支部

保卫部党支部
继续教育部党支部
实验室与设备管理部党支部
校工会党支部
动力中心党总支
校园服务中心党总支幼儿园党支部
产业党工委机关党支部
方正软件技术学院总务部党支部
基金会党支部
图书馆流通阅览党支部
出版社编辑第一党支部
燕园街道机关第一党支部
附属中学初中党支部
医学部主任办公室党委办公室党支部
医学部科研处学报动物部联合党支部
医学部总务处机关党支部
医学部产业党总支网络学院党支部

北京大学十佳学生党支部书记

马元亨	药学院学生党总支书记2010级本科生
庄　昱	公共教学部医学英语2009—2010级学生党支部书记2010级本科生
刘语潇	经济学院2013级硕士生党支部书记
孙傲伊	公共卫生学院流行病学与卫生统计学系研究生党支部书记2012级硕士生
李　韦	城市与环境学院2012级博士生党支部书记
李广兴	政府管理学院2012级本科生党支部副书记
张宇识	信息科学技术学院微电子MEMS党支部书记2011级博士生
赵　诚	第三医院2009级八年制医学生党支部书记
姚怡云	新闻与传播学院2011级本科生党支部书记
陶治旭	外国语学院2010级本科生党支部书记

优秀德育奖名单

获奖者	单位	获奖者	单位
董子静	数学科学学院	许　静	新闻与传播学院
吕轶舟	物理学院	方　竞	前沿交叉学科研究院
叶威惠	地球与空间科学学院	何仲凯	体育教研部
王少杰	工学院	任　晔	歌剧研究院
马黎黎	信息科学技术学院	陈　娟	基础医学院
陈　盼	化学与分子工程学院	赵　姗	药学院
付新苗	生命科学学院	李　颜	公共卫生学院
占子玉	环境科学与工程学院	郭继鸿	护理学院

续表

获奖者	单位	获奖者	单位
李维	历史学系	刘新文	第一临床医学院
薛荻枫	考古文博学院	雷凯	深圳研究生院
李林	哲学系（宗教学系）	毕明辉	学生工作部
张洪峰	经济学院	刘德英	学生工作部
滕飞	光华管理学院	陈征微	学生工作部
杨晓雷	法学院	蒋佩雯	青年研究中心
刘兹恒	信息管理系	李晓瑭	学生就业指导服务中心
孙飞宇	社会学系	庄明科	心理健康教育与咨询中心
王艳超	外国语学院	阮草	校团委
王强	马克思主义学院	高明	校团委
张蕾	人口研究所	刘亚奇	校团委
唐金楠	艺术学院		

全国高校辅导员年度人物提名奖

刘雨龙　数学科学学院党委副书记

第二届北京市高校辅导员职业能力大赛

王艳超　外国语学院　二等奖

"我的中国梦·育才梦"全国高校优秀辅导员博客博文大赛

李婷婷　青年研究中心　优秀博文奖
刘天舒　生命科学学院　优秀博文奖

优秀班主任标兵名单

获奖者	单位	获奖者	单位
郑辉	物理学院	廖秋子	法学院
郭艳军	地球与空间科学学院	张鹏翼	信息管理系
陆俊林	信息科学技术学院	田丽	新闻与传播学院
李先江	化学与分子工程学院	程化琴	教育处预科管理办公室
朱小健	生命科学学院	石淑宵	第二临床医学院
童昕	城市与环境学院	王胜锋	公共卫生学院
刘卉	环境科学与工程学院	陈扬霖	临床肿瘤学院
董经胜	历史学系	向杜春	深圳研究生院
张清敏	国际关系学院		

优秀班主任名单

获奖者	单位	获奖者	单位
刘子豪	数学科学学院	张贺	物理学院
毛珩	数学科学学院	刘硕	物理学院
邵琳琳	数学科学学院	上官晋沂	物理学院
孙猛	数学科学学院	宋峰	城市与环境学院
赵玉凤	数学科学学院	赵淑清	城市与环境学院
邵文静	物理学院	金鑫	城市与环境学院
邵斌	物理学院	徐建华	环境科学与工程学院

续表

获奖者	单位	获奖者	单位
吴宇婷	生命科学学院	孙 洋	心理学系
郑晓峰	生命科学学院	蒋洪生	中国语言文学系
郝雪梅	生命科学学院	林幼菁	中国语言文学系
张贵宾	地球与空间科学学院	钟棉棉	考古文博学院
张东和	地球与空间科学学院	孟庆楠	哲学系（宗教学系）
孙荣双	地球与空间科学学院	王少雄	哲学系（宗教学系）
田 原	地球与空间科学学院	庄俊举	国际关系学院
朱怀球	工学院	郭 洁	国际关系学院
濮国梁	工学院	卢韦辰	经济学院
戴志飞	工学院	孙启明	经济学院
邸 元	工学院	刘铠维	经济学院
霍云龙	工学院	岳 衡	光华管理学院
周小计	信息科学技术学院	郑晓娜	光华管理学院
李 妍	信息科学技术学院	杨云红	光华管理学院
张雅聪	信息科学技术学院	侯 乐	法学院
许胜勇	信息科学技术学院	黄浩荣	法学院
李素建	信息科学技术学院	邓 峰	法学院
郭佳奇	信息科学技术学院	易 平	法学院
阎 云	化学与分子工程学院	刘哲玮	法学院
娄舒洁	化学与分子工程学院	王 迪	社会学系
封凯栋	政府管理学院	季凌云	深圳研究生院
李永军	政府管理学院	张 晶	深圳研究生院
林丰民	外国语学院	陈娇娇	深圳研究生院
修立梅	外国语学院	佟 巍	医学部预科管理办公室
林 琳	外国语学院	林凌南	基础医学院
萨尔吉	外国语学院	陈 平	药学院
翁家慧	外国语学院	张建荣	公共卫生学院
文丽华	外国语学院	郭红艳	护理学院
刘洪波	外国语学院	李保芹	第一临床医学院
袁 琳	外国语学院	李 红	第二临床医学院
郄丽莎	外国语学院	张爱京	第三临床医学院
杨 钋	教育学院	潘晓静	第五临床医学院
赵国栋	教育学院	刘 杰	口腔医学院
刘 岚	人口研究所	董美丽	口腔医学院
赵 波	国家发展研究院	邵 然	航天中心医院
邱舒婷	对外汉语教育学院	李 伟	台港澳办公室
李 静	艺术学院	朱 滨	基础医学院
吴 靖	新闻与传播学院	于 宇	基础医学院
周文杰	元培学院	苟宝迪	药学院
贺 飞	元培学院	管晓东	药学院
郭 利	元培学院	纪 颖	公共卫生学院
王宏伟	元培学院	魏征新	护理学院
高瑛泽	元培学院	褚 琳	第二临床医学院
葛鉴桥	前沿交叉研究院	原春辉	第三临床医学院
张昭宇	深圳研究生院	韩江莉	第三临床医学院
姜 皡	深圳研究生院	韩 冰	口腔医学院
李瑞利	深圳研究生院	孔俊彩	第五临床医学院

学生工作先进单位

数学科学学院
地球与空间科学学院
生命科学学院
政府管理学院
外国语学院
医学部公共教学部
药学院

教学科研奖励与奖教金

第十届北京市级教学名师奖获奖名单

序号	院系	姓名
1	物理学院	叶沿林
2	城市与环境学院	邓　辉
3	心理学系	吴艳红
4	医学部	郝卫东

教学优秀奖获奖名单

序号	院系	姓名
1	数学科学学院	刘张炬
2	数学科学学院	耿　直
3	工学院	郑　一
4	物理学院	马伯强
5	物理学院	薛惠文
6	化学与分子工程学院	贾欣茹
7	化学与分子工程学院	卞祖强
8	生命科学学院	姚锦仙
9	生命科学学院	陶乐天
10	信息科学技术学院	贾　嵩
11	信息科学技术学院	邓志鸿
12	地球与空间科学学院	田　原
13	地球与空间科学学院	法文哲
14	城市与环境学院	王学军
15	环境科学与工程学院	梅凤乔
16	心理学系	孙　洋

续表

序号	院系	姓名
17	中国语言文学系	李 更
18		王 娟
19	历史学系	李 维
2	哲学系（宗教学系）	李超杰
21		王锦民
22	考古文博学院	董 珊
23	政府管理学院	薛 领
24	国际关系学院	连玉如
25	经济学院	张鹏飞
26		平新乔
27	光华管理学院	陈玉宇
28		张 铮
29	法学院	杨 明
30		邓 峰
31	信息管理系	周庆山
32	社会学系	钱民辉
33	外国语学院	段 晴
34		钱 军
35	艺术学院	丁 宁
36	新闻与传播学院	田 丽
37	马克思主义学院	黄南平
38	教育学院	蒋 凯
39	国家发展研究院	周其仁
40	体育教研部	张亚谦
41	对外汉语教育学院	杨德峰
42	第一临床医学院	李 岩
43	公共卫生学院	詹思延
44	基础医学院	彭宜红
45	第二临床医学院	陈 红
46	公共教学部	郭莉萍
47	信息科学技术学院	边凯归
48	艺术学院	毕明辉
49	生命科学学院	李毓龙
50	法学院	葛云松
51	生命科学学院	高 歌
52	化学与分子工程学院	阎 云
53	第三临床医学院	江 东

全国优秀教师名单

序号	姓名	单位	所获奖项	备注
1	金 鑫	城市与环境学院	全国优秀教师	团委书记、学生工作办公室主任

国华杰出学者奖获奖名单

序号	姓名	单位	所获奖项
1	袁 明	国际关系学院	国华杰出学者奖
2	周其凤	化学与分子工程学院	国华杰出学者奖
3	黄 琳	力学系	国华杰出学者奖
4	严仁英	医学部	国华杰出学者奖
5	傅民魁	医学部	国华杰出学者奖
6	朱良志	哲学系(宗教学系)	国华杰出学者奖

人文杰出青年学者奖获奖名单

序号	姓名	单位	所获奖项
1	董 珊	考古文博学院	人文杰出青年学者奖
2	何嘉宁	考古文博学院	人文杰出青年学者奖
3	胡 钢	考古文博学院	人文杰出青年学者奖
4	倪润安	考古文博学院	人文杰出青年学者奖
5	孙庆伟	考古文博学院	人文杰出青年学者奖
6	张 弛	考古文博学院	人文杰出青年学者奖
7	张 海	考古文博学院	人文杰出青年学者奖
8	董经胜	历史学系	人文杰出青年学者奖
9	何 晋	历史学系	人文杰出青年学者奖
10	李 维	历史学系	人文杰出青年学者奖
11	牛 可	历史学系	人文杰出青年学者奖
12	潘华琼	历史学系	人文杰出青年学者奖
13	桥本秀美	历史学系	人文杰出青年学者奖
14	王元周	历史学系	人文杰出青年学者奖
15	徐 健	历史学系	人文杰出青年学者奖
16	颜海英	历史学系	人文杰出青年学者奖
17	叶 炜	历史学系	人文杰出青年学者奖
18	赵冬梅	历史学系	人文杰出青年学者奖
19	韩林合	哲学系(宗教学系)	人文杰出青年学者奖
20	李四龙	哲学系(宗教学系)	人文杰出青年学者奖
21	刘华杰	哲学系(宗教学系)	人文杰出青年学者奖
22	聂锦芳	哲学系(宗教学系)	人文杰出青年学者奖
23	孙尚扬	哲学系(宗教学系)	人文杰出青年学者奖
24	王 博	哲学系(宗教学系)	人文杰出青年学者奖
25	吴 飞	哲学系(宗教学系)	人文杰出青年学者奖
26	吴国盛	哲学系(宗教学系)	人文杰出青年学者奖

续表

序号	姓名	单位	所获奖项
27	吴增定	哲学系（宗教学系）	人文杰出青年学者奖
28	杨立华	哲学系（宗教学系）	人文杰出青年学者奖
29	仰海峰	哲学系（宗教学系）	人文杰出青年学者奖
30	郑 开	哲学系（宗教学系）	人文杰出青年学者奖
31	周学农	哲学系（宗教学系）	人文杰出青年学者奖
32	常 森	中国语言文学系	人文杰出青年学者奖
33	陈泳超	中国语言文学系	人文杰出青年学者奖
34	董秀芳	中国语言文学系	人文杰出青年学者奖
35	杜晓勤	中国语言文学系	人文杰出青年学者奖
36	顾永新	中国语言文学系	人文杰出青年学者奖
37	韩毓海	中国语言文学系	人文杰出青年学者奖
38	贺桂梅	中国语言文学系	人文杰出青年学者奖
39	姜 涛	中国语言文学系	人文杰出青年学者奖
40	金永兵	中国语言文学系	人文杰出青年学者奖
41	李鹏飞	中国语言文学系	人文杰出青年学者奖
42	刘玉才	中国语言文学系	人文杰出青年学者奖
43	刘子瑜	中国语言文学系	人文杰出青年学者奖
44	潘建国	中国语言文学系	人文杰出青年学者奖
45	邵燕君	中国语言文学系	人文杰出青年学者奖
46	宋亚云	中国语言文学系	人文杰出青年学者奖
47	汪 锋	中国语言文学系	人文杰出青年学者奖
48	吴晓东	中国语言文学系	人文杰出青年学者奖
49	徐 刚	中国语言文学系	人文杰出青年学者奖
50	詹卫东	中国语言文学系	人文杰出青年学者奖

唐立新奖教金获奖名单

序号	姓名	单位	所获奖项
1	苗洁生	餐饮中心	唐立新奖教金后勤服务杰出员工奖
2	郝德来	动力中心	唐立新奖教金后勤服务杰出员工奖
3	林一凡	动力中心	唐立新奖教金后勤服务杰出员工奖
4	王成元	公寓服务中心	唐立新奖教金后勤服务杰出员工奖
5	张胜群	会议中心	唐立新奖教金后勤服务杰出员工奖
6	张顺娟	会议中心	唐立新奖教金后勤服务杰出员工奖
7	井丽锁	社区服务中心	唐立新奖教金后勤服务杰出员工奖
8	李 猛	肖家河办	唐立新奖教金后勤服务杰出员工奖
9	果庆平	校园服务中心	唐立新奖教金后勤服务杰出员工奖
10	刘华庆	校园服务中心	唐立新奖教金后勤服务杰出员工奖
11	施正宇	对外汉语教育学院	唐立新奖教金教学名师奖
12	于海峰	工学院	唐立新奖教金教学名师奖
13	姚长辉	光华管理学院	唐立新奖教金教学名师奖
14	朱月香	化学与分子工程学院	唐立新奖教金教学名师奖

续表

序号	姓名	单位	所获奖项
15	晏明全	环境科学与工程学院	唐立新奖教金教学名师奖
16	张会峰	马克思主义学院	唐立新奖教金教学名师奖
17	王思斌	社会学系	唐立新奖教金教学名师奖
18	王冠香	数学科学学院	唐立新奖教金教学名师奖
19	徐仁新	物理学院	唐立新奖教金教学名师奖
20	白巍	艺术学院	唐立新奖教金教学名师奖
21	王玲华	地球与空间科学学院	唐立新奖教金优秀学者奖
22	郭雳	法学院	唐立新奖教金优秀学者奖
23	锁凌燕	经济学院	唐立新奖教金优秀学者奖
24	王家军	数学科学学院	唐立新奖教金优秀学者奖
25	程弋洋	外国语学院	唐立新奖教金优秀学者奖
26	崔怡	外国语学院	唐立新奖教金优秀学者奖
27	金勇	外国语学院	唐立新奖教金优秀学者奖
28	许娅	外国语学院	唐立新奖教金优秀学者奖
29	黄罡	信息科学技术学院	唐立新奖教金优秀学者奖
30	王立威	信息科学技术学院	唐立新奖教金优秀学者奖

黄廷方/信和青年杰出学者奖获奖名单

序号	姓名	单位	所获奖项
1	孙作玉	地球与空间科学学院	黄廷方/信和青年杰出学者奖
2	路云	对外汉语教育学院	黄廷方/信和青年杰出学者奖
3	薛军	法学院	黄廷方/信和青年杰出学者奖
4	翟昕	光华管理学院	黄廷方/信和青年杰出学者奖
5	董昭华	国际关系学院	黄廷方/信和青年杰出学者奖
6	谢曙光	环境科学与工程学院	黄廷方/信和青年杰出学者奖
7	束琳	数学科学学院	黄廷方/信和青年杰出学者奖
8	程英	外国语学院	黄廷方/信和青年杰出学者奖
9	胡旭东	外国语学院	黄廷方/信和青年杰出学者奖
10	梅申友	外国语学院	黄廷方/信和青年杰出学者奖
11	孙凯	外国语学院	黄廷方/信和青年杰出学者奖
12	王京	外国语学院	黄廷方/信和青年杰出学者奖
13	张嘉妹	外国语学院	黄廷方/信和青年杰出学者奖
14	肖云峰	物理学院	黄廷方/信和青年杰出学者奖
15	崔斌	信息科学技术学院	黄廷方/信和青年杰出学者奖
16	王润声	信息科学技术学院	黄廷方/信和青年杰出学者奖
17	高莹	医学部	黄廷方/信和青年杰出学者奖
18	吕筠	医学部	黄廷方/信和青年杰出学者奖
19	杨莉	医学部	黄廷方/信和青年杰出学者奖
20	佟佳家	艺术学院	黄廷方/信和青年杰出学者奖

绿叶生物医药杰出青年学者奖获奖名单

序号	姓名	单位	所获奖项
1	刘彦梅	分子医学所	绿叶生物医药杰出青年学者奖
2	郑良宏	分子医学所	绿叶生物医药杰出青年学者奖
3	李长辉	工学院	绿叶生物医药杰出青年学者奖
4	白 玉	化学与分子工程学院	绿叶生物医药杰出青年学者奖
5	贾桂芳	化学与分子工程学院	绿叶生物医药杰出青年学者奖
6	杨 娟	化学与分子工程学院	绿叶生物医药杰出青年学者奖
7	白 凡	生命科学学院	绿叶生物医药杰出青年学者奖
8	罗述金	生命科学学院	绿叶生物医药杰出青年学者奖
9	伊成器	生命科学学院	绿叶生物医药杰出青年学者奖
10	魏坤琳	心理学系	绿叶生物医药杰出青年学者奖
11	张 瑛	医学部	绿叶生物医药杰出青年学者奖
12	刘振明	医学部	绿叶生物医药杰出青年学者奖
13	孙 崎	医学部	绿叶生物医药杰出青年学者奖
14	汤新景	医学部	绿叶生物医药杰出青年学者奖
15	王 娟	医学部	绿叶生物医药杰出青年学者奖
16	易 霞	医学部	绿叶生物医药杰出青年学者奖

方正奖教金获奖名单

序号	姓名	单位	所获奖项
1	方精云	城市与环境学院	方正奖教金特等奖
2	安国江	保卫部	方正奖教金优秀管理奖
3	衣学磊	党办校办	方正奖教金优秀管理奖
4	刘杉杉	工会	方正奖教金优秀管理奖
5	江 颖	环境科学与工程学院	方正奖教金优秀管理奖
6	莫元彬	基建工程部	方正奖教金优秀管理奖
7	俞 蕻	人事部	方正奖教金优秀管理奖
8	李 净	社会科学部	方正奖教金优秀管理奖
9	陈 凌	图书馆	方正奖教金优秀管理奖
10	张庆东	学工部	方正奖教金优秀管理奖
11	吴 明	医学部	方正奖教金优秀管理奖
12	王向群	医学部	方正奖教金优秀管理奖
13	曲庆云	中国语言文学系	方正奖教金优秀管理奖
14	吴朝东	地球与空间科学学院	方正奖教金优秀奖
15	李启成	法学院	方正奖教金优秀奖
16	张圣平	光华管理学院	方正奖教金优秀奖
17	甘良兵	化学与分子工程学院	方正奖教金优秀奖
18	汪 琼	教育学院	方正奖教金优秀奖
19	管汉晖	经济学院	方正奖教金优秀奖
20	孙飞宇	社会学系	方正奖教金优秀奖
21	胡永云	物理学院	方正奖教金优秀奖
22	郑汉青	物理学院	方正奖教金优秀奖

续表

序号	姓名	单位	所获奖项
23	赵 文	信息管理系	方正奖教金优秀奖
24	吴玺宏	信息科学技术学院	方正奖教金优秀奖
25	张海霞	信息科学技术学院	方正奖教金优秀奖
26	魏 来	医学部	方正奖教金优秀奖
27	常 春	医学部	方正奖教金优秀奖
28	李润涛	医学部	方正奖教金优秀奖
29	杨宝学	医学部	方正奖教金优秀奖
30	田 凯	政府管理学院	方正奖教金优秀奖

杨芙清—王阳元院士教师奖获奖名单

序号	姓名	单位	所获奖项
1	方岱宁	工学院	杨芙清—王阳元院士教师奖特等奖
2	王学军	城市与环境学院	杨芙清—王阳元院士教师奖优秀奖
3	刘树文	地球与空间科学学院	杨芙清—王阳元院士教师奖优秀奖
4	龚刃韧	法学院	杨芙清—王阳元院士教师奖优秀奖
5	胡文蕙	软件工程中心	杨芙清—王阳元院士教师奖优秀奖
6	鄢盛明	社会学系	杨芙清—王阳元院士教师奖优秀奖
7	张世耘	外语学院	杨芙清—王阳元院士教师奖优秀奖
8	周海燕	外语学院	杨芙清—王阳元院士教师奖优秀奖
9	吴学兵	物理学院	杨芙清—王阳元院士教师奖优秀奖
10	曹永知	信息科学技术学院	杨芙清—王阳元院士教师奖优秀奖
11	冯梅萍	信息科学技术学院	杨芙清—王阳元院士教师奖优秀奖
12	王 玮	信息科学技术学院	杨芙清—王阳元院士教师奖优秀奖
13	郭晓蕙	医学部	杨芙清—王阳元院士教师奖优秀奖
14	马志中	医学部	杨芙清—王阳元院士教师奖优秀奖
15	于 欣	医学部	杨芙清—王阳元院士教师奖优秀奖
16	詹思延	医学部	杨芙清—王阳元院士教师奖优秀奖
17	王 兴	医学部	杨芙清—王阳元院士教师奖优秀奖

中国工商银行教师奖获奖名单

序号	姓名	单位	所获奖项
1	姚 洋	国家发展研究院	中国工商银行教师奖经济学杰出学者奖
2	马 力	光华管理学院	中国工商银行教师奖经济学优秀学者奖
3	赵龙凯	光华管理学院	中国工商银行教师奖经济学优秀学者奖
4	李绍荣	经济学院	中国工商银行教师奖经济学优秀学者奖
5	李心愉	经济学院	中国工商银行教师奖经济学优秀学者奖
6	庞丽华	人口研究所	中国工商银行教师奖经济学优秀学者奖
7	黄钟慧	财务部	中国工商银行教师奖优秀教师奖
8	闫葆姝	财务部	中国工商银行教师奖优秀教师奖
9	周仕勇	地球与空间科学学院	中国工商银行教师奖优秀教师奖
10	陈若英	法学院	中国工商银行教师奖优秀教师奖

续表

序号	姓名	单位	所获奖项
11	张亚文	化学与分子工程学院	中国工商银行教师奖优秀教师奖
12	徐建华	环境科学与工程学院	中国工商银行教师奖优秀教师奖
13	孙 猛	数学科学学院	中国工商银行教师奖优秀教师奖
14	闵东旭	体育教研部	中国工商银行教师奖优秀教师奖
15	李 焱	物理学院	中国工商银行教师奖优秀教师奖
16	楼建玲	物理学院	中国工商银行教师奖优秀教师奖
17	颜 莎	物理学院	中国工商银行教师奖优秀教师奖
18	陈开和	新闻与传播学院	中国工商银行教师奖优秀教师奖
19	王 韬	信息科学技术学院	中国工商银行教师奖优秀教师奖
20	魏贤龙	信息科学技术学院	中国工商银行教师奖优秀教师奖
21	白智立	政府管理学院	中国工商银行教师奖优秀教师奖

王选青年学者奖获奖名单

序号	姓名	单位	所获奖项
1	马 丁	化学与分子工程学院	王选青年学者奖
2	孙 俊	计算机科学技术研究所	王选青年学者奖

正大奖教金获奖名单

序号	姓名	单位	所获奖项
1	陈 莉	对外汉语教育学院	正大奖教金
2	王 辉	光华管理学院	正大奖教金
3	张闫龙	光华管理学院	正大奖教金
4	梁德海	化学与分子工程学院	正大奖教金
5	张 莉	化学与分子工程学院	正大奖教金
6	邱兴华	环境科学与工程学院	正大奖教金
7	岳昌君	教育学院	正大奖教金
8	白雪秋	马克思主义学院	正大奖教金
9	李毅红	马克思主义学院	正大奖教金
10	杨家忠	数学科学学院	正大奖教金
11	亓 昕	体育教研部	正大奖教金
12	李 智	物理学院	正大奖教金
13	杨金波	物理学院	正大奖教金
14	杨 景	物理学院	正大奖教金
15	王异虹	新闻与传播学院	正大奖教金
16	刘力锋	信息科学技术学院	正大奖教金
17	刘先华	信息科学技术学院	正大奖教金
18	毛新宇	信息科学技术学院	正大奖教金
19	陆 军	政府管理学院	正大奖教金

宝钢奖教金获奖名单

序号	姓名	单位	所获奖项
1	刘俊义	医学部	宝钢奖教金特等奖提名奖
2	张志诚	地球与空间科学学院	宝钢奖教金优秀奖
3	刘哲玮	法学院	宝钢奖教金优秀奖
4	彭士香	物理学院	宝钢奖教金优秀奖
5	吴云芳	信息科学技术学院	宝钢奖教金优秀奖

宝洁奖教金获奖名单

序号	姓名	单位	所获奖项
1	贺金生	城市与环境学院	宝洁奖教金
2	田曙坚	化学与分子工程学院	宝洁奖教金
3	杨静平	数学科学学院	宝洁奖教金
4	罗春雄	物理学院	宝洁奖教金
5	刘谡哲	信息科学技术学院	宝洁奖教金

北京银行奖教金获奖名单

序号	姓名	单位	所获奖项
1	张小明	国际关系学院	北京银行奖教金
2	张 宁	数学科学学院	北京银行奖教金
3	张 剑	体育教研部	北京银行奖教金
4	徐哲平	外国语学院	北京银行奖教金
5	许国雄	信息科学技术学院	北京银行奖教金

树仁学院奖教金

序号	姓名	单位	所获奖项
1	吴 峰	教育学院	树仁学院奖教金
2	史春风	马克思主义学院	树仁学院奖教金
3	王子舟	信息管理系	树仁学院奖教金
4	李巨浩	信息科学技术学院	树仁学院奖教金
5	王爱民	信息科学技术学院	树仁学院奖教金

通化东宝生命科学奖教金获奖名单

序号	姓名	单位	所获奖项
1	饶广远	生命科学学院	通化东宝生命科学奖教金
2	孙育杰	生命科学学院	通化东宝生命科学奖教金
3	袁洪生	生命科学学院	通化东宝生命科学奖教金

学生奖励与奖学金

学生"五·四"奖章

俞秀梅　闫　冰　王旭辉　高　玉　秦　冲　王青璨
任庆鹏　胡诗雪　马　郛　林　渊

第九届班级"五·四"奖杯

信息科学技术学院2011级本科生4班
城市与环境学院2012级博士生班
物理学院2010级本科生2班
政府管理学院2011级本科生班
地球与空间科学学院2011级遥感硕士生班
元培学院2012级本科生1班
生命科学学院2011级本科生4班
化学与分子工程学院2011级本科生5班
第三临床医学院2010级临床5班
口腔医学院口腔颌面外科科研班

创新奖

学术类

数学科学学院

王青璨　黄东明　张峻梓　龙子超　王晓玮
北京大学大学生数学竞赛团队
北京大学数学建模竞赛团队

工学院

刘国希　陈　林　李佳硕　薛亚辉　赵　宇　郑恩昊
张顺洪　苗鸿臣　陈保君　冀　如　付　际　韩梦瑶
李阿明　董　海　卢闫晔　吴小芳　朱贵之　吕鹏宇
宋潇鹏　邓梓健　夏　威　丁翼晨　张　垄　王勤英
邱韫哲　慈鹏弘　孙仕琦　熊明磊　王成才　王　平

物理学院

郭　诚　孙旭飞　刘项琨　夏文龙　熊伟浩　王　冲
李程远　张一怒　郑灵灵　韩　琪　曾天生　王礼先
金伟锋　章　亮

地球与空间科学学院

孙为杰　王　楠　程　丰　李维波　王增振　邓正宾
高　静　姜　源

信息科学技术学院

杨俊睿　郑峰屹　黄　乐　郭　耀　霍晓叶　梁　佳
李　星　王锦鹏　张　洁　薛继龙　刘航帆　高睿鹏
栾　添　章双佑　张弘扬

化学与分子工程学院

魏江博　蔡　欣　陈　帅　李　劼　王谭源　赵　鹏
马志勇　周俊文　叶　飞　王　尧　谢　然　魏俊年
李　刚　刘振兴　王志坚　柯　俊　张　弦　唐　伟
张　行　刘姗姗　彭　江　张琪凯　孙建波　郑斯齐
师　楠　陈　建　杨　烽　吴国骄　窦锦虎　刘向晔

生命科学学院

师维康　肖皓天　朱晨旭　杨建国　林　玮　刘　振
白冬梅　张　兴　周景峰　杨　琰　戴雄风　叶永鑫
刘轶群

城市与环境学院

方嘉雯　吴梦希　曾振中　黄志基　孟　靖　赵　亮
丁　粟

环境科学与工程学院

代　超　郑茂盛　范明明　单　超　李蒙蒙　王婉晶
李玲玉　余梦琪　李　力

心理学系

张天阳　印　丛

中国语言文学系

吴　可　张学谦　黄　河　林　品

历史学系

赵　茜　刘　旭　苗润博

哲学系（宗教学系）

晋世翔　范　杰

国际关系学院

杨超越　李春霞　陈　然　王裕庆

光华管理学院

郭　斌　刘莎莎　韩非池

经济学院

孔新雅　熊　磊　莫太平

法学院

王瑞雪　李　真　李文曾　谢　宇　俞文秀　王华伟
胡星昊

信息管理系

何　芳　丁　娜

社会学系

吴银玲　翟淑平　孙　静

政府管理学院

刘凌旗　原　娜

外国语学院
孙　斐　蒋家瑜　沈安妮　尹　旭　陈　璐

马克思主义学院
王聪聪

国家发展研究院
刘晓光　张　勋　梁中华

对外汉语教育学院
陆方喆　尹雪雪

新闻与传播学院
姚怡云

元培学院
陈雅清　嵇环宇

分子医学研究所
梁生辉　周小海　程　强　路福建　刘楚珺

前沿交叉学科研究院
邓　怡　周　喻　周玉冰　汪非凡

深圳研究生院
汪兆丰　邵　阳　成贵娟　陈杰安　雷鸿辉　贾　晋
徐立平　王金琳　冷传利　段平平　王　璐　肖　祥
朱惠斌　刘　瑛　杨　炜　王　玲　朱　兵　方　艳
张　结　焦剑波　肖晓丹　王梅娟　邰　浩　林钦贤
卓　想　林雄斌

医学部本科生系统
邱　崇　张　雷　胡　洁　欧阳汉强　徐　筱　白　云
洋　孙祎喆　陶船思博　张博雅

医学部研究生系统
高明明　梁　会　李雪晨　王文彦　朱柏力　何世明
贾　石　黄世铮　徐新杰　唐从辉　郭兆明　梁雨锋
申　涛　王　渊　鲍　雷　武珊珊　蒋　楠　张杰铌
陈　雪　黄洪杰　满振涛　王晓娟　王　辰　章　程
李亚丽　梁文奕　李敏然　邱新运　许永德　翟亚玲
苏博兴　庞　韵　李正迁　马甜甜　孙现垒　袁逸之
黄小强　房琼璇　王田田　周　鑫　张　博　许珍真

文艺类
艺术学院
王泽南

团队
北京大学学生合唱团

体育类
国际关系学院
张小萌　李　琳　丁思勖

光华管理学院
吕仲坤

经济学院
罗韵诗

法学院
郭经纬　曹晓萍

政府管理学院
贺　璇

新闻与传播学院
李敬敬

元培学院
王泽奇

社会活动类
地球与空间科学学院
方俊钦

哲学系（宗教学系）
吕瑞石

国际关系学院
郭立伟

经济学院
张天然

医学部研究生系统
丁　一

团队
《北大青年》编辑部
北京大学学生棋牌队

优秀学生干部

数学科学学院
叶骏翔　胡安然　傅晶雪

工学院
梅英男　王在存

物理学院
马玉林　王贺明　贾方健　王　绪

地球与空间科学学院
张　雯　高志芳

信息科学技术学院
庄希威　张　超　何源昊　辛诗苑

化学与分子工程学院
李先江　高京霞

生命科学学院
吴铭锟　张金喆　朱军豪

城市与环境学院
王瑀琦　刘　锐

环境科学与工程学院
范汧青　王磊明

心理学系
宋　弋　郎峻嵩

中国语言文学系
杨薏璇　赵铁凯

历史学系
苗继宇　李尚泽

考古文博学院
陈春婷　何　康

哲学系
刘　坦　杜松石　金文旺

国际关系学院
程浩然　崔　圣　张　度

光华管理学院
周　桐　刘光耀　戎晓畅　王　曾

经济学院
陈正勋　范雯琪　刘铠维

法学院
王冰山　汪怡安　廖秋子　谢冲宇

信息管理系
夏恩灵　谷　明

社会学系
王思明　李晓慧　郭奕冲

政府管理学院
刘雪莲　张晓东　王雅慧　罗步景

外国语学院
刘庆龙　何英杰　杨　阳

马克思主义学院
刘　熙

教育学院
王　舒

国家发展研究院
刘泽宇

对外汉语教育学院
刘玉成

艺术学院
杨欣欣　史艺璇

新闻与传播学院
缑文强　郑力璇

元培学院
孙伟杰　姜　江

医学预科
龙　泽　刘雨宁

分子医学研究所
曾凡新

前沿交叉学科研究院
文　学

深圳研究生院
张正屹　刘吉祥

软件与微电子学院
魏　屹　张小品

医学部本科生系统

基础医学院
龙绘斌　李润政

药学院
吴　迪

公共卫生学院
杨淞淳

护理学院
王　迪

公共教学部
唐　尧

第一临床医学院
司　高　宋　晗

第二临床医学院
黄子雄

第三临床医学院
冀　拓

第四临床医学院
廖　锋

第五临床医学院
刘心怡

口腔医学院
杜仁杰

航天临床医学院
蔡士铭

医学部研究生系统

基础医学院
房　煊

药学院
孙洪阳

公共卫生学院
张　钰

第一临床医学院
刘亚雷

第二临床医学院
沈　超

第三临床医学院
张　华

口腔医学院
史　闻

临床肿瘤学院
夏　楠

三好学生标兵

数学科学学院
闫　峻　李少堃　郭永祎　马　超　徐芦泽　白　洋

张　楠　　陈子一　　付龙杰

工学院
姚梦碧　武逸峰　唐昊宇　蒋　峥　余　靓　杨婷云
王　伟　于泽军

物理学院
罗英华　吴比亚　纪经纬　陈东政　王宇晨　范瑞华
宋雪洋　王玉玮　孙传奎　任金丽　王宏伟　郭钞宇
陈启博

地球与空间科学学院
时　辰　徐旺达　朱　贺　杨晓雪　郭一村　聂　婷
王　雪

信息科学技术学院
雷登云　朱哌锟　郑少秋　李广一　栾兴龙　张　健
罗　川　苏　驰　费　翔　孟凡琛　丁瑞洲　尹雪帆
薛子钊　满天星　刘佳奇　萧柳丹　毛景树　吴逸鸣
翁涵馨　丁　昊

化学与分子工程学院
刘艺斌　吴曈勃　杜　然　王仁明　谢　天　蓝光旭
顾克骅　陈景诚　张玉栋　崔智昊

生命科学学院
米昱芯　李丹妍　胡致远　潘加伟　周悦欣　郭红山
纪玉锶　余跃洲　朱　平

城市与环境学院
谷月昆　匡　正　蔡鸿儒　郭笑盈　陈源琛　赵瑜嘉
魏　海

环境科学与工程学院
陈仕意　马　源　魏　恺

心理学系
沈如意　吴哲萌　于宏波

中国语言文学系
程　悦　徐梓岚　王　蕊　刘　东　刘　文　金晓丹
王先云　黄丽玲

历史学系
张泽坤　赵　通　杜佳峰

考古文博学院
高　玉　王小溪

哲学系
杨宇静　王日鹏　董　心　杨洪源

国际关系学院
杨起帆　边　旭　侯逸凡　李　琳　陈宇慧　王志鹏
田田叶

光华管理学院
黄宇健　周　晔　贾婷彦　洪乐园　刘云博　王博洋
李雪钒　侯志腾　李　想　欧阳书森　陈　骐　栾世炼
张　楚　张好雨

经济学院
郭宇宸　李婉婧　任思璇　石瑞琳　徐飞力　羊振雪
李俊侃

法学院
黄曼兮　沈　寒　陈陌阡　李梦依　刘嘉柠　李　明
董　昀　郑玉婷　吴秋兰　孙卓超　王桦宇　周　游
侯　卓

信息管理系
步　一　戴　旼

社会学系
周瑞宇　王嘉钰　聂　磊　金炜玲

政府管理学院
李曦纳　鲍星宇　宁　晶　王　达　陈鹏飞

外国语学院
李俐娇　董欣然　萨其仁贵　紫雨青　王昊婷　陈　炜
叶诗瑶　刘媛媛　殷　蓓

马克思主义学院
姬泰然

教育学院
许　心

人口研究所
朱洁萍

国家发展研究院
张　睿

对外汉语教育学院
钟乔睿

艺术学院
严复初　宁　昕

新闻与传播学院
陈俊涵　杨若兰　卢南峰　李佳凝　何　威

元培学院
周　妍　李　槊　徐　杨　刘　腾　林雨晨　韩欣天

医学预科
张铃杰　徐田松　程嗣达　曹　汐　曾剑英　王　喻

分子医学研究所
赵　佳

前沿交叉学科研究院
张亚杰

深圳研究生院
侯韩旭　史飞飞　黄　辉　高　远　郭益安　闫加磊
薛利利　田宗星　晁　恒　谢理斌　王　岩　李　凡
何扬骏　王立根　刘玉萍　李佳星　李　毅　刘　坤

软件与微电子学院
兰　铁　李振伟　王凌波　邹俊斌　栗　阶　肖　杰
史　乐　刘　璐　吴增超　朱津函　巩晓磊　李卜石

马　特

医学部本科生系统
基础医学院
杨　祎　魏迪洋　杨乔林　左　影　肖琪严　李宗博
崔　璨

药学院
蔡晓春　宋　歌　秦蒙蒙

公共卫生学院
黄　超　史　薇　叶艺璇

护理学院
叶丽媛　靳　帅　傅　誉　吴　薇

公共教学部
刘国臻

第一临床医学院
俞　萌　崔　铭　郑艺明

第二临床医学院
李红校　郭　浩　史晨辰

第三临床医学院
郭新虎　杜雅丽　张瑞涛

第四临床医学院
陈祎霏

第五临床医学院
姬　智

口腔医学院
唐　琳　李晓蓓

医学部研究生系统
基础医学院
王光熙　李　沙　赵千业　雷　蕾　周　瑞

药学院
陈路佳　李　健　杨安琪　曾凌晓

公共卫生学院
王　晶　赵　洋　秦　佩

第一临床医学院
徐　奔　王冰洁　崔恒夫　殷　环

第二临床医学院
李素芳　张继准

第三临床医学院
张伟涛　刘　嫣

口腔医学院
雷　杰　周　洋

精神卫生研究所
张海峰

临床肿瘤学院
白　雪　罗　政

三好学生

数学科学学院
郭秋含　陆海蓉　肖一君　刘浩洋　张明睿　王恺峥
林伟南　王　帅　彭志超　耿志远　钱鹏宇　安　冬
王炜飚　孙月姣　谢　瑨　易灵飞　赖　仪　王东皞
吴　昊　尤之一　王　智　骆钇澐　何婧铱　林盛超
饶家鼎　王　翔　陈凯文　顾　超　李万山　柳何园
李　越　陈嘉杰　张国良　赵　越　王建叶　胡婷婷
吴开亮　方华英　邵　祥　雷燕军　楚健春　李艳芳
张鹏浩　陈　里　郦　言　邵长天　刘　松　习　钰
王雪莹　周　越　张　怡　李　屹　赵志威　姚　帆

工学院
张颖毅　安　丽　吴天昊　杜金铭　赵　磊　黄逸凡
李　程　沈定涵　唐　萌　周　皓　李　昆　于　浩
王力华　黄　翔　王哲梁　黄　欧　熊佳铭　林人瑞
张　越　李嘉伟　罗建阳　张振羽　鞠致礼　陈　兴
武　丹　牛天晓　梅振锋　吴诗婷　陈田乐　吴　宁
喻立珊　柳　涛　史迪威　吴心柳　吴志鹏　周　浩
苏　桩　甘洋科　王靖瑶　郭亚光　吴金根　陈轩泽
钟恒森　孙天佑　邓亚骏　廖　洋　付俊杰

物理学院
朱鸿轩　杨　帆　沈博强　严乔靖　马力克　陈柏桦
肖伊康　刘春骁　殷喆伟　肖　虓　高藉非　孙子墨
朱逢源　龚宗平　岳明昊　刘芮杉　宁鸿烈　李其橦
黄文卓　郭兆珩　沈钟灵　程思浩　郑泽川　韦正杰
单君翌　徐义尧　章逸飞　张正兴　吴　攸　苏恩民
王浩然　王伊人　王思真　李泽阳　李　洋　董晓峰
王　恩　卢嘉威　项晶罡　钟江南　马亚军　刘　瑜
魏　伟　黄　龄　张妩帆　武凯军　周美林　赵拿斐
王慧超　葛韶峰　彭金波　刘雅琪　李青晟　孙宁晨
邵亚莉　罗　睿　李　彪　张从尧　施成龙　林陈昉
陈静静　赵琳捷　吕　程　郭峥山　杜乾衡　王　鹏
耿基伟　黎　敏　宋舒娜　杨自钦　桑胜景　李靖阳
龙　江　邵立晶　宋凌霜　陈忠靖　刘红娜　吴　强

地球与空间科学学院
张云帆　吕简曼　徐健荣　李嘉轩　马文婷　陈哲萌
庞　磊　刘　娜　李辰卿　花君临　王梓涵　柯元楚
梁　泽　梁　菊　邸彦昆　马小涵　王莉晶　刘　政
王　磊　崔兴兰　杨明春　陈红瑾　曾　亮　王　璐
刘仲兰　赵姗姗　赵文韬　肖　汉　蔡　彩　支　野
刘志鹏　王为中　刘　鹰　崔燕波　刘　腾　张单明
陈昕旸　田孝茹　梅可辰　刘　曦　魏云鹏　彭学雷

信息科学技术学院
孟　博　张宇识　马　蔚　刘明星　褚　海　樊捷闻

叶　青　赵钰迪　林邦姜　许莹莹　徐　符　付　翔
黄缨宁　杨宇宁　王云鹤　梅　祥　韩晓强　邢星星
牟雁超　邰渊源　陈立玮　郑卫国　刘　璐　白　蔚
胡　然　温世阳　薛潇博　陈中杰　朱家鑫　叶　挺
王　皓　高翔宇　于文静　张汉生　刘澜涛　韩　速
黄　平　周　濛　蒋　飞　刘洪元　马俊铖　师　圣
肖　阳　王子琪　田　阳　黄鑫玉　原振华　李剑波
卜宇阳　张剑坤　翟慧丽　於若珉　郁晨曦　司　佳
苏小惠　张盼盼　蒋　昭　李　博　李　佳　咸向波
姜　萌　廖　昀　王　楠　姚　超　周惠斌　张舒汇
王　静　李沁格　刘翔宇　钱　锦　瞿　锰　王一博
陈逸鹏　刘子鹏　朱纪乐　陆焕铨　孙泽远　李哲豪
阿不都维力·阿布力克　于润泽　谢宇聪　柳　毓
崔兆雄　杨　策　张雨思　张　逸　林宇哲　李浩然
娄一翎　蔡思培　吕　鑫　肖倾城　欧阳逸群　金丰羽
黎政宏　刘洪轩　李美曈　史　博　曹琳琳　戴舒琪
谢新锋　潘丽晨　王彦琦　邹良川　徐梓楠　李　军
张闻涛　刘　洋　孙　韬　郑潇龙　苟向阳　邹　煜
徐培杰　钟泽轩　戴望之　李昀烛　缪立明　吕　骁

化学与分子工程学院

湛　明　李晨曦　曹　程　张祎玮　周　宇　李丽萍
赵亚光　张芳庭　王　晓　刘　帅　郝　伟　郑雨晴
彭　鸣　孙嘉慕　唐　沛　王　荣　赵　蔷　季　林
刘卡尔顿　高　鑫　孙旭东　聂　绩　张则尧　陈莉莎
周钰静　韩梦婷　李　扬　赵嗣彰　钟广颜　张智榕
于　晋　陈纬国　王佩奇　邱晨虎　卓峻峭　权　慧
刘　鑫　张璐婷　贾玉庆　葛洪鑫　孙维维　刘逸芸
徐　霖　周旭豪　张英硕　陈天阳　尹　航　孙　冲
盛　开　苏忆青　叶洪舟　姚爱宁　张昭悦　刘恒瑞
李乙鑫

生命科学学院

胡佳帅　孟柳映　吴　杰　陈金琳　王琬越　施　瀚
柴闫明　宋　戈　李祺君　刘　薇　周　圆　徐璐颖
刘婷婷　陈俊豪　陆　天　李　一　杨　津　黄福大
姜冬青　李　莉　汪加军　李永军　梁　清　刘晓丹
徐　伟　范小英　侯　宇　谢夏青　吕国良　朱诗优
杨明玉　郭新阳　霍　伟　许晓玮　吴宇婷　傅语思
林　芳　彭炎炎　瞿玲龙　王　睿　任庆鹏　彭竞宇
石　佼　李家练　张建强　雷　丛　刘红博　董　璐
胡雪松　苏　哲　王　杰　张　功　张浩千

城市与环境学院

方　圆　王逸然　夏可慧　居晓婷　邢　星　王蔚炫
叶雪洁　任小换　甘　霖　马烟笛　魏陶然　熊　筱
薛红木　欧浪波　殷国栋　陈　菌　胡映洁　史　进
杨　震　蔡高明　李天娇　程　颖　崔婧靓　李宁汀
齐澄宇　武金津　张　禾　邹东廷　黄珊蕙　卫　然
杨　莹　勉　小玲　于铖浩　张　琪　毛　祺　董英伟

蒋丹凝　陈思创　张馨怡　杨笑寒　李朴涵

环境科学与工程学院

周梦怡　熊富忠　邱明昊　周启衡　朱琴丹　孙若男
王　昭　张敬旭　张作涛　牛　贺　孙　康　戴　宇
侯霄霖　伊　璇　翟紫含　王艺淋　李　菁

心理学系

刘　霜　王　斌　陈慧菁　李耀中　石玉生　郑婷婷
王立卉　于雨坤　黄　涛　杨秀杰　路　浩　蒋雨蒙
李　同　张　琦　雷　铭　陈霓虹　路　西　龚梦园

中国语言文学系

程梦稷　邓志桁　韩维正　何冰冰　刘雨晨　刘一凡
张明瑟　张　末　许迪明　包凯华　张安琪　陈　祎
谭胜蓝　闫　皓　杨璨瑜　何思雨　黄舫漫　刘敏旗
刘　派　郑　媛　徐芷冰　杨加玉　王文忆　韩　轩
青子文　辛　爽　张玉瑶　谢英镝　李育明　张琳莉
李少博　叶述冕　黄鸿秋　陈冠豪　朱天助　邵琛欣
胡静静　桑　塔　林　莹　张　凡　赵　昱　王启玮
路　杨　李培艳　金伦希　徐珍珠　李敏苑　宋源景
陈惠琳　侯沛妤

历史学系

童　瑶　吕沭阳　曾芬甜　陈祥军　陈　功　王丹妮
程　最　郭欣韵　邵　晴　李根利　田　天　李　昀
张　慧　顾琼敏　周君恺　冯鹤昌　郭晨晖　赵　诺
王　苗　王龙飞　杨　博

考古文博学院

陆元诚　张巳丁　俞莉娜　李云河　徐斐宏　陈宥成
丁　雨　王静雪　张含悦　杜　杨　罗登科　冯　玥
刘晟宇

哲学系（宗教学系）

李超清　任　晋　李佳轩　赵　欣　吴　娱　孙烁琪
柳　舟　刘宇明　刘　沁　常　悦　陈柳玮　郑晓莹
胡　鹏　吕相洋　杜　若　袁　蓓　张　阳　唐炜琛
师　瑞　陈之斌　温　雪　宗志杰　雷爱民　廖璨璨
张　沛　王沁凌

国际关系学院

孙博文　余忠剑　蔡秉宪　刘　均　钟　倩　孙　婧
刘　毅　贾子方　罗　芳　王　鑫　林介胜　吕秋月
赵　珣　周学晨　裴仁浩　赵轶君　罗　烨　闫雪怡
洪　叶　王　菊　王天白　庄晓月　尹玉萍　陈傲寒
何宛玲　韩　旭　张婧昕　伍灏殷　李欣达　闫可瀛
郭洁昕　严澄峰　龚若菡　乔镜萤　杨晓婷　程梦圆
杨　旸　罗振玲　魏国华　毛思源　蒲　乐　丁凌霄
曲鹏飞　伍雪骏　崔可忆　马嘉鸿

光华管理学院

董又源　曹光宇　姜静妍　李嘉缘　邓　喆　王丹烨
贾　巍　仇心诚　王　球　王思琦　谢旭璋　陆维翔

王卓然	高溢彤	刘　力	梁鹤也	何晓玥	马雨晴	李广兴	刘芸芸	金　津	范文琦	王茂林	胡孝楠
华天韵	黄浩然	陈　娱	翟达琦	丁　晖	李安然	张霄宇	杨　舟	王洪轩	陈楚仪	邓舒瀚雅	旎　莎
刘紫莹	张翰驰	李晓琳	杨鸿源	刘子豪	卢　意	张擎华	黄　宁	王安琪	林丹阳	吴万鹏	白增涛
唐轶一	刘芯蕊	任靖娜	白书豪	冯寒野	罗丽娟	毛立云	周文通	李　倩	王　衡	陈　光	林雪霏
陈泽阳	孙亦非	马晓峰	武　达	田文佳	张　婧	**外国语学院**					
曹宇菁	查刘云	高华君	刘彼得	刘光强	刘轶群	李　昳	张妍捷	王诗敏	吴　扬	叶梦婷	蒋　骏
夏布望	于京竹	郑立宇	王梅郦	刘天鹤	张　涵	冯玉妍	吕筱萱	李惟祎	朱璨小钰	吴　戈	杨美祥
揣　鑫	胡学波	王龙华	许晓阳	颜　晨	张　建	张　源	王杰坤	周毅成	陈玉婷	欧嘉婷	胡倩卿
曹　升	李　达	黄娅娜	吴偀立	窦　欢	何文龙	姚　圣	朱亦红	李宛凝	刘　奕	胡凌彦	刘夕冉
李江源	施雨水	刘媛媛	汪　泓	魏春燕	郭　琨	邹海厅	张忞煜	葛　鑫	刘晓敏	程　康	张佳宜
封世蓝	雷文妮	董　晶	李沙浪	成　也	张　林	卢　英	朱晓雪	胡羽乾	高　祥	洪蔚琳	林欣
李舒菡	赵琬迪					张子衿	张　琪	黄梦月	吴品正	万明子	宋　平
经济学院						王竹雅	霍　然	何青鹏	牛晶晶	姚　青	赵　晔
刘婧滢	刘　蔚	刘志睿	卢思竹	司　念	王清扬	成　翔	文　豪	杨　扬	孙莹双	李昱堃	李宝元
王天娇	周　彭	郝孟源	李　越	鹿　溪	吕昊天	戴　俏	甘俊晨				
沈士竣	沈　童	汪欣怡	王琼慧	吴谢宇	谢丽燕	**马克思主义学院**					
晏珅熔	应京含	常　馨	封　帆	荆　旗	李思凡	黄东波	李兰英	侯春兰	李　庆	裴　植	
林大卫	麦联俊	童　心	王思凯	王晓蕾	谢文彬	**教育学院**					
张　驰	张　婷	俞雯文	刘芮睿	代　云	韩佳伟	张宸珲	黄晓蕾	翁秋怡	魏　戈	范逸洲	刘明月
王沐尘	韦璐璐	李　枞	李明曦	黄　昕	耿志祥	聂　欢					
台　航	李承健	周　毅	曾令涛			**人口研究所**					
法学院						茆长宝	吴金晶	叶晓蒙			
吴冬妮	胡瑞琪	金雪儿	陈虹州	苟晨露	徐温妮	**国家发展研究院**					
徐　成	邵明潇	刘祥名	张露露	肖政兴	牛馨雨	戴若尘	李　欣	苏　丹	刘　通	陈箐箐	雷　雯
张婉愉	甘宜哲	狄延超	肖炜霖	李　扬	吴　胤	李潇潇					
吕雅馨	张冰凌	谭伊姝	陈　欢	王钰灵	秦钰洁	**对外汉语教育学院**					
周志鹏	马晨轩	刘梦馨	金珊珊	潘　祎	王为民	羊乃书	何美芳	曹洪豫	陈　娟	张媛媛	桂孟秋
杨诗翰	崔格非	芦　露	马学婵	李京洋	冀　放	**艺术学院**					
蔡元培	刘　涵	吴雨豪	王博勋	张　倩	荣　浩	李　宁	令狐小	薛迎辉	李斯扬	冯　舒	张隽
冯　源	袁嘉笳	顾　晨	边家欢	何鼎鼎	杜明竹	张慧喆	龙明延	陈　瑶	王　菁	余　亮	庄沐杨
张　盼	张晓丽	林　菲	李淑珍	刘　泽	徐念若	夏瑞晨	朱海凤				
冯　晨	李弘杰	李　标	王秋豪	朱翼云	王　皞	**新闻与传播学院**					
徐南楠	孙　鉴	周　静	史燕飞	王　丽	李心旸	刘爽健	吴蕙予	王雨濛	岳　汀	邹幸岑	卓　晗
诸　颖	乔　敏	郭　霞	宋　佳	贾茹丹	岳　鹏	廖紫滢	胡苗苗	唐国荣	刘　宇	及　桐	金　地
周颖博	王　怡	张万顺	康　欣	吕升运	王　波	李　冰	李彦亮	张　涵	景　彤	石　林	段雨濛
孙海波	李少文	李松晓	郭　晶			徐　芃	杨尚冀	胡元渖	王　博	单佳慧	王泽华
信息管理系						徐华茵	李卓群	冯慧文	孔澜静	马叔安	孙　萍
张瑾贤	刘芝玮	王伟佳	张　帆	杨　凡	李雅涵	**元培学院**					
赵柯然	王柏弟	唐晓莉	刘西琴	张　磊		寿振宇	魏　祺	汤　逊	钟　泱	彭子恒	石　凡
社会学系						韵　潇	张莉萍	张吉远	翟珮云	吴丁一	王安琪
许立欣	张君榕	王梦蝶	刘　硕	唐伊豆	赵晓依	匡　超	毛天白	刘东奇	阿思汗	庄斐雯	马云帆
任鹤坤	于晓萌	汪　琴	刘　璇	欧阳明雪	邵　巍	李则达	盛大林	高英桐	张　晗	韩　坤	彭思涵
陈叙同	刘思嘉	邵　敬	范志英	郝佩玉	薛文娟	霍进一	管宏宇	何臻智	李雨晗	刘佳佳	吴志成
吴长青	李春华	杭苏红	向静林	刘　浩	刘　倩	高丽烨	林中王	王召阳			
政府管理学院						**医学预科**					
尚俊颖	蒋锡泰	黄　琳	邹瑞阳	林　禾	吴晓玥	李如菲	张银连	陈同生	李长润	杨　随	陈浩天

黄华明	王 玥	李斯言	李泽华	任沙鹰	刘东明
伍庭芳	张苏杰	张天宇	张梦泽	马婧玥	黄新绿
康 颖	黄雨佳	王壮飞	侯宇泽	阳明春	朱本聪
贾盼盼	汪小清	田 欣	赵光义	吕航苗	申泽薇
柳京伯	刘 淙	全 芳			

分子医学研究所

张 勇	江 倩	李 品	高 露	林 渊	吴理达
刘 兵	顾凯丽				

前沿交叉学科研究院

高东亮	李秋鸿	高总茂	林源为	于 双	张明亮
李茂东	束加沛				

深圳研究生院

黄 贤	王 灿	陈卓发	刘传鸿	吴玉翠	游 俊
张 盼	薛风杰	赵飞龙	陈 蕾	郭轶凡	韩冰杰
龚 欣	王 琰	张 卓	赵风云	刘威杨	卢利佳
马里千	唐 浩	袁 杰	鲍文莉	梁振浩	林华灿
罗朝生	彭晓红	容 杰	宋 南	田 原	寻桑妮
叶俊青	张俊林	赵冰川	戴 欣	蒋丽婷	易炜林
江 燕	应鸣岐	沈小雪	李梦琳	谭圣林	蒋晶晶
周彦吕	莫 婷	杨 轶	李文钢	茹伊丽	张曦文
连婧慧	段晓桢	计天红	赵 茜	林浩文	张践祚
胡博洋	黄 凯	宋 悦	黄君杰	吴 笛	李梦强
喻 磊	张本崇	赵素娟	马 卜	许燕燕	沈 阳
付 滟	陈 军	李其轩	刘瑞丰	张 天	吕 聪
惠雅莉	郭 建	姜 雷	吴 丹	王璐犀	李宇栋
刘荔园	王子然	程 昕	龙菊舒	金安达	宋 健
李 欣	王泠欢	皇甫晓晗	黄长江	王言言	邱瑜瑾
齐兴方	解 添	韩彦君	景梦龙	李思宇	江 潇
彭小珊	张雨薇	包 达	包 李	李丘怪	魏轩宇
吴佳蔓	武丹蕾	李 诚	王冬卉	缪巧霞	王向珣
段国强	周福波	王子骏			

软件与微电子学院

杜 超	薄秋磊	曹 爽	陈 莉	陈子怡	戴 顺
丹俊霖	杜丰宇	段 婧	范 睿	范晓亮	范雨霏
费 跃	郭 佳	郭力铭	何钧洋	胡殿坤	黄继超
黄 琪	黄婉丽	霍亮亮	贾 敏	寇 敏	李琳然
李 伟	李文奇	廖卫龙	林 丽	刘东东	柳潭子
陆 迪	吕思蒙	吕云龙	马 笑	孟帅楠	莫文利
彭洪涛	齐玉伟	钱浩然	曲 璐	任 彬	沈金虎
苏玫瑄	王得财	王 璐	王 宁	王若帆	王文迪
王晓健	王志凤	吴 波	伍 剑	武士杰	武欣博
肖宇驰	徐安琪	徐 昊	徐 倩	徐 妍	闫 婷
闫 鑫	杨静雅	杨泽原	尹 涛	张广麒	张加民
张皎娟	张 杰	张俊锋	张 乐	张银立	张瑜婕
张誉耀	张运昌	张自炎	赵 军	郑文景	郑 毅
周 妍	周 杨	朱单单	王 斌		

体育教研部

周洁璐

歌剧研究院

李 成

医学部本科生系统
基础医学院

王雨辰	徐灵驰	袁富文	许柏森	陈晓丹	朱奕彰
吴碧涵	李芷晴	刘跃峰	王玉廷	许芊芊	居家宝
何以琳	雷 阳	钟雯婕	杨旭岚	王时敏	鲍予颀
王 萌	陈盛彬	张 晗	王倬榕	秋宇典	康冠楠
丁镇涛	王宇宸	张浩然	姜安娜	杜佳琳	丁楚凌
冯晔因	姜尚卿	李 鑫	依尔帕尼江·艾海提		
杨 珂	吴博浩	杨建潇	曹爽婕	张明宇	

药学院

贺长栋	刘勤一	刘一宁	彭光华	梁舒瑶	李亦博
潘 军	从双晨	张亚琦	胡英杰	杨 琴	陈 镕
魏 巍	文彦照	孙 丹	王 欢	孙丽凤	张 肖
李 雪					

公共卫生学院

佘 睿	杨燕芬	金奥铭	张瑞霖	王安琪	武 薇
许 哲	王 丹	林燕铭	李甲森	杨 玲	魏伊慧
王敏敏	陈小锋	张天惟	张 琪	郭 娜	任巧萌

护理学院

刘晓瑞	朱垚吉	王晶玭	刘 扬	杨婷婷	杜姣姣
刘元圆	谭 雯	刘倩倩	乔 雪	张 迪	刘 燕
刘 芳	高宇龙	张硕楠	郝 妍	高 竹	张璠颐
赵晶晶	李 旭	王雅亭	岳梅梅		

公共教学部

张泓昊	陈 杰	邢小京	侯跃隆	宗纪元	沈 莹

第一临床医学院

徽晓兵	刘贝妮	洪 鹏	张慧婧	刘 鹭	杨昆霖
余霄腾	吕蓓妮	陈锦超	张馨雨	王若珺	陆迪菲
邱 林	蒋孟茜	杨茜茜			

第二临床医学院

王 沛	刘 强	杨腾蛟	关 星	安 方	王雨馨
吴泽璇	吴玉婷	管 添	李 浩	幸华杰	钟文龙
田周俊逸	邓道兴	林楚童			

第三临床医学院

张慧君	唐彦超	臧思雯	严棽棽	林宇凤	顾珣可
蒋子涵	赵 诚	刘奕君	伍楚君	宋 航	袁 磊
王岳鑫	齐雪唯	吴瑀峰			

第四临床医学院

马 炜	陈思霁	任新华	王志新	范明星	丁 宁

第五临床医学院

宋 爽	柴 珂	陈 沁	何培欣	陆旻雅	王惠仑

口腔医学院
刘敬一　温馥嘉　贾胜男　石　巧　于　鹏　崔圣洁
彭丽颖　沈惠丹　韩高峰　孟沛琦　沈琳慧　詹凌璐

航天临床医学院
蒋俊怡　吴翠玲

台港澳学生办公室
梁嘉慧

医学部研究生系统
基础医学院
樊　迪　桂　淼　高雨菡　胡　嘉　唐　辉　严考文
李海波　罗雨虹　苑　琳　苏雪莹　兰　贺　刘金姣
鱼毛毛　李　馨　王伟玲　缪晓洁　王　杰　夏俊珂
刘亚琳　周竟衡　寿小婧　岑　程　申长春　王　玥
阳检明　贾玉棉　邱　颖　赵聪慧　万军虎　王文娟

药学院
董芊汝　洪冬喆　于小婷　史慧峰　居瑞军　梅　冬
王兆扬　张　超　宋　玮　季　帅　李　茹　姚　望
王　锰　刘　姗　蔡雪妮　孙　琦　金庆庆　白绍涛
李建国　唐叔南　李　逸　郑小青
努尔艾买提江·阿布来提　陈雪晴

公共卫生学院
易德青　方　凯　廖春晓　奥　登　孙点剑一　李晶晶
刘芳丽　刘　璐　王一超　谭亚运　胡　佳　张　驰
赵子婧　姜燕飞　熊梦昀

公共教学部
马　彦　陈燕婧

护理学院
王　黎　侯晓婷

第一临床医学院
赵　娟　熊耕砚　苏　仙　孙国玉　安　萌　黄晓芳
李　超　李婧婧　孟　颖　孙佳鹏　汤　韵　姚　弥
李倩茜　郝　攀　杨巧梅　徐春晓　蔺　婧　刘玉鹏
宋　迪　胡水怡　王　伟　刘　潇

第二临床医学院
刘　竞　张　凤　焦广俊　魏　瑾　李姗姗　赵兴亮
郑　莉　黄越龙　张　霞　余盈盈　梁舒婷　薛　倩
朱晓璐　王　澍

第三临床医学院
程　媛　黄　颖　张　舒　付　鑫　赵　楠　张　慧
魏　慧　侯国进　陈萧霖　刘燕娥　刘文正　王媛媛
王子健　袁　源

口腔医学院
李小曼　闫　夏　宋江园　荀　喆　郭　睿　李天竹
李永亮　葛志朴　刘　晶　赵　娜　阮梦娇　曾岷玟

精神卫生研究所
许　婷　文炳龙　司飞飞

临床肿瘤学院
潘宏达　仲　佳　易　鸣　葛　赛　庄　孟　王立军
张理意　张婵嫒　韩海勃

深圳北京大学香港科技大学医学中心
王芹芹　王奕诺

第四临床医学院
孙鲁静

第五临床医学院
孙月杰　李明美

第九临床医学院
赵　宇　苏　迎

北京市航天中心医院医学院
吴　涛

中日友好临床医学院
王　林　张建安

地坛医院
靳　丽

首都儿科研究所
赵　欣

解放军302医院
张学秀

北京市回龙观医院
郜肖肖

学习优秀奖

数学科学学院
林祎露　郭心舟　林经纬　张峰硕　吴　尚　范睿托
赵　禹　李振坤　黄　得　庞　硕　陈文煜　李勇锋
白天衣　许开来　梁喆晖　陈　龙　黄翔宇　任之湄
郑灵超　周宇宸　黄　开　魏宏济　陈宇航　刘默笛
钱　鑫　徐　劼　赵振华　张　蕊　林　锋　王　越
熊杰超　郑文利　樊玉伟　马　睿　陈明娟　韩京俊
吴昌晶　吴　迪　李从辉　刘明辉　艾　婧　陈江琦
魏玉婷　陈力仲

工学院
姚莹莹　陈丽莉　韦　凯　张　寅　李海东　黄振航
张天汉　马　明　逯向明　张先念　陈　琪　万广超
童思捷　赵　克　沈心宜　钟芳盼　吴　燕　李晓天
吕香霖　蒋丽阳　谢柏盛　章鹏飞　高　岳　罗大有
蒋涵宇　彭施瑞　武振伟　刘俊杰　朱亚路　储　鑫
李　浩　刘灵燕　马志敏　陈天翌　冯消冰　骆晶晶
姜　哲

物理学院
胡笛南　王天乐　刘宏超　沈钰峰　施骄健　杨　坚
宫家睿　蔡新强　林梦翔　陈智颖　戴雨桐　晁　越
傅　豪　李欣桐　刘　霄　庄佳威　张　祎　张　程
冯顾言　王天宇　边　毅　金晨子　章灿洵　高　飞

罗金铭	于志特	祁周	王晨旭	李伟森	戴攀曦	孙妍	孙芳妙	陈思炼	高胜贤	侯玫	朱盼
唐晓静	金亦帅	韩晶	于仁杰	范阳	王维康	马梦迪	刘哲	丁阳	朱颖	黄宁	曹晨
秦伟伦	王浩	肖英东	王洋洋	孙萧萧	马健	朱曼璐	黄远	王刚	许司正	熊锴	薛昶
姜维超	路翠翠	刘永椿	杨尚林	张永超	姜徐江	吴颖	周海宁	叶琼	方日国	吴朋泽	陈露
高飞	于海旺	卜文庭									

地球与空间科学学院

城市与环境学院

王明粲	周基明	蔡振宇	张琨	周恩波	张虎来	黄欣	曾文静	古陈	杨新宇	黄晔	杨斌
贝诗彧	廖岳	方鹏	汪凯文	李丰翔	段尚昌	刘伟国	文萍	杨子江	赵闯	林笠	郭伟超
吴雨阳	赵雨心	张成	熊志华	刘红光	周敏	钟奇瑞	刘焱序	王映辉	王娜	张茜	杨经纬
涂继耀	林文彬	闫振	侯晓琳	朱亚杰	叶昕	冯瀚	卫俊	任珑韵	任宣澄	洪松柏	许华轩
张成业	戴锐	任岩	王思理	赵亮亮	冯玮	李修贤	王振国	方博文	赵成		
张璐	彭杨	朱丹妮	吕明达	闫东	任翔						
迟光华	刘飒	姜城	宁健如	陈鸣飞	郝以鑫						
郑少琦											

环境科学与工程学院

肖瑶	李明威	张晓玲	郑丽萍	蔡荔	董菲菲
贾胜兰	张丽				

心理学系

黄珊姗	袁宇星	方嘉鸿	潘歆乐	黄哲豪	姜凯文
罗乔丹	宁雪玲	刘建励	刘语桐	王楚伦	杜伟
王凌燕	罗志薇	王原野	尚哲	王玉	

信息科学技术学院

何军	方孺牛	陈献	唐文懿	丛瑛瑛	涂芝娟
李田甜	刘璐	刘日晨	化静	周攀	张庚
赵帅江	洪帆	洪海昆	林艺勇	丁羽	黄雷
蔡蕊	朱璇	周晟	潘多	董思维	王彦博
袁鹏飞	王诗君	陈德健	秦郑阳	张番栋	武义涵
马郅	杨升	吴柳青	闫宝贵	李萌	张钊
赵天琪	黄艳香	江翰	盛达魁	吴悦昕	毛静
于璐	杨坤	冯程	许珊	韩宇翔	梁亦然
钟华	王鹏	康华伟	张潇鹏	魏学超	罗国勇
陈泽宇	崔晨	林逍	刘圣尧	王非凡	张竟枢
张哲炜	周思路	杨宜欣	王也	张璐瑶	崔逸卿
沈戈晖	邹达明	王羚宇	赵俊杰	周晓慧	马云龙
蓝天铭	赵广洋	信颖超	王君君	张进鑫	王潇月
于善哲	兰兆千	陈震鹏	李旭鹏	王丰	王婉怡
王其欣	刘泽	冀毅	刘新宁	刘童童	岳宇
周文博	黄首东	沈哲阳	曾林舟	王旭普	文敬司
杨子奇	乔袭明	范志康	金怡丰	汪若禹	谢毅泽
秦汉民	吴皓敏	杭嘉雯	张颖哲	钱莹	陈玮婕
胡俊杰	卫渤林				

中国语言文学系

毛锦旖	张哲茜	叶青	郝琦	高策	池骋
韩潇	李珣	施林青	马琳	陈汝嫣	陈珊
周昕晖	余聪颖	张倩	王鑫凤	武梦恬	赵晓琳
刘娟	王孙涵之	王丽	刘葭子	朱瑞婷	
罗桢婷	车顺	刘思维	吴菌	潘妍艳	韩达
董岑仕	金恩惠	王家芯	柳利儿		

历史学系

杨小铱	张心童	卓楠	尹晓宇	梅嘉禾	王翘楚
吴淑敏	张晨光	傅程豪	沈琛	刘芳	闫建飞
邵声	阚建容	贾连港	于月		

考古文博学院

王东	张遥	萧洁铭	蒋宇超	潘攀	翁彦俊
任林梅	王宥力	廖润贤	张予南	林思雨	

哲学系

马卓文	饶悦宁	刘翰阳	陈雯怡	蔡震宇	丁一峰
黄镱铷	张桂芳	王华超	柳筱蔚	邹和	邓志伟
刘璐	潘斌	黄建都	孙铁根	张培豫	刘耕
马欣欣	苏福金				

化学与分子工程学院

苏翠翠	陈洒	吴峥	王熠	郑晓宇	姜延龙
肖家文	郁凯文	李彦邦	丛妍	赵博超	祁晓月
何建刚	张云飞	吴勇	王子宽	颜婷	王直
吴桢钦	姚泽凡	林若韵	邱然	吴雨桓	米英英
黄蓉冰	刘畅	于静雯	许晨曦	迟樾	周彤辉
罗叙宜	张家康	黎翔	陈超	林一	罗翌阳
马丽娜	许匡益	徐重予	王振德	汉露	冯伯阳

国际关系学院

新田顺一	董成龙	龙刚	吴蓓	黄郁婷	洪佶恫
由凯宇	王敏钊	徐亚男	莫秋恒	罗马丁	天地西伦
平田久典	尹智瑛	姚晴	宋建含	包恺	周玫琳
秦肯	马媛	刘雪彬	鲁蕾	温承易	李星星
张宇轩	佘雯雁	何婉筠	毕蔚兰	刘静	张硕
田少颖	梁俊杰	王未	李婷	孙茜蕊	肖冰洁
郭澜	朱雅仪	刘奕伶			

Mohammed Turki Ahmed Al-Sudairi

生命科学学院

魏源	曾伟盈	徐星宇	易雪灵	李安然	王欢
汤国柱	林晨	徐礼文	蒋陈焜	杨斯思	张天一
黄晓霖	臧维成	王佳茗	毕莹	田博书	郑良珺

光华管理学院

孙 璐	陈博雅	杨伊欣	黄秋园	王 梅	杨 帆
陈晋宇	曹 越	王逸男	石书铭	刘 超	施恒彬
李绯悦	付鸿博	姜 动	陈碧萱	许 孜	黄 昇
李可纯	付丝夏	唐 嘉	黄 灿	张思安	李元哲
王 月	肖 政	李德超	刘 娜	田 珍	文 豪
谢婧婷	许凌波	陈黎明	崔子阳	付 敏	吕俊杰
谯 谦	黄水靖	景 深	柳時馨	李卓君	黄丹阳
高 扬	郑 仪	周 静	王梓雄	晏梦灵	王 江
张 楠	胡琼晶	梁 萱	张 勇		

经济学院

方 悦	马嘉玮	曲鸿昊	隋诗华	唐 晨	许弘毅
袁雅婷	周琪玮	曹 怡	崔 馨	郭碧莹	李劲林
刘伟光	谭雪儿	汪忆源	王钰希	杨 颐	袁直毅
张一凡	赵 菌	苣婧羽	郭科琪	姜宁馨	金 超
梁 天	廖儒凯	刘 焰	芮思佳	王颖青	辛梓括
袁婧雯	张天涯	徐俐君	廖蔚铭	田小改	王壮飞
朱千帆	卞雪智	吴 琼	段小刚	杨紫馨	林 靖
赵廷辰	唐广应	任宛竹	李 铄		

法学院

豆飞洋	冯时佳	方潇逸	李昕妍	徐 亚	庄文颖
方 策	闫若铭	张博謇	孔清扬	高 航	韩屹青
谢 捷	任孝民	姚一凡	张恺箓	杨济玮	刘 影
严婉怡	孔维园	包康赟	魏 然	张玉洁	赵朗朗
耿 颖	肖艺能	戴欣媛	唐建秋	胥振阳	陈少珠
闫晓萌	石静雯	袁 明	苏 畅	陆存喜	张雅静
王源蔚	吴桂青	姚 瑶	卢 山	卢 婷	陆筱薇
李晓霞	马宁璟	卫凌波	罗艺欣	王 旭	张景怡
郑雨涵	王 晓	谭理欣	周盈孜	范华剑	傅文隽
马 倩	金 晶	姜阿英	栾 天	李 仪	古明华
姜 婉	刘世华	陈炜强	高 洁	曹亚伟	赵 玄
邹兵建	宋维彬	俞 祺	彭运朋	冷大伟	

信息管理系

赵域航	王琪斯	陈润文	姚郁诗	钟 迪	汤荷月
刘 芳	郎宇洁	祝振媛			

社会学系

张 涵	周 颖	宗泽伟	裘一娴	孙士林	罗 曼
张 双	吉砚茹	关山月	原铭泽	张博伦	邓如飞
卢镱逢	胡 波	谢宗顺	高 瑜	李汪洋	邓保群
林 叶					

政府管理学院

张晓林	陈斯惟	黄宏峰	阎晓韵	高千茜	钟 京
王 蕊	黎 泉	翟 耀	罗浩月	王 菁	唐依芳菲
胡 晓	郭晟豪	雷明昊	王 展	张 昊	袁 鹏

外国语学院

王佳玑	刘昕宇	喻文姗	韩 梅	钟超男	柯梦琦
常 悦	李 璋	张悦新	金德弘	王怡丹	刘昕昕
李麟寅	肖由笛	闫颂阳	金 笛	张欣雨	赵墨渊
唐静怡	胡延伟	黄玉姣	俞一星	李 琳	张梦薇
王协力	徐一然	徐秋玉	戴 雯	费 都	周 云
朴洪艳	叶 楠	樊雨琦	王媛媛	胡俊麟	沈京淑
贺 婧	何亚骏				

马克思主义学院

张艳萍	熊 艳	许文星	兰 池	黄晓丹	郭先红

教育学院

裴蕾丝	马玉洁	蔡文璇	何 旋	孙梦格

国家发展研究院

陈鑫泉	张 陈	李惠璇	关 芮	陆佳仪	饶一博
蔡 昀					

对外汉语教育学院

王 森

艺术学院

阳 烁	唐 迪	胡潇方	唐璐璐	时梦月	范 颖
徐韫琪	余梦溪				

新闻与传播学院

杨 飒	余萌希	张哲源	涂鹏程	张东兰	柏小林
沈於婕	张靖鹏	岳春泽	高伊俏	程 心	王 苗

元培学院

张 天	赵嘉俐	黄思翰	钱 帅	靖 奇	张林峰
石 鎏	闫 睿	罗 霖	王班班	高 珏	熊宇薇
李思睿	施文娴	牛安然	曾 莹	沈凌峰	王彬旭
袁宏霖	何旻浩	詹若涵	项志伟		

医学预科

周 喆	聂 臣	肖黎明	邹沛辉	李梦迪	王心雯
蒋奕潇	宋帛伦	马嘉健	汤玉飞	续彦婷	谢 通
张 建	张梦倩	于 洲	刘梦苑	李昕怡	邓 博
莫玉霖	赵 笑	孙家琦	侯 宇	沈威宇	

分子医学研究所

刘 斌	刁举鹏	武雪莹	谷俊中	魏国琴	余 忠
赵 斌	吴达仁	彭继光	亢 飞	宋 颖	

前沿交叉学科研究院

秦山山	魏 静	孙宇婷	刘 婧	解晓雯	刘 旸

深圳研究生院

常鹏鹰	尘福兴	陈 骥	董俊辰	李 丹	梁晓辉
赵楠楠	李君梅	李旭峰	戴 亮	廖文静	于 倩
陈纪宇	黄武龙	李 彬	邵海滨	刘慧玲	陆 军
王家祥	王如慧	郑炜乔	安 森	陈 伟	顾青
黄均荣	李 苗	裴润雯	彭思宇	王 霄	闫冠英
余 杰	张 青	赵 蒙	唐 女	贺 达	孙立红
王 川	王 硕	邓璐璐	秦 霄	曹晓峰	周华庆
李晨晨	郭彦蓉	郭源园	吕慧玲	刘彬蔚	张冰冰
张馨月	朱青元	田婉洲	杨 洁	张 悦	张 迟

邓枫	马璐	张婉宁	李超男	张迪	颜煜
李鑫鑫	李一鹤	韩煜	肖森鹏	戴炳存	杨亚宁
谢雨豪	贾勇	张博雅	徐可	王济	宋永琛
王玮	李清越	黄颖	卢丹	张伟国	张耀民
李远飞	王斯恬	常庆玲	刘心怡		

软件与微电子学院

安嘉晨	陈建坤	陈曦钊	董井浩	冯雪菲	高晓宁
耿乾坤	耿尧	韩越	胡乔平	华晓辰	蒋丰蔚
阚光军	李晴	李莎	李晓波	李雪莹	林颖
林子力	刘波	刘靖	刘珊	刘天姣	孟岱
莫雄剑	倪顺	欧阳智鹏	秦楠	石佩鑫	汪彦冰
王德鸿	王飞龙	王桂存	王梦楠	王一舒	王赟
吴悠	夏桂芳	夏江	许竞丹	张明	张明琪
张巍琼	张旭	赵彤	郑英儒	朱旭芬	金乾

体育教研部

李智					

医学部本科生系统
基础医学院

杨瑾裕	孙一喆	张昕玮	杨彦	武迪	宋蕊
王奕卉	李静芝	高璐	衡墨笛	李桦	朱思
郑峒	果佳	吴薇	林天雨	彭嘉婧	胡宇晴
赵中凯	丁蕾	翟峥	张涵	张诗情	张欣
齐美玉珍	张圣捷	姜妍馨	程光北	尹航	谌静宜
张晓涵	黄昊然	杨凤泊	尤倩	罗江滢	

药学院

陈欢	何娜	姚烨	李灏	刘婷	尹雅杰
江澜	杨琦	曾群	林少辉	罗曦欢	满春霞
傅洪哲	韩茹	李欣	李红星	郑丹丹	赵曜
李青	黄丹	孟艳莎			

公共卫生学院

张思奇	陈婕	马冬梅	宁可	杨玲	司佳卉
赵利建	赵雨薇	成恩	曹宇	冯宇彤	赵厚宇
郑丹妮	赵妮妮	许艺凡	张健	李嘉琛	李曼
任中夏	周仁	康文博	赵桐		

护理学院

李君	王佳慧	张力川	芦春洋	刘欣越	常坤
马淑敏	张宁	廖冉	王颖	聂志颖	魏田
韩京	魏怡	李想	祝敏	杨光	王芸菲
王晴	孟莹莹	刘莹	赵春爽	刘咏	金鑫
杨静怡	程萱	宋康	张婷		

公共教学部

张帅	孔令赫	王丽莹			

第一临床医学院

白赟	王珂欣	周斌	梁文英	李绪文	朱雨泽
王雨蒙	王益勤	林宏远	张椿英	鲁雯馨	周星彤
于丰源	王可	贺欣然	韩晶晶		

第二临床医学院

张淼	刘睿	陈姣	郭婧文	静	金月波
李雪	孟庆娱	于洋	马晓婧	曹赛赛	林维成
梁海杰	韩侨宇	令狐丹丹	尹伊楠	刘星雨	

第三临床医学院

张舒煜	林圣荣	高锦洁	雷宇	李秀茅	宋伟
李学敏	陈玥				

第四临床医学院

香钰婷	姚兰秋	李伟	闻洁曦		

第五临床医学院

杨希孟	王斯云	张静	陈锦文	候越	

口腔医学院

范聪	闫燕	渠薇	谷明	田杰华	吴灵
胡心怡	张瑞	刘若曦	刘颖君	张慧	白向松

台港澳学生办公室

黄燕	李夏珏	庄芷榕			

医学部研究生系统
基础医学院

杨丹	刘昊	徐希	茅鹤婷	裴晓磊	王宠
张嵩阳	王美丽	丁雨竹	李丹	吴丹	李拓把
王志鹏	周腾飞	李晓悦	贾英丽	李璞	段建辉
张艳	王嬬怡	陆薇薇	段昊	刘永清	马可
李月娇	李秋	刘畅	刘瑞星	田小生	周婷
王国强	康雪敬	卢广	李鑫	邹咏心	陈媛媛
邵立伟					

药学院

潘鹏玉	孙刘阳	王小川	杨淑苹	孙秀波	牛玉洁
张诚翔	庄鸿蒙	李园	陈家兴	李森森	马立满
王婕	王计明	张羽	刘海倩	高雪	吴志生
侯建军	白晓辉	郦鑫耀	徐欢	肖茹月	陈晓玲
高远晴	刘建梅	马丽媛			

公共卫生学院

李学会	连雨峥	田景丰	赵晓侠	郑韵婷	潘国英
陈程	周杰	文华	王巍巍	马子晴	李碧
刘福荣	李文桓	孙蕾			

第一临床医学院

董锦沛	牛飞	梅世文	余勋	张水生	赵丹
陈斯琦	高强	李璟	潘玉静	陈超阳	马茗微
陶荣	程双娟	彭双鹤	黄思慧	王亚芳	孙梦奎
方雨晴	陈娜	王妍	张莲	金苏芹	卫晓红
李妮	王环	李溪远			

第二临床医学院

颜艺超	张婧	廖贻达	于垚	高元丰	金恩忠
贺改霞	刘昱	张琦	蒋伟伟	李晶津	杨帆
张琛	李锟	刘娜	谢天朋	郭延秀	蔡剑桥
邹雅丹					

第三临床医学院

张 巍	梁耀先	田爱炬	王方明	刘 啸	侯小艳
费 晗	韩芸峰	王 新	胡伟倪	高 第	孙晓燕
唐慧敏	余卓颖	邢晓颖	秦 薇	殷子惠	杨曙光

口腔医学院

焦 剑	李成皓	田 靖	赵 琛	佟佩远	郭逸群
杨 爽	叶 欣	马若晗	王晓飞	罗志强	李 皓
汤祎熳	刘 帅	吴千鼎	曲佳菲		

临床肿瘤学院

何曦冉	李哲轩	马 婷	盛今东	耿建昊	黄丹丹
林 瑶	乔娟丽	王延杰			

精神卫生研究所

赵林楠	马远林	杨 洁	赵梦婕	樊亚奇

公共教学部

刘佳佳	周丽丽

护理学院

胡慧秀	曾惠文

深圳北京大学香港科技大学医学中心

于 斐	王战伟	蔡旖斐

第四临床医学院

徐雅贞

第五临床医学院

唐甜甜	杨鸿春	周姝彤

第九临床医学院

付广真	姚小燕	李 龙

北京市航天中心医院医学院

石 琳

中日友好临床医学院

路 晓	罗如意

首都儿科研究所

孙 娟

解放军302医院

郝书理

北京市回龙观医院

李 静

北京大学首钢医院

马 丁

社会工作奖

数学科学学院

佟浩功	包正钰	顾诗颢	陈翀尧	毛运航	周正泽
刘双城	周逸云	高瑞琦	徐鹤元	陈力涵	陈浩宇
陈漪雯	王振宇	张 矗	段资政	王明远	李岱遥
臧 鑫	郑 直	崔金杰	王 聪	龚世华	王 楚
李宣成	王夏妮	江 超	范 悦	韩东庆	

工学院

边 东	曾 珍	李政韬	孙 越	徐 政	余卓燃
张力天	耿 爽	陶 勇	唐 肖	赵 宇	周子桓
唐鹏飞	付炳润	刘超一	张宇豪	王 伟	王培育
张 磐	陈旭东	骆丹媚	孙东哲	刘亚琼	宋 平
兰帅辉	张金凝	代 冲			

物理学院

赵 罡	侯宇航	周佩煌	袁仁亮	弓 正	耿一方
王 赫	马草原	邱 娴	张 霄	高 见	江 燕
赵伟滨	何进阳	段晓豪	胥 恒	姜沣洋	戴 冕
李云炀	陈 旭	刘 洋	郭行健	刘清元	陈 琪
李文秀	谢亦奇	王 睿	杨伍昊	糜 健	张 泼
赵玉琳	刘倍贝	郑晓晨	周 奎	王逸伦	向 勇
程玉田	张 骏	冉 敏	王 颖	刘力谱	吕志强
陈逸航	李纪伟	刘天博	黄发朋	刘永富	李 晶
陈 洁	孙叶磊	黄 颖	熊雪宇		

地球与空间科学学院

冯 禧	陈冠潼	滕国旭	于芳博	贺旎妮	程俊毅
姬泽佳	邹学森	何 晨	刘 博	刘润超	黄 妍
郑培晨					

信息科学技术学院

余牧溪	黄伶灵	刘靖骞	赵大宇	陈若冰	甘霞青
马 晓	张俊男	刘 翔	宋 鼎	高 扬	王 栋
潘婉琼	贺文强	张 晴	公 韦	张元冬	闫 林
蔡飞志	徐志超	刘晨昊	李 刚	李龙威	沈明华
杨 超	刘 哲	贺 曦	倪 焱	王 然	薛易清
张 昭	杨必琨	许若男	张舒航	邢曜鹏	秦 煜
王雨菲	沈 琦	张书豪	江天源	黎 亮	朱 睿
金 坤	吴 先	杜大有	曲 祺	张 登	曾齐齐

化学与分子工程学院

敖银勇	冀 然	邱 颉	王亮亮	于天麟	高智悦
闫鹏起	王宇豪	杨 熠	谭 伟	李 璇	张录录
潘东旭	贾宇博	梁殿京	吴 昕	张翼飞	栗 则
周 胜	雷 震	刘王莲	平 赫	潜 硕	周小洲
郭怡彤	苏 杭	曹观海	宫心怡	戴士中	董陈杰
陈 默	于 涵				

生命科学学院

詹 煌	郑欣妍	郑楠舰	彭荣熙	王菁杨	李丹琳
张 泽	张益豪	陈 笑	吴辉辉	刘若飞	怡 荣
薛瑞栋	李荣琴	丁良工	李静宜	许一娜	刘 源
赵 诞	芈肖肖	许 楠	郝天祎	孟令伟	胡玉琼
高 远	王晨曲	徐小婵	李柯楠	陈乃修	

城市与环境学院

黄 菲	谭兴业	蒋玉娇	杨笑之	马博闻	王天尧
李京武	刘 敏	陈 卓	陈 默	侯 珍	田幼华
张则瑾	刘 洁	吴尘染	吕丹妮	陈晓威	熊冠男

王凌越　蒋筱雯　严天同　刘　京　孙士涵　孙永樾
关汉岳　冯思源

环境科学与工程学院
吴　悠　刘文嘉辉　周丽玮　王　出　刘牧时　徐艺辉
马荣真　王　琛　刘俊鑫　李诗瑶　蔡　虹　况文婷
吴蓉蓉　冯秋园　党晨原

心理学系
刘源清　艾　锋　方银萍　范广川　张砚雨　熊　威

中国语言文学系
李若辰　金　鸽　张　轶　陈　敏　张　帅　郑睿竹
段小寒　吕安琪　王　珮　李华雨　王奕文　谢宇程阳
康司辰　秦　川　冯子涵　沈裕挺　顾甦泳　郑　渝
朱　倩　杨卓灵　孙大海　蒋　博　林子敏　王婉如
贾　嘉　赵　培　覃俊珺　陈欣瑶　刘雪莹　惠天羽
周　莹　李昌美　蔡彦恒

历史学系
杨　梦　黄　鸿　李东辉　贾月洋　李伟玉　穆　申
张柏惠　李唯一　金雨薇　张慕智　陈希丰　李丹婕
林欢彦　陈志源　宋　今

考古文博学院
胡文怡　金连玉　何月馨　黄泽方　刘　畅

哲学系（宗教学系）
张　聪　张晓天　王艳伟　柳　帅　林　芳　伍翔凤
周巍卫　王贵玲　管浩然　施凯文　张文彦　胡士颖
王宇迪　朱昱海　秦一男　曹春洋

国际关系学院
孙金奎　田马爽　张怡翔　熊文雪
Pablo Ignacio Ampuero Ruiz Jakub Skopek　陈丹梅
吴碧莹　孙　靖　周　越　陈悦莹　张一鸣　付　越
董欣媛　唐　薇　韦冲霄　苑子豪　夏　天　金枫铭
刘婧妍　欧舒婷　韩　拓　要　嫒　陈楚珂　冉红丽

光华管理学院
严安然　宋　然　蔺怿霏　关海英　石　伟　文　雯
陈英浩　张少强　樊樵枫　傅　康　董小华　吕珺璞
苏梦泽　张心怡　王晓宇　牛耀丹　程大曦　何　榕
李子晗　沈悦然　杨一凡　朱　珠　王子瑶　张诺亚
潘炜鹏　曹若莹　续　继　彭　捷　孙若翎　张　晨
张玫妮　马　蒙　赵　康　张轩旗　尕　斌　郎佩佩
李嘉轩　毛　铮　张鑫磊　赵　哲　刘　彪　郭　放
陈　靖　王紫薇　高丹雪　唐　瑄　陈　思　李　野
王雪芳　李江雁　崔晓琳　蒋海涛　张　开

经济学院
李冠儒　刘晨冉　刘诗惠　王主丰　张　帆　张沛阳
杜雨桐　廖　戈　王　帅　章　森　包诗若　傅杜阳希
林　爽　刘岩哲　张钟文　李晓明

法学院
张宇翔　赵育才　付明燕　董怡岑　刘俞含　何　灿
王一真　武　岳　邓　溥　李　盼　戴　月　武　宁
刘鸣赫　李熙泽　王美月　李梦梅　刘雨晴　傅程榆
戴　阳　周　东　杨山珊　秦雯莉　谷铮彦　成柄潇
沈钰棪　郭蓬勃　钟万梅　杨　术　郭　浩　刘天宇
李雨宸　赵大维　王沛嘉　黄　琪　高洪飞　甘凯云
黄　予　范晓玥　岳修寅

信息管理系
王申罡　姚玲苗　王道弘　刘涵蕊　王晓轩　许人杰

社会学系
张　恒　孙小淇　毛书琼　向　鸿　马旖浓　杜艾玲
宋曼嘉　宋泽元　张樹沁　李如意　冯慧羚　王华菊
蒋　鑫

政府管理学院
方若琳　张　远　郑思尧　王　俊　王卓汝　车静屏
叶霄麒　侯泽明　姚子玄　曾德杰　王　闯　马瑜琼
孙　迪　郑　宪　张　天　陈柯汝　周　麟　邵梓捷
朱　萌　刘九勇　郝壮敏　李君然

外国语学院
魏李萍　吴梦云　李溪月　范宇亮　覃　琳　刘　莹
马玉丽　周　翮　盛文杰　沈惠知　杨春晖　葛廷婷
张春琳　葛鸿昌　黄炜鑫　王　雯　金爱华　王　婧
侯同尘　史勇平　田雨卉　何凤仪　李宜霖　徐鹏航
李瑞琦　崔延瑞　徐　恬　支玉晨　郭雅格　李　健
王　上　邢艳茹　马苗苗　张彦希　郭　倩　齐　冰
方舒琼

马克思主义学院
李　成

教育学院
岳群智　刘　钊　吴红斌　徐　薇

人口研究所
温　煦　李文菲　王　欣　王一菲

国家发展研究院
杨春雨　鲍　石

对外汉语教育学院
金　茜　宋雨菲　路美霞　沈　冰　王嫒嫒　吕文杰
吴明芳

艺术学院
周淞铖　张益嘉　张璋奇玉　管健鸿　金慧妍　梁舒涵
顾华盈　李尽沙　高　子　卢正源

新闻与传播学院
钟雯馨　秦绪莹　黄雅坤　谭东方　甘兰蕙子　魏　明
邱　枫　邱悦铭　钟　旺　季　戌　周　晋　严正宽
任真如　王丹丹　袁若溪　肖　杰　符夏菁　刘　发
白春阳　胡恒帅　程新宇　于天琳　许　颖　黄泥萌

曹宇辰　曹亚杰　梁皓云　崔昆阳　李梦迪

元培学院

张春晓　江之韵　陈　曦　冯　月　姜舒文　周俊龙
齐薪添　王思思　魏忠凯　李鑫宇　郭紫倩　全太明
于戴维　王　昊　牟　涛　马瑞敏　柴达目　杳钰淇
何雨凡　班效勐　雷潆瑨　郑子达

医学预科

董骐源　何舒雅　于佳弘　富晓娇　叶　欣　冯德曜
孟漱石　智　慧　贺　鑫　马　宁　吕锦添　李展韬
李海伟　苗玉麒　张　晨

前沿交叉学科研究院

金璐顿　徐小志　周劲媛　周　旭　史裕英

深圳研究生院

郭　峰　张宇蒙　王嘉炜　周　俊　王　春　王秋斯
张学武　陈家辉　邵文斌　聂居魁　杨　丹　张婷瑶
张泽宜　张紫君　马共强　吴逸思　李楚婷　徐　特
鞠炜奇　韩雪原　马　捷　曹安康　吴欣玥　崔岁寒
张一沙　祝晓飞　王金保　胡　泊　陆　媛　傅　蔷
田圣杰　李　冰　严　特　区敏芝　郭田子　郑晓琪
容舒楚　蒋　馨　张燕琳　刘　洋　楚合玉　傅　昱
田浩男　闾　菁　李世伟　吴　丹　杜　雨　崔思佳
岳小博　施森海　蒋径舟　肖景元　林子群　张　鹏
蔡锦旸　于伟业　夏志毅　徐嘉隆　龙　妍　刘文园
张　艳　郑田园　王　硕　龙清华　彭　旦

软件与微电子学院

陈　诚　曹强强　常　青　程楚夏　程子航　戴　鑫
葛　霄　韩易菲　李　峰　李　航　李洪宇　李敬杰
李龙飞　李文婷　李雅慧　李毅超　李雨凌　刘　敏
刘统一　路康虹　彭一夫　孙筱萌　王希姝　王振兴
吴恩宇　谢慧慧　谢姗婷　徐　骏　薛翔翔　张海滨
张　琳　赵意娜　郑德财　朱明阳

歌剧研究院

张　晶

医学部本科生系统
基础医学院

陈青芳　张兴中　孟　佳　和晓堃　张一凡　王延峰
李　硕　邓　旺　李　赓　邵嘉艺　朱诚锐　尹玉瑶
叶　明　李鑫瀛　牛　迪　冯川琳　杨希春　夏雨顿
娄新琳　苏　怡　张　岳　夏梦凡

药学院

刘天碧　杜筱雯　杨岸蒲　邹武捷　马元亨　彭　耕

公共卫生学院

陈　檑　任　贺

护理学院

朱　路　吴　帆　张　强　杜　军　曹梦圆　高　姗

公共教学部

柴艳玲　樊　成　郭　磊　代　聪　李梦冉　颜志颖
赵英希

第一临床医学院

林乐涛　高国璇　李文竹

第二临床医学院

冒丹丹　徐　晶

第三临床医学院

王　凯　蔡　莹　刘　畅　何婉毓　赵　然　李轶雯
张稚琪　杨嘉瑞　王祎然　周乐群

第四临床医学院

梁静汝　王　颢　郭斯翊

第五临床医学院

孙　灿

口腔医学院

刘福良　张　路　陈子圆　吕鸣樾　王睿捷

航天临床医学院

庄翔钧

医学部研究生系统
基础医学院

陈　曼　申　雪　张树松

药学院

王思媛　王爱婷　王　斌　杨先桃

公共卫生学院

彭　晨　张　豪　冯亚男　仇元营　夏　天

第一临床医学院

刘青艳　赵　凯

临床肿瘤学院

李怡倩

中日友好临床医学院

蒋召强

地坛医院

杨思园

五四体育奖

新闻与传播学院

雷雨浓

医学预科

郭　恺　周诗源

软件与微电子学院

毕业程　陈　涵　陈　康　杜洪德　耿　鑫　江俊儒
李　聪　刘　哲　庞克俭　彭伟琪　邵巾芮　田建荣

医学部本科生系统
公共卫生学院

刘　璐

第二临床医学院

胡梦雨

医学部研究生系统
临床肿瘤学院

王　峥

红楼艺术奖

新闻与传播学院

刘钰迪

医学预科

崔　东　陈春屹　黄　慧　龙靖淼

软件与微电子学院

蔡朋睿　高　洁　韩一鹏　黄　蔚　刘　艳　刘紫薇
娄　颖　卢　婷　牛　童　史敏思　赵洋洋　郑艾思
周林娜　朱弘宇

医学部本科生系统
基础医学院

李范红

第一临床医学院

徐　铌

第三临床医学院

宗　源

第五临床医学院

翁剑真

医学部研究生系统
临床肿瘤学院

伍远航

优秀班集体

数学科学学院2013级博士生班
数学科学学院2013级本科生3班
工学院2012级本科生材料班
物理学院光学所硕博班
地球与空间科学学院2013级遥感硕士生班
地球与空间科学学院2011级空间物理学本科生班
信息科学技术学院2013级本科生6班
信息科学技术学院光纤研究生班
化学与分子工程学院2013级本科生4班
生命科学学院2012级硕博班2班
城市与环境学院2012级本科生城规班
城市与环境学院2012级博士生班
环境科学与工程学院2011级本科生班
中国语言文学系2012级本科生班
历史学系2013级硕士生班
考古文博学院2011级本科生班
哲学系2012级本科生班
经济学院2013级硕士生班
光华管理学院2012级本科生工商3班
光华管理学院2012级本科生工商4班
法学院2013级法律硕士生2班
法学院2013级法学本科生3班
政府管理学院2012级本科生班
政府管理学院2013级硕士生班
外国语学院2013级朝鲜（韩国）语言文化专业本科
　　生班
外国语学院2013级日汉笔译硕士生班
马克思主义学院2013级硕士生班
教育学院2013级高管新媒体班
对外汉语教育学院2013级汉语国际教育硕士生班
新闻与传播学院2013级本科生班
元培学院2012级3班
元培学院2013级3班
医学预科2013级医学英语班
医学预科2013级预防1班
深圳研究生院2013级城市与区域规划班
深圳研究生院2013级经济—金融双硕班
医学部研究生系统基础医学院病理学系研究生班
医学部研究生系统公共卫生学院营养与食品卫生学系
　　研究生班
医学部研究生系统口腔医学院口腔修复研究生班
医学部本科生系统人民医院临床2009级4班
医学部本科生系统北医三院临床2010级5班
医学部本科生系统护理学院护理2013级2班
医学部本科生系统北京医院临床2011级2班
医学部本科生系统北大医院临床2011级1班
医学部本科生系统公共教学部2012级医学英语班

先进学风班

数学科学学院2012级本科生1班
数学科学学院2013级硕士生3班
数学科学学院2011级博士生班
工学院2011级本科生理力班
工学院2013级博士生2班
工学院2013级硕士生班
物理学院2012级本科生1班
物理学院2013级本科生5班
物理学院2012级本科生2班

地球与空间科学学院 2012 级地质硕士生班
地球与空间科学学院 2012 级地球物理学本科生班
地球与空间科学学院 2013 级本科生 3 班
信息科学技术学院 2013 级本科生 8 班
信息科学技术学院计算机应用 2013 级研究生班
信息科学技术学院 2012 级本科生 5 班
化学与分子工程学院 2012 级本科生 1 班
化学与分子工程学院 2013 级本科生 2 班
化学与分子工程学院 2013 级本科生 3 班
生命科学学院 2013 级研究生 3 班
生命科学学院 2013 级本科生 1 班
生命科学学院 2013 级直博生 1 班
城市与环境学院 2013 级本科生 2 班
环境科学与工程学院 2010 级博士生班
环境科学与工程学院 2013 级本科生班
心理学系 2013 级本科生班
心理学系 2012 级心理硕士生班
中国语言文学系 2013 级本科生班
中国语言文学系 2013 级硕士生班
中国语言文学系 2013 级博士生班
历史学系 2013 级本科生班
考古文博学院 2012 级硕士生班
考古文博学院 2011 级博士生班
哲学系 2013 级本科生班
哲学系 2013 级硕士生班
国际关系学院 2013 级本科生 2 班
国际关系学院 2013 级本科生 1 班
经济学院 2013 级本科生 1 班
经济学院 2013 级本科生 2 班
经济学院 2012 级国际经济与贸易系本科生班
光华管理学院 2013 级本科生 3 班
光华管理学院 2013 级本科生 2 班
法学院 2012 级法学本科生 2 班
法学院 2013 级法学硕士生 1 班
法学院 2013 级法律硕士生 4 班
社会学系 2012 级本科生班
社会学系 2013 级本科生班
社会学系 2013 级博士生班
政府管理学院 2011 级本科生班
政府管理学院 2013 级本科生班
政府管理学院 2013 级博士生班
外国语学院 2012 级蒙古语本科生班
外国语学院 2013 级德语本科生班
外国语学院 2012 级亚非系硕士生班
马克思主义学院 2013 级博士生班
对外汉语教育学院博士生班
对外汉语教育学院 2013 级汉语言文字学硕士生班
艺术学院 2013 级硕士生班
艺术学院 2012 级本科生班
新闻与传播学院 2013 级新闻与传播硕士生班
新闻与传播学院 2013 级学术型硕士生班
新闻与传播学院 2012 级本科生班
元培学院 2011 级 4 班
元培学院 2013 级 4 班
元培学院 2013 级 5 班
医学预科办公室 2013 级临床专业 4 班
医学预科办公室 2013 级药学 1 班
医学预科办公室 2013 级药学四班
深圳研究生院环境与能源学院博士生班
深圳研究生院 2012 级微电子 1 班
深圳研究生院 2013 级计算机 4 班
医学部研究生系统药学院研究生 2 班
医学部研究生系统护理学院研究生班
医学部研究生系统第二临床医学院研究生小 2 班
医学部研究生系统第三临床医学院研究生 2 班
医学部研究生系统航天临床医学院研究生班
医学部本科生系统药学院药学 2012 级 1 班
医学部本科生系统药学院药学 2011 级 3 班
医学部本科生系统公共卫生学院预防 2011 级 1 班
医学部本科生系统公共卫生学院预防 2011 级 2 班

北京市三好学生

姓名	性别	专业	年级
李少堃	男	基础数学	2011 级本科
杨婷云	女	能源与资源工程	2011 级博士
宋雪洋	女	物理学	2013 级本科
郭钞宇	男	凝聚态	2014 级博士
时 辰	男	空间科学与技术	2011 级本科
丁 昊	女	智能科学系	2012 级本科
满天星	女	微电子	2011 级本科

续表

姓名	性别	专业	年级
吴逸鸣	男	计算机科学与技术	2011级本科
蓝光旭	男	化学	2011级本科
胡致远	女	生物科学	2011级本科
赵瑜嘉	女	人文地理	2012级硕士
马 源	男	环境管理	2011级本科
沈如意	女	心理学	2011级本科
程 悦	女	语言学	2011级本科
王小溪	女	考古学	2011级本科
杨宇静	女	哲学	2013级本科
杨起帆	男	国关	2012级本科
任思璇	女	金融学	2011级本科
黄宇健	男	金融学	2011级本科
侯志腾	男	市场营销	2012级本科
黄曼兮	女	法学	2011级本科
李 明	男	国际经济法	2013级硕士
戴 畋	女	图书馆学	2013级硕士
宁 晶	女	行政管理	2011级本科
李俐娇	女	法语	2011级本科
萨其仁贵	女	亚非语言文学	2011级博士
姬泰然	男	近现代史基本问题研究	2013级硕士
许 心	女	高等教育学	2013级硕士
钟乔睿	女	汉语国际教育	2013级硕士
卢南峰	男	新闻学	2012级本科
李 棨	女	法学	2011级本科
程嗣达	男	临床医学	2013级本科
张亚杰	女	物理化学	2011级博士
吴增超	男	软件工程	2013级硕士
巩晓磊	男	软件工程	2013级硕士
黄 辉	男	电子科学与技术（集成电路与系统）专业	2012级硕士
谢理斌	男	金融学	2012级硕士
郭益安	男	有机化学	2012级博士
崔 璨	女	临床医学	2012级本科
杨乔林	女	口腔医学	2012级本科
蔡晓春	女	药学	2012级本科
黄 超	女	预防医学	2011级本科
叶艺璇	女	预防医学	2012级本科
吴 薇	女	护理本科	2011级本科
刘国臻	男	生物医学英语	2010级本科
郑艺明	男	临床医学	2007级博士
李红校	男	临床医学	2008级博士
郭新虎	男	临床医学	2007级博士
陈祎霏	女	临床医学	2009级本科
姬 智	男	临床医学	2010级博士

续表

姓名	性别	专业	年级
唐 琳	女	口腔医学	2009级博士
李晓蓓	女	口腔医学	2011级本科
徐 奔	男	外科学	2013级博士
李素芳	女	内科学	2012级博士
白 雪	女	肿瘤学	2013级博士

北京市优秀学生干部

姓名	性别	专业	年级
傅晶雪	女	金融数学	2013级博士
王在存	男	生物医学工程	2011级博士
王贺明	男	物理学	2012级本科
庄希威	男	计算机系	2012级硕士
李先江	男	分析化学	2011级博士
张金喆	男	生物学(生物技术)	2011级博士
杨蕙璇	女	中国文学	2011级本科
苗继宇	男	历史学	2011级本科
陈正勋	男	经济学	2011级本科
廖秋子	女	经济法	2013级硕士
张晓东	男	行政管理	2013级硕士
孙伟杰	男	政经哲	2011级本科
张正屹	男	西方经济学	2012级硕士
李润政	男	医学实验	2013级本科
吴 迪	女	药学	2011级本科
宋 晗	男	临床医学	2009级博士
张 钰	女	劳动卫生与环境卫生学	2012级硕士
夏 楠	女	生化与分子生物学	2012级博士

北京市先进班集体

数学科学学院2013级博士生班
地球与空间科学学院2013级遥感硕士生班
信息科学技术学院2013级本科生6班
城市与环境学院2012级博士生班
中国语言文学系2012级本科生班
考古文博学院2011级本科生班
光华管理学院2012级本科生工商4班
法学院2013级法学本科生3班
马克思主义学院2013级硕士生班
教育学院2013级高管新媒体班
对外汉语教育学院2013级汉语国际教育硕士生班
新闻与传播学院2013级本科生班
医学预科2013级医学英语班
深圳研究生院2013级城市与区域规划班
第二临床医学院临床2009级4班
第三临床医学院临床2010级5班
护理学院护理2013级2班
口腔医学院口腔修复研究生班
公共卫生学院营养与食品卫生学系研究生班

共青团系统奖励

红旗团委(共 6 家)

物理学院团委
国际关系学院团委
经济学院团委
法学院团委
政府管理学院团委
药学院团委

专项工作创新奖(共 9 家)

化学与分子工程学院团委
生命科学学院团委
信息科学技术学院团委
光华管理学院团委
外国语学院团委
新闻与传播学院团委
元培学院团委
北京大学第三医院团委
北京大学人民医院团委

优秀团支部(共 44 个)

数学科学学院 2013 级本科生 2 班团支部
工学院 2013 级博士生 1 班团支部
化学与分子工程学院 2012 级本科生 1 班团支部
生命科学学院 2013 级研究生 3 班团支部
信息科学技术学院 2013 级本科生 8 班团支部
地球与空间科学学院 2012 级本科生团支部
城市与环境学院 2012 级本科生城规班团支部
环境科学与工程学院 2013 级本科生团支部
心理学系 2011 级本科生团支部
中国语言文学系 2013 级本科生团支部
哲学系 2013 级本科生团支部
国际关系学院 2012 级本科生 2 班团支部
经济学院 2013 级本科生 2 班团支部
光华管理学院 2013 级本科生 4 班团支部
法学院 2012 级本科生 2 班团支部
社会学系 2012 级本科生团支部
政府管理学院 2013 级本科生团支部
外国语学院 2013 级英语笔译班团支部
艺术学院 2013 级硕士生团支部
马克思主义学院 2013 级硕士生团支部
元培学院 2011 级第三团支部
国家发展研究院 2013 级团支部
教育学院 2013 级普硕团支部
人口研究所 2013 级团支部
北大附中初中团支部
北大附属幼儿园团支部
深圳研究生院 2013 级计算机班团支部
对外汉语教育学院 2013 级硕士生团支部
前沿交叉学科研究院 2013 级团支部
医学部基础医学院 2011 级基础班团支部
医学部公共卫生学院 2012 级预防医学 2 班团支部
医学部护理学院 2011 级本科生团支部
医学部公共教学部 2011 级生物医学英语团支部
医学部北京大学第一医院 2011 级临床一班团支部
医学部北医三院药剂科团支部
医学部北医六院研究生第一团支部
医学部口腔医院正畸科团支部
医学部人民医院急诊科团支部
医学部肿瘤医院手术室团支部
青年马克思主义发展研究会团支部
影视创作协会团支部
科技教育交流协会团支部
我们文学社团支部
爱心社团支部

共青团标兵(共 10 名)

王宜然　经济学院团委书记
史　楠　北京大学第一医院团委书记
张峻梓　数学科学学院 2011 级本科生
庄希威　信息科学技术学院 2012 级硕士研究生
谷月昆　城市与环境学院 2011 级本科生
陈正励　经济学院 2011 级本科生
黄浩荣　法学院 2014 级硕士研究生
韩非池　光华管理学院 2010 级博士研究生
张晓天　哲学系 2012 级本科生
钟方玖　马克思主义学院 2013 级硕士研究生

十佳团支书(共 10 名)

高瑀泽　生命科学学院 2012 级博士研究生

张舒汇	信息科学技术学院2011级本科生
罗　远	哲学系2012级本科生
刘婧妍	国际关系学院2012级本科生
郭科琪	经济学院2011级本科生
何晓玥	光华管理学院2012级本科生
戴　阳	法学院2013级硕士研究生
曾彦琪	社会学系2012级本科生
刘东奇	元培学院2012级本科生
孙　哲	医学部基础医学院2011级本科生

优秀新生团支书（共10名）

张　欢	数学科学学院2013级本科生
谭　惠	化学与分子工程学院2013级本科生
孙　雪	信息科学技术学院2013级本科生
侯宁静	历史学系2013级本科生
郭洁昕	国际关系学院2013级本科生
王卓然	光华管理学院2013级本科生
胡忻同	法学院2013级本科生
沈凌峰	元培学院2013级本科生
胡博洋	深圳研究生院2013级硕士研究生
张　强	医学部护理学院2013级本科生

优秀团干部（共102名）

数学科学学院
翟毓琦　娄向阳　宋梓宇

工学院
代　冲　付炳润

物理学院
周　敖　姜沣洋

化学与分子工程学院
赵　博　林若韵

生命科学学院
吴铭锟　席中海　纪怡冰　赵杨博

信息科学技术学院
满天星　周奇特　张璐瑶　周晓惠　高云峰

地球与空间科学学院
方俊钦　赵静贤

城市与环境学院
祁泽钰　王瑶琦　李赫然　陈晓威　杨　莹

环境科学与工程学院
姜含宇　刘一格

心理学系
石玉生

中国语言文学系
张夏妍　刘雯昕　蔺　芳

历史学系
武静怡

考古文博学院
杜　杨

哲学系（宗教学系）
李　想　刘　梁

国际关系学院
杨起帆　程浩然

经济学院
李　铄　张　驰　傅杜阳希　包诗若

光华管理学院
刘　超　周　桐　张轩豪　韩非池

法学院
刘　宽　徐　乐　赵育才　何俊莹　冯钰宸

信息管理系
刘子婕

社会学系
丛　雪　符式婵

政府管理学院
李广兴　叶霄麒　林靖欣　李　磊　莫　屈

外国语学院
葛鸿昌　徐佳妮

艺术学院
刘　敏　张春琳　庄沐杨

新闻与传播学院
刘　宇　杨文轶　张　欣

马克思主义学院
龚　一

元培学院
姜　江　徐　杨

国家发展研究院
刘泽宇

教育学院
胡　帅

软件与微电子学院
巩晓磊　王　璐　朱津函

人口研究所
黄国桂

深圳研究生院
徐　特　车　瞻　王　春　肖景元　黄长江

后勤
熊　蕾

北大附中
孙鹏程　张浦杨

对外汉语教育学院
沈　冰

前沿交叉学科研究院
金璐頔

医学部
周　斌　沈惠丹　吕博雅　潘昱廷　葛海涛　曹梦圆
陈　明　龚元昆　李祖昌　傅　誉　高　珊　苏　怡
白　宇　武　婧　张世林　孔令赫　黄庆莹

优秀团员(共216名)

数学科学学院
顾苏蔚　蒋雨辰　郭心舟

工学院
张新宇　唐鹏飞　叶恺昱　杨经宇

物理学院
杨自钦　晏明思　毛哲　柴真

化学与分子工程学院
张翼飞　于　晋　顾　菁　李俊逸　潜　硕

生命科学学院
王　琳　陈诗聪　薛瑞栋　李昔筱

信息科学技术学院
崔东晓　何　斐　李军阳　刘晓玮　宁　潇　任哲玄
王泽宇　杨雨成　曹　杉　刘　晨

地球与空间科学学院
崔一鑫　李　岩　刘　腾　刘　政　孙　奇　田定方
张辰昊　刘　博

城市与环境学院
陈培培　焦梦菲　蒋丹凝　杨笑寒　熊　韦　徐　璐

环境科学与工程学院
赵　群　况文婷

心理学系
汪星宇　郭祀图

中国语言文学系
刘韫嘉　李煜哲　江　禾　陈俊好

历史学系
李　墨　季欣悦　刘舒含　李姝凝　王晨阳

考古文博学院
方铭璐　杨婧雅

哲学系(宗教学系)
李晓丹　李培炜　梁邑铭　杨偲励　陈芷欣

国际关系学院
傅若兰　罗　烨　王天白　崔　圣　洪　叶　罗振玲

汤晓路　陈傲寒　池广杰　杨晓婷

经济学院
廖　戈　孙　宇　刘华山　辛　星　吕　赫　成禹同

光华管理学院
刘子豪　刘晏吉　刘紫莹　李绯悦　王怀岳　李少文

法学院
陈　欢　傅程榆　王美月　李京阳　郑玲玲　袁　魁
高赫聪　刘耕蒲　周庭伟　李梦梅　塔巴热克　吴林洋

信息管理系
刘天玮　步　一　许人杰

社会学系
庄秋玲　王思明　章涵青

政府管理学院
范文琦　徐沁仪　鲍星宇　岑松皓　邹瑞阳　左冰白
柯　杰　钟　京　杨　翔　孙宇辰

外国语学院
陈昱玮　张家玮　邹雨浓　王林怡　王虹元　刘谊颖
楼珂珺　欧嘉婷　尚　斐　万　楠

艺术学院
史艺璇　薛　煜

新闻与传播学院
龚展至　侯忻妤　李若曦　王　琪　张可欣　施佳妍
程曼祺　兑妍瑾　石　林　符夏菁

马克思主义学院
许文星　易佳乐

元培学院
刘佳佳　宋玉婷　杨楚笛　柴达目　管宏宇　毛天白
石　鎏　戴　锴　乔元姬　袁易鑫　霍进一

国家发展研究院
熊婉茹　关盼龙

教育学院
秦一然　刘雨轩

软件与微电子学院
郭力铭　彭洪涛　王文迪　徐安琪　张瑜婕　闫　鑫
郭建超　刘亚芳

人口研究所
陈洁茹　詹洛菲

深圳研究生院
刘吉祥　安　然　张俊琪　张晓鹤　鞠炜奇　赵容慧
崔岁寒　胡江涛　龙　妍　景梦龙

后勤
杨柠泽　鞠一郎

北大附中
张浩天　李晓彤

对外汉语教育学院

姜　健　房　磊

前沿交叉学科研究院

魏　静　孙宇婷

医学部

陈咏冰	刘　阳	杨昆霖	曹赛赛	令狐丹丹	邬　凡
宫　悦	刘欣欣	赵　然	石　昆	万甜甜	刘敬骏
袁　灿	黄　芳	陈思翳	梁静汝	吴碧涵	杨嘉瑞
李子圆	彭光华	田振宇	任　贺	杨淞淳	靳　帅
王　迪	袁　杨	常　伟	司　高	尹玉瑶	叶索夫
王　峰	张　勇	李晓梦	刘奕君	张海峰	

首都大学、中专院校"先锋杯"优秀团支部

数学科学学院12本1班团支部
化学与分子工程学院11级5班团支部
生命科学学院2012级2班团支部
信息科学技术学院2010级计算机1班团支部
环境科学与工程学院2012级硕士班团支部
心理学系2012级本科团支部
哲学系2013级本科生团支部
国际关系学院2012本1班团支部
经济学院2011级金融系本科团支部
光华管理学院2012级工商3班团支部
法学院13级法学硕士第一团支部
信息管理系2012级本科班团支部
社会学系2011级本科团支部
政府管理学院11级本科团支部
新闻与传播学院2012级本科团支部
马克思主义学院2013级硕士班团支部
对外汉语教育学院2013级硕士生团支部
北大六院研究生第一团支部
北京大学第三医院药剂科团支部
北京大学第一医院药剂科团支部
北京大学口腔医院药剂科团支部
北京大学人民医院儿科团支部
北京大学肿瘤医院手术室团支部

首都大学、中专院校"先锋杯"优秀基层团干部

王青璨	王绍鑫	王宏伟	刘天舒	马　晓	黄　妍
王　博	林　谥	谷月昆	张明瑟	武静怡	刘　坦
郑方圆	张　驰	周　桐	刘祥名	林子婕	牟思浩
张　辰	李俐娇	刘爽健	崔情情	巩晓磊	徐小志
许艺凡	岳梅梅	李祖昌	王　淼	孔令赫	覃小雅

首都大学、中专院校"先锋杯"优秀团员

杨雨田	徐致远	李思璇	尚逸峰	李　韦	汪星宇
郑睿竹	李　墨	庄晓月	程浩然	孙　宇	刘　超
黄易旻	夏恩灵	丛　雪	李广兴	张春琳	吕佳宁
周宇诗	杨浩明	刘明月	朱津函	李　冉	金璐顿
杨淞淳	王　迪	杨嘉瑞	傅孟元	韩春瑶	刘雨宁

毕业生名单

本科毕业生名单

法学学士学位 390 人

法学专业 183 人

曹 玲	曹 蓉	丁 登	董 晗	封 叶	顾 芮
郭 奇	郭 腾	何 爽	李 昂	李 欣	李 星
李 洋	柳 洁	罗 菁	庞 序	邵 琪	苏 秦
孙 川	汤 韵	汪 琪	王 涵	王 晶	王 依
王 璇	徐 蒙	徐 阳	许 月	严 浩	杨 瑜
曾 晖	张 玥	张 玥	张 驰	张 放	张 俊
张 敏	张 熙	张 萱	赵 安	赵 捷	周 芝
朱 越	奚 望	晁 译	覃 卓	安美玲	边仁君
常雅玲	陈尔彦	陈理媛	陈立诚	陈梦蕾	陈晓航
陈玺岚	董伯羊	董家成	杜晓璇	杜一凡	方凯程
冯宝慧	冯泰来	冯韵茹	付尊林	高天艺	耿炎焱
龚竞超	郭怡廷	韩思颉	郝贵喜	和思宇	何光远
何绿宁	何于彬	洪浩森	胡金宝	胡思宇	环雨声
黄凌寒	黄敏娜	黄思佳	黄芯蕊	贾景惠	贾润东
蒋若然	蒋怡然	焦露漪	金哲楠	景默宁	赖梦茵
赖驯龙	李成杨	李菲然	李蓟晨	李梦帆	李梦飞
李思佳	李天嗣	李晓橹	李彦恺	李兆俊	李哲炜
李正一	李昕卓	栗欣悦	刘明珂	刘瑞元	刘欣悦
刘宇华	刘韵迪	吕安烨	莫壮弥	欧阳滨	潘骅炜
彭正一	秦金龙	秦晓蒙	任雨晴	沈彦竑	沈韵秋
盛星宇	史丽超	宋嘉怡	宋雨薇	孙晨阳	孙天驰
孙啸宇	孙秀梅	孙秀山	唐燕婕	唐艺萍	唐云剑
汪亚辰	汪琛莹	王晨一	王明楷	王青艳	王树擎
王思竹	王文娟	王文君	王艺伟	王兆琦	王子谦
吴景键	吴俊超	吴梓硕	邢慰卿	熊廷鑫	杨冠宇
杨海波	杨锦程	杨文韬	杨翼飞	杨宇潇	叶逸群
于尚文	于雪辰	俞广君	张博岚	张春阳	张戴旭
张道翔	张立翘	张庆洋	张雨暂	张宇鹏	赵芯谊
赵屹坤	赵英男	赵姿昂	郑国兴	郑嘉娴	郑家良
郑子牧	周子越	周琦光	周梓佳	朱逸秋	邸建兵
马可彤童	尼玛次仁	努尔波力·努尔兰			

社会学专业 59 人

敖 盼	曹 羽	何 鲜	金 婷	康 悦	雷 玮
刘 蕊	卢 凯	马 江	马 蕊	牟 奕	汤 澄
万 青	杨 珩	智 楠	周 含	周 扬	陈方俊
陈颖茵	丁红霞	丁丽琴	董春峰	段英子	冯佳阳
管清天	胡璟怡	胡凤潮	李海蓉	李利利	李秋城
刘道宁	刘小天	刘紫微	马志谦	毛一凡	庞子钰
石云龙	苏仲涛	王嘉俊	王柯懿	肖博宇	邢志彤
杨雅婷	殷梓介	酉梦婷	袁臻贞	张丹璐	张乔磊
张瑞辰	张伊肖	张艺芋	张益豪	张雨晴	赵如婧
周楚楚	周子威	朱明婵	闫雅心	尼玛顿珠	

社会工作专业 3 人

方 超	林锐雄	张靖华

国际政治专业 87 人

陈 晨	迟 琳	郭 彤	李 婧	梁 成	林 立
刘 悦	刘 浏	卢 敏	陆 森	罗 放	汤 萍
唐 诚	陶 月	田 园	王 敬	王 松	吴 婷
武 旋	肖 雪	许 颖	杨 雯	詹 云	张 婧
赵 桐	钟 宁	缪 盈	陈锦烽	陈若丛	陈天祥
陈香瑶	陈桢楠	戴帼君	董婉妮	方若冰	傅翰文
付新宇	高斯钰	韩钟天	郝婧青	侯星辰	胡康琪
胡钰铂	黄明浩	黄天元	黄晖晖	江思羽	兰天莹
兰云柯	黎秋婷	李鸿雁	李洪胜	李秋平	李异予
刘念鸿	卢雨涵	陆奇寒	麻昊昱	宁艺晴	任柳佳
师瑞雪	师义帆	施润茜	宋佳骏	孙垚垚	王成龙
王靖雯	王雷特	王唯楚	王菁菁	尉秋实	温曼莎
吴昊星	肖震苏	谢洁滢	徐逸杰	杨凯茜	杨越欣
姚李南	张快快	张小庆	张紫竹	郑唯实	周彩婷
周嘉宝	周旭明	玛丽娅·马哈热提			

政治学与行政学专业 23 人

方 园	潘 雨	王 腾	王 麒	肖 卫	肖 遥
于 雷	周 宇	庄 仲	顾洪基	韩丰蔚	韩天放
何邦振	何琛仪	侯玉婧	李钦帅	梁文雨	骆嘉瑛
马艾云	宋传慈	夏浩然	张茗翔	赵晓朋	

外交学专业 2 人
莫　超　　陈菊婉聪

国际政治经济学专业 33 人
刘　阳　　罗　勉　　马　婕　　农　鑫　　魏　刚　　杨　珺
刀洛西　　董思睿　　龚玉婷　　韩嘉怡　　胡伟晨　　黄超颖
黄昱然　　李佳欣　　李凌云　　李亚诗　　刘欣杨　　刘翌秋
孙月鑫　　唐筱睿　　王国本　　王倩芸　　辛经纬　　杨博允
杨晓妍　　杨妍捷　　姚苏薇　　苑文杰　　曾伟晋　　曾琪斐
张辰恺　　赵天羽　　周星悦

工学学士学位 117 人

能源与资源工程专业 31 人
陈　矿　　韩　琳　　陈培楷　　崔诗晓　　范润东　　顾佳欢
韩旭泽　　侯晓璇　　黄超宇　　黄文博　　雷新野　　李佳维
李佳智　　李金国　　刘开奇　　刘燕妮　　刘一民　　刘岳曦
罗奥译　　屈素瑞　　邵仁杰　　王绍鑫　　王世龙　　伍嘉祺
徐梓淇　　严辰旭　　张文韬　　张紫豪　　赵乾坤　　谌浩章
滕益华

航空航天工程专业 2 人
翟唯钧　　姜汉博

工程结构分析专业 14 人
付　野　　刘　颖　　孙　赫　　杨　任　　张　浩　　勾志宏
李嘉东　　李喜晟　　李秀爽　　刘鲁峰　　潘羲丰　　沈建华
施至豪　　魏牧星

环境工程专业 3 人
邓　均　　李志超　　史绪川

材料科学与工程专业 6 人
谢　瑜　　尹　涵　　高云天　　郭文翰　　金奕千　　南汉卿

生物医学工程专业 9 人
童　立　　杨　雪　　俞　玥　　张　晗　　黄毛毛　　路林林
沈雁婷　　于琳洋　　朱攀涛

软件工程二学位专业 16 人
陈　伟　　骆　亮　　申　玮　　沈　澍　　王　昊　　杨　菲
赵　丹　　艾海涛　　陈丽南　　郭文渊　　黄颖彪　　刘慧琴
唐宁宁　　袁军龙　　曾德显　　郑寅朋

城市规划专业 36 人
包　涵　　陈　旭　　代　莹　　韩　晴　　何　翃　　黄　思
兰　洁　　黎　斌　　黎　婕　　梁　宜　　田　露　　王　鑫
杨　倩　　张　彪　　周　栋　　朱　明　　邓昊韫　　范红蕾
付雅洁　　李梦涵　　李筠洁　　刘骏伟　　刘少伟　　刘天媛
刘禹君　　倪倩倩　　石春晖　　史秋洁　　孙涵沁　　谭逸爽
唐辉栋　　唐艺月　　文布帆　　郑超群　　邹林佚
淑阿克·乌扎提

管理学学士学位 137 人

会计学专业 46 人
程　驰　　高　洁　　吉　磊　　贾　莉　　李　仪　　李　璇
刘　凡　　刘　玫　　刘　正　　马　茜　　马　雯　　孙　梦
唐　琪　　汪　鉴　　王　琪　　张　琪　　郑　皓　　蔡惠琦
单敬文　　耿一丹　　龚洁艺　　黄昊华　　李晓君　　刘长佳
刘全友　　刘羽晨　　马梦琦　　梅新蕾　　倪冕文　　欧凯茜
施慧豪　　隋海婧　　谭妙琪　　王冬梅　　王墨岩　　王迎萦
魏淑贤　　尹若郦　　于昊吉　　张辰阳　　张力珩　　张茂松
赵芳熠　　郑茹君　　周安儿　　庄雯雯

市场营销专业 10 人
胡　楠　　奇　峰　　张　玮　　张　榕　　赵　仪　　陈伟扬
李诗羽　　阮秋剑　　吴思渊　　杨炜乐

行政管理学专业 23 人
车　倩　　樊　洁　　姜　琪　　李　茵　　刘　晴　　王　浩
王　璇　　向　阳　　张　鹏　　毕翼飞　　蔡凯华　　邓祎頔
范若曦　　郝凌瑶　　何明帅　　贺国阳　　刘舰蔚　　刘倪嘉
武沐瑶　　姚璐薇　　应瑞泽　　赵培强　　冯子杰

图书馆学专业 8 人
封　舜　　钱　欣　　张　越　　瞿　绮　　陈雪婷　　孟晨霞
齐鸣宇　　王东宁

信息管理与信息系统专业 27 人
柯　轲　　冷　玥　　刘　欣　　王　朝　　王　聪　　王　卉
王　强　　赵　誉　　周　青　　程媛媛　　翟佳璐　　顾嘉伟
李广睿　　李文琦　　卢可睿　　王华雷　　吴素平　　武群芳
肖天悦　　谢文奇　　许宜哲　　曾显越　　张理硕　　张惟恺
张瀚雄　　赵莞莼　　阿力木·米吉提

公共政策学专业 13 人
黄　烁　　孔　维　　刘　青　　赵　越　　邓永辉　　李春晓
李艺宸　　梁勤之　　刘镇杰　　孙梦琳　　王雨晴　　韦宇丹
阚明玥

城市管理专业 10 人
柴　琨　　侯　韵　　雷　蕾　　李　楠　　张　皎　　陈罗烨
邓凌嫒　　李云鹏　　刘弈含　　臧天宇

经济学学士学位 311 人

经济学专业 58 人
鲍　泓　　杜　佳　　费　璇　　过　群　　金　澎　　雷　宗
李　丹　　李　戬　　李　森　　刘　硕　　刘　熠　　罗　航
聂　汝　　潘　正　　钱　尧　　田　克　　田　庄　　易　宇
张　涵　　张　蕾　　张　遥　　张　菁　　庄　晨　　蔡志伟
陈安祥　　陈光颖　　陈琳婕　　陈菁菁　　翟菁然　　丁匡达
丁泉莉　　冯嘉会　　符晨晨　　高庆昆　　高菡聪　　顾思蒋
何蒙悦　　侯英博　　李林芷　　李雅雯　　李雨纱　　李玉婷
刘怡君　　马越原　　潘竹君　　任静仪　　孙懿文　　唐裕昕

谢瑞豪 谢思佳 徐博立 严惟诚 尤文顾 于东伶
于泽洋 张博骁 张丹怡 赵欣琦

国际经济与贸易专业 13 人

王 梓 向 佳 程启帆 段然佳 胡佳敏 黄海伦
李雨童 伍晓寰 徐媛舒 许华樱 张赢之 张忠祥
周宇枫

金融学专业 170 人

常 菁 陈 川 陈 鹏 陈 昱 邓 园 杜 赟
段 湾 傅 蔷 付 楠 郝 嘉 何 炜 胡 燕
计 羽 李 劢 李 铖 梁 昊 林 欣 刘 畅
刘 穗 卢 晓 苏 鑫 谭 正 童 坤 王 栋
肖 艺 谢 央 谢 瑾 邢 凡 阳 盼 姚 倩
于 超 于 越 俞 悦 曾 羽 赵 成 赵 一
钟 婧 褚 君 覃 翔 曹思盈 常惠丰 常云瀚
陈美好 陈真洋 陈柞同 程春晓 池美琦 丁民杰
丁瑞祺 范畅翔 冯翼翔 付瑞祺 高彬馨 葛晓燕
关梦卿 何川洋 何浩延 何文君 贺奕博 洪欣格
侯千乘 侯笑笑 后嘉毅 胡超凡 黄嘉怡 贾艺凡
蒋朝晖 孔令明 孔馨瑶 李凌霄 李露霖 李笑宇
李志豪 廖诗画 林雪婷 刘大路 刘恩宇 刘力元
刘桐君 刘学梦 刘雪霏 龙镜霓 马晓羚 彭嘉佳
彭卫东 沈志鹏 孙经娜 孙诗皓 谭婧瑜 唐国桥
王二锋 王可菲 王培州 王胜亚 王舜禹 王晓彤
王臻野 王昊达 文欣怡 项姝蕾 向昊天 谢可夫
谢玉婷 熊佳维 徐北溟 徐凌晗 徐婧馨 杨惊淙
杨法皓 杨孟麟 杨晓玄 杨雪萌 姚董洁 俞晓婧
张辰睿 张佳颖 张伟鸿 张勇梁 赵奕强 赵昕玥
钟隽仪 周静荷 周汝昂 周伊伦 朱一峰 曹 琦
陈 威 程 悦 狄 央 冯 珊 金 洋 孔 鲁
李 晗 林 昭 路 畅 师 与 唐 恒 王 琳
王 睿 曾 蓁 张 智 陈志军 仇文竹 但堂华
付亚利 高文玲 宫海博 顾晓琦 郭雨阳 韩丽媛
胡允执 李学林 梁冰玉 刘丽兵 刘笑语 路广平
罗羽霄 乔天一 邱清乾 沈佳颖 沈诗涵 万琦玮
王佳璇 王昱人 吴梦斓 俞秀梅 张凌泽 张钦文
张蜀亮 赵天宁

财政学专业 19 人

李 响 刘 立 曲 鹿 沈 佳 魏 佳 杨 磊
陈冠宇 陈念霏 樊子健 韩佳玲 黄佩嫒 刘子琪
孟天碧 苏明名 王耀东 萧嘉成 谢慧莹 于润森
赵苑君

环境、资源与发展经济学专业 9 人

钱 坤 陈丹璐 胡汪音 胡子寒 刘冬雪 王绍达
叶新章 易向谦 覃之意

保险专业 42 人

邓 颖 董 洁 胡 鑫 黄 政 李 彦 林 婷

祁 琦 魏 玮 武 楠 邢 安 杨 敏 张 帆
郑 梅 周 斌 周 娜 周 倜 白夷宁 蔡震宇
朝惠文 邓启程 东文山 高千千 顾敦辉 胡若辰
胡世聪 黄忆薇 蒋沈雄 吕国豪 马凯莉 曲泓泽
宋广易 陶晓杨 王敬瑜 王玲焱 王翼羽 王羽尧
王潇潇 吴泽宾 徐凌云 杨继标 张月月 朱健林

理学学士学位 1162 人

数学与应用数学专业 130 人

白 钰 陈 军 房 玮 顾 晶 郝 彬 何 麒
华 龙 金 冲 金 晓 李 盼 李 奇 李 顺
李 豫 刘 苏 刘 卓 罗 杨 阮 丰 苏 钧
苏 骁 孙 龙 陶 壮 王 森 王 琦 文 浩
徐 昇 姚 贺 于 伦 袁 潇 张 晨 张 旭
张 宇 赵 凡 赵 牧 艾广阔 曹巍巍 曹子微
陈镜璇 陈柯宇 陈淑娴 陈逸伦 陈灏宏 程哲驰
邓博文 董金硕 范若昕 冯文君 付若男 高程宇
高东旭 何哲豪 贺少杰 胡鸣鹤 胡煜中 华立晟
华培策 冀海宏 蒋松之 李方远 李弘毅 李嘉诚
李生晖 李晓澄 廖智健 刘博闻 刘华超 刘少松
刘一伟 楼熳霞 娄向阳 卢家稷 陆道旭 吕梦帆
吕一鼎 罗振华 马雨杭 邱铭达 曲日同 任书琪
沈桂羽 舒睿文 宋宏博 宋少栋 孙卿云 唐志皓
王佳伟 王家列 王威涵 王伟楠 王晓宇 王云占
王轶凡 王钰铭 韦东奕 魏达仁 吴凡迪 吴世威
肖经纬 谢哲士 熊世豪 徐心远 许文昌 严圣培
杨浚哲 杨牧野 杨树宝 杨晓舟 姚健婷 叶阳阳
于荣欣 余韬岳 曾子权 张博一 张崇久 张凯冬
张强翔 张思益 张一婷 张溢麟 张宇驰 张志成
张婧倩 赵国宇 赵若崖 钟逸崎 周九羊 周叶桐
庄梓铨 邹佛灵 邹佳良 臧佳玮

信息与计算科学专业 29 人

康 凯 梅 松 幸 昕 徐 来 宣 炎 曾 鑫
赵 巍 陈翰轩 陈天珩 陈霄泓 陈宇望 邓思圆
冯怡珺 黄政宇 蒋雨辰 蒋雨薇 孔小点 李立颖
李文博 刘家序 刘清一 罗华刚 庞彤瑶 魏晓宇
张浩楠 张金波 赵韫禛 周沛劼 褚伟奇

统计学专业 33 人

艾 辛 蒋 月 刘 晨 刘 越 童 涵 王 润
余 明 周 兮 陈子颖 陈禹伶 樊乃榕 黄译旻
雷理骅 李诗卉 李云啸 厉希豪 刘逸飞 刘馥晨
吕承应 吕天萌 吕志超 钱寅悦 孙涵溪 孙笑予
王维力 王文俊 王泽群 吴宇青 武文逸 杨云帆
张博千 张翮霄 邬子庄

物理学专业 149 人

陈 露 陈 一 戴 凝 董 宇 贺 珺 井 然

靖礼	雷进	李超	李巍	李智	李琦
梁浩	廖舒	刘洋	刘怡	柳晨	路尧
罗巍	马达	马卉	马骁	马铮	潘瑞
秦芊	曲珍	盛典	石印	宋炜	王璟
王欢	王霓	王所	王习	王星	吴蒙
徐震	杨彪	杨栋	杨康	杨婧	岳莉
章树	钟顶	周超	周叶	周易	庄园
包宜骏	蔡安慰	曹传午	曹中舒	曹子寒	陈光湜
陈少闻	陈一璇	程明昊	程书含	程子豪	丛麟骁
戴晓亮	杜啸宇	方伟铭	付少华	高宝玮	郭成威
韩明桐	何宇驰	胡佑健	黄新徽	黄彦琦	计言信
金佳霖	金伟良	晋崧耀	柯伟尧	孔令剑	蓝鸿健
林思成	刘崇达	刘戈锐	刘哮阳	刘仪襄	卢思达
吕凯成	罗平展	罗宇霆	马千里	马润泽	倪有意
彭小磊	秦元帅	秦正宇	曲慧麟	阮方成	申攀攀
沈齐欣	沈逸文	生冀明	寿寅任	舒俊翔	舒思扬
宋化鼎	宋建宏	宋翔宇	孙晋茹	孙思白	汤宏建
王炳森	王辰宇	王李祺	王利博	王一出	王一帆
王宇飞	王元斐	王智鑫	王子乔	肖相如	谢经岸
谢可平	谢雨辰	熊力扬	许博岩	薛宇航	严梦嫒
颜启瑞	杨传剑	杨为明	姚杰雄	姚舜怀	叶舒豪
袁颖颖	詹托晨	张鹤寿	张继和	张靖中	张文昊
张雪萌	张亚晖	张一民	张涌良	张玉雪	钟德亮
朱承吉	朱林源	朱逸萧	庄煜昕	钟胡天翔	

化学专业 87 人

陈起	冯煜	黄超	黄山	姜薇	连真
刘帅	刘宇	马骍	孟赫	石栋	苏祺
王波	王南	王拓	王珏	谢达	徐澍
杨艺	杨昊	余力	袁方	曾灿	张简
张娜	周游	闫冰	曹朋飞	陈嘉桢	陈林霄
陈艳超	崔也澄	段文洁	郭亦堃	何毅帆	何姗珊
洪伟耀	侯杰瀚	姜圣芃	江海源	蒋兴宇	李军军
李明哲	李天祥	梁根铨	廖正瀚	刘思睿	刘紫薇
罗美钰	倪天持	乔禹森	申鹏翔	施海玲	施立雪
石襄禹	宋正天	苏泽彬	孙虹钰	孙祖晨	田羚雁
王健纯	王瑞琦	王申恺	王斯博	王新宇	王一鸥
王羽琛	王壮飞	吴超强	吴奇伟	谢佳君	谢蒙琪
阳东初	姚颖琪	张冬予	张浩宇	张森森	赵泽琼
郑钦珩	周世杰	周是一	周志冗	周子硕	诸琪磊
庄方东	晏佳譞	上官湘航			

应用化学专业 3 人

薄奥克	胡竞文	张可天

化学生物学专业 11 人

贾上	黎田	李灏	许诺	陈庆鑫	杜逸飞
王汝一	张管宇	张宇罡	周文渊	卡马力吐尔克·牙里坤	

生物科学专业 98 人

鲍雨	陈靖	戴进	方方	冯艺	高昕
龚癸	贺桥	侯捷	胡帅	黄晓	雷雪
龙颖	马蕾	慕童	任驰	商瑾	汪峡
王飞	王鹏	王欣	王兴	咸逸	肖凡
徐慧	徐伟	徐昊	许征	许轲	杨麓
杨越	于宙	张宏	张睿	赵墨	涂贤志
曹如冰	陈明辰	陈思雨	翟洁修	丁贯乔	范逸临
冯慧中	顾明雪	郭采薇	何朔南	何劲达	胡琪楠
黄骎骎	吉玮玥	贾宇博	简廷涵	姜易昊	冷士强
冷天祺	李丹阳	李金森	刘凤麟	刘洪志	刘嘉越
刘乃嘉	刘彤日	陆佳舢	吕默含	马牧青	马文静
秦梦霖	盛焕杰	唐苦尽	陶怡乐	王美琪	王子猛
吴伯超	夏思杨	谢祎祎	谢丽晗	邢文敏	熊罗星
徐涵剑	徐建锋	徐至韵	严筱澂	杨晓旭	杨欣茹
姚安之	俞若凡	张海阳	张梦琪	张仕坤	张孙媛
张一楠	张轶伟	赵峻峰	赵志磊	郑竣元	周鹏举
朱劲奕	李韩牧云				

生物技术专业 9 人

仇真	顾婧	姜昊	连环	高传萍	李诗涵
刘锦檀	孙海莉	余玄飞			

天文学专业 29 人

程功	宫郑	李牛	田博	王澍	张欣
张源	蔡晨蔚	丁浩钰	董比立	郭彦君	李建德
李日新	刘英涛	倪泽伟	潘楚中	唐梦涛	田心瑜
王楚楚	王大涛	王健锋	吴雨航	谢婧秋	张帅宁
赵容川	周彦竹	周一凡	周智勤	周泓伊	

地质学专业 27 人

关晓	胡燕	孙鹏	王康	王也	姚稀
丛天怡	董轶婷	郭曦泽	韩丽媛	侯俊涛	贾文博
黎丽娜	李家腾	廖曼琪	刘沛显	刘世然	马浩然
倪培刚	帅歌伟	谭毓雯	王成祖	杨诗琴	杨文涛
郑淳方	周彦希	祖希蒙			

地球化学专业 9 人

刘洋	刘熠	张岩	金时运	李显伟	牛菁菁
张宇琪	郑萌萌	周佳安			

地理科学专业 4 人

王茜	包新夫	陈彬辉	杨晟朗

资源环境与城乡规划管理专业 38 人

丁乐	冯凌	高硕	郭晓	姜昕	蒋瓛
李沫	刘璐	刘鑫	屈贤	王博	吴强
周郡	朱桐	巴伟民	别雨蔚	陈天歌	陈易辰
董云鹤	郭晟晔	孔莹晖	李博谦	李西京	娄勍勍
任永欢	汤宁越	王嘉懿	王扬帆	吴丛露	吴馨馨
熊若轩	张岸汀	张丹青	张添宏	张亦培	郑雨蒙
周玥玥	米玛片多				

地理信息系统专业 29 人
贺帆　黄鑫　刘冬　刘鹏　王琳　张加
赵鹏　朱递　柴宝惠　范竣翔　顾燚芸　郭星艳
蒋格格　黎晓东　李浩然　刘家骏　刘可邦　田方杰
田绍鸿　王肇南　肖元正　谢沐禾　徐白玉　杨玉勤
尹丹东　张瑞洁　赵月圆　郑鸿云　周浩然

地球物理学专业 22 人
方托　李伟　罗诚　庞昊　唐巍　左奕
程怡芳　冯宗才　李嘉琪　李昊天　刘嘉辉　刘天时
马宇岩　欧阳天　申弘光　宋承泽　宋子豪　魏晓拙
吴梦羽　张艾琳　张小迪　郑玉洁

空间科学与技术专业 8 人
董翙　陆阳　吴桐　张旭　陈兴燃　黄建平
毛守迪　魏鸿江

大气科学专业 21 人
陈煦　冯涛　刘洋　夏韬　徐军　张玥
冯近溪　冯子宁　郭怡鑫　何昱颉　荆任之　康婉莹
梁文癸　马一凡　沈世民　沈星辰　孙轶依　张冬健
张佳辰　赵宇初　朱世初

理论与应用力学专业 15 人
董凡　胡喆　李颖　楼今　王祺　周川
陈宽宇　陈晓天　杜汇丰　林勤业　陆建洲　吕辰儒
徐微鸿　周翼南　朱思雨

古生物学专业 1 人
薛逸凡

电子信息科学与技术专业 71 人
陈陈　陈东　高翔　何刚　贾韬　姜鹏
雷鑫　刘喆　刘烽　刘扬　卢岚　孙婕
唐丹　王干　王然　王睿　文才　辛雨
徐悦　曾益　张弛　张航　张萌　张玮
郑晴　周鹏　周鹏　朱琦　庄仲　左源
曹苍剑　陈志鹏　程宇舟　崔一凡　葛大伟　和灿斌
侯冠荣　胡二猛　黄文鸿　姜凯华　金圣杰　李晓光
李玉林　廉亚飞　梁德民　刘笑尘　刘娱婷　卢海昌
吕婷婷　聂旭辉　潘睿智　朴成哲　阮恒心　盛豪杰
孙开成　孙诗晴　孙宗禹　陶世博　万剑宏　王康达
王恺悦　徐袁媛　杨建波　袁昊琛　张泓亮　张曦光
郑子杰　朱锦华　邹贵祥　邹恺蕥　邱博雅

微电子学专业 43 人
曹萱　陈诚　贡献　郝鹏　李哲　龙云
马潇　邱罡　孙悦　田帆　王亮　张凯
毕颖杰　曹一童　曹元欢　陈菊月　崔国栋　邓昊培
杜鸿铵　关义金　郭令仪　郝秀成　何远舵　姜梦吟
金柏宏　李秀红　吕垠轩　罗牧龙　马思鸣　牛育泽
邵林博　唐永道　王宁宇　王子一　吴俊东　熊文洁
杨天和　杨钰淏　于欣可　喻юн璇　张竞前　湛灼杰

覃明杰

材料化学专业 39 人
曹阳　程昳　邓兵　邓琳　董斌　杜楠
韩琦　李喆　李聪　刘壮　尹剑　陈风华
陈嘉晖　陈添锴　范识玄　房志鹏　顾春晖　顾炜华
洪玠巍　黄睿之　金泽鑫　李博闻　刘宇轩　柳成航
邵蕴奇　苏文睿　苏子昊　王烨欣　魏聪睿　谢譞璇
袁劲松　张博文　张传杰　张帅林　张宸豪　张鑫雨
周亦杨　周振鹏　邹乐然

环境科学专业 14 人
高茜　王丹　张众　高世雄　郭昊丽　廖嘉文
刘翌旸　钱雨奇　谭世鑫　王琼淙　张纡苒　郑音楠
周邦天　麦合力亚尔·萨德克

生态学专业 5 人
郭强　邱爽　党威雄　范吾思　冯明敏

环境科学专业 20 人
刘赫　梅竹　王珏　郑哲　邹琦　陈昱昊
单敬雯　胡松禾　姜嘉庆　姜一晨　李逸婧　龙显灵
马海超　王静远　谢鹏飞　邢英华　徐才佳　杨裕茵
于晓雯　张兆阳

心理学专业 42 人
曹嫄　常融　陈思　郎超　李莎　梁蔚
史超　王恬　王哲　邢昱　张翼　周鹏
朱荔　包小涵　陈斯琪　樊娅萌　范朗辰　高一凡
郭渺渺　姜红钰　金星洋　金悦宁　李思阳　鲁君实
米田悦　彭玉佳　宋轶凡　孙经纬　田雨婧　伍佳迪
夏晓旭　徐阵雁　张曼莉　张引玉　张宸元　张玮琪
周士博　周圆圆　朱可人　余颖乔　陈安吉尔
玉尔麦提江·伊里提孜

智能科学与技术专业 34 人
崔文　高飞　高源　邱实　王玮　于晨
白艺冲　陈大烨　陈天赐　陈云帆　丁宇辰　官平胤
胡修涵　黄佳丽　黄思颖　李凡丁　李嫣然　林萍萍
刘思聪　卢嘉毅　吕培阳　马舒蕾　曲乐之　邵泽华
申天纬　孙豪泽　王程霄　魏嫣然　严伟庆　杨林青
杨蕴伦　余韧哲　张瀚天　赵庄田

计算机科学与技术专业 142 人
安博　蔡康　陈林　程浩　崔达　杜聪
杜焱　冯一　傅强　韩喆　侯放　黄鑫
兰铮　李宝　李果　李鹏　李响　李睢
梁鑫　刘超　刘泉　刘松　柳熠　吕潇
罗帆　倪燎　全成　施晨　舒航　孙哲
王晨　王贺　王杰　王卓　吴蕾　夏丁
徐文　颜悦　杨涛　姚旸　张达　张磊
张恂　赵鹏　赵阳　赵恺　钟鸣　闫铭
臧郁　艾永琦　白安琪　陈迪琦　陈康毅　陈桐飞

陈旭东	戴竹韵	邓景文	邓景予	翟羽佳	丁怡婧
范志巍	高明志	耿梦悦	管毓清	郭嘉琦	韩维浩
胡春国	胡志挺	黄权隆	黄柱彬	黄子犟	李楚雨
李传志	李丰安	李豁然	李纪东	李翘楚	李天时
李杨珂	李元春	梁世裕	林华山	林泽燕	林泽琦
刘成东	刘欢欢	刘卢琛	刘宇琼	刘志鸿	路万里
罗杨成	罗宇翔	罗骁迪	马子昂	潘煦进	彭文杰
齐荣嵘	乔子健	权浩亮	史业民	司尚春	王杰西
王靖一	王异秀	王纾寒	吴建邦	吴淑宇	吴昊天
吴昊泽	许伦博	许若辰	许树彬	许云楠	严松柏
杨建楠	杨江申	杨晓波	杨晓帆	杨志帆	姚斯宇
尹望峰	尤春野	张东辉	张高瀚	张凯宇	张如轩
张文泰	张泽亚	张炜其	赵玮泽	钟高浩	周逸松
周振宇	朱富勇	朱晓旻	朱臻慧	佟子涵	闫任驰
窦笑添	瞿经纬	肖刘明镜	杨撒博雅		

历史学学士学位68人

历史学专业26人

陈 凯	高 源	郭 妍	李 帅	王 琦	杨 光
杨 筝	张 亮	常宇鑫	陈逸帆	杜晨薇	冯昕瑞
何天白	金美伶	李汉符	沈一心	孙雅琪	田添欣
汪春雨	王健丁	王帅晓	吴宗璇	张辞修	张桐源
周相杜	邹佳宸				

世界历史专业14人

高 燎	惠 波	吕 璠	罗 天	马 隽	史 记
霍思伊	李扬天	刘育琦	刘沐轩	潘致远	张文怡
张悠然	赵可馨				

考古学专业14人

艾 佳	戴 威	李 楠	刘 婷	戴鸿运	李可言
刘嗣渊	刘天歌	乔苏婷	翁汝佳	张保卿	张晨悦
奚牧凉	达吾力江·叶尔哈力克				

博物馆学专业3人

商晨雯	王圣雨	周子与

考古学(文物建筑方向)专业10人

陈 豪	顾 杨	李 弥	朱 柠	李东遥	吕博文
尚劲宇	吴煜楠	于浩然	袁怡雅		

外国语言与外国历史专业1人

栾颖新

文学学士学位396人

中国文学专业74人

储 霈	杜 楠	高 思	韩 阳	韩 煦	黄 蕙
李 喆	李 派	李 琬	卢 姗	陆 佩	马 源
潘 旺	孙 旻	汪 洋	王 上	徐 颖	杨 照
于 茜	袁 硕	张 磊	张 力	宗 帅	鄢 虹
濮 玥	宝诺娅	陈琳琳	胡晓培	姬雅君	黎潇逸
李嘉琪	李家骏	李晚寒	李轶男	刘雅丽	刘正薇
刘芝君	楼悦晨	吕惠玲	吕欣桐	罗丹妮	罗雪晴
马娇娇	马晓琳	齐肇楠	秦雅萌	孙正平	谭雪晴
谭燕琴	唐芊尔	王卉媛	王剑强	王柯月	王亚男
王玉王	王恺文	吴斐然	吴箫剑	谢迪文	严旎萍
杨梦斌	杨维思	叶栩乔	曾碧冰	张东宁	张弘毅
张凌云	张清莹	张庆雄	郑宇琦	朱佳艺	余贤松
闫霱骐	杨柳青青				

汉语言学专业22人

蔡 薇	崔 璨	丁 玎	舒 锐	孙 赫	王 静
崔叶子	戴辰忱	姜雯雯	沈力栋	隋思誉	谭洁羽
唐枭雄	汪春涛	王品佳	王淑琳	王玉婷	余德江
余奕冬	张亚如	周文其	周怿培		

古典文献专业18人

陈 萍	翟 丹	董 晨	杜 雪	斯 维	张 畅
高虹飞	李哲美	刘怡君	潘庭玉	庞若愚	王诗雨
王 卜	吴飞鹏	徐维焱	徐紫馨	张建铭	张一帆

编辑出版学专业9人

高 洁	李 庚	容 杏	杨 协	田雪乔	谢连英
杨智曾	周凡琛	雒健晴			

英语专业45人

刁 祝	顾 末	李 婧	刘 爽	刘 微	刘 顿
谢 欣	邢 玮	徐 鸣	杨 旭	张 露	周 璞
陈嘉瑜	陈显丽	崔明曦	杜晓彬	归诗卉	侯金凤
金思燕	喇奕琳	黎采薇	李玥盈	李诗聪	李学敏
李雯蕊	梁晓天	刘笑然	龙丹妮	吕诗伟	罗雅方
权莉晏	尚英南	宋岱涛	孙永臻	汪欣宇	王婉琳
王煜珍	吴琼茜	徐晨颃	徐如梦	张文瀚	张伊伊
赵梓彤	周睿璇	宗育忍			

俄语专业16人

陈 肖	韩 磊	韩 旭	侯 博	赖 毅	王 丹
杨 笛	张 群	罗霄恒	孙凌凌	陶治旭	汪雅琪
肖楚舟	杨心悦	周欣然	杜周安安		

德语专业14人

陈 炎	李 论	毛 迈	潘 乐	阮 倩	吴 丹
杜美辰	高梦宇	黄超然	廖思劼	孟丽娜	赵晓兰
诸灵迪	裘宇飞				

法语专业18人

董 璐	吉 竞	万 康	王 超	王 洋	王 菁
姚 垛	张 柯	翟雨嘉	段文睿	李金龙	李青羽
梁欣然	彭柯嘉	乔汉楠	王可萌	袁成卫	魏王笑天

阿拉伯语专业9人

李 珅	褚 楚	范冰元	蒋燎原	靳博义	李潇伊
平亦奇	王一工	武咏霄			

日语专业19人

胡 容	金 玲	刘 畅	毛 蔚	张 路	朱 铁

何灵意　黄歌行　刘欢番　刘顺玉　刘英多　刘玉青
潘瑞莲　徐凤萍　虞雪健　张子轲　张雯怡　周睿琪
褚天虹

朝鲜语专业14人

赖　颖　赖　戬　王　芮　张　昊　周　宇　敖琳琳
高忆晨　谷笑媛　郭月华　黄元康　李晓畅　杨静瑶
周冠宇　朱晨多

菲律宾语专业9人

卜　凡　雷　拓　李　豪　王　彧　陈敬阳　马宇晨
王一苇　郑友洋　周岑溪

梵语巴利语专业9人

葛　格　刘　畅　杨　帆　冯倩丽　姜一秀　邱梓欣
白玛央金　达娃群宗　仁青多吉

印度尼西亚语专业7人

潘　玥　马学敏　钱江潮　文琦珺　张英子　张奕淳
李岳枝子

乌尔都语专业8人

周　佳　杜卓黎　季阳洋　林一鸣　徐晓倩　张文虚
张欣云　赵婉婷

广播电视新闻学专业25人

曹　森　朵　兰　郭　蕙　项　思　许　宁　赵　恺
赵　鑫　朱　静　邬　晶　高代辉　胡馨木　黄晓婉
黄昀暄　钱一彬　孙燕卫　孙一奇　王晨子　王丽丽
王念一　吴思凡　吴雨俭　张艺瑾　佘雨非　缪亚敏
索郎央金

广告学专业29人

高　姗　姜　波　金　辰　雷　声　刘　森　马　珺
纳　菡　石　慧　孙　畅　王　皓　杨　荃　游　牧
张　楠　安晶丹　曹祎迪　陈佳慧　陈捷悠　陈心竹
范泽瑾　黄雷蕾　黄子健　李碧星　刘赣豫　王奥妮
袁紫祥　湛玺颖　钟爱慈　周军军　邹圳超

新闻学专业21人

杜　涵　郭　骁　何　萍　罗　蔓　任　凯　王　星
杨　柳　陈楚汉　陈彦蓉　丁怡婷　董海明　费云舒
李海雁　刘伊能　裴苒迪　沈佳妮　魏兆阳　余哲西
曾艺馨　张一琪　赵勤勤

广播电视编导（影视编导）专业27人

董　茧　何　方　焦　傲　林　琳　石　坤　易　婧
陈嘉明　陈书豪　戴伟强　方雄杰　费晨仪　郭晓菲
柯为之　雷晓彤　李佳潞　李诗语　李汀钏　乔淏铎
王秋梦　王一楠　吴倩如　向芝谊　辛诗旸　杨歆迪
张天竹　宗小宁　李墨若迷

外国语言与外国历史专业3人

闻　雯　陈思毅　蔺紫鸥

哲学学士学位71人

哲学专业44人

程　翔　段　锐　邱　羽　石　羚　王　錾　曾　馨
张　磊　赵　悦　郑　捷　陈佳幸　陈万众　程高超
程志翔　董书海　方欣捷　冯仁可　龚君正　谷墨涵
韩冬伊　贺韵辉　侯杰耀　黄涵虚　黄杨荔　黄月坤
黄泽宇　黎静怡　李若男　李思仪　李雅莹　卢亚东
彭宇航　温子健　谢清露　薛宇杰　袁睿琦　岳圣豪
张郭男　赵檬锡　赵文涛　赵亚明　钟孟星　周小龙
佟欣妍　格列群培

宗教学专业4人

李　雷　陈俊光　唐佳丽　咸秀颖

政治学、经济学与哲学专业23人

傅　誉　何　佩　林　通　卢　巍　罗　谦　盛　浩
太　巍　赵　端　赵　洋　蔡小珺　陈浩宇　董璘娜
冯嘉荟　管良剑　刘诗尧　刘子瑜　伍叶露　肖乐鸣
杨思琪　于晓磊　张思峰　赵雨淘　朱睿智

医学部学生获得学士学位名单

理学学士139人

医学实验学专业27人

任天云　吕湘阳　罗易文　王　麟　满镇铭　马文梅
次仁白珍　巴合提亚尔·胡瓦提别克　尼玛玉珍
沈　芮　高　冉　周　唯　焦运燊　王玥玥　宋春雨
梁　硕　李立强　高立权　冯标琪　曹佳琦　曹正意
马　举　原　帅　杨　喆　听　夏　陈思聪　拉　泽

药学专业112人

安　邦　白力丹　蔡晓容　曹　怡　陈　璟　陈倩雨
陈芝婧　程　青　邓飞阳　邓家荔　刁怡萍　桂　悦
郭　爽　郭廷杰　郭涌斐　韩　旭　韩子飞　郝丽娜
何祎晨　何云霞　侯英子　胡建星　胡　霞　花　明
黄　丹　黄晓敏　兰晓倩　李承洧　李　青　李　雪
廖理曦　刘海超　刘明龙　刘同舟　罗棋耀　吕　卓
马元亨　孟艳莎　牟海栋　沐黎敏　宁灿健　庞文浩
彭　耕　秦蒙蒙　邱　崇　任　伟　商金鑫　沈燕君
苏海涛　孙　丹　孙丽凤　孙明扬　孙奕星　唐　睿
王　辰　王　欢　王一珂　王志轩　卫　备　魏梦茜
吴　凡　夏梦婕　徐仁洋　闫婷婷　姚家健　姚天卓
尹安玥　于　洋　翟灿佳　张光普　张　肖　张晓丹
张　烨　赵熙子　赵　曜　郑丹丹　郑　婷　周珊珊
朱玉超　邹绵成　曹文莞　陈柏村　陈　科　陈若尘
陈　庄　邓美健　杜莉莉　顾　奕　关月鹏　何天羽

胡钰曦	黄晶鑫	雷㘗茜	李大蔚	李佳颀	李 龙	**预防医学专业81人**					
李梦月	李星火	林 莉	庞 宁	涂 健	王 杰	何 欢	孙 彬	曾梦歆	蔡文强	樊萌语	章湖洋
吴星宇	谢天宁	胥振兴	雪克莱提·阿尔肯		阎 妍	金 明	阿力木·达依木		张思奇	周雪萍	曾 静
杨 芸	张 睿	张艺嘉	张朕僖	赵 祎		马 蕊	曹亚英	王立芳	陈 威	吴志军	万 幸

医学学士 385人

护理学专业 32人

邓翠玉	武 杰	文 栋	刘 芹	何梦婷	李利智
李温荣	岳洁雅	沈晶晶	董 敏	赵明明	刘正阳
崔航菁	谷宇轩	李善欣	梁芳园	唐 萍	黄艳萍
韩 慧	赵 佳	陈振方	李柳霖	王 璐	金怡晨
邢立永	赵 岩	井 鑫	孙晓晖	冯金秋	王小鲁
孙 黎	李英杰				

医学检验专业 17人

线海鹏	项颂雨	赵颖君	周显航	马思思	张 文
张 婉	郭冀帆	刘娅琪	段 楠	李艾为	朱 研
侯雪琪	卫凯平	李 琪	刘赖阳	汪依明	

临床医学专业 160人

付 俊	衷弘熙	韩竞男	赵 腾	戚聂聂	张 旻
郭雨欣	翁浩宇	孙 鹏	孙婷婷	柏中胜	朱雨泽
刘旭妍	邓力宾	程 丝	曹煜东	李 曦	张 冬
张 正	沈依萌	魏丹萌	徐文瑞	陈咏冰	张 瑞
郭 正	王益勤	王雨蒙	何舒婷	吴重为	胡天驹
刘 鹭	张俊光	李卓扬	宋 晗	吴向伟	蒋 欣
杨九凌	张慧婧	戴昱旭	鲁昊骋	冯 烨	高海成
齐清怡	方 璇	张泽宇	丁 雪	王洁玮	李 浩
郭 浩	王旸烁	徐碧荷	裴博阳	梁海杰	谢乙宁
刘 贺	朴振宇	李 倩	张新羽	陈海清	王 畅
魏 晋	王月琪	程雅琳	刘 晴	曹赛赛	胡 萍
李玄庶	臧荟然	徐凌子	徐 欢	何 云	管 添
王辰璁	林维成	牛慧敏	安勇博	张 臻	汪基炜
顾文多	刘雨蒙	吴 峥	黄东宁	曹雅晶	张瑞涛
赵 诚	赵欣童	庞林涛	李文静	钟珺文	杜虎荣
陆浩平	李颖源	李寒阳	罗祎明	杨梦璐	雷 畅
刘 丹	申 珅	李轶雯	王 润	喻剑舟	韩 钦
何婉毓	姚响芸	余培峰	宋诗雨	陈 民	黄 骁
赵 然	李国珅	刘晓伟	管祎祺	申 叶	蒋子涵
伊骏飞	陈渝龙	赵怡琳	谢 洪	刘 蓉	黄 勇
姜矞恒	王子昀	马 驰	李海蛟	马伟杰	钟文耀
梁 晨	王丁然	程 彤	许翔宇	邢添瑛	闻洁曦
要雅君	董碧璇	罗 洁	周 莹	香钰婷	陈祎霏
梁新全	王冬青	张龙飞	张梦莹	苏晓鸿	陈 沁
刘祎妮	陈新旺	文 玮	侯 昌	翁剑真	安俊学
崔海梦	陈挺杰	李伟峰	王斯云	尚可为	李雨薇
丁思引	宋 刚	张明洲	张统一		

王 楠	黄 丹	李汉超	徐丹慧	陈禹斌	郭 斌
涂星莹	谭圣杰	张 黎	李 钦	李 莹	陈 婕
王嘉宁	方任飞	孙苗苗	温连奎	杨 超	马冬梅
王欣月	刘灿宁	可	陈晓文	邹德鸿	崔晨顿
周 倩	孙博雅	吴 珂	黄 乾	甄一凡	杨 柳
袁志伟	刘艺涵	汪 颖	李蕾蕾	莫亚文	战奕巍
满塞丽麦	刘水清	李侗桐	史少泽	于卜一	王天晶
赵禾苗	袁 园	李 有	刘 越	王醴湘	米新宇
吉振鹏	李 昊	朱 益	王 昕	李 贺	江 莱
代晓彤	王吟曦	秦 浩	包竹青	董莉莎	严家鸿
冯孟贤	帕鲁克·肖克拉提		高哈尔·卡德尔汉		
努尔比亚·艾孜孜					

基础医学专业 57人

李 翔	胡 蝶	王选彤	阳成江	赵 珺	丁羚昱
王 翔	漆 豪	沈 晖	相隈文殊	郑丹凤	曹 帅
张立群	徐灵驰	韩 沛	朱聪聪	夏妙然	洪杜北琦
史俊秀	王亚军	杨 正	吴婧旻	王雨辰	刘 宇
张 洁	王 楠	王 鹏	张 钰	刘 晶	俞欣荷
朱 骞	马 伟	陈霁云	许华敏	宋卓伦	苏丽敏
吴 越	李国亮	王光宇	王雨楠	朱 枫	王小杰
李 婧	刘 亮	李婉津	戴笑妍	田纳西	高雪娇
柳江枫	何 博	于震维	林午阳	赵桂珍	孙昊昱
王 鹏	刘小锋	肖 睿			

口腔医学专业 38人

田 畅	朱晔丹	唐 琳	陈秋雯	姜蔚然	李静文
邓少纯	王林川	黄秀玲	李米雪子	李 莎	崔圣洁
梁 田	于 鹏	李 芳	高展翼	辛天艺	沈 潇
田诗雨	周 凤	边士娟	张芳菲	吴 灵	曹思聪
赵 丹	柳玉树	陈子圆	张严妍	汪晓彤	田杰华
李雨舟	冯婷婷	龙赟子	王梦晨	裴晓庆	贾鹏程
徐 偲	陆 丞				

文学学士 25人

生物医学英语专业 25人

肖贵超	耿俊超	杨丽娜	刘军业	玛依努尔·于苏甫	
杨小东	赵 亮	赵帅龙	顾梦悦	石德君	尹玉虎
舒 洁	卜庆先	奇 巍	张旭熙	胡万亨	宋 多
任鹏杰	阳耀林	夏国强	史 涛	杨 朋	仝 森
杨 耀	刘孟凡	(春季毕业授予学位)			

获得双学位及辅修专业证书名单

1. 校本部学生获得双学位名单 991 人

法学学士学位 143 人

法学（知识产权）专业 38 人

陈肖	高茜	李喆	李豪	刘晨	刘晴
马茜	马雯	钱尧	邢安	张涵	张遥
包小涵	陈安祥	陈逸帆	高梦宇	韩嘉怡	何庆钦
黄歌行	黄嘉怡	黄子健	李佳潞	李晚寒	刘长佳
彭嘉佳	谭洁羽	谭索成	吴雨俭	肖艺能	张丹璐
张文怡	张艺瑾	张英子	张勇梁	张雯怡	周安儿
周与茵	阚明玥				

社会学专业 45 人

卜凡	邓园	高燎	高思	郭蕙	韩煦
焦傲	金澎	楼今	罗锐	王涵	杨协
郑捷	周佳	安晶丹	程明昊	董伯羊	董海明
李金龙	李异予	李潇伊	廖思劼	刘天歌	罗霄恒
钱一彬	乔苏婷	沈力栋	沈一心	施慧豪	孙一奇
汪春涛	王一楠	王煜珍	吴倩如	谢蒙琪	薛宇杰
杨梦斌	杨炜乐	张一琪	张奕淳	赵英男	郑子杰
缪亚敏	李岳枝子	达吾力江·叶尔哈力克			

国际关系与对外事务专业 60 人

郭骁	韩旭	何鲜	惠波	金玲	赖颖
雷拓	李庚	李派	马卉	马隽	曲珍
史记	王銮	王唱	王麒	张力	赵悦
曹子微	翟雨嘉	高菌聪	龚君正	胡超凡	黄元康
蒋燎原	金大喜	金美伶	金迥坤	李佳荣	李钦帅
梁欣然	林锐雄	刘笑然	吕镐晋	马文静	彭宇航
朴训熙	陶治旭	汪欣宇	王东宁	王柯月	吴天雨
武沐瑶	肖楚舟	辛诗旸	徐晓倩	杨冠宇	杨静瑶
杨浚鑫	杨心悦	叶怡辰	袁成卫	张弘毅	张清莹
张文瀚	钟隽仪	周静荷	周睿璇	朱可人	蔺紫鸥

经济学学士学位 572 人

经济学专业 572 人

敖盼	包涵	曹羽	陈晨	陈琳	陈矿
陈旭	陈煦	程昳	程浩	迟琳	崔达
董宇	董璐	杜焱	房玮	封叶	冯晨
冯涛	冯煜	傅强	高飞	宫郑	贡献
顾芮	顾婧	郭奇	郭彤	郭晓	郭妍
韩磊	韩琳	韩晴	韩璐	何晨	何方
何刚	何翃	何萍	何麒	侯韵	华龙
黄鑫	姜琪	蒋昱	金辰	靖然	孔维
赖毅	赖毂	兰婕	铮多	雷蕾	雷玮	雷鑫
冷玥	黎婕	李多	李连	李沫	李鹏	李星
李茵	李豫	李楠	真	梁成	刘畅
刘超	刘丹	刘丹	刘力	刘青	刘泉
刘苏	刘阳	刘悦	刘璐	刘顿	刘鑫
卢凯	罗蔓	罗菁	马珺	马婕	毛蔚
庞昊	秦芊	屈贤	任凯	阮丰	商瑾
石慧	苏秦	孙赫	孙鹏	唐诚	田露
田园	万青	王或	王朝	王聪	王欢
王杰	王琳	王森	王习	王欣	王星
王也	王哲	王卓	王璇	王睿	魏刚
文才	文浩	吴婷	夏丁	肖雪	肖遥
谢欣	徐昇	徐伟	徐澍	许征	杨珺
杨越	杨倩	杨荃	杨瑜	杨雯	姚稀
袁潇	詹云	张彪	张浩	张娜	张鹏
张群	张升	张熙	张岩	张越	张萱
张琦	张昊	张皎	赵誉	赵越	赵恺
郑晴	郑哲	智楠	钟宁	周郡	周青
周扬	周宇	周宇	朱递	朱桐	庄园
邹琦	左源	奚望	缪盈	臧郁	涂贤志
敖琳琳	白安琪	别雨蔚	蔡林泉	曹苍剑	曹一童
曹中舒	曹子寒	常宇鑫	陈彬辉	陈楚汉	陈尔彦
陈捷悠	陈敬阳	陈俊光	陈立诚	陈琳琳	陈罗烨
陈若丛	陈淑娴	陈思雨	陈天歌	陈天珩	陈雪婷
陈颖茵	陈映萍	程高超	程哲驰	程志翔	程媛媛
崔国栋	崔也澄	崔元锡	单敬雯	党威雄	邓祎顿
邓凌嫒	邓昊培	邓昊韬	丁丽琴	丁宇辰	丁怡婷
董春峰	董书海	董思睿	董云鹤	董轶婷	杜晓彬
杜晓璇	范红蕾	范竣翔	范若昕	范识玄	范吾思
范志巍	费云舒	冯慧中	冯文君	冯宗才	傅晶雪
付少华	付新宇	付雅洁	高程宇	高恩妃	高忆晨
勾志宏	谷笑嫒	顾洪基	关义金	管清天	郭渺渺
郭月华	郭怡廷	郭昊丽	郭晟晔	韩丰蔚	韩丽媛
韩迅韬	韩瑶瑶	郝凌瑶	郝秀成	何明帅	何远舵
何琛仪	何昱颉	贺少杰	洪浩淼	侯杰耀	侯晓璇
侯星辰	胡璟怡	胡凤潮	胡竞文	胡鸣鹤	胡思宇
胡伟晨	胡修涵	黄超宇	黄涵虚	黄佳丽	黄凌寒
黄思颖	黄新徽	黄杨荔	黄子犟	黄骣骣	霍思伊
贾文博	姜一晨	姜雯雯	江海源	蒋怡然	金东叶
金伶恩	金南赫	金新星	金泽鑫	孔小点	孔莹晖
赖梦茵	兰天莹	雷理骅	黎静怡	李楚雨	李东霖
李广睿	李海雁	李汉符	李鸿雁	李蓟晨	李佳智
李可言	李利利	李梦飞	李梦涵	李明哲	李秋城
李秋平	李诗聪	李诗卉	李诗语	李舒群	李思阳
李思仪	李天时	李天嗣	李天祥	李汀钊	李文博

李晓畅	李秀红	李学敏	李雅莹	李扬天	李逸婧
李哲炜	李正一	李昊天	李筠洁	栗欣悦	厉希豪
梁德民	梁勤之	廖曼琪	林思成	林一鸣	刘赣豫
刘欢番	刘欢欢	刘嘉辉	刘家骏	刘舰蔚	刘骏伟
刘瑞元	刘天媛	刘彤日	刘燕妮	刘一伟	刘伊能
刘翌旸	刘翌秋	刘娱婷	刘宇琼	刘韵迪	刘芝君
刘弈含	龙显灵	娄向阳	卢雨涵	陆佳舳	吕辰儒
吕承应	吕惠玲	吕培阳	吕婷婷	罗奥译	罗美钰
麻昊昱	马海超	马牧青	马舒蕾	马宇晨	马子昂
毛一凡	孟晨霞	宁艺晴	潘羲丰	彭高唱	彭柯嘉
彭文杰	平亦奇	齐荣嵘	钱江潮	秦梦霖	秦雅萌
曲日同	任书琪	任永欢	任雨晴	阮方成	邵蕴奇
沈韵秋	盛豪杰	师瑞雪	施立雪	石春晖	石襄禹
史秋洁	史绪川	寿寅任	舒思扬	宋少栋	宋小双
苏子昊	隋思誉	孙凌凌	孙梦琳	孙铭泽	孙诗晴
孙天佑	孙雅琪	谭逸爽	汤宁越	唐辉栋	唐佳丽
唐苦尽	唐志皓	唐筱睿	陶怡乐	田绍鸿	田心瑜
汪雅琪	王成龙	王华雷	王嘉懿	王静远	王敬锋
王靖一	王柯懿	王雷特	王李祺	王瑞琦	王绍鑫
王淑琳	王树擎	王文君	王晓宇	王新宇	王扬帆
王一苇	王艺伟	王玉婷	王云占	王舟楫	王子康
王子一	王恺悦	王琼淙	魏晓宇	魏兆阳	尉秋实
文琦珺	吴伯超	吴丛露	吴建邦	吴梦羽	吴世威
吴素平	吴溢慧	吴雨航	吴宗璇	吴馨馨	吴昊星
吴昊泽	武群芳	伍嘉祺	肖天悦	谢鹏飞	谢雨辰
谢哲士	谢婧秋	徐白玉	徐才佳	徐心远	许宜哲
严筱澉	杨海波	杨江申	杨天博	杨天和	杨文涛
杨文韬	杨晓妍	杨翼飞	杨云帆	杨晟朗	姚李南
姚颖琪	尹丹东	尤春野	尤怡宁	酉梦婷	于荣欣
于晓雯	于雪辰	于昕元	余韧哲	余哲西	喻韵璇
喻怡安	袁紫祥	曾显越	张艾琳	张保卿	张博千
张辰恺	张传杰	张丹青	张浩楠	张靖中	张庆雄
张庆洋	张瑞辰	张瑞洁	张添宏	张惟恺	张文韬
张小迪	张小庆	张一帆	张一民	张一婷	张艺苧
张亦培	张悠然	张宇驰	张宇琪	张泽亚	张兆阳
张志成	张紫竹	张婧倩	张玮琪	张翮霄	赵国宇
赵峻峰	赵培强	赵婉婷	赵宇初	赵月圆	赵姿昂
赵莞莼	赵梓彤	郑嘉娴	郑萌萌	郑唯实	郑雨蒙
郑玉洁	周玥玥	周冠宇	周九羊	周沛劼	周世愚
周圆圆	周子威	周岑溪	周泓伊	朱承吉	朱佳艺
朱劲奕	朱明婵	朱臻慧	庄煜昕	邹佳宸	邹林佚
佟子涵	佘颖乔	邸世宇	闫雅心	臧天宇	滕益华
裘宇飞	雒健晴	杜周安安	淑阿克·乌扎提		

理学学士学位 176 人

数学与应用数学专业 37 人

鲍泓	陈威	方方	李佩	李彦	刘熠
盛浩	谭正	王琳	于宙	余力	曾蓁
赵一	常惠丰	陈兴燃	符琴剑	何蒙悦	李建德
李林芷	刘恩宇	刘思睿	刘雪霏	马宇岩	毛守迪
米田悦	倪泽伟	朴成哲	王敬瑜	王利博	王宇飞
王昱人	夏浩然	熊若轩	徐博立	张凌泽	赵天宁
周伊伦					

统计学专业 61 人

常菁	陈川	陈昱	费璇	高硕	郝嘉
侯放	胡燕	黄政	李劢	李森	刘穗
刘毅	唐恒	魏玮	杨敏	姚旸	张帆
曹思盈	陈光颖	仇文竹	但堂华	翟菁然	东文山
付瑞祺	高文玲	郭雨阳	胡世聪	胡允执	蒋朝晖
李笑宇	李志豪	林雪婷	刘诗尧	刘笑语	刘怡君
路广平	吕志远	马越原	潘竹君	彭卫东	邱清乾
沈佳颖	沈志鹏	孙经纬	唐裕昕	王舜禹	王斯博
王翼羽	吴梦澜	谢瑞豪	徐凌晗	杨惊淙	杨法皓
杨孟麟	俞秀梅	张伟鸿	赵昕玥	周佳静	周彦希
陈安吉尔					

物理学专业 2 人

刘赫　侯俊涛

心理学专业 63 人

杜佳	侯博	雷雪	李铖	钱坤	全成
孙川	童涵	王超	王珏	王琦	王璇
文豪	吴强	阳盼	张柯	张菁	张榕
周易	庄仲	濮玥	瞿绮	陈美好	陈云帆
陈子颖	陈禹伶	戴辰忱	杜卓黎	范畅翔	冯怡玮
顾佳欢	韩天放	何绿宁	李海蓉	李翘楚	李艺宸
李玉林	林衍竣	刘嘉慧	刘雅丽	刘怡君	卢亚东
马艾云	马志谦	裴苒迪	申弘光	申天纬	孙豪泽
田羚雁	汪琛莹	王玲焱	王凌燕	王婉琳	王羽珑
谢可夫	熊文洁	徐涵剑	杨时羽	张戴旭	张玉雪
张瀚天	赵晓朋	周彩婷			

计算机软件专业 13 人

董斌	蔡晨蔚	陈翰轩	顾嘉伟	郭文翰	李金森
鲁君实	孙涵溪	王辰宇	魏达仁	许博岩	于泽洋
张帅宁					

历史学学士学位 32 人

历史学专业 32 人

陈思	董晗	段湾	马蕾	潘雨	汪鉴
王敬	王松	王茜	王梓	张驰	陈梦蕾
郝婧青	黄明浩	黄昱然	李亚诗	刘镇杰	陆奇寒

潘驿炜　阮秋剑　师义帆　谭雪晴　王唯楚　王玉王
肖震苏　谢迪文　徐紫馨　严旎萍　杨雅婷　叶栩乔
张博骁　赵亚明

文学学士学位 54 人

汉语言文学专业 29 人

陈　靖　胡　楠　李　帅　林　欣　刘　立　刘　婷
莫　超　容杏向阳　杨　帆　曹如冰　曹巍巍
陈思毅　程春晓　韩冬伊　侯玉婧　黄芯蕊　金哲楠
荆任之　刘顺玉　刘玉青　莫壮弥　王圣雨　温曼莎
许若辰　张文虚　张雨晴　张纾苒　周旭明

艺术学专业 25 人

丁　玎　朵　兰　黎　斌　邱　实　袁　硕　张　婧
赵　桐　方若冰　李碧星　李嘉琪　李若男　孙正平
孙轶依　王奥妮　吴思凡　伍佳迪　邢志彤　尤文顾
余天心　曾伟力　张丹怡　张益嘉　赵可馨　郑茹君
周子与

哲学学士学位 14 人

哲学专业 14 人

蒋　瓛　林　婷　刘　畅　陈柯宇　范蔚菁　费晨仪
楼悦晨　田添欣　杨宇潇　殷梓介　张岸汀　郑友洋
冯子杰　杨柳青青

2. 外校学生在校本部获得双学位名单 194 人

经济学学士学位 178 人

经济学专业 178 人

包　屹　卜燕楠　曹　文　曹祥飞　曹子健　陈　偲
陈江玲　陈凯榕　陈润泽　陈曙威　陈天雨　陈　威
陈雪燕　陈　卓　程　程　程　丹　程思雨　程　彤
戴　梦　邓欣怡　杜洪平　方信杰　冯相虎　冯　亚
付　彪　付　哲　傅程豪　葛　熠　郭澄龙　郭金子
郭明瑾　郭甜薇　郭　尉　郭晓玲　郭学婧　郝园林
何　材　何岳恒　贺　攀　洪露申　后　羿　侯　磊
胡鹏飞　胡　莹　怀佳玮　黄　亢　黄晓雯　黄　岩
黄　宇　黄志杰　姬世яn　贾晓宇　姜　欣　蒋　仁
黎　楠　李　凡　李　海　李康立　李林可　李　萌
李若璞　李思钊　李天智　李廷豪　李婉璐　李　漪
李意天　李永赫　李　月　梁　玥　梁振烽　林嘉滨
刘　丹　刘　丹　刘　昳　刘迩海　刘惠民　刘　戬
刘健聪　刘经纬　刘　婧　刘骏瑶　刘　凯　刘凯罗
刘伟迪　刘逸川　刘　羽　吕世公　罗　东　罗　皓
罗洁琼　罗婷婷　麻丹彤　马建新　马　婧　马　赛
马晓晓　马　原　彭宇韬　齐　放　强津培　曲衍直
任前平　司瑞灏　宋昌来　苏　丹　孙　彪　孙　伟

孙文文　孙晓静　孙越佳　谈　威　田　原　万　贺
王长龙　王　菁　王　景　王　婧　王婧冉　王立园
王　璐　王梦娣　王天媛　王文博　王　希　王新蕾
王轶彬　王雨骄　王　泽　王　珍　王子堰　危兆伟
巫资青　吴海航　吴　昊　吴曼菲　吴　贤　吴昕悦
向立鹤　谢　鹰　邢　龙　徐翘楚　徐咏雷　鄢鸿博
杨恺伦　杨　维　杨　馨　易横　殷　越　于松泰
余　欢　余婧之　原炜迪　袁浩歌　曾琬云　张博男
张加发　张　龙　张　宁　张　骐　张　睿　张晓明
张欣然　张欣忻　张雪琼　赵秋莉　赵思雨　赵晓丽
赵耀堃　仲　斌　周昊宇　周　皓　周　妙　周妙来
朱安阳　邹　迪　邹明桥　左文琪

法学学士学位 16 人

国际政治专业 16 人

韩志明　李海娜　林宏彰　权得睦　全昭映　张惟根
张正民　大内洸太　宫内知慧　吉永幸人　松村拓弥
小林美华　原田俊廷　原田直树　中村美文
中田理惠

3. 校本部学生获得辅修专业证书名单 111 人

国际关系与对外事务专业 4 人

金思燕　孙永臻　张子轲　郑惠文

行政管理学专业 3 人

张　敏　江思羽　周星悦

经济学专业 21 人

高　洁　贺　珺　李　抒　刘　欣　罗　放　王　洋
晁　译　韩钟天　李虹辉　李依蔚　刘道宁　刘若桐
王舒颜　徐晨顿　叶正睿　余德江　张道翔　张东辉
张亚如　周凡琛　朱思雨

数学与应用数学专业 9 人

顾　森　过　群　梁　鑫　卢　晓　王　祺　邢　昱
张　航　关梦卿　苏文睿

统计学专业 8 人

冯　瑶　孔　鲁　雷宗周　斌常云瀚　丁民杰
徐凌云　张钦文

物理学专业 1 人

周　彤

生物科学专业 1 人

杨裕茵

心理学专业 5 人

周　璞　范泽瑾　李晓光　施至豪　杨春雨

计算机软件专业 6 人

王　亮　邢　凡　吕一鼎　潘楚中　沈逸文　王维力

电子信息科学与技术专业 1 人
王智鑫

历史学专业 5 人
康　悦　陈桢楠　赵奕强　朱荣策　宗育忍

德语专业 14 人
蔡　薇　代　莹　冯　凌　高　翔　李　楠　汤　澄
王　晶　张　玥　张　萌　董婉妮　吕欣桐　潘致远
宋雨薇　王一帆

法语专业 14 人
杜　涵　闻　雯　陈昱昊　冯仁可　归诗卉　黄思佳
梁文雨　刘念鸿　娄勖勖　路林林　罗雅方　商晨雯
唐燕婕　张天竹

西班牙语专业 4 人
李昕卓　吕凯成　吴琼茜　覃之意

日语专业 11 人
于　茜　曾　馨　陈晓航　郭晓菲　黄敏娜　姬雅君
焦露漪　刘英涛　王文俊　许华樱　禹姢汀

艺术学专业 2 人
李露霖　汪丽旋

哲学专业 2 人
谢　浩　张博岚

医学部学生获得双学位及辅修专业证书名单

1. 医学部学生获得双学位名单 121 人

法学学士学位 17 人

法学（知识产权）专业 6 人
王　鹏　赵　佳　项颂雨　于震维　张旭熙
玛依努尔·于苏甫

社会学专业 11 人
刘　灿　刘　芹　包竹青　卜庆先　代晓彤　付嫣然
胡万亨　刘正阳　马小卓　沈晶晶　石德君

经济学学士学位 83 人

经济学专业 83 人
曹　怡　陈　璟　丁　雪　桂　悦　韩　旭　何　欢
侯　昌　黄　丹　井　鑫　李　龙　林　莉　庞　宁
沈　芮　史　涛　宋　多　孙　丹　孙　黎　唐　琳
涂　健　王　麟　吴　峥　杨　喆　杨　耀　袁　园
曾　静　张　肖　赵　亮　赵　岩　周　倩　全　淼
白云洋　崔航菁　杜莉莉　樊萌语　方任飞　谷宇轩
顾梦悦　郭冀帆　胡钰曦　黄晓敏　金怡晨　李承洎
李汉超　李佳顾　李静云　李利智　李柳霖　李梦月
李善欣　李英杰　李雨薇　梁芳园　林午阳　刘军业

刘小锋　鲁昊骋　罗易文　马文梅　马元亨　牟海栋
庞雨薇　秦蒙蒙　任鹏杰　商金鑫　尚可为　苏海涛
孙博雅　孙丽凤　孙明扬　孙晓晖　王小杰　温连奎
吴志军　夏国强　夏梦婕　许嘉旻　严家鸿　阳耀林
尹玉虎　岳洁雅　章湖洋　朱晔丹　邹德鸿

理学学士学位 16 人

统计学专业 3 人
宁　可　杨　正　杨九凌

天文学专业 1 人
孙浩杰

心理学专业 12 人
奇　巍　舒　洁　孙　璐　听　夏　王　潇　蔡馥旭
曹亚英　焦运燊　魏丹萌　赵禾苗　周雪萍　川上蓉子

文学学士学位 4 人

汉语言文学专业 3 人
王　璐　杨　芸　李婉津

艺术学专业 1 人
夏妙然

哲学学士学位 1 人

哲学专业 1 人
赵明明

2. 医学部学生获得辅修专业证书名单 11 人

行政管理学专业 1 人
郭一冰

经济学专业 1 人
魏　晋

数学与应用数学专业 1 人
杨小东

统计学专业 2 人
马冬梅　张朕僖

心理学专业 1 人
吉兆正

计算机软件专业 1 人
马　举

德语专业 1 人
陈祐霏

法语专业 2 人
刘　越　张晓丹

日语专业 1 人
邓翠玉

研究生毕业生名单

毕业硕士研究生

数学科学学院

曹　寅　　常红燕　　陈恩石　　陈　浩　　陈美玲　　陈文钦
程　玥　　邓　迪　　丁雁清　　董玉娇　　杜　广　　杜绍伍
冯书豪　　高　艺　　郭维广　　郭　炜　　韩梦姗　　黄俊亮
姜　铭　　景　龙　　李　聪　　李小钢　　李　阳　　梁　晨
梁哲铭　　林梦西　　刘　宸　　刘　姝　　刘巍放　　刘宇哲
刘兆楠　　鲁绍非　　陆　直　　罗　蕾　　罗文孜　　罗星晨
骆　熠　　孟一臻　　彭建恩　　乔　山　　秦　莉　　邱　野
任　泰　　商　震　　石　洵　　司真源　　孙艺博　　陶　原
王　倩　　王闻蔚　　王　潇　　王晓星　　吴　边　　吴丹丹
吴贵超　　吴　昕　　吴　轶　　谢　磊　　谢远成　　邢庆峰
熊　雪　　徐冰卉　　徐陈玛　　许白婧　　鄢略峰　　闫博巍
杨孟洲　　杨　政　　姚　石　　张　炜　　郑国亮　　周玄同
朱浩楠　　朱睿慧

物理学院

蔡钧安　　曹　超　　陈　超　　陈　佳　　陈建辉　　杜立配
杜怡心　　高　志　　郭婧晗　　何思远　　贺　娟　　胡溢文
黄向前　　贾勇强　　贾　喆　　简　悦　　焦龙飞　　黎　硕
李成钰　　李　航　　李　静　　李龙正　　李　涛　　李　源
刘　楚　　刘关玉　　刘　韧　　刘士毅　　刘思东　　门　静
牟　春　　倪泽远　　潘萌萌　　邵丽琴　　时俪洋　　司　森
宋锋焰　　孙大利　　孙道勋　　孙　瑜　　孙志攀　　田　佳
涂小林　　万芳铭　　王　超　　王　达　　王光兵　　韦江波
武婧文　　邢云晖　　徐　伟　　徐志庆　　许少华　　杨超杰
杨江燕　　于甜甜　　贠　超　　袁佳蕾　　张博尧　　张佳伟
张喜平　　张　霞　　张玉涛　　郑　鹏　　郑平辉　　周超然
朱一舟　　祝蒙祁

化学与分子工程学院

程庆辉　　高　阳　　洪辰明　　蒋美玲　　林　豪　　刘　薇
马荣芳　　徐文丽　　杨颙维　　周瀚洋　　马　宾

生命科学学院

彭奕斌　　孙华英　　唐达芳　　唐　宏　　万　雯　　王　蕾
王　云　　徐　奕　　赵文慧　　朱久磊

地球与空间科学学院

白　曦　　白琰冰　　蔡亚平　　曾祥堃　　陈高星　　陈焕发
陈　瑞　　陈文琪　　陈　曦　　陈云锋　　程胜东　　程雅琳
戴　箫　　邓巧华　　董　娜　　冯力理　　付　晨　　耿万里

郭馨蔚　　贺淑赛　　黄　瑢　　惠红军　　金亦秋　　康　崴
赖潇静　　李灵樨　　李　玲　　李　宁　　李萍萍　　李蔚然
李　烜　　李元琛　　李智超　　廖嫣然　　刘敦宇　　刘国宁
刘　婧　　刘　磊　　刘平一　　刘思浩　　刘　羽　　刘志成
鲁尚文　　罗博仁　　孟浩然　　孟庆野　　孟　树　　莫旻鹰
秦　浪　　邵　虎　　石泉清　　宋鸿斌　　孙德慧　　唐俊杰
唐亮田　　王　博　　王桂斋　　王鸿升　　王慧玲　　王杰琼
王丽泽　　王　茹　　王洲鹏　　巫　飞　　吴洛菲　　吴一超
肖永军　　谢小琴　　熊礼晖　　熊思婷　　熊文涛　　修金磊
玄长虹　　鄢雪龙　　阎　明　　杨　成　　杨静懿　　杨　茜
杨　帅　　杨泽民　　于洪洲　　张方利　　张　洪　　张卫平
张文静　　张钰莹　　张子亚　　赵江华　　赵　忠　　郑　勇
周明亚　　朱　瀚　　朱立群

心理学系

蔡　林　　蔡雯欣　　曹宇龙　　曹　媛　　曹志军　　陈　岑
陈虹君　　陈书怡　　陈炜夷　　陈　曦　　崔格格　　崔曦蕊
代　良　　邓英欣　　狄晓黎　　董　倩　　杜丹阳　　杜欢欢
范真知　　冯胜闯　　冯　莹　　付　琳　　高雅献
古丽努尔·阿扎提　　郭晓明　　侯娅琼　　胡昭然　　黄书丹
黄　蔚　　简晓微　　姜佟琳　　蒋海飞　　金俐伶　　靳水宁
孔改清　　李付丹　　李　环　　李靖宇　　李可丰　　李梦莹
李文萍　　李昕琳　　李杏子　　李　樱　　梁恺欣　　刘昕彤
刘远鹏　　刘　月　　刘自华　　柳之啸　　路　璐　　罗　滨
骆　晶　　马家俊　　马　健　　马婧婧　　马天舒　　马　颖
梅泳涵　　聂晗颖　　彭　聪　　彭　鹏　　彭思楠　　戚丽姣
钱　垒　　邱永桃　　冉亚威　　申秀丽　　沈梦巳　　施惟希
史煜才　　宋　琨　　苏毓琳　　孙芳芳　　孙　蓉　　孙晓琪
孙　远　　唐亚彬　　汪　洁　　王　黛　　王　皓　　王　杰
王　衍　　王丽薇　　王　佩　　王抒文　　王益婷　　王　钰
吴　昊　　吴　鉴　　谢为伊　　徐　超　　杨桃蹊　　于　萍
余　苗　　余　浙　　俞　昊　　远雪霏　　岳　也　　詹乐夏
张　慧　　张曼灵　　张　琦　　赵晴雪　　朱萍萍　　诸梦妍
邹　鑫

软件与微电子学院

安　刚　　安　妮　　巴红波　　白晓晴　　白　旭　　蔡　宾
蔡杭坚　　蔡立婕　　蔡良飞　　蔡迎慧　　曹　敏　　常　钰
畅　甜　　车新帅　　陈彬治　　陈财兴　　陈昌雁　　陈丹丹
陈迪艺　　陈　岗　　陈　杭　　陈　灏　　陈泓汲　　陈　嬿
陈　剑　　陈　康　　陈　磊　　陈　蕾　　陈梦滢　　陈水宝
陈　松　　陈天真　　陈甜甜　　陈　望　　陈文源　　陈　曦
陈小欧　　陈　欣　　陈　旭　　陈　璇　　陈燕辉　　陈愉镔
陈泽松　　陈　政　　陈智娟　　陈忠谊　　陈重行　　谌　帆

程佳乐	程 立	程 立	崔 兵	崔梦婕	崔文朋	毛剑昆	毛英明	梅 佳	孟 斌	孟 莹	苗 甦
崔小薇	崔 晓	崔哲倩	崔子龙	戴玉笛	单鹏程	敏 健	那赫叶真	聂倩倩	宁 戈	农冰立	欧 丽
邓 闯	邓礼君	邓力维	丁美燕	丁 楠	董乐君	潘 莉	潘林程	庞添文	彭宝领	彭 晨	彭亚希
董颖婷	董志超	杜虹儒	段荷香	樊 迪	樊兆龙	彭玉麒	朴银玥	戚小婷	齐贺飞	乔冬亮	秦 蓁
范 博	范博涵	范文楷	方婷婷	费运亚	冯 彬	卿 松	邱旭乐	裘德超	曲沛霖	曲信学	曲 毅
冯 璐	冯 旭	冯 岩	冯忠伟	付更生	付文燕	曲 越	任大鹏	任智红	茹 维	商诺奇	尚粤宇
付 翔	付 迅	傅 超	傅志阳	盖伟麟	盖 文	邵晶晶	邵 伟	佘玲凤	申皓文	申 洋	沈弼凡
高 杰	高 姗	高世轩	高 帅	高 思	高天辰	沈姗姗	沈威杰	沈艳红	师 龙	施雯嘉	石荣晔
高 雯	高 翔	高 兴	郜泽波	戈 林	龚丽蔚	石司南	史耀华	舒凯凯	束 锐	宋晶晶	宋凯凯
谷小雨	顾学军	顾奕洋	关堂鹏	关 赢	桂永适	宋 蕾	宋全德	宋 松	宋旋婷	眭 悦	隋 哲
郭 萃	郭涵川	郭 靖	郭明宇	郭帅英	郭 婷	孙丹锋	孙环荣	孙慧杰	孙嘉雯	孙乐广	孙明元
郭晓强	郭旭辉	郭寅兴	郭跃超	郭宗琪	国梦影	孙 旭	孙 妍	孙艺丹	孙 易	孙煜丰	孙 哲
韩 华	韩金儒	韩林涛	韩 笑	韩 笑	郝 浩	汤诏隆	唐东成	唐 禹	陶倩倩	陶 儒	陶振伟
郝树伟	何 婵	何成城	何 晶	何 娜	何 滔	田 飞	田 琨	田连泉	田 萌	田 全	田仁智
何 昕	何志洋	和宗昌	贺 楠	贺小令	洪春晓	田 胜	田 帅	田 哲	童 杨	童雨霁	涂展鹏
洪佳婧	侯蔼玲	侯 觉	侯南竹	侯永干	侯 玉	屠天惟	汪奋进	汪 炜	王 彬	王斌玮	王 晨
胡必祥	胡成圆	胡 蝶	胡 枫	胡科平	胡 昆	王崇毅	王春华	王 聪	王 笛	王冬月	王 刚
胡 琴	胡婉萍	胡中原	胡卓亦	黄浩军	黄 淮	王 赓	王 宫	王桂伟	王海啸	王汉江	王 慧
黄辉群	黄 路	黄少卿	黄 寅	黄友和	黄巧僡	王 佳	王 杰	王金娥	王 锦	王俊清	王 磊
霍婷婷	季 梵	贾栋琳	贾晓林	江蓝晶	江晓东	王 磊	王 蕾	王黎旭	王丽静	王连猛	王 琳
江耀堃	姜 浩	姜 雨	蒋 辰	蒋春华	蒋炆伶	王刘振	王 龙	王 龙	王梦浩	王明永	王鹏程
蒋汶睿	焦 海	焦喜音	解 珲	解明灏	解薏寒	王 茜	王钦辉	王泉锐	王汝超	王汝霜	王诗月
金 兰	金鹏程	巨 震	康 梅	孔祥羽	来 妍	王世杰	王 适	王树道	王 帅	王思谦	王天晰
赖爱琴	赖 康	蓝启嵩	劳琴瑶	雷 迅	雷宇田	王统仁	王贤金	王晓川	王 鑫	王 轩	王 珣
黎韬扬	李彬彬	李 波	李 博	李博尊	李 才	王亚非	王耀彰	王一林	王乙亘	王 颖	王雨晴
李 超	李超雄	李成梅	李 铖	李程博	李 丹	王雨滢	王 渊	王振中	王志龙	卫大龙	卫易辰
李尔男	李 芳	李海飞	李海杰	李汉楠	李 航	魏 超	魏 瑞	温 玲	文 伟	闻连臣	翁博元
李 灏	李 贺	李 赫	李 欢	李 吉	李 洁	吴海英	吴 雷	吴 璐	吴若宗	吴少森	吴 帅
李金蔓	李 进	李军龙	李开元	李康康	李 力	吴 桐	吴先奇	吴雪蕾	吴燕秋	吴业明	伍一文
李 力	李良杰	李孟哲	李梦楠	李妙旎	李明阳	伍逸鹏	武 鑫	夏丹宁	夏智琳	肖凤霞	谢慧芳
李明玉	李 楠	李 鹏	李 萍	李 强	李 强	谢连连	谢荣堂	谢运华	熊晨江	熊婷婷	徐 晨
李若昆	李赛赛	李三川	李 珊	李 盛	李腾浩	徐春雨	徐家楠	徐 敬	徐 夼	徐亮庭	徐 文
李婷婷	李 响	李 响	李 潇	李晓晨	李心如	徐 骁	徐 雪	徐旖涵	徐 逸	徐 征	许 彬
李昕然	李 烜	李 雪	李雪瑜	李 彦	李 洋	许 超	许殿豪	许 刚	许金超	许亲亲	许 颖
李轶湘	李奕奇	李颖杰	李 钊	李卓勋	连俊健	玄 姣	薛国聪	薛俊通	薛晓楠	荀 敏	訚丹丹
连 宇	梁 帆	梁冠宇	梁 卿	梁 微	梁 薇	闫梦婷	严 敏	严文思	阳辉超	杨二伟	杨 帆
廖书斌	林 晨	林嘉滨	林伟龙	林 阳	林 影	杨高翔	杨华峰	杨 珏	杨 兰	杨 柳	杨璐璐
刘宝多	刘 畅	刘 畅	刘 超	刘辰光	刘 晨	杨 敏	杨 墨	杨秋实	杨式强	杨学萍	杨 雪
刘乘龙	刘 淳	刘多一	刘 锋	刘 浩	刘家良	杨 莹	杨喆翔	杨志强	楊海玲	姚后清	姚 磊
刘建阳	刘 捷	刘晋洋	刘京沅	刘俊尧	刘立洋	姚 立	姚维佳	姚新宇	叶晨晖	叶道雄	叶 芳
刘林宏	刘 铭	刘娜婷	刘乾楠	刘 倩	刘 琼	易 天	尹菁华	雍 昊	于 泓	于鹏洋	于 涛
刘瑞星	刘瑞远	刘书贵	刘 爽	刘思凡	刘万利	于亚楠	余晨娴	余花子	余 俊	余 恋	余 蒙
刘贤彬	刘 昕	刘 鑫	刘兴颖	刘 瑶	刘溢杰	余 腾	俞菲菲	俞 倩	袁洪彦	翟 炜	翟文洋
刘瑜晖	刘 昱	刘 媛	刘长瑜	刘 舟	卢凤骄	詹若琪	展 超	张 宝	张秉炜	张 博	张博男
卢赛赛	卢扬波	鹿桐欣	罗 康	罗思维	罗文志	张初晴	张 丹	张 地	张 凡	张 飞	张国鑫
吕文晶	吕振山	马 栋	马 杭	马骥涛	马 龙	张 涵	张佳棣	张嘉栋	张 健	张 健	张 进
马明巍	马 盼	马千里	马田丰	马 潇	马瑜泽	张晶晶	张婧倩	张久中	张凯亮	张凯强	张雷浩

张理国	张丽思	张 凉	张 梁	张梦森	张 敏	宋 雪	孙牡丹	汪强强	王 丁	王 飞	王靖楠
张 敏	张 鹏	张 奇	张 茹	张 睿	张睿俊	王亚丽	王媛媛	王梓瑜	韦胤宗	吴 姗	吴芸莉
张诗玲	张诗音	张世龙	张 硕	张思威	张 腾	肖 潇	修佳明	徐 涵	许昊仁	薛 静	杨光磊
张 伟	张 伟	张 玮	张西晴	张晓峰	张晓雪	杨晓雪	余素勤	俞昕雯	张培婧	张晓艳	张 阳
张秀龙	张旭东	张旭婧	张雪娇	张雪杰	张一楠	张钰珣	赵 楠	周 蜜	周 旻	朱俞默	
张 英超	张 颖	张 勇	张 宇	张 宇	张玉朋	_____历史学系_____					
张 媛	张媛媛	张 悦	张芸维	张 照	张振华	曹 琪	陈 玲	陈少卿	丛 铭	顾 韬	何婉文
张 铮	张之路	张 智	张子渊	张宗硕	章小龙	柯 鑫	李健强	李文丹	李晓倩	李宇恒	林孟怜
赵冰冰	赵 超	赵大超	赵东韶	赵 靖	赵 盼	林炫羽	刘 洁	彭旭梅	杞支雅男	任 一	田卫卫
赵 奇	赵 威	赵 雯	赵晓玮	赵雪艳	赵颖豪	王彩凤	王 竞	王明聪	文 俊	邬 娟	吴卫华
赵志娟	郑彬彬	郑 琛	郑 达	郑 军	郑识途	许翔云	薛 玉	羊 瑜	张思远	赵振奎	宗 雨
郑 晓	郑晓娟	郑新涛	郑 旭	郑勇勇	郑 昱	_____考古文博学院_____					
郑媛淇	钟 琦	仲 婕	周 博	周德生	周季夫	曹芳芳	陈斯雅	和 奇	贾 宁	李广华	刘亦方
周可辰	周梦洁	周 泉	周抒睿	周 婷	周 霞	吕 梦	任 婧	苏 舒	滕 飞	童 歆	王 倩
周 详	周亚凡	周 洋	周 烨	周银斌	周 滢	王斯宇	谢绮媚	徐文鹏	张辉兰	张 林	张 琼
周 知	朱传品	朱海峰	朱含宇	朱 江	朱丽萌	张周瑜	郑喆轩				
朱凌飞	朱 帅	朱文佳	朱峪丹	庄国帅	庄 祉	_____哲学系（宗教学系）_____					
邹 冲	邹 杰					白辉洪	陈 希	邓向玲	董文龙	杜 栋	方 圆
_____新闻与传播学院_____						冯 力	郭晓媛	何滨柔	简成章	冷雪涵	李柯岩
卜庆鹏	查正琳	陈斯洛	陈晓婉	褚艳婷	慈恩雅	李茂颖	李 陶	林 健	林 凯	刘 环	刘长安
崔兰溪	崔馨予	代双双	杜金鑫	范 晔	谷 颖	鲁 锐	聂众乐	潘宇峰	沙 坤	时 光	覃诗雅
郭 超	郭小龙	郭雪筠	韩晓梅	侯 佳	侯耀坤	覃 漩	陶 乐	铁丹丹	王海若	王 姣	王理莉
胡 玲	胡晚坤	胡 晓	胡 璇	金 亮	孔 龙	王生云	吴 悠	夏 雪	熊至立	寻晶晶	杨子平
孔 楠	李 含	李慧宁	李 赛	李晓雨	李星怡	尹德云	张 华	张 雷	张鹏鸿	张 胜	赵 晋
李雪莲	李雨竹	廉冰雅	刘 畅	刘飞丽	刘家丽	郑凯伦	钟振博				
刘晓萌	刘晓双	刘一超	卢 絮	路 璐	罗书婷	_____国际关系学院_____					
吕凌寒	马德林	马雪梅	牟欣桐	倪天歌	聂 可	曹疏野	曾瑜萍	陈柏熙	陈 光	陈欧睿	陈 昭
潘洪亮	潘婧瑶	任明朝	申 茜	沈家明	沈 燚	陈颂欣	戴惟静	冯安儿	冯东明	高 焕	郜 帅
苏晓燕	隋 莹	孙嘉津	孙 杰	汤文艺	唐 诗	郭丽艳	何雅洁	侯佳睿	胡艺迪	蒋芳菲	金 晟
陶燕茹	童正茂	王佳荣	王砾尧	王林丽	王 朦	赖婧颖	李建广	李靖宇	李沛璘	李思雪	梁嘉真
王欣桐	王雪娇	王 扬	王 尧	蔚孟宵	魏无忌	林旻琪	刘 斌	刘晓曦	刘妍辰	陆朝胜	吕 潇
吴 迪	吴丽娜	吴梦圆	吴姗姗	吴天添	吴颖媛	吕孝辰	吕孟珊	梅怿熙	孙 寒	嵩竹兰	宋卓如
伍泰有	夏 飞	夏 月	谢思楠	邢婷婷	熊 敏	周冰鸿	王慧晶	王 晶	王鑫玮	王艳磊	王裕庆
徐 畅	徐艺婷	闫名驰	杨声泽	杨稳玺	尹 聪	吴劲杰	先萌奇	肖 琳	肖梦霓	徐政伟	许伯扬
于 蒙	于垠水	苑晓雅	翟秀凤	詹齐越	张 晗	杨明珠	杨小龙	杨 郁	杨岱钢	叶 枝	易骁骁
张 鲁	张 龠	张 也	赵春晓	赵明扬	赵雅婷	张 策	张恒源	张龙伊	张廷丽	张玮皎	赵福斌
赵英慧	郑珊珊	郑琬莹	郑 张	鄭惠文	周 南	赵 婧	郑 李	钟 潇	钟梓欧		
周庆华	周小凡	朱蔓衡	朱文婕			努尔兰·巴合提努尔					
_____中国语言文学系_____						_____经济学院_____					
边明江	曹德超	唱 响	陈 晨	陈澹宁	陈稚瑶	巴 顿	白玉杰	蔡 雨	陈 丹	陈 飞	陈 琨
陈卓娅	单丹丹	樊 璐	高海燕	高珮雯	巩淑云	陈丽华	陈乃彬	陈培文	陈 思	陈小伟	陈延哲
顾敏贤	韩沛奇	何雨殷	黄攀伟	黄文君	旷涛群	程剑飞	程 强	董 源	范瀚予	付芳伟	高 杨
雷 蕾	雷 鸣	李 军	李 潇	李 璇	李颖娜	龚晓飞	韩廷宇	何其煌	贺明之	侯湘宜	胡修修
李浴洋	李远达	李卓琳	廖海华	刘 彬	刘菲晖	胡 英	黄 冠	冀新博	郑雨薇	贾晓娟	江 磊
刘洪超	刘 杰	刘金元	刘 璐	罗 群	罗姝鸥	江 舟	姜蕴璐	金宝源	赖海涛	李 博	李丹柯
吕 虹	吕漪帆	马 腾	麥燕飞	毛若苓	倪木兰	李登科	李 乐	李良志	李琪斌	李若菲	李抒怡
卿 玮	任滨雁	石岸书	石 磊	史星平	宋 现	李 毅	李 振	李正豪	林智贤	刘惠军	刘梦园

刘宇明	龙捷晓磊	卢天伊缪思	罗飞莫雨璐	马麟默力更	马天骄倪昀	刘耀达柳荫	刘媛六梦钰	刘真鲁晓莹	刘振陆彬	刘正瑶陆笛	刘智帅路
钱晓钧	曲卫民	任溯远	邵丹青	邵威	沈芳瑶	罗路遥	吕建	吕娜	吕晓凤	吕一凡	马辉
石楚乔	史霄宇	司娅萍	宋晋	孙朝阳	孙达飞	马佳娜	马捷	马康	马楠	马寅飞	麦晓芃
孙小荷	覃卓杰	唐华云	唐丽莎	佟磊	涂丹丹	满毅	毛伟才	门金生	蒙强敏	孟宪石	缪蒙
涂悦	万马	汪术勤	王兵	王迪	王佳鑫	缪伟	牟敏	穆玉清	倪佳	倪维宇	倪子泰
王堃	王明伟	王亚涛	王长鹏	吴国治	吴康	欧阳昕	潘卉	庞庆娟	裴学成	彭飞	彭竤
吴堃	肖体赞	肖迎春	萧伟恩	徐晗晖	宣洋	彭来	漆慧华	漆奇	祁泽旭	钱曦	乔坤元
薛家耀	杨帆	姚超	叶朝云	尹玉容	于奔	邱涛	瞿翔宇	曲翔	冉毅	冉莹颖	任岸
于晶	于涛	俞涛	张立元	张炜	张宪尧	任娜	任婷然	任亦	邵涵	邵九洲	邵潇
张昭蓉	张真诚	招杰	赵瑞	赵瑞晶	郑乐凯	佘智禄	申之川	沈容而	沈鑫	盛祥龙	施春洪
郑灵琳	郑文璪	郑小洁	周博雅	朱桂林		施晓燕	石林	是大龙	宋朝青	宋成博	宋欢

光华管理学院

						宋丽妮	宋晓玲	宋晓朦	宋岳	苏芳颖	苏慧
白俊岭	白亚男	白煜超	班乘炜	薄满辉	卞春遐	苏秦	苏学明	孙斌	孙德安	孙磊	孙鹏
蔡健泉	蔡青	蔡荣	曹利飞	曹兴阁	常莉莉	孙鹏	孙小萌	孙晓曦	孙智慧	覃飞龙	谭靓
陈冰怡	陈楚盼	陈光	陈虎飞	陈佳佳	陈建平	谭净	汤琳	汤艳	唐湘娣	田歌	田敏
陈京南	陈雷	陈露	陈伟斯	陈文昌	陈文龙	万姝妍	汪超	汪敬吾	汪鹏	汪志山	王安
陈雅晖	陈彦均	陈阳	陈勇	陈宇缘	陈彧西	王博慧	王晨怡	王观	王海光	王晗	王浩铭
陈裕	陈卓欣	池翔	慈翔	丛健	崔宝强	王佳博	王靖	王靖	王军晖	王俊	王雷
崔晓东	代龙脊	戴德龙	丁国骄	丁禄堂	丁亚琼	王蕾	王力刚	王凌	王孟宣	王敏	王明夏
董毅	董兆斌	窦帅	杜存柱	杜萍	杜振平	王宁	王瑞	王殊琦	王涛	王替金	王伟
范文洁	范烨	方斌	方靓	冯玲	冯盼	王希	王晓薇	王晓云	王绪海	王勋	王恒
冯蔷	冯爽	冯所腾	冯涛	冯治平	付雷	王亚宁	王洋	王洋	王耀林	王一棉	王英雄
高加贝	高莉	高敏	高茉人	高堞	高志勇	王颖	王昱	王钰珏	王云龙	王哲	温玥
高琢	葛冬生	葛亮	龚夏艳	顾飞	关士伟	温越铃	温哲	文凌	文志斐	邬文哲	吴翱
郭刚	郭康	郭薇	郭薇	郭惜	海陆宇	吴成尚	吴国华	吴丕特	吴权	吴山	吴宪
韩露	韩伟	郝陶	郝绚丽	何国新	何佳轶	吴旭彬	吴颖萌	吴臻	夏静	向大凤	肖静
何涛	何文俊	何献成	何衍铭	何迎月	贺立权	肖鹏	肖兴路	肖雄	肖彦	肖烨	萧羽君
贺小力	洪波	侯岚	侯东亮	胡春雷	胡广群	辛悦	邢思宇	邢永祥	熊浠西	徐厚泽	徐勉
胡加明	胡霄羽	胡嫣洁	胡羽珊	胡煜	华挺	徐睿	徐婷	徐彦超	徐永铨	徐哲	徐志扬
黄根在	黄乐东	黄龙	黄曼琳	黄舒睿	惠郁	许国志	许继元	许莎雯	闫清波	严军	严穹
霍宁	纪海镜	贾龙涛	江澜	姜飞宇	姜坤伴	阎贵成	杨芳	杨芳	杨进	杨静	杨磊
姜晓玲	姜证严	蒋菊平	金燕芬	靳国志	荆高飞	杨黎波	杨楠	杨思晨	杨天天	杨小溪	杨扬
兰青	雷大伟	雷桦	雷羽	雷振	冷燕华	杨阳	杨阳	杨晔	姚竹平	叶涵	叶山丹
李昂	李冰	李楚芬	李德辉	李冬伟	李发旺	叶杨	易丽君	殷勇	尹郁婷	于雯	于雪
李锋	李刚	李冠男	李广伟	李海隆	李洪涛	余立琴	余旻琦	余晓波	虞海	袁传荣	袁舵
李怀璋	李佳杰	李剑	李江涛	李杰	李金猛	袁嘉林	袁茉茉	袁泉	袁瑛	苑明杰	岳靓
李瑾	李菁	李井哲	李婧	李军	李恺	翟立飞	詹联众	战羽	张昌	张超	张定乾
李磊	李森	李明	李明鸿	李鹏	李琦	张帆	张巾帼	张京梅	张克强	张磊	张蕾
李青坪	李擎柱	李庆	李任重	李赛赛	李舒	张丽萍	张烈	张灵芝	张绿	张敏	张目
李顺锋	李天文	李巍	李闻	李阳	李胤康	张培成	张鹏	张琪	张茜	张俏	张松
李永亮	李宇飞	李圆	李媛媛	李真	李志成	张涛	张维	张维亮	张文强	张潇	张小冬
连凯	梁大成	梁栋	梁永建	梁振	廖广红	张晓娇	张晓雪	张晓宇	张昕	张新	张修凯
廖海	廖张锋	林鹏	林青	林思进	林威	张雅君	张彦	张颖薇	张玉洁	张玉梁	张韵
林依洁	刘炳志	刘参易	刘成	刘丹	刘丁超	张准	赵东来	赵和	赵建桃	赵竞萌	赵年б
刘海鹏	刘杰民	刘丽	刘丽琼	刘逯	刘淼	赵然	赵圣斌	赵玮	赵兴华	赵子进	郑璟
刘琴云	刘清	刘绍锐	刘晓阳	刘欣	刘鑫	郑可欣	郑鹏	郑诗南	郑雪飞	钟友文	周红豆

周会东　周　婧　周楷宁　周克平　周　敏　周　楠
周巍岳　周晓敏　周晓松　朱峭峭　朱为玉　朱雪飞
祝　楠　庄田雨　邹常飞

法学院

白　冰　白　石　班　轲　卞　琦　蔡财龙　蔡松林
蔡文源　蔡　仙　蔡一清　曹勉之　曹　晟　曾　思
曾思琪　曾笑雪　常　琳　车璐璐　陈　蝶　陈芳芳
陈　健　陈庆龄　陈庆尧　陈　思　陈　涛　陈文静
陈雪莲　陈逸群　陈熠霓　陈志波　陈　卓　陈祖贤
陈彦初　程　晨　程　凯　程　宁　程婷婷　初　萌
储欧亚　崔承超　戴思宇　戴天慧　邓　涵　邓一锋
丁　卉　丁　楠　董雪原　杜洪平　段　沁　范阅倩
方　田　封延之　冯　驰　冯　川　冯世杰　付俣莎
付雅斌　傅可琛　富振华　高　杉　高苏山　葛　鑫
龚梅力　顾宓瑶　郭恩维　郭剑桥　郭俊野　郭　琳
郭曼云　郭颖妍　韩　超　韩婧文　韩　莉　郝丹阳
何　驰　何　静　贺环豪　胡灿莲　胡　静　黄　成
黄鸿昌　黄丽华　黄梦迪　黄唯伦　黄　亚　黄莹莹
吉　鎏　江　山　姜欣然　景　辉　景彦茹　康闾哲
孔　涵　蓝　娴　郎　海　李昌锋　李　超　李方雷
李慧思　李金铭　李京静　李玲一　李美欣　李　萌
李穆清　李　萍　李　权　李思懿　李晓燕　李晓宇
李　兴　李燕子　李　洋　李　颖　李友庆　李泽宇
李卓恒　梁　剑　梁　爽　梁卓卿　林　超　林德森
林芳璐　林　枫　林　欢　林　洁　林　凯　林一帆
林祖鉽　凌　晨　刘　辰　刘恩彤　刘华煜　刘　娟
刘立力　刘梦阳　刘　清　刘　茹　刘思佳　刘文淘
刘希戎　刘晓东　刘　洋　刘　泽　刘茵茵　刘雨函
刘媛丽　刘　哲　刘子琦　卢龙婕　罗越婷　吕翰岳
吕祚成　麻　莉　马博贤　马　驰　马启兵　邹仕杰
马晓雨　马　欣　马学荣　马　煜　孟　睿　闵红叶
倪碧兰　牛远东　欧万辉　彭定义　彭雪璐　戚云辉
亓　蒙　钱　聪　钱广昊　钱　悦　强　茜　乔文婷
冉茂林　任钛石　阮红玲　申婧茹　申亚瑾　沈沉玲
沈莉慧　沈　鑫　沈子健　施　贝　石　娇　宋求实
宋晓盼　宋　昱　苏子汀　孙凤敏　孙　贺　孙　红
孙　青　孙　伟　孙新宽　孙　歆　孙妍妍　孙　岩
孙兆凯　孙智超　索芳放　唐　颖　滕秋涛　田纯才
田海霞　田　艺　田　越　汪兵兵　王春蕾　王丹彤
王建伟　王　杰　王　瑾　王　珏　王　凯　王　蕾
王连连　王林婷　王　琳　王梦琳　王梦喆　王　爽
王　薇　王　伟　王卫娟　王文宇　王小溪　王　晓
王晓利　王　彦　王　烨　王艺煊　王迎凯　王月蝉
王振霞　魏亭玮　魏　彤　乌尼木嘎　吴海军　吴家军
吴良健　吴　倩　吴　欣　吴奕锋　吴越歆　夏　颖
谢梦然　谢文森　徐　浩　徐贺云　徐　俊　徐　可
徐文菁　徐先锋　徐　媛　许莉莉　许天洲　薛　晴

闫　柯　严学安　颜如雪　颜修远　杨　第　杨　辉
杨　健　杨　捷　杨　婧　杨俊伟　杨　理　杨琳琳
杨诗雨　杨　舒　杨文静　杨　梓　杨宗威　姚希鸿
姚杨超　姚　媛　阴彦博　尹　航　由　成　于佳音
袁　琳　袁　素　恽徐丽　臧晓冰　张安然　张朝晖
张　璁　张　帆　张　昊　张佳杰　张久琳　张康乐
张　蕾　张琳洁　张　柳　张　璐　张美子　张　琦
张　琪　张　强　张全明　张瑞杰　张天一　张天泽
张　溦　张文婧　张　雯　张小雪　张馨元　张雪思
张雅霖　张　阳　张一苇　张祎顿　张玉婷　张钰鑫
张月尧　张玥明　张子温　章　承　章金挺　张匡婷
赵　凯　赵梦娇　赵明鉴　赵伟伟　赵晓蕾　赵晓莉
赵心悦　赵　鑫　赵　岩　赵　阳　赵　烨　赵梓言
郑俊坤　郑舒平　郑小窗　钟　鑫　锺金尚　仲启群
周大川　周德智　周　凡　周　莉　周亮强　周韶龙
周圣哲　周述雅　周　嫣　周宇斯　周悦霖　朱　冰
朱　峰　朱烽枫　朱学磊　朱彦君　朱亦军　朱元达
朱正栋　朱中锋　祝　洁　马吾叶·托列甫别尔干

信息管理系

蔡　骏　陈舒伟　高梦楚　葛　瑀　郭　伟　胡勇奇
黄　容　李　佳　李　丽　李秀敏　刘彩萍　刘　娟
刘　洋　马　婕　孟　越　时翩翩　史璐雯　孙　姣
王丹彤　巫　倩　吴　涛　徐　怡　许春雯　许　清
严　洁　杨　鹏　易　畅　袁兴福　张文君　张晓华
郑丹丹　郑玉凤　朱　倩

社会学系

朱悦俊　薄　然　曹瑞雪　曹亚鹏　常　莉　陈　丹
陈菲菲　褚文璐　戴　地　邓　骁　杜志宇　段　冰
冯定星　何　兮　洪沁川　侯文泽　胡海波　胡荣琴
胡　嫄　蒋　越　金　毅　寇建岭　李丹阳　李　萌
李　樏　李　娜　李清彦　利冠廷　梁丹琳　林　峰
林　红　林雪红　林　颖　刘静东　刘　凌　刘　悦
刘越懿　龙　锦　罗艳斌　麻　莹　那　威　牛家儒
潘冰雁　庞丹丹　庞　亮　裴电清　强子珊　乔珮珮
乔天宇　史景军　孙俊峰　孙增平　覃　琳　唐伟锋
涂丹霞　涂　真　王静怡　王鑫雨　韦　伟　文　晖
邬伦静　吴琼文倩　谢琳璐　熊雨婷　徐仙萍　许雪峰
杨芳蕊　杨　话　杨　玲　叶　薇　于丽平　余　姣
战奕霖　张洽棠　张　岩　张勇军　郑淑洁　周　攀
周　璇　周　瑶　朱兰香　阿依努尔·卡马

政府管理学院

阿　慧　安　浩　曹博忠　陈华生　陈荣荣　陈思远
丁俐丹　董英霞　杜雪娇　伏　虎　高　波　高金环
高祥荣　郭笑晨　韩　成　何　伟　胡思慧　黄子龙
江晓慧　金　航　黎莹芳　李伯阳　李晨曦　李翰昭
李昊逾　李京京　李　玲　李思颖　李　杨　李应瑞
梁　玢　廖　悦　林芳芳　刘江远　刘　婧　刘　珊

刘晓雯 陆 军 罗德智 马培武 马秀英 齐云蕾
荣秋艳 申一博 舒 丽 宋云龙 苏 政 孙 伟
塔 娜 唐 宇 王凯歌 王坎坷 王 柳 王 楠
王晓峰 王 彦 蔚 爽 吴春萍 吴婧媛 夏浩鹏
夏罗宗启 谢冬敬 信 虎 熊 韵 徐 杰 杨 泉
杨 文 杨小斌 殷炀榜 尤卓越 于点默 余 洪
袁国栋 袁嘉炜 袁 园 张伯恒 张 典 张 恩
张刚生 张金萍 张 龙 张雅雯 张子晔 章梦昱
赵 雪 赵媛哲 郑竹均 周 蜜 朱冰清

外国语学院

蔡 捷 蔡若筠 曹 冰 曹德荣 曹蒙蒙 常玲晓
陈家宾 陈森娟 陈 硕 陈 希 陈忠 程 扬
段九州 方晓秋 冯婧晨 冯其玲 付 博 高金升
古云英 郭金石 郭 丽 韩舒亚 韩 秀 郝莲欣
何莲花 贺 超 贺 钦 洪宏烨 胡楚怡 胡涵程
胡逸君 黄诺曦 黄 蓉 黄 韬 黄 真 金国华
金延伟 景 菁 康乃馨 蓝 玮 雷 璇 李 詠
李金星 李 盛 李 婷 李宇婷 连佳璨 梁 丹
刘海涛 刘红萍 刘 玲 刘路娟 刘美隆 刘娴真
刘小昆 刘 彦 刘艺炜 卢 晓 陆玉蕾 逯 璐
吕 行 吕凯玲 马保全 马芳菲 马丽娜 马源营
孟莹莹 穆路遥 聂慧慧 潘潇寒 庞世瑾 庞书娟
戚贝贝 钱艺梦 乔 迪 乔 汀 秦嘉婕 任筱可
尚明明 沈 希 施顶立 寿晨霖 孙 红 孙澜月
孙小清 孙晓静 孙晓雯 唐嘉薇 田嘉伟 田 妍
汪 然 王柏静 王 鹤 王 洁 王 丽 王 倩
王 蕊 王思维 王 怡 韦慧慧 乌鲁木加甫
吴舒琦 吴晓丹 吴一依 吴 影 武曾宇 武瑞婷
武 玥 习 超 熊正华 许雯佳 杨 沁 杨 艳
杨依卓 叶春兰 于佳卉 袁 蒙 袁梦婕 袁雨航
原 璐 张 芳 张 晶 张乐琦 张 然 张珊珊
张斯文 张天宇 张晓鸥 张 源 赵 超 赵春雨
赵 聪 赵晋超 赵 宁 赵 婷 赵维真 郑睿璞
钟 娟 周 杰 周 添 周雨辰 朱佳佳 朱蕾思
朱玲玲

马克思主义学院

笪文秀 邓兴华 冯 维 何瑷琳 黄 斐 姜世奇
金 梦 雷梦芹 刘晓兰 龙章模 满 媛 梅 琪
门若煜 孟 玲 孙增超 唐 权 滕进芝 万 冲
王 凯 王 鑫 许赛楠 杨 骁 于文静 张泰尊
张 璇 赵 丰 赵艺伟 钟子尧

体育教研部

范梦娇 冯雪晗 胡继杰 黄悠然 廖倩雯 张 雨
陆 地 卡哈尔江·阿布拉

艺术学院

白添夫 陈雅蓉 初鑫铭 高 原 郭星儿 洪 玮
李 超 李雨谏 陆 芸 毛金桦 牟冬野 裴之田
阮 嵘 肖妍琳 徐之波 闫立瑞 周冠中

对外汉语教育学院

曹 汐 陈 静 陈 喆 程敏宜 崔亚冰 丁 静
傅依儂 高 弘 弓耀楠 关亚楠 郭 梦 何其书
贺静静 侯玉陶 胡格非 黄翀鋆 江露露 雷 兰
雷梦婕 李爱萍 李 腾 李振华 梁亚楠 林 丹
刘 佳 罗静媛 马 娴 马晓骁 苗芳馨 潘亚欣
彭 丽 彭 馨 邵敬庭 佟 倩 王 芳 王佳宁
王 伟 王潇悦 魏 伟 吴芝玉 武宏琛 徐佳希
徐梦莹 徐艺之 杨 玲 易 维 虞丽君 玉珍拉姆
袁格霄 张凌汾 张 易 周曼群 周妙青 周照瑾
朱 婧

深圳研究生院

白姣姣 白 洁 柏 卉 宾 川 宾银平 卜 凡
蔡炳怀 蔡莉丽 蔡砚刚 蔡一帆 曹 松 曾婷婷
曾盈盈 曾 榛 常丹琳 常 微 陈 斌 陈芳芳
陈 果 陈 果 陈洪叶 陈家泰 陈金伟 陈 龙
陈曼如 陈 敏 陈朋宇 陈 琦 陈 莎 陈姝祎
陈微微 陈伟杰 陈 颖 陈 元 陈 志 程立军
程温温 戴 静 戴维静 戴筱頔 邓 瑾 邓 睿
邓婷婷 底 敏 刁梦鹄 丁明君 丁 云 董连耕
董 微 董文超 董文欣 董治坚 杜志宏 段 尧
段毅宁 范 婷 范心露 范张翔 方明慧 方万紫
方炜韫 费一鸣 冯洁琪 冯唐人 冯 婷 冯文娟
符冰心 付 锋 傅静涛 傅锴铭 甘亚萍 高 峰
高 健 高 霓 高茜雯 高 伟 高 莹 高振龙
葛 阳 耿 超 巩 昊 谷 洪 谷 琳 谷志莲
关浩亮 郭 繁 郭 恒 郭 佳 郭 雪 郭玉虹
韩香梅 韩晓杰 郝 妮 何康茂 何 磊 何 蕾
何龙斌 何 楠 贺 蓓 宏歌竺兰 洪 达 侯海波
胡建文 胡希媛 胡旭琰 胡正泽 华丽斯 黄 丹
黄 坚 黄 品 黄旭蕾 黄转娣 黄子骧 黄子靖
霍 茜 贾慧思 贾 佳 贾宗超 蒋达晟 焦梦津
金 晨 金家慧 金维镜 金 潇 鞠一郎 康 庄
赖 豪 赖君渊 蓝佳佳 雷春芬 雷 森 雷 鹏
雷雁南 李 冰 李 勃 李 丹 李菲菲 李广娣
李弘扬 李 焕 李静雅 李 磊 李立华 李丽丽
李 莉 李璐颖 李 宁 李佩佩 李琴琴 李诗雨
李士好 李 硕 李恬静 李 薇 李 薇 李文军
李文秀 李下蹊 李翔泽 李小强 李星海 李袖榕
李学东 李远歌 李长宇 李 振 李 直 李重丽
梁 爽 梁斯思 梁子琳 廖富美 林翰骏 林 婕
林婧媛 林 娜 林 倩 林晓伟 林逸韵 林 媛
凌 杰 凌润东 凌自苇 刘芳芳 刘丰有 刘 凤
刘 惠 刘佳敏 刘 磊 刘历歌 刘 苗 刘佩佩
刘 鹏 刘佺佺 刘诗瑶 刘淑杰 刘水茵 刘松杨

刘 涛	刘 星	刘轩宇	刘娅岚	刘扬彦	刘烨彤	\multicolumn{6}{c}{**信息科学技术学院**}
刘寅璐	刘颖婷	刘宇宝	刘宗赫	卢雅函	卢英红	安雨龙	毕小斌	蔡贵兵	蔡 稳	蔡玉莹	曹露艳
罗 姝	罗 腾	罗 璇	罗影龄	吕红蕾	吕 凯	曹 松	曹 颖	常 浩	常怀鑫	车丽美	陈 超
吕 甜	吕玥先	吕桢南	马 戈	马 吉	马军鸽	陈 琛	陈 刚	陈家诚	陈晋升	陈 恺	陈璐瑶
马明子	马 犇	马婷婷	马 翔	马 珣	马亚利	陈美熹	陈 旻	陈 培	陈仕麟	陈曙威	陈相羽
马 茵	毛雅萱	孟 菲	孟 昊	穆 睿	倪 华	陈英瑞	陈 瑜	陈兆丰	陈 政	程 超	程 琦
聂家荣	牛 妍	农镇铭	欧 浪	潘安妮	庞 桐	迟世鹏	崔同兵	崔伟龙	崔益霏	戴妙荷	单东方
裴星星	彭 程	彭 果	彭 慧	彭奕然	浦槟岩	单若冰	党 越	邓 斌	邓丽霞	邸红叶	丁 瑞
漆小玮	齐 翀	齐 昊	乔 娜	乔诗涵	秦大洲	丁尧相	董江凯	董 寅	董中倩	杜雄雄	段 镭
邱昌璞	裘委杰	曲重阳	全丽雁	全耀蓬	饶 凯	段苏宇	樊苗苗	樊其锋	樊旭东	方 涵	方 赟
阮 昭	山成英	邵 珊	沈冰洁	沈若琳	盛 翔	冯 浩	冯 慧	冯 涛	符泳淋	甘善良	高 博
师成平	石晓洲	石 悦	史荣新	宋静思	宋 颂	高虹桥	高剑光	高文斌	高亚运	高永基	高 媛
苏 捷	苏珊珊	隋冰冰	孙 黛	孙桂珍	孙 江	葛凯凯	耿海洋	弓 彬	宫礼星	龚 鹏	苟 瑞
孙梦影	孙秋辰	孙飒飒	孙 娴	孙晓璐	孙晓楠	顾 源	顾张磊	关 胜	关耀文	管应炳	桂载铎
孙亚倩	孙 艺	孙 瑛	孙 远	孙 越	孙振华	郭 涵	郭 剑	郭少锋	郭 颂	郭 文	郭 燚
谈圣婴	唐骋洲	唐 垩	唐龙飞	唐巧玲	唐向学	郭梓甲	韩冬煦	何 川	何海乾	何梦文	何明丽
唐 芸	陶 陶	陶 旭	陶 醉	田雨豪	佟 瑶	何晓宇	何一波	何 艺	何 勇	何宇雄	何 媛
汪 琪	汪琼玥	汪 颖	王碧云	王 晨	王峒栋	贺彬彬	洪星星	洪艳雪	洪 阳	洪毅虹	后永波
王 菲	王扶潘	王 辉	王佳楠	王洁玉	王 京	胡俊嵘	胡桐宁	胡 威	胡亚非	黄福青	黄立富
王 珏	王丽斌	王 龙	王潞怡	王 璐	王 璐	黄林晟	黄舒志	黄显霞	黄 颖	黄 越	纪腾飞
王璐琦	王 沛	王 鹏	王庆阳	王 蓉	王 珊	纪晓康	季处冰	贾 嘉	贾建龙	江 慧	蒋德军
王思博	王思睿	王腾腾	王婷婷	王问野	王 希	金 庸	李冰华	李 冲	李 聪	李 红	李宏杰
王馨甜	王彦骐	王 瑶	王雨筝	王玉国	王玉珏	李 辉	李 慧	李晶晶	李君杰	李 凯	李克强
王玉婷	王 月	王 哲	王 孜	魏士清	文 晨	李 雷	李 龙	李 鹏	李世军	李守成	李淑玉
吴海燕	吴 昊	吴 慧	吴克伦	吴 茜	吴 烨	李小奇	李晓平	李雁章	李逸樵	李毅之	李志贵
吴 娱	武嘉怡	夏林飞	夏 青	冼丹林	向圆媛	李自然	梁 荣	梁馨月	廖泥乐	林 嘉	林 拓
项 楠	肖百霞	肖 瀚	肖 静	肖 玮	谢琳娜	林 旖	刘安平	刘 邠	刘春彤	刘 冬	刘 冬
谢思东	谢一诺	邢 燕	邢 阳	熊 慧	熊师敏	刘广宇	刘国华	刘国荏	刘金宝	刘 黎	刘孟奇
徐春慧	徐 佳	徐 进	徐杏华	徐瑶琦	徐 叶	刘梦馨	刘 鹏	刘 睿	刘树欢	刘树秀	刘文慧
徐智勇	徐祖怡	闫筱荻	严不易	阎斯华	杨德智	刘 雯	刘亚宁	刘 阳	刘 洋	刘玉县	刘 云
杨惠萍	杨季超	杨 佳	杨 坚	杨 娇	杨鎏嵩	龙秋风	娄焕庆	卢 钊	鲁志勇	陆光易	罗 灿
杨 柳	杨 璐	杨 瑞	杨诗婕	杨 爽	杨 雪	吕 浩	吕 钦	吕盛龙	吕世公	吕 伟	马宝昌
杨娅琳	杨用斌	姚 娟	姚 瑶	姚依妮	阴 舒	马鹏程	马 松	马松威	马万里	马伟佳	马 骁
永 辉	于 琛	于 婧	余逸倩	余渊善	俞业夔	马永强	莫景辉	聂铭昊	牛 超	牛剑锋	牛雏平
员瑜平	岳琳川	臧雅然	战智超	张 斌	张承禹	潘荣灿	彭 飞	彭 毅	彭云波	齐 琳	祁晓霞
张 帆	张 昊	张积东	张健伟	张理卿	张 力	钱梦仁	曲 丞	曲 直	全冬兵	饶俊阳	饶先拓
张 亮	张 靓	张 林	张 森	张明达	张 倩	沙文鹏	山其君	余顿顿	沈冬云	沈广冲	沈 磊
张 瑞	张帅虎	张 玮	张晓宇	张心力	张馨文	石岱庭	石立山	石晓龙	司俊俊	斯文骏	宋建龙
张 旭	张羿斐	张 宇	张 悦	张 越	张志明	宋京京	宋 璐	宋治海	宋子琴	苏光耀	苏吉婷
张智宣	张 卓	张宗磊	章辰磊	章颖博	赵 枫	孙 波	孙恒一	孙宏宇	孙金岭	孙 妮	孙 涛
赵健艾	赵 龙	赵旭照	赵亚萍	赵 釜	赵梓伊	孙星海	谭学垒	汤 凯	汤元超	唐学伟	唐 艳
郑 婧	郑南思	郑庆之	郑 文	钟一鸣	种 颖	陶 斐	陶婷婷	滕建斌	田 宇	万 纯	万富强
周 洁	周开辰	周 璐	周 南	周睿捷	周石泉	万海琴	万 松	万馨忆	万阳沙	汪 堃	王 蓓
周世琦	周婷玉	周 雪	周语洋	周玉龙	周 聿	王 勃	王 超	王凤翔	王贯江	王 冠	王 瀚
周宗凭	朱 凯	朱盼盼	朱奕宣	朱 彧	朱钊轲	王 豪	王 浩	王 怀	王佳嘉	王 菁	王 靖
朱郑敏	庄 岩	资素姣	邹 洁	邹仕强	左腾飞	王君逸	王 龙	王 璐	王 宁	王 倩	王荣山
						王少南	王舒阳	王帅民	王伟超	王熙庆	王 野
						王 羿	王宇昕	王泽亮	王争光	王子腾	王宗巍

韦 超	魏文亮	文浩丞	翁东旭	翁天发	翁轩锴	聂 凯	潘鑫池	彭 飞	彭琼婧	秦志伟	荣 尧
吴渤翰	吴 良	吴 炜	吴志川	伍 峰	伍国斌	沈宏伟	石昌盛	宋文宇	宋 星	宋 艺	孙博斐
夏 韬	夏 文	夏玉倩	夏 云	肖 登	肖 攀	孙 瑶	王 冰	王 博	王恒杰	王秋爽	王胜军
肖 融	肖 玮	肖祥全	谢佳亮	辛 争	邢 城	王婷婷	王雪刚	王雅婷	王 轶	吴 湖	吴 凯
邢培银	邢雪源	熊泽冲	熊志天	徐宗刚	许世泽	吴新军	徐亚敏	闫 涛	杨继人	阴彦兴	袁敬梅
许桐萌	许一超	宣昱聪	闫丰润	严海涛	杨琛琛	张 兵	张 博	张明磊	张明轩	张楠林	张 冉
杨丽杰	杨明辉	杨 挺	杨 翔	杨 轩	杨阳子	张晓伟	张晓语	张艳果	赵宏宏	郑 凯	钟思阳
杨 易	杨远程	杨 振	姚汝颢	姚益武	叶治毅	朱静菡	邹 曦				
易 娜	易天旸	殷 钊	尹志远	余 琴	余 韬			城市与环境学院			
余 扬	袁 瑷	詹 谦	张 波	张 昶	张晨炜	毕晓叶	曹冠宇	曾 哲	常 婷	陈 岑	陈 佳
张承芳	张 帆	张化劲	张津海	张 凯	张 雷	高晓雪	桂晶晶	郭琼霜	郭文伯	韩 爽	韩一帆
张 亮	张 路	张敏林	张勤健	张若弛	张士斌	何 松	贺欢欢	侯金伶	胡 莹	黄滨茹	祝春敏
张索明	张婷婷	张 崴	张 伟	张伟兵	张文娟	姜海龙	雷瑞雪	李德瑜	李檬溪	李梦姣	李鹏飞
张献涛	张 潇	张晓迪	张晓愚	张昕彤	张新星	李润琪	李彤超	李晓宁	李 玥	李长风	刘博宇
张旭东	张雪琳	张雅婧	张颖睿	赵皎皎	赵婧妤	刘 明	刘思君	刘 杨	刘 禹	罗 洁	吕 璠
赵 琦	赵青靓	赵树娟	赵耀环	郑 倩	郑 弦	吕怡琦	马承恩	马 程	马 丹	马悦婷	梅 芸
钟 雷	钟文烽	周飞宇	周家帅	周 璟	周娟娟	孟祥巍	苗德雨	聂振宇	屈文园	任仲申	史艳慧
周芝丽	朱鸳璞	祝 响	庄 重	邹凡云	邹 伟	舒 华	宋丽青	宋 婷	谭 琪	王海斌	王嘉慧
		国家发展研究院				王 珏	王 璐	王梅燕	王 敏	王卿梅	王 韬
陈 琛	程 玺	冯颖杰	顾加栋	户德月	贾 辉	王 伟	王伟凯	王怡然	卫 晓	向乔玉	向芸芸
靳一楠	李安宁	李乐融	李明浩	李姝婧	李志昂	许超诣	闫伟奇	严 宽	杨君君	杨凯翔	杨 柳
刘利科	刘 鑫	柳 楠	罗 媛	商华磊	沈 聪	杨 明	杨绍银	杨 弦	杨勇涛	叶宝源	俞文婧
孙 晨	孙雪萍	王 也	许文健	薛米江	闫龙方	詹永锋	张 超	张 辰	张 苗	张 敏	张鹏飞
杨继伟	杨 越	尹占涛	张丽娜	张晓静	张 欣	张晴华	张诗逸	张衔春	张禹平	张振坤	赵冠男
张 琰	种 鹏	周 末				赵嘉佳	赵 可	周 瑛	加那提古丽·卡德尔		
		教育学院						环境科学与工程学院			
安 栋	陈 杰	陈婧霖	陈 娜	陈妍好	程 璠	常瀛月	陈 晨	陈 皓	陈 盼	陈文远	段恒轶
樊青丽	冯丽丽	郭 晨	韩昕光	何 畅	胡 雪	高天宇	高 园	葛大东	韩佳蕊	何启超	胡 伟
黄君子	黄 月	蓝少华	雷霏霏	李佳芯	李梦洋	黄竹梅	李建峰	李 蕾	李 梅	李明真	李 前
李一凡	刘邦宇	刘俊丽	栾 曦	彭汐婷	曲茜美	李 璇	梁 昊	廖静秋	廖夏伟	林 岩	刘永成
任嘉庆	隋海梅	唐 韬	王 迪	王 珊	王 颂	吕 炜	闵晓朋	孙成玲	万 瑞	王 磊	王心宇
王 娅	巫 锐	吴临风	吴 霞	许征超	杨柏洁	王欣瑜	魏 霞	吴 傲	吴华峰	夏树林	杨飞飞
郁苗苗	院 青	张 维	周 晨	周萌宣	周文鼎	杨振兴	殷晓晨	原 野	张成扬	张 诚	张 静
朱 琼	朱雅特					张 楠	张轩瑞	郑杰莹	郑中原	周 坤	朱 婧
		人口研究所				朱可珺					
常青松	程昭雯	姜桂平	梁博姣	林群栋	刘桂华			分子医学研究所			
戚晶晶	王 镝	张洁羽	张 珊	朱 琳	诸 萍	孙璐璐					
		前沿交叉学科研究院						基础医学院			
曹敏华	窦亚娜	李洋晶	刘 凯	刘 倩	辇伟峰	周秋虎	寇耀晖	沈文文	王 帅	吴晓月	李 晋
王 禹	杨茜雯	张怡玲				闫 宁	徐艳慧	李 慧	薛 亮	李林英	刘 雪
		工学院				刘建智	付志伟	赵 亮	简 旻	金小康	王 超
车子萍	陈立洋	陈亦涛	陈毅敏	陈志敏	代亚非	王 飞	吴 媛	卢 瑶	李爱芹	韩 建	肖 鹏
方源达	高 冉	高 婷	贺劲鑫	侯 娟	黄海鹏	陈 耕	孔令玉	杜香宁	王艳玲	王 新	胡阿锦
季锦梁	姜志奇	蒋立军	孔 斌	孔丽丹	李沫竺	陈婷婷	张梦雪	刘舒萌	胡士华	孙晓通	马 靖
李 腾	李永生	李 铮	栗 斌	林钟荣	刘理鹏	王立明	陈真真	李 蕊	马 腾	王致远	张延亚
刘玺璞	刘振濮	罗 帅	罗 太	马雪	马 莹	李正康	王英红	潘 玉	那达翔		

药学院

朱志鹏	王　超	翟亚亚	汪小又	李井泉	梁　毅
薛敬一	王宝敏	史勇英	付嫣然	黄　云	李慧博
管清华	陈小蓉	吴晓伟	吴骏宙	梁清照	范丽萍
任　龙	李中杰	张子为	魏　雄	司　霞	任　彪
周亦川	叶志康	邱　越	孙梦舸	刘　妍	陈　哲
陈　睿	赵丽平	王胜军	杨思敏	吴　妮	格桑罗布
吴国栎	曹元照	冯　强	黄芦白	母光妍	高泽深
宗晓琳	马　聪	王元强	邢永宁	刘　鑫	丁　源
夏天宇	杨九一	马天阳	李　懿	徐海峰	冯林敏
吴仁敏	孟慧杰	马小卓	张精亮	马淑金	曹源源
郭印良	李　灿	周世强	欧　洋	孔维华	高雅杰
邵雪岩	万　丹	劳智奇	刘　彬	李　静	高玲燕
郭志刚	朱孔彩	冯　鹏	杨莹帆	孟婷婷	宋　平
宋文丁	孟文爽	王景达	黄美玲	石继凤	唐筱婉
徐　峥	蔡　倩	肖　安	高　都	杨海松	郭　巍
王　璐	周　颖	张文嘉	许飞飞	兰　茜	张萌萌
曹规划	王　鹏	陈溢欣	杨　科	杜　若	单　冬
兰月香	卜琦鑫	杨　君	杨建胜	田　鹤	孙　谊
吕海宁	李凌宇	栾　嵘	谢德媚	李晋文	胡　琨
李　英	杨　松	马婉婉	高　天	冯　敏	胡春阳
陈金凤	王　喆	易莉炜	尹　航	高　艳	卢晓静
胡　莹	郭　飞	串星星	王　宽	王孟通	付　超
苏　丹	张寓安	江　韵			

公共卫生学院

李　婧	周学贤	姜思源	高　婷	谢春艳	杨敬林
杨　震	朱　晗	王　飞	孟祥睿	张　凤	庾　波
刘　玲	聂晓璐	丁　筱	董冲亚	刘芳宏	孙思伟
李子一	高丽丽	孙　璇	冯　鑫	吴峥昊	胡光宇
徐　昊	邱　恒	刘　峥	孙李李	李　昂	胡小靖
邵祥龙	刘　昕	张　洋	陈　娟	朱凌燕	张瑞琨
周　倩	崔萌萌	张　磊	田　野	卢　燕	宋雅然
宋　娟	张　叶	华欣洋	李景壹	尚美霞	张　滢
刘雪蓓	孙　磊	刘莹娟	刘晓晓	陈　娟	武骁飞
王　玲	罗　运	王志隆	毛　毅	杨娟元	郑　建
王超男	梁梦璐	张越伦	律　颖	白冠男	张　磊
尚晓瑞	杨文娟	李　帅	王品泽	张洪涛	张东奇
王　婷	王　璐	王　希	田磊磊	牛伟静	席韩旭
黄鸿鹏	马　雯	王　梦	闫　镝	杨昊旻	尚俊丽
李　雪	方　丽				

护理学院

何　伟	张　萍	岳　彤	王　敏	奚　兴	李英华
陈　杰	李小卫	周　敏	郭红艳	任　辉	欧阳倩

医学人文研究院

鲍笑蕾	胡　悦	徐汉辉	杨丹玮	张　莹	张　玮
徐　坤					

第一临床医学院

侯妍冰	李东晓	魏　威	郭正梅	刘向征	亓　昕
黄　禾	郭建美	宁向辉	马　超	刘晓静	魏晓伟
李　婷	王雪洁	李　森	姜　原	姚　希	白晓燕
吴广东	尹菁华	代　强	于　进	王奇敏	李彬彬
郭　娟	宋宜祥	王春赛尔	杨海坡	曾　诚	吕天石
王彩蕊	徐嘉宁	崔广霞	刘玲峰	苑姗姗	秦　瑶
王凤娟	车福盈	孔　洁	张海华	杨　斌	孔　昊
董　程	张月苗	雷平贵	王婷婷	庞璐璐	徐芷珩
黄　盼	宋金凤	刘　希	张乐洋	张　栋	郭亮依

第二临床医学院

李　韬	龚思倩	冯　霄	杨亭亭	张洪斌	彭美雄
马晓旭	贾欣华	万　博	葛　庆	刘丽丽	李彬彬
贺文强	买　欢	王　芳	丁孝权	胡冠华	林则行
张显飞	张晓喆	王帮民	秦彩朋	郝科技	陈柏嘉
刘　晰	曹沙沙	朱华群	于　超	王　斌	黄致蓁
解玲玲	刘　军	杨　靖	王　菲	菅广敏	李智宣
陈　博	孙义峰	孙玉杰	张春丽	刘　雯	曾司彦
陈　颖	邓玖旭	刘运峰	魏璐敏	潘红旭	郑杰元

第三临床医学院

黄　芩	刘　强	李　华	刘盈莹	段江晖	叶洪楠
尤宇辰	董西慧	翟文雯	于海涛	张亚征	张乃斌
柯　静	刘恩泽	杜立法	黄　超	王　宁	粘铭轩
廖程程	高士基	孙　敏	张　帆	吴海燕	谢凌铎
张　金	徐史兴	史慢慢	金　莹	朱　凯	王雯倩
刘新秀	杨承志	李　振	王　叶	高彩凤	杨明明
崔岳毅	孟增慧	高　洁	刘少君	姚智渊	郭海晓
张　哲	胡煦晨	唐　冲	王彦霞	陈永康	张兆林
高紫璇	马丹娜				

积水潭医院

毋睿涵	郑赛君	兰永昊	王慧英	杜传超	王　玲
赖全友					

口腔医学院

詹雅琳	李　聪	丛　超	周　琳	范少轻	于　跃
浦寅飞	常　青	胥加斌	路　璐	苏俊森	李秀花
王晓燕	唐秀锋	崔晓曦	张　媛	吴佳琪	权俊康
张晓敏	罗汝茜	崔凤娟	任玉兰	贺文鹏	李　爽
付静雅	赵向晖	陈　彤	杨素明	吴彬彰	王升威

精神卫生研究所

邢笑萌	王恩聪	杨桂民	郁　昊	胡丽丽	尚凡红
岳晶丽	黄　芳	刘云涛	钱　红	周舒艾君	史晨辉
谷朝霞					

临床肿瘤学院

李　敏	李金江	田　野	汪　争	王同辉	邓园欣
郑　翔	杨雪莹	马若兰	于佳玉	徐蔚然	黄蕾蕾
张静依	姜庆龙	杨　旭	徐盈盈	赵治艳	王顺花

孙葳	林新峰	杨峰	庄庆	赵兵甜	李培

北京医院
王鑫毅	赵帆	张晨	高军伟	姚昊	陈苗苗
后曼	王占奎				

中日友好医院
黄涛	董洪军	朱丹	雷剑伟	李广峰	赵旭
徐广春	赵静皎				

世纪坛医院
卢彦娜	王亚丹	司空银河	马天翔	冯睡	李银娟
马士程	巩蓓	万彬华	颜媛	侯宇希	李健
宋之瑶	陈思	傅月玥	赵茜		

航天中心医院
李倩	朱珠	陈杰	金迪	刘佳	成雪
霍文君	刘晶晶				

首都儿科研究所
李睿	万灵	李刚	陈淑媛	任丽红	

民航总医院
王田田					

深圳医院
姚霞	严瑾	罗红学	王芳	杨丽华	单莹莹
崔军威	杨红杰	王旭亮	胡启彩	何冠勇	

首钢医院
王彦强	孟帅				

地坛医院
纪世博	梁金秋	任玉莲	黄英秀	顾红岩	刘娟
张晓静					

解放军第三〇二医院
逄菲	姚伟明	王英			

解放军第三〇六医院
卫沛然	黄玉玲	王占辉	余萌		

回龙观医院
崔翠翠	谢孟杰	郑文静	江雪		

毕业博士研究生

数学科学学院
陈飞飞	高仲宁	管晓伟	洪阿丽	季丹丹	金文早
雷锦江	梁鑫	梁鑫	刘成林	刘汉中	吕唐杰
潘贵霞	施德才	史逸	宋凯	宋曼利	唐浩哲
唐晓弦	唐颖超	王晁	王枫	王佩	王善标
王艳莉	吴朔男	夏彬伯	谢振肖	熊梅魁	薛晓峰
杨畅	杨功荣	杨玥含	姚文琦	张浩	张涛
张一木	赵健	郑晖	钟裕民	朱红梅	

物理学院
阿不都莫明·卡地尔		陈广	陈基	陈静
陈学刚	迟玉洁	邓勇开	董国香	杜伟	段俊熙
符巧	付学文	高光宇	古利娟	管淳	郭超群
何超	何法	何鑫	贺斐思	胡杨	黄胜
江涛	姜丽佳	姜显哲	姜雪峰	柯芬	孔淑妍
李贝贝	李春宇	李洁	李金钊	李庆涛	李晓
李晓岚	李兴斌	李永明	荔宁	刘戈	刘航
刘鸿	刘树全	刘政豪	卢芳超	罗剑兴	彭丽春
秦楠	邵鼎煜	邵华圣	石光明	孙兆茹	王磊
王小平	王玉	王志刚	王钟堂	魏玉科	夏炎
夏元华	谢旭飞	辛现银	邢星	熊小努	徐婉筠
严缘	杨东伟	杨柳	杨倩倩	杨是𩾃	杨腾飞
杨薇	杨晓菲	杨云波	杨再宏	余斌	张德平
张辉华	张甲举	张琳琳	张睿	张首誉	张天悦
张永超	张瑜	赵靖川	郑辉	周伶俐	朱艳梅
邹伟	左文文	程奕源			

化学与分子工程学院
蔡顺有	曹越	常翠兰	陈瀚	陈昊	陈虎
陈凯	程涛	崔晓杰	单红梅	杜庶铭	付婧
高嵩	高腾	耿巍芝	古江勇	桂红刚	郝子洋
何洁	何晓辉	侯绍聪	贾传成	敬静	李鹤
李恒	李欢	李晶	李珉	李伟	李亦舟
李振东	李振湖	李子龙	林民	林世贤	刘靖新
刘俊孜	刘小青	刘又铭	刘玉鹏	罗达	吕志新
孟令辰	闵龙	牛林	乔永辉	秦校军	屈伟
瞿锋	曲世伟	邵茜	沈钰忱	史力军	史莉莉
舒志斌	宋成程	宋连凯	苏凯	谭海波	田海健
万旺	王春浩	王进莹	王鹏	王小野	王飑
王也夫	王跃樊	吴红伟	肖军燕	辛恭标	辛纳纳
徐丽敏	许静	杨麦云	杨守良	杨文	姚思宇
叶小舟	余大启	禹蒙蒙	贠琳	袁劼	岳国宗
张成森	张德文	张佳光	张佳玲	张丽晶	张琦璐
张亚超	赵耀洪	郑超	郑仲	钟璐玮	周凤
周继寒	周易	朱春梅	朱礼志	朱威	朱晓翠
朱新宇	朱宇峰	朱智	卓连刚		

生命科学学院
蔡昌祖	蔡强	陈芳芳	陈佳佳	陈亮	陈璐
陈伟	邓诏轩	葛建	耿永涛	何敬全	贺瑞娜
洪森炼	侯萍萍	侯英楠	胡斌	黄清配	黄岳
贾均	靳进朴	孔庆瑶	孔寅飞	雷业	李超男
李佳昀	李连博	李明喆	李钦	李亭亭	郦宏刚
刘博超	刘纯	刘康	刘朋朋	刘嘉	刘旖璇

刘 勇	马嫄慧	秦 伟	佘 继	沈璧蓉	施 慧		|哲学系（宗教学系）				
舒 健	唐 星	汪 霞	王国鹏	王家亮	王 霞	傅庆芳	何浩平	胡翌霖	蒋 淼	李彬彬	李海燕
王 瑶	王展翔	吴宇杰	徐 君	杨君娇	姚 顿	李 猛	李兴旺	李学梅	刘 明	马 丽	毛 竹
尹 丰	张博言	张 恒	张 莹	张 玉	赵 峰	梅剑华	容向红	阮 媛	尚杜元	孙会娟	王觅泉
赵汗青	赵娟娟	褯晓龙	祖 尧			吴莉琳	肖伟光	许 迪	张海洪	张 梧	张兆民
	|地球与空间科学学院					赵金刚	赵立研	赵 震	朱竞旻	左 稀	
曾翠平	陈佳维	陈咪咪	陈 榕	陈育晓	杜瑾雪		|国际关系学院				
段依妮	冯 周	付培歌	何 强	解 超	鞠 玮	曹正仁	范旸沐	顾 炜	蒋翊民	李帅虎	李亚男
康 浩	李建锋	李 军	李展辉	李兆亮	梁存任	李 尧	蔺 佳	南 江	沈贤元	陶元浩	田 越
刘川江	刘冬冬	刘跃虎	马乐天	马 磊	毛 翔	汪卫华	王剑英	王疆婷	夏庆宇	颜铨颖	于 蓓
乔宝平	申婷婷	侍 颢	宋本钦	宋文磊	孙文杰	朱清秀					
汤文豪	陶 开	陶仁彪	田作林	万 玮	王金梁		|经济学院				
王丽宁	王明振	王明志	王 庆	王 伟	王 新	方宇惟	高秋明	李 栋	林山君	刘明利	刘乃铭
王志强	席福彪	夏 彬	谢周敏	辛海强	徐光晶	刘 鹏	孟 欣	潘希宏	彭晓博	孙露晞	吴凤武
许玉斌	闫淑玉	杨 威	杨永飞	尧中华	尹 超	谢利平	杨 光	张丽丽	赵 天	赵学民	邹蕴涵
袁憧憬	张 弛	张慧琴	张 鹏	张 倩	张 巍		|光华管理学院				
赵 亮	赵 盼	郑荣国	钟 军	钟日晨	周明辉	陈 文	陈 玥	谌嘉席	丁 瑛	丁 月	杜晓梦
周腾飞	周 晓					冯文婷	高 明	胡聪慧	黄振雷	惠文杰	解蕴慧
	|心理学系					康 立	李宏泰	梁 婧	林道谧	刘慧慧	刘诗颖
林伟鹏	陆静怡	石振昊	汪晨波	韦文琦	吴 南	刘威仪	罗时空	马 松	马莹莹	潘 蕊	秦 昕
杨 寅	余红玉	张喜淋	周 宓	周 婷		曲红燕	孙 聪	孙鲁平	王 欢	王 夏	王于鹤
	|新闻与传播学院					燕 翔	杨茜淋	余 琰	袁振超	张翠莲	张宏宇
毕雪梅	蔡玉沛	常 俪	程 暄	崔远航	李志伟	张 路	张明玺	张 璇	周 维	周小宇	
刘 钊	史学军	孙美玲	王士宇	王逸鸣	杨 虎		|法学院				
叶 红	张 铭	张书玮				曹志勋	曾燕斐	陈 燕	丁胜明	高俊杰	高 原
	|中国语言文学系					郭世杰	侯雪梅	胡春梅	赖骏楠	劳佳琦	李大庆
曹菁菁	陈 洁	陈荣阳	陈 晓	陈云豪	程振红	李世阳	李媛媛	梁景瑜	刘 敏	刘 权	刘跃挺
段 莹	费冬梅	高 山	葛亮亮	国家玮	季亚娅	吕 磊	茅少伟	牟绿叶	秦化真	邵康苹	谭道明
金 玲	李嘉慧	李 仅	李淑英	李新良	梁盼盼	唐 芳	翁岳暄	谢 艺	谢 勇	邢 梅	徐凌波
刘 斐	刘书刚	吕来好	马勤勤	宋欢迎	孙凌钰	叶 楠	张春丽	张 东	张微林	赵 力	赵 鑫
孙书杰	王传龙	王冬冬	王广生	王耐刚	王 尧	赵振士	郑 磊	周 辉			
王 瑶	王 勇	王紫微	许井岗	闫作雷	杨 果		|信息管理系				
袁 媛	赵林晓	赵柔柔	赵 旭	赵志国	郑伟娜	丁文祎	韩秋明	黄红华	陆晓曦	孙 镇	王 波
周京艳						杨雅芬	尹培丽	于春明	赵 康	赵需要	郑 炜
	|历史学系						|社会学系				
陈晓伟	戴 鑫	董 涛	杜洪涛	贺艳青	胡 宁	陈 涛	狄 雷	傅春晖	何源远	侯俊丹	胡 雯
黄 硕	郎 洁	李雷波	李 昕	李 欣	罗 帅	李 娜	李伟华	梁 萌	廖文偉	欧登草娃	史普原
聂溦萌	邱靖嘉	任燕翔	邵璐璐	谭 皓	汤晓燕	孙俨斌	唐远雄	王伟进	夏希原	许 琪	于健宁
王 刚	王睿恒	王 禹	徐 畅	叶 亢	于留振	张惠强	赵 萱	周旅军	朱 洵		
张本照	张德明	张利军	邹皓丹				|政府管理学院				
	|考古文博学院					步星辉	陈冀周	程 熙	戴木茅	邓湘树	杜善平
陈 批	陈 筱	耿 朔	侯卫东	金和天	刘 爽	盖佳萌	龚宏龄	郭佳良	洪 波	胡微微	黄 晗
路国权	罗汝鹏	王 炜	王小娟	王子奇	徐华烽	姜佳莹	蒋 鲲	李加东智	李平原	李思诺	刘敬东
张 敏	张 寅					罗海芸	吕双旗	马 瑞	马胜强	彭小斌	舒忠飞

宋　洋　　王冬欣　　王　娟　　王晓芳　　王　烨　　王　一
王志宝　　吴国誉　　吴　旭　　杨　梅　　杨守涛　　杨腾原
臧雷振　　张　超　　张　浩　　张　满　　张如国　　赵浚竹

外国语学院

安　蔚　　陈　飞　　陈　燕　　程　静　　崔艺芋　　代学田
葛奇蹊　　黄　弋　　金　兰　　柯彦玢　　李凤娟　　李　浩
李　菊　　李　颖　　刘士滢　　卢　炜　　陆映波　　潘　珊
孙　倩　　汪　然　　王　剑　　王珊珊　　王　晓　　徐　颖
杨　磊　　杨文江　　张宝云　　张雪杉　　赵婷廷　　钟　燕

马克思主义学院

丁　晔　　都　岩　　郭小说　　韩秀霜　　何海根　　李　超
刘爱章　　吕红霞　　孟凡艳　　任文启　　王美玉　　王乾宇
王　炜　　尉　浩　　殷华成　　尹　昕　　于品海　　张震环
章新若　　周留征

艺术学院

陈　希　　褚国娟　　戴　璐　　胡　云　　李天昀　　刘冠德
刘跃兵　　徐淑敏　　雍文昂　　袁江名　　张　蔚　　赵　路

对外汉语教育学院

李海燕　　马乃强　　聂大昕　　任春艳　　王瑞烽　　卫　斓
赵　明

深圳研究生院

林桂平　　刘华伟　　卓纮皛

信息科学技术学院

陈　冰　　陈　龙　　陈　梅　　陈远祥　　程　序　　崔宏宇
董全武　　郭翰琦　　韩　磊　　何昌洪　　何正焱　　霍　强
贾　宁　　解晓鹏　　金　锐　　孔俊俊　　乐旭广　　李冬晨
李　梁　　李　靓　　李凌达　　李　萌　　李男男　　梁广泰
林晓燕　　刘丙双　　刘　坤　　刘　翼　　刘　运　　刘中健
刘重晋　　楼海君　　鲁　帆　　罗　勇　　马利民　　马　森
马秀娟　　孟　迪　　倪一涛　　蒲松涛　　秦洁宇　　邱颖鑫
史庭训　　宋维佳　　苏　飞　　孙旭明　　谭　斐　　唐　建
陶　欣　　涂　波　　王贵重　　王浩南　　王龙彦　　王诗淇
王　腾　　王武生　　王　洋　　王逸潇　　王羽欣　　魏　豪
魏子钧　　温森文　　吴　凌　　吴　倩　　谢　峥　　许婷婷
杨　慧　　杨　李　　杨易立　　阴红志　　尹龙飞　　雍珊珊
余怀强　　喻梁文　　云全新　　翟晓华　　张建军　　张　琳
张　猛　　张荣庆　　张晓升　　张志超　　赵春旭　　赵丹淇
赵　辉　　赵　通　　赵　鑫　　郑中阳　　钟　祺　　周　超
周大伟　　周　江　　朱韫晖　　邹积彬

国家发展研究院

陈剑锋　　冯　时　　冯仕亮　　苟　琴　　黎怡兰　　李　晋
谭之博　　王戴黎　　吴鸾莺　　谢沛初　　赵　岳

教育学院

曹叠峰　　陈晋玲　　程　飞　　江淑玲　　江　涛　　金善国

人口研究所

金一斌　　蓝汉林　　李津石　　李进峰　　李　俊　　蔺亚琼
刘　强　　宋　超　　汪晓霞　　王嘉颖　　王民忠　　王　征
王征宇　　谢广宽　　徐　月　　杨素红　　杨天舒　　衣学磊

人口研究所

陈秋媛　　崔志军　　何　洁　　李成波　　张　硕

前沿交叉学科研究院

白林灵　　陈　佳　　党　祎　　高雅博　　郝　瑛　　黄　婷
金坚石　　李　旸　　李志强　　孟月娜　　彭文联　　秦景芳
任晓庆　　唐　博　　王瑞雪　　魏利娜　　郗　冬　　尹　宁
张恒彬　　周　雄　　邹志宇

工学院

白　夜　　陈仕洋　　戴　鹏　　董润莎　　董万静　　高桂云
郝　洋　　贾永楠　　李华芳　　李　睿　　李应卫　　李玉辉
廖子菊　　刘　杰　　刘开恩　　刘　勐　　刘诗泽　　刘永芳
罗小林　　马　竞　　秦欢欢　　邵　玲　　石天一　　宋　琦
孙　涛　　唐　青　　唐新猛　　王飞飞　　王　姣　　王进平
王卫杰　　王宇辉　　吴士玉　　伍　梓　　夏茜茜　　徐秉声
许继云　　烟　征　　杨　策　　杨　萌　　尹申意　　于嘉鹏
于　璐　　余真鹏　　张传鸿　　张建磊　　赵阳阳　　郑子君
周　蕊　　周锡龙　　朱一丁

城市与环境学院

鲍　宁　　曹敏政　　曾赞荣　　丛　丽　　丛　楠　　高　攀
高　阳　　何　伟　　侯琳琳　　胡　斌　　井　新　　孔　源
李　鹏　　李　品　　李　伟　　廖慧怡　　刘天宝　　栾晓帆
吕胜华　　吕　艳　　莫筱筱　　裴　丹　　任晋锋　　申　悦
沈昊婧　　沈惠中　　司苏沛　　宋祥来　　孙建仙　　童银栋
王利伟　　王　阳　　谢旦杏　　徐　健　　徐丽芬　　徐　敏
颜　燕　　姚凡云　　张　梅　　赵宏杰　　周德成

环境科学与工程学院

陈　梅　　陈　帅　　陈文泰　　陈　源　　董宜安　　杜耀仁
方雪坤　　龚巍巍　　关天嘉　　韩逸群　　黄　道　　黄　昕
霍　庆　　解宇峰　　晋银佳　　兰紫娟　　李艳波　　刘　文
庞丽娜　　彭剑飞　　申芳霞　　苏燊燊　　王　琛　　吴　婧
杨海燕　　杨　强　　杨巧云　　岳　遥　　张澄澄　　赵　圳

分子医学研究所

卜　晔　　郭姣姣　　韩　亮　　黄章泷　　康新江　　刘丰华
欧阳萌　　尚　维　　滕洒洒　　王　旭　　吴　青　　袁天一
张小玉　　章　婷　　郑良宏　　朱小君

基础医学院

金　翎　　王兰兰　　刘忠民　　牛苗苗　　宋博研　　郭婷婷
宋荣景　　方　希　　王　洁　　李　丽　　董　冬　　王　来
王　宁　　齐　崇　　贺　珂　　刘玉清　　宋一萌　　曹继祥
陈铸鸿　　肖　星　　杨昊澎　　廖沁园　　鲁华菲　　孙奎霞
涂　博　　韩　晓　　姜冬阳　　罗　阳　　王维斌　　董诚岩

尹雪丰	单 虹	蒋晴晴	潘 文	梅 放	王秀娟	马晓蕾	李稳霞	王佳玉	杨 锋	王 琳	李明珠
任彩霞	方 东	马丽千	齐 才	杨 颖	罗宜孝	姚 丹	秦 东	金开基	黄海艳	伍 源	黎庆钿
祁丽花	李海波	黄 洁	薛学敏	韩启飞	袁 帅	徐 力	张力杰	刘亚男	郝传玺	吕 亮	锁 盼
程 倩	姜 红	李韦杰	杨 欢	迟晓春	苏 玉	陈衍辉	张 鑫	徐小东	耿 强	刘晓怡	唐 胤
张 巧	张国英	张 红	郑丽媛	田 野	孙维梁	卢群山	刘佩佩	袁也晴	孔凡运	周俊飞	

第三临床医学院

陈争菊	马良肖	贾新颖	杨紫伟	李卫华	周静怡
王振达	朱明璐	贾 晓	高雅楠	潘 虹	郑 琴
郝佳庆	梁 颖	刘 娟	李思奇	李丽娟	易 娟
陶 建	苏 文	郝会峰	刘小旦	胡金霞	张江波
董荣芳	张 璐	王子君	陈 西	齐俊娟	李 研
张景航	李自茹	李语玲	孙 莹	李 鹏	王亚宸
丁彦红	师迪婧	刘剑锋	刘秀秀	范胜军	王家骥
王学伟	杜军霞	李 帅	朱鹏飞		

李 玲	余洪磊	万 宇	宋之明	周玉娇	丁晓燕
刁玉梅	王 亮	司 雨	刘 蓉	赵荷珺	侯晓飞
杨 波	杨 军	李常虹	王天任	陆丹芳	赵红翠
林 琳	张春梅	李 昊	石岩岩	王 凯	郑晓娟
刘 静	李 丹	王 洋	邢华医	周剑锁	葛迎年
冯法博	周 延	李 刚	丛翠翠	陶 明	郑亦沐

药学院

邓 政	林志强	曹桂云	杨爱岗	蔡报彬	姬利延
高 薇	王 聪	周 勇	刘 强	曾文之	王新一
陈昌雄	李理宇	郑希元	陈毕峰	冀希炜	吴泽宏
郑 宜	仰浈臻	罗来春	那路新	黄 野	王月华
吴 帅	章 宸	张 亮	钱 平	李秀英	姚春梅
付纪军	刘 真	王会凌	黄 帅		

口腔医学院

孙玉华	余飞燕	张智慧	刘健如	常怀广	陈 倩
陈薪伊	杨广聚	朱 俏	迟晓培	李 玮	艾婷婷
李 巍	吴 煜	王 薇	陈 晨	原福松	刘浩辰
何慧莹	魏 攀	肖 锷	王 晶	陈启兴	高 硕
刘杉杉	袁重阳	王宪娥	傅 振	陈 硕	郝文婧
郭艳艳	王赛楠				

公共卫生学院

付连国	孟琴琴	杨越涵	贾振军	叶 芳	郭倩颖
李 阳	苏 萌	陈 田	蔡 莉	蒋建军	张文静
杨媞媞	魏红英	隗瑛琦	曾 静	尤莉莉	陈红光
窦丽霞	王宛怡	马小陶	丁 叶	汤淑女	

精神卫生研究所

王 鹏	谢稚鹃	李 茜	李志营	郑凡凡	廖雪梅
王 丽	李海梅	王 晓	张兰兰		

临床肿瘤学院

张 鹏	李晶晶	杭 栋	高 天	段红英	周 非
韩 勇	刘 燕	周 宁	田 乐	马云帆	李振祥
覃思斯	杜雅冰	陈 蕾	苏会娟	王明明	史燕杰
余钿田	郑志学	付 浩	张 阳	崔成华	

医学人文研究院

毕爱红	郝树伟

第一临床医学院

郝 健	侯新江	胡 帅	乔淑凯	梁 丽	丁玉平
张高磊	阎本永	郑茜子	赵 娟	谢 涵	刘友霞
刘茂静	刘琳琳	张华峰	殷 雷	王润超	许小菁
邵翠萍	向 伟	张峻岭	张 菁	鲍 毅	蔡文超
褚云香	张 晓	朱瑞琳	徐洪亮	赵 滢	张晓慧
刘 辉	许 林	田玉玲	谢 锋	黄 婧	周 蓉
陈华云	李一帆	于 歌	张阳阳	张 斌	冉梦龙
刘淑平	王 峤	王颜华	包 菊	胡 旸	江 柳
仇 炜	张晓宇	焦晓玲	于 磊	李 娟	王清云
刘 杰	刘 林	魏 博	江雅平	滕贵根	张中元
王 奔	唐 渊	冯 楠	王 璐	刘笑然	王 瑞

北京医院

郭 君

中日友好医院

王 李	邵 旭

世纪坛医院

岳语喃

首都儿科研究所

崔广林

深圳医院

吴建挺	赵正勤

地坛医院

全 敏

解放军第三〇二医院

冯国华	曾庆磊

第二临床医学院

刘 琳	徐春归	杨 斐	慕彰磊	胡 莹	梁伟民
石连杰	刘振华	王洪涛	张翔宇	于凤胜	陈 征
晁 峰	王栋梁	张 瑶	许 琦	杜 燕	高宝荣

留学生毕业生名单

一、本科生

序号	中文姓名	国籍	院系	类别
1	李俊昊	韩国	物理学院	本科
2	邓智富	泰国	化学与分子工程学院	本科
3	金南瑛	韩国	城市与环境学院	本科
4	戴永胜	菲律宾	地球与空间科学学院	本科
5	洪敦爱	马来西亚	心理学系	本科
6	黄文浩	马来西亚	心理学系	本科
7	张贝儿	马来西亚	心理学系	本科
8	郑裕贤	韩国	工学院	本科
9	游云深	加拿大	环境科学与工程学院	本科
10	蔡依玲	新加坡	中国语言文学系	本科
11	曹恩卿	韩国	中国语言文学系	本科
12	曾伟力	美国	中国语言文学系	本科
13	崔蚕丽	韩国	中国语言文学系	本科
14	崔城银	韩国	中国语言文学系	本科
15	崔元圭	韩国	中国语言文学系	本科
16	都 彬	韩国	中国语言文学系	本科
17	韩美爱	泰国	中国语言文学系	本科
18	黄政杰	新加坡	中国语言文学系	本科
19	姜秉辰	韩国	中国语言文学系	本科
20	金伶恩	韩国	中国语言文学系	本科
21	金新利	韩国	中国语言文学系	本科
22	金新星	韩国	中国语言文学系	本科
23	金政焕	韩国	中国语言文学系	本科
24	金智秀	韩国	中国语言文学系	本科
25	李秉谦	新加坡	中国语言文学系	本科
26	李宰升	韩国	中国语言文学系	本科
27	李知弦	韩国	中国语言文学系	本科
28	廉成浩	韩国	中国语言文学系	本科
29	林 敏	马来西亚	中国语言文学系	本科
30	林夏妃	泰国	中国语言文学系	本科
31	柳昊相	韩国	中国语言文学系	本科
32	卢成植	韩国	中国语言文学系	本科
33	吕镐晋	韩国	中国语言文学系	本科
34	吕诗韵	新加坡	中国语言文学系	本科
35	南宫旼	韩国	中国语言文学系	本科

续表

序号	中文姓名	国籍	院系	类别
36	欧思琪	加拿大	中国语言文学系	本科
37	朴帝浩	韩国	中国语言文学系	本科
38	朴维善	韩国	中国语言文学系	本科
39	朴秀璘	韩国	中国语言文学系	本科
40	朴殷智	韩国	中国语言文学系	本科
41	朴真监	韩国	中国语言文学系	本科
42	任艺俐	韩国	中国语言文学系	本科
43	申淇然	韩国	中国语言文学系	本科
44	文禧嫒	韩国	中国语言文学系	本科
45	吴承贤	韩国	中国语言文学系	本科
46	辛泰勋	韩国	中国语言文学系	本科
47	杨浚鑫	新加坡	中国语言文学系	本科
48	叶怡辰	马来西亚	中国语言文学系	本科
49	英秀丽	泰国	中国语言文学系	本科
50	禹姷汀	韩国	中国语言文学系	本科
51	张窈绿	新加坡	中国语言文学系	本科
52	郑惠文	新加坡	中国语言文学系	本科
53	郑伊廷	韩国	中国语言文学系	本科
54	陈冠良	马来西亚	历史学系	本科
55	韩盛嫒	韩国	历史学系	本科
56	金大喜	韩国	历史学系	本科
57	金东叶	韩国	历史学系	本科
58	金迥坤	韩国	历史学系	本科
59	孔德镇	韩国	历史学系	本科
60	李载中	韩国	历史学系	本科
61	林家豪	马来西亚	考古文博学院	本科
62	郝庭帅	加拿大	哲学系	本科
63	金敬美	韩国	哲学系	本科
64	金善煜	韩国	哲学系	本科
65	金安娜	韩国	艺术学院	本科
66	李东眩	韩国	艺术学院	本科
67	李佳荣	韩国	艺术学院	本科
68	李奎昊	韩国	艺术学院	本科
69	李尚恩	韩国	艺术学院	本科
70	李艺麟	韩国	艺术学院	本科
71	南宝螺	韩国	艺术学院	本科
72	朴菲菲	韩国	艺术学院	本科
73	孙正敏	韩国	艺术学院	本科
74	许睿智	韩国	艺术学院	本科
75	白宁柱	韩国	国际关系学院	本科
76	陈钰胜	泰国	国际关系学院	本科
77	池 贤	韩国	国际关系学院	本科

续表

序号	中文姓名	国籍	院系	类别
78	崔元锡	韩国	国际关系学院	本科
79	韩基昡	韩国	国际关系学院	本科
80	黄芝贤	韩国	国际关系学院	本科
81	金美庚	韩国	国际关系学院	本科
82	金瑟娥	韩国	国际关系学院	本科
83	金炫周	韩国	国际关系学院	本科
84	金贞花	韩国	国际关系学院	本科
85	克里斯	汤加	国际关系学院	本科
86	蓝云舟	新加坡	国际关系学院	本科
87	李笃诚	泰国	国际关系学院	本科
88	李厚泳	韩国	国际关系学院	本科
89	李旼宣	韩国	国际关系学院	本科
90	林衍竣	新加坡	国际关系学院	本科
91	林有珍	韩国	国际关系学院	本科
92	马奇山	德国	国际关系学院	本科
93	梅原暖	日本	国际关系学院	本科
94	朴宣优	韩国	国际关系学院	本科
95	朴义进	韩国	国际关系学院	本科
96	汪丽旋	新加坡	国际关系学院	本科
97	许綵珢	韩国	国际关系学院	本科
98	尹诚敏	韩国	国际关系学院	本科
99	张景莹	马来西亚	国际关系学院	本科
100	张天薇	加拿大	国际关系学院	本科
101	张贤进	韩国	国际关系学院	本科
102	郑丞媛	韩国	国际关系学院	本科
103	崔喆雄	韩国	法学院	本科
104	黄载盛	韩国	法学院	本科
105	金南赫	韩国	法学院	本科
106	金戊龙	韩国	法学院	本科
107	李钟旼	韩国	法学院	本科
108	林斗炫	韩国	法学院	本科
109	鲁秀贞	韩国	法学院	本科
110	罗伯特	波兰	法学院	本科
111	马北天	泰国	法学院	本科
112	孟德图布辛	蒙古	法学院	本科
113	朴范寿	韩国	法学院	本科
114	朴真姬	韩国	法学院	本科
115	秦旼廷	韩国	法学院	本科
116	唐振伦	美国	法学院	本科
117	俞恩美	韩国	法学院	本科
118	郑圭桓	韩国	法学院	本科
119	朴健希	韩国	信息管理系	本科

续表

序号	中文姓名	国籍	院系	类别
120	高恩妃	韩国	社会学系	本科
121	韩娜英	韩国	社会学系	本科
122	金 珍	韩国	社会学系	本科
123	李相润	韩国	社会学系	本科
124	李在俊	韩国	社会学系	本科
125	明周永	韩国	社会学系	本科
126	朴基范	韩国	社会学系	本科
127	权唱福	韩国	社会学系	本科
128	沈秉俊	韩国	社会学系	本科
129	张灵霄	泰国	社会学系	本科
130	郑圣勋	韩国	社会学系	本科
131	郑现准	韩国	社会学系	本科
132	崔州延	韩国	政府管理学院	本科
133	姜旻秀	韩国	政府管理学院	本科
134	金成祐	韩国	政府管理学院	本科
135	金冠佑	韩国	政府管理学院	本科
136	李昌宛	韩国	政府管理学院	本科
137	李在晟	韩国	政府管理学院	本科
138	林和默	韩国	政府管理学院	本科
139	刘昇彬	韩国	政府管理学院	本科
140	陆东焕	韩国	政府管理学院	本科
141	任志镕	韩国	政府管理学院	本科
142	尹俊燮	韩国	政府管理学院	本科
143	郑灿在	韩国	政府管理学院	本科
144	郑裕利	韩国	政府管理学院	本科
145	车利真	韩国	新闻与传播学院	本科
146	高熹真	韩国	新闻与传播学院	本科
147	金进和	韩国	新闻与传播学院	本科
148	金勇桓	韩国	新闻与传播学院	本科
149	李伐赞	韩国	新闻与传播学院	本科
150	李俊范	韩国	新闻与传播学院	本科
151	李昇焕	韩国	新闻与传播学院	本科
152	李松基	韩国	新闻与传播学院	本科
153	李正烨	韩国	新闻与传播学院	本科
154	林秀英	韩国	新闻与传播学院	本科
155	陆昭延	韩国	新闻与传播学院	本科
156	朴秀敏	韩国	新闻与传播学院	本科
157	施菲碧	美国	新闻与传播学院	本科
158	田炳峻	韩国	新闻与传播学院	本科
159	张白山	韩国	新闻与传播学院	本科
160	张宝贤	韩国	新闻与传播学院	本科
161	张劭允	韩国	新闻与传播学院	本科

续表

序号	中文姓名	国籍	院系	类别
162	张以柔	马来西亚	新闻与传播学院	本科
163	甄凯桐	墨西哥	新闻与传播学院	本科
164	郑后恩	韩国	新闻与传播学院	本科
165	郑熙静	韩国	新闻与传播学院	本科
166	奥斯曼	土耳其	经济学院	本科
167	崔炳三	韩国	经济学院	本科
168	崔景守	韩国	经济学院	本科
169	渡边智美	日本	经济学院	本科
170	郭馨苹	泰国	经济学院	本科
171	洪 雪	新西兰	经济学院	本科
172	吉别克	吉尔吉斯斯坦	经济学院	本科
173	金大根	韩国	经济学院	本科
174	金兑祐	韩国	经济学院	本科
175	金虔我	韩国	经济学院	本科
176	金润秀	韩国	经济学院	本科
177	金泳完	韩国	经济学院	本科
178	金载雄	韩国	经济学院	本科
179	李泰俊	韩国	经济学院	本科
180	柳在镐	韩国	经济学院	本科
181	卢宥陈	韩国	经济学院	本科
182	朴宝美	韩国	经济学院	本科
183	温永升	马来西亚	经济学院	本科
184	许真宁	韩国	经济学院	本科
185	张 正	韩国	经济学院	本科
186	曹积泰	加拿大	光华管理学院	本科
187	崔伽伦	韩国	光华管理学院	本科
188	崔玟祯	韩国	光华管理学院	本科
189	顾安娜	巴西	光华管理学院	本科
190	姜善英	泰国	光华管理学院	本科
191	金珍瑛	韩国	光华管理学院	本科
192	金政择	韩国	光华管理学院	本科
193	李世浩	韩国	光华管理学院	本科
194	李素玭	韩国	光华管理学院	本科
195	李希真	韩国	光华管理学院	本科
196	林玹廷	韩国	光华管理学院	本科
197	刘咏竹	新加坡	光华管理学院	本科
198	卢玧完	韩国	光华管理学院	本科
199	朴素贤	韩国	光华管理学院	本科
200	朴训熙	韩国	光华管理学院	本科
201	权美罗	韩国	光华管理学院	本科
202	沈政勋	韩国	光华管理学院	本科
203	尹昭壬	韩国	光华管理学院	本科

续表

序号	中文姓名	国籍	院系	类别
204	于汉沙	西班牙	光华管理学院	本科
205	郑友硕	韩国	光华管理学院	本科
206	郑宰旭	韩国	光华管理学院	本科
207	李 晨	加拿大	元培学院	本科
208	张伯远	泰国	元培学院	本科
209	张振源	菲律宾	城市与环境学院	硕士
210	李珍星	韩国	信息科学技术学院	硕士
211	罗元宝	泰国	信息科学技术学院	硕士
212	车炫锡	韩国	中国语言文学系	硕士
213	莫 楷	美国	中国语言文学系	硕士
214	朴志炫	韩国	中国语言文学系	硕士
215	申东城	韩国	中国语言文学系	硕士
216	藤井美娜	日本	中国语言文学系	硕士
217	王慧仪	马来西亚	中国语言文学系	硕士
218	王嘉雯	新加坡	中国语言文学系	硕士
219	望月雄介	日本	中国语言文学系	硕士
220	易 飞	美国	中国语言文学系	硕士
221	朴志晟	韩国	历史学系	硕士
222	张民硕	韩国	历史学系	硕士
223	朴基宪	韩国	考古文博学院	硕士
224	齐中和	美国	考古文博学院	硕士
225	朱光霁	美国	考古文博学院	硕士
226	陈晓倩	泰国	哲学系	硕士
227	乐潜山	法国	哲学系	硕士
228	石川伸人	日本	外国语学院	硕士
229	王臣邑	哥伦比亚	外国语学院	硕士
230	金旻宣	韩国	艺术学院	硕士
231	丽 娜	俄罗斯	艺术学院	硕士
232	朴松一	韩国	艺术学院	硕士
233	陈树荣	泰国	对外汉语教育学院	硕士
234	郭多艺	韩国	对外汉语教育学院	硕士
235	金草伊	韩国	对外汉语教育学院	硕士
236	金旻奎	韩国	对外汉语教育学院	硕士
237	李美丽	泰国	对外汉语教育学院	硕士
238	列 娜	俄罗斯	对外汉语教育学院	硕士
239	马渊亮	日本	对外汉语教育学院	硕士
240	孟冬冬	挪威	对外汉语教育学院	硕士
241	彭文彬	泰国	对外汉语教育学院	硕士
242	若 兰	埃及	对外汉语教育学院	硕士
243	三井明子	日本	对外汉语教育学院	硕士
244	田岛爱子	日本	对外汉语教育学院	硕士
245	相原未来	日本	对外汉语教育学院	硕士

序号	中文姓名	国籍	院系	类别
246	萧大龙	美国	对外汉语教育学院	硕士
247	杨莲蒂	缅甸	对外汉语教育学院	硕士
248	赵瑞思	澳大利亚	对外汉语教育学院	硕士
249	埃米乐	挪威	国际关系学院	硕士
250	安 明	奥地利	国际关系学院	硕士
251	安 娜	俄罗斯	国际关系学院	硕士
252	安思齐	韩国	国际关系学院	硕士
253	敖仁风	法国	国际关系学院	硕士
254	白椆雄	韩国	国际关系学院	硕士
255	丹妮卡	美国	国际关系学院	硕士
256	法替贺	土耳其	国际关系学院	硕士
257	范思梦	新西兰	国际关系学院	硕士
258	冯 安	德国	国际关系学院	硕士
259	韩东奎	韩国	国际关系学院	硕士
260	韩芬尼	奥地利	国际关系学院	硕士
261	韩容俊	韩国	国际关系学院	硕士
262	华 丽	罗马尼亚	国际关系学院	硕士
263	金圣惠	韩国	国际关系学院	硕士
264	金秀娟	韩国	国际关系学院	硕士
265	金载勋	韩国	国际关系学院	硕士
266	菊池晓雄	日本	国际关系学院	硕士
267	柯偌斯	西班牙	国际关系学院	硕士
268	孔雅梅	比利时	国际关系学院	硕士
269	雷力睿	美国	国际关系学院	硕士
270	李安风	意大利	国际关系学院	硕士
271	李京珍	韩国	国际关系学院	硕士
272	李民主	韩国	国际关系学院	硕士
273	李世罗	韩国	国际关系学院	硕士
274	李欣恩	新加坡	国际关系学院	硕士
275	李 阳	美国	国际关系学院	硕士
276	李颖慧	新加坡	国际关系学院	硕士
277	林子豪	美国	国际关系学院	硕士
278	龙腾宇	英国	国际关系学院	硕士
279	卢家联	波兰	国际关系学院	硕士
280	马勇瑞	美国	国际关系学院	硕士
281	玛尼莎	阿富汗	国际关系学院	硕士
282	麦杰森	丹麦	国际关系学院	硕士
283	牟振山	澳大利亚	国际关系学院	硕士
284	娜塔莎	英国	国际关系学院	硕士
285	南 俊	美国	国际关系学院	硕士
286	猊 心	法国	国际关系学院	硕士
287	秋元祥惠	日本	国际关系学院	硕士

续表

序号	中文姓名	国籍	院系	类别
288	阮垂芝	越南	国际关系学院	硕士
289	时 刚	哈萨克斯坦	国际关系学院	硕士
290	司马仲尼	英国	国际关系学院	硕士
291	宋溪燕	法国	国际关系学院	硕士
292	孙大权	韩国	国际关系学院	硕士
293	唐意安	美国	国际关系学院	硕士
294	途家客	德国	国际关系学院	硕士
295	文 朋	英国	国际关系学院	硕士
296	吾 德	法国	国际关系学院	硕士
297	吴天圆	美国	国际关系学院	硕士
298	夏奥凯	墨西哥	国际关系学院	硕士
299	小 白	澳大利亚	国际关系学院	硕士
300	徐英娥	韩国	国际关系学院	硕士
301	紫 诗	法国	国际关系学院	硕士
302	源飞辉	日本	国际关系学院	硕士
303	约拿旦	英国	国际关系学院	硕士
304	岳荣松	冰岛	国际关系学院	硕士
305	张粒砂	美国	国际关系学院	硕士
306	张卢卡	意大利	国际关系学院	硕士
307	郑善仁	韩国	国际关系学院	硕士
308	朱旼宣	韩国	国际关系学院	硕士
309	茱 莉	意大利	国际关系学院	硕士
310	紫 玲	美国	国际关系学院	硕士
311	巴布尔	乌兹别克斯坦	法学院	硕士
312	丁榮善	韩国	法学院	硕士
313	加百列	意大利	法学院	硕士
314	姜逸硕	韩国	法学院	硕士
315	李 娜	俄罗斯	法学院	硕士
316	丽 丽	泰国	法学院	硕士
317	朴承哲	韩国	法学院	硕士
318	朴铉硕	韩国	法学院	硕士
319	钱永康	美国	法学院	硕士
320	申孝允	韩国	法学院	硕士
321	石乐乐	美国	法学院	硕士
322	王康华	新加坡	法学院	硕士
323	玉 玉	法国	法学院	硕士
324	洪旨艺	韩国	社会学系	硕士
325	阿莱西娅	意大利	政府管理学院	硕士
326	安 乐	法国	政府管理学院	硕士
327	白 兰	斯里兰卡	政府管理学院	硕士
328	白智媛	美国	政府管理学院	硕士
329	彼特福	美国	政府管理学院	硕士

续表

序号	中文姓名	国籍	院系	类别
330	查　山	牙买加	政府管理学院	硕士
331	符　伟	美国	政府管理学院	硕士
332	高丹妮	意大利	政府管理学院	硕士
333	古尔金	土耳其	政府管理学院	硕士
334	韩克林	坦桑尼亚	政府管理学院	硕士
335	韩　娜	马达加斯加	政府管理学院	硕士
336	金　汉	巴布亚新几内亚	政府管理学院	硕士
337	金田幸子	日本	政府管理学院	硕士
338	康　鹏	利比里亚	政府管理学院	硕士
339	柯　迪	布隆迪	政府管理学院	硕士
340	柯杰森	美国	政府管理学院	硕士
341	克林顿	新西兰	政府管理学院	硕士
342	邝柯帅	加纳	政府管理学院	硕士
343	魁图康	利比里亚	政府管理学院	硕士
344	拉　瑞	俄罗斯	政府管理学院	硕士
345	黎嘉仪	澳大利亚	政府管理学院	硕士
346	刘玉文	美国	政府管理学院	硕士
347	马　赛	卢旺达	政府管理学院	硕士
348	曼　红	苏丹	政府管理学院	硕士
349	孟德凯	尼日利亚	政府管理学院	硕士
350	孟松泽	亚美尼亚	政府管理学院	硕士
351	米　莎	牙买加	政府管理学院	硕士
352	莫捷明	厄瓜多尔	政府管理学院	硕士
353	穆男博	卢旺达	政府管理学院	硕士
354	佩恩妮	加纳	政府管理学院	硕士
355	任瀚恩	美国	政府管理学院	硕士
356	宋丽娜	美国	政府管理学院	硕士
357	苏　柯	英国	政府管理学院	硕士
358	苏来曼	尼日利亚	政府管理学院	硕士
359	谭曼安	埃塞俄比亚	政府管理学院	硕士
360	謝家曦	葡萄牙	政府管理学院	硕士
361	辛　巴	坦桑尼亚	政府管理学院	硕士
362	徐清心	新加坡	政府管理学院	硕士
363	伊伯瑞	马尔代夫	政府管理学院	硕士
364	依　冯	格林纳达	政府管理学院	硕士
365	詹伯森	英国	政府管理学院	硕士
366	大路明依	日本	新闻与传播学院	硕士
367	何　玲	巴西	新闻与传播学院	硕士
368	可　馨	俄罗斯	新闻与传播学院	硕士
369	小松照子	日本	新闻与传播学院	硕士
370	格里沙	俄罗斯	经济学院	硕士
371	李旻学	韩国	经济学院	硕士

续表

序号	中文姓名	国籍	院系	类别
372	李惠琳	韩国	经济学院	硕士
373	林采奂	韩国	经济学院	硕士
374	宋头留	韩国	经济学院	硕士
375	阎茹萱	新西兰	经济学院	硕士
376	阿奋	印度尼西亚	光华管理学院	硕士
377	毕瑞能	丹麦	光华管理学院	硕士
378	边善正	韩国	光华管理学院	硕士
379	崔文圭	韩国	光华管理学院	硕士
380	黛乐宾	法国	光华管理学院	硕士
381	符财源	新西兰	光华管理学院	硕士
382	高杰	加拿大	光华管理学院	硕士
383	宫越健	日本	光华管理学院	硕士
384	广川国臣	日本	光华管理学院	硕士
385	海丽	法国	光华管理学院	硕士
386	韩智山	韩国	光华管理学院	硕士
387	黄力安	印度尼西亚	光华管理学院	硕士
388	黄瑞元	菲律宾	光华管理学院	硕士
389	黄杉	美国	光华管理学院	硕士
390	简伯恩	美国	光华管理学院	硕士
391	金多惠	韩国	光华管理学院	硕士
392	金永民	韩国	光华管理学院	硕士
393	金宰永	韩国	光华管理学院	硕士
394	金正祐	韩国	光华管理学院	硕士
395	孔逸寒	美国	光华管理学院	硕士
396	蓝德胜	法国	光华管理学院	硕士
397	李百德	西班牙	光华管理学院	硕士
398	李海鹏	加拿大	光华管理学院	硕士
399	李和贞	韩国	光华管理学院	硕士
400	李康浩	韩国	光华管理学院	硕士
401	李渊范	韩国	光华管理学院	硕士
402	连慧伦	新加坡	光华管理学院	硕士
403	梁祐庆	韩国	光华管理学院	硕士
404	林芝英	韩国	光华管理学院	硕士
405	卢健聪	美国	光华管理学院	硕士
406	卢珊	澳大利亚	光华管理学院	硕士
407	罗克	加拿大	光华管理学院	硕士
408	罗蓎凌	新加坡	光华管理学院	硕士
409	玛丽亚	沙特阿拉伯	光华管理学院	硕士
410	尼尔	法国	光华管理学院	硕士
411	朴炯珍	韩国	光华管理学院	硕士
412	朴元真	韩国	光华管理学院	硕士
413	權庭慧	韩国	光华管理学院	硕士
414	瑞凯	德国	光华管理学院	硕士
415	三井信賢	日本	光华管理学院	硕士
416	申正瑩	韩国	光华管理学院	硕士
417	谭泽秋	美国	光华管理学院	硕士

续表

序号	中文姓名	国籍	院系	类别
418	汤楷文	新西兰	光华管理学院	硕士
419	田恩慈	美国	光华管理学院	硕士
420	王心宇	加拿大	光华管理学院	硕士
421	夏绍雄	美国	光华管理学院	硕士
422	咸松男	韩国	光华管理学院	硕士
423	谢玉珊	新加坡	光华管理学院	硕士
424	修蕊婷	美国	光华管理学院	硕士
425	徐晓锋	美国	光华管理学院	硕士
426	许文龙	日本	光华管理学院	硕士
427	姚明耀	新加坡	光华管理学院	硕士
428	易 天	加拿大	光华管理学院	硕士
429	张奇龙	韩国	光华管理学院	硕士
430	张彦勃	澳大利亚	光华管理学院	硕士
431	卓 娅	美国	光华管理学院	硕士
432	足立真贤	日本	光华管理学院	硕士
433	曾司彦	马来西亚	第二临床医学院	硕士
434	陈柏嘉	马来西亚	第二临床医学院	硕士
435	陈柏嘉	马来西亚	第二临床医学院	硕士
436	黄致蓁	美国	第二临床医学院	硕士
437	黄致蓁	美国	第二临床医学院	硕士
438	李智宣	韩国	第二临床医学院	硕士
439	彭美雄	马来西亚	第二临床医学院	硕士
440	彭美雄	马来西亚	第二临床医学院	硕士
441	郑杰元	加拿大	第二临床医学院	硕士
442	艾 杰	法国	深圳研究生院	硕士
443	安德斯	德国	深圳研究生院	硕士
444	陈玛莎	巴基斯坦	深圳研究生院	硕士
445	韩艾维	印度尼西亚	深圳研究生院	硕士
446	韩霏丽	德国	深圳研究生院	硕士
447	韩如诗	孟加拉国	深圳研究生院	硕士
448	何 华	突尼斯	深圳研究生院	硕士
449	何健寅	马来西亚	深圳研究生院	硕士
450	何庞天	瑞典	深圳研究生院	硕士
451	杰 克	波兰	深圳研究生院	硕士
452	金 曦	韩国	深圳研究生院	硕士
453	莱昂德罗	葡萄牙	深圳研究生院	硕士
454	林永昌	泰国	深圳研究生院	硕士
455	刘卡莎	巴基斯坦	深圳研究生院	硕士
456	罗 强	拉脱维亚	深圳研究生院	硕士
457	罗言欧	葡萄牙	深圳研究生院	硕士
458	马木德	巴基斯坦	深圳研究生院	硕士
459	麦 得	突尼斯	深圳研究生院	硕士
460	潘迪拉	哈萨克斯坦	深圳研究生院	硕士
461	潘伊格	俄罗斯	深圳研究生院	硕士
462	沙克玛	巴基斯坦	深圳研究生院	硕士
463	沙丽娜	乌兹别克斯坦	深圳研究生院	硕士

续表

序号	中文姓名	国籍	院系	类别
464	舒 文	加拿大	深圳研究生院	硕士
465	宋 然	冰岛	深圳研究生院	硕士
466	孙梓维	新西兰	深圳研究生院	硕士
467	维克多	加纳	深圳研究生院	硕士
468	文凯歌	德国	深圳研究生院	硕士
469	言 川	加拿大	深圳研究生院	硕士
470	郑溇颖	新加坡	深圳研究生院	硕士
471	马易安	美国	物理学院	博士
472	韩 尼	埃及	化学与分子工程学院	博士
473	侯赛恩	孟加拉国	化学与分子工程学院	博士
474	阿娜莎	尼日利亚	生命科学学院	博士
475	谢若龄	马来西亚	城市与环境学院	博士
476	麦 迪	伊朗	信息科学技术学院	博士
477	格 雷	美国	工学院	博士
478	柳素真	韩国	中国语言文学系	博士
479	卢慧静	韩国	中国语言文学系	博士
480	朴希亘	韩国	中国语言文学系	博士
481	秦美珊	马来西亚	中国语言文学系	博士
482	薛熹祯	韩国	中国语言文学系	博士
483	野田宽达	日本	中国语言文学系	博士
484	李相旼	韩国	历史学系	博士
485	崔镐玹	韩国	考古文博学院	博士
486	申 浚	韩国	考古文博学院	博士
487	宋东林	韩国	考古文博学院	博士
488	边在亨	韩国	哲学系	博士
489	崔东硕	韩国	哲学系	博士
490	金秦仙	韩国	哲学系	博士
491	金秀珍	韩国	哲学系	博士
492	徐希定	韩国	哲学系	博士
493	青山玲二郎	日本	外国语学院	博士
494	庄美芳	泰国	对外汉语教育学院	博士
495	崔珉旭	韩国	国际关系学院	博士
496	李敀窥	韩国	国际关系学院	博士
497	林炳録	韩国	国际关系学院	博士
498	周 万	塞尔维亚	国际关系学院	博士
499	刘泽思	德国	法学院	博士
500	闵瑛美	韩国	法学院	博士
501	许 煜	韩国	法学院	博士
502	达丽达	哈萨克斯坦	政府管理学院	博士
503	金正浩	韩国	马克思主义学院	博士
504	玄相伯	韩国	经济学院	博士

二、研究生

中文姓名	国籍	性别	院系	专业	类别
玛尼莎	阿富汗	女	国际关系学院	政治学（国际政治经济学）	硕士
若 兰	埃及	女	对外汉语教育学院	汉语国际教育硕士	硕士
谭曼安	埃塞俄比亚	女	政府管理学院	公共管理（公共政策）	硕士
安 明	奥地利	女	国际关系学院	国际关系	硕士
韩芬尼	奥地利	女	国际关系学院	国际关系	硕士
黎嘉仪	澳大利亚	女	政府管理学院	公共管理（公共政策）	硕士
卢 珊	澳大利亚	女	光华管理学院	工商管理硕士	硕士
牟振山	澳大利亚	男	国际关系学院	国际关系	硕士
小 白	澳大利亚	男	国际关系学院	国际政治	硕士
张彦勃	澳大利亚	男	光华管理学院	金融学	硕士
赵瑞思	澳大利亚	女	对外汉语教育学院	汉语国际教育硕士	硕士
金 汉	巴布亚新几内亚	男	政府管理学院	公共管理（公共政策）	硕士
陈玛莎	巴基斯坦	女	深圳研究生院	企业管理	硕士
刘卡莎	巴基斯坦	女	深圳研究生院	企业管理	硕士
马木德	巴基斯坦	男	深圳研究生院	金融学	硕士
沙克玛	巴基斯坦	女	深圳研究生院	金融学	硕士
何 玲	巴西	女	新闻与传播学院	传播学	硕士
孔雅梅	比利时	女	国际关系学院	国际关系	硕士
宋 然	冰岛	男	深圳研究生院	金融学	硕士
岳荣松	冰岛	男	国际关系学院	国际关系	硕士
杰 克	波兰	男	深圳研究生院	金融学	硕士
卢家联	波兰	男	国际关系学院	国际关系	硕士
柯 迪	布隆迪	女	政府管理学院	公共管理（公共政策）	硕士
毕瑞能	丹麦	男	光华管理学院	工商管理硕士	硕士
麦杰森	丹麦	男	国际关系学院	国际关系	硕士
安德斯	德国	男	深圳研究生院	金融学	硕士
冯 安	德国	男	国际关系学院	国际关系	硕士
韩霏丽	德国	女	深圳研究生院	企业管理	硕士
瑞 凯	德国	男	光华管理学院	工商管理硕士	硕士
途家客	德国	男	国际关系学院	国际关系	硕士
文凯歌	德国	男	深圳研究生院	企业管理	硕士
安 娜	俄罗斯	女	国际关系学院	国际关系	硕士
格里沙	俄罗斯	男	经济学院	世界经济	硕士
可 馨	俄罗斯	女	新闻与传播学院	传播学	硕士
拉 瑞	俄罗斯	女	政府管理学院	公共管理（公共政策）	硕士
李 娜	俄罗斯	女	法学院	法律硕士（非法学）	硕士
丽 娜	俄罗斯	女	艺术学院	电影学	硕士
列 娜	俄罗斯	女	对外汉语教育学院	汉语国际教育硕士	硕士
潘伊格	俄罗斯	男	深圳研究生院	金融学	硕士
莫捷明	厄瓜多尔	男	政府管理学院	公共管理（公共政策）	硕士
艾 杰	法国	男	深圳研究生院	金融学	硕士
安 乐	法国	男	政府管理学院	公共管理（公共政策）	硕士
敖仁凤	法国	男	国际关系学院	国际关系	硕士

续表

中文姓名	国籍	性别	院系	专业	类别
黛乐宾	法国	女	光华管理学院	工商管理硕士	硕士
海丽	法国	女	光华管理学院	工商管理硕士	硕士
蓝德胜	法国	男	光华管理学院	工商管理硕士	硕士
乐潜山	法国	男	哲学系(宗教学系)	中国哲学	硕士
尼尔	法国	男	光华管理学院	工商管理硕士	硕士
猊心	法国	男	国际关系学院	国际关系	硕士
宋溪燕	法国	女	国际关系学院	国际关系	硕士
吾德	法国	男	国际关系学院	国际关系	硕士
萦诗	法国	女	国际关系学院	国际关系	硕士
玉玉	法国	女	法学院	民商法学	硕士
黄瑞元	菲律宾	男	光华管理学院	金融学	硕士
张振源	菲律宾	男	城市与环境学院	地理学(城市与区域规划)	硕士
王臣邑	哥伦比亚	男	外国语学院	印度语言文学	硕士
依冯	格林纳达	女	政府管理学院	公共管理(公共政策)	硕士
潘迪拉	哈萨克斯坦	女	深圳研究生院	金融学	硕士
时刚	哈萨克斯坦	男	国际关系学院	国际关系	硕士
安思齐	韩国	女	国际关系学院	国际关系	硕士
白椆雄	韩国	男	国际关系学院	国际关系	硕士
边善正	韩国	女	光华管理学院	工商管理硕士	硕士
车炫锡	韩国	男	中国语言文学系	语言学及应用语言学	硕士
崔文圭	韩国	男	光华管理学院	工商管理硕士	硕士
丁榮善	韩国	女	法学院	民商法学	硕士
郭多艺	韩国	女	对外汉语教育学院	汉语国际教育硕士	硕士
韩东奎	韩国	男	国际关系学院	国际政治	硕士
韩容俊	韩国	男	国际关系学院	国际关系	硕士
韩智山	韩国	男	光华管理学院	工商管理硕士	硕士
洪旨艺	韩国	女	社会学系	人类学	硕士
姜逸硕	韩国	男	法学院	法律硕士(非法学)	硕士
金草伊	韩国	女	对外汉语教育学院	汉语国际教育硕士	硕士
金多惠	韩国	女	光华管理学院	工商管理硕士	硕士
金旻奎	韩国	男	对外汉语教育学院	汉语国际教育硕士	硕士
金旻宣	韩国	女	艺术学院	艺术学	硕士
金圣惠	韩国	女	国际关系学院	国际政治	硕士
金曦	韩国	女	深圳研究生院	法律硕士(非法学)	硕士
金秀娟	韩国	女	国际关系学院	政治学(国际政治经济学)	硕士
金永民	韩国	男	光华管理学院	工商管理硕士	硕士
金载勋	韩国	男	国际关系学院	政治学(国际政治经济学)	硕士
金宰永	韩国	男	光华管理学院	工商管理硕士	硕士
金正祐	韩国	男	光华管理学院	工商管理硕士	硕士
李炅学	韩国	男	经济学院	世界经济	硕士
李和贞	韩国	女	光华管理学院	金融学	硕士
李惠琳	韩国	女	经济学院	世界经济	硕士
李京珍	韩国	女	国际关系学院	政治学(国际政治经济学)	硕士
李康浩	韩国	男	光华管理学院	工商管理硕士	硕士
李民主	韩国	男	国际关系学院	国际关系	硕士

续表

中文姓名	国籍	性别	院系	专业	类别
李世罗	韩国	女	国际关系学院	国际关系	硕士
李渊范	韩国	男	光华管理学院	工商管理硕士	硕士
李珍星	韩国	男	信息科学技术学院	信号与信息处理	硕士
梁祐庆	韩国	男	光华管理学院	工商管理硕士	硕士
林采奂	韩国	男	经济学院	世界经济	硕士
林芝英	韩国	女	光华管理学院	工商管理硕士	硕士
朴炯珍	韩国	男	光华管理学院	工商管理硕士	硕士
朴承哲	韩国	男	法学院	法学(知识产权法)	硕士
朴基宪	韩国	男	考古文博学院	考古学及博物馆学	硕士
朴松一	韩国	女	艺术学院	美术学	硕士
朴铉硕	韩国	男	法学院	国际法学	硕士
朴元真	韩国	男	光华管理学院	工商管理硕士	硕士
朴志晟	韩国	男	历史学系	中国古代史	硕士
朴志炫	韩国	女	中国语言文学系	汉语言文字学	硕士
權庭慧	韩国	女	光华管理学院	工商管理硕士	硕士
申东城	韩国	男	中国语言文学系	中国古代文学	硕士
申孝允	韩国	女	法学院	法学(商法)	硕士
申正燮	韩国	男	光华管理学院	工商管理硕士	硕士
宋头留	韩国	男	经济学院	西方经济学	硕士
孙大权	韩国	男	国际关系学院	国际关系	硕士
咸松男	韩国	男	光华管理学院	金融学	硕士
徐英娥	韩国	女	国际关系学院	外交学	硕士
张民硕	韩国	男	历史学系	中国古代史	硕士
张奇龙	韩国	男	光华管理学院	工商管理硕士	硕士
郑善仁	韩国	男	国际关系学院	国际关系	硕士
朱旼宣	韩国	女	国际关系学院	政治学(国际政治经济学)	硕士
高杰	加拿大	女	光华管理学院	金融学	硕士
李海鹏	加拿大	男	光华管理学院	金融学	硕士
罗克	加拿大	男	光华管理学院	工商管理硕士	硕士
舒文	加拿大	男	深圳研究生院	企业管理	硕士
王心宇	加拿大	男	光华管理学院	金融学	硕士
言川	加拿大	男	深圳研究生院	金融学	硕士
易天	加拿大	男	光华管理学院	工商管理硕士	硕士
邝柯帅	加纳	男	政府管理学院	公共管理(公共政策)	硕士
佩恩妮	加纳	女	政府管理学院	公共管理(公共政策)	硕士
维克多	加纳	男	深圳研究生院	金融学	硕士
罗强	拉脱维亚	男	深圳研究生院	金融学	硕士
康鹏	利比里亚	男	政府管理学院	公共管理(公共政策)	硕士
魁图康	利比里亚	男	政府管理学院	公共管理(公共政策)	硕士
马赛	卢旺达	男	政府管理学院	公共管理(公共政策)	硕士
穆男博	卢旺达	男	政府管理学院	公共管理(公共政策)	硕士
华丽	罗马尼亚	女	国际关系学院	国际关系	硕士
韩娜	马达加斯加	女	政府管理学院	公共管理(公共政策)	硕士
伊伯瑞	马尔代夫	男	政府管理学院	公共管理(公共政策)	硕士
何健寅	马来西亚	男	深圳研究生院	金融学	硕士

续表

中文姓名	国籍	性别	院系	专业	类别
王慧仪	马来西亚	女	中国语言文学系	比较文学与世界文学	硕士
白智媛	美国	女	政府管理学院	中外政治制度	硕士
彼特福	美国	男	政府管理学院	公共管理（公共政策）	硕士
丹妮卡	美国	女	国际关系学院	国际关系	硕士
符伟	美国	男	政府管理学院	公共管理（公共政策）	硕士
黄杉	美国	女	光华管理学院	工商管理硕士	硕士
简伯恩	美国	男	光华管理学院	工商管理硕士	硕士
柯杰森	美国	男	政府管理学院	公共管理	硕士
孔逸寒	美国	男	光华管理学院	工商管理硕士	硕士
雷力睿	美国	男	国际关系学院	国际关系	硕士
李阳	美国	女	国际关系学院	国际关系	硕士
林子豪	美国	男	国际关系学院	国际关系	硕士
刘玉文	美国	女	政府管理学院	公共管理（公共政策）	硕士
卢健聪	美国	男	光华管理学院	工商管理硕士	硕士
马勇瑞	美国	男	国际关系学院	外交学	硕士
莫楷	美国	男	中国语言文学系	中国古代文学	硕士
南俊	美国	男	国际关系学院	国际关系	硕士
齐中和	美国	男	考古文博学院	考古学及博物馆学	硕士
钱永康	美国	男	法学院	民商法学	硕士
任瀚恩	美国	男	政府管理学院	公共管理（公共政策）	硕士
石乐乐	美国	男	法学院	民商法学	硕士
宋丽娜	美国	女	政府管理学院	公共管理（公共政策）	硕士
谭泽秋	美国	男	光华管理学院	金融学	硕士
唐意安	美国	女	国际关系学院	国际关系	硕士
田恩慈	美国	女	光华管理学院	工商管理硕士	硕士
吴天圆	美国	女	国际关系学院	国际关系	硕士
夏绍雄	美国	男	光华管理学院	工商管理硕士	硕士
萧大龙	美国	男	对外汉语教育学院	汉语国际教育硕士	硕士
修蕊婷	美国	女	光华管理学院	工商管理硕士	硕士
徐晓锋	美国	男	光华管理学院	工商管理硕士	硕士
易飞	美国	女	中国语言文学系	中国现当代文学	硕士
张粒砂	美国	女	国际关系学院	国际关系	硕士
朱光霁	美国	男	考古文博学院	考古学及博物馆学	硕士
卓娅	美国	女	光华管理学院	工商管理硕士	硕士
紫玲	美国	女	国际关系学院	国际关系	硕士
韩如诗	孟加拉国	女	深圳研究生院	金融学	硕士
杨莲蒂	缅甸	女	对外汉语教育学院	汉语国际教育硕士	硕士
夏奥凯	墨西哥	男	国际关系学院	国际关系	硕士
孟德凯	尼日利亚	男	政府管理学院	公共管理（公共政策）	硕士
苏来曼	尼日利亚	男	政府管理学院	公共管理（公共政策）	硕士
埃米乐	挪威	男	国际关系学院	国际关系	硕士
孟冬冬	挪威	女	对外汉语教育学院	汉语国际教育硕士	硕士
莱昂德罗	葡萄牙	男	深圳研究生院	企业管理	硕士
罗言欧	葡萄牙	男	深圳研究生院	企业管理	硕士
谢家曦	葡萄牙	男	政府管理学院	公共管理（公共政策）	硕士

续表

中文姓名	国籍	性别	院系	专业	类别
大路明依	日本	女	新闻与传播学院	传播学	硕士
宫越健	日本	男	光华管理学院	工商管理硕士	硕士
广川国臣	日本	男	光华管理学院	工商管理硕士	硕士
金田幸子	日本	女	政府管理学院	行政管理	硕士
菊池晓雄	日本	男	国际关系学院	政治学(国际政治经济学)	硕士
马渊亮	日本	男	对外汉语教育学院	汉语国际教育硕士	硕士
秋元祥惠	日本	女	国际关系学院	中外政治制度	硕士
三井明子	日本	女	对外汉语教育学院	汉语国际教育硕士	硕士
三井信贤	日本	男	光华管理学院	工商管理硕士	硕士
石川伸人	日本	男	外国语学院	日语语言文学	硕士
藤井美娜	日本	女	中国语言文学系	汉语言文字学	硕士
田岛爱子	日本	女	对外汉语教育学院	汉语国际教育硕士	硕士
望月雄介	日本	男	中国语言文学系	语言学及应用语言学	硕士
相原未来	日本	女	对外汉语教育学院	汉语国际教育硕士	硕士
小松照子	日本	女	新闻与传播学院	传播学	硕士
许文龙	日本	男	光华管理学院	工商管理硕士	硕士
源飞辉	日本	男	国际关系学院	国际关系	硕士
足立真贤	日本	男	光华管理学院	工商管理硕士	硕士
何庞天	瑞典	男	深圳研究生院	金融学	硕士
玛丽亚	沙特阿拉伯	女	光华管理学院	工商管理硕士	硕士
白 兰	斯里兰卡	女	政府管理学院	公共管理(公共政策)	硕士
曼 红	苏丹	女	政府管理学院	公共管理(公共政策)	硕士
陈树荣	泰国	男	对外汉语教育学院	汉语国际教育硕士	硕士
陈晓倩	泰国	女	哲学系(宗教学系)	宗教学	硕士
李美丽	泰国	女	对外汉语教育学院	汉语国际教育硕士	硕士
丽 丽	泰国	女	法学院	民商法学	硕士
林永昌	泰国	男	深圳研究生院	企业管理	硕士
罗元宝	泰国	男	信息科学技术学院	通信与信息系统	硕士
彭文彬	泰国	男	对外汉语教育学院	汉语国际教育硕士	硕士
韩克林	坦桑尼亚	男	政府管理学院	公共管理(公共政策)	硕士
辛 巴	坦桑尼亚	男	政府管理学院	公共管理(公共政策)	硕士
何 华	突尼斯	男	深圳研究生院	金融学	硕士
麦 得	突尼斯	男	深圳研究生院	金融学	硕士
法替贺	土耳其	男	国际关系学院	外交学	硕士
古尔金	土耳其	男	政府管理学院	公共管理(公共政策)	硕士
巴布尔	乌兹别克斯坦	男	法学院	法律硕士(非法学)	硕士
沙丽娜	乌兹别克斯坦	女	深圳研究生院	金融学	硕士
柯偌斯	西班牙	女	国际关系学院	国际关系	硕士
李百德	西班牙	男	光华管理学院	工商管理硕士	硕士
李欣恩	新加坡	女	国际关系学院	国际关系	硕士
李颖慧	新加坡	女	国际关系学院	国际关系	硕士
连慧伦	新加坡	女	光华管理学院	工商管理硕士	硕士
罗蒥凌	新加坡	女	光华管理学院	工商管理硕士	硕士
王嘉雯	新加坡	女	中国语言文学系	语言学及应用语言学	硕士
王康华	新加坡	男	法学院	民商法学	硕士

续表

中文姓名	国籍	性别	院系	专业	类别
谢玉珊	新加坡	女	光华管理学院	工商管理硕士	硕士
徐清心	新加坡	女	政府管理学院	行政管理	硕士
姚明耀	新加坡	男	光华管理学院	工商管理硕士	硕士
郑溁颖	新加坡	女	深圳研究生院	金融学	硕士
范思梦	新西兰	女	国际关系学院	外交学	硕士
符财源	新西兰	男	光华管理学院	金融学	硕士
克林顿	新西兰	男	政府管理学院	公共管理(公共政策)	硕士
孙梓维	新西兰	男	深圳研究生院	金融学	硕士
汤楷文	新西兰	男	光华管理学院	工商管理硕士	硕士
阎茹萱	新西兰	女	经济学院	西方经济学	硕士
查 山	牙买加	男	政府管理学院	公共管理(公共政策)	硕士
米 莎	牙买加	女	政府管理学院	公共管理(公共政策)	硕士
孟松泽	亚美尼亚	男	政府管理学院	公共管理(公共政策)	硕士
阿莱西娅	意大利	女	政府管理学院	公共管理(公共政策)	硕士
高丹妮	意大利	女	政府管理学院	公共管理(公共政策)	硕士
加百列	意大利	男	法学院	民商法学	硕士
李安凤	意大利	男	国际关系学院	国际关系	硕士
张卢卡	意大利	男	国际关系学院	政治学(国际政治经济学)	硕士
茱 莉	意大利	女	国际关系学院	国际关系	硕士
阿 奋	印度尼西亚	男	光华管理学院	工商管理硕士	硕士
韩艾维	印度尼西亚	男	深圳研究生院	企业管理	硕士
黄力安	印度尼西亚	男	光华管理学院	工商管理硕士	硕士
龙腾宇	英国	男	国际关系学院	国际关系	硕士
娜塔莎	英国	女	国际关系学院	国际关系	硕士
司马仲尼	英国	男	国际关系学院	国际关系	硕士
苏 柯	英国	男	政府管理学院	公共管理(公共政策)	硕士
文 朋	英国	男	国际关系学院	国际关系	硕士
约拿旦	英国	男	国际关系学院	国际关系	硕士
詹伯森	英国	男	政府管理学院	公共管理(公共政策)	硕士
阮垂芝	越南	女	国际关系学院	国际关系	硕士
彭美雄	马来西亚	男	第二临床医学院	皮肤病与性病学	硕士
陈柏嘉	马来西亚	男	第二临床医学院	皮肤病与性病学	硕士
黄致蓁	美国	女	第二临床医学院	皮肤病与性病学	硕士
李智宣	韩国	女	第二临床医学院	妇产科学	硕士
曾司彦	马来西亚	男	第二临床医学院	眼科学	硕士
郑杰元	加拿大	男	第二临床医学院	耳鼻咽喉科学	硕士
彭美雄	马来西亚	男	第二临床医学院	皮肤病与性病学	硕士
陈柏嘉	马来西亚	男	第二临床医学院	皮肤病与性病学	硕士
黄致蓁	美国	女	第二临床医学院	皮肤病与性病学	硕士
韩 尼	埃及	男	化学与分子工程学院	高分子化学与物理	博士
刘泽思	德国	男	法学院	宪法学与行政法学	博士
达丽达	哈萨克斯坦	女	政府管理学院	区域经济学	博士
边在亨	韩国	男	哲学系(宗教学系)	宗教学	博士
崔东硕	韩国	男	哲学系(宗教学系)	中国哲学	博士

续表

中文姓名	国籍	性别	院系	专业	类别
崔镐玹	韩国	女	考古文博学院	考古学及博物馆学	博士
崔珉旭	韩国	男	国际关系学院	国际关系	博士
金秦仙	韩国	男	哲学系(宗教学系)	中国哲学	博士
金秀珍	韩国	女	哲学系(宗教学系)	中国哲学	博士
金正浩	韩国	男	马克思主义学院	科学社会主义与国际共产主义运动	博士
李敀窥	韩国	男	国际关系学院	外交学	博士
李相旼	韩国	男	历史学系	世界史	博士
林炳錄	韩国	男	国际关系学院	国际关系	博士
柳素真	韩国	女	中国语言文学系	中国古代文学	博士
卢慧静	韩国	女	中国语言文学系	语言学及应用语言学	博士
闵瑛美	韩国	女	法学院	民商法学	博士
朴希亘	韩国	女	中国语言文学系	中国现当代文学	博士
申　浚	韩国	男	考古文博学院	考古学及博物馆学	博士
宋东林	韩国	男	考古文博学院	考古学及博物馆学	博士
徐希定	韩国	女	哲学系(宗教学系)	美学	博士
许　煜	韩国	男	法学院	经济法学	博士
玄相伯	韩国	男	经济学院	西方经济学	博士
薛熹祯	韩国	女	中国语言文学系	中国现当代文学	博士
秦美珊	马来西亚	女	中国语言文学系	中国古代文学	博士
谢若龄	马来西亚	女	城市与环境学院	人文地理学	博士
格　雷	美国	男	工学院	生物医学工程	博士
马易安	美国	男	物理学院	天体物理	博士
侯赛恩	孟加拉国	男	化学与分子工程学院	有机化学	博士
阿娜莎	尼日利亚	女	生命科学学院	生物化学与分子生物学	博士
青山玲二郎	日本	男	外国语学院	日语语言文学	博士
野田宽达	日本	男	中国语言文学系	汉语言文字学	博士
周　万	塞尔维亚	男	国际关系学院	外交学	博士
庄美芳	泰国	女	对外汉语教育学院	语言学及应用语言学	博士
麦　迪	伊朗	男	信息科学技术学院	无线电物理	博士

2014 年大事记

1 月

1月7日 中共北京大学第十二届委员会第四次全体会议在英杰交流中心举行。党委书记朱善璐代表中共北大第十二届党委常委会向全会做了工作报告,报告了十二届三次全会以来学校党委的工作情况,尤其是学校按照中央要求开展党的群众路线教育实践活动的情况。全会号召全体党员要认真贯彻和落实党的十八届三中全会精神,完善学校党内民主建设,凝聚全校智慧和力量,为推动学校各项事业发展提供坚强保障。

1月8日 北京大学学位评定委员会召开第113次会议,审议和表决拟授予学士、硕士和博士学位的建议名单。经投票,批准授予181人博士学位、723人硕士学位、2230人学士学位。研究生院通报了2013年全国优秀博士学位论文的评选情况。学位办向校学位评定委员会汇报了国务院学位办组织的2010—2012年博士学位论文抽检的总体情况以及国务院学位办目前正在公示的两个文件《博士硕士学位论文抽检办法》(征求意见稿)和《学位授权点合格评估办法》(征求意见稿)。委员们建议学校组织相关会议,向全校通报历年来北京大学学位论文质量情况,包括优秀博士学位论文获奖和博士学位论文抽检情况,传达上述两个文件的精神,形成良好的质量观和氛围,构建北京大学学位质量保障体系,推进研究生教育改革。

1月10日 2013年度国家科学技术奖励大会在人民大会堂举行,本年度北京大学共有8个项目获得国家科学技术奖励,包括6项国家自然科学奖、1项国家技术发明奖、1项国家科技进步奖。其中5项是北京大学作为第一完成人所获奖项,包括4项国家自然科学奖和1项国家科技进步奖,这5个项目为:数学科学学院"凯勒几何中的典则度量和里奇流"、化学与分子工程学院"基于碳氢键活化的氧化偶联"、药学院"寡糖的合成及某些基于糖类的药物发现"、信息科学技术学院"生物计算中数据编码与模型构建理论方法研究"获得国家自然科学奖二等奖;环境科学与工程学院"高效微生物及其固化脱氮技术"获得国家技术发明奖二等奖。

1月13日 全国工商联副主席、全国政协常委、经济委员会副主任、北京大学国家发展研究院名誉院长、国务院参事林毅夫教授,在塞内加尔总统府受到了塞内加尔总统麦基·萨勒(Macky Sall)的接见,双方就塞内加尔如何借鉴中国经验、探索符合自身国情的发展道路深入交换了意见。会见后,萨勒总统为林教授颁发塞内加尔国家功勋骑士勋章。萨勒总统非常认可林毅夫教授"新结构经济学"中的观点,感谢林教授与其分享宝贵经验,表示塞内加尔正在努力实现"塞内加尔振兴计划",中国经验有助于塞方打开思路,找到适合自身国情的发展道路。

1月14日 国家外国专家局张亚力副局长一行来访北京大学,专项调研引智工作。副校长李岩松首先代表北京大学对张亚力副局长一行的到访表示热烈欢迎,感谢外专局一直以来对北大的大力支持,并对北京大学近年来的引智工作进行了简要汇报。各学科引智工作负责人分别就引智工作中出现的主要问题与张亚力一行进行了交流。张亚力对北京大学引智工作的蓬勃发展表示了高度认可,并对国家引智工作的相关政策进行了详细介绍,提出北京大学作为国内顶尖高校和引智分会的理事长单位应承担起国家更多引智任务,尤其在引智成果总结和转化、资源分享、课题研究等方面积极开拓。

1月20日 美国哈佛大学文理学院院长迈克·史密斯(Michael Smith)率团访问北京大学,校长王恩哥对哈佛大学文理学院代表团的到访表示热烈的欢迎,并介绍了北京大学科研和教学的基本情况,回顾了北大与哈佛两校教授之间学术交流与合作的历史和成果。迈克·史密斯指出,北京大学以学生的全面发展为目标开展的通识教育课程,与哈佛大学文理学院倡导并坚持的"博雅教育"(liberal arts)理念有着很多相通之处。迈克·史密斯十分赞赏北京大学在网络公开课程建设方面所取得的成绩,并表示北京大学和哈佛大学文理学院都是"大规模开放在线课堂平台"(EDX)的重要参与者与贡献者,希望以此次参访为契机,加深哈佛大学文理学院与北京大学之间的友谊,加强双方之间的交流与合作。

1月23日 中央组织部人才工作局("万人计划"专项办)唐永刚副局长、张志刚处长、张浩副处长一行来北大探望城市与环境学院朴世龙教授,并进行了座谈交流。朴世龙教授是中组部在2013年公布的北大首批国家"青年拔尖人才支持计划"入选者之一,于2011年获得"国家杰出青年科学基金",2012年入选教育部"长江学者奖励计划"特聘教授。唐永刚强调,"青年拔尖人才支持计划"作为"万人计划"的子项目之一,主要目的在于进一步鼓励优秀青年人才心无旁骛地潜心学术研究,以自主决定经费使用等方式给予青年人才以较好的工作支持,为其营造宽松良好的成才环境,希望通过这一计划的实施来支持国内各个学科领域中有较强发展潜力的优秀青年科学家。

2月

2月19日 中国国民党荣誉主席、两岸和平发展基金会董事长连战访问北京大学,获授北京大学名誉教授称号。夫人连方瑀,中国国民党副主席林丰正,台湾经济研究院董事长、前海基会董事长江丙坤,海协会常务副会长郑立中等陪同来访。这是睽违9年后,连战再次访问北大。党委书记朱善璐在临湖轩会见了连战一行。随后,在英杰交流中心举行了连战先生北京大学名誉教授授予仪式。校长王恩哥为连战颁授名誉教授证书。

2月20日 中国航天科工集团公司副总经理方向明一行访问北京大学,双方就深化校企合作进行深入交流,这是继2012年12月签署校企战略合作协议以后,双方进一步推动相关领域科研务实合作的重要举措。校长王恩哥希望双方在科研与科技创新方面进一步深化合作,在共同优势领域共建联合实验室,抢占科技制高点,更好地服务国家航天防务事业。方向明希望将来双方在战略合作协议框架下,进一步加强在军用、民用产业方面的科研合作,将合作推向深入。

2月21日 伦敦大学学院(University College London)校长迈克尔·阿瑟(Michael Arthur)教授访问北大,校长王恩哥在临湖轩会见来宾。王恩哥指出,伦敦大学学院在医学、生命科学领域有着强大的科研实力,而北京大学也在积极推动北大医学城项目,希望双方以此为突破口,加强在生命科学、人口健康、生物工程、脑科学等方面的科研合作与人员互访。阿瑟表示,伦敦大学学院非常重视与中国高校的交流,希望与北京大学等中国知名高校建立战略性合作关系。伦敦大学学院十个学部中有四个和医学有关,每年全校科研经费中有60%都投入到医学研究相关领域。阿瑟非常赞成以医学城项目为切入点与北大建立全面合作关系。同时,伦敦大学学院也希望与北大在学生交流、英文硕士项目等方面探讨进一步的合作。

2月21日 美国陆军参谋长雷蒙德·奥迪尔诺(Raymond Odierno)上将来访北京大学。校长王恩哥向奥迪尔诺上将简要介绍了北京大学与美国高校的交流情况。奥迪尔诺希望以此次来访为基础,与北京大学建立更多联系。奥迪尔诺还与北京大学国际关系学院的师生代表举行了座谈,就国际环境、军事原则、中美关系和局部热点等方面的问题进行了探讨。奥迪尔诺上将强调,未来军队的职责应沟通各方,军事领域的交流将是增进中美交流的重要方面之一,因此中美更应该积极对话,建立信任,这对于整个世界都有着深远的意义。

2月25日 党委书记朱善璐于办公楼会见宁德市委书记廖小军一行,双方就进一步深化校市合作进行了交流。朱善璐希望宁德市继续大力支持北京大学的发展,加强共建,协同创新,并帮助更多的北大师生到宁德学习实践、工作锻炼。

2月27日 北京大学医学部、北大六院和北大医疗产业集团战略合作签约仪式举行,根据战略合作协议,北大六院与北大医疗产业集团将联合成立北京大学心理医院,并以此作为双方精神卫生领域全面合作的平台,开展高端精神卫生业务,打造中国最大、最专业的精神卫生领域医疗管理集团。

3月

3月5日 教育部科技司副司长高润生一行来北大调研国家"111"基地引智工作,副校长李岩松,生命科学、基础医学、分子科学、区域生态与环境创新领域的基地负责人出席座谈会,并同与会领导展开了深度交流。李岩松表示,"111计划"采取"以人才促项目,以项目带学科"的机制,在基地建设过程中,吸引了一大批国际知名学者和国内各个学科的领军人物,对于北大在科研团队培养以及自主创新能力的提升、国际影响力的扩大起到重要的作用。高润生提出北京大学作为国内顶尖高校在今后的引智工作建设上应当抓住两个基本点,一方面加快内涵式发展,推进综合改革;另一方面在学校层面进行统筹考虑,机制创新,加强国内外合作,促进双方资源共享,营造国际化学术氛围,提升自我发展能力,在国际领域树立北大品牌。

3月10日 由北京市委教育工委副书记、北京市教委主任线联平,北京市委教育工委常务副书记刘建带队的北京市党建与思想政治工作先进校评选考察组一行18人来到北大考察学校党建与思想政治工作情况。考察组听取了学校关于党建与思想政治工作情况的汇报，学校领导班子成员、相关职能部门和群团组织负责人参加了汇报会。党委书记朱善璐做了题为《坚持党委领导核心地位，提高党的建设科学化水平，为加快创建世界一流大学提供坚强保证》的综合汇报，校长王恩哥做了题为《围绕创建抓党建，抓好党建促创建》的补充汇报。

3月11日 由《泰晤士高等教育》（Times Higher Education, THE）和汤森路透集团（Thomson Reuters）主办、北京大学协办的"全球视野下的中国大学发展"论坛在英杰交流中心月光厅举行。论坛开始前，党委书记朱善璐会见了泰晤士高等教育大学排名主编费尔·巴蒂（Phil Baty）先生一行，校长王恩哥、汤森路透知识产权与科技集团中国区总裁郭利出席论坛并致辞。论坛包含三个主题报告，费尔·巴蒂先生做了题为《从"THE大学排名"看中国大学的发展机遇与挑战》的报告，系统阐释了世界大学排名的指标体系和操作方法，并表示愿与中国高校加强交流，共同提高排名的科学性。教育部学位与研究生教育发展中心评估处处长林梦泉在题为《拓展学科评估内涵，提升研究生教育质量》的报告中提出了中国研究生教育质量保障体系的新架构，介绍了中国学科评估体系的建设和完善，并对全球视野下的学科水平比较研究提出了展望。汤森路透知识产权与科技集团中国区首席科学家岳卫平做了题为《走向卓越之路——全球视野下的中国大学发展和挑战》的报告，她指出了全球视野下中国大学建设世界一流大学的发展和挑战，希望中国高校能够通过一流的数据来支撑自身建设，并提出了对基于科学计量学机构的发展战略规划。

3月12日 广西壮族自治区副主席李康一行访问北京大学，双方就进一步拓展和推动教育、科技、人才等领域的务实合作进行了交流。校长王恩哥表示，北大将继续加强干部挂职、教育培训等人才培养与交流合作，并对北部湾大学的发展建设给予智力支持，探索共建研究平台，多维度地服务广西经济社会发展。李康希望北京大学与广西高校进一步加强学术交流，共同申报课题、开展联合科研，进一步拓展合作领域。

3月13日 石河子大学党委书记何慧星，副校长代斌、夏文斌一行访问北大。双方就联合申报国家973项目、骨干教师培养、北大新疆研究生培养基地建设、石大医学院建设等交换了意见，就举办"北京大学外教—石河子大学讲坛""北京大学院士名师'石大行'"活动达成了初步合作意向，就共同承办"北京论坛"分论坛进行了深入探讨。

3月21日 由北京市委教育工委主办、北京大学党委统战部承办的北京高校统战大讲堂首场报告会在百周年纪念讲堂多功能厅举行，全国工商联专职副主席、北大国家发展研究院名誉院长、著名经济学家林毅夫教授做了题为"当前国际国内经济形势与2014年经济工作"的报告。

3月22日 美国第一夫人米歇尔·奥巴马女士（Michelle Obama）到访北京大学，在北大斯坦福中心发表演讲并与青年学生开展交流活动。美国新任驻华大使马克斯·鲍卡斯（Max Baucus）及其夫人，外交学会副会长陈乃清及外交部礼宾司副司长张艳玲陪同到访。米歇尔的演讲围绕"海外学习和文化交流的意义与愿景"，她指出，开展海外学习和跨文化交流对于国家间的合作与沟通具有重要意义，国家间的联系不仅仅依靠外交活动，民间交流，特别是青年学生的交流，也是国家间互信友好的重要组成部分。

3月25日 由北京大学学生工作部主办的首场"教授茶座"在光华管理学院院史馆举行，校长王恩哥院士与学生讨论学习和成长话题。王恩哥表示，学校努力增加老师和同学接触的机会，小班课教学也是这样的尝试，对同学们的成长都是有益的。

3月25—26日 由北京大学和香港科技大学联合主办的"2014年亚洲高等教育规划会议"在北京大学举行。亚洲高等教育规划会议创办于2012年，由亚太高校参与发起，旨在通过加强高校规划工作者之间的交流与合作来提升高校规划的品质。

3月26日 第二十四届世界哲学大会（2018）协议备忘录签字仪式在北京大学临湖轩举行，协议备忘录的签署标志着北京大学和中国哲学界成功赢得第二十四届世界哲学大会主办权，大会的筹办工作正式启动。校长王恩哥表示，北大的哲学学科历史悠久，在国际上享有盛誉，相信通过世界哲学大会的筹备和举办，必将推动学科的建设与发展。

3月27日 常务副校长刘伟与中国残疾人联合会党组书记、理事长鲁勇共同签署了北京大学与中国残联深化合作备忘录，双方将在残疾人理论发展、人才培养、学科建设、研发应用、国际交流等多方面开展新一轮更加深化细致的合作。

4月

4月1日 北京大学与墨尔本大学精神病学研究与培训合作项目签字仪式在北京大学临湖轩

举行。该合作项目将联合来自北京大学和墨尔本大学从事包括精神病学、神经生物学、社会精神病学等在内的精神卫生世界级专家，共同致力于精神分裂症、灾难心理等多种心理健康议题的联合研究。此外，双方还将开展两校的博士生联合培养，并为博士后的交换项目提供支持。

4月3日 全国政协委员、第二炮兵原副司令员于际训中将在北京大学英杰交流中心新闻发布厅做了题为"新形势下国家安全与太空军事力量发展"的专题报告。

4月10日 泰国公主诗琳通（HRH Maha Chakri Sirindhorn）一行来校访问，泰国驻华大使伟文·丘氏君（Wiboon Khusaku）等陪同访问，北京大学党委书记、校务委员会主任朱善璐、副校长李岩松等接待了公主殿下一行。诗琳通公主在李岩松的陪同下参观了李兆基人文学苑，并与哲学系教授代表进行了亲切交流；前往北京大学生物动态光学成像中心，聆听了苏晓东教授关于中心概况和研究方向的介绍，并参观了B224超分辨率成像实验室等科研场所。诗琳通公主表示自己与中国和北大情谊深厚，愿意进一步推进泰中两国在文化、教育和科技领域的合作。

4月10日 党委书记朱善璐一行访问中国人民解放军国防大学，双方就两校人才培养、教师交流、资源共享、科研合作等方面交换意见。朱善璐认为，两校战略合作有广阔的前景，包括在国防教育等相关领域精英人才的联合培养、科学研究的协作创新、师资力量和学科建设的资源共享等。两校可在重大科研问题上联合攻关，为军队现代化建设、社会经济发展、军民深度融合等问题提供新思路、新框架。

4月12日 法兰西共和国前总理多米尼克·德维尔潘先生一行访问北京大学经济学院，并应邀发表题为"中国在评级体系改革中的角色"的演讲。德维尔潘先生结合李克强总理在2014年博鳌亚洲论坛的演讲，鼓励中国青年人勇于承担，为实现人民更加富有、社会更加和谐的中国梦贡献力量，要以青年人的闯劲走向一条新的丝绸之路，去国外体验不同的文化背景和项目。

4月14日 比利时布鲁塞尔自由大学（Université Libre de Bruxelles）校长迪迪艾·韦维尔（Didier Viviers）教授一行来校访问。校长王恩哥会见来宾。自2005年签署合作框架协议以来，两校在诸多科研领域展开交流合作。韦维尔表示十分乐意深化两校双边合作，他建议双方可选择感兴趣的重点学科建立联系并探讨合作可能性。

4月16—18日 北京大学与巴西圣保罗研究基金会（FAPESP）共同举办的"中国—巴西科学研讨会"在英杰交流中心举行。来自北京大学、清华大学、复旦大学、中国农业大学、香港中文大学、中国农科院的专家学者与来自巴西圣保罗大学、圣保罗州立大学、坎皮纳斯大学等高校的顶尖学者参与了本次研讨会。研讨会共设纳米、环境、新能源、农业、生命科学等分论坛，每个分论坛由中巴相关领域学者进行轮流发言和讨论。

4月19日 北大国家发展研究院举办20周年庆典论坛和晚会，回首过去20年的成长历程，总结经验，梳理传统，站在一个更高的平台和新的历史阶段，谋划创新与未来。来自政府、企业的各界嘉宾、校友齐聚北大，共同见证和参与。

4月22日 "传承与启航：北京奥运会乒乓球馆纪念展"揭幕仪式和"奥林匹克精神与大学校园文化座谈会"在北京大学邱德拔体育馆举行。北京奥运城市发展促进会副会长、原北京奥组委执行副主席蒋效愚，中国残疾人联合会党组书记、理事长、原北京奥组委场馆管理部部长鲁勇，北京奥运城市发展促进会秘书长、2022年冬奥会申办委员会副秘书长、原北京奥组委奥运村部部长吴京泪，中国传媒大学党委书记陈文申，教育部办公厅巡视员鞠传进等出席了揭幕仪式。揭幕仪式由北京大学党委常务副书记、副校长张彦主持。出席揭幕活动的北京大学原校长许智宏等领导嘉宾为北京奥运会乒乓球馆纪念展揭幕。原中共中央政治局常委、国务院副总理李岚清为此次活动题写了"北京大学奥林匹克文化环廊"匾额。

4月23—25日 校长王恩哥率代表团赴瑞士苏黎世联邦理工学院参加国际研究型大学联盟（International Alliance of Research Universities，IARU）2014校长年会。此次校长年会历时三天，就该联盟的重大事项进行决策，并针对高等教育发展的热点问题、学生培养、社会发展的共同研究以及成员学校的联合研究项目进行讨论。

4月24日 泰国教育部部长乍都隆·彩盛（Chaturon Chaisang）率团访问北大。党委书记、校务委员会主任朱善璐会见来宾。朱善璐对于泰国教育部给予北大与朱拉隆功大学合办的孔子学院的大力支持表示感谢，并希望在此基础上深化合作。

4月25日 由北京大学澳门文化交流协会发起主办，北京大学香港文化会、两岸文化交流协会、台湾研究会等15家北京高校学生社团协办的第二届北京大学海峡两岸暨香港、澳门青年论坛在北京大学举行。本次论坛的主题为"合作·机遇·融和"，来自海峡两岸暨香港、澳门的青年聚首北京大学，通过论文展示、小组讨论、成果汇报等交流环节，就四地的文化、城市、经济与社会四个方面展开了深入探讨。

5月

5月4日 中共中央总书记、国家主席、中央军委主席习近平来到北京大学考察。习近平在北京大学党委书记朱善璐、校长王恩哥陪同下,考察了北京大学人文苑、生物动态光学成像中心,在英杰交流中心与师生代表亲切座谈。习近平代表党中央,向全国各族青年致以节日问候,向全国广大教育工作者和青年工作者致以崇高敬意。习近平强调,青年的价值取向决定了未来整个社会的价值取向,而青年又处在价值观形成和确立的时期,抓好这一时期的价值观养成十分重要。这就像穿衣服扣扣子一样,如果第一粒扣子扣错了,剩余的扣子都会扣错。人生的扣子从一开始就要扣好。核心价值观的养成绝非一日之功,要坚持由易到难、由近及远,努力把核心价值观的要求变成日常的行为准则,进而形成自觉奉行的信念理念。他强调,核心价值观承载着一个民族、一个国家的精神追求,是最持久、最深层的力量。广大青年要从现在做起,从自己做起,勤学、修德、明辨、笃实,使社会主义核心价值观成为自己的基本遵循,并身体力行大力将其推广到全社会去,努力在实现中国梦的伟大实践中创造自己的精彩人生。王沪宁、刘延东、李源潮、栗战书、郭金龙和中央有关部门负责同志陪同考察。

5月5日 创新人才培养国际论坛暨北京大学"燕京学堂"(Yenching Academy)启动仪式在北京大学英杰交流中心举行。来自中国、美国、加拿大、英国、德国、比利时、墨西哥、南非、澳大利亚、新西兰、日本、韩国、越南等国家和地区的45所高校的30余名校长及副校长出席论坛,其中包括北京大学、复旦大学、中国人民大学、北京师范大学、浙江大学、武汉大学、中山大学、香港大学、台湾大学等高校代表,以及斯坦福大学、芝加哥大学、伯克利加州大学、伦敦政治经济学院、柏林自由大学、东京大学、新加坡国立大学、墨尔本大学等多所境外著名高校代表。论坛过后举办了北京大学"燕京学堂"启动仪式,正式揭开"燕京学堂"扎根中国、面向世界,建设"中国学"学科、培养"中国学"人才的序幕。

5月6日 校长王恩哥会见香港大学新任校长马斐森教授(Prof. Peter Matheison)一行,双方就进一步加强两校学术交流合作、创新人才培养和燕京学堂项目等交换了意见。马斐森表示,此行是他履新后首次访问内地高校,香港大学与北京大学的双边合作在过去几年中取得了长足的发展,希望能够继续深化两校的合作关系,推动两校在优势学科领域开展更深入的交流。

5月13—14日 党委书记朱善璐率代表团赴海南省访问,分别与海南省委书记罗保铭,省委副书记、省长蒋定之进行了会谈,并与海南省人民政府签署了省校合作协议。朱善璐表示,当前北京大学正积极贯彻落实习近平总书记今年"五四"期间在北京大学的重要讲话精神,力争扎根中国大地建设世界一流大学。与海南省签署省校合作协议,正是北京大学贯彻落实习总书记重要讲话精神,服务国家战略、服务地方经济社会发展,在贡献和服务中实现学校自身发展的具体行动。北京大学将整合国内外海洋研究优质资源,与海南省共建北京大学海南海洋研究院,并在人才培养、干部交流、生态环保、科技创新、成果转化等方面与海南省开展全面合作,为海南科学发展、绿色崛起提供智力支持和服务。

5月17—24日 2014年北京大型科普博览——全国科技活动周暨北京科技周在农业展览馆新馆举行,国务院副总理刘延东出席启动仪式。启动仪式结束后,刘延东副总理在科技部部长万钢、北京市委书记郭金龙等领导的陪同下,参观了部分参展项目。在"实验室"版块,北京大学工学院的"PET-CT分子医学影像装备"与"小动物多模态分子医学影像系统"成为刘延东副总理第一个参观的展项。"PET-CT分子医学影像装备"是我国第一台具有完全自主知识产权的64排PET-CT设备,通过了国家相关部门的认证,打破了国外在该领域的技术垄断,可获得清晰的人体解剖结构影像和人体功能、代谢影像,对疾病诊断具有重大意义;"小动物多模态分子医学影像系统"是科技部重大科学仪器设备专项支持的项目,该系统将CT、FMT、PET、SPECT等四模态创新性地在同一系统中进行整机集成和同机融合,可实现在体生理特征检测。刘延东充分肯定所取得的成果,并对上述两台自主研发设备的功能应用及其产业化提出了建议。

5月19—22日 校长王恩哥一行访问以色列,出席耶路撒冷希伯来大学孔子学院揭牌仪式,并顺访以色列几所著名高校。当地时间19日下午,北大与耶路撒冷希伯来大学合办孔子学院举行揭牌仪式,正在以色列访问的国务院副总理刘延东,在耶路撒冷为希伯来大学孔子学院揭牌并发表讲话。教育部部长袁贵仁、外交部副部长王超、科技部副部长王伟中、国家汉办主任许琳、校长王恩哥、以色列希伯来大学校长Ben Sasson,以及以色列社会各界代表300多人出席了揭牌仪式。

5月24日 住友化学株式会社代表取缔役会长兼首席执行官米仓弘昌先生获授北京大学名誉

博士学位。学位授予仪式上,校长王恩哥赞扬了米仓弘昌先生对日本经济发展和中日友好交流做出的杰出贡献,并对米仓弘昌先生支持北京大学的进步和发展表示感谢。授予米仓弘昌先生名誉博士学位,既是对其渊博学识的肯定,也是对其促进中日友好交流所做贡献的褒奖。

5月25—30日 为进一步巩固与加强海峡两岸高校间既有的交流,拓宽发展新的合作,促进两岸青年间的密切交流与互动,以党委书记朱善璐为团长的北京大学访问团访问了台湾大学、台湾中山大学等,并先后与两校领导和相关部门座谈、交流,签署了合作交流协议,随行的20多名北大学生与台湾学生近距离交流沟通,感受和体会海峡两岸一家亲。

5月27日 北京大学副校长、深圳研究生院院长陈十一院士与深圳市市长许勤在深圳市民中心进行了会谈,双方就进一步加强北大与深圳合作,创新载体建设及高层次创新团队引进等事宜交换了意见。

5月28日 北京大学新闻与传播学院建院13周年暨学院大楼落成乔迁之际,新华社与北京大学签署共建新闻与传播学院协议。北京大学是我国新闻学和新闻教育的摇篮,中华人民共和国成立初期全国院系调整后率先创设新闻学专业,历经几度合并与重设,于2001年5月28日恢复成立新闻与传播学院。新华社总编室主任、共建工作领导小组副组长刘思扬表示,双方合作共建既是适应当前数字技术与网络技术高速发展,媒体形态、媒介终端、信息传播平台日趋普遍,传媒市场分众化、受众对象化、信息碎片化趋势的必然选择,又是促进学界与业界互动、教学与科研贯通、理论与实践结合的重要举措。

6月

6月4日 约旦前首相马贾利、埃及前总理沙拉夫等阿拉伯国家代表团一行8人来北大访问,副校长李岩松会见客人。沙拉夫表示,当今世界发展变化,各种文化彼此交流交融,中阿新型关系已经建立,希望为双方带来更为美好的明天。马贾利提出,中国人民友好谦逊的品质,带来了中国的高速发展,中国成为在世界上具有政治和经济影响力的国家。阿拉伯国家与中国互相依存,希望双方共同推进习近平主席"建构海上丝绸之路"的构想。

6月6日 北京大学新太阳学生中心落成仪式在新太阳学生中心大厅举行。新太阳集团董事长李晓东出席仪式。新太阳学生中心的兴建使学校长期以来的构想成为现实,它将成为北大学子学习和文化活动的"一站式"服务集聚地和学生事务的管理中枢,为同学们全面成才提供更加有利的条件。

6月11日 第16届CUBA中国大学生篮球联赛男篮决赛在京落幕,主场作战的北京大学队以77比60击败太原理工大学队,夺得球队史上首个总冠军。北京大学也成为CUBA历史上第一个包揽男女篮总冠军的院校。北大男篮程驰独得25分、9个篮板荣膺总决赛最有价值球员称号。男篮教练王利获得最佳教练称号。

6月14日 以"志在广东·创业兴邦"为主题的北京大学广州创业大讲堂(2014)启动仪式在广州举行。该项目由广州市番禺区人民政府和北京大学产业技术研究院共同主办,并得到了北京大学校友会和广东省北京大学校友会的积极支持与参与。北京大学广州创业大讲堂(2014)招生于2014年5月启动,2014年7月至2015年5月,创业大讲堂将有步骤地开展线下课程与活动,同时不断丰富线上课堂的内容,为有志于创新创业的年轻人提供系统实用的创业知识与社交网络平台,帮助他们分享创业经验,整合创业资源,提升成功创业的能力。

6月18日 北京大学庆祝中国共产党成立93周年暨表彰大会在百周年纪念讲堂举行。党委书记朱善璐代表学校党委向全校党员致以节日的祝贺和亲切的慰问,向受表彰的优秀共产党员和先进党支部表达敬意和感谢,向新加入党组织的党员表示热烈欢迎。他结合北京大学开展党的活动的历史,回顾了中国共产党走过的93年光辉历程,追溯了北京大学与中国共产党的深厚渊源,对北京大学光荣的革命传统予以了高度概括,鼓励北大党员继承传统,坚定信念跟党走。

6月30日 香港杰出青年协会代表团一行访问北京大学,先后参观了北京大学校史馆、生物动态光学成像中心和方正集团大厦。校长王恩哥、副校长李岩松在临湖轩会见了代表团一行。王恩哥向香港杰出青年协会介绍了北京大学港澳台学生的招生与学习情况,学校推行通识教育和小班授课的进展,以及北京大学近些年来在引入高水平师资方面所取得的成绩。香港杰出青年协会主席罗宝文与王恩哥就青年人的心态与成长等话题展开交流。

6月30日 北京大学学位评定委员会召开第114次会议。会议审议了2014年夏季的学位授予工作。委员审议和表决了拟授予学士、硕士和博士学位的建议名单,经投票,委员会批准授予1606人博士学位、5865人硕士学位、6484人学士学位。会议审议了2014年北京大学优秀博士学位论文拟获奖名单,99位博士获此殊荣。会议修订了《北京大学关于授予本科毕业生学士学位的补充规定》。

7月

7月4日 中共北京大学第十二届委员会第五次全体会议召开，党委全委会听取常委会工作报告，审议通过《北京大学章程》草案。按照教育部《高校章程制定暂行办法》的要求，学校章程经教代会讨论、校长办公会审议，学校党委审定后上报。此次党委全委会审议通过后，学校章程已完成校内起草阶段，将提交教育部核准，并颁布实施。

7月9日 北大杰出校友、埃塞俄比亚总统穆拉图·特肖梅（Mulatu Teshome）偕夫人、孩子一行来访北京大学，中国驻埃塞俄比亚大使解晓岩及夫人等陪同访问。党委书记、校务委员会主任朱善璐，副校长李岩松会见来宾。穆拉图总统从北大毕业之后曾两次回到母校：2005年，时任埃塞俄比亚联邦院议长的穆拉图先生曾回北大访问，与有关院系的领导和老师亲切会谈，对母校的建设给出了很多建议；2010年9月，穆拉图先生作为留学生杰出代表出席了在北大举办的新中国来华留学60周年庆祝大会并做了主旨演讲。朱善璐表示，北大正在建设世界一流大学，希望总统先生能够继续关心母校的发展，也欢迎更多的埃塞俄比亚学生来北大留学。

7月9—19日 第八届世界合唱比赛在被誉为"欧洲文化之都"的拉脱维亚首都里加隆重举行。北京大学学生合唱团参加了本次比赛第二赛段室内混声合唱组和现代派音乐合唱组两个组别的比赛。在合唱团指挥侯锡瑾教授和全体合唱团员的共同努力下，北京大学学生合唱团在两个组别的比赛中斩获两枚金牌，圆满地完成了比赛任务，向世界展现了北京大学的风采，为祖国争得了荣誉。

7月10日 以"体育社会学与社会变革中的挑战"为主题的2014年世界体育社会学大会暨中国体育社会科学年会在北京大学举行。来自20余个国家和地区的专家和学者，内地50多所高校的专家和学者，教育部、国家体育总局的领导，以及媒体代表等300余人齐聚一堂，在3天的会议中举行专题报告、墙报展示、学术交流等活动，就体育、全球化与国家认同，体育、政治和政策，老年化与体育，体育、健康和生活方式，体育、人权与伦理道德，体育传媒，体育、社会阶层和种族，体育、商业和管理等20余个话题展开深入的探讨与交流。作为首次落户中国的世界体育社会学大会，将为在世界范围内如何发挥体育的作用、倡导体育社会学领域的国际合作、促进我国与其他国家的学术交流等起到积极的推动作用。

7月10日 北京大学贵阳生态文明研究院在贵阳市贵安新区花溪大学城贵安国际人才科技教育中心揭牌。贵州省副省长陈鸣明、副校长王杰共同为研究院揭牌。北京大学贵阳生态文明研究院的成立，是北京大学智力优势与贵州地区资源优势的结合，将实现优势互补、携手发展。期待通过北京大学与贵州省的合作，推进生态文明建设的研究与实践，取得丰硕成果，实现校地双赢。

7月13—19日 由民盟中央、北京大学、南京大学、台湾大学共同主办的第十届海峡两岸暨港澳地区大学校长联谊活动在贵州举行。7月14日，作为联谊活动的重要组成部分，第十届海峡两岸暨港澳地区大学校长论坛在贵州大学举行，论坛分别就"近来海峡两岸暨港澳地区高等教育新进展""大学改革——创新人才培养"两大主题进行交流讨论。活动期间，校长王恩哥分别会见前来出席此次活动的香港大学校长马斐森（Peter William Mathieson）、台湾大学校长杨泮池，就进一步扩大和深化双方在教学科研、人才培养、社会服务和文化传承等方面的交流合作交换了意见和看法，达成一系列重要共识和成果。

8月

8月4日 中国化学会第29届学术年会在北京大学邱德拔体育馆开幕。本届年会为期四天，以"美丽化学"为主题，设41个学术分会场，以及创新论坛、发展论坛、双边论坛、产学研论坛等4大类共11个专题论坛。年会吸引了全国8000多名化学同仁参会，国际纯粹与应用化学联合会（International Union of Pure and Applied Chemistry，IUPAC），以及美国、英国、德国、法国、日本等国化学会的主席和代表团也参加了开幕式。本届年会新增了"化学嘉年华"和"技能培训夜校"活动，以生动活泼的形式普及化学知识、扩大化学的社会影响力。本届年会由中国化学会主办，北京大学承办，中国石油化工集团公司、中海石油炼化有限责任公司、陶氏化学（中国）投资有限公司、赢创德固赛（中国）投资有限公司、北京分子科学国家实验室（筹）、中国科学院化学研究所等单位协办。

8月4日 距云南省昭通市鲁甸县发生6.5级地震仅14个小时，受国家卫计委派，北京大学人民医院腔镜外科黄迅主任医师、胃肠外科叶颖江主任医师、骨关节科周殿阁主任医师和创伤骨科薛峰副主任医师4名专家与其他来自全国四家医院15名专家一起，组成第一支国家医疗专家组,赶赴灾区开展危重伤员医疗救治工作。

8月20—21日 "亚太经合组织促进精神健康创新合作研讨会"在北京大学英杰交流中心召开。本次研讨会是中国承办的2014年APEC高官会议和专题会议之一,旨在推进精神健康政策创新和加强精神卫生系统方面的实质性工作,力求降低APEC各成员经济体精神疾病负担,改善人民的生活质量,在经济体和政府间为推进人类健康做出贡献。本次研讨会的成果将对研究如何发挥亚太经合组织在各经济体和政府间协调经贸、投资与人口健康发展事务的作用做出巨大的贡献。

8月29—30日 党委常务副书记、副校长张彦赴南宁出席广西参加2014年定向选调生座谈会,看望北大在桂选调生及校友。张彦在座谈会上强调,奔赴祖国各地的北大人应以天下为己任,树立正确的价值观与社会责任感,注重自我独立思考与创新能力的培养,牢记习近平总书记五四重要讲话精神,勤学、修德、明辨、笃实,把培育社会主义核心价值观的任务从学校带到地方,不断践行。

9月

9月6日 2014级4076名本科生、4948名硕士生和1937名博士生新生入学。

9月9日 澳大利亚教育部长克里斯托弗·派恩(Christopher Pyne)一行到访北京大学,校长王恩哥会见来宾,并就中澳两国的教育情况进行深入交流。会谈结束后,派恩先生赴北京大学外国语学院,为来自北京大学、清华大学、中国人民大学等北京高校的师生代表做了题为"中国与澳大利亚:我们珍视的教育伙伴关系"的主题演讲。派恩在演讲中指出,中国高校在世界排名前两百的学校中,占据了越来越多的位置,高等教育水平明显提高,且潜力巨大。提高一个国家整体的教育水平不仅对于青年人自身发展有深远影响,对于整个国家的经济社会发展更有着决定性的作用。

9月9日 著名哲学家、哲学史家、哲学教育家、北京大学哲学社会科学资深教授汤一介先生在北京逝世,学界同仁、学生及社会各界人士纷纷发来了唁电、信函和挽联,沉痛悼念汤一介先生。15日上午9时,汤一介先生遗体告别仪式在北京八宝山殡仪馆东礼堂举行,社会各界人士上千人专程送别,吊唁队伍绵延数百米。

9月21日 《北京大学章程》发布。《中华人民共和国教育部高等学校章程核准书》(第24号)载,《北京大学章程》经北大第十二届党委会第五次全体会议审议,教育部高等学校章程核准委员会评议,2014年7月15日教育部第22次部务会议审议通过,于9月3日正式核准、生效。章程是学校依法自主办学、实施管理和履行公共职能的基本准则和依据。《北京大学章程》的核准和颁布实现了新中国成立65年来学校章程"从无到有"的历史性突破,对学校长远发展具有深远影响。

9月23日 俄罗斯联邦委员会主席马特维延科(Valentina Matvienko)获授北京大学名誉教授。党委书记、校务委员会主任朱善璐会见代表团一行,并对来宾的到来表示热烈的欢迎。北京大学与俄罗斯高校近年来在人才培养、文化交流以及科研合作等多方面均取得长足发展。朱善璐希望今后能够进一步拓展北大与俄罗斯的合作,为进一步推动两国关系的友好发展做出贡献。

9月24—28日 党委书记、校务委员会主任朱善璐率团访问泰国。期间,代表团拜会了诗琳通公主(HRH Maha Chakri Sirindhorn),访问了泰国朱拉隆功大学,与泰方代表共同出席了孔子学院成立十周年纪念活动,并与泰国友好企业家进行了交流。

9月26日 北京大学—哈佛大学生态城市联合实验室(Ecological Urbanism Collaboration, EUC)成立。哈佛大学代表、设计学研究生院院长莫森·穆斯塔法维(Mohsen Mostafavi)、执行院长帕特里夏·罗伯茨(Patricia Roberts)、校长王恩哥及学校相关职能部门、院系师生代表,北京大学名誉校董、西控产业投资有限公司董事长李西平出席签约仪式。北大哈佛生态城市联合实验室是在北京大学与哈佛大学连续多年联合授课与合作研究基础上成立的。

9月27日 在全球孔子学院建立十周年暨首个全球"孔子学院日"来临之际,孔子学院总部首次举办"开放日"活动,主要包括全球"孔子学院日"启动仪式、文化沙龙、名家讲座、汉语体验课、书法、绘画等活动。副校长李岩松参加了全球"孔子学院日"启动仪式。北京大学至今已承建了10所孔子学院以及39所孔子课堂,经过多年的持续建设,各孔子学院取得了一系列优异成绩,先后被授予先进孔子学院称号,对推动孔子学院事业的稳步前进做出了贡献。

9月27日 由北京大学主办,北京大学校友会、北京大学企业家俱乐部和北京大学创业训练营承办的"中国创业者2014峰会"在北京大学邱德拔体育馆举行。"中国创业者峰会"旨在宣传国家产业政策,讨论创新创业领域最新动向和发展,打造国内最具规模与影响力、以创业者为中心的综合创业论坛。峰会召开前夕,在达沃斯2014天津论坛上,李克强总理在开幕式致辞中指出,要"借改革创新的'东凤'，在960万平方千米土地上掀起一个'大众创业'、'草根创业'的新浪潮，中国人民勤劳智慧的'自然禀赋'就会充分发挥，中国经济持续发展的'发动机'就会更新换代"。

9月 根据《教育部关于批准2014年国家级教学成果奖获奖项目的决定》，北京大学完成的《北京大学创新人才培养的实践与探索》等7项教学成果获得国家级教学成果奖，其中国家级教学成果奖一等奖2项，二等奖5项（1项为北大牵头，5所学校联合完成，另有2项北大作为联合完成单位获奖）。在全国开展教学成果奖励活动是实施科教兴国战略的重要举措，体现了党和国家对教学工作的高度重视，同时也是对各级各类学校人才培养工作、教育教学改革成果的检阅和展示。

10月

10月8—9日 党委副书记叶静漪赴贵州、四川看望2014届选调生及校友代表，并同省委组织部及相关部门进一步探讨省校人才交流合作事宜。

10月13日 北京大学王克桢楼揭幕仪式举行。王克桢楼落成于1999年，原名"中关村科技发展中心"，是中关村地区主要的数码商业中心和办公写字楼。2010年12月28日，太平洋科技发展集团王克桢先生签署协议，向北京大学捐赠太平洋大厦相关房产使用权。为感谢王克桢先生的慷慨捐赠，北京大学决定以王克桢命名该楼。

10月17日 党委书记朱善璐、校长王恩哥一行赴浙江省访问，会见省委书记夏宝龙，省委副书记、省长李强，并举行省校战略合作协议签约仪式。朱善璐表示，北大历来高度重视与浙江的合作与交流，双方优势互补，合作交流内容丰富、富有成效。续签战略合作协议，是双方共同推动高校与地方融合发展，推动科技和经济紧密结合的有力途径。

10月20日 北大—斯坦福论坛在北京大学斯坦福中心拉开帷幕。本次论坛以"大学与知识创新和经济发展"为主题，探讨大学在推动中国经济从投资驱动转向创新驱动增长方式中的作用。在为期两天的论坛中，来自中国、美国、俄罗斯、瑞典、芬兰、日本、澳大利亚、新加坡等多个国家和中国香港、中国澳门地区以及联合国教科文组织的近百位专家学者，围绕"大学对创新的作用及大学创新的影响因素""高等教育国际化""大学排名与创新性教学与研究产出的测量"和"培养创新型人才的课程设置"等四个主题开展了深入的讨论。

10月20—21日 2014中国领导人才论坛在北京大学举办。本届论坛主题为"法律与品德：领导、管理与治理"，会期两天。20日的主论坛期间，中国人事科学研究院原院长王通讯，农业部党组成员、人事劳动司司长曾一春，香港中文大学罗胜强教授，台湾高雄师范大学刘廷扬教授，澳门大学肖杨辉教授等专家学者围绕论坛主题发表了演讲。21日举行了"中国人力资源开发研究会测评分会年会暨人才评价论坛""中国人力资源服务业领导人才暨白皮书2014研讨会"以及党政领导人才、企业领导人才、事业单位等其他部门领导人才的专题论坛。

10月25日 北京大学第11届国际文化节开幕。本届国际文化节以"新起点·新梦想·新世界"为主题，希望在传承发扬国际文化节开放、包容精神的同时，不断拥抱日新月异的科技与文化潮流，将青春律动和时代旋律结合起来，以新的梦想与能量感动和鼓舞每一个人。

10月28日 法国社会党第一书记让—克里斯托夫·冈巴德利斯（Jean-Christophe Cambadelis）一行到北大访问。中共中央对外联络部八局副局长张建国，学校党委书记、校务委员会主任朱善璐等在临湖轩接待来宾，并就中法关系以及北大与法国高校的合作等相关事宜进行交流。

11月

11月3日 卡塔尔大学校长谢哈·宾图·阿卜杜拉博士应邀访问北京大学，校长王恩哥会见来宾，并就在北京大学设立卡塔尔中东研究讲席等相关事宜进行了深入讨论。王恩哥向来宾介绍了北京大学的整体发展概况，回顾了北大和卡塔尔以及各阿拉伯国家的友好往来，表示对北京大学与卡塔尔大学之间的未来交流前景充满期待和信心，希望双方能在人才培养、科研合作以及人员互派等方面开展更加广泛深入的合作。此外，谢哈·宾图·阿卜杜拉一行还访问了阿拉伯语言文化系，详细了解该系建系渊源、师资规模、研究出版、学术实践以及国内外交流等多方面情况，并就学生互换等事宜进行了交流。

11月7日 "中国与世界：传统、现实与未来"——2014年北京论坛在钓鱼台国宾馆隆重开幕。本届北京论坛的主题是"中国与世界：传统、现实与未来"，关注中国与世界共同发展的历史与机遇，探讨文明的和谐与共同繁荣的中国经验。国务院总理李克强为论坛发来贺信，联合国秘书长潘基文发来视频致辞。国务院副总理刘延东，教育部部长袁贵仁，国务院副秘书长江小涓，教育部副部长、联合国教科文组织第37届大会主席郝平，北京市委常委、教育工委书记苟仲文，北京大学校长、中科院院士王恩哥等嘉宾出席开幕式。党委书记、校务委员会主任朱善璐主持开幕式。本次北京论坛为期三天，举办九场分论坛和两个专场，分别探讨国际关系、国家治理、汉学研究、新型城镇化等议题。

11月10日 亚太经合组织（APEC）第22次领导人会议周期间，残疾人主题活动在北京会议中心举行。残疾人主题活动以"促进残疾人共享经济社会发展成果"为主题，校长、中科院院士王恩哥出席并发表"教育促进残疾人发展"主题演讲。残疾人事业正逐渐步入全球化经济发展的大框架，通过本次残疾人主题活动，亚太经济体将更加关注残疾人的生存和发展，努力创造无障碍环境，促进残疾人平等、参与、共享经济社会发展成果。

11月19日 中国共产党北京大学第十二届委员会召开第六次全体会议，审议通过《北京大学综合改革方案》。与会人员对《北京大学综合改革方案》进行了认真审议，并提出进一步修改完善的意见和建议。党委常委、常务副校长柯杨代表学校党委宣读了《关于〈北京大学综合改革方案〉的决定》。全体党委常委、党委委员举手表决，全委会一致通过《关于〈北京大学综合改革方案〉的决定》。决定指出，北京大学全面深化综合改革是加快创建世界一流大学的根本动力，是落实党的十八届三中、四中全会精神和习近平总书记系列重要讲话精神的重要探索和实践，也是学校自身发展进入到关键阶段的内在要求，凝聚了全校师生的共识和社会各界对北大的期望。《北京大学综合改革方案》制订中，发扬民主、集思广益，科学严谨、合法依规，任务具体、措施可行，已完成制定程序，同意由校长王恩哥签发，报送国家教育体制改革领导小组办公室正式备案。

11月20日 美国驻华大使马克思·鲍卡斯（Max Baucus）、洛杉矶市市长埃里克·贾希提（Eric Garcetti）访问北京大学。校务委员会主任、党委书记朱善璐会见来宾，并就在全球城市可持续发展领域开展合作交换了意见。朱善璐建议北京与洛杉矶、北京大学与洛杉矶的大学可以携手促进城市与大学的关系的发展，在解决城市空气污染特别是雾霾治理等环境问题方面进行探索。

11月26日 联合国秘书长普惠金融特别代表、荷兰王后马克西玛·索雷吉耶塔女士（Máxima Zorreguieta Cerruti）到访北京大学。副校长李岩松，北京大学国家发展研究院名誉院长林毅夫、院长姚洋以及北京大学国际合作部副部长郑如青会见来宾，双方进行了简短会谈。李岩松向马克西玛·索雷吉耶塔女士表示热烈欢迎，并向马克西玛·索雷吉耶塔简要介绍了北京大学以及北大与荷兰高校的合作情况，林毅夫和姚洋则介绍了北大国家发展研究院的基本情况和发展前景。马克西玛·索雷吉耶塔围绕"全球普惠金融发展"发表了演讲。

11月26日 "纯净芬兰——科学对话"活动在北京大学英杰交流中心阳光大厅举办，北京大学与赫尔辛基大学双方针对未来教育、大气以及法治问题进行了深入的沟通和对话。活动展示了芬兰的科技成果，举办了法治、环境、教育论坛，同时还签署了北大—赫尔辛基合作补充协议。北大承办的"科学对话"环节隶属于芬兰政府和驻华使馆主办的"纯净芬兰"系列活动，整体活动已于今年9月在北京拉开序幕。该系列活动旨在向中国展示芬兰社会、经济、教育、投资、创新、文化等各方面的发展，致力于提供深入了解芬兰的机会。

11月28日 "2013—2014学年度北京大学获奖学生和集体代表表彰座谈会"在英杰交流中心阳光大厅举行。党委副书记叶静漪在总结讲话中代表学校对获奖的优秀学生和先进集体表示祝贺。

11月30日 2014年"世界艾滋病日"主题宣传暨"美好青春我做主——红丝带健康大使青春校园行"启动仪式在北京大学举行。世界卫生组织结核病和艾滋病防治亲善大使、国家卫计委防治艾滋病宣传员彭丽媛，国家卫计委主任李斌、副主任王国强，中国性病艾滋病防治协会会长张文康，北京大学党委书记朱善璐、校长王恩哥，共青团中央书记处书记汪鸿雁等出席活动。朱善璐代表北京大学向所有来宾介绍了学校在艾滋病防治，特别是青少年防艾工作方面的学术研究成果和相关学生志愿活动情况，他说，学校利用多种媒体宣传手段，通过学生喜闻乐见的宣传形式，开展艾滋病知识宣传和感染风险警示教育，让北大学生深入了解艾滋病危害，掌握预防知识，消除对艾滋病患者的歧视，为艾滋病防治创造良好的环境。

11月 北京大学城市与环境学院、建筑与景观设计学院大楼奠基仪式举行。校领导、嘉宾和师生代表共同为新楼奠基，掀开了大楼建设和学院发展的新篇章。据悉，该大楼建筑面积达22300平方米，由相连的两栋楼宇组成，大楼建成后将为城市与环境学院、建筑与景观设计学院师生提供优良的科研、教学、办公、交流空间和设施。

12月

12月2—3日 由北京大学国际战略研究院主办、中国人民外交学会提供合作的首届"北阁对话"年会在北京大学举行。参加对话的人士包括澳大利亚前总理陆克文、美国前常务副国务卿佐利克、印度前国家安全顾问梅农等12位外国前政要、战略家,以及国内相关领域主要智库的负责人的和专家学者。年会主题确定为"国际安全形势与中国"。会议为时两天,其中一天为闭门研讨,半天为国外贵宾与中国国际战略研究领域青年学者的对话,半天为面向公众和中外媒体的公开论坛。北京大学国际战略研究院计划以后每年举办一次"北阁对话",将之逐步打造成一个高端智库平台,促进国内外国际战略界同行之间的交流与合作,准确研判世界安全局势,助力中国国际角色的扮演,推动世界的和谐稳定与共同发展。

12月4日 委内瑞拉人民政权教育部部长兼部长委员会社会发展和革命使命计划副主席埃克多·罗德里格斯先生来访北京大学,陪同来访的还有委内瑞拉人民政权教育部基础设施及物流副部长威廉·吉尔、委内瑞拉人民政权驻华大使伊万·安东尼奥·塞尔帕·格雷罗。埃克多·罗德里格斯先生在北京大学外国语学院新楼做了题为"玻利瓦尔革命在社会领域所取得的成就"(Logros de la Revolución Bolivariana en el ámbito social)的讲座。之后,埃克多·罗德里格斯先生向北京大学外国语学院和北京大学图书馆赠送了《西蒙·罗德里格斯全集》中文版,欢迎中国学生到委内瑞拉学习,并希望以后也有更多委内瑞拉学生来到中国学习。

12月5日 北京大学第九家附属医院——北京大学国际医院正式开业。医院位于北京市昌平区中关村生命科学园的北京大学医疗城内,总建筑面积44万平方米,核准床位1800张,开放床位数532张,ICU床位159张,手术室46间,信息化按HIMSS(美国医疗信息和管理系统学会)7级建设。医院开业开设63个诊疗科目,职工总人数超过1400人,其中,卫生技术人员约占75%。作为北京市最大的社会资本投资的非营利性医院,北京大学国际医院以患者为中心,努力改革创新医疗服务模式,提高医疗服务效率,为患者提供全方位的优质服务。北京大学国际医院的正式开业意味着以北大医学部为代表的国内优质医疗资源进一步盘活,也是中国医改在投资体制模式上的创新,并将积极探索医疗服务的新体制、新机制,成为医疗体制改革的试验田。

12月14日 "PKU Speech·全球华商名人堂"揭牌仪式在北京大学举行。北京大学党委书记、教育基金会理事长朱善璐出席活动。香港恒隆地产有限公司董事长陈启宗作为"PKU Speech·全球华商名人堂"公开演讲首期演讲嘉宾,应邀作题为"中国与世界新秩序"的公开演讲,分享他对中国与世界发展格局及未来趋势的思考与见解。

12月15日 北京大学与北京市科学技术委员会在北京大学王克桢楼正式举行"首科—赛德健康产业前孵化投资基金"签约仪式。该基金是北京大学与北京市科学技术委员会共同在推进我国创新创业、深化政产学研合作的全新探索。

12月20日 由公寓服务中心联合校友办、党委宣传部、学生工作部、教育基金会等单位主办,以"青春·成长·传承"为主题的北京大学首届宿舍文化节在新太阳学生中心一层大厅开幕。开幕式现场还举办了燕园家传承主题摄影展、小舍大家宿舍文化发展基金壹元捐赠体验活动等。

12月24日 朱光亚先生诞辰90周年纪念会暨北京大学朱光亚纪念室建设启动会在陈守仁国际研究中心中馆召开。纪念会在深切缅怀朱先生的同时标志着北京大学朱光亚纪念室的建设工作正式启动,会上还为朱光亚坐落于北大的铜像举行了揭幕仪式。

12月30日 "继往开来,再铸辉煌"——北京大学研究生教育工作研讨会暨北京大学研究生院建院三十周年庆祝座谈会举行。教育部学位与研究生教育司副司长黄宝印,北京大学常务副校长刘伟,党委副书记叶静漪,副校长高松,原校长陈佳洱、许智宏、周其凤,原副校长、研究生院原常务副院长张国有出席座谈会。研究生院原常务副院长、原副院长、离退休工作人员,原校评委会委员代表,校内各职能部门负责人,研究生代表,研究生院校本部及医学部工作人员等100余人参加了座谈会。

附 录

2014年授予的名誉教授

序号	姓名	性别	职业与现职务	授予日期	申报单位
1	阿卜杜勒·卡拉姆 A. P. J. Abdul Kalam	男	印度前总统	2014年4月21日	环境科学学院
2	保罗·马克西姆·纳斯	男	2011年诺贝尔生理学及医学奖获得者	2014年12月15日	分子医学研究所
3	比尔·盖茨 Bill Gates	男	微软公司创始人、董事兼技术顾问	2014年4月21日	光华管理学院
4	杜宁凯 Nicholas B. Dirks	男	加州大学伯克利分校校长	2014年4月21日	历史学系
5	马特维延科 Valentina Ivanovna Matviyenko	女	俄罗斯联邦委员会主席	2014年9月23日	国际关系学院
6	连战 Lien Chan	男	中国国民党荣誉主席	2014年2月19日	

2014年授予的名誉博士

序号	姓名	性别	国籍	职务
1	米仓弘昌	男	日本	日本住友化学工业株式会社会长
2	镰田薰	男	日本	早稻田大学校长

2014年聘请的客座教授

序号	姓名	性别	职务	聘任时间	申报单位
1	安德里亚斯·瓦纳 Andreas Wahner	男	德国科隆大学全职教授,科隆大学莱茵环境研究所常务副所长,德国亥姆霍兹国家研究中心联合会学术委员会主席(柏林),德国于利希研究中心学术委员会主席	2014年3月25日	环境科学与工程学院

续表

序号	姓名	性别	职务	聘任时间	申报单位
2	蒂莫西·斯旺森 Timothy Swanson	男	日内瓦国际研究所环境研究中心主任、André Hoffmann环境经济学科主席、威尼斯大学FEEM研究院研究员、剑桥大学C-LEED研究院副主任、教授	2014年3月25日	环境科学与工程学院
3	洪小文 Hsiao-Wuen Hon	男	微软亚洲研究院院长	2014年6月10日	信息科学与技术学院
4	理查德·波特 Richard Pott	男	德国汉诺威莱布尼兹大学教授,地植物学研究所所长	2014年6月10日	城市与环境学院
5	野田勇夫	男	美国特拉华大学材料科学和工程系教授	2014年3月25日	化学与分子工程学院
6	詹姆斯·安德森 James G. Anderson	男	美国哈佛大学行星与地球科学系、化学与化学生物学系教授	2014年9月23日	物理学院

2014年部分媒体报道索引

序号	时间	主题	作者	报刊名称	出版日期	版面
1	2014.1.3	哲人其萎 抢救当行——我与《学林春秋》	张世林	光明日报	2014.1.3	12
2	2014.1.4	知识分子的责任	陈平原	新京报	2014.1.4	B07
3	2014.1.5	北京大学第三医院投入使用四肢关节磁共振检查仪	姚永玲	光明日报	2014.1.5	05版
4	2014.1.6	【燕园耆宿系列之五】刘元芳:只是一辈子没偷过懒		北京青年报	2014.1.6	C5
5	2014.1.7	北京大学举行第四届未名论坛	李瑞英	光明日报	2014.1.7	06版
6	2014.1.8	北大第一医院将建大兴南院区	赵 力	新京报	2014.1.8	A21版
7	2014.1.8	有多少大学生从逸夫楼走出	陈 竹	中国青年报	2014.1.8	01版
8	2014.1.8	从"北大的出版社"到"北大出版社"——访北京大学出版社社长王明舟	红 娟	中华读书报	2014.1.8	26
9	2014.1.9	北大医院大兴区将开直升机急救	方 芳	北京日报	2014.1.9	4版
10	2014.1.9	北大医院徐京杭等医生荣获"爱肝一生计划"表彰		参考消息	2014.1.9	11版
11	2014.1.9	经济竞争力要重"结构性改革"	林毅夫	人民日报	2014.1.9	5
12	2014.1.9	北京大学:介入现实问题的理论思考	周建波	社会科学报	2014.1.9	4
13	2014.1.9	"传统文化热":"国家"与"文明"交互塑造	贺桂梅	社会科学报	2014.1.9	6
14	2014.1.10	北京大学第一医院:开创腹腔镜治疗肾癌伴下腔静脉癌栓新术士	唐 琦 李学松	中国科学报	2014.1.10	19版
15	2014.1.10	北京大学有一处在德胜门外	张百熙	法制晚报	2014.1.10	a52

续表

序号	时间	主题	作者	报刊名称	出版日期	版面
16	2014.1.10	仰视"光前裕后"的哲学之师——汤一介先生谈《瞩望新轴心时代:在新世纪的哲学思考》	刘彬	光明日报	2014.1.10	12
17	2014.1.11	所有努力,只是让教育回归常识	陈平原	新京报	2014.1.11	B01
18	2014.1.12	北京大学书画协会举办迎春笔会		中国文化报	2014.1.12	02版
19	2014.1.12	无法绕过的产权改革	厉以宁	经济日报	2014.1.12	8
20	2014.1.13	推荐生被校长赞学霸 北大公布"中学校长实名推荐制"候选人	巴芮	法制晚报	2014.1.13	a18版
21	2014.1.13	【燕园耆宿系列之六】杨芙清:"燕园青鸟"的科研与教学之路		北京青年报	2014.1.13	C5
22	2014.1.13	美丽中国如何感动世界?	叶朗	光明日报	2014.1.13	16
23	2014.1.13	改变命运的三个因素(访孙熙国)	王剑	中国科学报	2014.1.13	9
24	2014.1.14	北京55名高中生被校长推荐"入"北大	许路阳	新京报	2014.1.14	A12版
25	2014.1.16	把马克思主义哲学作为党员干部的看家本领——读《马克思主义哲学十讲(党员干部读本)》	陈占安	光明日报	2014.1.16	04
26	2014.1.16	北大关停"最后的开水房"	刘珏 张佳欣 董晓珺	北京青年报	2014.1.16	A18版
27	2014.1.16	【燕园耆宿系列之七】罗豪才:静于书斋 观至天下	马荣真	北京青年报	2014.1.16	C5
28	2014.1.17	北京大学:坚持"问题导向"抓整改	靳昊	光明日报	2014.1.17	04版
29	2014.1.17	张东晓:从治学到治院	王庆	中国科学报	2014.1.17	07
30	2014.1.17	北京大学第三医院海淀院区挂牌		人民日报	2014.1.17	19版
31	2014.1.17	北大自主招生该不该都是学霸		现代教育报	2014.1.17	A2
32	2014.1.17	对中国经济的深邃思考——读厉以宁新著《中国经济双重转型之路》	郭其友	光明日报	2014.1.17	12
33	2014.1.20	象棋"一姐"来自北大	陈晨曦	人民日报	2014.1.20	15版
34	2014.2.6	北大法学院的石头		南方周末	2014.2.6	12
35	2014.2.13	写作人才 也要精细化培养——继复旦、南开等高校之后,北大中文系今年正式开设创意写作专业	李昌禹	人民日报	2014.2.13	12版
36	2014.2.13	张颐武:网络中也有书香	周怀宗	北京晨报	2014.2.13	C01—02
37	2014.2.18	北大与著名商学院推出联合EMBA	王庆环	光明日报	2014.2.18	06版
38	2014.2.19	"慕课"Mooc悄然来袭	张超	北京日报	2014.2.19	15
39	2014.2.19	靠什么保证审判独立——访北京大学教授姜明安	王比学	人民日报	2014.2.19	17
40	2014.2.19	再访"母校"连战致谢	巴芮	法制晚报	2014.2.19	a04
41	2014.2.20	北京大学口腔医院临床医技领先国际——专访北京大学口腔医院院长郭传瑸教授		科技日报	2014.2.20	9
42	2014.2.20	连战获颁北大名誉教授称号	齐湘辉	中国教育报	2014.2.20	02版
43	2014.2.20	北大新版《学术委员会章程》已提请校代会讨论	雷嘉	北京青年报	2014.2.20	A9
44	2014.2.20	陈少峰:文化产业应积极探索产业新形态	杨君	光明日报	2014.2.20	02
45	2014.2.22	北大装箱保护圆明园石刻	刘光博	北京青年报	2014.2.22	07版

续表

序号	时间	主题	作者	报刊名称	出版日期	版面
46	2014.2.25	光华首推EMBA联合学位项目	张晓鸽	京华时报	2014.2.25	C08版
47	2014.2.25	文化世家与文化传承	干春松	光明日报	2014.2.25	16
48	2014.2.26	北大新增16门"国家精品资源共享课程"		新京报	2014.2.26	A16版
49	2014.2.26	与崛起的中国同行——访著名经济学家、北京大学教授林毅夫	赵登华	经济日报	2014.2.26	7
50	2014.2.28	北京大学第四届未名论坛聚焦——中国道路与中国文化	杨菁 李佳裔 任美慧	中国教育报	2014.2.28	05版
51	2014.2.28	接地气 涉险滩 求真知——访著名经济学家、北京大学光华管理学院名誉院长厉以宁	赵登华	经济日报	2014.2.28	05
52	2014.2.28	文学,请回归生活	陈晓明	人民日报	2014.2.28	24
53	2014.3.2	史景迁关注小人物的历史张力	罗皓菱	北京青年报	2014.3.2	16
54	2014.3.6	厉以宁对话国资委 抓住人气 把混合所有制经济建立起来	张晔	科技日报	2014.3.6	13
55	2014.3.11	北京大学原校长周其凤:学位法应尽快出台	邹乐	北京晨报	2014.3.11	A08
56	2014.3.12	北大附中校长:雾霾天停课≠学生放假	温薷	新京报	2014.3.12	A14
57	2014.3.12	适应改革新形势 谋求教育新发展——访全国政协常委、北京大学教授厉以宁	宗河	中国教育报	2014.3.12	01
58	2014.3.18	以人文本 简政放权 重心下移——谈学位与研究生教育质量保证和监督体系建设	陈洪捷	光明日报	2014.3.18	13
59	2014.3.20	为什么要读"无用"的人文社科书?	俞超	新京报	2014.3.20	A03
60	2014.3.20	打造"有效"且"有限"的政府	燕继荣	社会科学报	2014.3.20	3
61	2014.3.20	林毅夫:我为什么力挺"三个自信"		社会科学报	2014.3.20	1
62	2014.3.22	米歇尔上午在北大演讲引中国古语鼓励学生走出国门	张航	北京晚报	2014.3.22	2
63	2014.3.23	美国总统夫人米歇尔在北大演讲	熊争艳	北京日报	2014.3.23	2
64	2014.3.23	北大海淀共寻"中关村好项目"	孙奇茹	北京日报	2014.3.23	2
65	2014.3.24	北大蔡洪滨:应更关注中国经济的"引擎"而非"车轮"	李毅中	参考消息	2014.3.24	12
66	2014.3.26	这是一次人类文化的广泛交流	范曾	光明日报	2014.3.26	10
67	2014.3.28	蔡元培与北京大学法科存废之争	杨瑞	理论周刊	2014.3.28	14
68	2014.3.31	北大光华自主招生面试 农村生源考生单独分组	王庆环	光明日报	2014.3.31	06
69	2014.3.31	清华北大自招面试 不约而同考"道德"		北京日报	2014.3.31	6
70	2014.3.31	【大学里的讲堂】北京大学百周年纪念讲堂		光明日报	2014.3.31	16
71	2014.3.31	用马克思主义历史观评估中国道路的世界意义	宁骚	光明日报	2014.3.31	11
72	2014.4.1	北京大学法学院教授王锡锌:政府不公开信息需列"清单"	李丹丹	新京报	2014.4.1	A07
73	2014.4.2	《北大回忆》重温上世纪八十年代北大往事与传统	丁杨	中华读书报	2014.4.2	2

续表

序号	时间	主题	作者	报刊名称	出版日期	版面
74	2014.4.2	北大招生计划本月底将公布	董鑫	北京青年报	2014.4.2	A5
75	2014.4.2	告别《天演论》	彭小瑜	中华读书报 书评周刊	2014.4.2	9
76	2014.4.3	北大志愿者义务助学患病少年	杨奕	北京晨报	2014.4.3	A12
77	2014.4.3	《北大回忆》书写熠熠生辉的求学年代	刘婷	北京晨报	2014.4.3	C04—05
78	2014.4.4	曹和平(北京大学经济学院教授):京津冀一体化规模远大于洛杉矶崛起		中国科学报	2014.4.4	3
79	2014.4.4	俞梦孙(北京大学健康系统工程研究所所长):展望人类健康系统工程		中国科学报	2014.4.4	7
80	2014.4.7	学者座谈张曼菱《北大回忆》	罗云川	中国文化报	2014.4.7	7
81	2014.4.8	圆的不只是大学梦——参加圆梦计划的广东百名农民工,终于拿到了北大网络教育本科学位		人民日报	2014.4.8	12
82	2014.4.8	首届全国法学教育论坛(在北京大学)举行	吕毅品	人民日报	2014.4.8	4
83	2014.4.8	北大回忆	张曼菱	北京青年报	2014.4.8	24
84	2014.4.10	文化消费的短板怎么补?——看文化产业扶持政策如何激活文化消费	向勇	光明日报	2014.4.10	14
85	2014.4.10	北京大学社会学系教授郑也夫:职业教育困境非单一教育问题	韩琨	中国科学报	2014.4.10	7
86	2014.4.10	张维迎:过分监管扼杀互联网金融创新	新华社	新京报	2014.4.10	B12
87	2014.4.10	如何过正确的生活	黄小寒 张新若	社会科学报	2014.4.10	6
88	2014.4.10	北大回忆	张曼菱	北京青年报	2014.4.10	C8
89	2014.4.12	北大:整合科学招理科生	邓菡	北京考试报	2014.4.11	2
90	2014.4.11	《北大回忆》——文学才情之下的那份眷恋	刘彬	光明日报	2014.4.11	12
91	2014/4/12	寻安身立命之本 评《问道北大》	于仲达	新京报	2014/4/12	B02
92	2014/4/12	平淡为学 力行恒久	茅海建	新京报	2014/4/12	B03
93	2014/4/12	介于历史与文学之间的北大回忆	江楠	新京报	2014/4/12	B07
94	2014/4/12	众筹法律环境需完善	陈少峰	中国文化报	2014/4/12	02
95	2014.4.12	北大回忆	张曼菱	北京青年报	2014.4.12	20
96	2014.4.14	Dr.魏:挫折会让我进入战斗模式	张霖梅 王颖青	中国青年报	2014.4.14	12
97	2014.4.15	北大周日举行校园开放日	王璐	北京晨报	2014.4.15	A12
98	2014.4.15	我怎样讲现代文学基础课	温儒敏	光明日报	2014.4.15	13
99	2014.4.15	严守底线从我做起	周宇诗	中国教育报	2014.4.15	08
100	2014.4.16	厉以宁:市场效率的道德基础	厉以宁	新京报	2014.4.16	A03
101	2014.4.16	哲学界研讨"巴黎手稿"	高原	光明日报	2014.4.16	16
102	2014.4.16	继承弘扬中华文化	陈来	中华读书报	2014.4.16	13
103	2014.4.17	大学招生要走出"量化"困局	秦春华	光明日报	2014.4.17	15
104	2014.04.20	清华北大人大今天同时举办开放日 高考考生"全家总动员"雾霾频发环境专业受关注		北京晚报	2014.04.20	2
105	2014.4.21	北大整合科学实验班		新京报	2014.4.21	A14
106	2014.4.21	北大清华人大北师大今年在京不减招		北京青年报	2014.4.21	A8

续表

序号	时间	主题	作者	报刊名称	出版日期	版面
107	2014.4.21	北大:缩小专业志愿间级差	王庆环	光明日报	2014.4.21	06
108	2014.4.21	儒学在第三期如何更新	杜维明	北京日报	2014.4.21	19
109	2014.4.22	北大将加深与企业合作	王庆环	光明日报	2014.4.22	13
110	2014.4.24	赵越:临床路径管理有助于提高患者满意度	赵越	光明日报	2014.4.24	16
111	2014.4.25	北大食堂夜宵今起延至凌晨	李泽伟 董鑫 陈碧莹	北京青年报	2014.4.25	A9
112	2014.4.25	北大教授周其仁:"我们写文章、做调查、做呼吁、进行学术辩论有用。但是,你要搞清楚一点:我们只是起辅助的功能,敲敲边鼓的。" 北大教授陈平原:"在现代社会里,想要被关注和记得,必须把话说到顶点。"		中国教育报	2014.4.25	05
113	2014.4.26	考古新发现走进北大	陶枫 韩博雅	光明日报	2014.4.26	09
114	2014.4.26	"世界最好的戏长什么样"林兆华请大家看来自德国的多媒体舞台剧《朱莉小姐》	王润	北京晚报	2014.4.26	10
115	2014.4.28	北京大学人民医院海淀院区成功完成第一例骨髓移植手术	汪铁铮	北京青年报	2014.4.28	C3
116	2014.4.29	梯子网与北大教育学院签署合作协议	晋浩天	光明日报	2014.4.29	13
117	2014.4.29	荷兰作家北大谈"精神之贵"	王田	法制晚报	2014.4.29	a18
118	2014.4.29	中国医疗改革世纪大突破——专访北京大学国家发展研究院教授李玲		参考消息	2014.4.29	11
119	2014.5.3	北大学子号召游客拒绝涂鸦	董鑫	北京青年报	2014.5.3	03
120	2014.5.4	"大仓文库"回来了	王庆环	光明日报	2014.5.4	04
121	2014.5.4	"北大学位熊"迎接校友返校	董鑫	北京青年报	2014.5.4	05
122	2014.5.5	习近平:人生的扣子开始就要扣好		北京青年报	2014.5.5	1
123	2014.5.5	习近平给北大学生讲"借书"故事		北京青年报	2014.5.5	A3
124	2014.5.5	习近平在北京大学考察时强调 青年要自觉践行社会主义核心价值观 与祖国和人民同行努力创造精彩人生		人民日报	2014.5.5	1
125	2014.5.5	习近平在北京大学考察时强调 青年要自觉践行社会主义核心价值观 与祖国和人民同行努力创造精彩人生		光明日报	2014.5.5	1
126	2014.5.5	习近平在北京大学考察时强调 青年要自觉践行社会主义核心价值观 与祖国和人民同行努力创造精彩人生		中国教育报	2014.5.5	1
127	2014.5.5	青年要自觉践行社会主义核心价值观——在北京大学师生座谈会上的讲话		中国教育报	2014.5.5	1
128	2014.5.5	总书记聆听学生朗诵毛主席词作	徐京跃 霍小光	北京晨报	2014.5.5	A06

续表

序号	时间	主题	作者	报刊名称	出版日期	版面
129	2014.5.5	习近平赴北大考察 强调青年树立价值观要勤学、修德、明辨、笃实"人生的扣子从一开始就要扣好"		北京晚报	2014.5.5	3
130	2014.5.5	第九届中国大学生年度人物特别报道——侯逸凡		中国教育报	2014.5.5	11
131	2014.5.5	中国模式与中国未来30年——专访北京大学国际关系学院教授潘维		参考消息	2014.5.5	11
132	2014.5.5	传承历史文脉是可持续发展的重要基底	肖东发	北京日报	2014.5.5	19
133	2014.5.6	团中央全国青联全国学联召开座谈会 认真学习习总书记在北大师生做谈话上的重要讲话	李立红 黄丹羽	中国青年报	2014.5.6	1
134	2014.5.6	北大启动"燕京学堂"计划 全球选才研究"中国学"	王庆环 邓晖	光明日报	2014.5.6	06
135	2014.5.6	习近平五四访北大 问候谈心听诗会	韩旭阳 闫欣雨	新京报	2014.5.6	A05
136	2014.5.6	北大清华在京招生计划略减 市属高校专设计划招农村生		北京日报	2014.5.6	5
137	2014.5.6	习近平北大行深意何在	舒天烈	京华时报	2014.5.6	A02
138	2014.5.7	学术视野中的王瑶先生——陈平原教授专访	张丽华 陈平原	北京青年报	2014.5.7	C5
139	2014.5.7	北大肿瘤医院首推防癌保险 0—60岁均可投保	武文娟	法制晚报	2014.5.7	a21
140	2014.5.7	燕京大学建校95周年中外校友共话燕园遗事	陈菁霞	中华读书报	2014.5.7	1
141	2014.5.7	会见埃塞总统称北大校友很亲切 一同看望中国"光明行"活动埃塞受益者		北京青年报	2014.5.7	A6
142	2014.5.7	"学者百年"与"百年学者"(陈平原)	陈平原	新京报	2014.5.7	A04
143	2014.5.7	培育和践行社会主义核心价值观——教育系统学习贯彻习近平总书记五四重要讲话精神座谈会发言摘登:学习讲话精神加快创建世界一流大学(朱善璐)		中国教育报	2014.5.7	09
144	2014.5.8	林毅夫:"既要有效市场,又要有为政府"	冯禹丁	南方周末	2014.5.8	C16
145	2014.5.9	感悟《大学》咏诵会举行	董洪亮 祁晴	人民日报	2014.5.9	12
146	2014.5.9	绍兴文物亮相北大		人民日报	2014.5.9	12
147	2014.5.9	北大清华项目与固安对接签约		京华时报	2014.5.9	A10
148	2014.5.9	梯子网与北大教育学院签署战略合作协议		现代教育报	2014.5.9	14
149	2014.5.9	习近平:勿把北大办成"第二个哈佛和剑桥"		中国科学报	2014.5.9	3
150	2014.5.9	青年要在实现中国梦中创造精彩人生		北京日报	2014.5.9	3
151	2014.5.12	笃实绘就青春画卷	彭竹兵	经济日报	2014.5.12	5
152	2014.5.14	马克思哲学思想之中的批判性之维	杨海峰	光明日报	2014.5.14	16
153	2014.5.14	人生的扣子从一开始就要扣好		光明日报	2014.5.14	2

续表

序号	时间	主题	作者	报刊名称	出版日期	版面
154	2014.5.15	愿先生依旧在那边看戏聊戏吃巧克力	闫平	北京青年报	2014.5.15	C2
155	2014.5.16	以严格责任制深化整改落实工作	于鸿君	中国教育报	2014.5.16	07
156	2014.5.17	北京大学召开"社会主义核心价值观与立德树人"理论研讨会 引导青年践行社会主义核心价值观	李亚彬	光明日报	2014.5.17	04
157	2014.5.18	翻译家的牌戏人生	何光	新京报	2014.5.18	A09
158	2014.5.18	一代大师"汤一介"		北京晨报	2014.5.18	A22
159	2014.5.19	"五四杯"乒乓球赛再见邓亚萍挥拍	李佳	北京青年报	2014.5.19	B04
160	2014.5.20	五高校联合培养大数据分析硕士	赵婀娜	人民日报	2014.5.20	16
161	2014.5.20	北大专家研讨全面深化改革的重大基本理论问题	杨谧	光明日报	2014.5.20	07
162	2014.5.20	汤一介推介《宇宙学》	蒋肖斌	中国青年报	2014.5.20	10
163	2014.5.21	2013年毕业生就业:北大本科生留京最多		北京考试报	2014.5.21	5
164	2014.5.21	德才兼备的表率 青年学习的楷模——第九届中国大学生年度人物事迹简介 侯逸凡:"三冠棋后"为国争光		人民日报	2014.5.21	16
165	2014.5.22	北大红楼:五四运动出发地	李泽伟	北京青年报	2014.5.22	A15
166	2014.5.22	北大毕业卖米粉 90后螺丝钉自白	张天一	北京青年报	2014.5.22	C1
167	2014.5.22	习近平总书记五四北大讲话中的故实		中国文化报	2014.5.22	3
168	2014.5.22	"米粉创业之问"怎么答		人民日报	2014.5.22	16
169	2014.5.23	陈峰:微藻玩出大名堂	王庆	中国科学报	2014.5.23	9
170	2014.5.24	习近平《青年要自觉践行社会主义核心价值观》出版		中国教育报	2014.5.24	1
171	2014.5.26	北京大学五四论坛指出——核心价值观为中国社会发展提供强大精神动力	丁晔	中国教育报	2014.5.26	5
172	2014.5.27	北大人民医院通过HIMSS 7级认证	张秀兰	新京报	2014.5.27	D08
173	2014.5.27	北京大学新厝季羡林先生铜像		中国文化报	2014.5.27	2
174	2014.5.27	汪浩:混合制改革关键在国企市场化	林其玲	新京报	2014.5.27	B06—07
175	2014.5.27	学者吴小如	舒晋瑜	北京日报	2014.5.27	19
176	2014.5.27	打破"公主病"的游戏规则——专访北京大学精神卫生博士旺冰		中国青年报	2014.5.27	11
177	2014.5.28	北大医院昨成立"大头娃娃"之家	刘洋	北京青年报	2014.5.28	A7
178	2014.5.28	北大首次举办"全球变暖大会"		北京考试报	2014.5.28	4
179	2014.5.28	硕士粉折射全球创业教育	杨林	北京日报	2014.5.28	19
180	2014.6.2	北京大学第一医院开展无烟日宣传活动	谢宏	科技日报	2014.6.2	3
181	2014.6.2	此生挚爱是讲台——记北京大学教授姜伯驹	邓晖	光明日报	2014.6.2	1
182	2014.6.2	北大教授姜伯驹院士 对真理执着与学生"较劲"	赵婀娜	人民日报	2014.6.2	2

续表

序号	时间	主题	作者	报刊名称	出版日期	版面
183	2014.6.2	坚持批改作业50年的数学家——记北京大学数学学院姜伯驹院士		中国教育报	2014.6.2	03
184	2014.6.2	甘为人梯 桃李满园——记中国科学院院士、北京大学教授姜伯驹	韩秉志	经济日报	2014.6.2	3
185	2014.6.3	姜伯驹院士："育人比自己出成果更重要"		北京青年报	2014.6.3	A6
186	2014.6.4	北大第一医院单孔腹腔镜手术摘除盆腹腔囊肿	李羽壮	中国科学报	2014.6.4	6
187	2014.6.5	北大微电影 老朱来助阵	巴芮	法制晚报	2014.6.5	
188	2014.6.5	高考故事：叔叔改志愿上北大 我战"大姨妈"	邵凡凡	南方都市报	2014.6.5	
189	2014.6.6	北大法学院教授解读邪教组织的"三宗罪"	高明勇	新京报	2014.6.6	
190	2014.6.7	翻新废旧自行车 留给新生继续用	董鑫	北京青年报	2014.6.7	
191	2014.6.9	北大昨推英文版《舌尖上的北大》	李泽伟	北京青年报	2014.6.9	A7
192	2014.6.9	股东继续整合医疗技术资源 北大医药肿瘤产业链加速拓展	陈光	中国证券报	2014.6.9	
193	2014.6.9	北京：高考语文卷今起试评 北大阅卷点加装安检门	董鑫	北京青年报	2014.6.9	
194	2014.6.10	北大与深圳质监等签署合作协议	王斌	法制日报	2014.6.10	
195	2014.6.10	"南洋"艺术家林祥雄归根北大	杨菁	京华时报	2014.6.10	
196	2014.6.11	北大学生自制短片《舌尖上的北大》		北京青年报	2014.6.11	
197	2014.6.13	在北大课堂读马尔克斯		光明日报	2014.6.13	
198	2014.6.16	北大和《新青年》：一本杂志 一所大学 一个时代	王庆环	光明日报	2014.6.16	
199	2014.6.18	北大单人毕业照主角将赴美读研 其专业"四代单传"	巴芮	法制晚报	2014.6.18	
200	2014.6.19	北大旁听二三事	柳哲	天津日报	2014.6.19	
201	2014.6.19	北大在京招生人数连续5年递减	董鑫	北京青年报	2014.6.19	
202	2014.6.19	北大一个人毕业照主角：曾有孤独感很想换专业		中国青年报	2014.6.19	
203	2014.6.20	北大教授：中共三类党规有必要转为国法	纪欣	法制晚报	2014.6.20	
204	2014.6.21	北大国家发展研究院院长姚洋：政府主导创新不靠谱	陈伟	中国经营报	2014.6.21	
205	2014.6.24	马裕藻与北京大学专题展开幕	梁捷	光明日报	2014.6.24	
206	2014.6.25	北大港大各有千秋都值得尊敬	单仁平	环球时报	2014.6.25	
207	2014.6.26	观马裕藻展看五四时期北大人	段佳	科技日报	2014.6.26	
208	2014.6.26	北大新媒体研究院下半年开始招生	董鑫	北京青年报	2014.6.26	
209	2014.6.27	北大研究团队破解碳纳米管应用难题	赵婀娜	人民日报	2014.6.27	12
210	2014.6.27	北大教授王汉生：大数据概念被神化	林其玲 田思奇	新京报	2014.6.27	
211	2014.6.28	李芊医生救人败诉？谣言！	张蕾 贾晓洪	北京晚报	2014.6.28	
212	2014.6.29	高校盛行"掐尖大战"抢生源 涉北大、清华等国内顶尖高校		新京报	2014.6.29	
213	2014.7.1	北大新媒体研究院下半年招生	张晓鸽	京华时报	2014.7.1	
214	2014.7.1	新加坡著名艺术家林祥雄受聘北大	王庆环	光明日报	2014.7.1	

续表

序号	时间	主题	作者	报刊名称	出版日期	版面
215	2014.7.1	【漫谈教育】何谓好大学	秦春华	光明日报	2014.7.1	
216	2014.7.1	北大破解碳纳米管制备难题	赵婀娜	人民日报海外版	2014.7.1	
217	2014.7.2	北京大学校长王恩哥：变革时代，如何坚守？	王恩哥	光明日报	2014.7.2	
218	2014.7.2	北大校长为"一个人的毕业照"点赞	董鑫	北京青年报	2014.7.2	
219	2014.7.6	北大肿瘤医院推出"门诊"式肿瘤诊疗服务	杨舒	光明日报	2014.7.6	5
220	2014.7.9	中证解读：北大医药合资设立肿瘤医药管理公司—建立全国最大肿瘤专科医疗网络	欧阳春香	中国证券报	2014.7.9	
221	2014.7.9	北大能源法律与政策研究基地成立	王斌	法制日报	2014.7.9	
222	2014.7.11	多所高校公布在京一批提档线 北大文663理683	许路阳	新京报	2014.7.11	
223	2014.7.12	北大本科一批在京录取184人	董鑫	北京青年报	2014.7.12	
224	2014.8.5	九十三岁的北大教授许渊冲摘得亚洲首个"北极光"杰出文学翻译奖——北大教授许渊冲：跟翻译"倔"了一辈子		人民日报	2014.8.5	
225	2014.8.6	北大报告：能源安全根本之策：市场化改革	关欣	经济参考报	2014.8.6	
226	2014.8.7	北大艺术金融产业沙龙举行	程亚丽	国际商报	2014.8.7	
227	2014.8.7	中国化学会学术年会在北大举行	杨靖	科技日报	2014.8.7	
228	2014.8.15	张维迎归来 北大国发院再踏新征程		北京晨报	2014.8.15	
229	2014.8.15	北大历史系主任：人文学科难办 问题出在大学行政化	高毅	文汇报	2014.8.15	
230	2014.8.16	钱理群 我的北大之忧，中国大学之忧	钱理群	新京报	2014.8.16	
231	2014.8.19	北大教授曹文轩：我愿意哄着你长大		南京日报	2014.8.19	
232	2014.8.22	北大学者：混合所有制是个"制"不是卖不卖股份		南方周末	2014.8.22	
233	2014.8.25	常俊曙一个北大保安的学者梦	隗延章	南方人物周刊	2014.8.25	
234	2014.8.27	北大重现水景校园 通过污水雨水再利用解决湖区补水	饶沛 薛珺	新京报	2014.8.27	
235	2014.8.30	北大秘书长杨开忠：2020年天津GDP或超北京	金煜 邓琦	新京报	2014.8.30	
236	2014.8.30	北京卫戍区司令员检查北大军训：掌握好训练强度	林艳	北京青年报	2014.8.30	
237	2014.9.3	北大新生军训:持步枪练刺杀 妹子萌萌哒		解放军报	2014.9.3	
238	2014.9.4	自信领袖圆梦北大阳光男孩传递青春正能量	李小娟 刘佳	北京晨报	2014.9.4	
239	2014.9.6	北京高考状元北大报到 北京大学上午迎来4000余新生 农村户籍比例近年最高	张航	北京晚报	2014.9.6	
240	2014.9.7	北大光华金融专业"学霸"毕业当兵 假期先健身		北京晨报	2014.9.7	
241	2014.9.8	入学首日,北大新生吃月饼迎中秋	贾晓燕	北京日报	2014.9.8	

续表

序号	时间	主题	作者	报刊名称	出版日期	版面
242	2014.9.10	87岁北大教授汤一介去世:千年儒学的当代布道者		京华时报	2014.9.10	
243	2014.9.10	北京大学:为学生提供"发展型资助"		人民政协报	2014.9.10	
244	2014.9.11	北大为汤老设灵堂今起接受各界吊唁		京华时报	2014.9.11	
245	2014.9.11	北大设灵堂吊唁汤一介 《儒藏》精华编会按时出版	董 鑫	北京青年报	2014.9.11	
246	2014.9.11	纪念北大教授汤一介:生为烈焰 晚年尤炽	邱晨辉 诸葛亚寒	中国青年报	2014.9.11	
247	2014.9.12	北大开学典礼 校长勉励学生"守正笃实,久久为功"要求做大事不能丢小节 王恩哥说——胸怀大志 先管好自行车	蒋桂佳	法制晚报	2014.9.12	
248	2014.9.15	北大教授:古典诗词的启蒙作用不可轻视	张颐武	京华时报	2014.9.15	
249	2014.9.16	"我的汉学之路"学术研讨会在北大举行	王庆环	光明日报	2014.9.16	
250	2014.9.16	北大王亚章:充分尊重和赋予高校招生自主权	王亚章	中国教育报	2014.9.16	
251	2014.9.18	北大教授张颐武:读一些难读的书是必要的	周怀宗	北京晨报	2014.9.16	
252	2014.9.20	北大老校友集体回校致青春	郭 莹	京华时报	2014.9.20	
253	2014.9.21	北大三座宿舍楼将拆除 千余校友告别		北京青年报	2014.9.21	
254	2014.9.23	北大教授笔下的"一塔湖图"	蒋肖斌	中国青年报	2014.9.23	
255	2014.9.26	北大国家发展研究院院长:企业躺着赚钱时代结束	王海艳	南方都市报	2014.9.26	
256	2014.10.3	北大清华世界大学排名前五十 加州理工蝉联榜首		京华时报	2014.10.3	
257	2014.10.8	北大新学期增加28门慕课课程	晋浩天	光明日报	2014.10.8	06
258	2014.10.9	北大将设监察委员会 独立行使监察权	许路阳	新京报	2014.10.9	
259	2014.10.9	北大清华同日公布治校章程	任 敏	北京日报	2014.10.9	
260	2014.10.10	北大成立国家文化软实力研究中心	李丽萍	中国青年报	2014.10.10	03
261	2014.10.10	高校章程,再迈关键一步——9高校章程再获核准,北大清华同日首发	邓 晖	光明日报	2014.10.10	06
262	2014.10.14	"冠群助梦基金"在北大签订	刘新武	光明日报	2014.10.14	06
263	2014.10.14	北大推全国空气质量预报系统 预报5天内空气质量	任 敏	北京日报	2014.10.14	
264	2014.10.16	北京大学教授陈瑞华谈死刑复核改革:"律师的辩护是对法官最大的帮助"	任重远	南方周末	2014.10.16	
265	2014.10.19	北京大学人民医院眼科两专家获首届何氏眼科创新奖	马 琳	光明日报	2014.10.19	05
266	2014.10.20	北大专家:再坚持反腐十几年就可改变官场生态	汪 红	法制晚报	2014.10.20	
267	2014.10.23	中国最大创业课北大开讲	郑 磊	京华时报	2014.10.23	

续表

序号	时间	主题	作者	报刊名称	出版日期	版面
268	2014.10.27	北大贫困生享基金资助	任珊	京华时报	2014.10.27	
269	2014.10.29	北京大学"夜奔"体育活动成功启动 加强学生课余锻炼	刘艳津	北京晚报	2014.10.29	
270	2014.10.30	北京大学规定委员会应设学生代表 国外高校怎样选学生代表？		北京晚报	2014.10.30	
271	2014.11.1	诗魂书骨 天地大美——访北京大学中国画法研究院院长范曾	张玉梅	光明日报	2014.11.1	12
272	2014.11.3	北大副校长张彦任厦门大学党委书记	许路阳	新京报	2014.11.3	
273	2014.11.5	北大与斯坦福大学的师生首次远程视频连线	赵婀娜	人民日报	2014.11.5	15
274	2014.11.8	快递堵校门高校纷出招 北大安装快递自动提货柜		北京晨报	2014.11.8	
275	2014.11.9	建设法治政府的实施路径——访北京大学法学院教授姜明安	殷泓 王逸吟	光明日报	2014.11.9	05
276	2014.11.10	"双十一"北大发倡议：青年不应沉溺于网购、社交	许路阳	新京报	2014.11.10	
277	2014.11.14	自主招生挪高考后 高校"集体静音"	许路阳 黄颖	新京报	2014.11.14	
278	2014.11.17	北大科技园南区三大平台助力青年创业	雪虹	中国青年报	2014.11.17	09
279	2014.11.18	北大林双林：政府财政收入不应再扩大	林其玲	新京报	2014.11.18	
280	2014.11.19	北京大学举办2014年度"助学·筑梦·铸人"活动		中国青年报	2014.11.19	
281	2014.11.19	27名"雷锋传人"赴北大深造	刘小兵	光明日报	2014.11.19	06
282	2014.11.20	北京大学中文系教授李小凡：课比天大 做人第一	葛亮亮 李昌禹	人民日报	2014.11.20	12
283	2014.11.24	宁夏全区共建高校马克思主义学院—自治区5部门共建特聘教授师资库 获北大等4所部属高校支援	庄电一 杨谧	光明日报	2014.11.24	01
284	2014.11.25	印度前总统与北大学子探讨创新型领导力	诸葛亚寒	中国青年报	2014.11.25	03
285	2014.11.25	全才钢琴家谈晨在北大上演讲座式音乐会	王庆环	光明日报	2014.11.25	13
286	2014.11.25	密云携手北大医院建医疗中心	王海燕	北京日报	2014.11.25	
287	2014.11.26	荷兰王后马克西玛北大讲解"普惠金融"	高美	新京报	2014.11.26	
288	2014.11.27	洛杉矶市长与北大学子分享治霾经验	诸葛亚寒	中国青年报	2014.11.27	03
288	2014.11.28	微信群里的怀念—北大校友缅怀钟江武	唐湘岳	光明日报	2014.11.28	04
289	2014.11.30	美国FDA与北京大学增强创新药领域的合作	徐述湘	光明日报	2014.11.30	05
290	2014.12.1	红丝带健康大使青春校园行在北大启动	李海秀	光明日报	2014.12.1	10
291	2014.12.2	北大黄益平：反腐可提升经济效率	林其玲	新京报	2014.12.2	
292	2014.12.3	北大现"冰林"景观	孔晓琦	新京报	2014.12.3	

续表

序号	时间	主题	作者	报刊名称	出版日期	版面
293	2014.12.4	北大综合改革,改什么?	王庆环	光明日报	2014.12.4	05
294	2014.12.4	北大倡导师生治学——全面启动综合改革	赵婀娜	人民日报	2014.12.4	12
295	2014.12.4	北大综合改革全面实施	王庆环	光明日报	2014.12.4	01
296	2014.12.5	北大将试点公开选聘院长系主任	张晓鸽	京华时报	2014.12.5	
297	2014.12.5	北大部分院系取消学术硕士	许路阳	新京报	2014.12.5	
298	2014.12.5	北大将试点院长公开选聘	张航	北京晚报	2014.12.5	
299	2014.12.5	北大综合改革:学术委员会为最高"学术机构"	任敏	北京日报	2014.12.5	
300	2014.12.5	北大第9家附属医院开业 实行双轨制收费—1800张床位 正在申请纳入医保 国际范儿医院像座航站楼	贾晓宏	北京晚报	2014.12.5	
301	2014.12.6	北大国际医院周一全面开诊	魏铭言 张秀兰	新京报	2014.12.6	
302	2014.12.11	"北大经济国富论坛"探讨新常态下经济增长新动力	张雁	光明日报	2014.12.11	07
303	2014.12.14	"医疗航母"能否领跑中国医改——北京大学国际医院院长王杉谈社会资本办医	田雅婷	光明日报	2014.12.14	05
304	2014.12.15	科技与文化融合产业项目推介会在北大举办	吴为	新京报	2014.12.15	
305	2014.12.16	北大学生主演摇滚音乐剧《元培校长》	郭俊玲	光明日报	2014.12.16	13
306	2014.12.18	中法语言各有千秋——北京大学中国画法研究院院长范曾与法兰西学院总院长德布罗意对话	黄昊 肖连兵 邱晓琴	光明日报	2014.12.18	08
307	2014.12.23	北大光华论坛讨论文化重塑与经济转型	张晓鸽	京华时报	2014.12.23	
308	2014.12.26	北大举办"培文杯"创意设计大赛	曹馨月	人民日报海外版	2014.12.26	07
309	2014.12.29	北大浙大校长"问诊"大学生创业	李薇薇 刘翩翩	中国教育报	2014.12.29	09
310	2014.12.29	"北大最帅双胞胎"的好运从何而来	诸葛亚寒	中国青年报	2014.12.29	12
311	2014.12.30	北京大学举办第六届严复学术讲座	张欣怡	光明日报	2014.12.30	07
312	2014.12.30	探访北大人民医院眼科		新京报	2014.12.30	
313	2014.12.31	北大学生今年就业率超97%	任敏	北京日报	2014.12.31	06

附录·北京大学 2013—2014 学年校历

北京大学 2013—2014 学年校历

第一学期（2013.8.19—2014.1.14）

周次	星期 月	一	二	三	四	五	六	日
	2013年 八月	26	27	28	29	30	31	1/8
1		2	3	4	5	6	7	8
2	九月	9	10	11	12	13	14	15
3		16	17	18	19	20	21	22
4		23/30	24/31	25	26	27	28	29
5	十月	7	8	9	10	11	12	13
6		14	15	16	17	18	19	20
7		21	22	23	24	25	26	27
8		28	29	30	31	1	2	3
9	十一月	4	5	6	7	8/1	9/2	10/3
10		11	12	13	14	15	16	17
11		18	19	20	21	22	23	24
12		25	26	27	28	29	30	1/8
13	十二月	2	3	4	5	6	7	8
14		9	10	11	12	13	14	15
15		16	17	18	19	20	21	22
16		23/30	24/31	25	26	27	28	29
17	2014年 一月	6	7	8	9	10	11	12
18		13	14	15	16	17	18	19
19		20	21	22	23	24	25	26
20		27	28	29	30	31		
21								

第一学期

一、新生报到：8月31日
  深圳研究生院：8月26日
二、新生体检和入学教育：9月1—8日
  深圳新生入学教育：8月27日—9月1日
三、校本部本科生选课指导：9月6日
  深圳新生始业典礼：9月5日
四、上课：9月9日
  医学部开学典礼：8月29日
五、在校生注册：8月26日 新生9月9日
  校本部：8月26日 新生9月14日
  （在读硕士专业学位学生：9月14日）
  医学部：8月26—30日
  深圳研究生注册：9月2日、3日
六、中秋节：9月19日放假，全校停课
七、国庆节：9月30日—10月4日放假，全校停课
  9月28—29日和10月5—6日公休，原有课程照常安排
八、停课复习考试
九、元旦放假安排自放假导致缺课，教师应进行补课，或
  单独借教室补课单位须予以积极支持。
十、2013深圳研究生放寒假：1月13日—2月10日
十一、校本部放寒假：1月20日—2月16日
  研究生放寒假时间与教职工轮休一致
  （在读硕士专业学位学生：1月15日—2月16日）
十二、教职工轮休：1月15日—2月16日
  （2月13日上班）
  元旦放假安排按国务院办公厅公布2014
  年节假日安排后另行通知

【注：若因节日放假原因导致缺课，教师应进行补课，或
单独借教室补课，相关单位须予以积极支持。
用第9节、第12节机动时间补课】

校本部上课时间：
第一节 08:00—08:50   第二节 09:00—09:50   第三节 10:10—11:00
第四节 11:10—12:00   第五节 13:00—13:50   第六节 14:00—14:50
第七节 15:10—16:00   第八节 16:10—17:00   第九节 17:10—18:00
第十节 18:40—19:30   第十一节 19:40—20:30   第十二节 20:40—21:30

北京大学 2013—2014 学年校历

第二学期（2014.2.13—2014.7.8）

周次	星期 月	一	二	三	四	五	六	日
	二月	10	11	12	13	14	15	16
1		17	18	19	20	21	22	23
2		24	25	26	27	28	1/8	2/9
3	三月	3	4	5	6	7	8	9
4		10	11	12	13	14	15	16
5		17	18	19	20	21	22	23
6		24/31	25	26	27	28	29	30
7	四月		1	2	3	4	5	6
8		7	8	9	10	11	12	13
9		14	15	16	17	18	19	20
10		21	22	23	24	25	26	27
11	五月	28/29	29	30	1	2	3	4
12		5	6	7	8	9	10	11
13		12	13	14	15	16	17	18
14		19	20	21	22	23	24	25
15	六月	26	27	28	29	30	31	1/8
16		2	3	4	5	6	7	8
17		9	10	11	12	13	14	15
18		16	17	18	19	20	21	22
19		23/30	24	25	26	27	28	29
20	七月		1	2	3	4	5	6
21		7	8	9	10	11	12	13
22		14	15	16	17	18	19	20

第二学期

一、上课：2月17日
二、在校生注册：
  2月17—21日
  （在职攻读硕士专业学位学生：2月22日）
三、深圳研究生院：2月17—18日
  本科生招生开放日：4月12日
  四、校本部运动会：4月25—27日
五、校庆：
  5月4日学生停课，校庆相关单位上班
六、停课复习考试：
  校本部：6月9—22日
  医学部：6月23日—7月4日
  深圳研究生部：6月23—27日
七、学生放暑假：
  校本部：6月23日
  医学部：6月23日
  （研究生放暑假时间与教职工轮休一致）
  深圳研究生院：6月30日
八、毕业教育：6月23日—7月4日
  办理离校手续：6月30日—7月4日
  深圳研究生院：6月30日—7月6日
  托运行李：7月3—4日
九、校学位评定委员会会议：7月1—2日
  毕业典礼：7月7日
十、校本部暑期学校：6月30日—8月1日
十一、教职工轮休：7月9日—8月27日
  （8月28日上班）
十二、2013级本科生军训：8月16—29日
  清明节、劳动节、端午节放假安排按
  国务院办公厅公布2014年节假日安排后
  另行通知

医学部、深圳研究生院上课时间：
第一节 08:00—08:50   第二节 09:00—09:50   第三节 10:10—11:00
第四节 11:10—12:00   第五节 13:30—14:20   第六节 14:30—15:20
第七节 15:40—16:30   第八节 16:40—17:30   第九节 18:30—19:20
第十节 19:30—20:20   第十一节 20:30—21:20

北京大学 2014—2015 学年校历

第一学期（2014.8.28—2015.1.20）

周次	月\日\星期	一	二	三	四	五	六	日
	八月	25	26	27	28	29	30	31
1		1	2	3	4	5	6	7
2	九月	8	9	10	11	12	13	14
3		15	16	17	18	19	20	21
4		22/29	23/30	24	25	26	27	28
5	十月	6	7	8	9	10	11	12
6		13	14	15	16	17	18	19
7		20	21	22	23	24	25	26
8		27	28	29	30	31	1	2
9	十一月	3	4	5	6	7	8	9
10		10	11	12	13	14	15	16
11		17	18	19	20	21	22	23
12		24	25	26	27	28	29	30
13	十二月	1	2	3	4	5	6	7
14		8	9	10	11	12	13	14
15		15	16	17	18	19	20	21
16		22/29	23/30	24/31	25	26	27	28
17	2015年 一月	5	6	7	8	9	10	11
18		12	13	14	15	16	17	18
19		19	20	21	22	23	24	25

第一学期

一、新生报到:9月6日
二、新生体检和入学教育:9月7—14日
  深圳研究生院:8月25日
三、中秋节:9月8日放假
四、新生开学典礼:9月12日
  深圳研究生院:8月28日
五、上课:
  校本部:9月15日
  医学部:9月1日 新生9月15日
  深圳研究生院:9月1日
六、在校生注册:
  校本部:9月15—19日
  医学部:9月1—5日
  深圳研究生院:9月1—2日
  （在职攻读硕士专业学位学生:9月22日）
七、国庆节:10月1—7日放假
八、奖教金、奖学金颁奖典礼:12月5日
九、停课复习考试:2015年1月5—18日
十、元旦放假安排待国务院办公厅公布2015年节假日安排后另行通知
十一、寒假:2015年1月19—3月1日
  深圳研究生院:2015年1月12—18日
  (研究生轮休时间与导师一致)
十二、教职工轮休:2015年1月21日—2月25日
  (2月26日上班)

北京大学 2014—2015 学年校历
第二学期（2015.2.26—2015.7.21）

周次	月\日\星期	一	二	三	四	五	六	日
	二月	23	24	25	26	27	28	1/8
1		2	3	4	5	6	7	8
2	三月	9	10	11	12	13	14	15
3		16	17	18	19	20	21	22
4		23/30	24/31	25	26	27	28	29
5				1	2	3	4	5
6	四月	6	7	8	9	10	11	12
7		13	14	15	16	17	18	19
8		20/27	21/28	22/29	23/30	24	25	26
9						1	2	3
10	五月	4	5	6	7	8	9	10
11		11	12	13	14	15	16	17
12		18	19	20	21	22	23	24
13		25	26	27	28	29	30	31
14	六月	1	2	3	4	5	6	7
15		8	9	10	11	12	13	14
16		15	16	17	18	19	20	21
17		22/29	23/30	24	25	26	27	28
18	七月			1	2	3	4	5
19		6	7	8	9	10	11	12
20		13	14	15	16	17	18	19
21		20	21	22	23	24	25	26

第二学期

一、上课:3月2日
二、在校生注册:3月2—6日
  (在职攻读硕士专业学生:3月9日)
三、研究生运动会:4月24—26日，校本部停课
  深圳研究生院:3月2—3日
四、校庆:
  5月4日教职工上班，校本部停课
  本科生招生开放日:5月16日
五、停课复习考试:
  校本部:6月22日—7月5日
  医学部:7月6—17日
  深圳研究生院:7月6—12日
六、学生暑假:
  校本部:7月6日开始
  医学部:7月20日开始
  深圳研究生院:7月13日开始
  (研究生暑假时间与导师一致)
七、毕业教育:7月6—17日
八、办理离校手续:7月13—17日
  托运行李:7月6—9日
九、校学位评定委员会会议:7月18—19日
十、毕业典礼:7月14—15日
十一、校本部暑期学校:7月13日—8月14日
十二、教职工轮休:7月22日—8月26日
  (8月27日上班)
十三、2014年本科生军训:8月16—29日
清明节、劳动节、端午节放假安排待国务院办公厅公布2015年节假日安排后另行通知

校本部、医学部上课时间:
第一节 08:00—08:50 第二节 09:00—09:50 第三节 10:10—11:00
第四节 11:10—12:00 第五节 13:00—13:50 第六节 14:00—14:50
第七节 15:10—16:00 第八节 16:10—17:00 第九节 17:10—18:00
第十节 18:40—19:30 第十一节 19:40—20:30 第十二节 20:40—21:30

深圳研究生院上课时间:
第一节 08:00—08:50 第二节 09:00—09:50 第三节 10:10—11:00
第四节 11:10—12:00 第五节 15:40—16:30 第六节 14:30—15:20
第七节 15:10—16:00 第八节 16:40—17:30 第九节 18:30—19:20
第十节 19:30—20:20 第十一节 20:30—21:20

《北京大学章程》制定大事记

前　言

　　章程被称作学校的根本大法，是学校面向社会自主办学的根本遵循，是学校制度体系的总纲。北京大学历史上曾有过《奏拟京师大学堂章程》(1898)、《钦定京师大学堂章程》(1902)、《奏定京师大学堂章程》(1903)、《国立北京大学现行章程》(1920)、《国立北京大学组织大纲》(1932)、《国立北京大学组织大纲》(1947)计6部章程文献。20世纪50年代，学校曾参考《苏联喀山大学章程》制定过《北京大学章程》，但仅为草案，未实施。这一轮章程制定工作正式启动于2007年，大体经过探索、推进、完成三个阶段。

　　学校高度重视章程建设，专门成立《北京大学章程》起草委员会负责章程起草，并依托现代大学制度建设协调推进工作小组进行整体推进协调。《北京大学章程》制定工作历时七年，形成多个版本，数易其稿。起草过程中，学校始终坚持民主、公开的原则和稳中求进的方针，认真贯彻《高等学校章程制定暂行办法》，紧密结合本校实际，党委领导、行政推动、广泛动员、民主参与、上下互动、内外结合、专家论证、信息公开，认真听取师生员工、校友、学校老领导以及社会各界的意见，最大程度地凝聚了各方共识和智慧。

　　章程征求意见阶段，学校召开中层干部会议、教代会、校务委员会进行讨论，又召开校长办公会、党委常委会进行审议，通过党委全委会进行审定。《北京大学章程》经教育部高等学校章程核准委员会评议，2014年7月15日在教育部第22次部务会议上讨论通过，进行全校公示征求意见并调整完善以后，9月3日由部长签发《教育部高等学校章程核准书》(第24号)，予以正式核准。

　　制定《北京大学章程》是依法办学的需要，是建立现代大学制度的需要，是深化教育领域综合改革的要求，是国家主持、教育部主导推进的一项关涉全局的工作，在北京大学创建世界一流大学的历史进程中是一件大事。

第一阶段　探　索

2006年

4月18日，北京大学(以下简称"学校")教代会、工会致信许智宏校长，根据教代表提案和不同渠道反映的意见，建议学校制定出台《北京大学章程》(以下简称"章程")。

2007年

1月11日　学校第五届教职工代表大会暨第十七次工会会员代表大会第三次会议再次向学校建议，尽快制定章程。

4月11日　学校2007年第9次党政联席会决定启动章程制定工作，由主管文科的副校长张国有牵头进行筹备，并成立章程起草调研工作小组。

5月至11月　章程起草调研工作小组形成A版章程草案第1—4稿。

10月30日　学校2007年第30次党政联席会决定成立章程起草委员会、工作小组与秘书组。闵维方、许智宏担任章程起草委员会主任。

11月30日至次年2月18日　章程起草秘书组召开10次例会，形成A版章程草案第5稿。

2008年

1月15日　张国有向学校2008年第3次党政联席会汇报章程起草工作进度和主要问题。

3月15日　章程起草秘书组冯支越、秦春华等赴教育部政策法规司就章程起草的原则和内容进行交流。

4月至7月　章程起草秘书组形成A版章程草案第6稿。吴树青、陈佳洱、王德炳、郝斌、迟惠生、梁柱等老领导，张守文、王锡锌、甘培忠、阎凤桥等专家审阅此稿。

7月、8月间　章程起草秘书组先后赴吉林大学、中国政法大学等高校调研章程建设工作。

8月25日至10月5日　章程起草秘书组形成A版章程草案第7稿。学校领导、老领导、章程起草委员会委员和部分院系负责人审阅此稿。

10月16日至11月10日　章程起草秘书组形成A版章程草案第8稿。

11月10日　学校召开章程起草委员会第一次会议。

11月11日　学校2008年第27次党政联席会专题研讨章程制定工作。会议强调章程起草要密切关注《国家中长期教育改革和发展规划纲要》的制定动态，体现相关精神。

2009年

1月8日　学校召开第五届教职工代表大会暨第十七次工会代表大会第五次会议，张国有作《关于

《北京大学章程》草案第 8 稿起草工作的汇报》。会后,章程起草秘书组根据代表讨论意见,形成 A 版章程草案第 9 稿。

1 月 15 日　学校召开领导班子寒假战略研讨会。张国有就章程起草过程中有关重要问题进行了汇报。

1 月 21 日　学校调整章程起草组织机构。周其凤接替许智宏担任章程起草委员会主任。

同月　张国有带领章程起草秘书组启动《大学章程》丛书的编译工作。

2010 年

7 月　中共中央、国务院印发《国家中长期教育改革和发展规划纲要(2010—2020 年)》,提出要完善现代大学制度,加强高校章程建设。

9 月 7 日　学校召开全校中层干部大会,提出配合章程建设,启动学术权力运行体制机制研究。明确由学校秘书长杨开忠牵头,章程起草秘书组承担新版学校学术委员会章程的起草工作。

10 月 24 日　国务院办公厅下发《关于开展国家教育体制改革试点的通知》,确定北京大学等 26 所部属高校作为"推动建立健全大学章程,完善高等学校内部治理结构"的试点单位。

2011 年

1 月　章程起草秘书组修订形成 A 版章程草案第 10 稿。

同月　由于领导班子调整,学校决定由杨开忠承担张国有离任交接的章程制定工作。

2 月至次年 12 月,章程起草秘书组走访 30 余个校内单位,调研学部建设、院系治理、学术委员会等问题。

3 月 31 日　张国有、杨开忠赴教育部政策法规司就建设中国特色社会主义现代大学制度试点工作进行沟通汇报。

4 月 14 日　教育部政策法规司召开高等学校章程建设研讨会,张国有出席并介绍学校章程工作进展情况。

8 月　朱善璐接替闵维方担任章程起草委员会主任。

9 月 19 日　章程起草秘书组完成 A 版章程草案第 10 稿第三次修订。

10 月 10 日　教育部部长袁贵仁主持召开《高等学校章程制定暂行办法(修改稿)》征求意见座谈会。杨开忠代表学校参加。

10 月　《大学章程》丛书出版,共五卷七册。丛书为学校章程起草提供了资料研究基础。

第二阶段　推　进

2011 年

10 月　章程起草秘书组贯彻国家事业单位分类改革精神,形成 A、B、C 版章程同步起草的工作方案：A 版以之前形成的章程文本为基础,继续完善；B 版由章程起草秘书组按改革导向起草；C 版委托专家独立研究起草。

11 月 28 日、12 月 8 日　教育部先后发布《高等学校章程制定暂行办法》《学校教职工代表大会规定》。

12 月 20 日　朱善璐到发展规划部调研,听取章程工作汇报。

12 月　学校发布《北京大学"十二五"发展改革与规划纲要》,明确提出实施"章程驱动、体制创新"。

2012 年

1 月 11 日　教育部在北大召开"推进高等学校章程建设研讨会"。张国有、杨开忠分别就国内外章程研究和学校章程制定工作进展发言。

2 月 8 日　学校召开领导班子寒假战略研讨会。会议要求根据教育部的安排,加快推进章程建设。

3 月、4 月间　章程起草秘书组按"顶层设计与局部改革研究相结合"的思路,启动了 9 个涉及章程关键领域的专题研究。

4 月 29 日、6 月 8 日,2013 年 6 月 5 日、8 月 25 日,2014 年 3 月 29 日　学校向教育部报送章程制定工作进展及现代大学制度试点工作总结报告。

6 月 12 日　中国共产党北京大学第十二次代表大会召开。大会报告强调"抓好《北京大学章程》的制定,努力形成适合北大实际,符合高等教育管理规律的制度体系,进一步完善大学治理结构"。

6 月 14 日　教育部发布《国家教育事业发展第十二个五年规划》,明确到 2015 年,高等学校完成"一校一章程"的目标。

6 月 15 日　章程起草秘书组薛领等赴四川大学参加教育部举办的"建设中国特色现代大学制度试点工作中期总结暨研讨会",介绍学校试点工作情况。

9 月 13 日　朱善璐听取章程起草秘书组汇报,要求集中力量加快章程制定工作。

10 月　章程起草秘书组起草完成 B 版章程草案第 1 稿。

同月　发展规划部网站开辟"《北京大学章程》制定工作"专题页面,实时发布章程制定工作最新进展。

11 月 22 日　教育部政策法规司发布《全面推进依法治校实施纲要》,要求高等学校要依据《高等学校章程制定暂行办法》制定或者修改章程。

12 月 6 日　十二届党委第 12 次常委会审议通过章程起草工作组织机构的调整方案。

11月至次年1月，学校召开5次新版学术委员会章程征求意见座谈会，共计征求49人次意见，并于2013年1月、3月至4月开展了两次大范围的通讯评议，共计征求章程起草委员会委员、学术委员会委员等289人次意见。

12月　章程起草秘书组形成B版章程草案第2稿。

2013年

2月4日至6日　周其凤率团赴香港大学调研管理结构改革。

3月下旬　王恩哥接替周其凤担任章程起草委员会主任。

4月12日　王恩哥到发展规划部调研，听取章程工作汇报。

6月8日　教育部召开"建设中国特色现代大学制度试点工作阶段总结座谈会"。张彦代表学校出席。

6月　章程起草秘书组委托法学院湛中乐独立起草的C版章程草案完成，为后期的章程思路设计提供了重要参考。

6月、7月、9月、11月　章程起草秘书组分别形成B版章程草案第3、4、5、6稿。

8月23日至24日　教育部直属高校工作咨询委员会第23次全体会议举行，刘延东副总理强调高校要"加快构建以大学章程为龙头的制度体系"。

9月22日　教育部下发《中央部委所属高等学校章程建设行动计划(2013—2015年)》，要求北京大学、清华大学等23所"985工程"高校于2014年6月底前完成章程报送核准工作。

第三阶段　完　成

2013年

11月8日　张彦主持召开章程工作会议。会议强调要进一步充实章程起草工作力量，理清重大问题难点，把握好"关键问题的表述、代表性人物的意见、重要组织的参与、紧要时间节点的控制"，积极、有效地推动章程起草工作。

12月13日　朱善璐听取章程工作汇报，对章程总体思路、顶层设计、重大关系等作出指示，强调章程起草进入冲刺阶段。

12月18日　学校党委成立现代大学制度建设协调推进工作小组(以下简称"现代大学制度组")，张彦担任组长，敖英芳、陈十一、杨开忠担任副组长，办公室设在发展规划部。现代大学制度组负责学校制度建设的推进工作。

12月19日　王恩哥听取章程工作汇报，要求加强重大问题研究，建立学校领导班子听取汇报的工作机制。

12月29日　章程起草秘书组与教育部政策法规司负责同志进行座谈，征求章程中涉及体制改革、制度创新的可行性意见。

12月　章程起草秘书组形成B版章程草案第7稿。

12月31日　十二届党委第60次常委会听取张彦、杨开忠关于《〈北京大学章程〉制定工作进展及下一步工作设想》的汇报。会议提出，贯彻中央十八届三中全会精神，紧密结合学校实际，按期完成章程制定工作。

2014年

1月2日　现代大学制度组召开全体会议，集体学习现代大学制度的相关理论，讨论章程制定工作。

1月8日　学校召开第六届教职工代表大会第二次会议。与会代表就新版学术委员会章程草案展开讨论，提出意见。

1月29日　教育部发布《高等学校学术委员会规程》。

1月中旬至2月　章程起草秘书组形成B版章程草案第8稿。

2月11日、12日　学校召开领导班子寒假战略研讨会。张彦、杨开忠分别作《完成章程制定任务，全面深化学校综合改革》《〈北京大学章程〉若干关键问题的说明》的汇报。会后，章程起草秘书组形成B版章程草案第9稿。

2月28日　学校党委常委会审议并原则通过新版《北京大学学术委员会章程》，学校章程中有关学术与行政权力关系、学术机构设置的原则至此确立。

3月20日，4月4日、11日、17日、25日，5月8日　学校召开6场座谈会，听取知名学者、职能部门和院系负责人、相关领域专家意见。

3月21日　现代大学制度组研究章程文本。会议决定将章程主要内容分批提交学校党委常委会讨论。

3月28日　学校召开校务委员会全体会议。杨开忠作B版章程草案第9稿主要内容的汇报。与会委员就章程文本进行了讨论。厉以宁、袁行霈、甘子钊等委员就具体表述提出建议。

3月底　章程起草秘书组形成B版章程草案第10稿。

4月2日　教育部副部长郝平主持召开"985工程"高校章程建设工作交流会。张彦出席并介绍我校章程制定工作进展。

4月11日　学校党委常委会讨论章程草案"序言、总则、附则"等部分内容。

4月30日　章程起草秘书组向全校师生员工发送《规划通讯章程特刊》电子刊，通报章程制定工作进展。

4月底至5月初　章程起草秘书组以B版章程草案第10稿为基础，分别形成B1、B2、B3版草案，其中B1版按国内高校章程通例起草，B2版参考1982年国家宪法体例起草，B3版参照康奈尔大学等美国高校章程起草。

5月16日　学校召开工会、教代会代表专场座谈会。

5月18日　现代大学制度组研讨章程工作。会议总结了章程起草中面临的8个重大问题，确定以章程草案第11稿B2版作为修改完善的基础文本。

5月20日　章程起草秘书组与医学部肖渊、戴谷音研究讨论章程中涉及医学部的相关问题。

5月23日　学校党委常委会讨论B版章程草案第11稿。会后章程起草秘书组形成B版章程草案第12稿。

6月5日　学校党委常委会听取章程工作汇报，讨论章程草案。会议明确起草工作进入章程起草委员会委员全面直接参与的阶段，决定章程草案在校内外有组织地进行讨论和征求意见。

6月6日　学校召开老领导专场座谈会。

6月8日　现代大学制度组与综合改革方案制定工作小组召开联席会议，专题讨论章程与综合改革方案之间的关系。会议邀请教育部综合改革司副司长王洪元、法制办公室副主任王大泉出席。会后，章程起草秘书组形成B版章程草案第13稿。

6月10日至11日　章程起草委员会集中研讨章程文本。张彦、吴志攀、柯杨、刘伟、王杰、高松、张国有、杨开忠、郭海、蒋朗朗、龚文东、戴谷音、法学院王磊等委员和专家出席。形成B版章程草案第14稿。

6月13日　学校召开民主党派代表专场座谈会。

6月15日　章程起草委员会继续研讨章程文本。张彦、李岩松、高松、王仰麟、杨开忠和法学院张守文、中国语言文学系韩毓海出席。会议重点讨论了章程草案第14稿"序言"及正文"总则""职能""大学与社会"等章节。

6月16日，朱善璐、张彦、于鸿君、敖英芳等讨论章程草案第14稿。

6月17日　学校党委常委会听取章程工作的汇报。

6月20日　学校就章程草案召开学生代表专场座谈会。

6月20日至22日　朱善璐带领章程起草委员会部分委员逐字逐句讨论章程文本，形成B版章程草案第15稿。

6月24日　学校党委常委讨论章程草案征求意见稿，同意下发，有组织地进行讨论和意见征集。

6月25日　学校召开全校中层干部大会。张彦介绍了章程的制定过程、重要意义和主要内容。王恩哥强调章程制定进入最后关键阶段。朱善璐要求全校各单位认真组织、落实章程征求意见工作。共计300余人参加会议。

6月26日开始　学校各单位在单位内部开展章程征求意见工作。

6月26日至7月2日　学校将章程文本报送上级领导、学校老领导、现任领导班子成员、校党委委员、校务委员会委员、学术委员会委员、现代大学制度建设暨章程起草咨询委员会委员、章程起草委员会委员以及两院院士、人文社科资深教授及校友代表等各方人士审阅。共计送稿400余份。国务院参事室、教育部、财政部等国家部委以及北京市相关负责人，王学珍、王德炳、闵维方、陈佳洱、许智宏、周其凤、林久祥、迟惠生、梁柱、王义遒、林钧敬、张国有等学校老领导反馈意见。

6月27日　学校召开第六届教职工代表大会第三次会议，专题讨论章程。王恩哥全面回顾了章程的制定工作，杨开忠对章程内容进行了说明。共计200余人参会。会后各代表分组讨论章程文本，共提出修改建议69条。

7月1日　王恩哥主持第844次校长办公会讨论章程征求意见稿。

7月2日　学校就章程草案召开校友代表专场座谈会。

截至7月3日　共计收集意见230余条，章程起草秘书组形成重要修改意见93条。

7月3日　章程起草委员会研究修改章程文本，中文系陈跃红、郭锐，法学院王磊等专家参加。

7月4日　学校2014年第3次党政联席会（十二届党委第84次常委会，第845次校长办公会）审议章程征求意见后形成的15处重大修改建议，通过了章程草案，同意提交学校党委全委会审定。

同日　中共北京大学第十二届委员会第五次全体会议召开，审定《北京大学章程》。张彦作章程起草工作说明，党委委员对章程草案进行了认真审议，提出意见和建议。柯杨代表学校党委宣读《关于〈北京大学章程〉（草案）的决定》，全体委员举手表决通过了决定，同意授权党委常委会继续完善后，由校长签发上报。

7月9日　学校将《北京大学章程》（核准稿）及起草说明报送教育部，拟请核准。

7月上旬　教育部高等学校章程核准委员会通讯评议《北京大学章程》。

7月15日　教育部2014年第22次部务会议讨论原则通过《北京大学章程》，拟予以核准。

同日　教育部法制办公室传达部党组关于北大章

程序言的意见。

7月16日 学校安排档案馆、校史馆提供史料,并征求党史专家沙健孙的意见。次日,向教育部报送《关于北大章程序言修改的论证材料》。

7月18日 教育部法制办公室向学校发出《高等学校章程核准确认单》。

7月21日至22日 教育部直属高校工作咨询委员会第24次全体会议举行。朱善璐、王恩哥出席会议,并就学校章程工作进展向刘延东副总理、教育部领导和与会代表进行了汇报。

7月21日 现代大学制度组召开专家学者及教师代表会议,研究章程公示事宜。

7月22日至23日 学校2014年第5次党政联席会(十二届党委第86次常委会,第847次校长办公会)研究章程教育部反馈意见和章程校内公示征求意见方案。学校向教育部报送《关于〈北京大学章程〉教育部修改意见的复核说明》和《关于安排北京大学章程在校内进行公示的请示》。随后,教育部法制办公室回复学校,同意在校内公示并要求尽快组织。

8月4日 朱善璐主持召开会议,部署学校章程校内公开征求意见工作。

8月5日至20日 学校开展章程校内公示征求意见。8月5日,党办校办发布《关于〈北京大学章程〉、〈北京大学综合改革方案〉内部征求意见的通知》,公告全校师生员工。8月6日开始,章程起草秘书组同步跟踪研究师生反馈意见,与部分师生以及相关部门就有关意见进行了深入交流。

8月15日 学校召开座谈会,听取学生代表意见。叶静漪出席。

8月16日 教育部颁布《普通高等学校理事会规程(试行)》。根据文件精神,学校进行校务委员会功能定位的局部调整,确定了章程中的相关表述。

8月20日 现代大学制度组研讨章程公示征求意见后续工作。

同日 章程公示征求意见结束,共计收到意见反馈75份(个人67份,单位8份),含各类意见建议237条。

8月22日 朱善璐主持召开章程起草委员会会议,教育学院、法学院、社会学系、中文系等单位专家与会,教育部法制办公室副主任王大泉应邀出席。会议听取章程公示征求意见情况的报告和修改建议方案的汇报,并就章程调整修改意见进行了讨论。

同日 学校2014年第7次党政联席会(十二届党委第88次常委会,第849次校长办公会)研究章程起草委员会会议的意见建议,确定了章程文本修改原则。

8月23日 现代大学制度组与章程起草秘书组集中研究征集到的反馈意见并修改章程文本,形成章程公示后修改建议稿。

8月24日 学校党委常委审议章程公示后修改建议稿。

8月25日 现代大学制度组集中研究学校党委常委意见,进一步修改完善章程文本。会后,学校党委常委通讯审议了相关修改意见,形成章程公示后修改稿。全稿共修改68处,涉及"序言"及正文26条。

同日 学校将《关于申请审定核准〈北京大学章程〉的报告》与《北京大学章程》(公示后修改稿)报送教育部,申请完成核准程序。

8月 学校将章程文本送韩启德、吴树青、白春礼、王伟光、郝平、林建华、柯炳生、杨芙清等审阅。

9月3日 教育部部长袁贵仁签发第24号《中华人民共和国教育部高等学校章程核准书》,正式核准《北京大学章程》。

北京大学综合改革方案

(备案稿)

为深入贯彻落实党的十八大、十八届三中、四中全会和习近平总书记系列重要讲话精神,全面推进北京大学的改革与发展,根据《中共中央关于全面深化改革若干重大问题的决定》、《中共中央关于全面推进依法治国若干重大问题的决定》和《国家中长期教育改革和发展规划纲要(2010—2020年)》的部署,结合北京大学实际,制订本方案。

一、深化综合改革的指导思想、总体目标和基本原则

(一)指导思想

2014年5月4日,习近平总书记莅临北京大学,视察指导工作并发表重要讲话。习近平总书记就建设什么样的世界一流大学、怎样建设世界一流大学以及北京大学的发展提出了新要求,指明了扎根中国大地创建世界一流大学的前进方向。总书记要求,全国高等院校要走在教育改革前列,紧紧围绕立德树人的根本任务,加快构建充满活力、富有效率、更加开放、有利于学校科学发展的体制机制,当好教育改革排头兵。希望北京大学通过埋头苦干和改革创新,早日实现几代北大人创建世界一流大学的梦想。

按照习近平总书记重要讲话精神和中央部署,北大全体师生员工高举中国特色社会主义伟大旗帜,以邓小平理论、"三个代表"重要思想、科学发展观为指导,紧密结合北大实际,抓住机遇、大有作为,勇担使命、再立新功,示范引领、走在前列,圆梦北大、筑梦中华,坚持和发展中国特色社会主义大学建设道路,以创建中国的世界一流大学为奋斗目标,以解放思想、实事求是、深化改革、勇于创新为根本动力,探索扎根中国大地创建世界一流大学的规律,探索并完善具有鲜明中国特色和北大风格的大学发展模式。进一步升华使命自觉、创建自信、差距自省、奋斗自强的境界,进一步突出内涵发展,重在提升,创新突破、创建推动的工作主题,勇敢地肩负起新的历史责任和时代使命。紧扣立德树人这一根本,围绕提高质量这一核心,加快创建世界一流大学步伐,更有效地服务于经济社会发展和人的全面发展,更自觉地为建设高等教育强国和科技强国、为实现中华民族伟大复兴的"中国梦"、为人类文明进步做出北京大学新的历史性贡献。

(二)总体目标

以建立中国特色、北大风格的世界一流现代大学制度,推进学校治理结构和治理能力现代化为总目标。以立德树人为根本,以提高质量为核心,以体制机制改革和制度创新为着力点,调动和解放教学科研主体、基层单位和广大师生积极性、创造性和办学活力;充分发扬民主,推进依法治校,坚持先进文化引领,立足国情校情,借鉴国际通行的标准与规则,构建系统完备、科学规范、开放包容、运行有效的现代大学制度体系,当好教育改革的排头兵和先锋队,为国家高等教育改革发挥示范引领作用,更好地实现国家和人民赋予北京大学的使命与责任。

科学设计全面深化综合改革的总体规划,优先制定并实施治理结构与管理体制改革、教育教学改革、师资人事制度改革、科研体制机制改革、资源保障与配置体制改革等改革专项。积极、有序、稳妥推进各项改革任务,大力实施"卓越育人计划""博雅人才计划""科技珠峰计划""魅力校园计划""筹资挑战计划"等发展计划,力争到2018年北京大学建校120周年前后,综合改革切实深化并取得明显成效,现代大学制度框架基本确立,学校治理体系和管理能力进一步提升,教育教学质量和办学水平进一步提升,对国家经济社会发展的服务贡献率进一步提升,人才培养、师资队伍、学科建设与科学研究等关键指标达到或基本达到世界一流水平,国际影响力和竞争力进一步增强,在世界高等教育格局中的地位得到较大幅度的提高,创建世界一流大学步伐进一步加快。特别是要下更大的工夫,在扎根中国大地,探索完善中国特色、北大风格的世界一流大学发展道路和创建模式方面取得新的重要成果。

通过未来五至十年的改革攻坚,全面实现学校第十二次党代会提出的"三步走"战略第一步目标,并为实现"北大2048"远景规划、进入世界一流大学前列奠定坚实基础,为实现"两个一百年"奋斗目标提供强有力的人才保证、科技支撑和文化引领。

(三)基本原则

坚持党的领导和中国特色社会主义办学道路,坚持改革的正确方向,正确处理改革发展稳定关系,与时俱进,求真务实,科学设计、精心组织,胆子要大、步子

要稳、勇于突破、于法有据,整体有序推进和重点攻坚相促进,注重改革的前瞻性、系统性、整体性、协同性;牢固树立育人为本、师生为本的价值导向,办好人民满意的大学,把"是否有利于实现立德树人根本任务,是否有利于提升学校教育质量和办学水平,是否有利于调动和激发基层单位和师生员工创造活力,是否有利于加快创建世界一流大学步伐,是否有利于为实现'两个一百年'奋斗目标做出重大贡献"作为衡量改革成效的判断标准;培育和践行社会主义核心价值观,弘扬北大光荣传统和大学文化精神,尊重和发扬师生首创精神和办学主体作用,建设维护好学校健康向上的育人氛围和宽松自由的学术环境,依靠师生推动改革,广泛凝聚共识,形成改革合力,通过改革让全体师生的创造力充分涌流;坚持依法依规依章程治校,坚持发挥学校办学自主权,构建政府、学校、社会之间新型关系,有效提高学校自我约束、自主发展能力,依法接受社会监督。

二、加快推进治理结构改革,完善现代大学制度

加快推进依法办学、自主管理、民主监督、社会参与的现代大学制度建设和学校治理结构改革。通过制度创新与建设,解决好学校同政府、社会的关系,协调好学校内部行政权力与学术权力的关系、学校与院系的关系等重要关系,为探索新的发展模式和治理结构奠定制度基础。

1. 落实和扩大办学自主权,构建政府、学校、社会之间新型关系

在国家和有关部门的支持下,建立政校分开、管办分离、依法办学、社会参与的现代大学治理体系。强化政府的规划引导、政策协调、基本保障和公共服务职能,进一步落实和扩大学校办学自主权,探索对学校实行"负面清单"管理方式。探索建立社会参与学校决策、管理和监督的体制机制,鼓励社会力量支持学校发展,引导学校更好地服务社会。学校依法行使办学自主权,自主开展教学、研究和社会服务,自主颁授学位,自主确定内部收入分配、自主管理、使用人才,自主管理、使用学校资产和经费,推进学校办学体制与管理体制改革。

2. 坚持和完善党委领导下的校长负责制,改革学校内部治理结构,健全学校治理模式

通过深化改革,进一步建设和完善党委领导、校长负责、师生治学、民主管理的治理结构。依法依规规范并落实党委、校长职权,坚持并健全议事规则和决策程序。探索和完善党对学校实施领导的具体实现形式。健全和维护以学术委员会为核心的学术管理体系和组织架构,充分发挥学术委员会在学科建设、学术评价、学术发展和学风建设中的重要作用,尊重并支持学术委员会独立行使职权,为其正常开展工作提供必要的条件保障。设立监察委员会,对学校机构及人员独立行使监察职权。坚持依靠师生民主治校,进一步发挥党代会、教代会、学代会以及民主党派等各组织在学校治理和管理中的重要作用。组织党代会、教代会、学代会以及民主党派等各方面代表参与学校有关管理和重大事项的决策、审议和评议,保障和规范各类委员会的咨询、决策等职能,健全规范师生员工参与民主决策、民主管理和民主监督的形式、渠道和机制。进一步理顺学校和院系的关系,厘清学校与院系的职责、权利与义务。改革完善院系治理结构,坚持管理重心下移,提升院系自主决策和治理能力,强化院系责任,释放院系活力,稳步推进向院系放权。深入推进学校行政管理体制改革和服务保障体系改革。以服务教学科研、服务师生需求为导向,以效能提高为目标,以职能转变为核心,系统梳理党政、教辅和后勤单位职责,理顺关系、重组职能、调整结构、优化布局、强化协同,建立与世界一流大学相适应的管理、服务与支撑体系。

3. 实施《北京大学章程》,建立完善学校治理与管理制度体系,推进依法治校进程

根据《北京大学章程》和综合改革需要,开展规章制定和清理工作,完善教学科研运行基本制度、各类办事程序、内部机构组织规则、议事规则等,形成以章程为核心的健全、规范、统一的制度体系。依法建设公正平等的校园环境,尊重和保护师生权益,完善师生员工的行为规范。建立健全学术自由和学术诚信的保障和监督机制。依法健全校内权利救济和纠纷解决机制,妥善解决学校内部矛盾、冲突和利益纠纷,健全安全管理及突发事件的应急处理机制,为促进改革发展,创建民主校园、和谐校园、平安校园提供良好法治环境和坚实制度保障。

4. 建立完善学校自律机制,依法接受国家监管和社会监督

规范和完善决策权、执行权、监督权相互制约和协调机制,合理划分和依法、依章程规范各组织机构、各部门单位的职责和权限。贯彻民主集中制,改进并规范决策程序,通过审议、评议、咨询和论证会、听证会、座谈会等形式,完善重大事项决策机制,健全决策和规范性文件合法性审查机制、申诉评议机制和纠错问责机制,规范民主监督机制,保障学校科学决策、依法决策和民主决策。依据法律法规和学校的规章制度按照法定程序和正当程序从事管理和服务工作,强化对行政权力的制约和监督,保证各项权力运行的规范化与合法性。履行好学校经费和资源监管职责,增强学校内部监督体系的独立性和权威性,规范与完善问责制度,依法接受国家监管和审计。健全和执行学校党务公开、校务公开等信息公开制度,坚持以公开为常态、

不公开为例外的原则,依法依规公开学校情况,保障师生员工和公众的知情权,大力推进学校决策公开、执行公开、管理公开、服务公开和结果公开。建立健全绩效评估机制,构建全面质量管理体系。建立同行评估制度,积极参与国际权威认证机构组织的认证评估,完善规范化、制度化、常态化第三方评估机制。

三、围绕立德树人根本任务深化教育教学改革,创新人才培养机制,提高人才培养质量

把紧紧围绕立德树人根本任务深化教育教学改革作为全面深化综合改革的中心环节和改革的根本导向。坚持"育人为本、质量为先",坚持"德才兼备、以德为先",特别注重价值观和责任感的培育,弘扬"爱国、进步、民主、科学"的北大传统和"勤奋、严谨、求实、创新"的优良学风,坚持教学育人、研究育人、文化育人、实践育人相结合,追求世界最高水准的教育,培养以天下为己任,具有健康体魄与健全人格、独立思考与创新精神、实践能力与全球视野的卓越人才,培养走在时代前列的奋进者、开拓者、奉献者。

5. 以改革创新精神落实立德树人的根本价值导向

贯彻落实立德树人根本价值导向,设计实施教育教学改革以及其他各个领域的综合改革。坚持教书育人与实践育人并重、内容教育与过程教育并重,加强和改进大学生思想政治教育,使学生始终坚定正确的政治方向,成为具有正确的价值观和强烈的社会责任感,品德高尚、人格健全的高素质人才。

深化马克思主义思想政治理论课改革。进一步改进领导体制、工作机制、教学内容和方式方法,加强思想政治理论课的载体建设。把社会主义核心价值观教育作为思想政治课的核心内容,强化马克思主义基本原理、方法论、中华优秀传统文化、中国近现代史、法学基础、时事政治等教学内容。加强公民道德教育。加强北大光荣传统和校史校情教育。加大社会实践课在思想政治课程体系中的比重,与地方政府、重点行业和骨干企业建立协同育人基地,使青年学生在中国特色社会主义伟大实践中接受教育、坚定信念、增长才干。

坚持全员、全方位、全过程育人原则,深化育人体系改革,创新育人的体制机制。切实充分发挥教师教书育人主力军作用,深入倡导"科研育人"理念。加强学校素质教育委员会、本科教育发展战略研究小组、研究生培养机制改革领导小组等工作机制和平台建设。创新学生工作体制机制和方法,建立学生事务联席会议机制,完善院系学生事务与教学科研管理协同机制。深入开展大学生社会实践活动,成立"实践育人工作研究中心",加强校园文化建设,推进大学文化传承与创新,提升文化育人与实践育人水平。大力加强和改进研究生思想政治教育,着力提高针对性、有效性。更加

重视网络思想政治教育,净化校园网络环境,构筑网络育人阵地。以正确的价值观为引领,提升学生明辨是非、判断选择的能力。

加强并深化学生成长成才辅导、服务、管理体制机制改革。创新学生学业生活的发展辅导机制,实施学业促进计划、创业扶持计划和就业促进计划,完善奖助学金体系。建设学生学习社区、活动社区、生活社区和网络社区。多种形式加强学生心理健康教育,保障和促进学生健康成长成才。

加强辅导员队伍建设,保障规模、优化结构,提升水平,完善班主任和人生导师制度等。加强学生基层组织建设,充分发挥各类学生自治组织自我教育、自我服务、自我管理的作用,切实尊重和提升学生主人翁责任感和自觉性。

6. 深化招生体制改革,完善本科人才选拔机制

根据国家核定的办学规模和学校特点,科学合理地自主确定招生标准与计划,探索完善多元录取、具有北大特色的招考机制。

探索在人才选拔中实施综合评价。进一步完善符合北大人才培养目标的综合评价体系,通过高考成绩、高中学业水平考试、高中学生综合素质评价和学校自主测试等多个维度,建立人才选拔新模式,对考生进行多元化、过程性的综合评价。

注重教育公平,进一步加大对中西部、贫困地区的政策倾斜。进一步加强对农村学生的关注。不断完善"全覆盖、全过程、全方位"的学生资助体系。

进一步健全招生信息公开制度,扩大信息公开的内容和范围。完善招生集体决策和社会监督机制,确保招生的公开、公平、公正。

7. 围绕培养目标和人才标准,进一步完善"加强基础、尊重选择"的多样化人才培养体系

形成由元培模式、学科大类人才培养模式、拔尖创新人才培养模式、辅修/双学位、医学生培养模式构成的多样性创新人才培养体系。

适度扩大元培计划住宿学院的规模,总结元培学院的教育教学改革经验,探索建设新的住宿学院。

完善学分制管理模式,探索推进完全学分制改革,形成与之相匹配的培养方案、培养模式、教学管理方法,优化教学资源配置。探索试点本科生弹性学习年限。逐步放开学生跨院系选课的限制,允许学生在全校范围内自由选课。探索建立承认慕课(MOOC)学分的机制和办法。

推进"基础学科拔尖创新人才"培养模式改革。在现有地学、力学、古典语文学的基础上进一步向优势学科扩展。依托元培学院,在现有交叉学科专业基础上,建设"整合科学""数据科学""认知科学""水科学"等专业。

充分发挥北大学科体系完备、师资力量雄厚的优势,利用主修/辅修方式推进跨学科培养计划建设,鼓励和吸引学生根据兴趣和需要自由选择辅修专业。

探索与国内外高校自主建立联授学位专业。

8. 构建充分激发学生潜能与创造力的本科教育体系

不断完善以主干基础课、素质教育通选课、学科大类平台课为基础的本科课程体系。加强主干基础系列课程建设,完善激励机制和质量监控体系,保证课程质量的提升。在现有素质教育通选课的基础上,集中力量建设一批"通识教育核心课程",强调阅读原典、深入研讨。完善学科大类课程平台建设,为学生拓宽视野、开展跨学科学习提供空间。

持续深化考试模式改革,建立学生开展创造性学习的激励机制。建立基于挑战性课程选择、本科生科学研究和学习成绩结合的"荣誉学士学位"制度。

支持学生开展研究性学习、创新性实验、学科竞赛等活动,推进高水平实验室对本科生的开放。增加暑期短期科研专项计划,加大全面资助力度,打造学生科研创新能力培养的平台。原则要求全校所有研究项目都吸收本科生参与。

加强创新创业教育,面向全校学生开设创新创业类课程,举办创新创业辅修专业,将高水平科研优势和产学研资源转化为育人优势以培养更多未来创业领袖。强化实践教学要求,加大校外实践基地建设力度,深化实践教学方法改革,推进学生实践创新能力的提升。鼓励学生参与公益性创业。加强学生发展和职业生涯指导,完善毕业生跟踪服务机制,引导和支持学生到祖国最需要的地方干事创业。

9. 改革研究生招录办法,建立研究生自主招录体系

在博士研究生招生中,试行"申请—考核制"。建立并充分发挥推荐人信用体系,充分发挥学科专家组、导师组在对考生学术水平、品德及专业发展潜力考核中的作用,完善博士生招生录取体系。

在研究生招生中,采取"多志愿申请—候补录取"的方式。考生可同时填报多个高校和专业志愿,但在规定时间内必须最终确定其录取志愿。招生单位通过设立候补录取的方式完成招生计划以提高资源效率。

10. 改革学位授予模式,建立自主学科设置与学位授予体系

经国务院学位委员会授权,建立北京大学自主授予学位体系。瞄准世界前沿、参照国际一流大学经验,自主制定学位授予标准,由学校学位评定委员会审核、授予北京大学相关学位,颁发北京大学学位证书。学位证书由学校自行设计、制作,向教育主管部门报备。

学校根据社会需求和自身发展需要,自主增列新的本科专业、第二学士学位专业,调整原有学位授权点。

11. 改革研究生培养模式

突出学术研究型和应用职业型不同人才类型的培养规律和培养要求,设计培养方案,贯通式安排本硕博课程学习与科研训练,使学生更适于未来社会经济发展需求。

不断完善博士生联合培养模式。继续积极推进与国外著名大学和科研机构的联合培养和联合授予学位工作,在合作地域、领域、形式等方面有所侧重,建设新型的中外联合研究生学位项目。推进博士生培养目标多元化、培养手段多样化、考核指标多维化,鼓励富有创新力的博士生从事跨学科、新兴学科选题研究,给予充足的学术资源支撑。

丰富硕士培养模式,促进跨学科研究和人才培养。硕士生以培养应用所学知识解决实际问题的能力为主,加强实习、实践课程在培养中的比重,突出实践能力培养,满足社会需求。积极探索本科与研究生教育相衔接模式、课程硕士、研究生双学位、论文硕士、全日制和非全日制硕士、校园教育与社会教育相结合模式、在线学位教育模式等多种硕士培养类型。不断丰富研究生培养规格和类型,适应科技与社会经济发展对高层次人才需求。

根据学科发展趋势和行业领域发展要求,在交叉学科和新兴学科领域建立高水平培养项目,突破管理体制瓶颈培养交叉学科创新人才;鼓励学生跨专业跨校选课,提高学生综合素质和学术能力。通过教学与研究结合促进师生跨学科的学术交流,从而形成学科自我发展机制,创造有利于新兴学科和交叉学科发展的环境,搭建高层次人才培养的多学科融合平台。

完善研究生学分制和弹性学制,进一步调动和发挥研究生自我管理自我成长的积极性。

完善办学机制,发挥北大深圳研究生院在提升研究生培养国际化水平、发展前沿交叉学科、培养高层次专业应用型人才方面的重要平台作用。

12. 创新教学方法,提升教师卓越教学能力

从以教为中心向以学为中心转变,开展教学理念、教学方式、教学方法的革新。提倡讨论式、启发式、参与式教学,促进师生交流,培养学生的探究精神与创新思维,建设包括"小班课教学""新生研讨班""高年级学生学术研讨班"在内的系列研讨课程。

在试点基础上,逐步推行新生导师和学术科研导师相结合的本科导师辅导制,提升研究生导师对学生的启发和学术激励能力,促进教师对不同层次的学生开展一对一个性化指导。

结合网络共享和其他信息技术开展"翻转课堂"与"混合式学习"的教学改革试验,推进信息化技术革命

背景下的教学方法改革。到2018年前,完成500名教师的培训,建设100门网络共享课程。

以北京大学教师教学发展中心为依托,面向未来提升教师卓越教学能力,促进教学质量提高。整合学校教师培训资源,进一步拓展围绕教师教学能力提高的各类培训和交流活动,形成一个能够针对北京大学不同教师群体教学能力提高与发展的完整体系;结合我校教育教学改革的实际和国际未来教育发展的潮流开展研究,采用最新的研究成果促进教师教育教学理念的发展与进步,推动教师教学方法与教学手段的改革,逐步形成具有北京大学特色的教师教学发展机制;通过教师培训、优质教学资源共享和教师教学发展的合作研究等多种方式努力发挥我校作为国家级教师教学发展示范中心的辐射作用。

13. 完善促进育人质量提升的管理保障体系

坚持教育质量责任制的原则,提高学术要求,建设全覆盖的本科教学质量保障体系。完善校级、部门级、院系级、学生和教师全员参与的教学质量监控体系,覆盖本科人才培养的各个环节,强化不同主体的相互配合和相互协调,共同促进教学质量的发展和提高。

强化研究生导师的资助和指导责任,加强培养过程管理和监控,确保质量,严进严出。进一步完善研究生培养管理制度,建立导师和研究生诚信档案及教授、学生和行政三方面协同保障体系。

建立研究生导师责任体系。在招生、管理、奖助、培养和学位授予等环节赋予导师充分的自主权和责任。建立研究生学业发展年度报告制度,要求导师、院系对各专业每一名学生的学业进展进行监督和检查,着力培养博士生独立科研能力。

加强学术规范、学术诚信教育。强化科学道德和学风建设的系统性、制度性,构筑崇尚创新、追求卓越的质量文化。

建立全方位、多层次的研究生教育自我考评机制,接受主管部门和社会监督。学位论文和人才培养数据向社会公开,接受查询和质疑,建立问题追溯处理机制。完善本科生转为专科生、转学、博士生中期考核和博士中途转为硕士的制度,进一步完善博士论文匿名评审制度。强化学术同行、用人单位及社会力量对质量的监督反馈作用,推动信息公开、学术成果和学位论文公开出版和发布。

逐步建立教师基本教学工作量制度,改进和完善教师选聘和晋升评价机制,激励和规范教师对教学工作的投入。设立"元培学者"教学荣誉职位,授予在一线教学岗位上做出突出贡献和在教学改革中具有创新成果的学者。加大教学奖励激励力度。

进一步抓好继续教育工作,以服务国家战略、担当社会责任为宗旨,改进监督管理模式,提升继续教育的质量和水平。

14. 大力实施开放合作战略,提升人才培养的国际化水平

进一步扩大开放,构建国际化的育人环境,增加学生在学期间海外交流的比例,开阔学生的国际视野,提升学生的跨文化交流能力,鼓励学生在推进文明交流互鉴中发挥作用。

优化留学生结构,扩大学历留学生规模,要在留学生教育的全过程体现北大的教育理念和教育方针。继续较大幅度提升留学生和交换学生比例。在增加总量的同时,有效增加留学生来源国别的多样性。探索招收国际转学学生。

搭建北京大学外文授课课程平台,丰富课程资源,并增强对优秀留学生的吸引力。试点开设由英文授课的本科专业。完善北京大学开放的国际暑期学校办学机制,提升影响力。

促进中国学生与国际学生的交流和相互学习。积极创造条件,鼓励留学生和中国学生共同住宿。

启动"燕京学堂"的建设,汇集全球智力,探究中国与世界问题。以此为依托,以中国的政治、经济和文化,尤其是中国社会重大现实问题为研究重心,吸纳全球人文与社会科学顶尖学者,实现人才培养、学科建设和科学研究的互相促进,培养中国学人才。

四、改革科研体制机制,适时调整科研方向与学科结构,提高学科建设水平和原始创新能力

以追求重大原始创新、支撑经济社会发展为目标,深化科研体制改革。根据学科发展趋势与国家需求,调整学科结构与科学研究方向,尊重学术研究的独立性,扩大科研组织自主权,争取政府、企业和社会对基础科学研究、人文社会科学和应用型研究的持续增量投入,提高创新能力,为国家和人类社会贡献新知识、新技术、新思想。

15. 改进学科评估机制,调整学科与院系结构

立足国家需求与北大发展目标,制定并启动实施面向2018奋斗目标的北大学科发展规划,科学规划、合理布局、突出重点。

以国际一流学科为参照,借鉴国际通行标准,结合各学科特点,制定学科发展目标和评估体系,实现自我发展、自我约束、动态调整。以5年左右为周期,对校内各学术机构整体发展状况进行评估,根据评估结果和学科发展趋势,调整学科与院系结构,优化资源配置。

加强学科布局的顶层设计与战略规划。根据学术前沿和国家重大需求,建立重大学术问题的提出和研究计划的启动机制。成立校级学科发展与科学研究战略咨询指导委员会,对学科布局和战略发展方向提出

独立咨询意见。

16. 完善前沿交叉研究机制，促进多学科协同创新

坚持以目标明确的关键性科学问题和重大需求为牵引，坚持加强组织协调和顶层设计，建设有基础、有前景、有领军人才的交叉研究平台和新兴学科增长点。

改革现有科研组织形式，建立学校和院系两级的学科交叉研究平台，成立若干面向重大科学技术问题、重大社会问题及重大临床医学难题的跨院系研究机构，培育学科建设和学术研究的新增长点。促进学科交叉研究，深化"内设外用"模式，完善协同创新制度，改革组建程序、人员评聘、资源配置、学科评估、考核激励等机制，促进创新资源和要素有效汇聚，充分释放创新要素活力，实现深度合作。

17. 改革科研队伍结构，加强团队建设

加强人才招聘制度建设，保证人才引进质量及其具有开展前沿性研究的能力。

改革科研队伍结构，加强团队建设。形成以课题组长（PI）为核心，以教师、专职科研人员、技术支撑人员、博士后、访问学者为主体的队伍结构。

突破研究人员聘用中的资源配置模式、考核评价机制约束，鼓励和支持院系和教师组建研究团队，长期持续开展战略性、系统性、前瞻性的学科领域核心问题研究。

以重大科研项目、高水平研发平台为载体，根据国家经济社会发展和国防安全等重大战略需求组建、培养优秀科研团队。加大对重大项目、高水平研发平台的支持力度。

18. 建设基础研究特区，完善基础研究平台体系

保持对基础研究持续投入，营造更加宽松自由的学术氛围。建设分子科学国家实验室、生命科学联合中心、国际数学中心、量子物质科学中心、分子医学研究平台等一批基础研究特区。改进基础研究重大成果的转化应用机制，提升贡献率。

立足学校优势学科和长远发展，推进国家实验室、国家重点实验室和省部级重点实验室等科研基地的建设。进一步推动学校公共平台、文献资料等的开放共享，打造具有国际先进水平的科研基础设施体系。

19. 营造科学研究的技术方法创新环境，积极承担国家重大科学装置的建设任务

鼓励教师积极研制具有原创性、前沿探索性的科研仪器，努力为科学研究提供创新性的工具、手段和方法，不断推动重大科研成果的涌现。

整合国内优势力量，牵头承担国家重大科技基础设施的建设、运行及升级改造工作。引导校内科研人员积极利用国内外最新、先进大科学平台。以重大科技基础设施为基础，推动教师在科学前沿、社会经济发展、国家安全保障等方面获得重大突破。

20. 改革推进哲学社会科学繁荣发展的体制机制，更好地实现文化传承创新功能

大力扶持基础人文学科的发展，着力加强基础社会科学的建设。保证文、史、哲、外国语言文学等传统人文学科在世界上的影响力和优势地位，并进一步拓展发展空间，使其率先进入世界一流行列。要尊重学科自身的发展规律，加强马克思主义学科与政治学、经济学、社会学、法学、教育学等社会科学基础学科建设，完善哲学社会科学整体的基础学科布局。

以国际化和跨学科为引导，进一步提升北大文科的学术水平与影响力。致力于教学、科研和智库一体的文科新机制单位的建设。建设好人文社会科学研究院和若干跨学科研究平台，增强对学科布局的宏观规划能力。继续探索完善人文社会科学资深教授遴选机制，以改革创新精神，结合北大实际，提升人文社会科学师资队伍的建设水平和层次。

人文社会科学研究立足传统，加强基础，鼓励跨界，拓展国际视野，聚焦中国问题，强化理论创新，努力形成对国家和人类社会发展有重大影响的原创性思想。继续秉承守正出新的精神，创新哲学社会科学研究方法，拓展实证分析的研究手段，不断产生并推广具有中国特色的重大引领性、标志性学术成果。积极开展国家治理体系和治理能力研究、中华文明起源综合研究、语言科学与认知研究、宗教文化研究、人口与国民健康研究、社会政策研究、经济金融数据分析和预测研究、全球治理和国别研究等。

进一步加强国学研究院、国际汉学家研修基地、儒学研究院等平台建设，推进《儒藏》编纂等重大文化工程。以"北京论坛"、孔子学院等为依托，全方位服务中外人文交流，推动中华文化"走出去"，增强我国哲学社会科学的国际影响力和话语权。

21. 发挥文、理、医、工综合学科优势，着力建设一批有国际影响力的智库

在国家有关部门的指导和支持下，面向国家和地方发展的战略需求，统筹规划、全面布局，加强重大全球问题、重大现实问题、国际战略、全球变化等领域的研究，推进国家、教育部工程实验室和工程中心建设，建设好国家发展研究院、中国社会科学调查中心、国际战略研究院、新结构经济学研究中心、法治与发展研究院、全球变化研究院、海洋研究院、医疗健康大数据研究院、首都发展研究院等智库，充分发挥战略研究、政策建言、人才培养、舆论引导、公共外交的重要功能，更加积极主动地服务党和国家工作大局。

22. 构建开放式校企协同创新平台，服务地方经济社会发展

增强服务国家需求为导向、探索共建国家实验室

的新模式,促进产学研转化。

选择一批重点企业,共建开放式联合试验室,开展长期稳定的战略合作,着重解决对企业发展有重大影响的关键科学技术问题,提升企业创新能力和市场竞争力。

将大学之间的学术科研合作拓展到科研成果转移转化的合作,有选择地引进一批海外大学的科研成果,在重点合作区域进行成果转移转化,促进区域经济的升级转型。

23. 优化科研资源配置,建立学校科研全成本核算制度

推动完善高校科研经费保障机制。在科研经费中,提高学校间接费用比例。

根据国发〔2014〕11号文件精神,按照"负面清单"的管理模式,改革"重物轻人"的科研经费投入结构。下放科研经费调整权限,为高水平科技人才培养和合理流动提供政策支持和资金保障。

五、落实和扩大医学教育自主权,不断推进医学教育改革,积极参与和探索医疗体制改革

医学部是北京大学的重要组成部分,是北大创建世界一流大学的重要方面。医学部的改革发展,对推动学校全面综合改革,促进相关学科交叉融合和总体水平提升,服务首都乃至全国等方面都发挥着不可替代的作用。

24. 深入推进医学教育改革

全面系统持续地推进医学教育改革,提升各类医学人才培养质量。支持基础学院与临床学院间的课程融合以及临床学院间的资源分享和交流;重新设计医预阶段通识教育体系;建设医学考试中心;参照国际标准,突出中国特色,通过自身认证,协助政府主管部门推动国家医学教育质量认证。加强医学教育研究,结合北大改革的实践经验,为国家提供政策支撑,引领中国医学教育发展。

进一步完善各类社会实践、专业实践和第二课堂内容,促进医学生的全面成长;进一步推进以知识整合、问题引导、学生自主、岗位胜任能力导向的课程体系改革;改进医学学制和学历设置,促进毕业后教育的并轨,保证临床医学质量;加大全科医学等满足社会急需、适应发展需要的学科建设力度。探讨教学管理及学生管理队伍的垂直化管理模式,实现"教育教学一体化"的教育理念;建设医学教育学专业,招收教育学专业方向研究生,引领医学教育的建设和发展。

25. 全面推进临床研究战略,促进转化医学发展

通过"一个平台、一套体系、一批项目"实施临床战略,大力提升临床研究水平,促进转化医学发展。加强基础与临床医学结合,探索并解决部分重大疾病的发生机制、诊断方法及治疗措施。

一个平台——临床研究所:建立一整套国际标准化操作规程(SOP),形成国际一流的临床研究数据管理系统、临床样本库及先进的计算机网络工作平台,具备设计、执行、监管和组织协调高质量临床研究项目和对研究人员进行培训的能力。

一套体系——受试者保护工作体系:以北京大学生命科学和医学伦理委员会为核心,以质量保证、利益冲突和数据安全为关键支撑,形成国际认可的受试者保护体系。不断提高生物医学研究质量,持续提升医学相关研究的国际学术地位。

一批项目——以"最终使病人受益"为目的的临床研究项目,旨在提高临床研究的水平;以临床问题为中心的基础临床结合项目,旨在加强基础优势与临床优势的联合;以国际水平为标准的转化医学项目,旨在加强与国际一流院校的实质性合作,促进基础科学的研究成果转化为临床应用。

26. 改革医院人才聘任、评价考核和晋升机制

根据附属医院发展和承担的社会责任,完善岗位设置和人员规模确定机制,实行动态管理。在医师多点执业、创新医院人事制度、薪酬制度等方面进行探索,推进人员分系列管理。坚持引进与培养并重,优化人才队伍结构。

建议相关部门放宽对附属医院的编制管理,根据附属医院医、教、研工作的特殊需要,按照用人规模采取编制备案动态管理制度,并根据备案的编制数加大公益性补偿的力度。完善医院收入分配激励约束机制。

27. 积极参与大型公立医院改革

继续发挥北京大学各附属医院行业内的引领、示范作用,积极探索公立医院管理运行新机制。结合北大学科综合优势,着力研究人类面临的重大健康问题,同时致力于为国家卫生政策改革和发展提供理论与实践支撑。充分发挥北京大学医学部的优势,为地方提供更多的办医办学经验和技术帮助。

北京大学国际医院将以"建设国际一流医院、领跑医疗体制改革"为宗旨,充分发挥北京大学综合医疗资源优势,探索社会力量办医的新模式。

28. 通过大数据信息化建设,促进临床学科发展及医疗质量与服务水平提升

强化北京大学各附属医院临床重点专科的建设,继续发展建设一批代表我国临床医学水平的优秀学科。通过医疗大数据平台的建设,整合各附属医院在医疗、教学、科研方面的资源,并以此为突破口,加强以数据为依托的临床学科评估、破除信息孤岛、降低医院运营成本、提高医疗质量和运营效率并创造新医疗健康产业。

六、大力深化师资人事制度改革，打造具有国际竞争力的人才队伍

持续实施人才强校战略，以师德建设为灵魂，以能力建设为基础，着力创新人才队伍建设管理的体制机制和方式方法，大力深化师资人事制度改革，提升人才队伍质量，优化人才队伍结构，以具有国际竞争力的一流人才队伍支撑世界一流大学建设。加快实施"博雅人才计划"，力争到2018年前后，通过招聘引进和内部培养，教师队伍中具有国际学术竞争力的人才比例从当前的约1/3提升到2/3，为实现"北大梦"打造一支以30名顶尖人才、200名领军人才为核心的卓越师资队伍。

29. 深化教师队伍管理体制改革，加强师德师风建设

以"有理想信念、有道德情操、有扎实知识、有仁爱之心"为根本价值导向，创新师德教育机制，深入推进师德师风建设。

深化教师队伍管理体制改革，创新和完善有效推进师德师风建设的工作体制，着力建立健全长效机制，构建学校、教师、学生、家长和社会多方参与的师德监督体系，及时地、坚决地纠正不良倾向，对师德考核不合格者，在教师职务（职称）评审、岗位聘用、评优奖励等环节实行"一票否决"。

30. 实施教学科研职位分系列管理和聘用制度

以分系列管理为抓手，构建人才招聘聘任、评估考核和激励晋升的制度体系。根据学校功能及职位特点，从2014年起，北京大学教学科研职位按照三个系列进行管理，即教学科研并重系列、教学为主系列和研究技术为主系列，制定不同的评价标准，实行不同的支持模式，鼓励各系列学术人员立足本职岗位充分发挥作用。

31. 完善收入分配制度，优化结构、确保增长

逐步统筹规划薪酬体系，建立有竞争力的科学的薪资收入标准和福利体系，探索规范化的收入分配模式和待遇合理增长机制。

改革校内收入分配制度，构建以岗位绩效工资制为主体，协议工资制、项目工资制等并存的灵活多样的收入分配体系，充分保障各类岗位人员的合理收入水平。教研系列教师探索试行协议工资制，使核心师资人才的待遇水平具有国际竞争力。教学系列教师继续实施岗位绩效工资制和专项岗位津贴制度。研究技术系列人员在实行协议工资制的基础上探索实行人力成本核算和补偿机制。

根据国家事业单位改革进程，探索建立离退休待遇正常调整机制，不断完善离退休养老和医疗保障体系。

32. 实施全员合同聘任制，完善合同聘用和管理体系

根据《事业单位人事管理条例》，通过工作合同确保学校与工作人员之间的平等法律地位。根据学校岗位特点，明确合同类型，规范合同管理。北京大学工作合同分为三类：一是聘用合同，适用于纳入北京大学事业编制管理的教职工；二是劳动合同，适用于纳入北京大学劳动合同制管理的教职工；三是工作协议，适用于北京大学非全职聘用的教职工。

以工作合同为载体，完善岗位分类管理，建立教师和非教师两种职位类型、多个职位系列的教职工岗位分类管理体系。完善考核评价激励体系，分别建立以业绩考核为主的教师职位考核评价制度和以过程考核及业绩考核相结合的非教师职位考核评价制度，将考核结果与薪酬制度、激励机制、合同续订有效结合。强化教师履行职责的激励保障机制，把承担教学任务、履行教书育人职责作为教师职务聘任与晋升的必要条件。这项改革措施采取"新人新办法、老人老办法"的原则以保持政策的连续性和改革的平稳实施。

33. 建立教师联合聘用及考核激励机制

鼓励学科交叉、促进协同创新已成为时代特色和需要。探索主聘与辅聘相结合的联合聘任模式，明确主聘单位和辅聘单位及个人之间的权责利关系，创新人才管理、激发创造活力。主聘单位是联合聘用人员的主要依托单位，承担对其进行日常人事管理和业务考核评估的主要职责，并承担联合聘用各方的协调工作。辅聘单位是指安排联合聘用人员承担该单位部分教学科研任务的业务单位，并协助主聘单位对其进行管理和考核。

34. 进一步创新并健全高端人才发现、吸引、培养、使用的机制

在现有人才队伍的基础上，通过实施国家人才计划和校内人才计划，进一步提高北大教师的准入门槛，建立健全海外人才引进机制，扩大教师队伍的国际化来源，结合国家战略导向和重大需求，依托国家重点创新项目、重点学科和重点实验室等重要平台，采取有力措施，全面布局，主动出击，从全球人才市场积极物色人才，加大力度引进和培养高端人才与优秀青年人才。根据国家医疗社保体系建设进程，积极探索建立外籍高层次人才医疗保险及退休保障等福利体系。

35. 改革博士后制度

在政府有关主管部门指导和支持下，结合学校实际，探索简化对博士后进出站的审批环节，授权学校自主审批。

改革博士后资助政策和管理模式，建立博士后资助经费的正常增长机制。促进国家科技项目预算和管理方式改革，大幅度放宽各种科研项目经费用于聘用

包括博士后在内的科研人员经费的限制。试点博士后在站年限放宽为2—6年，完善出站和退站博士后的档案和户口迁移办法。加大力度吸引外籍科研人员来国内从事博士后研究工作。

七、深化资源配置体制机制改革，提高资源汲取、整合能力和利用效率，增强办学实力

提升资源汲取力度、整合能力和利用效率是推动学校实现内涵式发展的重要保障。要进一步拓宽并完善多元化筹资渠道，保障办学经费持续增长；进一步深化资源配置体制机制改革，提高资源配置的有效性和合理性；进一步严格预算管理，加强财务监督、内部审计和信息公开，确保资源配置和管理更加透明高效。

36. 完善多渠道筹资体制，提升学校整体办学实力

推动政府进一步完善高校办学经费投入稳定增长机制。将"985工程"专项作为持续稳定增长的常态化投入；将事业拨款由主要以规模为主变为综合考虑规模、质量、绩效等因素，鼓励学校将办学质量、办学特色、办学成果等作为竞争因素积极争取更多投入；加大"促进高校内涵式发展经费"的支持力度；充分考虑基础学科在创新型国家建设中的关键位置，以及医学和人文社科在文化传承和社会发展中的重要作用，按理科基础学科、人文社科、医科、工程学科等学科特点，增加社会实践、实验与临床实习投入，探索长学制医学教育投入模式；进一步做好改善办学条件专项、本科生质量工程专项、基础学科拔尖创新人才培养专项、国家重点实验室专项、青年千人等专项预算编制工作，加强经费统筹，发挥整体效应。探索建立政府对大学科研运行的保障机制，支持学校科研机构运行和科研人员队伍建设；支持大学建设国家重大科学实验装置，提升科学研究基础条件建设和保障水平。

探索国家下放资产处置权，对学校拥有管理权限的知识产权通过转让等方式取得的收入，留归学校自主支配，用于学校的人才培养和科学研究；探索国家逐步下放教育收费的定价权，完善成本分担和学费标准动态调整机制，对来华自费留学生、非全日制专业学位研究生、国际合作办学项目等，由学校根据办学成本和市场需求合理确定收费标准。同时建立完善学生资助体系，做到"应助尽助"。适当放宽或取消政府部门对学校申报人才、项目、基地、奖励等名额限制。继续执行对校办企业的资本转让收益免交企业所得税政策，国家明确对学生在校期间从本校获得的各类奖学金免征个人所得税，对助管、助教、助研、勤工助学等各类资助津贴给予税收优惠政策。

积极争取国家有关部门支持，改进政府采购方式，提高教学仪器采购效率。根据学科发展情况，缩短《免税进口科学研究和教学用品清单》更新周期。根据学校实际需要扩大仪器设备(含关键零部件)的免税进口政策适用范围，简化监管手续。

国家持续实施高校财政资金捐赠配比政策、提高配比比例，扩大学校配比资金使用范围。探索设立公募基金。加强北大教育基金会和校友会的建设，发挥教育基金会在争取社会捐赠中的主渠道作用，积极创新筹资工作模式，调动院系的主动性积极性，全力推进"2018筹资挑战计划"，并确保规范有效运行。

37. 推进资源配置模式改革

改革预算管理模式，推行全面预算，强化预算的严肃性。依据学校中长期事业规划制定财务规划，为学校的事业发展提供资金保障。统筹安排各类资金，保障重点，注重效益，压缩一般性支出，严格控制"三公经费"。完善财务风险防范机制，确保学校良好的财务运行状况。改革学校治理结构，落实院系在资源配置、经费预算和管理方面的主体地位。

改革校内资源配置方式，制定制度办法，盘活存量，用好增量，合理配置，杜绝浪费，保障重点，提高效益。继续推进校内单位公共资源成本核算、有偿使用改革，充分挖掘现有资源使用效益；逐步实现从按院系学生数量向按课程配置资源的转变；健全公共实验平台和公共设备共享机制。

38. 推进房屋使用和调配机制改革

建立学校、院系两级管理体制，坚持"分类定额管理、有偿使用、超额收费"的原则，利用经济杠杆，调整用房结构，建立自我约束机制，形成主动流转、良性循环。优先保障尖端领域、重点学科的用房需求，有效助力国家科技建设和人才发展战略。推行"租金市场化、补贴高水平"的周转住房管理改革，提升配套水平，完善物业服务。

39. 调整优化学校空间功能布局，拓展发展空间，提高土地资源利用效益

充分发挥科学合理规划在校园建设和学校发展中的龙头作用。以主校园及周边园区为核心，调整优化功能布局，挖掘空间潜力，着力营造文明和谐、世界一流的魅力校园。加大校园周边整治力度。充分发挥学校社会服务职能，通过多种方式加强与首都的合作，在国家有关部门和北京市的支持下，以新思路、新机制推进"北大未来城"的建设，拓展学校发展新的战略空间。建设具备教学、科研、实验、产业开发、生活附属等单一或复合功能的功能区，形成对"核心"的有机补充，实现"一心多区"的土地资源利用新格局。

40. 推进经费和资源监管体制改革

在管好用好办学经费的总体要求下，针对学校经费使用、管理的薄弱环节和风险点，进一步完善校、院系、个人三级经费监管体系，强化财务运行管理和内部控制，完善学校内部监督体系的独立性和权威性，全面

实行财务预决算制度、重大事项委员会决策制度、经济业务和经费收支内部控制管理制度、财务公开制度等。在校内实施二级单位定期风险评估和绩效考核制度，防范资金风险。

强化审计在完善资源管理和规范权力运行中的作用，把重大经济决策执行、预算管理与执行、内部控制建设、经济责任履行、资源绩效等纳入常规审计工作。加强对重点领域资金、资产、资源的全过程审计监管，促进完善内部控制、落实经济责任、提高资源绩效。加强审计结果运用，逐步推行审计结果公开。

完善学校、政府、社会多层次监督体系。进一步完善学校和院系两级财务公开制度，促进教职工全面参与管理、实施监督。积极配合国家审计，根据审计要求改进管理，提升资金使用效益。根据信息公开的总体要求，通过多种方式向社会公开财务报告和重要事项，主动接受社会监督，回应社会关切。

八、加快学校党政管理与服务改革，进一步实现管理与决策执行的规范、廉洁、高效

科学高效的党政管理和服务是现代大学治理体系的重要组成部分，也是提高大学治理能力的关键。必须创新和完善适应建设世界一流大学目标需要、实现大学功能和职责、有利于科学高效运转的管理服务体系与工作模式，大力提升管理水平与服务质量。着力推动管理重心下移，提升院系自主决策和治理能力；优化管理结构、职能配置和机构、岗位设置，突出党政、教辅和后勤单位服务效能；建设综合素质高、执行能力强、勇于担当、廉洁自律的一流的管理和服务队伍，为改革发展稳定提供优质的行政、技术、后勤支撑和保障。

41．提升院系自主决策和治理能力，优化管理服务部门职能配置

加强院系基层建设，按照事权与财权相统一的原则，理清学校和院系权责关系，简政放权，推动管理重心下移，在校内启动试点，使院系享有更加充分的办学权力，承担起建设一流院系的责任。明确党政领导班子职责分工和运行机制，依托院系学术机构充分发挥教师在学科建设、人才培养、科学研究等方面的作用，优化完善院系治理结构。推动资源配置向院系倾斜，充实院系行政服务力量。探索管理服务部门与院系行政队伍条块结合的"矩阵式"和"派驻制"管理模式，着手统一规范管理服务部门和院系行政人员的岗位职责、工作规则、人员聘用与培训等。

以服务教学科研、服务师生需求为导向，以效能提高为目标，以职能转变为核心，系统梳理党政、教辅和后勤单位职责，理顺关系，重组职能，调整结构，优化布局，强化协同，着力破解组织运行中存在的问题。按照"管办分离"和"收支两条线"原则，剥离管理服务部门的直接办学职能和成本补偿服务项目。适当分离人、财、物等关键资源配置的决策职能和执行职能，建立和完善各类行政性委员会，健全一线教师和学生规范参与决策的工作机制。加快改进教务、总务、学工、国有资产等各系统内部协同制度，完善综合事务的跨部门、跨系统协调机制，为职能重组和机构改革创造条件。

构建分层负责体系。启动开展岗位职责调查和管理流程再造，加强顶层设计，依据法律法规和学校章程，面向办学需要和院系、师生需求，规范全校管理服务工作的标准、规则、程序和廉政风险防控机制。明确学校各类事务和管理的第一责任单位，规范学校各类事务动议、论证、审查、决策和执行机制，厘定工作流程和不同管理层级的权限和责任。

42．完善作风建设机制，提升管理效率和服务效能

巩固党的群众路线教育实践活动成果，建立健全管理服务工作评估制度，探索以服务对象为评价主体的管理服务评估机制，促进考核结果运用，提升管理和服务质量。

建立审批项目和责任清单制度，公布部门职责、管理权限和审批程序。区分事务类型和服务对象，编制并公布全校管理服务办事指南和各管理服务部门工作手册，接受师生和社会监督。

设立行政服务中心，探索一站式服务和首问负责制，推出服务承诺，完善各类意见建议的受理、答复、反馈、问责机制，提升协同服务能力，限时答复和解决院系发展和师生关注的实际问题。

进一步完善学校党政、教辅和后勤单位及管理服务人员寒暑假轮休制度，保证管理服务、支撑保障工作在寒暑假期间的正常运转。

加强学校信息化建设，加快推进综合管理信息系统和数据中心建设。通过统一、便捷、可靠的信息化平台，强化信息公开和校务公开，促进资源共享，提升决策支持能力，简化办事程序，强化部门协作，提高办事效率。

以机关党委为基础，联合相关部门，成立由主管校领导牵头专门机构（委员会），统筹协调机关作风建设，落实管理和服务改革措施，对行政运行和效能进行监督、评价。

43．改革完善学校后勤服务保障体系

坚持后勤社会化改革方向，坚持育人服务、为教学科研服务、为师生员工服务的方针，全面深化后勤服务改革，建立起优质高效、安全可靠、规范持续的后勤服务保障体系。

按照"小机关、多实体、大服务"的后勤管理运行模式，创新和完善后勤系统内部管理体制和运行机制，进一步合理划分和有效落实学校后勤各服务保障部门的

责、权、利，推进后勤系统制度化建设，逐步提高后勤服务专业化、标准化、现代化水平。

44. 深化干部人事制度改革，建设高素质领导班子和管理服务队伍

着力建立以职责管理为中心的干部管理模式，逐步取消校内管理服务人员的行政级别，区分岗位性质，实现分类管理，提高管理服务队伍的专业化水平和执行力。

探索以发展为导向配备领导班子的多种形式，逐步实现院长（系主任）公开选聘，在院系发展评估基础上明确任期目标和薪酬标准，规范监督机制，使学校发展目标、院长（系主任）岗位责任和激励机制相匹配。

建立注重绩效、体现管理贡献、稳定规范的激励机制，支持和保证"双肩挑"干部精力和时间投入。

明确管理服务部门领导班子任期制和定期换届工作机制，任期和届期安排与学校党委和行政任期保持一致。

完善教育职员制度。近期启动并逐步建立符合目标需要和大学特点的职员分类分级体系，提升管理服务的职业意识。根据不同的岗位性质和职责，区分经费来源，设计多元的人员聘任模式。注重职员的培训和发展，加强岗位轮换和交流，提升职业内涵和履职能力。改革职员考核评价机制和专业技术职务、职级晋升办法，调整优化薪酬分配制度，强化激励作用。

45. 创新学校党的建设制度，提高党组织监督保证和服务能力

制定《北京大学党的建设2014—2018年工作规划》，全面加强我校党的思想、组织、作风、反腐倡廉和制度建设，推进党的制度建设创新。

适应教学科研组织方式改革需要，优化基层党组织设置，做到党组织设置与新生机构同步进行、党组织作用同时发挥，突出服务职能，营造和谐创新的组织文化，为教学科研、人才培养和部门中心任务的完成提供监督保证。

进一步发展党内民主，落实党员知情权、参与权、选举权、监督权，健全党代会代表任期制和提案制，探索建立党代表工作室制度及党代表网上工作平台。

加强对高层次人才的组织关怀和教育引导，改革培养方式，加强在高端人才和大学生中的党员发展工作。制定和建立健全党内激励、关怀、帮扶机制，更好地激发师生和党员干部为党的事业和学校目标不懈奋斗的热情和动力。

发挥工会、共青团、学生组织、民主党派和无党派代表人士在学校民主管理中的作用，巩固和创新党组织和党员联系群众的渠道，夯实学校改革导向和政策措施的群众基础。

九、加强对深化综合改革的组织领导，确保改革全面、稳步、有序推进

综合改革是涉及长远、牵动全局的重大任务，具有复杂性、系统性、艰巨性、长期性。由于北大自身的历史文化、复杂结构、学科特点和社会影响，必须处理好改革、发展、稳定的关系，把握好改革的广度、深度、速度、力度和师生员工乃至社会接受程度间的关系，必须加强领导、统筹协调、积极稳妥、注重实效。

切实加强党对改革事业的领导，党委统一领导，党政各司其职、形成合力。深化综合改革，必须坚持深入贯彻中央决策部署和习近平总书记系列重要讲话精神，确保正确的改革方向；必须充分发挥党委的领导核心和政治核心作用，基层党组织的战斗堡垒作用和党员的先锋模范作用；必须坚持"围绕创建抓党建，抓好党建促创建"，不断加强和改进党对建设世界一流大学的领导。结合学校实际，进一步提高党的建设科学化水平，保持党的先进性和纯洁性，着力解决"能力不足、精神懈怠、脱离群众、消极腐败"问题，尤其要在全体党员特别是党员干部、党员教师中牢固树立奋发有为、干事创业的导向和强烈的改革创新意识。

建立健全深化综合改革的领导机构和工作机制。成立北京大学综合改革领导小组，统筹领导和指导改革，负责顶层设计、统筹协调、整体推进、督促落实。组建必要的工作班子，建立有效地组织实施改革的工作机制。加强推进各项改革的监督和问责机制建设，把谋划和组织实施综合改革摆上全校重要议事日程，确保学校的主要精力和资源配置集中到深化改革、促进发展上来。要根据本方案，制定具体实施综合改革的路线图、任务书、时间表与专项改革计划。各单位要根据实际情况，成立改革领导机构，落实组织实施责任。要加强督促检查和工作指导，把深化综合改革情况作为领导班子和领导干部考核的重要内容。

扎实开展调查研究，科学谋划、统筹兼顾，高度重视、认真解决改革中出现的问题。系统总结北京大学百余年办学和新中国成立后特别是改革开放以来改革创新发展的历史经验，深入思考未来发展的方向、目标、使命。大力弘扬理论联系实际、密切联系群众的优良作风，推动新一轮思想解放，开展调查研究，切实提高改革决策的科学性、民主性，增强深入推进改革的执行力。对改革中出现的新问题、新挑战，要高度重视、集中力量、上下联动、协力破解。要直面矛盾和困难，问需于师生、问计于师生，不断完善改革方案，以难点热点重点问题的解决，让师生员工和社会公众切实感受到学校推进综合改革的决心和成效，最大限度释放"改革红利"。要密切跟踪改革进展情况，开展年度专项检查和评估，及时调整完善改革举措和工作安排；及时总结，努力形成可复制、可推广的经验

做法。

坚持群众路线,充分发挥师生员工的主体作用。深化综合改革,必须坚持以人为本、育人为本、人才为本、师生为本,坚持教育以学生为主体,办学以教师为主体。要将学校开展党的群众路线教育实践活动所取得的重要成果转化为改革动力和发展实效。坚持民主治校原则,扩大改革进程的民主参与,完善群众利益表达和协调机制,最大限度地集中各方面的智慧和力量,凝聚全校师生员工的共识。充分发挥既有意见建议征集渠道的作用,组织教代会、党代会、学代会、民主党派、校友会、离退休教职工等各类代表积极参与改革方案讨论,共同促进改革措施落实。加强和改进对综合改革的宣传工作,建立健全校内综合改革信息通报和沟通机制,及时收集校内外舆情,准确把握、妥善处理、及时回应。

主动融入服务国家改革大局,积极争取国家和社会支持。牢固树立大局意识和全局意识,在深化综合改革的过程中,积极争取国家和上级主管部门的指导和支持,与有关方面保持密切联系与沟通,主动接受政府监管和社会监督,回应社会关切,充分听取社会意见,及时公布重大改革方案,为全面深化综合改革营造良好的社会环境,更好地发挥示范引领作用。

北京大学将坚持以质量和能力提升为核心的内涵发展主线和以改革创新为动力的工作主线,全面深化综合改革,抓紧实施"2018行动计划"并着眼未来、科学制定"2048远景规划",努力开创学校内涵发展、转型跨越的新局面,力争早日实现创建世界一流大学的"北大梦",并为实现中华民族伟大复兴的"中国梦"做出新的历史性贡献!

索 引

使 用 说 明

一、本索引采用内容分析索引法编制。除"大事记"外,年鉴中有实质检索意义的内容均予以标引,以供检索使用。

二、本索引基本上按汉语拼音音序排列。具体排列方法如下:以数字开头的标目,排在最前面;字母开头的标目,列于其次;汉字标目则按首字的音序、音调依次排列。首字相同时则以第二个字排序,并依此类推。

三、索引标目后的数字,表示检索内容所在的正文页码,数字后面的英文字母 a、b、c,表示正文中的栏别,合在一起即指该页码及自左至右的版面区域。年鉴中以表格、图形形式反映的内容,则在索引标目后用括号注明(表)、(图)字样,以区别于文字标目。

四、为反映索引款目间的逻辑关系,对于二级标目,采取在一级标目下缩两格的形式编排,之下再按汉语拼音的音序、音调排列。

0～9(数字)

120 周年校庆　38b
211 工程　45b、456a
863 获批课题(表)　358
985 工程　45b、456a
　　与 211 工程建设　456a
2003—2014 年到校科研经费分类统计(表)　350
2013—2014 学年校历(表)　713
2013 年度北京大学人文社科 SSCI、A&HCI、SCI 论文奖励名单(表)　377
2013 年度党委工作情况　19a
2013 年主要工作　27a
2014 年北京大学党发、校发文目录　598
　　党发　598
　　校发　599
2014 年部分媒体报道索引(表)　701
2014 年春季全校干部大会　19
2014 年大事记　689a
2014 年度奖教金、奖学金颁奖典礼　531b
2014 年度人文基金和光华奖学金颁奖仪式　531c
2014 年聘请的客座教授(表)　700
2014 年秋季全校干部大会　32a、39
2014 年逝世人员名单　595～597
　　校本部(表)　595
　　医学部(表)　597
2014 年授予的名誉博士(表)　700
2014 年授予的名誉教授(表)　700
2014 年行政工作要点　28b
2014 年学校党委工作　21a
2014 年有权授予博士、硕士学位学科专业目录(表)　323
2014 年主办的理工类国际学术会议和研讨班情况统计(表)　366
2014—2015 学年校历(表)　714

A～B

埃塞俄比亚总统穆拉图访问北京大学　11
安全管理工作　32b、43b
安全稳定　21a、37a、43a
安全宣传教育　547c
白云莹　9a、9b、10b
白志强　83a
百人计划研究员成为教学科研骨干　456a
班级五·四奖杯　622a
班子和队伍建设　34a
班子换届　34a
班子配备　35b
办学条件　40a
保密工作　42b、548
　　定密工作　548a
　　监督检查　549a
　　教育考试　549b
　　教育培训　548c
　　评优表彰　549c
　　载体管理　549c
　　重点单位管理　548a
　　重点人员管理　548b
保卫工作　546
宝钢奖教金获奖名单(表)　621
宝洁奖教金获奖名单(表)　621
北大方正集团　412c
　　北大医疗城发展论坛　414a
　　北大医药签署战略框架协议　413c
　　氮化镓项目专家论证会　414c
　　发展概况　412c
　　方正科技收购方正宽带和方正国际　413b

方正证券子公司驻港　413a
方正中期期货获资产管理业务资格　413b
方正中期期货获最高评级　414a
国家重点实验室落户　414b
回报社会　415a
获奖情况　414b
联合创新中心　414b
年度纪事　415a
心理医院共建　413a
信息技术国产化战略发布会　414c
研究开发　412c
业务发展　413a
与淮南市政府签署全面战略合作框架协议　414a
与中国长城资产管理公司签署战略合作协议　413c
与珠海市政府签署全面战略合作框架协议　414a
重点项目　414b
株洲恺德医院二号住院大楼　413a
自主创新　414c
北大概况　45a
北大科技园　410a
　　发展概况　410a
　　获奖情况　412c
　　基地建设　411a
　　业务发展　411b
　　园区建设　410b
北大青鸟集团　415c
　　回报社会　416b
　　获奖情况　416b
　　业务发展　416a
　　重点项目　415c
　　自主创新　416b
北大未名生物工程集团有限公司　417a
　　发展概况　417a
　　回报社会　418c
　　基地建设　418c
　　研究开发　417b
　　业务发展　417c
　　重点项目　418b
北大资产公司　407c

北大资源集团　420c
　　发展概况　420c
　　年度纪事　421a
　　重大奖项　421c
北京北大维信生物科技有限公司　419a
　　发展概况　419a
　　回报社会　419a
　　技术改造　419b
　　业务发展　419b
　　重点项目　419b
北京北大英华科技有限公司　419c
　　产业运行　420b
　　发展概况　419c
　　年度纪事　419c
　　企业改革　420b
　　所获荣誉　420c
　　研究开发　420b
　　重点项目　420b
北京大学　3a、7、18、45a、46a、461、604a、609b、610b、714、720a
　　2013—2014 学年校历（表）　713
　　2014—2015 学年校历（表）　714
　　第十一届国际文化节　461c
　　国际咨询委员会筹建　461a
　　认真贯彻落实十八届四中全会精神全面推进依法治校　18
　　深入学习贯彻习近平总书记五四重要讲话精神以社会主义核心价值观为引领加快创建世界一流大学步伐　7
　　先进党支部　609b
　　优秀共产党员　604a
　　优秀共产党员标兵　604a
　　综合改革方案　46a、720a
《北京大学校刊》　537a
北京大学附属小学　524
　　管理工作　524c
　　国际交流　525b
　　基建工作　525c
　　教师专业发展　524c
　　教学工作　524a
　　科技工作　524c

　　科研工作　524b
　　信息化工作　524c
　　艺术工作　524c
北京大学附属中学　521
　　chalk 系统　522c
　　办学条件　523b
　　成长辅导处　522b
　　出访　523a
　　导师队伍专业化　522b
　　道尔顿特色18＋2课程　522a
　　发展概况　521a
　　高中成长辅导处课程建设　521c
　　高中艺体俱乐部课程化　522a
　　教科研成果　522c
　　教师队伍建设　523b
　　教师聘任　523b
　　教学管理　522a
　　教学科研　523a
　　教育教学改革　521b
　　接待　522c
　　俱乐部课程　521c
　　课程建设趋向特色化科研化　522a
　　课外活动　521c
　　李冬梅当选全国优秀教师　522c
　　天津东丽湖学校筹建　522a
　　图书采购工作制度　523c
　　图书馆　523c
　　外事交流　522c
　　校园管理服务中心　522c
　　学术委员会　523a
　　学院课程通选和书院平行新关系　522a
　　语文英语课程改革　521b
　　预科部首届新型备考模式改革　522b
　　职称评定　523b
北京大学学报(医学版)　441b
　　获奖情况　441b
　　学会工作承担　441b
　　组稿与出版　441b
北京大学学报(哲学社会科学版)　440a
　　发展概况　440a
　　岗位培训　441a

获奖情况　440c
　　学术影响　441a
　　专题化　440b
北京大学学报（自然科学版）　440a
　　出版质量与获奖　440a
　　刊载论文　440a
　　数据库收录　440b
　　文献计量指标　440c
　　文献计量指标（表）　440
北京大学医院　519
　　党建工作　521a
　　发展概况　519a
　　服务质量　520b
　　公费医疗管理　521c
　　公共卫生　520b
　　工作任务　520a
　　国际交流与合作　521a
　　健康教育　520b
　　教育培训　520c
　　科室设置　519a
　　科研合作　520c
　　慢病管理　520b
　　群众工作　521b
　　人事管理　519c
　　人员情况　519c
　　社区卫生　520b
　　所获荣誉　521c
　　依法执业　520a
　　医疗服务　520a
　　医院还贷　521c
　　质量管理　520a
　　专科特色　520b
北京大学章程　12、31b、38a、46a、50b、715
　　制定　31b、38a
　　有关工作　38a
《北京大学章程》制定大事记　715
　　前言　715a
　　探索　715a
　　推进　716b
　　完成　717a
北京高校　541c、604
　　统战大讲堂首场报告会　541c
　　先进基层党组织　604a
　　优秀党务工作者　604a
　　优秀共产党员　604a
北京国际数学研究中心　185c

　　对外交流与合作　187b
　　队伍建设　186b
　　科研工作　185c
　　人才培养　186c
　　学术活动　187a
北京论坛　8、461c
　　贺信　8
北京市大气颗粒物中内毒素研究　179b
北京市党外知识分子领域理论政策研究基地建设　539a
北京市高校辅导员职业能力大赛　611a
北京市科学技术奖项目（表）　361
北京市三好学生（表）　638
北京市社会科学理论著作出版基金2014年（表）　377
　　上半年资助著作名单（表）　377
　　下半年资助著作名单（表）　377
北京市先进班集体　640a
北京市优秀学生干部（表）　640
北京市重点实验室/工程技术研究中心（表）　348
北京医科大学　45
北京银行奖教金获奖名单（表）　621
本科毕业生名单　645a
　　法学学士学位　645a
　　工学学士学位　646a
　　管理学学士学位　646b
　　经济学学士学位　646b
　　理学学士学位　647b
　　历史学学士学位　650a
　　文学学士学位　650b
　　哲学学士学位　651b
本科生教育　27a、29a、41a、193
　　本科教学计划修订　193b
　　本科课程目录（表）　198
　　本科生境外交流　195b
　　本科生科研训练　195a
　　本科专业分布（表）　195
　　发展概况　193a
　　非语言类外语平台课建设　194a
　　国家级规划教材名单入选

　　　（表）　305
　　基础学科拔尖学生培养试验计划　193b
　　教材建设　194c
　　教材建设立项名单（表）　304
　　教务管理　194b
　　教学奖励工作　195a
　　教学评估与评奖　194c
　　教学质量监控体系建设　41a
　　教育教学改革　27a
　　教育重点工作　41a
　　精品视频公开课名单（表）　306
　　课程情况　193c
　　入选第二批十二五本科国家级规划教材名单（表）　305
　　小班课教学　193c
　　招生工作　193a
本专科生　45b
毕业博士研究生　666a
毕业生名单　645
毕业硕士研究生　657a
表面等离激元研究进展及其交叉应用研讨会　177c
表彰与奖励　604
滨海医院　169b
　　便民服务　170c
　　党建工作　173a
　　队伍建设　172a
　　发展概况　169b
　　改革与探索　169b
　　干部保健　172c
　　个人荣誉　173c
　　工会工作　173b
　　后勤工作　173b
　　护理工作　170b
　　获奖情况　173c
　　基本建设　173b
　　集体荣誉　173c
　　教学　170c
　　科研　170c
　　社会服务　172c
　　填补天津市空白项目（表）　171
　　卫生应急　172b
　　信息化建设　173a
　　学科建设　171a

索 引

学术交流　172a
药事管理　170b
医保工作　170b
医疗工作　170a
医疗纠纷处置　172b
医院管理　169c
预防保健　170c
博士毕业研究生　666a
博士后人数　53a
博士生招生改革　41a
部门联席会议制度　539a

C

财务工作　40b、465
　2013、2014年支出构成比较
　　（表）　467
　财会队伍潜力挖掘　469b
　财务公开体系　469a
　财务管理工作　467a
　财务检查评估工作　469c
　财务信息化建设　469b
　财务专题分析　465b
　发展概况　465a
　国家新政贯彻落实　467c
　会计核算与服务工作　469c
　减支开源　467c
　科研经费管理　468b
　内部控制建设　468a
　收费管理工作　469a
　收入构成（表）　466
　新旧会计制度转换　468a
　预算执行进度　467b
　支出构成（表）　466
　资产管理水平　468c
　资源节约增效　467c
财务和筹资工作　49b
财政状况　28b
蔡元培　5a、45a
餐饮中心　510
　大型项目　511a
　内部管理　510c
　食品安全　510c
　特色餐饮服务　511b
产业系统党建　575
　党的群众路线总结大会　575c
　党风廉政建设　576a
　党建基础工作　576b

方正分党委活动　576c
临湖党支部活动　577b
企业调研　576c
维信党支部活动　577b
主题党日活动　576b
昌平校区管理　498
　安全保卫　499b
　党组织建设　499c
　对外联络　498c
　队伍建设　499b
　发展概况　498a
　日常行政　498b
　入驻实验室工作　498c
　运行保障　499a
　制度建设　499b
　主题党日活动，深入学习讨
　　论　499c
长江学者名录（表）　581
陈功　131a
陈秀万　83c
陈衍景　83b
城市与环境学院　79b
　党建工作　80c
　党建活动　80c
　发展概况　79b
　国际评估工作　81a
　交流合作　80c
　教学工作　79c
　教学获奖　80a
　就业工作　81b
　科研成果　80b
　科研工作　80a
　科研项目　80b
　课程设置　79c
　培养方案　80a
　人才队伍　80b
　日常工作　81a
　行政队伍　80c
　行政工作　80c
　学生工作　81b
　学生人数　79c
　院友工作　81b
　组织建设　80c
惩防体系　25a、544c
　建设　25a
　工作部署大会　544c
筹资与基金管理　529

2018筹资挑战计划制
　订　529a
筹资工作　529a
筹资工作推进落实座谈
　会　530c
筹资体制和制度建设　529b
机构建设　530a
捐赠资源拓展　529b
年度纪事　530b
项目管理　529c
新太阳学生中心落成仪
　式　530c
出版的理工医类著作目录
　（表）　362
出版社　433b
　版权工作　433c
　发展概况　433b
　荣誉　434a
　社会公益　434a
　重大纪事　434a
　重点项目　433b
传信　9a
传秀云　83b
创建世界一流大学　2、23a、24a、
　37a、38a、43a、45a、46a
　政治保障　24a
创新奖　622a
春季全校干部大会　19、27
磁共振成像研究中心　178c

D

大局意识　25b
大气复合污染双清论坛　179c
大气颗粒物暴露及毒性研究　179b
大事记　689a
大统战工作格局　539a
大学　3b
大学国际组织　461b
大学生　6a
　思想政治教育　20b、34b
大学时光　9
大学堂顶尖学者讲学计划　462a
党的建设　7b、20a、24a、35a
　科学化水平　24a
　制度创新　24a、35a
党的工作　35a
　部署　35a

索引

党的领导　35b
党的群众路线教育实践活动
　　19a、22b
党的组织建设　36a
党对学校改革发展事业领导能力
　和水平　35a
党发、校发文目录　598
党风廉政建设　20b、25a、34b、
　36b、544a～545a
　　工作会议　544a
　　责任制检查　545a
　　主体责任落实和惩防体系工
　　　作部署大会　544c
党风廉政教育　546a
党风政风　37b
党管干部　35b
党建工作　20b、36a、533、604
　　水平　36a
　　研究　535b
　　与思想政治工作奖励　604
党外代表人士　538～540
　　安排使用　539c
　　队伍建设　539c
　　服务国家和学校发展　540a
　　监督作用　538b
　　实践锻炼　540a
党外知识分子联谊会　538c
党委常委会　19b、24a
党委工作　19b、21、33a
　　指导思想　21b
　　总揽全局　19b
党员　20b、24b、36a
　　队伍建设　20b、24b、36a
　　发展质量　24b
党员领导干部与党外代表人士联
　系交友制度　540b
档案馆　434c
　　WEB录入系统　435b
　　《毕业生临别赠言》专题研
　　　究　435c
　　档案安全与保密　435c
　　档案编研　435b
　　档案管理　435a
　　档案馆新网站　435b
　　档案核查入库　435a
　　档案库房管理　435b
　　档案利用工作　435a

档案收集与整理　435a
发展概况　434c
教育部学历学位认证工
　作　435b
声像档案清理和复制　435b
信息化建设　435b
学生档案数据库建设　435b
导师遴选机制改革　41a
道德实践　5a
道德修养　5a
德　3b
地球与空间科学学院　81b
　　本科生教学　82a
　　党建工作　84a
　　发展概况　81b
　　工会工作　84b
　　交流合作　83a
　　教学工作　82a
　　科研工作　82c
　　社会服务　83a
　　学生工作　84b
　　研究生教学　82b
地质博物馆　438c
　　地质学专业课程教学实
　　　践　438c
　　发展概况　438c
　　管理人员构成　438c
　　教育教学　438c
　　科普活动　439a
　　社会科普　439a
　　项目实施　439a
　　学生培养　439a
　　中小学教育辅助　439a
第5期中青年骨干研修班　535c
第41期干部研讨班　535b
第二届北京市高校辅导员职业能
　力大赛　611
第二届民建城市发展论坛　542a
第二临床医学院　147a
第九届班级五·四奖杯　622a
第九届民盟高教论坛　543b
第六届教职工代表大会执行委员
　会名单　58
第六医院(精神卫生研究所)　163a
　　党建工作　164c
　　公共卫生服务　165a
　　工会工作　164c

共青团工作　164c
护理工作　164b
继续教育　164a
交流合作　164a
教学工作　163c
科研工作　163c
科主任例会　164b
培训和沟通　164b
社会服务　163c
项目办工作　165a
学生工作　165a
医疗工作　164b
医疗行为规范　164b
医疗质量管理　164b
志愿服务工作　165a
主治医师督导　164b
第三医院(第三临床医学院)　155a
　　发展概况　155a
　　改革管理　155a
　　护理工作　156a
　　基本建设　157a
　　交流合作　157a
　　教学工作　156c
　　科研工作　156b
　　文化建设　157b
　　信息化建设　157a
　　学会任职　157b
　　医保工作　155c
　　医疗工作　155b
　　医疗支援　155c
　　预防医疗纠纷　156a
第十届北京市级教学名师奖获奖
　名单(表)　613
第十届校学位评定委员会名单　56
第十三届北京市人文社会科学研
　究优秀成果奖北京大学获奖名
　单(表)　376
第十一届北京论坛贺信　8
第五届医改沙龙　543a
第五期海外侨领高级研修班　543c
第一医院(第一临床医学院)　145c
　　发展概况　145c
　　护理工作　146b
　　基本建设　147a
　　科研工作　146c、146b
　　培训工作　146c
　　学术交流　147a

索　引

医疗工作　146a
医学教育　146c
电视台　537b
顶尖水平科研成果　48a
定量生物学中心　180a
动力中心　512a
　　党建工作　513a
　　服务保障　513a
　　水电暖基础设施建设　512c
　　水电暖系统改造　512c
　　水电暖系统检修　512b
　　水电暖运行　512a
督查督办工作　32a
笃实　5a
对口扶贫　31a
对口支援　31a、42b、49a
对外汉语教育学院　111c
　　党建工作　112c
　　发展概况　111c
　　交流合作　112b
　　教学工作　112a
　　科研成果（表）　112
　　科研工作　112a
　　科研项目（表）　112
　　学生工作　113a
对外合作水平和层次　28a
对外交流　460
　　大型交流活动　461c
　　发展概况　460a
　　港澳台交流　462a
　　国际会议　462a
　　派出工作　462a
　　品牌活动　462b
　　外国专家工作　462a
　　项目建设　460c
　　校级交流　462b
　　学生海外学习　461b
　　政要来访　462a
　　重要出访　460a
　　重要来访　460b
队伍建设　30b
多功能纳米材料论坛　177c
多媒体演示　1b
多渠道筹资体制机制　49b
多样性人才培养模式　41a

E～F

鄂维南　48a
二维晶体材料化学论坛　177c
发展规划工作　457
　　《北京大学2018行动计划》制订　458b
　　《北京大学机构编制管理办法》研究制定　458b
　　《北京大学章程》制定　457b
　　《北京大学综合改革试点方案》参与制定　458b
　　大学排名更新和变动情况分析　459a
　　党的群众路线教育实践活动　460b
　　发展概况　457a
　　古建修缮项目申报和推动　459b
　　机构编制核查工作　459a
　　可移动文物普查　459c
　　农学科专项分析　458c
　　事业规划　459a
　　事业规划工作会议　459b
　　文保会议　459c
　　文物保护　459c
　　文物保护规章制度建设完善　459c
　　文物保护区访客承载量研究　460a
　　文物保护日常工作　460b
　　文物普查建档工作　460a
　　现代大学制度建设　457b
　　《校属实体机构设置与调整的审批流程》修订　459a
　　校园规划　459b
　　校园环境改善　459b
　　校园建设改造项目研究审议和落实　459b
　　新版《学术委员会章程》研究制定　458a
　　学科发展分析长效机制　458c
　　学科规划　458c
　　学科规划工作会议　459a
　　学校战略规划　458b
法学院　119c
　　党建工作　120c
　　发展概况　119c
　　交流合作　120c
　　教学工作　119c
　　科研工作　120a
　　学生工作　121a
法制教育　18b
法制宣传教育　44a
法治精神　18a
法治人才　18b
方正奖教金获奖名单（表）　618
房地产管理　472
　　地下空间与人防工程管理　473b
　　发展概况　472a
　　房地产管理　472c
　　房改工作　473b
　　房改售房　473b
　　房屋产权管理　473b
　　房屋基本情况汇总（表）　476
　　房屋维修管理　473a
　　公用房调配与管理　472c
　　公寓及住房日常管理　473a
　　家具资产管理　474a
　　教职工住房补贴发放　473c
　　蓝旗营小区电梯更新改造工程　474a
　　人防工程管理　473b
　　土地基本情况汇总（表）　474
　　土地与房屋产权管理　473b
　　校园置换与腾退　474a
　　《已购公有住房上市出售管理暂行办法》实施　473c
　　重点专项工作　474a
　　住房调查及审核　473c
　　住房改革资金测算　473c
　　住房日常管理　473a
分子医学研究所　182c
　　IMM Seminar系列讲座　183c
　　安全工作　184a
　　筹资工作　184b
　　党建工作　184a
　　队伍建设　183a
　　发展概述　182c
　　工会工作　184a
　　交流合作　183b
　　科研工作　182c
　　诺贝尔奖启迪项目活动　183c

线粒体实习班　183b
学科建设　183a
学生工作　184a
亚洲衰老研究协会研讨
　　会　183b
硬件建设　183c
与《新英格兰医学杂志》合
　　作　183b
风气建设　37b
服务国家战略　42b、48b
　　意识和能力　48b
服务社会经济发展　42b、48b
　　贡献率　42b
服务首都工作　30b
服务效能　31b
辅修专业获得证书名单　655b
傅绥燕　83c
附录　700
附属单位负责人　63
附属医院　49a、51

G

改革创新　21a
改革发展重点工作　37a
干部　19a、20b、34a、35b、55、535b
　　队伍建设　20b、35b
　　调整工作　34a
　　研讨班　535b
　　作风　19a
干部人事制度改革　35b
干细胞与再生医学研究　178b
港澳台侨工作　541a
港澳台学生教育　342
高等学校科学技术奖项目
　　（表）　359
高端人才　41b、47b
　　队伍建设　47b
　　培养　41b
高分子类生物材料及组织工程支
　　架材料研究　178c
高克勤　83a
高水平人才队伍建设　27b、47a
高水平实质性合作　31a
高素质创新型人才培养　41a
高校工作　5b
歌剧研究院　113b
　　党建工作　114b

发展概况　113b
交流合作　114a
教学工作　113b
科研工作　113c
学生工作　114b
各项改革　22b
公共卫生学院　138a
　　对外交流　139c
　　发展概况　138a
　　教学工作　138a
　　科研工作　139a
　　培训工作　140a
　　学科建设　139b
　　学生工作　140a
公益性行业专项获批项目
　　（表）　359
公寓服务中心　513b
　　常规工作　513b
　　党建工作　514c
　　教师公寓工作　514a
　　学生公寓工作　513b
　　专项与创新工作　514b
工会负责人　61
工会与教代会工作　21a、34b、
　　36b、549
　　发展概况　549a
　　扶贫帮困长效机制　550c
　　工会组织自身建设　552a
　　工作重心下移　552a
　　基层迸发活力　552b
　　基层工会组织建设调研　552b
　　教代表队伍建设新载体　550b
　　教代会提案工作　549c
　　教代会作用　549b
　　教职工队伍建设　550c
　　教职工服务　550b
　　教职工合法权益　550b
　　教职工精神文化生活　551c
　　教职工民主参与力度　550a
　　教职工权益维护　550b
　　教职工社团建设　551c
　　民主建设　549b
　　女教职工活动　550c
　　平民学校办学质量　551b
　　青年教师发展　551a
　　群众性文体运动　551c
　　师德师风建设　550c

文化体育活动　551c
校领导与教职工沟通会　550a
信息化建设　552c
幸福学堂　551b
宣传工作　552c
学习和交流平台　552a
工会作用　25b
工学院　93b
　　本科生教学　93c
　　产学研工作　97c、97a
　　筹款工作　97c
　　党建工作　95b
　　发展概况　93b
　　基金管理　97c
　　交流合作　96c
　　教学工作　93c
　　科研工作　94c
　　宣传工作　97a
　　学生工作　95c
　　学院发展　97a
　　研究生教学　94a
　　院友会　97b
工作主题　21b
龚旗煌　48b
共青团标兵　641b
共青团工作　34b、36b、562
　　《北大青年》　563b
　　《北京大学研究生学志》　566a
　　财务工作　568b
　　大学生素质教育　563c
　　第二课堂　563c
　　公共管理工作　568c
　　就业创业见习　565c
　　理论研究　563a
　　青年职工工作　566a
　　青年志愿服务　565a
　　社会实践　564b
　　团的自身建设　567b
　　团干部培养　565b
　　团委工作信息化　563b
　　校园文化建设　564c
　　新生教育　564a
　　信息工作　568a
　　宣传引导　563a
　　学生骨干培养　565b
　　学生会　566a
　　学生社团　566c

索引

学生思想政治教育　563a
学生组织　566a
学术科创　564a
学习习总书记讲话精神　562c
研究生骨干培养　565c
研究生会　566c
研究生与青年工作　565c
研究生专项公益活动　565c
组织建设　567c
作风建设　567b
共青团系统奖励　641
共同认同的价值观　2a
官方微博微信　537c
管理效率　31b
管理与后勤保障　456
贯彻党的十八大精神和中央决策
　部署　20a
贯彻党的十八届三中全会精神
　21a、22a
贯彻落实习近平总书记来校视察
　重要讲话精神　37a
光华管理学院　118a
　党建工作　119a
　发展概况　118a
　交流合作　118c
　教学工作　118b
　科研工作　118c
　学生工作　119b
广播台　537b
广东省、深圳市重点实验室
　（表）　349
归国华侨联合会负责人　64
国华杰出学者奖获奖名单
　（表）　615
国际关系学院　114b
　党建工作　115c
　发展概况　114b
　交流合作　115b
　教学工作　114c
　科研工作　115a
　全面育人　115b
　思想政治教育　115c
　学生工作　115c
国际化程度　31a、43a
国际化人才培养体系　49b
国际交流与合作　31a、40a、
　43a、49a

质量　49a
国际师生比例　31a
国际文化节　461c
国际影响力　43a
国际战略咨询委员会　43a
国家发展研究院　131b
　党建工作　132b
　发展概况　131b
　交流合作　132a
　教学工作　131b
国家工程实验室（表）　346
国家工程研究中心（表）　346
国家级重点实验室（表）　346
国家科学技术奖项目（表）　359
国家实验室（表）　345
国家重大科技基础设施（表）
　42b、346
　建设　42b
国家重点基础研究发展规划（表）
　356、357
　获批课题（表）　357
　获批项目（表）　356
国家重点实验室（表）　346
国家自然科学基金（表）　353
　～356
　获批项目（表）　353
　获批重大项目（表）　355
　获批重点项目（表）　355
　医学部获批项目和经费
　（表）　354
　重大国际合作获批项目
　（表）　356
　重大科研仪器设备研制获批
　专项（表）　355
　重大研究计划获批项目
　（表）　355
国内合作　42b、396
　定点扶贫　398b
　发展概况　396a
　交流合作　396c
　支援援建　397c
国侨办作信使60天内收到回
　信　9a
国外大学日　461a

H

海外平台建设　31a

海外侨领高级研修班　543c
海洋研究院　445c
　队伍建设　446a
　发展概况　445c
　理事会　446a
　领导班子　446a
　年度纪事　446b
　人才队伍　446a
　学科建设　446a
　学生工作　446b
　学术活动　446a
　院所中心　446a
　组织结构　446a
合作层次　49b
核心价值观　2～5b
贺信　8
红楼艺术奖　637a
红旗团委　641a
后备干部队伍建设　36a
后勤保障服务机构　508
后勤党建　569
　党代表提案工作　570a
　党风廉政建设　570c
　党务工作规范创新　570b
　工会共青团工作　571a
　后勤改革和规范管理　570b
　基层党建工作　570b
　老干部工作　571a
　领导班子干部队伍建设　569a
　群众路线教育实践活动　570a
　荣誉表彰　571a
　主题党日活动　569b
　综合改革大讨论　569c
护理学院　140b
　安全教育系列活动　142a
　本专科教育　140c
　博士后科研流动站　141a
　党日活动　141c
　对外交流　141b
　发展概况　140b
　国际护士节系列活动　141c
　护理科研基金　141a
　获奖情况　142b、142（表）
　继续教育　141a
　教学工作　140b
　科研工作　141a
　社会服务　142b

暑期社会实践 142a
学生工作 141c
学生交流 141c
研究生教育 140b
与香港大学学生交流活动 141c
与香港政府华员会护士分会来访团交流 141c
组织建设 141c
化学与分子工程学院 71a
　　本科生学位授予专业设置 72a
　　成果统计 73b
　　发展概况 71a
　　分析化学 72a
　　高分子化学与物理 72a
　　合成与功能生物学中心 74b
　　化学生物学 72b
　　获奖情况 72c、73b
　　教学工作 72b
　　就业工作 73a
　　科研奖励 73b
　　科研项目 73b
　　年度纪事 74c
　　人才计划 73b
　　软物质科学与工程中心 74b
　　无机化学 72a
　　五年制博士学位授予专业设置及研究方向 72a
　　物理化学 72a
　　学科设置 72a
　　学生党建 73a
　　学生工作 73a
　　学生活动 73a
　　学生资助 73a
　　学术交流 73c
　　研究机构 71c
　　应用化学 72b
　　有机化学 72a
环境科学与工程学院 101a
　　党建工作 102c
　　发展概况 101b
　　工会工作 103a
　　交流合作 102b
　　教学工作 101c
　　科研工作 102a
　　校友筹资工作 103a

学生工作 102c
环境与健康 179
　　学术会议 179c
　　研究成果 179a
　　研讨会 179c
黄廷方/信和青年杰出学者奖获奖名单（表） 617
回信 9b
会议中心 508a
　　财务管理 509b
　　党建工作 510a
　　队伍建设 509b
　　发展概况 508a
　　内部管理 510a
　　业务发展 508c

J

基本数据 51
基层党组织 20b、24、34a、534c
　　工作机制 24
　　建设 20b、24b、34a、534c
　　设置模式 24b
　　职能定位 24b
基层调研工作 539a
基础设施建设 43a、50a
基础性工程 7a
基础学科发展建设 30a
基础研究 42a
基础医学院 133b
　　PBL教学 134a
　　发展概况 133b
　　教学工作 133c
　　科研工作 134b
　　实验教学改革 134b
　　所获奖项 135a
　　学科建设 135a
　　学术活动 134c
基建工作 499
　　工程前期报批情况 501a
　　工程项目管理 500a
　　基建投资计划与完成情况 499c
　　竣工工程 500a
　　在施工程 500b
机构 55
机关党建 568
　　党建创新立项 568c

　　工会共青团工作 568c
　　领导班子干部队伍建设 568a
　　校外工作交流 568c
　　主题党日活动 568a
　　组织发展评优工作 568b
机关各部门负责人 61
积极分子与党员干部培训 535b
寄语北大学妹 9b
技术转移合作 30b、49a
纪检监察工作 544
纪检监察组织和队伍建设 546b
纪律审查 545b
纪念五四运动95周年青春诗会 1
继续教育 43a、49a、337a
　　北京市成人继续教育比赛参赛 338a
　　毕业生情况 337a
　　成人高等学历教育年度概况 337a
　　访问学者 337b
　　《〈非学历继续教育管理办法〉财务专项实施细则（2014）》发布 338b
　　《非学历继续教育管理办法》发布 338b
　　非学历继续教育培训 338a
　　非学历继续教育质量监管 338a
　　继续教育年终总结交流会 338c
　　继续教育信息化建设 338c
　　进修教师 337b
　　领导干部培训 338b
　　体制机制 43a
　　学位发放情况 337b
　　圆梦计划实施 338a
　　在校生情况 337a
　　招生情况 337a
　　自学考试工作 337c
继续教育学院 338c
　　2012—2014年收入情况汇总（表） 339
　　党建群团工作 339a
　　地区人才发展 339c
　　高端培训项目 339a
　　工勤人员提供学习平台 340a
　　机构设置 338c

索 引

人员概况 339a
校地合作 340a
业绩情况 339b
与校内其他院系合作 340a
圆梦计划 339c
圆明园校区继续接收入住研
　究生 340a
制度建设 339a
中小学教师国家级培训计
　划 339c
重点民生领域项目 339b
计算机科学技术研究所 98b
　党建工作 99c
　发展概况 98b
　交流合作 99c
　教学工作 98b
　科技开发 99b
　科研工作 98b
　其他工作 100a
　王选纪念陈列室 99c
　行政工作 100a
计算中心 441c
　成人教育 442a
　党建工作 442b
　电子校务开发 443a
　发展概况 441c
　公共教学资源建设 443b
　交流合作 442a
　经费情况 442a
　科研成果 441c
　科研工作 441c
　上门服务 444b
　项目数量 441c
　校园网建设 442c
　校园网运行及用户服务 444b
　学术活动 442a
　用户服务 444b
《加强党外干部培养和选拔的工作
　意见》起草 539a
贾庆国 11a
价值取向 2a、4b
价值体系 4a
坚定信念 26a
监督方式创新 25a
监督检查工作 545b
建筑与景观设计学院 88b
　发展概况 88b

交流合作 89a
教学工作 88b
科研工作 88c
社会服务 89a
行政工作 89b
学生工作 89b
江大勇 83b
江泽民 45a
奖教金、奖学金颁奖典礼 531b
奖励工作 535a
交通安全管理 547a
焦健 84a
教代会工作 21a、25b、34b、
　36b、549
　作用 25b
教师 5b、7a、23b、24b、28a、47b
　队伍建设 7a、23b
　日常培训与考核 47b
　生活条件 28a
　思想政治教育 24b
教授名录 585、591
　校本部教授名录 585a
　医学部教授名录 591a
教学成果 46b
教学科研 47a、53a、422、613
　服务机构 422
　奖励与奖教金 613
　职位分系列管理制度 47a
教学优秀奖获奖名单（表） 613
教育部工程研究中心（表） 347
教育部重点实验室（表） 346
教育改革排头兵 7a
教育教学 29a、39a、41a、193
　改革 29a、39a、41a
教育领域综合改革 21a
教育学院 127b
　党建工作 128b
　发展概况 127b
　交流合作 128b
　教学工作 127c
　科研工作 128c
　学生工作 128c
　纵向项目信息（表） 128
教职工 51a、58、536a
　代表大会执行委员会 58
　入党积极分子培训 536a
金光集团捐资十年支持北京大学

博雅人才计划 530c
金属类生物材料研究 178b
进人用人质量关 42a
精神 3b
精神卫生研究所 163a
经济学院 116a
　党建工作 117c
　发展概况 116a
　交流合作 117a
　教学工作 116b
　科研工作 116c
　学生工作 117b
九三学社中央常务副主席来
　访 542c
就业指导中心 556c
　创新创业 557c
　基层和西部就业 556c
　精品课程项目 556c
　就业服务 557b
　就业优势领域 557a
　社会骨干力量培育 557a
决断选择 5a

K

开放办学 43a
开放合作战略 49a
康复医学工程研究 178a
考古文博学院 106a
　本科培养方案调整 106a
　第二课堂 107a
　发展概况 106a
　获奖情况 106c
　基层党建 107a
　奖助工作 107a
　交流合作 107a
　教学工作 106a
　科研工作 106b
　科研项目 106b
　人才培养 106a
　实习基地建设 106b
　心理健康 107a
　学生工作 107a
　学术成果 106c
　学术活动 106c
　研究生培养管理 106b
科技开发 49a、389
　成果收集 389a

创业教育　390c
　　创业竞赛　390b
　　创业课程　390c
　　带动创新　389b
　　发展概况　389a
　　服务地方　389a
　　海外合作　389c
　　合同管理　389c
　　加强合作　389b
　　经费管理　390a
　　平台扩展　389b
　　信息化建设　390c
　　医学部专利　390c
　　支持平台　389c
科技开发部技术合同到款
　　（表）　391
科技开发与成果转化　42b
科维理天文与天体物理研究
　　所　184b
　　发展概况　184b
　　访问学者计划　185a
　　获奖情况（表）　185
　　基础建设　185b
　　交流合作　185a
　　教学工作　184c
　　经费情况　185c
　　科研成果　184c
　　科研工作　184c
　　人才情况　184c
　　日常交流　185a
　　夏令营活动　185b
　　行政工作　185b
　　学生工作　185b
　　学术会议　185c
科学奖　48a
科学研究　39b、343
科研　27b、29b、30a、42b、47b、53a
　　保密管理　30a
　　创新能力　42a
　　竞争力　47b
　　实力　27b
　　水平　29b
　　体制改革　30a
科研成果　48a、365
　　通过鉴定统计（表）　365
科研基地实验室建设　48b
客座教授（表）　700

孔子学院建设　461b
口腔医院（口腔医学院）　157b
　　毕业生去向　160a
　　党建工作　159b
　　队伍建设　157c
　　发展概况　157b
　　妇女工作　159c
　　工会工作　159b
　　共青团工作　159c
　　护理质量　158b
　　获奖情况　158a
　　基本情况　157c
　　交流合作　159a
　　教材出版　158b
　　教学工作　158b
　　教学获奖　158c
　　教学资源　158c
　　经费情况　158c
　　科研成果　158c
　　科研工作　158c
　　年度人物　160a
　　培养方案　158b
　　社会服务　159a
　　校园文化建设　160a
　　行政队伍　159b
　　行政及其他工作　159b
　　学科建设　157c
　　学生工作　159c
　　学生活动　159c
　　学生人数　158b
　　学术活动　158c
　　医疗工作　157c
　　医疗质量管理　158a
　　医院文化　160a
　　组织结构　157b

L

离退休工作　464
　　发展概况　464a
　　工作队伍　464a
　　关心下一代工作　465a
　　立德树人教育基地　465c
　　生活待遇　464a
　　文体活动　464b
　　宣传调研　464c
　　政治待遇　464a
李冬梅　522c

李华芳　94b
李慧敏　9～10b
李克强　8～10、46a
　　复信泰国学生座谈会　9b
　　给谁回过信　10a
　　回信北大泰国学妹以学长身
　　　份欢迎两名学生祝两人在
　　　北京度过美好大学时光　9
　　回信内容　10b
　　回信自称学长寄语北大学
　　　妹　9b
　　向第十一届北京论坛致贺
　　　信　8
李培军　83c
李琦　83c
李岩松　9b、11a
李彦　48a
李应卫　94b
李兆基人文学苑　11b
理工科2014年获得其他国际（地
　　区）合作项目（表）　367
理工科新批科研项目（表）　351
理工科与医科科研　48a、343a、
　　349、350、359、367
　　北京市科研项目　345b
　　发展概况　343a
　　附录　345a
　　国际科技合作项目　345a
　　国家级科研基地　343c
　　国家科技部主管各类项
　　　目　344c
　　国家自然科学基金委员会资
　　　助各类项目　344a
　　获得科技部政府间国际合作
　　　项目（表）　367
　　获批的教育部科学技术研究
　　　项目（表）　358
　　教育部资助项目　345b
　　竞争优势　48a
　　科技奖项　345b
　　科研成果　345b
　　科研基地建设　343c
　　科研经费　344a
　　科研项目　344a
　　科研项目到校经费（表）　350
　　论文　345c
　　其他部门科研专项　345b

索　引

省部级科研基地　344a
　　在研科研项目数分类统计
　　　（表）　349
　　专利　345c
　　专著　345c
理工医类著作出版目录（表）　362
理论工作　536b
理论研究成果　7b
理学部学术委员会　57
历史学系　104b
　　党建工作　105b
　　发展概况　104b
　　交流合作　105c
　　教学工作　104c
　　科研工作　105a
　　学生工作　105c
立德树人　7a、23b、46b
　　根本任务　7a
廉政风险防控　25a
联泰国际集团再次捐资支持北大
　　学生国际交流　530b
练好内功　38a
梁智卫　9b、10a
两大任务　21b
临床肿瘤医学院　160a
领导班子建设　20b、24a、35b
领导班子暑期战略研讨会　40b
领导管理团队建设　24a
领导机构　55
刘建波　83b
刘树文　83b
刘曦　83b
刘延东　8、38a
刘岳峰　84a
留学生毕业生名单　670a
　　本科生（表）　670a
　　研究生（表）　682a
留学生工作　43a
留学生写信感谢　9a
留学生与港澳台学生教育　342
　　发展概况　342a
　　港澳台学生工作　342c
　　留学生招生　342a
　　校友工作　342a
鲁安怀　83b
鲁迅　5b
绿叶生物医药杰出青年学者奖获

　　奖名单（表）　618

M～N

马克思主义学院　126a
　　毕业生去向　127b
　　党建工作　127a
　　队伍建设　126b
　　发展概况　126a
　　会议讲座　126c
　　交流合作　126c
　　教学工作　126b
　　教学获奖　126b
　　科研成果　126c
　　科研工作　126c
　　科研项目　126c
　　课程设置　126b
　　人才队伍　126c
　　思想政治教育　127a
　　校园文化建设　127b
　　学科建设　126b
　　学生工作　127a
　　学生人数　126b
　　组织机构　126a
马克垚　1a
马学平　83a
埋头苦干改革创新精神　7a
毛善君　84a
媒体报道索引（表）　701
梅贻琦　5b
蒙草抗旱公司与北大合作开展生
　　态农业相关教学科研　530c
米歇尔·奥巴马来访　460b
民建城市发展论坛　542a
民进北京市委主委调研　542b
民盟高教论坛　543b
民生工程　28a、32b、50a
民主党派　64、540、543
　　负责人　64
　　活动　540b
　　基层组织自身建设　540b
　　有影响的活动　540c
　　组织机构状况（表）　543
民主集中制　35b
民主监督　538b
民主协商制度建设　538c
民族政策贯彻落实　540c
民族宗教港澳台侨和统战对象照

　　顾工作　540c
名誉博士（表）　700
名誉教授（表）　700
明辨是非　5a
目标　4a
穆拉图　11、460b
　　访问北京大学　11
　　来访　460b
纳米科学研究　177b
脑功能成像论坛　179a
内涵式发展道路　23b
年轻干部建设　36a

P～Q

潘基文　8b
潘懋　83a
培训体系建设　36a
品德修养　7a
平安校园建设　546a
其他省部级研究基地（表）　349
签订 100 万元以上技术合同
　　（表）　392
签订进款技术合同统计（表）　391
前沿交叉学科研究院　176c
　　北京市大气颗粒物中内毒素
　　　研究　179b
　　表面等离激元研究进展及其
　　　交叉应用研讨会　177c
　　磁共振成像研究中心　178c
　　大气复合污染双清论坛　179c
　　大气颗粒物暴露及毒性研
　　　究　179b
　　定量生物学中心　180a
　　队伍建设　176c
　　多功能纳米材料论坛　177c
　　二维晶体材料化学论坛　177c
　　发展概况　176c
　　干细胞与再生医学研究　178b
　　高分子类生物材料及组织工
　　　程支架材料研究　178c
　　环境与健康学术会议　179c
　　环境与健康研究成果　179c
　　环境与健康研讨会　179c
　　基地建设　178c
　　交叉学科夏令营　177b
　　金属类生物材料研究　178b
　　康复医学工程研究　178a

科研设备　178c
　　临床医院合作　177a
　　纳米科学研究　177b
　　脑功能成像论坛　179a
　　生物医学跨学科科研　178a
　　实际大气细颗粒物细胞毒性
　　　及分子机制　179b
　　实验室建设　178c
　　医疗健康大数据研讨
　　　会　177a
　　医学成像和信号研究　178a
　　优秀博士后基金　177b
勤学　5a
秦其明　83c
秦善　83b
青春中国梦，赤忱五四情　1b
青年　2a、3a、41b、47b
　　价值取向　2a
　　人才队伍建设　41b、47b
　　自觉践行社会主义核心价值
　　　观　3
青年教师入选北京市科技新星计
　划名单（表）　359
青年研究中心　558a
　　常规工作　558a
　　发展概况　558a
　　特色工作　558b
区域发展服务机构　398
全国高校辅导员年度人物提名
　奖　611a
全国优秀教师名单（表）　615
全面深化综合改革　22a
群众路线　22b
群众路线教育实践活动　19b、
　33b、533a、538b
　　成果　538b
　　整改落实工作　33b
　　总结大会　19b

R

人才队伍　47
　　国际竞争力　41b
　　建设　47a
人才培养质量　27a、46b
人才强校战略　7a、47a
人才资源　41b
人口研究所　130c

　　发展概况　130c
　　交流合作　131a
　　教学工作　130c
　　科研成果　130c
　　科研工作　130c
　　科研项目　131a
　　学术活动　131a
人民医院（第二临床医学院）　147a
　　白塔寺院区配电室增容　152b
　　病区装修改造　152c
　　财务制度　153c
　　常规教育教学工作　149c
　　党建工作　154a
　　对外交流　154a
　　多层次医学人才培养　149b
　　发展概况　147a
　　改革管理　147a
　　后勤工作　152b
　　护理工作　149a
　　获奖情况　154c
　　教学工作　149b
　　教学合作模式创新　150a
　　教学质量监控平台　150a
　　教育教学课题研究　150a
　　节能降耗　153a
　　科研成果与专利　151a
　　科研服务平台建设　151c
　　科研工作　150b
　　科研管理信息化系统　151c
　　科研论文　151a
　　科研项目管理　151a
　　流行病学与医学统计学服务
　　　平台　152a
　　门诊检验科装修改造　152c
　　门诊外挂电梯　152c
　　青年学术沙龙系列学术活
　　　动　150a
　　人才与团队培养项目　150c
　　人力资源管理信息数据
　　　库　153c
　　实验动物服务平台　152a
　　实验室科研技术共享平
　　　台　152a
　　文献资源共享和服务平
　　　台　152b
　　物资供应　153b
　　西直门院区热力管道更

　　　新　152b
　　学术新星评选和跟踪培
　　　养　150b
　　研究生管理　150b
　　药物临床试验　151b
　　医疗工作　148a
　　医学伦理　151b
　　医学生社会实践　150a
　　医学战略合作平台转化　152a
　　医院安防系统建设　152c
　　医院硬件设施升级改造　152c
　　运营工作　153b
　　整个生命周期管理　153c
　　重点学科建设　150c
　　住院医师教学　149c
人事管理　463
　　工资与福利　463a
　　合同制管理　463c
　　奖教金评审　463a
　　津贴与补助　463c
人文基金和光华奖学金颁奖仪
　式　531c
人文杰出青年学者奖获奖名单
　（表）　615
人文社科　1a、42b、48b、377
　　SSCI、A&HCI、SCI论文奖励
　　　名单（表）　377
　　成果展　1a
人文学部学术委员会　57
人文学苑　1a
人物　579
任务分解落实　23b
认真贯彻落实十八届四中全会精
　神全面推进依法治校　18
《儒藏》编纂　48b
《儒藏》编纂与研究中心　48b、182b
　　教学工作　182b
　　科研工作　182c
　　年度纪事　182c
软件与微电子学院　100a
　　党建工作　100c
　　发展概况　100a
　　交流合作　101a
　　教学工作　100b
　　科研工作　100b
　　招生与就业　101b

索 引

S

赛克勒博物馆　438b
　　　新增藏品　438c
　　　展览举办　438b
三个自信　4b
三好学生　626b、638(表)
三好学生标兵　624b
上半年工作总结　39a
摄影与图片　537b
社会服务　28a、343
　　　能力和水平　30b、40a
社会工作奖　634a
社会科学部学术委员会　57
社会学系　123a
　　　党建工作　124a
　　　发展概况　123a
　　　获奖情况(表)　124
　　　教学工作　123b
　　　科研工作　123c
　　　学生工作　124b
社会主义核心价值观　1～7、25b
　　　进教材进课堂进头脑　25b
　　　专项研究课题　7b
设备管理　479
深港产学研基地　405a
　　　成果转化　405c
　　　发展概况　405a
　　　孵化器建设　405b
　　　哈尔滨基地　405c
　　　合作基金　406a
　　　南京基地　405b
　　　青年创业训练营　406c
　　　人才培养　406b
　　　研发平台　406a
　　　应用研发　406a
深化科技体制改革主题议政会　542b
深入学习贯彻习近平总书记五四重要讲话精神以社会主义核心价值观为引领加快创建世界一流大学步伐　7
深圳研究生院　187b
　　　城市规划与设计学院　190c
　　　党建工作　188c
　　　发展概况　187b
　　　国际法学院　191b

化学生物学院　190a
环境与能源学院　190b
汇丰商学院　192a
交流合作　188c
教学工作　187c
科研工作　188a
人文社会科学学院　192b
社会服务　188b
生物技术学院　190a
新材料学院　191a
信息工程学院　189b
行政工作　189a
学生工作　189a
深圳医院　168a
　　ISO15189实验室现场评审验证　168c
　　党建工作创新　169a
　　队伍建设　168b
　　发展概括　168a
　　护理质量　168b
　　基建工作　168c
　　绩效考核　168b
　　临床路径工作　168b
　　群众路线教育实践活动成果　169a
　　外科住院楼　168c
　　胃肠肿瘤多学科联合会诊(MDT)机制　168b
　　学科建设　168c
　　阳光用药工作　168c
　　医疗工作　168b
　　医疗质量　168b
　　院区园林改造工程　168c
　　周边环境提升工程　169a
审计工作　470
　　大额资金管理控制审计　470b
　　二级单位综合管理审计　470b
　　发展概况　470a
　　工程财务请款审计　471a
　　建设工程拆迁管理审计　471a
　　建设工程管理审计　470c
　　建设工程投资评审　470c
　　经济责任审计　470c
　　科研经费管理审计　470c
　　学校三重一大经济事项　471a
　　业务管理内部控制审计　470b
　　预算执行审计　470b

造价管理审计　470c
招标管理审计　471a
专业管理建设　471b
专业规范建设　471b
专业技术建设　471b
专业人才建设　471a
综合管理审计　470b
生命科学学院　75a
　　本科生教学　75b
　　出版专著一览(表)　77
　　党建工作　77c
　　发展概况　75a
　　工会工作　79a
　　基层党建创新立项情况(表)　78
　　教学工作　75b
　　科技开发　77c
　　科研工作　76b
　　年度纪事　79a
　　行政工作　78b
　　学生工作　78a
　　学生活动情况一览(表)　78
　　研究生教学　75c
　　纵向科研项目一览(表)　76
生态文明贵阳会议　461c
生物动态光学成像中心　1a
生物医学跨学科科研　178a
省部共建国家重点实验室培育基地(表)　346
省部级研究基地(表)　349
师德师风建设　20a
师风学风　37b
师生员工收入水平　50a
师生座谈会　1b、3
　　讲话　3
师资队伍　30a、39b
　　结构优化　39b
　　整体水平　30a
师资人事制度改革　30、41b、47a
十八届四中全会精神贯彻落实　18
十佳团支书　641b
十佳学生党支部书记　610b
实干兴校　23b
实际大气细颗粒物细胞毒性及分子机制　179b
实践育人　7a

实验动物科学部　449a
　　党建工作　449c
　　动物福利伦理审查　449c
　　动物实验　449b
　　发展概况　449a
　　教材编写　449c
　　教学与培训　449b
　　论文发表　449c
　　设施设备改造　449c
　　实验动物保种　449b
　　实验动物代养　449b
　　实验动物生产供应　449a
　　医用废弃物清运　449c
实验室与设备管理　479
　　40万元以上大型仪器设备购置可行性论证　481a
　　985/211设备经费管理与执行　480c
　　2008—2014年北京大学大型仪器设备测试服务收入统计（表）　493
　　大型教学科研仪器设备使用情况调查及分析　481a
　　大型科学仪器公共平台建设　480b
　　大型仪器设备测试服务　481a
　　大型仪器设备测试服务收入统计（表）　493
　　大型仪器设备购置论证统计（表）　493
　　大型仪器设备开放测试基金使用情况（表）　488
　　第二十二期大型仪器设备开放测试基金执行　481c
　　第二十三期大型仪器设备开放测试基金开放仪器一览（表）　489
　　第二十三期大型仪器设备开放测试基金申报和评审　481a
　　发展概况　479a
　　辐射安全与防护　482b
　　国家科技基础条件资源调查　481b
　　国内仪器设备采购　481c
　　国外仪器设备采购　482a
　　环境保护　482c

　　科教用品免税情况　482a
　　科普基地建设　481c
　　实验技术队伍建设　480a
　　实验教学改革　479c
　　实验教学改革和教学实验室建设经费评审与执行　480a
　　实验教学示范中心验收　480a
　　实验室安全与环境保护　482a
　　实验室基本情况一览（表）　483
　　实验室技术安全管理　482a
　　实验室建设　479c
　　首都科技条件平台北京大学研发实验服务基地建设　481b
　　首都科技条件平台高等学校仪器创新与服务试点项目　481b
　　新增40万元以上大型仪器设备一览（表）　484
　　修购基金申报　480a
　　仪器创制与关键技术研发中心建设　481b
　　仪器设备采购　481c
　　仪器设备管理　480c
　　仪器设备资产处置　481b
　　招标采购工作　481c
世界一流大学建设　5b、7、37b
试管婴儿　48a
逝世人员名单　595
首都大学、中专院校先锋杯　644
　　优秀基层团干部　644b
　　优秀团员　644b
　　优秀团支部　644a
首都发展研究院　398a
　　北京论坛城市分论坛　399c
　　党风廉政建设　398c
　　发展概况　398a
　　服务首都能力　399a
　　国家专利情况（表）　405
　　国子监大讲堂承办　399c
　　获奖情况一览（表）　405
　　京津冀区域发展协同创新中心申请筹建　399b
　　京津冀协同发展政策研究　399a
　　《决策要参》合作主办　399c

　　科研报告撰写一览（表）　403
　　科研工作　400b
　　论文发表一览（表）　403
　　民主生活会　398c
　　内部管理　399a
　　能力建设　398c
　　培训工作　399c
　　《首都发展报告2014》编制　399b
　　学术著作出版一览（表）　405
　　重要科研项目承担一览（表）　400
首钢医院　165a
　　发展概况　165a
　　后勤工作　166c
　　护理工作　166a
　　基建工作　166c
　　交流合作　166b
　　教学工作　166b
　　科研工作　166c
　　理事会改选　166c
　　年度纪事　167a
　　行政班子换届　166b
　　医疗工作　165b
　　医院文化　166c
首届学生党支部书记培训示范班　536c
授予博士、硕士学位学科专业目录（表）　323
暑期境外培训项目　536b
数学科学学院　66a
　　本科生毕业去向统计（表）　68
　　本科生在校生人数统计（表）　66
　　毕业生去向　68c
　　党风廉政建设　68b
　　党建工作　67c
　　党员发展转正培训　67c
　　党支部换届　67c
　　队伍建设　66b
　　发展历程　66a
　　工会工作　68b
　　规章制度建设　68b
　　教材出版　67a
　　教学工作　66b
　　教学获奖情况统计（表）　67

经费情况　67b
科研成果　67b
科研工作　67a
课程设置　66c
培养方案　66c
人才队伍　67a
深化综合改革聚力科学发展
　　讨论活动　67c
特色党支部活动　68a
统战工作　68b
项目数量　67b
行政队伍　68b
行政工作　68b
学科建设　66b
学生工作　68c
学生活动　68c
学生人数　66b
学术活动　67b
研究生毕业去向统计
　　（表）　68
研究生在校生人数统计
　　（表）　66
组织建设　67c
组织结构　66b
树仁学院奖教金　621
双学位获得名单　653a
　　法学学士学位　653a
　　经济学学士学位　653a
　　理学学士学位　654b
　　历史学学士学位　654b
　　文学学士　655a
　　哲学学士学位　655a
双学位及辅修专业证书获得名
　　单　653a
硕士毕业研究生　657a
思想建设　538a
思想理论建设　24b
思想政治工作　36a、533
　　水平　36a
四维　3b
宋述光　83b
孙元林　83a

T

台湾参访团到访北大　542b
泰国留学生　9a
汤一介　1a

唐立新奖教金获奖名单（表）　616
特载　1
体育馆　439b
　　大型活动　439c
　　发展概况　439b
　　健身培训　439c
　　教学训练　439b
　　社团活动　439c
　　校系服务　439b
体育教研部　132c
　　发展概况　132c
　　教学工作　132c
　　科研工作　133c
　　学生工作　133a
通过鉴定的科研成果统计
　　（表）　365
通化东宝生命科学奖教金获奖名
　　单（表）　621
同行评议　34a
统一战线成员密切联系　539b
统一战线工作　20b、25b、34b、
　　538、539a
　　研讨和培训　539a
统战对象关心照顾　541a
统战队伍建设　539c
统战理论　541b
　　进高校活动　541b
　　研究　541b
突出贡献专家（表）　584
图书馆　1a、422a
　　2010—2014年相关读者服务
　　　　工作进展情况（表）　423
　　2010—2014年总馆主页访问
　　　　总体情况（表）　426
　　2013—2014年馆际互借与文
　　　　献传递量比较（表）　425
　　2013—2014年未名学术搜索
　　　　访问情况比较（表）　426
　　2013—2014年总馆电子资源
　　　　检索服务发展状况
　　　　（表）　424
　　CALIS全国文理中心　430a
　　CALIS全国医学中心　430a
　　存储、网络服务扩展与提
　　　　升　427b
　　党建工作　427c
　　电子资源订阅情况统计
　　　　（表）　423b
　　电子资源检索服务　424a
　　读者到馆服务　423c
　　读者服务工作进展情况
　　　　（表）　423
　　读者互动型人文活动　425b
　　队伍建设　427c
　　发展概况　422a
　　分馆服务与建设　427a
　　分馆建设进展　427a
　　高校图书馆数字资源采购联
　　　　盟　430b
　　工会工作　428a
　　古籍图书馆建设　427b
　　古籍与特藏整理　423c
　　馆藏　1a
　　馆藏数字化　423a
　　馆际互借与文献传递　424a
　　馆际互借与文献传递量比较
　　　　（表）　425
　　基础设施保障　427b
　　教育部高校图工委　430c
　　科研机构　429a
　　科研项目一览（表）　428
　　课题咨询与学科服务　427a
　　内部管理　427c
　　年度网页点击量排行榜
　　　　（表）　426
　　人员流动情况（表）　428
　　社交媒体平台服务　425b
　　社交媒体平台服务累积量
　　　　（表）　425
　　书刊采访工作统计（表）　422
　　数字图书馆门户　425c
　　数字应用体验服务升级改
　　　　造　424b
　　未名学术搜索访问情况比较
　　　　（表）　426
　　未名学术搜索功能优化　425a
　　文献传递　424a
　　文献捐赠　423c
　　文献信息资源体系　427a
　　文献资源建设　422c
　　文献资源组织与揭示　423b
　　新电子教参服务平台　425b
　　信息基础设施建设　427b
　　学科服务　427a

学科馆员新服务　425a
　　学术成果获奖情况统计
　　　（表）　429
　　学术与交流　428a
　　学位论文系统升级　424c
　　印本文献采访　422c
　　应用系统开发与维护　427b
　　硬件方面　427b
　　中国高校人文社会科学文献
　　　中心　430b
　　中国图书馆学会高校分会
　　　430c、431a
　　重要学术活动　429a
　　专业技术职务评定情况
　　　（表）　428
　　自助借书机和图书除菌
　　　机　424a
　　总馆电子资源检索服务发展
　　　状况（表）　424
　　总馆主页访问总体情况
　　　（表）　426
涂传诒　83c
团委负责人　61

W

外国语学院　109a
　　党建工作　110b
　　发展概况　109a
　　交流合作　110a
　　教学工作　109b
　　科研工作　109c
　　学生工作　110b
外校学生在校本部获得双学位名
　　单　655a
　　法学学士学位　655b
　　经济学学士学位　655b
王长秋　83b
王恩哥　1a、27、29
　　在2014年春季全校干部大会
　　　上的讲话　27
　　在2014年秋季全校干部大会
　　　上的讲话　39
王选青年学者奖获奖名单
　　（表）　620
卫生部工程技术研究中心
　　（表）　347
卫生部重点实验室（表）　347

魏春景　83b
文科科研　369a
　　发展概况　369a
　　高校智库创建　371a
　　教育部哲学社会科学重点研
　　　究基地（表）　371
　　近五年科研经费情况
　　　（表）　370
　　科研成果　370a
　　科研管理　371a
　　科研机构　370b
　　科研项目　369c
　　其他纵向项目立项情况
　　　（表）　370
　　虚体机构　370c
　　学术交流基金设立　371c
　　院系评估　371c
　　重点研究基地　370c
　　主要纵向项目申报和立项情
　　　况（表）　370
　　纵向科研课题立项名单
　　　（表）　372
文史哲研究　1a
我的中国梦·育才梦全国高校优
　　秀辅导员博客博文大赛　611b
邬伦　83c
五四精神　3a、3b
五四青年节　3a
五四体育奖　636b
五四运动　1a、3b
　　95周年　1a
五四重要讲话精神　8
午间交流会项目　539b
武装思想指导实践　21b
物理学院　69a
　　本科招生与培养　69b
　　党建工作　70b
　　队伍建设　69c
　　发展概况　69a
　　工会工作　70b
　　交流合作　70a
　　科研工作　70a
　　离退休工作　70b
　　年度纪事　70c
　　人才培养　69b
　　实验室建设　70b
　　学生工作　70c

　　研究生招生和培养　69c

X

西部扶贫工作　42b
西控投资捐赠支持建筑与景观设
　　计学院　531b
习近平　1～3、7、19a、23a、32b、
　　33a、37a、46a、48b
　　在北大考察　1
　　在北京大学师生座谈会上的
　　　讲话　3
　　重要讲话　1b
夏红卫　11a
解晓岩　11a
先锋杯优秀基层团干部　644b
先锋杯优秀团员　644b
先锋杯优秀团支部　644a
先进班集体　640a
先进文化建设　20a
先进学风班　637b
现代大学制度　28b、31b、43b、50b
　　建设　28b、31b、50b
　　完善　43b
现代教育技术中心　444c
　　北大教学网建设　445a
　　北大慕课　444c
　　北京大学英文主页　445b
　　发展概况　444c
　　华文慕课平台　445b
　　教室教学环境建设　445b
　　教学促进工作　445a
　　教学信息化工作　445a
　　优秀教学资源建设　445a
　　有线电视运维服务　445b
　　志愿者协会　445c
香港百贤教育基金会捐资支持燕
　　京学堂建设　530b
消防安全管理　546c
肖家河教工住宅项目　43b、
　　50b、476
　　北京变压器厂开关分厂　477b
　　北京明圆学校　477b
　　被拆迁户行政诉讼协调应
　　　对　479a
　　拆迁指挥机构调整　476a
　　拆迁周转费延续发放　476c
　　党建工作　479c

索 引

电力手续进展　478a
公产拆迁情况　477a
规划等手续办理　477c
国防大学水井房　477a
海淀海华换热器厂　477b
红线外大市政建设　478c
回迁安置房建设　478a
建设办自身建设　479c
西郊机场北远距导航台　477c
项目建设教代表更新参
　　与　479b
项目建设联审组　479b
学校自有住宅设计调整　478b
宅基地拆迁　476c
征地结案工作　477c
小班课教学试点　41
校办产业管理　407
　　北大资产公司　407c
　　产业创新　407b
　　发展概况　407a
　　服务管理　407a
　　规范管理　407c
　　企业名录　408a
校本部2014年逝世人员名单
　（表）　595
校本部教授名录　585a
校本部学生　653a、655b
　　获得辅修专业证书名单　655b
　　获得双学位名单　653a
校部机关　24a
校地校企校军合作　48b
校领导机构　55
校史馆　435c
　　参观接待　436a
　　党建工作　437a
　　发展概况　435c
　　内部管理　436c
　　图书资料　436c
　　文物征集与管理　436c
　　校史研究　436b
　　业务交流　436c
　　展览筹办　436b
校务委员会　55
校友工作　531
　　《北大人》杂志　531b
　　大型活动　532a
　　机构建设　531c

理事会议　531c
联络与服务　531a
校园安全稳定　21a、25b、43a
校园风气　20a
校园服务中心　515a
　　财务管理　515c
　　车辆管理科　515c
　　党建工作　516a
　　党支部工作　517b
　　队伍建设　516a
　　公益讲座　517a
　　工会活动　517b
　　呼叫系统　517c
　　汇编内容　516a
　　家政服务　517c
　　经营管理　517a
　　居家养老服务　516c
　　留学生文化交流　517a
　　绿化环卫科　515a
　　民主生活会　516b
　　内部管理工作　516b
　　上门服务　517a
　　社区服务　516c
　　社区服务队及服务站上门服
　　　务　517a
　　文体活动　517c
　　业务发展　515a
　　幼儿园　515c
　　综合管理　517c
　　综合事务科　515b
　　组织建设　516b
校园规划　50a
校园基础设施建设　50a
校园空间布局　32b
校园民生工程　25b、50a
校园民生建设　35a
校园先进文化建设　20a
校园治安管理　547c
校园秩序管理　546a
校长负责制　19b
写信　9a
谢晓亮　1b
解晓岩　11a
心理健康教育与咨询中心　560c
　　常规工作　560c
　　发展概况　560c
　　特色工作　561a

心理学系　84b
　　党建工作　86a
　　发展概况　84b
　　反腐倡廉工作和建设　86a
　　教学工作　84c
　　科研工作　85a
　　离退休工作　86b
　　麦戈文脑科学研究所　86c
　　人事工作　87a
　　团学工作　88a
　　行政工作　87b
　　宣传教育工作　86b
　　学生保险　87c
　　学生访谈工作　88a
　　学生工作　87b
　　学生奖学金　87c
　　学生就业指导　87c
　　学生资助　87c
　　主题党团日活动　86b
　　组织发展工作　86b
新体制科研机构建设　456a
新闻网　537a
新闻与传播学院　129a
　　本科教学工作　129b
　　党建工作　130a
　　党委精神和要求贯彻　130b
　　发展概况　129a
　　交流合作　130a
　　教学工作　129b
　　教学获奖　129c
　　科研工作　129c
　　群众路线教育实践活动要求
　　　贯彻　130a
　　学生工作　130b
　　研究生教学工作　129b
新学期党的工作　35a
新学期学校党委工作　35a
信访处理　545b
信访举报受理　25a
信息公开工作　50b
信息管理系　121b
　　本科生教学　121c
　　党建工作　122a
　　发展概况　121b
　　交流合作　122a
　　教学工作　121c
　　科研工作　122b

科研项目(表) 122
行政换届 122b
宣传工作 122b
学生工作 122c
学习实践活动 122a
研究生教学 122a
信息化建设与管理办公室 525
编码管理 527c
大型软件购置审批 527c
大型软件审批目录(表) 527
党风廉政建设 528a
短信平台统一 527b
机构定位 525a
机构职能 525a
楼宇信息网络建设目录(表) 528
门户网站改版 526b
内设科室 525a
人员变化 525b
网站与信息系统安全会议 526b
网站与信息系统安全自查 526a
校园电子地图建设 526c
信息安全 526a
信息化服务平台运维 527b
信息化工作会议 527a
信息化基础数据调查 526c
信息化建设领导小组成员(表) 526
信息化建设领导小组人员和职责调整 525c
信息化建设项目 526a
信息化经费管理 526a
信息系统测评 526a
正版软件共享平台 527c
智慧校园总体规划 525c
信息科学技术学院 89c
党建工作 92a
发展概况 89c
高能效计算与应用中心 92c
教学工作 90b
科研工作 91a
软件工程国家工程研究中心 92b
行政工作 92a
学生工作 92a

信息宣传工作 541b
信息与工程学部学术委员会 57
信心 4b
行政班子 24a
行政工作要点 28b
修德 5a
宣传思想工作 20a、34a、36a、536
宣传思想和意识形态工作 24b
学部学术委员会 57
学风建设 7a
学科布局 29b、42a、47b
优化 42a
学科发展制度环境 42b
学科和学科团队建设 23b
学科绩效评估机制 29b
学科建设 27b、39b、47b、193、457c
成效 457c
学生党支部书记培训示范班 536c
学生工作 43b、552、613
毕业教育 554b
党风廉政建设 552b
队伍建设 553a
辅导员队伍建设 553a
改进作风服务师生长效机制 552a
国防教育 555c
国防宣传教育 556b
奖励奖学金评审 555a
日常思想政治教育 554c
社会主义核心价值观宣传教育 553b
网络思想政治教育 554c
维护稳定工作 555c
新生入学教育 554b
学生党建 554a
学生工作部机关人员变动情况 553a
学生骨干队伍建设 553b
学生管理 555b
学生军训 555c
学生思想政治教育 553b
学生团体保险 555c
学生综合管理信息系统 555b
学习贯彻十八届四中全会精神 554c
先进单位 613
义务兵征集 556a

学生管理与服务 29b、47a
学生奖励与奖学金 622
学生入党积极分子培训 535c
学生思想政治工作 25b
学生五·四奖章 622a
学生资助中心 559a
2018筹资挑战计划落实 560a
贷后管理 559c
贷款代偿 559c
党建工作 559a
队伍建设 559a
公益新年晚会 560b
规章制度 559a
机构合作 560b
紧急救助 560b
经济资助和非经济支持 560b
理论研究 559a
绿色通道 559c
勤工助学 560a
入学新生关注 560b
首届国际高校公益论坛 560b
信息化建设 559b
宣传工作 559b
学生服务总队 560a
助学金评审 559a
专项创新 560a
学术诚信教育 41b
学术委员会 56
学位评定委员会 56
学位授权点 45b
学习贯彻落实总书记重要讲话精神 21b、33a
贯彻落实 33b
学习传达宣传 33a
组织工作会 33b
学习贯彻全国宣传思想工作会议精神 20a
学习宣传贯彻党的十八大和十八届三中全会精神 19a
学习优秀奖 630b
学校治理体系 38a

Y

燕京学堂 31b、175b、461a
发展概况 175b
国际招生 176b

索引

国内招生　176a
建设　31b
交流合作　176b
行政工作　176b
学科建设　175c
学术顾问委员会　175b
招生工作　176a
延展　10a
研究生　27a、29b、41、45b、46b、314、657a
　毕业生名单　657a
　工作　41a
　教育　29b、46b、314
　培养机制改革　27a、41a
　学术规范　41b
研究生教育　29b、46b、314
　办公室搬迁　321b
　北京大学与北京市共建项目管理工作　317c
　毕业审查　316b
　博士生短期出国（境）研究项目　315b
　博士生校长奖学金　318b
　才斋奖学金　319a
　差额复试　315a
　导师交流研讨会　317b
　导师遴选　317b
　二级学科自主设置　317b
　发展概况　314a
　公共课程管理　316a
　工作获奖　316c
　管理系统改造　319b
　管理信息系统建设　316c
　国际间学位与研究生教育交流　319b
　国际交流　315b
　国家建设高水平大学公派研究生项目　315b
　国内访学学生　315c
　国务院学科评议组工作　317b
　过程管理　315c
　闳材奖学金　319a
　簧门对话专家主题论坛项目　320a
　基本数据　315b
　简章和目录变化　314b
　建院三十周年座谈会　321a
　奖助工作　317c
　奖助体系完善　317c
　交叉学科分委员会　317b
　教育部评估所、北京市教委及兄弟院校委托的评审工作　317c
　接收推荐免试研究生　314c
　考试和阅卷　314c
　科学实践创新奖设立与评审　319a
　课程建设　315c
　课程教学　315c
　课程评估　316a
　课题调研　316c
　理工科院系国际同行评议　320b
　录取工作　315a
　《年度报告》编撰　319c
　培养工作　315b
　全日制学术学位研究生学费标准和收费模式调整　317c
　软件与微电子学院、深圳研究生院国家助学金协调　318c
　社会科学学部助研津贴　318c
　硕博连读研究生培养　316b
　同等学力在职申请学位　317a
　王文忠—王天成奖学金　319a
　翁洪武科研原创基金　319a
　西部地区研究生教育　319b
　校长奖学金资助　317c
　协作与协助　317b
　新聘任博士生导师交流论坛　320a
　信息管理系统建设　317b
　学风建设　316a
　学籍异动　315a
　学术交流基金项目　315b
　学位工作　317a
　学位论文抽查工作　317a
　学位论文答辩审批　317a
　学位论文水平　317a
　学位论文写作模板　317b
　学位授权学科申报、评估和考核　317b
　学位授予　317a
　学业奖学金评定、发放与管理　318a
　延期博士生资助与管理　318c
　研究发表　316c
　研究生层次学费收入统计　316b
　研究生创新计划　316b
　研究生教育创新计划项目总结研讨会　320c
　研究生课程研修班　316b
　研究生学位论文写作指南　317a
　《研究生学位申请答辩指南》发布　317a
　研究生学业调查　316b
　研究生院促进交流计划　319c
　研究生院制度建立30周年征文活动　319c
　研究生指导教师管理和服务　317b
　院长联席会2013年年会　319b
　院系评估　316c
　招生工作　314b
　招生计划　314c
　招生计划经费收取调控　318c
　政治阅卷　315a
　制度建设　319a
　质量保证　317a
　中国学位与研究生教育学会委托的工作任务　317c
　《中国研究生院院长联席会e通讯》汇编　319c
　中国研究生院院长联席会秘书处　319b
　主席院长会议　319b
　助教、助研津贴发放　318c
　助教津贴　318c
　专项奖学金评定　319a
　专项学业奖学金　318a
　专项学业奖学金预算、发放与管理　318b
　专业学位国家助学金发放与管理　318b
　专业学位研究生国家助学金资助　318a
　资源配置有效途径　317c
　自我评估机制　317b

总体情况　314b
研究生招生　27a、41a
　　选拔　27a
晏磊　83c
燕园街道办事处　518
　　环境建设　518a
　　基层党建　519c
　　精神文明建设　519c
　　民生建设　518b
　　平安建设　518b
　　社区建设　519b
燕园社区服务中心　516c
杨策　94b
杨芙清—王阳元院士教师奖获奖名单（表）　619
药学院　135c
　　党建活动　137b
　　党建获奖　137b
　　发展概况　135c
　　工会工作　137c
　　继续教育　136c
　　交流合作　136c
　　教学工作　136a
　　科研工作　136b
　　人才队伍　136c
　　行政队伍　137b
　　行政管理　137b
　　学科建设　136c
　　学生工作　137c
　　药学学位评定分委员会委员（表）　135
　　组织建设　137a
一岗双责　25a
依法治校　18、31b、43b、46a、50b
医改沙龙　543a
医科新增科研项目（表）　352
医疗服务　49a
医学部　51、56~65、143a、367、368、396、544、591a、597、656a
　　2014年获得其他国际（地区）合作项目（表）　368
　　2014年逝世人员名单（表）　597
　　2014年主办的医学类国际学术会议和研讨班情况统计（表）　367
　　负责人　58

附属单位负责人　63
公共教学部　143a
归国华侨联合会负责人　64
机关各部门、工会、团委负责人　62
教授名录　591a
民主党派负责人　64
民主党派组织机构状况（表）　544
学生获得辅修专业证书名单　656b
学生获得双学位及辅修专业证书名单　656a
学术委员会　57
学位评定委员会名单　56
院、系、所中心负责人　60
直属单位负责人　63
专利申请及授权情况统计（表）　396
医学部本科课程目录　313c
　　公共基础课程：　313c
　　护理专业课程　314a
　　检验专业课程　314b
　　口腔医学基础及专业课程　313c
　　临床医学专业课程　313c
　　实验专业课程　314c
　　药学基础及专业课　313c
　　医学基础课程　313c
　　英语专业课程　313c
　　预防医学专业课程　313c
医学部本科生教育　306
　　MOOC课程（表）　309
　　保送生　308a
　　本科课程目录　313b
　　本科生科研训练　313a
　　本科专业目录　313b
　　大学生创新实验项目　313a
　　第二批十二五本科国家级规划教材名单（表）　311
　　附录　313b
　　港澳台学生及留学生情况　308a
　　各省市录取分数（表）　307
　　各省市招生人数（表）　307
　　国家级规划教材名单（表）　311

　　基本概况　306a
　　基地建设　311a
　　教材建设　310c
　　教务管理　309a
　　教学成果　310c
　　教学成果奖　310c
　　教学调研　309b
　　教学发展　310a
　　教学发展中心　310a
　　教学改革　308a
　　教学激励　310b
　　教学名师　311a
　　教学评估　309a
　　教学研究　310c
　　教育部2014年视频公开课（表）　308
　　教育教学研究课题　310c
　　教育评价体系建设　309c
　　考试管理　308b
　　课程建设　308b
　　课程情况　308b
　　临床学系　312a
　　临床学系成立时间及第一届学系主任名单（表）　312
　　论文获奖　310c
　　贫困地区专项招生计划　308a
　　全科医学本科教学　313b
　　生源基本情况（表）　306
　　视频公开课　308c
　　天津市第五中心医院调研及评审　309a
　　网络课程建设　308c
　　项目申报　310c
　　新途径第二阶段教学改革　308a
　　学生自主组织临床能力大赛　313c
　　研究生助教项目　310b
　　医学部教学单位汇总（表）　311
　　招生工作　306a
　　招生基本情况（表）　306
　　自主招生　307a
医学部产业系统党建　577
　　产业党总支换届　578a
　　党风廉政建设　577c
　　党建基础工作　578b

索 引

主题教育活动　578c
医学部出版社　434a
　　党建工作　434b
　　发展概况　434a
　　获奖情况　434c
　　教材出版　434b
　　企业管理　434b
　　人才培养　434c
　　数字出版　434b
　　图书获奖　434b
　　信息化建设　434b
　　学术专著出版　434b
医学部档案馆　437b
　　党建工作　438a
　　档案编研　437c
　　档案利用服务　437b
　　档案收集整理　437b
　　发展概况　437b
　　工会工作　438a
　　学习与交流　437c
医学部国内合作与产业管理　408b
　　产业管理　408b
　　发展概况　408b
　　经营状况　409c
　　企业改制　409c
　　制度建设　409a
医学部后勤党建　571
　　队伍建设　572c
　　干部工作会　572c
　　工会促进职工福利　572b
　　工作汇报会　572c
　　积极动员认真部署　571b
　　积极整改　571c
　　《家园》促教育宣传　572a
　　教代会工作报告讨论　573a
　　廉洁自律　573b
　　廉政学习　573a
　　领导班子民主生活会　573a
　　民主集中　573a
　　上级部署贯彻落实　573a
　　深入讨论聚力发展　571b
　　思想建设　571c
　　特色活动　572b
　　献爱心活动　572a
　　信访案件办理　573c
　　学雷锋活动　571c
　　学习教育　571c

　　意见建议收集　571b
　　支部架构完善　572a
　　职工文化生活　573c
　　制度建设　573b
　　中层干部学历教育　572c
　　组织建设　572a
　　作风建设　573a
医学部审计工作　471b
　　建设工程审计　471c
　　经济责任审计　471b
　　科研经费审计　471c
　　审计项目分类统计（表）　472
医学部信息通讯中心　446c
　　常规工作　447b
　　电话系统更新改造　447a
　　发展概况　446c
　　基础设施　446c
　　校园网络环境　446c
　　信息应用环境　446c
　　支撑服务　447b
　　自助服务　447a
医学部学生获得双学位名单　656a
　　法学学士学位　656a
　　经济学学士学位　656a
　　理学学士学位　656b
　　文学学士　656b
　　哲学学士学位　656b
医学部学生获得学士学位名单　651b
　　理学学士　651b
　　文学学士　652b
　　医学学士　652a
医学部研究生教育　321b
　　创新能力培养　321c
　　国际学术交流　321c
　　教学成果　323b
　　就业工作　321b
　　课题研究　323b
　　论文发表　323c
　　培养工作　321c
　　评估工作　322a
　　所获奖项　323b
　　网络公开课程　321c
　　学术型博士学位论文双盲匿名评阅　322a
　　学位工作　322a
　　学位授予情况　322a

　　研究生工作部　322a
　　医学教指委工作　322c
　　医药科秘书处工作　322c
　　在职人员申请学位工作　322a
　　招生工作　321b
　　住院医师规范化培训和硕士学位衔接　321c
　　专业学位硕士研究生教育与住院医师规范化培训并轨　321c
　　综合工作　322c
医学部总务工作　505b
　　安全稳定　506a
　　部医院　507c
　　查问题抓整改　506b
　　常规工作　507a
　　城内学生宿舍管理办公室　508b
　　队伍建设　505c
　　房地产管理中心　507a
　　房屋产权　506b
　　服务监管　506c
　　服务提供　506b
　　公寓管理　506b
　　过程管理　507a
　　教室管理服务中心　507b
　　结算口考核　507a
　　进口准入　507a
　　居委会　507c
　　内部管理　505b
　　内外调研　505c
　　人才培育　505c
　　特色餐饮　506c
　　校园管理中心　507b
　　遗留问题　506b
　　饮食服务中心　507b
　　饮食管理办公室　508b
　　幼儿园　507c
　　运输服务中心　507c
医学成像和信号研究　178a
医学国际合作　461a
医学继续教育　340a
　　北京市住院医师公共课程情况　340b
　　第二阶段审查与考试工作组织情况　340b
　　第一阶段考试组织情况　340b

索 引

对内继续医学教育 341b
基本情况 340a
继续医学教育项目 341a
进修生培养 341a
体系建设 340c
先进集体和先进个人表彰 341b
学者培养 341a
医学继续教育课题研究 341b
在职教育培训中心 342b
住院医师规范化培训 340a
住院医师规范化培训与研究生培养双向衔接情况 340b
专科医师培训试点 340c

医学教育改革 29b

医学人文研究院/医学部公共教学部 143a
本科生培养 143b
党建工作 144b、145b
发展概况 143a
继续教育 144a
交流合作 144a
教师教学综合评价指标 143c
教学改革 143b
教学工作 143a
科研工作 143c
行政工作及其他 144c
学生工作 145a
专业建设 143c

医学图书馆 431b
党建工作 432b
队伍建设 431c
发展概况 431b
服务工作 431c
馆际互借 432a
检索教学 432a
教材编写 433a
科研成果 432c
科研项目 433a
论文成果 432c
书刊借阅 431c
数据库讲座 432a
所获奖项 433a
通借通还 432a
文献传递 432a
新生入馆教育 432a

学科服务 432a
学术交流 431c
阅读推广 432b
主页服务 432a
组织机构 431b

医学网络教育学院 341c
非学历教育 341c
教学管理与研究 341c
内部建设与管理 342a

医学信息学中心 452a
产业开发 454c
承担项目（表） 453
党建工作 454c
队伍建设 452b
发展概况 452a
发展历程 452a
交流合作 454a
教学工作 452b
科学研究 454c
科研成果（表） 453
科研工作 452c
项目数量 453a
学科建设 452b
学生工作 454c
组织结构 452b

医药卫生分析中心 447b
代表性发明专利（表） 448
代表性科研成果（表） 448
代表性科研项目（表） 447
党建工作 448c
队伍建设 447c
发展概况 447b
分析测试 448a
工会工作 449a
交流合作 448b
教学工作 447c
经费情况 448a
科研工作 447c
课程设置 447c
其他工作 449a
实验室建设 448b
项目数量 447c
行政队伍 449a
行政工作 449a
学科建设 447c
学生人数 447c
学术活动 448b

组织结构 447b
医院管理 43a、387
发展概况 387a
服务政府和社会工作 388a
合作共建 388b
护理管理 387c
年度纪事 388c
培训工作 387c
外国医师考试中心 388b
医疗信访 388a
医疗质量管理 387c
意识形态领域工作 20a
艺术学院 110c
党建工作 111c
发展概况 110c
交流合作 111b
教学工作 111a
科研工作 111a
学生工作 111b
学术活动 111b
学术研究 111a

引进和培养并重 30b
迎评工作 534a
优秀班集体 637a
优秀班主任（表） 611
标兵名单（表） 611
名单（表） 611
优秀博士学位论文（表） 332
优秀德育奖名单（表） 610
优秀团干部 642a
优秀团员 643a
优秀团支部 641a
优秀新生团支书 642a
优秀学生干部 623b、640（表）
优劳兴校 26b
有权授予博士、硕士学位学科专业目录（表） 323
育人质量 29a
元培学院 173c
博雅教育活动 175a
党建工作 174b
导师工作 174a
发展概况 173c
公共必修通识课 174a
何善衡图书室 175b
交叉学科建设 174a
交流合作 175a

索 引

　　教学工作　174a
　　教学计划修订　174a
　　趋同教育　175a
　　新生入学教育　174c
　　学生工作　174c
　　院友会工作　174c
原创性基础研究能力　42a
原始创新能力　29b
袁行霈　1a
院、系、所中心负责人　58
院士名录（表）　579
院系发展评估　34a
院系管理与能力建设　34a
院系领导班子　24a
院系情况　66

Z

在校学生情况　52a
在校研究生统计（表）　336
在校院士名录（表）　579
责任意识　25b
曾琪明　83c
张飞舟　84a
张进江　83a
张显峰　84a
招生工作　39b、41a、46b
哲学社会科学　7b、581
　　资深教授名录（表）　581
　　综合优势　7b
哲学系（宗教学系）　107b
　　党建工作　108b
　　发展概况　107b
　　获奖成果（表）　108
　　交流合作　109a
　　教学工作　107c
　　科研工作　108a
　　科研项目（表）　108
　　学生工作　108c
政府管理学院　124c
　　党建工作　125b
　　发展概况　124c
　　交流合作　125b
　　教学工作　124c
　　科研工作　125a
　　学生工作　125c
政治保证　7b
政治稳定　37a

正大奖教金获奖名单（表）　620
正面宣传正面引导　20a
郑海飞　83b
郑晓瑛　131a
支撑计划获批课题（表）　358
知识　5a
直属单位党建　574
　　党建创新　575a
　　党员爱心捐款　575c
　　党支部换届　575b
　　困难党员帮扶　575c
　　五四重要讲话学习　574a
　　学校章程及学校改革方案学习　574b
　　优秀表彰　575b
　　主题党日活动　574c
直属单位负责人　63
直属院系　45b
制度建设　40a、538c、545b
治理体系　18a
治理整顿工作　50a
中巴科学研讨会　460c
中关村开放式实验室（表）　348
中国　4a
中国工商银行教师奖获奖名单（表）　619
《中国共产党发展党员工作细则》学习　534b
中国国际地位　4a
中国社会科学调查中心　180c
　　2014年社会学年会CFPS专场　182a
　　CFPS用户培训及交流会　182a
　　CHARLS用户专场研讨会　182b
　　发展概况　180c
　　国家自然科学基金北京大学管理科学数据中心　181c
　　簧门论坛：应对老龄化挑战——全球经验　182a
　　会议出版　182a
　　交流与合作　182b
　　美国人口学年会展示　182b
　　民政部中国城乡困难家庭社会政策支持系统建设调查　181c

　　数据调查　181b
　　中国家庭追踪调查第二次全国样本跟踪调查　181b
　　中国健康与疾病负担调查完成攻坚阶段　181b
　　中国健康与养老追踪调查中老年人生命历程调查　181b
　　中国民生发展报告2014？　182a
中国特色现代大学制度建设　50b
中国卫生发展研究中心　451b
　　发展概况　451b
　　高层卫生对话会　452a
　　科研工作　451c
　　科研项目（表）　451
　　年度纪事　451c
　　全球卫生新兴之声系列培训　451c
　　团队建设　451a
　　项目启动中英项目研讨会　452a
　　政策传播　451b
中国药物依赖性研究所　450a
　　发展概况　450a
　　教学工作　450c
　　科研成果　450b
　　科研工作　450b
　　社会服务　451a
　　实验室建设　451a
　　学科建设　450a
　　学术会议　450c
中国语言文学系　103a
　　党建工作　103c
　　发展概况　103a
　　交流合作　103c
　　教学工作　103a
　　科研工作　103b
　　学生工作　104a
中华文化　4b
中华医学科技奖项目（表）　361
中青年骨干研修班　535c
中心工作　23a
中植集团捐资支持北京大学学科建设　531b
肿瘤医院（临床肿瘤医学院）　160a
　　党建工作　162a
　　党建活动　162a

工会工作　162b
　　共青团工作　162c
　　国际交流　161c
　　教学工作　161b
　　教学管理　161c
　　科研成果　161a
　　科研工作　160c
　　科研活动　161a
　　科研课题　161a
　　课程设置　161b
　　民主管理　162b
　　年度纪事　162c
　　培养方案　161b
　　特色项目　162b
　　学术会议　162a
　　学术交流　161c
　　医疗工作　160b
　　专利申报　161b
重大科学研究计划(表)　357
　　获批课题(表)　357
　　获批项目(表)　357
重点工作　37a
重点伙伴交流关系　49b

重点建设项目突破进展　456a
重点学科　45b
周开让　541c
朱善璐　1a、3a、11a、11b、19、32
　　在2014年春季全校干部大会
　　　上的讲话　19
　　在2014年秋季全校干部大会
　　　上的讲话　32
朱永峰　83c
主要区域发展服务机构　398
专利申请受理、授权情况统计
　　（表）　366
专题研讨班　536a
专文　19a
专项工作创新奖　641a
专项治理　25a
专业技术职务评审委员会　56
专业情况　45b、53a
资深教授名录（表）　581
资源汲取和优化配置能力　43a
资源汲取能力　32a
资源配置体制机制改革　32a
自觉践行社会主义核心价值观

　　1、3
宗教学系　107b
宗秋刚　83c
综合改革　18a、22、38、46a、534a
　　基本原则　22b
　　元年　46a
　　总体目标　22a
总体数据　51a
总务工作　502
　　财务管理　503c
　　队伍建设　504a
　　发展概况　502a
　　计划管理　503a
　　节能工作　503c
　　运行管理　502a
　　综合事务管理　505a
走自己的路　4b
组织工作　533
组织工作会议　24b、533c
作风建设　22b、31b
　　长效机制　22b

（王彦祥、张若舒、刘子涵等　编制）